大同民政志

(1949—2013)

大同市民政局　编

中国社会出版社
国家一级出版社・全国百佳图书出版单位

图书在版编目（CIP）数据

大同民政志：1949～2013／大同市民政局编．—北京：中国社会出版社，2015.11

ISBN 978－7－5087－5185－6

Ⅰ．①大…　Ⅱ．①大…　Ⅲ．①民政工作—概况—大同市—1949～2013　Ⅳ．①D632

中国版本图书馆 CIP 数据核字（2015）第 263681 号

书　　名：大同民政志：1949～2013
编　　者：大同市民政局

出 版 人：浦善新
终 审 人：王　前
责任编辑：杨建萍
助理编辑：浦晓晶　　　　责任校对：王　璐

出版发行：中国社会出版社　邮政编码：100032
通联方法：北京市西城区二龙路甲 33 号
电　　话：编辑室：（010）58124837
　　　　　　　　　（010）58124838
　　　　　传　真：（010）58124837
网　　址：www.shcbs.com.cn
　　　　　shcbs.mca.gov.cn
经　　销：各地新华书店

中国社会出版社天猫旗舰店

印刷装订：中国电影出版社印刷厂
开　　本：210mm×297mm　1/16
印　　张：31
插　　页：16
字　　数：900 千字
版　　次：2015 年 12 月第 1 版
印　　次：2015 年 12 月第 1 次印刷
定　　价：168.00 元

中国社会出版社微信公众号

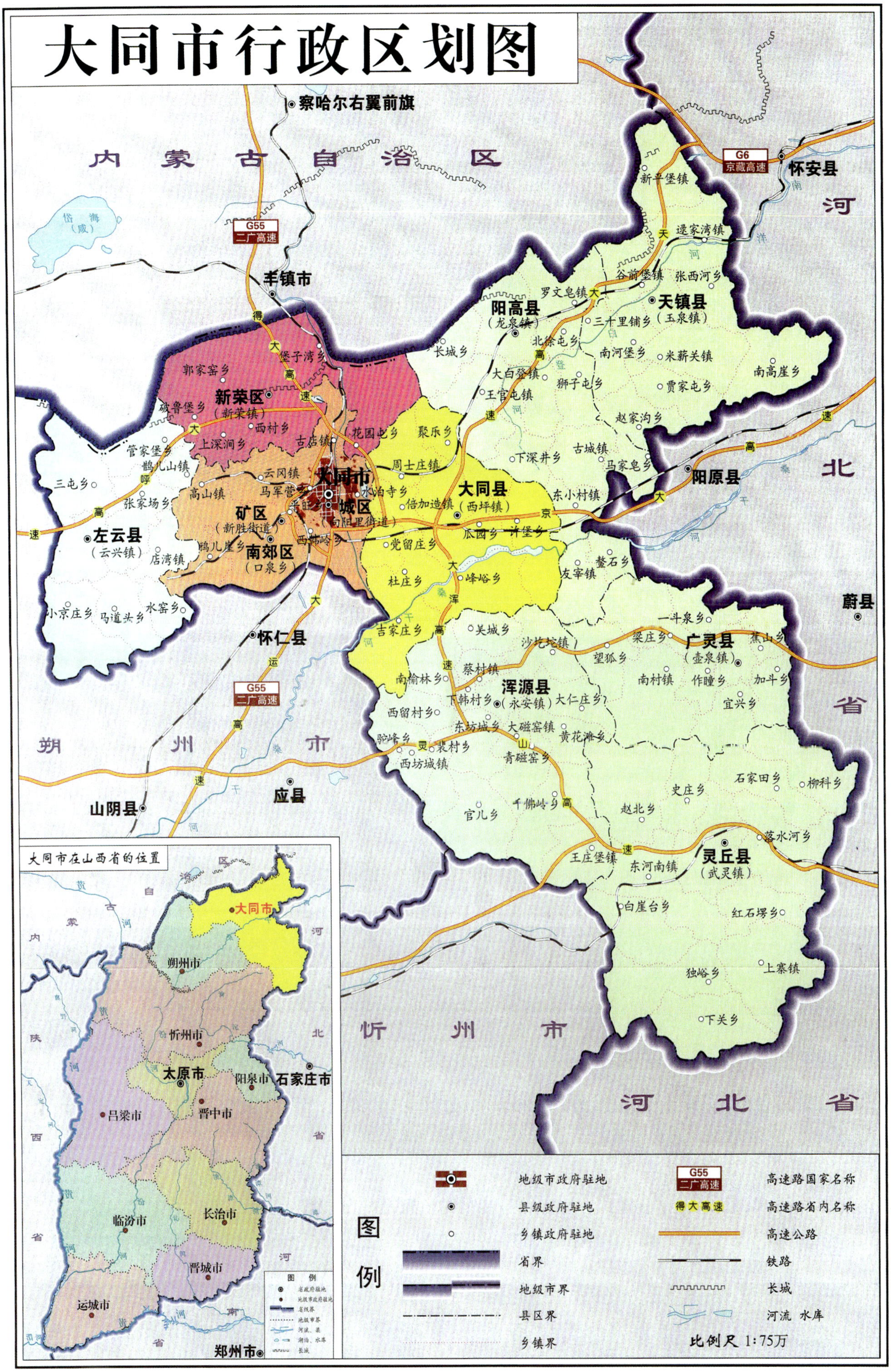

2004年大同市行政区划图

1996年2月19日（大年初一），山西省委书记胡富国（右一）到天镇县贾家屯与灾民一起过春节

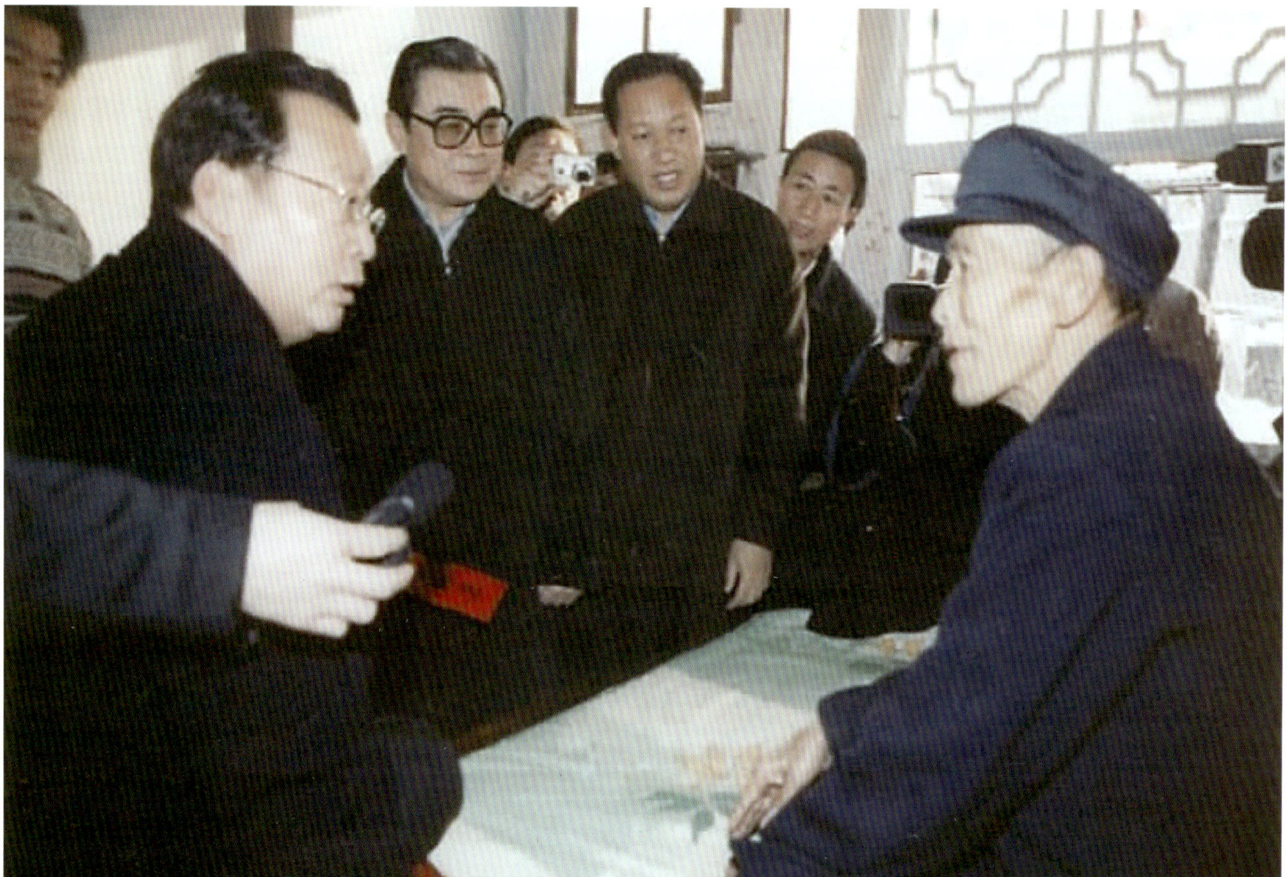

2005年12月26日，山西省委书记田成平（前左一）到大同市南郊区口泉乡敬老院慰问老人

2006 年 1 月 4 日，山西省委副书记、代省长于幼军（左一）到大同市光荣院慰问革命老人

2008 年 1 月 4 日，山西省委副书记、代省长孟学农（前右二）与大同市社会福利院的孩子们一起画画

2012 年 1 月 17 日，山西省委书记袁纯清（右二）到天镇县走访慰问困难群众

1995 年 8 月 27 日，民政部部长多吉才让（前左一）到大同市光荣院视察工作

2007 年 5 月 11 日，民政部副部长李立国（左一）到大同市低保中心检查社会救助工作

2002 年 1 月 18 日，民政部副部长李宝库（右一）到市光荣院调研优抚工作

2005 年 3 月 21 日，民政部副部长贾治邦（左二）到大同市新荣区敬老院慰问老人

2005 年 8 月 19 日，民政部副部长罗平飞（前左一）到灵丘县革命老区看望优抚老人

2013年5月8日，民政部副部长窦玉沛（前左一）到大同市社会福利院看望孤儿

2000年10月10日，山西省人大常委会副主任曹馨仪（右三）到浑源县视察民政工作

2005 年 7 月 20 日，大同市委副书记、市长郭良孝（前排中）视察大同市救助站施工现场

2012 年 1 月 17 日，大同市委副书记、市长耿彦波（右一）到大同市光荣院慰问优抚老人

2013 年 2 月 8 日，大同市委副书记、市长李俊明（右二）到大同市光荣院看望光荣老人

2005 年 6 月 6 日，山西省民政厅厅长郭有勤（左一）视察大同市福利彩票销售情况

2009 年 8 月 20 日，山西省民政厅厅长马景龙（左一）在广灵县检查社会救助工作

2010 年 3 月 4 日，山西省民政厅厅长周明定（后左三）到大同市社会福利院看望孤残儿童

2013年5月9日，山西省民政厅厅长薛维栋（前右一）在大同市城区调研社区网格化建设情况

2012年4月26日，山西省民政厅副厅长王卫东（右二）在大同市低保中心检查社会救助政策落实情况

2005 年 7 月 5 日，山西省民政厅副厅长何耀光（右二）到大同市福彩中心检查工作

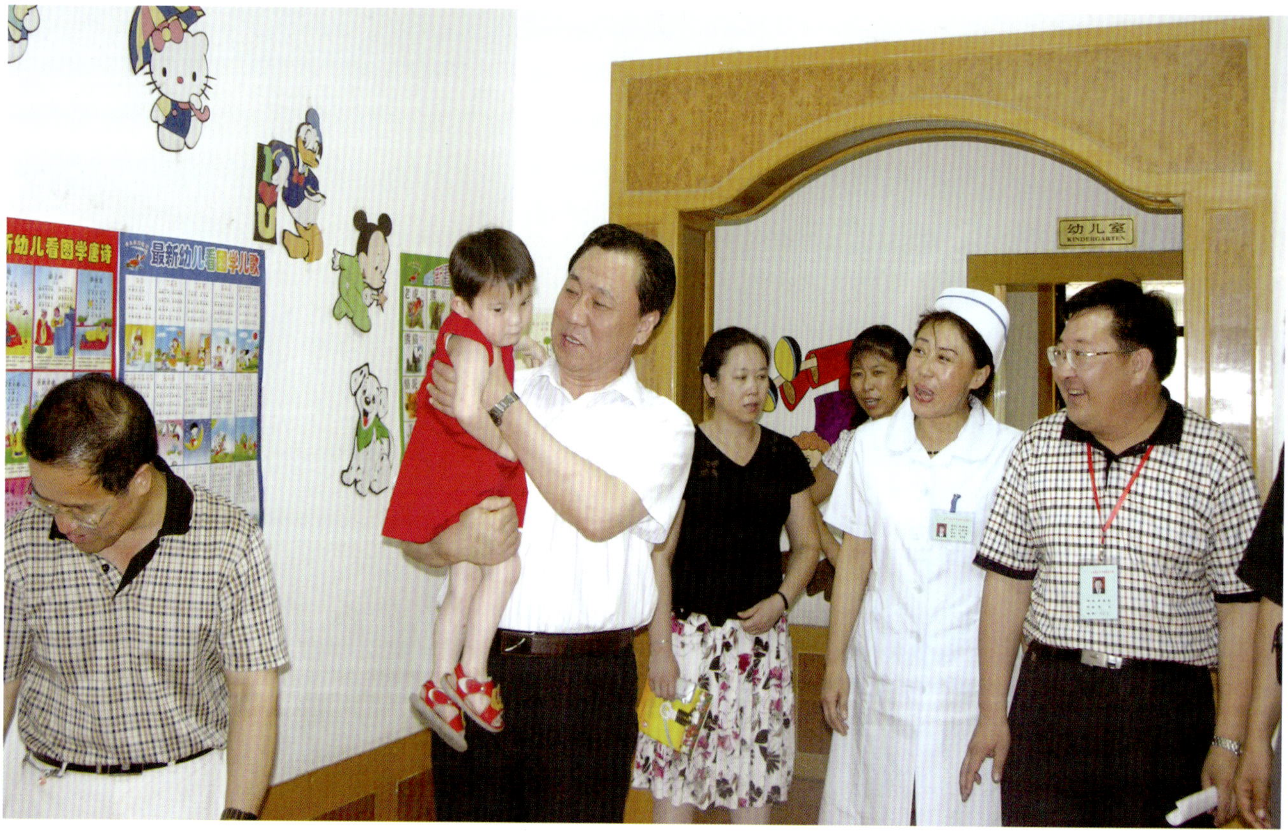

2006 年 7 月 13 日，山西省民政厅副厅长何子义（左三）到大同市社会福利院看望孤儿

2005 年 1 月 5 日，山西省民政厅纪检组长游炜（右三）到大同市社会福利院指导行风建设工作

2007 年 1 月 9 日，山西省民政厅副厅长许富昌（左一）检查大同市救灾物资储备情况

1996 年 6 月 20 日，全国双拥模范、兵妈妈欧学联（右五）到大同驻地部队慰问官兵

2005 年 7 月 28 日，大同市低保中心被表彰为“全国青年文明号”

2005 年 8 月 20 日，民政部、山西省人民政府慰问团赴灵丘老区召开纪念抗日战争胜利 60 周年座谈会

2009 年 8 月 19 日，大同市社会救助工作现场促进会在广灵县召开

2010 年 11 月 4 日至 5 日，中德慈善立法研讨会在大同召开

《大同民政志》编纂委员会

《大同民政志》编辑人员

主　编： 白　玉

副主编： 王　强

编　辑：（以姓氏笔画为序）

马　敏　王利军　王雪青　王雪梅　边广文　史德元　田振耘　卢和银
刘大军　刘　泳　刘翰平　吉庆刚　孙慧锦　孙亚格　孙建国　杜启富
陈　超　苏静慧　余志甫　李文辉　李学艳　李重阳　李树才　李延丽
李瑞卿　张云生　张文瑛　张丽君　张利新　张　昊　张卓蔷　张　燕
张　亮　张建亮　张慧玲　张雅靖　张瑾瑾　杨少华　范　俊　周　忠
周福利　周　磊　武　利　赵水云　赵云常　赵登远　段永庆　郝卫平
高常青　党生来　郭文军　郭永亮　郭怀忠　柴映昌　尉技文　宿晓婷
韩　炘　蔺少峰

编　审： 李　勇　王　林　张　艳　冯　雨

序　言

我有幸在工作生涯的最后七年担任大同市民政局局长，耳濡目染，感受颇深。民政工作面对困难群体、特殊群体，项目繁多、任务繁重、涉及面广、政策性强，是一个多元性的社会行政工作，具有调节人际关系、促进社会和谐的重要功能。“治世民政兴、乱世民政衰。”在历史上民政成了检验政治清明的试金石，每个朝代的兴亡，大抵都与民政息息相关。

新中国成立后，民政干部队伍长期形成的“孺子牛”精神，是民政工作者的核心价值理念。进入新的历史时期，这种精神的内涵逐步深化。民政人不仅要吃苦耐劳，更要学习更新，求实务新，敬业创新。只有这样，才能赶上时代的节拍。这种积极进取的精神，是引领和支撑民政事业科学发展的力量源泉。民政人只有保持“输不起”的危机感、“坐不稳”的紧迫感、“无退路”的责任感和“创一流”的使命感；懂得慢走一步会差之千里，耽误一时将落后数年；树立“创”的意识、“试”的胆略、“闯”的干劲、“实”的作风，才能保证民政事业稳中求快、不断发展。

大同民政有着优良的传统和扎实的基础。新中国成立初期，大同民政人苦心经营，开展传统民政工作，健全民政工作机构。20 世纪 80 年代，大同民政人率先改革，发展民政经济，开创了残疾人福利事业新局面。90 年代，大同民政人艰苦奋斗，壮大民政事业，建立了功能齐全的民政服务体系。进入 21 世纪，大同民政人针对民政工作面宽、人多、事杂、量大和本身人力财力有限，单兵作战，孤掌难鸣的情况，逐步建立政府主导、民政主管、部门协作、社会参与的民政工作长效联动机制，有效整合社会各界的人力、物力、财力和智力资源，形成推动民政事业发展的强大合力，让广大群众尤其是困难群体得到更多的实惠，全市民政事业稳步发展，扎实推进。60 多年来，大同民政一路先行，亮点诸多，一直是山西省、全国民政系统的一面旗帜。近年来先后被民政部授予“全国社会组织深入学习实践科学发展观活动指导工作先进单位”“全国社会组织创先争优优秀指导单位”荣誉称号，两度被省精神文明建设指导委员会表彰为“文明和谐创建先进集体”，连续五年被省民政厅评为年度目标责任考核优秀等次。市社会福利院育孤近万名，被全国总工会授予“全国职业道德模范单位”；市军供站被民政部、总后勤部表彰为“军供工作先进单位”；市福利院和军供站被民政部表彰为首批“全国民政系统行风建设示范单位”；市光荣院被全国老年学会表彰为“全国百家杰出养老服务机构”。

志者，史之镜也，识往鉴今，革故鼎新。总结历史，是为了面向未来。回首过去，成绩和荣誉归功于上级民政部门和市委、市政府的领导，归功于历届民政领导和广大民政工作者的努力。展望未来，民政工作任重道远。历史在前进，时代在发展，民政工作者面临着新的发展机遇和挑战。在新的历史征途上，民政人要用更开阔的思路，更得力的措施，更扎实的行动，奋力推进民政事业持续健康快速发展，在保障和改善民生中发挥重要基础作用。

借全国第二轮修志的东风，大同市民政局于2013年12月开始组织编纂《大同民政志（1949—2013)》，以期达到“存史、资治、教育”的目的。本志遵循“尊重历史、详今略古、突出发展、有益后世”的原则，记叙大同民政从新中国成立开始至2013年的发展变化过程，涵盖民政工作的方方面面，力求做到思想性、科学性和资料性的有机结合，给继任者提供历史资料和借鉴，是一部大同民政历史全书。编纂工作历时一年半，几经调整，数易其稿，终于成书付梓，倍感欣慰。这是大同民政发展史上一件盛事，凝聚了全体编纂人员的心血、汗水，是他们勤劳和智慧的结晶，对同人们的辛勤付出表示感谢。本志编纂得到市地方志办公室的大力帮助和指导，谨表谢意。

是为序。

2015年9月30日

凡　例

一、本志指导思想：以马列主义、毛泽东思想、邓小平理论、“三个代表”重要思想和科学发展观为指导，贯彻习近平总书记系列重要讲话精神、坚持存真求实、详今略古的原则，在第一部《大同市民政志》的基础上，重点记录1986年以来大同民政事业的发展历程，达到“存史、育人、资治”的目的。

二、本志体例：采用章、节式体裁，述、志、记、图、表、录并用，以志为主。文体：采用记述体，横排竖写，以记述事实为主，采用规范的现代汉语语体文。

三、本志谋篇：前设综述，后置大事记、附录、志余、后记。设民政机构、救灾救济、城乡社会救助、基层民主政治建设、社会组织管理、优待抚恤、复员退伍军人和军队离退休干部安置、双拥共建、社会福利、社会事务管理、行政区划和地名管理、民政人物等12章。

四、本志时限：上限从1949年5月1日，下限至2013年12月31日止。部分专业按照实际情况不设上限。志余编印2014年有关资料。

五、本志涉及行政区域范围：1949～1992年为大同市所辖区，1993～2013年为大同市所辖县、区。

六、本志大事记：《大同市民政大事记》（1949～2013），共1556条，第一部（1949～1992），按年编修；第二部（1993～2013），按月编修。《雁北地区民政大事记》（1949.5～1993.7），共119条，按年编修。

七、本志民政机构沿革、行政区划沿革、民政人物内容涉及大同市和目前所辖七县（大同、阳高、天镇、浑源、灵丘、广灵、左云县）、四区（城区、矿区、南郊区、新荣区）及原雁北地区。

八、本志资料来源：市民政局大事记、市民政系统各部门档案资料及民政报刊图书有关大同民政部分。

目　录

综　述

中国民政历史悠久，源远流长，可追溯到3000多年前。在西周时期就有领土疆域划分、基层行政组织设置、调解纠纷、救灾救济等社会行政事务，虽无“民政”之称，却行“民政”之事，古称“民事”。随着历史发展，虽朝代有更替，但涉及“民事”的内容，始终未曾间断。古代当政者多有“民为邦本，本固邦宁”的认识，始终把“为民”作为“行政”的基本理念，不断扩大和充实“民事”的内容，考虑民众愿望，办理民众事务，予民以利，惠民利民而安民，把这些工作总括起来称之为“民政”。

中国民政的发展，正式起源于唐宋，多见于北宋，演变于南宋，广用于清末、民国，深化于新中国。唐代有“安民立政”之说，北宋有“修治民政”之论。“民政”作为一个词组最早出现于《两汉会要》，书中编目列有“民政”事项，细化风俗、民伍、荒政、抚恤鳏寡孤独、流民等30余项具体事务，初步形成了民政概念，之后“民政”一词逐步在官方和民间广泛使用。民政作为一个职能机构的出现，是在晚清时期。康有为在“戊戌变法”中提出“各省设民政局举行地方自治”。这是中国历史上第一次出现以“民政”命名的政府机构。辛亥革命后，北洋政府和国民政府都在中央和地方设置专门机构管理民政，涉及地方官吏任免、地方自治、行政区划、选举、慈善事业等。中华人民共和国成立后，随着中国共产党领导的人民政权的建立和巩固，民政工作进入了新的历史时期。

大同的民政事业基本与国家民政同步发展。明以前，社会救济事项由知府、衙署管理。清康熙二十八年（1689）曾建养济院，乾隆二十一年（1756）建留养局。晚清大同县衙门“六房”中之“户房”专管民政工作。辛亥革命后，大同县公署设一科。“七七”事变后，日本侵略者在伪大同县公署设“民生科”（后改民政科）。日本投降后，国民党大同县政府设民政科，均为专管民政事务的机构。民国二十六年（1937）9月，日军入侵大同后，中国共产党在大同农村建立抗日民主政权，设立民政机构，晋察冀边区雁北行署成立民政科，主要负责支前、优待、抚恤、拥军优属等工作，后来各县抗日民主政府设民政科，各区设民政助理员。1949年5月1日，大同市人民政府成立，设社会局（民政局前身）。当时围绕党的中心工作，市、区各级民政部门在基层政权建设、土地改革等方面做了不少工作。

新中国成立后，大同民政工作经历了建立工作基础做好传统民政工作、发展民政事业增强综合服务功能、健全工作机制提高管理服务水平等发展阶段。

新中国成立初期，大同市各级人民政府从市到乡、镇全面建立新的民政机构，充实民政队伍，完成稳定社会秩序、建立与巩固新生革命政权的任务。大力疏散遣送流入城内的游民回乡生产，对市内大批失业人员，组织生产自救，对丧失劳力的给予救济。成立生产教养院、劳动教习所，收容流浪街头、无依无靠、无法生活之孤老残幼及旧社会遗留下来的乞丐，予以教养改造。同时，大力禁烟禁毒，设立戒烟所，收容大量烟民戒烟。经过艰苦工作，基本解决了旧中国长期遗留的社会问题。随着解放战争结束，大批复员军人回乡，根据热情接待、妥为安置的方针，帮助回农村的复员军人解决土地、住房等生产、生活问题，帮助在城镇的复员军人介绍就业，使他们安家立业，各得其所。国家进入社会主义改造和有计划的经济建设时期后，全市各级民政部门，在中央和省制定的民政工作方针政策指引下，对优抚、复员安置、救灾、救济、社会福利事业和社会福利生产、行政区划、收容遣送、婚姻登记和殡葬改革诸方面做了大量工作，基本形成相对稳定的民政机构、工作队伍和工作格局。

“文化大革命”中，民政工作遭到严重破坏，部分民政干部受冲击迫害，民政机构撤销，许多行之有效的规章制度被废除。但是由于人民群众的需要和支持，广大民政干部在极其困难的条件下坚持做好救济工作，帮助灾民安排生活，重建家园；在人民武装部门的协助下，坚持做好烈军属的优待和退伍军人的安置工作。

粉碎“四人帮”之后，大同市各级民政机构相继恢复，规章制度逐步健全，各项工作不断发展。新的历史时期民政工作的范围是：基层政权建设、优抚安置、生产救灾、社会救济和社会福利、行政区划、婚姻登记、殡葬改革等。各级民政干部解放思想、实事求是，从理论上探讨民政工作在社会主义现代化建设中的地位和作用，端正指导思想，强调民政部门要通过做好自身主管的工作，发展社会主义民主，维护社会主义法制，改善优抚救济对象的生活，促进社会福利事业的发展，为加强军政军民团结，建设新型的人与人之间的关系，调动一切积极因素，努力为实现党和国家在新时期的总任务服务。在党的十一届三中全会路线的指引下，对于不适应新时期民政工作的方针、政策和制度进行调整。特别是实行经济体制改革之后，强调民政工作要逐步走上社会化、法制化的轨道，并在工作中实行四个转变：即由单纯救济，满足于解决温饱问题，转变为既保障优抚救济对象的生活又注重扶持他们发展生产，勤劳致富；由只要求国家拨款兴办民政事业，转变为依靠社会力量，多渠道、多层次、多形式办好民政事业；由只讲社会效益、忽视经济效益，转变为既讲社会效益又讲经济效益；由单纯依靠行政手段，逐步过渡到推动民政工作社会化。20世纪80年代中后期至90年代初，大同市民政局在落实优抚、安置、双拥、扶贫救助、救灾救济等政策的基础上，大力发展经济，协调各部门、各单位积极兴办社会福利事业，取得显著成绩。1986年底，全市城镇中的社会福利工厂发展到40个，拥有固定资产386万元，流动资金245万元，完成产值370万元，实现利润32万元。安置城镇残疾人1750人，农村残疾人732人，分别占城市和农村应安置就业残疾人总数的99%和60%。1986年5月，中国残疾人福利基金会理事长邓朴方视察时对大同市残疾人福利事业的发展状况给予高度评价。1988年7月，《中国社会报》刊登《斗胆陈寿昌》一文，报道大同民政人率先改革的事迹。1992年7月开始的福利彩票事业有效解决民政发展经费不足的困难，促进民政事业快速发展。

1993年，雁北地区和大同市合并，大同民政事业进入城乡统筹发展的新阶段。大同市民政局在加大投入、创新思路、打牢基础、提升服务上做文章，加强民政事业单位建设，发挥民政服务机构的社会性、民众性、公益性和事务性特点。至2001年，市直属民政事业单位增加至18个。一批民政建设工程相继竣工，新建市军供福利大厦、市光荣院“老人公寓”、市殡仪馆综合楼和办公大楼、市社会精神病院综合楼和门诊楼、恒泰陵园。加大事业单位投资，更新完善基础设施，提高综合服务功能，满足社会群众和单位办公的基本需求。民政事业单位以满足服务对象需求为出发点，着眼时代发展，提升服务质量，规范服务流程，全市民政事业得到快速发展。民政事业单位多次受到国家、部省和市级表彰，市低保中心被表彰为“全国青年文明号”，市殡仪馆被表彰为“省级青年文明号”，市社会福利院被评定为“山西省一级福利院”。市社会福利院抚育孤残儿童的经验和“乳娘村”的事迹在全国引起强烈反响。中央、省市许多新闻媒体进行连续报道。以市社会福利院农村乳娘抚育残疾孤儿为素材拍摄的电影《孤儿泪》全国公映后引起轰动，获1996年中宣部“五个一”工程奖。1998年12月，《中国社会报》以《大同神话》为题连续6期2万余字大篇幅报道大同民政基础设施建设，介绍军供福利大厦、福利院、军供站、殡仪馆、恒泰陵园、光荣院、军干所7个单位的情况，“大同民政经验”在全省乃至全国引起反响。

进入21世纪，大同民政工作进入全面发展稳步提高的时期。民政工作恪守“以民为本、为民解困、为民服务”的宗旨，按照“服务大局、服务人民、服务社会、服务国防”的本职要求，竭诚为广大民众解难事、做好事、办实事，努力解决政府关切、群众关心、社会关注的热点、难点问题，努力实现有效的社会救助、牢固的军民团结、广泛的基层民主、优质的社会服务、规范的社会管理，较好地发挥民政工作在保民生、维稳定、促和谐中的作用。针对民政部门服务的面宽、人多、事杂、量大和本身人力财力有限，单兵作战，孤掌难鸣的情况，逐步建立政府主导、民政主管、部门协作、社会参与的民政工作长效联动机制，有效整合社会各界的人力、物力、财力和智力资源，形成推动民政事业发展的强大合力，让广大群众尤其是困难群体得到更多的实惠，全市民政事业稳步发展。2012 年 6 月，《中国社会报·山西民生》的《为民解难大联动》纪实报道受到省内外民政领导、专家学者一致好评。

——城乡社会救助体系更加完善，困难群众的基本生活得到保障。低保标准按照城市低保幅度不低于 9%，农村低保幅度不低于 16% 的目标逐年提高。城乡低保金实行社会化发放，通过社会救助网络信息管理平台信息比对功能，实现动态管理下的“应保尽保、应退即退”。医疗救助比例和年最高救助标准逐年提高。“一站式”即时结算服务逐步推行。科学整合全市农村敬老院，改善供养条件，集中供养率逐年提高。不断拓宽救助范围，将“救急难”作为社会救助的基本方针。针对大同十年九旱，水、雹、冻、虫、病等自然灾害连年发生的情况，贯彻中央制定的救灾工作方针，及时掌握、核实灾情，拨发救灾款物，全力保障灾民生活。

——双拥优抚安置政策全面落实，军民融合式发展扎实推进。抓好各项拥军优属、拥政爱民政策的落实，深入开展国防教育、关爱功臣和军民共建，积极争创“双拥模范城”，截至 2012 年，荣获全国“双拥模范城”七连冠。全面落实各项优抚政策，不断提高优抚对象的保障水平，按时足额发放优抚事业经费，完成优抚对象数据库更新、升级和零散烈士纪念设施抢救保护工作。确定“安置就业，扶持就业，自谋职业”的工作方针，较好地完成退役士兵就业安置。

——社会福利和慈善事业加速发展，服务特殊群体的普惠型格局初步形成。研究制定大同市《关于加快发展养老服务业的实施意见》，落实民办养老机构开办补助和运营补贴，扶持兴办民办养老机构。新建农村老年人日间照料中心，扎实做好孤儿养育工作并积极研究适度普惠型儿童福利。围绕助学、助医、济困、安老，积极开展慈善救助活动。贯彻“安全运行、健康发展”的方针，福利彩票发行总量实现连年平稳增长的势头。

——基层自治和社会组织建设正规有序，维护社会稳定的作用明显增强。不断推进农村基层民主政治建设，紧紧围绕“民主选举、民主决策、民主管理、民主监督”四个中心环节，充分发挥广大村民自我管理、自我教育、自我服务的三自职能，深化“四议两公开”工作法，为新农村建设奠定坚实的基础。加强社区建设，以服务群众为重点，以居民自治为方向，以维护稳定为基础，以文化活动为载体，社区逐步成为“管理有序、服务完善、文明祥和”的社会生活共同体。加强社会组织建设，落实年检年审制度，加大行政执法力度，落实四类社会组织直接登记制度，成立社会组织党工委，全市社会组织行为日益规范，职能逐步完善，作用发挥更加明显。

——专项社会事务管理科学规范，公共服务水平逐步提升。以移风易俗，促进社会主义精神文明建设为出发点，结合城市改造和古城恢复工程，摈弃旧的丧葬习俗，积极推动殡葬改革。依法取缔医院告别厅、太平间。开展“绿色殡葬”工程，建成基础设施全国一流的殡仪馆，推行免除城乡困难群众基本殡葬服务费的惠民政策。为积极适应城市经济、社会发展的需求，提出市辖区区划调整方案，上报省政府讨论。认真完成界线联检和地名普查工作。完成《中华人民共和国政区大典·山西省卷》大同市部分的编纂。大力开展婚姻登记规范化建设活动，不断严格登记程序，健全规章制度，解决婚姻登记工作机构、经费、场地，增强队伍素质和服务能力，推进信息化建设，全市 12 个婚姻登记处都开通了网上预约服务。深入落实流浪乞讨人员救助政策，创新救助方法，加大街面巡回救助力度，协同公安、城管、卫生等部门开展经常性的救助保护服务，依托警银亭设置救助引导标志，提高救助人员伙食标准，积极开展“寒冬送温暖”活动，使流浪乞讨人员的救助更加规范化。

第一章 民政机构

第一节 大同市民政局

1949年5月1日，大同市人民政府设立专管民政工作的社会局，下设民政科（后改名行政科）、优抚科、公益科（后改名社会科）、卫生科（1949年10月划出成立大同市卫生局）。

1950年3月23日，社会局更名为民政局。1950年增设干部科，1952年4月与市政府人事科合并。1953年1月，市建设局农林科归民政局，1954年4月成立市农林局。1954年1月，增设地政科。同年4月市公产管理处并入民政局后，与地政科合并，改称大同市房地产管理处，1956年2月3日，直属市人民委员会。1956年7月，增设生产科，管理社会福利生产，1960年11月撤销。1958年12月，市人民委员会宗教事务科归民政局。

1967年4月，大同市民政局改称大同市革命委员会民政办公室，原各科撤销。1969年1月1日，大同市革命委员会民政办公室改名为大同市革命委员会办事组民政革命领导小组，同年12月23日又改名为大同市革命委员会办事组民政办公室。

1971年9月，市革命委员会办事组统战办公室归民政局办公室。

1972年5月10日，大同市革命委员会办事组民政办公室撤销，成立大同市革命委员会民政局，设行政办公室、优抚、社会、民族宗教事务科（1975年10月改属中共大同市委统战部）。

1973年5月，民政局承办之统战工作，移交市革命委员会。1973年6月19日，市城建局所管征用土地工作，移交民政局办理，1975年交回市城建局。

1975年8月20日，增设政工办公室。

1977年5月，大同市革命委员会民政局改称大同市民政局。1979年11月17日，市委统战部民族宗教事务工作移交民政局，1980年12月交回市委统战部。

1980年10月，成立大同市地名普查领导组，办公室设在民政局。1981年5月，增设“双退”（退休军人和军队离退休干部）办公室。1981年7月，大同市地名普查领导组办公室改名为大同市地名办公室。1984年7月，增设民政科。截至1985年，设四室、三科。即，政工办公室、行政办公室、双退（退伍军人和军队离退休干部）办公室、地名办公室，民政科、优抚科、社会科。

1986年，增设生产科，全局编制43名。1987年，增设老干科。1989年，增设监察室、基政科。1990年，增设社团科、保卫科。1992年，增设党委办公室、组织人事科、宣传科、纪检办公室、工会、团委、武装部。

截至1993年7月，编制43名，设18个科室。即，党委办公室、组织人事科、宣传科、工会、团委、武装部、老干科、办公室、社会科、优抚科、民政科、退伍军人安置办、军队离退休干部安置办、地名办公室、生产科、社团科、保卫科、监察室。

1993年7月，大同市与雁北地区合并，在原大同市民政局和雁北行署民政局基础上，组建新的大同市民政局，编制68名，设21个科室。即，党委办公室、组织（人事）科、宣传科、工会、团委、武装部、老干科、行政办公室、秘书科、社会一科、社会二科、优抚科、基政科、退伍军人安置办公室、军队离退休干部安置办公室、地名办公室、生产科、社团科、民政科、保卫科、监察室。

1997年4月13日，核定编制47名，设18个科室。即，办公室、优待抚恤科（挂市委、市政府双拥工作领导组办公室牌子）、安置科（挂市政府退伍军人和军队离退休干部安置领导小组办公室牌子）、救灾救济科、农村社会保险科、社会福利科（挂市社会福利生产办公室牌子）、基层政权建设科、区划地名科（挂市地名委员会办公室、市勘界领导组办公室牌子）、社团管理科、社会事务科、计划财务科、党委办公室、组织科（人事科、离退休干部科）、纪检委（监察室）、审计科、工会、团委、武装部。

2001年11月，核定编制40名（公务员35名、工勤5名），设10个科室。即，办公室、民间组织管理科、优待抚恤科（大同市拥军优属拥政爱民工作领导组办公室）、安置科、救灾救济科、基层政权建设和区划地名科、社会福利和社会事务科、人事教育科、机关党委办公室、监察室。农村社会养老保险职能划归市劳动和社会保障局。2005年9月，增设离退休人员管理科。2006年10月，增设双拥联络科。2007年5月，增设法制科。

2009年12月，核定编制40名（公务员35名、工勤5名），设13个科室。即，办公室（应急管理办公室）、编制人事教育科（社会工作科）、民间组织管理科（行政审批服务办公室）、优待抚恤科、安置科、双拥联络科（大同市拥军优属拥政爱民领导组办公室）、救灾救济科、基层政权建设和区划地名科（大同市村务公开协调领导组办公室）、社会福利和慈善事业促进科、社会事务科、离退休人员工作科、机关党委办公室、监察室。2012年11月，增设社会组织工作委员会党建办公室。截至2013年12月31日，编制40名，设14个科室。

大同市民政局历任领导名录

机构名称	职务	姓名	任职时间	备注
社会局 民政局	局长	田　苏	1949.7—1951.11	1950年3月改名为大同市民政局
民政局	副局长	兰效汤	1950.11—1952.4	民主人士
民政局	局长	王　维	1951.11—1952.4	
民政局	局长	兰效汤	1952.4—1955.8	
民政局	副局长	张树芳	1952.4—1954.3	
民政局	副局长	牛　诚	1953.5—1956.2	
民政局	副局长	董振林	1954.11—1956.4	
民政局	局长	常嗣明	1955.8—1967.1	民主人士
民政局	副局长	赵　祥	1956.4—1960.7	
民政局	副局长	姚培均	1956.10—1958.6	
民政局	副局长	李治林	1958.12—1965	
民政局	副局长	谢际瑞	1959.2—1962.7	
民政局	副局长	赵延芳	1960.2　1962.6	
民政局	副局长	任涛响（女）	1962.6—1964.7	
民政局	副局长	傅万林	1965.10—1967.1	
革命委员会民政办公室	主任	李海波	1968.2—1969.1	
革命委员会民政办公室	副主任	陈德全	1967.4—1969.1	
民政革命领导小组	组长	李海波	1969.1—1970.2	
民政革命领导小组	副组长	陈德全	1969.1—1970.2	
革命委员会办事组民政办公室	主任	阎景云（女）	1970.2—1971.9	
革命委员会办事组民政办公室	副主任	傅万林	1970.2—1971.9	
革命委员会办事组民政办公室	主任	傅万林	1971.9—1972.5	
革命委员会办事组民政办公室	副主任	陈德全	1970.2—1972.5	
革命委员会民政局	局长	傅万林	1972.5—1977.5	
革命委员会民政局	副局长	辛尚文	1972.5—1977.5	
革命委员会民政局	副局长	陈德全	1972.5—1975.11	

续表

机构名称	职务	姓名	任职时间	备注
革命委员会民政局	副局长	金　若（女）	1973. 6—1974. 8	
民政局	局长	金　若（女）	1978. 1—1982. 12	
民政局	局长	马占藻	1984. 4—1985. 2	
民政局	党委书记、局长	陈寿昌	1985. 3—1993. 3	
民政局	副局长	辛尚文	1977. 5—1983. 12	
民政局	副局长	马庭英	1977. 5—1984. 3	
民政局	副局长	张　瑄	1977. 5—1983. 12	
民政局	副局长	邢连山	1978. 10—1984. 3	
民政局	副局长	李忠贵	1979. 11—1992. 3	
民政局	副局长	孟养连	1981. 8—1988. 6	
民政局	副局长	刘翠娥（女）	1984. 6—1996. 6	1996. 6—1998. 10 调研员
民政局	副局长	王运新	1985. 5—2001. 8	
民政局	副局长	高友异	1986. 9—2001. 12	
民政局	副局长	王华子	1991. 12—2001. 12	
民政局	党委书记、局长	范培生	1993. 3—2001. 12	1991. 12—1993. 03 党委副书记副局长
民政局	副局长	李有全	1993. 7—2009. 12	1991. 11—1993. 7 纪检组长 2003. 8—2009. 12 市双拥办主任
民政局	党委副书记	韩尚林	1992. 2—2001. 12	
民政局	副局长	邓　忠	1993. 7—1996. 6	1993. 7—1996. 6 党委副书记
民政局	副局长	陈高文	1993. 7—2007. 3	
民政局	副局长	马芳山	1993. 7—1994. 12	
民政局	副局长	张嘉明	1993. 7—1996. 6	1996. 6—1998. 10 调研员
民政局	副局长	耿　敏	1998. 11—2012. 6	
民政局	党组书记、局长	李根田	2001. 12—2003. 6	

续表

机构名称	职务	姓名	任职时间	备注
民政局	副局长	王　强	2001. 12—	1993. 7—2001. 12 纪检书记 2003. 12—2007. 6 调研员（兼）
民政局	纪检组长	靳文军	2001. 12—2007. 4	
民政局	副局长	王　萍（女）	2002. 8—2011. 5	同时兼任市老龄委办公室主任
民政局	党组书记、局长	杨清明	2003. 6—2009. 1	
民政局	副局长	刘方茂	2006. 2—	
民政局	纪检组长	张　军	2007. 6—2011. 4	
民政局	副局长	郜德民	2008. 12—	
民政局	党组书记、局长	白　玉	2009. 1—	
民政局	纪检组长	陈　友	2011. 4—	
民政局	社会组织党工委专职副书记	宿　权	2013. 10—	
民政局	副局长	高　山	2013. 11—	2003. 12—2013. 11 副调研员
民政局	副调研员	刘翰平	2013. 11—	
民政局	副调研员	合玉霞（女）	2013. 11—	

1. 主要职责

（1）拟定全市民政事业发展规划、年度计划和政策，并负责组织实施和监督检查。

（2）承担依法对全市性社团、基金会、民办非企业单位（以下统称为民间组织）进行登记管理和监察责任，指导、监督县（区）对民间组织的登记管理工作。

（3）负责全市优待抚恤工作，对各类优抚对象优待、抚恤、补助标准和国家机关工作人员伤亡抚恤标准提出意见；负责评残、追烈和烈士褒扬工作；指导全市优抚事业单位标准化建设工作。

（4）组织和指导全市拥军优属工作，承担市拥军优属拥政爱民工作领导小组的日常工作，协调、指导地方支持部队建设和部队参加地方建设的工作。

（5）负责全市退役士兵、复员干部、军队离退休干部和无军籍退休退职职工的接收和安置工作，指导军休服务管理机构和军用饮食供应站的建设管理、服务保障，指导全市退役士兵的培训和就业工作。

（6）负责组织、协调全市救灾工作，组织自然灾害救助应急体系建设，负责组织核查并统一发布灾情，管理、分配全市救灾款物并监督使用；组织、指导救灾捐赠工作。承担市减灾委员会的日常工作。

（7）牵头拟定全市社会救助规划、政策和标准，健全城乡社会救助体系，负责全市城乡居民最低生活保障、医疗救助、临时救助、生活无着人员救助工作。

（8）承担全市行政区划和地名管理工作，承办乡级以上（含乡级）行政区域的设立、撤销、更名和界线变更及政府驻地迁移的审核报批工作，指导全市地名标志和门牌的设置与管理工作。

（9）负责全市的行政区域界线勘定和管理，负责全市行政区域内乡级以上边界争议的调查和争议调处。

（10）拟定城乡基层群众自治建设和社区建设的政策意见，指导社区服务体系建设，提出加强和改进城乡基层政权建设的建议，推动基层民主政治建设。

（11）拟定全市社会福利事业发展规划、政策和标准，拟定社会福利机构管理办法，管理福利彩票公益金。拟定社会福利企业扶持政策，组织拟定促进慈善事业的政策，组织、指导社会捐助工作，指导老年人、孤儿和残疾人等特殊群体权益保障工作。

（12）拟定婚姻、殡葬管理和儿童收养政策，推进婚俗和殡葬改革，承办涉港澳台居民婚姻登记管理，提出涉外儿童收养登记意见，指导全市婚姻、殡葬、收养、救助服务机构管理工作。

（13）会同有关部门拟定社会工作发展规划、政策和职业规范，推进社会工作人才队伍建设和相关志愿者队伍建设。

（14）承担各类民政信息建设和管理工作。

（15）承办市人民政府交办的其他事项。

2. 科室职能

（1）办公室（应急管理办公室）：拟订全市民政事业发展规划、年度计划；负责机关文电、会务、机要、档案、政务公开、督查督办、政务协调、提案办理、安全保密、信访工作和应急管理；承担民政信息建设和管理工作；承担新闻发布的组织协调工作；拟定全市民政系统财务管理有关政策并指导实施，对省市财政拨付的民政事业专项资金的使用进行指导并实施监督管理；负责局机关及直属单位财务管理有关工作；负责局机关及直属事业单位国有资产管理和审计工作；负责民政统计管理工作。负责全市民政工作政策、地方性法规、规章草案调研和草拟；承办全系统法制教育、执法监督工作；承办相关行政复议、行政应诉和行政赔偿工作及其他法律事务。

（2）编制人事教育科（社会工作科）：负责局机关和直属单位的机构编制和人事劳资管理工作；承担机关外事工作；拟订并组织实施全市民政系统人员培训规划；负责推进全市社会工作人才队伍建设和相关志愿者队伍建设；指导全市基层民政组织建设和民政系统培训、教育和表彰等工作。

（3）民间组织管理科（行政审批服务办公室）：拟订全市民间组织登记管理实施办法并组织实施；按照管理权限，负责全市性民间组织以及境外非政府组织在同申请设立的民间组织的执法监察；指导和监督县（区）对民间组织的登记管理工作；承办全市政务大厅集中审批的民政相关事项。

（4）优待抚恤科：监督实施优待抚恤法律、法规和政策，拟定全市优待抚恤的政策规章并监督实施；提出各类优抚对象优待、抚恤、补助标准和国家机关工作人员伤亡抚恤标准的意见；负责提出市民政局负责的评残、烈士评定工作的意见；负责烈士褒扬工作；指导全市优抚事业单位标准化建设和社会工作人才队伍建设工作；负责全市优抚对象管理和经费发放。

（5）安置科：依照兵役法，负责全市转业士官、复员干部、城镇退役士兵、荣立二等功以上和因公因战致残农村义务兵的接收、教育、安置工作以及转业士官和城镇退役士兵自谋职业工作；指导全市退役士兵的培训和就业工作；负责军队离退休干部、退休士官和军队无军籍退休退职职工的接收安置；指导全市军休服务管理机构和军用饮食供应站的建设管理、服务保障工作。

(6) 双拥联络科（大同市拥军优属拥政爱民领导组办公室）：承担市拥军优属拥政爱民领导组的日常工作。制定双拥工作规划目标；组织和指导全市拥军优属活动。

(7) 救灾救济科：拟定全市救灾减灾工作政策、规划；组织协调全市救灾减灾工作；组织自然灾害救助应急体系建设；承办灾情组织核查和统一发布工作；承办市内外救灾款物管理、分配工作并监督使用；会同有关方面组织协调安置灾民、农村灾民毁损房屋恢复重建补助和灾民生活救助；承办省级、市级生活类救灾物资储备工作；组织和指导救灾捐赠；组织和指导扶贫济困活动，指导全社会救济工作。

(8) 基层政权建设和区划地名科（大同市村务公开协调领导组办公室）：拟定城乡基层群众自治组织建设和社区建设的办法并监督实施；提出加强和改进城乡基层政权建设的建议；指导村（居）民委员会民主选举、民主决策、民主管理和民主监督工作，推动村（居）民自治和基层民主政治建设；指导城乡社区建设和服务管理工作；指导协调全市农村村务公开工作。

拟定全市行政区划管理政策和地名管理办法并监督实施；承办乡级以上行政区域的设立、撤销、调整、更名和界域变更及政府驻地迁移的审核报批；会同有关部门编制乡、镇、街道行政区划排列顺序及代码；负责全市地名的命名、更名和标准化处理；审核乡级以上行政区划名称、重要自然地理实体地名命名、更名；负责行政区域内的勘界工作；负责全市标准政区与地名地图、资料的编辑和审定。

(9) 社会福利和慈善事业促进科：监督实施老年人、残疾人和特殊困难儿童权益保护法律、法规；拟定社会福利事业发展规划和政策办法并组织实施；拟定老年人、残疾人和特殊困难儿童权益保护政策并组织实施；拟定社会福利机构管理办法；负责福利彩票公益金管理、使用工作；拟定福利企业扶持政策，承办福利企业资格认定工作；组织和指导社会捐助工作。

(10) 社会事务科：监督实施婚姻、收养管理、流浪乞讨人员、殡葬管理法律法规；拟定婚姻、收养管理、流浪乞讨人员和流浪未成年人救助管理政策办法并监督实施；拟定殡葬事业发展规划、工作方针、政策并指导实施；推进婚俗和丧殡改革，强化公墓监管；承办涉港、澳、台婚姻和收养登记工作；指导殡葬、救助服务机构管理，拟定建设、服务标准及管理规范；指导婚姻、收养服务机构管理；承担全市婚姻登记信息联网、救助信息系统建设及管理工作。

(11) 离退休人员工作科：负责局机关离退休人员管理服务工作，指导直属单位离退休人员管理服务工作。

(12) 机关党委办公室：负责局机关和直属单位的党群工作。

(13) 监察室：负责局机关及直属单位的纪检、监察工作。

(14) 社会组织工作委员会党建办公室：负责全市社会组织党的建设工作。

第二节　雁北地区民政局

1949 年 10 月，设立察哈尔省雁北行政督查专员公署民政科，负责人事、民政、劳动工作。1951 年 9 月，人事、劳动分设机构，民政科改为民政局，主管民政工作。

1952 年 12 月，撤销察哈尔省，雁北地区划归山西省，设立雁北专署民政局。1953 年 3 月改称民政科，1958 年 6 月改称民政局。

1959 年 1 月，雁北、忻县两专署合并为晋北专署，设立晋北专署民政局。1961 年 8 月撤销晋北专署，恢复雁北专署民政局。

1967 年 3 月，撤销民政局，民政工作由雁北地区革命委员会办公室负责。1968 年雁北地区革命委员会设民政事务组，1972 年 9 月恢复设立雁北地区革命委员会民政局。

1978 年 5 月，雁北地区革命委员会民政局改名为雁北地区行政公署民政局。

1993 年 7 月，雁北地区和大同市合并，地、市民政局随之合并。当时，雁北地区民政局编制 28 人，设置秘书、优抚、社会、基政、民政科、退伍军人安置、地名办公室 7 个科室。直属 2 个事业单位，即雁北地区社会福利院、雁北地区复退军人精神病医院，两院驻怀仁县，移交朔州市民政局。

1949～1993 年雁北地区民政局历任领导名录

名称	职务	姓名	任职时间	备注
民政科（局）	局（科）长	张俊兰（女）	1949. 10—1951. 11	

续表

民政科（局）	副局（科）长	赵国雄	1950—1951.7	
民政科（局）	局（科）长	王　缮	1951.11—1952.11	
民政科（局）	副局（科）长	冯启汉	1952.11—1953.8	
民政科（局）	副局（科）长	尹士声	1953.3—?	
民政科（局）	局（科）长	翁士璧	1953.8—1955.5	
民政科（局）	副局（科）长	刘兴汉	1955.5—1967.3	
民政科（局）	副局（科）长	梁　祥	1956.9—1957.4	
民政科（局）	局（科）长	马林杨	1953.6—1954.6	
民政科（局）	局（科）长	杨培茂	1955.6—1967.3	
民政局	副局长	刘德贵	1959.1—1961.8	
民政局	副局长	黄德昌	1964.5—1967.3	
民政局	副局长	张兴达	1966.2—1982.12	
民政局	局长	聂富成	1972.9—1980.3	
民政局	副局长	李日章	1972.9—1973.3	
民政局	副局长	梁鹤年	1973.3—1974	
民政局	副局长	柳　渤	1973.3—1978.5	
民政局	副局长	周振宇	1973.10—1975.5	
民政局	副局长	孙生才	1977.10—1983.4	
民政局	局长	朱　佩	1980.7—1983.8	
民政局	局长	宋　珍	1983.9—1991.3	
民政局	副局长	张嘉明	1983.9—1993.7	
民政局	副局长	马芳山	1983.12—1993.7	
民政局	副局长	刘　吉	1986.5—1989.10	
民政局	局长	邓　忠	1991.3—1993.7	1976.10—1991.3 副局长
民政局	副局长	陈高文	1992.2—1993.7	
民政局	纪检组长	赵月金	1987.8—1989.8	
民政局	纪检组长	王　强	1992.5—1993.7	

第三节　县（区）民政局

一、城区民政局

1954年2月，大同市城区人民政府设立民政股，1956年6月成立民政科。1967年7月撤销民政科，属城区革委会领导。1974年12月设立民政局。截至2013年，行政编制8名，内设办公室、优抚科、安置科、婚姻登记处、财务室5个科室；下属城区最低生活保障管理中心和城区社区建设管理指导中心2个事业单位。

大同市城区民政局历任领导名录

名称	职务	姓名	任职时间	备注
城区人民政府民政科	股长	焦文胜	1954.2—1957.6	
城区人民政府民政科	科长	吕生知	1957.6—1960.2	
城区人民政府民政科	科长	李建国	1960.2—1962.3	
城区人民政府民政科	负责人	弓瑞林	1966.1—1967.7	
城区民政局	局长	任存常	1974.12—1984.2	
城区民政局	局长	李　进	1984.2—1984.5	
城区民政局	局长	高泽民	1984.5—1987.5	
城区民政局	局长	郭　凯	1987.5—1987.10	
城区民政局	局长	郭　恺	1987.10—1995.3	
城区民政局	局长	刘耀章	1995.3—1998.6	
城区民政局	局长	闫爱民	1998.6—2007.7	
城区民政局	局长	张晓天	2007.7—2010.2	
城区民政局	局长	刘国庆	2010.2—	

二、矿区民政局

1970年10月，成立大同市矿区，区革命委员会下设：办事组、生产组、保卫组3个工作部门，办事组下设民政科。

1974年9月民政科更名为民政局。1981年1月，撤销革命委员会，成立矿区人民政府，设立民政局。1984年5月，调整区政府办事机构，继续设立民政局至今。截至2013年，民政局行政编制9名，内设综合办公室、党建办公室、财务室、社区建设管理指导中心办公室、优抚安置办公室、双拥办公室、低保管理办公室7个股室；下属最低生活保障管理所、社区建设管理指导中心和婚姻登记所3个事业单位。

矿区民政局历任领导名录

名称	职务	姓名	任职时间	备注
矿区民政局	局长	张云山	1976. 10—1991. 3	
矿区民政局	局长	孟玉兰（女）	1991. 3—2003. 8	
矿区民政局	局长	王世升	2003. 8—2013. 4	
矿区民政局	局长	孙有贵	2013. 4—	

三、南郊区民政局

1970年10月，南郊区成立，区革命委员会工作机构有：政工组、办事组、生产组和保卫组，办事组负责民政工作。

1975年10月，撤销办事组，设立民政局。1980年6月，南郊区革命委员会改称南郊区人民政府，下设民政局至今。截至2013年，民政局行政编制8人，内设办公室、优抚安置科、基层政权和社区建设科、社会福利和社会事务科、民间组织科5个科室；下属南郊区最低生活保障管理中心1个事业单位。

南郊区民政局历任领导名录

名称	职务	姓名	任职时间	备注
南郊区民政局	局长	戴天珍	1987. 07—1992. 11	
南郊区民政局	局长	赵佃珍	1993. 03—2000. 2	
南郊区民政局	局长	王　域	2000. 2—2003. 12	
南郊区民政局	局长	吴　浩	2003. 12—2012. 2	
南郊区民政局	局长	孙守义	2012. 2—	

四、新荣区民政局

1970年，成立大同市北郊区，民政事务由区革命委员会政工组承办。1971年，更名大同市新荣区，民政事务由区革命委员会政工组承办。1976年10月，区政府设立民政局至今。截至2013年，民政局行政编制8人，内设办公室、优抚股、安置股、救灾救济股4个股室；下属2个事业单位，即城乡居民最低生活保障管理中心和婚姻登记所。

新荣区民政局历任领导名录

名称	职务	姓名	任职时间	备注
新荣区民政局	局长	宋富华	1976. 10—1978. 1	
新荣区民政局	局长	吴　忠	1978. 2—1979. 4	
新荣区民政局	副局长	吴日英	1978. 8—1984	1979. 5—1984. 3 主持工作
新荣区民政局	局长	贾　瑞	1984. 8—1987. 6	
新荣区民政局	局长	张志诚	1987. 7—1993. 3	
新荣区民政局	局长	韩　斌	1993. 4—2001. 12	
新荣区民政局	局长	王新民	2001. 12—2007. 4	
新荣区民政局	局长	刘前旺	2007. 4—2010. 7	
新荣区民政局	局长	张步君	2010. 7—	

五、大同县民政局

1949年，大同县人民政府设立民政科。1954年7月，大同、怀仁两县合并为大仁县，县政府设民政科。1957年5月，民政科与劳动科合并为民政局。1958年11月，撤销大仁县，成立大同市郊区委员会，下设民政局。1960年1月，撤销大同市郊区，分置古城、怀仁、云冈3个区，大同县属古城区，仍设民政局。1964年11月，撤销大同市古城区，恢复大同县，县人民委员会下设民政局。1967年3月，成立大同县革命委员会，撤销民政局，成立民政办公室。1971年12月恢复设立民政局。1976年10月，大同县人民政府下设民政局至今。截至2013年，民政局编制7名，内设办公室、财务室、社会事务股、安置办、救灾股、优抚股、信访接待室、行评办和监察室9个股室。下属4个事业单位，即光荣院、低保管理所、婚姻登记处、社会救助站。

大同县民政局历任领导名录

名称	职务	姓名	任职时间	备注
大同县人民政府民政科	科长	赵亚苹	1945. 9—1945. 12	
大仁县人民政府民政科	科长	马国祥	1954. 7—1955. 3	
大仁县人民政府民政科（局）	科（局）长	宫品德	1955. 3—1958. 11	
郊区民政局	局长	张成廉	1959. 3—1959. 9	
古城区民政局	局长	宫品德	1960. 1—1960. 6	
古城区民政局	局长	刘玉生	1960. 7—1962. 11	

续表

名称	职务	姓名	任职时间	备注
古城区民政局	局长	董步荣	1962. 12—1962. 12	
大同县民政办	局长	陈　臻	1963. 1—1966. 5	
大同县民政办	局长	牛进民	1966. 6—1967. 3	
大同县民政局	局长	李　进	1971. 12—1975. 1	
大同县民政局	局长	李　富	1975. 2—1976. 3	
大同县民政局	局长	陈仕芳	1976. 4—1977. 10	
大同县民政局	局长	陈　贵	1977. 11—1979. 10	
大同县民政局	副局长	张　艾	1979. 10—1983. 11	主持工作
大同县民政局	局长	孙振刚	1983. 11—1999. 03	
大同县民政局	局长	岳守耕	1999. 4. —2004. 3	
大同县民政局	局长	赵常有	2004. 4—2009. 3	
大同县民政局	局长	赵廷柱	2009. 3—	

六、阳高县民政局

1949 年 1 月，阳高县人民政府设立民政科。1955 年 4 月县政府更名为县人民委员会，民政科更名为优抚科。1957 年更名为阳高县民政局，1966 年民政局改名为民政组。1967 年县政府改名为革命委员会，1971 年民政局更名为民政办公室。1975 年 7 月恢复民政局，隶属县革委办。1979 年复称县人民政府，仍沿用阳高县民政局至今。截至 2013 年，民政局行政编制 12 人，内设办公室、救灾股、优抚安置办公室、民间组织管理办公室、纪检室、婚姻登记所、救助管理站 7 个股室；下属 14 个事业单位，即阳高县儿童福利院、阳高县城乡低保管理中心、阳高县光荣院、阳和中心敬老院、龙泉中心敬老院、侯官屯中心敬老院、北徐屯中心敬老院、新和中心敬老院、赵石庄中心敬老院、大泉山中心敬老院、鳌石中心敬老院、下深井中心敬老院、阳高县救助管理站、阳高县婚姻登记所。

阳高县民政局历任领导名录

名称	职务	姓名	任职时间	备注
阳高县人民政府民政科	科长	高朋鸣	1949. 10—1950. 12	
阳高县人民政府民政科	科长	吴怀德	1950. 12—1951. 12	
阳高县人民政府民政科	科长	王桂兰	1951. 12—1952. 12	
阳高县人民政府民政科	科长	刘照先	1952. 12—1952. 12	

续表

名称	职务	姓名	任职时间	备注
阳高县人民政府民政科（局）	科长（局长）	张立勲	1953. 12—1965. 4	
阳高县民政局	局长	关　生	1965. 4—1966. 3	
阳高县民政局	局长	邸作良	1966. 3—1967. 3	
阳高县民政局	局长	裴占福	1975. 7—1983. 12	
阳高县民政局	局长	鲁世沛	1983. 12—1990. 12	
阳高县民政局	局长	张汉义	1990. 12—2001. 3	
阳高县民政局	局长	康文艺	2001. 3—2006. 11	
阳高县民政局	局长	张子福	2006. 11—	

七、天镇县民政局

1949 年 10 月，天镇县人民政府下设民政科。1958 年 9 月，天镇县撤销，1961 年 4 月恢复天镇县人民委员会，将原设置的民政科改设局。1968 年 9 月，成立县革命委员会，改组原工作机构。1969 年 3 月，更名为办事组，内设秘书、民政、信访 3 个办公室。1981 年 6 月，恢复县人民政府，设民政局至今。截至 2013 年，民政局行政编制 6 人，内设办公室、救灾救济科、婚姻登记科、优抚安置科、社会事务科和财务室 6 个科室；下属 4 个事业单位，即光荣院、敬老院、婚姻登记所和城市低保管理所。

天镇县民政局历任领导名录

名称	职务	姓名	任职时间	备注
天镇县民政局	局长	李明月	1984—1988	
天镇县民政局	局长	刘　枝	1988—1992	
天镇县民政局	局长	郭应文	1992—1994	
天镇县民政局	局长	张　亮	1994—2001. 12	
天镇县民政局	局长	孙利平	2001. 12—2006. 12	
天镇县民政局	局长	李　铖	2006. 12—2009. 4	
天镇县民政局	局长	夏　胜	2009. 4—2011. 11	
天镇县民政局	局长	张　杰	2011. 11—	

八、浑源县民政局

1949 年 5 月，浑源县人民委员会成立，下设民政科。1958 年机构调整，浑源县民政科改为浑源县民政局。1967 年 4 月，成立浑源县革命委员会，下设四个组：办事组、政工组、生产组、保卫组，办事组下设民政办公室。1976 年浑源县革命委员会机构调整，浑源县民政办公室改为浑源县民政局。1980 年浑源县人民政府成立，仍设浑源县民政局，一直延续至今。截至 2013 年，民政局行政编制 8 人，内设党政办公室、社会福利和社会事务股、优抚安置股、财务股、婚姻管理服务中心 5 个股室；下属 6 个事业单位，即老龄工作委员会办公室、救助管理站（流浪儿童救助保护中心）、光荣院、殡仪馆、革命烈士陵园和低保管理中心。

浑源县民政局历任领导名录

名称	职务	姓名	任职时间	备注
浑源县人民委员会民政科	科长	王宗英	1949. 5—1951. 2	
浑源县人民委员会民政科	科长	梁竞选	1951. 2—1952. 3	
浑源县人民委员会民政科	科长	张治安	1952. 3—1952. 5	
浑源县人民委员会民政科	科长（代）	刘永显	1952. 9—1953. 5	
浑源县人民委员会民政科	科长	武明世	1953. 5—1954. 4	
浑源县人民委员会民政科	科长	姚佩章	1955. 3—1956. 4	
浑源县民政局	局长	赵天星	1957. 8—1958. 10	
浑源县民政局	局长	李　成	1962. 11—1964. 8	
浑源县民政局	局长	单永德	1964. 8—1967. 3	
浑源县民政办公室	主任	靳喜春	1975—1976. 10	
浑源县民政局	局长	赵国林	1976. 11—1983. 9	
浑源县民政局	局长	石涿本	1983. 10—1990. 5	
浑源县民政局	局长	左树槐	1990. 5—1998. 5	
浑源县民政局	局长	刘志远	1998. 5—1999. 4	
浑源县民政局	局长	袁振基	1999. 8—2006. 7	
浑源县民政局	局长	左有权	2006. 7—2011. 10	
浑源县民政局	局长	李继业	2011. 10—	

九、灵丘县民政局

1937 年 11 月，灵丘县抗日政府成立，下设民政科。1945 年 3 月，灵丘县全境解放成立人民政府，下设民政科。1952 年 7 月 14 日灵丘县人事科并入民政科，1953 年人事科从民政科划出。1957 年 4 月 8 日，民政科更名为民政局。1962 年灵丘县人民委员会成立，同年 5 月，民政局又更名为民政科，同年 11 月重新恢复为民政局；截至 2013 年末，民政局行政编制 10 名，内设财会股、优抚股、社会股、党政办公室、退伍军人安置办公室、信访接待办公室、婚姻登记管理中心 7 个股室；下属 5 个事业单位，即城乡最低生活保障管理中心、社会福利中心、光荣院、平型关烈士陵园、军供站。

灵丘县民政局历任领导名录

名称	职务	姓名	任职时间	备注
灵丘县抗日政府民政科	科长	周利民	1937. 11—1938. 1	
灵丘县抗日政府民政科	科长	刘兴文	1938. 1—1938. 10	
灵丘县抗日政府民政科	科长	孟繁棠	1938. 10—1939. 6	
灵丘县抗日政府民政科	科长	侯谦之	1939. 6—1941	
灵丘县抗日政府民政科	科长	李价生	1941—1942	
灵丘县抗日政府民政科	科长	周毕锋	1942—1943	
灵丘县抗日政府民政科	科长	罗　琪	1943—1944	
灵丘县抗日政府民政科	科长	杨泽生	1944—1945. 3	
灵丘县人民政府民政科	科长	韩文举	1945. 4—1945. 8	
灵丘县人民政府民政科	科长	韩　运	1945. 8—1946. 1	
灵丘县人民政府民政科	科长	李润堂	1946. 1—1948	
灵丘县人民政府民政科	科长	刘志和	1948—1952. 1	
灵丘县人民政府民政科	科长	王新庆	1950. 3—1950. 10	
灵丘县人民政府民政科	科长	钟进民	1950. 10—1952. 4	
灵丘县人民政府民政科	科长	蔺国恩	1952. 3—1952. 5	
灵丘县人民政府民政科	科长	王友三	1952. 5—1953. 2	

续表

名称	职务	姓名	任职时间	备注
灵丘县人民政府民政科	科长	邓忠汉	1953. 3—1954. 8	
灵丘县人民政府民政科	科长	马驷骏	1954. 5—1956. 5	
灵丘县人民政府民政科	科长	刘　识	1956. 05—1957. 4	
灵丘县民政局	局长	张守仁	1960. 2—1963. 5	
灵丘县民政局	局长	杜元发	1961. 2—1963. 5	
灵丘县民政局	局长	翟中贵	1963. 5—1967. 2	
灵丘县民政局	局长	阎　梓	1975—1979. 7	
灵丘县民政局	局长	赵尚忠	1976. 10—1983. 10	
灵丘县民政局	局长	张　崇	1983. 10—1988. 3	
灵丘县民政局	局长	孙　信	1988. 3—1997. 6	
灵丘县民政局	局长	王爱国	1997. 6—2008. 12	
灵丘县民政局	局长	张　鹏	2008. 12—2011. 10	
灵丘县民政局	局长	贾占涛	2011. 10—	

十、广灵县民政局

1948 年 3 月，广灵解放，县人民政府成立，设民政科。1960 年成立民政局。1967 年设民政组，1968 年民政工作划归办事组下设的行政办公室，1972 年设民政办公室，1975 年改为民政局至今。截至 2013 年，民政局行政编制 5 名，内设办公室、基政地名股、社会事务股、安置办公室 4 个股室；下属 6 个事业单位，即光荣院、社会福利服务中心、城市居民最低生活保障管理中心、婚姻登记所、烈士陵园管理所、救助管理站。

广灵县民政局历任领导名录

名称	职务	姓名	任职时间	备注
广灵县人民政府民政科	科长	张兴庆	1949. 10—1949. 12	
广灵县人民政府民政科	科长	牛进民	1950. 1—1952. 2	
广灵县人民政府民政科	科长	夏　玺	1952. 2—1953. 11	
广灵县人民政府民政科	科长	宋　明	1953. 12—1955. 5	
广灵县人民政府民政科	科长	渠蕴萍	1955. 5—1957. 12	
广灵县人民政府民政科	科长	马　枝	1957. 12—1960. 6	
广灵县民政局	局长		1960. 6—1962. 11	
广灵县民政局	局长	马贵生	1962. 11—1965. 9	
广灵县民政局	局长	冯启汉	1965. 9—1967. 4	
广灵县革命委员会民政组	主任		1967. 4—1972. 4	
广灵县革命委员会民政办公室	主任	高　官	1972. 4—1975	
广灵县民政局	局长		1975—1983. 11	
广灵县民政局	局长	吴尚书	1983. 12—1999. 11	
广灵县民政局	局长	武仲善	1999. 11—2010. 3	
广灵县民政局	局长	王岳峰	2010. 3—	

十一、左云县民政局

1945 年 8 月 30 日，县城收复，同年 10 月，设立民政科。1957 年 4 月，更名为民政局。1967 年 3 月至 1972 年 11 月，民政局中断 5 年多，其工作先后归属于县革委办事组、生产组、业务组承办。1972 年恢复民政局至今。截至 2013 年，民政局编制 11 名，内设办公室、优待抚恤科、救灾救济科和社会事务科 4 个科室；下属 4 个事业单位，即烈士陵园管理处、光荣院、城市最低生活保障管理所、社会福利中心。

左云县民政局历任领导名录

名称	职务	姓名	任职时间	备注
左云县人民政府民政科	科长	李为民	1945. 10—1946. 10	
左云县人民政府民政科	科长	李石英	1946. 10—1948 初	
左云县人民政府民政科	科长	王　戎	1948. 3—1949 初	
左云县人民政府民政科	科长	赵国雄	1949 初—1952. 2	
左云县人民政府民政科	科长	周 斌	1952. 2—1953. 3（代）	
左云县人民政府民政科	科长	殷育忠	1953. 4—1954. 4	
左云县人民政府民政科	科长	赵宏世	1954. 6—1955. 5	
左云县人民政府民政科	科长	刘 英	1955. 6—1956. 3	

续表

名称	职务	姓名	任职时间	备注
左云县人民政府民政局	局长	葛全仁	1956.4—1958.4	
左云县人民政府民政局	局长	刘 英	1957.7—1961.2（第一）	
左云县人民政府民政局	局长	温清和	1959.3—1960.3（第二）	
左云县人民政府民政局	局长	刘存义	1965.12—1967.3	
左云县民政局	局长	孙润民	1979.9—1983.11	
左云县民政局	局长	边成章	1983.11—1987.4	
左云县民政局	书记	赵国钰	1992—1992	
左云县民政局	局长	魏 峰	1993—1996	
左云县民政局	书记	张 岐	1993—1995	
左云县民政局	书记	刘启颖	1995—1996	
左云县民政局	局长	董步云	1996—2000	
左云县民政局	书记	谭天文	1997—2002	
左云县民政局	局长	许云鹏	2000—2006.12	
左云县民政局	局长	边 彪	2006.12—2012.3	
左云县民政局	局长	李 林	2012.3—	

十二、经济技术开发区社会事务管理处

1996年，成立大同市经济技术开发区，开发区管委会设立社会事务管理处，负责管理民政等社会事务工作。2002年10月社会事务管理处设4个科室，一科、二科、三科和综合科，其中三科分管民政工作。2004年，保留综合科，撤销原社会事务管理一科、二科、三科，设民政科、卫生科、文体科、计生科。2005年增设城市居民最低生活保障管理中心。截至2013年，社会事务处有工作人员16人，民政科5人。

大同市开发区社会事务管理处历任领导名录

机构名称	职务	姓名	任职时间	备注
开发区社会事务管理处	处长	童进璧	1996.10—1997.7	
开发区社会事务管理处	处长	武振华	1997.7—2002.10	
开发区社会事务管理处	处长	高太平	2002.10—2005.11	
开发区社会事务管理处	处长	蒋嵘飞	2005.11—	

第四节　市民政局直属单位

一、大同市社会福利院

1949年9月1日成立，原名为大同市生产教养院，1957年2月1日，改名为大同市教养院。6月1日，复名大同市生产教养院。1959年9月1日，改名为大同市社会福利院。1965年初，改称大同市老残教养院。1966年2月9日，大同市儿童教养院（大同解放后成立）并入该院，一套机构，两块牌子，由大同市老残教养院统一管理。1980年7月1日，改名为大同市社会福利院迄今。原为正科级建制财政拨款事业单位，编制37名。2003年5月8日单位升格为副处级建制，2005年1月12日增加编制1名。2006年7月加挂大同市家庭寄养管理中心牌子，增加编制10名。内设办公室、行政科、膳食科、儿童部、护理部、医务科、教育科、家庭寄养办公室、法制监督科和计划财务科10个副科级职能科室。原院址城区大十字南街6号、18号院，1997年12月整体搬迁到御河东路北段福苑街1号。

职能　负责大同市城区范围内社会弃婴和“三无”对象（指城镇户口无劳动能力，无固定收入，无直系亲属的鳏寡孤独人员）的收养任务。10个内设科室职责分别为（1）办公室：综合协调全院工作；负责全院信息报送、新闻发布和对外宣传；重要报告及文件的起草工作；文件收发、处办工作；档案、公章、文电管理；计划生育、图书管理、计算机设备维护及网站管理工作；院内有关会议的会务工作；做好外来接待相关工作；协助党支部开展党务工作；全院各项规章制度的初审、综合评估及有关工作。（2）行政科：负责全院设施设备的维护工作；全院的基础建设、绿化管理；后勤服务中心的管理工作。（3）膳食科：负责院内餐饮行政管理工作，为收养人员提供安全、健康、卫生的餐饮服务。（4）儿童部：负责对院内集中抚育的婴幼儿进行生活照料；院内集中抚育婴幼儿的康复工作；为寄宿家庭中发展迟缓儿童和其他需康复的儿童制订康复训练、康复评估计划，并组织实施。（5）护理部：负责院内“三无”对象的护理、教育、管理等工作。

（6）医务科：负责弃婴、弃儿、“三无”对象入院体检、疾病治疗、传染病防控、预防保健及残疾儿童手术适应证的提案和落实工作；矫形工场建设、管理工作。（7）教育科：负责学龄儿童的入学安排、在校学生的管理教育、学生费用的审核；院内集中养育儿童、“福兴家园”寄宿式养育儿童的早期教育、学龄前教育、特殊教育及个人学习情况档案建立工作。（8）家庭寄养办公室：负责全院孤残儿童的接收、收养、家庭寄养工作；孤残儿童的户口管理、身份证和残疾证的登记、办理工作；对寄养家长的选择、教育、培训等工作；散岔村家庭寄养管理服务站的指导管理工作。（9）法制监督科：负责法制建设监督、法律法规的落实执行；全院工作督查督办、量化考核工作；全院治安保卫、综合治理工作；全院消防器材的保管、使用及人员培训；收养人员委员会等工作。（10）计划财务科：负责全院资金的核算；物资的计划、采购、保管与分配；国有资产的管理；捐赠物资的接收、分配与管理；人事劳资、车辆管理工作。

大同市社会福利院历任领导名录

姓名	职务	任职时间	备注
曹玉润	院长	1949—1952	
石林（女）	副院长	1949. 9—?	
胡焕章	副院长	1950—1955	
张西主	院长	1952—1954	
陈书田	副院长	1952—1954	
	院长	1954—1955. 5	
王耀星	副院长	1953—?	
吕生智	院长	1955. 5—1956	
白治世	院长	1956—1960. 1	
张丕材	副院长	1957. 1—1959	
王宏	副院长	1959. 1—1960. 1	
	院长	1960. 1—1966	
关文奎	院长	1966—1976	
路风伟	主任	1965—1966	
李瑞岚	主任	1969. 3—	革委会办事组
李守田	院长	1973. 12—1982. 8	
	支部书记	1982. 8—1983. 12	
郑应垣	副院长	1979. 3—1987. 9	
史占魁	院长	1982. 3—1984. 10	
尉保卫	副院长	1984. 7—1985. 5	
阎秀清（女）	副院长	1975. 8—1988. 2	
	院长	1988. 2—1997. 3	
陈治文	院长	1984. 10—1988. 2	
	支部书记	1984. 12—1997. 3	
李映玺	副院长	1985. 5—1988. 2	
仝凤金	副院长	1988. 2—1989. 9	
秦福花（女）	副院长	1989. 8—1991. 4	
靳保利	副院长	1992. 5—1997. 3	
	院长	1997. 3—	
	主任	2006. 10—	大同市家庭寄养管理中心
冯　宁	支部书记	1997. 3—2013. 9	
	支部书记	2006. 9—2013. 9	大同市家庭寄养管理中心
张秀花（女）	副院长	1997. 4—2002. 5	
马建军	副院长	1998. 2—2001. 12	
刘印山	副院长	2001. 12—2007. 1	
乔俊文	副院长	2002. 5—	
魏　东	副院长	2007. 03—2009. 04	
毛端波（女）	副院长	2009. 04—2013. 05	
刘丽琴（女）	副院长	2009. 04—	
丁雅雯（女）	副院长	2011. 11—	
李亚克	支部书记	2013. 09—	
	支部书记	2013. 09—	大同市家庭寄养管理中心

二、大同市革命烈士陵园

1954 年 4 月建立大同市人民公墓，1980 年 10 月 16 日撤销，成立大同市民政局安置农场，隶属市民政局收容遣送站领导。1986 年 11 月，经大同市机构编制委员会办公室批准为正科级建制财政补助事业单位，核定编制 22 人。2004 年 12 月 30 日更名为大同市革命烈士陵园。地址：南郊区马军营乡田村东。

职能　负责对烈士纪念塔和烈士墓区的维护和修缮工作，为青少年提供缅怀先烈进行爱国主义革命传统教育基地。

大同市革命烈士陵园历任领导名录

姓名	职务	任职时间	备注
王德民	场长	1984.6—1988.10	
杨　仓	场长	1988.10—1992.10	
	支部书记	1991.5—2002.12	
赵水云	场长	1992.10—1994.3	
姬　彪	场长	1994.3—2000.1	
唐　富	副场长	2000.1—2002.5	
尉保卫	场长	2002.5—2003.6	
马建军	主任（场长）	2003.11—	
王龙江	副主任	2005.1—2011.11	
	支部书记	2011.11—	
高常青	副主任	2012.7—	

三、大同市第六人民医院（大同市荣复军人医院）

1. 大同市荣复军人医院

前身为1956年市公安局在城东七里茶坊庙设立的精神病人收容所，收容流浪街头、无家可归的精神病人，是单纯的管理机构。1959年11月6日，大同市民政局接管，更名为大同市精神病人疗养院。1965年4月，更名为大同市精神病人管理院。1968年，市民政局投资4万元，在城内后场面街乙15号新建精神病院，1969年4月搬迁。1979年5月10日，更名为大同市荣复军人疗养院。1980年6月更名为大同市社会精神病院，为正科级建制全额事业单位，编制143名。2012年6月26日，大同市第六人民医院与市荣复军人医院合并为新的大同市第六人民医院，同时挂大同荣复军人医院、大同市精神卫生中心牌子。

2. 大同市第六人民医院

始建于1979年，原名为大同市精神病医院，院址在新荣镇长城西街，1991年整体搬迁到南郊区西韩岭村，1996年升格为正处级建制医院，1997年更名为“大同市第六人民医院·大同市精神卫生中心”。2012年6月26日，大同市第六人民医院与市荣复军人医院合并为新的大同市第六人民医院，同时挂大同荣复军人医院、大同市精神卫生中心牌子。为正处级建制财政补助事业单位，编制核定财政拨款事业编制109名、财政补助事业编制137名。内设办公室、编制人事科、医务科、科教科、护理部、财务科、药品器械管理科、信息统计科、感染管理科、审计科、门诊部、后勤保障科、医疗质量控制办公室、医患关系协调与医疗保险办公室、精神卫生防治办公室、救助科、优抚科、党办、纪检监察室19个正科级职能科室。地址：南环西路6206号。

职能 负责全市医学心理保健服务和精神疾病的预防、治疗和康复服务工作，承担荣复军人优抚对象、低保对象和社会“三无”人员精神疾病的收治，司法精神病人和因突发公共事件引起的精神病患者的收治，对社区服务体系精神卫生工作的指导和精神卫生课题研究工作等。19个内设科室职责分别为（1）办公室：负责全院日常工作的综合协调和信息的收集与反馈；负责全院的会议组织、文书档案和接待工作；负责全院职工计生工作。（2）编制人事科：拟订全院人力资源发展计划；负责本院的机构编制、人事、劳资等有关工作；负责各类人员的职称及技术等级的聘任、评定、晋升，组织卫生专业技术人员考试、报名；负责聘用职工管理；负责职工年度考核、评先评优工作和岗前培训等工作；负责全院离退休人员管理服务工作。（3）医务科：负责组织医疗、预防等各项工作的实施，抓好医疗质量和医疗安全；负责科研教学、临床带教和职工的业务培训、技术考核工作，负责组织急救处理、社会医疗抢险灾、会诊等有关工作；负责组织体检工作；负责组织各类重性传染性疾病、精神疾病的司法鉴定等工作。（4）科教科：制订每年教学计划及实施方案，负责安排全院本、专科的临床教学及毕业实习教学工作；负责组织医院科研计划的制订、实施检查和成果鉴定、申报奖励及成果推广应用等工作；会同编制人事科制订卫生技术人员继续教育计划并负责培训考试工作。（5）护理部：负责组织护理工作的实施，抓好护理质量和护理安全；负责护理人员的技术培训、考核、科研教学、临床带教工作；组织配合完成临床急救处理和抢险救灾工作。（6）财务科：负责制定各项财务规章制度并组织实施；编制财务预决算；监督管理现金收入和财务支出；负责全院职工的工资、奖金及福利的发放；负责住院病人出入院费用结算等；负责医院经济工作目标任务和规章制度的制定；负责医院经济工作的具体计划、组织实施、协调反馈等工作；负责成本核算、增收节支、奖金发放等。（7）药品器械管理科：拟订药材预算，采购计划；组织领导药品调配与制剂工作；督促和检查毒、麻、精神、放射、贵重药品的使用、管理以及药品检验鉴定工作；督促检查各科室的药品使用、管理；组织实施药品登记、统计工作；负责组织全院医疗仪器设备、器械及易耗品的招标、采购、调配、供应、管理和维修医疗、教学、科研所需仪器设备等工作；负责所购器材的收货、登记、验收入库、储备、保管和发放分配等工作。（8）信息统计科：负责医院信息网络系统管理、医院内外有关信息的收集、整理、反馈、上报和管理工作；负责组织检查落实网络正常运行；负责每季度综合效益分析；负责全院计算机整体技术的研制、开发、维护与咨询工作；负责全院计算机网络及软、硬件的调试、安全和维护工作及医院病案信息管理、传递图书文献信息等相关工作。（9）感染管理科：负责对医院感染及其相关危险因素进行监测、分析和反馈，提出控制措施并指导实施；对医院的清洁、消毒灭菌与隔离、无菌操作技术、医疗废物管理等工作提供指导；对传染病的医院感染控制工作提供指导；负责医务人员预防和控制医院感染的培训工作。（10）审计科：负责对全院医疗物价执行，财务收支计划、预算执行和决算，与财务收支有关的经济活动，各类资产的管理情况，物资的购买，国家财经法规的执行等情况进行内部审计监督；监督检查审核全院医疗、护理、医技、财务各部门经济运行情况。（11）门诊部：负责接诊精神科、综合科门诊病员的诊治、分诊、入院流程及门诊检查。开展卫生宣传健康教育工作；开展候诊教育；随机抽查门诊病历、处方和留观病人病历质量，定期通报检查结果。（12）后勤保障科：负责物资采购、供应、膳食等后勤服务；负责环境绿化和爱国卫生工作；负责医院交通运输和管理工作；负责医院的水、电、气、供暖及设备的管理维修工作；负责全院房屋的管理服务、物资保管以及基建维修项目的可行性论证、方案、招标、预（决）算等各项工作；负责医院安全保卫、综合治理工作。（13）医疗质量控制办公室：负责对医院基础质量、环节质量、终末质量进行全程有效监控，实施全面质量管理；协调质量管理体系运行；组织全院性医疗质量检查，监督各个质量管理环节具体工作的落实。（14）医患关系协调与医疗保险办公室：负责调解医疗纠纷；配合有关部门做好医疗事故技术鉴定工作，提交有关医疗事故技术鉴定要求的各种相关材料；负责处理由医院承担的赔偿事宜。按照规定向上级有关部门作出书面报告；对医疗保险和干部医疗进行质量控制；审核上报处方及单据，按要求准时向医保中心报送软盘及报表；解答病人就医过程中有关医疗保险政策问题，负责接待患者的投诉，向患者提供医疗争议和医疗事故处理程序等咨询服务；对发生的医疗事故或重大医疗过失行为，按照预防和处置医疗事故预案及时采取措施。负责为参合对象提供及时有效的诊疗服务；对参合人员的住院医药费进行管理；对参合农民补助进行审核，发放合作医疗补助金。（15）精神卫生防治办公室：承担区域内重性精神疾病管理治疗工作；组织开展社和乡村等基层医疗机构人员相关专业知识和管理的师资培训；负责区域内重要性精神疾病管理治疗的质量控制，维持区域内重性精神疾病管理治疗的质量控制，维持区域内重性疾病管理治疗信息系统的正常运转。（16）救助科：负责因自身无力解决食宿、无亲友投靠、不享受城市最低生活保障和农村五保供养的城市生活无着的流浪乞讨精神病人的住院、转诊、结算等。（17）优抚科：负责荣复军人及优抚对象的精神疾病预防、治疗及护理管理工作。（18）党办：负责医院党务、工会、团委等工作。（19）纪检监察室：负责医院纪检监察工作。

大同市荣复军人医院历任领导名录

姓名	职务	任职时间	备注
白治世	院长、支部书记	1959. 11—1965. 8	
王　洪	负责人、支部书记	1965. 8—1965. 9	
李瑞岚	院长、支部书记	1965. 9—1969. 4	
周怀祥	院长、支部书记	1969. 4—1983. 2	
王德铭	负责人、支部书记	1983. 2—1983. 7	
关文奎	负责人、支部书记	1983. 7—1985. 11	
尉保卫	负责人、支部书记	1985. 11—1988. 1	
张璧旺	院长	1988. 1—1988. 8	
姬　彪	支部书记	1988. 2—1989. 12	
丁守成	院长	1988. 8—1992. 7	
高　翔	支部书记	1989. 12—	
沈维英	院长	1992. 7—	

大同市第六人民医院历任领导名录

姓名	职务	任职时间	备注
张善功	组长	1979—1984. 7	市精神病医院筹备组
刘克志	院长	1984. 7—1988. 8	市精神病医院
许浩然	院长	1988. 8—2007. 12	
	支部书记	2000. 4—2007. 12	
王学俊	支部书记	1988. 11—1997. 12	

续表

姓名	职务	任职时间	备注
毋跃生	副院长	2007.1—2007.12	
	主持工作	2007.12—2011.4	
	院长	2011.4—	
臧天春	支部书记	2011.4—	

四、大同市救助管理站（大同市流浪儿童救助保护中心）

1957年7月18日成立，原名为大同市临时收容所，专事收容流落街头乞讨者，直属市民政局领导。1961年10月27日市公安局南关收容所与临时收容所合并，由民政局接管并建立新的机构。1962年1月，成立大同市收容遣送站。主要职责是对城市流浪乞讨人员进行救济、教育和强制性收容遣送。1968年9月25日，市收容遣送站由市民政局移交市公安局，实行军管，至1972年7月复归民政部门管理。2003年8月，根据国务院流浪乞讨管理办法，大同市收容遣送站更名为大同市救助管理站，废弃延续多年的收容遣送制度。2008年3月20日加挂“大同市流浪儿童救助保护中心”牌子，实行“一套机构、两块牌子”的管理体制。为正科级建制财政拨款事业单位，编制25名。地址：城区大十字南街6号。

职能 负责对城市生活无着的流浪、乞讨人员的救助、管理、教育，保障其基本生活权益，完善社会救助制度；对受助人员中的残疾人、未成年人或者其他行动不便的人实施救助。

大同市救助管理站历任领导名录

姓名	职务	任职时间	备注
王 宽	站长	1962.1—1979.3	
李瑞岚	站长	1979.3—1981.10	
韩 尧	副站长	1981.10—1985.5	
于乃德	支部副书记	1983.7—1987.9	
尉保卫	站长	1985.5—1987.2	
		1988.10—2002.5	
张 义	支部书记	1985.10—1988.10	
韩 尧 于乃德	临时负责	1987.2—1988.10	
张云生	副站长	1994.3—2002.5	
李建勇	站长	2002.5—	
张秀花（女）	支部书记	2002.5	
靳双技	副站长	2002.9—	
杨勇耀	副站长	2002.5—	

五、大同市光荣院

原名为大同市烈属养老院，成立于1959年。1978年2月25日，增收孤老荣军和老复员军人，改名为大同市光荣院，为正科级建制财政拨款事业单位，院址：城区北十府街16号。2006年10月，升格为副处级建制单位。2012年7月2日搬迁到御东新区文盛街1336号。内设综合办公室、服务管理科、医疗保健科、宣教科和膳食科5个副科级职能科室。

职能 负责全市孤老烈属、在乡红军老战士、退伍革命残疾军人，参加过抗日战争、解放战争和抗美援朝战争的在乡老复员军人、带病回乡的退伍军人，国家重大突发事件中牺牲的烈士家属、遗孤等优抚对象的抚养服务和善后等工作，为这些优抚老人提供衣、食、住、行、医、葬等晚年养老的全程服务。5个内设科室的职能分别为（1）综合办公室：负责全院工作计划的拟订、文秘、日常事务、机构编制、人事劳资、财务统计、工会、老干、接待、安全保卫，院内设备日常维修的管理工作。（2）服务管理科：负责住院老人的昼夜护理。办理入住老人的相关手续，提出护理方案并组织实施，承办住院老人日常生活用品的采购和住宿房间的清洁管理工作。（3）医疗保健科：负责老年人的健康体检和疾病防治、健康咨询、常见病的诊断治疗，组织开展老年人健身活动，承办全院的卫生消毒与指导本院干部职工的日常保健工作。（4）宣教科：负责向老年人开展时事和政策教育，积极做好老年人的思想政治工作，有针对性地开展心理康复工作，组织老年人文化娱乐、外出参观等活动。（5）膳食科：负责根据不同群体老年人的饮食需求，编制住院老人的伙食计划，承办主副食的采购与制作供应，做好卫生防疫工作。

大同市光荣院历任领导名录

姓名	职务	任职时间	备注
李淑仁（女）	院长	1959.2—1965	
王政恒	院长	1965—1970	
韩柳芳（女）	院长	1970—1984.8	
	支部书记	1984.8—1987	
侯富众	支部书记	1982.8—1984.8	
陈家英（女）	院长	1984.8—1986.3	

续表

姓名	职务	任职时间	备注
赵宏士	院长	1986.3—1988.6	
	支部书记	1989.12—1992.7	
李吉荣	副院长	1987.8—1988.6	
	院长	1988.6—1991.4	
秦福花（女）	副院长	1984.7—1990.12	
	院长	1991.4—	
张友谊	副院长	1989.8—1992.9	
	支部书记	1992.9—	
李韶华	副院长	1999.11—	
李世文	副院长	2002.9—2006.12	
孙春霞（女）	副院长	2007.3—	

六、大同市军用饮食供应站

1950～1964 年 4 月底，大同市人民政府每年都组织接待站，供应过往部队、入伍新兵、退伍老兵，部队调防、训练、演练、抢险救灾及支前民兵、民工等运输途中饮食和饮水。接待站由市有关单位临时抽人组成，市民政局负责，办公地址设在大同火车站回民饭店院内。1964 年 4 月 30 日，成立大同市军用饮食供应站，属市人委办公厅领导。1968 年迁至站北街 11 号，为正科级建制财政拨款事业单位，编制人数 14 名，属市民政局领导。1989 年增编 4 名。2011 年 5 月升格为副处级建制单位，内设办公室、军供科、保卫科和接待科 4 个副科级职能科室。

职能 保障成批过往部队、入伍新兵、退伍老兵和支前民兵、民工等运输途中的饮食、饮水的供应。4 个内设科室的职能分别为（1）办公室：负责单位工作计划的拟订、文秘工作、日常事务工作管理、人事劳资、财务统计、档案管理、考核督查、职工培训、计划生育等工作。（2）军供科：负责组织军供保障任务的具体实施。按供应通报要求，正确妥善安排好主、副食的供应，及时拟订下达供应计划，与军代表、部队密切协同，组织部队按预定计划就餐。负责食堂的食品、设备、器材的配备和管理。（3）保卫科：负责部队来站就餐和送餐等各种环境下的安全保卫、保密工作；负责全站法律法规、安全保密和有关规章制度的学习、宣传、教育工作以及各种安全保卫、保密等规章制度和工作机制的建立和管理，负责单位财产的安全保卫工作。（4）接待科：负责与过往部队的联络、接待与服务工作，部队在站期间各种会议和活动的服务接待等各项工作。

大同市军用饮食供应站历任领导名录

姓名	职务	任职时间	备注
高道章	主任	1965.5—1967.7	
刘亚光	站长	1967.7—1969.3	
张天喜	站长	1969.3—1975.7	
李登山	党支部书记、站长	1975.7—1982.2	
申纪东	党支部书记、站长	1982.2—1990.1	
张　宗	党支部书记、站长	1990.1—1997.5	
高　祯	党支部书记、站长	1997.5—2012.6	
李　贵	副站长	1992.6—2013.3	
崔延平	副站长	2002.5—	
车美荣（女）	副站长	2002.5—	
王　强	代理站长	2012.7—2013.11	市民政局副局长
李　亮	站长	2013.11—	
王学宝	党支部书记	2013.12—	

七、大同市殡仪馆

原名为大同市火葬场，始建于 1966 年 6 月，地址在大同市马军营乡七里村东，初建时编制 5 人，1971 年增为 9 人，1985 年增为 15 人。1995 年 8 月更名为大同市殡仪馆，为正科级建制财政补助事业单位，编制 17 名。2004 年 9 月增编 1 名。2006 年 10 月 17 日升格为副处级建制，2012 年 12 月整体搬迁到南郊区西韩岭乡南湾村西。内设办公室、行政科、业务科、殡葬科、车辆管理科和防保科 6 个副科级职能科室。

职能 承办全市殡葬服务事宜和遗体火化任务。6 个内设科室的职能分别为（1）办公室：负责全馆工作计划的拟订、文秘、日常事务管理、人事劳资、财务统计、档案管理、考核督查、职工培训、治安保卫、接待等工作。（2）行政科：负责全馆的物资计划的拟订与采购，馆有资产的登记与管理，全馆庭院的绿化、供水、供电、供暖、职工膳食管理等后勤保障工作。（3）业务科：负责承办、宣传馆内的服务项目。如丧主接待、丧事洽谈、遗体拉运时间的约定，业务车辆的登记、配发，遗体告别大厅的布置、主持与相关事务，相关证明的填写、业务费用的结算等工作。（4）殡葬科：负责遗体的穿衣、化妆、整容，死亡证明的核对、遗体的火化，骨灰的整理、骨灰装盒，火化设备的保养维修等工作。（5）车辆管理科：负责全馆运尸车辆的车次安排，遗体接运抬放，车辆的日常维护保养、维修等工作。（6）防保科：负责遗体的登记存放、遗体的防腐、消毒，遗体冷藏柜的保养、维修及遗体安全的管理等工作。

大同市殡仪馆历任领导名录

姓名	职务	任职时间	备注
王　宏	场长	1966—1968	
王　富	场长	1966.5—1985.5	
崔玉胜	副场长	1984.7—1988.6	
	场长	1988.6—1990.12	
	支部书记	1990.12—1993.8	
赵喜云（女）	副场长	1989.4—1990.12	
	场长（馆长）	1990.12—2004.9	
刘印山	支部副书记	2000.1—2002.3	
马建军	馆长	2004.9—	
葛　军	副馆长	2002.3—	
李重阳	副馆长	2005.1—2012.7	
赵　军	副馆长	2011.11—	
王晓东	副馆长	2012.7—	

八、大同市宏光五金厂（大同市民政福利公司）

1964年，市民政局协助口泉区试办小型手工业生产的盲聋哑人挂面厂，1965年9月，市民政局接管。1969年在市三医院西侧另建新厂，原口泉盲聋哑人挂面厂移交南郊区口泉镇（后改名为橡胶厂，移交矿区民政局）。1975年7月，改名为大同市宏光五金厂。1982年4月，宏光五金厂厂房及设备移交大同市挂面厂（市粮食局隶属），同年10月，市计委投资58万元为宏光五金厂在南郊区周家店村北征地重建，1983年10月建成迁入城区大庆东路31号。为正科级建制财政补助事业单位，编制81名。1985年8月6日成立大同市民政福利公司，与宏光五金厂两个单位合署经营，实行一套领导班子机制。

职能　发展福利生产，安排残疾人就业。

大同市宏光五金厂历任领导名录

姓名	职务	任职时间	备注
白治世	厂长	1964.8—1971.7	
	副厂长	1971.7—1984.6	
李瑞岚	厂长	1971.7—1972.8	
李怀贵	副厂长	1972.8—1973.9	
王　宽	厂长	1972.8—1973.9	
郑荣宫	厂长	1973.9—1977.10	
赵宏士	厂长	1977.10—1978.7	
郑栓槐	副厂长	1975.1—1978.7	
	厂长	1978.7—1979.3	
关文魁	厂长	1979.3—1980.1	
韩　尧	副厂长	1979.2—1980.9	
郑应垣	厂长	1981.10—1984.6	
张　义	厂长	1984.6—1985.12	
杨生福	副厂长	1984.6—1986.6	
姬　彪	厂长	1985.12—1988.7	
李铁青	副厂长	1985.12—1989.1	
张　琦	厂长	1989.1—1989.12	
苏　宏	副厂长	1989.6—1991.6	
	厂长	1991.6—	
张文平	副厂长	2009.5—2011.11	
	支部书记	2011.11—	
孙亚格（女）	副厂长	2012.7—	

大同市民政福利公司历任领导名录

姓名	职务	任职时间	备注
王德福	经理	1985.5—1988.12	
	支部书记	1989.1—1989.12	
姚军元	副经理	1988.6—2009.5	
陈日金	经理	1989.1—1989.12	
	支部书记	1989.12—1990.12	
姬　彪	副经理	1985.12—1988.7	
石存伟	经理	1990.1—190.12	
杨生福	副经理	1986.6—1990.1	
	经理	1990.12—1995.1	
	支部书记	1995.1—1997.1	
王海渔	副经理	1989.9—1995.12	
崔玉胜	经理	1996.1—1996.12	
苏　宏	经理	1996.12—	
	支部书记	1996.12—2009.5	

续表

姓名	职务	任职时间	备注
李　枝	副经理	1996. 12—2009. 5	
曹安民	副经理	1996. 12—	
石凤山	副经理	1996. 12—2009. 5	
庞尔宏	副经理	2002. 5—	
张文平	支部书记	2009. 5—	

九、大同市盲人按摩理疗综合门诊部

1980 年 1 月 1 日，市民政局接收市教育局创办的盲聋哑学校按摩诊疗所，当年 4 月 26 日改名为大同市盲人按摩诊疗所，地址在城区后场面街市社会精神病院内。1985 年 12 月迁至更道街 14 号，更名为大同市盲人按摩理疗综合门诊部。2000 年 12 月搬迁到城区玄东花园 8 号楼。原为正科级建制财政补助事业单位，2008 年 12 月转为财政拨款事业单位，编制 22 名。

职能　负责盲残按摩医疗人员就业和劳动技能培训，为患者提供按摩医疗服务。

大同市盲人按摩理疗综合门诊部历任领导名录

姓名	职务	任职时间	备注
白云章	所长	1980. 2—1984. 5	
路秀英（女）	所长（主任）	1985. 5—1988. 1	
李正立	副主任	1985. 5—1988. 1	
	主任	1988. 1—2000. 3	
陈家英（女）	联合支部书记	1988. 1—1990. 3	
高其平	副主任	1991. 12—2002. 5	
	支部书记	2002. 5—	
康建东	主任	2000. 3—2002. 2	
姬　彪	支部书记	2000. 3—2002. 5	
	主任	2002. 5—	
吉庆刚	副主任	2000. 3—	
刘培兰（女）	副主任	2002. 5—	

十、大同市殡葬管理所

1966 年 1 月建立大同市殡葬服务处，与火葬场合署办公，地址南门街。承办全市丧葬事宜，加强土葬管理，推行殡葬改革。1971 年 9 月 1 日殡葬服务处撤销。1985 年 6 月成立大同市殡葬管理所，为正科级建制财政拨款事业单位，编制 7 人，地址南关工农路 21 号楼。2010 年 3 月，因城市改造搬迁到南郊区水伯寺乡同风肉制品厂院内办公楼。

职能　负责全市殡葬改革和殡葬管理，检查监督殡改规定贯彻执行情况，宣传殡改方针政策，纠正处理违规事件，推行火葬，改革土葬。

大同市殡葬管理所历任领导名录

姓名	职务	任职时间	备注
王　富	所长	1985—1988	
关文奎	支部书记	1985—1988	
郭书林	所长	1988—1989	
路秀英（女）	支部书记	1989—2001. 12	
刘　江	所长	1990—1992. 12	
张云生	副所长	1993. 1—1994. 3	
赵水云	所长	1994. 3—2001. 12	
马建军	支部书记	2001. 12—2011. 11	
	所长	2001. 12—2012. 7	
王琰珊	支部书记	2011. 11—2012. 7	
	所长	2012. 7—	
李重阳	支部书记	2012. 7—	

十一、大同市军队离退休干部第一休养所

1985 年成立，原名为大同市军队离退休干部休养所，为正科级建制财政拨款事业单位，编制 14 名。1997 年升格为副县级建制。2005 年增加 1 名编制。2011 年 5 月更名为大同市军队离退休干部第一休养所。2013 年 12 月编制调整为 17 名。内设办公室、服务管理科和医疗保健科 3 个副科级职能科室。地址：城区向阳西街 76 号。

职能　为军队离退休干部提供休养服务，做好军队离退休干部的各项服务管理，落实军队离退休干部的政治待遇和生活待遇。3 个内设科室的职能分别为（1）办公室：负责文件收发、档案登记与保管，处理来信来访事宜；做好老干部的来访接待工作；负责财务管理、所内财产的购置、使用登记和办公用品的领发工作。（2）服务管理科：落实好离退休干部的“两个待遇”，积极做好离退休干部的思想工作；负责所内文体器材、办公设施、党员活动室内报纸杂志等的管理；组织发动离退休干部参加各种文体活动和社会公益活动；为去世的老干部做好后事处理工作；做好车辆管理的相关工作，保障公务用车。（3）医疗保健科：做好离退休干部、工作人员及享受公费医

疗家属的保健工作，建立健康档案；开展卫生宣传，普及防病知识，定期安排工休人员及其家属体检，控制传染疾病的发生和蔓延。

大同市军队离退休干部第一休养所历任领导名录

姓名	职务	任职时间	备注
张焕明	所长	1986. 9—1988. 8	
	总支书记	1988. 8—2002. 5	
王华子	总支书记	1986. 9—1988. 8	
	所长	1988. 8—1990. 5	
靳双枝	副所长	1988. 10—1998. 4	
解福林	所长	1990. 5—2010. 3	
郝卫平	副所长	2000. 1—	
卢晓源（女）	总支书记	2002. 5—2013. 8	
史维琴（女）	副所长	2002. 5—2013. 11	
	所长	2013. 11—	
史德山	总支书记	2013. 9—	

十二、大同市老龄工作委员会办公室

1986年12月6日成立，原名为大同市老龄问题委员会，地址在城区新建西路75号。1988年7月28日，更名为大同市老龄委员会。2002年5月31日，更名为大同市老龄工作委员会办公室。2006年办公楼拆迁改建，2008年建成后仍继续留原址办公（地址改为：清远西街119号华林新天地六层）。为正处级建制参照公务员管理单位，编制12名。内设综合科、宣调科、权益科、联络科4个正科级职能科室。

职能　（1）组织贯彻落实中央、国务院和全国、全省老龄工作委员会及市委、市政府有关老龄工作的方针和政策。（2）研究制定老龄事业发展规划及重大决策，协调、组织和推动有关部门实施老龄事业发展规划及重大决策。（3）协调和推动有关部门加强对老龄工作的宏观指导和综合管理。（4）协调和推动有关部门做好维护老年人合法权益的保障工作。（5）组织开展老年社区服务业和老年产业，发展养老、助老等社会公益事业。（6）组织广大老年人参与社会经济发展，促进两个文明建设，组织开展有益于老年人身心健康的各种活动，丰富老年人的精神文化生活。（7）倡导和组织社会各界为老年人办实事、送温暖、助老解困，努力实现“老有所养、老有所医、老有所教、老有所学、老有所为、老有所乐”。（8）指导、督促和检查各县区、各单位的老龄工作。（9）组织、协调有关老龄事务的对外交流和重大活动。（10）承办市委、市政府交办的其他事项。4个内设科室职责分别为（1）综合科：负责综合性文件的起草；负责老龄工作信息的收集和统计；负责“两节”的走访、慰问高龄老人工作；指导、督促和检查县区、各单位的老龄工作；负责机关文秘、人事、劳资、财务、机要、文件、档案、会议、接待、行政后勤和安全保卫工作。（2）宣调科：负责老龄工作的政策研究和宣传；负责老龄问题的调查研究，提出对策建议；负责市老工委组织的各类评选表彰活动，树立典型，推广先进；负责老龄干部的业务培训；负责《大同老龄》的编发。（3）权益科：负责宣传贯彻《中华人民共和国老年人权益保障法》；配合有关部门拟定老龄工作管理的政策、法规；配合有关部门维护老年人的合法权益和执法、普法情况的检查工作；负责接待处理老年人来信来访工作；负责办理市人大、市政协有关提案；负责发放老年人优待证及优待政策的落实工作。（4）联络科：负责全市老龄工作委员会成员单位的工作联络；负责贯彻《中国老龄事业发展“十一五”规划》的落实工作；督促检查全市老工委决定事项在成员单位的贯彻落实情况；协调成员单位根据其职责就老龄工作中的问题制定相关的方针、政策；负责成员单位之间老龄工作信息的交流；做好上情下达、下情上报等工作；负责与老年群团组织的工作联络。

大同市老龄工作委员会办公室历任领导名录

姓名	职务	任职时间	备注
王中亮	主任	1986. 11—1998. 11	
张满晓	副主任	1989. 11—1993. 7	
王　萍（女）	主任	1998. 11—2011. 5	2002. 9—2011. 5兼任市民政局副局长
史天有	副主任	2012. 10—2014. 1	
邰德民	主任	2013. 11—	

十三、大同市福利彩票发行中心

成立于1987年11月，原名为大同市社会福利有奖募捐券发行站，原地址在大十字南街6号市收容遣送站院内，为正科级建制自收自支事业单位，编制3名。2008年3月更名为大同市福利彩票发行中心。办公地址几经变更，1988年3月迁到市光荣院内，1992年2月迁到南关工农路21号楼，1997年4月迁到雁北行署大院8号楼，2008年3月迁到南关工农路21号楼，2009年8月迁到大十字南街6号市救助管理站院内，2012年9月搬到城区大庆路桐城怡景写字楼A座15层。

职能 组织、实施中国福利彩票的发行、销售及管理，筹集社会公益金。

大同市福利彩票发行中心历任领导名录

姓名	职务	任职时间	备注
任林	站长（主任）	1988.12—	
尉技文（女）	副主任	2012.7	

十四、大同市民政干部培训中心

1995年8月成立，加挂大同市退伍军人培训中心牌子，实行一套机构、两块牌子，为正科级建制自收自支事业单位，编制20名。因未配置人员开展工作，2006年6月撤销。

职能 承担短期、中期民政干部培训任务，承担退伍士官培训任务。

十五、大同市恒泰陵园

1996年8月28日，成立大同市恒泰陵园，为正科级建制自收自支事业单位，编制10人。地址：南郊区马军营乡田村东。

职能 负责大同市及周边地区骨灰安葬。

大同市恒泰陵园历任领导名录

姓名	职务	任职时间	备注
王雪本	主任	1996.12—	

十六、大同市军队离退休干部第二休养所

1997年11月13日成立，为副县级建制财政拨款事业单位，编制17名。2005年增加编制1名。2013年12月调整编制为20名。内设综合科、服务管理科和医疗保健科3个副科级职能科室。地址：城区永宁街75号。

职能 为军队离退休干部提供休养服务，做好军队离退休干部管理工作，落实好军队离退休干部的政治待遇和生活待遇。3个内设科室的职能分别为（1）综合科：负责文件收发、档案登记与保管，处理来信来访事宜；做好老干部的来访接待工作；负责财务管理、所内财产的购置、使用登记和办公用品的领发工作。（2）服务管理科：落实好离退休干部的“两个待遇”，积极做好离退休干部的思想工作；负责所内文体器材、办公设施、党员活动室内报纸杂志等的管理；组织发动离退休干部参加各种文体活动和社会公益活动；为去世的老干部做好后事处理工作；做好车辆管理的相关工作，保障公务用车。（3）医疗保健科：做好离退休干部、工作人员及享受公费医疗家属的保健工作，建立健康档案；开展卫生宣传，普及防病知识，定期安排工休人员及其家属体检，控制传染疾病的发生和蔓延。

大同市军队离退休干部第二休养所历任领导名录

姓名	职务	任职时间	备注
李　亮	所长	1998.2—2013.11	
孙　仁	副所长	1998.2—	
崔延平	副所长	1998.2—2002.5	
张　团	总支书记	2002.5—2012.6	
李　富	副所长	2002.5—	
郭万堂	总支书记	2013.9—	
冯　宁	所长	2013.11—	

十七、大同市救灾捐赠社会事务管理中心

2000年1月成立，原名为大同市救灾捐赠仓储中心，为正科级建制财政拨款事业单位，编制15名。2011年5月更名为大同市救灾捐赠社会事务管理中心。地址：城区大庆路31号。

职能 负责接收、管理、调拨、安排救灾救济捐赠款物的事务性工作，开展扶贫济困送温暖社会捐赠活动的具体事宜，组织生产、储运部分救灾救济与捐赠物资。

大同市救灾捐赠社会事务管理中心历任领导名录

姓名	职务	任职时间	备注
胡怀银	主任	2000.1—	
苏　宏	支部书记	2000.1—2001.12	
宋锦林	支部书记	2001.12—2012.2	
李树才	副主任	2001.1—2012.7	
	支部书记	2012.7—	
张润梅（女）	副主任	2012.7—	

十八、大同市城乡居民最低生活保障管理中心

2002 年 2 月成立，原名为大同市城市居民最低生活保障管理中心，为正科级建制财政拨款事业单位，编制 8 名，地址在大庆路 31 号大同市民政福利公司综合楼。2005 年 4 月升格为副县级建制。2006 年 6 月，办公地址搬迁至大同市第二人民医院院内。2011 年 5 月更名为大同市城乡居民最低生活保障管理中心，核定编制 9 名，2012 年 3 月调整为 17 名。2012 年 4 月，办公地址搬迁至南郊区水泊寺乡马家小村。内设办公室、城市低保管理科、农村社会救助管理科、政策法规科和居民家庭经济状况核对科 5 个副科级职能科室。

职能 （1）负责全市城乡居民最低生活保障、城乡医疗救助和教育救助、农村五保供养、农村敬老院建设等城乡社会救助工作以及有关政策研究、规划制订、普查核实、保障标准的制定、计划、统计、备案等工作。（2）负责全市城乡居民最低生活保障、城乡医疗救助和教育救助、农村五保供养、农村敬老院建设等城乡社会救助资金的预算、管理、拨付，以及资金使用的监督。5 个内设科室的职能分别为（1）办公室：拟订全市城乡社会救助工作年度计划；起草中心工作报告、通知、总结和综合性的会议文件；负责中心文件、登记、归档和管理等保密工作；负责群众来信、来访的登记、接待、转办、督办、协办和催办工作；负责中心党建、财务、工会和计划生育、后期保障、安全保卫工作。（2）城市低保管理科：负责向省民政厅社会救助处上报全市城市社会救助工作各类统计报表；对全市城市低保户进行家庭收入动态管理及家庭备案制度网络化管理，随时掌握城市低保对象家庭收入，家庭人员结构变化情况；研究拟定全市城市社会救助有关政策、普查核实保障标准；负责全市城市社会救助资金的预算、分配、管理、拨付和发放程序执行情况的检查；负责全市城市低保对象医疗和子女教育救助资金的发放、计划、统计和备案等工作。（3）农村社会救助管理科：负责向省民政厅社会救助处上报全市农村社会救助各类统计报表；对全市农村低保户进行家庭收入动态管理及家庭备案制度网络化管理，随时掌握农村低保对象家庭收入，家庭人员结构变化情况；负责全市农村社会救助有关政策的研究制定、普查核实和保障标准的制定；负责全市农村社会救助资金的预算、分配、管理、拨付和发放程序执行情况的监督；负责全市农村低保对象医疗和子女教育救助资金的发放、计划、统计和备案等工作。（4）政策法规科：承办中心法制教育工作；深入基层开展调查研究，对全市城乡社会救助等数据进行统计、分析，为上级领导提供科学可靠的依据；监督、查处全市城乡社会救助工作中存在的违规、违纪行为；负责群众来信、来访的登记、接待、转办、督办、协办和催办工作；协助有关科室研究制定全市城乡社会救助政策性规定和规范性文件出台工作；协助有关科室搞好全市城乡社会救助普查核实和保障标准的制定；协助有关科室监督全市城乡社会救助资金发放程序执行情况。（5）居民家庭经济状况核对科：负责对社会救助申请人申报的家庭收入和财产进行比对，核算城市低收入和城乡低保申请人家庭经济状况，出具相关证明材料。

大同市城乡居民最低生活保障管理中心历任领导名录

姓名	职务	任职时间	备注
康建东	主任	2002. 2—	
郑永强	支部书记 副主任	2002. 2—2002. 6	
张　炜	副主任	2002. 2—	
闫祖明	副主任	2009. 4—	
齐雪冰（女）	副主任	2012. 7—	

十九、大同市军队离退休干部第三休养所

2005 年 11 月成立，原名为大同市军队离退休干部服务管理中心，2011 年 5 月更名为大同市军队离退休干部第三休养所。为正科级建制财政拨款事业单位，原编制 5 名，2008 年增加 4 名，2013 年 12 月调整为 12 名。原办公地址在御福路 1 号大同市社会福利院内，2007 年 12 月搬迁到城区北馨西园。

职能 负责军队离退休干部服务管理工作。

大同市军队离退休干部第三休养所历任领导名录

姓名	职务	任职时间	备注
刘印山	主任	2006. 12—2012. 7	
	所长	2012. 7—	

二十、大同市社区建设管理指导中心

2006 年 6 月 14 日成立，正科级建制财政拨款事业单位，编制 3 名，2012 年 3 月增加编制 5 名。

原办公地址在南关工农路21号楼，2007年12月搬迁到北馨西园大同市军队离退休干部服务管理中心院内，2013年5月搬迁到城区东信广场824号商铺。

职能 负责指导社区建设工作，抓好社区建设政策法规落实、工作效果评估、社区建设示范、居委会换届、居民自治、社区干部培训管理和社区服务指导工作。

大同市社区建设管理指导中心历任领导名录

姓名	职务	任职时间	备注
靳国泰	主任	2006.12—2009.4	
魏　东	主任	2009.4—	
池玉宝	副主任	2012.7—	

二十一、大同市慈善总会

2008年1月11日成立，主要职能：筹募善款；赈灾救助；扶贫济困；慈善救助；公益援助；交流与合作；兴办发展慈善事业的实体和非营利事业单位，筹措慈善资金；组织慈善宣传，普及慈善意识，进行慈善理论与发展战略研究，探索符合大同市实际的慈善事业发展道路；指导单位会员开展慈善活动，促进本地区慈善事业的发展，反映各界人士的意见、建议和要求，为政府制定有关方针、政策和法规提供咨询性意见。地址：城区北馨西园。

大同市慈善总会首届组织机构人员名录

姓名	职务	任职时间	备注
张文堂	会长	2008.1—	市委原常委 军分区原司令员
杨清明	常务副会长	2008.1—	市民政局原局长
白　玉	副会长	2009.1—	市民政局局长
万永胜	副会长	2008.1—	山西省军区后勤 部原副部长
苏　珍	副会长	2008.1—	市委宣传部副部长 （精神文明办主任）

续表

姓名	职务	任职时间	备注
杨　设	副会长	2008.1—	市房产管理局局长
秦成贵	副会长	2008.1—	市残疾人联合会 理事长
张建业	副会长	2008.1—	市建设委员会副主任
郭福月	副会长	2008.1—	市财政局副局长
刘方茂	副会长	2008.1—	市民政局副局长
郭　辉	副会长	2008.1—	市煤炭工业局局长
张学义	副会长	2008.1—	市教育局助理调研员
张士杰	副会长	2008.1—	市国土资源局 总工程师
岳林章	副会长	2008.1—	市北岳工程机械 发展有限公司董事长
康小菲	副会长	2008.1—	市民航房地产开发 有限责任公司董事长
李树林（女）	副会长	2008.1—	山西金龙石油集团 有限责任公司董事长
王生忠	副会长	2008.1—	市浩海集团有限 公司董事长
刘　东	副会长	2008.1—	市花园大酒店 有限公司总经理
李树平	副会长	2008.1—	市宏远房地产开发 有限责任公司董事长
高汉政	副会长	2008.1—	市大和房地产开发 有限责任公司董事长
武正河	副会长	2008.1—	大同齿轮集团有限 责任公司董事长
苏裕田	副会长	2008.1—	市银星金店 有限公司董事长
赵芬梅（女）	副会长	2008.1—	市东方罗马城 爱心人士
焦长安	秘书长	2008.1—	市民政局原 办公室主任

第二章　救灾救济

第一节　灾害概述

地理位置　大同市位于东经112°34′～114°33′，北纬39°03′～40°44′，地处山西北部，黄土高原东北边缘，晋、冀、蒙交界。北以外长城为界，与内蒙古自治区乌兰察布市凉城县、丰镇市、兴和县毗邻；东与河北省张家口市怀安、阳原、蔚县，保定市涞源县相接；西、南与本省忻州市繁峙县，朔州市应县、怀仁、山阴、右玉县相连。辖区东西最大距离55公里，南北最大距离57.65公里，总面积14056.4平方公里。

地势特点　大同市地势为周围高，中间低，两山夹一川的槽形盆地。地形分为山地、丘陵、盆地、平川。主要山脉有双山、二郎山、云门山、采凉山、雷公山、恒山、太白山、六棱山等。境内最高峰位于阳高县六棱山西黄羊尖，海拔2420米，最低点位于灵丘县花塔村，海拔558米。

气候温度　大同市属温带大陆性季风气候，四季分明，春季风多雨少，夏季降水集中，秋季降温迅速，冬季寒冷干燥。四季长短差异较大，冬季最长，约6个月2候；夏季最短，仅1个月1候；春、秋季各约2个月。多年平均气温7℃，1月平均气温－10.8℃，极端最低气温－37.4℃（2010年1月5日天镇县）；7月平均气温22℃，极端最高气温41.5℃（2010年7月29日），最低月均气温－15.5℃（1976年1月），最高月均气温24.3℃（2010年7月）。年平均日照时数2670.6小时，年总辐射5288.24兆焦/平方厘米。极端最低气温－37.4℃，出现在天镇县（2010年1月5日），生长期年平均178天，无霜期平均129天。0℃以上持续期127天（一般为5月10日至9月15日）。年平均降水量38.8毫米，年平均降雨日数为78天。极端年最大雨量590.7毫米（1995年出现在天镇），极端年最少雨量271.3毫米（1993年出现在天镇）。降雨集中在每年6月至9月，7月最多。

河流水文　大同市境内河道属黄河、海河两大流域，其中黄河流域面积80平方公里，占0.57%，海河流域面积14032平方公里，占99.43%。主要河道有流域面积大于10000平方公里的桑干河1条，长78.3公里；流域面积小于10000平方公里、大于1000平方公里的有唐河、南洋河、浑河、御河、壶流河等5条，总长384公里；流域面积小于1000平方公里、大于100平方公里的西洋河、洪塘河、口泉河、吴城河、坊城河、古城河、马家皂河、赵北河、华山河、大东河、上寨河、干峪河等12条，总长343.9公里；河流总长度1481.25公里，河网密度0.1千米/平方公里。径流总量5.8371亿立方米。境内最大的河流为桑干河（亦称永定河上游段），发源于左云县马道头乡潘家窑村，从怀仁县大滩头村东北进入大同市境，经大同县、阳高县，在阳高县南徐村出境流入河北省境内，境内长78.3公里，流域面积9706平方公里，多年平均径流总量2.675亿立方米，年均流量8.48立方米/秒。主要支流有浑河、口泉河、甘河、御河、十里河、石板河、坊城河、吴城河、古城河、尼河、马家皂河、梨元沟、壶流河等。

灾害历史　大同市主要自然灾害有旱灾、霜灾、雹灾、风灾、雪灾、地震、蝗灾、水灾、瘟疫等。旱灾，出现概率为10.9%，一般9年一遇，主要发生在夏秋之际。清顺治十四年（1657）春夏大旱，大饥，民去大半。有“火云何烈烈，千里无寸苗，十室九不炊，逃亡去不留”的记载。霜灾，当地霜期在210天以上，来得早，去得晚，霜期长，霜色浓，总是严霜一下，万木凋零。多发生在八九月。平均8年一遇。明清两次霜灾，“农民只收几捆枯茎黄草，当年就断了口粮”。雹灾，大雹灾10年一遇。金大定十一年（1171）六月，“雨雹三十余里，小者如鸡卵，其一最大，广三尺，长丈余，四五日始消”。地震，大同地处阴山－燕山纬向构造带，是地震频繁强烈活动地区。每隔六七十年就有一次5级以上的地震，多发在冬春季。《史记》载，公元前231年，赵国“代地大动，……台屋墙垣大半坏，地拆（裂）东西百三十步”。按此烈度当在8级以上。1989年10月18日，大同－阳高6.1级地震，地动山摇，余震不断。造成17人罹难，145人伤，34000间房屋倒塌，127000余人无家可归。水灾，大同三面环山，地倾东南。一旦暴雨山洪发生，四面洪水奔腾咆哮造成灾害。特大洪灾60年一遇，多发生在七八九月。清嘉庆二十四年（1819）七月，“大雨七昼夜”，城内民房、店铺倒塌，农村田地、道路、桥梁、房屋被冲毁，山洪引起山崩、滑坡。风灾、特大风沙灾害70年一遇。多发生在冬春之际。元大德十年（1306）二月，暴风夹雪“毁民庐舍”，次日，大风卷沙石，“马牛人多有毙者”。雪灾，虽几十年一遇，但造成“冰雪千里，人畜冻死”。蝗灾，20年一遇，多发生在夏秋季，晋永嘉四年（310）五月，“幽并大蝗”，不仅吃光庄稼、树木、野草，连牲畜身上的毛也吃个精光，造成人畜死亡。瘟疫，主要是鼠疫、伤寒、霍乱等，虽百年一遇，其伤害更大。往往造成“民死大半”“人畜皆亡”“绝户”的悲惨境地。民国六年（1917）12月鼠疫由绥远传入，大同城乡有600多人染疫身亡，当地断绝交通，四城门紧闭，国家派医生防治，直到次年3月，才使全城转危为安。

一、旱灾

大同市“十年九旱”。据史籍考证，大同一带历史上森林茂密，草地广阔，河流水量充沛，广有舟楫之利，地下泉水众多。但随着人口的增长，历代乱砍乱垦，以及战争，使良好的生态环境遭到破坏，河流锐减，泉水消失，降水减少，干旱越来越重。据有关资料统计：从1492～1949年的457年发生旱灾高达180次，平均2.5年1次，很少有风调雨顺之年。在新中国成立后的50年中（1949～1999年）几乎年年都出现不同程度的旱灾。1949～1979年，严重影响春耕春播的春旱有15年，平均2年一灾，春夏连旱有3年。1979～1999年严重影响春耕春播的春旱15年，平均1.3年一灾，春夏连旱有9年，春旱以及春夏连旱的概率越来越高。

1960年春，遭几十年未有的大旱。6月2日，古城区3个公社的13个管理区在连续干旱8个月后，又遭风灾。夏秋两季又遭受洪水、雹灾。全市受灾面积117533公顷，占播种面积13.7万公顷的85.6%；成灾面积10.2万公顷，占播种面积的74.1%；全市因灾外流人口7000余人。自1959年秋至1960年7月15日，从未降过一次透雨，全市普遍影响播种。正常年上半年平均降雨量为120～130毫米，当年上半年仅降71毫米。实播面积为13.7万公顷，比计划播种面积减少5400公顷，普遍成长不良，缺苗断垄。全市需要改种面积为3333公顷，补种面积为6666公顷。

1961年，农业仍处于特大灾害中。其特点是上半年干旱，下半年虫、雹、洪、风等毁灭性灾害。全市41个公（分）社590个生产大队受灾面积达70200公顷。由于连续两年遭灾，灾后出现诸种反常现象。人体瘦弱，老年人死亡人数增大。1959年全市每月平均死亡700余人，其中老年死亡者占38.8%；1961年1～4月死亡3956人。其中1月1448人，老年占61.2%。1960年11月至1961年8月，全市患水肿、消瘦、闭经、缺奶、肝炎等病人，达47261人，占全市总人口的6.5%，经治疗至8月底未愈者仍有8910人。1～5月共死亡牲畜2513头，2～3月仔畜死亡达800余头。

1962年，受到以旱灾为主的多种自然灾害，10.4万公顷耕地减产3成以上的达8.6万公顷，占全市耕地面积的69%，粮食锐减0.6亿公斤，较大旱的1960年减少12%。全市620个生产大队34.8万人，全年总收入较1961年减少1/3。以农民生活水平年50元计算，平均收入超过50元者，仅有135个大队约7万人，其余485个大队27万人都不足50元，特别严重的7个大队（麻峪口大队的南庄、西庄、南山洼，新荣公社总高墩，花园屯公社谢士庄，鹅毛口公社石井、北信庄），社员不仅无红可分，还要赔垫。

自1962年秋至1963年4月，持续干旱达8个月之久。5月降雨44.6毫米，旱象有所解除，但6~7月，仅降雨48.1毫米。由于雨少、风大，气温高，蒸发量大，旱象十分严重，经检查当时春耕浇过的土地含水量为9%，未浇过的土地为6%，沙土地的干土层深达13~17厘米，黏土地干土层也深达13厘米左右。全市播种的135466公顷土地中，大部分农作物受到严重干旱威胁。吴家窑、鹅毛口、峰子涧、高山、镇川、古店、新荣、巨乐、中高庄、倍加皂、马军营等20个公社受灾总面积86533公顷，占播种面积的71.2%，其中持续旱灾面积达71486公顷。

1972年春夏之交，再遭仅次于1960年的大旱灾，持续达3月有余。8月，大同地区旱灾严重，地下水位普遍下降3~4米，土井或中层水井已无水，农作物受到严重威胁。主要特点呈现为：（1）雨量奇缺。往昔3~7月，大同地区平均降雨量为210毫米，当年同期仅为81毫米，占正常年景雨量的38.5%。7月进入雨季，正常年份降雨量为110毫米左右，当年实降雨量仅32毫米，占正常年份的30%。（2）持续时间长。自当年5月起，旱象日趋严重。至5月28日，全市仅降小雨，雨量为12~24毫米，未能根除旱象。5月28日后，仅降过一两次2毫米的微雨。6~7月，正值作物生长茂盛，亟须大量雨水之际，却连续两月基本无雨，旱象更趋严重。（3）风沙大、气温高。由于长时间的干旱，空气湿度低，气温经常徘徊在33~34℃，是大同地区气温的罕见现象。同时，由于干旱影响，一些较浅的土井或取中层水的大锅锥打的井，已不能抽水，严重影响灌溉和人畜吃水。野草生长不良，耕畜不能放青，严重缺草，膘情下降。全市51000公顷粮田中，47333公顷减产，2000公顷无收成。全市粮食产量为4136万公斤，较1971年的7136万公斤减产近5成，社员人均口粮比上年减少17.5公斤。人均收入59元，缺饲草1417公斤。1973年7~8月，近50天无雨，全市遭干旱侵袭的25个公社342个大队，受灾面积达28895公顷。

1978年两郊区（南郊区和新荣区）遭多种自然灾害侵袭。1月至5月15日仅降雨11毫米，较历年同期减少25毫米，5月16日降雨10~30毫米，勉强春播下种。播后大旱70天，水库干涸，河水断流，夏秋作物大部枯死或半枯死，受灾面积大，持续时间长。全市913个核算单位、275567人、52666公顷土地受灾。新荣区462个核算单位、107413人、3万公顷土地。减产3~5成的356个核算单位，82444人，3.2万公顷；减产5~8成的90个核算单位、20845人、7333公顷；减产8成以上的16个核算单位、4124人、667公顷。全年粮食产量为6310万公斤，较1977年减收2375万公斤，减产27.33%，社员口粮下降，人均自产口粮在150公斤以下者有406个核算单位，占核算单位总数的40.46%，受灾97342人，占农业总人口的35.32%。

1981年，全市937个生产队遭受严重旱灾，受灾面积达54925公顷，成灾32000公顷，229687人，占农业人口总数的82.8%，全市人均口粮在150公斤以下的生产队就有716个，占全市生产队总数的72.6%，受灾165376人，占农业人口总数的59.62%；收入在50元以下的生产队270个，57666人；历年灾害不断，社员家底薄，属“三靠队”（财政靠补贴，吃粮靠返销，花钱靠救济）的有21个生产队，2112户，7848人。

1984年，风、旱、冰雹相继袭击新荣区镇川、东胜庄乡一带，全区成灾9333公顷，6.6万余人。其中：特重灾达9000多人，减产4645万公斤。1985年春，发生旱灾，夏季又多次遭受历史上罕见的冰雹袭击，农村生产受到很大损失。

1993年，遭受干旱、洪雹、霜冻等自然灾害。全市9个农业县（区）7个减产，141个乡镇、1962个村、120.8万人受灾。其中，减产3成以上的成灾乡129个，成灾村1681个，成灾人口85.84万。全市作物受灾面积23.09万公顷，占35.42万公顷总播面积的66%，其中成灾面积19.1万公顷。因灾减产粮食48763.11万公斤，因灾死亡2人，死大牲畜305头，倒塌房屋13间，损坏民房537间，因灾造成直接经济损失8323.09万元。

1995年，气候异常，旱、风、涝、雹、霜冻五灾俱全，特别是干旱、雨涝、早霜冻灾害都是历史上罕见的，受灾范围之广，灾害程度之重，经济损失之大是新中国成立以来所未有。据统计：1994年9月中旬至1995年6月15日，长达9个月的时间里，全市平均降雨44.3毫米，比正常年少28%。全市34.37万公顷农作物受灾面积达33.2万公顷，粮食作物成灾面积27.83万公顷，其中重灾面积15.54万公顷，特重灾面积11万公顷。全市受灾乡153个，受灾村2198个，分别占乡村总数的99.3%和96.1%，受灾人口146.09万，成灾人口133.5万，其中重灾民81.8万，特重灾民37.9万。全市因灾减产粮食33460.8万公斤，比

1994年减少51%，同时，因灾死亡12人，死亡牲畜963头。

1996年，全市农业从整体上来说是一个丰收年，但由于局部地区再次遭受严重干旱和洪、涝、雹灾，部分灾区群众再度陷入困境。据统计：全市有8个县（区）57个乡镇、231个村受灾，受灾面积达8.48万公顷，占全市总播面积的24.7%，其中成灾面积5.77万公顷，绝收面积8500公顷；全市受灾人口达42.7万，其中成灾人口27.14万，分别占全市农业总人口的27%和17.2%。同时，全市因灾倒塌房屋3507间，其中住房1455间；因灾损坏房屋2779间，其中住房1283间；因灾减产粮食4501万公斤，死亡大牲畜116头，直接经济损失12385万元。

1997年7月以后，全市发生严重干旱，大部分县区受灾。特别是沙土地、坡梁地，农作物叶面打卷、黄叶、干叶，庄稼不能正常生长拔节扬花，农业损失较重。1998年，遭受旱、虫、涝、风雹灾，给农业造成严重损失，全市受灾面积29.26万公顷，其中成灾面积27.25万公顷，绝收面积4.75万公顷。全市受灾人口116.53万，其中成灾人口101.42万，因灾倒房5360间，其中住房4928间，损坏房屋7086间。因灾死亡3人，受伤115人，死羊320只。全市有225673户、902692人因灾缺粮15749.2万公斤。

1999年，遭受历史上罕见的严重旱灾，从上年入秋至当年的夏季，全市仅降3次有效雨，累计降水量平均为70毫米，是历年平均降水量的1/5。尤其是入夏，气温持续偏高，加剧干旱程度。据统计：全市农作物35.33万公顷播种面积全部受灾，其中成灾面积34.67万公顷，占总播种面积的78%，预计全市粮食总产1.32亿斤，比去年6.6亿斤减产80%，人均占有粮食仅有83斤。全市农业人口普遍受灾，其中成灾人口142万，占农业人口90%；重灾人口126万，占成灾人口的88%；绝收人口113万，占重灾人口的90%。全市农业经济损失总值达14.8亿元。2000年，继上年受特大旱灾，再次发生强度干旱。全市范围内80%左右农作物减产。1～5月无一次有效降水，耕地推迟播种半个月左右。进入7月后经过一次强降雨外，再无一场有效降雨。干旱高温使地表水蒸发，河水断流，地下水位下降，田地干裂，形成了“卡脖旱”。

2005年7月以后，9个农业县区普遍降雨偏少，库塘蓄水不足，加上持续高温，致使旱情蔓延，全市农作物受灾面积达120433公顷，绝收面积8048公顷，受灾人口623674人，有14704人出现饮水困难，直接经济损失24219万元，农业直接经济损失23431万元。旱情最重的浑源县，全县播种面积39333公顷，受旱面积达19878公顷，占总播种面积的51%，绝收面积3224公顷，占受旱面积的16%。全县148611人受灾，有1680人饮水困难，造成农业直接经济损失4369万元。

2006年，遭遇严重干旱，呈现如下特点：一是降水少。从上年10月至当年4月底，全市未出现过一次有效降水，平均降水仅25.9毫米，较多年均值减少28.6毫米，减少53%。加之8～9月部分县区又出现干旱，使正在抽穗灌浆的农作物受到严重的影响。二是风沙大。2月上旬就出现大风日，3～4月扬沙天数有5个县区超过历年均值。三是墒情差。全市土壤蒸发加剧，失墒严重，大同、浑源、灵丘、南郊区、新荣等县区旱情非常严重。四是蓄水少。全市大中型水库蓄水量仅5126万立方米，比上年同期减少5390万立方米。全市水利工程总蓄水7746万立方米，仅为上年同期的50%。由于旱情严重，直接影响农作物的播种和生长，造成的经济损失较大。经统计，全市因旱灾造成受灾人口423138人，其中饮水困难人口3240人，农作物受灾面积78431公顷，绝收面积10024公顷。直接经济损失19716万元，农业直接经济损失19462万元。

2007年，遭受阶段性干旱，大部分县（区）出现不同程度的旱情，降水少的浑源、广灵、灵丘处于严重干旱状态。尤其是6月上旬除天镇县出现1.4毫米以上降水外，其余8个县区平均降水量仅为0.2毫米，比历年同期平均值偏少99%。上旬平均气温比历年偏高4.6℃，气温高、降水少，出现明显的阶段性干旱。灵丘县5月底到6月中旬持续高温，有5个乡（镇）出现严重干旱，部分农田出现无苗状况，农作物受灾面积达46237公顷，受灾人口15497户、32278人，直接经济损失504万元。

2008年入伏以后，全市平均降水量仅为36毫米，比历年同期平均值少62%，加上30℃的持续高温，各县区旱情十分严重。尤其是旱坡地种植的谷、黍、豆类等杂粮，受旱更为严重。玉米等作物正处于灌浆、抽穗的关键生长时期，由于干旱无雨，境内多条河流断流。经统计：全市9县区99个乡镇1910个村遭受旱灾，受灾人口为386649户、1310281人，其中成灾人口为290554

户、990726 人，需救助人口为 173220 户、571262 人，因灾造成饮水困难人口为 154397 人、大牲畜 49757 头（只）。农作物受灾面积共 26.73 万公顷，其中成灾面积 21.13 万公顷、绝收面积 7 万公顷；受灾较重的农作物种类主要为玉米、谷黍、豆类、油料、山药等，预计粮食产量比正常年份平均减产 50%。造成直接经济损失 87787 万元，其中农业直接经济损失 84074 万元。

2009 年，遭受百年不遇的春夏连旱。全市1～6 月平均降水量 83 毫米，与历年均值相比下降 32%，尤其是市区、大同县、左云县、浑源县、广灵县、阳高县降水偏少 4 成以上。6 月中旬到 7 月初全市平均降水量仅为 12.2 毫米，是 1970 年以来的最小值，6 月 9 日至 7 月 7 日连续 28 天，全市大部分地区无有效降水。进入 6 月以后，超过 30℃以上的高温天气接连不断，尤其 24～26 日连续 3 天达 35℃以上高温，地表蒸散强烈，土壤失墒迅速。进入 8 月以来，正值农作物抽穗、拔节和灌浆时期，全市仍无有效降雨，旱情更加严重。由于气候持续干旱、降雨少，再加上风沙大、气温高，土壤失墒快，在春播期内的 4～5 月，造成大面积农作物无法下种，已播农作物出苗受到影响，生长缓慢。据气象部门统计，市区、天镇县、阳高县、左云县、浑源县、广灵县土壤相对湿度小于 40%，已处于严重干旱状态。特别是广灵县，2008 年 10 月至 2009 年 6 月，总降水量较上年同期偏少 63.8 毫米，没有 1 次 10 毫米以上有效降水，长期持续干旱，降水极少，出现 50 年罕见的旱情，大面积农作物不能下种，下种的因旱未出苗，出苗的因旱枯死。全县 9 个乡镇 180 个村全部受灾，受灾面积 2.9 万公顷，成灾面积 2.29 万公顷，绝收面积 1.39 万公顷，直接经济损失 14317 万元，其中农业损失 14292 万元。梁庄、斗泉两个乡镇最为严重，未播、未出苗、出苗枯死、缺苗断垄面积占耕地面积 85% 以上。阳高县由于去冬今春持续降水偏少温度偏高，加上春季大风天数较历年同期偏多，导致表土失墒严重，马家皂等 13 个乡镇旱情加重。截至 6 月底，全县农作物受旱面积 3.23 万公顷，成灾面积 3 万公顷，其中有 4069 公顷农作物因干旱死苗，0.83 万公顷受旱未播，受灾人口 15.7 万，初步估计农业直接经济损失近 12000 万元。截至 7 月 7 日，全市农作物播种面积 31.07 万公顷，因旱造成农作物受灾面积达 29.47 万公顷，占播种面积的 94%，因旱无法下种面积达 4.27 万公顷，点片死苗面积达 4.67 万公顷，全市因旱造成 105 万人受灾，饮水困难人口 19.3 万、大牲畜 5 万头（只），直接经济损失 13 亿元。

2010 年 7～8 月，全市大部分县区气温偏高，长时间没有有效降水。市气象台连续多次发布高温黄色预警，7 月 28～30 日提高到橙色预警。29 日市区最高气温达 41.5℃，地表温度接近 50℃，突破 50 年来的最高值。广灵县从 7 月初至 8 月下旬降雨仅为 65.2 毫米，比历年同期偏少 35 毫米。7 月 15～31 日，全县一直处于晴热高温天气，连续出现 30℃以上的高温天气，最高气温达到 38℃。除蕉山、加斗、壶泉 3 个乡镇部分村外没有一次有效降水过程，致使地下水位下降，山泉枯竭，山区人畜吃水困难。由于降水偏少，气温高，蒸发量大，部分农作物因干旱枯死，14.3 万人受灾，农作物受灾面积 25669 公顷，直接经济损失 8231 万元。全市因干旱造成 82 万人受灾，饮水困难人口 11.9 万。农作物受灾面积 183971 公顷，绝收面积 1448 公顷，直接经济损失 46067 万元，农业损失 45222 万元。

2011 年，去冬今春雨雪少，土壤墒情差，气候反常多变，大风天气频繁发生，春播期部分农作物无法下种，影响了后期农作物的生长。左云县 9 个乡镇 228 个村全部受灾，其中灾害最为严重的有云兴镇、管家堡乡、张家场乡、小京庄乡、三屯乡和马道头乡。全县受旱面积为 18 万亩，其中因土壤墒情差无法下种面积 10 万亩，下种后未出苗的 3.5 万亩，旱死幼苗 2 万亩，全县 4000 多人饮水严重困难，造成直接经济损失 923 万元。大同县 1～7 月降水量仅为 88.2 毫米，比去年同期减少 28.3 毫米。全县 10 个乡镇 175 个行政村的农作物不同程度受灾，受旱面积达 25 万亩，成灾面积 21 万亩，绝收面积 0.3 万亩，受灾人口约 7.6 万，饮水困难人口 3000 人、大牲畜 100 多头，农业损失 3967.8 万元。全市因干旱共造成 61.5 万人受灾，饮水困难人口 2.43 万，农作物受灾面积 126 万亩，其中成灾面积 82 万亩，绝收面积 4.7 万亩，直接经济损失 22001.6 万元，农业经济损失 21637.6 万元。

2013 年，春播期间无有效降水，部分县区农作物不能及时播种，已播下的种子不能出芽，即使出苗也基本枯死，直接影响农作物的生长和农业收成。新荣区因旱灾使 3.5 万户 8.6 万人受灾，农作物受灾面积 21324 公顷。成灾面积 5713 公顷，绝收面积 2223 公顷，直接经济损失 6397 万元。全市因干旱造成96.9万人受灾，农作物受灾面积172707公顷，直接经济损失36224万元。

二、洪涝灾

大同市境内多属山区丘陵，坡陡沟深，源短流急，植被较差，水土流失严重。洪水灾害主要集中在7～8月雨季暴雨形成的山洪暴发，强度大、历时短，极易形成突发性的洪水灾害。个别年份秋季长期阴雨，雨量大，面积广，河流水系宣泄能力差，河水暴涨，也易发生洪水灾害。

1950年，大同市口泉、鸦儿崖、四老沟、白洞、店上、岩岭、刁窝嘴7村，遭受超过清光绪年间70年来未有的大水灾。6月28日16时许，连日阴雨山洪暴发来势凶猛，间夹冰雹大如核桃，群众毫无准备绝少预防，损失惨重，29日山洪再发大于昨日。历年所修三道堤坝均毁，口泉至永定庄段铁路冲毁200余米，公路中断500余米，永定庄至岩岭大桥影踪全无，白洞至工人宿舍木桥塌4孔，杏儿沟煤矿被水卷走旱板车40余辆，白洞矿冲走煤、沙无数，部队生产用胶轮车随水漂走30多辆，每辆带3头牲口，车夫也有伤亡，四老沟淹死一人。堤坝坍塌，洪流肆虐，沿山脚直扑口泉镇大街，居民大部受灾，靠铁路西洪水入屋深达1.7米左右。口泉至鸦儿崖受灾最重，有的全家被冲，房屋倒塌，财物卷走，难以为炊。计受灾达589户，1427人，冲毁土地75公顷。

1953年，大同市遭受严重水灾，从8月10～26日接连降雨17天。8月24～26日，阴雨连绵3日，之后雨势加剧，持续两昼夜，全市塌毁房屋13463间，受灾7113户、28522人，塌房砸伤12人，死3人。四区西韩岭村倒塌房屋50余间，矿区周家店村房屋大部倒塌，市内各机关房屋普遍漏雨，倒塌60余间，各校倒塌教室23间，宿舍14间，因漏雨不能上课的教室109间，部分小学被迫临时停课。东站街倒塌房屋300余间，危房近500余间，车站广安巷倒塌房48间，占全巷房屋的一半。东关、南关冲毁水田23.6公顷，淹浸旱地4公顷，河渠被毁258米，冲倒树木16680株。胡家窑矿工人隔河居住，因河水猛涨，无法上班，暂时停产。市建筑工程局所属砖瓦厂淋坏砖瓦土坯127万块，冲走石片与石子600立方米，倒塌砖窑6座，损失达19760万元。化工厂有1590桶硫化碱，因无仓库，部分渗入雨水。打短工的工人，因数日阴雨，不能做工，又无收入，房子倒塌，无以为炊。

1954年，雨期较早，6月降雨量为153.8厘米，超过1953年同期雨量的85.5%；7月降雨量为153.8厘米，超过1953年同期雨量的3.18%；致全市3个区的14个乡、街中部分地区遭受不同程度水涝灾害，共计364公顷田地受灾，淹死7人，死骡子两头，淋死羊86只，卷走汽车两辆，冲毁公路70米，桥梁一座，防洪坝及水库3处。仅7月中即连阴雨12天。平旺、马辛庄、西韩岭等乡受涝面积达198公顷。口泉河洪水急流，冲毁刁窝嘴街便桥，6人被洪水卷走。

1958年8月27日，口泉区云冈村遭暴雨袭击。是日11：05～12：20，突降罕见的大暴雨，村内街道水深达0.6米，河水猛涨高达3米左右，水势宽为8米，淹死猪5头，冲坏粮菜田1.4公顷，淹死2人。

1959年6月5日和9日，新荣、云冈、马军营、平旺、西韩岭、周士庄、聚乐、西坪、倍加造、米庄、鸦儿崖、峰子涧12个公社，遭冰雹及洪水。西水磨、房子村、仝家湾、马辛庄4个管理区受灾特重。受灾面积3933公顷，其中：约有2000公顷需改种或补种。受灾作物以蔬菜、瓜类、甜菜、白麻、油料、豆类、小麦、黍子为主。此外，尚有少数地区，猪、羊被淹死。6月9日降雨量达31.5厘米，淤泥河、十里河、口泉河山洪骤发，淤泥河9日出现最大洪峰，流量320立方米/秒。正在施工的军民水库，东端溢洪道尚未完工，不能充分排泄，洪水从两端泄水闸漫顶溢流，冲坏进水闸一座，渠道冲深刷宽。洪水从9日下午5时40分进库，晚11时洪峰始降，经水库全体人员抢救，大坝主体未受影响，但冲走渠道土方5万立方米，进水闸一座及便桥两座。下午5时，口泉、峰子涧山洪突发，沟水突然上涨，水深3米多，冲走木轮车2辆，木料3车，小猪1口。马脊梁管区有5户，家中粮食家具水浸。入汛以后，全市水库被冲4处，渠道决口4处，山洪冲地一处。谢家场水库因工程质量差，发生漏水，冲垮土地400公顷。圪坨水库、花园屯水库、军民水库经抢修，未造成田禾毁损、人畜伤亡事故。御河灌区肖家寨渠道决口，冲毁田地6.2公顷；智家堡渠道决口，冲地66公顷。

1959年7月24日，口泉区鸦儿崖公社和郊区新荣、古店等公社，山洪暴发，淹死4人、牛20头、羊4只、小猪11口、折断树木2030株、冲毁水库8座、断桥8处、地楞地坝护林渠52条、倒塌房屋150余间。同年7月30日下午至24时，普降大雨，夹杂冰雹，22个公社292公顷农田受灾，冲毁花园屯、米庄等9处水库，房屋畜圈倒塌97间，压死大牲畜4头。四老沟公社管内土窑倒塌，压死3人、伤1人、被水冲走5人。

1960年7月5日，怀仁区于家园磨道河、秦城、甄庄等6管区遭受洪灾。冲毁田地82公顷。其中：26公顷幼苗被泥淹没，8公顷淤积沙石厚达0.3～0.7米。于家园村有51户社员家进水，管区食堂2500公斤粮食遭水浸泡，死羊23只。

1966年6月10日，口泉地区暴雨成灾。口泉、同家梁、忻州窑、白洞、永定庄5个街居民和驻街6个单位，计705户，2423人受灾。严重者114户，479人，毁房18间；冲走粮食2733公斤；以及商品计值11600元，死2人。大同水泥厂合同工禾宽为抢救永定庄街李达仁一家而牺牲。同年8月31日下午13：30～16：00，古店公社骤降大雨，山洪暴发，致古店至白马城的军民大渠决口15处。农田受灾面积101公顷，2公顷田地完全冲毁。

1967年，降雨量达592厘米，较1966年多增40%。仅7～8月即达321厘米，致使12个公社的25个生产大队的320公顷田地被冲毁，淹死3人。全市粮食减产，收成仅2440余万公斤，比1966年实收的3000万公斤，减产19%；比春季包产3450万公斤，减29.5%。全市188个生产大队减产者达158个。其中：轻灾队74个，54271人；重灾队20个，3127人；特重灾队2个，1834人。成灾人口合计为59232人，占农业总人口的55.7%。同时，蔬菜产量也减少21%。

1970年，西韩岭公社仝家湾大队和城区新华街3个居民区，遭受洪水侵害，淹没13公顷秋粮作物，冲毁房屋721间，冲走大量粮食、衣被和家庭用具。新华街受山西化工厂冲下的污水中毒的有224人。

1973年6月25日，降冰雹后，又降大雨，20分钟降雨达30毫米，冲毁水库两座，渠坝2道，冲走冲死羊50只。

1974年7～8月，总降雨量达192.5毫米，比历史上最多的1952年同期降雨量多19.4毫米。全市18个公社156个生产大队受灾。洪水冲毁坝地1000公顷（主要是新荣区）。共倒塌库房142间，畜圈35间，淹没房屋308间，压死1人，冲走6人，死大牲畜2头，猪羊8只，冲走粮食750公斤，毁大树200多棵。御河工农渠先后两次被冲，156米长的拦河大坝全被冲毁，同时，冲毁9座水库、14座池塘、89眼机电井、14处人畜吃水工程、25处小型水利工程。渠道17条（3000米），治河造地坝28条也被冲毁。

1978年，南郊、新荣区遭受洪涝、风雹等自然灾害。部分房屋、耕地被冲毁，死5人。

1983年5月11日下午4时，东部突降暴雨，这次暴雨强度较大，在不足1小时内，降雨量60～80毫米。一些边山河道暴发洪水，灾情严重的是浑源、广灵两县。浑源县大仁庄2小时降雨量100毫米，黄花滩、官王铺一带洪水暴发，王千庄峪洪峰流量948立方米/秒，使11个公社70多个大队受灾，冲毁耕地1133公顷，倒塌房屋1230余间，1725间民房进水，死23人，淹没小煤窑8座，冲走煤炭2500吨，经济损失340万元。广灵县在暴雨的袭击下主要峪沟都暴发罕见的洪水，壶流河洪峰流量达500立方米/秒，造成12个公社、83个大队、7333公顷土地受灾；倒塌房屋175间，478户被淹，死亡5人；望狐粮库被淹，毁坏粮食2万公斤；50座水利设施被毁。总损失约150万元。天镇县受雨洪灾面积达1867公顷，冲毁土地15公顷，倒塌房屋12间。

1985年7月2日、19日，8月1日，全市连续3次遭受罕见的暴雨、冰雹的袭击，房屋倒塌，伤5人，死6人。

1993年7月2日，遭受暴雨和冰雹袭击，部分农田受损严重。

1995年夏秋，降雨集中，阴雨连绵，光照少，积温低，作物成熟期普遍推迟。从6月16日至9月9日全市平均降雨达496.2毫米，比历年同期平均值多262.3毫米，特别是8月31日至9月9日长达10天的连续降雨，全市平均降雨136毫米，是历年同期的6倍。最高的左云县达160.3毫米。6月5日，阳高县下深井乡遭受洪水、冰雹袭击，损失严重。15时至16时约40分钟内，下深井乡降雨40毫米，并伴有冰雹。冰雹最大粒径4厘米。洪水冲毁水塘两座，冲断路坝3处，冲走、淹死羊536只，倒塌房屋5间。洪雹使下深井乡的7个村、3000人受灾，2330亩农田受损，直接经济损失65万元。7月17～18日，天镇县各乡、村持续降雨110～130毫米。全县共倒塌房屋4864间、1048户、4482人；造成危房16483间、5183户、20742人。有1036户、3768人无家可归。压死、冲走羊996只，死亡大牲畜146头，猪97头；冲毁耕地3.48万亩，冲毁水利设施124公里，直接经济损失987万元，连同作物损失

5170万元。8月1～2日，阳高县阴雨不断，这次降雨不仅量大，而且时间集中，全县20个乡镇290个村不同程度地受灾，100970亩粮田被洪水冲毁，预估减产粮食1480.2万公斤；倒塌房屋4142间，造成危房7414间，倒塌畜圈1474间，冲毁防渗渠2100米、堤坝4140米、水库7座、人畜吃水工程6处，被洪水冲走并淹死猪20头、羊920只，有780间日光温室倒塌。9月9日，全市连续10天普降大雨，加之11日大部分县（区）50%以上农作物遭受霜冻，粮食减产和塌房造成的直接经济损失在15亿元以上。倒塌房屋26.2万间，其中住房5.8万间，造成危房27.5万间，其中住房18.5万间，倒塌损坏房屋户数172959户，无家可归户63640户。全市因灾冲毁堤坝757米，机井269眼，机电站28处，坍塌日光节能温室520栋，损失蔬菜2000吨。全市70多座煤矿、30多家国有企业被迫停产，直接经济损失22.3亿元。

1996年7月23日下午2时40分左右，狂风暴雨突然袭来，其中夹杂着大量的冰雹，在短短的40分钟时间里，南郊区马军营乡的周家店、新添堡、西水磨等8个村的农作物遭受到不同程度的损坏。粮、菜遭灾面积达6475亩，经济损失达1000万元。是该乡近几年遭受的罕见的一场暴风雨，时间虽短，但风大雨急，冰雹密集。

1998年因洪雹灾，天镇、阳高、大同、浑源4个县受灾严重。全市受灾面种438.9万亩，其中成灾面积408.8万亩，绝收面种71.3万亩。受灾人口116.53万，其中成灾人口101.42万，因灾倒房5360间，其中住房4928间，损坏房屋7086间，因灾死亡3人，受伤115人，死羊320只。225673户、902692人因灾缺粮15749.2万公斤。

2003年7月25日，大同县、阳高县、新荣区的17个乡镇244个村，遭受严重的冰雹和洪水袭击。特别是大同县聚乐乡聚乐村，7月25日遭受百年不遇的特大洪雹灾害，造成护村坝冲毁，致使该村5人死亡，倒塌房屋89间，严重损坏447间，冲走羊142只，冲毁粮食86.2吨，冲毁各种车辆14辆，损坏家电71件，农业直接经济损失205万元。

2004年7月23日，阳高县鳌石乡鳌石村遭受特大山洪袭击，全村293户832人全部受灾，1名70多岁的老人被淹死。当时，沟峪积水面积达95平方公里，流长16公里。洪水从山头悬沟直泻而下，漫过护村堤，造成5处决口。洪水冲入村庄，全村293户居民家中全部进水。水深3米，造成包括315间住房及小房屋、畜房在内的1000多间房屋倒塌，并形成493间危房。洪水过后，275户、795人无家可归。经济损失达1000多万元。

2005年汛期，大部分县区遭受洪涝和风雹灾，特别是新荣区、灵丘县、大同县损失严重。据统计：灾害使13059公顷农作物受灾，近4171公顷农作物绝收，有73户199间住房倒塌，342间住房损坏。因灾死亡4人，因灾伤病1284人。因灾死亡大牲畜146头。直接经济损失6365万元，农业直接经济损失5740万元。

2006年6月24～25日，灵丘、阳高两县部分乡镇遭受洪涝和风雹袭击，农作物和居民住房等损失严重。6月24日下午，灵丘县上寨镇、石家田乡、史庄乡、落水河乡、赵北乡、武灵镇、下关乡不同程度遭受洪涝、风雹灾。暴雨就地起水，洪水深达1.5米，成片的庄稼被洪水所淤。全市因洪雹灾造成农作物受灾面积18627公顷，绝收面积5403公顷，灾害使116248人受灾。直接经济损失11064万元，农业直接经济损失8464万元。

2007年6月13日，广灵县蕉山、一斗泉、梁庄等乡镇暴发山洪，22个村遭受洪涝灾害。经核查，灾害造成7322人受灾，倒塌房屋4间，损坏房屋362间。农作物受灾面积495公顷，绝收面积158公顷，死亡羊62只，冲毁公路11公里及其他设施，直接经济损失475万元，农业直接经济损失205万元。

2008年7月4日中午12时许，浑源县黄花滩乡、官儿乡等地遭受冰雹袭击，冰雹过后发洪水，冲毁大量农田和堤坝。经统计：受灾人口5525人，农作物受灾面积达524.6公顷，冲毁农田202公顷，倒塌房屋79间、损坏房屋101间，护村护地坝溃坝1000多米，冲毁道路1500多米，冲走大牲口2头、羊95只，直接经济损失达972.3万元。灾害过程中，因乡村两级应对及时，无人员伤亡。

2010年3月中旬，天镇县的新平镇和阳高县的龙泉镇遭受春季融雪性洪水袭击。5月5日凌晨3时许，大同钢厂对面的御河段突发洪水，顷刻之间，河道内水流湍急，水位上升至10余米，多辆货车和7名挖沙人被困水中。截至19时许，已有5人获救，另外两人失踪。近几天内蒙古地区强降大雨，慢慢蓄积的雨水冲断上游河堤，流进大同御河河道内，导致洪水发生。据逃上岸的挖沙人介绍，3点钟，他们就听见哗啦啦的流水声。由于缺乏灾害防范意识，对大水到来前的预兆没有在意。不到两分钟，当他们再抬起头时，只见前面已经形成一道水墙，滚滚洪水冲过来。离河岸较近的两人幸运地躲过水浪，爬上河岸，其余5人爬到车顶上，另外两人被大水吞噬。9月，受全国强降雨过程的影响，阳高、天镇、南郊区遭受洪灾，损失较为严重。天镇县因降水量较大，有1160户居民住房漏雨成为危房，转移安置2000余人，未造成人员伤亡；9月20日南郊区水泊寺乡6个村47户居民家中进水，严重的曹夫楼村19户，家中电器等被水淹没，损失16.7万元。

2011年7月初至8月中旬，部分地区遭受洪涝灾害。个别县（区）出现短时强降雨、冰雹、大风等极端灾害天气。给农作物和居民住房以及基础设施造成较大损失。广灵县7月12日23～24时，发生强暴雨、冰雹灾害，降雨量在60毫米，冰雹直径在2～5厘米，持续时间长达40分钟，致使该县4个乡镇43个村受灾，此次灾害共造成该县南村镇、加斗乡、蕉山乡、梁庄乡的43个村65202人受灾，农作物受灾面积12万亩，成灾面积9万亩，绝收面积2.49万亩，主要农作物有玉米、山药、豆类、荞麦、瓜菜等，农作物叶子几乎全部被打掉，瓜菜类全部绝收。初步测算，此次灾害给该县造成直接经济损失达4276万元，农业经济损失2591万元。左云县7月21日17：30～18：30，遭受特大暴雨侵袭。县城范围受灾最为严重，受灾人口5000人，受灾严重居民843户，大部分重灾户房屋过水，家电受损，倒塌房屋103间，其中倒塌居民住房93间41户，损坏房屋469间。街面商铺过水19户，损坏公路12公里。由于水势湍急，有的街道因排水不畅屋内积水高达1米，该县一名66岁妇女返家途中被洪水冲倒死亡。灾害造成该县直接经济损失1280万元，其中农业损失580万元，基础设施损失60万元，家庭财产损失640万元。经核查，洪涝、冰雹灾害使全市19.68万人受灾。农作物受灾面积38.93万亩，其中成灾面积27.46万亩，绝收面积11.31万亩。倒塌房屋238间，其中倒塌居民住房80户146间，损坏居民住房1506间，紧急转移安置人口77人。因灾死亡1人。直接经济损失20215.45万元，农业损失14742.45万元。

2012年7月，全市平均降水量为88.8毫米，比历年同期平均值偏多29%。7月8日市区、天镇发生21.8毫米和21.1毫米的短时强降水，7月10日大同县发生19.9毫米的短时强降水。7月21日、22日全市出现了33～77.8毫米的大雨到暴雨的气象过程。大到暴雨和强对流天气的发生使全市部分地区遭受洪涝、冰雹灾害，给农作物和居民住房以及基础设施造成较大损失。7月5日至8月1日，阳高县、天镇县、浑源县、广灵县由于降雨持续时间长，降雨大，降雨间隔时间短，部分居民的土房长时间被雨水浸泡，出现倒塌和裂缝。其中阳高县、天镇县、浑源县受灾情况最为严重。阳高县7月25～31日出现持续降水天气，累计降水量为98.7毫米，特别是31日的暴雨天气，部分乡镇降水量达80毫米以上。由于此次降水过程持续时间长，降水量大，部分居住房屋倒塌，农作物被淹。据统计：进入汛期以后，全市因洪涝、冰雹灾造成29万人受灾，农作物受灾面积37540公顷，绝收面积4874公顷，倒塌房屋3167间，严重损坏房屋9477间，一般损坏房屋19011间。紧急转移安置人口6322人。直接经济损失50188万元。

2013年进入主汛期以后，多次发生强降水天气，降雨时段集中、降雨量大、持续时间长，洪涝灾害频繁。6月28日至7月2日、7月7～11日、7月14～15日期间发生的3次强降雨过程，造成全市各县区不同程度受灾。致使农作物、居民住房、基础设施等遭受较大损失。浑源县6月28日因暴雨引发山洪，死亡1人。天镇县受灾最为严重，该县当年降水明显偏多，1月至7月10日共降水259毫米，比历年平均值多100毫米，多出63.3%。6月底以后，全县强降水连续不断，最明显的降水过程发生在6月28日至7月2日，7月7日夜间至7月10日，两次总降水达100毫米，比历年同期多50毫米。由于大范围持续性强降雨和霎时冰雹袭击，该县11个乡镇全部受灾，受灾人口达33422户83554人，紧急转移安置灾民19857人。倒塌及严重受损房屋3654户10384间。农作物受灾面积6013公顷，成灾面积3781公顷，绝收面积1327公顷。直接经济损失2亿多元，其中农业经济损失3186万元。经核查，截至10月中旬，全市因洪涝、冰雹灾害共造成64万人受灾。农作物受灾面积90102公顷，其中绝收面积14983公顷。农房倒塌2076户4615间，严重损坏房屋6664户17881间，紧急转移安置2.4万人。直接经济损失106418万元。

三、风雹灾

1953年6月16日下午14时50分起，至15时

12分止，急风暴雨，夹杂冰雹，突然袭击近郊。雨少雹多，先小后大，先疏后密，雹粒大如鸽蛋，城南城东受灾最重。其范围：北至东关铁牛滩，南到寺儿村，西到瓦窑村、周家店村东，东达御河沙岭等村，受灾面积约2000公顷。瓜菜类270公顷，灾情严重。黄瓜、铺沙瓜33公顷，损失达80%～90%；园菜地240公顷，白菜叶碎脉残，一畦37苗中打掉菜心者9～12棵。茄子、辣椒等大部断头。严重者损失达60%～70%，平均损失达50%。旱地大田作物466公顷，以河东马家堡、沙岭一带为严重。东关农业社的丰产谷子，8米长一段田地，原有苗180株，仅余轻伤苗19株，被打断161株。沙岭农业社的6.33公顷黍子被打坏，需改种者约320公顷。

1954年7月8～9日，连续降冰雹，灾区范围较广，包括陈庄、寺儿村、平旺、时庄、小南头、西河河、马军营、阳和坡、官窑、十里店、回去村、忻州窑、东关、东站、南关12乡3街，受灾面积3133公顷，受灾农民3271户13631人。各种作物以瓜果蔬菜最为严重，大田除绿豆外，其他作物禾苗平均损失30%左右。

1956年6月4日，市境部分遭冰雹袭击，历时10～20分钟，郊区的云冈、北辛窑、马军营、水泊寺4乡部分村庄及城区北关一带，农作物遭损失，受灾面积1000公顷，重灾200公顷。东水磨附近，打坏五爱、先锋农业社的菜田8公顷，死苗率达60%以上；水泊寺乡受灾面积100公顷，其中小麦、绿豆26公顷，伤苗率达30%～50%。降雹同时，气温骤降，白马城被冻（打）死羊112只。8月22日16时，雹雨由大仁县境西部侵入大同市高山、云冈北辛窑等乡。继向东南方向，移到马军营乡，经城北转到城东的水泊等乡，再折向小南头、西韩岭乡（经市辖7乡1街）出市辖区，重入大仁县境。雹雨来势凶猛，颗粒大，安家小村最大雹粒重200克，大如鸡蛋，打入地下深3厘米。玉米米粉外溢，击成凹坑，秆子齐腰被打断，叶子散乱似麻。受灾街村是：白庙、姜家湾、前郭家坡、水泉、竹林寺、红墙、榆涧、张士窑、麻村、上皇庄、下皇庄、雷公、阳和坡、陈庄、安家小村、小石子、白马城、西坟村、古城、梓家小村、泉寺头、祁家坡、水泊寺、牛儿庄、沙岭、东王庄、塔儿村、要庄、肥村、城区北关及城内各街等33个街村。受灾面积2690公顷，全部被毁52公顷。

1959年，全市共发生雹灾7次。郊区23个公社和口泉区两个公社，计104个管理区先后遭受冰雹袭击，受灾面积为6642公顷。

1960年6月2日，古城区峰峪、吉家庄、河头公社遭受风灾，面积达525公顷，其中玉米被风刮出白根的达30%～50%，谷子、小麦损失在30%左右。

1960年7月2日、5日，怀仁区5个公社23个管理区，又遭雹洪袭击，怀仁、亲和、海北头、鹅毛口及新家园公社的23个管理区受灾。当时，在7～8级大风中，大雨倾泻，夹杂冰雹，来势汹汹，雹粒大如核桃，持续达15分钟左右。受灾面积达4180公顷，占播种面积10307公顷的40.5%；需补种的1245公顷，占受灾总面积的29.8%，其中有20余公顷田地，被水冲毁。23个管理区中，8个管理区受灾较重。亲和公社曹四老庄耕地面积415公顷，受灾面积竟达400公顷，占96.2%。该管理区原种小麦60公顷，除7.4公顷粮田受灾较轻（也只有50%的收成）外，其余52公顷，被打得残缺不全，虽经抢救，但最多产量不到2.5～3公斤。另外，还冲毁水库2座、水井28眼，打伤羊倌1人，死羊3只，4个管区的果树，减产7万公斤。

1962年，全市先后发生雹灾8次，受灾的35个公社，128个生产大队，受灾面积9454公顷，成灾面积7705公顷。仅8月23日下午，市古城区周士庄、巨乐、倍加造、党留庄、麻峪口5个公社17个生产大队，遭受严重的暴雨和冰雹袭击，降雹半小时左右，大者如鸡蛋，小者似蚕豆。受灾面积达1585公顷，占播种面积4101公顷的38.6%。作物受害严重的是莜麦、荞麦已无收成，谷子、黍子、高粱的叶子全被打碎，大小穗全被打掉，豆叶、豆角也部分被打落，土豆也被砸烂。麻峪口公社现庄大队，因暴雨过急，村中积水达1米深，有3户水已淹炕。

1963年9月13日，遭受严重的风雹灾害。16时20分左右，由怀仁西王卞庄村形成的一股疾风恶雹，顺怀仁东南方向而下，直扑古城区河头公社，长达30公里，宽约10公里，来势迅猛异常，延续10余分钟，降雹雨46毫米，雨后，地面积雹厚达6厘米。风雨冰雹掠过之处，田禾被毁，树木连根拔起，有的房屋倒塌。受灾面积之广，损失之重，实属罕见。全市有鹅毛口、怀仁、何家堡、海北头、亲和、河头等6个公社67个生产大队受灾。其中：怀仁区受灾的有5个公社54个大队，共15084户，占全区总户数29541户的

51%；48040人，占全区总人口102024人的47%；占受灾大队播种面积的59%；占大秋作物面积11746公顷的68%。严重遭灾大队有的树叶被打光，直径尺粗的大树也被连根拔起或被打断；电杆电线被打断或连根拔起；农作物穗头、叶子遭风吹雹打，荡然无存，打落的穗头与颗粒，多数被水冲走，余下的半截秸秆，倒伏在地，一片灰黄，难以辨认。此次风雹大灾中，3人被打死，伤387人，死牛1头，羊20只，倒塌房屋37间，冲走场面上已碾打成堆的黍子8.5万公斤，未碾打的高粱、黍子180捆，打断树木1139株。其中：果树460株。冲毁砖窑1座、水库5座，堤坝9道，水渠1道。

1964年7月下旬至9月中旬，先后遭到9次雹灾的袭击，累计受灾面积12962公顷。其中粮食作物10082公顷。颗粒无收的333公顷；损失在90%以上的657公顷；70%以上的2000公顷；50%以上的5097公顷；30%以上的2595公顷；另有423公顷蔬菜和其他经济作物，也遭受严重损失。尤以7月29日雹灾为重，当日14时许，城区、古城、怀仁、口泉区20个公社77个生产大队，遭受程度不同的冰雹袭击，受灾面积6656公顷（内有粮食作物5635公顷，经济作物876公顷）。其中：颗粒无收的246.8公顷；减产70%左右的1121.3公顷；减产50%左右的3812.4公顷。冰雹过后，地里一片惨相：莜麦颗落地，豆类叶花打尽；西瓜、香瓜蔓子，全被打断，瓜蛋满地。高粱、谷子、玉米叶片，被打得七零八落。29日灾情的分区情况是：古城区有水泊寺、倍加造、周士庄、上深涧、巨乐5个公社的36个生产大队，受灾面积4243公顷。其中：颗粒无收的145公顷；减产7成以上的610公顷；减产5成以上的2522公顷；减产4成以上的966公顷。怀仁区有鹅毛口、何家堡、新家园、亲和、金沙滩5个公社的17个生产大队受灾，面积达1575公顷。其中：颗粒无收的71.5公顷；减产7成以上的250公顷；减产5成以上的827公顷；减产3~4成的426.5公顷。口泉区有高山、峰子涧、云冈3个公社的7个生产大队，受灾面积达339公顷。其中：颗粒无收的0.3公顷；减产7成以上的87.3公顷；减产5成以上的218.4公顷；减产3~4成的33公顷。城区有马军营等7个公（乡）社的17个生产大队，受灾面积499公顷。其中：颗粒无收的30公顷；减产7成以上的74公顷；减产5成以上的245公顷；减产3~4成的150公顷。

1965年7月17日、18日、21日，连续3次降雹。马军营等5个公社37个生产大队遭灾，受灾面积1455公顷。遭灾最重的是21日，降雹持续20~40分钟。马军营、西韩岭、北村、平旺4公社的23个生产大队，受灾面积984公顷，占这些大队总播面积的37.1%，成灾面积406公顷，减产5~7成的有467公顷，作物叶子被打落或粉碎，部分茎秆被打断。53公顷瓜菜全毁，改种秋菜。

1972年5月13日下午4时后，连续两天西北寒风侵袭大同，气温骤降，致蔬菜等生产受到很大影响。9月27日新荣区遭受6级以上大风的袭击，受灾面积5466公顷，损失粮食124万公斤。

1973年，降雹4次（6月25日、7月18日、7月20日、9月13日），受灾的有北村、西韩岭等11个公社84个生产大队，受灾面积3234公顷，成灾2686公顷。6月25日北村公社的7个生产大队，遭冰雹袭击，全社受灾面积671公顷，受灾最重的为谢店、高店大队，受灾面积达528公顷，占全社受灾面积的78.6%，这两个大队从15~18时，一连降雹3次，长达1小时，雹粒大者如核桃，小者似蚕豆，作物被打成一片乱麻。

1974年7月中旬以来，部分地区遭受暴雨夹冰雹袭击，时间短，来势凶，实为罕见。7月14日零时，镇川公社半小时内降雹达6.5厘米。由于突降暴雨，山洪骤发，河水猛涨，不少社队遭受洪、雹袭击。全市遭雹灾侵袭的有5个公社52个生产大队，受灾面积为5832公顷。成灾面积1166公顷。

1976年6月28日至9月27日，全市先后降雹9次。全市20个公社619个核算单位160802人，13828公顷土地受灾。成灾达572个核算单位，151830人，面积为10546公顷。因灾死伤各2人，冲毁土地184公顷，水库7座，水井4眼，防水坝160米，干渠300米，打碎温室玻璃7320标箱。

1976年9月25日和27日，镇川、西村、得胜堡、鸦儿崖、峰子涧5个公社52个大队遭狂风袭击，风力最大为9级，受灾面积2592公顷，减产80.5万公斤。

1979年8月18日17时30分，新荣区破鲁堡、西村两个公社的9个生产大队和南郊区马军营、平旺、西韩岭公社的23个大队，遭受程度不同的雹灾。冰雹暴雨俱来，达7~10分钟。雹粒直径1厘米，大者2厘米。灾后，地面一片银白，积厚2厘米，南郊区马军营、平旺、西韩岭菜田受灾较重，青椒枝叶落，小果满地；茄子、西红柿满身坑疤；圆白菜四面开花，打穿叶片5～7层；大白菜更是百孔千疮；玉米、高粱叶片条条残挂枝头；谷黍穗多被打掉或折断；黄芥30%～50%角裂籽落；葡萄残吊架上；苹果遍体鳞伤。受灾面积2617公顷。其中：蔬菜927公顷，粮食作物1430公顷，油料作物188公顷，西瓜、香瓜51公顷，甜菜21公顷，9月7日14时30分，南郊区平旺、西韩岭、马军营公社的16个生产大队，再次遭受冰雹侵扰，历时5～6分钟，受灾面积1712公顷。其中：蔬菜329公顷，粮食作物1383公顷。

1980年6月26日13时50分，新荣区花园屯公社马庄、太平庄、谢士庄、靳沟窑、苇子湾生产大队，冰雹与暴雨交加，延续长达28分钟，雹粒1～2厘米，地面积雹6～9厘米，成灾面积502公顷。计：小麦44公顷、莞扁豆12.4公顷、莜麦12.4公顷、谷子140公顷、土豆8.6公顷、豆类26.6公顷、黍子40公顷、油料150.4公顷、其他作物54公顷、自留地13.6公顷。7月5日中午，西村公社白山大队66.6公顷作物遭雹灾，占播种面积的65.8%。19日16时，破鲁堡公社管内，降雹28分钟，上深涧管内，降雹13分钟，受灾面积880公顷，受灾40%的有7个大队，460公顷。8月3日19时，东胜庄公社张立窑、座堡窑两个大队受雹灾侵袭，受灾面积185公顷，占两队播种面积的73.5%。11日13时，新荣公社上甘沟、下甘沟、兴胜沟、辛窑和得胜堡公社圪塔梁5个大队遭雹灾，375公顷受灾，损失平均为35.8%左右。

1982年6月12～15日遭严重雹袭。尤以13日下午遭灾为重，历时15～26分钟，雹粒大至2～3厘米，密度大，片刻盖满地面，低洼处雹厚达3～6厘米。风雹交加，最大风力间达12级，直径40～50厘米的大树被连根拔起。南郊、新荣两区的古店、水泊寺、小南头、北村、马军营、平旺、西韩岭、西万庄、花园屯、郭家窑、镇川堡、新荣、破鲁堡、镇鲁堡、上深涧15个公社82个生产大队，遭受不同程度的灾害。其中，南郊区水泊寺、小南头、北村和新荣区花园屯公社，遭灾最重，受灾面积达10566公顷。成灾面积7470公顷。计：粮食作物5233公顷，蔬菜421公顷，油料作物1717.5公顷，西瓜、香瓜72公顷，其他水果26.5公顷。

1984年5月25日16时，北村乡遭雹袭。雹粒如蚕豆大，降速快，密度大，持续十余分钟。高店、南村、要庄粮菜作物受灾313公顷。7月27日15时，西韩岭乡的肥村、太善村遭雹击，长达37分钟。最大雹径7厘米，受雹击的有西韩岭、赵家小村、口泉、平旺、城关、马军营等7个公社。受灾面积1423公顷，50%成灾。8月22日13时许，高山镇、云冈镇、峰子涧、鸦儿崖、口泉乡降急雨夹冰雹，大部分地面产生急流，口泉河流量达142立方米/秒。5个乡镇1210公顷粮油菜田受冰雹、洪水侵扰，平均损失20%。云冈镇吴官屯村坝被毁15米，镇办砖厂被迫停产。口泉河三条渠道（5000米）和一条路（60米）被冲毁，损失达1.4万元。半年来南郊区遭遇4次雹、风、洪灾害，7乡（镇）的37村2130公顷受灾，平均损失在30%～40%。7月27日，8月20日、22日、24日，新荣区8乡（镇）62村，先后4次受雹袭，受灾面积8390公顷，占播种面积14056公顷的59.7%；粮食减产4200192公斤，受灾乡镇减产幅度为：破鲁堡乡40.6%，东胜庄乡40.1%，堡子湾乡39.1%，拒墙堡乡35.9%，新荣镇12.3%，西村乡12.3%，郭家窑乡13.9%。7月26日，8级以上大风横扫南郊区部分乡镇，形成风灾。西韩岭乡东肖河、马辛庄、魏辛庄、西韩岭、东韩岭等6村106公顷菜地遭灾较重。其中41公顷架豆和西红柿架倒苗断，65公顷茄子和青椒，花和果实均被刮掉，损失达50%。

1985年气候反常，7月2日、19日和8月1日，连续3次遭受暴雨和冰雹袭击，来势凶，雨量大，历时长，毁坏惨重。7月2日，南郊区小南头、水泊寺、城关、马军营乡和古店镇，新荣区花园屯、镇川堡、户部乡遭雹雨袭击，受灾3561公顷，成灾3554公顷，损失严重者2418.6公顷，受灾人口为9991户，39964人。受灾8乡镇中，花园屯乡于政府、谢士庄、麻口、张指挥营，镇川堡乡青羊岭，小南头乡沙岭、寺儿村，水泊寺乡石家寨等村损失达90%。城关、马军营乡损失为70%。户部乡古店镇属插花灾，损失达50%。这些村庄的禾苗秆断枝折，叶片无存，全被打毁，损失极为惨重。于政府村两座土桥及100米土公路被冲毁，交通阻塞，出入为艰。谢士庄唯一的水井为风雨所挟卷的泥沙所填没，全村225户741人和101头大牲畜，以及250只羊的饮水陷入困境。7月19日17时，狂风暴雨夹杂冰雹倾盆而降，雹雨历时1小时，降雨量为70毫米，降雹

30～40分钟，雹粒平均直径为2～4厘米，最大者达4～7厘米，地积厚度达10厘米，暴雨和冰雹集中在马军营、城关和城区范围；南郊区10个乡（镇）受灾严重，新荣区4个乡（镇）亦受轻灾，全市14个乡（镇）118个村，受灾者119000人，受灾面积11640公顷。其中8332公顷粮田被毁，2200公顷蔬菜田的80%被毁坏，1108公顷油料作物损失亦达80%。此次暴雨和冰雹来势凶猛，城区受损失更为严重。市区积水深达1.5米，全区111户倒塌房屋202.5间，造成严重危房338.5间，计241户；一般危房698间，计382户；受淹房屋10074间计5093户。居民遭灾财产损失严重，区属工商建筑企业9个单位，因房屋倒塌或被水淹，损失达121520元。全市死亡6人，倒塌围墙578米，刮断大树73棵，冲毁防洪坝60米。8月1日17时，冰雹挟暴雨侵袭新荣区破鲁堡、东胜庄和郭家窑3乡的25个村，历时1小时半，降雹持续40分钟，冰雹直径最大的3厘米，最小的1厘米，严重地段，地积冰雹厚达15厘米左右，受灾3111户，12741人。受灾面积3850公顷，其中粮田2465公顷，油料1221公顷，瓜菜类164公顷，无收成的810公顷。受灾8成以上1209公顷，受灾5成以上的360公顷，粮食油料减产损失达221.5万公斤。遭受雹雨侵害严重的地区是：破鲁堡乡黄土口、水深塘、刘家窑、裴家窑、破鲁堡和东胜庄乡十三边、北刘家窑、座堡窑、张力窑、元营子10个村。据统计几次雹灾损失：粮食1283.5万公斤，油料1131.5万公斤，菜9385.5万公斤（夏菜几乎绝收），其他作物2280.3万公斤，经济损失计2398万元。

1993年7月2日，遭受暴雨和冰雹袭击，部分农田受损严重。南郊区马军营乡、城关乡和小南头乡的一些村庄损失较重。

1995年6月5日，阳高县下深井乡遭受洪水、冰雹袭击，15～16时约40分钟内，降雨40毫米，并伴有最大粒径4厘米冰雹。

1996年7月23日下午2时40分左右，狂风暴雨突然袭来，其中夹杂着大量冰雹，在短短40分钟时间里，南郊区马军营乡的周家店、新添堡、西水磨等8个村的农作物遭受到不同程度的损坏。粮、菜遭灾面积达6475亩，经济损失达1000万元。这是该乡近几年遭受的罕见的一场暴风雨，时间虽短，但风大雨急，冰雹密集，实在少见。

2002年6～7月，部分县区遭受洪雹灾害，较重的有广灵、大同等县。

2003年6月18日，灵丘县赵北乡的上红峪、下红峪、联庄村遭受到暴雨、冰雹、洪水的袭击，农作物被雹粒严重击打，苗折叶落，或被洪水冲淤，造成人畜伤亡。9月22～23日，石家田乡、落水河乡、独峪乡、白崖台等地区发生的冰雹灾害使已近成熟的谷子、黍子、豆类等农作物被击打的颗粒满地，损失较为惨重。独峪乡花塔村200余亩耕地80%无收。次日，一位老农在自家的田地里从湿漉漉的泥土里捡起10斤黄豆。

2003年7月25日，大同县、阳高县、新荣区的17个乡镇244个村，遭受严重的冰雹和洪水袭击。

2004年8月2日和3日，阳高县、天镇县、大同县、左云县、灵丘县等县遭受罕见的龙卷风和冰雹袭击，有23个乡镇293个村42810人受灾。

2006年6月24日下午，灵丘县上寨镇、石家田乡、史庄乡、落水河乡、赵北乡、武灵镇、下关乡不同程度遭受洪涝、风雹灾。受灾最重的石家田乡，24～25日两天3次遭受风雹、洪涝袭击，最大的雹粒直径达3厘米左右，风力达7～8级，强风雹使全乡境内的17个村2560户9810人全部遭受重灾，大部分农作物茎折叶落，或匍匐在地，庄稼苗损失极为严重，同时，暴雨就地起水，洪水深达1.5米，成片的庄稼被洪水所淤。据统计：灾害使该乡2577公顷农作物受灾，绝收面积达2062公顷。造成直接经济损失1919.5万元，农业直接经济损失1237万元。6月25日14时，阳高县北徐屯乡、王官屯镇的6个村同时遭受冰雹袭击，持续约15分钟，雹粒直径最大达3厘米，平均直径达1.5厘米，灾害使1402户、5100人受灾，农作物受灾面积820公顷，绝收面积122公顷。直接经济损失749万元，农业直接经济损失749万元。全市因洪雹灾造成农作物受灾面积18627公顷，绝收面积5403公顷，灾害使116248人受灾。直接经济损失11064万元，农业直接经济损失8464万元。

2007年7月4日，阳高县北徐屯乡遭受近40分钟的暴雨伴冰雹的袭击，雹粒最大的1.5～2.0厘米，每平方米达500余粒。灾情以姚家庄最重，涉及沙河台寺等7个村，全乡农作物受灾面积813公顷，绝收面积60余公顷。受灾人口1638户5733人。农业直接经济损失121万元。

2008年6月27日15时20分，广灵、灵丘两县遭受严重的洪雹灾害，造成广灵县蕉山等8个乡镇96个行政村和灵丘县3个乡镇37个行政村受灾，直接经济损失6779.2万元。8月26日下午，灵丘县、广灵县和浑源县突降暴雨并伴有冰雹，雹径3～4厘米，历时20分钟。造成灵丘县直接经济损失10055.2万元，其中农业直接经济损失4020.2万元。广灵县农业直接经济损失达1738万元。浑源县农业直接经济损失9185万元。

2009年6月6日晚20时左右，灵丘县的7个乡镇，自北向南突降冰雹，持续时间达20分钟左右，雹粒直径1～4厘米，地面积累雹层厚度2～4厘米，雹粒强度大、来势猛实为罕见。受灾地区的大部分农作物茎折叶落，成片倒伏，大部分地块需毁种或补种短期低产作物，损失极为严重。雹灾使该县74个村的35439户、111970人受灾。受灾面积12.6万亩，其中成灾面积10.5万亩。此外还有11.5万间居民住房受损，36间房屋倒塌。此次灾害共造成直接经济损失25065万元，其中农业直接经济损失2610万元，基础设施损失608.6万元，家庭财产损失21846万元。大同县5月1日14～15时遭受特大风雹袭击，风速最高达21.5米/秒，大风使该县的10个乡镇434个蔬菜大棚不同程度损坏，其中259个大棚完全损坏。同时该县的西坪镇、倍加造镇，巨乐乡、瓜园乡经济林受灾尤为严重，有近0.71万亩受灾，直接经济损失146万元、受灾人口713户2760人。灾害造成该县受灾人口1036户3852人，直接经济损失400万元，农业经济损失211万元。

2010年3月中旬，发生大风天气，风力8级，局部地区最大风力达10级。由于风力大，持续时间长，阳高、大同、广灵等县的大量蔬菜大棚被风严重损坏，棚内蔬菜绝收；部分养殖圈舍顶棚被大风掀翻、墙体倒塌，养殖设施严重受损；部分居民房屋、水电设施受到一定损坏。7月上旬，阳高、天镇两县遭受洪雹袭击，雹粒直径1～3.5厘米，持续时间约10～20多分钟，同时伴有7级左右的大风，给人民群众生产生活造成很大损失。灾害使两县12个乡镇177个行政村受灾严重，农作物成灾面积18.9万亩，绝收面积9.92万亩。涉及受灾人口14.86万，农业直接损失1.5亿元。7月中旬，大同、新荣区、广灵、浑源4县区遭受洪雹袭击，雹径2～3厘米，持续时间20～40分钟，同时伴有大风，最大风速达28米/秒。此次灾害涉及四个县区10个乡镇50多个行政村，涉灾人口42690人，农作物受灾面积9.53万亩，绝收面积3.4万亩，直接农业损失4386万元。

2011年7月12日23时至23时59分，广灵县发生强暴雨、冰雹灾害，降雨量60毫米，冰雹直径2～5厘米，持续时间长达40分钟。灾害共造成该县南村镇、加斗乡、蕉山乡、梁庄乡的43个村65202人受灾，农作物受灾面积12万亩，成灾面积9万亩，绝收面积2.49万亩，主要农作物有玉米、山药、豆类、荞麦、瓜菜等，农作物叶子几乎全部被打掉，瓜菜类全部绝收。造成直接经济损失达4276万元，其中农业经济损失2591万元。

2012年7月5日，天镇、广灵降下最大直径1厘米的冰雹。

2013年6月4日下午17：40～18：20，阳高县长城、王官屯、下深井、大白登4个乡（镇）共47个村不同程度遭到冰雹袭击，雹粒平均直径3～4厘米，最大直径5厘米，冰雹持续时间长，雹粒大；5日凌晨00：05～00：20时，该县北徐屯、罗文皂、龙泉镇、狮子屯4个乡（镇）亦遭到冰雹袭击，雹粒密集，平均直径2.5厘米，最大直径4厘米。受灾最严重的是北徐屯乡、大白登镇和龙泉镇3个乡（镇），受灾农作物主要是蔬菜、玉米，部分大棚受到不同程度损坏。冰雹灾害共造成该县9个乡（镇）79个村农作物受灾，部分乡镇遭受两次冰雹袭击。全县有20万亩农田受灾，成灾13万亩，绝收5.5万亩，受灾人口7.28万，农业经济损失近18000万元。6月4日下午14：30至6月5日早7：00，天镇县连续发生强降雨和风雹天气，雨量最高44.3毫米，雹粒最大直径约2厘米，持续时间长达40分钟。农作物大面积遭受暴雨和冰雹袭击，给农业生产造成了惨重损失。据统计，全县共有15万亩农作物遭受灾害，其中绝收面积约5万亩，1000多米管灌工程被洪水冲毁，受灾人口4万多，直接经济损失6000多万元。两县此次灾害共造成30多万亩农田受灾，成灾面积20多万亩，绝收面积10多万亩，受灾人口近11.28万，直接经济损失近24000万元。

四、低温冷冻灾

1967年，全市15个人民公社播种面积28666公顷，受水、旱、风、冻雹灾者达13333公顷。其中霜冻灾最为严重，受灾面积为6666公顷，成灾面积达4933公顷。造成灾害的主要原因是春、夏季旱，初秋涝，中秋冻所致。

1977年5月12日晚，全市普降雪，厚达10厘米，发生严重霜冻。至13日晨气温下降到-2℃，

地温为 -5℃，大部分出土农作物受冻成灾。全市受灾面积达 15947 公顷，成灾面积 10466 公顷（其中：南郊区 4675 公顷，新荣区 5791 公顷），占播种面积的 24%。

1979 年，全市春季气温偏低。5 月 14 日气温突降，至 15 日凌晨，降到 1.5℃，至 16 日凌晨，下降到 -1.5℃，新荣区则更低。小麦、莞扁豆等夏粮作物和胡麻等油料作物，以及刚出土的玉米、谷子等都遭霜冻。已出土的玉米叶尖，全部冻死，全市受灾较为严重的玉米有 1333 公顷，谷子 3333~4000 公顷，虽不需改种，但已直接影响到正常生长，海拔偏高的花园屯、镇川堡等公社，果树受冻较重，刚刚成长的果实，普遍被冻坏。

1980 年入春以后，气温一直偏低。5 月 16 日凌晨，气温突降，至 3 时许已降到 -3 ~ -5℃。由于降温快，来势猛，持续时间长，致油料作物和谷子、蔬菜等，严重受冻，损失很大，新荣区遭霜冻的作物有油料 404 公顷，谷子 88 公顷。加上前些时候，因大风被沙土掩埋，需改种的有胡麻 219 公顷，谷子 113 公顷。南郊区平川菜区的蔬菜 68 公顷受冻，蔬菜秧畦受冻的共 414 畦，损失达 30% 以上。此次受霜冻最严重的是果树，全市 1000 公顷果园，有 866 公顷遭到不同程度的冻灾，其受损程度多在 80% 以上，因减产造成的经济损失为 30 万元。

2006 年 5 月中上旬，部分县区遭受低温冷冻。9 月 7~9 日，受蒙古南下的强冷空气影响，出现大风降温天气，全市 9 个农业县区 20 个乡镇的农作物遭受近年来较严重的霜冻灾害。受灾较重的左云县有 9 个乡镇 233 个行政村的农作物受灾，尤其是以农业为主的管家堡乡、小京庄乡、张家场乡受灾最重。全县受灾人口 48683 人，受灾面积 7133 公顷，其中绝收面积 33 公顷，农业直接经济损失 815.5 万元。广灵县南村、梁庄、望狐 3 个乡镇的 46 个村受灾人口达 15331 人，受灾面积 4666 公顷，绝收面积达 1113 公顷。据统计：全市受灾人口达 374440 人，农作物受灾面积 72735 公顷，绝收面积 6329 公顷，农业直接经济损失 14994 万元。

2010 年 9 月中旬，部分县区遭受严重霜冻灾害。广灵县连续 3 天普降中雨，并伴有大风，雨量达 50 多毫米，21 日夜至 22 日 5 点钟，气温降至 -2~5℃，该县斗泉乡 13 个村 1800 亩农作物受灾，大部分玉米、山药、谷黍被冻死，损失严重。

2011 年 9 月 18~21 日，连续 4 天夜间气温降到 0℃以下，9 个农业县（区）均不同程度遭受霜冻，较常年下霜早了近 10 天，加之秋季雨水较多、作物返青未熟透，颗粒干瘪，农作物减产减收。特别是大同县、天镇县、广灵县受灾尤为严重。大同县连续 3 天气温降至 -2.1℃，时值农作物成熟期，突发的霜冻使玉米等农作物受灾减产，此次低温冷冻灾共造成该县 90445 人受灾，受灾面积达 38.7 万亩，直接经济损失 4366.8 万元。全市因低温冷冻造成农作物受灾面积 126 万亩，其中成灾面积 82 万亩，绝收面积 4.7 万亩。受灾人口 61.5 万，直接经济损失 22001 万元，其中农业损失 21637 万元。

2012 年 9 月 4~26 日，5 个县区相继发生低温冷冻灾害，部分县区连续发生。受灾较重的新荣区 9 月 4 日、29 日连续两次遭受低温冷冻，造成 11205 人受灾，23552.7 公顷农作物受灾，直接经济损失 5276 万元。全市因低温冷冻共造成 280906 人受灾，6655.2 公顷农作物受灾，绝收面积 1189.9 公顷。直接经济损失 17349 万元。

2013 年 9 月 25 日凌晨开始，强冷空气过境，连续数天夜间气温降到 0℃以下，部分县区均不同程度遭受霜冻，加之夏秋季雨水多，农作物减产减收，特别是大同、新荣、灵丘、广灵等县受灾尤为严重。灵丘县临近秋收时节，霜冻早临，全县 11 个乡镇大面积农作物遭受低温冷冻灾害，6667 公顷农作物冻死冻坏，造成减产近 3 成。农业直接损失 4500 万元，受灾人口 10.15 万。全市因低温冷冻造成农作物受灾面积 13955 公顷，其中绝收面积 1380 公顷。受灾人口 12.7 万，直接损失 11906 万元。

五、病虫、鼠灾

1954 年 6 月末，全市发生虫灾，受灾面积 2535 公顷，其中：黏虫害面积 2216 公顷，钻心虫害面积 319 公顷。

1956 年 6 月上旬，全市东关、平旺等 15 个街乡先后发生草地螟、黏虫、土螟等虫灾，严重危害蔬菜、玉米、豌豆等作物的成长，受灾面积 866 公顷。7 月初，西韩岭、水泊寺、云冈、高山、南信庄乡部分村发生虫灾，除云冈、西韩岭灾情较轻外，其余 3 乡 21 个农业社，受灾面积达 18200 公顷，以玉米、莜麦、豌豆为重，计 149 公顷，近 20% 的禾苗被损害。

1963 年 7 月，因旱象引起严重虫害、黄鼠危害。怀仁区 61 个生产大队和古城区西坪、党留庄、徐疃、峰峪、中高庄等公社 1.4 万公顷土地发生黄鼠灾害。怀仁区金沙滩公社和古城区巨乐公社 5466 公顷土地发生蝗虫灾害；还有些地区发生蝼蛄、钻心虫、菜青虫、豌豆黏虫、谷钻虫等虫害，鼠虫灾害受灾面积共 33333 公顷（其中虫害 13333 公顷）。

1964 年 6 月底至 7 月下旬，全市气温高，湿度大，先后在 49 个公社，316 个生产大队 8287 公顷农作物中，发生大面积的黏虫为害，连续时间多达 30 余天，受害的主要农作物是莜麦、谷子、高粱、玉米等，虫口密度最严重的多达 154 只/平方米，一般的在 30～50 只/平方米，是新中国成立以后，大同市发生面积最大，来势最猛的一次虫灾，损失最重。据灾后检查，在受虫灾的总面积中，除 9 公顷莜麦被咬成光秆儿，颗粒无收外，叶片被害率达 50% 以上的有 1022 公顷；被害率在 20%～30% 以上的有 2011 公顷；被害率在 5%～10% 以上的有 4989 公顷。另有 256 公顷蔬菜被害也较为严重。8 月中旬，又有 15 个公社 63 个大队的 2486 公顷谷子等作物黏虫为害。其中：666 公顷谷子的叶片和谷穗被害率达 20% 左右，全市因灾减产 104.8 万余公斤。同年，由于阴雨时间长，光照不足，土壤湿度大，气温高等情况，农作物病灾随之而起。当年全市播种 6600 公顷春小麦，普遍发生黄锈病，减产 10%；同时，有 1332 公顷土豆发生夏疫病，死亡株率达 70% 以上，减产 50% 左右。

1979 年，新荣区发生大面积草地螟虫害。1983 年，虫灾严重。

1997 年全市农业遭受虫旱灾害比较严重，成灾面积达 355.35 万亩，受灾人数 107.7 万，因灾减产 5 成以上。

2005 年，由于气候干热，土蝗大面积暴发，重灾区虫口密度为 30～45 只/平方米。全市发生面积达 16 万公顷。重灾区域主要集中在大同、浑源、左云、广灵、灵丘等县区，农作物受灾面积 24080 公顷，绝收面积 2403 公顷。受灾人口 116148 人。直接经济损失 5462 万元，农业直接经济损失 5263 万元。

2006 年 6 月中下旬，各县区相继不同程度地暴发病虫害。6 月上旬发生二十八星瓢虫，其中阳高、浑源县受害面积达 4327 公顷。6 月下旬又暴发土蝗，9 个农业县区农作物受到侵害，受灾严重的是大同、阳高、浑源和天镇 4 县，土蝗虫口密度达到 20～30 只/平方米。据统计：由于病虫害的发生，使农作物受灾面积达 9031 公顷，绝收面积 1548 公顷。直接经济损失 2066 万元。农业直接经济损失 2064 万元。

2007 年 6 月 5 日至 7 月 3 日，大同县大部分乡（镇）遭到蝗虫、黑姑娘、黏虫等病虫害的侵袭，蝗虫最大虫口密度达到 50 只/平方米，大部分农作物叶子被吃光，有的连茎也未幸免。病虫害造成全县农作物 1430 公顷受灾，受灾人口 4300 人，直接经济损失 483.5 万元，农业直接经济损失 483.5 万元。上半年全市因病虫害共造成 3144 公顷农作物受灾，直接经济损失 769.5 万元，农业直接经济损失 705.5 万元。

2011 年，大同县、浑源县不同程度遭受病虫害的侵袭，造成 3.3 万亩农作物受灾，农业经济损失 404 万元。

2013 年 7 月，阳高县因连日阴雨、地表湿度增大、雨后气温骤然升高等原因，该县葡萄种植专业村东小村镇尉家小堡村 700 多亩葡萄突发霜霉病和炭疽病全部绝收，直接经济损失近 500 万元。

六、震灾

1969 年 4 月 24 日，灵丘南（下头北）地震，4 级。

1985 年 10 月 17 日，灵丘狼牙沟与河北涞源交界处地震，4.2 级。

1989 年 10 月 18 日深夜和 19 日凌晨，桑干河畔、六棱山麓的大同、阳高、浑源、广灵 4 县交界处，发生先是 5.7 级、后是 6.1 级的强烈地震，被国家地震局命名为“大同－阳高地震”。截至当年 12 月 31 日统计：地震次数达 6802 次。大同－阳高地震属中强震，但震灾较重。主要原因：一是当地民舍及公用建筑主要是土坯拱窑洞，抗震性能差；二是建筑取材就地砂黄土，土坯间无黏性土黏结，结构松散，极易破坏；三是这次地震为震群型，有多次 5 级以上地震连续发生，使建筑物遭到重复震动、叠加破坏；四是震前震区降雨量剧增，出现历年降水量最高值，使砂黄土坯受水浸泡疏松，更不抗震；五是在震区有北东和北西两组活断层，并在震中区交会，震时断层错动和砂黄土地基地震效益加重震灾。上半夜，第一次震颤后，土窑大部裂开，人们从窑洞中跑出，转移到平安地方。个别人受冻不过或满不在乎重返窑洞。恰在这时，第二次（6.1 级）强震发生，听得见墙倒窑塌的沉重轰隆声。这次地震西团堡、前贵仁、后贵仁村共有10人被砸死，震区受重伤36人。家畜家禽伤亡达3051头（只）。

1991年3月26日2时2分，大同、阳高两县交界处发生5.8级地震，造成1人死亡、1人重伤、数百人轻伤。伤亡人员中除个别人是由于房屋倒塌砸伤外，绝大部分是意外伤害造成。Ⅶ度和Ⅵ度区内仅1人因墙体倒塌被砸断腿，其他受伤人员寥寥无几，多数受伤人员出现在Ⅴ度区、甚至Ⅳ度区内。在震区，人们对1989年6.1级地震记忆犹新，对地震比较敏感，地震时人们仓皇出逃。Ⅴ度区内有200多人因跳窗被划伤、扭伤和撞伤；Ⅳ度区内有100多人因外逃造成意外伤害，浑源县大仁庄乡柴春村一青年因地震时跳窗外逃被划破主动脉失血过多而死亡，成为5.8级地震中的唯一死亡者。

1999年11月1日，大同县和阳高县间发生5.6级地震，破坏范围大，涉及大同县、阳高县、天镇县、浑源县、广灵县和河北省阳原县，受灾面积达324平方公里，主要受灾村49个，25542户，88085人。这次5.6级地震是在4.4级地震发生之后4分钟发生的，震时大部分人已经撤离房屋，有重伤10人，轻伤60人，无人死亡。重伤大部分集中在Ⅶ度区内，其中堡村5人，西团堡3人，鹅毛村1人，大王村1人。轻伤主要分布在Ⅵ度和Ⅶ度区内，其中Ⅶ度区内有31人，Ⅵ度区内有26人，Ⅴ度区内有6人。由于地震灾区内有大量土窑洞倒塌，无家可归人数较多，计15726人。本次地震各类房屋建筑破坏数量为65768间，其中毁坏的房屋为675间，严重破坏的房屋6812间，中等破坏的为22955间。由于窑洞有5748间发生中等破坏，而中等破坏的窑洞其修复价值很小，应该重建。需重建的房屋达13235间。

2010年4月4日21时46分，阳高县、大同县交界北纬40°，东经113.9°发生4.7级地震。虽然没有人员伤亡，但是住房严重损坏2000多间。

七、其他灾害

1. 疫病

2003年4月16日，大同市发现第一例“非典”疑似病人。面对疫情，大同市委、市政府紧急行动，采取措施，全力做好防治“非典”工作，构建起市、县、乡、村4级防治网络，有效地遏制疫情蔓延。截至4月29日晚，全市16例“非典”疑似患者中，2例被确诊为“非典”患者。市委、市政府把防治“非典”工作作为当前压倒一切的政治任务来抓。从4月上旬开始，市、县、乡全部实行“一把手”负责制，并专门成立由市长任组长的“非典”预防控制工作领导组，市卫生局成立两个专家组，有关部门24小时开通热线电话，并通过新闻媒体向全市人民宣传疾病防疫知识。市委、市政府4套班子领导多次深入基层调查研究，掌握大量的一手材料。从发现第一例疑似病人起半个月时间，市委、市政府5次召开专门会议，与专家组共同商讨防治“非典”的对策。截至5月，市财政已拿出1005万元，各县区也拿出300多万元，用于“非典”的防治与救治工作。全市各部门、单位在资金十分紧张的情况下，挤出资金，全力搞好本单位的防护工作。市药监局、物价局联合加强“非典”防治用品、器械的质量、价格监管；市纪检委、卫生局等单位发出关于稳定市场物价、规范医疗机构从医行为，实施责任追究的防“非典”通知，切实加强对疫情的预防和监测。为了切断“非典”疾病链条，大同市在市区进出口要道专门设立9个“非典”患者和疑似病人留验站，对所有进入大同的人员严格检查，并及时追踪监控病源，切断疫情传染源。为了切实做好“非典”的防治和救治工作，全市33家二级或相当于二级以上医疗机构全部设立发热门诊、隔离病房和隔离病区。从全市2万名医护人员中抽调99名骨干医师和176名护士组成“非典”救治医疗队伍，全市设立150张床位，88张隔离床，呼吸机21台，救护车34辆，血氧仪34台，全力投入“非典”防治工作中。在确立第四人民医院（传染病医院）为治疗“非典”病人定点医院基础上，又把全市最好的第三、第五人民医院确立为全市收治“非典”病人和疑似病人的定点医院，同时把第三人民医院确立为收治外籍病人的定点医院。为了控制传播渠道，防止疾病在全市农村蔓延，各县区都相继成立组织机构，制订并启动紧急预防方案，加强对乡村人员流动性大的公共场所的消毒，组织医护人员深入农村开展宣传教育。在各行政村建立零报告制度，做到无一遗漏。市委、市政府还从市直各部门抽调精兵强将与大同医专、卫校的专业人员一道组成11个督查小组，分赴各县区对“非典”防治工作进行督查。强化农产品的检查检疫制度，特别是涉及群众生活的肉蛋奶等食品，做到防患于未然。

2. 地陷

口泉公社曹家窑大队迁村 曹家窑大队位于

大同矿务局所属一、二、五矿之间的中心地带。全大队共73户、240人，房屋151间。1967年1月7日下午19时许，因村北地下煤田采空，大顶塌陷，村内地基剧烈震动，地面下沉5厘米左右，致村中房屋144间墙壁发生不同程度的裂缝和倾斜。其中：不能居住的28户58间，集体畜圈7间，仓库5间。水井水位下降0.4米。其后，40余天内，每日地下震动2～4次，社员昼夜提心吊胆，寝食难安，惶惶不可终日。春耕生产陷于停顿，仅有两辆皮车，每日去1公里外拉水，积肥送肥工作也全部停止。市政府与大同矿务局、生产大队研究，决定迁村，并组成迁村委员会。在迁村过程中，动员教育群众，发扬自力更生、艰苦奋斗精神，本着节约原则，做好迁村工作。同时搞好农业生产，做到迁村生产两不误。自1967年6月20日至1968年5月，在新迁地建成社员住房138间，计1945.8平方米；生产大队集体用房屋54间，计845平方米，共占用土地3.03公顷，使73户240人全部脱险迁入新居。

峰子涧公社马脊梁大队迁村 峰子涧公社马脊梁大队地下煤藏丰富，旧社会，窑主唯利是图，不顾地下煤田情况，到处乱开乱采，因而10井有9井因起火封闭，多年来，地下火一直在燃烧。1966年峰子涧公社在附近又开采小煤窑，致与古塘通风。1971年新荣区唐山沟煤矿在马脊梁北进行采掘，将地下古空区的水抽走，通风区加大，致地下火越烧越旺，整个大队社员生命财产受到严重威胁。1974年4月26日，市民政局接到紧急报告后，由马庭英副局长会同南郊区有关领导及公社干部前往实地检查，从现场检查和查阅历史资料，证明马脊梁大队地下基本上全是火区。村东北部更为严重。距村东仅几十米处，有一道约15厘米宽、3米多长的地下裂缝，经常冒火，已从60米深的煤层燃烧到地面。该村四周许多地方和建筑物，已呈现明显裂缝、塌方、下降沉；或出现烟与气的混合体，甚至小火苗，到处弥漫着煤燃气味。由于地下温度高，隆冬季节，村畔崖上，野草如茵。村里已有两处塌方，216户民房，家家烟雾缭绕；或冒沙，或倾斜以致倒塌，地下火在燃烧，古空区充满瓦斯气体，随时均有发生爆炸的可能。经过市区和公社、大队干部召开紧急会议议定：（1）以区、公社为主，会同有关部门组织抢险领导机构。（2）对险情特别严重的几户社员和25名插队青年，立即动员转移，迅速离开险区。其余社员，积极动员陆续转移。（3）在转移过程中，动员党团员带头，搞好春耕生产，力争农业生产不受或少受损失。夜间组织民兵巡回检查，发现紧急情况，立即报告，以便抢救。（4）公社召开邻近大队干部会，要求他们发扬互助友爱精神和共产主义风格，腾出房屋，大力支援危险户的转移。（5）请矿务局工程技术人员，进行现场勘测，采取有效办法，以保障人民生命财产的安全。

同时，研究拟订迁村计划。8月，省革命委员会拨给该大队自然灾害救济款8万元。1975年2月26日，市民政局派出以张瑄副局长为组长的蹲点工作组，负责办理落实迁村计划，迁村地点为马脊梁村沟南山坡上—马脊梁矿工人村西北方向。搬迁费用，除省拨8万元救济款外，公社大队自筹一部分，本着生产自救、自力更生的方针，于11月完成迁村工作。

云冈公社校尉屯大队迁村 校尉屯位于晋华宫矿小井406盘区采空区上面。由于晋华宫矿采煤，1967年地面水下渗，井水断绝，该村饮用之水，由晋华宫矿南山井供给，1972年3月和1973年6月，曾发生两次地震，村内房屋遭不同程度的破坏，村中心较为严重。有的房屋裂缝宽达5厘米，另有两处房墙倒塌，每逢井下放炮落顶，村内房屋都要受到一定影响。长期受震，该村地面持续下沉，另外村四周地下煤炭储量还有165万吨，将陆续开采。为保障社员生命财产安全及合理开发煤炭资源，经过认真调查研究与有关部门几经磋商，报省革委会批准，将该村迁至武周山嘴上。自1973年9月26日至1975年10月15日止，分4个阶段进行新村建房及搬迁工作，共建房187间，迁村费为20.3万余元。1975年10月15日，在大同市革命委员会副秘书长曲正存主持下，举行"校尉屯新村移交典礼"，社员们喜迁新居。

第二节　救灾纪略

新中国成立以后，大同市根据国家政策结合全市经济社会发展状况，积极探索救灾改革，制定救灾工作方针。各级民政部门不断完善查灾核灾、灾情报告、救灾应急、救灾安置、救灾款物管理使用等一系列救灾工作制度，保证灾民生活不出问题，维护社会稳定。

新中国成立初期，农村经济恢复重建，实行的救灾工作方针是：生产自救，节约度荒，群众互助，以工代赈，辅之以政府必要的救济。

1950年6月28～29日，大同市口泉地区遭受70年来罕见的大水灾和雹灾，受灾区域包括1镇6村，口泉镇与鸦儿崖灾情严重。市政府接到报告立即研究救灾办法，急电报省，抽调干部24人，携粮3000公斤，前往急赈。省民政厅拨粮1万公斤，派员前来协助办理救济事宜。救灾以煤矿为重点，根据受灾区域，结合口泉矿区、矿务局干部组成3个工作组。召开工人会议，采取评议办法，为失业工人发放救济小米1万公斤。召开村干部和群众会议，采取群众评议张榜公布的办法，把救济粮直接发到灾民手中。受灾共589户，需救济的270户，共发救济粮12329公斤，每户最多250公斤，一般为50公斤，最少为20公斤。新中国成立后首次救灾，各级政府都很重视，领导抓得紧，干部深入群众，实事求是，秉公办事，群众比较满意。1952年春耕夏锄前，发放生产救灾粮小米17.25万公斤，玉米17.9万公斤。冬季发小米3213公斤、高粱12366公斤，救济款614万元（旧币），受救济的3251户，9292人。

1953年3月23日，省民政厅拨给大同市救济费1亿元，以解决春荒问题。7月，为解决夏锄时部分困难户及农业受灾户生产生活问题，拨给一、二、三区各500万元（旧币），口泉矿区700万元（旧币）。

1953年8月24～26日，大同市遭严重水灾，李铁生市长组织力量，深入灾区指导救灾，市民政局从社会救济款中拨出15000万元（旧币）初步急救，并大力组织群众抢修房屋。市政府拨给口泉矿区救济款8000万元（旧币），贷款1.5亿元（旧币）；第三区救济款4000万元（旧币），贷款1000万元（旧币）；第四区救济款3500万元（旧币），贷款5000万元（旧币），发给群众解决口粮和修房问题。救灾首先解决吃不上饭的受灾户每户10万～20万元（旧币），照顾烈军属，工矿先于城市，城市先于农村。9月初雨灾过后，市人民政府又下拨修缮房屋补助费3亿元（旧币），各区均抓紧时间发给贫苦受灾人民。

1954年4月，为适时下种，不违农时，解决在春耕播种中口粮、劳力、畜力和籽种等困难问题，市政府发放春耕救济款4.78亿元（旧币）。其中：城区3.1亿元（旧币）；口泉矿区1.5亿元（旧币），三区0.8亿元（旧币），四区0.1亿元（旧币）。1956年8月29日，对农村贫困户摸底统计：全市有贫困户1553户4388人。其中：孤老残疾户441户644人；人口多劳力少的601户3010人；临时生活困难的511户734人；贫困户入高级社的1418户4022人；入初级社的76户275人；未入社的56户91人；救济入社的户为1444户4058人。1954年7月水灾过后，市民政局拨给灾区救灾款2100万元，其中四区900万元（旧币），城区400万元（旧币），矿区800万元（旧币）。

1957年春耕前，对1956年遭受病虫雹等自然灾害的群众生活生产，进行检查，对95户494名灾民发3014元口粮救济款；对缺乏种子和饲草的受灾农业社，除号召社员挖刨草根1.05万公斤作为饲草外，又发放草料补助款1378元，种子款700元。对不够五保条件或农业社公益金不能解决的生活困难户1814户4839人，发救济款40051元。

1958年，在人民公社体制下实行的救灾工作方针是：依靠群众、依靠集体、生产自救为主，辅之以国家必要的救济。

1959年是三年严重经济困难的第一年。全市农村88840户331270人，享受救济的困难户为10454户。其中：人口多劳力少的3827户16111人；临时困难户6627户12008人，全年支出救济费63411元（包括五保户583户850人的救济费在内）。

1960年是三年严重经济困难的第二年。中央、省、专区对大同市灾情极为关注，先后拨付救灾款25.5万元，市政府从优抚、社会救济和捐募的寒衣款中抽调22万元，共计47.5万元，12月先后两次下拨各区，共救济11249户42781人。市人委领导3次深入灾区，对救济面的比例、范围、救济计算方法以及发放手续等认真调查研究，制订切实可行的方案，各行各业支援农业，大兴水利，大搞基本建设。截至7月底，全市水利工程控制面积达8.4万公顷，比上年增加1.1万公顷；打井7796眼，较上年增加722眼；投入夏浇地排灌机械169台，当年受益的水井4281眼，水车2294部，水库104座，完成夏浇地2.35万公顷。大种秋菜，全市共播种秋菜7598公顷。大抓田间管理，全民动手大战7天，开展灭虫除草运动。开展“小秋收”运动，各种能食用资源综合采集、收购、加工，力保灾年减产不减收。突击打草贮青，压绿肥，为来年畜牧业准备足够的饲草。通过一系列措施，重灾变轻灾，受灾人民的吃穿、取暖和疾病医疗问题基本得到解决。

1961 年是三年严重经济困难的第三年。灾情虽较前两年为轻，人民生产生活仍陷困境。市党政领导深入灾区了解情况，进行慰问，检查生产救灾情况，市民政局全力投入救灾工作。扩大播种面积，适时调拨种子 5000 余公斤，播种面积达 16.29 万公顷，比原计划播种面积 14.8 万公顷增 10%。妥善安排人民生活，共拨给粮食 600 多万公斤，以补不足；由于妥善安排，全市外流人口，已有 80% 返回。对人民生活必需品和医药，也都增加供应量，使因灾而发生的疾病大为减少，人民健康情况迅速好转。如水肿病，全市 5 月底有 4120 人，到 6 月中旬已下降到 1983 人，全市农业劳力为 123164 人，日出勤者占 77% 以上。此外，对灾区人民中无生产自救能力和生产自救后仍有困难的灾民，拨发救灾医疗补助款 48.3 万元。另外还发放棉布、棉花、布证、棉证及绒衣证和饼干、赤糖、红枣等。同时，人民银行发放生活贷款 17.47 万元，生产资料贷款 171.79 万元。开展整风整社运动，改进干部作风，坚决执行退赔政策，全市退赔给农民的款数达 139.93 万元。全市机关、厂矿、部队、学校，慷慨解囊，捐助现金 5.81 万元，各种衣物 13254 件。机关、厂矿、部队、学校，在农忙时期抽调大批劳力协助灾区田间劳动，缓和劳力紧张。通过一系列措施，基本上做到“六无”，即无因灾害或生活困难饿死人、无发生流行性疾病、无人口外流、无牲畜倒毙、无荒废土地、无社会秩序混乱现象。

1961 年，大同市发放过一项较为特殊的救济。1947 年人民解放军解放沙河堡后，为了战备需要，曾动员全村居民外迁，并拆除该村民 45 户、445 间房屋，1948 年夏季，随着形势的好转，原居民陆续迁返回村。经过多年的新建、修补，截至 1961 年调查时，较拆毁前少 261 间（其中，地富的 56 间）。新中国成立后，政府对此在经济方面做过许多照顾，不按退赔处理。此次救济对缺房需新建的两户补助 600 元，建房两间；对需要大修补的 4 户、9 间，每间补助 100 元；对集体用房，帮助修建 30 间畜棚、马厩和库房，每间补助 100 元，共计 3000 元；以上 3 项共发救济款 4500 元。同年，晋北专署拨给大同市农村社会救济费 3 万元。

1962 年，全市农业生产仍为以干旱为主的多种自然灾害，灾情较重。5 月 10 日，山西省拨给大同市防治疾病救济专款 2 万元，经市财政、卫生、民政局联合决定分配给各区：计古城区 6000 元，怀仁区 4000 元，口泉区 2500 元，城区 2500 元，主要用于解决一部分受灾群众的水肿病、子宫下垂、小儿营养不良症、佝偻病以及遭受自然灾害地区的疾病患者和医药减免救济。8 月 23 日，古城区等处遭雹灾后，市、区、公社三级干部在李海波副市长带领下，及时前往灾区视察灾情，慰问群众。全市 3 万余人、1000 辆车，投入生产自救，开小煤窑 14 个。通过编织、熬碱、烧砖、烧瓦盆、开店、烧炭，给国营林场造林和搞运输副业，以副补欠，收入达 584 万元。各大队还拿出公益金 10 余万元，发给困难户。同年 12 月 11 日，省卫生厅、民政厅、财政厅增拨医疗救济款 3 万元，发给灾情重、疾病多的地区，重灾区贫苦重病患者就医费全免，一般贫苦病患者就医减半收费，烈军属、荣复转军人优先照顾。省人委拨给救灾款 10 万元，无息口粮贷款 10 万元；其他救济款 24.5 万元，共计 44.5 万元，以解决冬令困难户。市、区将结存棉布 10523 米，棉花 637 公斤及清产核资中价购的旧衣被 4661 件，一并下拨。市人委规定救济办法。救济对象：失去劳动力的老、弱、孤、寡、残疾而又生活困难及劳力少、人口多或劳力因病不能参加劳动的生活困难户，劳动分红款不足以维持最低生活水平（一般是年每人 40～50 元），烈军属、残疾复员军人，在同等条件下适当提高。评定方法：由基本核算单位确定生活标准之后，逐户计算收入（包括集体和家庭的实际收入），将收入低于支出的户，按照救济条件，对照排队提出名单，列清口粮、衣服、燃料、医疗救济数量，注明身份，如烈军属、荣复军人、精减回乡职工、社队干部、一般社员。对社员口粮无息贷款，三榜定案，确定名单及贷款数额后，通知信用社办理借贷手续。发放手续：做到专物专款专用，采取一次性分配办法。要求 12 月 15 日前，发放到户。公社和大队一律不留机动不准积压，银行、信用社、生产大队不得扣抵借贷。拨款办法：口粮救济款指标到户，款交生产队；医疗救济，如系欠公社医院或国家医院的，通过本人，交医院收账；寒衣、燃料救济发给本人。发放手续：在发放给救济户时，必须填写救济通知书（一式四份），由领款人签名盖章。通知书由公社统一填写，加盖印章，再交由大队盖章和领款人签章，一联交收款人，一联由大队订册留存，其余两联交公社存一联、向区报一联。区和公社建立专用账簿，做到收支分明。

1962年11月13日，为解决农村救济对象的生产与生活问题，全市下拨救济款13.1万元。其中，古城区7.1万元，怀仁区5.8万元，口泉区2000元。

1963年，大同市连续遭灾。市党政机关积极组织社员抗旱下种突击春播，并增加拖拉机8台，大抓农田水利建设，新增各种排灌动力机械154台，加强田间管理，组织开展增收运动。到煤矿当合同工承揽铁路、公路土方工程，修筑马路等达5000余人，收入4万余元。大搞副业和服务业生产，加工豆腐、开马车店、搞运输、开小煤窑，全年收入达834万元。开展亲朋相帮活动，集款5万余元，减轻灾民困难。各大队用于困难户补助和五保户供给的现款达11万多元，粮食4万多公斤。国家发放救灾救济款35.1万元、棉布2.2万米、棉花6925公斤。银行对有偿还能力的困难户，发放无息口粮贷款21万元，解决8900户的缺粮问题。成灾面积缩小到2.25万公顷，占播种面积的14.6%。全市粮食产量达7843.2公斤，比1962年增产30%，农业总收入达3446万元，较1962年增加7.3%。对农村中生活困难的889户、1123人，国家拨给救济款4.13万元。

1964年，大同市自然灾害虽较前几年为轻，但由于连续4年遭灾，群众生产生活存在不少困难。在春夏荒和冬季，按各县区不同困难程度，发放救灾救济款，全年拨救灾款8.67万元，救济款16.27万元；各县区拨出上年结余救灾救济款4.6万元，连同市区拨给农村各项优抚款15万元，共拨款44.53万元，银行发放口粮无息贷款10.02万元，拨放救济棉布1.63万米，棉花2109公斤。连同各县区发出的救济棉布6849米，棉花1512公斤，共计拨发棉布2.31万米，棉花3621公斤。财贸部门对贫苦、高寒地区衣着困难的社员群众，发放免收布证的绒衣证6000个。全市7793户、46356人贫苦优抚对象和家庭人口多劳力少、因灾减产减收生活困难的贫下中农口粮、衣着困难问题得以解决。

1966年，市民政局、卫生局追加农村困难户医疗救济费2.5万元，全部下拨郊区。主要用于解决贫下中农医病的问题。救济范围是：灾区4种病（水肿、闭经、子宫脱垂、小儿营养不良）和因灾引起的临时疾病；以及灾区非灾区较大的临时性疾病或其他需急救的疾病。

1967年，省拨春荒救济款3万元，被褥400套，连同全市安排的农村救济款2.8万元，一并下拨郊区，计救济款3万元，医疗救济费1.5万元，一般社会救济费1.3万元，被褥350套，春荒问题得到解决。1969年，拨给农村3566户17038人，救灾救济款7.73万元。

1972年，大同市南郊、北郊区遭受严重旱灾后，5月14日又遭霜冻。市民政局除组织灾民开展生产救灾活动外，先后将省拨全市的救灾款50万元、救济款23.2万元下拨各区。同时，下拨救济粮70.5万公斤。在粮食安排上，按每人150公斤安排的有91个核算单位、10389人；按每人140公斤安排的有468个核算单位、94960人；按每人130公斤安排的有34个核算单位、8106人。从严掌握，逐月供应。各社队本着农闲少吃，农忙多吃，稠稀搭配，粮菜混吃的原则，号召社员从瓮口上节约用粮，要算了再吃，不要吃了再算。1973年5月前，每人每月按25斤安排，6～8月加种子饲料安排30斤。救灾款50万元，分4次逐级发放到社队，重点用于人均收入30元以下的360个核算单位、70098人。救灾款发放采用个人申请、群众评议、张榜公布、公社批准的方法，按照“集体开源，个人挖潜，各方帮助，国家支援”的原则，把集体款、社员自筹款、贷款、预购定金、救济款、救灾款，统一分配使用，做到按期买回口粮。

1977年5月12～13日，严重霜冻之后，市委立即召开紧急会议部署抗灾，各区组成抗灾指挥部加强领导，公社集中全力抗灾抢种，各级领导深入抗灾一线。新荣区组织区级机关干部78名，由14名局级以上干部带领，分赴全区11个公社166个大队帮助工作。南郊区平旺公社领导把自己家中的被子拿出保护秧苗，3天3夜坚持在抗灾一线，全公社群众主动拿出7000多条被褥。西韩岭大队全村拿出3000多条被褥、360多个火炉，以及其他大量防寒物资，保护秧苗。市委会议后，各单位，拿出大量麻袋、草袋、被褥、席子等物资送到受灾最重的大队。马军营公社发动群众用纸粘18万个纸袋，送到6个蔬菜队套护秧苗。

1978年，全市遭受严重旱灾及风雹洪涝等灾害。国家拨给救灾救济款63.9万元，救济16.6万人。省拨春荒救济费3万元，下拨南郊区1.4万元、新荣区1.6万元。

党的十一届三中全会后，农村开始经济体制改革，救灾工作方针是：实行救灾款分级管理，生活救济与生产扶持相结合，变无偿救灾为部分有偿扶持，救灾与保险相结合，发动群众互助互济，建立农村基层扶贫互助储金会、储粮会，从生活救济转为“造血式扶贫”。1978 年，市、区相继成立“扶贫领导组”。

1979 年 3 月 23 ~ 25 日，全市召开生产会议，传达民政部、省民政厅领导讲话。各区汇报灾情，总结交流生产救灾工作经验，明确春夏荒救灾工作措施。5 月，市民政局领导深入新荣区会同该区民政局组成两个工作组，对新荣、镇川堡、郭家窑 3 个公社 5 个大队的灾情、生产救灾、救灾款使用等调查研究。该区从解决灾民吃粮问题着手，除市拨给议价粮 60 万斤外，采取互相借粮，以鸡蛋、胡麻油换粮和公社、大队集体外出买粮等办法，解决口粮问题。1978 年 10 月，全区组织 500 辆胶轮车、3500 多劳力、32 台拖拉机，搞运输装卸等，冬季 3 个月收入 384.5 万元。1979 年春，有 320 辆胶轮车、1100 多个劳力、36 台拖拉机继续外出搞副业。同时，因地制宜建起小煤窑 3 个、白土厂 1 个、石灰厂 1 个、砖厂 40 个，1 ~ 4 月收入 200 万元，解决春耕生产急需的部分资金和买粮买草款。发放救灾款，采取民主评议，大队党支部审查，公社批准，贴榜公布的办法，做到社员、干部满意。1979 年，农村困难户 5005 户 20536 人，除集体补助款 20.2 万元外，国家给予临时救济 2847 户 11532 人，救济费 5.48 万元。

1979 年 11 月 12 日，市革命委员会批转市民政局《关于做好扶贫工作的调查报告》的通知，要求各区、社尽快组织力量，搞好调查研究，弄清贫困社队情况，以便采取扶贫措施，使贫困户早日脱贫。市民政局和新荣区民政局确定西村公社为扶贫调查点，由市、区民政局领导和西村公社 11 人组成调查组，深入调查研究。西村公社做法：（1）壮大集体经济，实现农业现代化，扶持农村困难户摆脱贫困。（2）把厂、矿招工和社、队办企业事业招收人员和扶贫工作结合起来。（3）对一些年老体弱或身患疾病的困难户，从分工分业方面予以照顾。（4）发挥公益金在扶贫工作中的作用。（5）扶持困难户养猪、羊和鸡等家禽，大办家庭副业。（6）对一些年老有病、丧失劳动能力的困难户，国家给予必要的救济。

1980 ~ 1983 年，新荣区在镇川堡公社道士窑大队进行扶贫试点。道士窑是老根据地，曾为抗战胜利作出较大贡献。全大队 66 户 229 人，只有 23 公顷山地可供耕种，地处海拔 2144 米高山上，是全区最穷的生产靠贷款、吃粮靠返销、花钱靠救济的“三靠队”。1980 年人均自产口粮只有 3 公斤。区政府对该大队制定因地制宜、因户因人而异的扶贫办法。1981 年发扶贫款 4000 元，买松树 6000 株，营造 12 公顷林场，扶植 13 户承包育苗地。从救济粮款中提出 3000 元购买大牲畜 31 头，分配给 31 户社员承包饲养、繁殖；买羊 250 只分户饲养；对老羊倌贾德祥、李嵩各扶助 30 只羊，定为养羊专业户。社队、局给予无息贷款 6000 元，区农业局支援有偿贷款 4000 元，另组家庭饲养和编织、采集等副业生产。扶贫初见成效，集体所有制的 12 公顷松林，长势良好；13 户承包育苗地，每户 15 万株，两年出售一次，收入 2500 元；大牲畜繁殖由 31 头增为 44 头；羊由 250 只发展到 600 只。1980 年全大队吃返销粮 3 万公斤，至 1983 年减为 1 万公斤。过去温饱都成问题，而今不少人添置新衣被及手表等较贵重商品，社员生活明显提高。

1980 年，全市自然灾害主要是干旱，其次是病、虫、风、雹和霜冻。各级党政领导组织人力，积极抗灾自救。新荣区得胜堡公社 6 月发生大面积草地螟，公社组成 300 多人的灭虫专业队，筹备 4 台机动喷雾器，40 多台手工喷雾器，购进 15 吨敌百虫药剂，日夜轮班喷打药水，挖“隔断沟”，控制虫害蔓延，取得很好效果。全区各社队扩大油料播种面积，产量增到 550 万公斤，仅油料收入 385.4 万余元，人均收入 45 元。东胜庄公社虽减产粮食 30%，但却收油料 71 万公斤，增长近 1 倍。粮油混算，全公社的纯收入由 1979 年的 45.7 万元，增到 62 万元，人均收入由 1979 年的 48 元增到 72 元。新荣区还利用自然资源开办 14 座小煤窑，年产值 1122 万元。年终分配时，从全区煤炭收入中提取 59 万元，兑现给社员分配，人均 7 元。全市参加生产自救 20.8 万人，占农业人口的 66%；参加生产自救汽车 261 部、拖拉机 968 台、胶轮车 3340 辆、小平车 7666 辆。通过厂队挂钩，富帮穷，先进带落后等形式，开展煤炭炼焦和农机修造等 9 个项目，计 817 处（家）。春夏荒之间，为解决灾区社员困难问题，市拨救灾款 5 万元，各区根据集中和重点使用原则，及时分发到社队和社员手中，9653 人受到救济，共买返销粮 26.5 万公斤。1981 年春节前后，市民政局组织两个工作组，到新荣区的东胜庄、郭家窑、镇川堡、花园屯 4 个公社，了解道士窑、二十五、张力窑和尚龙门等收入在 40 元以下的核算单位。新荣区委在春节前，两次组织区级机关干部 20 多人，由区委书记带领，到山区、老区、重灾区的社员家中访贫问寒，将白面、猪羊肉送到困难社员家中。5月、11月，全市先后两次召开生产救灾会议，民政局领导15次深入灾区，到10个公社、21个生产大队，走访77户308人。下拨救灾款新荣区11万元，南郊区5万元；棉布新荣区2500米，南郊区1103米；棉花新荣区420公斤，南郊区180公斤；保障灾区群众生活，促进农业生产恢复。

1983年1月，市里组织"访贫问寒团"，由市委副书记王中亮、常委刘建唐等率领，携带棉被120条、棉褥80块、衣服200件、棉毯300块和现金1万元，深入新荣区新荣、户部、西村公社以及南郊区古店公社，对1481户困难户、五保户和优抚对象，逐户登门访问，了解困难情况，当即发给现金和实物。

1984年7月27日，8月20日、22日、24日，新荣区先后遭4次雹灾侵袭，市民政局采取积极救灾措施。开拓以工补农门路，吸收灾区群众参加生产，力争减产不减收。本年开工铺设的上深涧煤矿铁路专用线工程，投资150万元，土建工程全部安排给灾民；区营甘庄煤矿的平整材料场工程，就近包给西村乡灾民；区化肥厂的短途运输，分出一部分任务，由堡子湾乡受灾村承揽。各受灾乡（镇）安排一些工、副业生产项目，吸收农民参加。除灾民生产自救外，市民政局先后拨给新荣、南郊区救灾款16.5万元，棉布9847米、棉花150公斤。市粮食局下拨平价粮15万公斤，以款购粮，以粮救济。各有关部门协调配合，想方设法地帮助灾民解决困难。商业部门疏通流通渠道，组织农民经商；信贷部门放宽政策，扶助受灾户渡过难关，发展生产；区财政紧缩行政开支，拿出部分资金帮助受灾户恢复和发展生产。

1984年，市民政局"访贫问寒团"携带衣物救济款下乡，对新荣区8乡的85村342户642人走访慰问，发放款物。共发救济款2万元、衣料600件、棉被346条、褥子175块。

10月，全市用于扶贫资金799.5万元。其中：农行、牧业、乡镇企业、财政、民政等部门，发放无息有偿贷款13.4万元，有息贷款776万元，补息贷款4.1万元，无息贷款4万元，群众集资2万元。截至年底，全市有5888户贫困户脱贫。

1985年，大同市春季发生旱灾，夏季多次遭受雹灾袭击，伤5人、死6人。灾情发生后，市民政局拨救灾款10万元。市政府拨款270万元，为受灾倒塌房屋最集中的南关街改建民房。南郊区广大党员干部、群众主动捐款23万元，购回蔬菜籽种，保证生产。同时，多种形式开展生产自救，补回2225.3万元损失。

1986年1月28日，市委、市政府领导郭巨民、刘文君带领农工部、民政局、农牧局、粮食局等单位的负责人到新荣区破虏乡慰问灾民。29日，市政府拨款2万元，救济全市1054户五保户、贫困户及敬老院孤寡老人。

20世纪90年代，社会主义市场经济体制逐步建立，实行的救灾工作方针是：建立救灾工作分级、救灾款分级承担的救灾管理体制，明确救灾款使用范围，停止救灾扶贫周转金制度，建立救灾物资储备制度。

1993年7月2日，全市遭暴雨和冰雹袭击，部分农田受损严重。灾情发生后，市长程步云和市委、市政府领导及有关部门负责人分成7个组，冒雨前往灾区实地查看，组织救灾。3日，市政府召开防汛救灾汇报会。8日，省委副书记梁国英，省委常委、省委组织部长郑社奎、副省长刘泽民等在市委书记纪友伟、市长程步云陪同下前往南郊区马军营乡、城关乡和小南头乡的一些村庄查看灾情，慰问群众。共下拨救灾款201.5万元。

1995年9月9日，全市连续10天普降大雨，11日大部分县（区）50%以上农作物遭受霜冻，粮食减产和塌房造成的直接经济损失在15亿元以上。29日，省委常委、常务副省长刘泽民，率领省民政厅、省计委、省财政厅、省粮食厅的负责人，在市长杜玉林，市委常委、常务副市长昝培国的陪同下，深入阳高县下深井乡查看灾情，慰问灾民。10月1日，民政部救灾司司长姜力在省民政厅副厅长杨文宪，市委常委、常务副市长昝培国、市民政局局长范培生的陪同下冒雨去阳高灾区了解灾情，慰问灾民。2日，市长杜玉林、常务副市长昝培国、副市长付杰让赶赴新荣区破鲁乡，进村入户进一步了解灾情，商讨救灾办法，慰问灾民。12日，在省委赴大同市灾区慰问团与大同市部分县级以上领导干部见面会上，省委书记胡富国、省委副书记梁国英和市委书记纪友伟讲话。13日上午8时，驻同51361部队20辆车满载10万公斤面粉分赴新荣、大同、天镇、阳高、浑源、广灵6个受灾较重的县区。14日，山西省人民广播电台、山西省民政厅联合推出长达3小时的"心系灾区——温暖大行动"广播节目，市委书记纪友伟，市委常委、副市长贺锐，驻同51361部队副政委苏云等赴报道现场，通过热线直播，向全省人民介绍大同市当前抗灾救灾的有关情况。16日，省长孙文盛，省委常委、省纪委书记冯芝茂及省农工委、计委、教委、农业厅、民政厅、财政厅等有关部门负责人，在雁北宾馆二楼多功能会议室听取大同市和朔州市抗灾救灾情况汇报。17日，省长孙文盛，省委常委、省纪委书记冯芝茂在市领导纪友伟的陪同下，深入天镇县慰问受灾群众，指导抗灾救灾工作。同日，市民政局职工为6个受灾农业县捐款捐物，全局519人共捐款11.1万元，捐衣473件。11月5日，山西省军区广大官兵向灾区捐款18万元，捐赠衣被4000件。武警山西总队政治部副主任陈继唐来同向灾区捐款15万元。10日，以晋城市副市长白晚才为团长，晋城矿务局工会主席王生秀为副团长的慰问团专程抵同，向灾区捐赠40万元的款物。12月1日，市中兴商场向灾区捐献30万元过冬物资。同日，由民政部农救司救灾处处长荣振江和社会福利司社区服务处处长南光明带队的民政部工作组，在省民政厅救灾救济处处长王虎威的陪同下，深入大同市调查灾情，慰问灾民。并在市人大常委会副主任梁佩、市民政局局长范培生的陪同下，深入阳高县重灾区查看灾情，调查研究。6日，上海南市区得知大同市遭受百年不遇的大灾后，发扬一方有难、八方支援的共产主义风格，区委、区政府主动拿出30万元；上海市电力燃料公司慷慨解囊，拿出10万元，上海燃料公司拿出5万元，派人专程送抵大同市。

1995年，气候异常，旱、风、涝、雹、霜冻五灾俱全，特别是干旱、雨涝、早霜冻灾害都是历史上罕见的。灾情发生后，民政部多吉才让部长，省委省政府领导胡富国、孙文盛、梁国英、刘泽民、支树平，省民政厅领导孙有福、杨文宪等多次深入灾区查灾慰问。市委、市政府和全市各级党委、政府采取有效措施，组织抗灾自救。上级部门为大同市解决救灾资金1650万元。全市先后有百万多人在捐助赈灾活动中，为灾区人民捐款602.9万元，衣被36.4万件，粮食2.5万公斤，市县财政解决569万元。经过自救互救，在封冻前所有无家可归户，一户建起一间住房，绝大部分灾民得到妥善安置。驻同部队官兵为灾区捐款90余万元，粮食20余万斤，衣被1.4万件。部队组织9支医疗队为灾区群众看病1.5万多人次，发放药品价值1.28万元，出动官兵1万多人次，车辆1000多台次，帮助灾区搭建过冬暖棚1万多间。清理倒塌房屋废墟1500多立方米，帮助群众抢收庄稼3000多亩，修整乡村道路30多公里，培训农民技术人员5000多人次。

1996年6月6日，全省抗灾救灾重建家园工作会议在阳高县召开，重点推广大同市重建家园的经验。省委书记胡富国、省长孙文盛来同检查指导，对大同市重建家园情况给予高度评价。到年底，全市共新建住房13.2万间，修复危房10.9万间，1.9万户无自救能力户和6.3万户无家可归户全部喜迁新居。5.2万户重灾户搬出临时寄居住所，重返家园。1996年，重点抓了六方面工作：一是抓抗旱，全面开展“一抗两保”活动，使全市旱情得到缓解。二是抓互济，广泛开展互助互济活动，先后为灾区群众解决口粮400多万公斤。三是抓生产，开辟增收门路，使灾区群众在受灾之际增加收入1200万元。四是抓物资，全面落实“217”救灾预算款和开展募捐活动。市县两级财政共列支救灾款225.4万元，并募集衣被4.1万件，现金43万元，煤炭205吨，钢材110吨，木材20.5立方米，五是抓救济，重点保证“两缺一无”户的基本生活。年下拨救灾款1271万元。六是抓储金，储金额由30多万元增加到82.97万元。

1997年9月8日，市民政局组织召开全市抗旱救灾动员大会，市委副书记、常务副市长孙辅智作抗旱救灾动员报告，市委书记纪友伟讲话。决定市、县两级抽调大批机关干部组成抗灾救灾工作队，深入灾区宣传发动群众，落实各项救灾措施。全市列支救灾款204万元，省下拨救灾款326万元。

1998年1月10日，受张北地震影响，天镇县倒塌房屋3919间，其中住房3568间，造成危房4848间，1月26日，为天镇运送救灾粮60吨，其中白面30吨、玉米30吨。全市遭受旱（春旱、秋旱）、虫、涝、风雹灾，农业生产造成严重损失，全年下拨救灾专款800万元，保障灾民基本生活。

1999年8月8日，省民政厅副厅长郭小平在市民政局副局长李有全的陪同下，深入浑源、广灵、灵丘了解灾情。9月3~4日，民政部救灾司司长李本公在省民政厅副厅长郭小平，市委副书记、常务副市长贺锐陪同下，深入天镇、阳高、大同、浑源4个受灾严重县实地查看灾情，并号召灾区群众开展生产自救。4日，市领导靳善忠、赵仁家、孙录、于秀兰深入阳高、天镇、浑源3县查看灾情，指导抗灾救灾工作。9~10日，国务院副总理温家宝在省委书记田成平、副省长范堆相，市领导纪友伟、靳善忠等陪同下，深入浑源、阳高、天镇县的农村查看灾情。10月10日，市文化局、银华金店联合举办向大同灾区人民献爱心大型赈灾义演活动，群众踊跃捐款，银华金店当场捐赠人民币1万元及价值5000元的毛衣150件，弘雅饭店、昆仑饭店捐款6000元。当天共收到捐款5万多元。22日上午，全市救灾募捐动员大会召开。这次募捐活动从10月中旬开始，至11月下旬结束。

1999年11月1日，大同县西册田乡堡村发生5.6级地震，大同、阳高、天镇、广灵、浑源等5个县的23个乡镇135个村受灾，其中重灾乡有9个。2日，市领导纪友伟、靳善忠等带领市农委、民政局等有关单位的负责人深入阳高、大同县的地震灾区，查看灾情，慰问受灾群众，并成立抗震救灾领导组，组长由副市长贺锐担任。成员单位包括民政、农委、建委、经委等部门。3日，市抗震救灾领导组召开首次会议。具体安排救灾工作，市民政、地震部门组成灾情核查组，核查重灾区、重灾户、无家可归的人数。专程来同查看灾情的省民政厅副厅长郭小平出席会议。同日，省委、省政府派出由省政府副秘书长王可福、省地震局局长吴伯荣、省民政厅副厅长郭小平等组成的慰问组赴大同县、阳高县地震灾区查看灾情慰问灾民。市人大领导安大均、王兴祥、孙录等赴大阳地震灾区，查看灾情，慰问灾民。4日，副省长范堆相带着省委、省政府的重托，与省建委、省财政厅、省地震局等有关领导到大同、阳高地震灾区查看灾情，慰问灾民。市委领导孙辅智、康明训、郭玉才等赴地震灾区查看灾情，慰问受灾群众。大同矿务局积极救助灾区，火速抽调80多辆汽车，把400多吨煤、30立方米木材、36吨水泥连夜装车运到大同县西册田和阳高县友宰两个乡镇的7个村。6日，民政部支援大同市地震灾区的1500顶棉帐篷和300顶单帐篷运抵，并分发到部分重灾区。8日，市委、市政府召开会议，决定从市直机关抽调30名县级后备干部，深入大同、阳高两县30个重灾村指导帮扶救灾工作。要求灾民越冬住房必须在15~20天、学生复课必须在7~10天完成任务。机关抽调人员11月9日全部按时到点开展工作。10日，市民政局开展为灾区募捐活动，局机关和所属15个单位共有492名同志捐款25480元，衣物715件。省“三讲”（讲学习、讲政治、讲正气）教育巡视组5名成员为灾区捐款700元，组长、省人大常委会原副主任孟立正捐款300元，其他4名成员每人各捐款100元。平市武虎敬老院原院长武虎个人捐助大米2500公斤、玉米面2500公斤、干粉丝120公斤。12日，省人大常委会组织29名九届全国人大代表，以梁国英、李立功、赵晓颖为召集人，在市领导纪友伟、靳善忠陪同下，视察大同震区册田水库、大同县西册田乡堡村、阳高县西团堡村，查看地震灾情，慰问受灾群众。14日，中国救灾协会捐赠毛毯6000条，价值36万元。22日，省“三讲”教育巡视组组长孟立正，市委书记纪友伟，市委常委、市委秘书长张富文前往大同、阳高两县地震灾区，视察灾民越冬住房、口粮及学生复课问题。先后来到阳高县友宰镇西团堡村、后贵仁村和大同县西册田乡堡村、西册田村，挨家挨户查看房屋，看望受灾群众，询问灾民安置情况，鼓励灾民克服困难，开展生产自救。24~25日，以国家计委农村经济发展司扶贫处处长李希荣为组长的国家赴山西省大同市、忻州地区旱灾情况调查组一行5人，对大同市农业遭受特大旱灾情况和抗震救灾工作进行考察，听取大同市灾情汇报，到阳高县灾区实地查看。12月1日至2日，省委副书记郑社奎来到旱灾和震灾比较严重的大同、阳高、天镇3县乡村和册田水库考察工作，了解灾情，慰问灾民。12日，省委副书记、代省长刘振华深入大同县、阳高县地震灾区了解灾情，慰问受灾群众。

1999年，大同市除遭受严重的旱灾和震灾以外，还有部分地区程度不同地遭受虫灾和洪雹灾，加重灾民的困难。灾后，市委市政府动员全市开展救灾捐赠活动，全市共接收捐款154.8万元。捐物有面粉10.9万公斤、大米2500公斤、玉米面4.5万公斤、毛毯6717条、棉被褥3085件、棉大衣1361件、棉衣65037件、单衣104680件、水泥139吨、木材211立方米、砖47万块、煤1978吨、教学仪器187件、桌椅212套，各类物资折款约301万元。全年省政府下拨各类救灾款101万元，市政府下拨救灾款520万元，县（区）级财政列支救灾款365万元。

2000年3月22日，省政府召开大同地震重灾区重建家园工作新闻发布会：省政府决定筹集资金1900万元，帮助地震灾区群众重建家园，以确保灾区群众当年入冬前住新房和加固房屋。资金来源：一是省扶贫局按照省政府关于贫困地区移民搬迁政策，从扶贫款中安排700万元，用于大同、阳高两县震区5000多贫困群众的搬迁及房屋重建。二是省民政部门在安排1999年民政部下拨救灾款600万元的基础上，再安排600万元。4月

26 日，大同市地震灾区重建家园动员大会在地震中心大同县堡村召开。会议宣布，大同市震区重建家园工程即日启动，10 月重建工程完工。届时，881 户灾民可乔迁新居，417 户灾民可住进具有抗裂度为 7 级地震性能的新房，1738 户灾区群众每户将拥有 1 间抗震永久性住房。12 月全市下拨救灾粮 2048 万公斤。

进入 21 世纪，实行的救灾工作方针是：政府主导，分级管理，社会互助，生产自救。

2001 年 9 月 28 日，大同市召开抗灾救灾动员会，市委书记靳善忠强调要把抗灾、救灾工作作为当前农村工作中压倒一切工作来抓，争取农民减产不减收。11 月 13 日，召开全市救灾款物发放工作会议，各县（区）民政局负责人参加会议，市民政局党组书记、局长李根田讲话。

2003 年 4 月 23 日，市“非典”防控工作领导组办公室、市民政局、市红十字会联合发出倡议，号召全市积极参与开展“防治非典、奉献爱心”捐赠活动，市民政局系统共捐款 13145 元。5 月 28 日，市民政局把省民政厅增拨大同市防治“非典”捐款 16 万元分配到 11 个县区。7 月 25 日，大同县、阳高县、新荣区的 17 个乡镇 244 个村，遭受严重的冰雹和洪水袭击。市民政局党组书记杨清明当晚赴大同县聚乐乡视察灾情。7 月 31 日到新荣区受灾严重的新荣镇、郭家窑乡等处视察灾情。

2004 年 3 月 29 日，大同县东水地村发生火灾，造成 57 户受灾，其中重灾 26 户、104 人，烧毁住房 15 间、畜圈 101 间、粮食 4.5 万斤、饲草 35 万斤，烧死奶牛一头、羊 18 只，直接损失 45 万元。灾情发生后，县领导立即赶赴现场，及时组织公安、消防队伍扑灭大火。市民政局杨清明局长带领有关科室人员及时赶到现场，与县、乡、村领导研究救急措施。及时下拨救灾帐篷 30 顶、棉衣被 200 件（套）、面粉 100 袋，灾民生活得到及时妥善的安排。7 月 23 日，阳高县鳌石乡鳌石村遭受特大山洪袭击，经济损失达 1000 多万元。灾情发生后，省民政厅副厅长田义才、市委副书记郭玉才，以及阳高县委、县政府主要领导和市民政局、水务局领导赶赴现场，部署救灾措施，慰问受灾群众。8 月 2 日和 3 日，阳高县、天镇县、大同县、左云县分别遭受罕见的龙卷风和冰雹袭击。市民政局杨清明局长、陈高文副局长分别带领有关科室人员深入灾区查看灾情。

2005 年 3 月 21 日，民政部副部长贾治邦、救灾救济司副司长邹铭一行在副省长宋北杉，省民政厅党组书记、厅长郭有勤，党组副书记、正厅级巡视员田义才等的陪同下深入大同市，对农村春夏荒灾民生活安排情况进行检查调研，并走访慰问城乡困难群众、孤寡老人和儿童。面对严重自然灾害，市各级党委、政府采取切实可行措施。一是全市各级财政积极筹措资金，及时下拨救灾款 712 万元。二是各有关部门履行职能，密切配合，水利部门加强水利设施的保养和维护，利用小泉小水扩大春播面积；农业部门推广节水种植技术，帮助农民及时下种；电力部门搞好电力调配，保证春播用电；气象部门做好天气预报，捕捉有利天气形势，搞好人工增雨。三是成立病虫害防治指挥部，组织专业人员分赴各县区进行灭蝗宣传与培训，建立信息传递网络，全方位指挥灭蝗。四是号召全市广大群众开展“扶贫济困送温暖”集中募捐活动。截至 12 月 28 日，全市共接收捐赠衣物 183571 件，现金 60 万元。

2006 年 5 月 26 日，民政部救灾救济司救灾专员宋继华率领有关人员对大同市救灾救济工作进行检查并了解前一阶段的旱情。8 月 10 日，市民政局杨清明局长、大同县委书记刘俊雍一行深入大同县杜庄乡马家会村，实地查看冰雹灾害，详细了解村民损失情况。2006 年多种自然灾害频发，全市各级财政积极筹措资金，及时下拨救灾款 530 万元，解决灾民度荒和生产生活中所遇到的困难。

2007 年上级民政部门下拨救灾款 590 万元，市财政预算 67 万元，筹措社会捐赠款 4.2 万元，解决灾民生产困难。

2009 年遭受 40 年不遇的旱灾，局部地区遭受洪涝、风雹等自然灾害，给全市农业生产和人民群众生产生活造成较大损失和困难。6 月 8 ~ 9 日，省民政厅许富昌副厅长在市民政局白玉局长陪同下，赴广灵县、灵丘县检查受灾情况，听取两县民政部门汇报。7 月 15 日，省民政厅厅长马景龙深入阳高县调查了解旱情。8 月 19 日，民政部救灾专员李全茂一行 3 人，在大同市视察旱灾情况，看望灾民。省民政厅下拨救灾款 501 万元，解决受灾群众口粮和饮水困难问题。市财政、民政等部门筹措 67 万元资金，用于全市的抗旱工作。市县两级农业部门深入农业生产第一线，精心组织抗旱，抽调业务干部和农业技术人员深入 9 个农业县区，包乡、包村、包户，开展技术指导服务，帮助农民开展生产自救。阳高县于 6 月 26 日启动旱灾二级响应，县财政拨款 20 万元作为启动资金，购买籽种，让农民改种生长期短的农作物，减少旱灾损失。

2010年，持续高温，部分县区旱情较重，全市各级农业部门做好抗旱保苗，因地制宜调整抗旱工作对策。气象部门抓住有利时机，开展人工增雨作业。民政部门及时下拨救灾款720万元（其中春季灾民生活困难补助款520万元，地震灾害救助款200万元），有效解决灾区困难群众的生产生活问题。

2011年，去冬今春雨雪少、墒情差，市农委组成9个督查组，与9个农业县（区）职能部门协同作战，分赴春耕播种第一线现场办公，了解掌握生产情况，确保春耕播种有序进行。民政部门做好查灾、计灾、核灾和上报工作，跟踪掌握灾民缺粮及房屋损坏情况，建立救助台账，为冬春期的灾民救济工作做好准备。加强救灾应急物资储备，充实救灾物资。根据灾情及时下拨救灾款2445万元用于灾民生活救助，重点解决53万人的口粮，确保安全过冬。

2012年，阳高县、天镇县受灾较重。市民政局深入房屋倒损严重和农作物受灾较重的灾区，指导做好恢复重建和冬春期间40万需救助灾民的救助工作，确保灾民安全过冬。紧急调拨救灾专用帐篷100多顶给重灾区转移安置灾民。乡村两级积极组织灾民投亲靠友或利用村委会办公房、学校、康乐院等分散转移安置灾民。天镇县赵家沟乡夭沟村“两委”班子，筹集资金2.5万元为受灾村民提供遮雨塑料薄膜。

2013年入夏以来，降水比往年同期偏多。6～7月全市共出现6次较大降雨过程，降雨量是自1981年以来同期最高值，降雨范围广、强度大、历时长，造成农田被淹，部分居民土坯房、土窑洞严重受损，有的倒塌。市民政局领导赶赴灾区，进村入户实地核查，明确“将人放在第一位”的救灾方向。省民政厅许富昌副厅长带领相关人员赶到天镇县，与县乡领导召开联席会议，明确救灾工作重点思路。迅速转移群众，不让一个群众冒险住在危房中。划定重点乡镇，明确县、乡镇领导驻村，是救灾工作第一责任人。对因灾无房和住在危房的灾民妥善安置，省厅调300顶帐篷。市民政局安排15万元解决临时安置人员生活问题。落实救灾措施，市、县两级投入救灾资金659.1万元，发放帐篷1231顶，被子2500床，苫雨布1.7万平方米。省民政厅下拨救灾资金270万元、帐篷900顶、衣物4000件、被子5000床。市政府制定《关于做好因灾倒房恢复重建工作实施方案》，全市有重建任务7县1区、59个乡（镇）206个村8452户，计划两年内各完成50%的重建任务。通过投亲靠友、借住公房、入住敬老院等安置措施，临时解决约一半受灾户的过渡性住房。各级政府想方设法多方筹集资金，全力进行恢复重建工作，在冬季来临前所有临时安置的群众入住。全年共发放救灾资金5191万元，救助灾民62万人。

2005～2013年大同市灾害救助情况一览表

年度	主要灾情摘要	受灾面积	绝收面积	受灾人口	倒塌房屋数量	损坏房屋数量	直接经济损失	下拨救灾资金	全年救助人数
		公顷	公顷	万人	间	间	万元	万元	万人
2005	旱灾、风雹较为严重	109460	11490	74.27	3	253	27662	1305	33.66
2006	低温冷冻、旱灾	178824.6	23305	96.18	102	288	44985.6	1280	31
2007	旱灾最为严重	278894	95700	131	410	884	111342	2710	60
2008	旱灾最为严重	252856	64116	125.3	753	3529	106969	2469	61.5
2009	旱灾、风雹较为严重	292680	98223	140.95	237	115789	170123	2304	39.94
2010	旱灾、低温冷冻、雪灾较为严重	175186	27055	100.66	1441	20109	127616	2512	11.49
2011	低温冷冻和雪灾、旱灾较为严重	230484	10700	117.06	238	1462	87230	2947	25.98

续表

年度	主要灾情摘要	受灾面积	绝收面积	受灾人口	倒塌房屋数量	损坏房屋数量	直接经济损失	下拨救灾资金	全年救助人数
		公顷	公顷	万人	间	间	万元	万元	万人
2012	低温冷冻、洪涝、风雹等灾害	104871	5596	60.84	3784	9499	75889	3733	58.17
2013	因洪涝、风雹灾倒损住房，启动市级二级响应	214762	15919	122.01	4648	98760	151843	5191	21.6

第三节　救灾捐赠

新中国成立初期，大同人民发扬“一方有难，八方支援”的精神，积极捐款捐物，支援全市和外地灾民抗灾度荒。

1950年10月，为苏、皖、豫等省及山西省察南、察北部分受灾地区群众募集寒衣2000套。1956年支援河北省灾民募集寒衣、捐款，大同市除接收和转运市级各机关单位募集的寒衣和救济款外，还负责接收和转运雁北地区左云、右玉、平鲁、阳高、朔县、应县、浑源、灵丘、大仁、山阴等县所募集之钱物，截至10月15日，共接收寒衣15665件，救济款23099元（旧币）；其中：全市寒衣120098件，救济款19489元（旧币），雁北区寒衣3567件，救济款3610元（旧币）。于11月4日运往河北省救灾办公室4000件，救济款交省民政厅18000元（旧币）。为了救济流入大同市的灾民，市里留用寒衣1000件，其余于11月14日全部移交雁北专署。

1957年，山西省有23个市县程度不同地遭受旱灾，大同市为支援灾区渡过难关，发动各界募集寒衣，159个单位共募集捐款39901元，寒衣（包括棉、毛、绒衣裤等）6838件。

1963年，河北省部分地区遭受特大水灾，11月1日，全市召开市、区机关领导参加的会议，成立由市委秘书长曲正存、副市长肖秉敏及市级有关领导组成的“大同市支援河北灾区领导组”，市委组织部副部长杜发等参加省慰问团，到灾区慰问。全市广泛开展支援河北灾区为中心内容的社会主义教育运动。同时在职工干部中开展支援河北灾区的捐献运动。各机关、厂矿单位举行座谈会，捐献运动进展顺利。从11月4日至12月9日，共计230个单位，募集51705元，粮食10157公斤，粮票41005公斤，单夹衣1452件，棉布23米，布票221米，棉花79.5公斤，被褥、毯子10件，皮、棉鞋310双，各种鞋袜5066双，各种帽子2527顶，其他241件。

1994年7月2日，大同矿务局、大同第二制药厂、大同水泥厂与灵丘县政府举行募捐衣物交接仪式，这是近半个月来，该县人民收到的第7批衣物。10日，市民政局在全局范围内为边远山区贫困户捐赠衣服644件。8月19日，驻同51361部队捐资50万元，为阳高、天镇、广灵、灵丘4个贫困县兴建4所“八一”希望小学（每县10万元），帮助部分失学儿童重返校园，同时为营房小学捐资10万元改善办学条件。9月10日上午，驻同51361部队将9000余件衣被分别送往大同县、阳高县、天镇县、广灵县、灵丘县。15日，积极响应市委、市政府的号召，市民政局系统352人共为灾区人民捐赠衣服4455件。10月17日，辽宁省大连市捐赠的160吨428885件衣被用火车直接运往阳高、天镇、灵丘等灾区。全市党政机关、群众团体、企事业单位、干部职工、大专院校教职员工、驻同部队机关干部展开为灾民捐赠活动，共募集衣被173412件。

1996年，江泽民总书记在视察西北地区时倡导，民政部联合中宣部等12个部门在全国开展以“扶贫济困送温暖”为主题的经常性捐助活动，确定每年4月和10月为“经常性社会捐助月”。山西省从全省实际出发，确定10月为“扶贫济困送温暖活动月”。自1996年以后，大同市委、政府领导对经常性社会捐助工作非常重视，在每年10月的“捐助月”集中捐助活动中，都要召开全市动员大会，发动各界积极参与捐赠。市委、市政府每年都要联合发文，对社会捐助工作具体安排。全市各机关干部、党员，驻同部队领导及国、省有企业及大型民营企业积极行动。1996年全市捐赠20万元，支援受灾较重的晋城、临汾两市。

1998年8月12日，全市召开为南方灾区救灾捐赠紧急动员会议，成立救灾捐赠领导组，当天接收捐款180万元，此次活动全市共接收捐款934万元。30日，在抗洪救灾捐赠活动中，市民政局503名干部职工为灾区捐款24332元。军队第二休养所的离休干部齐廷植个人一次捐款300元。12月4日，市政府召开会议，部署全市赈灾福利彩票发行工作，预计筹集资金462万元，届时全部上交国家用于赈灾。截至年底，全市各界共向灾区捐款捐物折款约1092万元。

1999年，全市共接收捐款154.8万元。捐物有面粉10.9万公斤、大米2500公斤、玉米面4.5万公斤、毛毯6717条、棉被褥3085件、棉大衣1361件、棉衣65037件、单衣104680件、水泥139吨、木材211立方米、砖47万块、煤1978吨、教学仪器187件、桌椅212套，各类物资折款约301万元。

从2000年开始，大同市逐步把经常性社会捐赠工作摆上重要议事日程。特别是市直工委、总工会、经委、工商联、大同军分区5个牵头单位，在机构改革的形势下克服各种困难，统一思想，团结一致，对所负责的单位积极协调，组织全市捐赠和运送工作。

2000年1月17日，大同市成立大同市救灾捐赠仓储中心，2011年5月10日，更名为大同市救灾捐赠社会事务管理中心。

2001年10月，市民政局按照接收捐赠服务网络建设的指导思想要求，在城区、矿区新成立两个社会捐赠接收工作站和52个接收工作点，并统一配备专职工作人员，实行佩证挂牌常年接收服务，为广大群众随时就近捐赠提供方便。

2008年初，中国南方遭受冰雪冻雨灾害，市委、市政府号召各级各部门及社会各界人士踊跃捐款，共接收善款534.1万元。5月12日，四川汶川地震，全市社会各界为地震灾区捐款7800多万元（不含特殊党费）、急救药品及衣物折款659万元。10月28日，价值200多万元的新棉衣被启运灾区。

2010年4月22日上午，市民政局系统开展向青海省玉树地震灾区捐款活动，全局系统干部职工共捐出善款57710元。4月23日上午，市委、市人大、市政府、市政协分别在市委机关大楼、市人大政协机关大楼、市政府机关大楼前举行捐款活动，全市各界人士共捐善款4255883.19元。同年9月，为甘肃舟曲泥石流灾区捐款761922.9元。

2013年4月，为四川雅安地震捐款564053元。

2013年7月22日全市开展救灾社会捐助活动以来，各级党政机关、社会团体、中央和省驻同单位、解放军和武警部队、企事业单位、个体工商户、社会各界群众共募集捐款254.47万元。1996～2013年，大同市民政部门共接收捐款7930万元。

第四节　救灾储备

2000年6月市民政局筹资1100万元，2001年7月，建起占地面积6600平方米、建筑面积11000平方米，加工、仓储一体的市级救灾捐赠仓储中心。7月18日正式建成投入使用。提高自然灾害紧急救助能力，对邻近省市救灾协调也将发挥积极作用。

2001年以后，大同市救灾捐赠中心主要储备省民政厅机动救灾帐篷1500顶，其余大都储备每年全市社会捐赠的衣被类、生活类面粉、大米等。当年接收的大批量救灾物资均于当年及时定向分配发放到全市灾区群众手中，少数剩余物资储存。2008年，先后向四川地震灾区和全市及周边灾区紧急调运千余顶救灾帐篷和大量衣被、粮油等救助物资。在特大灾情发生后，全市多次开展大型社会捐助活动，捐赠中心在救灾物资接收、储存、发放等方面发挥积极作用。截至2013年底，捐赠中心共储存棉被9738床、大衣5460件、毛巾900条、毛毯68块、棉帐篷537顶。

广灵、灵丘、阳高、天镇、浑源5县建起了专项救灾物资储备库，库房面积在200～300平方米之间，按国家标准要求，县级救灾物资储备库面积最低达到500～600平方米。其余县区储备救灾物资借用闲置库房，呈代储状态。各县区每年储备的救灾物资种类及来源，大都系政府当年采购的粮油及衣被类，根据灾民群众受助数量，确定救助需求量。遇到特大自然灾害时，各县区也开展社会捐赠活动，救灾物资储备库也储备捐助物资和水泥、木材等建材类物资，用于灾民倒房重建。

大同市救灾捐赠社会事务管理中心自成立以来，物资储备库一直设在地下室，通风不畅、搬运困难、消防存在隐患。为了改变这种状况，进一步提升储备能力和长远发展水平，市民政局于2013年研究决定拟新建一座高标准的市级救灾物资储备库。2013 年 12 月 27 日，经市政府正式批准立项，新址在南郊区落里湾村东，占地面积 13441 平方米（20.1 亩），建筑面积 5913 平方米，其中储备库 4208 平方米，业务及生产辅助用房 1706 平方米，晾晒堆场棚区 1007 平方米，总投资为 3103 万元，预计 2015 年 10 月竣工使用。

2003～2013 年大同市民政部门接收捐款情况统计表

单位：元

项目 年度	送温暖、献爱心捐款	定向捐款							合计
		汶川地震	南方雪灾	玉树地震	舟曲泥石流	西南旱灾	县区救灾捐款	四川雅安	
2003	45595.4								45595.4
2004	1033110.4								1033110.4
2005	884100.4								884100.4
2006	1394780.28								1394780.28
2007	339157.3								339157.3
2008	3227783.2	35299402.6	5340772.5						43867958.3
2009	1045796.4								1045796.4
2010	1614850.81			4255883.19	761972.9	4569.6			6637276.5
2011	2545085.9								2545085.9
2012	103868.8								103868.8
2013	1377530						2933928.5	564053	4875511.5
合计	13611658.89	35299402.6	5340772.5	4255883.19	761972.9	4569.6	2933928.5	564053	62772241.2

注：送温暖、献爱心捐款全部上缴财政专户，其余定向全部上缴省捐助中心。

第三章　城乡社会救助

第一节　城市传统救济

新中国成立初期到20世纪80年代，国家对城市贫民、困难人口实行救济政策，帮助解决基本生活问题，稳定社会秩序。

1950年市政府拨出小米31110公斤，组织贫苦市民575户，从事劳动生产。1951年，从募集的寒衣中拨出600套变价购买救济粮小米3210公斤、高粱18326公斤，于12月1日始，发给贫苦人民。1949～1951年用于救济方面粮食41959公斤，款13476.9万余元（旧币），享受救济的13323人。

1952年2月，省政府分两次拨给大同市救济粮小米17.5万公斤，后又拨玉米17.5万公斤。3月4日，市政府拨给各区贫苦市民救济小米36616公斤，计：一区1.1万公斤，二区1.1万公斤，三区0.9万公斤，矿区5616公斤。救济粮发放每户不少于30公斤，最高不超过125公斤。5月，为解决特别困难的老、弱、孤、寡生活问题，市政府下拨各区救济小米3500公斤，计：一区800公斤，二区850公斤，三区850公斤，矿区1000公斤。6月，市政府拨给各区救济玉米14.75万公斤。计：一区4.9万公斤，二区4万公斤，云冈区1万公斤，矿区4.85万公斤。全年还安置贫苦市民2046人就业，并组织生产小组100个。此外，全市还拨发救济款3.7亿元（旧币）。其中：救济城市贫民960户，1830人；小煤窑区的贫民358户，505人。以户计最多48万元（旧币），最低5万元（旧币），一般为20万元（旧币）。以上救济粮款，重点救济鳏寡孤独贫苦市民。在同等条件下，优先照顾烈、军属等。转业军人军龄短，资助粮不足260公斤，如其生活确实困难，补助到250公斤。

1953年1月19日，市政府拨给一区、矿区社会救济费各100万元（旧币）。3月17日拨给一区、二区、矿区社会救济费各200万元（旧币），用以解决贫苦市民的特殊困难。6月20日又拨给一区、二区、矿区社会救济费各150万元（旧币）。10月27日拨给各区一次性冬季救济费1.8亿元（旧币），计第一区7000万元（旧币），第二区5500万元（旧币），矿区5500万元（旧币）。贯彻救济与生产相结合的方针，通过救济扶植生产，并按照省民政厅指示纠正过去“对救济面限制过窄，救济量过少，甚至非到生活濒临绝境才予救济”的做法。救济对象主要是城市贫民，临时失业人员及丧失劳动力的老弱病残者，烈军属优先照顾。

1954年3月，大同市民政局对西门街进行社会救济工作整顿试点，方针是：深入发动群众，结合生产，摸清情况，纠正不应救济而救济的混乱情况，以集中力量解决群众实际困难。整顿步骤是：依靠基层干部，自上而下宣传政策；召开居民代表和贫苦户会评比提名；确定长期和临时救济户，最后报区审批。试点中取得的经验是：统一干部思想认识，纠正某些基层干部忽视社会救济工作的思想；密切结合生产，充分发扬民主，细致进行评比；抓紧生产节约教育，巩固成果。通过整顿取消不应救济而救济的60户。其中：能生产自救的18户，社会互助的16户，就业的17户，享受实物救济的军属3户，死亡3户。评出应救济的28户，占全街总户数的1.3%（比原来受救济户减少68%）。其中：无劳力，无依靠，收入不足维持最低生活水平，需给予长期救济的孤寡5户；不能生产自给，少有依靠，有时生活陷于困境的老弱残疾和劳力弱、人口多，收入有时不能维持全家最低生活及虽有劳力而长期患病，一时困难，需临时救济的23户。4月22日，市人民政府下发《关于民政局在西门街整顿社会救济工作经验的通报》。经全面整顿，城区12个街享受救济的人口下降到1953年的50%，救济款占1953年的60%。495名老、弱、孤、寡的生活问题，329人家庭人口多、劳力少、生活自救能力弱，收入不足以维持全家最低生活的贫困户的生产生活问题得到解决。通过整顿，简化发放手续，提高工作效率，巩固了55户副业生产小组。

1955年，结合烈、军属生产生活调查登记工作，对全市贫苦人民进行调查登记：全市共有贫苦市民1044户、2977人，占全市总户数的1.66%，占总人口的1.15%。其中：需长期救济的153户、241人；需临时救济的557户、1582人。

1956年6月8日，省民政厅和省劳动局联合通知：原由劳动局所管之失业工人救济工作，改由民政部门接管，交接工作于6月底前完成。同年，为及时解决贫民生活问题，根据内务部内城〔56〕第333号通知精神，自1956年四季度起，将长期、临时的社会救济审批和发放均交由乡、街办理。

为贫苦人民2531户6780人共发放救济款61512元，解决生活费51530元，扶助从事手工业生产投资款7500元，救济塌房补修款400元，补助少数民族生活困难款1000元、生产投资款4000元，对残老孤幼生活特殊困难者发给燃料费1578元。另外拨给教养院2480元，发放外地来大同生活无着的遣送车旅费4682元。

1957年，对市和口泉两个烈军属工厂和缝洗、制衬社进行整顿，对一些不符合条件的对象进行处理。至年终4个生产单位共有职工351人，年生产收入27.3万余元，盈余9934元，年人均收入469元。

1958年，发给贫苦市民1814户、4839人救济款40051元。1959年，全市城市长期和临时救济户227户586人，发放救济款5637元。其中：长期救济24户39人，救济款1635元；临时救济203户547人，救济款4002元。1960年，全市救济贫苦市民和无依无靠的孤老残幼3693户19803人，发放救济款66602元。同时，对盲聋哑人、荣复军人、精神病患者支出救济费39281元。1961～1962年，全市享受救济的9596人，支出救济费75180元。

1963年9月19日，省民政厅指示：停止执行用社会救济款救济生活困难的机关职工。对城市居民中有困难的1073户2772人，发放救济款103465元。其中：定期的301户710人，款30891元；临时的772户2062人，款72574元。另对22名退职老弱残及部分家属发救济费3606元。

1964年下半年加强生产自救，各街道组织社会散闲辅助劳力和救济对象尚有劳动能力者，提供用人单位分配使用，救济对象被分配者290余人。城区7个街道办事处统计：上半年组织生产自救时，支出救济费22133元，下半年降为19700元，下降11%。对不能参加生产自救的困难户，分别具体情况，给予临时或定期救济，全市1010户3175人，得到临时救济款48422元，385户851人享受定期救济款54209元，总计102631元。

1965年大同市民政局改进城市救济工作，本着既节省开支又保证应该享受救济户的基本生活需要的原则，拟定改进意见，加强对困难户的思想政治教育，鼓励参加劳动生产，自力更生，克服单纯依赖政府救济的思想；对出身劳动人民丧失劳动能力毫无依靠的孤老残幼，享受定期定量救济后确实困难户，每年9月可酌情发给每人不超过6元的衣服救济费、11月发给每户不超过10元煤炭费、国庆春节每人增发1元救济费。对还能参加轻微生产的，由街道介绍，组织参加力所能及的生产劳动，使之生产自救自食其力。对不愿参加任何劳动坐等救济的人，可停发或减发救济费；对有劳动能力而不参加劳动生产的地富等分子，不予救济；对受救济的地、富等分子本人按标准降一等，如10元降为8元，8元降为7元，其家属仍与一般困难户相同。另外对享受定期定量救济户死亡后的遗产问题提出改进意见，除死者有遗嘱按遗嘱处理外，一般由街道办事处列出清单报区处理，房屋移交房管局，金银首饰财物交财政部门上缴国库，衣物和用具作为救济或转给社会救济事业单位。街道办事处对救济款物做到手续清楚，居民委员会每月将救济情况张榜公布接受群众监督。

1969年，在发放城市社会救济款中，贯彻生产自救、自力更生的方针，不少人积极要求参加劳动，克服依赖救济思想。对一些确实无力克服困难的贫困户，经群众评议，给予救济。全市享受城市社会救济的有3088户8375人（其中：定期350户552人，临时2738户7805人），发放救济款10079元。1973年享受定期救济2455户，3686人；临时救济3060户，5430人。1975年，城市困难户享受定期救济的336户503人，救济款4292元；享受临时救济的有1999户4288人，救济款62976元。1976年，城市困难户享受定期救济的426户565人，救济款39232元；享受临时救济的2185户3637人，款58546元。1977年城市困难户，享受定期救济269户469人，救济款37077元；临时救济2634户5866人，救济款104221元。1978年，享受定期救济的244户327人（其中：孤老109户229人）；临时救济300户704人（无职业的186户416人；生产自救户58户142人；街办双服务26户45人；集体所有制人员6户14人；其他人员24户87人）。享受救济的人数占城镇非农业人口0.2%，此外对105户983人，通过安置就业或参加生产，基本摆脱困境。1978年定期救济已下降到244户327人，比1973年减少90.7%。

1979年4月29日至7月20日，大同市民政局对城市社会福利和社会救济摸底登记。全市4个区城市社会福利和社会救济工作主要集中在城矿两区、28个街道办事处、305个居民委员会，非农业人口103868户507679人。有社会困难户1293户2072人，占全市城镇非农业户的1.1%和0.4%。

1980年7月21～24日，召开城市社会救济福利工作会议，传达贯彻民政部、省民政厅关于社会救济工作精神，市盲人橡胶厂、聋哑残服务部和北街街道办事处介绍经验。

1984年4月1日起，调整城市社会救济对象定期定量救济标准：每户1人由15元调整为19元；每户2人由13元调整为17元；每户3人由12元调整为16元；每户4人以上的由10元调整为14元。同年，对城、矿两区的社会救济工作，除继续组织有劳动能力的困难户就业外，对失去劳动能力的鳏寡孤独者，仍给予定期或临时救济，享受定期定量和临时救济的6077人次，发放救济款8.2万元。

第二节　农村五保供养

农村五保供养制度于1956年建立，并在1994年由国家以政府法规的形式予以确认。2006年新修订的《农村五保供养工作条例》出台，五保供养被正式纳入国家社会救助体系，标志着五保供养从农民集体的互助共济体制向国家财政供养为主的现代社会保障体制的转变。农村五保供养，是指依照《农村五保供养工作条例》规定，在吃、穿、住、医、葬方面给予村民的生活照顾和物质帮助。

大同市的农村五保供养工作最早开展于1956年，当时，全市189个农业社中享受五保供养待遇的共有368户652人。保障方式为自己劳动收入、社内公益金补助和政府救济相结合。到1963年，全市农村五保供养对象增加到1265户1443人，这些人员的口粮按生产队平均口粮供给，自留地大部分由生产大队代耕，燃料满足供应。此外，其中的889户1123人得到国家救济款41334元。

从1956年到1985年，全市农村五保供养对象逐年增加，保障水平不断提高，供养形式按五保对象的实际情况分为五种：一是对能够独立生活的分散供养，二是对不能独立生活的开办敬老院集中供养，三是对“五保户”实行退休制度，四是集体提供生活资料由亲戚护理照顾，五是集中住在一个院分散生活统一管理。此种供养模式一直持续近20年，总体发展比较缓慢。

2006年，国务院新的《农村五保供养工作条例》颁布实施后，大同市各级民政部门采取多种形式宣传普及，市低保管理中心组织调查摸底，掌握五保工作底数，对符合五保供养条件的人员登记造册、审核发证，将供养待遇兑现到人、落实到户。

为推动全市敬老院建设发展，1983年，大同市民政局在南郊区召开全市敬老院工作座谈会，26个公社的负责人和民政助理员参加会议并参观西万庄、口泉公社敬老院，到年底，新荣区西村、户部公社成立敬老院，花园屯、高山和马军营公社积极筹办敬老院。到1984年，全市共有敬老院12所。其中：南郊区乡办3所、村办3所，收住五保对象72人；新荣区6所，收住孤寡老人73人。

1985～2004年，大同市的农村敬老院建设整体发展缓慢。全市共有敬老院115所，其中县办7所、乡镇办83所、村办25所。敬老院整体基础设施较差，管理混乱，入住人员少，有的敬老院是由集体经济时期村队部或学校改建而成，房屋简陋，无法使用。115所敬老院共有床位2277张，收纳五保对象仅1039人，平均每院供养人数不足10人。

2006年7月，国务院下发《关于农村五保供养服务机构建设的指导意见》，要求各地全面落实科学发展观，抓住建设社会主义新农村的历史性机遇，以加强五保供养机构基础建设和提高供养服务水平为重点，到“十一五”期末，在全国农村基本建成以县、乡人民政府兴办的五保供养机构为骨干，社会力量举办的五保供养服务机构为补充，布局合理、设施配套、功能完善、管理规范的五保供养服务机构网络，初步满足农村五保供养对象的供养需要。2010年10月8日，民政部部务会议通过《农村五保供养服务机构管理办法》，自2011年1月1日起施行，办法对五保供养机构规划与建设、服务对象、供养内容、内部管理等作出明确规定。

2006年，山西省启动农村五保供养服务设施建设霞光计划，利用发行福利彩票筹集的彩票公益金，加大农村五保供养服务设施建设投入。2006~2009年，大同市共落实敬老院建设专项资金340万元。其中：民政部及省级“霞光计划”资金260万元，省福彩公益金80万元。4年间，共新建、改扩建农村敬老院16所，新增床位616张。对一些房屋简陋、设施落后、存在安全隐患的敬老院予以取缔。到2008年底，大同市共有敬老院110所（其中：县办7所，乡镇办91所，村办12所），床位2277张，收住五保户1203人。敬老院整体环境和服务设施明显改善。

2010年，在山西省十一届人大三次会议中，省政府将“新建、改扩建农村敬老院120所”列为2010年为民办的“十件实事”之一。具体到大同市，省财政共投入专项资金1400万元，县（区）自筹1532.6万元，新建、改扩建敬老院各5所。新建的5所敬老院分别是：广灵县壶泉敬老院、天镇县新城敬老院、阳高县阳和敬老院、南郊区水泊寺敬老院、大同县昊河敬老院；改扩建的5所敬老院分别是：灵丘县白崖台敬老院、浑源县永安敬老院、阳高县新和敬老院、新荣区花园屯敬老院、左云县小京庄敬老院。这10所敬老院于2011年末全部竣工，新增床位1002张。

2011年6月，山西省民政厅印发《山西省“农村五保供养服务设施建设霞光计划”实施方案（2011—2015年）》，决定从2011年到2015年，继续加大彩票公益金的投入，切实推动农村养老服务机构建设的可持续快速发展。到2013年，为大同市投入“霞光计划”资金220万元。

2013年，按照山西省民政厅的工作要求，大同市对现有敬老院进行整合，对床位少于10张的敬老院予以取缔，对床位数少于40张且入住人数少于10人的敬老院进行整合。整合后大同市农村敬老院由原来的101所减少到58所，其中县办13所、乡镇办41所、民办4所。敬老院数量大幅减少，但可使用床位达到4759张，比2008年增加2482张，增加1.09倍；供养五保对象3416人，比2008年增加2213人，增加1.84倍。随后，大同市对整合后的农村敬老院进行重新登记，统一管理，供养能力大幅提高。

在进一步推进农村敬老院基础建设的基础上，2011年，按照山西省民政厅《关于认真做好农村五保供养服务机构事业单位法人登记工作的通知》精神，大同市积极推进农村敬老院事业法人登记工作，将阳高县列为试点，该县的6所敬老院被大同市机构编制委员会办公室批准为副科级建制财政拨款事业单位，赋予其独立的法人资格；在人员确定上，按照“因事设职、按需设岗和精简效能”的原则，6所敬老院分别核定事业编制3名，其中副科级领导职数1名；在经费落实上，明确规定列为事业单位的农村敬老院所需经费纳入县级财政预算，核定编制的管理人员工资及其他福利待遇，由县财政按时划入敬老院。2012年，灵丘县的5所和浑源县的3所农村敬老院也进行事业法人登记。到2013年末，大同市共有14所敬老院进行事业单位法人登记，其中阳高县6所，灵丘县5所，浑源县3所，天镇县民办非企业1所。

2004年11月，按照民政部《关于进一步做好农村五保供养工作的通知》精神，市低保管理中心对全市五保供养对象进行调查摸底和重新审核登记，共有5760户6079名农村五保供养对象纳入山西省财政集中转移支付范围。2006年，根据民政部办公厅《关于开展农村五保供养对象一次性调查的通知》和山西省民政厅《关于贯彻落实〈农村五保供养工作条例〉的通知》，对符合农村五保供养条件的已保对象在继续享受五保待遇的基础上，重新申请、审核、审批发证，符合条件的未保对象纳入保障范围。2006年底，全市共有17140户18343人纳入供养范围，占全市农业总人口的1.1%。

2007年，大同市各级民政、财政部门密切配合，在资金落实、对象审核等方面协作，乡村两级组织实施，全面落实供养责任，建立起“政府主导、民政牵头、部门合作、社会参与、乡村实施”的农村五保供养工作体制，实现农村五保供养对象的应保尽保。在保障标准上，从2007年到2013年，省政府3次提高农村五保供养转移支付标准，集中供养标准由每人每年的1000元提高到2000元，分散供养标准由每人每年的1000元提高到1300元。全市农村五保供养对象增加到22610户22862人。其中：分散供养对象18957户19410人，集中供养对象3446户3452人，集中供养率为15.1%，实现应保尽保。

2013年大同市农村五保供养服务机构整合情况一览表

县区	2012年底五保供养服务机构			整合后五保供养服务机构			事业单位登记机构数	整合后小于40张床位的机构数量
	机构数量	床位数量	供养人员数量	机构数量	床位数量	供养人员数量		
南郊区	5	182	73	4	207	73		2
新荣区	6	475	420	6	475	420		0
左云县	6	208	208	5	183	183		3
大同县	7	425	349	5	362	349		0
阳高县	9	610	560	6	596	596	6	0
天镇县	6	425	367	6	506	367		0
浑源县	25	506	306	9	560	311	3	0
灵丘县	14	1075	398	9	1075	398	5	0
广灵县	23	795	719	8	795	719		1
合　计	101	4701	3400	58	4759	3416	14	6

2013年大同市农村五保供养服务机构基本情况一览表

县区名称	序号	供养机构名称	性质	床位数	供养五保对象数	法人性质
南郊区	1	口泉乡敬老院	乡办	24	18	
	2	古店镇敬老院	乡办	24	8	
	3	马军营乡敬老院	乡办	86	27	
	4	水泊寺乡敬老院	乡办	73	20	
新荣区	1	新荣镇敬老院	镇办	74	65	
	2	西村乡敬老院	乡办	72	63	
	3	破鲁乡敬老院	乡办	63	52	
	4	花园屯乡敬老院	乡办	94	85	
	5	郭家窑乡敬老院	乡办	96	87	
	6	堡子湾乡敬老院	乡办	76	68	
左云县	1	三屯乡敬老院	乡办	24	24	
	2	小京庄敬老院	乡办	60	60	
	3	马道头敬老院	乡办	24	24	
	4	左云县中心敬老院	乡办	60	60	
	5	张家场乡敬老院	乡办	15	15	
大同县	1	西坪镇敬老院	乡办	82	79	
	2	吉家庄乡敬老院	乡办	80	76	
	3	许堡乡敬老院	乡办	90	89	
	4	巨乐乡敬老院	乡办	60	58	
	5	党留庄乡敬老院	乡办	50	47	

续表

县区名称	序号	供养机构名称	性质	床位数	供养五保对象数	法人性质
阳高县	1	阳和中心敬老院	县办	110	110	事业
	2	新和中心敬老院	县办	120	120	事业
	3	龙泉中心敬老院	县办	78	78	事业
	4	北徐屯中心敬老院	县办	78	78	事业
	5	赵石庄中心敬老院	县办	120	120	事业
	6	鳌石中心敬老院	县办	90	90	事业
天镇县	1	县中心敬老院	县办	70	66	
	2	新城敬老院	县办	76	68	
	3	新平敬老院	县办	120	75	
	4	福寿康敬老院	民办	70	58	民办非企业
	5	环翠山敬老院	民办	120	60	
	6	塔儿村敬老院	民办	50	40	
浑源县	1	永安镇敬老院	乡办	100	58	事业
	2	吴城乡大洼敬老院	乡办	42	26	事业
	3	沙圪坨镇沙圪坨村敬老院	乡办	56	25	
	4	蔡村镇蔡村敬老院	乡办	50	24	
	5	下韩乡麻庄村敬老院	村办	60	35	
	6	青磁窑乡刁窝移民新村敬老院	乡办	40	26	
	7	大仁庄乡敬老院	乡办	70	30	
	8	裴村乡中心敬老院	乡办	100	58	事业
	9	西留乡贾庄村敬老院	村办	42	29	
广灵县	1	广灵县社会福利服务中心	县办	130	113	
	2	壶泉中心敬老院	县办	200	186	
	3	南村中心敬老院	县办	225	200	
	4	望狐乡敬老院	乡办	50	49	
	5	斗泉乡敬老院	乡办	60	53	
	6	蕉山乡敬老院	乡办	40	35	
	7	宜兴乡敬老院	乡办	55	50	
	8	加斗乡敬老院	乡办	35	33	
灵丘县	1	武灵镇敬老院	镇办	126	105	事业
	2	东河南镇敬老院	镇办	283	99	事业
	3	白崖台乡敬老院	乡办	100	30	事业
	4	落水河乡敬老院	乡办	83	56	事业
	5	上寨镇敬老院	镇办	130	60	事业
	6	红石塄乡敬老院	乡办	60	8	
	7	独峪乡敬老院	乡办	42	15	
	8	石家田乡敬老院	乡办	100	25	
	9	夕阳红敬老院	民办	151	0	民办
合　计	58			4759	3416	

第三节　城乡居民最低生活保障

大同市于1997年建立城市居民最低生活保障制度，具体工作由市民政局救灾救济科负责。2002年2月5日，大同市城市居民最低生活保障管理中心成立，2011年5月更名为大同市城乡居民最低生活保障管理中心。2012年全市11个县区均设立相应工作机构。

城乡居民最低生活保障制度的实施，使城乡困难群众的生活得到保障，消除社会不安定因素。2002～2013年，全市共落实城市低保资金34.87亿元。其中：中央和省级资金33.39亿元，市本级资金1.12亿元，县（区）资金0.36亿元。累计发放资金34.34亿元，救助2425万人次。从2008年到2013年，落实农村低保补助资金10.04亿元。其中：省级资金7.72亿元，市级资金1.97亿元，县（区）资金0.35亿元。累计发放资金9.86亿元，救助1178万人次。

1998～2013年大同市城乡低保对象及历年资金发放情况表

单位：人、万元

年份	城市低保户数	城市低保人数	城市低保资金	农村低保户数	农村低保人数	农村低保资金
1998	497	1324	51			
1999	683	1778	68.5			
2000	1341	3582	136			
2001	37482	98138	2098.4			
2002	48763	118285	6397.7			
2003	69102	170947	10259			
2004	72117	176583	14771.1			
2005	72117	176583	16063			
2006	72117	176583	17946	43294	67816	855
2007	72614	175369	21020	43294	67816	3060.4
2008	72614	175369	31397	63139	95022	4550
2009	80758	196382	35531	91463	128056	82905
2010	82150	198851	41097	101075	140499	13116.6
2011	83841	203769	43431.8	120190	160312	16356.8
2012	87136	201870	52635.64	122972	161280	24680.96
2013	83738	191029	59214.69	131688	160813	27717.82

一、城市低保

1997年9月，国务院发布《关于在全国建立城市居民最低生活保障制度的通知》，要求1997年底以前，已建立这项制度的城市逐步完善，尚未建立这项制度的抓紧做好准备工作，到1998年底，地级以上城市必须建立起这项制度。按此要求，大同市将城区和矿区作为试点，先行启动城市居民最低生活保障工作，保障对象确定为无生活来源、无劳动能力、无法定赡养人、抚养人或扶养人的“三无”人员，保障标准按照维持城市居民基本生活所必需的衣、食、住、教育等费用，确定为120元/月/人。到1997年12月末，全市共有497户1324人纳入保障范围。

1999年，国务院颁布《城市居民最低生活保障条例》，确定城市居民最低生活保障制度实行地方人民政府负责制。城市居民最低生活保障所需资金，由地方人民政府列入财政预算，纳入社会救济专项资金支出项目，专项管理，专款专用。对财政确有困难的地区，中央财政给予支持。9月，根据国务院、省政府关于提高城镇居民最低生活保障线水平的要求，大同市扩大低保覆盖面，全市11个县（区）建立最低生活保障制度，保障标准普遍提高30%。提高标准后，大同市城区、矿区、南郊区、大同县的城市低保标准达到156元/月/人，浑源县90.5元/月/人，天镇县101元/月/人，阳高县90元/月/人，广灵县117元/月/人，左云县120元/月/人，灵丘县、新荣区为130元/月/人。

2001年10月，《大同市城市居民最低生活保障条例》和《大同市城市居民最低生活保障制度实施细则》正式出台，大同市城市低保对象范围扩展到家庭人均收入低于当地最低生活保障标准的持有非农业户口的城市居民，主要对象为以下三类人员：一是无生活来源、无劳动能力、无法定赡养人或抚养人的居民；二是领取失业救济金期间或失业救济期满仍未重新就业，家庭人均收入低于最低生活保障标准的居民；三是在职人员和下岗人员在领取工资、基本生活费后以及退休人员领取退休金后，其家庭人均收入仍低于最低生活保障标准的居民。到2001年第四季度，全市城市低保对象达到37482户98138人。

2002年，市低保管理中心对全市困难家庭排查摸底，到年末，全市城市低保对象为48763户118285人，占非农业人口总数的8.9%。

2003年，大同市执行"取消虚拟收入，按实际收入计算家庭收入"的规定，把符合条件的城市居民全部纳入低保范围，全市新增保障对象20339户53196人，年末保障对象达到69102户171481人，占全市非农业人口总数的13%，实现应保尽保。城市低保标准于2003年7月1日提高15元，城区、矿区、南郊区、大同县的低保标准达到了171元/月/人，其他县（区）稍低于这个标准。在全省率先实现由银行代理社会化发放低保金。

2004~2013年，大同市的城市低保对象稳中有增，从2004年的72117户176583人增加到2013年的83738户191029人。保障标准共提高10次，从171元/月/人，提高到341元/月/人。2004年9月，按照国务院提出的"分类施保"要求，出台《大同市对城乡特困家庭实施救助工作方案（试行）》，明确规定：对父母双亡且未满18周岁的孤儿及低保对象家庭中的未成年残疾儿本人，凭户口本、残疾证及父母死亡等有效证明，实行按保障标准全额发放保障金；对低保对象中夫妻离异或丧偶且子女未满18周岁的单亲家庭，凭离婚证、离婚判决（调解）书、死亡证明及子女户口等有效证明，实行"补差标准+50元"（人均最高不超过当地的低保标准）发放最低生活保障金；对低保对象家庭成员中，持有听力语音、视力、智力、肢体残疾和二级以上精神病证明且基本丧失劳动能力的残疾人，实行"补差标准+100元"（人均最高不超过当地的低保标准）发放最低生活保障金，救助对象向特困群众倾斜。

应保尽保目标实现后，低保工作重心转移到加强监督检查、规范运行管理上，出台《关于进一步规范城市居民最低生活保障制度的意见》《关于进一步规范和强化城市低保工作的意见》《关于建立城乡社会救助监督考核制度的意见》《关于进一步规范城市低保备案复核制度，加强监督管理的实施意见》《大同市城市居民最低生活保障规范化建设实施意见》。2012年6月，出台《关于优化审批流程，进一步规范最低生活保障制度的意见》，针对低保办理时限长、审批审核不规范、部分不符合条件的保障对象享受低保的问题，将低保办理时限由3个月压缩到25个工作日，规定保障对象名单必须在乡镇（街道）、阳光农廉网、低保管理网站（页）上公示，低保工作更加公开、公正、透明。

2013年，通过政府集中采购，市财政投入850万元专项资金建成全省首家市、县、乡三级社会救助网络信息管理平台，实现低保对象从申请、受理、核准、审批全过程的信息化，做到人员、资金的动态跟踪管理。依托社会救助管理系统平台的信息比对功能，建立居民家庭经济状况核对机制，成立大同市居民家庭经济状况核对领导组，出台《大同市城市低收入和城乡低保家庭经济状况核对实施办法》，通过授权比对，对家庭经济收入超过保障标准的人员清退。到2013年末，全市城市低保对象总数比2012年末减少3398户10841人。多年来一直困扰低保对象收入核实难的问题，在制度和技术上取得突破。

1998~2013年大同市城市低保对象及保障标准变动情况表

年份	户数	人数	全市非农业人口总数	占全市非农人口的比例（%）	低保标准（元/人/月）	保障标准变动情况
1998	497	1324			120	
1999		1778			156	1999.9（提高30%）
2000		3582			156	

续表

年份	户数	人数	全市非农业人口总数	占全市非农人口的比例（%）	低保标准（元/人/月）	保障标准变动情况
2001	37482	98138			156	
2002	48763	118285		8.9	156	
2003	69102	170947		13	171	2003.9.1（提标15元）
2004	72117	176583		12.7	181	2004.7.1（提标10元）
2005	72117	176583		12.7	181	
2006	72117	176583		12.7	201	2006.7.1（提标20元）
2007	72614	175369		12.7	211	2007.11.1（提标10元）
2008	72614	175369		11.5	226	2008.1.1（提标15元）
					236	2008.9.1（提标10元）
					246	2008.12.1（提标10元）
2009	80758	196382		13.2	246	
2010	82150	198851		13.03	256	2010.7.1（提标10元）
2011	83841	203796		12.78	281	2011.1.1（提标25元）
2012	87136	201870	1622882	12.44	311	2012.1.1（提标30元）
2013	83738	191029		11.8	341	2013.1.1（提标30元）

1998～2013年大同市各县（区）城市低保标准变动情况表

标准（单位：元/人/月）

提标时间	城区	矿区	南郊区	新荣区	大同县	阳高县	天镇县	浑源县	灵丘县	广灵县	左云县	开发区
1998.1	120	120										
1999.9（提高30%）	156	156	156	145	156	100	116	120	145	117	120	
2003.9.1（提标15）	171	171	171	160	171	115	131	135	160	132	135	
2004.7.1（提标10）	181	181	181	170	181	125	141	145	170	142	145	
2006.7.1（提标20）	201	201	201	190	201	145	161	165	190	162	165	201
2007.11.1（提标10）	211	211	211	200	211	155	171	175	200	172	175	211
2008.1.1（提标15）	226	226	226	215	226	170	186	190	215	187	190	226
2008.9.1（提标10）	236	236	236	225	236	180	196	200	225	197	200	236
2008.12.1（提标10）	246	246	246	235	246	190	206	210	235	207	210	246
2010.7.1（提标10）	256	256	256	245	256	200	216	220	245	217	220	256

续表

提标时间	城区	矿区	南郊区	新荣区	大同县	阳高县	天镇县	浑源县	灵丘县	广灵县	左云县	开发区
2011.1.1（提标25）	281	281	281	270	281	225	241	245	270	242	245	281
2012.1.1（提标30）	311	311	311	300	311	255	271	275	300	272	275	311
2013.1.1（提标30）	341	341	341	330	341	285	301	305	330	302	305	341

二、农村低保

大同市地处山西北部，辖9个农业县（区），农业人口169.7万，占全市总人口的52.5%。大同市既是全国闻名的能源重化工基地，又是一个土地贫瘠、自然灾害频发的地区，9个农业县（区）中有5个是国家级贫困县。“土地贫瘠、十年九旱”的自然环境造成大同市农业靠天吃饭的格局，传统农业效益低下、农民家庭收入普遍不高，困难人口众多，救助任务繁重。

2003年，按照民政部《关于进一步做好农村特困户救济工作的通知》要求，大同市将新荣区作为试点，先行开展农村特困家庭救助工作，将农村中鳏寡孤独的五保户、无劳动能力的残疾人、因灾因病致贫的特困户以及年人均纯收入在300元以下的家庭列入救助范围。2003年8月，山西省农村特困户救助工作现场会在新荣区召开，市低保管理中心对全市农村特困户排查摸底，对符合条件的农村特困家庭登记备案，当年，市财政拿出200万元用于农村特困救助工作，全市共发放五保供养证、特困户救助证106152个。到2005年，大同市9个农业县（区）全部建立农村特困救助制度，将人均年纯收入低于300元的农村特困户88235户156783人纳入救助范围，占全市农业人口总数的9.4%。当年，农村特困救助标准为每人每年200元。

2005年，参照太原市、运城市和晋城市的做法，市低保管理中心向市政府提交专项报告，建议在经济相对发达，县（区）财力状况较好的南郊区、左云县和灵丘县先行开展农村最低生活保障工作。

2006年，根据省政府提出的“在全省全面建立农村低保制度”的工作目标，大同市将“建立农村居民最低生活保障制度，将6.78万农村特困群众全部纳入保障范围”列为政府为民解困的实事之一。2006年4月，出台《大同市农村居民最低生活保障办法（试行）》，明确农村低保对象范围为持有大同市农业户口，且共同生活的家庭成员年人均收入低于当地农村低保标准的农村困难居民；保障标准按照维持农村居民基本生活所必需的衣、食、住及水电、燃煤等支出确定为每人每年693元。到2006年8月底，大同市9个农业县（区）全部出台相关制度，实现政策层面的应保尽保。到2006年末，有43294户67816名农村特困群众纳入农村低保范围，占全市农业人口总数的4.1%。当年，共落实农村低保资金783万元。其中，省级370万元，市、县（区）两级413万元。全年累计发放782.5万元，人均补差115元/年。

2007年7月1日，国务院下发《关于在全国建立农村最低生活保障制度的通知》，进一步明确保障对象范围，规范审核审批程序。按此要求，大同市加大工作推进力度，积极落实资金投入，到2008年末，全市农村低保对象达到63139户95022人，占全市农业人口总数的5.6%。农村低保标准提高到每人每年813元，实际补差标准达到672元/年。

2009～2013年，大同市5次提高农村低保标准，保障标准从2009年的813元/年/人，提高到2064元/年/人。保障人数由39725户67816人增加到131688户160813人，占全市农业人口总数的9.1%，实现动态管理下的应保尽保。在此基础上，推进农村低保信息化建设，建立农村低保对象信息数据库，实现市、县（区）、乡镇（街道）三级网络的互通互联，全部实现由银行代理社会化发放。

2005～2013 年大同市各县（区）农村低保标准变动情况表

单位：元/人/年

县区名称	2005 年	2006 年	2008. 12. 1	2010. 7	2011. 1. 1	2012. 1. 1	2013. 1. 1	2013. 12	
		提标 493	提标 120	提标 287	提标 264	提标 264	提标 288		
南郊区	200	693	813	1100	1364	1628	1388	2064	
新荣区	200	693	813	1080	1344	1608	1368	2064	
左云县	200	693	813	1080	1344	1608	1368	2064	
大同县	200	693	813	1080	1344	1608	1368	2064	
阳高县	200	693	813	1080	1344	1608	1368	2064	
天镇县	200	840	960	1080	1344	1608	1368	2064	
浑源县	200	693	813	1100	1364	1628	1388	2064	
广灵县	200	960	1080	1080	1344	1608	1368	2064	
灵丘县	200	820	940	1080	1344	1608	1368	2064	

第四节　城乡医疗救助

2003 年，大同市在确保城乡困难群众基本生活的基础上，围绕困难群众的医疗难问题，逐步建立符合实际的医疗救助体系。从 2004 年到 2013 年，全市共落实城乡医疗救助资金 28644 万元。其中：中央和省级财政资金 23057 万元，市本级资金 5587 万元。

一、城市医疗救助

大同市医疗救助工作最早开展于 2003 年。当时，民政部及山西省民政厅尚未对医疗救助工作提出专门要求，大同市从困难群众的实际需要出发，在征得市政府同意后，与卫生部门取得联系，于 2003 年 8 月将大同市第二人民医院确定为全市低保对象就诊定点医院，制定具体的减免优惠措施，为全市低保对象免费办理“就医卡”。低保对象患者凭就医卡、低保证和户口本在定点医院就医时，享受普通门诊挂号费、诊断费、门诊病历本全免，专家门诊挂号费减免 50%，大型医疗设备减免 25%，复杂化验检查费减免 25%，手术费、护理费、住院床位费、一般治疗费减免 20% 的优惠，并每年免费体检一次。

2004 年 12 月，按照大同市十二届人大二次会议作出的《关于对城乡特困家庭实施救助的决定（草案）》要求，《大同市城市低保对象大病医疗救助试行办法》正式出台，对未参加大同市基本医疗保险或已参加医疗保险，但不能按时、足额缴纳医疗保险费用的身患恶性肿瘤、尿毒症等 34 类大病、重病低保对象患者实施救助。救助标准按照低保对象患者医疗费用多少分为两个档次：个人实际负担医疗费用在 1 万元（含 1 万元）以下的，按 20% 给予救助；医疗费用在 1 万元以上的，按 30% 给予救助，全年累计救助金额不超过 5000 元。2004 年，全市共发放医疗救助款 40 余万元，92 名大病患者得到救助。2005 年 7 月，《大病救助办法》作了补充规定，低保对象患者每年可以享受 1000 元的代金券救助，可以在定点医院门诊治疗或购买药品。

2006 年 12 月，针对城市医疗救助工作中存在的救助范围偏窄，救助标准偏低的实际情况，修订出台《大同市城市居民最低生活保障对象大病医疗救助办法》，将大病救助的病种范围从 34 种增加到 61 种，救助标准随之调整：个人实际负担医疗费用在 1 万元（含 1 万元）以下的，按 30% 给予救助；医疗费用在 1 万元以上的，按 50% 给予救助，全年累计救助金额提高到 10000 元。

2007 年 9 月，出台《大同市城市居民最低生活保障对象医疗救助实施细则》，将医疗体检救助、医前救助与医后救助、临时医疗救助和医疗救助券救助有机结合，增强医疗救助力度和效率。

二、农村医疗救助

2004 年 6 月，山西省民政厅《关于上报农村医疗救助试点县情况的紧急通知》下发后，大同县、左云县、浑源县和新荣（区）列为省农村医疗救助试点。当年，省财政下拨农村医疗救助专项资金 140 万元，农村医疗救助工作正式开展。2004 年 12 月，按照省民政厅《关于建立农村医疗救助制度的实施意见》要求，《大同市农村大病医疗救助（试点）试行办法》出台，农村医疗救助试点增加了南郊区、天镇县、阳高县、广灵县，到 2005 年末，全市 9 个农业县区全部建立农村医疗救助制度。

2009 年 7 月，出台《关于进一步完善城乡医疗救助制度的实施意见》，规范医疗救助审核审批程序，取消城乡低保对象的医疗救助起付线和病种限制，救助对象涵盖全市城乡低保对象、农村五保供养对象、在乡不享受公费医疗的重点优抚对象及其他确需救助的特殊困难群众。医疗救助形式增加到 7 种：一是资助特殊困难群体“参合”“参保”救助，二是住院医疗救助，三是门诊医疗救助，四是临时医疗救助，五是医疗体检救助，六是大病关怀救助，七是定点医疗机构和定点药店优惠减免。医疗救助资金按省、市、县三级 4：3：3 的比例分级负担。医疗救助标准不低于救助对象个人实际承担的医疗费用的 50%，全年累计享受医疗救助资金最高为 15000 元。

2013 年，大同市推行“城乡医疗救助”一站式即时结算服务，低保对象患者通过其所住低保定点医院专门医疗救助窗口，在出院结算时，按照“先保险、后救助”的程序直接给予救助，实现城镇医疗保险和农村新型合作医疗救助的衔接。

第五节　其他社会救助

一、精减退职老职工救济

1961 年国家精减机关、企事业单位的职工。他们退职后，部分职工生活出现一定困难。

1961 年 11 月 8 日，市财政局、民政局下拨老、弱、残职工救济费 3 万元。分配给城区 1.4 万元，矿区 1.2 万元，怀仁区、古城区各 0.2 万元。同时，下拨回乡职工救济费 5 万元，城区 0.7 万元，口泉区 0.8 万元，怀仁区 1.5 万元，古城区 2 万元。

1962 年按国务院规定，对家庭无依靠的退职老、弱、残职工发给本人原标准工资的 30% 的救济费，作为本人的生活费用。截至年底有 6 名老、弱、残退职职工，按原标准工资的 30% 发给救济费 135 元，发家属生活困难补助费 64 元，合计 199 元。

1963 年，共接收家庭生活无依靠的老、弱、残退职职工 28 名。其中按原标准工资 30% 领取救济费的 19 人，按原标准工资 40% 领取救济费的 9 人（1962 年大同矿务局对因病退职职工按月发给 40% 救济费，1963 年移交市民政局）。共发放救济费 2550 元，家属生活困难的 15 户 58 人，领取救济费 3770 元，全年共计支出 6320 元。

1965 年 6 月 9 日，国务院《关于精减退职老职工生活困难救济问题的通知》中规定：“对于 1961 年到本通知下达之日期间退职的 1957 年底以前参加工作并发给一次性退职补助金的职工，凡现在全部或大部分丧失劳动能力，或者年老体弱，或者长期患病影响劳动较大，而家庭生活无依靠的，由当地民政部门按月发给本人原标准工资的 40% 救济费。”“凡享受救济费的退职老、弱、残职工本人的医疗费，凭医疗单位的收费凭证，由民政部门补助三分之二，本人负担三分之一。”市民政局据此办理退职老、弱、残职工原工资 40% 的救济工作，截至 1972 年 6 月，全市经审批享受 40% 救济的退职老、弱、残职工共 266 人，年开支达 10 万元。

1973 年全市有 217 名（其中当年批准 6 名）退职老、弱、残职工享受原标准工资 40% 的救济。南郊区 137 人，新荣区 32 人，城区 30 人，矿区 18 人，共发救济费 79282 元。

1975 年，享受救济的精减退职老、弱、残职工 237 人（城市 44 人，农村 193 人），共发救济费 66494 元，医疗费 832 元，家属救济费 3780 元。

1976 年，享受救济的退职老、弱、残职工 246 人（城市 41 人，农村 205 人），全年发救济费 67681 元，医疗费 5734 元，家属救济费 2756 元。

1977 年，全市享受退职老职工 40% 救济费的 246 人，全年救济费 67681 元，医疗费 5734 元，家属困难补助费 275 元，共计支出救济费 73690 元。年终对享受救济的退职职工进行了全面摸底审查换证工作，除批准继续享受救济的 162 人外，就业的 2 人，死亡 12 人，不符合继续享受条件，取消救济的 70 人。每年为国家节约救济费 21563 元。此外，在批准享受救济的年限上也作了变动，由原 1～5 年改为 1～2 年。改变了过去享受救济对象生活发生变化后，仍然长期享受救济的局面。

1978 年底，全市享受精减退职老职工 40% 救济的 168 人，发救济费 50533 元。1979 年，享受 40% 救济的精减退职老职工共 221 人，发救济费 62060 元，医疗费 2962 元，共计 65022 元。

1982 ~ 1983 年，遵照中央有关规定，开展补办精减退职老职工（退职后未办理的退职职工）的救济工作。全市各区、乡（镇）、街普遍摸底登记，验证函调，澄清底数，确定对象。享受救济年限改为一年期限，到期继续申请审批。各区报市 475 人中，经审查批准 263 人，连同原享受的 241 人，共计 504 人，全市共支出救济费 143018 元。凡标准工资 40% 的救济费不足 25 元者，一律按 25 元发给。

实行低保制度以后，符合享受低保救助标准的精减退职老职工可以申请按低保对象待遇。

二、临时救助

大同市临时救助工作开展于 2010 年，10 月出台《大同市临时救助办法（试行）》，确定临时救助对象为持有大同市常住户口，因临时性、突发性等各种原因造成基本生活出现暂时困难的家庭。具体救助范围包括四类：一是因患危重疾病，造成生活暂时出现较大困难，经其他各种救助帮困措施后，个人负担医疗费超过 5 万元且直接导致生活难以维持的家庭，二是因自然灾害或遇到突发性、不可抗拒性以外事件，在扣除各种赔偿、保险、救助等资金后，个人负担仍然较重，导致家庭基本生活难以维持的；三是因子女教育费用负担过重，经各种教育救助后，个人负担仍然较重，造成家庭生活困难的；四是其他原因造成家庭生活特别困难的。按照市财政投入情况，临时救助标准以解决临时性家庭基本生活困难为底线，视困难家庭的具体情况，最高限额确定为 5000 元。从 2011 年起，市财政将临时救助资金列入财政预算，每年 400 万元，同时吸收社会救助及个人捐助。2011 年到 2013 年，全市累计发放资金 1012 万元，救助困难家庭 4447 户次。

三、教育救助

大同市低保家庭子女教育救助工作开展于 2004 年，12 月出台《大同市城市居民最低生活保障特困家庭子女教育救助办法》，对城市低保对象中父母双亡的未成年孤儿、单亲家庭未成年子女以及因病、因灾致贫的特殊困难家庭未成年子女实施教育救助。具体救助措施为：小学阶段每学期 30 ~ 50 元，初中阶段每学期 50 ~ 80 元，高中阶段每学期 400 ~ 600 元，考入大学的一次性救助 1000 元。2006 年 12 月，结合救助对象的实际需要，救助标准有所提高，小学阶段提高到 80 ~ 120 元，初中阶段提高到 150 ~ 240 元，高中阶段提高到 600 ~ 800 元，考入大学的提高到 2000 元。2008 年，国家全面免除城市义务教育阶段学杂费后，取消对城市低保对象特困家庭子女义务教育（小学和初中）阶段的救助，加大对高中和大学阶段的救助，高中阶段救助标准提高到每年 1600 元，考入大学的一次性救助 2000 元。从 2004 ~ 2013 年，全市共发放教育救助金 1245 万元，救助 16566 人次。

2009 年，在大同市委常委、常务副市长李世杰的倡导下，大同市制定《大同市农村低保家庭子女“春霖助学行动”实施办法》，对 2009 年及以后考取国家统招一类和二类大学本科（军校除外）的农村低保家庭子女，实施“春霖助学”行动，每人每年资助 2000 元，资助期 4 年。从 2009 年到 2013 年，共举办 5 次“春霖助学”行动现场发放仪式，筹集“春霖助学”资金 964 万元（市财政 400 万元，社会捐助 564 万元），累计发放 688.8 万元，1337 名农村低保家庭大学生受助。2011 年 8 月，市政府对支持、关心社会救助事业，为“春霖助学”慷慨解囊、无私奉献的一些企业和个人进行表彰，授予山西金地矿业有限责任公司、大同银星金店有限责任公司、大同市华林有限责任公司、大同市昆仑饭店有限责任公司、大同市华北星物业有限责任公司、国药集团威奇达药业有限公司、大同市红十字会、大同市慈善总会“春霖助学突出贡献奖”，授予山西金地矿业有限公司董事长李卫国、大同银星金店有限公司董事长苏裕田、大同市华林有限责任公司董事长李光忠、大同市昆仑饭店有限责任公司董事长刘海明、大同市华北星物业有限责任公司董事长马巍然、国药集团威奇达药业有限公司总经理韩雁林“大同慈善奖”。

四、再就业扶助

2003 年，大同市民政局与劳动和社会保障局联合出台《关于进一步促进城市居民最低生活保障对象再就业工作的意见》，对低保对象提供免费职业介绍、职业指导、就业训练、社区就业岗位开发服务等一系列再就业援助。低保对象凭《再就业优惠证》从事个体经营（国家限制的行业除外）的，3 年内免征营业税、城建税、教育费附加和所得税，并免收属于管理类、登记类、证照类的所有各项行政事业性收费。

五、法律援助

2004年10月20日，大同市司法局、民政局、总工会、妇女联合会、残疾人联合会、老龄工作委员会联合下发《关于在市工会、妇联、残联、老龄办、市低保管理中心设立法律援助工作站的决定》，为低保对象开展法律咨询，提供法律援助。12月13日，“大同市法律援助中心工作站”在大同市低保管理中心正式挂牌。

六、取暖、电价、水价补贴

2009年12月17日，大同市政府第十五次常务会议研究决定，对城市低保对象冬季供热费用给予补贴。具体为“城市低保户每户使用面积在45平方米以内，供热企业仍按每月每平方米3.18元收取费用，上调价格部分由市本级和城、矿两区分别按60%和40%负担，由市、区两级政府直接拨付供热企业”。到2013年，全市发放补贴资金1156.8万元，补贴32700户次。

2013年，按照山西省物价局、民政厅、财政厅《关于山西省城乡低保户和农村五保户免费电量电费有关问题的通知》要求，从2012年7月1日起，大同市对城乡低保、农村五保家庭每月每户给予15度免费电量，其免费电量对应的电费为每月每户7.16元，由县区民政部门采用发放补贴资金的形式随低保金、五保供养金一并发放到户。2013年共免除费用1490万元。

从2013年9月1日起，对城市公共供水范围（城区、矿区、南郊区、开发区）内的城市低保户生活用水，采取“先收后返、统一返还”的模式，每吨水优惠0.5元。

第四章　基层民主政治建设

第一节　村民自治

一、基层政权建设

1949年5月，大同市在农村地区建立五区人民政府，建立26个村人民政府。1949年12月各村人民政府改为村公所。1952年8月各村公所亦改为村人民政府。

1953年5～8月，将原行政村制，改为乡制。全市原辖114个行政村，共划为31乡（另划1个街），组织乡人民政府委员会，由委员7～11人组成，设乡长1人，副乡长1～4人，秘书1人，协助乡长办理日常事务。设立民政、生产建设、文教、财政、治安保卫等委员会。每个委员会设主任1人，委员2～6人，并设民兵乡队部，以及在秘书领导下的统计委员3～5人。乡辖自然村为乡人民政府的辅助机构，不属一级政权，只设村主任1人，副主任1～2人，协助乡长办理本村日常事务。

1956年4月4日，随着全市高级农业合作化的实现，进行扩乡工作。将全市原有26个乡和大仁、左云两县划入的10乡和14个自然村，合并扩大为20个乡（其中5个为集镇乡），并按规定选举乡人民委员会。下设计划统计、财经、文教、民政、治安武装等委员会及民兵乡队部。扩乡后编制按所管居民而定。干部最多10人，最少5人，设乡长、副乡长、党支书、秘书、统计干事等。乡长领导全乡工作并主管农业生产。副乡长分别领导政法、文卫、财经等工作。党支书领导党、团、妇女组织工作。秘书、统计各办专职工作。除秘书经常留在乡内处理日常工作外，其他干部都以农业社划分区域，分片负责，推动所在区域内各委员会的委员进行各项工作。

1958年，大同市农村各乡改建为人民公社。初建公社24个，管理区44个，生产队540个。后屡经调整至1984年政社分开前，全市有人民公社26个、生产大队360个、生产队1034个。人民公社的建立，取代原乡人民委员会和农业合作社组织，其管理机构是以队为基础，实行人民公社、生产大队和生产队三级管理制。人民公社的最高管理机关是社员代表大会，社员代表大会选举公社管理委员会和监察委员会。管理委员会由社长1人，副社长、委员若干人组成。监察委员会由主任1人，副主任、委员若干人组成。生产大队设社员代表会议，选举大队长1人，副大队长及委员若干人，组成大队管理委员会；选举监察主任1人，副主任和委员若干人组成监察委员会。生产队由社员大会选举队长1人，副队长若干人组成队务委员会领导工作。

1983年新宪法规定农村基层政权为乡、民族乡、镇，人民公社成为集体经济组织，不再肩负政权的职能，因此于1984年5月，全市开展政社分开建乡工作，至9月底结束，共建乡、镇26（其中镇4）个。乡、镇人民政府设乡、镇长，副乡、镇长，秘书和统计、公安、民政、司法、文教卫生（兼计划生育）、农林建设、财政、财粮等助理员。原生产大队改建为村民委员会。村民委员会是基层群众性自治组织，主要办理本村的公共事务和公益事业，协助乡人民政府搞好本村的行政工作和生产建设工作。村民委员会由5～7人组成。村民委员会主任、副主任和委员由村民选举产生。村民委员会设文书和民政调解、治安保卫、公共卫生等工作委员会，并设若干村民小组。乡、镇人民政府建立后，农村基层政权得到加强，改变过去政企不分的弊端。1987 年，大同市委组织部、农工部、民政局等单位对全市 600 多名乡镇领导进行培训，促进了农村改革。

二、村委会换届选举

1980 年以后，人民公社化时期的生产大队行政管理体制开始解体。1982 年宪法确认村民委员会的法律地位，为村民自治提供了法律依据。1988 年 6 月村民委员会组织法开始试行，初步实行村民自治。

1989 年 5 月 16 日，大同市在南郊区云冈镇召开全市贯彻村委会组织法试点经验交流会，南郊区云冈镇刘官庄村和新荣区东胜庄乡杨家村介绍贯彻村委会组织法的试点经验。11 月，市民政局获省民政厅“全省村民委员会调查报告优秀奖”。

1990 年 11 月 30 日，全市村级组织建设工作座谈会召开，市委成立由组织、农委、民政、团委、妇联、武装部等部门领导参加的村级组织建设领导组，市委常委、组织部长姚崇富任组长，副市长刘文君任副组长。

1991 年 1 月 22 日，召开全市基层政权建设暨“两委”（村“两委”就是村中国共产党支部委员会和村民自治委员会的简称，习惯上前者简称为村支部，后者简称村委会。）建设表彰会，表彰 13 个先进乡镇政府和街道办事处、89 个先进村（居）委会，13 名先进乡镇长和街道办主任、89 名先进村（居）委主任。

1991 年 6 月，山西、辽宁、山东、河南、河北、黑龙江等北方六省基层政权建设联席会议在大同召开，民政部基层建设司司长李学举出席会议，大同市民政局介绍了基层政权建设工作经验，与会代表深入城区新华街六居委、八居委和南郊区城关乡新华村参观指导。

1991 年，大同市重点开展村民自治示范活动，推进基层民主政治健康发展，在全市农村开展民主选举、民主决策、民主管理和民主监督，完成村（居）委会的换届选举，加强了广大农民自我教育、自我管理、自我服务的能力。在全省村民自治示范活动检查中，灵丘县王成庄乡、南郊区城关乡、云冈镇被省政府命名为“村民自治示范达标乡镇”。

1994 年上半年，大同市依照年轻化、知识化的原则，按照省民政厅的统一部署，在全市 9 个农业县区、154 个乡镇的 2286 个村进行第四届村委会民主选举（此前进行过三次选举）。换届的村委会有 2229 个，占总数的 97.5%，共选出村委会干部 10236 名，其中主任 2229 名，副主任 1600 名，委员 6399 名，并颁发了村委干部证书。全市村委会普遍建立各项制度，制定村规民约，保障了农民安居乐业，邻里和睦局面的巩固，改变部分村委会班子涣散、软弱无力的状况，为农村经济发展提供了良好的社会环境。

1998 年 11 月 4 日《中华人民共和国村民委员会组织法》颁布实施，1999 年 5 月大同市开始进行第五届村委会换届选举，到 2000 年 2 月底基本结束。全市共有村委会 2287 个，除 42 个边远偏僻山区整体搬迁和一些不足 20 户的小村外，需换届的村民委员会共 2245 个，已有 2242 个村完成换届选举任务，占全市换届村委会的 99.9%，其中一次选举成功的村 1994 个，另行选举的村 248 个，有 3 个村因经济案件和派性尚未换届。全市有 1002844 名选民，参加正式投票选举的 865088 人，参选率 86.2%；依法产生村委会主任 2225 名，其中兼村党支部书记的 307 人，占 13.8%，党员 1460 人，占 69%，女性 37 人，占 1.75%，50 岁以下的 1880 人，占 88.9%；初中文化以上的 1935 人，占 91.4%；选举出村委会副主任和委员共计 6056 人，其中女性 797 人，占 13.2%，党员 2677 人，占 44.2%，50 岁以下的 5404 人，占 89.2%，初中文化以上的 5272 人，占 87.1%；推选出村民小组长 8102 人，其中女性 669 人，占 8.3%；推选出村民代表 35951 人，其中女性 6982 人，占 19.4%。新一届村委会班子年龄、文化结构更加合理，特别是把一批懂经济、会管理、年富力强的致富能手充实到村委会班子，为发展全市农村经济和稳定农村形势奠定了坚实的基础。

第六届村委会换届选举从 2002 年 10 月开始，到 2003 年 4 月结束。全市原有村民委员会 2287 个，经对 321 个边远、偏僻、贫穷和退耕还林、还草移民搬迁的村进行撤并村组后，现有村委会 1966 个，村民小组 8364 个。全市 1966 个村委会全部进行换届选举，占换届村的 100%，其中一次性换届选举成功的村 1800 个，占换届村的 92%；另行选举成功的村 140 个，占换届村的 7%；因村情复杂、矛盾突出、经济问题较多等原因换届尚未成功的村 26 个，占村委会总数的 1%。全市选出村委会主任1916名。其中：支部书记兼任的302人，党员1356人，妇女10人，分别占村委主任总数的16%、71%和0.52%；选出副主任和委员5520名，其中党员2882人，妇女686人，占副主任的52%和12.4%；村民小组长13886人，其中妇女782人，占小组长总数的5.6%；村民代表38677人，其中妇女3810人，占村民代表总数的9.8%。从换届选举情况看，党员当选比例提高，当选人数4238名，占村委干部的57%；50岁以下的人增加到6073人，占村委干部的82%；初中以上的人增加到6676人，占村委干部的90%。村干部的政治素质、年龄、文化结构更加合理。

2005年10月至12月底大同市进行第七届村民委员会换届选举工作。全市9个农业县区，1950个村委会全部完成换届，占应换届村委会的100%。全市共有选民1063838人，参加投票选举的人数877692人，参选率82.5%。经过依法选举产生6863名村委会干部，其中村委会主任1950人，副主任和委员4913人，干部中党员4136人，占61%，女性592人，占0.08%。村委会主任是党员的1528名，占已换届村的78%，村委会主任50岁以下的1440人，占总数的75%，高中及高中以上文化的733名，占总数的38%。

从2008年11月14日开始，第八届村民委员会换届选举经过各级共同努力，到12月底结束。全市9个农业县区，99个乡镇，1965个村民委员会全部完成换届任务，换届率100%。共选出村委会成员7176名，其中主任1965名，副主任1164人，委员4047人。村委会主任50岁以下的1261名，占64.2%，高中及高中以上文化的963名，占总数的49%，妇女“两委”成员1098名，占总数的15.3%。

2011年11月14日第九届村委会换届选举工作全面展开，至2011年12月31日，全市1964个村委会全部完成换届，换届率100%。1964名村委会主任平均年龄44.2岁，比上届年轻3.7岁，高中以上文化975人，占49.6%。1475名村委会副主任高中以上文化793人，占53.8%。5576名村委会委员高中以上文化2922人，占52.4%；妇女当选“两委”干部的有2485人，其中当选村委的1882人，实现每村一名妇女干部的目标。在妇女当选村委干部中，当选主任的51人，当选副主任的214人，当选委员的1617人。

三、村务公开

大同市村务公开工作从1998年开展。全市1966个村全部开展村务公开，覆盖面达100%。特别是2004年底，村务公开和民主管理工作由民政部门牵头后，按照《中共中央办公厅、国务院办公厅关于健全和完善村务公开和民主管理制度的意见》和《关于印发〈山西省村务公开协调领导组落实中办17号文件目标任务分工〉的通知》精神，从公开内容、公开形式、公开时间、公开程序和民主监督、民主决策、民主管理等方面进一步完善。

2005年5月16日，全市村务公开和民主管理工作现场促进会在云冈宾馆召开。7月25日，由省司法厅、省国土资源厅和省档案局等部门组成的村务公开督查组一行4人莅临大同进行督查调研。

2007年8月13日，由省农业厅副厅长、省村务公开协调领导组成员刘二仁为组长的督查考评组，对全市的村务公开工作进行督查，并对省村务公开和民主管理示范县——广灵县的村务公开工作进行考评。

2009年10月27～29日，以省综治办副主任李曾贵为组长的省村务公开和民主管理“难点村”治理督查组一行三人，就大同市村务公开和民主管理“难点村”治理工作进行督查指导。督查组对大同市村务公开和民主管理“难点村”治理工作给予肯定。

自2009年3月以后，根据省村务公开和民主管理“难点村”治理工作电视电话会议精神及省纪委等11个部门联合下发的《关于开展村务公开和民主管理“难点村”治理工作的实施意见》，全市村务公开和民主管理“难点村”治理工作迅速展开，取得一定成效。通过全面排查、调研摸底，共摸出各类“难点村”64个，占总村数的3.26%。经过治理，截至2011年6月，全市64个“难点村”得到全面彻底治理。

2013年7月，为贯彻落实省民政厅、省纪委等12部委《关于转发〈关于进一步加强村级民主监督工作的意见〉的通知》精神，结合实际，就进一步加强村级民主监督工作联合12单位出台《关于进一步加强村级民主监督工作的意见》。

2011 年浑源县村委会、自然村名录

（全县 6 镇 12 乡、315 个村民委员会、215 个自然村）

乡镇名称	村民委员会		自然村
永安镇	25 个	王千庄、民安、土桥铺、永兴号、新华、三元号、顾册、神溪、丰台铺、道巷、当巷、唐家庄、武村、东关、张庄、兴安、益民、海村、西顺、东辛庄、许村、南顺、南关、张家号、停旨岭	
大磁窑镇	10 个	大磁窑、下盘铺、果子园、胶泥圪坨、李家窑、西岭、骆驼界、南元坨、高家庄、孟家窑	大磁窑铺、腰家坪、二亩湾、三峪门、黄土坡、贾柳树、东青、八角地、南岭、柳林
王庄堡镇	30 个	湾沟门、下达枝、小牛还、西河口、西湾、西河、训草、董家沟、岭顶、小寺、寨头、水峪、潘家沟、上牛还、汤头、杨树湾、西会、白羊、北坡头、南坡头、杏庄、东庄、上达枝、马家沟、水磨、洪水、王庄堡、下牛还、太安岭、下容易沟	黄土波、上容易沟、刁窝沟、汉峪沟、大南沟、偏梁
蔡村镇	10 个	蔡村、碾槽沟、白道、峣村、文家庄、东留村、元坨、师家号、下窑、窑沟	大洼沟、草梁
西坊城镇	12 个	西胜明、大有号、南阳庄、涧村、小辛庄、圪坨、黄沙口、大辛庄、西辛窑、大峪口、义家寨、西坊城	三玉美
沙圪坨镇	23 个	英庄、乱岭关、西庄、黄家坡、杨庄、官道、沙圪坨、大石头岭、赤泥泉、塔村、老僧洼、沙河、龙洼、井上、东信庄、沙岑铺、三条彦、银牛沟、水沟、乔麦川、照壁、三阴山、西坪	麻皇塔、甘水沟、蛤蟆寺、楼子会、丁家安、大红沟、干沟、山湾村、茶坊、圣寺地
下韩乡	7 个	麻庄、下韩、花疃、石庄、中韩、西辛坊、藏经庄	
吴城乡	16 个	吴城、大洼、皇叔洼、麻塔、东辛坊、上辛安、下辛安、翟家洼、北大仁庄、麻塔窑、高嘴、香水寺、马鞍山、西河沟、上窑、辛窑	瓦子江、大东沟
南榆林乡	20 个	姜家沟、北榆林、北紫峰、南榆林、北水头、南紫峰、毕村、仝嘴、二岭、上韩、车坊、东水头、泥沟、东沟、南水头、西圪坨铺、松树湾、东圪坨铺、三岭、北晋庄	新村、簸箕掌
青磁窑乡	22 个	青磁窑、李老沟、小岭、古磁窑、刁窝、界庄、郝家湾、桃山、大柴峪、正沟、车厂、西泥沟、大川岭、东葫芦头、西葫芦头、董庄、乱窝铺、桥沟、破兑臼、英沟、尹子沟、小东沟	尹家咀、寨沟、榆洼、磨石沟、上柴树沟、下柴树沟、寒水沟、小川岭、桦皮沟、上桥沟、下桥沟、沙梁沟、上英沟、下英沟、大西沟掌、上西泥沟、下西泥沟、南张庄、大石头、大西沟门、道士沟、马厂
东坊城乡	17 个	仁和号、东尾毛、水圪坨、郭家庄、荆庄、李峪、郝家寨、落子洼、常柴岭、长条、长城沟、龙山、门庆沟、晋家庄、大西沟、水磨疃、东坊城	王元号、南号、李家号、东湾、玉门、庆元号、西峪、关沟、董家峪、胳膊峪 峪门、神堂峪、土槐沟、芦草圪洞、玉泉、碾子沟、石虎沟、水沟、小西沟、寺洼、卧羊场、安家沟、小水沟、牛圈沟、南庄、大板沟、大板门、小玉门、寨回、黄花阳坡、何昌寺、山羊沟、小板沟、石虎沟门、王地坪、福子沟、沙不敢、旬沟、大窑沟、雁门洞
裴村乡	12 个	新裴、下疃、旧裴、三合号、西辛庄、凌云口、什义号、杓头涧、罗框、大桥、千哨、张旺	九合号、臭柳、苜蓿、小农场、安家坪、独龙、左家地、东岭、阳坡沟、小盘道、马家滩、大寺洼、银洞洼、肖家沟、白银寺、千树坪、王辛庄、旧庄

续表

乡镇名称	村民委员会		自然村
千佛岭乡	27个	羊投崖、王家沟、麻地坪、钟楼坡、小麦峪、红泉、打虎沟、干土岭、火石头、小道沟、野西沟、土岭沟、后庄子、中庄铺、小窝单、龙咀、金峰殿、鸽子峪、杨家庄、大坪、宽坪、温庄、泽清岭、水圪坨、南堡、上村镇、牛星堡	曹虎庵、向阳村、高家沟、王峪、油坊沟、和尚沟、周家沟、南庄、下庄、讲堂、上桦岭、下桦岭、老君殿、黑狗背、臭卜沟、北堡、臭水圪坨、下村镇、黄庄、辛庄
大仁庄乡	19个	银洞沟、净石、东泥沟、清水沟、白家河、吴家圪坨、白庄、错马坪、岔口、杨湾、广泥沟、下阴阳沟、大仁庄、黄土坡、老马窑、柴眷、西王铺、东王铺、后兑沟	大谷地坪、前兑沟、麻地、洪水沟、龙柏厂、寨南沟、上阴阳沟、水圪坨、陈家沟、石人山、常峪、黑沟、麻地沟、板沟、楼子沟、安石府、贾柳树湾、唐之湾、王代海庄、沙崖洞、车长峪、小峪、东岭沟、卧劳翅窝、圐圙
官儿乡	21个	下观音堂、李家庄、官儿、穆家庄、土岭、界板沟、坪道、砂沟、黑石、上观音堂、石窑、大湾、常峪、西十字、清河湾、蔡沟、麻庄、小艮厂、南千哨、黄崖、木沟	松林沟、红花沟、芦草坪、西沟、中木沟、大麻花沟、东沟、小麻花沟、碾子沟、牛厂、西沙沟、熊沟、后沟门、小桥、东十字、南沟、厂沟、关沟、乔沟、前常峪、花豹崖、麻地沟、红岭沟、滴湖沟、杨地坪、傍水沟、刘家沟、前庄旺、李海沟、陡道、大洼、红岭
西留乡	9个	泉头、西留、宝峰寨、东柏林、车道口、下祝安、上祝安、贾庄、付家坡	二庄、驮疃、西柏林、上柏林
驼峰乡	15个	彦头、深涧、浅涧、宋庄、高窑、李千庄、西堡、中堡、东堡、田村、梨园、驼峰、西窑、西郭家庄、屈家坪	断桥、杨林坡、羊水沟、井沟、鱼沟、后庄
黄花滩乡	20个	大西沟、官王铺、高庄、苏家坪、北花峪、彭头沟、小西沟、黄花滩、陡嘴、昆仑崖、刘官庄、石咀、后桦岭、王家堡、南花园、刁王梁、椽厂、东水沟、进士沟、前庄	陈家沟、破房庵、后桥涧、大道南、前桦岭、西安口、白虎涧、沙梁、白强沟、饮马泉、生茬沟、前桥涧、坨沟、石匣、红岭寺

2011年灵丘县村委会、自然村名录

（全县3镇9乡、254个村民委员会、197个自然村）

乡镇名称	村民委员会		自然村
武灵镇	44个	城内、沙坡、西关、城道坡、东关、魁见、灵源、沙嘴、泽水、大作、西武庄、西坡、弋家坡、黑龙河、韩家坊、东武庄、刘家庄、李家庄、麻嘴、庄头、王家庄、驼梁、支家洼、五福地、作新、支角、东驼水、高渠沟、张旺沟、唐之洼、前三角、后三角、涧测、上南地、下南地、邢坡、三成地、高家庄、沙涧、南水芦、西福田、东福田、石磊、西驼水	代家庄、料眼、黄峪、杨房沟、大岭、大道地、下华山、白房、猫山、张湾、短岭、水峪、西梁、北梁
东河南镇	28个	东河南、蔡家峪、鹅鸭泉、三合地、东窖、清泥涧、峰北、水涧、六合地、古之河、南园、水泉、燕家湾、古树、下野窝、古之山、中野窝、成才沟、小寨、王品、银厂、东岗、野里、亭之岭、大北地、北张庄、蒜峪门、阳山沟	西沟、韩淤地、陈家南、段家庄、灵源寺、丁山底、南梁、千树洼、上野窝、含水、多辉、鹿角沟、尧之峪、土门、干河沟、大崖、宽平、南营、北营、野窝窑、半沟、井沟、虎便窑、南狄、蒜峪、化皮庄、靠岭沟、玉帛庄
上寨镇	19个	上寨、东岭沟、下寨南、下寨北、口头、庄子沟、雁翅、王寨、石矾、白家台、串岭、上寨南、刘庄、焦沟、狼牙沟、龙须台、荞麦茬、道八、杏树台	梦阳、新建、和托、酸树沟、小贾庄、果子沟、黄土、南庄、大北庄、兴庄、青羊、碣寺台、高峪、芦庄、榆林沟、庄儿沟门、母猪峪、南坡、井上、祁庄、富家湾、大地、二岭寺、上南降、下南降、庄旺沟、将军墓、将军峪、三尖地、善羊住、亲杨树、板屋、大石头、大畔、拴马庄、郑家台

续表

乡镇名称	村民委员会		自然村
落水河乡	23个	落水河、乐陶山、北水芦、巨羊驼、孤山、南淤地、新河峪、三山、苏地、新庄、王庄、胡沟、南庄、西庄、大涧、黑涧沟、上堡、东坡、固城、招柏、腰站、乔庄、徐台	小顺杨、安甲、郭庄、东林、腰站北沟、二十四亩地、井沟、白羊铺、小西庄、孟台、天降沟
赵北乡	31个	赵北、赵北鹿沟、联庄、东沟、白马寺、黄石驼、白崖峪、下红峪、上红峪、王成庄、跃子沟、月返、红山、寺峪、养家会、漫山、谷地沟、草滩、上庄、漫山西沟、白台、白草湾、南岭北、寒风岭、岭底、西白洋、龙王池、店房台、石墙、康庄、战刀会	小寒沟、立角、六石山、驮石沟、巧峪、辛安庄、栽蒜沟、油房沟、湾子、龙泉沟、下庄、寺沟、马旺沟、西山沟、芥草沟、窖坑、南兑沟、冯沟
独峪乡	19个	独峪、东庄、古道沟、振华峪、豹子口头、杜家河、北沟、站上、大兴庄、张家湾、三楼、西槽沟、花塔、牛帮口、河浙、西庄、曲回寺、老潭沟、乡炉石	小独峪、沙岭台、大西沟、站上铺、小兴庄、杏树沟门、小西庄、红花沟、黄土岗、鹅毛、东鹅毛、赵家村、沟门口、木渠台、南沟、老坟台、南沟上庄、小龙门、龙王堂、大王沟
下关乡	14个	下关、杨庄、上关、岗河村、大高石、中庄村、六沙台、西峪、岸底、铁角台、木佛台、谢子坪、女儿沟、白水岭	朱槽安、朱家沟、垛窑、扳达、宋庄、杨庄南沟、梨园、小高石、松沟、老旺、潘铺、青羊口、财台、东玉门、上双杈树、大道庄、老湾沟、大同沟、全房、上北沟、龙堂会、铁角沟、南铺、铜碌崖、刘家房、西湾、宽草坪、下村、上村、小榆林沟、北湾村
史庄乡	13个	史庄、上梭、石瓮、董台、东玄风、盘道沟、黑寺、王湾、韩坪、甄村、下梭、西口头、兴旺庄	东口头、刘窑、高庄、麻黄沟、北水泉、浦里、西玄风、窑沟、王家村、桃沟
红石塄乡	13个	红石塄、沙湖门、稍沟、上沿河、沟掌、上车河、下车河、觉山、上北泉、下北泉、边台、下沿河、龙浴池	大叶沟门、小沙圪梁、大沙湖、白沙口、城头会、刁望、白沟、小流峪、西湾沟、化红
石家田乡	17个	石家田、焦庄、贾庄、牛角坝、温北堡、温东堡、孙庄、鹿角、马湾、东张庄、石窑、义泉岭、鹿沟、上北罗、下北罗、马头关、太那水	谷家峪、西山、南岐
柳科乡	17个	柳科、磨石沟、水土安、荀庄、上彭庄、北上庄、白北堡、白南堡、伊家店、牛角岭、下彭庄、小王庄、塔地、荞麦川、刁泉、南坑、小彦	留罗沟、车家坟、南县沟、枪头岭
白崖台乡	16个	白崖台、冉庄、长沟、南张庄、关沟、东长城、斗方石、烟云崖、李台、来湾、王村铺、王巨村、铺西、古路河、辛庄、跑池	北柳树、窑子、滑车岭、滑车岭铺、高家峪、大阳坡、长城铺、连家村、蒿地沟、陡岭沟、萝卜庄、吴湾

2011年广灵县村委会、自然村名录

（全县2镇7乡、180个村民委员会、49个自然村）

乡镇名称	村民委员会		自然村
壶泉镇	29个	三庄、东台、蕙花、南汇、集兴疃、稻地、吴家地、翟疃、商村、南关、榆林堡、田窑、尚疃、张庄、沙岭、西河洼、西关、城内、北道岩、北关、白家坟、涧西、王洼西庄、王洼堡、赵庄、沙河、西河乡、合兴、聚和	老堡
南村镇	36个	南村、南土岭、北土岭、白庄、莎泉中堡、莎泉东堡、莎泉西堡、庄头、张家洼、黑土洼、鳌峪、下林关东庄、下林关西庄、下林关南庄、上林关、上白羊、下白羊、赵家坪、香炉台、晏子、海子、丰水岭、神树沟、下墨家沟、上墨家沟、榆沟、狼虎坪、周图寺、卧羊场、山神庙、上寺、下麻黄沟、庄子沟、念草沟、坟台沟、南寒水	宽会、石塘沟、西沙沟、庄窝、添涧、红花林、翟子沟、磨其洼、铁决崖、上麻黄沟、朝阳湾、山桥

续表

乡镇名称	村民委员会		自然村
一斗泉乡	18个	一斗泉、南岳庄、北岳庄、桃子、头嘴、六嘴、七嘴、后山窑、刘家湾、荆家窑、武家庄、裴家洼、黑洼、榆林、板塔寺、桥涧、黑土坪、黑鱼洞	
蕉山乡	15个	西蕉山、南蕉山、中蕉山、东蕉山东堡、西蕉山西堡、龙虎岩、洗马庄、东崖头、西崖头、八角地、杜庄、殷家庄、罗疃、马山、曹川	滴水崖、畔落山、刘家窑、李家窑、眷头
加斗乡	15个	西加斗、东石门、西石门、东加斗、东河乡、南加斗、东姚疃、西姚疃、登场堡、东留疃、西留疃、坡岩、新上恩庄、新下恩庄、张岔	上恩庄、下恩庄、西埔、井林、西平地、月崖、焦庄、房庄、口前、安头、西沟
宜兴乡	17个	西宜兴、东宜兴、屯堡、宜兴庄、直峪、三间房、南房、苍耳洼、张家湾、邵家庄、东沙沟、冯家沟、南阁崖、探堡、聂家沟、上麻地沟、下麻地沟	东场院、井滩、磨湾、榆树湾、道袍沟、渭石沟
作疃乡	20个	作疃东堡、作疃西堡、作疃南庄、将官庄、大西庄、憨崖窊、唐山口、百疃东堡、百疃西堡、百疃南庄、贺窑、宋窑、邱家滩、平城南堡、平城北堡、杨窑、苑庄、苑西庄、曹窑、井之洼	朱家庄
梁庄乡	16个	梁庄西堡、梁庄东堡、梁庄北堡、黄龙、黄龙新庄、曹庄、井沟、底庄、水涧、南坪、冯庄、土巷口、小关、井洼、木厂、刘家沟	黄龙前庄、黄龙后庄、冯庄西堡、北川、大贺家堡、小贺家堡
望狐乡	14个	望狐村、吕家洼、刘庄、桥头、国家眷、上窑、牛口峪、宋家峪、车型堡、东福窑、刘之进、史家坪、老茬、闯道坡	西照寺、正沟、上山羊沟、下山羊沟、正南沟、草沟、邓草

2011年大同县村委会、自然村名录

（全县3镇7乡、175个村民委员会、14个自然村）

乡镇名称	村民委员会		自然村
倍加造镇	9个	倍加造、独树、谢疃、解庄、东骆驼坊、西骆驼坊、郭家窑头、任家小村、营坊沟	
西坪镇	19个	西坪、上甘庄、水头、康店、贺店、下甘庄、小坊城、大坊城、寺儿上、坨坊、官堡、中高庄、上高庄、下高庄、东嘴、西嘴、上榆涧、下榆涧、唐家堡	
周士庄镇	23个	周士庄、王千户庄、罗卜庄、牛家堡、二十里铺、三十里铺、石仁村、路家庄、陈家堡、三府坟、三条涧、五十里铺、后铺、四十里铺、西羊坊、上庄、南庄、东水峪、西水峪、散岔、驾遇皂、孟家皂、遇驾山	
吉家庄乡	21个	西浮头、牛寺沟、东安家堡、南米窑、西安家堡、瓮城口、小桥、旧桥、固定桥、佛堂寺、吉家庄、北栋庄、郭家庄、水涧、王渐疃、下西河、上西河、南息、麻峪口、杨家寨、南栋庄	新窑沟、杨圈沟、东庄、西庄、南庄、南寺儿上
许堡乡	19个	于家寨、南水地、许堡、鹅毛、西水地、东水地、上庄、下庄、浅井、清泉、集仁、养老洼、肖家窑子头、西册田、堡村、大王、南坨、大王窑、黎峪	
瓜园乡	18个	瓜园、东坪、黑石崖、渔儿涧、东沙窝、北石山、南石山、西沙窝、陈庄、茹庄、梁庄、李汪涧、吴家洼、滕家沟、道西湾、南坡、东紫峰、西紫峰	
党留庄乡	11个	党留庄、兼铺、邢庄、兴胜、上泉、罗庄、侯大庄、小蒲、马连庄、安留庄、蔡庄	

续表

乡镇名称	村民委员会		自然村
杜庄乡	19 个	杜庄、落阵营、长胜庄、马家会、千千村、崔庄、马坊、米庄、长安村、常家堡、苏家寨、利仁皂、下泉、小辛庄、周家堡、土井、南六庄、永胜村、王家堡	
巨乐乡	17 个	聚乐、西关、吴家洼、张庄、塔儿村、新边、五里台、西阁老山、东阁老山、黄家洼、山自造、大北庄、邵家皂、艾家洼、小北庄、下羊落、上羊落	马家梁、东羊坊、麻地沟、鹰嘴墩、水沟寺、鸦儿崖
峰峪乡	19 个	峰峪村、兼场、沙岭、西堡、吉家会、东后口、西后口、胡家窑头、盘道、孙家港、施家会、徐疃、东浮头、秦城、徐家堡、杨庄、委册、东马庄、小王村	杏树窑、大沟梁

2011 年阳高县村委会、自然村名录

（全县 7 镇 6 乡、261 个村民委员会、29 个自然村）

乡镇名称	村民委员会		自然村
龙泉镇	31 个	西北、东南、南关、青顺堡、颜家沟、花窑、龙泉寺、西南、东关、八里台、义合、胡窑、张小村、富贵、景家庙、李官屯、守口堡、新堡、谢屯、鹿角沟、砖楼、新和堡、太师庄、旧堡、燕家堡、虎头山、小庙、乳头山、兴隆巷、富园村、青和村	
罗文皂镇	19 个	罗文皂、莫家堡、柳林、平山、管家堡、陈家堡、席家湾、吴家堡、杨家堡、孤山、许家园、镇门堡、太平堡、十九墩、三墩、谢庄、五和、七墩、二墩	五墩、八墩、榆树沟、水泉沟
北徐屯乡	10 个	乔家坊、柳家泉、姚家庄、夏家场、沙河台、南徐屯、北徐屯、纪家庄、马家庄、王家庄	
长城乡	9 个	镇边、大二对、十九梁、十墩、范窑、罗岭、堡子湾、镇宏、廿六	黄彦沟、鹰窑沟、范有沟、庞窑、闫窑、胡成岭、牛马河、小二对、天桥、郭家坡、斗林、三墩、六墩、砖东洼、十五梁、宋家沟
王官屯镇	36	王官屯、南唐窑、芦窑、许窑、恶石、十里台、北唐窑、刘窑、樊窑、康窑、都司口、杨官屯、小安滩、杨庄、重兴镇、闫家坊、上泉、闫家台、兴苑、大安滩、南沙岭、邢家堡、钱家堡、马官屯、随士营、窑头、柳沟、两家营、东李、正丰涧、西堡、半坡、东堡、河儿屯、北沙岭、张庄	
大白登镇	29 个	高官屯、高山屯、曹庄、王堡、小白登、张连庄、吴屯、田屯、杏园、普家梁、大白登、潘寺、张园、闫屯、下富寨、杨官屯、上富寨、贺塔、四姓庄、大泉山、石庄、刘庄、腰庄、田寨、赵寨、赏庄、陈官屯、四百户、周官屯	南杏园
下深井乡	23 个	新团堡、桥头、董家庄、滴滴水、砖井、新佃、西坨、官庄、张官屯、王千岭、贾丰、下佃、东坨、东水头、丰稔山、下堡、深井洼、观上、金庄、贾庄、孙家港、上深井村、上堡	小堡、中家沟
古城镇	29 个	古城、赵家、单家窑、西堡、靳娘城、郝家窑、新山庄、许家窑、鲁家湾、东靳家洼、下娘城、下辛庄、上辛庄、西要泉、寺塔、上娘城、碾儿屯、东雷庄、下神峪、彭家窑、赵石庄、昝娘城、水泉洼、靳家窑、西雷庄、上神峪、麦早、箭插、南仁窑	

续表

乡镇名称		村民委员会	自然村
狮子屯乡	23个	东双寨、汪家屯、吴家河、潘家屯、侯官屯、燕窝、前营、西双寨、狮子屯、罗家屯、苏家窑、后营、青介山、鞍马沟、上吾其、旧杨塔、下吾其、任家窑、下梁源、水泉窑、上梁源、董屯、新杨塔	
马家皂乡	13个	马家皂、定安营、龙池堡、西一柳、强家营、东要泉、右所窑、安家皂、兴隆堡、东一柳、袁家皂、张家窑、同庆窑	同庆窑、温小堡、顾家营
鳌石乡	9个	南徐、东马营、曹庄、西马营、龙堡、梁营、乱石、鳌石、榆林	鳌石新、西马营新
友宰镇	13个	黄土坡、大辛庄、东册田、前贵人、大峪口、秋林、王官掌、东团堡、坊城、富民村、后贵人、西团堡、友宰	
东小村镇	17个	东小村、于家窑、西营、讲理、神泉堡、下马涧、永安堡、西小村、东营、神泉寺、尉家小堡、孙启庄、上马涧、第十其、大嘴窑、黄庄、神泉窑	韩家梁

2011年天镇县村委会、自然村名录

（全县5镇6乡、221个村民委员会、73个自然村）

乡镇名称		村民委员会	自然村
玉泉镇	12个	西南街、西北街、东南街、东北街、南元子、唐八里、三里屯、滹沱店、石家庄、葛家屯、鲍家屯、李家庄	石厂沟、西园子、孙家园、盛家滩、崔家窑、三道梁、夏家山
谷前堡镇	13个	谷前堡、谷后堡、张家庄、袁才庄、白羊口、榆林口、水磨口、水桶寺、沙屯堡、马圈庠、东马坊、十里铺、一畔庄	六墩、前夭、八墩、鸡窝沟、上梁、下 梁、石圐囵、东长轸、绿虎沟、化皮庙
米薪关镇	25个	米薪关、油房窑、胡家屯、孤峰山、上阴山、下阴山、过家屯、石羊庄、师家梁、张辛窑、滑家沟、王家烟、白家烟、谷大屯、蔡家庄、于西堡、赵家窑、孙家河、段家沟、韩家梁、东化林、盆儿窑、韩小屯、小井沟、西阳坡	东阳坡、榆林沟、狼窝沟、东盘道、上化林、西黑石、西化林、乔子烟、袁治梁
逯家湾镇	26个	永嘉堡、薛家窑、白舍科、熏窑口、夏家沟、袁家梁、上湾、下湾、石嘴墩、新堡湾、朱家沟、砖窑、李家寨、胡家洼、瓦窑口、张仲口、李二口、薛三墩、石佛寺、黄蒿坪、宣家塔、田家湾、黄土崖、温家夭、夏小堡、罗家山	贾家屯、毛沟、兰家坡、薛南窑、三道梁、一顷坡、张家湾、高灌
新平堡镇	22个	新平、义和坝、刘家坊、高家夭、水泉窑、五里墩、黄家湾、三墩店、辛庄子、南窑、曹家湾、常胜山、狼窝沟、柴家窑、祁家窑、大营盘，平远堡、平远头、八墩、十六墩、廿墩、新平尔	西马市口、四十亩地、史家窑、沙洼、南河、曹家房、达家窑、三道河
三十里铺乡	20个	三十里铺、兰玉堡、刘家庄、肖家屯、廿里铺、小辛庄、卞家屯、范家庄、西马坊、高家店、孙家店、康小屯、范家屯、白小山、阳和塔、高墙框、魏家窑、李芳山、王家山、移民新村	沙沟
南河堡乡	24个	南河堡、季沙河、王进堡、顾家湾、上吾其、坨子、薛辛窑、上畔庄、下窑、侯家窑、魏家山、沙沟寺、季冯窑、杨家屯、黄家湾、路八里、于八里、东沙河、西沙河、赵小堡、西宋家厂、东宋家厂、七里墩、阎家园	吴家园、冯家窑

续表

乡镇名称		村民委员会	自然村
贾家屯乡	22个	贾家屯、夏家屯、楼子町、塔儿村、西罗窑、季家寨、渠家沟、李二烟、袁家窑、红土窑、孙家嘴、将军庙、北冯窑、印子嘴、袁家河、罗老庄、罗下庄、南冯窑、武家山、刘家山、左家屯、杨家窑	王家窑、武家山、罗家沟、赵家山、贾家窑、崔家山
赵家沟乡	15个	赵家沟、杨家庄、南罗窑、曹进庄、郭家窑、后峪堡、高南庄、范牛坊、薛牛坊、刘家沟、柳子堡、窑沟、舍科堡、盆儿井、于家窑	吴家窑、许家湾、张家山、后庄子
南高崖乡	21个	姜前屯、姜后屯、马家沟、下罗窑、称达沟、大仁沟、增家岔、南高崖、大庄科、大老沟、高家寺、乔家窑、耿家梁、左所沟、台家坪、阎家梁、冯奈庄、水冲口、阳坡、赵家窑、上罗窑	曾家梁、册龙沟、冷家沟、黄草岩、车道沟、草沟、殷家沟、南泥沟
张西河乡	21个	张西河、张东河、吴家湾、代家屯、大桥、丁家烟、丁元窑、盛家庄、刘伸屯、朱家屯、深沟窑、上营、下营、安家窑、姚明庄、肖墙、许家窑、史家窑、麻黄塄、张小堡、细巴沟	刘家店、姚家山、许家堡、马家窑、邬家窑、刘全庄、周家山、王会庄、东黑石、灰窑口

2011年南郊区村委会、自然村名录

（全区3镇7乡、190个村民委员会）

乡镇名称		村民委员会	自然村
云冈镇	18个	云冈、吴官屯、姜家湾、白庙、大南沟、三道沟、荣华皂、刘官庄、兴旺庄、栗庄、石头、张寺窑、校尉屯、竹林寺、麻村、水泉、榆涧、红墙	
鸦儿崖乡	14个	鸦儿崖、常流水、魏家沟、马林涧、乔村、兴胜沟、双井沟、盘道、高屯、黑流水、王村、红糜沟、官窑、老窑沟	
马军营乡	22个	马军营、小站、五里店、宋庄、阳和坡、上皇庄、下皇庄、安家小、小石子、白马城、陈庄、田村、东河河、西河河、智家堡、七里、周家店、房子、新添堡、十里铺、十里店、西水磨	
平旺乡	10个	平旺、时庄、王家园、三井、拖皮、马营、煤峪口、忻州窑、大北沟、石岩庄	
水泊寺乡	25个	水泊寺、石家寨、泗庄、海力、肖家寨、东坟、西坟、牛庄、燕庄、泉寺头、金家湾、马家小村、梓家、古城、马家堡、曹夫楼、齐家坡、沙岭、寺儿村、小南头、艾庄、塔儿村、西谷庄、东王庄、西王庄	
古店镇	10个	古店、北宋庄、圣水沟、马站、北羊坊、山底、北榆涧、孤山、窨子沟、赵家窑	
西韩岭乡	17个	西韩岭、东韩岭、东肖河、小太村、肥村、太善村、马辛庄、魏辛庄、仝家湾、茶坊、北村、南村、南湾、高店、谢店、要庄、冯庄	
高山镇	26个	高山、叶家、张家湾、二台、小窑头、南信庄、南幸、段家小村、罗家辛窑、峰子涧、马脊梁、枯树、上碗沟、东店湾、桃柏沟、白塘、小蒜沟、黄土沟、窑洞、南羊路、北羊路、辛庄、碾子沟、万家嘴、燕子山、南沟	

续表

乡镇名称	村民委员会		自然村
新旺乡	13个	五爱、永久、新华、新胜、新旺、新中、先锋、新民、红旗、和平、新泉、解放、永宁	
口泉乡	35个	甘河、口泉、赵家小村、高庄、墙框堡、落里湾、五法、米庄、辛寨、郊城、西房子、堡子店、大路辛庄、同家梁、羊坊、银塘沟、下窝寨、郝庄、窑子坡、小营、上窝寨、四老沟、店村、白洞、苏庄、回去、杨家窑、西万庄、张留庄、榆林、永定庄、郑家岭、曹家窑、里南沟、韩家窑	

2011年新荣区村委会、自然村名录

（全区1镇6乡、140个村民委员会、33个自然村）

乡镇名称	村民委员会		自然村
新荣镇	16个	新荣、光明、李大头窑、王堂窑、畔沟、安乐庄、鲁家沟、兴胜村、前井沟、张布袋沟、庞家窑、下甘沟、里场沟、外场沟、辛窑、火石沟	小官窑、上甘沟、总高墩、后井沟
破鲁乡	15个	破鲁堡、东旺庄、彭家场、裴家窑、高向台、黄土口、吴施窑、山前庄、王屯、八墩、水深塘、西旺庄、碱滩、六墩、栗恒窑	刘家窑
郭家窑乡	25个	郭家窑村、半坡店、红沟梁、二队地、东张士窑、东胜庄、拒门堡、贾什队、二队窑、二道沟、梁顶、菜园沟、贾家屯、芦家窑、助马堡、四道沟、北温窑、庄窝墩、杨家场、座堡窑、元营、穆家坪、北刘窑、西张士窑、张力窑	东渠、二十五、砖楼沟、十三边、助马口
花园屯乡	26个	花园屯、前井村、青羊岭、杨窑、苇子湾、靳沟窑、马庄、太平庄、谢士庄、张指挥营、麻口、镇川堡、万泉庄、西寺、镇川口、三墩、元墩、姜庄、马河、青花、赵彦庄、三百户营、道士窑、圪坨、常胜庄、黍地沟	沟涧寨、清泉、于政府、东村、李家湾、马家嘴、南梁、侯家堡、三里桥、尚龙门、里道士窑、磨不其、水沟畔
西村乡	20个	西村、镇和堡、五旗村、谢家场、狮子村、新站、夏庄、东村、白山、甘庄、户部、镇虏、李花庄、七里村、和胜庄、智家堡、鸡窝洞、碓臼沟、大小窑山、畅家岭	小窑山
上深涧乡	14个	上深涧、下深涧、蔡家窑、施家洼、刘安窑、马家村、后所沟、前窑、辛村、北辛窑、东梁、前郭家坡、东郭家坡、后郭家坡	蔡店、张大仁、刘中和、张旺庄、西梁
堡子湾乡	24个	拒墙堡、刘新庄、杨州窑、高家窑、草汉窑、李三窑、阎家窑、风嘴梁、马厂、祁皇墓、靳圪塔梁、堡子湾村、胡家窑、得胜堡、镇羌堡、河东窑、黑土墩、二道沟、四道沟、杨里窑、宏赐堡、马家窑、磨复其湾、李佩沟	拒墙口、马武沟、蔡家窑、二十一墙

2011年左云县村委会、自然村名录

（全县3镇6乡、228个村民委员会、27个自然村）

乡镇名称	村民委员会		自然村
管家堡乡	21个	榆柏墩、平川、六队、黑烟墩、黄土口、辛村、曹家窑、黑土口、海家窑、管家堡、廖家堡、威鲁、陈仓窑、东辛庄、元台子、金家沟、徐达窑、保安、西二队、太平墩、后辛庄	二道沟、南洼院、张汉窑

续表

乡镇名称	村民委员会		自然村
鹊儿山镇	10 个	曹家沟、小破堡、青圪塔、代家沟、草垛沟、胡大沟、郭奉窑、丁家村、石墙框、鹊儿山	葛家湾
三屯乡	39 个	安烟墩、八台、白烟墩、北十里、大河口、大堡、南辛庄、绿道坡、刘家窑、黄村、花豹滩、后八里、汉圪塔、高家窑、高家堡、甘沟子、范家坟、二台、段村、庄旺、周家堡、张果窑、则堺坡、岳家堡、移民新村、样东梁、阳坡、辛庄、小河口、西温窑、王家窑、守府、深沟子村、山沟子村、三屯、三台、鹊儿河、前铺、宁鲁	麻家窑
张家场乡	32 个	东窑头、东红崖、大堡角、长城岭、曹村、梅家窑、马兵、旧高山、九队、贾家窑、胡家屯、北杏庄、南端午、双官屯、施村、清水河、南周窑、南杏庄、盐圪塔、秀女、杏元、小厂子村、夏家河、双泥河、猪儿洼、纸坊头、张家场、云西、远尚、玉奎堡、杨千堡、杨户岭	瓦窑沟、田村、东二队、北端午、辛窑沟、宋家湾、水泉、刘梁窑
云兴镇	31 个	北门、西门、南门、南关、古城、北六里、西石山、南六里、南八里、朱村、张祥、刘家窑、刘家坟、前八里、马家河、南家堡、赵火色、黄家梁、乔家窑、潘村、葛家园、大屯、冯家堡、于前户岭、南石山、河村、杜村、南京庄、陈家河、任官堡、朱家窑	高村、李家堡、谭家堡、梁家窑、前家堡
店湾镇	25 个	曹家沟、店湾、台子山、木代、范家寺、井儿沟、平寺、南深井、东条涧、西沟、下张家坟、石虎沟、瓦陇、邵家沟、东周窑、柳树湾、武家沟、刁落寺、刘家窑、代家沟、上张家坟、井儿洼、贾家沟、秦家山、北深井	
小京庄乡	34 个	屯军庄、韦家堡、麻黄头、南红崖、马力寨、安儿沟、太堡寨、挂里窑、向阳寨、西碾头、许官屯、大西庄、孟家堡、李顶窑、黄家山、周大庄、前坪、英格寨、李家窑、羊圈头、酸茨河、毛官屯、柴家、小京庄、王冒庄、降家、东碾头、小堡子、高家窑、李石匠、上泥河、下泥河、东古城、树儿里	辛家窑、张山窑、张成窑、大京庄、农牧场
马道头乡	24 个	铁底、四十里庄、施家窑、黄家店、马道头、郭家坪、元坪、杜家沟、石厂、大堡、高庙、庄家店、鹊儿岭、潘家窑、段家沟、上石岔、南辛窑、曹家堡、下石岔、红沟子、雨安庄、铺龙湾、辛堡子、且坡	杨家窑、郝家窑、常家洼
水窑乡	12 个	上山井、下山井、东沟、五丰嘴、全羊头、兴隆沟、冯家窑、大南沟、大路坡、柏山、水窑、葫芦峪	石门

2011 年开发区村委会、自然村名录

（2 个村民委员会）

乡镇名称	村民委员会		自然村
	2 个	蔚洲疃、樊庄	

第二节　社区建设

一、组织建设

1954年12月31日，第一届全国人大常委会第四次会议通过并颁布《城市居民委员会组织条例》，用法律的形式肯定居委会的性质、地位和作用。到1956年底，城市普遍建立这一组织。

1949年5月，大同市组建城市基层政权，宣布解放前的城、街、闾和区、乡组织一律解散，发动群众选举新的街闾代表。在城关地区建立4个区人民政府，13个街人民政府，街下设闾，区人民政府以序命名，街人民政府以主要街道命名。

1949年12月，因解放初建立的区、街政权，已不适应城市较为集中的形势，改区政府为区公所，改街政府为公安派出所。区公所为市人民政府派出机关，不再是一级政权，在市政府领导下，办理优抚、救济、调解民事纠纷、婚姻登记以及市政府授权的其他事宜。公安派出所为市公安局直接派出机关，执行与维护市人民政府政策法令，保护人民生命财产安全，肃清匪特，巩固社会秩序。各派出所配有民政干事1~2人，由区公所领导专管民政工作。

1950年3月，新设口泉矿区办事处和口泉镇公所（五区公所撤销）专管矿区及口泉地区的工作。1951年4月口泉矿区办事处改建为口泉矿区人民政府。

1952年6月，各区公所皆改为区人民政府，成为一级政权机构。1952年11月，将各区管内之闾取消，按居民居住情况，以30户左右组成居民小组，由居民推选小组代表，以公安派出所管辖范围内之居民代表，组织居民代表会议并产生居民委员会。由居民代表选举主任、副主任和委员等，并按工作性质，组织民优、生产、文卫、治安消防等工作委员会。居委会受区直接领导，是群众性自治组织。一、二区所辖大北街等12个街，改建为居民委员会，原各街所属闾取消。城内12个街道共建12个居民委员会。

1953年1月，口泉镇建立4个居民委员会（11月6日居委会撤销，改设为3个街公所）。

1954年，中央人民政府公布《城市街道办事处组织条例》和《城市居民委员会组织条例》。1955年9月，按照两条例的规定，撤销原城区所建居民委员会及口泉镇所辖街公所，在城区和口泉区新建街道办事处13个，成为区的派出机关，同时建立99个居民委员会。街道办事处按所辖人口设专职干部4~7人。专职干部5人以上的街，设主任、副主任各1人；5人以下设主任1人，其余皆为干事。干事5人者，分管妇女、供应、民事调解、优抚、社会救济福利、文教卫生、文书工作。干事3~4人者，除内务（供应，文书、答复询问、处理纠纷）、妇女工作各由1人专管外，其余视工作需要而定。各街干部虽明确分工，各司其职，但遇有中心工作时，则分片包干进行。少数街道日常工作亦按地段分工包片进行。居民委员会在街道办事处指导下，按居民居住地区而成立，是群众自治性的组织。街道办事处指导居民委员会工作，居民委员会协助基层政权开展工作，由委员9~15人组成。推举主任1人，副主任1~2人，其余委员适当分工，担任优抚、社会福利、治安保卫、文教卫生、调解、妇女等工作。

从1958年起，居委会名称随意改变，居委会的组织建设和工作受到影响。在“大跃进”的影响下，街道办事处与居委会合并，改变为超越居委会工作任务和职责的政社合一的人民公社；“文化大革命”期间，居委会的组织机构大多数被解散。居委会大办工业、商业，超出本身的工作任务和职责，改变了性质；受狠抓阶级斗争极左路线的影响，主要工作是大搞阶级斗争，无法履行其真正的职责；将原来的调解一般民事纠纷和轻微刑事案件改为处理和改造“不良分子”的半专政性质的自治组织，背离了居委会的性质和宗旨。

1976年10月粉碎“四人帮”，特别是党的十一届三中全会以后，随着各条战线拨乱反正，居委会得到恢复。1980年1月，全国人大常委会重新颁布和实施《城市居民委员会组织条例》。在1982重新修订颁布的新宪法中，以根本大法的形式明确居委会的性质、任务和作用。

1986年12月全国第一次城市街道居委会工作座谈会召开后，居委会建设工作逐步得到加强。1989年12月，七届全国人大常委会第十一次会议审定通过《中华人民共和国城市居民委员会组织法》。1991年，民政部从中国国情出发，借鉴国外社区发展经验，明确提出社区建设的概念，旨在以社区建设为切入点，强化城市基层社会的管理，加强城市基层政权和群众自治组织的建设。至此，具有时代特色的以全面提高居民生活质量为特征的社区建设工作全面兴起。

1992 年 6 月，大同市政府颁发《大同市社区服务五年发展规划（1992—1996）》，这是全省第一个以政府名义出台的社区服务发展规划。对全市社区发展现状和面临形势、指导思想、基本原则和发展目标、重点任务、重点工程、政策措施和组织保障作出详细规划。

1995 年 5 月，山西省制定《城市社区建设实施办法》，在太原、大同进行试点。

2000 年，中共中央办公厅、国务院办公厅转发《民政部关于全国推进城市社区建设的意见》，居委会建设进入发展时期，一批政治素质好、业务能力强、热心为居民群众服务的人进入居委会班子。与此同时，建立健全办事机构；修订居民公约，使大量的社会矛盾消化在基层；积极兴办公益事业和便民利民的生产、生活服务事业，使国家的各项任务落实到基层，居委会的建设步入法制化的轨道。

2002 年，大同市进行第一届社区居民委员会换届选举，2005 年 9 月进行第二届社区居民委员会换届选举，这两次选举主要是以城、矿两区组织为主。

2006 年 3 月 17 日，市政府召开第三十五次常务会议，听取审议并原则通过市民政局《关于全面推进城市社区建设的意见》和《关于社区建设工作中急需解决的经费、公用用房、社区干部生活补贴等问题的报告》。围绕社区服务发展重点、规划和目标，2006 年全市出台 8 个相关政策性文件：《关于全面推进城市社区建设的意见》《关于成立社区建设管理指导中心的决定》《关于有关职能部门相关工作进社区活动实施意见》《关于解决社区公用用房的意见》《关于调整社区工作经费和社区干部生活补贴的通知》《关于加强和改进街道、社区党的建设的意见》《关于加强社区干部队伍建设的意见》《关于开展社区建设示范活动实施意见》。建立社区建设管理体制、行政机制、互助机制、志愿机制和市场机制，规范社区建设工作。

2007 年，各社区按照居民自治活动要求，建立社区居民大会、居民代表会议、居民协商议事监督会和社区业主委员会。同时，制定出台社区自治章程、居民公约、公开办事、服务承诺、工作报告、考核评比等多种制度，使广大居民的知情权、决策权、监督权和选举权得到落实。

2008 年，开设大同市社区建设网站，该网站涉及全市 305 个社区情况简介、社区建设、社区风采、社区调研、社区教育、政务公开、办事指南、理论研究等多项服务内容，为便于服务居民和居民参与社区建设提供信息交流平台。2011 年，社区建设网全面升级，提高了社区建设影响力和居民的认同感。

2009 年 1 月，全市第三届社区居民委员会换届选举工作完成。选举工作呈现新的亮点，矿区提出突出“三个重点”，在选优配强上下功夫。一是突出“两个比例”，即“一肩挑”比例达到 100%，交叉任职比例的人数为 138 人。二是突出人才选拔，各街道党工委结合自身实际，对社区组织候选人的任职条件进一步细化，通过多种形式，引导群众好中选优、优中选强，把工作的重点放在选拔高素质人才上。全区有 30 名大学生成为新一届社区组织“两委”班子成员，占社区干部总数的 32.6%，其中 6 人担任社区主任，3 人实现“一肩挑”。三是突出实行“两制”，即公开竞选制和承诺奖惩制。

2010 年 5 月，为解决社区公用用房存在的问题，市政府出台《关于解决社区公用用房的补充意见》，明确部门职责，细化执行标准。

2011 年 12 月，全市采取居民代表选举方式完成第四届社区居民委员会换届选举，选举产生社区居委会主任 280 名，副主任 365 名，委员 873 名，大专以上文化程度的占 41%，平均年龄 38.9 岁，社区党组织书记与居委会主任“一肩挑”比例为 87.2%，妇女占新一届居委会成员的比例为 77.2%。工作人员年龄结构、文化结构发生明显变化，为社区注入新鲜血液，提高了队伍素质。

2012 年 6 月，市委组织部、市民政局出台《大同市社区网格化管理实施方案》，以社区为区域，将每个区域划分成若干个网格，每个网格居民户数设置为 100～500 户。截至 2012 年 12 月底，全市 302 个社区共划分 1952 个网格，每个网格同步建立了党组织，配备网格长和楼院长。对网格内流动人员、居民情况（家庭人员、社会保险、享受各种社会福利等）、地域情况、各类组织、企事业单位等情况进行摸底。城区设立社区网格化管理中心。

2013 年 7 月，根据中共中央办公厅、国务院办公厅《关于加强和改进城市社区居民委员会建设工作的意见》精神和省委、省政府《关于进一步加强城市社区居民委员会建设工作的实施意见》要求，结合全市实际，市委、市政府出台《关于进一步加强和改进城市社区居民委员会建设工作的实施意见》。

2013年7月，为推动城乡经济社会发展，健全基层服务体系，提高社区服务功能，保障和改善民生，根据《山西省社区服务体系建设规划（2011—2015年）》，市民政局、市发改委制定了《大同市社区服务体系建设规划（2011—2015年）》。对全市社区发展现状和面临形势、指导思想、基本原则和发展目标、重点任务、重点工程、政策措施和组织保障作出详细规划。

2013年12月，为规范社区办公和活动经费的管理使用，市民政局、市财政局制定《大同市社区办公和活动经费管理使用办法》。为确保社区惠民项目资金发挥最大效益和解决社区居民最关心、最直接、最现实的各类民生问题，市民政局制定了《大同市社区惠民项目实施细则（试行）》。从项目确立原则、项目立项程序、项目实施与监督管理三个方面对社区惠民项目资金使用管理进行了规范。

二、工作队伍建设

2006年6月14日经市编委会议研究，同意成立大同市社区建设管理指导中心，为正科级全额预算事业单位，编制3名，其中科级职数1名，隶属市民政局。2012年3月，调整增加编制5名，达到8人。2012年7月，增加副科职数1名。中心内设城市社区建设科、农村社区建设科、财务室、办公室。城区、矿区、新荣区成立相应的社区管理指导机构。

市社区指导中心负责指导全市社区建设工作，具体抓好社区建设政策法规的落实、工作效果的评估、社区建设示范、居委会换届、居民自治、社区干部培训、管理和社区服务等项工作。

从2008年起，全市每年采取组织学习、外出考察等方式定期集中培训社区骨干，各县（区）和街道采取日常培训和个人自学相结合的学习培训制度，系统进行理论知识、党的方针政策、法纪法规、业务知识等内容的学习。2008年，针对社区工作者整体队伍薄弱、业务不精的问题，先后4次组织各县（区）社区工作人员共40多名参加全省社区建设工作培训班。

2008年11月，市社区建设管理指导中心组织编写《大同社区风采录》，收集整理全市社区工作人员心得体会45篇，总结城乡社区建设的新经验、新特点，反映社区管理的新成就、新进展，展示社区工作的新风采，新理念。编印了《大同市社区建设工作手册》，便于社区工作人员更好开展工作。

2009年3月、10月，城区、矿区430余名社区工作人员参加培训，听取“科学发展观统领下的和谐社区建设”“城市居民委员会的历史演变与现状”“社区委员会选举规程”“和谐社区建设模拟训练”等讲座，专家教授与部分社区干部进行交流座谈。

2009年11月26日，山西省城市社区建设工作培训班在大同市开班。全省11地市民政局分管领导、社区工作人员近150人参加培训，全省社区工作者交流学习，借鉴经验。27日，参训人员参观城区南关社区服务中心和向阳里街道社区服务中心。

2011年5月11日，市社区建设领导组办公室主办、市广播电视台协办、市社区建设管理指导中心承办的以“服务社区，无怨无悔”为主题的全市社区干部演讲比赛在军供站二楼会议室举行，来自8个县区的17名社区干部通过讲述工作中亲历的平凡小事以及对社区工作的感悟，表达立志扎根基层、服务群众的真情，展示了新时期社区干部的风采。之后编撰了《服务社区　无怨无悔》一书，收集整理演讲稿82篇。

2011年7月20日，省民政厅在大同市召开全省城市社区建设工作推进会。民政部基层政权和社区建设司副司长王金华，省民政厅厅长周明定、副厅长何耀光出席会议并讲话。副市长郝月生出席会议。会议采取经验交流、实地参观、业务培训等方式，总结推广大同、太原等地的经验和做法，部署全省城市社区建设工作。

2012年5~6月，大同市社区建设管理指导中心深入新荣、左云、大同、阳高、天镇、浑源、广灵和灵丘等县（区）对社区干部进行集中培训。

2013年12月，为加强社区队伍建设，规范社区工作人员管理，根据中央和省关于全面推进城市社区建设的意见，市政府办公厅出台《大同市社区工作人员管理考核办法》。

按照市委、市政府出台的《关于进一步加强和改进城市社区居民委员会建设工作的实施意见》精神，全市社区居民委员会工作人员的薪酬由县（区）财政解决，实行统一发放，形成自然增长机制，标准原则上不低于上年度当地社会平均工资水平。社区居民委员会工作人员按国家有关规定参加基本养老、基本医疗、失业、工伤、生育保险，个人缴纳部分自行负担，单位缴纳部分由各县（区）财政负担。有条件的县（区）逐步落实住房公积金政策。对长期从事社区居民委员会工作，因年老体弱不再担任社区居民委员会工作职务，无固定收入的，各县（区）要根据实际，制定措施，给予一定的生活补助。

2009年，全市社区志愿者注册人数5000多名。2月27日，在国际志愿者日即将来临之际，通过《大同晚报》提出倡议，呼吁广大市民大力弘扬无私奉献的志愿者精神，把社会人回馈社会当作应尽的义务和责任。全市社区积极行动，与有关社团、机构、单位合作，引导居民加入社区志愿者队伍，深入千家万户，帮助困难群体解决实际困难，提供医疗保健、法律援助、文化娱乐等服务。12月3日，矿区民政局、同煤集团燕子山煤矿和城区向阳里街道被中国社工协会表彰为志愿者活动先进集体。2013年底，全市通过手工登记和网络注册方式发展社区志愿者6万名。

三、基础设施建设

2007年，全市社区建设投入资金880万元，比2006年增加了330万元。其中市县两级财政投入580万元，国家及社会各界资助300余万元。这些资金除用于社区干部生活补贴和办公经费外，其余部分全部用于社区基础设施建设。其中新建和改、扩建社区党支部、居委会办公室783平方米，医疗卫生服务站2328平方米，警务室234平方米，居民议事室312平方米，文化活动室468平方米，图书阅览室435平方米。城区南关街道先后投资80余万元，新建兴国寺社区1处400平方米，改扩建友谊北街、小西门、平康里3个社区400多平方米。这些社区实现“六室一站一厅”的结构配置。

2010年，市政府在《关于解决社区公用用房的意见》的基础上，出台《关于解决社区公用用房的补充意见》，明确相关部门职责，对于解决全市社区用房起到重要作用。

2012年5月，省委组织部、省民政厅、省财政厅、省国土资源厅、省住房和城乡建设厅下发《关于落实经费保障推进社区“三有一化”建设的通知》，要求各级党委要把推进社区“三有一化”建设工作纳入党的建设总体布局，落到实处，保证社区工作正常开展。要建立市、区（县、市）财政投入为主、省级财政给予适当补助的经费保障机制，确保社区“三有一化”建设各项经费落实到位。从2012年起，省级财政每年对每个社区给予3万元经费补助，市、区（县、市）财政投入比例由各地研究确定。

2013年，市委、市政府出台《关于进一步加强和改进城市社区居民委员会建设工作的实施意见》，明确规定：“社区经费要纳入本级财政预算，并建立自然增长机制，按照每个社区办公和活动经费每年不低于5万元的要求，从2013年1月起，市、县（区）两级财政按照1∶1的比例予以解决。”当年，市级财政下拨社区建设经费785万元（全市共有社区314个，每个社区2.5万元）。

2013年12月底，全市已有41个建设单位为社区无偿提供公用用房5571平方米，为全市41个社区居民委员会解决了办公场所。

四、示范单位建设

大同市从20世纪80年代开始社区服务试点。1989年8月24日，在城区北关街召开全市社区服务现场经验交流会，介绍城区北关街、新华街的经验，推动社区服务工作在城矿两区全面推开。

1992年7月30日，民政部部长崔乃夫在省顾委委员（省民政厅原厅长）臧新、省民政厅厅长孙有福陪同下，检查指导大同市民政工作。指出：大同市的社区服务工作，要做个实验，樊荣枝书记提出社区服务进大院，是一个很好的思路。现在的形势是厂矿企业都在转换机制，对那些企业不愿承担的事情，民政部门通过社会化服务接收过来，利用原有设施认真组织就行，试验成功后在全国推广。

2002年5月30日，省社区建设示范单位考核验收组莅同，对大同市申报全国、全省首批社区示范单位进行考核验收。

2007年，全市示范社区由2006年的8个增加到31个。这些社区按照示范社区建设标准，实现“六室一站一厅”的工作格局，服务功能更加完善，服务水平显著提升。7月，城区南关街道南关社区、矿区燕子山街道燕华里社区被商务部表彰为“全国商业示范社区”；8月，城区北关街道同丰社区、西花园街道华泰园社区被省文明办、省民政厅和省环保局联合表彰为“绿色社区”。

2009年10月，城区被民政部表彰为“全国和谐社区建设示范区”，向阳里街道被民政部表彰为“全国和谐社区建设示范街道”，振华街道绿园社区被表彰为“省级绿色社区”。

五、农村社区建设

示范社区　2007年起，大同市根据因地制宜、量力而行的建设思路，从农民最迫切的需求出发，重点突破、大胆试验、以点带面、典型引路。以“让农民享受城镇化带来的幸福感”为建设理念，坚持“以人为本、服务群众，整合资源、规范建设，因地制宜、量力而行”的原则，农村社区建设与全市整体规划同步实施，在现行建制村基础上，采取“一村一社区”“一社区一方案”模式推进农村社区建设试验取得初步成效。农村社区建设使教育、医疗、卫生、文化娱乐等社会事业有更好的载体，使农民群众直接感受到社区服务的方便快捷，满足了农民群众的物质文化需要。

2007年11月，大同市南郊区被民政部列为全国251个农村社区建设试验县（区）。2008年，南郊区率先成立13个农村试点社区，10月10日，市社区建设管理指导中心在南郊区水泊寺乡古城村召开农村社区建设现场促进会，约80名农村社区工作者和相关部门负责人实地观摩古城村社区建设情况。13个农村试点社区介绍各自的经验做法和取得的成绩。

2011年12月，结合第九届村委会换届选举，把一批思想好、作风正、有文化、有本领、真心实意为群众办事，深受群众拥护的工作人员充实到农村村委会工作班子中，同时，着重培养一批责任心强、热爱社区工作的大学生村官，提高他们为民服务的能力和水平，为农村社区建设注入新鲜血液。

截至2013年10月，全市9个农业县（区）99个乡镇农村示范社区达166个。

基础设施 各县（区）结合实际情况，农村社区普遍建立“一中心四室一站”（即社区服务中心，社区治安室、医疗卫生室、社会保障室、文教体育室、环境治理站），推进农村日间照料中心、敬老院、便民利民超市、村级文化活动场所等建设，通过创新服务方式、优化人居环境为村民提供便捷、高效、优质的服务，提升农村群众生活品质。截至2013年底，全市1966个村委会全部建成村级文化活动阵地，63个农村日间照料中心投入使用，101所农村敬老院整合为58所，为农村老人提供颐养天年的宜居场所。

推进城乡一体化 2012年，围绕农村群众“建设农村社区，过城里人生活”的愿景，在全市1966个村民委员会、637个自然村开展听民声、办实事活动。推行以察民意、解民忧为主要内容的“民情恳谈会”“说事会”，畅通农村群众的民意表达渠道，夯实群众基础。村级组织的思想作风建设得到加强，村委会领导农村居民建设农村社区的积极性提高，干群关系进一步融洽，村级班子的向心力明显增强。与此同时，各县（区）定期邀请有关领导、老师对农村社区建设相关知识进行辅导，并组织乡镇、农村等相关工作人员参观城区惠民里、柳港园等城市社区经验做法，形成城市社区帮扶农村社区的局面。

在社区党组织的领导下，不断建立完善以社区居民为主体、各类组织共同参与创建和谐农村社区的社会组织体系，提高村民的组织化程度，增强自我服务功能。通过宣传教育，使广大村民明确自己享有的民主权利，认识到自己既是社区建设的主体，又是社区建设的受益者，参与社区建设、管理社区事务有自己一份责任。坚持村务公开、党务公开、政务公开制度，全市所有农村社区都设立公开公示专栏，在开展重大建设项目、重大活动或其他应为居民了解的事务性工作时，社区随时公开相关内容，引导村民监督评议对与其利益密切相关的公共事务。提高低保、医保等涉民行业的服务质量，使居民切身利益得到保障。建立健全农村社区服务网络体系，对于稳定治安秩序、巩固基础政权、促进乡风文明、构建和谐社会具有重要意义。社区建设中，立足“农民得实惠、管理出实效、基层有活力”这一根本，使各类公共服务“落户”农村、“扎根”基层，努力为村民提供专业化、多样化的服务。

根据各县（区）农村地理条件、经济状况和发展潜力，将全市农村划分为四类（即城市改造拆迁区、偏远村、城市棚户区、采煤沉陷区），因地制宜、积极探索、努力打造“一村一品牌”的目标。逐步培育一批生态旅游村、传统戏曲村等特色文化村，大力发展农村公益性文化事业，在农村社区建设中引入城市社区建设和服务理念。通过完善社区阵地建设，不断丰富服务内容，按需设置项目，有效提升农村群众生活品质。南郊区水泊寺乡石家寨社区和西韩岭乡北村社区围绕打造旅游乡村，每年举办“西瓜节”和“农家乐”活动，成为城市人消夏休闲的好去处，既为农民增加收入，也缩小了城乡差距，将农村社区工作融入“小城镇”建设的大格局中。开展警务进社区活动，建立健全农村治安巡逻队、村民纠纷调解小组等农村社区治保组织，逐步完善农村社区治安防范体系，形成群防群治的社区治安机制。定期开展普法教育，全面提高村民的法制意识。

2011年大同市城市社区名录（280个）

1. 大同市城区（14个街道办事处，109个社区）

东街街道办事处（7个社区）

东关南园社区　东门大巷社区　东史宅社区
雁塔街社区　七佛寺社区　大庙角社区
鼓楼东街社区

西街街道办事处（5个社区）

帅府街社区　雁同西路南社区
朝阳寺社区　大十字街社区　宁馨社区

南街街道办事处（5个社区）

善化寺社区　鼓楼社区　圆通寺社区
华严寺社区　福兴园社区

北街街道办事处（7个社区）

塔寺街社区　西柴市社区　仁和美社区
大有仓社区　十府街社区　皇城街社区
御河北路社区

南关街道办事处（13个社区）

福康里社区　小西门社区　新胜里社区
平康里社区　兴国寺社区　西后场社区
东后场社区　友谊社区　御河南路社区
柳航里社区　永昌里社区　府南街社区
永泰社区

北关街道办事处（10个社区）

铁牛里社区　西马路社区　雁同西路社区
安益园社区　站东社区　白泊洼社区
同丰社区　红卫里社区
操场城西街社区
操场城东街社区

新建南路街道办事处（8个社区）

北馨园社区　永康路社区　和平里社区
迎宾路社区　康乐里社区　建设里社区
幸福里社区　振兴街社区

新建北路街道办事处（7个社区）

互助里社区　团结里社区　苹果园社区
花园里社区　卫星里社区　大齿社区
惠达社区

新华街街道办事处（13个社区）

拥军路社区　卧虎湾社区　岳秀园社区
局东社区　山橡社区　新华北街社区
桥西社区　局前社区　局西社区
新华南街社区　东风园社区　局内社区
跃进街社区

振华南街街道办事处（12个社区）

育才街社区　迎春里社区　惠民里社区
同泉里社区　绿园社区　永安里社区
新世纪社区　明珠社区　云泉里社区
振华北院社区　宾西路北社区　振华南院社区

大庆路街道办事处（6个社区）

同兴街社区　企业街社区　庆丰园社区
文化西街社区　文化东街社区　大庆东路社区

西花园街道办事处（5个社区）

槐园社区　柳园社区　梨园社区
桃园社区　华泰园社区

老平旺街道办事处（5个社区）

电力技校社区　王家园社区　老平旺社区
糖厂社区　一电厂社区

向阳里街道办事处（6个社区）

青年路社区　向阳西街社区　向阳东街社区
工农路社区　福寓苑社区　齿欣社区

2. 大同市矿区（28个街道办事处，104个社区）

白洞街道办事处（1个社区）

桥西社区

大斗沟街道办事处（1个社区）

店新街社区

姜家湾街道办事处（5个社区）

新大街社区　云姜里社区　新开路社区
同云里社区　四化路社区

晋华宫街道办事处（4个社区）

晋南里社区　晋华里社区　新东街社区
文华里社区

口泉街道办事处（6个社区）

泉民街社区　口泉街社区　金凤凰社区
道东街社区　泉武街社区　泉峪路社区

马口街道办事处（1个社区）

木代社区

煤峪口街道办事处（4个社区）

光辉街社区　光明街社区　联盟街社区
光街社区

平泉路街道办事处（10个社区）

建安里社区　平安里社区　荣秀苑社区
景秀苑社区　新河里社区　北秀苑社区
南秀苑社区　新回里社区　盛秀苑社区
新区里社区

青磁窑街道办事处（2个社区）

平台里社区　东沙沟里社区

四老沟街道办事处（3 个社区）

晾马台社区　新乐街社区　建西街社区

四台沟街道办事处（2 个社区）

台北路社区　台南路社区

同家梁街道办事处（3 个社区）

道北街社区　同中街社区　道南街社区

挖金湾街道办事处（2 个社区）

永乐街社区　红旗沟社区

王村街道办事处（2 个社区）

小楼街社区　东山头社区

忻州窑街道办事处（2 个社区）

兴安街社区　永红街社区

新平旺街道办事处（9 个社区）

荣幸街社区　向阳楼社区　安全路社区

和三路社区　和四路社区　幸福楼社区

新建路社区　和九路社区　红旗街社区

新胜街道办事处（10 个社区）

平易路社区　府兴里社区　文化里社区

校北街社区　新胜街社区　育新路社区

迎新街社区　安居街社区　林荫路社区

华杰里社区

雁崖街道办事处（3 个社区）

雁西街社区　雁东街社区　常胜里社区

燕子山街道办事处（3 个社区）

燕北里社区　燕华里社区　燕新里社区

永定庄街道办事处（3 个社区）

岩新街社区　小南湾社区　永前街社区

民胜街道办事处（3 个社区）

民胜街社区　民荣街社区　民峰街社区

和瑞街道办事处（5 个社区）

泰丰里社区　泰昌里社区　泰福里社区

泰明里社区　泰安里社区

和顺街道办事处（4 个社区）

泰庆里社区　泰华里社区　泰乐里社区

泰荣里社区

平盛路街道办事处（5 个社区）

安福里社区　安定里社区　安瑞里社区

安祥里社区　安庆里社区

新泉路街道办事处（3 个社区）

南一路社区　北路社区　云峰路社区

马脊梁街道办事处（2 个社区）

金马街社区　腾飞路社区

清泉街街道办事处（5 个社区）

福泰里社区　福荣里社区　福美里社区

福瑞里社区　福禧里社区

杏儿沟街道办事处（1 个社区）

杏北里社区

3. 大同市新荣区新荣镇（5 个社区）

御河街社区　长城东街社区　开元北路社区

开元南路社区　迎宾南路社区

4. 浑源县永安镇（6 个社区）

恒麓社区　永安社区　永兴社区

春辉社区　翠屏社区　栗园社区

5. 广灵县壶泉镇（4 个社区）

北关社区　西关社区　东台社区

三庄社区

6. 灵丘县武灵镇（12 个社区）

灵源村晓源社区　魁见村桥东社区

沙咀村沙咀社区　城内村城内社区

刘庄村站东社区　王庄村永红社区

西关村迎宾社区　高庄村河西社区

东关村宝地社区　沙坡村平安社区

城道坡村康庄社区　城道坡村康南社区

7. 阳高县龙泉镇（10 个社区）

站前街社区　西北街社区　东北街社区

新华街社区　西南街社区　东南街社区

光荣街社区　幸福里社区　振华街社区

金光街社区

8. 大同县 3 个街道办事处（12 个社区）

东街街道办事处（6 个社区）

幸福里社区　常春里社区　和平里社区

安乐里社区　吉祥里社区　东风里社区

西街街道办事处（3 个社区）

向阳里社区　葆华里社区　新华里社区

湖东街道办事处（3 个社区）

第一社区　第二社区　第三社区

9. 天镇县（2 个镇 12 个社区）

玉泉镇（11 个社区）

和平里社区　平安里社区　光明里社区

迎宾里社区　前进里社区　幸福里社区

东风里社区　朝阳里社区　新华里社区

南园里社区　团结里社区

谷前堡镇（1 个社区）

谷前堡社区

10. 左云县云兴镇（6 个社区）

云兴街社区　东延路社区　林河路社区

南街社区　西街社区　东街社区

第五章　社会组织管理

第一节　社会团体

1950年9月，政务院制定《社会团体登记暂行办法》，内务部和地方各级民政部门承担社团登记管理职责，对符合社会需要的各类团体进行依法登记。1968年，内务部撤销后，社会团体登记工作中断。1978年，民政部设立后，在职能上确认由民政部门承担社会团体登记管理工作。1988年，国务院赋予民政部门对社团进行归口登记管理的职责。1989年10月，国务院颁布施行《社会团体登记管理条例》。1998年10月，国务院修订发布实施《社会团体登记管理条例》，社团组织双重管理体制逐步确立和完善。

1985年以前，大同市乃至山西省因条件所限未能开展社团登记工作。1989年，大同市民政局设立社团管理科，社团登记管理开始起步。1992年10月，根据民政部统一安排，开展社团清理整顿工作。针对盲目发展社团的问题，本着“法制宣传教育，总量有效控制，质量逐步提高”的原则，有针对性地开展工作。

1993年，地市合并后，对原大同市市级社团133家、雁北地区地级社团70家进行合并，合并后市级社团有140家。1996年，对全市社会团体调查摸底，全市社团组织由1995年的182个发展到192个。

1997年，全市批准登记社会团体10个，年底有社会团体206个，其中学术性社团102个，行业性社团32个，专业性社团30个，联合性社团39个，基金会3个。

1998年10月，国务院重新修订发布《社会团体登记管理条例》，并召开全国民间组织管理工作会议，大同市及时召开会议，宣传和贯彻会议精神和《社会团体登记管理条例》，下发《关于做好社团清理整顿第三阶段工作的通知》《关于抓紧社团清理整顿审定和换发证书的通知》《关于统一使用新表格的通知》，保证会议精神和《社会团体登记管理条例》的全面贯彻实施。1998年，全市应清理整顿社会团体196家，清理撤销87家，保留109家。1999年，经清理整顿保留的109家社会团体全部换发新证书。当年批准新成立市级社团21个，年末共有市级社团142个，批准新成立县级社团13个，年末共有县级社团44个。

2001年市民政局社团管理科更名为民间组织管理科，健全了民间组织管理工作职能。2002年3月，市民政局印发《关于开展2002年度社会团体年检工作的通知》。2004年3月，在对未经登记擅自以民间组织名义活动进行查处的同时，结合年检和日常管理情况，对5家2年以上未开展活动、无特殊情况未在规定时限内接受年检的社会团体予以注销法人登记，并在《大同日报》《大同晚报》公告。

2004年3月，在大同市军供站召开社团秘书长培训工作会议，全市100余家社会团体负责人参加会议。会上，省民间组织管理局局长李光烈讲解国内外民间组织情况、民间组织面临的形势和任务，民间组织管理职能的演变，民间组织分类、定义、重要作用，社会团体特征，民间组织法规建设，介绍基金会、农村专业经济协会的发展和年度工作重点等，并就《山西省促进行业社团发展规定（草案）》征求意见。2004年8月，与大同市政府公众信息网联系，创办大同民间组织网页。主要内容包括：大同市市属、县区的社会团体、民办非企业单位名录；大同民间组织服务咨询；大同民间组织动态；大同重点民间组织介绍。与此同时，以上内容同时进入大同市公众信息电脑查询系统展示。2004 年 8 月，协调市地税部门，转发《山西省地税局、山西省民政厅关于加强民间组织税收管理有关问题》的文件，启用大同民间组织专用发票，并及时报道。全市凡在各级民政部门核准登记的民间组织凭副本及登记管理机关核准购发票的书面证明，到税务机关购领发票。

2006 年 12 月，会同人民银行大同市中心支行，根据《中华人民共和国中国人民银行法》《中华人民共和国商业银行法》《人民币银行结算账户管理办法》和国务院《社会团体登记管理条例》《民办非企业单位登记管理暂行条例》的有关规定，出台《大同市民间组织银行账户管理办法》。为民间组织开立验资户，设立基本存款账户、注销账户、提供方便。2007 年 1 月，召开全市诚信民间组织表彰大会，共表彰大同市体育总会等 10 个诚信民间组织和大同市建筑业协会等 20 个诚信建设先进单位。

2008 年 5 月，编印出版《蓬勃发展的大同社会组织》一书。内容主要包括：社会组织法规、规章、政策，大同社会组织详细名录，社会组织优秀个案三大部分。共印发 2000 余册。2008 年，四川省汶川县发生强烈地震，市民建企业家协会、市家具协会、市道路交通安全协会、市早期教育学校、市机车高级技工培训学校、市云中武校、市佛教协会、市工人体育场青少年体育俱乐部、市创业促就业发展联合会等 40 余家社会组织为灾区献出爱心，捐款 63 万余元。

2010 年 3 月，大同市民政局对大同市体育总会、大同市医学会等 52 家社会团体和民办非企业单位进行表彰，授予“先进社会组织”称号。2010 年，民政部门负责协调、监督、指导各社会组织业务主管单位对所属的社会组织开展创先争优活动。7 月 19 日，召开有教育、劳动、科技、科协、社科联等有关部门参加的社会组织创先争优活动动员会，成立市社会组织深入开展创先争优活动领导组及其办公室。出台《大同市社会组织创先争优活动实施方案》。2010 年，市民政局、纪检委、监察局、财政局、审计局、物价局开展社会团体“小金库”治理活动，成立大同市社会团体“小金库”治理领导小组和减轻企业负担专项治理工作领导小组，9 月 13 日，召开了各县区、业务主管单位参加的专项治理动员会，出台《大同市社会团体“小金库”专项治理实施方案》，对社会团体“小金库”专项治理工作进行安排部署。

2011 年，开展全市社会组织清理整顿中介组织涉煤涉焦执业活动。根据《大同市清理整顿中介组织涉煤涉焦等执业活动突出问题实施方案》要求，出台《大同市清理整顿社会团体涉煤涉焦执业活动实施方案》，在社会组织松散、地址搬迁的情况下千方百计联系，及时发放了《大同市中介组织基本情况统计表》《大同市中介组织其他从业人员基本情况统计表》《大同市中介组织专业执业人员基本情况统计表》《大同市涉煤涉焦、工程建设领域中介组织执业活动突出问题自查自纠基本情况统计表》。对多年没开展任何活动涉煤涉焦的大同市地方煤炭学会、大同市煤炭工业协会、大同市煤焦化行业协会予以撤销登记。

2011 年，根据大同市治理“小金库”工作领导组关于《2011 年全市“小金库”专项治理工作实施方案》的有关要求，下发《关于做好 2011 年全市社会团体“小金库”专项治理有关事项的通知》，召开动员会，印发《关于大同市社会团体“小金库”治理工作的公示》《关于大同市社会团体“小金库”治理工作的承诺》和《2011 年“小金库”全面复查报告书》，确认经济类社会团体、行业性社会团体、官办社会团体为社会团体“小金库”专项治理重点疑似对象，民办的、学术性、部分专业性的社会团体排除出“小金库”治理范围，最后确定 96 家社团为这次社会团体“小金库”专项治理工作重点对象。采取全面申报和重点检查的办法，使复查面达到 100%。

2011 年，根据中共大同市委、大同市人民政府《关于开展清理和规范庆典、研讨会、论坛活动工作的实施方案》（同办发〔2011〕11 号）文件精神，下发《关于填报清理和规范庆典、研讨会、论坛活动工作相关统计表格的通知》。除完成市级社会团体的申报外，还按照要求做好残联、文联、社科联的申报工作。

2011 年，根据市纪委的要求，下发《大同市行业协会与业务主管单位脱钩工作实施方案》和《关于加强社会团体登记管理的通知》。一是职能分开。行业协会的职能不得与政府部门混淆，行业协会主要依据章程和设立的规定承担职能，不具有行政审批职能（国家法律法规另有规定的除外），不得以行政部门的名义开展活动。二是机构分设。行业协会办事机构不得与业务主管单位合署办公，已合署办公的，要在规定的时间内完成机构分设。三是人员分离。行业协会应有与业务活动相适应的专职工作人员，国家公务员不得在行业协会中任职或兼职。四是财产分置。行业协会与政府部门财产产权不清晰的，必须在审计的基础上，完成财产划分，明确产权归属，建立规范的行业协会资产管理制度，行业协会必须实行单位建账、独立核算，不得与行政机关会计合账或实行财务集中管理。通过上述措施，已切实解决全市40家行业协会的行政依附性强，职责不清、管理不规范等问题。

2012年4月，出台《关于成立大同市社会组织评估工作领导组的通知》和《关于在全市社会组织中开展评估工作的通知》，成立由登记管理机关、业务主管单位、社会组织代表、律师事务所等组成的大同市社会组织评估中心，印发《行业协会商会和民办非企业单位评估标准》。6月20日，召开评估工作会议，专门进行安排部署和业务培训，明确提出获得3A级以上的社会组织才有资格成为承接政府职能转移的主体。按照自愿申报、社会组织评估中心组织评估，已评估全市各类社会组织84家，占全市社会组织总数775家的10.8%，其中市直60家（社团21家，评估率8.8%、民办非企业单位39家，评估率15.2%）、县区24家（社团6家、评估率2.9%、民办非企业单位18家、评估率22.5%）。12月13日，在《大同日报》进行为期7天公示。共评出5A级社会组织13家，4A级社会组织56家，3A级社会组织15家。

2012年，依据中共中央办公厅、国务院办公厅《关于加强和改进城市社区居民委员会建设工作意见》（中办发〔2010〕27号）和省民政厅《关于培育发展和规范管理社区社会组织的指导意见》（晋民发〔2011〕81号）有关精神，6月出台《关于大同市社区社会组织登记、备案实施办法》的通知，印发大同市社会组织备案登记证书，并在太原进行专门培训。

2012年，按照政务大厅“一个窗口受理、一站式审批、一条龙服务”，转变政府职能，对派驻大厅窗口充分授权，从项目的申请、受理、审核、签发等环节全部在窗口完成，做到“三入驻”，即项目入驻、权力入驻、审批专用章入驻。全年共办理承诺件4件。关于行政许可审批事项分类和流程再造情况涉及两项行政许可审批：一是社会团体及其分支机构成立、变更、注销登记；二是民办非企业单位成立、变更、注销登记。这两个项目都是承诺事项。经过研究，每个事项由法定的60个工作日变为5个工作日，全市优化环境动员会后变为3个工作日办结，并按小时细化工作流程，前两个工作日审查名称、章程、从业人员资质、法定代表人情况和办公场所实地查看，第3个工作日审核、签批、下发文件和证书，严格按照“窗口受理、单位首席代表到窗口直接审批、窗口发件”的程序办理。

2012年，下发《关于在全市社会组织中开展集中整顿的通知》，主要包括14项内容：（1）政会不分，协会与行政单位在职能、经费、人员、办公场所未分开的。（2）擅自设立分支机构、代表机构、或者对分支机构、代表机构疏于管理，造成严重后果的。（3）涂改、倒卖、出租、出借社会组织登记证书和出租、出借社会组织印章的。（4）违反自愿入会原则，强制企业单位或个人入会的。（5）超出章程规定的宗旨和业务范围进行活动和从事营利性经营活动的。（6）在“小金库”专项治理工作期间，对存在的问题未整改或整改不到位的。（7）违规使用会费或违规使用会费票据的。（8）侵占、私分、挪用社会组织资产的。（9）违反有关规定，乱摊派、乱评比的。（10）拒不接受或者不按照规定接受日常监督管理的。（11）不按时年检、超期不换届，领导干部超龄和违规兼职的。（12）无专职人员、无办公场所、无工作经费的。（13）申请登记时弄虚作假、骗取登记的。（14）其他违法、违规行为。全市共注销登记社会组织23个，撤销登记118个，其中，市直注销16个、撤销94个。并在8月2日的《大同日报》进行公告。

2013年6月，根据省民政厅、综治办的要求，转发《关于创新社会组织登记管理的意见》的通知。其中规定：行业协会商会类、科技类、公益慈善类、城乡社区服务类，这四类社会组织实行民政部门直接登记，不再由业务主管单位审查同意。7月19日，召开全市创新社会组织登记管理工作会议，对县区分管局长和工作人员进行专门培训。按照省厅社区社会组织备案登记办法，城区向阳街道柳港园社区心理咨询协会、新建南路金地福源社区健康教育协会、开源街道民和社区志愿者协会备案登记。

2013年，根据省民政厅社会组织评估率力争达到30%的要求，从3月开始，下发在全市开展社会组织评估的通知，把社团自评工作作为社会组织年检的一项基本内容，申请评估的社会组织有80家，已评估48家。

2013年大同市社会团体情况表

社会组织名称	成立时间	办公地址	业务主管单位	法人
大同市工业经济联合会	2001—6—21	迎宾街原大同商校办公楼二层	经委	周　升
大同市青少年美术书法教育研究会	1997—4—22	惠民西城市直机关综合办公楼8层	社科联	尚日清
大同市环境科学学会	1999—1—6	大同市环保局院内	科协	刘增宝
大同市消费者协会	1991—11—7	华林新天地五层	工商局	焦文兰
大同市个体劳动者协会	2001—11—11	华林新天地五层	工商局	梁兴忠
大同市糖尿病康复协会	2002—10—22	柳航里5—6—3	卫生局	赵卫东
大同市广告协会	1997—12—12	新开南路市工商局办公楼	工商局	单之平
大同国际商会	2002—3—23	新建南路369号	政府办公厅	高淑霞
大同市农业机械学会	1991—12—23	东柴市街38号	科协	曹晓宇
大同市企业家协会	1991—12—12	大庆路庆丰园小区3栋1单元1号	国资委	范志远
大同市心理学会	1991—12—1	御河西路132号	科协	张晓非
大同市消防协会	2002—11—1	新开南路9号（消防支队培训中心）	公安局	吴泳琪
大同市新闻工作者协会	1992—6—1	大同市委宣传部	市委宣传部	邓兴亮
大同市食品药品协会	2002—10—1	御河东路中医院御东新院	食品药品监督局	张富文
大同市税务学会	2003—2—1	迎宾西路地税大楼四层	社科联	张　录
大同市家具协会	2003—3—1	怡园小区7—1—3	经济委员会	赵永恒
大同市水利学会	1992—5—1	大同市东柴市角20号	科协	范建明
大同市人大理论研究会	2002—12—1	迎宾西路宾西园小区2号楼五单元二层	人大常委会	安大钧
大同市国际文化交流中心	1999—7—1	迎宾机关综合办公大院三号楼学生公寓	政府办	刘全有
大同市职工技术协会	1992—7—1	新建南路46号	工会	张　祺
大同市集邮协会	1992—6—1	新建西路25号	社科联	李　进
大同市社会治安综合治理协会	2002—12—1	迎宾西路89号	综治委	刘政宪
大同市体育总会	1992—9—1	大同市体育馆院内网球场办公楼	体委	高　毅
大同市医学会	1991—12—1	医卫校院内	科协	姜世瑞
大同市林学会	1991—12—1	大同市大庆路26号林业局办公大楼	科协	席有福
大同市民营医疗协会	2002—11—1	新建南路152号大同新建康医院	卫生局	郭润利
大同市老龄人才资源开发协会	2004—10—1	新建西路119号华林新天地六楼	民政局	张　甫
大同市机关事务工作协会	2003—7—1	迎宾路商业银行大楼A座10层	机关事务管理局	张金龙
大同市中西医结合学会	1993—6—13	大同市御东新区云州街88号	科协	王砚奇
大同煤矿万人坑二战历史研究会	2003—7—1	同煤集团体育场（矿务局校北街8号）	社科联	高怀秀
大同市质量管理协会	2003—8—1	大庆路36号都市旺角2号1单元2号	质监局	梁　栋
大同市五金机电商会	2003—8—1	大同市新开西一路270号	工商联	杨浩仁
大同市见义勇为协会	2000—10—1	大同市委东楼217房间	市政法委	苑　吉
大同市恒山文化研究会	2004—2—1	友谊南街8号	社科	张志强
大同市奶业协会	2004—3—1	佛殿庙街29号大同市农业局	农业局	郭占文
大同市环保志愿者协会	2003—9—1	新建北路花园里供热小区3—1—2	环保局	齐有平
大同市戏迷协会	2001—7—1	御河北路153号	广播电视局	白耀宗

续表

社会组织名称	成立时间	办公地址	业务主管单位	法人
大同市伊斯兰教协会	2004—6—1	九楼巷5号	宗教局	马　铎
大同市互联网协会	2004—6—1	迎宾街98号6层	政府办公厅	刘经纬
大同市企业联合会	2003—12—1	大庆路庆丰园小区3栋1单元1号	经委	周　峰
大同市农机驾驶员协会	2003—12—1	永泰南路农业综合办公楼	农机局	王　军
大同市餐饮饭店业协会	1999—8—1	惠民西城市直机关办公楼801室	商务局	王克勤
大同市建筑业协会	2000—6—1	建委办公楼	建委	田　玺
大同市土地估价师协会	2000—6—1	迎宾街（国土局一层）40号	土地局	赵立刚
大同市青年企业家协会	2002—4—1	魏都大道730号益丰大厦1号楼17层	团市委	刘建勋
大同市建筑装饰协会	1992—8—1	原新开南路迎泽西口建委会七楼704号	建委	周保和
大同市城市规划协会	1993—3—1	新开南路13号市规划局办公楼	市规划局	张　瀚
大同市民营企业协会	2001—7—1	华林新天地五层	工商局	王波前
大同市勘察设计协会	1992—10—1	新开南路迎泽西口	建委	刘永珍
大同市放射学会	1992—6—1	新建北路11号	科协	郭　平
大同市食疗协会	1994—4—1	雁同东路副5号	科协	王建中
大同市岩石力学与工程学会	1994—6—1	新平旺大同大学煤炭工程学院	科协	郝临山
大同市中小企业协会	1994—6—1	迎宾街政府综合办公楼六楼	中小企业局	李　斌
大同市中医针灸研究会	1995—7—1	医卫街甲4号	科协	潘　艳
大同市老年学学会	1998—3—1	华林新天地六层	社科联	孙　录
大同市老年书画家协会	1995—1—1	振华南街老干活动室	老干办	董其高
大同市金融学会	2002—7—1	迎宾街66号	社科联	康　义
大同市气象学会	2008—5—1	大同市气象局	科协	梁丽荣
大同市农民专业合作社联合会	2013—12—17	城区永泰南路农业大楼413房间	市农委	季工福
大同市园林学会	1995—4—1	工农路永泰航空广场东侧园林局101号	科协	王玉芬
民建大同市企业家协会	1994—12—1	新建南路12号	社科联	侯　文
大同市建设工程造价管理协会	1992—10—1	同泉路40号	建委	李天文
大同市老区建设促进会	1992—3—1	迎宾街（原商业学校二楼）	市政府办公厅	王　善
大同市江苏商会	2013—4—15	安益北园综合楼A座1号楼	工商联	杨　耀
大同市三晋文化研究会	1993—5—1	迎宾街（原商校教学楼二楼）	社科联	董瑞山
大同市钱币学会	2002—7—1	迎宾街66号人民银行	社科联	卫文江
大同市道教协会	2000—7—1	帝君庙街帝君庙	宗教局	刘崇尧
大同市物流与采购联合会	1993—6—1	绿洲小区23号楼6号商铺	科协	冯　国
大同市温州商会	2000—10—1	魏都大道730号益丰商务大厦B座10层	市委统战部	陈成彪
大同市建筑材料工业协会	2010—5—27	新建北路237号	经济和信息化委	杨忠荣
大同市学雷锋联组协会	1997—10—1	新旺花园新旺村2排233号	社科联	彭玉莲
大同市宝玉石协会	1997—10—1	大西街53号	地矿局	邓玉升
大同市老科学技术工作者协会	1997—9—1	原市商校教学楼二层	科协	梁　佩
大同市卫生人才交流协会	2010—7—1	操场城东街海润园3号楼	市卫生局	唐海涛
大同市精神卫生学会	1998—7—1	南三环西延段路南侧	科协	母跃生

续表

社会组织名称	成立时间	办公地址	业务主管单位	法人
大同市美发美容化妆品行业协会	2002—4—1	凤凰花园嫂子美容院二层	商务局	尹国权
大同市诗词协会	1995—3—1	大同市新世纪花园10号楼1单元1号	社科联	宫殿玺
大同市营销协会	2009—7—1	东关春毅电器城	科协	赵晋文
大同市粮食行业协会	2008—8—1	操场城街	粮食局	郭凤清
大同市职业技术教育研究会	2002—5—1	城区西箭道5号	科协	荣　超
大同市肝胆病研究会	2002—6—1	北关社区卫生服务中心	科协	陈丽萍
大同市殡葬协会	2002—6—1	工农路27号	民政局	王琰珊
大同市燃气协会	2002—7—1	凯德世家7—1—2001	市政公用局	赵树印
大同市传统工艺美术保护与发展协会	2002—8—1	七佛市13—3号（大同市天艺昌工艺品厂）	市经委	李东健
大同市出版发行协会	2002—9—1	大同市西三环惠民西城	文广新局	孙学武
大同市文化产业研究会	2004—9—1	龙港园6号楼5层	社科联	王硕卿
大同市信用企业协会	2004—9—1	新开南路3号	工商局	郝震宇
大同市老年人体育协会	2004—9—1	大同市体育馆内	体育总会	张　林
大同市针灸学会	2004—9—1	魏都大道152号	科协	邢文堂
大同市糖尿病学会	2004—9—1	育才北街5号院	科协	侯　泽
大同市烟花爆竹协会	2004—11—1	大同市明珠花园5—2—3	供销合作社	苏建华
大同市泌尿学会	2004—11—1	大同市中西医结合医院	科协	马　驰
大同市电脑行业经销商协会	2004—11—1	大同市鼓楼电脑电器城3楼	商务局	成献方
大同市道路交通安全协会	2004—12—9	魏都大道78号富临宝城A座8层	公安局	戎有恒
大同市编制管理学会	2004—12—23	市委东楼119室	科协	李万民
大同洗染行业协会	2005—1—19	黄花街御馨园1号综合楼8号商铺	商务局	李首明
大同市健身气功协会	2005—1—24	大同市体育馆院内网球场办公楼	体育总会	李　斌
大同市中医管理学会	2005—1—24	马王庙街一号	科协	刘春力
大同市野生动植物保护协会	2005—1—28	大同市大庆路26号	林业局	王力平
大同市佛教协会	2005—1—28	大同市上华严寺	宗教事务管理局	释秒真
大同市道路运输协会	2005—3—11	龙港园10号楼4单元	交通局	白天明
大同市诗书画印研究会	2005—4—4	金湖国际A座1011号	社科联	张日华
大同市机动车检测与维修行业协会	2005—4—8	大庆路16号	质监局	傅　奎
大同市企业劳动工资劳动关系协会	2005—4—21	大同市劳动和社会保障局劳动工资科	劳动局	石荣瑞
大同市工商行政管理学会	2005—4—22	大同市新开南路西三路市工商局	工商局	仝存国
大同市活性炭协会	2005—4—26	迎宾街迎宾园机关综合办公楼15层	经信委	薛保平
大同市妇科疾病研究会	2005—6—3	御锦源南区10号楼13号商铺	科学技术协会	焦　虹
大同市酒类行业协会	2005—6—16	华林新天地六楼	商务局	雷雁芳
大同市旅游协会	2005—6—16	向阳街市政工程网络服务中心三层	旅游局	张佃生
大同市残疾人文化学会	2005—8—4	齿欣大厦四楼D座1号	社科联	靳文军
大同市青少年幼儿素质教育协会	2005—8—19	大同市魏都大道5号人大常委会137房间	教育局	张丽俊
大同市收藏家协会	2005—9—7	南环路新泉街5号	文物局	韩生存
大同市检察官协会	2005—9—29	大同市迎宾街检察院办公楼五层	大同市检察院	侯学辉
大同市建设工程招投标协会	2005—12—14	大同市大十字街凤凰嘉园	建委	王国良

续表

社会组织名称	成立时间	办公地址	业务主管单位	法人
大同市印刷行业协会	2005—12—22	大同市振华南街甲15楼	新闻出版局	张慧仁
大同市社会福利协会	2012—5—5	西延路昌泰街99号魏都颐养康复中心	市民政局	董根栓
大同市商业联合会	2006—1—17	惠民西城综合机关大楼801	商务局	张　甫
大同市畜牧兽医协会	2006—3—3	大同市城区佛殿庙街29号	科协	马兴仁
大同市就业促进会	2006—3—13	云中路1号大同市职业介绍服务中心	劳动局	孙同生
大同市卫生与健康协会	2006—4—6	大同市新建南路5号	科协	张宝成
大同市融资担保协会	2006—5—23	魏都大道富临宝城A座15层	中小企业局	焦玉江
大同市建设工程检测行业协会	2006—6—20	振华南街53号楼	建委	王与相
大同市价格协会	2006—7—26	迎宾路综合办公楼十四层	物价局	郝　冬
大同市科技情报学会	2006—9—28	新建南路277号	科协	夏　询
大同市围棋协会	2006—12—25	魏都大道78号富临宝城C座4层	体育总会	何于威
大同市藏獒协会	2007—2—26	大同县马连庄	农业局	柴　智
大同市犬业协会	2007—2—26	大同县周士庄镇牛家堡村	农业局	李　颖
大同市监察学会	2007—2—28	市委东楼306	社科联	张雪冰
大同市楹联学会	2007—3—19	大同市政协办公楼	社科联	马　海
大同市慈善总会	2007—3—19	西三环北馨西园办公楼	民政局	张文堂
大同市党建研究会	2007—4—11	市委组织部	市委组织部	白　玉
大同市古堡文化研究会	2007—4—12	新荣区招待所二楼东	社科联	贾　升
大同市性病艾滋病防治协会	2007—4—29	南关东街小东门4号	卫生局	贾玉山
大同市计量协会	2007—4—30	文昌街市政机关大院南楼207房间	质量技术监督局	赵弘文
大同市区域文化学会	2007—5—24	大同煤炭职业技术学院 文苑3—3—1	社科联	管芙蓉
大同市青年书法家协会	2007—8—2	大北街83号	共青团	张　谟
大同长城学会	2007—8—31	大同市图书馆二楼	社科联	陈福仁
大同市老年大学协会	2007—9—4	迎宾街85号商业学校教学楼二层	老干局	王志芳
大同市民俗文化研究会	2007—10—29	幸福里8—3—8	社科联	阮熠瑄
大同市二手车交易、流通行业协会	2007—10—29	大庆路北16号	商务局	宋海龙
大同市输血协会	2008—1—28	魏都大道45号（血站）	卫生局	杨　电
大同市再生资源行业协会	2008—2—3	操场城西街甲20号	供销合作社	赵　波
大同市机关党建研究会	2008—4—8	迎宾街机关综合办公大院公寓楼414	社科联	段德胜
大同市影视文学研究会	2008—4—25	大有仓小区3—3—102	社科联	段增发
大同市心理保健协会	2008—5—6	北都街兴隆小区3号楼2单元10号	卫生局	李树成
大同市古城保护和修复研究会	2008—6—10	魏都大道5号市人大院内	市政府办公厅	安大钧
大同市改革创新研究会	2008—6—26	南关下关工农路21号楼6层	科协	杨美中
大同市商品混凝土协会	2008—7—17	文昌街市直机关办公大院	建委	冯及时
大同市高血压防控协会	2008—7—29	第四人民医院	科协	徐丽英
大同市民营经济联合会	2008—9—11	南关下关21号楼	中小企业局	李海龙
大同市建设监理协会	2008—9—19	大同市建委办公楼	建委	常进庭
大同市企划学会	2009—3—4	富临宝城B座707	社科联	邢静斌

续表

社会组织名称	成立时间	办公地址	业务主管单位	法人
大同市散装水泥协会	2009—5—14	御河西路海关大院 3 单元 3 层	商务局	张彦军
大同市青年志愿者协会	2009—7—3	同云路 3 号伟通大厦 5 层	团市委	杨亚丁
大同市经济文化促进会	2009—8—5	新建南路 46 号	市委宣传部	高　伟
大同市心理咨询师协会	2009—8—5	大同糖厂 20 号楼	卫生局	时　珺
大同市工艺美术协会	2009—9—28	雁同西路 70 号	市经委	胡立国
大同信用与担保协会	2010—1—5	魏都大道 78 号富临宝城 A 座 15 层	财政局	陆有堂
大同市足球协会	2010—1—8	魏都大道少体校办公楼	体育总会	乔都利
大同市健康管理协会	2010—1—18	南关北街 68 号恒瑞大厦四层 B 座	科协	王馨悦
大同市扶贫协会	2010—3—3	迎宾园机关综合办公楼	扶贫开发办	郭永忠
大同市大成拳协会	2010—3—22	北辰花园小区	体育总会	郭贵志
大同市京剧戏迷协会	2010—3—31	大北街 105 号	文广新局	徐震岭
大同市内部审计协会	2010—4—19	开发区咸通路安泰试验楼	审计局	白建生
大同市物流协会	2010—6—23	大同县党留乡蔡庄村	商务局	齐俊斌
大同市脑科学学会	2010—6—30	武定北路 12 号大同现代脑科医院	科协	李小勇
大同市特种设备协会	2010—6—30	开发区思贤街 61 号	质监局	温建祥
大同市纳税人协会	2010—7—16	华林商厦财务部	国税局	李光忠
大同市女法律工作者协会	2010—9—16	魏都大道 5 号	妇联	贺向云
大同市乒乓球协会	2010—10—27	育才北街大同报社办公楼 2 层	体育总会	段太林
大同市腔镜微创技术学会	2010—10—28	宋庄南路 8 号	科协	印万惠
大同市房地产和物业管理协会	2010—11—29	广和大厦北二楼会议室	房产管理局	刘俊杰
大同市钢材流通行业协会	2010—12—24	大庆路都市旺角 8—4—1	商务局	薛守礼
大同市建筑企业养老保险统筹协会	2011—1—6	和汇新泉湾小区 1 号楼 2 单元 1 号	建委	母育平
大同市司法鉴定协会	2011—1—17	大同市司法局	司法局	李文涛
大同市警察协会	2011—1—18	华林新天地机关办公楼 11 层	公安局	吴泳琪
大同市标准化协会	2011—1—18	文昌街事业直属机关大院	质监局	王旭东
大同市质量检验协会	2011—3—2	文昌街事业直属机关大院	质监局	彭　吉
大同市汽车流通行业协会	2011—4—18	南三环北京现代店后楼	商务局	辛永强
大同市小额贷款公司行业协会	2011—6—28	御河东路永固街华北星城 56 号商铺	市政府办公厅	马巍然
大同市海峡两岸交流协会	2011—7—18	魏都大道 5 号	市委台湾工作办公室	丁玉柱
大同市观赏石协会	2011—8—31	魏都大道昊雅古玩城 809 号	文广新局	杨明星
大同市女知识分子协会	2011—10—10	魏都大道 5 号	妇联	戎有平
大同市茶叶流通行业协会	2011—10—17	魏都大道东信广场茶叶街 928 号	商务局	范进荣
大同市光彩事业促进会	2011—12—15	市委东二楼 203 房间	市委统战部	王　兴
大同市篮球协会	2011—12—28	操场城东街大同体校	体市总会	兰　雷
大同市汽车行业协会	2012—2—15	御河西路头条 33 号	经委	王建业
大同市营养保健协会	2012—4—11	新胜西街花卉市场 E 区	卫生局	白永亮
大同市干部教育学会	2012—6—6	开发区思贤街 68 号	市委组织部	刘耀文
大同市爱心救助协会	2012—6—7	魏都大道 78 号富临宝城 综合楼 B 座 6 层 601 号	民政局	刘晓东

续表

社会组织名称	成立时间	办公地址	业务主管单位	法人
大同市文化传媒协会	2012—8—6	教场街 19 号深特广场 4 号楼四层西侧办公楼	文广新局	郭海燕
大同市锣鼓艺术协会	2012—8—22	云中路 12 号	文广新局	王　飞
大同市雅石协会	2012—9—28	经济技术开发区 2 号楼	文广新局	李树文
大同市质量安全协会	2012—11—14	特种设备监督检验所	市质监局	李淑平
大同市银行业协会	2012—11—15	迎宾街 62 号中银大厦三楼	银监局	左中和
大同市传统文化研究会	2012—11—26	魏都大道 78 号富临宝城 4 层	社科联	赵靖龙
大同市农村合作组织联合会	2012—11—26	魏都大道 16 号	供销社	李志远
大同市女企业家协会	2012—12—14	魏都大道 5 号	妇联	薛九荣
大同市内蒙古商会	2013—1—14	魏都大道 452 号	工商联	邢月飞
大同市民间剪纸艺术协会	2013—1—29	医卫街 4 号院	文广新局	高清红
大同市 DV 影视传媒协会	2013—3—8	南关南街 16 号邮政局 3 层	科协	续　勇
大同市节能协会	2013—3—15	迎宾东路云汽园 1 号楼	经委	辛朝辉
大同市小微企业金融服务促进会	2013—3—27	魏都大道 78 号中国民生银行大同分行	工商联	张　鸣
大同市国际标准舞协会	2013—4—3	大同市城区教场街 108 号	文广新局	席明全
大同市政协理论研究会	2013—4—7	魏都大道 5 号市政协办公楼	政协办公厅	许　华
大同市开修锁行业协会	2013—5—20	振华南街 41—2—2	公安局	范付明
大同市家政服务业协会	2013—7—23	御鑫亮城南门 5 号商铺	商务局	杨　泽
大同市企业摄影家协会	2013—9—4	魏都大道西侧广场 A 楼 D 单元 41 号	文学艺术界联合会	刘晓东
大同市青年创业协会	2013—9—19	南环路柳港园 89 号楼 5 号商铺 1—2 层	团市委	靖伟明

第二节　民办非企业单位

1996 年，中共中央办公厅、国务院办公厅下发《关于加强社会团体和民办非企业单位管理工作的通知》。1998 年 10 月 25 日，国务院发布《民办非企业单位登记管理暂行条例》。

从 1996 年开始，大同市民政局组织进行民办非企业单位摸底调查。到 1999 年，全市共有 124 家民办非企业单位。

2001 年 1 月 23 日，召开大同市民办非企业单位复查登记工作会议，印发市教育局、劳动局和民政局联合文件、民非复查登记知识问答、需要提交的有关材料和表格，以会代训。2002 年，会同文化、科技部门印发双边文件，民办非企业单位复查登记全面启动。

2001 年 12 月，市政府机构改革，市民政局社团管理科更名为民间组织管理科，健全民办非企业管理工作职能。2002 年 3 月印发《关于开展 2002 年度民办非企业单位年检工作的通知》。在省厅没有统一安排的情况下，借鉴江苏省的做法，率先制定《年检办法》和《年检报告书》。

2003 年 12 月，在全部完成教育类民办非企业单位复查登记的基础上，协调劳动、科技、文化等业务主管单位以及财政、税务等相关部门，加大民办非企业单位复查登记力度，印发民政部《取缔非法民间组织暂行办法》和《限期登记通知书》，并加大查处力度，全年复查登记 54 家，全市民办非企业单位总数达到 148 家。其中市直 124 家，县区 24 家。从类别上分，教育类 89 家，劳动类 31 家，科技类 19 家，民政类 5 家，法律类 1 家，体育类 3 家。

2004 年，全市登记民办非企业单位 222 家。其中教育类 93 家、劳动类 39 家、科技类 65 家、民政类 15 家、法律类 1 家、体育类 8 家、文化类 1 家。

2005 年 5 月，全面实施《民间非营利组织会计制度》，与大同市财政局共同在大同市会计服务中心举办三期《民间非营利组织会计制度》培训班，市直民间组织会计和负责人约200人参加培训。

2009年7月，根据《中华人民共和国民办教育促进法》、山西省《民办教育促进法实施办法》、国务院《民办非企业单位登记管理暂行条例》的要求，对大同市民办教育机构开展为期20天暑期规范办学检查，重点对城区范围内的45家民办教育机构进行了检查，其中对具备办学条件未经登记的5家民办教育机构下发限期整改通知书，并要求他们在规定时间完善相关手续，完成整改。对设施不标准、制度不健全、管理不规范、无证办学的20家民办教育机构清理取缔。

2012年6月，市民政局和财政局印发《关于做好民办养老服务机构开办补助和运营补贴工作的通知》，凡经市民政局批准新设立的非营利民办养老服务机构，经验收合格后由市财政给予每张床位1000元的一次性床位建设补助。经县（区）民政局批准新建的民办养老服务机构，所在县（区）财政给予每张床位1000元的一次性床位建设补助。对业务主管部门审批的养老服务机构，根据实际入住人数（按入住满一个月）按每人每月100元的运营补贴，按照审批权限由同级财政部门予以补贴。此项规定于2014年1月1日起实行。

2013年，市县两级民政部门登记的社会组织共有406个，涉及教育、劳动、科技、民政、文化、卫生、工商、农业、体育等经济社会生活的各个领域，其中市直民办非企业单位272个，县区民办非企业单位134个。从成立、变更、日常年检、监管、撤销、注销等环节，同教育局、劳动和社会保障局、质监局、财政局、科协、社科联、银监、税务等相关部门，建立了日常信息联络和工作情况通报制度，形成了多部门齐抓共管的联合工作机制。

2013年大同市民办非企业单位情况表

名称	登记日期	地址	业务主管	法人
大同市瀚海职业培训学校	2001—12—2	市西建道5号	教育局	房志平
大同市兰山职业培训学校	2001—12—4	操场城西街甲20号	教育局	武世明
大同市高等教育辅导中心	2002—1—4	迎宾西路3号	教育局	王宽辉
大同市汇林中学	2001—12—5	矿务局新区公园对面部队院内	教育局	樊亚武
大同市振华少儿古筝艺术培训学校	2002—1—6	振华南街振华文化艺术大楼90号楼5层	教育局	田　雯
大同市晨祥苑少年艺术学校	2002—1—6	东风里岳秀园小区	教育局	王利君
大同市译林外语培训学校	2002—1—10	御华帝景1号楼	教育局	靳守波
大同市荣鑫国际经贸培训中心	2002—1—12	新建南路副11号	教育局	刘生金
大同市兴同艺术师范学校	2002—1—15	大同市机车厂技校院内	教育局	王树立
大同市小画家学校	2002—1—16	魏都大道富临宝城A座14层	教育局	郭庆平
大同市早期教育学校	2002—5—26	振华南街梅园小区	教育局	白东宏
大同市新文化少儿艺术培训学校	2002—6—14	凯旋城公寓六层	教育局	张　谟
大同市启点中学	2002—8—21	南郊区十里店村	教育局	弋成东
大同市绿波英语培训学校	2002—9—7	安益前街45号	教育局	杜晓君
大同市马斯特儿童文化艺术教育学校	2004—12—15	西环路罗马城5号楼	教育局	马俊杰
大同市晋腾培训中心	2006—11—28	公务员培训中心504	教育局	王丽英
大同市云天补习培训学校	2007—9—12	红旗路38号	教育局	阮青英
大同市新火职业培训学校	2007—9—25	操场城西街恒山苑	教育局	冯永莲
大同市小新星外国语学校	2008—1—2	御河北路72号	教育局	杜天明
大同市清鸟精英教育培训学校	2008—1—4	大同市魏都大道78号富临宝城B座1509	教育局	王小飞
大同市金宝贝教育培训学校	2008—3—15	亚新大富翁购物中心	教育局	李小梅

续表

名称	登记日期	地址	业务主管	法人
大同市英才补习培训学校	2008—4—25	矿区荣福街	教育局	张志文
大同市同煤光华补习培训学校	2008—8—20	矿区和平街8路	教育局	王荆管
大同市青年继续教育培训学校	2008—9—3	迎泽街电建离退办二层	教育局	王　勇
大同市远程教育培训学校	2008—9—24	新开南路12号	教育局	张海全
大同市诚信教育培训学校	2008—9—24	育才南街新世纪花园西商17号	教育局	于相君
大同市艺琢书画培训学校	2008—10—9	新华街112号	教育局	赵明星
大同市名教培训学校	2008—10—9	迎泽街集贸大楼后院	教育局	梁克英
大同市名师高考补习培训学校	2008—10—13	大同二职中	教育局	张　慧
大同市新颖文化兴趣教育培训学校	2009—2—23	迎泽南街兴达园小区	教育局	王二仔
大同市联华舞蹈学校	2009—2—23	教场街108号深特小区五层	教育局	郑联华
大同市前程培训学校	2009—4—14	大同市三医院东南角大楼2层	教育局	郭有礼
大同市国学教育培训学校	2009—8—5	大同县昊天佳苑综合楼	教育局	张亦冰
大同市零点俏佳人化妆摄影培训学校	2009—9—7	柳航里友谊南街10排1号	教育局	赵　飞
大同市清大启航教育培训学校	2009—9—21	操场城街洪泰大厦五层	教育局	智桂英
大同市民航人才职业学校	2009—10—26	同云路21号	教育局	刘红恩
大同市东方红培训学校	2009—11—6	新华南街13号	教育局	杜学夫
大同市领航外国语培训学校	2010—1—11	友谊南街十号	教育局	王　强
大同市果果化妆造型艺术培训学校	2010—3—23	御华帝景8号楼	教育局	张　静
大同市博华艺文双补培训学校	2010—6—4	开发区太和路63号	教育局	陈　岩
大同市博文优学教育文化培训学校	2010—7—16	大同市宏洋美都西门南6号	教育局	高福厚
大同市欧韵音乐艺术培训学校	2011—5—16	武定街新兴楼二层	教育局	闫国粱
大同市阿斯顿英语培训学校	2011—7—6	云中路医卫街诚益大厦	教育局	杨翠瑾
大同市起点培训学校	2011—9—14	操场城街洪泰大厦11层	教育局	朱德高
大同市台湾东森YOYO幼儿园	2011—10—9	向阳东街阳光绿岛小区	教育局	李　勇
大同市传统文化教育培训学校	2011—12—5	文昌街西口幸福家园诚益大厦6层	教育局	范志诚
大同市煤矿培训学校	2012—2—14	魏都大道富临宝城B座	教育局	吕黎光
大同市刘涛美术培训学校	2012—3—5	操场城西街227号玲珑小区商办楼3层	教育局	李丽琴
大同市晋云教育培训学校	2012—3—20	振华南街甲三号	教育局	张静敏
大同市学大教育培训学校	2012—3—20	矿区校北街	教育局	朱晋丽
大同市旭日高校教育培训学校	2012—6—26	工农路218号	教育局	张　峰
大同市研博教育培训学校	2012—7—27	永泰南路格兰云天E座13层	教育局	刘丽云
大同市御龙学堂教育培训学校	2012—10—10	柳航里金盾小区	教育局	吕爱清
大同市学智教育培训学校	2012—10—10	魏都大道益丰商务大厦A座6层	教育局	修宇山
大同市宏启培训学校	2012—10—30	魏都大道富临宝城B座12层	教育局	杜秀君
大同市同城高等教育培训学校	2012—11—13	迎宾西路15号	教育局	张　波
大同市番茄苗艺术教育培训学校	2012—11—20	向阳里阳光绿岛小区外围6号商铺	教育局	孙振华
大同市金启点培训学校	2012—12—20	育才南街1号	教育局	张俊英

续表

名称	登记日期	地址	业务主管	法人
大同市维思教育培训学校	2013—1—6	武定北路洪泰大厦六层	教育局	王建斌
大同市浑源县大方高级职业学校	2013—1—15	浑源县翠屏路	教育局	高美娥
大同市馨茂学校	2013—1—25	平旺乡三井村东南	教育局	仝　庆
大同市思博教育培训学校	2013—4—23	云中路诚益大厦三层	教育局	李宝忠
大同市国学幼教学校	2013—5—20	大同市北馨理想城	教育局	史风美
大同市平城国学教育培训学校	2013—5—20	大同市北馨理想城	教育局	史风美
大同市明之思维导图培训学校	2013—6—24	御河西路御华帝景 1—2—7	教育局	马　强
大同市孝行天下公益培训学校	2013—7—9	大同市南郊区口泉乡大路辛庄	教育局	朱　英
大同市天奇艺考培训学校	2013—7—10	卸河西路西侧 2 号商铺	教育局	曾　志
大同市华夏教育培训学校	2013—9—17	工农路格兰云天小区 E 座三层	教育局	王利江
大同市晨曦教育培训学校	2013—11—7	大同市操场城街御祥园	教育局	魏学军
大同机车医院	2009—9—30	大庆路前进街 3 号	卫生局	王继仁
灵丘骨伤医院	2012—5—18	灵丘县古城社区	卫生局	李绍唐
灵丘儿康医院	2013—1—6	灵丘县迎宾社区（西环路）	卫生局	李　敏
灵丘县城镇集体工业联合社医院	2013—1—31	灵丘县振华东街	卫生局	倪　升
新建南路振兴街社区卫生服务站	2013—5—27	振兴街幸福家园外围东一号	卫生局	仝仲炜
北辰西苑社区卫生服务站	2013—9—22	站东大街北辰西苑小区 38 号商铺	卫生局	白丽芬
大同市云冈书画院	2006—5—311	小北门翰林别耶院 7—6—102	文化局	杨远雄
大同市国风书画院	2010—12—22	大同书城二楼	文化局	顾景银
大同市西京书画院	2011—5—13	清远西街 324 号楼	文化局	李　勇
大同市魏都书画院	2012—2—15	大东街 89 号	文化局	王世平
大同市京汣文化创意传播中心	2012—3—12	御馨花城 2 号楼 3 号铺面地下室	文化局	卢凤仙
大同市魏风堂书画院	2012—5—22	魏都古玩城	文化局	李利英
大同黄河文化传播中心	2012—9—20	大同市宾利国际公馆	文化局	张月明
大同市西京文化博物馆	2012—12—13	御东新区西京府小区	文化局	段方亚
大同市北魏书画院	2013—8—16	大同市迎宾街 178 号	文化局	葛晓林
大同市两宜轩书画院	2013—9—18	柳泉南街魏都书画城 215 室	文化局	王小平
大同市魏碑研究院	2013—12—13	城区都司街	文化局	杜鹃华
大同市魏都老年健康研究所	2003—6—2	大同市昌泰街 99 号	科技局	董根栓
大同市魏都糖尿病研究所	2003—6—5	大同市昌泰街 9 号	科技局	董根栓
大同市同泰脊柱骨病研究所	2003—7—16	大同市柳港园 C 区 C7—13	科技局	王　林
大同市甲亢病研究所	2003—9—13	育才北街 5 号院	科技局	侯　泽
大同市不孕症研究所	2003—9—17	育才北街 5 号院	科技局	侯　泽
大同市糖尿病研究所	2003—9—22	育才北街 5 号院	科技局	侯　泽
大同市华夏医药研究所	2003—10—8	迎泽南路兴达园 24 号	科技局	李　琦
大同市肛肠病研究所	2003—11—6	柳航里小区综合楼	科技局	章文彬
大同甲醇汽车研究所	2003—12—24	迎宾东路 8 号	科技局	姜忠杨
大同市便秘研究所	2004—2—15	大十字街后头巷凤凰嘉园 4 号楼底门面	科技局	仝志强

续表

名称	登记日期	地址	业务主管	法人
大同市腔镜微创技术研究所	2004—2—15	宋庄南路8号	科技局	高建功
大同市颈椎病腰腿痛研究院	2004—2—29	同泉路17号	科技局	张志斌
大同市食用菌研究所	2004—3—17	南郊区东王庄村	科技局	张俊清
大同市工程技术研究所	2004—3—17	新建南路277号	科技局	张　建
大同市心理卫生研究所	2004—4—8	宁馨小区24号	科技局	闫富贵
大同眼病研究所	2004—6—16	兴周里6号	科技局	张波洲
大同市妇科病研究所	2004—9—25	大同市同泉路17号	科技局	张志斌
大同市超声医学临床应用研究所	2004—11—5	大同市上弟乐哈斯小区1号楼6号商铺	科技局	姜玉英
大同市泌尿病研究所	2004—11—10	大同市棚户区安福里东120号	科技局	常　发
大同市脑病防治研究所	2004—11—21	大同市城区迎泽里小区2—1—2	科技局	苏　凯
大同市北岳新技术应用研究所	2004—11—21	大同市大西街12号（兰池商场对面）	科技局	王玉森
大同市济生男科病研究所	2004—12—18	大同市南郊老平旺金马商城	科技局	陈金叶
大同滋润堂中医药研究所	2005—4—11	大同市大同大学院内	科技局	王自润
大同市建筑装饰研究所	2005—5—23	大同市新胜街西口	科技局	杨海原
大同绿色植物种植加工研究所	2005—6—6	大同市西王庄1号	科技局	孙万虎
大同市人才技术开发引进发展中心	2005—8—9	大同市十里河林场	科技局	陈浒印
大同市农业适用新技术开发研究所	2005—8—23	大同市佛殿庙街18号	科技局	刘　保
大同儿童青少年心理卫生研究所	2005—8—30	大同明珠花园1—3—12	科技局	滕　善
大同燎原美容生发产品技术研究所	2005—8—30	大同市大十字五龙小区院内	科技局	刘柏清
大同市老龄人才农业科技示范中心	2005—12—6	大同县倍家造镇解庄村北	科技局	李耀春
大同市生态资源研究所	2006—1—20	大同市大庆西路6号	科技局	张春兰
大同市生物保健研究所	2006—3—1	大同市大庆路新胜村11号	科技局	刘东华
大同王氏胃肠病药物研究所	2006—3—27	大同市南郊区云佛新村	科技局	王鹏霄
大同市输血医学研究所	2006—5—24	新建南路45号	科技局	田立圣
大同中医中药治疗疑难病研究所	2006—5—30	大庆东路福苑小区综合诊所（新添堡村口）	科技局	薛生文
大同市儿科病研究所	2006—5—31	大庆路新添堡	科技局	宋　利
大同市心血管病研究所	2006—6—22	第四人民医院	科技局	邢福泰
大同市针灸推拿研究所	2006—7—18	大同市御河西路太阳城5—2—102	科技局	张　宏
大同同仁眼病防治研究所	2006—8—24	大同市大东街天主教综合楼	科技局	刘志刚
大同振国肿瘤防治研究所	2006—10—12	平康街会校3号楼	科技局	马纪远
大同灵丘颈腰椎病研究所	2006—10—23	灵丘县武灵镇古城社区医疗服务站	科技局	刘忠礼
大同孕育研究所	2006—11—28	御北园东园商铺201号	科技局	郑兆育
大同广灵中医药研究所	2007—6—17	广灵县西街	科技局	何继林
大同康宁中医皮肤病研究所	2007—7—25	新建南路10号	科技局	李春霞
大同绿惠农业科技开发研究所	2007—8—16	南郊区东王庄村（高寒作物研究所）	科技局	韩秀英
大同微量元素疾病防治研究所	2007—8—27	振华街永宁里西排1号	科技局	刘步吉
大同耳鼻喉研究所	2007—9—21	永泰南路14号	科技局	王　勇
大同市维敏医药工业研究所	2007—10—26	振兴街甲1号	科技局	于学敏

续表

名称	登记日期	地址	业务主管	法人
大同消化病研究所	2008—3—25	大同市永泰南路16号	科技局	田东生
大同结核病研究所	2008—7—25	永泰南路16号	科技局	王志刚
大同市肝病研究所	2008—7—25	永泰南路16号	科技局	刘长凯
大同北方泌尿病研究所	2008—9—24	武定北路翰林别院2号	科技局	章文兴
中北大同肿瘤乳腺病中医研究所	2008—10—16	大同市新二中对面御盛15—4—2	科技局	孟常才
大同葡萄研究所	2010—2—21	大同县杜庄乡马坊	科技局	尚成金
大同成利煤炭检验新技术推广应用研究所	2010—7—26	南郊区平旺农贸批发市场福海驾校旁	科技局	吴玉祥
大同市建筑历史与文化遗产保护研究所	2010—9—14	宋庄北路1号	科技局	吕学贞
大同名老中医疑难病中医药研究所	2010—10—21	文兴路龙翔苑3号	科技局	李维新
大同市康健养生理疗保健研究所	2011—11—2	安益园13号楼	科技局	贾生库
大同宏达慢性病康复研究所	2011—11—22	操场城西街景悦园小区底商2—2	科技局	李　霞
大同广德堂中医外科研究所	2012—5—4	矿区和九路门面房7—10号	科技局	温效杰
大同东方胃肠病研究中心	2012—5—22	武定北路157号	科技局	章文兴
大同复康中医药研究所	2012—5—22	新荣区长城街5号	科技局	张玉明
大同专利技术研究中心	2012—6—26	柳港园B区9号楼302号房	科技局	张　维
大同前列腺疾病研究所	2012—8—29	御河西路东信小区9号楼	科技局	池卫东
大同不孕不育研究中心	2012—8—29	清远西街同泉里	科技局	李　勇
大同市糖尿病肾病研究中心	2012—8—29	操场城东街3号	科技局	李丽珍
大同炭材料研究中心	2012—10—8	南郊区水泊寺乡燕庄村原废弃砖厂	科技局	张培林
大同骨关节病研究所	2013—4—8	大同市南关东街5号	科技局	郭桂军
大同市清洁能源应用技术研究所	2013—7—9	南三环兴旺花园12—1—5	科技局	米　芳
大同市彩色马铃薯研究所	2013—7—20	大同市万城华府2—2—804	科技局	祁海军
大同市妇科疾病预防研究中心	2013—10—16	大同市清远西街324号	科技局	张贵卿
大同市互联网应用技术研究所	2013—10—16	大同市清远西街324号	科技局	李　勇
大同市眼视力光视力康复研究所	2013—10—20	大同市西花园桃园南区商住4楼	科技局	蔡艳丽
大同计算机应用技术研究所	2013—10—31	大同市拥军北路27号2—5—701	科技局	赵　钢
大同市山西马身猪保护和利用研究所	2013—11—14	大同市阳高县古城镇碾儿屯村	科技局	马美军
大同乳房病研究所	2013—3—8	新建南路152号1楼2单元3号	科技局	昝济海
大同市工人体育场青少年体育俱乐部	2002—9—10	大同市工人体育场	体育局	潘建军
大同市体育馆青少年体育俱乐部	2004—4—23	新建南路165号市体育馆内	体育局	郭中存
大同市阳光羽毛球俱乐部	2004—8—18	城区少体校	体育局	杨志文
大同市未来之星青少年足球俱乐部	2005—10—21	东方罗马城西侧	体育局	王　健
大同市骆驼户外运动俱乐部	2008—6—10	新华街84号	体育局	申建堂
大同市晋柴乒乓球健身俱乐部	2010—1—21	西花园活动中心	体育局	李建华
大同市向前体育舞蹈俱乐部	2012—3—20	迎宾街13号	体育局	于向前
大同市极速游泳俱乐部	2012—6—26	矿区迎新街15—4—5	体育局	薄　健
大同市红舞鞋体育舞蹈俱乐部	2013—2—1	大同市城区宏洋美都南2—3号	体育局	刘　元
大同市黄英体育舞蹈俱乐部	2013—2—1	大同市振华南街物管站院内	体育局	黄　英

续表

名称	登记日期	地址	业务主管	法人
大同市晨练俱乐部	2013—7—4	大同市开发区金龙大街 72 号	体育局	杨　智
大同市晨曦青少年体育俱乐部	2013—12—6	大同市矿区文化街同煤一中校内	体育局	曹迎春
大同市新世纪美容美发职业培训学校	2013—11—22	大同市魏都大道振兴街	劳动局	张秀兰
大同市燎原职业培训学校	2002—8—18	大十字街五龙小区院内	劳动局	刘虎林
大同市互立工程车辆职业培训学校	2002—9—6	魏都新城 D 区圣雅大厦 B 座	劳动局	王树立
大同市总工会职业培训学校	2003—5—8	魏都大道 46 号	劳动局	杨素芳
大同市现代健康职业培训学校	2003—5—19	新胜东街 8 号	劳动局	郑玉枝
大同市正大职业培训学校	2003—7—21	经济开发区思贤街	劳动局	杨洪社
大同市新力工程机械职业培训学校	2009—9—21	新荣区甘庄村北	劳动局	张树岭
大同市成利煤质化验职业培训学校	2010—1—5	南郊区平旺农贸批发市场福海驾校旁	劳动局	吴玉祥
大同市啤斯职业培训学校	2010—1—25	操场城西街 255 号怡和园小区 1 号门面	劳动局	郭微涛
大同市新苑职业培训学校	2010—2—9	浑源县东坊城村	劳动局	祝　峰
大同市同煤宏瑞职业培训学校	2010—3—16	矿区平泉路武装部北门旁	劳动局	杜　杰
大同市北方职业培训学校	2010—4—12	药材公司院内三楼	劳动局	李　霞
大同市鹏程职业培训学校	2011—4—8	恒安新区十一站	劳动局	乔雪峰
大同市金弟汽车职业培训学校	2011—7—26	军民路 8 号	劳动局	张广仁
大同市技远职业培训学校	2012—2—17	浑源县永安镇翠屏路	劳动局	赵青霞
大同市南郊区劳动就业职业培训学校	2012—4—11	南郊区五一街	劳动局	王先进
大同市民生职业培训学校	2012—5—2	御东新区御东花园商铺	劳动局	刘思佳
大同市天晟职业培训学校	2013—9—27	云冈路交警八大队院内	劳动局	许江涛
大同市云馨老年公寓	2002—7—25	十里店绿洲西城 3 区	民政局	何庆荣
大同市老人公寓	2002—11—11	御东新区云州街北测	民政局	党　莲
大同市振华老年公寓	2004—4—6	云中路明珠小区	民政局	曹　林
大同市星光老年公寓	2004—4—28	大庆路新胜村 131 号	民政局	杜　霞
大同市松鹤老年公寓	2004—7—17	拥军路甲 1 号	民政局	周　波
大同市安康老年公寓	2005—1—17	大同市大北街大有仓 15 号	民政局	池泽林
大同市城区北街社区老年公寓	2005—8—31	花园里变电站门前	民政局	任根德
大同市“夕阳宫”养老院	2005—11—28	大同市矿区新胜街育新路	民政局	谷　盛
大同市晋福园老年公寓	2005—12—26	大同市南郊区泉落路	民政局	许佃军
大同市亮英养老院	2006—1—18	新旺花园 259 号 260 号院	民政局	冯亮英
大同市金夕老年公寓	2007—1—4	站东南官房小区内	民政局	吉红梅
大同厚德家园	2008—8—20	大同县党留庄乡蔡庄村	民政局	于学林
大同市福桃老年公寓	2009—5—13	安益街 45 号院内	民政局	杨秀梅
大同市康乐养老院	2009—8—3	友谊北街 1 号	民政局	项玉兰
大同市新世纪托老院	2009—12—11	新建北路 20 号	民政局	董根栓
大同市城区福星老年公寓	2009—12—16	大同市拥军南路甲 1 号	民政局	王志民
阳高县永康老年公寓	2011—1—5	阳高县道北 80 部队院内	民政局	郭继明
大同市安康鹿苑养老院	2012—10—30	南郊区马家小村北魏鹿苑北	民政局	吴　霆

续表

名称	登记日期	地址	业务主管	法人
大同市夕阳红乐园养老院	2012—11—16	民航里五爱村社区	民政局	史维霞
大同市南郊区艾庄老年公寓	2013—1—9	南郊区水泊寺乡艾庄村	民政局	陈美玲
大同市中惠老年公寓	2013—5—7	御东新区东王庄村南	民政局	李素香
大同煤矿敬老院	2013—7—20	大同市矿区迎新街党校南	民政局	索　霞
大同市矿区温馨养老院	2013—7—23	大同市矿区水泥厂生活区	民政局	任启靖
大同市城区东街老年公寓	2013—8—20	城区东街李怀角22号（福康里小区）	民政局	郭志刚
大同市华神慢性病康复研究所	2013—9—22	御东大同大学专家公寓10—1—1	民政局	曹　阳
大同市劳动保障培训中心职业介绍所	2012—5—22	南关南街39号	劳动局	侯保东
大同市中小企业诚信信用管理咨询中心	2006—4—12	迎宾西路85号机关综合大楼6层	中小企业局	刘安东
大同市中小企业创业服务中心	2006—7—10	大同市中小企业局	中小企业局	杨培栋
大同市中小企业技术咨询服务中心	2006—11—29	西环路141号机关综合大楼6层	中小企业局	李　清
大同市中小企业管理咨询中心	2007—4—19	迎宾路85号政府综合办公大楼6层	中小企业局	王登峰
大同市中小企业信息网络服务中心	2007—4—19	迎宾路85号政府综合办公大楼6层	中小企业局	王俊哲
大同市中小企业维权服务中心	2007—6—6	迎宾路迎宾园机关综合办公楼6层	中小企业局	刘学文
大同历史文化名城牌匾艺术指导中心	2009—3—18	县楼街文庙大门西侧大成美术馆	规划局	董其高
大同市土壤肥料技术咨询服务中心	2010—12—16	佛殿庙街29号大同农业委员会	农委会	张登继
山西省大同市刑释解教人员安置帮教基地	2013—12—13	大同市机车厂二马路97号	司法局	荆凤瑞

第三节　社会组织党建工作

2009年12月14日，经市委常委会同意，成立中共大同市社会组织工作委员会，作为市委的派出机关，设在市民政局，由市民政局局长兼任书记，设专职副书记1名，设立党建办公室，配备工作人员2~3名，负责领导全市社会组织党的建设工作。

2010年2月26日，民政部在人民大会堂召开全国先进社会组织表彰暨社会组织深入学习实践科学发展观活动总结大会，大同市民政局被民政部评为“社会组织深入学习实践科学发展观活动指导工作先进单位”。

2012年3月8日，省编办《关于中共大同市社会组织工作委员会领导职数的通知》，同意为大同市民政局增加副县级领导职数1名，用于中共大同市社会组织工作委员会专职副书记。8月28日，经省编办批准，市编办下发《关于中共大同市社会组织工作委员会设专职副书记的通知》，明确中共大同市社会组织工作委员会为市委的派出机构，设在市民政局，增设专职副书记1名（副处级）。

2012年9月17日，全国社会组织创先争优活动指导小组决定，表彰全国218个社会组织创先争优活动优秀指导单位，大同市民政局受到表彰。

2012年11月16日，市编办《关于中共大同市社会组织工作委员会成立党建办公室的批复》，同意中共大同市社会组织工作委员会成立党建办公室，为中共大同市社会组织工作委员会的办事机构，正科级建制，设主任1名（正科级），行政编制3名，由市民政局内部调整解决。

中共大同市社会组织工作委员会的主要职责：具体负责领导、指导和协调全市社会组织党的建设；宣传和贯彻执行党的路线、方针、政策，促进中央、省委、市委各项决策部署在社会组织贯彻落实；教育和引导社会组织遵守国家法律法规，团结凝聚职工群众，维护各方合法权益，促进社会组织健康发展；加强对社会组织党建工作的调查研究，及时向市委提出改进工作的意见和建议；指导有关部门和县区委抓好社会组织党建工作；指导社会组织开展党的宣传、教育、组织、纪检、统战、群众等工作；做好党员的教育培训、管理服务和发展党员工作，充分发挥党员的先锋模范作用；负责在市民政局依法登记的社会组织党组织的组建和管理；完成市委交办的其他工作。

2013 年大同市社会组织建立基层党组织情况一览表

单位	社会组织总数	工作机构	单独组建数	联合组建数
市　直	490	社会组织工委	9	10
城　区	64		3	
矿　区	19			
南郊区	37			
新荣区	41		1	
开发区	4			
大同县	24			
左云县	23		2	
天镇县	28			
阳高县	31		1	
浑源县	32	社会组织工委	1	
灵丘县	49		3	
广灵县	58		2	
合　计	900	2	22	10

第六章 优待抚恤

优抚工作是一项传统工作，在艰苦卓绝的解放战争中，以拥军支前、土地代耕、伤亡抚恤、褒扬优待为内容的全新优抚制度逐步建立。新中国成立后特别是改革开放以来，优抚工作以“思想教育、扶持生产、社会优待、国家抚恤、依法保障”为方针，以“军人的抚恤优待与国家经济的发展相适应，使抚恤优待标准与人民的生活水平同步提高”为原则，逐步制定了国家、社会、群众三结合的优抚工作制度，形成与社会主义市场经济体制相适应的优抚政策法规体系。

优抚对象的范围是中国人民解放军现役军人、服现役或退出现役的残疾军人及复员军人、退伍军人、烈士遗属、因公牺牲军人遗属、病故军人遗属、现役军人家属。

第一节 烈士褒扬

一、追烈编录

1950年，国家颁布3个褒恤、抚恤暂行条例后，大同市对参战、因公牺牲的革命军人，对敌斗争或因公牺牲的革命工作人员，参战牺牲的民兵民工，凭所在部队团以上政治机关填具的《革命军人牺牲证明书》《革命工作人员牺牲证明书》发给其家属《光荣纪念证》。

1956～1962年5月，对牺牲已久尚在抚恤的188名革命军人、革命工作人员及抗美援朝战争中失踪的军人追认为烈士，并对其家属颁发《烈士证明书》。

1979年，为对越自卫反击战中牺牲的新荣区2名烈士的家属颁发《革命军人牺牲证明书》。

1983年，根据民政部和山西省民政厅关于换发、补发《革命烈士证明书》通知，开展了办理换、补发烈士证工作。从4～6月中对391名烈士普遍核查，其中有直系亲属的237名，换发新证的176名，补证的11名，缓办待查的50名；有旁系亲属的123名及无亲属的31名根据规定一律不予换、补证。在已换、补证的187名烈士中，第二次国内革命战争时期的1名，抗日战争时期32名，解放战争时期59名，新中国成立后至1950年95名。187名烈士新证持证人，其中父母91人，配偶28人，子女58人，抚养烈士长大的其他亲属哥嫂9人，叔父1人。

1979年7月至1981年2月，编写了《大同市革命烈士英名录》，于1981年10月出版。载入名录的烈士共279名。其中：军队系统248名，地方系统31名。名录内容按烈士姓名、牺牲时部队职务、性别、出生年月、籍贯、政治面貌、参加革命时间及简要英烈事迹，列表逐项记入。军队系统248人中，营级1人，连级7人，排级15人，班级53人，战士136人，职务未查清的36人。地方系统31人中，地专级2人、区科级5人、一般工作人员8人，职务未查清的6人；村干部2人，民兵民工8人。均为男性。党员38人，团员12人、未查清的229人。参加革命时间：红军时期3人，抗日战争时期37人，解放战争时期179人，新中国成立以后30人，未查清和不脱产的30人。牺牲时期：抗日战争时期28人，解放战争时期85人，新中国成立以后147人（抗美援朝牺牲的112人），未查清的19人。属于雁北地区所辖1993年以后划归大同市的大同、阳高、天镇、浑源、灵丘、广灵、左云等7县编写了《革命烈士英名录》，本志附录大同市著名烈士事迹和7县《革命烈士综合统计表》。烈士详细名录见1981年10月山西省民政厅出版的《山西省革命烈士英名录》雁北地区卷。

著名烈士事迹

1. 李濬

城区人，生于1917年生于店员家庭。就读大同县（今大同市）一区第二小学，于1933年考入大同县兰池街工艺职业学校医科。1936年冬，经山西省牺牲救国同盟会（简称牺盟会）介绍，考入山西省国民军军官教导团，1937年4月被编入国民军军官教导第八团三营十连一排一班学员。1938年1月国民军军官教导团改编为新军决死二纵队第六总队，任三大队八连一班班长。“十二月事变”（晋西事变）后，归属晋绥军区第八军分区，编为六支队，在一营营部工作。1940年加入中国共产党，历任排长、管理员、团司令部参谋、营长等职。解放战争时期，曾参加“吕梁战役”“汾孝战役”“晋南战役”，南渡黄河进军豫西，解放新安、渑池等地，开辟鄂豫陕根据地。1948年3月在湖北、陕西两省交界处的上津县漫川关战斗中光荣牺牲，年仅30岁。葬于陕西省山阳县土地岭村。

2. 郭俊卿

又名郭北宸，字墨园，左云县原三区助马堡（现归大同市新荣区）人。1912年生于农民家庭。少年时，在本村小学读书。1930年肄业于左云县第一高小，嗣考入呼延村职中。同年冬，职中停办，返乡。1931年初，赴太原谋生，在兵工厂学徒。1932年6月，被裁返家。1933年秋，在绥远省乡村建设委员会受训。结业后，任乡村指导员。1937年冬，参与哲学研究会活动，被派到连队任政治指导员。1938年春，加入中国共产党。同年6月，奉特委指示，赴安北一带建立党组织，开展抗日活动。1939年春，根据党组织指示，在东湾子小学任校长兼教员，进行抗日救亡活动。先后建立“安北县小学教员救国联合会”“民众抗日后援会”等组织，任中共安北县委组织部长、县委书记、临河特委组织部长、代理书记等职。1940年，任中共绥西（河套）地委书记。同年12月，由于叛徒出卖，在黄河南岸新三师招兵处做隐蔽工作遭敌人包围被捕，囚禁于陕坝附近。在关押的1年零8个月中，受尽酷刑。遭敌活埋时，年仅30岁。

3. 殷德贤

乳名二旦，南郊区鸦儿崖乡高驼村人。1894年生于农民家庭。少年时在本村只念了几年私塾，在村务农。他性格温和，意志坚强，富有正义感，为人正派，乐于助人。1935年春，见距高驼村二里处办起小煤矿，他随即开办小磨房，专门为矿工加工磨面，继而在地处偏僻山区的高驼村开了杂货铺。“九一八”事变爆发后，他利用村里人们常来小杂铺闲聊的机会，向人们宣传爱国主义和抗日救国的思想。1937年10月，八路军宋时轮部，建立大怀左抗日根据地，派出地方工作团，深入农村，宣传抗日，发动群众建立抗日武装，他毅然参加了革命。经常利用曾在村里业余秧歌剧团当司鼓的身份进入敌人据点，以演唱为名，侦察到很多有价值的情报。1938年5月，他加入中国共产党，成为南郊区最早的党员之一。由他和纪富、谢生荣3名党员，建立了大同市农村第一个党组织——高驼党支部。1938年秋，在中共晋绥边区特委干部训练班深造学习，结业后，被分配到左云县牺盟会，宣传抗日、组织壮大党的地方武装，发展党组织，夜以继日地工作。1940年2月，担任中共大怀左北区委书记。为发展壮大大怀左抗日根据地、加强党的建设、组织发动群众，开展敌后游击战争，作出了显著成绩。1941年4月，一天拂晓，因叛徒王茂生告密，在高驼村被敌人包围，突围时英勇牺牲，时年47岁。

4. 张登峰

左云县拒门堡村（现属大同市新荣区）人。1919年，入左云县第一高小读书。1924年，任小学教员。1941年秋，参加革命，曾任大左一区区长，丰凉县民政、财政科长。1943年冬，同日寇作战时，在凉城县南夭村壮烈牺牲。

5. 舒宏

原名赵佩璧，山西省忻县人。曾任晋察冀军区某团政委。1944年1月，调任雁北地委敌工部副部长。1945年10月，在大同城东80里的浅井村突围时被捕。在敌特警队狱中备受酷刑，先后领导14名被捕的共产党员顽强斗争。当时“军调小组”来到大同，中共代表李波在谈判中提出检查狱中政治犯的问题。敌人慌了手脚，凶相毕露。1946年3月24日深夜，舒宏等14位同志被秘密拉到小西门外兴国寺旁杀害。

1981 年大同市革命烈士综合统计表

市、县	烈士人数	军队系统	地方系统	牺牲时间					
				红军时期	抗日战争时期	解放战争时期	抗美援朝时期	其他	未查清
大同市	279	248	31	28	85	112	35	19	
大同县	205	179	26	11	151	27	10	6	
阳高县	455	357	98	17	313	40	17	68	
天镇县	272	232	40	1	8	193	37	22	11
浑源县	1688	1510	178	4	556	816	123	29	160
灵丘县	1254	1106	148	556	492	72	44	90	
广灵县	489	439	50	169	232	29	23	36	
左云县	225	212	13	34	108	48	17	18	
合　计	4867	4283	584	5	1379	2390	488	197	408

二、烈士纪念建筑物

1. 大同市革命烈士陵园

大同市革命烈士陵园位于南郊区马军营乡田村东，占地面积 80 余亩，它的前身是大同市人民公墓，创建于 1954 年 4 月。

1951 年 7 月，大同市在城区北门外操场城东侧广场内建成革命烈士纪念塔。占地 150.4 平方米，塔身与基座全部用方石构造。塔高 8.8 米，座高 3.7 米，塔顶高 1.3 米，总高 13.8 米。塔身每段以 6 块方石组成，正、背面各 2 块，侧面中央各嵌 1 块，塔身及座周之块石，皆刻 2.5 厘米之边框。塔顶四面各雕有 10 面国旗，旗中央雕有五角星，用方石 9 块，总计用方石 1084 块。塔身正面刻有原察哈尔省主席张苏所题的“革命烈士纪念塔”7 个金色大字，后因塔西建校，地势狭小，祭扫不便，于 1989 年 5 月 1 日迁至南门外永泰公园内。

1954 年 4 月，在南郊区马军营乡田村，建立人民公墓，内设“军干区”，埋葬革命烈士和病故军人、干部。

1957 年 8 月，革命烈士舒宏的遗体由兴国寺移葬于人民公墓“军干区”。

1960 年 8 月，市民政局在舒宏烈士墓前树立墓碑，碑正面刻有烈士生平事迹。大同市委统战部长王民选作墓志铭文：“采梁苍苍，桑乾泱泱；舒宏同志，气节轩昂；比山有高，比河有长；一点鲜血，染红北疆；徘徊瞻仰，永志不忘。”

至 1983 年底，田村人民公墓“军干区”内烈士墓 20 座。

1980 年 10 月 16 日，市革委会主任办公会议研究决定撤销大同市人民公墓，成立大同市民政局安置农场，隶属市民政局收容遣送站领导。安置农场有土地 210 余亩，安置难以遣返的社会长期流浪人员，以种植农作物及水果蔬菜为主。

1986 年 11 月，大同市机构编制委员会办公室批准大同市民政局安置农场为正科级差额补助事业单位，核定编制 22 人，领导职数 2 名。

1988 年 7 月，根据国务院批准民政部发出的《关于加强公墓管理，改革丧葬陋习》的通知和省民政厅有关指示精神，经市政府批准设立骨灰公墓，利用安置农场空闲荒地开展骨灰安葬业务。骨灰公墓每个穴位为 1 平方米，将骨灰深埋 2 米以下，不留坟头，可以设碑或标志牌。每个墓穴收建墓费 200 元，从落墓起，每年收取管理费 3 ~ 5 元。公墓由安置农场代管，由市殡葬管理所和殡仪馆协助管理。

1996 年，市民政局决定划拨安置农场土地 70 余亩建立恒泰陵园。

1999 年，设立恒泰陵园永安堂骨灰寄存处，占地 20 余亩。同年经市政府和宗教协会、民政局共同研究决定，在安置农场设立回民公墓区，占地 60 余亩，由回民宗教协会管理。

2004 年，市民政局申报市政府申请设立大同市革命烈士陵园。7 月 27 日，市政协副主席徐世立率部分委员对市民政局安置农场的管理现状以及建立大同市革命烈士陵园的可行性进行专题调研，提出建议：（1）整合现有资源，建立革命烈士陵园。原大同市人民公墓葬有烈士 296 名，其中知名烈士 199 名，有著名烈士舒宏烈士墓。原永泰公园内的烈士纪念塔几经迁移，现因永泰公园改造有必要迁出。将烈士塔迁入原人民公墓建立大同市革命烈士陵园符合实际，具有现实意义和历史意义。(2) 鉴于《城市生活无着落的流浪乞讨人员救助管理办法》颁布实施后，安置农场的遣送教育职能消失，市民政局安置农场改制更名为大同市革命烈士陵园，履行烈士陵园管理职能。(3) 编制市革命烈士陵园的规划预算，分步实施。12 月 30 日，市编委研究决定，同意大同市民政局安置农场更名为大同市革命烈士陵园。

2012 年大同市烈士陵园接待各类缅怀、祭扫人员共计 4000 余人。

2013 年，大同市烈士陵园接待各类缅怀、祭扫人员共计 2 万余人。组织修葺粉刷烈士墓，补种侧柏 1000 余株、油松 200 余棵、修补绿化带 300 余米。

大同市革命烈士陵园现安葬抗日战争、解放战争和新中国成立后的革命烈士 298 名，部队转业干部、离休干部 262 名。

陵园成为山西省爱国主义教育示范基地，群众满意服务窗口单位。

2. *灵丘县革命烈士陵园*

1962 年 7 月兴建，1965 年 9 月 25 日立碑竣工。陵园东北宽 143.4 米，南北长 181.2 米，总面积 25984 平方米，主园面积 13575 平方米。陵园“烈士纪念碑”的灵牌，两边列放着 12 块红底金字革命烈士牌，列有 989 位烈士的英名，其中抗战时期烈士英名 520 名，解放战争烈士英名 386 名，新中国成立后烈士英名 83 名。陵园有 24 个墓穴，存放着 556 具烈士的遗骨。陵园“纪念塔”于 1983 年 10 月落成，台基高 2 米，面积 800 平方米，革命烈士纪念亭内有 110 位党政军老干部、老英雄的骨灰盒。2002 年 9 月，灵丘县委、县政府为了弘扬“平型关精神”将“灵丘县烈士陵园”更名为“平型关烈士陵园”，并请杨成武将军亲笔题写了园名。灵丘烈士陵园为山西省革命烈士纪念建筑物重点保护单位。

3. *广灵县革命烈士陵园*

广灵县革命烈士纪念塔位于县城南玉福山顶，建于 1967 年，三层石结构。碑正面刻有草书的“继承先烈凌云志，誓将革命进行到底!”，塔旁石碑刻有烈士名录。2000 年，由县民政局在乱坟滩上建烈士陵园，亦将南房烈士坟迁入陵园，陵园 2009 年竣工。南房烈士坟位于宜兴乡南房村西，为解放本县而献身的革命烈士埋葬于此。

4. *左云县革命烈士陵园*

1988 年 2 月建成，陵园坐落在原楞严寺旧址，总占地面积 7000 平方米。陵园整体分两部分，前面为烈士陵园，后面为公墓，烈士纪念碑屹立在烈士陵园，碑前两侧为两尊汉白玉雕塑，碑高 3 米。碑呈长方形，长 3 米，宽 2 米，高 8 米，碑身总高 15.85 米。正面镌刻着原绥蒙区党委书记高克林题写的“革命英烈永垂不朽”八个鎏金大字，背面镌刻有原八路军一二〇师六支队支队长刘华香题词:“继续发扬革命先烈艰苦创业精神，为建设社会主义强国，实现共产主义而努力奋斗”。碑东为吊唁大厅。

5. *浑源县烈士陵园穆岳烈士纪念碑*

1989 年 8 月 3 日建成，在揭碑仪式上，还宣布将本县实验小学命名为穆岳小学，县委书记何令祚、县长张富文为穆岳小学授匾。2008 年 10 月，在二岭建新烈士陵园，碑刻烈士 1688 人。

6. *零散烈士纪念设施*

2011 年初，依照民政部的要求，大同市对全市零散烈士墓的分布情况展开调查，并且按照山西省零散烈士墓的建设标准，推进和落实烈士遗骸的集中迁葬和周边环境整治。2012 年，省厅下拨零散烈士纪念设施维修补助资金 1042.5 万元。2013 年，下拨零散烈士墓和零散烈士纪念设施补助资金 346.5 万元。经过市县两级政府共同努力，到 2013 年零散烈士墓保护工作基本完成。1804 座分散墓葬分别迁入 10 所烈士陵园。在迁葬过程中，各级民政干部和乡村负责人怀着对革命英烈的深厚感情，一次次走村入户了解情况；有的还跳入墓穴参与迁葬烈士遗骸；有的长时间在现场解决棘手问题。城区和矿区的零散烈士墓集中归葬市烈士陵园；南郊区将分散于 7 个乡镇的上百座零散烈士墓集中迁葬于口泉乡的四龙山；灵丘县过去濒临坍塌的零散烈士纪念设施“百草亭”修葺一新；新荣区特意为烈士王勇修建了墓顶和碑亭；天镇县将全县 299 名烈士遗骸（包括夏家屯、米薪关、十九墩等处的零散烈士墓），集中安葬于米薪关镇张辛窑村沙梁坡。

2013 年 12 月大同市零散烈士墓、烈士纪念设施统计表

县（区）	零散烈士墓（座）	零散烈士纪念设施（处）
城　区	1	
矿　区	1	
南郊区	100	5
新荣区	20	5
阳高县	179	3
天镇县	522	4

续表

县（区）	零散烈士墓（座）	零散烈士纪念设施（处）
广灵县	58	4
灵丘县	312	5
浑源县	352	9
左云县	42	4
大同县	217	7
总　计	1804	46

第二节　优待

一、群众优待

1949年5月1日，大同和平解放，市社会局对革命烈军属进行登记。全市共有烈军属732户，2296人。10月6日中秋节，各区普遍召开慰问烈军属座谈会，并组织文娱队携带月饼、水果等慰问烈军属。

1950年，内务部公布的《革命烈士家属革命军人家属优待暂行条例》，对烈军属在社会政治生活和物质帮助方面的优待作出了明确规定。中秋节，各区群众自愿组织对烈军属慰问，赠送白面、月饼、水果等。农村组织代耕组、队，为90户烈军属代耕土地46公顷，用工1992个，畜力551个。

1951年6月，市人民政府召开全市各机关、团体、企事业单位负责人会议，要求各单位认真检查优抚工作。7月，市民政局配合4个区组成8个工作组对各街优抚工作进行检查。副市长李铁生、秘书长苏景召开烈军属座谈会，听取对优抚工作的意见；市人民政府举行“八一”建军节军民联欢会；党政领导及相关部门组成3个慰问组27个小组共136人，对烈军属、残疾军人逐户慰问；召开全市烈军属荣复军人2500多人的娱乐大会；合作社、粮食公司、公私合营企业对烈军属购物予以减价优惠。农村普遍建立代耕组织，96户烈军属享受代耕，代耕土地61.5公顷，用工1731个，畜力308个。10月10日，市民政局投资1.5亿元，在城内帝君庙街4号（原帝君庙小学），创建大同市军属工厂，吸收30多名军属参加纺毛线、织毯、编席等生产。1954年和1955年先后转为缝纫和织布生产，主要生产面袋布和加工各种服装。至1955年生产人员达180余人，其中优抚对象107人。1956年初，更名为大同市烈军属工厂；6月在口泉设立分厂；7月将生产教养院的织布生产并入。合并后，有织布机30台，打轴、打穗、进轮机各2台，缝纫机80台。截至1956年底，连同口泉分厂，共有干部22人，生产人员310人，年产值达155万元，纯收入21万元，比1955年增加一倍多。生产人员月均收入由原22元增至32元，最高达76元。

1952年，国庆节和春节，群众自动捐款7897万元（旧币），赠予生活困难的烈军属荣复军人。各校学生给烈军属荣复军人抬水、扫院、碾米、磨面、贴对联。为从事农业的223户烈军属代耕土地143公顷，用工5155个。代耕户普遍增产，生活大有改善。

1953年，为214户烈军属二等以上荣复军人代耕土地98公顷，1/3以上增产。春节时群众自动捐献慰问烈军属款12000多万元（旧币）。

1955年，全市共为121户烈军属代耕土地119.5公顷，享受实物补助118户236人。

1956年，农业合作化后，优待形式由代耕改为优待劳动日。优待劳动日是在安排生产的基础上，根据烈军属、荣复军人生活困难程度和劳力缺乏情况，参照一般社员生活水平而评定。制定代耕改为优待劳动日，优待补助与公益金结合使用的试行办法，以大队为计算单位，按劳力比例负担，参加生产队的粮、棉、油、柴、菜等实物分配和现金分配，军官家属优待虚工分，按虚工分分给实物，再按国家统购价格向生产队交款。全市对在乡的157户484人烈军属和残疾军人优待劳动日9246个。各乡、街建立252个优抚小组，对所属管内烈军属进行力所能及的照顾。

1957年，制定革命烈士家属、革命军人家属和残疾军人优待劳动日暂行办法，对183户618人烈军属、荣复军人评定优待劳动日11049个。

1958年，“八一”建军节、元旦、春节时，除各街道、农村外，机关、厂矿企业、学校，结合拥军开展群众性优属活动。市委书记、市长主持召开烈军属荣复军人座谈会。广大群众在节日为烈军属做好事。郊区9个乡春节时为优抚对象捐款及肉食、大米、鸡蛋等多种食品。城区帅府街群众为烈军属粉刷房屋、担水、扫院、贴春联、送灯笼并拜年慰问。全市享受优待劳动日的烈军属和荣复军人共543户1636人，享受优待劳动日27424个。春评后，各乡在夏季普遍进行检查，对偏高不应享受或遗漏优待等不合理现象予以纠正。

1959年，全市给烈军属、荣复军人710户2146人共评定优待劳动日44351个（每户平均62.5个，人均20.7个）。优待部分占预做劳动日的43%，优待劳动日加预计自做工共为146823个，人均劳动日68个。较全市人均劳动日58个高14.7%。优待对象和比例为：烈属240户509人，优待工15187个，占烈属总户数的28%；军属332户1186人，优待工19752个，占总户数的17%；残疾军人58户199人，优待工4032个，占总户数16.2%；复员军人80户252人，优待工5380个，占总户数的2.8%。

1964年，全市对1573户5349人烈军属、残疾军人评定优待劳动日147729个，对无劳力的军官家属32户87人评给优待工3210个。

1965年对462户1853人烈军属、残疾军人评优待工51366个。结合优属活动，对优抚工作进行全面检查。在农村检查上年优待劳动日落实兑现情况、实物分配情况及孤老、残废、患慢性病优抚对象的生活情况；在街道检查定期定量补助工作、复员退伍军人安置工作；企事业单位检查复转退伍军人安置使用情况；对军婚深入检查，发现问题都及时处理。

1967年，纪念“八一”建军节40周年，中共大同市核心小组、市革委指示积极开展拥军优属活动，给在乡烈军属、荣复退伍军人赠送慰问信，毛主席像和纪念章。

1969～1975年，在“八一”、元旦、春节等重大节日，全市厂矿企业、公社、街道、学校普遍召开优抚对象座谈、联欢会，开展优属活动。对无劳力或缺劳力优抚对象的烧柴、买粮、挑水、缝洗等都给予特别照顾。对日用生活缺货，商业部门主动送货上门，发生疾病帮助请医治疗或予以护理。

对农村优抚对象的优待工作，自1966年“文化大革命”开始后受到很大干扰，1975年始恢复正常，仍执行“春评、夏查、秋调整”的制度。全市评定烈军属、荣复军人722户3220人，优待劳动日122311个。其中烈属127户229人，占总户数的35%，占总人数的27%，优待劳动日17255个，人均75.3个；军属422户1997人，占总户数的19%，占总人数的14.4%，优待劳动日66271个，人均33.2个；革命残疾军人55户346人，占总户数的0.5%，占总人数的0.63%，优待劳动日16274个，人均47个；复员军人118户648人，占其总户数的0.9%，优待劳动日22511个，人均34.7个、占总人数的1.2%。1979年，全市享受优待劳动日的优抚对象共764户3472人，优待劳动日144421个。

党的十一届三中全会以后，全国农村普遍实行家庭联产承包责任制，人民公社时期以劳动日计算报酬的办法已不适应形势发展的需要，优待劳动日制度被发放优待金所取代。为了适应新型的生产关系，国家对优待制度进行了改革，1984年颁布的《中华人民共和国兵役法》确定由乡镇人民政府采取平衡负担办法，通过农民群众统筹给予农村义务兵家属现金优待。对家居城镇的义务兵家属生活困难的，由县、市、区人民政府给以适当的现金补助。优待金标准的确定，一是要与当地经济条件和群众生活水平相适应；二是要保障优抚对象相当或略高于当地一般群众的生活水平。

大同市对义务兵家属采取按服役年限分别优待的办法，服役一年的优待一个劳力全年收入的1/3；服役2～3年的，优待2/3；超期服役的，优待全部。南郊区还规定凡在部队立过三等功以上者，在原享受优待金的基础上再加20%。对其他优抚对象，按大队人均收入再提高5%～20%，作为优待标准，减去优待对象实际收入，缺多少优待多少。

1982年元旦、春节时期，农村优抚对象享受优待的1551户，其中1486户享受优待劳动日398421个，65户评定优待现金14255元。市、区、街道、公社领导带头，组织干部、群众、学生到优抚对象家中走访慰问，并开展拆洗衣被、挑水、劈柴、送对联、年画等活动。

1983年，优待形式改为现金和实物优待。全市在乡优抚对象2166户中享受优待的1173户，优待现金309710元，户均315元。其中烈属148户，享受优待的109户，优待款25598元，户均235元；军属891户，普遍给予优待，优待款302049元，户均339元；残废军人104户，享受优待的67户，优待款20096元，户均300元；复员军人982户，享受优待的91户，优待款15358元，户均169元；带病回乡退伍军人41户，享受优待的15户，优待款6609元，户均441元。评定结果，由公社统一填发通知书，通知本人。对现役军人除通知其家属外，还通知其所在部队。

1985年，享受优待金的优抚对象752户，优待现金753793元，户均1002元。优待金最高的每户达2985元，最低的100元，其中烈属最高为

5000元，最低的108元；残疾军人最高有4500元，最低100元；复员军人最高4312元，最低100元；带病回乡退伍军人最高3710元，最低100元。1986年，开展了扶持优抚对象发展生产，勤劳致富的工作，扶持的主要形式是通过城乡结亲办经济实体在资金、信息、物资上扶持，农村开展养殖、种植、加工、修理、采矿等。

1988年，国务院颁布《军人抚恤优待条例》，把对优抚对象的优待以法律形式固定下来。

1989年，大同市在乡优抚对象1600户，享受优待的938户，优待金额78.1万元。烈属120户，享受优待71户，优待金4万元；义务兵家属656户，优待金62.7万元；伤残军人103人，享受优待63人，优待金5.8万元；复员军人685人享受优待137人，优待金5.1万元；带病回乡退伍军人21人，享受优待11人，优待金4376元。

1991年全市享受优待金的969户，占军属总数的76.3%，优待金86.8万元，户均896元，享受优待最高户2000元，最低100元。

1992年，全市1002户2526人享受优待金，总金额为78.3万元，户均781元，其中烈属58户106人，户均713元，优待面52%；农村义务兵家属66户2413人，户均903元，享受优待面10%；复员军人211人，享受优待面33%。

1994年，全市享受优待的11107户21620人，其中革命烈士家属685户1038人，户均优待361.5元；因公牺牲军人家属86户187人，户均204.4元；病故军人家属186户334人，户均282.9元；农村义务兵家属3814户13725人，户均524元；在乡伤残军人1323人，人均2172元；在乡复员军人4665人，人均163.1元；带病回乡退伍军人343人，人均181.2元，优待面达到60%以上。

1996年，大同市人民政府颁发《关于城镇户口义务兵家属优待金统筹管理办法》，规定优待金统筹按上年度工资总额2‰提取，国省企业交劳动局转民政局账户；民营私营企业按照每人每年15元，个体工商户每人每年15元，工商局代收，转民政局账户。到1997年9月1日前全部兑现。

1998年，修订后的兵役法再次对优抚对象优待工作进行了明确规定，将优待范围扩大到包括城镇义务兵在内的所有义务兵。

1999年，全市有5909户12231人享受群众优待，优待总额37万元，户均标准达631元，优待面占到全部优待对象的69%，农村义务兵家属100%享受优待。2000年全市有优抚对象8603户15159人，其中三属396户937人，在乡伤残军人1107人，在乡复员军人3876人，在乡老红军3人，带病回乡退伍军人376人。农村义务兵家属2654户8869人，城镇义务兵家属1200户3800人。市政府规定城镇义务兵家属由父母所在单位优待，无工作单位由街道办事处负责优待。

2004年，国务院、中央军委颁发修订后的《军人抚恤优待条例》，规定优抚对象在义务兵家属优待、医疗优待、交通优待、参观游览优待、教育优待、住房优待、随军家属安置等多方面的优待内容。义务兵和初级士官入伍前是国家机关、社会团体、企业事业单位职工（含合同制人员）的，服现役期间，其家属继续享受该单位职工家属的有关福利待遇；入伍前承包地（山、林）等，应当保留；服现役期间，除依照国家有关规定和承包合同的约定缴纳有关税外，免除其他负担。对一级至六级残疾军人的医疗费用按照规定予以保障，由所在医疗保险统筹地区社会保险经办机构单独列账管理。七级至十级残疾军人旧伤复发的医疗费用，已经参加工伤保险的，由工伤保险基金支付，未参加工伤保险，有工作的由工作单位解决，没有工作的由当地县级以上地方人民政府负责解决；七级至十级残疾军人旧伤复发以外的医疗费用，未参加医疗保险且本人支付有困难的，由当地县级以上地方人民政府酌情给予补助。残疾军人、复员军人、带病回乡退伍军人以及烈士遗属、因公牺牲军人遗属、病故军人遗属享受医疗优惠待遇。现役军人凭有效证件、残疾军人凭《中华人民共和国残疾军人证》优先购票乘坐境内运行的火车、轮船、长途公共汽车以及民航班机；残疾军人享受减收正常票价50%的优待。现役军人凭有效证件乘坐市内公共汽车、电车和轨道交通工具享受优待。现役军人、残疾军人凭有效证件参观游览公园、博物馆、名胜古迹享受优待。

2004年，9个农业县区完成费改税农村义务兵家属优待金兑现工作，1667名义务兵共享受优待金280万元，优待率达到100%。

2006年，80%的县区义务兵家属优待工作做到了统一标准、统一时间、统一发放。农村1558名义务兵平均每人每年享受优待款1857元，共计发放优待金289.32万元。城区将379户，矿区807户优抚对象纳入低保，享受低保金19.54万元。

2012年，各县区根据城镇户籍义务兵优待金不低于本县区上年度城镇单位在岗职工平均工资，农村户籍义务兵优待金不低于本县区上年度农民人均纯收入的 2.5 倍，入伍到西藏服役的优待金不低于当地城镇义务兵优待金的 1.5 倍进行发放。

二、定期定量补助

对优抚对象实行定期定量补助，是国家保障优抚对象生活的一项重要措施。定期定量补助，由中央财政和地方财政拨出专项经费，按照不同的对象和条件，定期向优抚对象发给一定限额的生活补助费。

1949 年 5 月，大同解放后，市社会局对革命烈军属、复员军人生活困难户，三次发放补助粮小米 8500 公斤，高粱 1 万公斤，高粱面 1500 公斤，衣服 138 件。

1950 年，对生活最困难、无生产劳动能力，需要经常补助的烈军属、荣复军人 527 户 1361 人以及一般困难需要给以部分补助的 325 户 1122 人，全年发放 5 次优待粮，计小米 8 万公斤，组织生产介绍职业安置 109 人，18 人得到免费医疗，13 户得到安葬补助费，共支小米 1.9 万公斤。

1951 年，全市烈军属 1346 户 4680 人中，有 776 户需要补助。其中 141 户系老弱残，需长年补助，其余予以临时补助。全年共发出小米 12.9 万公斤，302 人得到免费医疗，入学子弟 103 人享受公费待遇，70 人享受助学金小米 300 公斤。

1952 年，对全市生产、生活困难的烈军属、荣复转业军人，补助小米 21 万公斤，现金 23500 万元（旧币）。享受补助的烈军属户占总户的 37%。为贫苦烈军属 716 人支医药费 5134 万余元，为 415 户 1285 人减免卫生费 461 万余元，为烈军属子女 741 人免学费 444 万余元，123 人享受助学金小米 1537 公斤，为 41 户住公房的烈军属减免 74 间房租，合小米 4440 公斤。

1953 年，全市发出贫苦烈军属实物补助款 21800 余万元（旧币），受补助的 304 户 702 人。对 227 名贫苦烈士、军人子女发给了 7151 万元（旧币）入学困难补助。5 个中学校有烈军属子弟 279 人享受公费待遇 20500 多万元（旧币）。烈军属在农业税、公产房租、卫生事业费、医疗费等方面得到优先减免粮 2.12 万多斤和款 3800 多万元（旧币）。

1954 年，为解决贫苦烈军属购买肥料，牲畜困难，发补助款 3250 万元（旧币）。

1955 年，发给烈军属生产、生活补助费 24250 元。其中对已入社和未入社的 183 户 690 人，给予生产股份基金补助 9545 元，对长期困难户 183 人、临时困难户 624 人，给予长期和临时生活困难补助 14705 元。另外，对烈军属子女入学困难的 25 人，给予 2073 元补助；对荣复军人入社困难的 142 户 311 人，解决了入社投资 6525 元；对生活和医疗困难的 259 人，补助款 5255 元。为解决部分复员军人住房困难，发补助款 1588 元，对来访荣复军人 520 人，支遣送费 2328 元。

1956 年，政府用于烈军属、荣复军人生产、生活、医疗、住房困难的补助及烈士子女升学困难补助共计 38078 元。其中解决生活困难的 889 户 1656 人，29012 元；解决生产困难的 96 户 192 人，3409 元；解决医疗困难的 53 户 90 人，2067 元；解决住房困难的 38 户 55 人，2008 元；解决烈士子女上学困难的 20 户 22 人，1582 元。

1957 年，对居住城市经常生活困难的烈军属 101 户 230 人，发定期定量补助 4078 元；对临时生活困难的烈军属 236 户 678 人，发临时补助 8147 元；对有困难的荣复军人 1008 人次补助 14149 元。总计用于解决烈军属、荣复军人生产、生活、疾病医疗等款达 26374 元，其中用于解决生活困难的 16616 元；用于解决生产困难的 3429 元；用于解决疾病医疗困难的 1846 元；用于解决修房困难的 3903 元；用于解决烈士子女上学困难的 580 元。

1959 年春节期间，对烈军属、荣复军人生活困难者发补助款 45140 元。

1960 年，对贫瘠山区、重灾区生活困难的 1221 荣复军人 1130 人发补助款 61124 元。

1961 年，全市享受定期定量补助的烈军属共 81 户 118 人（其中老红军 1 户 2 人），补助款 8438 元；烈军属享受临时补助的 134 户 322 人，补助款 4002 元；复员军人享受定期定量补助的 3 人，补助款 560 元；享受临时补助的 477 人，补助款 5518 元。

1962 年，对生活困难享受定期定量补助的烈军属 149 户 239 人，发补助款 9229 元；对临时生活困难的烈军属 766 户 2366 人，发临时生活困难补助款 17981 元；对退伍军人、老红军、在乡残疾军人及带病回乡长期不能劳动的复员军人 15 人，发定期定量补助款 938 元；对荣复军人临时生活困难的 583 户 2003 人，发临时补助款 13923 元。

1963年，对生活困难的烈属187户257人，军属65户108人，发定期定量补助款18842元（农村烈属184户254人，军属22户27人，发补助款11295元；城市烈属3户3人，军属43户81人，补助款7547元）。对烈军属1252户4136人，发临时补助款41458元（农村烈军属1158户3830人，发补助款28675元；城市烈军属94户306人，发补助款12783元）。对在乡三等残疾军人4人及带病回乡复员退伍军人22人，发定期定量补助款1241元；对复员退伍军人、残疾军人、退伍老红军1316人，发临时补助款16075元。

1964年，对孤老无依基本丧失劳动能力的烈军属，烈士遗孤和在乡老红军，政府按月或按季发给定期定量补助，享受补助的261户370人，补助款19440元，对一些临时生活困难的发补助款10.6万元。

1965年，享受定期定量补助的烈军属、烈士遗孤和在乡老红军52户100人，补助款10884元，发临时补助款30172元。1966年，"文化大革命"开始，烈军属、荣复军人的生产生活困难补助工作受到一定影响，只对烈军属发补助款28606元。

1979年，民政部下达《关于改进优抚对象定期定量补助工作的规定》，确定定期定量补助工作的重点是烈士父母、配偶和老复员军人。补助的标准也相应地作了调整，使农村地区每人每月达到6～10元，小城市和城镇地区每人每月达到10～15元，大中城市每人每月15～20元。1973～1984年，全市给烈军属、荣复军人发补助款108.33万元。

1985年，革命烈士家属、因公牺牲军人家属、病故军人家属的定期定量补助，改为定期抚恤金。享受定期抚恤的158户186人，抚恤款68790元。荣复军人350人，发定期补助款46323元。退伍军人15人，发补助款2210元。

1988年，国务院颁布《军人抚恤优待条例》，将革命烈士家属、因公牺牲和病故军人家属的定期定量补助改为定期抚恤，把生活困难的在乡复员军人享受定期定量补助正式写入了条例，从而使这项工作更加规范。

2004年，修订《军人抚恤优待条例》，对此再次明确。2005年，享受定期补助的在乡老复员军人3500人，定补资金103万元，三属600余人，全年享受抚恤金143万元，市县两级配套资金70万元。

2006年，为帮助带病回乡退伍军人解决生活困难，国家将带病回乡退伍军人首次纳入中央财政定期定量生活补助范围。将老党员补贴纳入优抚工作范围，市财政下发《关于做好老党员生活补贴发放工作的通知》并及时下达各级生活补贴款227万元，保证2900余名老党员按时领到足额生活补贴款。

2007年，国家出台一系列有关军队退役人员的政策，将部分参战退役人员和参加核试验军队退役人员纳入定期定量补助范围。在乡退伍红军老战士、在乡西路军红军老战士、红军失散人员，在乡复员军人和带病回乡退伍军人，参战退役人员和参加核试验军队退役人员，60岁以上农村籍退役士兵，可享受国家提供的定期定量补助。

2009年，拨付老党员生活补助316.2万元，医疗费359万元。

2010年，拨付老党员生活补助241.1万元，医疗费367.97万元。2011年，拨付医疗费255万元，解决优抚对象生活难和医疗难问题。为1914名新中国成立前入党的老党员发放生活补贴751.15万元；春节一次性补贴34.42万元，解决老党员的生活困难。审批了60岁以上及59岁农村籍退役士兵享受老年生活补助，全市60岁共有3110人，59岁510人。全年为27196名优抚对象发放价格临时补贴50.93万元，春节一次性补贴122.4万元。

2012年，发放老党员生活补助324.96万元，医疗费365.3万元，价格临时补贴18.04万元。60岁老兵8～12月生活补助资金86.65万元，重点优抚对象和新中国成立前老党员每人360元一次性生活补贴，部分烈士子女定期生活补助。部分农村籍退役士兵老年生活补助每人每月10元，到2013年底4314人得到补助。

2013年，拨付老党员生活补助301.13万元，医疗费419.9万元。元旦、春节期间向全市优抚对象和新中国成立前老党员发放每人360元，一次性生活补贴432.15万元。居住在城镇的烈属定期抚恤金标准提高到每人每年13860元；居住在农村的烈属提高到每人每年7970元。在乡退伍红军老战士及在乡西路军红军老战士和红军失散人员生活补助标准，分别提高到每人每年30250元、30250元和13650元。在乡老复员军人定期定量补助标准在现行基础上每人每年提高600元，享受待遇的带病回乡退伍军人、参战参试人员的生活补助标准由现行每人每月285元提高至320元。

1962～2002 年在乡老复员军人定补标准沿革表

单位：元/月

年份	省辖市区户口	其他城区户口	农村户口
1962	标准由各市自行确定		2～4
1979	10～20	10～15	6～10
1986 年 7 月 1 日起	22～26	18～22	13～17
1989 年 1 月 1 日起	32～36	28～32	23～27
1994 年 7 月 1 日起	42～46	38～42	33～37
1996 年 1 月 1 日起	52～56	48～52	43～47
1999 年 1 月 1 日起	65～75	60～70	55～56
1999 年 7 月 1 日起	85～95	80～90	75～85
2002 年 7 月 1 日起	115～125	110～120	105～115

1954～2002 年大同市烈属（因公牺牲军人家属）定期补助标准沿革表

单位：元/月

年份	省辖市城区户口	其他城区户口	农村户口	备注
1954	2～12		1～8	定补
1962			2～4	定补
1979	10～20	10～15	6～10	定补
1985	35～40	30～35	20～25	1985 年 1 月 1 日起，全省烈属定补一律改为定期抚恤
1989	50～55	45～50	35～40	
1996	75～80	70～75	60～65	
1999	110	105	95	
2000	130	125	115	
2001	150～155	145～150	135～140	
2002	190～195	185～190	160～165	

2006～2012 年大同市在乡老复员军人、带病回乡退伍军人、在乡退伍红军老战士、红军失散人员、参战及参试退役人员生活补助标准沿革表

单位：元/年

类别		2006 年 1 月至 2007 年 7 月抚恤补助金			2007 年 8 月至 2008 年 9 月	2008 年 10 月至 2009 年 9 月	2009 年 10 月至 2010 年 9 月	2010 年 10 月至 2011 年 9 月	2011 年 10 月至 2012 年 9 月	2012 年 10 月至 2013 年 9 月
		大中城市	小城镇	农村户口						
在乡复员军人	抗日战争时期入伍	2900	2840	2780	4000	4600	5440	5920	6640	7240
	解放战争时期入伍	2300	2240	2240	3300	3900	4740	5220	5940	6540
	新中国成立后到 1954 年 10 月 31 日入伍	2240	2180	2120	3200	3800	4640	5120	5840	6440
带病回乡退伍军人		1320	1260	1200	1560	2040	2880		3480	3900
在乡退伍红军老战士		13200	15480	17520	19880	21690	24670	28100		
红军失散人员		3360	4080	4680	7820	8600	10320	11870		
参战、参试退役人员			1200	2040	2400	2640	3000	3420		

在乡退伍红军老战士、在乡西路军红军老战士、红军失散人员生活补助标准表

（2013 年 10 月 1 日起执行）　　单位：元/年

在乡退伍红军老战士	在乡西路军红军老战士	红军失散人员
30250	30250	13650

第三节 抚恤

一、牺牲病故抚恤

1950年12月，大同市人民政府遵照内务部公布的《革命军人牺牲病故褒恤暂行条例》《革命工作人员伤亡褒恤暂行条例》和《民兵、民工伤亡抚恤暂行条例》相关规定，对牺牲病故的革命军人、革命工作人员、民兵民工，凭部队团以上政治机关和地方所在机关填发的牺牲病故证明书，均发给一次性抚恤粮（金）。牺牲抚恤粮为300~600公斤，病故为225~450公斤，均分5个等级。

1952年，牺牲抚恤粮调整为600~2000公斤，病故调整为450~1800公斤。

1953年起，改发抚恤金，牺牲为140万~550万元（旧币），病故110万~410万元（旧币）。

1955年两类抚恤金各分7等，1979年改为6等。

1956~1962年，市人民委员会对牺牲病故已久，应予追恤的革命军人、革命工作人员、民兵民工及抗美援朝战争中失踪的军人进行追恤，共追认烈士188名（牺牲已久的革命军人172名，革命工作人员8名，民兵民工8名；1937年“七七”事变前的13名，抗日战争时期的54名，解放战争时期的121名）。

1961年，对1950年10月25日前失踪的革命军人99名（城区10名，口泉区40名，怀仁区21名，古城区28名），经审查确实参加人民解放军，且系1950年10月25自前即与家中不通音信，而又有可靠证明的，都给予追恤。

1979年，对新荣区2名对越自卫反击战中英勇牺牲的革命军人家属予以抚恤，省、市有关部门和新荣区委、公社领导亲自登门慰问，送抚恤金，赠光荣匾。

1980年6月，改两类为三类［烈士、因公牺牲（不够烈士的）、病故］，对对越自卫反击战中牺牲的烈士，每人增发300元。

1980年9月3日，民政部“关于贯彻执行《革命烈士褒扬条例》若干具体问题的解释”第十一条规定：《革命烈士证明书》和一次性抚恤金，一般应发给烈士的父母、配偶。（一）有父母无配偶的发给父母；（二）有配偶无父母的发给配偶；（三）既有父母又有配偶的，发给谁，由其父母、配偶自行商定，商定不通的，由县、市、市辖区人民政府按照下列规定发给：《革命烈士证明书》发给父母，一次抚恤金，半数发给父母，半数发给配偶；（四）没有父母和配偶的按下列顺序发给其他亲属：子女，共同生活未满16周岁的弟妹，抚养烈士长大的其他亲属。无上述亲属不发。

1984年，各类抚恤金又有增加。至1985年10月，按民政部、财政部“关于调整革命烈士一次性抚恤标准”的规定，在1984年4月1日后牺牲的烈士，一次抚恤金标准，按烈士生前40个月工资计发，生前无工资或低于军队23级者，按其牺牲时军队23级正排职干部的40个月工资计发。被军委或大军区授予英雄模范称号的烈士，增发一次抚恤金的1/3，荣立二等功以上军人，参战民兵、民工的烈士，增发一次抚恤金的1/4。

2011年8月后，死亡抚恤（包括一次性抚恤和定期抚恤），现役军人、国家机关工作人员、人民警察死亡后，烈士和因公牺牲的，一次性抚恤为上一年度全国城镇居民人均可支配收入的20倍加本人40个月的工资；病故的，为上一年度全国城镇居民人均可支配收入的2倍加本人40个月的工资。月工资或者津贴低于排职少尉军官工资标准的，按照排职少尉军官工资标准计算。由当地政府给予一次性抚恤，经费由当地财政负担。对评定为烈士的，还可享受国家的烈士褒扬金，烈士褒扬金标准为烈士牺牲时上一年度全国城镇居民人均可支配收入的30倍。战时，参战牺牲的烈士褒扬金标准可以适当提高。对符合定期抚恤条件的遗属，由民政部门给予定期抚恤。

1952~1985年大同市牺牲病故抚恤费支出统计表

单位：元

年度	金额	年度	金额	年度	金额
1952	4125万（旧币）	1964	3170	1978	9957
1953	5235万（旧币）	1965	2590	1979	13120
1954	5843万（旧币）	1966	3580	1980	13850
1955	1180	1967	3660	1981	14547
1956	2570	1968	4160	1982	13502
1957	5730	1969	3640	1983	21805
1958	2170	1972	3350	1984	16850
1959	5590	1973	5228	1985	60000
1960	280	1974	5350		
1961	12554	1975	3610		
1962	22293	1976	5380		
1963	3542	1977	4570	计	208031

2006～2012 年大同市烈属、因公牺牲军人遗属、病故军人遗属定期抚恤金标准沿革表

单位：元/年

类别	区域	2006 年 1 月至 2007 年 7 月抚恤金	2007 年 8 月至 2008 年 9 月抚恤金	2008 年 10 月至 2009 年 9 月抚恤金	2009 年 10 月至 2010 年 9 月抚恤金	2010 年 10 月至 2011 年 9 月抚恤金	2011 年 10 月至 2012 年 9 月抚恤金	2012 年 10 月至 2013 年 10 月抚恤金
烈属	城镇	4980	6000	6900	7940	8730	10480	12050
	农村	3120	3600	4140	4760	5240	6030	6930
因公牺牲军人遗属	城镇	4620	5400	6180	7110	7820	8990	10340
	农村	2940	3420	3960	4550	5010	5760	6620
病故军人遗属	城镇	4260	5100	5820	6690	7360	8460	9730
	农村	2760	3300	3780	4350	4790	5510	6340

烈属、因公牺牲军人遗属、病故军人遗属定期抚恤金标准表

（2013 年 10 月 1 日起执行） 单位：元/年

区域	烈属	因公牺牲军人遗属	病故军人遗属
城镇	13860	11890	11190
农村	7970	7610	7290

二、伤残抚恤

伤残抚恤政策

1950 年 12 月，大同市人民政府按照内务部公布的《革命残废军人优待抚恤暂行条例》《民兵民工伤亡抚恤暂行条例》规定，对人民解放军、人民公安部队指战员及民兵民工因参战负伤或因公而致残者，按残废等级、在职在乡不同情况，分别发给抚恤粮、残废金或优待金，残废分为 4 等 6 级（即特等，一等，二等甲、乙，三等甲、乙）。抚恤标准以因战、因公，在职在乡而定。残废金、抚恤金、优待金之粮食数为 30～750 公斤。特等、一等抚恤期为终身；二等在乡抚恤粮 2 年后减半发给；三等残废金、抚恤粮、优待粮均一次发清。

1952 年抚恤标准调整为 60～1400 公斤。

1953 年抚恤标准改为以货币计算：标准为 16 万～390 万元（旧币），1955 年调整为 20 万～420 万元（旧币），1965 年在分三等残废一次发清抚恤费改为每年发给残废补助费。

1978 年、1982 年先后对在职、在乡革命残废人员抚恤标准，再次调整提高。

1984 年抚恤标准调整为 56～570 元。

2013 年调整后，一级因战、因公、因病残疾军人抚恤金标准为每人每年 43630 元、42250 元、40870 元，分别比 2012 年提高了 5690 元、5510 元、5330 元。

换证工作

大同市从 1951～1981 年 4 次换发残废抚恤证。

1951 年 6 月，第一次换发残废人员抚恤证，计 37 人（革命军人残废证 35 人，革命残废军人优待证 1 人，工作人员残废证 1 人）。

1962 年 12 月初至 1963 年 3 月底，进行第二次换证和调整残废等级工作。全市共换发各种新证 1067 人（革命残废军人抚恤证 1001 人，工作人员残废抚恤证 10 人，民兵民工残废抚恤证 2 人，在乡革命残废军人临时证明书 54 人）。从致残原因看：因战致残的 973 人，因公致残的 94 人。从等级上看：特等 2 人，一等 9 人，二等甲级 104 人，二等乙级 270 人，三等甲级 349 人，三等乙级 333 人。从分布情况看：在职的 852 人，在乡的 215 人。此次换证不作普遍检查评残，只对残废程度加重或明显减轻的 128 人进行检评，占总人数 12%。最后经检评确定并经省批准调整等级者 14 人，占换证总人数的 1.3%。其中提级的 13 人（一等提为特等 1 人，三甲提为二等乙级的 8 人，三等乙级提为二等乙级的 1 人，三等乙级提为三等甲级的 3 人）。降级的 1 人（二等甲级降为二等乙级）。新评残的 1 人，原系三等经检评不够列入等级的 11 人，在旧证上加盖“残废消失，留作纪念”戳记，仍交他们保存。同时还办理了遗失证件补发的 3 人。对因战残废应发残废证而过去错发优待证的 4 人和应发革命军人残废证而错发了工作人员残废证的 6 人，都分别作了纠正。对私自涂改证件的1人，除本人书面检查外，并给予严肃的批评教育：对已经一次抚恤终了的在乡三等残废人员，只进行登记（姓名、残废等级），暂不换发新证（后于1964年3月20日至4月底又换发了新的残废证件）。新的残废抚恤证件从1963年1月起正式使用。残废人员调整残废等级后，一律从1963年1月起，按照新定的残废等级发给抚恤金。

1972年6～11月，第三次换发残废人员抚恤证，同时对部分残废等级进行调整。换发新证的1061人。

1981年7月第四次换证，原则是旧证换新证，原等级不变，不验评残废等级。个别特殊情况，残情明显变化需要调整残废等级的和遗失补证的，不作换证办理，按日常工作解决。新证从1982年1月1日起正式使用。全市共换革命残废人员证件1115人，其中革命军人抚恤证1100人，革命工作人员抚恤证13人，民兵民工抚恤证2人；因战致残895人，因公致残220人；在职992人，在乡123人；一等13人，二等甲级18人，乙级262人，三等甲级433人，乙级389人。

2009年5月27日组织全市各县（区）62名退伍申请换证、提残的残疾军人进行了医疗体检鉴定。对50名符合条件的人员材料上报省厅。

2010年为40名原8023部队退役人员办理了评残手续。8名残疾军人办理了提高残疾等级手续，新增退伍残疾军人33名。

2011年为全市43名退伍申请换证、提残的残疾军人进行了医疗体检鉴定。经鉴定对38名符合条件的人员材料上报省厅。为213名原8023参试人员进行了体检。

2012年为195名原8023参试退役人员参加省民政厅组织统一体检，认定9名参试人员符合评残条件。审核原8023部队评残档案9份。各县（区）49名提残、换证伤残军人进行伤残鉴定。新评、更改身份证、补证伤残人员9人。

2013年为245名原8023参试退役人员参加省民政厅组织统一体检，认定15名参试人员符合评残条件，审核原8023部队评残档案19份。各县（区）38名提残、换证伤残军人进行伤残鉴定。新评、更改身份证、补证伤残人员3人。2013年底全市共有革命伤残人员2740人。

1984～2002年在乡伤残军人抚恤标准沿革表

单位：元/年

类别 \ 执行时间		1984 7.1	1988 7.1	1994 7.1	1996 7.1	1998 7.1	1999 7.1	2000 7.1	2001 7.1	2002 7.1
特等	因战	570	1200	2240	3240	5340	6000	6000	7000	8400
	因公	518	1100	2100	3080	3380	5180	5480	6840	8240
一等	因战	498	1020	1860	2460	2760	4000	4600	5400	6480
	因公	464	950	1740	2330	2630	3870	4470	5270	6350
	因病		860	1620	2200	2500	3740	4340	5140	6220
二等甲级	因战	390	740	1250	1430	1550	2120	2480	2900	3330
	因公	350	660	1150	1320	1440	2010	2370	2790	3220
	因病		600	1070	1230	1350	1920	2280	2700	3130
二等乙级	因战	296	538	856	960	1080	1320	1680	1940	2230
	因公	268	480	780	880	1240	1600	1600	1860	2150
	因病		450	740	840	960	1200	1560	1820	2110
三等甲级	因战	180	336	536	628	748	900	1050	1180	1360
	因公	180	322	516	608	728	800	1030	1160	1340
三等乙级	因战	140	272	442	626	646	780	930	1050	1210
	因公	140	272	442	526	646	780	930	1050	1210

1984～2002 年在职伤残军人保健金标准沿革表

单位：元/年

类别	执行时间	1984 年7月1日起执行	1994 年1月1日起执行	1996 年7月1日起执行	1999 年1月1日起执行	1999 年7月1日起执行	2000 年1月1日起执行	2001 年1月1日起执行	2002 年1月1日起执行
特等	因战	132	450	600	1000	1100	1180	1500	1800
	因公	120	420	570	970	970	1150	1470	1770
一等	因战	118	374	500	800	800	980	1200	1440
	因公	108	342	460	760	760	940	1160	1400
	因病		332	450	750	750	930	1150	1390
二等甲级	因战	96	288	380	380	455	515	600	690
	因公	86	268	360	360	435	495	580	670
	因病		250	340	340	415	475	560	650
二等乙级	因战	84	231	300	300	360	420	500	580
	因公	76	214	280	280	340	400	480	560
	因病		210	270	270	330	390	470	550
三等甲级	因战	70	174	220	220	260	320	380	440
	因公	64	160	200	200	240	300	360	420
三等乙级	因战	60	132	170	170	205	265	320	370
	因公	56	122	160	160	195	255	310	360

1952～1985 年大同市伤残抚恤费支出统计表

单位：元

年度	金额	年度	金额	年度	金额
1952	6740 万（旧币）	1964	54542	1976	41449
1953	3377 万（旧币）	1965	35140	1977	40730
1954	10428 万（旧币）	1966	36400	1978	49041
1955	12605	1967	35933	1979	50190
1956	19681	1968	35383	1980	60069
1957	28142	1969	35520	1981	57574
1958	31850	1970	55	1982	77817
1959	53863	1971	73	1983	83944
1960	2124	1972	41620	1984	97765
1961	52891	1973	40505	1985	132000
1962	53707	1974	41608		
1963	53120	1975	40473	计	1416360

2006～2013 年大同市优抚事业费支出统计表

单位：万元

经费项目	2006 年	2007 年	2008 年	2009 年	2010 年	2011 年	2012 年	2013 年
抚恤事业费	1958.4	2267.7	2806.4	3260.4	3911.8	4592.55	5305.47	6043.92
医疗补助资金	291.49	266	334	359	367.97	358	365.3	419.9

2006～2012 年残疾军人、伤残人民警察、伤残国家机关工作人员、伤残民兵民工残疾抚恤金标准沿革表

单位：元/年

残疾等级	性质	2006 年 1 月至 2007 年 7 月抚恤金	2007 年 8 月至 2008 年 9 月抚恤金	2008 年 10 月至 2009 年 9 月抚恤金	2009 年 10 月至 2010 年 9 月抚恤金	2010 年 10 月至 2011 年 9 月抚恤金	2011 年 10 月至 2012 年 9 月抚恤金	2012 年 10 月至 2013 年 10 月抚恤金
一级	因战	14560	18900	22680	26080	28690	32990	37940
	因公	14040	18300	21960	25250	27780	31950	36740
	因病	13570	17700	21240	24430	26870	30900	35540
二级	因战	13100	17100	20520	23600	25960	29850	34330
	因公	12480	16200	19440	22360	24600	28290	32530
	因病	11960	15600	18720	21530	23680	27230	31310
三级	因战	11650	15000	18000	20700	22770	26190	30120
	因公	10920	14100	16920	19460	21410	24620	28310
	因病	10140	13200	15840	18220	20040	23050	26510
四级	因战	9470	12300	14760	16970	18670	21470	24690
	因公	8580	11100	13320	15320	16850	19380	22290
	因病	7800	10200	12240	14080	15490	17810	20480
五级	因战	7280	9600	11520	13250	14580	16770	19290
	因公	6550	8400	10080	11590	12750	14660	16860
	因病	5930	7800	9360	10760	11840	13620	15660
六级	因战	5820	7500	9000	10350	11390	13100	15070
	因公	5460	7080	8520	9800	10780	12400	14260
	因病	4680	6000	7200	8280	9110	10480	12050
七级	因战	4350	5700	6840	7870	8660	9960	11450
	因公	3880	5100	6120	7040	7740	8900	10240
八级	因战	2880	3600	4320	4970	5470	6290	7230
	因公	2480	3300	3960	4550	5010	5760	6620
九级	因战	2180	3000	3600	4140	4550	5230	6010
	因公	1870	2400	2880	3310	3640	4190	4820
十级	因战	1460	2100	2520	2900	3190	3670	4220
	因公	1250	1800	2160	2480	2730	3140	3610

残疾军人、伤残人民警察、伤残国家机关工作人员、伤残民兵民工残疾抚恤金标准表

（2013 年 10 月 1 日执行）　　　　单位：元/年

残疾等级	残疾性质	抚恤金标准
一级	因战	43630
	因公	42250
	因病	40870
二级	因战	39480
	因公	37410
	因病	36010
三级	因战	34640
	因公	32560
	因病	30490
四级	因战	28390
	因公	25630
	因病	23550
五级	因战	22180
	因公	19390
	因病	18010
六级	因战	17330
	因公	16400
	因病	13860
七级	因战	13170
	因公	11780
八级	因战	8310
	因公	7610
九级	因战	6910
	因公	5540
十级	因战	4850
	因公	4150

第四节　市属优抚事业单位

一、大同市光荣院

大同市光荣院成立于 1959 年，是大同市最早的一所优抚事业单位。原址城区北十府街 2 号，2012 年搬迁到御东新区文盛街 16 号。始建名为“大同市烈属养老院”。1979 年，大同市烈属养老院更名为“大同市光荣院”。

1994 年 5 月 10 日，大同市光荣院改造工程开工。住院老人借住大同县光荣院，服务人员跟随服务。11 月 28 日，新建工程一期工程竣工剪彩，并创办了“大同市光荣院老年生活服务处”，新建的“老人公寓”楼面积 1400 平方米，可容床位 100 张。院内设施齐备，环境优雅。

1994 年 7 月，民政部部长多吉才让来院视察，慰问住院老人，省民政厅厅长孙有福陪同。1996 年 5 月 25 日，城区八校把市光荣院定点为该校的德育教育基地，并隆重举行了挂匾仪式，聘请光荣院老人为校外辅导员。

1996 年 7 月 30 日，投资 250 万元历时两年多的改扩建工程竣工。建筑面积 2100 平方米，床位 100 张。配套设施有锅炉房、多功能活动室、浴室、餐厅、洗衣房、健身房、诊疗所等。

1999 年 3 月 16 日，省教委在市光荣院举行了隆重的挂牌仪式，确定市光荣院为省级“德育基地”。9 月 6 日，日本友人尾岛高次郎等 4 人向市光荣院捐款 13 万日元。

2000 年 10 月 4 日，民政部社会福利和社会事务司司长窦玉沛、中国收养中心主任郭思锦，在省民政厅副厅长王铁选的陪同下，来院视察优抚养老工作。

2002 年 1 月，民政部副部长李宝库来院调研指导，充分肯定市光荣院取得的成绩。4 月和 10 月，全省优抚工作会议和全省民政事业单位工作会议在大同召开，市光荣院在大会上介绍经验，与会代表共 120 多人次来院观摩。

2006 年 1 月 4 日，省委副书记、代省长于幼军来到市光荣院，对住院老人的居住条件和生活状况表示满意，对光荣院的管理服务工作给予肯定。

2007 年 5 月 15 日，市光荣院组织干部职工自己动手对院内基础设施进行改建，扩大车棚，搭建新顶棚。购进花苗 500 株栽种到花盆里，重新修剪了绿化带，绿化、美化院内环境。

8 月 1 日，邀请城区文化局的艺术家来院演出，表演了二人台经典剧《借钱》、样板戏《红灯记》、晋戏传统剧目《三娘教子》。

2008 年 1 月 10 日，全院干部职工积极响应“向南方灾区人民献爱心”社会捐助动员大会的号召，奉献爱心，捐款 1690 元。5 月 14 日，全院干部职工和住院老人向汶川地震灾区人民奉献爱心捐款 5052 元。5 月 19 日，为四川汶川灾区二次捐款 2428.6 元。2010 年 4 月 23 日，市光荣院干部职工为青海玉树灾区踊跃捐款1400元。

2010年10月，市光荣院派6名一线护理员去北京参加“全国养老福利服务机构标准化建设培训”和“民政部第二期养老护理员示范性培训”，有3名护理员取得中级护理员资格证书，3名取得老年福利服务机构标准化建设培训证。

4月22日，市光荣院御东新院奠基仪式隆重举行。2012年6月，光荣院御东新院一期工程竣工，建成后的御东新院一期工程占地20亩，分为地上四层，地下一层，建设面积19367.5平方米。共有床位400张，设立颐养区、康复区、护理区，并配有阅览室、医疗保健室、多功能活动中心，是集餐饮、居住、医疗、康复、娱乐、临终关怀于一体的养老场所。7月2日搬迁工作正式启动，经过连续20多天的努力，顺利完成搬迁。

2013年5月7日，光荣院御东新院二期工程动工奠基，二期工程占地15亩，规划建筑面积为15600平方米。

大同市光荣院建院55年来，共收养孤老优抚对象200多名。总结出一整套行之有效的以“尊老为德、敬老为善、爱老为美、助老为乐”为核心的办院文化，以“立足优抚、面向社会、发挥优势、养康结合、全面发展”为办院方针，以“上为国家分忧，下为群众解愁，俯首甘为孺子牛”为办院宗旨，以“尊重、理解、奉献、团结、务实、创新”为服务准则，以“三心（热心、细心、耐心）六到”（眼到、手到、嘴到、腿到、情到、神到）为服务方法。1993年被省民政厅评为“先进光荣院”“拥军优属模范单位”，1995年被民政部授予全国“文明光荣院”，1999年被省教委确定为“德育教育基地”，2003年被省民政厅评为“全省民政宣传先进单位”，2005年被省总工会评为“山西省职工职业道德十佳单位”，2008年被全国妇女联合会、第二十九届奥组委、全国妇女“巾帼建功”活动领导小组联合评为“巾帼文明岗”，2008年被省民政厅评为“全省民政政策理论宣传工作20年红旗集体”，2009年被中国老龄事业发展基金会评为“全国爱心护理工程建设基地”、被省民政厅授予“全省民政政策理论研究和宣传工作红旗集体”，2010年被中国老年学学会老龄产业专业委员会、国务院法制办离退休干部局、《光明日报》离退休干部局、华民全国养老连锁服务机构联合评为“全国百家杰出养老服务机构”，2012年被省民政厅评为“山西省公布养老机构先进单位”“全省民政系统行风建设示范单位”，2012年被省老龄委评为“敬老文明号”，2013年被全国老龄委评为“敬老文明号”。

二、大同市第六人民医院（大同市荣复军人医院）

大同市第六人民医院是一所由政府举办的精神病专科医院，是山西省最大的精神病专科医院之一，始建于1979年，初名大同市精神病医院，院址在新荣镇长城西街。1991年整体搬迁到南郊区西韩岭村，1997年更名为大同市第六人民医院（大同市精神卫生中心）。2012年6月26日，市政府整合精神卫生资源，决定大同市第六人民医院与大同市荣复军人医院合并为新的大同市第六人民医院，同时挂大同市荣复军人医院、大同市精神卫生中心牌子。

大同市荣复军人医院前身是1956年市公安局在城东七里茶坊庙设立的精神病人收容所。1959年，市民政局根据省民政厅“在大同设立一所精神病疗养院”的要求，制订成立精神病疗养院计划。11月初，市人委同意成立精神病疗养院，后改名为大同市精神病人疗养院。1965年4月，更名为大同市精神病人管理院。1979年5月10日，更名为大同市荣复军人疗养院。1980年6月，更名为大同市社会精神病院。1985年12月，成立大同市社会精神病院康复分院，院址设在古城村。1995年1月1日成立大同市首家自愿者戒毒中心，1996年6月成立大同市心理咨询与治疗中心。2002年12月26日，加挂大同市荣复军人医院牌子。2004年建立荣军病区，接收大同市县、区住朔州市复退军人精神病院28名，复退军人精神病、荣军患者达到56名。2012年6月与大同市第六人民医院合并。

设施建设 1962年，市政府拨款1万元，维修院内旧房，新建平房15间，面积210平方米。1968年，市民政局投资4万多元，新建市精神病人管理院。1969年4月，新院建成，总建筑面积693平方米。分前后两院，前院房间20间，设行政办公室、会议室、门诊室、药房、心电图室、库房和食堂等；后院房间22间，为住院病区，包括医护办公室、值班室和病房。职工增至15人，设病房50张，住院病人40名左右。1971年，建立工疗厂，选择病情好转或长期住院，表现精神衰退、生活懒散、情感淡漠、手动的病人参加工疗，恢复劳动能力，为国家创造财富年产值约2万多元，成为华北地区精神病人工疗作业典型。

1979年5月10日，市民政局拨款5万元，购置200毫安X光机、心电图机、化验设备及汽车，医疗条件进一步改善。1981年，投资15万元筹建住院楼。1984年11月，住院楼投入使用，建筑面积1200平方米。机构设置为院办、医务办、临床科室、行政、总务、财务办公室，职工增至43名，其中医技人员27名。

1985年拆除小土楼院墙90多平方米，使病人的活动场地比原来扩大了约100平方米。1989年，设立图书室和病案室，新盖澡堂和理发室。

1996年，投入资金2万余元，订购专业书籍400余册。11月，购置6511型心电图机、KH－1000型氦氖激光治疗仪、MC－Ⅲ型乐频电疗仪、ZY－Ⅲ型超声治疗仪、意大利BT－224型半自动生化分析仪、美国泰利特50型尿十项分析仪、PC－604型血球分析仪、300MA双床X光机、800A型洗胃机、JD－2A型肌电生物反馈仪。

1998年，投资100余万元，装修旧病房楼体660平方米，铺设防滑地面砖1500平方米，更换保护窗61个；建立病区卫生间，安装淋浴器；配备病人活动室；更新医用床150张，配套被褥120套，统一病服200套，拆除车库拓宽院落800平方米。

1999年，在市民政局和省、市募委会的支持下，投资170余万元改扩建一栋三层综和门诊楼，新增营业面积860平方米，装修办公楼面积1500平方米。2000年，筹资购置15套体疗设备。封闭病区内全部安装有线电视，配置大屏幕彩电，丰富了患者文化生活。在门诊大厅公开收费项目及标准，将住院处、药房、收费处统一设在门诊大厅，患者开药、划价、交费、取药一次完成。购置6台电脑，使财务、院办、药房、收费处、住院处、心理咨询室实现了办公自动化。

2001年，开设神经官能症病区，病房按干部病房标准配置了彩电、毛毯、沙发、衣柜、拖鞋等，为神经症患者提供了安全、方便、舒适的疗养环境。加固住院楼门窗110间，260平方米，确保住院患者的安全。住院人数达156人。

2002年，成立心理卫生研究科，开展多种项目的心理治疗和心理测量工作，增加新的治疗项目，拓展服务范围。筹措资金10万元，配备了电脑设备，与大同市医疗保险中心联网，办公步入网络化。

2005年，落实卫生部“医院管理年”活动。更新改善病区设施，购置21套餐桌凳、12个更衣柜。救治流落街头的精神病患者15人，其中12名治愈后与家人团聚，1名转福利院，2名未找到家人。

2007年，投资160余万元新购彩超、心电图机、心电监护仪，电脑4台，购公务车一部，更新床单500条，病服270套，购买新冰柜，为患者就医、休养创造良好的条件，全面提升医疗服务档次。

2012年6月26日，与原大同市六医院合并为新的大同市第六人民医院。新院占地101.436亩，建筑面积36370平方米，设置病床500张，总投资13000万元。主要建筑主楼为三层、群楼为四层，设有门诊医技楼、病房楼、后勤保障楼，功能完备、设备齐全、环境优美。

2013年，两院合并资源整合平稳顺利，医疗设施得到改善。投资358.9万元，购置无抽搐电休克治疗仪、彩色经颅多普勒仪、睡眠脑电分析系统、经颅磁刺激仪、临床心理测量与评估系统、眼动检测系统、音乐治疗系统、心理CT等医疗设备29台，目前所有精神科临床诊断、治疗设备全部配齐；投资42.4万元更新病区更衣柜、桌椅、保温饮水桶，配套了餐具柜、餐桌椅、床头柜、清洁柜、数字电视，安装了太阳能淋浴器等病房设施，投资17万元配齐办公设备。

制度建设　1985年，实行以院养院的承包管理，采取定支出、定收入、定责任、定奖惩，调动职工积极性。

1988年，实行优化组合全员抵押承包。为全院职工评定技术职称，制作统一院服。建立健全医院各项管理和百分考核制度，实行翻牌考勤岗位责任制。开展“整顿医疗秩序，文明行医，优质服务”竞赛活动。

1990年，制定《考核方案实施细则》，推行“责任制护理”，开展“优质服务竞赛”活动。

1991年，完善新一轮承包。

1992年，引入竞争机制和风险机制，制定“经济指标承包”的暂行规定。11月重新设置科室如下：院部办公室、支部办公室、工会、团总支、妇委会、医务办公室、门诊部、护理部、保卫科、质控办、分级办、辅助科、药械科、防保科、财务科、总务科、精一科、精二科、精三科、精四科。

1993年，开展“三个坚持、三项教育、四项建设”，加强职工思想作风建设。重新修订《考核条例》。先后两次在广场举办义诊咨询活动，服务各类群众2200人次，散发传单6000余份。“5·12”国际护士节，举办技术比武、理论测试专业知识竞赛等活动。

1994年4月，组织医疗队一行21人在红旗广场举行医务咨询活动，接诊各类患者197人，发传单2000份。“5·12”国际护士节举办“我热爱我的专业”专题演讲和岗位练兵智力竞赛等，加强“三基三严”训练，强化质量意识。为医院“三无”病人捐衣物561件，鞋17双，做好事20余件，缝制病服200套，加工被套50余套。

1995年先后三次在红旗广场举办街头义诊，发放宣传资料2000余份，服务各类人员1230余人次。

1998年制定“一二三四五”服务患者的承诺（一个目的：让患者早日康复、回归社会。两个满意：患者满意，家属满意。三个挑选：挑选大夫、挑选护士、挑选病房。四个一样：对待患者高低贵贱一样，新老亲疏一样，对于工作人员分内分外一样，上班下班一样。五个做到：接待患者热心、治疗护理精心、心理咨询耐心、工作态度诚心、始终奉献爱心）。

2004年，以“三甲”医院标准，实行全面质量管理。

2008年，通过全院征集、反复斟酌、多次酝酿，形成简单易记、朗朗上口的医院使命、目标、方针、服务理念、工作理念等。以让患者早日康复，回归社会为使命，以患者满意，家属满意为目标，以诚信、质量、教育、品牌为方针，以热心、精心、耐心、诚心、爱心为服务理念，以严谨、求实、创新、发展为工作理念。

2009年，开展“建设学习型医院、打造知识型职工”的活动。通过学习，做到与医院管理工作相结合，与医德医风建设相结合，与医院发展相结合，与解决存在的问题相结合，体现“三高三清”（思想境界高、综合素质高、工作标准高，政治上清醒、作风上清廉、思想上清静）。

2010年，开展以患者为中心，以提高服务质量为主题的创建平安医院活动。加强护理工作，积极探索规范合理的护理模式，全面推行《护士观察量表》。

2011年，开展以三测单的绘制和《医学临床三基训练》为主的护理技能比武活动，提高服务水平。加强医院内部管理，建立安全隐患报告制度。

2013年对全院医生、护士进行基础理论、基本知识、基本技能的考核和测评，修订《三级精神病院评审标准实施细则》《病历书写规范要求》《风险评估书写要求》《处方书写管理规定》《三级医师查房制度》《首诊负责制》等临床工作制度。优抚、救助工作进一步加强，列入重要议事日程，成立优抚科、救助科两个职能科室，设立优抚荣军病区和社会救助病区，出台《关于接收救助、低保患者的管理细则》《民政精神病患者住院规定》等制度，理顺荣复军人、“三无”人员、救助对象就医流程，为优抚患者、救助对象提供医疗服务。精神卫生防治网络基本建立，形成“村—乡—县—市”四级精防网络。

第七章　复员退伍军人和军队离退休干部安置

第一节　复员、退伍军人安置

退役士兵，以《中华人民共和国兵役法》实施为标志，之前称之为复员士兵，之后称之为退役士兵。复员士兵是指1954年10月31日开始实行义务兵役制以前参加中国工农红军、东北抗日联军、共产党领导的游击队、八路军、新四军、中国人民解放军、中国人民志愿军等，持有复员退伍军人证件或经组织批准复员的士兵。退役士兵是指1954年11月1日开始实行义务兵役制以后参加中国人民解放军，持有退伍或经组织批准复员的士兵。

一、机构

1949年5月大同解放后，复员军人接收安置工作由市社会局（民政局前名）优抚科承办。

1952年，成立大同市转业建设委员会，下设办公室，由民政、人事、劳动、兵役等局组成，与市民政局合署办公。

1957年2月调整、健全了市转业建设委员会办公室，成立区、乡接收安置委员会，农业社成立安置小组。

1966年"文化大革命"开始后，复员退伍安置机构撤销，但复原退伍安置工作未停。

1976年3月5日，成立大同市接收安置复员退伍军人领导组，市革命委员会副主任傅忠任组长，下设办公室，傅忠兼主任。同年6月撤销领导组，工作由民政局和武装部承办。

1978年，安置工作由市委副书记、市革命委员会副主任工志主管，市武装部、民政局等单位抽调10人，组成办公室，市委常委、秘书长孙忠庆兼办公室主任。

1981年5月，市民政局增设"双退"（退休军人和军队离退休干部）办公室。

1987年12月，国务院发布了《退伍义务兵安置条例》后，市、县（区）成立了安置领导小组及其办公室，负责安置工作。

1997年，市民政局设立安置科，兼挂同级政府复退军人安置办公室牌子。

二、安置工作

1949～1958年的安置工作以复员军人为主，主要对象是战争时期志愿兵役制的复员军人。这一时期大同市接收复员军人2422人，安置在厂矿企事业单位就业870人，回乡务农590人。

1949年，接收安置190人。

1950年，接收安置141人。

1951年，接收安置62人。

1952年，接收297人（营级1人，连级4人，排级26人，班级86人，战士180人），其中女性8人。安置218人，因病或其他原因待安置79人。

1953年，接收158人，安置145人，因病或其他原因待安置13人。

1954年，接收256人，安置参加农业生产的56人，厂矿企事业警卫人员13人，长期工100人，临时工18人。待安置69人。

1955年，接收472人，其中安置工作的388人，参加农业生产的84人。同时对1954年以前待安置及安置不当又重新安置128名。对103名从事农业生产，参加农业社投资有困难的补助5590元；补助13人修房款700元；生活上有困难的70多人，给予补助款4600余元；补助伤口和旧病复发医疗有困难的101人，医疗费1800余元；给缺房少地的55人，解决52间住房、156亩土地。

1956年接收209人，安置207人，家居城市介绍参加工作的136人，回农村参加农业生产的71人，因病待安置的2人。并对过去安置不当的113人，又重新进行安置。6月，市政府对全市复员安置工作进行了一次广泛深入的检查。10月，召开全市复员安置工作会议，对过去安置工作中存在的问题，如享受优待劳动日、定期临时补助等问题得到解决。5人享受优待劳动日120个，4人享受定期补助款573元，506人享受临时补助款20392元。

1957年，接收189人，对家居农村和有生产条件的78名复员军人安置回农村，加入农业合作社。对家居城市的按归口包干和优先录用的原则，介绍就业95人，因病待安置16人。对有严重慢性病的12名复员军人，先后送省疗养院疗养。有26名复员军人，在乡、社和群众的帮助下解决了婚姻问题。郊区回乡62名复员军人，11人被选为村干部，成为生产骨干，受到群众好评。

1958年，是实行义务兵役制以来首次退伍的一年，又是志愿兵复员的最后一年，接收446人，共安置441人（就业140人，参加农业生产301人），因条件限制待安置的5人。7月20日，省、专、市、军分区、市兵役局25人组成检查组，孟启明市长负责，对全市复转军人有关事件进行重点检查，调动复员、退伍军人的积极性，适应大办工业、大办农业高潮的需要，市、区、乡和各厂矿单位加强了安置工作。

1958年底，大规模志愿兵复员工作基本结束，与此同时，依据第一部《中华人民共和国兵役法》中关于“实行3~5年的义务兵役制度”的规定，第一批义务兵役制背景下的战士面临退伍，军人退役安置工作进入以安置退伍义务兵为主的阶段，按照“从哪里来，到哪里去”的原则，1959~1979年全市接收复员退伍军人8494人，安置在厂矿企事业单位就业的5857人，回乡务农的2637人。

1959年，对在乡复员军人中患有慢性病39人和患精神病8人分别送省、专疗养院、精神病院疗养；患有一般疾病的34人发给医疗补助3000元，就地医疗。

1960年，接收32人，安置就业4人，参加农业生产28人。

1961年，接收332人，安置328人（复职就业57人，参加农业生产271人），因病待安置4人。

1964年，接收391人，安置就业、复工、复职232人，参加农业生产159人。

1965年，接收420人，安置就业65人，复工、复职275人，复学13人，参加农业生产67人。

1966年，接收625人，安置就业、复工、复职、复学588人，参加农业生产37人。

1967年，接收43人，安置就业、复工、复职32人，参加农业生产11人。

1968年，接收1141人，充实到公检法309人，公交战线735人，其他战线32人，参加农业生产65人。

1969年，接收594人，除1人参加农业生产外，全部安置到工业战线上。

1970年，接收安置123人。

1973年，接收1093人，其中从城市入伍的665人，农村入伍的428人。对城镇入伍的除复工复职385人外，其余280人分别安置在新建、扩建和急需用人的工矿、企事业单位。

1974年，接收349人，安置就业167人，复工复职86人，安置参加农业生产96人。

1975年，接收831人，安置就业、复工、复职、复学608人，参加农业生产223人。

1976年，接收368人，安置291人（就业、复工、复职、复学202人，参加农业生产89人），因病或其他原因待安置77人。

1978年，接收539人，安置就业192人，复工、复职224人，回乡参加农业生产123人。

1979年，接收501人，安置就业175人，复工复职154人，参加农业生产172人。

1980年，民政部召开“全国退伍军人和军队退休干部安置工作会议”，成立“退伍军人和军队退休干部安置领导小组”，退伍义务兵安置工作向规范化发展。1984年颁布《中华人民共和国兵役法》，退伍义务兵安置办法由一般政策性规定上升为国家法律条文。城镇实行按系统分配任务，实行包干安置，规定了安置退伍军人的待遇，较好地解决了单位不愿接收的问题；同时加强了对回乡退伍军人的思想教育和政策宣传，向他们介绍家乡的新情况、新变化和退伍军人劳动致富的典型事例，鼓励他们安心生产，率先致富。1980~1992年全市接收退伍军人18966名，安置在厂矿企事业单位就业16200名，回乡务农2766名。

1980年，接收1474人，安置就业577人，复工复职564人，回乡参加农业生产333人。

1981年，接收1760人，安置就业970人，复工300人，回乡参加农业生产490人。这次接收工作的特点是五多一大（数量多，老兵多，技术兵多，女兵多，中途退役多，安置困难大）。老兵多，服役5年以上的509人，8年以上的36人，约占总数的30%；从技术看，司机213人，卫生兵114人，机械兵91人，其他技术兵150人，约占总数的32%；中途退役的289人，约占总数的16%；复员退伍军人中还有病残者39人。

1982年，接收1233名，安置就业839人，复职41人，回乡参加农业生产353人。

1983年，接收1554人，安置就业999人，回乡参加农业生产433人，因病或其他原因待安置的122人。根据民政部关于城镇退伍义务兵安置，实行鼓励先进，鞭策后进和区别对待的原则，对在部队荣立三等功以上和大军区授予荣誉称号的，被定为二、三等残废的转业志愿兵和超期服役的，优先照顾本人志愿。对在部队犯罪判刑和开除军籍的及服役不满一年中途退伍的，不予分配工作。同时，特别注意引导农村退伍军人走勤劳致富的道路，加强对农村退伍军人两用人才的开发使用工作。新荣区新荣镇光明村退伍军人栗忠旭，退伍回村，孤身一人，无住房、无生活来源，根据他会木工技术，政府资助他600元购买木工工具，扶持他从事木制加工业，年收入4000余元，盖了4间新房，娶了新娘。

1984年，全市接收1483人（城镇1163人、农村320人），全部安置。对有特殊困难的36名退伍军人给予了适当照顾安置。根据省通知精神，复员安置工作改变过去由市直接安置为由各区民政局安置。这年安置特点是“两多两少”（安心农业生产的人多了，上访要求安置的人少了；勤劳致富的人多了，要求国家组织照顾的少了）。

1985年，全市接收696人（城镇退伍军人477人，农村219人），36人农村需要在城镇照顾安置的复员军人（其中女城男乡17人，户口变迁19人）中的24人立功者优先予以安置，489人分别按复工、复职、就业妥善安置，183人回乡参加农业生产。新荣区安置办先后为区工程公司推荐17人，为区水泥厂推荐7人。各乡镇企业照顾安置了15人，连同向养鸡场及其他单位推荐的部分专业人才，共为59人农村退伍军人安置了工作。矿区安置办将安置指标、安置单位张榜公布，受到退伍军人好评。

1986年，接收1052人（城镇退伍军人937人，农村115人），当年安置982人（包括农村照顾对象66人，兵改工安置51人）。

1987年12月，国务院根据《中华人民共和国兵役法》颁布《退伍义务兵安置条例》，总结30多年的经验，把安置工作的改革成果和行之有效的政策用法律形式固定下来，保证安置工作顺利进行，使退伍安置工作走上法制化轨道。当年接收832人，安置782人，参加农业生产50人。

1988年，接收1177人（城镇退伍军人1042人，转业志愿兵51人，农村84人），安置1087人。

1989年，接收1668人（城镇1551人，农村117人），全部安置。

1990年，接收1436人（城镇含转业志愿兵1391人，农村45人），安置1391人。5月，省人民政府发布《实施〈退伍义务兵安置条例〉细则》，规定各级安置机构的职责、退伍军人接收安置条件和优待政策、安置指标制定下达、户粮手续、公开办事程序等，系统规范了全省退伍安置工作。

1991年，接收2694人，安置就业2617人，45人回乡参加农业生产。在全市试行“双向选择，多种渠道，妥善安置”的办法，原则上“从哪里来，回哪里去”，按行业分配任务，包干妥善安置。实行“政策、指标、对象、单位”四公开。

1992年，接收1907人（城镇1824人，农村83人），全部安置。

1993年，接收3392人（城镇3291人，含转业志愿兵94人；农村退役101人）。退役安置制度在计划经济体制向社会主义市场经济体制过渡的大背景下，进入调整改革阶段，出现新特点：（1）机关、团体、企业、事业单位，不分所有制性质和组织形式，都有按照国家有关规定安置退伍军人的义务。（2）机关、团体、企业、事业单位在农村招收员工时，在同等条件下，应当优先录用退伍军人。（3）城镇退伍军人待安置期间，由当地人民政府按照不低于当地最低生活水平的原则发给生活补助费。（4）对自愿到劳务市场竞争就业和自谋职业的应予以支持和鼓励，并由当地人民政府给予一次性经济补助，并给予政策上的优惠。（5）凡被分配到实行全员劳动合同制企事业单位的，随用工单位改革实行劳动合同制，依法保障退伍义务兵的第一次就业。（6）义务兵退出现役后，报考国家公务员、高等院校和中等专业学校的，按照有关规定予以优待。

1994年，接收3575人（城镇3246人，农村326人，接收复员干部3人）。国务院、中央军委提出采取“供需见面，双向选择，包底安置”的办法，拓宽安置渠道。9月，山西省八届人大常委会第十一次会议通过《山西省义务兵征集和优待安置条例》，在鼓励退伍士兵自谋职业和对用人单位拒绝接收退伍义务兵的处罚等方面作了规定，省安置办制定了《退役士兵计分考核安置办法》。大同市拓开“双向选择、供需见面”“安置任务有偿转移”“鼓励自谋职业”“向非国有经济单位分配”等渠道，实现了多形式、多层次安置，保障退役士兵第一次就业。同时强化培训，使转业士官培训率达90%以上，退伍义务兵培训率达80%以上，提高竞争择业能力。

1995年接收3308人（城镇2864人，农村438人，复员干部6人）。

1996年接收3083人（城镇2513人，农村562人，复员干部8人）。9月，省退伍军人安置办公室在临汾市召开首届理论研讨会，研究探索改革退伍士兵安置工作的思路和政策。大同市在下达安置计划时作了明确规定，所有机关、团体、企事业单位，不分所有制性质和组织形式，按照国家有关规定承担退役士兵安置的责任和义务，不得拒绝承担安置任务；鼓励退伍士兵自谋职业，退伍士兵分配工作后2~3年内不得下岗；试行安置任务有偿转移，每少接收1人向安置部门缴纳5万~10万元有偿转移费等。

1997年，接收2021人（含转业志愿兵256人），安置1905人。

1998年，接收2353人（含转业志愿兵189人），安置2250人。

1999年，接收3157人（含转业志愿兵230人，复员干部13人），安置2820人。城镇退役士兵继续采取“按系统分配任务，包干安置”的办法，实行指令性分配，农村退伍军人继续贯彻实施《培养和使用军地两用人才工作发展规划》，有计划把退役军人推向人才和劳动力市场，实现就业，帮助退伍军人创办经济实体，兴办第三产业，并对特困和伤残退伍军人在生产、生活、住房等方面的实际困难给予帮助。

2000年，接收2965人（含转业志愿兵278人），安置2738人。政府实行多形式、多渠道的安置方式。积极实施安置任务有偿转移，鼓励退役士兵自谋职业。对办理自谋职业的退役士兵政府根据当地经济状况给予一次性经济补助。

2001年，接收滞留军队伤病残志愿兵18人（特等伤残1人，患精神病1人，基本丧失工作能力16人），伤病残退役士兵5人（特等1人，一等3人，患精神病1人），复员干部1人。8月，省民政厅制定《退伍军人自谋职业相关规定》和优惠政策。

2002年，接收2602人，安置2471人。大同市民政局制定《关于城镇退伍义务兵和转业士官安置工作的几项具体意见》。

2003年，接收2756人，其中转业志愿兵188人。

2004年，接收2114人，其中转业志愿兵84人。遗留未安置的退役士兵1286人，安置退役军人和转业士官1466人。

2005年，接收城镇和转业士官1457人，历年遗留1856人，下达安置计划3313人。

2006年，接收城镇退伍军人和转业士官1663人，历年遗留1186人，下达安置计划2849人。办理自谋职业人数148人，发放一次性补助金351.8万元。

2007年，接收1773人（含转业士官68人），安置1773人。办理自谋职业人数127人，发放一次性补助金258.53万元。4月，市民政局会同市财政局、地方税务局联合出台《大同市城镇退役士兵安置任务有偿转移资金征收管理暂行办法》。

2008年，接收2203人（城镇1726人，转业志愿兵90人，农村387人），安置1811人。办理自谋职业人数51人，发放一次性补助金128.68万元。

2009年，接收1735人（城镇1512人，转业士官87人，农村136人），安置1630人。办理自谋职业人数44人，发放一次性补助金128.14万元。全年共培训退役士兵970人，投入培训费20余万元。市民政局、财政局下发《关于大同市1993年至1999年军队复员干部生活救助有关问题的通知》，明确复员干部生活困难救助标准、发放办法，复员干部到达法定退休年龄可办理退休手续，纳入养老保险，采取“退一补一”分步实施的参保原则，确保复员干部到龄退休。5名年满60周岁的复员干部办理退休手续纳入养老保险，按照当地城镇居民标准全部纳入医疗保险。47名复员干部每月每人发放720元生活救助，每年发放取暖费团级1100元、营级以下900元，并纳入廉租住房保障范围。对生活困难的复员干部，优先办理低保手续，对零就业家庭的复员干部优先安排公益性岗位，春节期间对家庭困难的复员干部专门慰问。100多家志愿兵所在企业与社保中心签订了养老保险缓交协议，企业拖欠志愿兵养老保险的，全部补齐，政府为他们提供了180个公益性岗位。从2009年开始每年春节从解困资金中为每人发放300元生活困难补助费，为160人办理了廉租补贴，对符合安置条件的城镇退役士兵纳入城市居民最低生活保障之中，作为待安置期间生活费。

2010年接收2313人（城镇1783人，转业志愿兵84人，农村446人），安置1608人。办理自谋职业人数34人，发放一次性补助金102.3万元。

2011年，接收2129人（城镇1636人，含转业士官77人，农村493人），安置1683人。办理自谋职业人数37人，发放一次性补助金167.17万元。大同市制定《大同市退役士兵职业教育和技能培训工作实施方案》。自主就业退役士兵参加职业教育和技能培训报名225人，参加培训158人。

2012年，接收2177人（城镇1709人，含转业士官77人，农村468人）。办理自谋职业人数50人，发放一次性补助金212.5万元，安置1578人。大同市出台《退役士兵职业教育和技能培训工作实施方案》，225名自主就业退役士兵参加职业教育和技能培训，合格率、获证率、就业率分别达到100%、89%和84%。下发《关于做好自主就业退役士兵一次性经济补助发放工作的通知》，对2011年11月1日以后接收的选择自主就业的退役士兵发放一次性经济补助，补助标准根据其服役年限，按照每年4500元的标准，由县（区）人民政府发放，服役不满6个月的按照6个月计算，超过6个月不满1年的按照1年计算，所需经费由省、市、县级财政共同负担，纳入同级年度预算。选择自主就业退役士兵471人，发放一次性经济补助金共计720.46万元（省级财政补助393.13万元，市级配套175.33万元，县级配套408.94万元）。

2013年，接收2344人（城镇退役士兵人数为1709人，转业士官人数71人，伤病残退役士兵2人），安置1869人。选择自主就业人数为563人，选择自主就业退役士兵的一次性经济补助金额共计977.4万元（省级财政补助393.13万元，市级配套175.33万元，县级配套408.94万元）。组织自主就业退役士兵参加教育培训报名人数为388人，参加培训人数为197人，培训经费投入118.74万元。依据大同市政府办公会议纪要精神，解决了历年来遗留的127名转业士官的安置问题，其中办理自谋职业人数为69人，发放一次性自谋职业补助金为544.4万元，收缴自谋职业有偿转移金1064万元。

1949～1992年大同市复员、退伍军人安置情况统计表

项目 人数 年度	接收人数	安置人数	
		就业、复工、复职、复学	参加农业生产
1949	190		
1950	141		
1951	62		
1952	297		
1953	158		
1954	256	131	56
1955	472	388	84
1956	209	136	71
1957	189	95	78
1958	446	140	301
1959	110	5	105
1960	32	4	28
1961	332	57	275
1962	68	15	49
1963	464	134	320
1964	391	232	159
1965	420	353	67
1966	625	588	37
1967	43	32	11
1968	1141	1076	65
1969	594	593	1
1970	123		
1973	1093	630	428
1974	349	253	96
1975	831	608	223
1976	368	202	89
1977	470	330	140
1978	539	416	123
1979	501	329	172
1980	1474	1141	333
1981	1760	1270	490
1982	1233	880	353

续表

项目 / 人数 / 年度	接收人数	安置人数	
		就业、复工、复职、复学	参加农业生产
1983	1554	999	433
1984	1483	1163	320
1985	696	513	183
1986	1052	982	49
1987	832	782	50
1988	1177	1087	
1989	1668	1551	117
1990	1436	1391	45
1991	2694	2617	45
1992	1907	1824	83
合　计	29771	22947	5479

1993～2013 年大同市城镇退役士兵安置情况统计表

项目 / 人数 / 年度	接收人数	安置人数
1993	3291	3291
1994	3246	3245
1995	2864	2864
1996	2513	2513
1997	2021	1905
1998	2353	2250
1999	3144	2807
2000	2965	2738
2001	2580	2430
2002	2602	2471
2003	2756	2514
2004	2114	1466
2005	1457	2127
2006	1663	1663
2007	1773	1773
2008	1726	1811
2009	1735	1674
2010	1783	1642
2011	1636	1677
2012	1703	1578
2013	1780	1869
合计	47705	46308

第二节　军队离休退休干部接收安置

一、机构

20 世纪 80 年代初期，为完成“百万大裁军”任务，党中央作出军休干部移交政府安置管理的决定。1980 年，中共中央发出《关于妥善安置军队退出现役干部的通知》。1984 年，《国务院、中央军委批转民政部、总政治部关于做好移交地方的军队离休退休干部安置管理工作的报告》，建立了军休干部按批次移交民政部门安置管理的体制以及行政管理机构和军休所集中服务管理的工作体系。1993 年中共中央批准的《关于军队干部退休安置中的几个问题的通知》和 1994 年《关于调整移交政府安置的军队离休退休和退休志愿兵生活待遇实施办法》，改革生活待遇、医疗保障办法和住房保障模式。2004 年，中办、国办、军委办《关于进一步做好军队离休退休干部移交政府安置管理工作的意见》，将批次交接方式改进为年度计划交接，以适应新形势，探索了以服务管理中心为载体的区域化管理路子。

1978 年，成立大同市接收安置退伍军人和军队离退休干部安置领导组，先后由刘建唐、李世源任组长。

1981 年 5 月 29 日，原市接收安置退伍军人和军队离退休干部安置领导组，改名大同市退伍军人和军队离退休干部安置办公室。

1985 年 6 月 15 日，撤销市退伍军人和军队离退休干部安置办公室，成立大同市复员退伍军人安置办公室、大同市军队离退休干部安置办公室，设在市民政局。同年 7 月 29 日，成立大同市军队离退休干部休养所，后改为大同市军队离退休干部第一休养所。

1997 年 11 月 13 日，成立大同市军队离退休干部第二休养所。

2005 年 11 月成立大同市军队离退休干部服务管理中心，后改为大同市军队离退休干部第三休养所。

二、第一休养所

大同市军队离退休干部第一休养所（原名大同市军队离休退休干部休养所），1985 年成立，是全国第一批建立的军休所，到 2013 年接收军队离退休干部131名（离休37名、退休87名、士官7名），其中师级干部27名。

1986年，国家投资214万元，占地10.2亩，经过3年建设，建起三栋休干住宅楼，2栋综合服务楼，建起门球场、康乐园、花卉草坪、风雨廊亭。栽种50棵松柏、柳树、香椿树、丁香等，硬化了地面、安装了室外活动器械、休闲桌椅，实现院内绿化、美化、香化、硬化。休干住宅楼道安装防盗门，大院建门卫室，装修铁艺围墙，电动大门等。还建起理发室、澡堂、配备有各种健身器械的多功能健身房等，建有保健室、游艺室，为休干平时的医疗用药和游艺活动提供便利。设有党员活动室，陈列多种报纸、杂志、图书供休干阅览，设置荣誉墙等。新建乒乓球室，丰富休干健身项目。

落实军休干部的“两个待遇”。从2000年开始，每年从预算外收入中为全体休干补助150元门诊费，1500元福利费，并逐年增加。做好休干医疗保健工作。办好“保健室”，配备1名医师1名护士，负责日常医疗保健服务。抢救病人40多人次，使休克复活的1人，病危获救的7人，精神病人康复1人。坚持“四上门、三必访”制度。做到：征求意见、慰问家访、祝寿、部分物品分发“四上门”；重大节日、患病、换季“三必访”。处处关心老干部。落实政治待遇方面。每年征订20多种报纸、杂志，陈列在阅览室和党员活动室，供老同志们随时阅览。及时组织休干学习、传达上级有关文件，了解国内外大事。组织老干部听报告、组织老干部参加党的知识、革命史知识竞赛。组织休闲旅游。1997年、2001年、2004年、2006年组织了长江三峡、山东沿海、东南福州、云南4次大型旅游活动。2009年，到大同周边参观红色旅游基地平型关大捷纪念馆、北魏觉山寺、甸子梁空中大草原以及广灵“塞外小天堂”水神堂。2010年到海南、广东参观考察。2012年到台湾参观考察。

发挥休干余热。军民共建活动，离休干部耿魁担任校外辅导员，为十一中、四十一校、南洋国际学校等单位作传统教育报告40多场次，受教育人数达3万人次。孙庆林等3名军休干部组织建立“八一健身辅导站”，常年教授太极剑、太极拳8000多人次。1987年以来连续6次被评为省级先进集体，1989年、1996年、2004年3次蝉联“全国先进军队离退休干部休养所”，2008年荣获全国“和谐军休家园”称号。

三、第二休养所

1997年11月，大同市军队离退休干部第二休养所成立，1998～2013年累计接收军休干部及遗孀132名，其中师职以上12名，团职28名，团以下4名，志愿兵33名，各种专业技术人员55名。

2003年，被省民政厅、省军区政治部授予“标兵单位”，被省民政厅授予“全省民政事业单位先进集体”。2004年，被省委组织部、省委老干部局授予“全省老干部先进活动中心”。2005年，受到省委省政府表彰。2009年，被民政部、总政治部授予“全国先进军休所”。2012年，获省民政厅“全省民政系统行风建设示范单位”。2007～2013年连续7年参加中国老龄协会、民政部优抚安置局、中国老年报社等单位联合组织的各种知识竞赛，7次获得“先进集体奖”。

1998年该所筹建时，部队移交一栋休干宿舍楼和一座锅炉房，占地7亩，没有附属设施，条件简陋，休干宿舍楼多年无人居住，设施损坏，经与部队善后办协调，争取了3排平房和一处二楼，占地面积增至12亩。

1999年，按照边建设、边创收，滚动发展的思路，利用临街地理优势，借款新建综合服务楼，次年出租创收。经过5年运营，还清欠款，每年创收40万元。

2002年，通过合作开发形式，协调部队低价征购所前9亩空地改建休干活动中心，新建办公楼、改造锅炉房、开辟休闲广场500平方米，新增建筑面积1500平方米，改善了办公条件和老干部活动场所，形成了服务功能齐全、环境优美的休养小区。

建立家访责任制。建所初，实行定期和不定期的走访活动制度，增进军休干部家庭和军休所的联系。后来增加了生日祝寿、重病或住院探望、单位派车定期外出购物等服务项目。近年来，实行服务管理科全员包户服务和逐月定期家访，所领导家访联系点，其他工作人员定期和不定期家访服务制。开展分户、分批、分类型的家访服务活动。

落实生活待遇。2001年，全国医疗体制改革，军队军休干部医疗问题一度出现空档，设法筹集资金，建立老干部医疗基金，到2003年底，共为老干部垫付门诊费和住院费25万元，保证军休干部住院看病不受影响。2004年，为退休干部办理了社会医疗保险，解决了老干部看病难问题。健全医务室，协调解放军322医院支援了部分医疗器械设备，购置了一些设施，聘请了1名有资质的医生坐诊，军休干部及家属的小病诊治、购药不出所。每年为休干免费体检，建立健康档案。休干补贴福利费从每年每人800元增加到1500元。调整离退休费、医疗保健、房改、护理费，按照“政策到位，及时传达；经费到位，及时兑现”的原则，积极落实，确保老干部生活福利待遇兑现。

丰富文体活动。建起棋牌室、阅览室、健身房、台球室、乒乓球室、电子激光射击室和多功能厅等，购置棋类、麻将、球类、健身器等活动用品。

解决实际问题。（1）采取公助私出办法，为每位军休干部家中安装了电热水器；（2）投资20多万元对休干楼给排水管网分户改造；（3）出资2万元，为军休干部宿舍楼安装了单元防盗门；（4）前几年在财政补贴取暖费较低的情况下，所里每年给每位军休干部补贴取暖费300元；（5）接通集中供热工程，改善了热源质量和环境质量；（6）为每位军休干部免费配发医疗保健“急救盒”“电子血压仪”“频谱治疗仪”等；（7）为每位休干每年免费订阅一份报纸，并创办发行内部期刊《休干生活》；（8）投资3万元在所内全方位安装了视频监控系统；（9）投资8万元进行所区电网改造，消除了安全隐患。

四、第三休养所

大同市军队离退休干部第三休养所，原名大同市军队离退休干部服务管理中心，成立于2005年11月，已接收军休干部138名，年龄最大的78岁，最小的30岁，分散居住在大同市的4区2县。

认真落实军休干部的“两个待遇”。把落实休干的“政治待遇”作为服务管理工作的首要内容，及时向军休干部传达上级文件和会议精神，通报所里重点工作进展情况。每年为图书阅览室订阅《半月谈》《中国老年报》《中国社会报》《健康指南》《军事天地》等20余种报纸杂志，供随时阅读，并为军休干部个人订阅报刊，凡是国家下达的有关军休干部和遗属生活待遇的文件，都及时传达落实，该他们享受的待遇、该向他们发放的各类津贴都按时发放到每个人的手里，让军休干部享受到党和国家的关怀。每逢节假日通过短信平台发短信向军休干部送出节日祝福和问候。

开展丰富多彩的活动，开设学习活动室、图书阅览室、文体活动室等服务场所，购置棋类、麻将、球类、健身器等活动用品。每年“八一”、春节等重大节日召开座谈会。每年组织军休干部开展丰富多彩的文体活动比赛，举办“以倡导绿色健康饮食，营造和谐军休氛围”为主题的厨艺比赛。

坚持做好家访等服务工作，构建亲情家园。对休干的走访慰问采用电话慰问同上门走访慰问相结合，开展“三必慰问”活动（即军休干部生病住院，工作人员必到医院慰问；军休干部过生日，必送生日蛋糕慰问；逢年过节，必到每个军休干部家中慰问）。有60多名休干经常参加社区活动。

1981～2013年大同市接收安置军休干部统计表

年度	接收人数	年度	接收人数
截至1981	11	1999	69
1982	5	2000	5
1983	2	2001	1
1984	1	2002	4
1985	3	2003	5
1986	26	2004	3
1987	17	2005	45
1988	27	2006	32
1989	5	2007	20
1990	4	2008	9
1991	3	2009	21
1994	4	2010	12
1995	2	2011	16
1996	1	2012	51
1997	8	2013	12
1998	2	合计	426

1980～2013年大同市接收安置无军籍职工统计表

年度	接收人数	年度	接收人数
1980	1	2002	2
1983	1	2003	2
1986	2	2005	5
1987	2	2006	76
1991	1	2011	1
1993	7	2013	121
1995	2		
1996	13		
1997	2		
2001	95	合计	333

第三节　军用饮食供应

大同市位于晋、冀、蒙三省（区）交会处，为历代军事重镇，战略地位十分重要。大同市军供站为全国重点军供站，地处大同火车站北侧，担负着京包、同蒲等铁路干线过往部队、新兵入伍、老兵退伍及支前民兵、民工等运输途中的饮食供应任务。建站48年来，累计接待过往部队130多万人次，完成军供任务，赢得过往部队官兵信赖，被誉为“部队的好后勤，官兵温暖的家”。

1965年4月14日，山西省人民委员会下发《关于建立大同军用饮食供应站的通知》。文件指出：按北京军区司令部函示，根据当前形势的发展，为了进一步加强军用饮食和马匹、草料供应工作，确保军用任务的需要，要求在大同常设饮食供应站一所，并立即筹建。其任务是保证过往部队人员的饮食和牲畜草料、饮水，对人员必要的医疗；所需经费暂由地方财政开支，部队就餐按部队伙食费付费。

1965年5月13日，大同市人民委员会转发山西省人民委员会《关于建立大同军用饮食供应站的通知》，并就建立大同军用饮食供应站的筹建工作，召开市委会议专门研究安排筹办。22日，大同市人民委员会转发国务院批转总参谋部、内务部制定的《军用饮食供应站、供水站组织管理暂行办法》。26日，大同市军用饮食供应站正式成立，开始接待部队。8月16日，大同市人民委员会颁发《大同市军用饮食供应站组织管理工作试行细则》。

军供站成立初期，办公、餐厅都是租用地方的设施，之后在火车站北侧初步建立了自己的办公场所。《军用饮食供应站供水站组织、管理暂行办法》颁布，明确了军供站的性质、任务、职责，军供工作纳入政府议事日程。到1983年，军供站在十分困难的条件下，完成了军用饮食供应任务。

改造基础设施。1992年4月，军供站筹建军供福利大厦，建筑面积8000平方米，总投资500万元。1993年9月，竣工。1994年，全站总建筑面积17000平方米。其中餐厅、厨房面积1000平方米，办公楼面积980平方米，固定资产2400万元。一次供应能力1000人次，昼夜最大供应能力3000～5000人。3100平方米院面硬化，新建一次可供100人如厕的楼宇式水冲厕所，装修一个360平方米大会议厅、两个66平方米小会议厅，安装了空调、音响设备，可供会议和部队官兵休息娱乐。

改善用餐条件。过去部队战士只能站着就餐，为了减轻官兵旅途中的疲劳，让他们吃好、喝好，新购了600把电镀椅，50张餐桌，一次可供500人用餐。改变过去用大盘、大碗的习惯，更新配套大批餐具，原来“大锅饭、大桶汤、大盘菜、围大圈、席地就餐”，变成了“冬天下车进暖房，夏天来了可冲凉，严寒火锅汤热菜，酷暑冷饮送车上，缝补洗涮样样有，进站就和家一样”的环境。

改进制膳手段。膳食供应由主、副食的单一化向多样化、营养化发展。炊事人员粗粮细做，变大烩菜为各种单炒菜，达到士兵六菜一汤、首长十冷十热的标准。炊事机具实现机械化、电气化、自动化，拆除老式烧煤灶，换上环保卫生的大型燃油燃气灶具，压面机、和面机、切肉机、烙饼机、电冰箱、冷藏柜、大型蒸饮机、不锈钢菜板等炊具。

健全规章制度。制定各类人员的岗位责任制和工作制度、军供工作程序标准，实现工作制度化、程序化、标准化、规范化。

20世纪90年代以来，大同市军供站连续6次荣获民政部、总后勤部组织评比的“全国军供工作先进单位”。2006年6月，被北京军区评为“‘十五’交通战备工作先进单位”。2011年，被民政部、省民政厅命名为全国、全省民政系统行风建设示范单位。2013年，被山西省委、省政府评为“全省民政系统行风建设示范单位”，被民政部、总后勤部评为“全国民政系统行风建设示范单位”。

大同市军供站正规化建设作业程序

顺序	项目	内容	标准
一	明确工作职责	1. 制定军供站工作职责 2. 制定军供站各职人员岗位责任制	1. 职责明确 2. 内容具体 3. 切合实际 4. 尽职尽责

续表

顺序	项目	内容	标准
二	建立健全工作制度	1. 工作计划总结制度 2. 值班制度 3. 卫生制度 4. 奖惩制度 5. 劳动管理制度 6. 财务物资管理制度 7. 安全保密制度	1. 制度健全 2. 人人熟记 3. 严格执行 4. 经常检查
三	做好供应工作	1. 制定大批运输军供工作程序标准 2. 制定一次军供作业程序标准 3. 不断改进和加强军供工作，实现标准化管理	1. “标准”符合上级有关规定，体现以往工作经验 2. 菜适口，保质保量，符合优质、快速、准确、安全保密的要求
四	建立工作资料	1. 上级和有关部门颁发的军供规章办法 2. 站设备、能力等有关技术资料 3. 区和邻近军供站分布示意图 4. 单位军供完成情况统一簿	1. 资料齐全 2. 专人保管 3. 准确使用 4. 列入移交
说明	1. 本要求由各军供站组织实施，各省组织检查验收 2. 制定的内容要针对本单位的任务特点 3. 各单位在试行中要认真总结经验，及时提出修改意见		

大批运输军用饮食供应工作程序标准

阶段	程序	执行人	内容	标准
1	受领任务	站长	1. 上级意图和指示 2. 饮食供应总量、日最大供应量和持续时间	1. 正确领会上级意图 2. 明确任务性质、特点和要求
2	向上级领导汇报	站长 副站长	1. 任务性质、特点、持续时间和部队要求 2. 饮食、开水主食供应量 3. 保障饮食供应的具体方案 4. 存在的问题和解决的意见 （1）购置和整修设备计划 （2）抽试人员计划 （3）需要的燃料、主副食品种类、数量、质量 （4）召开联席会议的时间及需要参加的单位	1. 汇报内容明确具体 2. 方案切实可行 3. 意见符合有关规定和实际情况
3	参加联席会议	站长 副站长 管理员	1. 学习《军用饮食供应站，军用伙食供水站管理办法》国字 122 号文件和有关规定 2. 汇报军供任务和上级要求 3. 提出存在的问题和解决的意见	1. 明确搞好军供工作的意义 2. 明确任务性质、特点和要求 3. 明确各部门职责和解决问题的时限
4	准备	站长 副站长 管理员	1. 传达上级指示要求，进行思想动员 2. 明确任务性质特点，持续时间和任务量 3. 制订完成任务的具体实施方案 4. 检查落实各项制度和服务措施	1. 任务明确，责任落实 2. 设备齐全完好 3. 主、副食准备充足 4. 站容整洁
		管理员 主、副食班长	5. 购置设备和主、副食，整顿站容、打扫卫生 6. 各职人员按岗位责任制和分工进行准备	
5	供应	各职人员	按一次军用饮食供应作业程序进行	1. 及时准确 2. 尽职尽责
6	总结	站长	1. 清点设备、库存和账目 2. 组织全体人员座谈经验教训，表彰好人好事 3. 向上级主管部门和军代处报告完成任务情况	1. 有事例、有做法、有经验 2. 汇报内容具体，数字准确

一次军用饮食供应作业程序标准

阶段	程序	执行人	内容	标准
1	受理	站长或值班员	按供应通报格式逐项抄收：军运号码、车次、总人数、回民、病号数、主食数量、伙食标准、开水担数、列车到开时间和通报人姓名、时间及有关要求	1. 逐项抄写 2. 准确清晰 3. 认真复诵
2	准备	管理员	根据供应通报和价格确定主、副食谱	1. 符合伙食标准 2. 饭菜多样化 3. 安排好有特殊要求的人员就餐
		会计员	1. 按确定的食谱合理编制投料单 2. 认真核算成本 3. 填制投料单一式三份	1. 计价准确、符合标准 2. 收支平衡 3. 清晰准确
		管理员	1. 逐项审核投料单 2. 下达炊事班长、保管员执行	1. 不漏项，发现问题及时纠正 2. 及时下达，履行签字手续
		采购员	按投料单所需主、副食品名、数量进行采购	1. 及时采购 2. 保质保量
		管理员 采购员 炊事班长	按投料单品名、数量出库	1. 三人共同出库 2. 保质保量 3. 履行签字手续
		炊事班长	按岗位责任制分工，向所有炊事员布置任务，对主、副食及首长、回民、病号饭菜的制作，提出具体要求，并组织实施工作	1. 分工明确，互相协作 2. 按程序标准作业
3	制作	炊事员	1. 根据制定的大米、面粉的标准加工主食	1. 不夹生，不串烟 2. 保质保量
			2. 根据指定菜谱和就餐时间，及时洗净并加工副食	1. 按制作工序操作 2. 菜香味美，汤鲜适口
		烧水工	3. 按时烧好开水，满足部队饮用	1. 准时按量，保证烧开 2. 坚守岗位，防止意外
		化验员	4. 按时提取主、副食及开水标本，按程序标准进行	1. 化验准确、清楚，及时报告结果 2. 化验员和站长签字 3. 保留化验存根
		炊事员	5. 布置餐厅，擦洗桌凳，摆好碗筷和饮食用具	卫生清洁，餐具齐全，保证使用
			6. 按指定分量分好饭菜，摆入餐厅	分量准确，及时供应，饭菜热乎
			7. 根据要求做好回民、病号和首长用餐	标准高于普食，分屋单桌就餐，对病号照顾周到
4	检查	站长	1. 检查主、副食的准备情况 2. 列车到达前10分钟到站台迎接部队，列车到达后，主动同部队负责人联系，介绍供应准备情况，服务项目，带领部队就餐	按标准检查，认真细致，介绍情况清楚，主动热情
5	供应	炊事员 服务员	1. 列车到达5分钟，将开水送到车站	准时送到，保证数量
		出纳员	2. 部队就餐后，按标准、开票份数，与部队结算伙食费	结算及时，准确无误，履行签字手续
		全体	3. 主动向部队征求意见，欢送部队乘车	诚恳热情
		管理员	4. 一次供应完后，组织全站人员对厨房、餐厅、餐具进行彻底清扫、洗刷，对餐具进行消毒	卫生良好，餐具摆放整齐
6	总结	站长	组织全体人员总结经验教训，研究改进供应工作，表扬好人好事	实事求是，发扬成绩，改进不足

第八章　双拥共建

第一节　双拥组织机构

一、双拥领导组

新中国成立初期，大同市的双拥工作没有专门的领导机构，日常工作由市政府民政部门牵头，协调有关部门进行。

大同市双拥领导组成立于1990年，并设有办公室。1991年5月，经大同市委研究决定，充实健全市双拥领导组，组长由市委书记樊荣枝担任，顾问郭为燊、王云杰，副组长许坤、刘树培、刘文君、苏云、任光明、赵友顺。领导组成员由各有关部门和单位主要领导组成。下设办公室，办公室主任由市政府办公厅副主任侯继仁担任。办公室设在市民政局，后迁入大同军分区。同年10月，增补程步云、王志芳为领导组副组长。从此，大同的双拥组织领导机构逐步规范化。

1993年11月，市委调整市双拥领导组，组长：纪友伟（市委书记）；副组长：刘增宝（市委副书记）、李雅吟（大同军分区政委）、苏云（51361部队副政委）、胡传觉（39100部队副政委）、李拴纣（副市长）、赵友顺（大同军分区司令员）；成员：各县（区）、市直有关单位主要负责人。

1996年8月，市双拥领导组进行较大调整，市委书记靳善忠任组长。

2002年，调整市双拥领导组，组长：来玉龙（市委书记）；副组长：弓济世（大同军分区司令员）、张富文（副市长）、柴树彬（市委秘书长）、王福（93601部队政委）、齐振风（大同军分区政委）。

2013年因人事变动和工作需要，经大同市委组织部部务会议2013年7月1日讨论，同意对大同市双拥工作领导组组成人员进行调整，调整后的组成人员如下：

组　长：丰立祥（市委书记）。

副组长：刘国庆（市委副书记、市委党校校长）、李世杰（市委常委、市政府常务副市长）、杨广雨（市委常委、大同军分区政委）、孙利仁（大同军分区司令员）、魏伟明（驻同93601部队政委）。

成　员：王武道（市长助理、市公安局局长）、陈兴录（市委常务副秘书长）、何永强（市委组织部常务副部长）、邓兴亮（市委宣传部常务副部长）、张学梅（市政府副秘书长）、马安全（市发展和改革委员会主任）、刘建明（市经济委员会主任）、吕生祉（市教育局局长）、王秋生（市科学技术局局长）、白玉（市民政局局长）、魏继平（市财政局局长）、李生甡（市人事局局长）、陈同心（市劳动和社会保障局局长）、李易新（市住房和城乡建设委员会主任）、张明生（市交通运输局局长）、杨立宪（市水务局局长）、席有福（市林业局局长）、李恒瑞（市文广新局局长）、张翠萍（市卫生局局长）、李卫东（市食品药品监督管理局局长）、潘志中（市国土资源局局长）、张佃生（市旅游局局长）、杨立新（市市政管理委员会主任）、郝震宇（市工商局局长）、贺向云（市妇联主席）、赵春义（市科协主席）、尹谦（市广播电视台台长）、张有喜（同煤集团董事长）、武登峰（大同供电分公司经理）、陈如轩（国电电力股份有限公司第二发电厂党委书记）、张渊启（市城乡规划局副局长）、杨文斌

（大同军分区政治部主任）、韩锋（驻同部队93601部队政治部主任）、李杏（驻同66173部队政委）、刘日明（驻同66075部队政委）、李晓斌（驻同66077部队政委）。

双拥领导组下设办公室，办公室设在民政局。

办公室主任：白　玉（兼）。

副主任：陈兴录（兼）、张学梅（兼）、郃德民（市民政局副局长）、刘剑峰（驻同93601部队政治部副主任）、刘友芳（大同军分区政治部副主任）、陈钦业（市民政局双拥联络科科长）。

市双拥办公室是市双拥领导组的常设办事机构，负责办理双拥日常工作。市双拥领导组在市委、市政府、军分区领导下，统一组织和协调全市双拥工作，其职责：（1）掌握全市双拥工作开展情况，及时研究解决双拥工作中存在的问题，认真总结经验。（2）根据上级要求和全市实际，建立健全双拥有关规定。（3）经常组织有关人员深入基层单位和驻地部队调查研究双拥情况，为基层排忧解难。（4）及时指导和协调解决军地关系中存在的问题。（5）积极研究双拥工作的新情况、新问题，提出建设性意见，当好市委、市政府和驻军双拥工作的参谋。（6）认真抓好典型，总结推广经验，表彰先进，不断把双拥工作提高到新水平。

大同市双拥领导组成员单位职责：

市委组织部：积极支持军队建设和改革，协同有关部门做好军队转业干部的安置工作和军队转业干部、退伍士兵党员组织关系接转工作；市委宣传部：把全民国防教育和双拥宣传教育列入宣传工作计划，组织协调宣传、文化、教育、新闻出版等部门有计划地开展国防教育和双拥宣传教育，倡导“同呼吸、共命运、心连心”和关心、支持、爱护人民军队的社会风尚；大同军分区政治部：协调当地驻军参加地方经济建设，支援地方公益事业，积极参加抢险救灾和国家重点工程建设，会同地方有关部门开展全民国防教育，搞好学生军训和学军活动，参与协调处理军地、军民之间的重大矛盾和纠纷；市民政局：主管全市拥军优属工作，充分发挥组织协调作用，广泛开展拥军优属活动，督促检查拥军优属政策、措施的落实，研究优抚、安置工作的新情况、新问题，总结经验，宣扬典型，表彰先进，不断把拥军优属活动引向深入；市计划委员会：将双拥工作列入市经济和社会发展规划，积极支持军队建设和改革，支持优抚安置事业的发展，保障优抚政策落实；市经济委员会：在经济发展规划中充分考虑国防事业发展的需要，对军办企业实行优惠政策，并尽力给予物资和技术上的帮助；协调部队参加重点工程建设；市公安局：配合有关部门搞好军事设施保护法及相关法规的宣传教育，协助部队维护军事设施；依法惩治危害军人及军属合法权益的犯罪活动，开展军警民共建和治安联防，优化社会环境，认真做好优抚对象转户、落户及退伍军人和随军家属的落户安置；市财政局：为军队建设、国防事业和双拥工作的开展提供必要的财力保障，优先保证落实优抚经费；市人事局：积极做好军队转业干部的思想教育和安置工作，协调有关部门做好随军家属、子女的安置和就学；市劳动局：配合有关部门做好转业志愿兵、退伍义务兵和随军家属、子女的安置工作，搞好军地两用人才的培训和开发使用，并在工作中提供政策优惠；市城建局：城乡建设规划要充分考虑到军队和国防建设需要，协助部队搞好军事设施建设，协调解决优抚对象的住房困难，参与处理军地之间房地产矛盾和纠纷；市煤炭工业局：对优抚对象、部队生产、生活给予政策优惠和技术上的援助；市土地局：积极做好军事用地和土地登记发证工作，帮助部队搞好军用土地管理，保证军事活动用地，协调处理军地之间的土地纠纷；市交通局：搞好国防公路的修建、养护，保障军事运输；对革命伤残军人乘车给予优待，对军人和优抚对象优先售票，协调军民共建文明路活动；大同铁路分局：优先保障军事运输任务完成，开设军人售票窗口和军人优先售票服务，协调军民共建车站和共建列车活动；大同矿务局：协助部队搞好军地两用人才开发使用，支持部队建设，优先保证部队煤炭供应；市商业局：为军人和优抚对象开设优质、优先、优惠服务窗口，协调开展军民共建文明商店活动；市粮食局：优先保证部队粮油、副食供应，为部队开展生产提供政策优惠和技术帮助；市林业局：积极开展拥军优抚活动，协调部队参加植树造林和森林扑火救灾；市新闻出版局：积极宣传上级双拥工作指示精神，及时宣传、报道双拥典型事迹和先进经验；市广播电视局：协助有关部门大力开展全民国防教育和双拥宣传教育，宣传双拥典型，推广先进经验，创造良好的双拥舆论环境；市总工会：发动和组织职工开展双拥活动，协调厂矿企业的军民共建活动，积极配合有关部门为军人和优抚对象排忧解难；市团委：加强对青少年进行国防教育和双拥宣传教育，组织青少年开展学军、拥军优属和军民共建活动；市妇联：协调有关部门维护军人家庭、婚姻合法权益，积极配合部队做好女军人和军人家属的工作，总结宣扬先进典型；市卫生局：积极支持部队卫生事业的发展，落实优抚对象公费医疗、医疗费减免工作；驻军各部队：对官兵开展拥政爱民教育，开展军民共建精神文明活动，检查部队群众纪律情况，协助驻地搞好社会治安，妥善处理军地矛盾和纠纷，积极参加重点工程建设和公益事业，落实总部规定的义务劳动，帮助地方有关部门搞好学生军训和学军活动。加强官兵法纪教育，树立人民军队威武之师、文明之师良好形象。

地方县处级以上单位成立拥军优属领导组，由本单位主要领导和有关部门负责人参加，负责本单位的拥军优属工作。部队团以上单位成立拥政爱民领导组，由部队首长和有关部门的负责人参加，主要负责本单位的拥政爱民工作。据统计，1991年底，全市共成立拥军优属和拥政爱民领导组335个。

二、基层双拥服务组织

在地方基层单位建立拥军小组，在部队的营、连基层单位，建立爱民小组、便民服务小组等。1991年底，全市成立各种形式的双拥服务小组2839个。同时，开展军民共建的单位还成立军民共建协调组，由军地双方领导和有关部门负责人参加，组织协调共建活动顺利开展。1995年，全市军民共建单位成立协调组410个。

1997年12月19日，北京军区政委杜铁环到大同军分区视察工作时提出基层双拥工作要深入发展，军地双方要互相努力做到“双三好”，即军队为驻地群众服务好，参加地方“两个文明”建设好，遵守政策纪律好；地方优抚政策落实好，复转离退休军人安置好，为部队排忧解难好。2004年，贯彻山西省委、省政府、省军区号召，全区开展“双服务”（军地双方“为全面建设小康社会服务和为军队现代化建设服务”）活动，军民共建协调组发展为“双服务”小组。

第二节　双拥工作制度

大同军民在战争年代形成的双拥传统，在和平建设时期一直坚持下来，如军地定期互访，“八一”、元旦、春节期间互相慰问，每年举行拥政爱民、拥军优属月活动，定期召开烈军属、革命伤残军人、复员退伍军人及离退休人员代表会、座谈会等。

一、传统制度

1950年9月，全国战斗英雄代表会议在北京召开，雁北地区的民兵战斗英雄刘九江、白显亮出席会议。在全国战斗英雄代表会的影响下，雁北地区开展声势浩大的拥军优属活动。1951年1月初，雁北地区将1月11日至2月10日定为全区“拥军月”，开展拥军优属工作。普遍举行军民座谈会、军烈属座谈会，进行抗美援朝宣传。总结代耕工作，评议代耕对象，发动军属给在前方的亲人写信，鼓励他们英勇作战。春节前还发动群众给烈军属赠送礼品、给立功军属挂光荣匾。

1954年2月，全国人民慰问解放军代表团第六分团抵达大同，大同各县委、政府和人民团体，同全国人民慰问团一道慰问驻同解放军，8天中先后慰问驻大同市的9个部队，3次举行慰问报告会，进行9场慰问演出。

从1956年开始，继山西省召开烈属、军属、革命伤残军人、复员建设军人社会主义建设积极分子大会以后，大同市、雁北地区及革命老区各县先后多次召开代表会、誓师会、慰问表彰烈军属、革命伤残军人和复员建设军人代表会议。1958年1月，广灵县召开烈、军属、革命伤残军人和复员建设军人代表会议，山西省副省长刘开基到会看望代表并讲话，看望革命伤残军人宋子荣和烈属张桂兰。同年3月，大同市委、市人民武装部召开全市烈、军属、革命伤残军人和复员建设军人积极分子代表会议，各个生产战线和工作岗位推选出来的积极分子和模范216人出席大会，副市长祁天乐主持大会，山西省军区副政委张平凯出席并讲话。全国著名荣复军人模范和烈军属积极分子何富、武秀芝、杨建保和矿务局、口泉供销社等先进单位代表作大会发言。1960年1月，晋北地区召开烈军属、伤残、复员、退伍、转业军人誓师大会，模范烈属杨子华、模范优抚单位东秀庄等集体和个人代表出席会议。晋北专署副专员秦相贤和晋北军分区副司令员赵玺玉先后讲话，模范复员军人康义、四老沟矿复员军人刘守庆等13名代表发言。大会通过向晋北烈军属、残废军人、复转退伍军人倡议书。同年5月，晋北地委、行署、军分区召开老红军座谈会。长征老连长黄兴元，“跃进中五十七勇士”之一的谢引龙，一等模范功臣张云山，在红、勤、巧、俭运动中全年做623个劳动日的模范王福寿等出席会议。晋北党政军领导和老红军代表亲切交谈。会后组成老红军代表报告团到各机关、厂矿、学校作报告，进行革命传统教育。“文化大革命”开始以后，部队奉命执行“三支两军”（支左、支工、支农、军管、军训）任务，对稳定局势起到积极作用，但一度陷入派性斗争，影响军政军民关系。

二、协调机制

在双拥共建活动中，大同市双拥领导组办公室和民政局、大同军分区，发挥组织协调和桥梁纽带作用。在做好自身的双拥共建工作的同时，坚持从实际出发，通过调查研究和多方面组织协调，对加强军政军民团结，密切军地关系的一些带综合性、长远性的问题，制定实施办法，建立规章制度，形成双拥共建工作的长效机制，使双拥共建活动更加规范化、制度化、法制化。大同市以市委、市政府、军分区或主管部门行文的主要文件有：《大同市军人抚恤优待实施意见》《大同市拥军优属暂行规定》《关于进一步加强双拥模范城建设的决定》《关于学习推广壶关县经验做好维护军人军属合法权益工作的决定》《关于建立优抚对象抚恤补助标准自然增长机制的通知》等。这些文件除重申党和国家有关国防建设和加强军政军民团结的政策规定外，均提出具体措施，强调军人军属合法权益得到保障，军事设施得到有效保护，部队执行训练、战备值勤、国防施工等各项任务得到地方支持和配合，军队离退休干部、转业和复员退伍军人得到妥善安置，军官家属的工作、生活得到妥善安排，优抚政策得到落实。同时结合大同实际，作出一些新的规定。主要有：在109国道和御河桥收费站、市区内各收费停车场、宾馆和招待所院内对军车一律实行免费，并悬挂军车免费标志。现役军人游览大同市各文物、景点凭军装和军人证件门票费收半价，革命伤残军人凭伤残证免收门票。现役军人和革命伤残军人游览大同市各公园，凭军装和有效证件免收门票。驻同部队军官的随军家属，由劳动、人事部门负责安排联系接收单位就业并优先办理调动手续，各企、事业单位要积极配合，公安部门及时办理随军家属的落户和转户手续，各单位在优化组合职工时不得精减或辞退驻同部队随军家属和优抚对象。市直各中学、城区各小学校要就近优先接收驻同部队子女上学不受学区限制，粮食部门要确保军粮供应并保证粮油质量和品种，在大同火车站和汽车站设立军人候车室、优先为军人补售卧铺票，在老兵退伍、征兵和春节期间上门为部队售票，地方各单位分配住房或集资建房时，对现役军人家属与本单位双职工同等对待，地方在接收转业军人后要积极解决转业干部的住房问题，现役军人、革命伤残军人、军队离退休干部乘坐市内公交车辆（包括被承包的路线），凭有效证件免收车费等。

1991年5月，贯彻落实《中华人民共和国军事设施保护法》，大同军分区和某集团军在北京军区和山西省军区统一部署和指导下，经过军地双方共同努力，完成109个不同性质的库区、场地等保护区域划定工作。划定军事禁区5个、军事管理区104个，安全控制区域5处。并完成资料整理存档、标志牌制作和插挂，共同制定军地共管共护措施和公约，使军事设施保护工作实现了区域保护法律化、资料管理系统化、目标标志规范化、军民共护制度化。

1995年8月，全国双拥工作指导小组在内蒙古自治区呼和浩特市召开全国基层双拥工作座谈会，强调要把双拥工作的各项任务和要求落实到基层作为当前和今后一个时期的重要任务，要求从工厂、街道、学校、商店、乡村、连队抓起，从平时抓起，从解决实际问题抓起，使基层单位的双拥工作达到组织健全、政策落实、活动经常、关系融洽。大同市党政机关和驻军各部队贯彻会议精神，在继续抓好军民共建双拥模范城（县）活动的同时，坚持把工作重点放在基层，于1996年初制定《进一步加强基层军民共建工作的意见》，利用多种形式，着重提高军民的思想道德素质和科学文化素质，培养适应现代化建设需要的有理想、有道德、有文化、有纪律的社会主义新人。全面整顿共建组织，全市1849个军民共建对子达到要求。各共建单位按照市委关于加强精神文明建设的《实施细则》，开展净化心灵、美化古城、争做文明市民、文明官兵和科技扶贫、科技拥军活动，使“双拥模范城（县）”建设的各项任务和指标真正在基层单位落实。市双拥办公室制定《大同市基层双拥工作检查考核标准》，主要内容有：（1）组织领导坚强有力。组织机构健全，保持正常工作，有必要的保障经费；党委、政府把双拥工作纳入经济和社会发展总体规划，重大问题及时决策；双拥工作制度健全。（2）双拥宣传教育广泛深入。双拥和国防教育纳入全民教育体系，有计划、有场所，效果显著。（3）双拥活动坚持经常。军地双方节日有联谊走访，各类服务组织经常活动，军地双方互学互帮。（4）军民共建工作富有成效。共建、共育活动经常，互相做好事、办实事效果明显。（5）政策性法规得到落实。安置、优抚、军事设施保护、按军委规定参加义务劳动等圆满落实。（6）军政军民关系融洽。无军地历史遗留问题，无军地军民纠纷。遇到矛盾能及时得到妥善解决。这个标准适用于全市各县、区、市直各单位、各国有企业单位。市双拥办公室依据标准，每年对基层单位的双拥工作情况进行一次检查考核和评比表彰。各级党委、政府重视基层双拥工作，组织基层单位开展争先创优活动，及时进行评比表彰。

1999年2月15日，大同市委同发〔1999〕10号文件作出学习推广壶关县经验，做好维护军人军属合法权益工作的决定。成立大同市维护军人合法权益领导组，市委副书记昝培国任组长，市政法委书记苑吉、军分区政委寇卫国、副市长张甫任副组长。大同市委同发〔2002〕16号文件规定，在市、县（区）法院成立维权合议庭，专门受理涉及部队（含军人和军人家属）案件，集中时间和人力及时依法审理。1999年以后，大同军分区会同有关部门在县区及乡镇、街道武装部成立“维护军人军属合法权益协调中心”（简称维权协调中心），帮助军人军属解决诸多涉法问题。广灵县维权协调中心接到云南某边防部队连长徐彬来信，协同公安、司法人员在本县抓获云南籍人贩子李慧，解救其姐姐徐晓丽。帮助广灵县宜兴乡直峪村籍战士宋艳军的父亲要回小卖部外欠款涉及34人6500元。新荣区维权协调中心应西藏某边防部队战士葛志义请求，会同当地法院为其哥哥葛志武因在某煤矿致残向矿主要回赔偿金14.05万元。城区维权协调中心帮助某部大同籍干部常子要回借款8000元。

在双拥工作中，大同市委、市政府站在“讲政治、强国防、谋发展”的高度，想部队所想、急部队所急，帮部队所需，为改善驻军交通条件，2003～2005年陆续投资5300多万元，先后拓宽改造武警大同支队和城区人武部出入的南环路、军分区门前的帅府街和司令部街、某炮兵旅和预备役高炮团出入的拥军路和军民路。

2004年4月，省委、省政府、省军区决定在全省开展为全面建设小康社会服务和为军队现代化建设服务（简称“双服务”）活动。驻军各单位发挥部队优势，为全面建设小康社会服务，围绕地方党委、政府确定的社会发展整体规划和阶段性目标，投身生态工程建设，参与大运高速公路沿线防护林、“三北”防护林和大同至丰镇一线乔灌草搭配防风固沙林带建设。参加当地治水、改土、修路、绿化、通电等基本设施建设，参加小流域治理、水土保护和县乡公路改造。资助农村发展教育和卫生事业，开展捐资助学活动，帮助农村发展卫生事业和治病防病工作。继续搞好扶贫帮困，开展扶贫攻坚，普及科技知识，推进科技致富。开展护路、护厂、护矿、护林活动，维护社会治安和正常生活、生产秩序，做到“驻扎一地，平安一方”。地方政府和人民群众主动关心、支持国防和军队建设，为军队现代化建设办实事、服好务。从交通、场地、物资、通信、军供等方面支持部队建设，为军事斗争准备提供保障。支持军队体制编制调整改革，做好军转干部和城镇退役士兵安置工作。开展科技和人才拥军，开展“图书送部队”“专家进军营”活动，促进部队科技练兵和信息化建设。维护军人军属合法权益，依法妥善处理军人军属涉法问题。

三、创建双拥模范城标准制度

1991年，根据民政部、解放军总政治部和山西省双拥领导组《关于深入开展创建双拥模范城（县）活动的意见》，雁北行署民政局、雁北军分区政治部和大同市民政局、大同军分区分别制订创建双拥模范城、县、乡镇和爱国拥军模范县（区）、乡（镇）活动的实施方案。大同市委召开常委会和军政联席会议，专题研究双拥工作，统一思想，制定措施，深入动员，决心在年内把大同市建成双拥模范城。雁北地区创建双拥模范县、乡（镇）和爱国拥军模范县、乡（镇）的活动实施方案，从指导思想、主要任务、考核标准、步骤措施、评比办法5个方面规范全区的双拥工作。提出凡有驻军团以上单位的县，3年内全部达到地区级双拥模范县标准，并有2～3个县达到省级标准；凡有驻军营以上单位的乡（镇），年底前全部达到地区级双拥模范乡（镇）标准，其余各县3年内达到地区级爱国拥军模范县标准，1/3乡镇达到地区级爱国拥军模范乡（镇）标准。实施方案对双拥模范县（区）、乡（镇）考核标准提出了6个条件。（1）国防教育坚持经常，双拥观念深入人心。（2）组织机构健全，形成齐抓共管的局面。（3）规章制度完善，双拥活动经常化、制度化。（4）军民共建成效明显，具有良好的社会风尚。（5）优抚政策落实，安置工作成就显著。（6）军政军民互相尊重，关系融洽。评比办法：自下而上逐级验收申报，地区级双拥模范县、乡（镇）由县双拥领导组申报，地区双拥领导组检查验收、批准。省级双拥模范县、乡（镇）由地区双拥领导组申报。

根据全国《双拥模范城（县）命名管理办法》和山西省《贯彻落实全国双拥模范城（县）管理办法的意见》，大同市双拥领导组制定大同市《双拥模范县（区）、单位命名管理办法》，分总则、基本标准、命名程序与权限、命名后的管理和附则共5章19条，对全市双拥模范县区命名管理作出具体规定。

1. 双拥模范县（区）、单位和先进集体评选条件。按照全国双拥领导组提出的6条标准，结合实际，量化为15条基本要求。（1）双拥领导组机构健全，能充分发挥其组织、协调和指导作用，把双拥工作纳入经济、社会发展和部队建设的总体规划；双拥办公室人员稳定，资料完善，制度健全。（2）部队粮油、水电、燃料等生活必需品，按规定保质、保量、按时供应，随军、随调军人家属安置、军人家属探亲、住房待遇、军人子女入托、入学按市政府规定执行。（3）支持、配合部队军训、演习和国防施工等各项任务，依法优先审批军队建设征地，军事设施得到有效保护。（4）各商业、服务业落实“军人优先”的服务制度，车站、机场等设有军人售票窗口，对军车实行免费存放、免费通行。军人游览古迹、公园等景点按规定实行门票减免。（5）按时完成征兵任务，无责任退兵。全面实行义务兵家属优待。优抚对象优待金全面达标并当年兑现，立功受奖义务兵家属奖励按规定及时落实。（6）优抚对象的抚恤补助按规定及时落实，生活水平略高于当地群众平均生活水平。在乡二等乙级以上伤残军人公费医疗待遇落实，医疗费实报实销。对其他优抚对象的医疗费减免有当地的明确规定和具体措施，效果明显。（7）在乡老复员军人的生活、住房、治病等困难得到妥善解决。对孤老优抚对象普遍实行集中供养和包户服务，生活好于一般五保户。（8）优抚医院、光荣院、烈士陵园、军供站、干休所等优抚安置事业单位制度健全，管理规范，服务优质，创收达标，被上级评为本系统先进单位。（9）转业干部安置工作能及时妥善办理和解决安置去向、工作分配、职务安排、配偶工作安置及子女入托转学等事宜。（10）退伍义务兵、转业志愿兵和转业干部按国家规定当年妥善安置，按时完成特一等伤残军人的接收和建房任务，两用人才开发使用工作落实。军队离退休干部的“两个待遇”落实，军队干部建房优惠政策得到落实，医疗费用有保障。（11）部队主动配合驻地党委、政府中心工作，按规定每年参加3项以上影响较大的重点工程和公益事业建设。（12）大力开展扶贫活动，并有明显效果。设置长期的爱民服务窗口和阵地，官兵平均每年为群众办好事10件以上。（13）坚持就地就近开展军民共建活动，成果显著。军警民联防活动制度落实，措施得力。积极协助地方维护社会治安。（14）模范遵守群众纪律，广大官兵同驻地干部群众感情融洽，关系密切。在地方无违法犯罪现象，无军地历史遗留问题和未解决的军民纠纷。（15）制定并发布实施了拥政爱民工作综合性法规文件。

2. 先进个人评比标准。（1）牢固树立国防观念，有强烈的拥军优属、拥政爱民意识。（2）积极组织和参与国防教育和双拥活动，在双拥活动中起到模范带头作用，取得显著成绩。（3）坚持经常为部队和当地群众排忧解难办实事，支持国家建设，维护社会治安。

3. 评选和申报程序。（1）市命名的双拥模范县（区）和单位，由县（区）自行评定，向市双拥领导组申报，经市双拥办公室检查验收，市双拥领导组审定批准，并报省双拥领导组备案。报请省以上命名的双拥模范城、县（区），由市双拥领导组评定，向省双拥领导组申报。（2）先进单位和先进个人由市双拥办公室根据情况给各县（区）、各大单位、各部队分配名额，自下而上评选推荐。市以上命名表彰的先进单位和个人，由各县（区）、各大单位、各部队评选推荐，报市双拥办公室检查验收，经市双拥领导组批准，并报上级备案。需由省以上命名的，由市双拥领导组向省双拥领导组申报。（3）全国双拥模范城（县）一般2～3年命名一次，省级双拥模范城（县）每2年命名一次。大同市双拥模范城（县）、区的命名表彰随同山西省的时间进行。

1996年8月，大同市委、市政府、军分区为进一步搞好拥军优属工作，加强军政军民团结，根据国家、省有关规定，制定了《大同市拥军优属暂行规定》，分总则、随调随军家属就业、优待和安置、保障和供给、军事设施保护、其他、附则共7章73条，对大同市拥军优属工作作出了具体规定。要求全市各级人民政府和党政机关、人民团体、事业单位和一切经济组织，都要把双拥工作纳入工作重要日程，纳入本单位经济和社会发展总体规划、纳入本单位目标管理责任制和干部政绩考核内容，认真做好拥军优属工作。1997年5月，人民解放军驻同各部队为统一和规范全市拥政爱民工作，使双拥工作更加经常化、制度化，驻同部队各单位联合制定了《驻同部队拥政爱民工作若干规定》，共22条，分别对爱民教育、遵纪守法、双拥模范城建设、军民共建、参加经济建设、扶贫帮困、抢险救灾等作了详细规定。这两个规定对加强双拥工作发挥了积极作用。

随着双拥工作的发展，双拥工作制度不断完善，逐步形成了6项制度。（1）双拥例会制度：每季一次双拥工作领导组成员例会，研究问题，通报情况，部署工作。（2）走访慰问制度：各级党委、政府每年“八一”、春节两大节日走访慰问驻同部队，征求意见，积极妥善地解决驻同部队提出的建议和要求。（3）检查评比制度：每年组织一次双拥工作检查，对全市各单位双拥情况进行检查评比。（4）考核奖惩制度：凡双拥模范单位年终检查评比不合格，撤销称号；对双拥评比检查被评为省级双拥模范单位的集体和个人，由单位给予有关人员奖励。（5）双拥工作目标责任制：各部门要根据全市双拥工作安排，结合各自的特点，制订年度工作计划、规模和标准，实行目标管理责任制，层层分解任务，落实到人，有计划、有步骤地开展双拥工作。（6）督查制度：市双拥办公室对全市各单位的双拥工作不定期进行检查督促，落实有关双拥工作指示精神。

第三节　拥军优属

大同军民的双拥运动，始于抗日战争初期。日本侵占大同后，军民奋起抗日并肩战斗，人民群众踊跃参军全力支前，积极配合八路军解放军打击敌人。在恶劣的战争环境下，军民团结克服困难，前赴后继顽强战斗，取得抗日战争和解放战争的胜利，涌现出大批拥军模范。

新中国成立后，大同军民全力投入保卫和建设社会主义祖国的伟大事业，积极参军支前，抗美援朝保家卫国；承担重点工程项目，支援国家经济建设，英勇顽强抢险救灾；军民联防，加强战备，双拥传统发扬光大。

一、支援抗美援朝

新中国成立不久，美国悍然发动侵朝战争，毛泽东主席审时度势，果断派出中国人民志愿军抗美援朝保家卫国。大同人民发扬战争年代拥军传统，掀起以支援抗美援朝为中心的爱国拥军热潮。

1951年4月初，雁北地委召开宣传工作会议，布置抗美援朝宣传活动和迎“五一”大示威。接着，各县召开县、区、村干部扩大会，将地委精神贯彻到村。各县还举行控诉大会，控诉日、美、蒋的反动罪行。地区抗美援朝委员会将全区抗美援朝宣传活动划分为三片，浑源、山阴、左云等中心县设临时抗美援朝指挥部。地委抽调450人组成检查团，由地委书记张晓东、宣传部长沈重带领，下乡检查宣传工作。5月1日，雁北各县城关及所有农村举行声势浩大的示威游行，参加者达76.6万人之多。同时举行签名活动，拥护五大国缔结和平公约的有97.7万多人，投票反对美帝武装日本的有98.8万多人。

1952年4月初，志愿军归国代表团和朝鲜人民访华代表团原怀静等4人，分两组先后到左云、右玉、平鲁、朔县、山阴、广灵、浑源、应县作报告，激发了雁北人民的爱国拥军热情。同年6月，雁北抗美援朝分会响应总会捐献飞机大炮的号召，决定在全区捐献飞机3架（“雁北号”），地区机关干部、职工和专区农场职工捐款162万元（旧币），地委党校捐款775万元（旧币），地委宣传部捐款746万元（旧币）。各地农民提出精耕细作多打粮，支持抗美援朝。1953年1月，各级党委提出，抗美援朝、支援志愿军，要钱出钱，要人出人，广大青年踊跃参军，当兵光荣成为社会风尚，父母送子，妻子送郎，孤子坚决要求参军，兄弟相争上前线。新兵们表示：不打败美帝不回国，不立大功不回家。这次征集的新兵数量多，质量好，党团员占到48.8%。1953年3月20日统计，本年在抗美援朝运动中全市要求赴朝参战的爱国青年2560人；要求赴朝担负卫生工作的237人；自愿给志愿军伤员输血的300人；自动捐款捐物15339万元，捐书4.4万册。志愿军归国代表来同作报告时，全市捐献15339万元（旧币）。春节、国庆节优抚运动捐献7897万元（旧币)。420名烈属及转业军人安置就业，741名烈、军属子女受到公费优待，政府给烈军属、回乡军人拨发补充粮41.9万斤，款2.35亿元（旧币）。

二、支援部队建设

办好光荣院敬献拥军情 市县光荣院是老红军、老八路、伤残军人和孤寡老人聚集的地方，各级民政部门重视办好光荣院，把拥军之情倾注在优抚对象上。阳高县光荣院建于1986年，有工作人员5名，先后供养孤老优抚对象32人。县民政部门和光荣院工作人员运用老年学原理指导日常服务。通过调查研究，摸清每位老人的出生、经历、病历、心理及爱好特长，建立三卡一簿，即光荣历程卡、病历卡、心理变迁卡和日常言行记录簿，用心寻找解除老人心理症状的办法，用激励法振奋老人的向上精神。通过忆童年、讲当年、看晚年，自觉珍惜荣誉，保持晚节。坚持把思想工作化作春风细雨，通过“每天看三次，见面问个好，经常谈谈心，交朋友，建感情，过生日”等，使老人感到“身前无子孝子多，没有老伴子女多”。他们还千方百计为老人创造有利于调节心理的环境条件，使老人乐而忘忧。光荣院为组织老人发挥余热，焕发第二青春，选举了三结合的管委会、伙食委员会、卫生小组和班排长，让老人直接参加院务管理。并与城建局联系，让身体好、年纪较轻、责任心强的老人在城区马路两侧看护风景林，每天每人1元钱。有的到纸盒厂糊纸盒，到养殖场养猪喂羊，使老人既得到报酬，又内心充实。他们把光荣院办成优抚对象的幸福院，先后被地、县评为“模范光荣院”和“文明单位”，1990年被山西省政府、省军区评为“拥军优属先进单位”，1991年出席全国光荣院研讨会。

大同市光荣院是市民政局1960年经济困难时期建立的，住着干休所管理和服务的80多位革命伤残军人和烈军属。他们来自16个省区，人地两生，办事困难。最初，光荣院里没有集中的住宅楼，老人们分散居住在30多个点上，坐车走访一次也得一天时间。在民政局从事安置工作的“老转”王华子，对军队老者怀有特殊感情，他和干休所的14名工作人员，分片包户，责任到人，为老人们办理转户、粮油供应、医疗保健以及家属子女调动、入学、就业等工作，使其“老来无忧，病时无愁”。退休老干部陈彩章长年生病卧床，全靠输氧喂奶维持生命。一次王华子登门探望，正赶上氧气用完，他立即骑自行车带上氧气瓶，赶到卫生所灌上氧送去急救。一段时间市里牛奶奇缺，老陈的牛奶供应量减了一半，王华子知道后，立即跑到供奶站求援，得到满足供应。被称为孤寡老人共同女儿的辛亮荣，长年为下肢骨折卧床的王德老人喂水、喂饭，擦脸、擦脚、擦身子。光荣院只有10来个工作人员，但城区、矿区的20多个街道办事处，100多个居委会，在长期的拥军优属活动中，开展一条龙服务，解决军人的后顾之忧，军烈属和伤残人员家中的困难，他们全包了。荣桂玉照顾失去生活自理能力的转业军人武善英，每天上门为其烧水、煮饭、逢补、洗涮，武善英在床上躺了10年，荣桂玉和街道的姐妹们照顾了10年。光荣院的工作人员为伤残军人、军烈属想得周到，做得具体，他们还为孤寡老人张延年、丁翠兰牵线搭桥，喜结良缘。在著名作家曹杰、王祥夫的小说中，光荣院的工作人员，王华子、辛亮荣、荣桂玉……被称为“一颗颗亮晶晶的小水珠，拥抱老树，枯枝抽芽；亲吻残苗，茎叶挺拔。无声而多情的小水珠，使祖国的座座军营绿风劲吹，生机勃发！”

倾心子弟兵 爱心献军营 人民群众把解放军看作最可爱的人，处处关心、爱护子弟兵，千方百计为部队官兵服务，涌现出大批拥军模范。大同市矿区永定庄街道第16居委会主任欧学联就是大同新时期的一面拥军旗帜。欧学联1942年生于江苏省宿迁县一个贫苦农民家庭。从小就认定共产党是救星、解放军是恩人。她怀着对子弟兵的深厚感情，从1963年到居委会工作以来，数十年如一日，满腔热情地投身于爱国拥军事业。她走遍驻同陆、海、空和武警部队每一座军营，与驻军官兵结下深厚情谊。每逢春节，她炸好麻花送往军营；端午节，她又送去粽子；中秋节，她给战士送去月饼。每年“八一”她把节日礼品送到军营。平时还经常给战士们送鞋垫、缝洗衣服被褥。战士们称她“欧妈妈”。她在51364部队通过摸底，认了9个孤儿战士做“兵儿子”，经常问寒问暖，使他们不为失去父母而心怀悲伤和忧郁。她爱军人，更爱那些英雄的军人。一次解放军英模报告团来同，她首场听英雄报告，几次同英雄座谈。报告团临走时，她让儿子陪着带着纪念品步行6小时赶到火车站送行。北京军区某部野营拉练途经大同，她发动居委会连夜赶做百余双鞋垫，冒雨赶到浑源县，送到拉练部队战士手中。1979年3月对越自卫还击战打响后，她买来布料，以“矿工家属”名义做了4面锦旗，绣着“理解万岁”“献给最可爱的人”，连同家属们赶做的600双鞋垫和自制的10斤“学联茶”寄往老山前线。2002年她行程万里，转辗北京、上海、辽宁抚顺，分别对中央警卫团、“南京路上好八连”、“雷锋班”进行慰问，送去鞋垫近4000双。欧学联长期爱国拥军，曾被命名为“全国三八红旗手”，出席全国煤炭战线群英会和第四届全国妇代会。被评为省、市劳动模范，优秀共产党员，1987年被山西省政府表彰为“为军人安心服役办好事活动先进工作者”，1992年全军双拥表彰会上被授予“爱国拥军特别奖”。1995年被民政部、解放军总政治部表彰为全国拥军先进工作者。

在大同市卧虎湾营区，有一位被部队官兵称为“老大姐”的义务储蓄员，她就是中国工商银行大同火车站分行退休职工郑佳兰。20多年来，她为方便部队官兵办理储蓄业务，长年坚持深入部队服务风雨无阻，奔走在驻同各部队，并为官兵洗衣服、缝被褥、做饭，护理生病战士，帮助官兵解决生活中的难题，拥军成了她最高的人生追求。她所在的单位与驻同某部共建精神文明的先进事迹受到中宣部和解放军总政治部的通报表彰。郑佳兰先后荣获山西省银行系统十佳服务员、省市拥军模范、劳动模范、学雷锋先进个人、巾帼建功先进个人等荣誉称号。

从大同矿务局（今大同煤矿集团公司）到通往大同驻军营区的道路上，人们在节假日经常看到一位骑着自行车往返奔波的老人，他就是矿区新平旺商厦退休职工、部队义务修表员马思。马思青年时代就是学雷锋标兵，他以“优质服务、诚实守信、无私奉献”为宗旨，从事修表业务，曾创全市国营修表业年收入1.3万元的最高纪录。他长年坚持为解放军义务修表，在他的柜台上摆着“解放军免费”的牌子，许多人说我在全国各地看到不少“军人优先”的牌子，“解放军免费”还真少见。一些外地军人看到后说大同真不愧是双拥模范城。他看到有的军人修表好久不来取，知道部队工作忙，他就利用节假日背上工具箱到军营为官兵服务。10多年来，他走遍驻同部队每座军营，为官兵修表2万多块，仅51396部队就有3600余块，并义务为部队培训修表人才130余人。马思是个拥军迷，在他的影响下，女儿马玉香也样样工作堪称模范。她立足三尺柜台，服务千家万户，练就称、包、捆和一口清、一秤准的硬本领，还带领团支部组成“军人服务组”，把平旺地区的烈军属登记造册，上门服务，先后被评为市、区劳模、大同市首届杰出青年、市巾帼建功先进个人、山西省新长征突击手等。

李月花，女，汉族，1958年11月生，市直机关房产处职工。20年来，她坚持开展拥军和公益活动，把爱无私地奉献给军营和社会，被人们亲切地称为“兵妈妈”“爱心团长”。

她以慈母心真情拥军。20年如一日，她用自己微薄的工资收入买上原材料，包粽子、打月饼、做麻花，每逢端午、中秋、春节或新兵入连、老兵退伍，都要到部队一线慰问。家乡人送给她的时令水果，自己舍不得吃，都要送给战士们品尝。她常到军营为战士们缝补浆洗，为生病战士送水送饭，百般照顾，以实际行动默默支持部队建设。

她以博大胸怀投身公益。李月花尽管家庭困难，却一直热心帮助更需要帮助的人。自20世纪90年代以来，她常常挖草根、搬石头、开荒种地，待玉米、山药、蔬菜成熟后，送到部队、孤寡老人、残疾人、养老院、孤儿院、乳娘村、大山下的五保户那里。她照顾身边的孤寡老人，为他们送饭洗衣，每逢过年过节，做好油糕、饺子都要给他们送去，等老人吃完了，她才放心回家，而自己却常常吃冷饭。1986年元旦前夕，李月花路遇啼哭不停身上仅仅围着一点床单的小女孩，毅然把她带回家，含辛茹苦将孩子养大成人。2012年9月16日，她组织起“学雷锋”爱心团队，她的儿女、朋友、左邻右舍及周围小区的众多居民都成为她的团队成员。团队不断发展壮大，已发展到上千人。她带领她的爱心团队到贫困山区、养老院、孤儿院捐款捐物，让贫困老人和孩子感受无限的温暖。

她把无私的爱奉献给家庭。丈夫身患重病，她几十年如一日精心服侍，不管有多忙有多累，都要为他做可口的饭菜，让他穿干净的衣服，帮他洗澡按摩，像哄小孩一样逗他开心快乐，鼓励他与病魔抗争。2012年，丈夫又患上癌症，为筹措进京救治的医疗费，她几乎求遍所有亲戚朋友，硬是把丈夫从死亡线上“拉”回来，以坚忍不拔的意志和无私奉献的精神谱写了人间大爱。

李月花并不富裕，平时总是省吃俭用，多年来一直情系子弟兵。在她的带动下，大同市多家单位先后成立拥军志愿者团队，让子弟兵在第二故乡拥有亲人的温暖。

在军民共建活动中，许多单位结合自己的工作任务实行集体拥军，送温暖给军人，送方便进军营。大同市粮食局担负着全市百万人民和驻同部队的粮油供应任务。长期以来，粮食局坚持“兵马未动、粮草先行”，组织所属单位开展拥军优属活动，为驻同部队提供优质、细致、方便的服务，形成多层次、多渠道、多形式的共建网络。粮食局历届领导都明确规定把拥军优属工作纳入领导干部的岗位目标，坚持为部队、为军人办实事。他们在全市120个粮油销售站建立“拥军优属”窗口，实行“六优先”“四不误”：军供粮油优先、交款结算优先、提货优先、精细粮油供应优先、残疾和复转军人优先、烈军属优先；逢年过节供应不误、刮风下雨供应不误、来迟来早供应不误、保障部队战备值勤供应不误。为方便部队，在市内中心粮店增设部队服务室，各粮站每月两次轮流到营区开设粮油临时供应点，义务为军、属送粮20多万斤，为部队调供细粮960万斤，油1.4万斤。先后投资2万元为52877部队改造营房，帮助82师通信营建起养鸡场，为52877部队建起养猪场、饲料厂、食品厂，为航空兵某团办起糕点厂，并与该团合办干洗店、蔬菜货栈等，共办企业10多个，投资累计达50万元。同时，为部队代培财务、养殖、食品加工、饲料、统计、木工、烹饪、机械修理、粮食储存，以及文艺、美术等20多个专业的各类人才1450多名。此外，还组织文艺演出队、生活服务队，分赴内蒙古二连值勤的雷达哨所及驻同部队慰问，并带去卡拉OK机、各种书籍、文化用品和鞋垫等慰问品1000余件。

大同火车站对面有一个地下餐厅，名曰“洞天”。洞天餐厅的职工们把接待过往就餐的解放军官兵当作一项特殊任务，像火车站专设“军人售票处”“军人候车室”一样，在餐厅里为军人专门开设“雅座”和“专席”，还固定了专门的服务员。一年下来，来洞天就餐的子弟兵就多达几千人。洞天餐厅的职工们像当年老区人民接待子弟兵一样，以热情的态度、优质的服务、可口的饭菜，使每个官兵乘兴而来，满意而去。许多战士说，到洞天就像回到家里。洞天餐厅的职工们不仅让战士们吃好喝好，还为许多战士传授烹调技术。厨师长曹进才是大同站附近颇有名气的一级厨师，他每年都以“办班”“带徒弟”的方法，为部队培养10多名炊事人员。解放军某部战士周献珍，主动找曹师傅拜师学艺，成了“拉面大王”。这个出师不到一年的连队炊事员，在参加首都部队厨师比赛中，“尽使三晋千年招，抖出麦海万里香”，他拉出的龙须面、空心面，受到党和国家领导人的赞扬，部队给他记了二等功。周献珍载誉归来，不回军营，先入“洞天”，洞天餐厅的职工们为他专门开了一次庆祝会。

位于大同火车站对面的军供站，是市委、市政府专为过往军列开设的饮食供应点。军供站大院里有个大食堂，军列一到就像一个大兵营。军供站共有职工18人，他们人人都有一颗爱兵之心。站长和大家研究制订一系列应对复杂任务的方案：军列上的部队要去打仗怎么办？部队要去抢险救灾怎么办？夜间来了怎么办？雨天、雪天来了怎么办？有病号怎么办？有回民怎么办？……这些他们都讨论过几十次，实践过上百遍。不论在任何情况下，都做到“兵马未动，粮草先行”。他们接待过的过往军人多达100万人，均高兴而来，满意而去。时光流逝，军供站职工不断变化，但是全心全意为子弟兵服务的好传统也一茬接一茬，就像战争年代支前那样保障过往部队的生活供应。他们以优异的成绩，受到民政部和解放军总后勤部的表彰，荣获全国“金杯奖”，被过往军人称为“编外后勤部”。

发挥优势科技拥军 在军民共建活动中，市、县两级科委、科协组织百余名科技工作者深入军营，帮助部队解决训练、装备维修、办公自动化、生产生活中急需解决的问题。部分科研单位和技术部门协助部队进行装备技术改造，指导官兵在科技练兵中开展小革新、小发明、小创造活动，有60余名战士在全军技术比武中获奖。地方科技部门帮助部队举办电器维修、蔬菜种植、科学养殖培训班200多期，近5000名官兵参加培训。市粮油储运公司向52875部队无偿提供良种猪32头，育仔猪100头，帮助建起猪场，并派技术骨干传授养猪技术。大同作为老工业基地，拥有技术力量强、设备先进的大中型企业20多家，他们在科技拥军活动中，组织技术力量到部队提供技术服务，有14家企业的20多个技术小分队活跃在部队。山西柴油机厂与驻同52875部队结成共建对子，工厂先后20多次派技术人员到部队开办专业技术培训班，部队经常派官兵到车间、班组和培训基地取经学艺，为该部队培训计算机骨干80多人，发动机修理工60多人协助部队研制成功发动机防裂爆装置，还把自己的一些科研成果提供给部队，应用到实践中去，解决了因某些装备存在缺陷而影响战斗力的问题。

1999年5月，驻同部队在科技大练兵中正在为技术人才缺乏犯难时，大同市高技术密集的大型企业和高等院校的各类专家教授、工程师，组成“百名科技专家”进军营，帮助部队进行科技练兵。云中大学、大阳电脑公司、五星电脑公司、山西高寒作物研究所、南郊区蔬菜研究所等30多个单位的装甲、动力、电脑、通信、系统学、应用学、激光、超导、热核以及种植、养殖专家，一批批走进军营，活跃在部队练兵场、电教室和养殖、种植基地。协助部队维修技术装备和自动化办公设备134台（件），培养坦克发动机、工程机械、程控交换机等维修人才33人，电脑操作人员320人，并将11名新装甲兵器配件维修人员带回工厂进行培训。培训塑料大棚种菜骨干40多名。

在科技拥军活动中，许多技术骨干利用自己的专业优势和一技之长，开展科技拥军。大同电信分公司数据局局长李荣，从事电信数据工作十几年来，抓经营管理和服务质量。他所带领的数据局连续4年被省、市邮电管理部门评为“先进集体”。他情系军营，无私奉献，热情支持军民共建单位93601部队的建设，连续6年受到省、市表彰。1999年被省、市评为“双拥模范单位”和“军民共建社会主义精神文明建设先进单位”。多次被评为“先进工作者”。大同数据局与93601部队结成共建对子以后，他始终把双拥工作纳入自己的工作日程，做到有组织、有计划、有检查、有落实。围绕“教育人、培养人、塑造人、陶冶人”的时代主流，依托岗位，立足本职，注重加强职工和部队官兵思想建设，每年举办一次读书演讲、读书笔记展览，交流学习体会。他每年都拿出一定经费作为爱军习武奖励基金，重奖作出突出贡献的部队官兵。每次表彰先进，他都亲自参加部队的颁奖活动。每逢春节、“八一”节，他和数据局的职工带上慰问品到部队与官兵共度佳节。老兵复员，他和部队首长一起到车站送行。他带领数据局长年坚持科技拥军，发挥数据局设施、人才和技术优势，帮助部队通信站建起“科技练兵基地”，组织专家和技术人员到部队讲授“现代通信与国防”“网络信息战”“未来战争与通信”等20余场。为官兵举办手键收发、电传打字、汉字输入等培训班12次，800余人受到培训。他还组织“送书到军营”，为官兵赠书1000余册。帮助部队通信站建立“拥军图书室”，以《部队练精兵，电信送科技》为栏目，开办计算机知识讲座10多场，辅导官兵上互联网500多小时。派出专业技术人员为部队维修电信设备50余次。他还多次到尖口山对空台慰问，赠送短袖衫百余件，并为连队建起双拥活动室、健身房，赠送电视机和各种文体器材20余种，被部队官兵誉为“科技拥军的带头人”。

着眼部队建设　创造良好环境　市委、市政府非常重视驻同部队的营区和道路建设，对影响部队管理和行动的问题及时协调解决，为部队建设创造良好环境。93601部队机关驻在大同市西门外闹市区，营房大门口和营区周围经常有许多小商贩设点摆摊，成了商品交易市场。大小车辆乱停乱放，加上中巴车停车等客，非常混乱。市双拥办的工作人员了解到这一情况后，立即向市主管领导作了汇报。不久，市委常委、常务副市长张富文带领市城管、交警、工商、环卫等部门参加的检查组来到部队驻地，现场研究解决问题，很快使部队营区周围的混乱现象得到治理。

位于大同市区西北隅的拥军路，地处城乡结合部，是驻同部队较为集中的地段。该路修建于20世纪70年代，当时由于经济和环境条件限制，建设标准低、路面窄，且损坏严重，加之排水设施落后，每逢雨季，立交桥处积水很深，交通中断，给沿途官兵和广大人民群众的工作与生活造成不便。2005年初，市委、市政府依据城市建设的总体规划，决定对拥军路进行拓宽改造，投资1200万元，拓宽改造路段1.67公里，路面拓宽到22米。5月15日破土动工，8月1日正式竣工通车。其间，市委、市政府主要领导多次现场指导，大同军分区、沿途部队倾力支援，出动官兵2000余人，机械数十台，清运建筑垃圾4000余立方米，平整街道、路基等。拥军路的重修，改善了路网结构，方便了沿途官兵和人民群众出行，提升了城市整体形象，为“双拥模范城”增添了新的形象。

三、慰问座谈活动

1982年中国共产党第十二次全国代表大会作出关于建设社会主义精神文明的决定后，人民解放军认真贯彻党的十二大精神，在加强自身建设，做好部队各项工作的同时，积极与驻地人民群众共同开展建设社会主义精神文明的活动，双拥工作有了较大发展，军政军民团结出现新局面。

1976年“文化大革命”结束以后，大同军民恢复开展各种形式的双拥活动，军政军民关系更加密切，民拥军、军爱民，呈现出一派军民团结的气氛。1977年12月，雁北地区、大同市和雁同驻军隆重举行军民联欢晚会，军民欢聚一堂，畅谈粉碎“四人帮”的伟大胜利，畅谈抓纲治国的辉煌成果，畅谈粉碎“四人帮”以后军民团结战斗的大好形势，决心在新时期进一步发扬拥军优属和拥政爱民的优良传统，加强军政军民团结。雁北地委、大同市委、雁北地区革命委员会、大同市革命委员会和驻雁同部队领导出席。联欢晚会同时在6个分会场举行，主会场设在大同市革命委员会礼堂，雁北地委副书记、雁北地区革命委员会主任薛凤霄主持，大同市委副书记、大同市革命委员会主任和愚和雁北军分区司令员赵德荣讲话，雁北地区文工团，大同市文工团话剧队分别演出文艺节目。从此，每年元旦、春节期间，军地互相慰问，军政军民举行联欢会、茶话会成为传统制度。

1986年2月，市委、市政府派出慰问团，对全市参加老山作战的军属、烈属及伤残军人进行慰问，市委副书记董福山、副市长刘子君率领慰问团慰问49户老山前线战上家属，375户烈属和389名一、二等残疾军人。

1995年5月13～14日，山西省委副书记、省长孙文盛，省委常委、省军区司令员董云海率领省赴同慰问团，带着省委、省政府、省军区的关怀和全省3000万父老乡亲的爱心，慰问大同市困难企业特困职工和驻同部队。在同期间，孙文盛、董云海一行还深入大同矿务局和大同铁路分局，看望矿工、铁路职工及其家属。

2012年8月21～22日，由省民政厅双拥联络处处长路颖带队的慰问团，代表省委、省政府慰问驻同93601部队、驻同66075部队、驻同66077部队和驻同66173部队，与官兵座谈，送去慰问信，并分别向各部队赠送10万元慰问金。驻同93601部队首长李书存、谢湘平，驻同66173部队首长王志忠，驻同66077部队首长李晓斌等参加座谈。座谈中，路颖代表省委、省政府向驻同部队指战员以及部队官兵家属表示慰问，向为山西以及大同市各项事业付出辛勤汗水和无私奉献的部队官兵表示崇高敬意。慰问团成员还与官兵们就如何进一步加强部队建设和双拥工作进行探讨，并征求部队官兵对今后双拥等工作的意见和建议。各驻同部队首长在座谈中分别发言，表示今后部队将一如既往地支持大同经济社会各项事业建设，不断巩固和发展军政军民团结，努力推动大同经济社会又好又快发展。

四、庆祝表彰活动

1977年8月1日，是中国人民解放军建军50周年大庆，也是粉碎“四人帮”后第一个建军节。大同市与雁北地区成立雁同党政军庆祝八一建军节筹备组，下设宣传、游园、军体、卫生医疗、保卫等组，开展各项庆祝慰问活动。从此，每年“八一”期间，大同市党政军领导欢聚一堂，共同庆祝中国人民解放军建军节日，共叙鱼水深情，共话美好未来，共谋科学发展，并相互走访慰问。1997年在“八一”建军节前，市民政局、大同军分区政治部、大同市双拥办联合发出《关于开展八一期间双拥活动》的通知，一直到现在。

1983年2月，雁同地区在雁北军分区召开纪念延安“双拥运动”40周年大会，雁同地区党政军领导和拥军优属、拥政爱民先进单位代表240余人参加会议，大同市委副书记、市长关汉文主持，雁北地委副书记、行署专员白效玉讲话。会后，雁同地区广泛开展“为军人安心服役办好事”活动。通过落实优抚工作、开发使用军地两用人才、智力拥军等多种形式为军人安心服役做好事。1987年7月，雁北行政公署和雁北军分区召开雁北地区“为军人安心服役做好事”经验交流会。各县分管武装工作的副县长、武装部部长、民政局局长和先进集体、先进个人代表85人参加会议。应邀参加会议的还有曾在老山前线荣立集体一等功的51345部队和驻同51361部队、39100部队首长。大会表彰71个“为军人安心服役做好事”的先进集体和个人。同年12月，大同市政府召开“为军人安心服役做好事”活动经验交流会。51361部队首长、有关部门负责人、模范单位和先进个人代表130人参加会议，表彰66个模范单位、先进集体和先进个人。

2013年5月18日，在海军编制序列中，一艘新一代导弹护卫舰以“大同”命名。舷号为580的一艘新型战舰悬挂满旗，威武庄严，海军大同舰入列命名授旗仪式在大连举行。海军北海舰队副司令员杜希平少将、大同市委副书记刘国庆等出席入列命名授旗仪式。大同舰是中国自行设计建造的新一代导弹护卫舰。自组建以来，大同舰官兵发扬人民解放军“听党指挥、能打胜仗、作风优良”的优良传统，弘扬“忠诚、先锋、顽强、钻研、敬业、奉献”的“铁拳”精神，确立“建一个开拓务实的班子、培育一批知识型人才队伍、锻造一支高素质战斗集体、接一艘高质量军舰”

的奋斗目标，完成培训接舰任务。入列命名授旗仪式上，杜希平为大同舰授军旗，海军某基地司令员魏钢宣读海军大同舰命名命令并向大同舰颁发命名证书。刘国庆代表大同市向大同舰赠送慰问金20万元，并登舰看望大同舰全体官兵。

2013年是中国人民解放军建军86周年，同时也是毛泽东等老一辈无产阶级革命家倡导的延安双拥运动70周年。7月25日上午，市党政军领导到驻同66077部队，参加“八一”军事日活动，并召开军政座谈会，体验军营生活，共叙鱼水深情。市领导丰立祥、梁凤书、柴树彬、李世杰、姚生平、马斌、郜向华、刘美、邵奎、张翠萍、张韬、刘俊雍、陈昌辉、武保洲、程廷龙、许进娥、郭俊岗、杨硕平等参加活动。大同军分区司令员孙利仁、政治部主任杨文斌，驻同部队首长刘敬权、韩锋、李杏、张解立、李晓斌、张同喜、张学士以及92373部队首长李涛等参加活动。慰问了部队官兵，参观了部队建军历史展览馆和部队营房，听取了有关情况介绍，观摩官兵装备操作演示，感受部队武器装备发展变化，了解部队现代化建设和官兵们的生活、训练情况，并到部队靶场，进行实弹射击体验。随后，参加活动的市党政军领导又在部队文化活动中心召开军政座谈会，共叙军民情谊，共商发展大计。市委常委、常务副市长李世杰在座谈会上发表讲话。她指出，大同市历来有着拥军优属、拥政爱民的光荣传统。全市军政、军民团结不断巩固，军地共建不断取得新的成绩，军民融合式发展进入新的历史阶段。经过军地双方和社会各界的共同努力，大同市喜获全国、全省双拥模范城“七连冠”。同时，市委、市政府发扬拥军优属的优良传统，广泛开展军民共建，认真落实各项优抚政策，发展和巩固军政军民团结的大好局面，为国防建设和部队建设创造更加优良的条件。驻同66077部队首长李晓斌表示，全体驻同部队官兵将充分发挥部队参加经济社会建设的突击作用和维护社会安全稳定的卫士作用，围绕全市科学发展、和谐发展大局，发挥自身优势，参与和支援地方建设，为大同经济社会转型跨越发展作出新的更大的贡献。

五、其他援军活动

1979年7月，中越边境自卫还击作战英模报告团到达大同，战斗英雄胡绪清、李光辉、冯德福，一等功臣李祖湘、蒋振东、刘风良、李泽江，二等功臣袁军、孔令明，三等功臣段先伦作英模事迹报告，先后报告9场，30万军民听取英模报告。其间，战斗英模与雁同工农兵、劳动模范、战斗英雄进行座谈。1980年1月，雁同地区军民召开拥军优属、拥政爱民万人大会，主会场设在大同市工人俱乐部，同时在7个分会场举行，雁同地区党政军领导出席大会。雁北行政公署专员白效玉主持大会，大同市委书记和愚和驻军51078部队政委张宗文讲话，畅谈军民团结的大好形势，表彰拥军优属和拥政爱民模范人物。会上，宣读雁北行政公署、大同市革命委员会和中国人民解放军驻雁同陆海空三军制定的《拥军优属、拥政爱民公约》。工人代表、农民代表和解放军代表先后在会上讲话。

1994年4月1日，中共大同市委、市人民政府作出《关于进一步加强双拥模范城建设的决定》。决定共分六项内容：（1）进一步加强对双拥工作的领导；（2）进一步广泛、深入地开展全民国防教育；（3）进一步推进双拥工作社会化，经常化、制度化；（4）进一步开展军民共建活动，促进经济发展和部队建设；（5）进一步认真贯彻落实党和国家有关国防建设和加强军政军民团结的政策、法律和规定；（6）进一步加强军政军民团结，真正做到“同呼吸、共命运、心连心”。决定还明确规定有关军粮供应，随军家属就业、住房、随军子女入学、入托，军人游览文物古迹、公共景点等拥军措施。

2011年，大同市教育局贯彻落实市委、市政府关于《对驻同部队随军子女上学优待》的规定，经市双拥办统计和审核，对驻同部队小学升入初中的随军子女，全部安排到市一、二、三中和六中就学。对8名未达到重点中学的初中升高中部队随军子女，分别安排到一、二、三中就学（其中：一中2人、二中1人、三中5人）。2012年，市政府在原来的基础上，对大同学籍的烈士子女、作战部队子女、非作战部队子女，以及因公牺牲军人的子女，在中考中可享受不同程度的加分政策。中考之前，山西省出台了新的加分政策，在飞行、潜艇、航天等高风险、高危害岗位工作的军人子女，烈士子女中考时可按照批次录取分数线分值10%的标准降低分数录取；作战部队和因公牺牲的军人子女等可以按照批次录取分数线分值5%的标准降低分数录取；非作战部队子女中考时可统一加10分。2012年，在28名大同学籍军人子女中考中，通过以上政策加分，有6名被大同一中录取（其中：统招3名、扩招3名），1名被大同二中录取。对政策加分后还没有达到重点中学统（扩）招线的5名部队子女，经过再次加分（实际加分为14~126分），全部安排到重点中学（其中：一中1名、三中3名、同煤一中1名）。

第四节　拥政爱民

一、支援地方建设

进入和平建设时期，人民解放军把支援国家经济建设，作为拥政爱民的实际行动，参加国家和地方经济建设。纵贯大同南北的桑干河支流御河，由于泥沙积淤，常为水患。大同解放后，人民政府决定治理御河，修建御河水利灌溉工程。参加解放大同的部队，经过短暂休整，于1950年初，全部投入修建御河水利灌溉工程。察哈尔省人民政府为加快工程进度，战胜春荒，协同察南专署，与大同水利公司订立合同，动员组织天镇、龙关、延庆农民1300人，参加御河河渠水利工程建设，雁北各县农民自愿报名参加修渠。军民团结，昼夜奋战两个月，出土方18万立方米，完成御河水利工程建设，使大同县10余万亩旱地变成水浇地。

大同号称煤都，大同的发展取决于煤炭事业。20世纪70年代，国家作出自行设计、自行施工、高速度建设大同燕子山现代化特大型矿井的决策。人民解放军基建工程兵遵照毛泽东主席关于“人民解放军既是战斗队，又是生产队”的指示，派出两个团的兵力，挺进燕子山工地。燕子山位于大同西北边沿，地域偏僻，环境艰苦，四季风沙弥漫，寒冬多在-30℃，营区没有房子，30多人挤在一顶帐篷里。用水困难，一盆水往往要经过洗脸、洗衣、建房和泥使用3次。工地上没有电，机器无法动用，就用镐刨、用筐抬，遇上石头就轮锤打眼放炮。工地上没伙房，就地挖坑，支锅做饭，伙食最好的是小米和大米混煮的二米饭。战士们发扬一不怕苦，二不怕死的精神，一干就是几年。许多人30多岁还没有成家，有的几年没有回过一次家。干部战士把青春献给燕子山，有的甚至把生命献给燕子山。这个部队从建矿开工到1983年撤编，先后有14名官兵献出生命。年产400万吨煤炭的燕子山矿建成投产后，部队撤编了，一部分官兵复员回到原籍，3000多人脱下军装就地转业，成为煤矿职工。这个现代化特大型煤矿，工业建筑面积8万多平方米，民用建筑面积近20万平方米，而且学校、影院、舞厅、餐馆、药店等生活设施配套齐全。

二、抢险救灾

1960年5月9日，大同煤矿老白洞矿发生重大煤尘爆炸事故，684名矿工殉难，矿井遭到严重破坏，是新中国成立以来最大的一次矿井事故，史称“5·9矿难”。事故发生之后，驻同部队奉命开赴白洞矿。晋北军分区接到通知后，赵玺玉司令员立即组织分区机关和分队共96人赶赴现场，与其他驻同部队密切协作，连续奋战6昼夜，救出矿工264人，从井下抬出600多具遇难矿工尸体。参加老白洞矿“5·9矿难”抢险的部队有：装甲兵学院214人，4714部队81人，9358部队101人，0214部队50人，0215部队337人，464部队17人，汽车学校177人，北京军区23人，晋北军分区96人，还有0975部队等，共计10个单位1096人。

20世纪60年代初的一天，一列满载旅客的列车穿行在大同盆地。在列车飞速行驶中，司机突然发现前面路基上出现一团黑糊糊的东西，仔细一看，是块大石头。司机发现险情，紧急拉闸，但已经太晚了。列车以它自身的巨大惯性，依然向前冲去，两千多名旅客危在旦夕。在这千钧一发之际，正在路边执行任务的驻同解放军某部战士年四旺发现险情，他从路基下闪电般冲上去，拼尽全力推开巨石，列车贴着他的身子呼啸而过，他被挂倒了，头部撞在路基上。列车停下后，人们从血泊中抱起这位年轻的战士，急忙送到医院，经过7天7夜的抢救，年四旺终于苏醒过来。一时间，年四旺成为轰动全国的新闻人物，被人们称为“活着的刘英俊”。

1968年初，全国煤炭告急，毛泽东主席和周恩来总理多次指示大同煤矿一定要把生产搞上去。驻大同煤矿四老沟矿的解放军某部8连的指战员们，白天和矿工们一起下井，晚上深入各家各户宣传发动群众，不久，矿上的男女老少都下井了，呈现出军民并肩战煤海的火热场面。战士蔡成平和矿工魏六子奋战在同一个工作面上，一块干粮分着吃，半壶凉水让着喝，煤炭和汗水把他们化装成两个黑人，分不出谁是矿工谁是士兵。突然，“轰隆”一声巨响，顶板坍塌，井下的人潮水般地往外涌。已经到了安全地带的蔡成平，发现魏六子没出来，当即返回矿井深处，救出魏六子，蔡成平为其断后。蔡成平被压住，魏六子又转身去抢救蔡成平，不幸被连续塌方埋住。当人们扒开乱石，从血泊中找到他们时，两个人的手还紧紧地拉在一起……这是一支壮烈的拥军爱民歌。大同著名作家曹杰、王祥夫等合写的《煤都二重奏》开头写道："这支歌来自烽火台下，这支歌和五湖四海共鸣，这支歌敢与闪电撞击，这支歌能同雷霆抗争，这支歌是军心和民心的凝聚，这支歌是军情和民情的交融，这支歌属于自豪的民族，这支歌属于伟大的长城。"

1989～2005年大同市多次遭受严重自然灾害，灾情就是命令，驻同部队纷纷赶赴灾区抢险救灾，慷慨解囊，无私支援，军民团结抗灾救灾，重建家园，军民共建精神文明炉火纯青，军政军民团结水乳交融。

1989年10月18日晚，雁北地区大同、阳高、浑源、广灵四县发生6.1级强烈地震，震中在大同县西册田乡与阳高县友宰镇交界处，称为"大同－阳高地震"，简称大－阳地震。此次地震是1976年唐山大地震以后，华北地区发生的一次最强烈的地震，从10月18日晚10时57分到24日下午4时，共发生大小地震2366次，其中6级以上1次，5～5.9级6次，4～4.9级13次，3～3.9级49次。震感范围为直径500公里。地震破坏面积较大，遭受严重灾害的有阳高、大同、浑源、广灵四县20个乡镇、69个村。亡17人，伤145人，死亡牲畜2593头，倒塌房屋3.3万间，造成特危房7万余间，2.5万户8.3万余人无家可归，另有5家企业受灾。直接经济损失近3亿元，给当地人民群众的生产和生活造成严重困难。

地震发生后，党中央、中央军委对灾区人民十分关心。中共中央总书记、中央军委主席江泽民赴灾区视察，鼓励灾区人民抗灾救灾，重建家园。在各级党委、政府组织群众奋起抗震救灾的同时，人民解放军驻同部队纷纷赶赴灾区，军民携手并肩，展开抗震救灾重建家园的斗争。

最先到达灾区的是雁北军分区。军分区司令员高富和政委李雅吟从北京学习回来没进家门就直奔灾区查看，指挥民兵抗震救灾。副司令员赵友顺和参谋长高永儒发现震情就跑到值班室了解情况，给12个县武装部打完电话后，赵副司令员带着先遣指挥组立即驱车赶到大同县册田乡，19日凌晨1时10分，距6.1级地震刚发生9分钟，他们就到达灾情最严重的堡村。赵副司令员向乡武装部长乔宏和村民兵干部发出指示：马上组织民兵巡逻，防止不法分子趁机破坏；挨门挨户动员群众出屋，不准再进家；严格预防燃火驱寒造成火灾；天气寒冷，要防止群众冻伤；做好思想工作，稳定情绪，增强战胜灾害的信心。这5条指示，很快就传遍灾区。2日内又发生6次5级以上地震，由于及早撤离险境，震中1000多平方公里地域房屋虽遭到毁灭性破坏，但直接死亡的仅15人。

接着，大部队陆续开赴灾区。驻军51361部队党委成立抗震救灾前线指挥部，副部队长杜东海少将任总指挥，率所属某师1400名官兵摩托化行军赶赴灾区。震后第三天，驻雁同地区各部队已有3200多人奔赴灾情严重的大同、阳高、浑源、广灵等县的农村，协助地方开展抗震救灾活动。他们夜以继日，风餐露宿，奋不顾身地抢救受伤群众，挖掘粮食、被褥等生活用品，帮助群众搭建帐篷和简易防震棚，有的没有工具就用手挖，手指磨破了仍坚持救灾。他们顾不上做饭，一日三餐都吃方便面。夜晚露宿街头，从不叫苦，乡亲们把外地送来的救灾炕席送去，他们又给老乡送回家里。地方政府送给他们的慰问品，又原封不动送给乡亲们。截至24日，共救治伤员2408人次，挖出各类物品14149万件（台），挖粮食265395公斤，为群众搭建防震棚4704个，修路7.9公里。捐款110356.78元，粮食食品265万余公斤，衣物6040件，炊具1248件，帐篷47顶。使8310名无家可归的受灾群众的衣食问题基本得到解决。

驻同空军某部成立抗震救灾指挥部，副部队长徐少番少将任总指挥。他们及时派出飞机进行高空侦察照相，特派曾参加过"802"演习和国庆35周年大阅兵的一大队长徐继军驾驶，连续10年参加黄河防凌、雅号"老救灾"的老勤务主任孙鄂担任一领。在灾区上空，7部照相机全部打开，飞机对准目标区超低空飞行。一部照相机发生故障后，当即采取复拍方法拍摄，不使灾区全景图有一处空白，不使一个村庄、一条街道被疏漏，直至灾区全貌尽收镜中，42米胶卷全部拍完。回到地面后，经过暗室人员奋战两昼夜，将500张照片冲洗、剪贴、拼接成一张21米长的巨幅图。当这张大型震区实况图呈现在雁北抗震救灾指挥部时，人们都惊奇地称赞：奇迹，你们为灾区人民立了大功！

在灾情面前，“后勤部队”并不靠后。解放军322医院党委连夜召开紧急会议，组织一支有30名医护人员的抗震救灾医疗队，19日凌晨6时奔赴地震灾区。他们冒着频繁余震，深入大同县堡村、大王村，阳高县讲理村、友宰村等8个受灾较重的自然村，先后救治危重病人35名，重病人250名，轻病人1000余名，发放价值7000余元的各种药品，还为部队和武警官兵巡诊2000余人次。

“大－阳”地震灾区牵动着许多部队首长的心。他们发来慰问电、慰问信，组织捐款捐物支援灾区。10月30日，北京军区发来慰问电，对军民团结抗震救灾成果给予高度评价，指出：“经过灾区党政军民的团结奋战，仅10多天的时间，几千名伤病员就得到救治，近10万无家可归的灾民得到妥善安置，整个地震灾区人心安定，秩序井然，生产正在得到恢复，到处呈现出军民并肩战斗的动人景象，涌现出许多可歌可泣的先进事迹。这充分体现了社会主义制度的优越，显示了党政军民团结的巨大力量。”同时要求“参加救灾的部队官兵和民兵预备役人员，在地方党委、政府的统一领导下，牢记我军全心全意为人民服务的宗旨，继续发扬‘五种革命精神’，广泛开展向雷锋学习的活动，保持和发扬不畏艰险，不怕疲劳的战斗作风，再接再厉，继续奋斗，努力帮助灾区人民搞好生产自救，尽快重建家园，夺取抗震救灾的彻底胜利”。驻同某集团军在组织部队抗震救灾的同时，向灾区军民发出慰问信，表示发扬拥政爱民光荣传统，全力支持灾区人民，共渡难关，重建家园。山西省军区司令员于鸿礼深入灾区第一线，看望日夜奋战在抗震救灾第一线的解放军官兵和参加抢险突击队的民兵预备役人员。山西省军区向雁北军分区及地震灾区的各级人武部和民兵、预备役部队发出指示，要求他们在当地党委、政府的统一领导下，全力抢险救灾。雁北军分区号召广大民兵和预备役官兵在抗震救灾中发挥突击队作用。

“大－阳”地震发生后，解放军在派出官兵防震救灾的同时，还在物资和资金上慷慨解囊。到10月23日，北京军区、驻同某集团军、空军和总后驻同机关、总参驻同管理处、雁北预备役师、雁北军分区等10多个单位向灾区捐款50多万元。山西省军区机关及所属各军分区、预备役师指战员向灾区捐款20万元，捐送棉衣、大衣1000件。据统计，人民解放军各部队共捐款851337.71元，粮票21641.5公斤，物资折款763950元。

中国人民解放军大同－阳高地震捐赠统计表

部别	款项（元）	粮票（斤）	物资
52935部队	300000		
52831部队	100000		
51361部队	50000		衣物285件
39100部队	60000	20000	衣物100件
军委办公厅生产办	20000		
总参管理局煤管处	50000		
总参驻同办事处			白菜55000斤
总参工程兵大同煤矿	10000		
总后大同办事处	50000		
北京军区政治部大同煤矿	80000		
北京军区后勤部			衣物4600件、汽油30吨、压缩干粮10000斤、木材30立方米、油毡300卷
北京军区后勤部驻同办	50000		
山西省军区	170000		衣物2430件
雁北军分区、预备役师	33262	1610.5	
38503部队	6080	31	衣物1426件
52875部队	9454.71		衣物2573件
86285部队	246		衣物11件
322医院			衣物300件
4210工厂			衣物155件
中国新兴公司矿产经营部	30000		
52877部队精神卫生防治院	2000		
51139部队31分队	95		
天津驻军某部运输队	200		
合　计	851337.71	21641.5	

1995年，大同地区遭受严重旱涝灾害，尤其10月阴雨不断，造成房倒屋塌牲畜死亡，全市10个县、区严重受灾。驻同部队官兵获悉灾情后，派出官兵千余人到农村帮助灾民抢救物品、搭建

过冬房屋，捐款 90 余万元，粮食 20 余万斤，衣被 1.4 万余件。派出 9 支医疗队，发放药品折款 12800 余元。山西省军区发动官兵捐款 18 万元，衣被 4000 余件。济南军区接兵部队官兵捐资 3000 元。驻同 51361 部队捐赠衣被 8700 余件。

1995 年 11 月 1 日，大同地区再次发生地震。大同军分区立即实施应急方案，组织民兵抗震救灾，军分区领导深入灾区现场指挥。同时捐款 5.5 万元，面粉 2.8 万公斤，大衣 110 件，衣被 3140 件，帐篷 20 顶。山西预备役炮兵团、大同预备役工兵团、解放军第 322 医院、驻同 39100 部队等单位，除深入灾区救灾外，还捐赠大批面粉、衣物和药品。

1998 年秋，大同遭到百年不遇的洪涝、霜冻灾害，粮食减产近五成。驻同部队开展“送温暖、献爱心”活动，为灾民捐款捐物 200 多万元，搭建过暖棚 1100 多间，并派出 6 支医疗队为灾民查体治病。还投资 60 多万元，为贫困山区建起 6 所“八一”希望小学。大同军民携手合力抗灾精神，受到中央军委、民政部和山西省委、省政府的高度赞扬。

1999 年 11 月，阳高和大同县发生 5.6 级地震，波及 5 县 16 个乡 70 多个自然村，3000 多间房屋严重受损，许多群众无家可归。震情就是命令，驻同部队闻讯纷纷赶赴救灾。322 医院派出 40 多人的医疗队，带着 1 万多元药品赶赴西册田乡重灾区。51366 部队派出分队并 5 辆汽车救灾。51379 部队官兵捐款 8000 余元、捐粮 5000 余斤、被褥 200 余件送往灾区。39100 部队、89611 部队、大同军分区、大同市武警支队等单位都派出人员、捐款捐物，全力支援灾区人民重建家园，大灾面前再显军民鱼水深情。

2012 年 4 月 4 日，灵丘县下关乡岸底村发生森林大火，大同军分区及所属预备役部队 220 人、大同武警支队 180 人、山西省武警直属支队 350 人、灵丘空军 30 人参与扑救过程。4 月 18 日上午，市委副书记柴树彬代表市委、市政府，慰问在灵丘森林火灾扑救过程中作出突出贡献的大同军分区预备役官兵、大同武警支队官兵。市森林防火指挥部总指挥、副市长部向华参加慰问活动，并赴省直杨树局、省武警直属支队，代表市委、市政府慰问专业消防队全体队员。柴树彬在慰问中指出，灭火官兵和预备役部队发扬特别能吃苦、特别能战斗、敢打硬仗、连续作战的精神，扑灭了大火，最大限度地减少了森林损失，保护了来之不易的绿化成果。

2013 年 6 月 19 日 21 时 30 分左右，朔州市开发区一家饭店发生火灾，在救火过程中发生爆炸，事故共造成当地百余人受伤。20 日凌晨 1 时，解放军第 322 医院接到市卫生局的紧急救援通知后，院方领导高度重视，立即派出烧伤科专家第一时间赶赴朔州市，配合当地医疗机构对伤员进行逐一检查、分析伤情并协助指导治疗。同时，解放军第 322 医院迅速启动应急预案，成立抢救组。抢救组下设医疗救治、药品器材和生活保障等 3 个小组，腾出床位，备好药品、医疗器械等物资，做好随时接诊的各项准备。当天下午 5 时，1 名伤情较重的当地群众被紧急送往该院进行救治，晚 9 时许，该院又接诊 4 名消防队员。

三、扶贫帮困

驻同部队广大官兵把驻地当故乡、视人民为亲人，关心群众疾苦，热情照顾军烈属、五保户和孤寡老人，深受人民群众的爱戴。51256 部队驻地阳高县义合村有 5 位孤寡老人，由于当地自然条件较差，生活非常困难。第三保管大队队长柳玉钱组织官兵成立“学雷锋送温暖小组”，长年坚持照顾这几位孤寡老人。孙大爷双目失明行动不便，他们经常抽出时间去打水、扫地，有时还帮助做饭、洗衣服，并用节余的津贴费给老人买毛巾、肥皂、食盐和白糖。星期天、节假日他主动把几位老人接到部队帮他们洗澡、搓背。1984 年 7 月，暴雨如注，他和学雷锋小组的战士冒雨赶到钱大爷家帮助修补房屋。钱大爷发高烧，他们一直在家守候三天三夜。为了不使孤寡老人感到孤独，每逢春节、中秋节就带上礼物去和老人们一起过节。他和即将退伍的老战士王殿来花 40 元给钱大爷购买一台收音机。老人们过生日，就带上生日蛋糕去祝贺。在柳玉钱的带动下，战士们换了一茬又一茬，但照顾孤寡老人从来没有间断。战士白胜全退伍时把自己的杂志和衣服都送给老人作纪念。有的战士复员后还给老人写信寄钱。这些年柳玉钱所在的保管大队为老人送衣物 280 余件，购物折款 3000 多元。

驻同部队把扶贫帮困、捐资助教作为拥政爱民的重要内容之一，为革命老区和贫困地区脱贫致富献策出力，普遍采取定点扶贫、包户扶贫、结对扶贫等形式，开展扶贫攻坚活动。民兵预备役连队开展“一兵帮一户，一连带一村”活动。驻军师旅以上单位普遍帮助贫困乡村建立 1~2 所希望学校，并积极开展“1+1”以及其他形式的捐资助教活动，截至2005年，驻同部队帮助驻地农村建起10所希望小学，使大批失学儿童重返学校。驻同51361部队注重为地方办好事实事，帮助地方解决实际问题，主动与市领导协商捐资助教。当了解到阳高、天镇、广灵、灵丘4个贫困县许多儿童失学时，决定捐资助教，让失学儿童重返校园。他们发动官兵开展捐助活动，共捐资50万元。1994年8月19日在市政府举行捐资仪式，经与市领导商定，给阳高、天镇、灵丘、广灵4个贫困县各捐助10万元，帮助各举办一所希望学校，命名为“八一”希望学校。为51361部队营区内的城区小学捐助10万元，改善办学条件。1995年“八一”前夕，阳高县王官屯镇“八一”希望小学、灵丘县道坡村“八一”希望小学、广灵县作疃乡南村“八一”希望小学、天镇县“八一”希望小学相继落成。2008年底，由省军区、大同军分区两单位捐助建的大同县聚乐堡乡聚乐堡村“长城”希望小学、大同县西浮头村“八一”希望小学先后落成。后来他们还进行过多次资助，先后捐助资金72万元在6个县办起6所“八一”希望小学，帮助3000余名失学儿童返校。

四、见义勇为　维护驻地治安

见义勇为　舍己救人　驻同部队和武警官兵视人民利益高于一切。平时为人民群众做好事、办实事，关键时刻见义勇为，挺身而出。有的为抢救群众英勇献身，有的为保护群众壮烈牺牲，还有的为保护战友献出年轻的生命。

驻同51361部队班长邓应贵对人民群众具有深厚的感情。他刚入伍不久就主动到大同光荣院当一名义务服务员，为孤寡老人扫院子、抹凳子、擦玻璃。他经常为驻地的抗战英雄马德明老人捶背、洗脚、剪指甲。一次到光荣院学雷锋，途中看到一个被黄沙风吹迷了路的老大娘坐在地上哭，他立即扶起来，问明地址，搀扶着送回家去。1988年7月，邓应贵在回四川成都探亲的火车上，主动给老人让座、帮服务员扫地、为旅客倒水，给丢钱的老大娘买干粮……回家没几天，一次他正在琼河边打猪草，突然听到有人喊：“来人呀，有人落水了!”他急忙扔下草筐跑过去，原来是本村的张佳秀、张佳英两姐妹在河心翻船落水。他来不及多想，纵身跳入水中，向落水者游去。他先把张佳秀救上岸来，又游回去救张佳英，两腿突然被杂草缠住，无法挣脱，筋疲力尽的他，使劲把张佳英往前一推，自己却沉入水底。后被乡亲们打捞上岸，他已经停止呼吸。1989年4月，北京军区授予邓应贵“舍己为人的好战士”光荣称号。

2000年3月12日下午5时20分许，大同市南郊区马军营乡陈庄村的6名儿童刘鹏飞、刘晓旭、王飞、张璐璐、吴刚、杜羽在陈庄村附近的一个污水坑冰面上玩耍。突然冰面破裂，6名儿童不幸落入水中。正在监墙哨楼擦玻璃的大同市武警支队七中队战士徐建港和四中队战士董志宏听到呼喊声，他们不顾个人安危，从4米多高的哨楼跳下，连衣服也顾不上脱就跳进直径约3米、上面漂浮着垃圾和污物的冰窟窿中。在中队长杨禄的指挥和战友们的帮助下，他们先后将8岁女孩刘晓旭、4岁男孩杜羽、6岁男孩王飞、10岁男孩刘鹏飞、6岁男孩吴刚从冰窟里救出。连湿衣服也没来得及换，又将已脱离危险的孩子送回家，6岁男孩吴刚因溺水过多经送往铁路医院抢救无效死亡。徐建港、董志宏奋勇抢救落水儿童的英雄壮举，谱写了一曲新时期军（警）民鱼水深情的壮丽赞歌，引起社会各界强烈反响。武警部队授予徐建港“救民勇士”称号，给董志宏荣记一等功。山西省和大同市各新闻媒体作了大量报道。中共大同市委、大同市人民政府、大同军分区于2000年5月11日作出决定，号召全市军民向徐建港、董志宏学习。

2001年10月，山西武警总队四支队五中队战士陈涛出差乘坐灵丘至原平的7179次通勤车，这是一趟“乡村列车”，乘客多、治安差。陈涛同往常一样，一上车就主动与乘警联系协助工作。8时20分，列车驶至五台山站时，他和乘警刘应昆发现两个男青年神色慌张，便上前盘查，原来是刚刚刑满释放人员杜文军，与同乡无业青年张文军四处作案，并发现他们携带作案证物。查问间，杜文军借故肚子痛上厕所逃跑，陈涛立即追赶，跳下车时被歹徒尖刀刺伤臂背。陈涛不顾伤痛追至站台，搏斗中被刺中胸部。乘警和乘客救护他时，只听他说了句“不要管我，快追歹徒”，便永远地倒下。事后武警山西总队批准他为革命烈士，并追认他为中国共产党党员。

2002年5月14日，在内蒙古军区驻阿拉善盟额济纳旗边防某团服役的大同籍战士张良和哨长张富，战士马啸、周英去边防巡逻，临近中午到达中蒙边境191号界碑时，戈壁气温30多摄氏度，地温达到60多摄氏度，战友马啸中暑发病，行走艰难。这时其他人的水都喝完了，只有张良省下的半壶水让给马啸。走出3公里后，张良也支持不住，他让哨长他们先搀扶马啸回去，自己紧跟在后面。结果没走多远就不见他了，当战友们在路边找到他时，已经严重中暑牺牲了。张良热爱集体关心他人，在生死关头，把死的危险留给自己，把生的希望让给战友，他热爱军队，热爱人民、勇于献身的精神，在祖国边防、古城大同又树起一座精神丰碑。2002年9月，大同市委、市政府、军分区联合作出决定，号召大同军民向张良学习。

五、学雷锋服务驻地人民

驻军官兵牢记人民解放军全心全意为人民服务的宗旨，发扬雷锋精神，千方百计为群众做好事，办实事，排忧解难，受到人民群众的高度赞扬，涌现出大批全心全意为人民服务的雷锋式干部、战士。

“学雷锋、做好事”活动开展最早的是66173部队某连“谢臣班”的战士们。“爱民模范”谢臣是在1963年抗洪抢险中为抢救人民群众英勇献身的，1964年1月国防部授予谢臣“爱民模范”称号，追记一等功，同年1月29日，国防部授予谢臣生前所在班为“谢臣班”。40多年来，谢臣班的战士们发扬谢臣爱民精神，处处学雷锋做好事，从狼牙山下易水河畔，到草原深处雁门关外，坚持以谢臣为榜样，“看人民高于自己，学人民改造自己，为人民舍得自己”，走到哪里就把爱民好事做到哪里。移防大同后，战士们推着一辆流动三轮车，一套理发工具，常年活动在大同火车站、新华街为群众服务。全力资助驻地失学儿童张斌上学，多年照顾孤寡老人张大爷，深受人民群众爱戴，所在连队多次被中组部和总政治部表彰为“拥政爱民模范单位”。

驻同部队官兵“把驻地当故乡，视群众为亲人”，千方百计为人民群众办实事，解决实际问题。解放军某部军矿局驻大同办事处主任刘德宝的许多爱民事迹被人们传为佳话。一年深秋，晋华宫矿派人到河北省农村和山西右玉县联系，订购几百万斤土豆和百十头活猪，眼看着寒冬就来了，却没有汽车拉运。刘德宝知道这一情况后，立即跑回军部求得20辆汽车，每车配备2名战士，昼夜兼程把菜全部拉回来，保证晋华宫矿职工家属一冬的生活。又一次，刘德宝听到居委会有人反映军矿的运输车经过矿家属区时，车轮上的污泥常溅到居民的门窗上，他立即到现场查看，“宁绕十里远，不绕居民点”，投资40万元，取道河湾，绕过居民区，并派人出资把居民区那条2公里长的土路硬化成水泥路。晋华矿有500多户居民，吃水用水要从远处手提肩挑。刘德宝在跟班作业时从井下发现一个泉眼，军矿立即投资7万元，在井上建了个“爱民供水站”，把井下的清泉引上来，家家用上自来水。居民编了一首歌：“吃水不忘引水人，感谢亲人子弟兵……”驻军各部队针对当地农村缺医少药看病难的实际，经常派出医疗队深入农村送医送药，在人民群众中留下深刻印象。驻同某部医院军医左玉增随医疗队来到怀仁县，准备为多子女的妇女做绝育手术。“催粮催款，割肚流产”是当时农村的两大难题，特别是被称为“割肚”的绝育手术，大都有抵触情绪，医疗队员成了不受欢迎的人，下乡三天没做一例手术。第四天，一位中年妇女找到左玉增讲条件：我男人有歪脖子病，你要是给他治正了，我就甘愿让你来一刀。左玉增面对这突如其来的挑战为难了。可是他想，这一带歪脖子病比较多，这不是一般的“交换条件”，而是期望能为他们解除病患。于是左玉增严肃地点点头，沉重地接受了“挑战”。从此，他发愤攻坚，四处拜师求教，多方查阅资料。他晨昏不舍，夜以继日，停电了，点支蜡烛；困了，用凉水冲一冲头；倦了，掐一掐合骨穴或太阳穴。夜深人静，独自对着镜子看，反复揣摸自己的脖子。他看人先看脖子：粗脖子、细脖子、长脖子、短脖子、歪脖子、正脖子，把人看恼了，骂他一句“神经病”，他冲人家点点头，说声“对不起”。经过多方取经，反复论证，手术一举成功，轰动了怀仁县。他还研制了术后矫正器，编排了功能恢复操，首次将整形技术用到成人肌性斜颈患者的治疗中，实现手术与整形巧妙结合，使成人斜颈得到系统完整的治疗，被专家誉为“治斜大王”，被新闻和文学界誉为“绿衣神刀”。10多年中，左玉增治疗的患者遍布全国31个省、自治区、直辖市，多达400余人，有效率100%，治愈肌性斜颈达99.96%，痉挛轻斜颈达90%以上。左玉增的情留给了千百名患者，但他却积劳成疾，血压高了，肾脏长了结石，心的前壁、下壁、前侧都发生供血不足，口袋里经常装着几种药。领导多次让他休息和住院，但他一直拼命地工作。他说：“我是军人，又是医生，解除人民群众身心的痛苦，是我的双重天职。”1991年2月，北京军区给他荣记一等功。

六、军民联防

20世纪60年代末，中苏关系一度紧张，苏联推行霸权主义，在中苏中蒙边境陈兵百万，战争大有一触即发之势。驻同某军根据未来反侵略作战的要求，在做好各项战备工作的同时，注重在防区内协助驻地有关部门积极抓好民兵建设，搞好军民联防。1971～1985年，先后派出干部战士8564人次，培训民兵351878人次、民兵干部和骨干16081人次，建设离阵地5公里以内的战斗村225个。他们协助地方党委、政府和人武部门狠抓民兵三落实，整顿民兵组织，教育民兵树立准备打仗的思想和常备不懈的战备意识。某师驻地西卜子村民兵连和部队一起看地形，研究打法，拟订军民协同作战计划。同时还准备粮食、炸药、煤油和医药，除集体储备外，每户还储存煤油1.5公斤、食盐5公斤、火柴2包。他们本着“劳武结合、农闲多练，农忙少练”的指导思想，采取分头挂钩、主动上门、培训骨干、军民同练，并利用野营、演习、代训等形式，根据未来反侵略战争的特点和民兵连所担负的任务，下功夫抓以“三打”“三防”和射击、投弹、刺杀、爆破为重点的基础训练。经过训练，使驻地80%以上民兵基本上掌握打坦克的方法和要领，学会4种武器的使用和操作，民兵战术技术水平进一步提高。1979年，各级会同地方人武部门抽查考核，平均成绩达到良好水平。

在抓好民兵工作落实的同时，抽调大批连队和民兵构筑反坦克阵地，军师团各级领导还经常与当地武装部门共同研究协同作战方案，明确指挥关系，落实战时扩编计划。军首长带领机关人员多次与大同人武部共同勘察地形，研究城市防卫作战问题，拟制作战方案和其他保障计划。1975年，军直属队还派出5个连队帮助大同市完成2300平方米的人防工程建设任务。

七、其他拥政爱民活动

积极参加地方重点工程建设。驻同各部队积极承担地方重点工程建设任务，组织官兵为地方经济建设作贡献。1993年4月，驻同51361部队主动承担大同市208国道部分改建工程。208国道改建工程全长22公里，51361部队派出4000余名官兵，主动承担8公里的建设任务，经过半个多月连续奋战，突击修整208国道11公里，保证工程如期完工。1994年4月26日，大同市与驻军39100部队共同兴建的大同民航机场正式通航。39100部队帮助办理兴建机场的各种手续；提供候机房、办公场所和水电供应；提供气象保障及跑道、雷达、加油和领航保障等，为机场的筹建做了大量工作。1994年4月，驻同51366部队千余名官兵开赴云冈峪北坡植树造林。云冈峪北坡多为砂石地层，不利于树木成活生长。为保证成活率，官兵们挖好树坑后，从山下沟底背土上山栽树。战士们背几十斤重的土袋上山，上下川流不息，运土方1万余立方，栽树1.5万余株。

1994年5月11日，驻同51361部队作出了《关于加强拥政爱民工作的决定》。“决定”共有5项内容：（1）认真搞好教育，端正官兵对人民群众的根本态度；（2）积极支援和参加地方经济建设，努力为人民群众办实事，决定要以单位和个人捐款的方式为驻地贫困地区兴办几所“希望学校”，解决失学儿童的就学问题，同时要有计划地派出医疗队，深入贫困地区为农民巡诊；（3）加强基层群众工作，不断提高军民共建活动的水平；（4）着眼全党全国工作大局，积极预防和妥善处理军民纠纷；（5）把拥政爱民工作作为部队建设的一件大事，切实加强领导。当日还作出《关于学习六一三团一炮连发扬谢臣精神、努力做好拥政爱民工作的决定》。1995年，51361部队组织5000多名官兵积极参加大同市御河淤泥清理工程，清理淤泥13万多立方米，及时消除御河汛期隐患。1995年5～6月，51361部队派出一个师的兵力，参加“京呼银兰”国防光缆施工，这项工程是国家“八五”重点建设项目——京（北京）呼（呼和浩特）银（银川）兰（兰州）光缆通信干线内蒙古段，全长192.37公里，地形复杂，石质地段，河流较多，加之气候恶劣，作业难度很大。5300多名官兵发扬硬骨头精神，奋战20多天，挖土石20多万立方米，埋设光缆65根，总长19.2万余米，完成任务。2001年，66077部队受大同市政府委托，出动官兵500余人赴内蒙古集宁地区参加生态工程建设，植树造林，为加强西北防护林带建设，搞好防风治沙作出贡献。2002～2005年，66173部队、66075部队、66077部队，积极落实“义务劳动日”，出动人员、车辆、机械，参加驻地修渠筑路、植树造林、绿化云冈旅游专线，支援地方建设。66173部队先后出动兵力2500余人次，车辆机械40余台，修路9公里，植树2万余株。66075部队多次参加云冈峪绿化和京津塘风沙治理——雷公山段绿化工程，绿化荒山1000余亩，挖树坑15000余个。2013年6月29～30日，驻同66075部队、驻同66173部队、武警大同支队的650多名官兵在太阳宫内外，清理建筑垃圾，用自己的实际行动迎接即将到来的2013中国国际太阳能十项全能竞赛。随着大赛的日益临近，太阳宫的建设已进入最后的收尾阶段。在市有关部门的协调下，在部队的大力支持下，驻同66075部队、驻同66173部队、武警大同支队的650多名官兵于6月29日清晨开始进场，对太阳宫内外环境展开全方位清理。6月30日上午，在太阳宫东辅楼的北面，一队战士正往车上装垃圾，经询问得知他们是驻同66075部队的官兵，他们负责的是太阳宫的庭院、平台、地下室、消防通道、屋顶等关键节点或垃圾集中点的清理工作。驻同66173部队官兵负责的是太阳宫1～22层的清洗保洁工作。战士们从5时多在营地用餐后赶到太阳宫，自带抹布、水桶、脸盆等工具，迅速投入“战斗”，有的趴在地上，用抹布一点点擦着地面；有的用清水清洗着楼道的地板和脚线；有的在用工具清理着残留的胶痕……战士们平均每人要清理6间房，部队的要求是标准高、速度快，发挥突击性强、战斗力强、集体荣誉感强的特点。武警大同支队此次派出了70多名官兵，承担了太阳宫22层至负二层楼道垃圾的清理工作。出于保护楼道建设成果的考虑，部队购置了1万元的编织袋，战士们一袋袋地往外搬运垃圾。清洁工作一直持续到6月30日23时左右，完成市委市政府交给的任务。

解放军第322医院，为民义诊送健康。每年多次抽调内分泌科、呼吸内科、妇产科、耳鼻喉科、胸外科和特诊科等科室专家组成的医疗队，携带B超机、心电图仪、耳鼻喉内窥镜和电子阴道镜等医疗器械赴乡镇村为民义务免费看病。在义诊现场，专家和护士们热情地为村民听诊，测量血压、血脂、血糖及B超、心电图等项检查。详细解答村民们提出的疾病预防、治疗等方面的问题，还传授春季结核病、呼吸道疾病高发期预防的知识。尤其是2013年6月以来，为了响应党的号召，践行党的群众路线，322医院组织专家医疗队坚持开展了“为民义诊进社区，送药上门到乡镇”为主要内容的医疗服务活动。他们先后赴大同市东城墙广场、惠民小区，开发区樊庄村、宇宙疃村，天镇县南河堡乡，应县下社乡、镇子梁乡等乡镇，为群众提供医疗服务。开展义诊、健康查定期回访、健康指导等。322医院以实际行动践行了为人民服务的宗旨。体检8000多人次，诊治伤病员700多人次。举办常见病、多发病预防保健知识等专题讲座11场，还制定完善巡诊服务。

第五节　军民共建精神文明活动

1982年中国共产党第十二次全国代表大会作出的关于建设社会主义精神文明的决议，人民解放军驻河北保定部队首先创造同当地人民群众共建文明村活动的经验。1983年1月中央军委、总政治部和北京军区总结推广保定军民共建社会主义精神文明活动的先进经验。大同军民响应中央军委的号召，学习保定军民共建精神文明的先进经验，发扬“双拥”优良传统，开展了多种形式的军民共建社会主义精神文明活动。结合“五讲四美三热爱”活动，军民共建活动由点到面、由乡村到城镇、由内地到边疆，迅速开展起来。从军民共建文明学校开始，逐步推广到军民共建文明街道、文明工厂、文明村镇、文明车站等各种文明单位，带动工农共建、干群共建、警民共建、厂街共建等多种形式的共建活动。到1996年，全市层次共建、对口共建、连片共建等不同形式的军民共建对子3514个。普遍开展了以坚持四项基本原则和中国特色社会主义理论为核心内容的思想共建；以加强党的组织建设和基层政权建设为重点的政治共建；以陶冶官兵和青少年情操为宗旨的道德共建；以普法守法和维护社会治安为主的法制共建；以绿化美化环境为目标的环境共建等活动。军地双方互聘思想政治工作人员2172名。联合开办政治、文化、科技教育场所687个。开辟万人坑、平型关、摩天岭连等教育基地18个，共建文化活动中心1000多个。有739个共建点被评为县以上“双文明”单位。40多个共建点受到省和军以上单位表彰。

一、共建文明学校

大同市的军民共建精神文明活动，首先是从军民共建文明学校开始的。从小学逐步发展到中学，把军民共建精神文明活动落实到培养“有理想、有道德、有文化、有纪律”的“四有”新人上。1984年3月，雁北军分区政治部与大同市城区第十四小学率先开展军民共建文明学校活动，在十四小学校召开动员大会，雁北军分区6名战士被聘为第十四小学校少先队辅导员。他们军民共建文明学校的宗旨是以“五讲四美三热爱”为基本内容，具体做到：（1）学校领导班子坚强有力，全面贯彻党的教育方针，办学指导思想明确，学生的德、智、体全面发展。（2）干部作风正派，办事公道，不谋私利，不搞特权，党群、干群关系好，教师忠诚党的教育事业，讲职业道德，热爱学生，教书育人，为人师表。（3）科学管理学校，健全各种岗位责任制度，改革教育和教学，提高服务保障和工作效率。（4）做好学生的思想政治工作，学生政治上要求进步，进取精神强，勤奋学习，讲文明、讲礼貌，爱劳动，守纪律，形成良好的学风。（5）大力植树、种花、种草，净化、美化、绿化环境，实现校园花园化。此后，军民共建文明学校在全市广泛开展起来，由点到面、由小学到中学，军民共建文明学校遍及全市，涌现出许多先进集体。大同三中是大同市文教战线双拥工作的先进单位。先后与驻军51361部队等多个驻军单位开展军民共建活动，坚持把国防教育列为学校法制教育的重要内容，在师生中开展以“爱国、拥军、共建”为主题的“三讲三谈”活动。即讲爱国拥军，谈时事政治、国防建设和军队建设；讲光荣传统，谈军民一家、鱼水深情和荣辱与共；讲拥军优属，谈军人的奉献、公民的义务和双拥共建。在双拥工作中，该校广开思路，为政府分忧，为部队解难，先后接收安置转业退伍军人14人，优先安排部队子弟入学。1997年以后，初中部共接收部队子弟700多名，并为部队子弟减免借读费300多万元。老师像对自己的孩子一样照顾部队子弟食宿，进行义务补课，组织互助小组帮助提高学习成绩。对在校的几十名军属，优先解决住房、职称等问题，解除军人的后顾之忧。在军民共建活动中，大同三中先后与多支部队签订过双拥共建协议书，学校以部队为德育基地，定期组织师生到军营接受好思想、好作风的熏陶，增强师生的国防观念和爱军报国意识。每年初高中新生入学后，共建部队总要派最好的教官到该校当教练。该校还从部队聘请“国防副校长”经常为师生讲国防课。大同三中先后被评为市“双拥先进单位”省“拥军优属先进单位”“军民共建社会主义精神文明先进单位”。2005年7月，大同三中被命名为全国军民共建社会主义精神文明先进单位，校长武继先代表学校赴京出席全国军民共建社会主义精神文明先进单位、先进个人表彰大会。

二、共建文明村镇

大同地区军民共建文明村比较早的是北京军区驻军某部军办煤矿和大同市南郊区小窑头村的共建活动。20世纪80年代初，北京驻军某部军办煤矿的两名干部蔡可军和邓世贵到小窑头村办煤矿，他们白手起家，一开始就受到小窑头村干部和村民的大力支持，乡亲们见他们大雪封山断了炊，就这家送捆柴，那家送盆面，让子弟兵住暖吃饱，民兵连长带一帮青年人经常到工地义务帮工，军民拧成一股劲，半年就出了煤。小窑头村是南郊区出了名的“穷窝子”“叫花子村”，虽然地下有煤，但由于没资金，没能力，几次折腾都赔了钱，全村120户人家，竟人均欠债数万元，成为罕见的“欠款大户”。军矿的指战员们为小窑头村乡亲们的困境忧虑，他们说，我们不能自己挖了“黑金子”，给乡亲们留下“黑窟窿”，我们要同小窑头村的乡亲们一起富起来。蔡可军、邓世贵一边抓煤矿生产，一边带领战士们顶风冒雪，奋战20多天打成一眼泉水井，又帮助村里建起水塔，铺设管道，把自来水送到各家各户。军矿占用了村里的荒地，为了扶贫济困，他们一次就给了小窑头村24万元的款项，另外每年照付6万元的“土地费”，帮助他们偿还欠款。接着，他们又帮助小窑头村开煤矿，军矿出资鼎力相助，并提供“一条龙”服务，派人力物力支援，进行技术指导，帮助联系客户，还腾出自己的煤台为村办煤矿运煤。到80年代末，小窑头村办煤矿已达到年产12万吨。此外，每年冬春季节，军矿都要派专人驾驶汽车和推土机，帮助村里搞农田基本建设，开荒造地建梯田。为了美化山村，军矿拿出3万余元，在村边栽树3万余株，垦荒60余亩。军矿还出资捐物，帮助村里建起大队办公室和一座露天舞台，硬化道路，为村里小学校购置教学、文化器材2000余件。逢年过节，军矿还带上面粉、大米、猪肉、棉衣被褥去慰问贫困户、五保户、伤残军人和军烈属。军矿医务所不仅热情接待乡亲们就诊，还经常免费送药上门。“驻扎一地，致富一方。”在子弟兵的支持帮助下，小窑头村的工农业总产值突破600万元，成为大同市郊区的“小富翁”。

在军民共建文明村镇活动中，各部队普遍注重帮助驻地农村改善经营结构，实行科学种田，脱贫致富。阳高县云门山下的榆树沟村，地处边远山区，土地贫瘠，全村28户，115人，人均六分地，年收入人均只有60元。一日三餐都是土豆。群众风趣地说："饭土豆，菜土豆，榆树沟是土豆沟。"工程兵89006部队进驻阳高后，首先和榆树沟村结成共建单位，帮助他们脱贫致富。一是靠山吃山发展副业，利用山坡地大面积种植黄花56亩，年收入2000余元，养羊160只，年收入1500余元。二是把闲散劳动力组织起来搞劳务输出。三是帮助科学种田，推广春小麦种植技术，结束常年吃土豆的历史，由一日三餐土豆饭变成顿顿有白面。经过几年共建，该村人均收入大幅度提高，家家盖了新房，许多家庭有了电视机、自行车、摩托车等，10多个老光棍娶了媳妇。村民高兴地说："榆树沟有今天的好光景，一靠共产党领导好，二靠解放军热情帮。"

三、共建文明街道

1986年2月，大同市委、市政府召开军民共建大西街动员大会，驻同部队指战员和有关单位代表1000余人参加大会，大同市党政军领导出席大会。会议提出在两年内使大西街30%的单位达到优质服务规范化，把大西街建成高标准的文明示范街。在大西街率先共建文明街道的影响下，城镇文明街道建设相继开展，从讲文明、讲礼貌、讲卫生做起，争创文明商店、争当文明市民、争做文明家庭，呈现出社会主义新城镇的良好风尚。城市共建文明街道活动还逐渐发展到乡镇，驻大同县周士庄镇的51362部队，在军民共建活动中，除投入1500多个劳动力参加地方组织的采凉山植树造林会战，还出动官兵120多人与全镇人民共建商业一条街，使镇容镇风呈现出良好局面。

1986年4月，51362部队移防大同后，主动与大同市新华街火车站开展军民共建活动，制定《军民共建公约》，进行思想互助，转变社会风气，培养两用人才，支援地方经济建设，并在大同站开展便民服务，扶老携幼，收到1600多封表扬信，被北京军区评为军民共建先进单位。在军民共建大同站的带动下，大同铁路分局所属19个基层站段与51362部队各分队普遍签订共建协议，形成分局、站段、区队三级共建网络，常年开展共建活动，分局军运物资任务年年超额完成。开辟客运窗口，为军人提供优惠服务，深入部队送票9万余张，代办托运行李9200多件。每年春运期间，部队组织人员协助车站值勤巡逻，查堵"三品"，维护秩序，保证铁路运输正常运行。坦克某师直属队与市公交公司3场8路车开展军民共建文明交通线活动，部队做到当好卫生员、服务员、治安员，军地配合，搞好优质服务。使大同公汽公司跨入山西省两个文明建设先进行列，两条线路、7个车班组、16名个人成为全国公交系统先进单位和个人，5人荣立一等功，并荣获全国劳动模范称号。

四、共建文明工厂

大同市军民共建精神文明活动很快发展到工矿企业，部队官兵向工人阶级学习，搞好自身建设，工厂学习解放军的好思想、好作风，加强企业全面建设，在"双向学习""双向服务"中共同提高。大同第二发电厂是装机容量为12万千瓦的特大型火力发电企业，担负着向首都供电的任务，全厂职工2932人，其中军属63户，烈属、伤残军人18人，复退军人355人，优抚对象436人，占职工总数的14.87%。该厂先后同51363部队、51368部队、51369部队、大同武警支队开展军民共建活动，从向解放军学习，增强爱军、拥军意识入手，组织干部、职工到部队参观学习，通过与官兵同训练、同工作、同娱乐，学习解放军的好思想、好作风，体验部队生活，增强爱军、拥军观念。工厂各级领导不断创新工作方式，拓展工作路子，积极探索企业拥军优属工作的新途径，制定《五三五优抚制度》。对全厂63户军属实行"五优先"：优先安排子女就业，优先入托入学，优先分配住房，优先维修家中生活设施，优先照顾前线参战军属。"三免费"：免费就医、免费看电影、免费洗澡；"五上门"：送煤上门，送粮上门、送货上门、送医上门、用车上门。优抚对象凭证享受优先优惠待遇。在住房紧缺的情况下，先后为63名军属解决住房，优先为34名军属子女安排工作，为18名军属调整工作，用于优抚对象的各种免费和困难补助达11.83万元。还积极为驻地部队排忧解难，在设备支援、科技拥军等方面做了大量工作。1988年，工厂被民政部和总政治部授予"全国拥军优属先进单位"称号，被山西省委、省政府评为"军民共建共育先进单位"，荣记集体三等功。1989年被山西省委、省政府、省军区评为"国防教育先进单位"，1990年被山西省委、省政府评为"拥军优属模范单位"，连续4年被大同市政府命名为"拥军优属模范单位"。

在军民共建文明工厂活动中，许多单位注重从国防教育入手增强拥军优属自觉性。矿务局化工厂是一个矿用雷管炸药的火工品生产厂，共有职工3055人。在双拥工作中，厂领导十分重视职工国防教育，党委书记张福成几年来17次讲国防教育课，举办全厂国防教育学习班55期，自编辅导材料24期。组织全厂职工参加矿务局举办的国防知识竞赛获一、二、三等奖和组织奖。1985年与驻同51364部队进行军民共建，学习解放军，培养“四有”职工，涌现出白巨才、孙占义、崔建生等一大批省、市、局劳模。千方百计为部队排忧解难，多次为部队训练无偿解决雷管炸药、石蜡等。每逢“八一”、元旦、春节等重大节日，厂里都带上面粉、猪肉、水果、鞋垫等去部队慰问。化工厂还特别重视做好军烈属和复转军人的优抚工作。全厂安置复转军人292人，安置122名军烈属和复转军人子女就业。重视对优秀复转军人提拔重用，有43名提拔到各级领导岗位，43人提拔为科级干部，3人成为处级干部，并为30名复转军人评定高中级专业技术职称，将29名复转军人选送各类大中专院校深造。1987年以后，救济复转军人209人次，发放困难救济款7735元。组织48名复转军人赴外地疗养。9年中，共有435名复转军人被评为劳动模范和优秀党员。全厂国防观念深入人心，优抚政策全面落实，企业生产不断发展。厂党委连续8年被上级评为“先进党委”“党管武装先进党委”“党风廉政建设先进单位”“思想政治工作先进单位”，1990年被中国煤炭总公司命名为“煤炭工业二级企业”。1993年，化工厂被大同市委、市政府命名为“双拥先进单位”。

在军民共建文明工厂活动中，同风肉制品厂与驻同51368部队围绕“弘扬时代精神，共育四有新人”这一主题，教育职工发扬爱本职、爱事业的敬业精神，教育官兵发扬爱团队、爱军营、爱岗位的光荣传统，教育干部热爱基层、献身国防、建功立业。涌现出“十佳干部”56名，先进个人286名，全国、省、市、厂劳模和先进工作者409名。同风肉制品厂先后被省、市评为精神文明先进单位，获得全国“五一劳动奖状”，被认证为全国二类大型企业，被总参谋部、总政治部表彰为民兵预备役部队基层建设先进单位，跻身于全国食品制造行业500强之列。51368部队被北京军区评为“连续五年无严重行政事故”和“卫生营院先进单位”，被集团军评为“共同条令、装备整顿三化达标先进单位”。1994年，双方被中宣部、总政治部通报表彰为军民共建精神文明先进单位。

五、共建文明单位

在军民共建活动中，军地双方普遍注意业务对口结成共建对子，把共建活动贯穿到业务工作中去，推动共建活动深入发展。大同市邮电局是一个邮电合一的通信枢纽局，是全国华北西北地区的通信通道。全局共有职工2736人，其中复转军人575人，军烈属102户，优抚对象677人（户），占职工总数的24.74%。1983年开展双拥工作和军民共建活动以来，分别与51361部队通信团、39100部队通信站结成军民共建对子。坚持经常请部队首长给职工上国防教育课，组织所有上岗职工到部队接受军事训练。组织进行通信业务对口学习交流，为部队培训军地两用人才200余人，维修通信设备30余部，修理电话交换机20多部，为部队节省开支数万元。1996年“八一”前，对军队离退休干部、烈军属、革命伤残军人、边海防军人和立功军人家属优惠安装住宅电话，在现行3800元基础上分别以2580元、2380元、2680元给以优惠安装，在一个月安装1260多户，优惠款额达1637280元。1993～1999年，每年都有50人左右的复转军人分配到邮电局安置，个人安置，家属就业，子女入托上学等，都得到妥善解决。邮电局连续被省、市评为“文明单位”，被邮电部评为先进企业，被大同市委、市政府命名为“双拥模范单位”。

到20世纪80年代末，全市军民共建精神文明活动已经全方位、多层次地开展起来。据2013年统计，军民共建对子已经发展到1500多个。各县区、市直各部门、各大中型企事业单位，分别与驻同部队团以上单位建立共建关系。各乡镇、街道、小型企业等基层单位，与驻同部队的营、连结成共建对子。形成军民共建文明学校、文明厂矿、文明村镇、文明街道、文明单位等全方位的共建活动格局。其中，2012年，解放军第322医院与大同市第三中学、93601部队通信营与中国联通大同市分公司、武警大同支队与大同云冈石窟研究院、66075部队与山西柴油机工业有限责任公司、66077部队炮一营与大同市园林管理局、武警大同支队卫生队与大同市荣军医院、预备役步兵第八十三师高炮团与大同市军粮供应站、66173部队与大同市城区振华南街街道办事处、大同陆军预备役工兵团与大同市同煤一中、66043部队与大同市城墙管理处、66075部队57分队与大同市南郊区马军营乡、大同预备役高炮团与大同市公共交通有限责任公司共计12对，被山西省精神文明建设指导委员会表彰为2010～2011年度文明和谐创建先进集体典型。

第六节　创建双拥模范城

从1990年开始，雁同地区军民共建社会主义精神文明活动逐步发展为军民共建双拥模范城（县）活动，营造“同呼吸、共命运、心连心”的新型军政军民关系，以更广的范围，更大的规模和更好的效果把广大军民凝聚起来，形成维护社会稳定，促进经济和社会发展的坚强合力。

一、创建国家“双拥模范城”

大同市从1991年初开展军民共建双拥模范城（县）活动，到2012年2月，连续7次被命名为全国双拥模范城。

第一次（1992年1月）

1991年初，大同市委、市政府成立双拥领导组，健全各级领导机构。市委、市政府和驻军举行三次军政联席会，分析形势研究双拥工作，决心年内建成双拥模范城。市五套班子将国防教育列入理论学习计划，半年集中学习一次，各级党校都有国防教育课。市财政拨款13万元专门用于国防教育，并确定138名县级干部担任国防教育骨干，开辟国防教育和双拥教育场所74处，军民国防观念和双拥意识普遍增强。

地方各级党委、政府和人民群众，“视部队为长城，爱军人如亲人”，积极为军队办实事。通过划拨资源，提供技术设备，培养人才等，协助部队在同兴办各类企业215个，军队70多个单位在大同办军矿34个，联办矿60个，提供煤炭资源1.5亿吨。为部队解决生产、生活用地600余亩，并在征地、办证和供水、供电、供气等方面提供方便条件。为部队提供技术援助3万余人次，提供钢材2196吨，木材2500立方米，水泥11080吨，汽车832辆，装载机28台，炸药5600吨，风机、绞车、水泵400台，以及其他物资折款9813万元。为军矿培训矿长112人次，特殊管理人员399人次。粮、油、菜、肉、蛋、奶等主、副食品优先保障部队生活供应，1988年春节大米供应紧张，市政府决定市民停供，全部保障驻军。1989年，在地方5万新增就业人口巨大压力下，安排军队家属子女就业2155人。在师资、校舍、资金紧张情况下，解决驻军子女入学、入托2746人。开发军地两用人才，为驻军培训生产、通信、财会、炊事等专门人才8369名。

驻同部队“视驻地为故乡，爱人民如父母”，积极支援国家和地方建设。在大同二电厂、大秦铁路、大运公路、燕子山煤矿等重点工程建设和抗震救灾、防洪抢险以及市政建设、农田水利基本建设、人防工程建设、市区环境美化、捐资助学等方面，做了大量工作。1987～1991年，出动14.6万人次，各种车辆1.7万台次，投入资金57.95万元，帮助地方建成较大公益事业37项，参加抢险救灾78次，制止突发事件24起，开展便民服务活动2000多次。军训大中小学学生近3万名，派出医疗队300多个，为群众治病1.5万人次。投入20多万个劳动日，帮助地方植树93万株，植草坪20万平方米。

地方和驻军开展多种形式的共建活动，结成各个层次共建对子250个，分别制定《拥军优属公约》和《拥政爱民公约》，签订《军民共建协议》，124个县、团以上机关被评为文明单位，其中35个被树为全市双拥典型，41个受省表彰，3个单位受到民政部和解放军总政治部表彰。1991年底，经山西省双拥领导组检查，大同市被评为山西省双拥模范城，1992年1月被命名为“全国双拥模范城”。市委常委、大同军分区政委刘树培赴京参加全国双拥模范城（县）命名大会。

第二次（1994年8月）

1992年上半年，市双拥领导组多次分析形势、总结经验、找差距、定措施，决心再创佳绩。市委、市政府作出《关于进一步加强双拥模范城建设的决定》，召开全市双拥模范单位和先进个人总结表彰大会，进行再教育再动员，全市军民再次掀起双拥热潮。双拥宣传教育做到“五有”，即有组织机构、有教育计划、有教育场所、有专兼职教师队伍、有教育经费。全市进行国防和双拥教育2200多次，报纸、电台、电视台播发双拥报道3380篇，办墙报、板报5600期。全市学习隰县经验，开展“帮战友”活动，在民兵、预备役部队中建立以“帮生产、帮生活、帮思想”为主要内容的帮战友组织。在城市、街道、企业建立军人家庭服务中心，车间、居委会成立学雷锋帮战友小组；在农村、乡镇成立军人家庭服务站。全市470个军人家庭服务中心、346个军人家庭服务站，共办双拥实事14800余件。军民共建对子增加到3542个，有40多个共建点受到省、军以上单位表彰。

军地互相大办双拥实事。在继续支持部队办好工矿企业，搞好安置优抚的同时，每年对驻军的各种补贴达32万元。规定109国道和御河桥收费站、市区收费停车场、宾馆和招待所院内军车一律免费；现役军人游览大同各景点凭军人证件半价收费，革命伤残军人免费；现役军人、革命伤残军人进公园凭证件免收门票；市直中、小学优先接收部队子女上学，不受学区限制等。驻同部队参加地方经济建设和公益事业出动36370人次，修路7公里；出动3.1万人在大运、大塘公路植树6.4万余株，营造城郊防护林900亩，抽调1.7万人完成农田水利基本建设2100亩，学雷锋小组开展便民服务，出动16万多个劳动日，车辆760余台。参加各种抢险救灾、救人80多次。同时军地共同努力，本着“团结—协商—团结”的原则，解决了马军营乡阳合坡村与51090部队的占地矛盾。1994年5月，山西省评选双拥模范城（县）考核组来同检查双拥工作，对大同市双拥工作给予高度评价。1994年8月，大同市第二次被命名为“全国双拥模范城”。副市长齐平赴京参加全国双拥模范城（县）命名大会。

第三次（1997年1月）

连续两次被评为全国双拥模范城，全市范围再次出现高标准、多层次、全方位开展双拥工作的局面。大同市委、市政府制定《拥军优属暂行规定》，驻军51361部队作出《关于加强拥政爱民工作的决定》，市双拥领导组制订《大同市双拥工作三年规划》，召开双拥表彰会进行深入动员，把全市双拥工作推向新高度。驻同部队加大拥政爱民工作力度，51361部队和军分区捐款50万元扶贫帮困，分别帮助阳高、天镇、广灵、灵丘4个县办起4所希望小学。驻同部队抽调4000多名官兵和76台大型机械参加清理御河淤泥大会战，清理河道垃圾10余万立方米，保证御河汛期安全。1995年大同11个县区遭受严重前期干旱、后期洪涝灾害，粮食减产8成多，房屋倒塌15.7万间，造成危房27万余间，14万余人无家可归，军民团结抗灾救灾，部队官兵向灾区捐款50万元，面粉10万公斤，衣服2万多件，并派出9支医疗队深入灾区为群众治病，派出1.5万人、1000多台车次，帮助灾民抢收庄稼、搭过冬暖棚、修整乡村道路。地方拥军工作扎实，涌现出全国拥军模范欧学联。1995年2月，市委、市政府、军分区作出《关于开展向欧学联学习的决定》，并召开新闻发布会宣传欧学联事迹。1996年9月，经山西省双拥检查组检查验收，大同市再次被命名为省级“双拥模范城”。阳高县、大同县、灵丘县、南郊区被命名为“双拥模范县（区）”，新荣区被命名为“爱国拥军模范区”。1997年1月，大同市第三次被命名为“全国双拥模范城”。市委书记纪友伟、51361部队副政委杜恒岩赴京参加全国双拥模范城（县）命名大会。

第四次（2000年1月）

大同市荣获全国双拥模范城“三连冠”后，军地加强宣传教育力度，国防教育和双拥教育场所增加到715个，国防教育更加深入。1997年7月举办“国防、双拥知识有奖问答”，收到社会各界答卷1.2万份。组织全市3万多人参加全国国防知识竞赛，答卷3.2万余份。举办“八一”征文比赛，播登文章127篇，举办“长城杯”国防知识竞赛，全市答卷1.1万余份。适应时代要求，开展科技拥军。市下发《关于深入开展科技拥军活动的意见》，成立以军分区政委为组长，市双拥办公室主任，市科委、科协领导为副组长，地方科研单位、技术密集型企业领导和驻军团以上单位领导为成员的科技拥军领导小组。组织专家学者到驻军团以上单位帮助解决科技练兵和后勤保障中遇到的难题。2000年为部队攻克26个科技难题，为部队开设36期电脑培训班，举办13期科普知识讲座，培训技术骨干2000余名，加大补贴力度，全年对驻军各种补贴达1193万元。加大优抚力度，全市优抚对象6538户14552人，共发放优抚金315万元，户均470元。另为830户特困户解决粮食2.4万斤，款3.6万元，为310户优抚对象解决住房困难。军队支持地方经济建设和便民服务进一步扩大规模。仅1997年，部队出动5.3万余人次，机械560台次支援地方建设，其中修路53公里，绿化工程1200亩，农田基本建设2400亩，大型公益事业5项。3月5日，驻同部队2000余人分别到红旗广场、火车站、新建南北路、同云路、拥军路等开展便民服务活动。春节期间，驻军各部队派出1000余人深入市区打扫卫生，“军民美化双拥城，干干净净迎新春”。1999年4月，驻军千余名官兵绿化云冈峪，“汗洒第二故乡，凝铸军地友谊”。千余名官兵为云冈除尘。

1999 年 5 月，大同市“百名专家进军营，推动科技大练兵”。军政互访更加频繁，军地各级走访 1300 余次，征求意见 160 条，召开联欢会、座谈会 1000 多次。每逢“八一”、元旦、春节，市委、市政府召开军政座谈会、联欢会，互致节日问候，共商文明建设，“说双拥大事，话鱼水深情”，党政军民沉浸在无比团结的气氛之中。2000 年 1 月 12 日，在北京召开的全国双拥模范城（县）命名大会上，大同市第四次被授予“全国双拥模范城”荣誉称号。

第五次（2004 年 1 月）

2001 年初，市委、市政府、军分区制定下发《关于进一步加强双拥工作，争创全国双拥模范城“五连冠”的实施意见》，提出围绕“一切为了发展，重振大同雄风”这个中心，开展以“双三好”为载体的双拥活动，以“1885”（强化一个意识，搞好八项活动，办好八件实事，夺取“五连冠”）为主要内容，落实双拥措施，巩固和发展军政军民团结的大好局面。为强化双拥意识、增进军地了解，驻军旅以上单位各开放一个连队，用于节假日全市党政军领导“军营一日”活动。深入开展八项活动：科技拥军活动；以优抚安置为主要内容的“爱心献功臣”活动；争创双拥模范县（区）活动；商业单位和服务行业以“爱心献给子弟兵”的军人购物优惠活动；文艺拥军活动；拥政爱民活动；双拥、国防书画、摄影比赛活动；首届双拥、国防网页、课件及学生电脑制作大赛活动。办好八件实事：现役军人、革命伤残军人、军队离退休干部凭有效证件免费乘坐市内公交车；现役军人、革命伤残军人、军队离退休干部游览全市文物古迹景点，凭有效证件免收门票；进一步解决驻同部队子女就近入学问题；改造维修炮兵旅门前军民路；建立大同市双拥基金；在全市法院成立维权合议庭，专门受理涉及部队（含军人、军人家属）案件；整顿空某军、某旅、某装甲旅门前交通秩序；妥善解决随军家属工作安置。2002 年底，经省、市双拥检查组检查，“1885”工程的各项内容全部落实。驻同部队参与地方经济建设和公益事业，在市政建设、农田水利基本建设、植树造林、修路以及维护社会治安、民兵和学生训练等方面作出突出贡献。据统计，帮助地方修路 65 公里，兴建绿化工程 1.8 万亩，农田水利基本建设 2600 亩，义务献血 1800 人次，清运垃圾 6 万余立方米，协助地方完成云冈峪、云冈公园绿化等 14 个市级重点工程项目。驻同部队开展扶贫帮困“1+1”活动，共建立“1+1”扶贫对子 55 个，团以上干部每年人均捐助 300 元。

2003 年 9 月，经以解放军总政治部群工局局长、全国双拥办公室副主任常生荣少将为团长的全国双拥检查团检查，对全市双拥工作给予肯定。2004 年 1 月 8～9 日，全国拥军优属拥政爱民工作会议在北京召开，大同市第五次荣获“全国双拥模范城”荣誉称号，市长郭良孝参加大会并领奖。

第六次（2008 年 1 月）

2004 年以后，市委、市政府和驻同部队把全国双拥模范城“五连冠”这一荣誉作为继续前进的动力，再创佳绩的新起点。2004 年初，市委、市政府，大同军分区制定印发《关于进一步加强双拥工作的意见》，对全市今后 3 年的双拥工作进行规划，对创建新一届全国双拥模范城提出具体要求。

在创建活动中，地方各级政府克服困难，为部队排忧解难，2005～2008 年，市委、市政府筹措资金近 5000 万元，打通市武警支队门前的南环路，拓宽直达某炮兵旅营区的拥军路。改造途经某旅、某装甲旅和司训大队营区前的同左路。采取多种措施，解决随军子女的上学问题，多形式、多渠道为随军家属解决就业问题，做好军转干部和退伍军人的安置工作，健全完善优抚保障制度，保障优抚对象的合法权益。

驻同部队把支持、关心地方两个文明建设当作拥政爱民工作的头等大事来抓。创新工作思路，发挥人力集中、突击性、战斗性较强的优势，在抢险救灾、公益事业、农田水利建设，植树造林、维护社会治安等方面作出突出贡献，军政军民关系更加融洽，为构建社会主义和谐社会，实现大同资源型城市转型作出贡献。

各县区党委和政府发扬与时俱进的精神，推动双拥工作不断发展。他们坚持以人为本，平战结合的工作理念，把促进社会发展和提高部队战斗力作为目标，拓宽宣传渠道，创新工作方法，切实为军烈属服务，军民共建、双服务活动经常开展。推动了地方经济和谐持续健康发展。

2008 年 1 月 4 日，全国双拥模范城（县）命名暨双拥模范单位和个人表彰大会在北京举行，国务院总理温家宝等出席。这次大会，共有 355 个县市被表彰为全国双模范城县，全省有 9 个县市被表彰。大同市第六次被命名表彰为全国“双拥模范城”。副市长郝月生代表大同市捧回“双拥模范城”牌匾。

第七次（2012年2月）

2008年1月，六度摘得“全国双拥模范城”桂冠后的大同军民，提出“党政军民齐奋战，努力争创七连冠”的口号。新一轮全国双拥模范城创建活动相继开展。创建活动开展以来，各级党委、政府和驻同部队党委把双拥工作摆上重要位置，统筹规划，常抓不懈，形成具有地方特色的国防和双拥宣传教育网络，在全市营造浓烈的双拥工作氛围。

2008年5月12日，四川汶川发生8级强烈地震，驻同各部队纷纷捐款捐物；5月14日大同消防支队5名消防官兵和两只搜救犬到达四川实施救援；市武警支队率先在全市开展捐款活动；解放军第322医院启动应急预案，选拔部分医术精湛的医生护士，成立医疗救助小分队，随时待命执行赴川救治任务；驻同66173部队动员所属官兵，捐款和缴纳特殊党费149万余元；驻同66077部队开展为灾区官兵解难帮扶活动，稳定了该部队川籍官兵的思想。驻同部队共捐款和缴纳特殊党费450余万元，捐赠衣被5071套。

驻同各部队为配合地方建设生态平安和谐大同，在云冈峪建立双拥绿化基地。在大运、京大、得大和环城高速公路绿化、京津风沙源治理工程和市内绿色园区建设中，驻同部队官兵热情参与，促进了全市的园林化建设。2009年夏天，大同遭遇40年一遇的干旱，降水少，气温高，各主干道绿化林带苗木成活受到严重威胁。市消防支队连续5天出动消防车450车次协助浇灌绿化带，缓解了干旱。同年12月28日，由于供水管道破裂造成长1公里、20多厘米厚的路面积冰，使在同召开的“全国城市和国有工矿棚户区改造工作会议”的参观路线受阻。驻同某步兵旅800名官兵紧急出动，奋战18个小时，把积冰全部清除，保证了参观车队的安全通行。2008～2012年，驻同部队共出动官兵3.2万人次，车辆机械1000多台次，完成森林防火、抗洪抢险等急难险重任务35项。驻同各部队先后资助40多个自然村，3500多名贫困学生。大同军分区每年投资10万元，加上争取省军区支援，新建7所希望小学。预备役工兵团在扶贫助教中，开展“团领导‘1+3’、正营干部‘1+2’、副营职以下干部‘1+1’结对助学活动”，全团资助49名贫困学生。

驻同部队多次参与垃圾清运和卫生整治。在龙港苑小区爆炸事件中，驻同部队出动500余人次，帮助地方清理事故现场。有1.5万名官兵参与义务献血活动，支持了大同的医疗事业。解放军第322医院坚持“姓军为兵，服务百姓”的办院方针，先后组织医务人员500多人次到偏远落后乡村扶贫义诊30次，就诊5000多人次，免费发放4万多元的药品，为贫困病人减免医疗费用42万元。

2008年以后，市里每年为民兵预备役团安排财政预算经费500万元，为武警部队安排建设经费200万元。拿出30万元用于驻同66077部队农用电线路改造，保证部队的用电需求；在市县区的支持下，11个县区武装部新建办公楼。2008～2012年，全市共为部队建设投资1亿多元。接收军队转业干部426名，34名正团级军官全部安排实职，392名副团级以下军官有371名进入行政单位，21名安排到待遇优厚的事业单位，安置率100%；共安置退伍兵6200人，自谋职业174人，补助资金379万元。随军子女上学，尽量满足其择校要求。全国人大代表、全国爱国拥军模范郑加兰，深入驻同部队40余次，带着慰问品，体贴入微关心子弟兵。

2009年，市政府分批为驻同现役军人、伤残军人、军队离退休人员办理免费乘坐公交军人IC卡4256张，2012年又新申领351张。每年免除军人乘车费用50多万元。

2012年2月27日上午，副市长李世杰代表大同市到北京参加全国双拥模范城（县）命名暨双拥模范单位和个人表彰大会，大同市被命名为“全国双拥模范城”称号，第七次获此殊荣。

二、创建省市双拥模范县（区）

1992年12月29日，在太原召开的全省双拥模范命名大会上，省委、省政府、省军区命名南郊区为“双拥模范县（区）”，矿区欧学联为“拥军优属模范”。

1994年1月16日，山西省委、省政府、山西省军区在太原召开“山西省双拥模范县（区）命名大会”，大同市新荣区被命名为“爱国拥军模范区”，灵丘县被命名为“双拥模范县”。

1997年3月5日，全市民政工作会议在市光荣院召开。命名欧学联为拥军优属标兵。7月28日，市委、市政府、大同军分区在雁北影剧院召开“双拥模范县（区）单位命名暨表彰大会”。会议命名城区、矿区、南郊区、阳高县、大同县、灵丘县、天镇县为市级双拥模范县，新荣区、广灵县为爱国拥军模范县区，会议表彰双拥模范单位19个，双拥先进集体60个，双拥先进个人98名。12月底，市民政局被市委、市政府、大同军分区命名为“双拥工作模范单位”。陈钦业获省双拥领导组授予“双拥工作先进工作者”，被市委、市政府、大同军分区授予双拥工作先进个人。

1999年10月22日下午，全市双拥模范县（区）单位命名表彰大会召开。会上宣读《中共大同市委、大同市人民政府、大同分军区关于命名表彰双拥模范县区单位双拥先进集体先进工作者的决定》。命名城区、矿区、南郊区、灵丘县、阳高县、大同县为“双拥模范县（区）”，新荣区、广灵县为“爱国双拥军模范县（区）”。授予市军队退伍军人安置办公室等10个单位为“拥军模范单位”。授予市光荣院、市民政局优抚科等10个单位为“爱心献功臣模范单位”。授予解放军第322医院等10个单位为“拥政爱民模范单位”。授予高祯等10人为“拥军模范个人”。授予孟玉兰等10人为“爱心献功臣模范个人”。授予杜德学等10人为“拥政爱民模范个人”。授予市军供站等40个单位为“双拥工作先进集体”。市民政局李亮、李润兰、杨万祥、胡怀银、李和、合玉霞、陈钦业、姚存芳等被评为“双拥先进工作者”。12月11日，省委、省政府、省军区在省城湖滨会堂举行全省双拥模范城（县）命名大会，大同市、大同县、南郊区、灵丘县被命名为“双拥模范城（县）”；新荣区被命名为“爱国拥军模范县（区）”。城区、左云、灵丘县民政局被评为全省“爱心献功臣”活动先进集体；浑源县民政局的吕中芳被评为全省“爱心献功臣”活动先进个人。

2003年3月28日，大同市被省委、省政府、省军区命名为省级双拥模范城，南郊区、新荣区、大同县、灵丘县、广灵县被命名为省级双拥模范县（区）。

2007年1月22日，省委、省政府和省军区在省城太原举行“全省双拥模范城（县、区）命名表彰大会”。大同市第六次被命名表彰为全省双拥模范城。会上受到命名表彰的还有南郊区、新荣区、灵丘县、大同县、浑源县5个“双拥模范县（区）”；市民政局、大同三中、同煤集团等8个拥军优属先进单位；驻同93601部队、66077部队等4个拥政爱民先进单位；欧学联、马思等8名拥军优属先进个人和白君、贺辰光等4名拥政爱民先进个人。

2011年5月25日，在全省双拥模范城（县、区）命名暨双拥模范单位和个人表彰大会上，大同市连续7次荣获省双拥模范城称号，南郊区、灵丘县、新荣区、浑源县、大同县获全省双拥模范城和县、区称号，市民政局、大同三中、山西柴油机工业有限责任公司、云冈石窟文物研究院、市军供站、恒山风景名胜区管理委员会、市公交公司、中国网络联合通信有限公司大同市分公司获爱国拥军模范单位称号。欧学联、郑加兰、马思、张焯、李月花、马巍然、张润成、秦福花获爱国拥军模范个人称号。驻同66173部队步兵四营“谢臣连”、驻同93601部队司令部航空管制科、驻同66075部队56分队、驻同第322医院获拥政爱民模范单位，齐国栋、吴少强、王彦、李振和获“拥政爱民模范个人”称号。

第九章　社会福利

第一节　社会福利事业

一、孤残儿童福利事业

2003年市政府出台《大同市弃婴弃儿权益保障办法》，2012年根据《国务院办公厅关于加强孤儿保障工作的意见》，出台《大同市人民政府办公厅关于加强孤儿保障工作的实施细则》，同年市民政局、财政局出台《关于发放艾滋病病毒感染儿童基本生活费的通知》，形成一整套保障孤儿权益的法规制度。儿童福利慈善项目顺利开展，按照民政部和省民政厅关于“明天计划”实施方案的要求，2004年6月成立大同市“明天计划”工作领导小组，确定手术定点医院，制定切合实际的手术保障制度和具体措施，组织体检筛查，确定首批手术计划人数，并通过媒体宣传，得到社会各界的支持。2004年11月9日，大同市“明天计划”正式启动。2007年“明天计划”工作转入长效机制，形成以手术矫治、脑瘫康复、远程会诊、大病救治为核心内容的综合性医疗救助体系。截至2013年底，近800余名孤残患儿得到救治。针对唇腭裂患儿，2003年开始，相继开展“微笑列车”“重生行动”，救助患儿106人。针对贫困家庭心脏病患儿，自2006年开始，结合西安高新医院开展的“心新工程”，帮助220余名患儿恢复健康。2012年与宋庆龄基金会开展“天使在行动——母婴平安行动”，为5名肢残儿童实施手术。

1. 大同市社会福利院

1949年5月1日大同和平解放，城市的接管和改造成为当时的中心任务，为迅速医治战争创伤，稳定社会秩序，9月1日，大同市社会福利院的前身——大同市生产教养院组建成立，位于城区大十字南街6号、18号院。主要工作是为城市无家可归、吸毒和流浪乞丐人员提供临时住所和救助，为老人、残疾人以及无人照顾的孤残儿童提供服务，组织参加生产，进行思想改造，改善生存环境。之后8年中，一批无依无靠的孤儿抚养成人，旧社会遗留下来的烟民、妓女、小偷、乞丐得到改造。

1959年9月1日，大同市生产教养院改名为大同市社会福利院，1965年改名大同老残教养院，1980年7月1日更名大同市社会福利院。

1960~1962年经济困难时期，福利院坚持生产自救，在政府保障拨付口粮的基础上，自力更生进行农副业生产，全体在养人员渡过难关。“文化大革命”期间，面对特殊的社会环境，福利院保持正常的工作秩序，使弃婴得到保护。改革开放之初，明确民政部门举办的社会福利院由原来的生产自救转为公益事业性质，福利院顺利实现工作重心向收养社会弃婴和城镇“三无”对象的转移，增设人员、增加拨款，进入平稳发展阶段。1985~1992年，福利院制订“目标责任管理”方案，在孤儿寄养方面创出“四、三、二、一”管理法，全院工作向着管理科学化、经营指标化、工作优质化的方向发展。

从1949年9月建院至2013年，福利院累计收养孤残儿童1万多名。2000年以来，先后被授予“第七届全国职业道德建设先进单位”“全国民政基层单位行风建设先进集体”“全国维护妇女儿童权益贡献奖”“全国模范养老机构”“全国民政系统行风建设示范单位”“涉外收养工作先进福利机构”“山西省儿童福利机构示范单位”“山西省先进基层党组织”等60多项荣誉称号。

大同市社会福利院2000～2013年收养弃婴人数

年份	收养弃婴数（人）	年　份	收养弃婴数（人）
2000	56	2007	142
2001	82	2008	155
2002	124	2009	132
2003	121	2010	134
2004	138	2011	106
2005	139	2012	105
2006	167	2013	86
合　计	1687		

收养设施　大同市社会福利院建院初期有房屋43间，面积2000多平方米，设备简陋，条件差。1996年，在国家、省、市民政部门的支持下，开始筹划新院建设。1997年4月，新院奠基，当年落成，全部收养人员乔迁入住。之后几年，整合各项资源，基础设施进一步完善。2006年，民政部组织实施“儿童福利机构建设蓝天计划”，福利院新建儿童康复中心楼。工程于2006年8月21日开工，2007年12月10日投入使用。市建委、市招标办、市质监站等相关单位减免工程费用50万元。工程建设和配套建设总投资2760万元，全院总建筑面积达到2.1万平方米，占地面积4.7万平方米。

儿童康复中心规划、设计以孤残儿童为本，注重身心健康全面发展。大楼主体为六层与二层的错落式建筑，古典与现代相结合风格，会展大厅的顶部为600平方米的游乐场，户外广场占地2600平方米，修筑喷泉、假山、瀑布，设置健身设施，重大节庆日，可以举行升国旗仪式，让孩子们接受爱国主义教育。儿童康复中心分为A、B两个区，集孤残儿童养育、医疗、康复、业务培训、仓储等多项功能于一体，总建筑面积为5637.68平方米。A区的儿童之家建筑面积2962.19平方米，主要用于儿童的养育、医疗康复，设计床位200张。设置泳疗室、多功能语言训练厅、音乐训练室、引导式教育厅、康复训练室等针对发展迟缓儿童的康复设施和培训设施，对孤残儿童实行系统化、前沿化的康复、教育。2009年，引进多感官及感觉统合式训练系统、脑瘫康复评定系统，使儿童在运动、语言、智力、社交、情感等方面得到改善提高。2012年，按照民政部设施设备配置要求，引进宣泄治疗、沙盘游戏、淘气宝及脑瘫康复评定系统，形成“医学康复”与“教育康复”相结合、“缺陷补偿”与“潜能开发”相结合、“重点训练”与“多重干预”相结合、“传统康复手段”与“现代化康复技术相结合”的康复模式。经过多年的努力，残疾儿童康复训练覆盖率达到100%，康复有效率达到90%，发展迟缓儿童被收养率显著提高，有60余名发展迟缓儿童被国内外家庭收养，为143名孤残儿童实施手术。加强患儿术后身体功能、社会功能的康复和重建，确保取得最佳效果。残疾儿童早疗早育工作走在全国前列，被民政部确定为“脑瘫儿童术后康复训练示范基地”。B区为阳光大厅，占地面积2103.66平方米，设计采光大厅，使孩子们在室内也可以享受到阳光的温暖。厅内设有多功能礼堂，面积455.4平方米，可容纳400人，对孤残青年开展岗前技能培训，对工作人员和乳娘们进行育儿、康复专业培训。

收养模式　大同市社会福利院建院初期率先在全国开创孤残儿童家庭寄养模式。当时，工作人员少，经济条件差，不具备抚养能力，为以有限的经费保住弃婴生命，沿用清末至民国年间当地“养生堂、育婴堂”的方法，雇乳抚育，把弃婴委托给附近农村家庭养护。档案中有“专门收容不愿自养之男女婴孩雇乳抚育，月支经费小米2000～3000斤，由院开支”的记载。这种做法显示亲情优势，形成被国际儿童组织广泛认可的养育模式。20世纪60～70年代是中国人口增长最快的时期，大同市煤矿多，流动人口多，弃婴数量多，家庭寄养规模不断扩大，形成辐射全市4区2县38个村200多个家庭的育孤网络。婆媳、母女、妯娌等代养孤儿的情况在村里屡见不鲜，形成世代相传的优良传统，被媒体广泛关注。反映大同育孤事迹的电影《孤儿泪》荣获国家五个一工程奖，新华社、中央电视台、中国日报、中国社会报等媒体多次对大同家庭寄养工作进行过专题报道。

大同市社会福利院的家庭寄养工作先后经历起步阶段（1949～1964年）、发展阶段（1964～1997年）、规范化阶段（1997年至今），形成具有大同特色的“乳娘文化”，被誉为家庭寄养工作的“大同养护模式”。不断规范寄养制度，完善寄养工作中监督、考核、评估机制，形成以“寄养前严格把关，寄养中周到服务，周期性走访，定期反馈”为内容的质量监控程序，建立“政府、民政部门、福利院、家庭寄养管理中心、管理服务站、家庭寄养小组”的五级管理体系。2006年，申请加挂大同市家庭寄养管理中心牌子，实行“一套机构，两块牌子”的管理体制，使职责明晰、分工明确。注重寄养家长的专业培训，长期组织开展儿童抚育、护理、康复知识培训，实施“寄养家长聘用制”“优秀抚育示范户”评选机制，提升家长素质，许多农村中的家庭主妇成为训练有素的护理员。引进项目改善寄养地环境，在乳娘村建起儿童活动中心，为部分村民改建住房，有效提升寄养质量。60多年来，数以千计的乳娘给上万儿童温暖的家，形成血乳交融的亲情。

2011年，开创“家庭寄宿”抚育模式，聘请有养教经验的家长在院与儿童组建家庭。寄宿儿童的活动分为在院内接受康复训练、早期教育，以及在家庭中的日常生活，分别制定相应的制度和措施。在院内活动方面，根据寄宿家庭儿童不同状况制订相应的康复教学计划，依照课程内容将儿童安排在不同的功能室训练，做好相关记录，根据教学效果及时调整课程内容。为每个儿童建立个人成长档案，准确掌握各个时期不同阶段的情况变化。在家庭生活方面，实行专人专管，派专职人员对寄宿家长的工作及寄宿儿童的生活状况进行监测评估，内容包括寄宿家庭的环境卫生、儿童接受教育情况、康复疗效以及饮食营养状况等多项内容，以确保儿童在家庭中健康成长。采用定期与不定期相结合的方式对寄宿家长进行岗位知识培训，包括法律法规、儿童卫生保健、医疗康复知识和教育方式技巧等。截至2013年底，福利院孤残儿童的城市寄养率已达到48%，比20世纪90年代初提升了40个百分点，实现家庭寄养由农村向城市转型发展。1978～2013年寄养儿童3926人，2013年底在册寄养儿童663人。其中：城市及周边社区寄养儿童数320人，其他村寄养儿童343人。寄养费用每人每月1000元。其中：食400元，零花钱70元，被服费100元，住房150元，医疗费80元，公杂费200元。

中国乳娘村　散岔村位于采凉山南麓大同市区东20公里处，隶属大同县周士庄镇。从20世纪60年代起，先后养育2000余名被遗弃的孤残儿童，是大同市寄养孤残儿童数量最多、最集中的村庄。村中80%的女性都有一个令人敬重的名字——“乳娘”，散岔村因此被誉为“中国乳娘村”。

2006年8月，由日本驻华大使馆援建的大同市社会福利院散岔儿童活动中心落成。活动中心建筑面积为382平方米，由家庭寄养管理服务站、孤残儿童康复中心、儿童活动中心等保障设施组成，集家庭寄养管理服务、康复训练、儿童学习活动、医护培训等多项功能于一体。

2011年，大同市社会福利院同德国利保益有限公司达成协议，就乳娘村寄养家庭首批住房改建工程进行合作，工程总投资为130.77万元，由德国利保益有限公司援助15万美元，该院筹措补充资金34.2万元建造完成。此项工程共改建住房6套，占地面积1400平方米，建筑面积662平方米。

随着社会的发展，农村家庭寄养受周边环境所限，寄养儿童生活质量、居住环境、接受教育程度、康复医疗水平相对不及城市儿童的生活标准。城乡差距成为孤儿养育工作中不可回避的现实问题，农村家庭寄养水平已经无法满足当前寄养工作的现实需要及儿童福利事业的发展，以“乳娘村”为代表的农村家庭寄养逐步被城市家庭寄养所取代。

孤儿教育　20世纪80年代以来，福利院不断加强孤儿教育，按照《中华人民共和国义务教育法》有关规定，保证适龄适宜入学的孤残儿童100%完成九年义务教育。1989年，党红雁考入山西交通技工学校，是该院孤儿中第一名中专生。2007年7月，孤儿郭党叶取得硕士学位，成为从福利机构走出的全国第一名孤儿硕士研究生，现在山西大同大学任教。西安政法大学法学专业毕业的吉小明是福利院培养出的第二名研究生，通过全国司法考试，经市政府特批成为福利院正式员工。建院以后，福利院培养出100多名大中专毕业生。

对外交流　20世纪80年代后期，大同市社会福利院开始尝试把对外宣传作为同外界建立联系的一种渠道。最初是利用电台的访谈节目，使更多的人了解社会福利院。1995年，中华慈善总会成立后首个“助孤计划”项目在大同进行，53名唇腭裂患儿经手术后康复，由此拉开该院对外交流合作的帷幕。之后，该院本着“以我为主”的宗旨，用全新的视角和多样的方式，高标准、高素质地开展对外交流工作，为孤残儿童的生活、康复、医疗、教育、文化发展创造更加优越的外部环境。同联合国儿童基金会、中国宋庆龄基金会、英国关爱儿童组织、中国台湾富邦集团、美国半边天基金会等境内外慈善机构建立长期友好的合作关系，引进资源与理念，为福利事业提供更加多元化的发展机遇。国外一些学术团体和家庭也多次来院参观访问。新华社、中央电视台、凤凰卫视、黄河电视台、中国日报、中国社会报、公益时报等众多国家、省、市媒体刊物对该院及“乳娘村”进行专题报道。开辟涉外送养渠道，2000 年，全省首名涉外收养儿童党澳华被美国夫妇收养，结束山西省无涉外送养孤儿的历史。到 2013 年，涉外收养儿童已有 600 余名。

政策创制 2003 年，参与起草《大同市弃婴弃儿权益保障办法》，使孤残儿童的养育、寄养、教育等有法可依，是全国首部保护孤残儿童权益的地方性政府规章，科学化、系统化的“大同养育模式”被民政部在全国福利院中广泛推广。2011 年以后，受民政部委托，参与编写《儿童福利机构基本规范》《儿童福利机构抚育工作指导纲要（试行）》《儿童福利机构岗位设置指导纲要》《儿童福利机构等级评定办法》等，为中国儿童福利事业的发展提供理论支持。2013 年，教育部等 8 部门，联合制订《残疾儿童少年义务教育攻坚计划（2013—2015）》，受民政部委托，对其中有关儿童福利机构的部分内容提出修改意见。

2. 县级儿童福利机构

阳高县儿童福利中心 阳高县社会福利中心位于阳高县赵石庄村，于 2007 年 5 月开工兴建，同年 10 月竣工投入使用，总投资 182 万元，占地面积 20 亩，建筑面积 1500 平方米，设计床位 120 个。中心设有敬老室、服务室、卫生室、活动室、会议室、用餐室等设施；建有绿化区、活动区、生产区等配套设施，是阳高县第一所由民政局自主兴建的规模较大，设施较全，具有现代气息的集养老、抚孤、助残为一体的社会福利中心。

阳高县社会福利中心自投入运行以后，以管理求生存，以服务求发展。管理上实行院长负责制，制定院务管理、院务公开、院务监督、用餐标准、卫生保健、文艺活动等制度；服务上处处体现人性化，制定 24 小时随叫随到服务，医疗全保障服务，集体过生日服务，病号点饭服务等；同时组织有一定劳动能力的入院老人，开展蔬菜生产活动，每年在院内种植土豆、西红柿、黄瓜、白菜、甘蓝等蔬菜，既锻炼身体，又发展经济。截至 2013 年底，该中心收养孤儿 40 余名，农村五保老人 80 余名。

左云县儿童福利中心 左云县福利中心位于左云县兴云镇北狱庙街，于 2012 年建成并投入使用，县社会福利中心是省民政厅资助兴建的社会福利重点项目，也是县委、县政府保障和改善民生、构建和谐社会的重点工程。

该中心是由光荣院、中心敬老院、老年公寓、孤儿院和社会救助站 5 部分组成的综合性社会福利服务机构，主要职能是以荣军供养、农村五保供养、社会老年人托养为主体，以孤儿抚养、社会特殊群体救助为补充，为各类服务对象提供衣、食、住、行、医、乐等全方位服务。工程于 2008 年开工建设，2009 年主体竣工，2010 年全部完工。工程占地面积 5860 平方米，建筑面积 3840 平方米，由 6 栋独立单元楼组成，内设 132 个床位，工程总投资 800 多万元。截至 2013 年底，该中心收养孤儿 20 余名，城镇“三无”、农村五保、荣军老人共 80 余人。

二、养老服务体系建设

2000 年以前，大同市城市社会福利机构建设滞后，只有两家公办机构——大同市福利院、大同市光荣院，以收养孤老复员退伍军人、城市“三无”对象为主，床位数 120 张，社会收养能力不高，难以适应社会需求。

2001 年，大同市人民政府办公厅转发市民政局等 16 个部门《关于加快实现我市社会福利社会化实施意见的通知》后，民办养老福利机构开始发展，当年有民办机构 2 家（云馨老年公寓、振华老年公寓），床位数 250 张，入住人数 150 人。

2002 年，全市共有民办福利机构 6 家，新增民办机构 4 家，即安康老年公寓、松鹤老年公寓、东街老年公寓、北街老年公寓，新增床位数 218 张，新收住老人 98 人。

2003 年，民办福利机构 10 家，年新增 4 家，即福桃老年公寓、康乐老年公寓、新世纪托老院、亮英老年公寓，共有床位数 285 张，新收住老人 132 人。

2004 年，民办福利机构增至 12 家，新增 2 家，即福星老年公寓、星光老年公寓，共有床位数 120 张，新入住老人 65 人。

2005 年，全市老年福利机构有 19 家，其中公办 1 家，民办 18 家。2006 年新增民办 3 家，2007 年、2009 年各新增民办 1 家，至 2009 年全市共有老年福利机构 24 家，其中公办 1 家，民办 23 家。共有床位数 1567 张，入住老人 1256 人。

2010 年，老年福利机构增至 26 家，其中公办

1家，民办25家。共有床位数2863张，入住1335人。

2011年，共有老年福利机构27家，其中公办1家，民办26家。

2012年，全市养老机构28家，其中公办1家，民办27家，按地域划分城区14家，矿区9家，九个农业县区5家；养老机构床位数3895张，其中公办400张，民办养老机构床位3495张；养老机构入住老人1833名，其中自理老人1211人，介助老人359人，介护老人263人。

2013年市政府办公厅出台《关于加快推进全市社会养老服务体系建设的实施意见》，明确市养老机构建设的目标和任务，实施属地登记管理制度、税收优惠、费用减免、建设补助和运营补贴等惠民保障政策。成立以李世杰副市长为组长，15个相关部门领导为成员的大同市推进社会养老服务体系建设领导组。各部门各司其职、各负其责、共同努力，推动全市养老事业健康发展，构建全市“居家为基础、社区为依托、机构为支撑”的养老服务体系。

2013年6月，市民政局联合市财政局下发《关于做好民办养老服务机构开办补助和运营补贴工作的通知》，对民办养老机构的建设补贴和运营补助做明确规定，一次性建设补贴1000元/床、运营补助每人每月100元。相关部门在水、电、气、热等方面均按民用价格给予优惠。全市共有养老机构31家，其中公办1家，民办30家，拥有床位4418张，入住老人2420名，入住率54.7%。农村空巢老人和留守老人的养老服务也纳入养老服务体系建设的重要内容，“十二五”期末，以解决农村70岁以上空巢和高龄老人基本生活为目的，以满足老年人的吃饭、日间照料为基本要求的老年人日间照料服务基本覆盖城市社区和半数以上的农村社区。2013年8月，在阳高县召开全市农村老年人日间照料中心建设现场推进会，市民政局局长与各县区局长现场会上签订军令状，确定目标任务，2013年底，在全市建成63个农村老年人日间照料中心。

2013年大同市养老机构基本情况一览表

机构名称	地址	法人姓名	床位数	入住人数
大同市城区东街老年公寓	大同市东街	郭德顺	120	50
大同市城区北街社区老年公寓	花园里变电站门前	梁　元	69	65
大同市振华老年公寓	振华南街永安路8号	曹　林	142	131
大同市安康老年公寓	大有仓15号	池泽林	150	90
大同市康乐养老院	友谊北街1号	项玉兰	130	80
大同市新世纪托老院	原新建北路20号	董根栓	20	9
大同市夕阳红乐园养老院	五爱村民航里	史维霞	150	112
大同市安康鹿苑老年公寓	马家小村	吴　霆	300	73
大同市松鹤老年公寓	拥军路甲1号	周　波	150	76
大同市城区福星老年公寓	拥军南路甲1号	王志民	200	105
大同市金夕老年公寓	站东南官房小区内	付　强	80	50
大同市慈善安养院	大同县周士庄镇二十里堡村	紫俊霞	120	24
大同市中惠老年公寓	御东新区东王庄村南	李素香	150	70
大同市矿区温馨养老院	大同市水泥厂生活区	任启靖	180	81
大同市矿区爱晚亭老年公寓	大同市南郊区泉乐路	管建平	130	88
大同市矿区夕阳宫养老院	大同市矿区新胜街育新路6号	谷　盛	114	104
大同煤矿敬老院	同煤职防所	索　霞	116	44
阳高县永康老年公寓	阳高县道北80部队院	郭继明	115	74
大同市南郊区十里店家怡敬老院	十里店村	马淑芳	280	202

续表

机构名称	地址	法人姓名	床位数	入住人数
大同市厚德家园	党留庄乡蔡庄村	于学林	200	57
大同市福桃老年公寓	安益街益民园	杨秀梅	120	108
大同市星光老年公寓	新胜村	杜 霞	98	76
灵丘县夕阳红老年公寓	灵丘县城东北	张政权	200	42
大同市矿区长寿星老年公寓	矿区同泉里	贺政辉	220	78
大同市矿区口泉养老院	口泉中学院内	宋熙福	98	58
大同市矿区平泉养老院	大同市矿区平泉路	李玉华	50	40
大同市亮英养老院	新旺花园	冯亮英	76	64
大同市云馨老年公寓	十里店绿洲西城3区6号	何庆荣	150	128
大同市南郊区晋福园老年公寓	南郊区泉乐路	许佃军	90	71
大同市老人公寓	云洲街北侧	秦福花	400	170
合 计	31		4418	2420

三、社会福利企业

大同市福利企业发展起步于20世纪80年代。1985~1991年，局长陈寿昌大力改革用人制度，大上快上民政事业，市民政局固定资产由200多万元发展到1700多万元，增加7倍；福利企业由6家发展到72家，增加11倍；就业的残疾人由60多名发展到2000多名，增加32倍；年产值由47万元增加到4400多万元，增加93倍；年利润由过去的0元增加到400多万元，创造出全省一流的民政工作业绩。1992年9月22日，山西省民政工作改革大同现场会召开，省民政厅作出《关于学习和推广大同市民政工作改革经验，加快全省民政工作改革步伐的决定》。同年12月29日，山西省民政厅授予在民政工作中作出突出贡献的陈寿昌“优秀民政局长”称号，号召全省各级民政干部、民政系统广大职工，特别是各级领导干部向陈寿昌学习。1994年5月陈寿昌被民政部、人事部授予“全国民政工作先进工作者”称号。

1986年5月27~31日，中国残疾人福利基金会理事长邓朴方视察大同市残疾人福利事业，先后听取市长王玉龙关于大同市全面情况的汇报和副市长刘文君、民政局局长、市残疾人协会主席陈寿昌关于大同市发展残疾人福利事业、兴办福利生产、安置残疾人就业以及“三会”工作情况的汇报，视察大同机车厂、市聋哑学校、市盲聋哑协会、市残疾人福利基金会、市盲人按摩门诊部、大同矿务局四老沟矿以及矿区橡胶厂、电器修配厂、印刷厂等残疾人福利企业。

1986年6月25~26日，中国残疾人福利基金会副理事长兼秘书长王鲁光一行13人根据邓朴方指示来大同视察调研。参观考察城区东街标牌厂、群利五金厂、市社会福利院、市盲人按摩门诊部，召开残疾人康复工作座谈会。

1986年8月26日，经市委批准成立大同市残疾人福利事业协调组，负责统一研究部署全市的残疾人工作，协调各部门、各单位共同抓好残疾人安置、康复、教育、文娱、体育等工作。全市各部门、各单位积极兴办社会福利事业。至1986年底，全市城镇中的社会福利工厂由1984年的6个发展到40个，拥有固定资产386万元，流动资金245万元，完成产值370万元，实现利润32万元。安置城镇残疾人1750人，农村残疾人732人，分别占城市和农村应安置就业残疾人总数的99%和60%。

1986年10月28~31日，在北京召开的全国残疾人工作交流会上，市长王玉龙代表市委、市政府、市残疾人组织，在会上作《以劳动就业为突破口，积极发展残疾人福利事业》的发言。会议还播放《关怀中的奉献——大同市残疾人生活剪影》专题录像。

1986~1997年，市民政局设立福利生产科，负责管理福利企业，1997年4月进行机构改革，社会福利科加挂福利生产办公室牌子，2001年撤销。1987年4月，制定《大同市社会福利企业暂行管理办法》。6月15～17日，全省残疾人工作大同现场经验交流会召开，副省长郭裕怀、省民政厅厅长臧新、市长王玉龙，雁北行署专员阎赞尧，省计委、经委、教委、劳动局、总工会、卫生厅、民政厅的领导，全省各地市政府秘书长、民政局局长、劳动局长和残疾人福利基金会、盲聋哑协会及部分大中型厂矿企业负责人，共100余人参加大会。副省长郭裕怀在讲话中肯定大同市残疾人事业发展的八条经验，总结出五条大同经验给予的启示。同年6月，在新荣区郭家窑乡召开全市农村社会福利生产现场会，交流总结在农村开展社会福利生产，安置残疾人就业脱贫致富的经验。

1992年5月16日，召开继续发展社会福利生产工作暨表彰会，表彰28个先进集体和30个先进个人。

改革开放以来，社会主义市场经济体制逐步建立，民政部门加强福利企业管理，提高经济效益和社会效益；国家社会保障体系逐步健全，残疾人基本生活得到保障；但福利企业先天不足，缺少应有的竞争能力，数量逐年减少。

1993年全市共有福利企业120家，其中市级35家，县（区）级85家。职工总人数2850人，其中残疾职工1342人。全年工业总产值4596万元，利润576.4万元。

1994年全市福利企业118家，其中市级44家、县级18家、区级56家。职工2722人，其中残疾人1251人，总产值4884万元，利税1010万元。大同市福利企业由民政部门贴息银行贷款30万元用于技术改造。

1995年全市福利企业发展到119家，其中市级42家，县级22家，区级55家。职工总数为2722人，其中残疾人1251人，年产值5190万元，实现利润368万元。全市福利企业由民政部门贴息银行贷款370万元。

1996年大同市桑河福利淀粉厂贴息贷款100万元进行技改和扩建，获全国第二届农业博览会银奖、省百家黄金企业、市双明星企业称号。全市福利企业年末共有107家，其中市级37家，县级19家，区级51家。职工2488人，其中残疾人1159人，产值5870万元，利润440万元。

1997年全市社会福利企业达到109家，残疾职工1167人，年工业总产值达到6550万元，年创利税1195万元。

1998年，全市福利企业实现工业总产值5050万元，销售收入4200万元，利润实现100万元，减免税金500万元。吊销不符合标准福利企业证书10家，限期整改7家。

1999年，全市福利企业减少到82家，比1998年同期101家减少19家。福利企业年产值3919万元，比1998年同期3563万元增加9.99%。福利企业的销售额4122万元，比1998年同期3926万元增长4.99%。福利企业创利税179万元，比1998年同期163万元增长9.8%。

2000年，福利企业年产值4512万元，销售收入4133万元，实现利税323万元，比1998年同期分别增长15%、0.3%、80%。

2001年全市共有福利企业63家，年检合格的61家，占应检总数的96.8%，不符合标准吊销福利企业证书的2家，占应检总数的3.2%，限期整改的2家。实现工业总产值4546万元，比2000年增加4.5%，销售收入4536万元，比2000年增加11%，全年共为福利企业减免税金487万元，实现利税623万元，比2000年增长18%。

2002年全市共有福利企业61家，年检合格的59家，占应检总数的96.7%，不符合标准吊销福利企业证书的2家，占应检总数的3.3%，限期整改的3家。实现工业总产值3258万元，比2001年同期增加17.17%，销售收入3391万元，比2001年同期增加18.15%，全年共为福利企业减免税金379.4万元，实现利润166万元，比2001年同期增长30.5%。

2003年全市共有福利企业59家，实现工业总产值4700万元，比2002年同期增加44.26%，销售收入4300万元，比2002年同期增加27%，全年共为福利企业减免税金359万元，实现利润167万元，比2002年同期增长30.5%。

2004年全市共有福利企业51家，市级福利企业实现产值6266万元、创利税1411万元，残疾人集中就业723人。

2005年全市有福利企业46家，全市福利企业职工总数1373人，其中残疾职工648人，创产值1.65亿元，销售额达到1.45亿元，利税合计1136.5万元。

2007年全市共有福利企业32家，其中市级17家、城区3家、矿区5家、南郊区3家、左云县1家、广灵县2家、阳高县1家。全市福利企业职工总数1294人，其中残疾职工585人，占职工总数的45%，全市社会福利企业产值10364万元，创利税1665万元。

2008年全市共有福利企业33家，年检合格26家。创产值9874万元，应交增值税800万元，按照税收优惠政策，应退增值税663万元，到年底实退增值税159万元，免征所得税65万元，创利税合计1665万元。受经济危机影响，比2007年降低20%。其中市营企业经营状况较好，创产值5324万元，实现销售5350万元，创利税1021万元，县区大多企业处于停产状态，经营状况较差。

2009年全市26家福利企业，职工总数1410人，其中残疾职工593人，占职工人数的42.1%。16家福利企业经营状况较好，残疾人福利落实到位，继续享受福利企业优惠政策；10家福利企业长期停产，残疾职工四险未交，需年内整改，整改仍不符合福利企业条件，下一年度吊销福利企业资格。全市福利企业创产值12817.9万元，比2008年增加29.8%；创利税1120万元，比2008年增加60%。

2010年全市福利企业减至15家，职工总数957人，其中残疾职工289人，占职工总数的30.2%。全市福利企业实现销售13261.4万元，比2009年增加10.35%；创利税1470.96万元，比2009年增加31.34%。

2011年全市15家福利企业，企业职工总数757人，其中残疾职工288人，占职工总数的38%。福利企业残疾人福利落实到位，继续享受福利企业优惠政策。全市福利企业实现销售10398.48万元，比2010年减少21.58%；应交增值税737.21万元，比2010年减少2.2%。按照税收优惠政策，应退增值税694.9万元，比2010年减少0.4%。创利税1168.51万元，比2010年减少20.56%。

2012年全市15家福利企业，职工总数757人，其中残疾职工288人，占职工总数的38%。全市福利企业实现销售10398.48万元，比2011年减少21.58%；应交增值税737.21万元，比2011年减少2.2%。按照税收优惠政策，应退增值税694.9万元，比2011年减少0.4%，免征所得税105.5万元。创利税1168.51万元，比上年减少20.56%。

2013年全市15家福利企业，企业职工总数757人，其中残疾职工288人，占职工总数的38%。14家福利企业残疾人福利落实到位，继续享受福利企业优惠政策。铁路常压锅炉厂因各种原因不符合福利企业标准，吊销福利企业证书，不再享受税收减免优惠政策。全市年检合格的14家福利企业实现销售10026万元，比2012年减少3.6%。

市民政局直属残疾人福利单位

大同市宏光五金厂（大同市民政福利公司）

大同市宏光五金厂原名为大同市盲聋哑人挂面加工厂，成立于1964年，设在口泉镇，是原口泉区民政科开办的一个小型挂面厂。1965年根据省民政厅有关文件精神，认为市辖区不易办社会福利生产，口泉区民政科将该厂移交市民政局，并决定在市内建厂。到1970年厂房建成，因生产挂面的机器设备安装缓慢，主要原材料面粉得不到解决，致使挂面生产不能尽快投产。直到1975年，经市计委批准转产，改名为大同市宏光五金厂，属差额事业单位，计划搞废钢丝综合利用。由于设备简陋，技术落后，又没有定型产品，只能自寻门路，找米下锅，生产一些工矿配件等零星业务。先后搞过地毯加工、刺绣、乳胶、汽车修理，开过商店，办过知青工厂，均未能维持下来。1984年引进大同四老沟煤矿郭秉利研制的有机绘图墨汁，新办绘图用品厂，主要生产有机绘图墨汁及专用文具。规模不大，仅能安排少数职工，无法从根本上解决生产出路。1986年，经市计委批准，成立大同市民政福利公司，为全民所有制社会福利企业，隶属市民政局领导。与宏光五金厂实行两个单位一套班子，五金厂业务归福利公司统一领导。并管辖市民政局劳动服务公司、工程队。1989年市民政局劳动服务公司独立经营，与福利公司脱离隶属关系。随着生产的发展，为扩大残疾人就业，经市民政局批准在原宏光五金厂、绘图用品厂的基础上又相继成立化工助剂厂、橡胶厂、汽车灯具厂、兰碳厂、煤矿、印刷厂、胶粘材料厂以及专门加工救灾物资的缝纫车间，与大齿集团联营宏光电工器材厂等实体，隶属市民政福利公司领导，业务生产由企业自主经营、自负盈亏，取得良好的社会效益和一定经济效益，解决占职工总数近58%的残疾人就业。在市场经济竞争中，福利企业资金、技术、人员素质都处于劣势，生产经营普遍不景气，有的相继倒闭或名存实亡。为解决公司困境，1999年，市民政局决定利用福利公司厂房优越的地理位置，兴建救灾捐赠储备中心大楼，在保证救灾仓储功能基础上，部分建筑出租创收，保证残疾职工工资待遇。

50年来，大同市宏光五金厂（大同市民政福利公司）历届领导班子重视残疾人工作，政治上关怀，生活上帮助，稳定职工队伍，推动公司发展。倡导“奉献、友爱、互助、进步”的助残思想，发扬“理解、尊重、关心、帮助”的助残精神，培养“尊重残疾人、关心残疾人、帮助残疾人、服务残疾人”的良好风气。根据残疾职工的心理、体能和技能特点，安排从事力所能及的工作，让每个人都有施展才能的空间。2013年有残疾人党员4名，在公司领导岗位的1名，科室正职3名，班组长3名，会计5名，有专业技术职称的29名。在职工的招聘、转正、晋级、职称评定、劳动报酬、生活福利、劳动保险等方面与健全职工享受同样待遇。针对残疾人存在的自卑心理，凡事以鼓励为主，不轻易批评职工。公司里聋哑人比较多，面对这个不会说话的群体，仔细揣摸肢体语言，解所思所想，有针对性地开展工作，使他们开开心心来上班，增强企业的凝聚力。有的职工一时有情绪，也晓之以理，动之以情，增进了解，化解隔阂，促进和谐。公司肢残职工多，行动不便，给以特殊照顾。每逢雨雪天，肢残职工没有要紧工作，可以不上班。肢残职工杨全牛重病，苏宏经理从一楼背到三楼，为其诊病；残疾职工白宝平因病去世，安排其遗属入住福利院。逢年过节，公司筹措资金为职工发放粮、油等慰问品，对特困户给予物质帮助。大病职工，公司号召全体人员捐款资助。苏宏经理多次被评为大同市助残模范。

大同市盲人按摩理疗综合门诊部

大同市盲人按摩理疗综合门诊部系市民政局直属的全市唯一集中安排盲残医师就业和服务管理全市盲人医疗按摩事业的社会福利事业单位。盲人按摩门诊部原实行差额财政补助，2008年12月经市领导批准纳入全额预算，盲残职工工资福利待遇得到保证。大同市盲人按摩理疗门诊部始建于1980年，位于城区后场面街，1985年迁至城区更道街14号，原址房屋低矮破旧，设施陈旧，固定资产仅有3万余元。20世纪80年代以来，市民政局把盲人按摩门诊部的改造工作列入重要议事日程，1999年，市民政局、市募委会投资110余万元进行改造。新址在大同市东马路玄冬花园，建筑面积1100平方米，固定资产业发展到170余万元。多年来，盲人按摩门诊部取得较好的社会效益，2009年被山西省政府评为全省残疾人工作先进单位，授予“残疾人之家”称号。

四、福利彩票

1987～1989年，福利彩票不被人们充分接受。1989年，一些省市推出实物奖品、灵活设奖的小奖组，开始探索集中的大批量销售彩票的方法。1988年之后，一些地方、部门、企事业单位自行发行彩票，导致彩票市场混乱。为此，国务院先后3次通知各地各部门加强彩票市场的管理，将彩票发行批准权等收归国务院。大同市政府协调组织，民政局全体人员参与进行大奖组销售，每年春节、“五一”和国庆开奖3次，销售总额328万元。

1990年以后，彩票逐步被人们接受，销售额逐年增加，1992年部分省市采取大奖组、大场面、大声势以及高奖额、低奖面、多奖级的形式销售即开型福利彩票，开始尝试百万元大奖组销售方式。

1992年8月15日，大同市募委、民政局在红旗广场举办的特大奖组福利彩票销售活动大获成功，首创全国有奖募捐史上单点日销200万元的最高纪录。其经验在全省乃至全国推广。从1992年到2001年，在红旗广场举办20次大奖组销售，累计销售9664万元。中募委领导把大同誉为全国有奖募捐大奖组的“发祥地”，山西省募委把大同称为大奖组的“试验田”，成为全国福利彩票销售的一面旗帜。全国18个省、自治区、直辖市民政部门领导前来考察学习。

大同市到2004年全面停止大奖组销售，共计销售彩票1.7亿元，累计筹募公益金5000多万元，用于福利事业建设和救灾救助事业。从2000年12月26日开始电脑销售福利彩票，第一批招募投注站点104家，2001年共销售电脑福利彩票3100万元，到2010年突破1亿元，2013年突破2亿元，销售福利彩票站点发展到318家。1987～2013年，全市累计销售各类福利彩票12.7亿元，其中销售电脑型彩票9.2亿元、即开型彩票3.5亿元，投入使用公益金2.6亿元，资助社会福利、社会救助、社会公益事业项目。

1987～2013 年大同市福利彩票销售情况统计表（单位：元）

年度	电脑票											即开票				合计	增幅
	31 选 7	29 选 7	35 选 7	15 选 5	18 选 6＋1	21 选 5	3D	双色球	7 乐彩	时时彩	H520	中福在线	刮刮乐	开乐彩	大奖组		
1987～1989	0	0	0	0	0	0	0	0	0	0		0	0	0	3289000	3289000. 00	——
1990	0	0	0	0	0	0	0	0	0	0		0	0	0	1910000	1910000. 00	——
1991	0	0	0	0	0	0	0	0	0	0		0	0	0	2900000	2900000. 00	51. 83%
1992	0	0	0	0	0	0	0	0	0	0		0	0	0	8750000	8750000. 00	201. 72%
1993	0	0	0	0	0	0	0	0	0	0		0	0	0	6860000	6860000. 00	－21. 60%
1994	0	0	0	0	0	0	0	0	0	0		0	0	0	11980000	11980000. 00	74. 64%
1995	0	0	0	0	0	0	0	0	0	0		0. 00	0	0	18940000	18940000. 00	58. 10%
1996	0	0	0	0	0	0	0	0	0	0		0. 00	0	0	30820000	30820000. 00	62. 72%
1997	0	0	0	0	0	0	0	0	0	0		0. 00	0	0	20080000	20080000. 00	－34. 85%
1998	0	0	0	0	0	0	0	0	0	0		0. 00	0	0	18920000	18920000. 00	－5. 78%
1999	0	0	0	0	0	0	0	0	0	0		0. 00	0	0	16410000	16410000. 00	－13. 27%
2000	0	0	0	0	0	0	0	0	0	0		0. 00	0	0	10980000	10980000. 00	－33. 09%
2001	26304350	398828	4334256	0	0	0	0	0	0	0		0. 00	0	0	0	31037434. 00	182. 67%
2002	0	286566	14177598	4319818	0	1292544	0	0	0	0		0. 00	0	0	7417300	27493826. 00	－11. 42%
2003	0	0	3178542	0	1234756	3273962	0	10778790	0	0		0. 00	0	0	8827000	27293050. 00	－0. 73%
2004	0	0	886252	0	459504	4582258	870840	18687876	0	0		0. 00	0	0	7750000	33236730. 00	21. 78%
2005	0	0	19340	0	62816	3058848	25509244	20595396	0	0		1000058. 40	0	0	0	50245702. 40	51. 18%
2006	0	0	0	0	0	2304742	22372444	22512494	702	0		1459390. 30	0	10072	0	48659844. 30	－3. 16%
2007	0	0	0	0	0	2456392	26064956	23753710	2342312	0		5222888. 50	0	31299	1868000	61739557. 50	26. 88%
2008	0	0	0	0	0	2820904	30994604	30878334	1705894	0		1386532. 60	4539600	6048	0	72331916. 60	17. 16%
2009	0	0	0	0	0	2072604	37267386	42008796	1516298	0		12973. 55	7195400	4180326	0	94253783. 55	30. 31%
2010	0	0	0	0	0	1501258	42443144	48815032	1503044	0		4505008. 22	10915000	5422844	0	115105330. 22	22. 12%
2011	0	0	0	0	0	1530184	53453942	65144540	1731748	2452636		8242758. 44	22575000	2980730	0	158111538. 44	37. 36%
2012	0	0	0	0	0	1394618	64374552	69148738	1745372	1534476	0	14741554. 42	29639300	2300539	0	184879149. 42	16. 93%
2013	0	0	0	0	0	1056662	65273214	69446354	1634326	16939448	13518922	19715947. 55	26484200	706610	0	214775683. 55	16. 17%
总计	26304350	685394	22595988	4319818	1757076	27344976	368624326	421770060	12179696	20926560	13518922	56287111. 98	101348500	15638468	177701300	1271002545. 98	——

2004 年大同市福彩公益资金资助项目情况表

单位名称	项目名称	金额（万元）
团市委希望工程	助残日资助款	3
城区特殊教育学校	助残日资助款	3
福利院	助残日资助款	22
福利公司	助残日资助款	37
市光荣院	助残日资助款	15
市救助站	助残日资助款	12
荣复军人医院	助残日资助款	16
按摩门诊部	助残日资助款	12
烈士陵园	助残日资助款	12
大同市特殊教育学校	助残日资助款	4
北关敬老院	助残日资助款	2
新华街敬老院	助残日资助款	2
天镇县敬老院	助残日资助款	3
大同市救助管理站	资助款	7
大同市老龄委	资助款	12
浑源县中心敬老院	资助款	3
广灵县烈士陵园	资助款	5
浑源县中心敬老院	星光计划	3
天镇县社会福利中心	星光计划	3
左云县老年活动中心	星光计划	3
新荣区老年综合服务中心	星光计划	3
广灵县社区老年活动中心	星光计划	3
阳高中心敬老院	星光计划	3
灵丘县光荣院	星光计划	3
南郊区平旺乡敬老院	星光计划	3
大同县峰峪乡敬老院	星光计划	3
	困难群众生活补助	9.498
合计		206.498

2005 年大同市福彩公益资金资助项目情况表

单位名称	项目名称	金额（万元）
大同县	峰峪乡敬老院新建	3
阳高县	龙泉镇敬老院改造	5
广灵县	南村敬老院改造	5
城区	城区特教学校	2
	振华南街老年公寓	2
	云馨老年公寓	1
	安康老年公寓	1
	北街老年公寓	1
	向阳里街道	5
矿区	星光计划款	15
市福利院	明天计划	10
	明天计划	17.05
	明天计划及孤儿生活补贴	10
	“三无”对象生活区改造工程	10
市光荣院	助残日资助房屋设备维修	8
	购设备、老人取暖	8
福利公司	养老保险	20
	养老保险	25
荣复军人医院	洗澡锅炉改造	8
	暖气改造	9
救助站	改造工程	17
	改造工程	10
按摩门诊	工程欠款及医疗保险	13
	工资及三项保险	5
烈士陵园	建设款	20
	建设款	14
	建设款	26
团市委	希望工程	5
	困难群众生活补助	5.098
合计		280.148

2006 年大同市福彩公益资金资助项目情况表

单位名称	项目名称	金额（万元）
大同市民政局	明天计划手术费	15
大同市福利院	①“明天计划”手术费	30
	②新建儿童康复楼	30
	③新建儿童康复楼	20
	④散岔村儿童活动中心建设	10
	⑤新建儿童康复楼	100
救助管理站	①救助对象住所改造	10
	②改造工程欠款	17
	③改造工程欠款	10
	④改造流浪儿童保护中心	20
宏光电工器材厂	贴息	5

续表

单位名称	项目名称	金额（万元）
宏光五金厂	①困难补助	23
	②工资补贴	10
民政福利公司	职工三险、工资补贴	25
大同市光荣院	房屋维修	15
市革命烈士陵园	陵园改造建设	30
市盲人按摩门诊部	①职工三险、工资补贴	15
	②经费补贴	20
市荣复军人医院	购医疗器材	8
市老龄委	医疗补助、活动经费	12
市低保中心	①新建老年、孤残儿活动中心	15
	②新建老年、孤残儿活动中心	10
市福彩发行站	爱心百万公益资助活动经费	3
大同市特教学校	资助残疾学生	2
城区培智学校	资助残疾学生	2
大通达残疾人文化学会	资助残疾人活动经费	0.5
山西省慈善总会	资助款	1
左云县慈善总会	资助款	1
大同市二医院	明天计划款	30
大同市城区	①向阳里街道养老服务社会化示范活动	30
	②向阳里街道养老服务社会化示范活动	30
	③北街老年公寓建设	5
阳高县民政局	新建县中心敬老院	20
浑源县民政局	新建县中心敬老院	20
灵丘县民政局	新建县中心敬老院	20
新荣区民政局	新建西村乡敬老院	10
南郊区民政局	新建口泉乡敬老院	5
矿区民政局	新建九九养老院	5
大同县民政局	新建杜庄敬老院	5
	困难群众生活补助	15.598
合计		660.098

2007年大同市福彩公益资金资助项目情况表

单位名称	项目名称	金额（万元）
大同市民政局	明天计划	65.9
大同市社会福利院	蓝天计划	240
		100
		100
		100
	院民生活补助	20
	乳娘村基础设施建设	25
大同市殡仪馆	殡仪馆改造工程	10
城区向阳里街道办事处	新建养老示范活动中心	10
大同市老人公寓	养老示范单位床位补贴	10
	床位补贴	15
大同市云馨老年公寓	养老示范单位床位补贴	2
大同市安康老年公寓	养老示范单位床位补贴	3
	“三无”老人补贴	4
大同市北街老年公寓	养老示范单位床位补贴	2
大同市善化寺老年公寓	“三无”老人床位补贴	2
		3
大同市东街老年公寓	维修房屋	3
城区	向阳里街道养老示范	20
新荣区民政局	霞光计划配套	15
	改造郭家窑乡敬老院	5
大同县民政局	改造许堡乡敬老院	5
浑源县民政局	改造裴村乡敬老院	5
广灵县民政局	改造屯堡村敬老院	5
阳高县民政局	新建社会福利中心	50
天镇县民政局	改造光荣院	20
	霞光计划配套	10
大同市救助管理站	改造工程	25
	受助人员生活补助	15
大同市革命烈士陵园	陵园建设	20
		45
大同市盲人按摩门诊部	工资及三项补贴	12
	基础设施建设	8
大同市荣复军人医院	基础设施改造	9
大同市宏光五金厂	工资及三项补贴	23
	改造残疾人活动中心	8

续表

单位名称	项目名称	金额（万元）
大同市老工办	老年人活动、医疗补贴	10
团市委希望工程	救助天镇县失学儿童	5
大同市希望学校	孤儿学生生活补助	5
城区兴国寺老年活动中心	新建老年活动中心建设	10
大同市光荣院	御东分院建设	100
灵丘县慈善总会	慈善救助	1
大同县慈善总会	慈善救助	1
	困难群众生活补助	0.6
合计		1147.5

2008 年大同市福彩公益资金资助项目情况表

单位名称	项目名称	金额（万元）
大同市民政局	明天计划	25.98
大同市社会福利院	新建儿童康复楼	50
		200
		80
	老年公寓燃煤补贴	5
大同市殡仪馆	殡仪馆改造	60
	改造工程	80
大同市革命烈士陵园	改造工程	25
大同市盲人按摩门诊部	助残	5
		10
大同市福利公司	助残	20
大同市发行站	中福在线销售厅	10
大同市第一干休所	老年设施改造	6
大同市荣复军人医院	精神病人生活补助	5
大同市宏光五金厂	助残	15
大同市老龄委	老年活动中心建设	5
大同市光荣院	新建御东分院	40
		80
	床位补贴	25
		10
大同市救助管理站	改造工程	30
	受助人员补助	10
灵丘县民政局	新建社会福利中心	100
浑源县民政局	裴村乡迁旺新村敬老院	16
	裴村乡敬老院生活补助	15

续表

单位名称	项目名称	金额（万元）
新荣区民政局	郭家窑敬老院生活补助	10
天镇县民政局	新建社会福利中心	100
		20
广灵县民政局	新建社会福利中心	20
		100
左云县民政局	新建社会福利中心	100
阳高县民政局	赵石庄敬老院	20
	新建社会福利中心	30
		20
		8
城区	特教学校助残	2
	向阳里街道养老示范	10
大同市老人公寓	床位补贴	20
	燃煤补贴	5
大同市云馨老年公寓	燃煤补贴	4
大同市安康老年公寓	燃煤补贴	3
大同市北街老年公寓	燃煤补贴	3
大同市善化寺老年公寓	燃煤补贴	4
大同市松鹤老年公寓	燃煤补贴	2
大同厚德家园	燃煤补贴	
合计		1412.98

2009 年大同市福彩公益资金资助项目情况表

单位名称	项目名称	金额（万元）
大同市社会福利院	儿童康复楼建设	55
	明天计划	51.57
	蓝天计划	50
大同市光荣院	御东分院建设	500
		50
大同市民政福利公司	助残	30
大同市殡仪馆	搬迁、新建殡仪馆	300
城区向阳里街道办事处	居家养老设施配套	10
南郊区	霞光计划（马军营乡）	20
	马军营乡敬老院	20
浑源县	裴村乡敬老院	15
广灵县	霞光计划（壶泉镇）	15
	壶泉镇敬老院	15
	南村中心敬老院	10

续表

单位名称	项目名称	金额（万元）
左云县	霞光计划（云兴镇）	20
		20
	社会福利中心建设	25
天镇县	社会福利中心建设	100
		10
阳高县	救助管理站建设	15
灵丘县	社会福利中心建设	25
合计		1361.57

2010 年大同市福彩公益资金资助项目情况表

单位名称	项目名称	金额（万元）
大同市社会福利院	脑瘫儿童康复训练	48
	明天计划	0.75
大同市光荣院	新建御东分院	200
		500
大同市殡仪馆	迁建殡仪馆	500
大同市宏光五金厂	助残	25
浑源县	县区社会福利中心建设	100
		10
大同县	县区社会福利中心建设	100
		20
左云县	县区社会福利中心建设	80
灵丘县	霞光计划（白崖乡敬老院）	8
大同县	霞光计划（昊和敬老院）	12
左云县	霞光计划（马道头敬老院）	8
合计		1611.75

2011 年大同市福彩公益资金资助项目情况表

单位名称	项目名称	金额（万元）
南郊区水泊寺敬老院	省政府办实事项目	3
新荣区花园屯敬老院	省政府办实事项目	3
大同县昊河敬老院	省政府办实事项目	3
广灵县壶泉敬老院	省政府办实事项目	3
左云县小京庄敬老院	省政府办实事项目	3
天镇县新城敬老院	省政府办实事项目	3
灵丘县白崖台敬老院	省政府办实事项目	3
浑源县永安镇敬老院	省政府办实事项目	3

续表

单位名称	项目名称	金额（万元）
阳高县阳河敬老院	省政府办实事项目	3
阳高县新和敬老院	省政府办实事项目	3
阳高县儿童福利指导中心	省政府办实事项目	100
左云县儿童福利指导中心	省政府办实事项目	80
天镇县儿童福利指导中心	省政府办实事项目	80
大同市光荣院	新建御东分院	200
大同市殡仪馆	迁建殡仪馆	500
浑源县	社会福利中心配套	10
阳高县	儿童福利院配套	20
大同市民政局福利公司	助残	25
大同市社会福利协会	工作经费	5
大同市云馨老年公寓	“三无”对象生活补助	8
大同市厚德家园	“三无”对象生活补助	5
大同市殡仪馆	迁建殡仪馆	500
大同市光荣院	新建御东分院	200
广灵县	就业和社会保障服务中心	232
灵丘县	就业和社会保障服务中心	316
阳高县	鳌石敬老院	110
大同市光荣院	御东分院养老服务楼	500
灵丘社会福利服务中心	老年社会福利机构建设	120
新荣区堡子湾敬老院	霞光计划	50
大同县瓜园敬老院	霞光计划	30
大同市光荣院	霞光计划	50
大同市儿童福利院	孤儿基本生活保障	289.92
大同市儿童福利院	孤儿基本生活保障	389.58
大同市民政局	明天计划	18.43
大同市儿童福利院	蓝天计划	160
合计		4028.93

2012 年大同市福彩公益资金资助项目情况表

单位名称	项目名称	金额（万元）
大同市光荣院老年公寓	省级福利金资助项目	160
大同市第六人民医院	省级福利金资助项目	50
大同市殡仪馆	省级福利金资助项目	80
大同市城区民政局	省级福利金资助项目	30
大同市南郊区家怡敬老院	省级福利金资助项目	30
大同市灵丘县福利中心	省直管县	50
大同市阳高县福利中心	省直管县	30
大同市左云县福利中心	省直管县	30
大同市新荣区堡子湾敬老院	霞光计划配套	50
大同市大同县瓜园敬老院	霞光计划配套	30
大同市光荣院	新建御东分院	260
大同市殡仪馆	迁建殡仪馆	500
浑源县民政局	光荣院老人补贴	15
大同市左云县福利中心	福利中心配套	20
大同市福桃老年公寓	搬迁费	20
大同厚德家园	“三无”对象生活补贴	6
大同市殡仪馆	迁建殡仪馆	500
合计		1861

2013 年大同市福彩公益资金资助项目情况表

单位名称	项目名称	金额（万元）
大同市殡仪馆	市级福利彩票金资助项目	400
大同市光荣院	市级福利彩票金资助项目	200
大同市救灾捐赠社会事务管理中心	市级福利彩票金资助项目	200
大同市第六人民医院	市级福利彩票金资助项目	60
大同市盲人按摩理疗综合门诊部	市级福利彩票金资助项目	5
阳高县民政局	市级福利彩票金资助项目	20
大同厚德家园	市级福利彩票金资助项目	8
大同市殡仪馆	市级福利彩票金资助项目	300
大同市光荣院	市级福利彩票金资助项目	200
大同市救灾捐赠社会事务管理中心	市级福利彩票金资助项目	80
大同市第六人民医院	市级福利彩票金资助项目	50
浑源县民政局	市级福利彩票金资助项目	35
左云县社会福利中心	市级福利彩票金资助项目	30
大同市老人公寓	省级福利彩票金资助项目	200
浑源县社会福利中心	省级福利彩票金资助项目	100
阳高县社会福利中心儿童部	省级福利彩票金资助项目	20
左云县儿童福利指导中心	省级福利彩票金资助项目	30
南郊区十里店家怡敬老院	省级福利彩票金资助项目	30
灵丘县东河南镇敬老院	省级福利彩票金资助项目	30
大同市老人公寓	省级福利彩票金资助项目	100
阳高县社会福利中心儿童部	省级福利彩票金资助项目	70
天镇县贾家屯敬老院	省级福利彩票金资助项目	100
灵丘县民政局	中央专项彩票公益金支持农村幸福院项目	52
浑源县民政局		40
大同县民政局		20
南郊区民政局		20
矿区民政局		20
阳高县民政局		48
城区民政局		12
新荣区民政局		12
广灵县民政局		12
左云县民政局		12
天镇县民政局		4
合计		2520

第二节　慈善事业

一、慈善机构

2008 年 1 月 11 日，大同市慈善总会第一次会员代表大会暨成立大会在大同宾馆召开。市委、市人大、市政府、市政协的主要领导和 120 个单位会员、435 名个人会员代表出席大会。会议审议通过《大同市慈善总会章程》和《大同市慈善总会资产管理办法》，选举产生大同市慈善总会第一届理事会理事和常务理事和会长、副会长、秘书长。聘请名誉会长、副会长。会长：张文堂（市委原常委、军分区原司令员）；常务副会长：杨清明（市民政局原局长）；副会长：白玉（市民政局局长）、万永胜（山西省军区后勤部原副部长）、苏 珍（市委宣传部副部长、精神文明办主任）、杨设（市房产管理局局长）、秦成贵（市残疾人联合会理事长）、张建业（市建设委员会副主任）、郭福月（市财政局副局长）、刘方茂（市民政局副局长）、郭 辉（市煤炭工业局局长）、张学义（市教育局助理调研员）、张士杰（市国土资源局总工程师）、岳林章（市北岳工程机械发展有限公司董事长）、康小菲（市民航房地产开发有限责任公司董事长）、李树林（山西金龙石油集团有限责任公司董事长）、王生忠（市浩海集团有限公司董事长）、刘东（市花园大酒店有限公司总经理）、李树平（市宏远房地产开发有限责任公司董事长）、高汉政（市大和房地产开发有限责任公司董事长）、武正河（大同齿轮集团有限责任公司董事长）、苏裕田（市银星金店有限公司董事长）、赵芬梅（市东方罗马城爱心人士）。秘书长：焦长安（市民政局原党办主任）。名誉会长：郭良孝（市委原书记）、丰立祥（市委书记）、安大钧（市人大常委会原主任）、孙辅智（市政协原主席）、郝月生（市政府原副市长）。

大同市慈善总会内设财务处、项目处、办公室，有工作人员7人。单位性质为社会团体，工作人员从社会招聘。最高权力机构是会员代表大会；会员代表大会闭会期间由理事会执行其决议；理事会闭会期间由常务理事会执行其决议；驻总会机关的常务理事组成执行委员会，执行委员会对常务理事会负责。会员代表选出理事，由理事选出常务理事，常务理事选出会长、常务副会长、副会长、秘书长。办公场所位于大同市西环路北馨西园8号办公楼，面积150平方米，办公经费主要是自筹和财政补助，创始基金336万元。大同市11个县（区），已有左云县、大同县、灵丘县、广灵县、天镇县、阳高县、新荣区7个县（区）成立慈善总会。

二、慈善筹募

2008～2013年，市慈善总会围绕助学、助医、济困、安老等内容，募集款物5505.69万元（其中物品折价960.39万元，定向捐款2711.97万元）。

1. 登门劝募

在筹备期间，大同市慈善总会组织人员登门劝募，发展单位会员120个、个人会员435名。市北岳工程机械发展有限公司、山西金龙石油集团有限公司、市花园大酒店有限公司、市浩海大酒店有限公司、市民航房地产开发有限公司等几家知名企业登门劝募，认捐慈善冠名基金均为100万元；市银星金店有限公司、市宏远房地产开发有限公司、市大和房地产开发有限公司、市北岳建筑安装有限公司、市煤炭集团宏远工程建设有限公司等企业登门劝募，募得善款均在10万元以上；市东方罗马城董事长刘建日携全家认捐慈善基金500万元；市容站前管理处的柴增明、市宏远房地产开发公司董事长李树平和爱心公民樊汉鹏，个人捐款均为2万元。

2. 联合筹募

2009年、2010年元旦、春节期间，大同市工商联合会与大同市慈善总会联合发出《关于开展“慈善情暖万家”募捐活动的通知》，组织工商联会员企业单位专项募集活动，筹集善款36万元。

3. 集中募捐

2008年5月12日四川汶川发生特大地震后，大同市慈善总会发出“紧急筹款筹物援助四川地震灾区的倡议”，总会工作人员加班加点，开展24小时不间断形式多样募集善款活动，募集善款1612.5万元。西南地区干旱、青海玉树地震、甘肃舟曲泥石流、雅安地震发生后，及时发出捐款倡议，并在红旗广场、迎宾广场组织定向募捐，募集善款72.54万元。

4. 街头募捐

大同市慈善总会在迎宾广场组织为西南干旱地区定向募捐。

三、慈善救助

2008～2013年，用于慈善救助款物4030.23余万元（物品折价955.53万元）。定向支援汶川地震灾区、玉树灾区、西南旱区和甘肃泥石流灾区1592.44万元，助学291.96万元，助医714.66万元，安老183.98万元，济困696.77万元，公益477.70万元。支持了四川汶川、青海玉树、西南旱区和甘肃舟曲灾区的抗灾斗争，对大同市部分困难群体实施慈善救助，救助项目覆盖全市7县4区。

1. 公益助学

2009年起出资135万元，参与大同市“春霖助学”活动。该活动是市政府为建立健全城乡社会救助体系，帮助农村低保家庭子女顺利完成大学学业而开展的一项公益助学行动。对农村低保家庭，考取国家统招一类和二类大学本科的学生每人每年救助2000元，资助期为4年。

筹资60万元开办慈善阳光班。省、市慈善总会联手，在天镇县三中开办两个慈善阳光班，每班选择50名品学兼优的家庭困难学生，每人每年资助2000元，连续资助3年，保障其高中毕业。已毕业的50名学生，有49名考入大学，其中一本二本38名。

出资22万元援建两所慈善希望小学。2008年出资15万元在大同县周士庄镇陈家堡村援建第一所慈善希望小学。同年6月25日破土动工，8月20日竣工。2009年出资7万元援建天镇县杨家庄希望小学。因教室不足，学校原只设有一至五年级，为了完善小学六年制教育，为该校新建5间教室。

2008年10月，出资10万元开展“慈爱阳光助学”活动。发给大同市一中、二中、三中的100名品学兼优、家庭贫困的高三学子每人1000元的助学款。2009年5月筹资10万元援建大同希望学校电化教室。该校是由大同市型煤厂于1993年投资创办的一所全国性孤儿学校，有来自全国21个省区市、13个民族的孤儿学生及特困生600余名。为了提高该校的教学质量，市慈善总会和民建大同市委决定出资10万元为该校援建一个电化教学室。协调花园大饭店定向资助3.2万元购买电脑30台，完善该校电教设施。

协调山西东方物华有限公司定向出资4.8万元开展“东方亮点亮希望”助学行动，定向资助18名在校大、中专学生。协调市浩海集团捐赠5万元，在新荣区一中开展“金秋助学”活动，救助该校50名贫困家庭学生每人1000元。协调社会爱心人士捐款3万元，定向资助阳高县10名即将步入大学校门的贫困学子每人3000元助学金。

2011年4月，募集价值20万元的物资，捐助天镇县环球职业中学500名特困学生每人运动服一套，20名品学兼优的特困生每人500元救助金。募集现金3万元为大同市特教学校购置了教学设备。协调海尔大同专卖店举行店庆义卖，募集5.6万元定向资助广灵县望狐乡中学，用于购买电脑和教学设备。协调花园大饭店捐赠10万元，定向为阳高县大白登希望小学购置课桌。协调市华岳房地产公司出资10万元，定向援建阳高县东小村镇中心校修建学生餐厅。

实施“东方亮点亮希望”助学工程。联合山西东方物华农业科技有限责任公司定向出资100万元，对大同市成绩优秀、家庭贫困的高中、大学生实施资助。凡大同市户籍，参加2013年中考、高考并考上高中、大学一本二本的学生，未获得其他助学金并符合下列条件之一的均可提出申请。申请条件：（1）父母一方或双方已故或丧失劳动能力，无其他经济来源家庭的困难学生；（2）父母一方或双方为下岗职工、尚未就业家庭的特困生；（3）家庭遭受不可抗力的意外灾害，经济困难的学生；（4）孤儿或残疾学生。第一批资助人数为20人，根据学费及家庭困难情况给予5000～15000元资助金。

开展“太阳生”慈善助学计划。该计划是皇明太阳能集团与中国慈善机构合作的慈善助学项目，经过协商，山西省慈善总会与皇明太阳能工程技术学院达成合作意向，在山西联合推动“太阳生”慈善助学计划。面向山西中西部贫困地区，招生人数60人。筹集资金5.8万元，定向救助特困学生赵圣昌。赵圣昌是左云县三屯乡三屯村的一名孤儿，就读于左云县第二中学，无经济来源，生活一直靠亲戚帮助，由于学费、生活费逐年增加，亲戚已无力承担，市慈善总会配合左云县杏儿沟煤矿有限责任公司、左云县农村信用合作联社、左云县国税局3家爱心单位筹集善款，帮助她顺利完成学业。

2. 医疗救助

2008年投资15万元援建广灵县作疃乡慈善卫生院。该院始建于1958年，因年久已成危房，无法满足村民的就医需求。在市慈善总会的资助下，中心卫生院门诊部扩建工程于6月正式开工，10月22日竣工。扩建后的门诊部有11间平房、336平方米，设有B超室、X光室、化验室、急诊处置室，配备相关医疗器械设备，成为全县最好的乡级卫生院，方便作疃乡11个村的1.3万农民就医。

2009年出资10万元援建天镇县慈善卫生院。该院是由市慈善总会与天镇县慈善总会共同筹建的。这所慈善卫生院使用面积达215平方米，有床位10张，可为低保户、贫困户、五保户、伤残军人等困难群体提供初级医疗卫生保健服务。

2009年8月，市慈善总会与市政协部分委员共赴大同市三医院、五医院看望正在接受治疗的20余名白血病患者，送去6万元慰问金，鼓励患者以顽强的意志与病魔作斗争，争取早日康复。

组织开展“微笑列车”助医项目。该项目是中华慈善总会开展的一项免费治疗唇腭裂患者的助医行动，大同市先后有150余名唇腭裂患者得到免费矫治。

协调开展“心新工程”助医项目。该项目是慈善系统与西安高新医院联合开展的为先天性心脏病患者提供慈善救助治疗的助医项目，为大同市的530多名心脏病患者给予救治，减免医疗费近900万元。市慈善总会还通过有关救助机构给予一定标准的现金补助，发放补助金达53万元。

开展“格列卫”助医项目。此项目是中华慈善总会开展的对慢性粒细胞白血病和胃肠道间质瘤两类癌症患者实施的药品救助。截至2013年底大同市已有24人受益于此项目，其中5人获得终身免费药品救助。

2013年5月29日启动“天籁列车”项目。“天籁列车”项目是由著名慈善家、旅澳华侨魏基成先生所设立，目的是帮助无力购买昂贵助听器的听障者免费获得助听器，以解决其就学、就业及生活中听的需求。2013年“天籁列车”正式开进三晋大地，造福全省的听障患者。市慈善总会对该项目非常重视，及时向各县区有关单位下发通知，在新闻媒体做广泛宣传，公布联系电话。工作人员对需佩戴人员进行登记、审核。11月中旬在大同现场举行助听器发放仪式，为大同市1600名听障患者配发双耳助听器。

举行“健行华夏”义诊活动。2013年9月8日，由大同市慈善总会联合北京前海股骨头医院共同举办的“健行华夏”股骨头坏死关爱救助活动在大同市举行现场义诊。这对大同市的贫困股骨头病患者来说，是一个福音，在活动中全市挑出3~4名特贫股骨头坏死患者，前往北京进行康复治疗，这些患者可以享受免挂号费、诊疗费、护理费、药品费、仪器诊疗费等两个疗程的费用全免政策。

3. 扶贫济困

组织开展“慈善情暖万家”济困项目。“慈善情暖万家”活动是由中华慈善总会发起，各级慈善组织共同参与的济困项目。市慈善总会成立以来，于每年春节前夕组织开展这一活动，至2013年底计发放款物288.85万元（其中物品折价190余万元），对4905户农村困难家庭给予救助。募资2万元在灵丘县谢子坪村架起一座便民桥。谢子坪村地处灵丘县西南的大山之中，沟壑纵横，交通不便。经市慈善总会协调，由北星工程机械公司出资捐助，建起一座长8米、宽4.2米的慈爱便民桥，为该村200多户村民的春种秋收和日常出行提供便利。

2009年7月出资5万元为市盲人按摩理疗门诊部购买“慈爱接送车”一辆。市盲人按摩理疗门诊部是大同市唯一集中安置盲人就业和从事专业按摩理疗服务的社会福利事业单位，有盲人按摩师15名。为解决盲人按摩师上下班的交通问题，市慈善总会筹集善款5万元购置一辆五菱面包车赠予该门诊部。盲人按摩师们把这辆车命名为“慈爱接送车”。

2009年9月协调灵宇文体出资23.5万元，定向资助广灵县聂家沟村打井工程。该村原有20世纪70年代开凿的简易人工吃水井一眼。由于地下水位下降，水量严重不足，造成全村人畜饮用水困难。市慈善总会常务理事、市灵宇文体公司董事长齐俊斌慷慨捐赠23.5万元为该村打一眼新井，彻底地解决该村164户618人、4000余头（只）畜禽的饮水困难问题。

2011年、2012年协调市浩海集团出资10万元，定向慰问城区向阳里35户困难群众和17户“三无”人员（无儿女、无工作、无固定收入）。现场发放米、面和现金。

2012年10月出资5万元资助左云县社会福利中心购置福利生活设施。该中心2012年1月11日剪彩运行，供养五保户40名、重点优抚人员5名，托养社会老年人8名，集中养育孤儿28名。由于财力紧张，设施不够完善，市慈善总会及时资助5万元给予支持。

配合市交警支队，先后筹集157万元，对因肇事者逃逸而无法获得赔偿的8名车祸受害者实施定向救助。开展经常性的困难救助活动。据统计从2008年到2013年12月先后对百余位因病、因灾造成困难的家庭和个人实施慈善救助，发放善款10万余元。向左云、天镇两县慈善总会捐赠医疗器械10台。市慈善总会还通过牵线搭桥的方法搭建起定向救助的平台，先后为一些尿毒症、白血病、肾病等大病患者以及贫困学生实施定向捐赠救助。

2010年6月在红旗广场举行“2010年大同市慈善万人行”活动，市慈善总会联合市自强文化传媒有限公司等单位在红旗广场开展“慈善万人行”义卖活动，参加活动的电动车、摩托车和家用电器等销售单位，承诺从销售中拿出部分利润作为慈善捐赠。活动仪式上，市慈善总会还表彰为西南旱区和玉树灾区捐款捐物作出突出贡献的单位和个人，分别授予慈善爱心奖、慈善爱心捐助组织奖、慈善爱心特别奖。

2013 年 1 月 26 日，慈善总会工作人员和爱心市民带着价值 1 万余元的米、面、油，慰问大同县峰峪乡东后子口村的 16 名五保户。

2013 年出资 2 万元资助天镇县赵家沟乡杨家庄学校修缮校舍。5 月 27 日，一场罕见的暴风雨使杨家庄学校 21 间校舍的屋顶、门窗遭受不同程度的损坏，为不影响学校教学工作的正常开展，市慈善总会及时给予资助。

2013 年出资 2 万元为左云县福利院孤儿购置过冬棉衣、棉被。该院供养五保户 43 名、重点优扶人员 4 名，托养社会老年人 11 名，集中养育孤儿 28 名，弃婴 2 名。由于财力紧张，老人、孩子们的衣服换季更新、日用品配备、残疾人员特护医治、设备购置与维修事项资金无从着落，为此，市慈善总会出资 2 万元给予资助。

4. 安老助老

筹资 20 万元慰问农村“三老”（老党员、老民兵、老村干部）人员。市慈善总会会同市老促会从 2008 年至 2012 年连续 5 年先后赴广灵、灵丘、天镇、阳高、浑源等县的革命老区，对 420 位战争年代的老党员、老民兵、老村干部进行走访慰问送去慰问金和衣物。

2009 年 6 月出资 3 万元援建帅府社区老年活动中心，使居民有一个娱乐、休闲、聚会、学习的场所。协助市委统战部、市工商联筹资近 6 万元，于 2011 年 2 月对全市的老红军、老八路进行慰问。

筹资 10 万元对全市 43 名百岁老人、阳高县百名高龄老人进行安老慰问。筹集 10 万元衣物对市光荣院 70 余位战争年代入伍的老战士进行慰问。

协调市花园大饭店定向资助阳高县新和敬老院 3 万元，用于购置生活设施。协调山西大和房地产有限公司出资 10 万元，定向援建广灵县白家坟村康乐院一所。广灵县白家坟村和涧西村都是该县的贫困村。两村共有五保户 20 多位，村里的经济条件落后，住房环境较差。为解决五保户的生活问题，市慈善总会协调山西大和房地产有限公司出资 10 万元予以支持。该康乐院于 2010 年 5 月 22 日开工，12 月建成投入使用。

2012 年出资 5 万元援建天镇县贾家屯乡塔儿村敬老院。塔儿村是省、市、县树立的先进党支部村。该村敬老院由于资金短缺，设备条件较差，市慈善总会了解情况后及时给予援助，改善了敬老院条件。

5. 文化公益

2008 年 6 月投资 3 万元在阳高县狮子屯村援建一所“慈爱书屋”。6 月 13 日“慈爱书屋”正式挂牌，向村民免费开放。

2009 年出资 10 万元援建天镇县东沙河村文化活动广场。天镇县东沙河村位于县城西南 6 公里处，是一个有 2800 多人口的大村。在市慈善总会和大同市宏远房地产有限公司的支持下，经过两个多月的紧张施工，文化广场正式投入使用。该广场占地面积 2520 平方米，建有演出舞台、篮球场、乒乓球室及各类体育活动器材 30 余种，图书室 5 间，有图书 11000 册。

2009 年与市委统战部一起，定向筹集善款 440 万元，以实际行动支持大同市文物古建的修复重建工作。

2011 年协调市民航房地产公司定向出资 17 万元，对永泰广场地面设施进行维修完善，为居民休闲娱乐创造便利条件。

2012 年协调市灵宇文体出资 3.2 万元，定向赞助大同电视台摄影摄像学会用于制作《方圆岁月》画册及大同市黄河文化传播中心开办《魏都文化讲坛》。

6. 救灾救济

积极组织为四川地震等灾区的善款募集工作。2008 年 5 月 12 日四川汶川发生特大地震后，市慈善总会立即向全市人民发出“紧急筹款筹物援助四川地震灾区的倡议”，总会工作人员加班加点，开展 24 小时不间断且形式多样的募集善款活动。经过一个多月的努力，全市有九龙假日酒店、宏远房地产有限公司等 219 个单位和东方罗马城董事长刘建日、爱心市民李志玲等 3341 名个人，共为地震灾区募集善款 1500 多万元。在西南地区干旱、青海玉树地震、甘肃舟曲泥石流灾情发生后，又及时发出捐款倡议，并在红旗广场、迎宾广场组织定向募捐，募集善款 72.54 万元，及时上缴省慈善总会。雅安地震发生后，市慈善总会发出倡议，组织开展善款募集工作，募得善款 12 余万元。

四、慈善宣传

1. 媒体宣传

市慈善总会从召开筹备动员大会开始，配合大同日报、大同晚报、大同电视台、大同广播电台等媒体进行跟踪报道。突出宣传市委书记、市长关于《发展慈善事业，促进社会和谐》的公开信，筹备组就慈善总会成立有关事项答记者问，对捐款单位和个人进行及时报道，共印发宣传资料 2000 余份。

2. 义演义卖

市慈善总会会同市委宣传部、市总工会、市文化局、同煤集团文化部、同煤集团总工会共同举办一台“情暖云中”的公益慈善晚会。大同银星金店从2008 年到2011 年连续4 年为慈善举行义卖，计募款 50 余万元。2011 年、2012 年协调海尔大同专卖店举行店庆义卖，共募集 5.6 万元定向资助广灵县望狐乡中学。广灵县望狐乡中学是一所九年制学校，有学生 400 余名，其中贫困生有 180 余名，办学条件比较艰苦。市慈善总会先后将市海尔专卖店义卖捐赠的价值 5.6 万元的电脑和电热水器、多媒体教学设备等物品，送到广灵县望狐乡中学。

3. 参展

2012 年参加宁夏公益事业图展，从慈善助学、慈善助医、慈善安老、慈善济困、慈善公益、营造氛围 6 个方面提供活动图片，展现大同市慈善总会几年来的工作情况。

五、财务管理

大同市慈善总会资金分为开办费、创始基金、专项基金、经常性捐款等部分。各项经费均单立科目，单独核算，严格按规定使用范围支出。严格经费开支审批手续，对需救助人员填写《大同市慈善总会救助支出审批表》，审核有关证明后决定是否救助。实施救助项目，事前研究审查、事中检查把关、事后组织验收，确保善款善用。严格捐赠接收手续，对慈善捐款者不论数额多少（除本人不愿公开的外），均采取不同形式予以公示。捐赠资金、物资数额 10 万元（含 10 万元，下同）人民币（或等价外币，下同）以上的，可以按捐赠者意愿设立专项基金。捐赠款物发放，与捐赠者协商提出分发方案，举行公开发放仪式，并做好登记、发放、交接工作。捐赠物资需要变卖，与捐赠者协商后实施，变卖所得，作为捐赠收入存入账户。总会配备专职会计、出纳，实行独立核算，定期公布资金、物资收支情况，接受财政、审计等政府主管部门的审计、监督，接受社会各界、捐赠人和会员代表的监督，严格执行国家财务会计核算制度，保证会计资料合法、真实、准确、完整。会计人员调动工作或离职时，必须与接替人员办理交接手续，妥善保管会计档案。

2007～2013 年大同市慈善总会善款收支一览表

年度	收入（元）	支出（元）
2007	5193795.00	63000.00
2008	19848374.90	16740312.20
2009	1143578.83	4041777.50
2010	7661602.50	5831141.40
2011	2279624.86	3925389.82
2012	2137146.00	2616366.00
2013	16792732.00	7084278.00
合计	55056854.09	40302264.92

六、慈善事迹

1. 人物简介

刘东，大同市慈善总会副会长、大同市花园大饭店有限公司总经理。多年来一直热心公益事业，积极参与慈善活动。“做社会型企业”始终是花园大饭店所推崇的，也是所有员工共同追求的目标。2008 年大同市慈善总会成立，花园大饭店认捐 100 万元冠名基金，是大同市认捐慈善冠名基金的第一人。他还组织全店 200 余名员工集体加入市慈善总会成为会员，热心参与各种慈善活动，并搞好慈善宣传。2008 年四川地震发生后，企业捐款 24 万元，员工捐款 8.3 万元。2010 年为玉树地震灾区捐款 12.474 万元；同年资助特教学校、敬老院等 10 万元；2011 年为大同市公益项目“春霖助学”捐款 20 万元；同年捐助阳高白登小学桌椅等 10 万元，2013 年雅安地震发生后，主动捐款 10 万元。2004 年建店至 2013 年花园大饭店为希望小学、孤儿院等各项捐款、捐物上百万元，累计各种慈善捐款 330 万元。

苏裕田，大同市慈善总会副会长、大同市银星金店有限公司董事长。已 80 岁有余，是大同市一位德高望重、非常有影响力的老人，多年来扶危济困、乐善好施。银星金店获中国“驰名商标”

殊荣，是全国诚信维权企业。建店20年来善举不断，其中捐资助学899.15万元；资助大病患者、残疾人11.3万元；为灾区捐款77.3万元；为扶贫、公益事业捐助134.88万元；支持市政城市建设297.36万元；慰问劳模、高龄老人22.18万元；大同市慈善总会成立前夕捐款20万元，在大同市首先推出国庆慈善义卖，并组织全店员工开展慈善义捐，从2008年到2012年连续5年共计捐款50余万元。建店至2013年累计向社会各界捐款达1600余万元。

高汉政，大同市慈善总会副会长、山西大和房地产开发有限公司董事长。他是大同市慈善总会中不尚空谈、只办实事、积极为慈善捐款的带头人。市慈善总会筹备期间，他和他领导的公司向慈善总会捐出20万元创始基金。不到3年中，捐赠善款30余万元。2008年四川汶川地震和2010年青海玉树地震发生后，又捐善款85万元，累计捐款130余万元。

李树平，大同市慈善总会副会长、宏远建筑工程建设有限责任公司副总经理。从2008年至2010年李树平个人向慈善总会捐款达50余万元。2008年四川汶川地震和2010年青海玉树地震，他领导的单位向灾区捐款120余万元，累计捐款近180余万元。

刘建日，山西东方置地房地产开发有限责任公司董事长。他领导的企业是第一家向慈善总会捐赠慈善冠名基金500万元的单位。2008年四川汶川地震发生后，他个人向灾区捐款50万元，是全市向灾区个人捐款的最高额。两年多来，刘建日累计向慈善总会捐款、物达150余万元。

李树林，大同市慈善总会副会长、山西金龙石油集团有限责任公司董事长。李树林是市慈善总会领导班子中唯一的一名女同志，她领导的企业认捐大同市慈善总会慈善冠名基金100万元。2008年四川汶川地震和2010年青海玉树地震，她和她领导的企业都有义捐，累计捐款近100万元。

胡成伟，大同市慈善总会常务理事、山西普德药业有限公司董事长。胡成伟及所领导的企业最大的特点是做慈善事业一向积极主动，且从不在媒体和公开场合宣传自己。在大同市慈善总会筹备期间，在2008年四川汶川地震和2010年的西南5省（区市）干旱及青海玉树地震发生后，无须动员胡成伟及他所领导的企业总是第一个来慈善总会捐款的。胡成伟及他所领导的企业还特别重视贫困地区的教育事业，2008年至2010年累计向慈善总会或通过慈善总会捐款150万元。

昝宝石，大同市华岳建设集团董事长。昝宝石和他带领的企业是大同市慈善总会成立后加入的新军，他为开展的慰问大同市的老红军、老八路和“情暖万家”活动捐赠善款40余万元。多年来搞慈善活动投入经费达300余万元。

2. 单位简介

大同市银星金店有限公司。建店20年来善举不断，其中捐资助学899.15万元；资助大病患者、残疾人11.3万元；为灾区捐款77.3万元；为扶贫、公益事业捐助134.88万元；支持市政城市建设297.36万元；慰问劳模、高龄老人22.18万元；大同市慈善总会成立前夕捐款20万元，2008年在大同市首先推出国庆慈善义卖，并组织全店员工开展慈善义捐，共计捐款50余万元。建店至2013年累计向社会各界捐款达1600余万元。

大同市花园大饭店有限公司。2008年大同市慈善总会成立，花园大饭店认捐100万元冠名基金。2008年四川地震发生后，企业捐款24万元，员工捐款8.3万元。2010年为玉树地震灾区捐款12.474万元；同年资助特教学校、敬老院等10万元；2011年为大同市公益项目“春霖助学”捐款20万元；同年捐助阳高白登小学桌椅等10万元，2013年雅安地震发生后，捐款10万元。2004年至2013年花园大饭店为希望小学、孤儿院等各项捐款、捐物上百万元。2004年建店至2013年累计各种慈善捐款达330万元。

山西大和房地产开发有限公司。市慈善总会筹备期间，捐20万元创始基金。不到3年中，捐赠善款30余万元。2008年四川汶川地震和2010年青海玉树地震发生后，又捐善款85万元，累计捐款130余万元。

大同市浩海集团有限公司。该公司认捐慈善冠名基金100万元，该公司董事长王生忠为大同市慈善总会副会长，该公司也是大同市慈善总会开展工作的经费保障之一。

大同市民航房地产开发有限责任公司。该公司认捐慈善冠名基金100万元，该公司董事长康小菲为大同市慈善总会副会长，该公司也是大同市慈善总会开展工作的经费保障之一。2008年四川汶川地震和2010年青海玉树地震捐款、捐物80万元。

山西普德药业有限公司。只要国家有灾难、市里有需求，该企业积极主动带头捐款，无须动员，而且从不要求宣传报道。累计向慈善总会或通过慈善总会捐款150万元。

大同市灵宇财金用品有限责任公司。该企业在全市有良好的信誉、很大的影响力，该企业一直以回报社会为公司的己任。2010年和2011年，虽向慈善总会捐赠仅50余万元，但用于慈善事业的投入却高达200余万元。

山西东方置地房地产开发有限责任公司。是第一家向慈善总会捐赠冠名基金500万元的单位。

大同市华岳建设集团。多年来搞慈善活动投入经费达300余万元。

3. 获奖名录

市慈善总会（6项）

2009年被省社会捐助工作领导组授予“爱心捐助组织奖”。

2010年被省慈善总会表彰为“山西慈善先进机构”。

2010年“情暖夕阳”安老项目和“慈爱春华”助学项目被表彰为“山西慈善突出贡献项目”。

2011年获大同市政府授予“春霖助学突出贡献奖”。

2012年被大同市民政局评为“中国社会组织评估等级五A”，并颁发牌匾。

2013年在首届山西省感动百姓寻找乡村爱心故事活动中荣获“最佳组织（推荐）奖”。

县区慈善总会（5个）

广灵县慈善总会。2010年获“山西慈善突出贡献项目奖”“山西慈善先进机构奖”。

灵丘县慈善总会。2010年获“山西慈善突出贡献项目奖”。

天镇县慈善总会。2010年获“山西慈善先进机构奖”。

天镇县慈善总会新平工作站。2010年获“山西慈善先进机构奖”。

左云县慈善总会。2010年获“山西慈善先进机构奖”。

企业（16个）

2010年获“山西慈善突出贡献单位奖”名单：

大同市银星金店有限公司、大同市花园大饭店有限公司、山西大和房地产开发有限公司、大同市浩海集团有限公司、大同市民航房地产开发有限责任公司、山西普德药业有限公司、大同市灵宇财金用品有限责任公司、山西东方置地房地产开发有限责任公司、大同市华岳建设集团、山西省刁泉银铜矿业有限责任公司、灵丘县宏运矿业有限责任公司、山西宏伟矿业有限责任公司、灵丘县盛益有限责任公司、大同翔宇商贸有限责任公司、大同市东昌实业有限公司、大同鹊山精煤有限责任公司。

个人（22人）

2010年获“山西慈善突出贡献人物奖”名单：

苏裕田　高汉政　刘　东　李树平　刘建日
李树林　康小菲　王生忠　胡成伟　昝宝石
何国庆　赵巨萍　靳文军　高　忠

2010年获“山西慈善优秀志愿者奖”名单：

刘双红　王艳芳　王　忠　芦　屹　杨　莉
李志玲　王　策

2010年获“山西慈善优秀工作者奖”：

杨少华

第三节　老龄工作

大同市老龄工作委员会办公室是市政府老龄工作的议事协调办事机构，由市委、市政府28个涉老委、办、局组成。老龄工作委员会由市政府分管副市长担任主任。1986年12月经市委研究同意成立大同市老龄问题委员会。1988年7月，大同市老龄问题委员会更名为大同市老龄委员会。2002年5月，市政府常务会议研究决定，大同市老龄委员会更名为大同市老龄工作委员会办公室。各县区建立相应的老龄组织机构。

建立老年维权机构。市老龄办老年法律援助中心挂牌成立，全市11个县区成立老年维权工作站，维权工作机构达到151个，初步形成市、县、乡三级老年维权网络。累计参与受理法律援助案件150件。

健全老年人来信来访制度。全市各级老龄工作机构建立老年人来信来访首问责任制，规范答复和限时办结制度，提供热情周到方便快捷的服务，平均每年接待老年人2000人次。

落实老年人优待政策。1999年市政府发布公告，对市区常住户口70周岁以上老年人实行社会优待服务。发放大同市高龄老人优待证2万多个，老年人凭证可享受公园、景点、就医普通挂号等9项免费优待服务和乘车、安装电话、摄影3项优先优惠服务。2003年开始，为全市12万城镇老年人和13万农村老年人发放山西省老年人优待证，50条公交线路实行70岁以上老年人免费乘车，市级12个、县级16个旅游文物景点实行60岁以上老年人半价优惠、70岁以上老年人全价免费，市属10所医院实行老年人持证免收挂号费优待。设立老年特困救助资金。经市政府批准，设立市级老年特困救助资金10万元，列入市财政预算，用于高龄特困老人的救助。

组织节日尊老敬老活动。每年元旦、春节和“九九”老年节，市老龄办组织尊老敬老活动，各级党政领导带队，对全市70余名百岁老人和近700多名高龄特困老人登门入户走访慰问，送去米、面、油、棉被、毛毯等生活必需品及慰问金。“九九”老年节开展为期一个月的“敬老月”活动，组织老年精神文化活动，举办文艺演唱、体育健身、书画展演等200余场（次），参与老年人25万人（次）。

开展“敬老文明号”创建活动。南郊区和灵丘县被省政府命名为“老龄工作示范县”，两批47个单位被表彰为市级“敬老文明号”单位，4个单位被表彰为省级“敬老文明号”单位，3个单位被表彰为全国“敬老文明号”单位。

夯实老龄工作基础。2013年12月，国家智能化养老试验基地和大同市居家养老示范基地筹建工作在欣美房地产公司所属御河9号小区开始启动。

第十章　社会事务管理

第一节　婚姻登记

大同市各级民政部门加强婚姻登记机关和婚姻登记队伍建设，开展《中华人民共和国婚姻法》宣传教育活动，依法实施婚姻登记管理服务。

第一部婚姻法颁布实施以后，国内婚姻登记业务大多由街道、乡镇负责办理。1955 年颁布的《婚姻登记办法》规定，婚姻登记机关：（一）办理结婚登记的机关，在城市是街道办事处，没有街道办事处的是市人民委员会或者区人民委员会；在农村是乡镇人民委员会。（二）办理离婚和恢复结婚的登记机关，在城市是市辖区人民委员会和不设区的市人民委员会；在农村是区公所，没有区公所的是县人民委员会。把离婚和复婚设在市辖区人民委员会和不设区的市人民委员会，农村设在区公所，没有区公所的是县人民委员会，目的是通过登记来保障婚姻自由，防止强迫包办；保障一夫一妻，防止重婚纳妾。1980 年颁布实施第二部婚姻法和 1992 年修正婚姻法，婚姻登记的法律规章不断健全，国内的结婚、离婚登记业务由街道办事处和乡镇负责办理。

1950 年，全市宣传婚姻法。1952 年 12 月 8 日，市民政局与市妇联联合训练街、镇、村民政、妇女干部 354 人，作为贯彻婚姻法的骨干。1953 年 1 月 16 日，成立大同市贯彻婚姻法委员会。1954 年，全市登记结婚 5322 对。1956 年 2 月 26 日，成立大同市贯彻婚姻法办公室，3 月拟订进一步宣传贯彻婚姻法工作计划。1957 年 2 月 12 日，召开贯彻婚姻法座谈会，祁乐天副市长主持。26 日，召开第二次座谈会，研究市、区、乡贯彻婚姻法办公室工作任务及制度。5 月，组织各区乡街民政干部对婚姻法实施情况进行全面调查。1958 年 5 月 17 日，市婚姻办公室邀请有关单位召开晚婚座谈会。1962 年 3 月，城、矿区将离婚登记工作改由区办理。1967 年 4 月，城、矿将结婚登记收回区办理。1985 年 4 月，市民政局分期举办婚姻登记人员培训班，全市民政助理员 60 余人参加。1954 ~ 1985 年 31 年全市婚姻登记 184262 对，年平均登记 6000 对左右。

1986 年 10 月 13 日，出台《婚姻档案管理制度》，从此全市的婚姻档案逐步得到有序管理。鉴于此前疏于管理，有些街道、乡镇的登记人员法律意识淡薄、素质较低，出现许多违规登记问题，当事人不到现场由他人代替领证，档案保管不严，不到法定年龄领证，甚至拿结婚证送人情，等等，如 1982 年到 1985 年，矿区挖金湾街道办事处就先后为 66 对不到法定婚龄的当事人领取了结婚证，对此进行严肃处理并在全市通报。1988 年 12 月，市民政局基政科被省民政厅评为“全国先进婚姻登记管理机关”。

1994 年，《婚姻登记管理条例》颁发，规定“婚姻登记管理机关，在城市是街道办事处或者市辖区、不设区的市人民政府民政部门。”1995 年 5 月 8 日，市民政局和城区民政局及各街道民政助理员、司法助理员、计生员共 30 余人在红旗广场开展了宣传《中华人民共和国婚姻法》和《婚姻登记管理条例》的活动，共发放宣传材料 2000 余份。9 月 28 日，山西省婚姻管理“双先”表彰会召开，阳高、矿区、新荣民政局等 6 个单位获“婚姻管理先进集体”，郝来寿等 9 人获“婚姻管理先进个人”。全年登记结婚 14496 对，登记离婚 99 对。

1996年，婚姻登记工作进一步规范，城区、天镇、广灵、浑源实行了集中登记。城区、天镇、矿区成立婚姻服务中心，进行婚前教育和婚姻介绍。1998年11月，根据婚姻管理工作的实际，为提高婚姻登记管理人员的政治业务素质，市民政局于11月26日在市福利院对部分乡（镇）婚姻管理人员进行了培训，参加人数40人，培训结束后组织了考试，测试成绩全部合格。

1999年4月2日，省民政厅在大同召开婚姻管理北片座谈会，参会人员有省民政厅副厅长赵生平、社会事务处的领导和忻州、朔州、大同三地市民政局分管局长及部门负责人。会议讨论了查处违法婚姻问题。2000年4月11日，在全省社会事务工作会上，城区民政局被评为全省婚姻登记管理模范单位，广灵县民政局、灵丘县民政局、矿区姜家湾街道办事处、阳高县城关镇、南郊区马军营乡被评为全省婚姻登记管理先进单位。

2001年4月28日，九届人大第21次会议对1980年的婚姻法进行修正，对进一步保障公民婚姻家庭权益，维护平等、和睦、文明的婚姻家庭关系，促进社会的文明起到积极作用。这次婚姻法的修改就重婚、家庭暴力、结婚条件、无效婚姻、夫妻财产、离婚、老年人权益保障以及法律责任等问题作了补充和完善。进一步明确结婚条件、结婚程序、无效婚姻、可撤销婚姻等婚姻事项。2003年10月，《婚姻登记条例》颁布实施，婚姻登记工作进入一个新的阶段，成为密切政府与群众的桥梁，展示政府形象的窗口。婚姻登记工作由管理转变为服务，公民的婚姻行为由政府管理转变为自主决定、责任自负，婚姻管理由事前的全面预防转变为事后的违法追究，婚姻登记既坚持依法行政，又体现以人为本的施政理念。新条例对登记机关的设置给予一定的灵活性，将交通方便、人口集中且具备条件地方的婚姻登记相对集中到区、县民政部门办理，改变了在城市分散在各街道办事处、在农村必须在乡镇人民政府办理婚姻登记的做法。

2003年10月13日，根据民政厅文件精神，以方便群众为前提，经过深入调查结合实际，对全市的婚姻登记机关进行调整，在城区、天镇、广灵、浑源4县区婚姻登记已经实行集中登记的基础上，全市的婚姻登记机关由原来的128个调整为17个，其中南郊区3个、阳高县2个、广灵县2个，其他县区各1个。2004年6月经省民政厅批复，结束了婚姻登记由街道、乡（镇）办理的历史。2003年12月，民政部印发《婚姻登记工作暂行规范》，进一步规范婚姻登记程序，使婚姻登记工作更具操作性。2003年11月至2004年3月，各县区婚姻登记专用章全部更换，由原来的××县、区乡（镇）人民政府婚姻登记专用章更换为××县、区民政局婚姻登记专用章。

2004年11月19日，省民政厅表彰全省先进婚姻登记机关和优秀婚姻登记员，浑源县民政局、城区民政局、天镇县民政局被评为全省先进婚姻登记处，赵水云、李爱民、郭春霞、张海江、孙利平为全省优秀婚姻登记员。

2005年6月，省民政厅下发《关于开展全省婚姻登记工作规范化建设》的实施意见。2006年1月民政部、国家档案局《婚姻登记档案管理办法》颁布实施。针对全市婚姻登记工作中存在的问题，要求各县区民政局按照婚姻登记规范建设的标准对照检查集中整改，积极争取领导及有关部门支持，努力解决编制经费不足，明确登记程序推进政务公开，创造条件改善登记环境，加强信息化建设推动电子政务，规范收费，加强婚姻档案管理，为申报规范化登记机关奠定基础。经过近3年时间的整改，全市婚姻登记机关在制度建设、自身建设、职业道德建设等方面有了明显进步。

2009年10月，在全市推行婚姻单机版登记系统，到2010年初12个婚姻登记处全部脱离手工操作登记。12月阳高县婚姻登记处被民政部授予“婚姻登记规范化单位”。2010年5月，市民政局邀请由市档案局的专业人员为各县区民政局从事婚姻登记的人员进行业务培训，对各县区的婚姻档案保管、存放、整理以及环境进行检查。12月大同县、新荣区、广灵县婚姻登记处被民政部授予“婚姻登记规范化单位”。2011年3月，为完成全省婚姻登记信息系统联网的前期工作，南郊区、阳高县、广灵县设在乡、镇的4个婚姻登记代办点停止办理婚姻登记工作，代办登记点的印章、档案和剩余婚姻证书等资料全部移交所属县区的婚姻登记处。4月省民政厅在太原举办全省婚姻登记信息系统培训班，大同市30余名婚姻登记员及有关领导参加培训。6月，经过近一个月的前期准备工作，全市13个婚姻登记处与省民政厅婚姻登记信息网络系统顺利对接，实现全市婚姻网络登记。6月，民政部发布国家民政行业标准之《婚姻登记机关等级评定标准》，标准分为国家3A、4A、5A三个等级，每个等级都设定机构性质、场所设备、服务管理方面的内容。不同等级有相应的申报标准。11 月社会事务科设立，婚姻登记工作职责由基层政权和区划地名科移交至社会事务科。2011 年，为推进婚姻登记信息化建设，实现婚姻网络登记，登记机关减少至 12 个。

2012 年 1 月 5 日市民政局印发《关于创建标准化婚姻登记机关的实施方案》的通知，目标是 12 个婚姻登记机关要积极争取创建国家 3A 级标准的婚姻登记机关，要求各县区民政局要把创建工作纳入本县区民政整体工作之中，形成良好的创建氛围，推动创建工作有序开展。5 月 16 日上午，召开全市创建标准化婚姻登记机关暨婚姻登记员培训动员会议，各县区分管社会事务工作的副局长、全市婚姻登记机构负责人和全体婚姻登记员参加会议。会议宣读了《民政部关于启用婚姻登记工作标识的通知》，进行了婚姻登记培训，并就婚姻登记法律知识和日常登记中难点问题的应对进行探讨。

2013 年 2 月，市民政局就婚姻登记标准化建设工作下发《关于进一步做好创建标准化婚姻登记机关工作的安排意见》，要求各县区民政局依据相关法律规章，争取本辖区党委、政府和相关部门的支持，解决在创建工作中存在的编制、经费、登记场所等重点，难点问题，推进本县区婚姻登记机关标准化建设工作。9 月 21 ~ 24 日，省民政厅举办宣传贯彻《婚姻登记条例》培训班，大同市 36 人参加培训，经考试全部获得婚姻登记员资格证书和上岗证书。2013 全年登记结婚 31231 对、离婚 4049 对、补发结婚证 4441 件、补发离婚证 198 件、出具证明 13150 份。

根据《婚姻登记条例》规定和省民政厅授权，市民政局负责大同市辖区内的婚姻当事人与香港、澳门、台湾籍婚姻当事人的婚姻登记业务工作。从 2002 年至 2013 年共登记结婚 51 对、离婚 1 对，其中：香港籍 9 人（女性 4 人）、澳门籍 1 人、台湾籍 41 人（女性 5 人）。从数据统计显示，大陆女性找港、澳、台男性为多，大陆与台湾通婚的为多，从 2010 年到 2013 年结婚登记的 16 对中有 15 对是与台湾人结婚。

1985 ~ 2013 年大同市婚姻登记情况表

单位：对

年度	结婚	离婚	年度	结婚	离婚
1985	11665	223	2000	15092	1636
1986	11056	215	2001	14807	1120

续表

年度	结婚	离婚	年度	结婚	离婚
1987	12323	259	2002	11212	1693
1988	10585	278	2003	16003	1203
1989	10696	234	2004	16269	1360
1990	11321	253	2005	15650	1124
1991	9045	226	2006	19693	2811
1992	8857	207	2007	22562	2146
1993	13289	439	2008	28985	2283
1994	14125	473	2009	36058	2653
1995	15347	451	2010	37338	3058
1996	14151	364	2011	27838	2900
1997	15499	408	2012	30047	3352
1998	14451	501	2013	31231	4049
1999	15301	629			

注：1. 1985 ~ 2013 年共计登记结婚 510496 对、离婚 36548 对；
2. 1985 ~ 1992 年是原大同市数据，1993 ~ 2013 年为地市合并后数据。

第二节　殡葬管理

一、传统殡葬习俗

大同传统的殡葬习俗大体分为小敛、大敛、烧纸、送灯、辞灵、出殡、复三等。凡人弥留之际，子女环立于侧，聆听遗嘱，并为亡人理发、沐浴、整容、更衣。既终即打窗户、翻镜、摔碗、扯枕头，于门前烧纸舆，于尸前焚锡箔、香纸，纸灰用麻纸包揣于死者胸口。口含铜币一枚，袖一饼（俗称打狗饼子）。灵丘还讲究带一节木棍，上裹棉花，称“打狗棍”。手握绢帕，移至门板之上停尸，合家踊哭，此为“小敛”。有的县区讲究寿衣件数要单不要双，忌用兽皮、毛料；有的还不让穿缎子，因缎子与断子谐音。有的县人死后要杀“倒头鸡”，打“倒头鼓”，吹“倒头号”（唢呐）。有的还给死者怀揣一张麻纸，上书死者姓名、年龄、籍贯、出生年月日等内容，称“怀阳”。小敛后，一边治棺及丧具，请阴阳批殃。一边讣告亲族。报丧时，倒头就磕，哭述。大门口设“殃状”讣告乡里。天镇剪麻纸条，悬于大门右侧，名“告天纸”，死者是男，在纸条中间吊一犁铧；是女就吊一烧火棍或炉盘，其纸条数与死者寿数同。五服以内皆以麻括发，妇女麻髻，称“散头”。还要加首绖、腰绖（麻辫）。家人裂布裹首、幔鞋、缝制孝服（衣裤衫）。亲戚不分远近，皆裂布戴孝帽、幔鞋，称“头脚孝”。当晚成殓（县区有二日或三日成殓），殓前由亲人为亡人用棉球洗眼，称“开光”。棺内置五谷、纸钱之类，称“镇物”。入夜由长子捧冠，仰面抬尸入棺，先脚后头，松袖口、脚带，头枕、脚凳安置停当，脚下蹬块炭，称“登山”：吊相。周以草纸、甘草、灯芯等，盖棺加锭，孝子高喊“躲钉”，男女扶棺哭踊，此为“大敛”。灵前设香案供品，灵后设长命灯，朝夕奠祭，每饭必荐供，一如生时。每日晨，至亲焚香哭灵称“开路”。二日夜，诸孝子侄用茶盘托香表，到本街五道庙内焚香烧纸，称“鸡鸣纸”。三日破土开墓。是日安鼓。白天亲友吊奠，诸孝子侄，男左女右，按辈排两行于灵前，侍吊奠者拈香焚纸，鼓手奏乐，孝子磕头称谢。周县上祭有家祭、干祭、大祭之分。大祭由女儿、侄女送馍馍、麻花、馓子、拨吊馍各12个，外加猪头、幛子、烧纸等。中午开饭前，孝子跪于灵前行礼，称“烧窑道纸”。是夜亲友各持纸灯，诸孝子排成一行，长女手捧灵位、遗像坐蓝轿。外甥扶轿杆提灯，沿途僧道只打不念，至城隍庙前，由女婿接灵位入庙，跪告城隍后，焚香、烬表、布施，出庙回府，称“告庙”，俗称“送灯”。孝子沿途哭至家门，由女孝在门前烧纸迎入，称“接灯”。是日凡散头孝子女，均在灵前取其所括麻焚之，并每人吃一大饼，转着吃，称“收头”。是夜僧道念经，以荐亡人。丧期一般为5~9日，富家也有10多日的，但不逾月。辞灵为出殡前一日，是日招待亲朋、跪灵、守灵。大同等县要在辞灵日由长子、长女、长媳到墓室安家。阳高等县辞灵日举行“盼灵”“坐道场”“游莲池”“过桥”，以超度亡灵。是夜妇女轮番凭棺而哭至旦，称“吵灵”。长子移材，长媳摸材开路，炸“压材糕”。天明起灵，丧主以下子侄于灵前焚纸拜泣，亲属宾友致奠行礼。在踵哭声中抬棺升柩，安放于舆中帷盖之下，孝子头戴麻冠，身着孝衣，腰扎麻辫，面戴眼帘，手拄丧杖，跪于舆前。执事人手捧丧盆在长子头顶上转一圈，摔盆、齐哭、执拂挽柩，不避泥泽，且哭且行。浑源等地是在村外十字路口，于灵柩前，由长媳头顶丧盆，摔地打碎，“顶灵摔盆”。舆前有名旌、牌位、遗像、挽幛、纸扎。妇女乘车于柩后。柩过亲属门前时，由亲属设香案、供品，称“路祭”。焚香点纸，孝子跪谢后续行。沿途鼓乐助哀，僧道超送，柩至瓮城，女眷、亲朋向柩再拜而后返。灵行至墓地，从墓道而入，先将衣钵等置于墓中侧面的小洞中，称“安家”。下葬降柩，前后滚木将灵推入墓穴。锁基封门，长子以下孝子先复土，培成堆，将引魂幡插入坟头。供后土。墓前设祭、奠酒，焚纸后辞归。大同县等地在孝子从墓地回后，在大门前置一瓦盆，将菜刀左右转磨，以割断阴阳。中午在院中生旺火，放爆竹，安神。3日后，子侄携祭品于墓地，探望死者，修整墓丘，将坟头幡杆拔松，称“复三”，又叫“圆坟”。浑源复三时，孝子围坟丘，手拿扫帚，左扫三圈，右扫三周，称“扫坟拜墓”，均为探视怀念问寝之意。过七，一七称头七，三七称散七，七七称尽七，均在家中牌位前上祭，晚上在门外烧纸，百日祭、周年、三周年都要举行奠祭。农村还要到坟头上供、烧纸。烦琐的丧俗，早在《朔平府志》中就指出：“市商农民多请僧诵经超度，有力者或置幡楼、设俳优、陈百戏。自以为孝于亲而早已流于易，适见其悖于礼而已，则何益哉!”

二、殡葬改革管理

1976年7月18日，大同市成立殡葬改革领导组，傅忠任组长。1985年5月30日，市政府批准设立大同市殡葬管理所，与火葬场一套机构两个牌子。1989年，殡葬管理所与火葬场机构分设。

1984年前后，大同市土葬回升，火化率下降，重殓厚葬、封建迷信等旧的丧葬习俗抬头，市殡葬管理所负责查处全市违殡事件和宣传殡葬改革政策，工作人员佩戴“大同市人民政府殡仪改革检查证”。工作内容是：市辖范围的党政机关、工矿企事业单位、街道、农村和驻同单位的国家干部、职工、学生和城乡居民死亡病故后，都要火葬。少数离城较远、交通不便的郊区村落可以土葬，但要以自然村为单位建立集体公墓，可以在荒地、土埂、地堰深埋，不留坟头。禁止恢复或建立宗族墓地。禁止占用良田建公墓，禁止在耕地（包括自留地）内埋葬，禁止出租、买卖墓地、墓穴。共产党员必须带头实行火葬。国家职工执意土葬者，应在指定地点平地深埋，不留坟头，并按照损坏土地数量和影响农作物收成年限，加倍收费。禁止党政机关、厂矿事业单位和个人的车辆为土葬拉运尸体。禁止经营棺木和其他土葬品，取缔僧道念经和民间吹鼓手等丧葬服务项目。

市殡葬管理所在工商行政、公安部门和街道办事处、居民委员会的协助配合下开展工作。殡葬管理所负责管理全市殡葬改革工作，积极推行火葬，改革土葬，破除旧的丧葬习俗，节俭办丧事。检查监督国务院、省、市政府关于殡葬改革工作各项规定的贯彻执行情况，宣传党和政府对殡葬改革的方针政策，及时处理违反规定的行为。

1987年6月召开全市殡葬改革表彰会议，表彰先进集体15个，先进个人30名。1988年5月，全省殡葬改革承包经营会议在大同召开，省民政厅通报推广大同市“充分发挥三位一体一条龙”，深化殡葬改革的做法及市殡仪馆、殡葬管理所加强殡葬管理承包经营的经验。1991年10月，市民政局被省民政厅评为“殡葬管理工作先进集体”。到1992年底，城区范围停放棺木，摆设灵堂，吹拉弹唱，大搞封建迷信活动，大操大办的现象明显减少，火化率提高，殡葬改革工作开局良好。

1994年，《大同市殡葬管理办法》正式实施，殡葬管理工作进入依法管理阶段。1994年5月，市民政局与城区民政局举行火化尸体责任书签字仪式，城区民政局与各街道办事处签订责任书，之后市殡葬管理所与矿区、南郊区民政局也签订相应的协议。1994年10月27日市第十届人民代表大会常务委员会第八次会议通过，1994年11月26日省第八届人民代表大会常务委员会第十二次会议批准《大同市殡葬管理办法》正式实施。

1995年3月30日，市殡葬管理所在东关查获7家制售封建迷信丧葬用品的窝点，没收1000多元的迷信丧葬用品。1995年4月1日市政府在军分区礼堂召开贯彻落实《大同市殡葬管理办法》动员大会。副市长昝培国到会并讲话。市民政局范培生局长作动员报告。城区、矿区、南郊区的民政局局长、分管副局长及各街道主任、民政助理员、社区居委会主任以及城关乡、马军营乡的乡长、民政助理员等200余人参加会议。1995年4月，市民政局与公安、工商、卫生、城市管理等部门联合发布《禁止在实行火葬区域内摆棺木、设灵堂、制作、销售、焚烧封建迷信丧葬用品》的通告。

1996年4月15日，市殡葬管理所集中销毁一吨多重的封建迷信丧葬用品，市电视台、日报、晚报发布了消息，对殡葬改革起到积极推动作用。同日下午，市殡葬管理所在公安、工商等部门的配合下，查处违反火葬区域禁止生产销售棺木规定的雁北木材厂大量生产棺材的行为，下达《责令改正通知书》。

1997年8月22日市第十届人民代表大会常务委员会第三十一次会议通过《关于修改〈大同市殡葬管理办法〉的规定》，1997年9月28日山西省第八届人民代表大会常务委员会第三十次会议批准实施。修正后的《大同市殡葬管理办法》共分21条38款，对火葬土葬、公墓建设、殡葬设施设备、丧事活动及丧葬用品管理作了明确规定。当年11月市政府重新划定全市火化区，在城、矿两区实行火葬的基础上，区域扩大到南郊区的城关、马军营乡。

1999年4月，省民政厅在大同市召开殡葬改革座谈会，省民政厅副厅长赵生平，忻州、朔州、大同三地市民政局分管局长及部门负责人，讨论公路两侧清坟问题。到年底大同市集中力量对铁路、公路、旅游景点200~500米以内的乱埋滥葬情况进行了调查摸底，其中公路干线需迁坟6019个，铁路干线需迁坟4351个，并研究制定土葬改革方案。

2000年3月，市政府作出《关于进一步深化殡葬改革的决定》，批准成立殡葬管理执法队。2006年8月，市政府办公厅下发《关于继续加大殡葬改革力度的通知》要求：“火葬区的死亡人口领取工资或其他费用时，所在单位（或社区）要及时向当地人事部门、财政部门、劳动与社会保障部门分别申报。任何人领取丧葬费、抚恤金、困难补助费、保险金等其他费用的，须持殡仪馆出具的《火化证》和殡葬管理机构同时出具的《丧葬抚恤费证明》，此证明一式两份，单位、管理机构各执一联，以上两证缺一不可，否则单位不予办理。”至此，大同市殡葬管理所出具的《丧葬抚恤费证明》成为领取丧葬费、抚恤金等费用的必备条件之一。

2009年3月起，市民政局对全市4家经营性公墓执行殡葬法律法规、建设经营、财务收支情况进行专项检查。对清明节期间服务保障、交通疏导、消防安全、值班制度、预防突发事件的应急预案和安全保障实施情况进行全面检查。2009年4月30日，全市清理整顿公墓工作会议召开。各县（区）分管社会事务的领导、各经营性公墓负责人参加会议。与会人员学习了民政部等8部委联合下发的《关于进一步规范和加强公墓建设管理的通知》。2009年10月，市政府《关于进一步加强殡葬改革工作的决定》出台，要求依法取缔利用医院告别厅非法进行殡仪活动。大同市殡葬管理所会同卫生部门及全市各医院制定关于取缔利用医院告别厅非法进行殡仪活动后有关殡葬活动衔接方案、服务工作制度和流程图，关停全市 14 家医院的太平间。火葬区域重新划定，殡改执法范围扩展到：城区、矿区、南郊区、开发区、新荣区新荣镇、新荣区花园屯乡、新荣区上深涧乡、浑源县永安镇、大同县西坪镇，以及正在建设中的御东新区和恒山风景名胜区。

2012 年 11 月，全市规范行政处罚自由裁量权行使工作开展以后，市殡葬管理所征求群众意见，结合殡葬执法工作的具体情况对违反殡葬法规涉及的 18 项带有自由裁量权的行为、种类、幅度制定细化的处罚标准，按照违法行为及其造成的后果将行政违法行为划分为从轻处罚、一般性处罚和从严处罚三个阶次，有效遏止执法人员有法不依、执法不严、滥用职权、滥施处罚等现象。2012 年 12 月，市政府办公厅《关于印发〈大同市丧葬费、一次性抚恤金和遗属生活困难补助资金申领办法（试行）〉的通知》要求：“申请三项费用—外地火化的及时与户籍所在地殡葬管理机构联系，殡葬管理机构应在 10 个工作日完成核查工作。”该通知出台后，市殡管所开始针对死者家属提供的异地火化证明进行核查。

2013 年 7 月，民政部社会事务司副司长李波到大同市调研共产党员带头参与殡葬改革情况，省民政厅副厅长许富昌等 3 人陪同调研。调研期间，走访市殡仪馆，召开民政系统座谈会和社区、村委会党员及群众座谈会，了解当地共产党员带头参与殡葬改革的经验做法，听取党员、群众对参与殡葬改革的意见和建议。市委常委、常务副市长李世杰会见了李波副司长一行。市民政局局长白玉介绍殡葬改革工作做法。李波副司长对大同市殡葬改革工作取得的成绩给予肯定。

2003～2013 年大同市殡葬管理所出动执法宣传车 3 万车次，发放宣传资料 20 万份、殡改宣传册 10 万本，出动执法人员 3 万人次，执法车 1600 车次，查处违殡事件 4900 余起（包括非法拉运尸体 700 起），查处违规门店 30 多家，关停医院太平间 15 个。

三、殡葬设施

1. 大同市殡仪馆

大同市殡仪馆是大同市的主体殡仪设施，承担市区的殡殓业务，是集遗体火化、接运、丧事洽谈、化妆整容、殡殓服务、礼仪服务、丧葬用品销售、公墓代办为一体的综合性殡仪馆。原址位于市中心南 5 公里处，占地 50 亩，2012 年 12 月搬迁到大同市南郊区南湾村，距离市中心 20 公里，占地 158 亩。大同市殡仪馆成立于 1966 年，近 50 年来，坚持“丧主至上，服务第一”的原则，以“人性化的亲情服务，宾馆化的先进管理，园林化的环境建设”为宗旨，认真落实国家、省、市有关殡葬改革的要求。坚持与时俱进、开拓创新，适应新形势、解决新问题、开创殡葬事业新局面的工作理念，促进殡葬事业发展。1999 年被民政部命名为国家“三级殡仪馆”，2005 年被共青团省委授予青年文明号单位，2006 年被大同市政府授予园林化达标单位，2007 年被中国殡葬协会授予中国首届殡葬诚信单位，连续 7 年被市政府评为民政系统先进单位，2011 年 3 月被省民政厅评为全省民政系统行风建设示范单位，2014 年 3 月被民政部授予全国殡葬工作先进集体。

20 世纪 80 年代以前，殡仪馆设备简陋，90 年代以来，加强基础设施建设，旧馆先后投资 2000 多万元改造各种服务设施、办公设备，使整个工作流程达到现代化、信息化和高效化。1994 年 4 月，投资 11.5 万元的市殡仪馆火化车间改造装修工程竣工，面貌焕然一新，改善了职工的劳动环境和条件。1994 年 10 月，投资 43 万元硬化祭奠区地面 2200 平方米；新建 685 平方米的骨灰寄存室，可存放 5000 个骨灰盒，缓解了全市骨灰盒存放紧张的矛盾。1995 年 3 月，投资 42 万元新建面积为 685 平方米的两层综合楼。该建筑 7 月竣工后改善了馆内职工的工作、休息、娱乐环境。1998 年 12 月，投资 50 多万元建起一座集高级接待室、职工活动室为一体的办公大楼，占地 781.42 平方米。1999 年 8 月，从 5 月开工的市殡仪馆南门及围墙改造工程正式竣工，工程总投资 70 万元，建造仿古门楼一座，新建围墙 300 米。2007 年 12 月 31 日上午，市殡仪馆骨灰楼落成。到 2011 年，配备超豪华、豪华、高档、中档运尸车 7 辆，上海申东 SSD－QY97 型高档火化机 2 台，豪华捡灰炉 1 台，全自动高档骨灰整理机和国内最先进的绿色环保型高档存尸柜 100 余台。建设 7 个大小不等的告别厅、守灵间和具有现代文明气息可存放 3 万个骨灰盒的骨灰堂，满足各类不同服务对象的需求，并提供鲜花、花篮、绢花等丧葬用品，配备了全程、全方位观看馆内工作状况的监控设备，方便了丧属。馆内绿化面积 60%，达到园林化的标准。树木繁茂，曲径通幽，辅之以凉亭、山石、喷泉、饰灯、草坪音响、停车场、休闲石椅、雕塑等园林小点，成为集祭奠、思亲、踏青、游览为一体的花园式殡仪馆，增添了时代气息、人文气息和文化品位。馆内设施布局日趋合理，逐步趋于人性化，让送葬亲人悲痛的心情得以缓解，展现了服务窗口的良好形象。2011 年初，适应古城保护、新城建设的需要，大同市殡仪馆迁建工程被列入市政府重点建设项目。异地新建殡仪馆，有利于深化殡葬改革，节约土地，保护环境，移风易俗，提升城市品位；也有利于促进改善民生，推进文明城市建设、加快构建和谐社会。通过对建殡仪馆各项指标和条件的考察，市政府将殡仪馆新址选在南郊区西韩岭乡南村湾村西侧，距离市区 20 多公里，距京大高速公路 7.6 公里处，占地 158.2 亩。总建筑面积 24814 平方米，总投资 1.31 亿元。新馆设计突出园林式、生态型理念，包含殡仪服务中心、殡仪馆、公墓管理处和陵园四大区域，具有“宾馆”“公园”“绿化”“停车场”等多种服务功能，并能满足消防、安全、卫生等技术要求。2011 年 9 月 6 日奠基开工以后，按照国家建设标准，严格把关，保证工程进度质量，经过 15 个月的努力，工程完工，于 2012 年 12 月 21 日搬迁。新建殡仪馆购置高档捡灰炉 2 台，中档炉 1 台，火化炉达到 6 台。配备国内最先进的绿色环保型高档存尸柜 200 余台，设立 11 个守灵间和大小不等的告别厅 5 个，配有整洁、明亮、环保的休息室，具有现代文明气息的骨灰堂、祭奠区、遗物焚烧区。院内建有亭阁山石、花木苗圃、停车场。殡葬文化与服务功能有机结合更趋于人性化，主建筑与附属设施景观统一更显和谐效果。

大同市殡仪馆强化内部管理，着眼完善制度。实行全员竞聘和岗位责任制，本着年轻化、知识化用人的原则，任命科室主任 6 名。修订殡仪馆《优质服务及内部管理规定》《殡仪服务行为规范》《岗位绩效考核、奖惩办法》等规章制度，按照各个服务岗位的职能和特点，不断丰富服务内容，完善服务措施，改进服务方式，变被动服务为主动服务，用制度来约束职工的服务行为，提高服务质量。在服务过程中做到：职工端正形象，挂牌上岗，仪表整洁，文明用语，严禁忌语；工作人员做好“四个服务”，即及时服务、高效服务、优质服务、文明服务；“四个心”，即接待丧属热心、服务工作细心、解答问题耐心、接受意见虚心；实行“首问责任制”，丧户第一个找到的是谁，谁就要全程负责把交办、托办的事处理好，做到件件有回音、事事有着落，让群众满意。建立服务监督台，实行工作人员服务承诺、服务项目价格表上墙，增加透明度，对丧户关注的重要事项进行公开。设立 24 小时值班电话，不分昼夜，不计寒暑，全天候保证业务用车，提供一系列殡仪服务，并通过向其家属发放公开信、征求意见卡和举报电话、投诉箱、问卷调查等形式，广泛收取服务对象意见，积极解决存在的问题，不断改进全馆的各项工作。完善了岗位责任制，实行每星期五考核制度，将考核结果和职工的切身利益挂起钩来，作为聘用、晋级、晋升、评优、评先的重要依据。对烈属、退伍军人、伤残军人及社会困难户、五保户长年实行优惠价格服务，制定减免项目和减免标准，2013 年全年减免金额 1247827 元。

大同市殡仪馆积极加强和改进作风建设，优化发展环境，加强群众监督，把行风建设与中心工作同安排、同部署、同落实、同考核，制定《开展行风建设示范单位创建活动实施细则》，出台《关于深入开展民主评议政风行风工作实施方案》，成立政风行风评议工作领导组，使民主评议政风行风工作实现了两个转变，即由突击性推动向制度保证转变，由外力推动向自觉行动转变。自 2012 年以后对照有关法律、条例、法规，自觉修订各种制度 12 项，自觉取消不合理收费 5 项，发放征求意见卡 5000 份，自觉纠正不规范服务行为 6 处。

1966～2013 年大同市殡仪馆火化统计表

年度	火化数（具）	年度	火化数（具）	年度	火化数（具）
1966	55	1982	555	1998	2041
1967	750	1983	657	1999	1947
1968	820	1984	605	2000	1913
1969	750	1985	718	2001	2186
1970	640	1986	998	2002	2069
1971	368	1987	1441	2003	2325
1972	355	1988	1622	2004	2443
1973	368	1989	1581	2005	2311
1974	350	1990	1631	2006	2181
1975	399	1991	1615	2007	2057
1976	670	1992	1721	2008	2286
1977	807	1993	1728	2009	2157

续表

年度	火化数（具）	年度	火化数（具）	年度	火化数（具）
1978	772	1994	1642	2010	2454
1979	641	1995	2023	2011	2257
1980	608	1996	2032	2012	2610
1981	492	1997	2049	2013	2522
合计	8845	合计	22681	合计	35759
1966~2013 年总计火化数为：67285 具					

2013 年大同市殡仪馆基本殡葬服务项目收费明细表

服务项目		价格
遗体火化	火化炉	中档炉 400 元 高档炉 600 元
	捡灰费	60 元/具
	骨灰袋	3 元/个
遗体接运	租黑纱	20 元/次
	接运车（抬尸）	接运车 400 元（市内） 抬尸 60 元/次
	消毒	30 元/具
	租推尸车	20 元/次
	包扎费（装棺）	60 元/具
	卫生包（棺）	卫生包 126 元/个 普通卫生棺 350 元/个

2013 年大同市殡仪馆殡葬特需服务项目收费明细表

服务项目	价格	备注
鲜花	300 元/篮	
礼炮	100 元/36 响	
纳骨	100 元/次	
乐队	400 元/次	
抬盒	400 元/次	
护灵	400 元/次	
抬灵	1000 元/次	
遗像扫描	60 元/次	
非正常工作时间服务费	300 元	法定节假日另加 100 元
骨灰寄存费	高档 200~280 元/年 豪华 300~380 元/年	
遗体接运自选车	600 元/次	车型为别克、阁瑞斯、奥德赛、瑞风
	800 元/次	车型为豪华车
	1600 元/次	车型为凯迪拉克

续表

服务项目	价格	备注
守灵厅	380 元/天	总面积 100 平方米，配置冷藏棺、大小供桌、电子遗像屏、LED 挽联屏、真皮沙发、大理石茶几、真皮排椅、电子香蜡、长明灯、高档绢花花圈、高档供盘、礼仪台、空调等设施
	600 元/天	总面积 118 平方米，房间内设公共客厅和停灵间，配置高档冷藏棺、大小供桌、电子遗像屏、LED 挽联屏、真皮沙发、大理石茶几、真皮排椅、电子香蜡、绢花花圈、长明灯、高档供盘、礼仪台、空调、闭路电视等设施
	800 元/天	总面积 145 平方米，房间内设公共客厅、停灵间和卫生间，配置高档冷藏棺、大小供桌、电子遗像屏、LED 挽联屏、真皮沙发、大理石茶几、真皮排椅、电子香蜡、绢花花圈、长明灯、高档供盘、礼仪台、空调、闭路电视、内部电话等设施
	1000 元/天	总面积 136 平方米，房间内设公共客厅、停灵间和卫生间，配置豪华冷藏棺、大小供桌、电子遗像屏、LED 挽联屏、真皮沙发、实木茶几、真皮排椅、电子香蜡、绢花花圈、长明灯、高档供盘、礼仪台、空调、闭路电视、内部电话等设施
	1200 元/天	总面积 186 平方米，房间内设公共客厅、停灵间、卫生间和席梦思床客房 2 间，配置豪华冷藏棺、大小供桌、电子遗像屏、LED 挽联屏、真皮沙发、实木茶几、真皮排椅、电子香蜡、绢花花圈、长明灯、高档供盘、礼仪台、空调、闭路电视、内部电话等设施
	1500 元/天	总面积 165 平方米，房间内设公共客厅、停灵间、卫生间和席梦思床客房 1 间，配置豪华冷藏棺、大小供桌、电子遗像屏、LED 挽联屏、真皮沙发、实木茶几、真皮排椅、电子香蜡、绢花花圈、长明灯、高档供盘、礼仪台、空调、闭路电视、内部电话等设施

2013 年大同市殡仪馆殡葬延伸服务项目收费明细表

服务项目	价格	备注
高档炉骨灰整理费	300 元/具	
穿洗	普通穿洗 600 元/具	特殊穿洗价格面议
整容整形尸殓	普通尸殓 800 元/具	特殊整容整形尸殓
价格面议化妆	普通 100 元/具	特殊化妆价格面议
外送尸体消毒	300 元/具	
休息室	普通 100 元/次 贵宾 200 元/次	
火化证、寄存证工本费	火化证 20 元/本 寄存证 10 元/本	
告别厅	1 号告别厅 800 元/次	可容纳 300 人，免费提供三星级主持人 1 名，助理礼仪师 2 名
	2 号告别厅 300 元/次	可容纳 100 人，免费提供主持人 1 名
	3 号告别厅 600 元/次	可容纳 200 人，免费提供二星级主持人 1 名，助理礼仪师 2 名
	4 号告别厅 400 元/次	可容纳 150 人，免费提供一星级主持人 1 名，助理礼仪师 1 名

2. 大同市恒泰陵园

1994 年 12 月 28 日，省民政厅批复同意在原田村人民公墓的基础上，兴建田村骨灰陵园。1996 年 8 月 28 日，大同市机构编制委员同意成立大同市恒泰陵园。2000 年 5 月，市民政局同意大同市恒泰陵园兴建永安堂，负责大同市及周边地区骨灰的寄存。原大同市殡仪馆所寄存的骨灰整体迁移到大同市恒泰陵园永安堂。大同市恒泰陵园包括骨灰公墓一个，骨灰寄存楼一座，建成墓穴 8300 个，售出 6270 个，平均售价 7000 元。骨灰寄存楼可存放骨灰盒 15900 个，现已存放骨灰盒 6000 个，平均每盒每年存放费 140 元。陵园内种植各种松柏花草约 24 亩，占陵园总面积 30%，陵园门外有集中烧纸院一个，占地面积约 0. 2 亩，园内水电、消防、通信设备齐全。陵园自建园以后共无偿安葬烈士 3 人，免去费用 9 万元，并且对为社会作出特殊贡献的老红军、老干部、劳模、人民教师等购墓者给予适当优惠，共为 1000 多人减免费用 106 万元。

3. 大同市上皇庄陵园

大同市上皇庄陵园为民办陵园，位于大同市南郊区上皇庄村雷公山，始建于 1994 年 5 月，1995 年 11 月落成，占地面积 144 亩，有职工 13 人，1996 年 9 月 11 日省民政厅批准建立，已建墓穴 5920 座，其中销售 4252 座。上皇陵园西临古老的云冈石窟，东望辽阔的大同盆地，雷公环于侧，御河带于前，流泉歌于背。

4. 大同市御祥园陵园

大同市御祥园陵园为民办陵园，全称大同市御祥园陵园有限责任公司，2001 年开始筹建，后经大同市人民政府同意兴建并经山西省民政厅于 2005 年批准设立。位于大同市南郊区水泊寺乡海力村北马铺山上的北魏皇家东苑，占地面积 1080 亩，北傍白登台，南濒文瀛湖。陵园以现代人文生态景观殡葬理念为主线，倚山为陵，以林安魂，构筑“生如春花烂漫，逝如秋叶静美”的意境，自然美和人文美和谐统一。树葬、草坪葬、花葬、壁葬、塔葬，传统墓、艺术墓，风格多样；墓志铭、墓碣铭、墓标、墓石小型化、人性化，工艺精湛。陵园以整体效应森林化、重点区域公园化、管理措施规范化、服务行为人性化为宗旨，创造现代社会殡葬习俗新文化；树立现代文明殡葬形式，传承天人合一殡葬精神，打造绿色殡葬人文景观，建设秀美生态殡葬陵园。共修建墓穴 1643 座，历年销售 124 座。

5. 大同市汇天马铺山公墓

大同市汇天马铺山公墓是山西省民政厅批准建立的经营性公墓。2007 年 11 月 26 日山西省民政厅批准同意兴建大同市马铺山经营性公墓。2008 年 6 月 17 日山西省民政厅批准同意大同市马铺山经营性公墓营业。马铺山公墓位于大同市南郊区水泊寺乡燕庄村东北的废弃砖厂及荒山、荒沟地带，占地面积305. 11 亩。陵园投资 2000 多万元进行更新改造，已初具规模，修建从陵园到国道主干道长 2 公里的公路，依自然山体之势精心布局，科学规划办公区、景区、道路、停车场、墓区、壁葬区、树葬区，陵园路标、指示牌醒目，硬化墓区内各干道和各园区间的通道道路，保证事主上下时畅通无阻。陵园投入大笔资金植树育苗，种植云杉、桧柏，油松等 6 种常绿树种，龙爪槐、丁香、红枫等观赏性花木，并开辟果木园，种植杏、苹果、樱桃、核桃、葡萄、黄花、红姑娘等果木，植树育苗累计达3万多株。修建园区灌溉系统，护坡、泄洪工程，对山体监测治理。陵园内设监控杆18具，各个路口放置灭火器46具。修建音响系统，体现人性化管理。摈弃传统陈旧陋习，树立文明祭奠形象。现修建各种墓穴2734座、壁葬492个、树葬221个。规划绿化区域61个约160亩。

6. 浑源县殡仪馆

浑源县殡仪馆始建于1975年，占地面积11998.8平方米，建筑面积1123平方米，是全省为数不多的县级殡仪馆之一，有职工11人。建馆以后，共火化尸体500余具，最高年火化尸体86具。自20世纪90年代后，因各种原因殡葬工作一直未能很好开展，长期处于停顿状态。根据2000年7月6日山西省人民政府第145号令颁布的《山西省殡葬管理办法》精神，于2000年和2001年分两期共投资90多万元进行全面恢复改建，购置火化炉2台，新建门房、业务室、办公用房等共计19间近900平方米，对火化车间和悼念亭进行整修，平整院落8000平方米，硬化420平方米，购置变压器、新架设低压线800米，完善相应配套设施，2008年新购置冷冻棺3台。

第三节　城市流浪乞讨人员救助

1956年4月1日，接收雁北李家湾劳改农场，改造为大同市游民改造农场。5月26日，市民政局制订对游民改造的初步方案。1957年7月18日，大同市人民委员会决定成立大同市临时收容所。专事收容流落街头乞讨者，收容所配备专职干部2人，直属市民政局领导。是大同市收容遣送站的前身。1958年3月14日，原李家湾游民改造农场，改为劳动教养农场，移交市公安局。3月28日，成立劳动教养管理科，由市民政、公安局联合承办有关劳动教养工作。1961年10月27日，大同市委决定将南关收容所与民政局临时收容所合并，由民政局接管并建立新的机构。1962年1月成立大同市收容遣送站。地址在大十字南街6号。1968年9月25日，市收容遣送站由市民政局移交市公安局，实行军管，至1972年7月复归民政部门管理。1989年12月7日，成立大同市公安局收容遣送站派出所，负责站内的治安工作，业务受大同市公安局指导。2003年8月，更名为大同市救助管理站。

1950年9月，大同市在解放后迅速取缔妓院，就教育改造妓女问题多次发出指示，在全市范围内开展打击卖淫嫖娼等各种丑恶现象的斗争。对卖淫妇女和嫖娼者，主要采取集中学习教育的方法，启发卖淫妇女们控诉旧社会的罪恶和所受的虐待，帮助改造思想，医治性病，组织参加生产，学习技艺。经过学习教育，这些妇女中绝大部分成为自食其力的劳动者，择偶成家，过上正常人的生活。经过两三年的努力，这些在旧社会屡禁不绝的顽症基本禁绝。

1955年7月7日，按照大同市委的指示和要求，市人民委员会及时作出关于处理外省地流入大同市农民问题的四条规定：（1）必须向逃来之农民进行动员说服宣传教育工作，坚决动员他们返回原籍。（2）要设法了解逃来人员的政治情况，对潜伏在逃来农民中间的反革命分子、地主、富农及其他破坏分子，有现行破坏者，应通过公安部门予以处理或逮捕。（3）对雁北逃来的人员，应与雁北专署主动联系，由雁北负责安置和收养。（4）对逃往外地者，必须弄清情况，动员回来在当地加以解决。按照上述规定，市各有关单位和部门及时正确地处理了大批农民流入大同市的问题。1956年5月26日，市民政局制订对游民改造的初步方案。1957年大同市临时收容所全年共收容361人，1958年全年共收容1465人，1959年全年共收容719人。1960年大同市临时收容所全年共收容3068人，较1959年增加3.3倍，主要原因是几年来外流人员大量返乡，途经大同市，收容人数猛增。全年共支出遣送费35221元。1961年大同市临时收容所全年共收容3908人。

1962年1月22日，省民政厅、省粮食厅通知：自流人员口粮供给，每人日0.25公斤，劳动时0.4公斤，以限制人口盲流。1962年大同市收容遣送站全年共收容4517人。1963年6月，在市收容遣送站滞流人员133人中，有9人突发高烧，至26日增至20人，经市卫生防疫站检查化验结果为“斑疹伤寒”。当即采取紧急措施，经过一系列治疗，患者转危为安。1963年7月20日起，提高收容人员口粮标准，平时为0.4公斤/人/天，劳动时为0.5公斤/人/天。市收容遣送站在建站两年期间，很快克服初建时的各种困难，干部人数增加并建立各种规章制度，工作秩序逐步纳入正轨。1964年大同市收容遣送站全年共收容3072

人。1979年10月16日，由民政局统一招工考试，录入22人，其中5人补充到门卫，其余17人到安置农场。1982年8月10日，大同市收容遣送站出席山西省政法战线先进集体和个人代表会议，评为先进集体。1984年5月，安置到农场人员分别分配至民政局下属各单位工作。1985年7月，站内发展“三产”，创收增效。1986年4月，成立容安旅社，组织职工大力发展生产，改善职工福利待遇和外流人员的居住条件。1988年7月，市收容遣送站对院内北面危房进行改造，改善办公条件。10月，增加配备工作车辆一台。1990年10月，市收容遣送站组织外流人员有偿参加撕棉纱劳动，改造游民习气。1991年，根据收容遣送办法的规定市收容遣送站和大同县三十里铺村委会签订劳动合同，安置一部分外流人员去砖厂劳动，减轻收容遣送工作的压力。

1993年，民政部专为收容遣送定制车辆一台。1993年收容遣送盲流783人次，其中男659人，女124人。流出地为内蒙古、河北、安徽、四川等15个省、区。1994年收容遣送盲流864人次，比1992年提高11个百分点，其中女性为229人次，与1992年相比翻了近一番。盲流的流出地仍以内蒙古、河北、安徽、四川为主。1995年7月，发展三产，成立小型养鸡厂。1996年5月，投资61万元对站内南房和西房进行彻底改造，该站集资6万元，中募委10万元，省募委15万元，市募委30万元，新增建筑面积1200平方米。市流浪儿童救助保护中心于当年竣工，救助站搬入新楼办公。1997年，根据民政部、民政厅的通知，配合当地政府遣送处理江苏、安徽摘枸杞民工1000人回乡。1998年4月，市募委资助投资43万元将办公楼二层加盖成三层，年底竣工使用，扩建增添会议室、救助人员娱乐活动室。全年共收容遣送盲流1027人次。1999年9月，大同市广播电台晨光栏目组直播大同市救助管理站“做好新形势下的收容遣送工作”。全年共收容遣送盲流376人次。2000年1月，上访人员张茂生（岢岚籍）一家四人进京上访，大同市收容遣送站及时将其接回站内救助达一年，之后和相关部门配合送回原籍。2002年7月，受北京收容遣送站委托，组织遣返山西省盲目滞留北京人员，此项活动一直持续到年底，共接返8314人次。2003年3月，“非典”疫情爆发，坚持消、防、控一体管理体制，站内未发生疫情。

2003年6月，国务院颁布《城市生活无着的流浪乞讨人员救助管理办法》。2003年7月，民政部出台《城市生活无着的流浪乞讨人员救助管理办法的实施细则》，废弃延续多年的收容遣送制度。2003年8月，救助管理站正式改制。2004年6月25日，民政部社会福利和社会事务司副司长张世峰，来站视察。2004年9月1日，成立“流浪儿童教育课堂”。2005年4月，按照功能齐全、配置合理的要求进行危旧平房改造，被列为市政府2005年14项惠民工程之一。2005年9月，站长李建勇参加在郑州召开的站长论坛《未成年人社会保护制度研究》。2005年5月1日至10月底，按照《救助管理办法》和实施细则的要求，为改善救助人员的生活居住条件，拆除6间原有的救助人员危房，新建一处三层楼房，包括受助人员的宿舍、餐厅、接待室、活动室和浴室等，建筑面积786.48平方米。11月30日，改建工程竣工典礼举行。2005年12月，为受助人员购置微波炉、大型饮水机等电器化设备，配置各类设施。市政府出台《城市生活无着的流浪乞讨人员救助管理办法的实施办法》和实施细则，确立救助人员定点救治医院，二医院接收危重病人、四医院接收传染病人、六医院接收精神病人。2006年5月，学习天津市救助管理站先进经验，由过去平面化救助向立体化救助转变，成立流动小分队，实行流动救助。2007年7月，市局召开“山西黑砖窑事件”有关人员包括智障人员、未成年人员来站求助安置协调会。2008年7月，参加全市统一行动，清理暂住人口、流浪人员专项行动，迎接奥运会召开。2008年8月，市流浪儿童救助保护中心挂牌成立。2009年9月，配合公安、工商局等相关部门，全市统一行动确保国庆50周年庆典顺利进行。2010年4月，筹资4.8万元，购置一部长安面包车用于救助业务专用。2011年1月，民政部配发救助专用车一辆。2011年4月，配合公安打击拐卖妇女儿童专项行动。2011年12月1~4日，配合市工商局、公安局执法人员对市内传销窝点和传销人员开展集中打击专项行动。解救各类传销参与人员906人，分布全国25个省、自治区、直辖市，为其出资25170元购买火车票，分别护送至北京方向和内蒙古方向，使其安全返家。2012年4月，市光荣院旧址转让给市救助管理站，用于流浪未成年人救助保护中心使用。2012年5月，贯彻落实《国务院办公厅关于加强和改进流浪未成年人救助保护工作的意见》和《山西省人民政府办公厅关于加强和改进我省流浪未成年人救助保护工作的实施意见》精神，加强全市流浪乞讨人员救助管理工作的组织领导，市政府决定成立大同市流浪乞讨人员救助管理工作领导组。市委常委、常务副市长李世杰任组长，市政府副秘书长张学梅、市民政局局长白玉任副组长的全市流浪乞讨人员救助管理工作领导组。领导组办公室设在市民政局，办公室主任由市民政局副局长刘方茂兼任。2012 年 10 月，配合公安、工商等部门打击非法传销活动，解救传销人员 780 人。参加全国护送“未成年流浪儿童返乡”共计 5 人，由太原市救助管理站统一护送回新疆。2012 年 12 月，市救助管理站被民政部评为“三级救助管理机构”；被省民政厅评为“行风先进单位”。

2003～2013 年大同市救助管理站救助情况统计表

年度	救助人数	本省	外省	未成年人	危重病人	精神病人	失智人员	护送返乡人数	自主返乡人数	死亡人员	滞留人员
2003	140	47	93	24	2	0	1	6	79	0	0
2004	843	354	486	201	16	0	9	61	561	0	0
2005	1528	487	1014	85	34	62	16	138	1006	0	13
2006	1650	634	998	88	53	116	14	236	1140	3	18
2007	1930	615	1282	203	42	101	17	245	1179	6	33
2008	2026	495	1531	231	35	301	184	155	1193	0	52
2009	2351	616	1633	82	44	54	21	184	1229	7	51
2010	1996	427	1518	38	28	91	8	128	1437	21	51
2011	2670	833	1781	75	49	187	9	226	2130	13	56
2012	4185	1325	2775	24	36	95	34	435	3142	9	85
2013	6241	2608	3633	273	42	109	56	397	4788	8	109
合计	25560	8441	16744	1324	381	1116	369	2211	17884	67	468

第十一章　行政区划与地名管理

第一节　行政区划

一、大同市

1949 年 5 月 1 日大同和平解放，析大同城、郊置大同市，隶属察哈尔省，全市辖一、二、三区和口泉矿区。雁北专署驻大同市，辖大同、怀仁、阳高、广灵、灵丘、浑源、应县、山阴、左云、右玉、平鲁、朔县。

1952 年 12 月察哈尔省撤销，大同市、雁北地区复归山西省，辖一、二、三区和口泉矿区。大同市为省辖市。天镇县划归雁北管辖。

1953 年 4 月 22 日设立大同市第四区，辖一、二、三、四区和口泉区。

1954 年 4 月 24 日大同市撤销第一、第二区设立城区，撤销第三、第四区合并设立郊区、口泉矿区。撤销大同县、怀仁县，合并设立大仁县，县府驻大同市。

1955 年 6 月 3 日大同市口泉矿区更名为口泉区。

1958 年撤销雁北专区、忻县专区，合并设立晋北专区，专署驻大同市；同年撤销大仁县建制，其行政区域并入大同市，称市郊区驻大同市，撤销天镇县、其行政区域并入阳高县，撤销应县、其行政区域并入山阴县，撤销平鲁县、其行政区域并入朔县，撤销广灵县、其行政区域并入浑源县，撤销右玉县、其行政区域并入左云县，大同市由雁北专区代管，辖城区、郊区、口泉区，共3个区。晋北专区：辖阳高、灵丘、浑源、山阴、朔县、左云、忻定、原平、五台、繁峙、宁武、五寨、河曲、兴县、静乐 15 县。专员公署驻大同市。

1960 年辖城区和口泉、古城、怀仁 4 区，恢复广灵县、应县，撤销大同市郊区，设立怀仁、云冈、古城 3 个市辖区，同年 9 月撤销大同市云冈区，其行政区域分别并入口泉、古城区。

1961 年撤销晋北专区，恢复雁北、忻县专区。雁北专员公署驻大同市。是年，恢复天镇、右玉县。

1964 年，撤销古城区，恢复大同县；撤销怀仁区，恢复怀仁县。次年 2 县还属雁北专区。1966 年，设立大同市郊区。大同市辖城区、口泉区、郊区 3 个区。雁北专区辖 13 县。

1970 年撤销大同市郊区，设立南郊区、北郊区。撤销口泉区，设立大同矿区，由大同矿务局领导。省直辖的大同市由雁北地区代管。

1971 年，大同县由大同市迁驻西坪。7 月 5 日大同市北郊区更名为新荣区。

1972 年 3 月 9 日，撤销新荣区，设立新荣县，4 月 5 日撤销新荣县，设立新荣区。是年，大同市改为省直辖。

1975 ~ 1978 年，大同市辖城区、南郊区、新荣区 3 个区。矿区仍归大同矿务局领导。雁北地区仍辖 13 县。

1979 ~ 1982 年，大同矿区改为大同市矿区，由大同市直辖。1988 年，撤销朔县、平鲁县，设立朔州市和朔州市朔城区、平鲁区，山阴县划归朔州市管辖。

1993 年 6 月 25 日，撤销雁北地区，与大同市合并为大同市。怀仁、应县、右玉 3 县划归朔州市；天镇、阳高、大同、浑源、灵丘、广灵、左云7县划归大同市。大同市辖城区、矿区、南郊、新荣4区，大同、阳高、天镇、浑源、灵丘、广灵、左云7县。下辖182乡镇，2645个村民委员会，40个街道办事处，638个居民委员会。

2011年末，辖城区、矿区、南郊区、新荣区4个市辖区，阳高、天镇、广灵、灵丘、浑源、左云、大同7个县，共11个县级政区；下设42个街道、33个镇、66个乡，共139个乡级政区；设254个社区居民委员会、1959个村民委员会。

大同市行政区划一览表

行政区划名称	行政区划代码	面积（平方公里）	人口（人）	政府驻地
大同市	140200	14176	3318057	城区迎宾西路
城　区	140202	46.13	723013	城区迎宾西路
矿　区	140203		500158	矿区同泉西路
南郊区	140211	966	405864	口泉乡
新荣区	140212	1006	108482	新荣镇
阳高县	140221	1726	272488	龙泉镇
天镇县	140222	1635	206009	玉泉镇
广灵县	140223	1283	182613	壶泉镇
灵丘县	140224	2732	234004	武灵镇
浑源县	140225	1966	343486	永安镇
左云县	140226	1314	156163	云兴镇
大同县	140227	1501	185777	西坪镇

二、雁北地区

1949年10月，东、西雁北合并，划归察哈尔省，设雁北专区，专署驻大同市，辖灵丘、广灵、浑源、应县、山阴、阳高、大同、怀仁、朔县、平鲁、右玉、左云12县。

1952年12月察哈尔省撤销，雁北专区划归山西省，天镇县划归雁北专区，雁北专区辖13县，专署驻大同市。

1954年7月，大同、怀仁两县合并为大仁县，雁北专区辖12县。

1959年1月雁北与忻县合并为晋北专区，专署驻大同市。撤销大仁县并入大同市和山阴县，撤销应县并入山阴县，撤销天镇县并入阳高县，撤销广灵县并入浑源县，撤销平鲁县并入朔县，撤销右玉县并入左云县。大同市隶属晋北专区，晋北专区辖1市19县。1960年恢复广灵县、应县。

1961年7月晋北专区撤销，恢复雁北、忻县专区，恢复天镇、平鲁、右玉3县，雁北专区辖11县，专署驻大同市。设立古城区、怀仁区，划归大同市。

1964年11月撤销古城区、怀仁区，恢复大同县、怀仁县，1965年7月2县划归雁北专区，雁北专区复辖13县。

1989年1月，朔州市成立，雁北地区管辖的平鲁、朔县、山阴划归朔州市。

1993年7月雁北地区撤销，地市合并，怀仁、应县、右玉3县划归朔州市，天镇、阳高、广灵、灵丘、浑源、左云、大同7县划归大同市。

三、县（区）

1. 大同县

1949年5月1日，城区设大同市，撤销西大同县。属察哈尔省雁北督查专员公署领导。5月27日，东大同县与西大同县移交来的五、六、九区合并称大同县，辖14个区。

1954年7月，大同、怀仁两县合并称大仁县，撤销区建制，改为县辖乡。全县设102个乡1个镇。

1958年，政社合一，由乡（镇）改为人民公社，辖40个人民公社，1个镇。

同年11月，撤销大仁县，划归大同市郊区，称大郊区，属市辖区。将原来的41个人民公社（镇）调整为8个，下设44个管理区，辖422个生产大队，470个自然村。

1959年3月，将大同市城区的马军营、口泉区的云冈、高山、刘安窑4个公社划入大郊区，同年5月，全市调整人民公社，全区调整为25个人民公社。

1960年，撤销大郊区，设立古城区，原大同县的15个人民公社划为古城区。属大同市辖区。

1961～1963年，先后将15个人民公社调整为23个。

1964年，恢复大同县，属大同市。辖23个人民公社，332个生产大队。

1965年，属雁北专区，县政府驻大同市南门外。辖22个人民公社。

1970年，将得胜堡、拒墙堡、新荣、西村、镇虏堡、上深涧6个人民公社87村划归新荣区。

1971年，将镇川堡、花园屯2个人民公社36村划归新荣区，河头人民公社20村划归怀仁县，将阳高县辖的阁老山、许堡、西册田3个人民公社29村划归大同县，至此调整为16个人民公社，设194个生产大队。

同年县政府驻地由大同市南门外迁至西坪公社西坪村东，建新县城。辖16个人民公社，193个生产大队。

1984年，政社分设，辖周士庄、倍加造、西坪3个镇，麻峪口、吉家庄、杜庄、峰峪、党留庄、陈庄、徐疃、西册田、许堡、瓜园、阁老山、聚乐堡、中高庄13个乡，设193个村民委员会。

1993年，属大同市。

2001年，撤并乡镇，麻峪口乡并入吉家庄乡，陈庄乡并入瓜园乡、西册田乡并入许堡乡、阁老山乡并入聚乐乡，中高庄乡并入西坪镇，全县合为3个镇、7个乡，设189个村民委员会。

2004年，将14个自然村合并，设175个村民委员会。

2011年末，辖西坪、倍加造、周士庄3个镇，吉家庄、峰峪、杜庄、党留庄、瓜园、聚乐、许堡7个乡，共10个乡级政区，设有175个村民委员会。

2. 阳高县

1949年属察哈尔省察南行政公署。

1952年复将天镇县划回山西省，属于雁北地区行政专员公署。

1958年并入阳高县，称阳高县，属雁北地区专员公署。

1961年4月，分治，恢复原建制，属晋北专署；7月属雁北专区。1968年属雁北地区革命委员会。

1979年属雁北地区行政公署。

1993年属大同市。

2001年撤并乡镇，孙仁堡乡并入城关镇后更名为龙泉镇，太平堡乡并入罗文皂镇，后营乡并入狮子屯乡，张官屯乡并入下深井乡，朱家窑头乡并入王官屯镇，下神峪乡并入古城镇，全县设置7镇6乡。

2011年末，阳高县辖龙泉镇、罗文皂镇、大白登镇、王官屯镇、古城镇、东小村镇、友宰镇、狮子屯镇8个镇和长城乡、北徐屯乡、下深井乡、马家皂乡、鳌石乡5个乡。

3. 天镇县

1949年1月，属察哈尔省察南行政督查专员公署，下设7个区，辖258个行政村。

1952年，属山西省雁北专区。

1954~1956年，先后将区全部撤销，全县划分为54个乡，辖373个自然村。

1956年将54个乡合并为30个乡，辖373个村。

1958年并入阳高县。

1961年4月，天镇、阳高分县，恢复原天镇建制，属雁北专区，设14个人民公社，辖282个生产大队。

1962年增设大营盘、宣家塔、东沙河、将军庙4个人民公社，设18个人民公社，辖283个生产大队。1967年，属雁北地区。

1971年，将马家皂人民公社划归阳高县，设17个人民公社，辖270个生产大队。

1982年，恢复城关镇，城关镇下设东北街、东南街、西北街、西南街、车站5个居民委员会，全县辖17个人民公社、1个镇、5个居民委员会。

1984年，设立城关、谷前堡、逯家湾、新平堡、米薪关5个镇，城关、东沙河、孙家店、将军庙、谷大屯、宣家塔、大营盘、张西河、南河堡、赵家沟、贾家屯、三十里铺、南高崖13个乡，全县辖5个镇、13个乡、5个居民委员会、270个村民委员会。

1987年，城关乡更名为鲍家屯乡。

1988年，撤销鲍家屯乡，全县辖5个镇、12个乡、5个居民委员会、271个村民委员会。

1993年7月，属大同市，辖5个镇、12个乡、5个居民委员会、269个村民委员会。

2000年全县辖5个镇、12个乡、5个居民委员会、267个村民委员会。

2001年3月，乡镇行政机构改革，将宣家塔乡并入逯家湾镇，将将军庙乡并入贾家屯乡，东沙河乡并入南河堡乡，谷大屯乡并入米薪关镇，大营盘乡并入新平堡镇，孙家店乡并入三十里铺乡，城关镇更名为玉泉镇，将5个居民委员会改设为12个居民委员会，辖5个镇、6个乡、12个居民委员会、269个村民委员会。

2003年，撤销村民委员会50个。

2004年，全县辖5个镇、6个乡、12个居民委员会、221个村民委员会。

2011年末，辖玉泉、谷前堡、米薪关、逯家湾、新平堡5个镇，三十里铺、南河堡、贾家屯、赵家沟、南高崖、张西河6个乡，共11个乡级政区；设有12个居民委员会，221个村民委员会。

4. 浑源县

1949年，全县划为1镇、9区，辖16条街、285个村。

1950年，全县划为9个区，城关区驻县城小井，辖16条街；一区驻黄花滩村，辖35个行政村；二区驻李家庄，辖14个行政村；三区驻西辛庄，辖33个行政村；四区驻大磁窑，辖19个行政村；五区驻许村，辖30个行政村；六区驻王庄堡，辖29个行政村；七区驻西留村，辖31个行政村；八区驻海村，辖31个行政村。

1952年，属山西省雁北专区。

1955年底，全县建立648个农业生产合作社。

1956年，属晋北专区。全县在648个初级农业生产合作社的基础上调整为299个高级农业生产合作社。

1957年又调整为237个高级农业生产合作社。

1958年2月，全县设38个乡和1个镇。1958年4月，将原有的38个乡合并为32个。1958年9月上旬，全县实现农村人民公社化。全县设城关、蔡村、吴村、西留、西坊城、荆庄、北榆林、荞麦川、大磁窑、中庄铺、王庄堡、土岭、黄花滩、大仁庄14个人民公社。1958年10月下旬，浑源县与广灵县合并为浑源县。同时，将原浑源县抢风岭以南的中庄铺、王庄堡、西河口一带的各村划归灵丘县管辖。合并后的浑源县设20个人民公社。1960年，恢复原浑源县建制。属晋北专区。1961年5月，属雁北专区。将境内的14个人民公社新划为28个人民公社。辖357个生产大队，551个自然村（包括城关16条街），1123个生产小队。1967年，属雁北地区。

1984年9月，实行政社分设，全县由28个人民公社改制为6个镇、22个乡，辖358个村民委员会，自然村数不变。

1993年，属大同市。2002年11月，将张庄乡与城关镇合并为永安镇；将杨庄乡并入沙圪坨镇；将西河口乡并入王庄堡镇；将荆庄乡并入东坊城乡；将大洼乡并入吴城乡；将官王铺乡并入黄花滩乡；将温庄乡与中庄铺乡合并为千佛岭乡；将南水头乡与北榆林乡合并为南榆林乡；将土岭乡并入官儿乡；将林场乡并入青磁窑乡；将什义号乡更名为裴村乡；时辖6个镇、12个乡。

2011年末，辖永安、西坊城、蔡村、沙圪坨、王庄堡、大磁窑6个镇，东坊城、裴村、驼峰、西留、下韩、南榆林、吴城、黄花滩、大仁庄、千佛岭、官儿、青磁窑12个乡，共18个乡级政区；设有6个居民委员会，315个村民委员会。

5. 灵丘县

1949年1月，属察哈尔省雁北专区，10月，全县新编为7个区，辖224个行政村，271个自然村。

1952年12月，属山西省雁北专区。

1956年，全县设置1个镇、35个乡，辖224个行政村，271个自然村。

1958年1月，属晋北专区。同年9月，浑源县王庄堡、中庄铺、温庄堡划归灵丘管辖，全县划为16个人民公社，辖334个大队，334个自然村。

1960年，王庄堡、中庄铺、温庄堡重新划归浑源县，全县辖14个人民公社，260个生产大队，222个自然村。

1961年5月，属雁北专区，同年，将全县14个人民公社调整划分为19个人民公社，辖304个大队，261个自然村。

1967年，属雁北地区。

1984年8月，全县19个人民公社改制为城关、东河南、上寨3个镇，高家庄、落水河、招柏、柳科、下关、王成庄、石家田、白崖台、赵北、史庄、三楼、独峪、银厂、狼牙沟、红石塄、唐之洼16个乡，县政府驻城关镇，辖333个村民委员会，522个自然村。

1993年7月，属大同市。

2002年3月，全县19个乡镇撤并为12个，分别为武灵镇、东河南镇、上寨镇、赵北乡、白崖台乡、落水河乡、柳科乡、石家田乡、独峪乡、史庄乡、下关乡、红石塄乡，下辖254个行政村，185个自然村。

2011年末，辖武灵、东河南、上寨3个镇，落水河、史庄、赵北、石家田、柳科、白崖台、红石塄、下关、独峪9个乡，共12个乡级政权；设有12个居民委员会，254个村民委员会。

6. 广灵县

1949年，全县划分为6个区。

1952年属山西省雁北专署。1958年秋，广灵合并到浑源县，县委和县政府驻浑源县城，当时原广灵县编制为广城、灯塔、钢铁、火箭、红旗、满天红、前进、东风、广益、卫星10个人民公社。

1959年秋，恢复广灵县，属晋北专区，县委和政府驻广灵城内。下设城关、蕉山、王洼、一斗泉、加斗、宜兴、平城、作疃、张岔、邵家庄、南村、海子、梁庄、望狐14个人民公社。

1984年撤销人民公社建制，设置乡镇，辖城关、南村2个镇，一斗泉、王洼、蕉山、加斗、张岔、邵家庄、宜兴、作疃、平城、梁庄、海子、望狐12个乡。同年海子乡更名为香炉台乡。

1993年7月，属大同市。

1996~1997年，张岔乡整体搬迁到加斗乡境内，合并为张岔、新上恩庄、新下恩庄三个村。

2001年3月，撤销王洼、平城、香炉台、张岔、邵家庄5个乡。将王洼乡的白家坟、涧西、王洼西庄、王洼堡、赵庄5个村，平城乡的沙岭村、作疃乡的张庄、田窑、尚疃、榆林堡4个村，宜兴乡的吴家地、集兴疃2个村，加斗乡的南汇村与城关镇合并为壶泉镇；将香炉台乡、南村镇合并为南村镇，贺窑村并入作疃乡，将香炉台、晏子、海子、神树沟、丰水岭、上墨家沟、下墨家沟、天涧、周图寺、翟子沟、狼虎坪、榆沟、上寺、山神庙、坟台沟、念草沟、庄子沟、南寒水、卧羊场、下麻黄沟20个村合并为南村镇；将加斗乡与张岔乡合并，设立加斗乡；将王洼乡的曹川、眷头、滴水崖3个村并归蕉山乡，蕉山乡改辖为19个村民委员会；将邵家庄乡和宜兴乡合并，设立宜兴乡；一斗泉乡、望狐乡、梁庄乡不变。合并后广灵县辖2个镇、7个乡、180个村民委员会。

2006年5月，设立城市社区居民委员会办公室，辖4个居民委员会。

2011年末，辖壶泉、南村2个镇，一斗泉、蕉山、加斗、宜兴、作疃、梁庄、望狐7个乡，共9个乡级政区；设有4个居民委员会、180个村民委员会。

7. 左云县

1949年全县划为6个区。

1950年全县为5个区，属察哈尔省雁北专区。

1952年11月，属山西省雁北专区。

1953年，撤销行政村，区以下建乡，有5个区，49个乡。

1956年，撤区建乡，将峰子涧、马脊梁、常流水3个乡划归大同市南郊区，全县设30个乡。

1958年，成立25个人民公社，当年右玉县并入左云县后，调整为11个人民公社，属晋北专区。

1961年4月左云与右玉分治，全县辖17个人民公社。左云县仍属雁北专区。

1967年9月，属雁北地区。

1971年，破鲁堡、东胜庄、郭家窑3个人民公社划归大同市新荣区，全县辖14个人民公社。

1976年，全县划为14个人民公社、1个镇。

1984年，实行乡镇制，全县设3个镇，12个乡。

1989年，撤销城关乡，并入城关镇，全县划为3个镇，11个乡。

1991年，全县辖城关（今云兴）、店湾、鹊儿山3个镇，三屯、汉圪塔、陈家窑、张家场、威鲁、管家堡、小京庄、酸茨河、马道头、杨千堡、水窑11个乡。

1993年，属大同市。

2001年，撤乡并镇，撤并酸茨河、威鲁、汉圪塔、陈家窑、杨千堡5个乡。

2003年底，全县辖云兴（原城关）、店湾、鹊儿山3个镇，三屯（汉圪塔、陈家窑并入）、张家场（杨千堡并入）、管家堡（威鲁并入），小京庄（酸茨河并入）、马道头、水窑6个乡。

2011年末，辖云兴、鹊儿山、店湾3个镇，管家堡、张家场、三屯、马道头、小京庄、水窑6个乡，共9个乡级政区；设有228个村民委员会。

8. 城区

1949年5月1日，改县为市，属察哈尔省领导。城内设一区（现北街办事处一带，含北关），二区（现西街办事处一带），三区（现东街办事处一带，含东关），四区（现南街办事处一带，含南关），并成立区政府，后改为区公所。同年7月28日，大同市部分农村归城内一、二区（划归一区的有白马城、卧虎湾，划归二区的有宋庄、下皇庄、五里店、西水磨、十里店、十里铺、马军营、房子村、瓦窑村）。同年8月19日又将周家店规划四区。

1950年3月，城区四个区改为三个区。一区管城内东北隅和北关地区，二区管城内西北隅、西南隅地区，三区管东南隅、东关和南关地区。

1952撤销三区，城内只设两个区：一区辖东北隅、北关、西北隅；二区东南隅、西南隅、东关、南关，区公所改为区人民政府。同年10月，大同市城区属大同市。

1954年2月，城内一、二区合并成立大同市市区，随后改为城区，城区之名沿用迄今。

1955年设8个街道。1960年成立人民公社，下设的8个街道改为分社。

1967年3月复设10个街道。

1986年南关街道分出部分辖地，成立向阳里街道。

1989年，新建路街道分成新建南路街道和新建北路街道。北关街道分为北关街道和新华街道。时辖13个街道。

1997年新建南路街道分出部分街巷成立振华街道。

2011年末，辖南关、北关、东街、西街、南街、北街、新建南路、新建北路、大庆路、新华街、西花园、老平旺、向阳里、振华南街14个街道，共14个乡级政区；下设109个社区居民委员会。

9. 矿区

1949年1月15日，划归察哈尔省，隶属雁北专署。1949年5月1日从西大同县分出成立大同市第五区，驻地口泉镇，属大同市，下辖1个村公所，1个街公所，16个村庄。

1950年3月，五区撤销，新设四区和口泉矿区办事处，管辖口泉镇及原五区所辖的煤峪口，忻州窑等12个村庄。同年8月，四区合并于口泉矿区办事处，下辖1个镇、1个村公所和23个行政村（26个自然村），驻地口泉镇。

1951年6月，将口泉矿区办事处更名为口泉矿区，同年9月，从大同县划出官窑、老窑沟等8个行政村（10个自然村）归口泉矿区。

1953年口泉矿区管辖11个乡，同年5月煤峪口、永定庄、刁窝嘴（现同家梁）3个村公所改称3个乡，8月又改为3个街道。

1954年2月，四老沟乡改为街道，同年4月，十里店、马军营2个乡划归郊区。

1954年5月，口泉矿区更名为口泉区，同时建立3个街道，撤销王家园乡。

1957年增设忻州窑街道。

1958年11月公社化时，口泉区辖13个人民公社、92个生产大队。

1959年3月，郊区的平旺人民公社49个生产大队划归口泉区。口泉区原辖的云冈、高山、星火3个人民公社36个生产大队划归郊区。同年5月，全市人民公社由原来的24个调整为36个，其中在矿区境内的9个，口泉、永定庄等街道办事处都得以恢复。

1960年郊区的西韩岭、毛家皂人民公社，云冈区所辖的云冈、高山2个人民公社划归口泉区，口泉区的毛家皂、鹅毛口人民公社划归怀仁区。同年6月口泉区的街道改为人民公社分社。是年，口泉区设立1个人民公社，下设15个分社88个管理区120个自然村。

1961年11月，口泉区下辖的口泉、平旺、西韩岭、米庄、鸦儿崖、峰子涧、云冈、高山8个分社改为人民公社。是年，口泉区共辖8个人民公社。

1963年5月口泉区8个人民公社调整为10个，撤销原米庄人民公社，分设赵家小村、下窝寨2个人民公社，增设北村人民公社。

1964年，撤销口泉人民公社，设口泉街道。

1966年5月，口泉区所辖的各人民公社及各街道下辖的生产大队农业区域全部划归郊区。是年，增设雁崖、马脊梁2个街道。时辖煤峪口、永定庄、同家梁、四老沟、忻州窑、白洞、口泉、新平旺、晋华宫、雁崖、马脊梁11个街道，有170个居民委员会。

1968年4月增设挖金湾街道。

1970年10月16日矿区成立，隶属大同市和大同矿务局双重领导，以大同矿务局领导为主，实施政企合一的管理体制，机关驻地迁到新平旺（矿务局六处）。是年，口泉镇划归南郊区管辖，矿区辖11个街道、137个居民委员会。

1971年2月增设民胜、新泉路、大斗沟、王村、姜家湾5个街道。是年，全区共辖16个街道、153个居民委员会。

1979年由雁北专署管辖的南郊区鸦儿崖乡境内的马口街道及南郊区管辖的部分工业企业划归矿区，同年7月原属南郊区的口泉镇划归矿区，同时改变政企合一管理体制，矿区脱离与大同矿务局的隶属关系。

1980年2月，矿区属大同市，辖17个街道、1个镇，有217个居民委员会。

1984年5月增设杏儿沟街道，1985年8月增设燕子山街道，是年共辖口泉镇和19个街道，有223个居委会。

1988年3月增设青磁窑街道，8月口泉镇改制为口泉街道，同年，增设平泉路街道，1989年10月增设四台沟街道，1993年6月增设新胜街街道。是年，全区辖24个街道、301个居民委员会。

2002年5月全区居委改制，由原来的301个居民委员会缩编为121个居民委员会。

2008年3月增设和瑞街道，同年8月，增设和顺街道。是年，全区共辖26个街道、102个居民委员会。

2010年10月增设清泉街道，2010年10月，增设平盛路街道。是年，全区辖28个街道、106个居民委员会。

2011年末，辖新胜街、新平、煤峪口、永定庄、同家梁、四老沟、忻州窑、白洞、雁崖、挖金湾、晋华宫、马脊梁、大斗沟、王村、姜家湾、新泉路、民胜、口泉、马口、燕子山、杏儿沟、青磁窑、平泉、四台沟、和顺、和瑞 26 个街道，共 28 个乡级政区；下设 106 个社区居民委员会。

10. 南郊区

1970 年 10 月成立南郊区，属大同市。辖 12 个人民公社和口泉镇。1971 年，云冈、高山 2 个人民公社划归南郊区。

1972 年，古店人民公社划归南郊区。

1980 年，口泉镇及原口泉区管工厂企业划归矿区，农村部分仍为南郊区，全区共有 15 个人民公社。此后境域再未变动。

1984 年，云冈、古店、高山人民公社改制为镇，马军营、城关、小南头、水泊寺、平旺、西韩岭、北村、口泉、峰子涧、鸦儿崖、赵家小村、西万庄 12 个人民公社改制为乡，全区辖 3 个镇 12 个乡。

2001 年 2 月，对原有 15 个乡镇进行撤并调整。撤销小南头乡、北村乡、峰子涧乡、赵家小村乡、西万庄乡。将小南头乡所辖行政村并入水泊寺乡；将西万庄乡、赵家小村乡与口泉乡的口泉、同家梁、永定庄、韩家窑、银塘沟、店村、回去村、曹家窑、郑家岭、里南沟、四老沟、白洞 12 个村合并；将北村乡并入西韩岭乡；将口泉乡的大北沟、忻州窑、石岩庄、煤峪口 4 个村并入平旺乡；将峰子涧乡并入高山镇；将城关乡更名为新旺乡；云冈镇、古店镇、马军营乡、鸦儿崖乡保持原建制不变，共 3 个镇 7 个乡，辖 190 个村民委员会。

2011 年末，辖古店、高山、云冈 3 个镇，口泉、新旺、水泊寺、马军营、西韩岭、平旺、鸦儿崖 7 个乡，共 10 个乡级政区；下设 190 个村民委员会。

11. 新荣区

1949 年 5 月，东西大同县合并，今镇川、花园屯 2 乡为大同县十一区，新荣镇和拒墙、堡子湾 3 乡镇为十二区，户部、西村、上深涧 3 乡为十三区。

1949 年 10 月，属察哈尔省大同、左云两县。

1952 年 11 月，属山西省雁北专区。

1954 年 7 月，大同、怀仁 2 县并为大仁县，新荣镇、西村乡、堡子湾乡、花园屯乡，属大仁县；郭家窑、破鲁 2 乡属左云县；上深涧乡属大同市郊区，均隶属山西省雁北专区。

1958 年 11 月，大仁县并入大同市，原属大仁县的乡村归属大同市郊区。同年 12 月，大同市设立城区、郊区、古城区、怀仁区、口泉区、云冈区，原属大同市郊区的乡村归属口泉区、云冈区。同年，左云县、右玉县合并为左右县，郭家窑乡、破鲁乡属之。

1960 年 1 月 1 日，属古城区。

1964 年 11 月 30 日复归大同县管辖。

1970 年 4 月 17 日成立大同市北郊区，辖云冈、高山、古店和由大同县划归的新荣、镇虏、西村、上深涧、得胜、拒墙共 9 个人民公社。

1972 年 1 月 10 日，原左云县所辖的郭家窑、东胜庄、破鲁及原大同县所辖的花园屯、镇川 5 个人民公社划归本区，云冈、高山、古店 3 个人民公社划归南郊区，4 月更名为大同市新荣区。属大同市。

1984 年 2 月 27 日，得胜人民公社更名为堡子湾人民公社，镇虏人民公社更名为户部人民公社。同年 10 月 18 日，恢复乡村体制，设新荣 1 个镇，花园屯、镇川、堡子湾、拒墙、西村、户部、破鲁、郭家窑、东胜庄、上深涧 10 个乡。

2001 年 3 月，1 个镇 10 个乡合并为 1 个镇 6 个乡。将户部乡和西村乡合并为西村乡，将东胜庄乡与郭家窑乡合并为郭家窑乡，将拒墙乡与堡子湾乡合并为堡子湾乡，将镇川乡与花园屯乡合并为花园屯乡，新荣镇、破鲁乡、上深涧乡其建制、管辖区域不变。

2011 年末，辖新荣 1 个镇，破鲁、郭家窑、花园屯、西村、上深涧、堡子湾 6 个乡，共 7 个乡级政区；设有 140 个村民委员会。

2001 年大同市各县（区）乡镇行政区划调整情况表

县（区）	调整前乡镇数		调整后乡镇数		撤并前村委会数（个）	撤并后村委会数（个）	减幅（%）	面积（平方公里）	总人口（人）	每乡平均人数（人）	备注
	乡（个）	镇（个）	乡（个）	镇（个）							
南郊区	12	3	7	3	190	190	33.33	1050	242469	24246	
新荣区	10	1	6	1	167	140	36.36	1018	106966	15281	
大同县	13	3	7	3	189	175	37.25	1368	128520	12852	
阳高县	13	7	6	7	290	256	35	1726	276755	21288	

续表

县（区）	调整前乡镇数		调整后乡镇数		撤并前村委会数	撤并后村委会数	减幅（%）	面积（平方公里）	总人口	每乡平均人数	备注
	乡（个）	镇（个）	乡（个）	镇（个）							
天镇县	12	5	6	5	267	221	35.29	1653	200065	18188	
浑源县	22	6	12	6	358	315	35.7	1966	337655	18759	
灵丘县	16	3	9	3	335	254	36.8	2730	215189	17932	
广灵县	12	2	7	2	184	180	35.7	1282	165955	18439	
左云县	11	3	6	3	266	233	35.7	1314	129852	14428	
开发区					2	2		15	5859		
合　计	121	33	66	33	2248	1966	36.3	14122	1809285	161413	

2001 年南郊区乡镇行政区划调整情况表

乡（镇）名称	乡镇政府驻地	辖村委会数	总人口	国土面积（平方公里）	区划调整情况
水泊寺乡	水泊寺村	25	50115	102.4	水泊寺乡、小南头乡合并
口泉乡	口泉村	35	46666	196.1	口泉乡 12 个村、赵家小村乡、西万庄乡合并
西韩岭乡	西韩岭村	17	27015	107.1	西韩岭乡、北村乡合并
平旺乡	平旺村	10	22333	52.9	平旺乡、口泉乡的 4 个村合并
高山镇	高山村	26	17008	144.2	高山镇、峰子涧乡合并
云冈镇	云冈村	18	22493	122.5	不调整
新旺乡	南关南街	13	19349	49.5	城关乡更名为新旺乡
马军营乡	马军营村	22	41557	110	不调整
古店镇	古店村	10	11810	83.1	不调整
鸦儿崖乡	鸦儿崖村	14	10709	82	不调整

2001 年新荣区乡镇行政区划调整情况表

乡（镇）名称	乡镇政府驻地	辖村委会数	总人口	国土面积（平方公里）	区划调整情况
花园屯乡	花园屯村	26	16813	217.2	镇川乡、花园屯乡合并
堡子湾乡	堡子湾村	24	17024	182.9	拒墙乡、堡子湾乡合并
郭家窑乡	郭家窑村	25	15077	155.1	郭家窑乡、东胜庄乡合并
西村乡	西村村	20	11697	160.5	西村乡、户部乡合并
新荣镇	新荣村	15	20860	121.5	不调整
上深涧乡	上深涧村	14	15138	85.5	不调整
破鲁乡	破鲁村	16	10357	90	不调整

2001 年大同县乡镇行政区划调整情况表

乡（镇）名称	乡镇政府驻地	辖村委会数	总人口	国土面积（平方公里）	区划调整情况
西坪镇	西坪村	19	20584	132	西坪镇、中高庄乡合并
许堡乡	许堡村	19	16870	228	许堡乡、西册田乡合并
瓜园乡	瓜园村	18	10758	140	瓜园乡、陈庄乡合并
党留庄乡	党留庄村	11	13586	70	不调整
杜庄乡	杜庄村	19	13603	154	不调整

续表

乡（镇）名称	乡镇政府驻地	辖村委会数	总人口	国土面积（平方公里）	区划调整情况
聚乐乡	聚乐村	17	8776	150	聚乐乡、阎老山乡合并
峰峪乡	峰峪村	19	12405	204	峰峪乡、徐团乡合并
吉家庄乡	吉家庄村	21	12060	199	吉家庄乡、麻峪口乡合并
倍加造镇	倍加造村	9	19358	78	不调整
周士庄镇	周士庄村	23	15673	148	不调整

2001 年阳高县乡镇行政区划调整情况表

乡（镇）名称	乡镇政府驻地	辖村委会数	总人口	国土面积（平方公里）	区划调整情况
龙泉镇	县城北门外	28	77445	180.3	城关、孙仁堡合并，更名
罗文皂镇	罗文皂村	18	30763	175.1	罗文皂镇、太平堡村合并
王官屯镇	王官屯村	36	25455	200.2	王官屯镇、朱家窑头乡合并
大白登镇	大白登村	27	20498	104.9	大白登镇、潘寺乡合并
古城镇	古城村	29	19426	150.4	古城镇、下神峪乡合并
狮子屯乡	狮子屯村	23	19212	108.4	狮子屯乡、后营乡合并
下深井乡	下堡村	25	15735	158.7	下深井乡、张官屯乡合并
长城乡	长城村	9	6815	175.4	不调整
北徐屯乡	北徐屯村	10	16592	67.2	不调整
马家皂乡	马家皂村	13	15480	80.9	不调整
东小村镇	东小村村	17	11602	116.6	不调整
友宰镇	友宰村	12	13876	145	不调整
鳌石乡	鳌石村	9	12829	63.2	不调整

2001 年天镇县乡镇行政区划调整情况表

乡（镇）名称	乡镇政府驻地	辖村委会数	总人口	国土面积（平方公里）	区划调整情况
玉泉镇	县城东北街	12	40558	74.9	城关镇更名为玉泉镇
谷前堡镇	谷前堡村	13	20451	129.9	不调整
三十里铺乡	三十里铺村	19	22131	121.8	三十里铺乡、孙家店乡合并
南河堡乡	南河堡村	24	23855	91.3	南河堡乡、东沙河乡合并
米薪关镇	米薪关村	25	20597	205.7	米薪关镇、谷大屯乡合并
贾家屯乡	宣家塔村	22	16567	133.6	贾家屯乡、蒋军庙乡合并
赵家沟乡	赵家沟村	16	8567	119.4	不调整
南高崖乡	南高崖村	21	9002	229.2	不调整
张西河乡	张西河村	21	12161	116.6	不调整
逯家湾镇	逮家湾村	26	16568	227.6	逯家湾镇、宣家塔乡合并
新平堡镇	新平堡村	22	14241	184.2	新平堡镇、大营盘乡合并

2001 年浑源县乡镇行政区划调整情况表

乡（镇）名称	乡镇政府驻地	辖村委会数	总人口	国土面积（平方公里）	区划调整情况
黄花滩乡	黄花滩村	20	13012	107.13	黄花滩乡、官王铺乡合并
西坊城镇	西坊城村	12	14681	56.19	不调整

续表

乡（镇）名称	乡镇政府驻地	辖村委会数	总人口	国土面积（平方公里）	区划调整情况
蔡村镇	蔡村	10	14236	57.9	不调整
大磁窑镇	大磁窑村	11	8964	50.69	不调整
裴村乡	裴村	12	17249	88.7	由什义号乡更名为裴村乡
西留乡	西留村	9	13116	85.58	不调整
下韩乡	下韩村	7	11996	28.13	不调整
驼峰乡	驼峰村	15	13239	84.48	不调整
大仁庄乡	大仁庄村	19	8081	118.8	不调整
永安镇	西顺街	24	95548	84.43	城关镇、张庄乡合并
沙圪坨镇	沙圪坨村	23	25589	174.10	杨庄乡、沙圪坨镇合并
王庄堡镇	王庄堡村	30	15426	188.66	王庄堡镇、西河口乡合并
千佛岭乡	中庄铺村	27	15188	193.42	中庄铺乡、温庄乡合并，并更名
青磁窑乡	青磁窑村	22	10104	115.75	青磁窑乡、林场乡合并
东坊城乡	东坊城村	17	27698	119.63	荆庄乡、东坊城乡合并
吴城乡	吴城村	16	10567	100.68	吴城乡、大洼乡合并
官儿乡	官儿村	21	11955	196.4	官儿乡、土岭乡合并
南榆林乡	南榆林村	20	11006	112.95	南水头乡、北榆林乡合并

2001 年灵丘县乡镇行政区划调整情况表

乡（镇）名称	乡镇政府驻地	辖村委会数	总人口	国土面积（平方公里）	区划调整情况
武灵镇	城内村	44	67116	233	城关镇、高家庄乡、唐之洼乡合并
东河南镇	东河南村	28	32729	247	东河南镇、银厂乡合并
上寨镇	上寨村	19	17373	291	上寨镇、狼牙沟乡合并
落水河乡	落水河村	23	23985	283	落水河乡、招柏乡合并
赵北乡	赵北村	31	17997	282	赵北乡、王成庄乡合并
独峪乡	独峪村	19	9543	260	独峪乡、三楼乡合并
下关乡	下关村	14	9550	266	不调整
白崖台乡	白崖台村	16	6597	190	不调整
史庄乡	史庄村	13	7799	144	不调整
石家田乡	石家田村	17	9755	186	不调整
柳科乡	柳科村	17	8079	202	不调整
红石塄乡	红石塄村	13	4666	148	不调整

2001 年广灵县乡镇行政区划调整情况表

乡（镇）名称	乡镇政府村驻地	辖村委会数	总人口	国土面积（平方公里）	区划调整情况
壶泉镇	壶泉村	27	46000	79.1	并入周边 13 个村，原城关镇更名为壶泉镇
南村镇	南村村	38	26113	276.6	南村镇、香炉台乡合并
作疃乡	作疃东堡村	20	19375	117.4	平城乡、作疃乡合并
加斗乡	西加斗村	15	18005	113.8	张岔乡、加斗乡合并
蕉山乡	西蕉山村	15	15505	89.3	原王洼乡的 3 个村与蕉山乡合并
宜兴乡	西宜兴村	17	11978	130.1	邵家庄乡、宜兴乡合并

续表

乡（镇）名称	乡镇政府驻地	辖村委会数	总人口	国土面积（平方公里）	区划调整情况
梁庄乡	梁庄西堡村	16	13466	188.2	不调整
望狐乡	望狐村	14	8296	180.9	不调整
一斗泉乡	一斗泉村	18	11062	112.6	不调整

2001年左云县乡镇行政区划调整情况表

乡（镇）名称	乡镇政府驻地	辖村委会数	总人口	国土面积（平方公里）	区划调整情况
三屯乡	三屯村	44	12588	231.3	陈家窑乡、汉圪塔乡、三屯乡合并
张家场乡	张家场村	32	13321	193.6	杨千堡乡、张家场乡合并
小京庄乡	小京庄村	34	11515	234.6	酸茨河乡、小京庄乡合并
管家堡乡	管家堡村	21	11357	123.8	威鲁乡、管家堡乡合并
马道头乡	马道头村	24	10432	144.6	不调整
云兴镇	县城南街	31	38700	137.5	城关镇更名为云兴镇
店湾镇	店湾村	25	10591	106.3	不调整
鹊儿山镇	鹊儿山村	10	11144	55.5	不调整
水窑乡	水窑村	12	10204	86.5	不调整

四、行政区划图书编纂

2012年5月29日，《中华人民共和国政区大典》山西大同分卷编纂工作会议召开，标志着《政区大典》山西大同分卷编纂工作正式启动。

2012年7月27日，《中华人民共和国政区大典》山西大同分卷编纂培训会在大同市天贵国际酒店召开，市编委会联络员、各县区民政局、乡镇、街道工作人员，共计180余人参加会议。

2012年11月20日，《中华人民共和国政区大典》山西大同分卷情况汇报会在市民政局大会议室召开，各县、区分管政区大典编纂工作的领导，市编委会办公室工作人员参加会议。

2013年1月，市民政局聘请专家、学者对《中华人民共和国政区大典》山西大同卷中的各县区、乡镇（街道）分卷进行评审。市编委会办公室聘请老专家姚斌、学者王林等对11个县区分卷逐一评审，他们从编纂格式、词条内容等方面认真审核，要求条理清晰，行文严谨朴实，文字流畅，内容丰富，资料翔实，客观公正，只描述客观现实、结果、状况，用数据说话，用事实证明，不进行工作评价，采用规范文体，文字要规范准确，简明畅达，言简意赅，不用形容词，不用口语、文言文，不用政治口号性语言，对人名、地名、数据务必反复核查，确保准确无误。

五、界线管理

大同市界线涉及省界2条：晋冀线（山西—河北）、晋蒙线（山西—内蒙古）。市界2条：同朔线（大同—朔州）全长275.4公里，同忻线（大同—忻州）全长81.29公里。县界14条。

大同市区划界线及界碑情况

1. 市界2条

同朔线（大同—朔州）、大同朔州线北起晋蒙线01415013号界桩，南止于朔州、大同、忻州三市交会点14020622S号界桩，全长275.4公里，全线共设计界桩17个号（其中12号、13号为双立同号A、B界桩），实际树立界桩20颗（包括三市交会点界桩）。界线涉及双方7县1区，大同市左云县、大同县、浑源县、南郊区；朔州市右玉县、怀仁县、山阴县和应县。

同忻线（大同—忻州）、大同忻州线走向由西向东从大同—朔州—忻州三市边界线交会点起，到大同忻州边界线与晋冀边界线交点止，全长81.29公里，共设计了5个号，5颗界桩，实地埋设5颗不包括三县（市）交会点界桩。界线涉及双方3个县，大同市的浑源县、灵丘县，忻州市的繁峙县。

2. 县界14条

大同新荣线：共涉及双方4个乡镇17个村，边界线北起采凉山主峰500米处，即新荣区、大同县、阳高县三县（区）交会点，向南偏西南延伸至南郊区、新荣区、大同县三县（区）交会点止，全长20.25公里。埋设1颗界桩。

左云南郊线：共涉及双方7个乡镇42个村，边界线北起南郊区、新荣区、左云县三县（区）交会处，至南郊、左云、怀仁县三县（区）交会点止，全长50.37公里。埋设3颗界桩。

新荣阳高线：共涉及双方2个乡镇9个村，边界线北起晋蒙边界第19号界桩向南偏东南缓坡上行，止于新荣、阳高、大同县三县（区）交会点，全长9.9公里。埋设1颗界桩。

大同南郊线：共涉及双方7个乡镇27个村，边界线北起南郊区、新荣区、大同县三县（区）交会处，终至大同朔州线南郊、大同、朔州怀仁县三县（区）交会点止，全长31.1公里。埋设2颗界桩。

灵丘浑源线：共涉及双方8个乡镇42个村，边界线从广灵、灵丘、浑源三县交会点起向西偏南延伸，再向南偏西南延伸至灵丘、浑源与忻州繁峙的三县交点为止，全长48.75公里。埋设2颗界桩。

广灵阳高线：共涉及双方4个乡镇14个村，边界线北起阳高、广灵、浑源三县交会处，止于晋蒙线新阳高、广灵、河北阳原三县交会点，全长29.55公里。埋设1颗界桩。

大同浑源线：共涉及双方12个乡镇50个村，边界线西起同朔线16号界桩，止于阳高、浑源、大同县三县交会点界桩，全长59.379公里。埋设2颗界桩。

新荣南郊线：共涉及双方11个乡镇53个村，边界线由南郊区、新荣区、左云县三县（区）交会点，终至南郊、新荣、大同县三县（区）交会点止，全长104.9公里。埋设2颗界桩。

浑源广灵线：共涉及双方4个乡镇30个村，边界线北起阳高、广灵、浑源三县交会处，止于广灵、灵丘、浑源三县交会点，全长32.15公里。埋设2颗界桩。

大同阳高线：共涉及双方10个乡镇42个村，边界线北起新荣、阳高、大同县三县（区）交会处，止于阳高、浑源、大同县三县交会处界桩，全长69.165公里。埋设5颗界桩。

左云新荣线：共涉及双方5个乡镇17个村，边界线北起晋蒙边界的凉城、新荣区、左云县三县（区）交会点，终止于南郊、新荣、左云县三县（区）交会点，全长17.7公里。埋设1颗界桩。

天镇阳高线：共涉及双方11个乡镇38个村，边界线北起晋蒙边界25号界桩，止于阳高、天镇、河北阳原县三县交会点，全长53.3公里。埋设3颗界桩。

广灵灵丘线：共涉及双方6个乡镇31个村，边界线西起广灵、灵丘、浑源三县交会点，止于晋蒙线广灵、灵丘、河北蔚县三县交会点，全长53.65公里。埋设3颗界桩。

浑源阳高线：共涉及双方3个乡镇6个村，边界线北起阳高、浑源、大同县三县交会点，止于阳高、浑源、广灵县三县交会点，全长4.2公里。埋设2颗界桩。

勘界工作

1996年7月22日，市政府成立勘界工作领导组，组长昝培国，办公室设在市民政局，主任为王华子副局长。勘界办负责全市勘界工作的领导与协调。9月12日召开首届全市勘界工作会议。会议传达了全国勘界会议精神，安排了本年度全市勘界工作计划。10月21日至11月6日，晋、蒙勘界办在左云、阳高召开协商会，完成了晋蒙东段242公里的边界勘定工作。12月完成了阳高、天镇68.7公里的边界勘定任务。同期又制订了大同朔州联合勘界实施方案。

1998年2月10日，大同市勘界工作领导小组，在市光荣院召开全市第三次勘界工作会议，市勘界工作领导小组成员及各县（区）勘界领导小组负责人、勘界办负责人参加会议。会议布置了今后的工作任务。

1998年2月20～23日，大同市、忻州地区联合勘定大同忻州线勘界工作协商会议在大同市军供站召开。大同市勘界办主任王华子、浑源县副县长康巨文、灵丘县副县长孙信，忻州地区勘界办主任张久礼、繁峙县县长助理温泽，根据双方制订联合勘界实施方案的原则，就双方共有的界线进行了友好协商，在取得共识的基础上，草签长约83公里的界线。余2公里的界线待双方认定后，再行勘定。

1998年7月13日，大同市勘界工作领导小组，在大同市光荣院召开全勘界工作表彰会，表彰先进集体9个、先进个人17人。

1999年11月18日，大同市市内最后一条县级界线南郊—左云线经过双方共同努力，历经2年，终于达成贯通协议。

2000年1月18日，大同、忻州勘界领导组在忻州市召开协商会，对遗留2公里未定界线达成共识，一举贯通全线。使大同—忻州勘界工作进入测绘埋桩阶段。

2000年8月8日，省勘界工作领导小组根据晋勘发〔2000〕4号文件精神，对大同、朔州线南郊怀仁段双方有争议的9公里的边界线进行裁定。至此，大同、朔州线全长274.5公里的边界线全线贯通。

2011年8月，根据界线联检工作要求，由河北省保定市地名办牵头，完成晋、冀线灵丘—涞源段的界线联检工作。完成了县级界线南郊区—大同县段的联检工作。

2012年8月，根据国务院《行政区域界线管理条例》及大同市2012年县级行政区域界线联检工作安排，组织对广灵—浑源、大同—阳高、左云—新荣三条县级界线进行联合检查工作。此次联检工作的界线全长123.965公里，涉及6个县区、14个乡镇。对边界线逐点、逐段详细核对检查，清理界桩、标志物周围的杂草、遮挡物，对界桩进行重新油漆、加固、照相和录像。界线实地位置准确、清晰、易认，无任何界线争议和边界线改变等问题，检查结果和边界线档案情况相符。

2013年9月2日，大同市"平安边界"创建活动现场会在灵丘举行，来自全市各县区民政局的分管领导及工作人员共计20余人参加了现场会。

附：区划存在问题及调整意见

大同市市辖区现行的行政区划是1970年以来形成的，建立在"政企合一"的大背景之下，其显著特点是"城郊分割、犬牙交错、区界不明、矛盾重重"。主要体现在城区、矿区、南郊区的行政区域界线交错，管辖范围相互重叠，形成"区界不清、责权不明"的不合理现象。具体反映在治安、户籍、环境卫生、城市规划、行政审批等行政管理方面。这种管理混乱局面直接影响政府的公共服务水平，致使城市基础设施和服务设施配套建设滞后，并存在重复建设、资源浪费、管理盲区等突出问题。南郊区的管辖范围高度分散，呈半环形状，对城区、矿区形成包围，相互渗透和咬合，不仅不利于自身的统筹发展，而且对城区、矿区的发展形成巨大掣肘。

中心城市的空间拓展受到郊区包围城区行政管理架构的严重制约，对空间资源的合理配置造成严重影响，对优势资源的组合利用造成障碍。"管理难度大、行政成本高、项目落地难"等严重制约经济社会发展的种种弊端日益凸显。如大同名城资源价值巨大，但由于城区行政区域狭小，人口和产业却不断聚集，对名城保护造成巨大压力。城区面积仅46平方公里，占全市面积的0.33%，自1954年建区以来一直没作调整，而人口却成倍增长，目前老城的人口密度已高达2.5万~3.5万人/平方公里。另外，南郊区与矿区之间"你中有我、我中有你"的混乱局面，使得矿区、同煤集团服务基地和郊区乡村三者之间关系复杂，城乡空间资源的利用局面混乱，严重影响矿区服务功能的提升。

大同市行政区划的调整，早在2000年就经过多方论证和广泛征求意见，并形成方案准备上报，后因诸多主客观原因而搁置。

2008年，市委、市政府研究决定重新启动行政区划调整工作，并聘请中国城市规划研究院专家来同，对城市规划和行政区划进行论证和研究。11月6日，市委常委扩大会议在研究《大同市城市空间发展战略规划》《大同御东分区发展规划》时明确提出，要理顺和调整行政区划。2009年2月5日，市政府常务会议听取和审议《关于调整大同市区划的报告》，议定由市规划局会同有关部门按会议讨论的意见对该报告修改后报市委常委会审议。2009年2月9日市委常委会审议《大同市市辖区行政区划调整方案》。3月16日，《关于大同市市辖区行政区划调整的请示》以市政府文件同政发〔2009〕52号上报省政府，同时在市展览馆公布区划调整的图版和模型，征求社会各界的意见。2010年6月7日省政府第65次常务会议对大同市市辖区行政区划调整方案进行研究，并提出修改意见。根据会议精神，市政府对大同市市辖区区划调整方案予以补充和修改，并于2010年6月13日上报省政府。2010年7月29日省委召开全省干部大会后，根据袁纯清书记和王君省长的讲话精神，按照省委、省政府确定的"一核一圈三群"城市空间发展战略的要求，对行政区划调整方案进一步修改和完善，于2010年12月12日再次上报省政府。2010年12月20日，常务副省长李小鹏作了"原则同意，请民政厅、法制办审核后提交政府常务会审议"的批示。2011年

1月5日，王君省长作了赞同的批示。根据上述批示精神，2011年1月12日市政府就调整区划的问题向省法制办作了专题汇报，省法制办认为大同市市辖区区划调整的法律依据是明确的。

区划调整方案上报之前有关县区均以政府文件上报同意行政区划调整方案的报告；省环保局、山西省第十地质工程勘察院对御东区行政办公驻地环境、周边地质灾害及水文地质条件进行评估，并分别出具评估报告。

区划调整方案上报之后，省民政厅分管的副厅长、区划地名处长会同市政府主要领导等专程赴民政部，向民政部的分管副部长罗平飞以及区划地名司的领导进行汇报，民政部领导对大同市行政区划调整的思路和方案给予充分肯定，认为大同市目前的行政区划确实非常不合理，亟须进行调整。

对于大同市行政区划调整方案，省民政厅非常重视，有关领导3次来同调研征求意见。2009年7月14日，省民政厅领导来到大同市，主持召开大同市区划调整座谈会，参加会议的有市四大班子主要领导，以及民政、财政、国土资源等9个单位的主要负责人，还有老干部代表、人大代表、政协委员、专家学者以及区划调整所涉及的5个县区的政府主要负责人，共计35人。随后省民政厅领导率相关处室负责人和工作人员又深入城区、矿区、南郊区、新荣区、大同县5个县（区）分别召开有县（区）委主要领导、老干部代表、人大代表、政协委员等参加的专题座谈会。在上述6个座谈会上相关领导和社会各界充分发表意见，达成共识，认为大同市区划调整方案符合省委省政府建设"一核一圈三群"城市空间发展战略，完全符合大同的实际。区划的调整有利于城市整体功能的优化和推进全市城镇化的进程；有利于土地资源、产业布局和公共服务资源的合理配置；有利于解决现行区划界线不清、城郊分割、人地分离、权责不明、管理难度大、行政成本高、办事效率低的突出问题；有利于解决重复执法、互相扯皮、软环境硬、硬环境软、招商引资难、落地项目少的瓶颈，推动全市经济社会可持续发展。将座谈会意见综合后，写入最后上报省政府的方案。

2013年4月省政府印发的《山西省国家资源型经济转型综合配套改革试验2013年行动计划》中明确提出"积极稳妥推进行政区划优化调整，争取调整大同市中心城区的城、郊、矿区设置"。5月7日省民政厅厅长、分管区划的副厅长来大同市，与市政府主要领导就全市区划调整方案进行沟通，并建议区划调整"五改五"，同时，要求在6月上报方案。为此对原方案又一次进行修改，并于2013年6月13日市委常委会审议通过，6月14日，将《关于大同市市辖区行政区划调整的请示》《关于市辖区行政区划调整风险评估有关情况的报告》，分别以市政府文件同政发〔2013〕54号、同政发〔2013〕55号上报省政府。

第二节　地名管理

1980年10月16日，成立大同市地名普查领导组，领导全市地名普查工作。领导组由市民政、城建、公安、交通、水利、文化局和市武装部7个单位的领导组成，由市革委副主任刘建唐牵头。领导组下设办公室，各区亦相继建立地名普查领导组和办公室。

1981年7月17日，市地名普查办公室经市人民政府批准，更名为大同市地名办公室，设市民政局内。

1984年8月21日，市人民政府常务会议决定，同意成立大同市地名委员会，市地名办公室属该委员会领导，仍在市民政局办公。委员会由市民政、公安、城建、教育、文化局、大同日报社、市文史资料办公室、市外事办公室、市地方志编纂委员会办公室、市博物馆等单位领导11人组成。市人民政府顾问李世源任主任，1985年9月4日，市地名委员会撤销，其办公室由市民政局代管。

一、地名普查

大同市地名普查工作，1980年10～12月，首先从南郊、新荣两区农村开始，嗣于1981年6月和1982年3月开展城区、矿区的城市地名普查。全市先后举办4期地名普查业务干部培训班，参加培训的有区、街道办事处，居民委员会、人民公社、生产大队和有关单位抽调的人员共327人，其中城区110人，矿区85人，南郊区95人，新荣区37人。继培训后，在南郊区、矿区新平旺街道办事处、城区西街街道办事处先后进行普查试点，然后全面铺开。普查时，工作人员深入实地，采取走访、座谈、查阅资料、实地踏勘等方法进行调查。对调查资料反复核对、分析、考证，然后填写草卡、表，最后层层把关，逐级验收，合格后，填写图、文、表、卡四项成果。全市共普查各类地名2268条（农村1017条，城市1251条）。其中行政区划名称733条（农村389条、城市344条），居民地375条，路、街、巷435条，区片212条，企业单位114条，事业单位114条，行政单位5条，台2条，站86条，厂19条，场26条，山11条，峰2条，沟13条，河流9条，水库23条，渠19条，桥梁24条，古迹25条，公路27条，峪口3条，游览地2条，人工建筑物2条，其他27条。共填写地名成果表378页，地名卡片6804张，编写文字概况816份，标注两个郊区1：5万标准地形图25幅。这些成果书写工整，标注清晰，是大同市地名档案中的重要历史资料。1985年8月，全市地名普查4项成果，报送省地名办公室。

二、地名命名更名

大同市地名在普查前存在着不少混乱现象，如重名、无名，行政区划名称与驻地名称不一和名称不标准、不规范等，这些混乱状况，给经济建设和人民生活带来诸多不便。市地名办公室根据国务院《地名命名、更名暂行规定》，开始对现行地名中存在的混乱状况进行调查和整顿。在征求群众意见的基础上，由基层或有关部门提出需要命名、更名的意见，最后报经省、市人民政府审批。至1985年，全市共命名、更名各类地名266条，其中命名的路、街97条，区片26条，公路6条，桥梁2条。更名的公社3个，大队和自然村30个，街、巷33条，区片19条，桥梁1条。合并、延伸的街、巷、公路19条。对原街、巷进行规范化处理的30条。

1. 2009年大同市市区部分主、次干道以及桥梁命名、更名

（1）古城城墙内的东、西、南、北街名分别恢复为和阳街、清远街、永泰街、武定街。

（2）原来的迎宾东路、迎宾西路、宾西街拟合并更名为迎宾街，西起西环路，东至迎宾大桥。迎宾大桥以东延伸路段拟定名为恒安街。

（3）原来的雁同东、西路及延伸段拟合并定名为平城街，西起西环路，东至平城桥（拟命名新建）。平城桥以东延伸路段拟定名为云州街。

（4）原来的新开西二路、新胜东西街、南关东西街、小东门街拟合并更名为北都街，西起同泉路，东至北都桥（拟命名新建）。北都桥以东延伸路段拟定名为西京街。

（5）原来的御河南、北路及延伸段拟合并定名为御河西路，北起得大高速，南至京大高速。

（6）原来的新建南、北路拟合并更名为魏都大道，北起火车站，南至京大高速公路大同收费站。

（7）原来的新开南、北路拟合并更名为云中路，北起操场城街西端，南至南环路。

（8）原来的向阳东、西街拟合并更名为向阳街，西起大庆路，东至滨河路。

（9）原来的操场城街、西马路、新华街及延伸段拟合并定名为武定北路，南起武定街北端，向北延伸。

（10）原来的南关北街、南关南街、南关下关街、工农路拟合并更名为永泰南路，北起永泰街南端，南至南环路。

（11）原来的新建西路拟更名为清远西街，东起清远街西端，西至云冈路。

（12）原来的振华南、北街以及同泉路南北走向段（北起迎春里东口，南至公汽大修厂门口）拟合并定名为振华路，北起清远西街，南至迎宾街。

（13）原来的新开西一路、振华西街拟合并更名为永宁街，东起云中路，西至西环路。

（14）原来的黄花街、站东大街拟合并更名为北苑路（因途经北魏皇家狩猎场而得名），南起平城街，北至得大高速。得大高速以北与丰镇界相接路段仍叫同丰路。

（15）原来的操场城东、西街及新开北路东西走向段拟合并更名为操场城街，西起云中路北端，东至滨河路。

（16）原来的东马路及其东西延伸段拟定名为北环路，东、西分别接东环路（拟建）、西环路；南环路及其向东延伸段拟定名为南环路，东、西分别接东环路（拟建）、西环路；西环路及向北延伸段拟定名为西环路，南北两端分别与南环、北环相接；东环路将在御东区的规划位置新建。

（17）同泉路在城区内的起点由迎春里东口拟变为同泉路与振华路的交会处，由此通往口泉。

（18）大庆路的名称、起止点不变。

（19）同左路更名为云冈路，以西环路与云冈路交叉口为起点，途经云冈至左云。

（20）和阳街通过兴云桥（即原来的御河大桥，拟命名扩建）向东的延伸段拟定名为兴云街。

（21）拟在南环路、北环路通过御河的路段新建桥梁，分别命名为“南环桥”“北环桥”。

（22）御东区从御河东岸起向东依次拟新建的南、北走向的6条主干道，拟分别定名为御河东路、永和路、文兴路、永安路、太和路、文瀛路（因该路中间被水域和绿地断开，故分为文瀛南路、文瀛北路）。御河东路北起北环路，南至大唐路；永和路北起北环路，南至大唐路；文兴路北起北环路，南至大唐路；永安路北起北环路，南至京大高速路；太和路北起北环路，南至大唐路；文瀛路北起北环路，南至大唐路。

（23）将原来的拥军东、西路合并更名为西苑路。

（24）将原来的拥军南、北路合并更名为武州路。

（25）将原来的医卫街更名为文昌街。

（26）将御河西路支一路命名为长青街；将御河西路支二路命名为云林街；将御河西路支三路命名为柳泉街；将龙园西路（施工暂定名）命名为兴和路。

（27）将御河东路大同大学北面街道命名为云山街；将大同大学南面街道命名为永固街。

（28）将208国道市区段命名为白登路。

2. 2013年大同市市区部分新建道路命名更名

御东新区新建道路命名

（1）南环路东延段命名为南环东路，西起御河东路，东至飞机场。

（2）文瀛路北延段仍命名为文瀛北路，北起北环路，南至云州街；文瀛路南延段仍命名为文瀛南路，北起南环东延，南至开源街。太和路北延段及南延段仍命名为太和路，（北延段）北起北环路，南至云州街，（南延段）北起南环路东延，南至开源街；永和路北延段仍命名为永和路，北起北环路，南至云州街。

（3）古城村安置区北侧道路命名为文盛街，西起御河东路，东至文瀛北路。

（4）肖家寨安置区西侧道路命名为文华路，北起北环路，南至云州街。

（5）水泊寺安置区西侧道路命名为鸿雁路，北起西京街，南至恒安街。

（6）御东规划一路命名为天祥街，西起文兴路，东至永安路。御东规划二路命名为天泰街，西起御河东路，东至文瀛路。御东规划三路命名为天和路，北起御东规划二路（天泰街），南至恒安街。

（7）南环东延北一路命名为重熙街，西起御河东路，东至文瀛路。

（8）文瀛东一路命名为柳莺路，北起南环东延（南环东路），南至云州街。

（9）牛庄安置区西侧道路命名为东苑路，北起云州街，南至古城安置区西侧道路（文盛街）。

（10）御东规划四路命名为兴和街，西起永和路，东至文兴路。御东规划五路命名为永祥路，北起御东规划一路（天祥街），南至永固街。御东规划六路命名为永乐路，北起南环路，南至南环东延北一路（重熙街）。

（11）御东总干渠道路命名为恒源路，北起恒安街，南至南环路东延（南环东路）。

（12）华强文化产业园区南侧路命名为同文街，西起太和路南延（太和路），东至文瀛路南延（文瀛南路）。

大同市御东新区新建道路标准名称一览表

道路起点	道路终点	标准地名
御河东路	飞机场	南环东路
北环路	云州街	文瀛北路
南环东延	开源街	文瀛南路
北环路	云州街	太和路
南环东延	开源街	
北环路	云州街	永和路
御河东路	文瀛北路	文盛街
北环路	云州街	文华路
西京街	恒安街	鸿雁路
文兴路	永安路	天祥街
御河东路	文瀛路	天泰街
御东规划二路（天泰街）	恒安街	天和路
御河东路	文瀛路	重熙街
南环路东延（南环东路）	云州街	柳莺路
云州街	古城安置区北侧道路（文盛街）	东苑路
永和路	文兴路	兴和街
御东规划一路（天祥街）	永固街	永祥路
南环路	南环东延北一路（重熙街）	永乐路
恒安街	南环路东延（南环东路）	恒源路
太和路南延（太和路）	文瀛路南延（文瀛南路）	同文街

市区新建道路命名

（1）南环路西延段命名为南环西路，东起南环路西端，西至同泉路，取消校南街名称。

（2）御西规一路命名为源兴街，西起魏都大道，东至红旗街。御西规二路命名为源茂街，西起魏都大道，东至永泰南路。

（3）开源街北一路命名为昌宁街，西起南环路西延（南环西路），东至魏都大道。开源街北二路命名为昌荣街，西起南环路西延（南环西路），东至魏都大道。开源街北三路命名为昌泰街，西起南环路西延（南环西路），东至魏都大道。

（4）南环路西延东一路命名为延兴路，北起开源街北三路（昌泰街），南至开源街。南环路西延东二路命名为延和路，北起开源街北三路（昌泰街），南至青年路。南环路西延东三路命名为延昌路，北起南环路，南至开源街。

（5）古城东内环路命名为和阳门内街，北起北内环路，南至南内环路；古城西内环路命名为清远门内街，北起北内环路，南至南内环路；古城南内环路命名为永泰门内街，东起东内环路，西至西内环路；古城北内环路命名为武定门内街，东起东内环路，西至西内环路。

（6）东小城东侧道路命名为永久路，北起滨河南路，南至迎宾街。

（7）南环路南侧第一条东西走向的道路命名为新泉街。该街西起永泰南路，东至御河西路。

大同市市区新建道路标准名称一览表

南环路西延	南环路西端	同泉路	南环西路
御西规一路	魏都大道	红旗街	源兴街
御西规二路	魏都大道	永泰南路	源茂街
开源街北一路	南环路西延（南环西路）	魏都大道	昌宁街
开源街北二路	南环路西延（南环西路）	魏都大道	昌荣街
开源街北三路	南环路西延（南环西路）	魏都大道	昌泰街
南环路西延东一路	开源街北三路（昌泰街）	开源街	延兴路
南环路西延东二路	开源街北三路（昌泰街）	青年路	延和路
南环路西延东三路	南环路	开源街	延昌路
古城东内环路	北内环路	南内环路	和阳门内街
古城西内环路	北内环路	南内环路	清远门内街
古城南内环路	东内环路	西内环路	永泰门内街
古城北内环路	东内环路	西内环路	武定门内街
东小城东侧道路	滨河南路	迎宾街	永久路
	永泰南路	御河西路	新泉街

装备园区新建道路命名的标准名称

（1）装备园区经五路命名为园平路，北起园区纬十八路，南至云州街。装备园区经十路命名为园安路，北起园区纬十八路，南至园区纬二十二路。装备园区经十一路命名为园盛路，北起园区纬十八路，南至园区纬二十二路。装备园区经十二路命名为园泰路，北起园区北路，南至园区南路。

（2）装备园区纬十八路命名为园荣街，西起园区经五路，东至园区经十二路。装备园区纬十九路定名为园通街，西起园区经五路，东至园区经十二路。装备园区纬二十二路命名为园丰街，西起园区经五路，东至园区经十二路。

（3）云州街东延段仍命名为云州街。

（4）装备园区外环路命名为园华路，装备园区内环路命名为园昌路。

（5）装备园区经十三路命名为园兴路，装备园区经二十五路命名为园祥路，装备园区经三十路命名为园和路。

大同市装备园区新建道路标准名称一览表

经五路	园平路
经十路	园安路
经十一路	园盛路
经十二路	园泰路
纬十八路	园荣街
纬十九路	园通街
纬二十二路	园丰街
云州街东延	云州街
外环路	园华路
内环路	园昌路
经十三路	园兴路
经二十五路	园祥路
经三十路	园和路

开发区医药园区新建道路命名的标准名称

（1）将东西走向大同县党留庄乡安留庄村东医药园区道路命名的街道（北）命名为远志街，将东西走向的街道（南）命名为紫苑街。将南北走向的七条街道由西向东分别命名为安平路、安宁路、安达路、安和路、安泰路、安民路、安怡路。

（2）落阵营东侧医药园区规划中央大道：该路西起御河东路，东至同浑公路，全长5.5公里，道路红线40米，将该路命名为通源街。

三、地名文化

地名是人们赋予的、约定俗成的，是一定地理实体所处的地理位置的专有名称。地名是人类社会的产物，并伴随着人类社会的发展变化而发展变化着。纵观大同市历代形成的地名，无不打着统治者意志的印痕。大同从赵武灵王开辟2300多个春秋，其地名置、废、迁、改、展、缩、析、合，形成一地多名，历史上有33个名称。最早的雁门郡“平城”，就是与代郡“平邑”（今大同县许堡乡东水地）相对应，因当地形势险要，战争频仍，为祈福思安故名。直到北齐天保七年（556）改平城为恒安镇。计有777年的历史。其次是称“云中”，云中之名是从内蒙古托克托迁徙来的，从北周建德六年（577）改太平县为云中县，直到元至元二年（1265）省云中，入大同，计688年。称“大同”（大同之名是于唐时随着沙陀人的内徙，从内蒙古乌拉特前旗迁徙来的），从辽重熙十三年（1044）设西京道大同府至今不改，达968年的历史。

北魏在大同建都后，“营宫室，建宗庙，立社稷”，正封畿，制京甸，地方千里，人口百万，“百堵齐矗，九衢相望，歌台舞榭，月殿云堂”“月观霞阁，堂殿胶葛”，其规模之宏大，气势之磅礴，构成了独树一帜的历史文化古都的风貌，奠定了古都大同的城市性格、品格和风格。北魏平城的皇城、京城、郭城的众多建筑和里坊街衢，其名成百上千，就以宫殿名来看，诸如天文、天华、紫极、永安、永乐、永昌、太和、太极、白登、万寿、寿安、同光、崇光、宁光、紫宫等。这些名称不乏封建色彩，但多数是受传统文化中“贵和”思想影响，有着丰富的内涵，这里的“和”，包括了和谐、和睦、和平、和善、祥和等含义，蕴含着和以处世、政通人和、和谐社会、内和外顺等深刻的处世哲学和人生理念。大同历代地名、街名、店铺名也多体现了这种理念。这些传统文化作为民族智慧的源泉、文化传承的载体，既是历史发展的内动力，也是传统文化的宝贵资源。

辽金时，大同作为西京陪都长达244年之久。这一时期大同再度辉煌。其时辽金统治者在西京大兴土木，修城修寺声势浩大，除修了同文殿、保安殿、御容殿、凤台外，地名变化颇大。街衢仍保持了北魏里坊的格局。从出土的墓碑中可知有舍利坊、仁和坊、里坊、北平坊、仁贤坊、新政坊、仁贤里、权宝里等里坊。

明代大同府治大同县，辖四州七县，正德七年（1512），有16445户，人口155381人。其中大同县有3104户，人口29726人。明军事上实行卫所制度，据明正德《大同府志·城池》载：当时大同府辖的城池有大同府城、怀仁县城、朔州城、马邑县城、应州城、山阴县城、浑源州城、蔚州城、广灵县城、灵丘县城、广昌县城、阳和卫城、天城卫城、左卫城、右卫城、威远卫城、井坪所城，计17座。

先有土堡31座：沙河堡、红寺儿堡、高山堡、沙河堡、怀仁堡、赵麻堡、第三柞堡、长安堡、神泉堡、漫流堡、雅儿鸦堡、平番镇堡、黑龙池堡、九姑村堡、旱井堡、西骆驼堡、暖会堡、新城堡、大柳树堡、牛心堡、苍头河堡、薛家马营堡、王忠官屯堡、净水瓶堡、白登堡、关头堡、猫儿庄堡、上畔庄堡、米辛关堡、方城堡、长胜堡。

续设堡寨708座：阳和卫有师马屯堡等25座堡寨；高山卫有桥头堡等堡寨20座；天城卫有郭镇堡等29座；镇虏卫有任家湾堡等26座；大同前卫有豆家坊堡等55座；大同后卫有三十里铺堡等67座；大同左卫有小金庄堡等28座；云川卫有杜家庄堡等4座；大同右卫有东花石堡等70座；玉川卫有三岔堡1座；威远卫有史家屯堡等7座；平虏卫有前干沟堡等8座；井坪守御千户所有细水儿堡1座；朔州卫有荞麦堡等42座；山阴守御千户所有白房子堡1座；马邑守御千户所有李磨疃堡1座；安东中屯卫有康兴庄堡等11座；大同县有古定桥堡等47座；怀仁县有屹塔头堡等42座；朔州有下团堡等3座；马邑县有西河底堡等14座；应州有黄花营堡等31座；山阴县有孙家庄堡等31座；浑源州有李峪堡等38座；蔚州有故城堡等46座；广灵县有中焦山堡等25座；

灵丘县有东河河南堡等18座；广昌县有上屯寨等17座。

正德九年（1514）又新添堡寨84座。其中：阳和县18座；朔州卫4座；浑源城1座；大同县29座；应县6座；浑源州1座；怀仁县2座；山阴县15座；蔚州7座；广灵1座。以上原有堡寨31座，续设堡寨708座，加上正德九年新添堡寨84座，计823座。

当时在大同内外长城沿线有72座城堡，其中城20座，堡52座。这些堡的名称很有特色，以“镇”字开头的有镇宁、镇口、镇门、镇边、镇川、镇羌、镇虏（鲁）、镇河等。此处的镇，指军队驻扎在军事要地防守之意。鲁字地名，原为“虏”字，古代对敌方的蔑称。有破鲁、灭鲁、威鲁、宁鲁、靖鲁等。“胡”字堡名，有破胡、残胡、杀胡、威胡、败胡、阻胡、灭胡等，这里的“胡”是古代泛指北方和西方的少数民族“胡人”。还有希冀和平的堡名，如新平、保平、威平、平远、保安、西安等。明代823个堡寨，以“堡、寨”实际上就是军事编制，代替了村镇的行政编制。在这些地名中的卫、所、堡、寨、墩、关、峪、营、皂以及官人屯、百户、十百户、指挥等名。诸如：王忠官人屯、王官人屯、马官人屯、吴官人屯、毛官人屯、范官人屯、占官人屯、郝官人屯、郝二官人屯、杨太监堡等。这里以姓打头，王官人、马官人，加“屯”，是指当时的“屯田”，是因军屯而形成的住地。还有胡指挥堡、浦州营、柳东营、十百户营堡、四百户营堡等。明代大同除13万驻军，还有5万多匹战马，因而选了许多草旺水丰的地方，建立了军马场，因养马士兵身着黑色军装，称“皂衣”，故以养马头的姓来命名的皂字地名，都是军马场，如马家皂、安家皂、贝家皂、原家皂、毕家屯、利仁皂、龙花皂、石拴马营堡、马营儿堡等。还有一些铺递命名的，如十里铺堡、三十里铺堡等。有的堡寨名寄托着人们的希望和平安定的美好愿望，如永靖堡、永康堡、清顺堡、平安堡。有些以特产命名的，如盐房营堡、黄花营堡等。还有些颇有研究价值、有故事的堡寨，如娘子城堡、都司口堡、姜女村堡、司报堡、方城堡、九空堡、老幼屯堡等。灵丘县的堡寨名颇有特色，是由村和寨合在一起形成的复合名称，如三山村北双涡堡、石家田村蒋家寨、温子铺村黑崖寨、招柏村庞金寨、刘家村贾金寨、下关顺城寨、赵壁村观音寨等。

清代，大同府辖二州七县，据嘉庆二十五年（1820）统计，时大同府土地面积19200平方公里，人口764923人，密度39.84人/平方公里。据道光《大同县志》载，大同县道光十年（1830）有30377户，人口162845人。当时大同县辖580村，其中城东194村、城南177村、城西91村、城北118村。从这580村名来看，清代虽为大一统，将堡寨都改为村庄，但地名中仍突出了军事文化、长城文化，诸如镇边堡、拒墙堡、镇羌堡、得胜堡、黑土墩、鹰嘴墩、东长城、小长城、于镇抚屯、王将军屯、校尉屯、二百户营、柳东营、乐阵营、随士营、两家营、马军营、梁家马营、大马营、小马营、第十旗、刘官庄、王千户庄、里教场、外教场、朱家暗门、烟岭、龙化皂、毛家皂、贾家皂、利仁皂、贝家皂、孟家皂、邵家皂、李家皂、箭插村、黄昏城、大方城、小方城、温家娘子城、昝家娘子城、马家娘子城、前古城、后古城、东方城、东泰城、西秦城、白马城等数百个村。

也有些乡土味很浓，又是鸟语花香的地名，如柏山、芍药沟、鹦哥寨、滋润、柏坡村、柳树沟、西榆林、桃花庄、桃柏沟、水泉儿、凤羽、神嘴窝、鳌石、神泉堡、秀女村、鱼儿涧、鹅毛、酸刺枣、龙宝村、燕子山、小蒜沟、枣府楼等。有些“会”字地名，地名中的会字地名，是“聚合”之意，如吉家会、马家会、施家会、中柳会等。也有以当地寺庙为地名的，如佛堂寺、水泊寺、寺儿上、李家塔儿村、寺儿村、北独觉寺、南独觉寺、安寺子、竹林寺等。还有些其意不详的地名，如讲理、圪坨村、火烧庄、乱窑子、上吊儿等。诚然，像乱窑子这样的地名，有其历史缘由，正像大同的“乱衙门”一样，是“犯上作乱”而被统治者强加的贬义地名。是记载了动乱、浩劫和磨难，是社会发展的一面镜子。

明、清时，古都大同以四牌楼为中心的四大街、八大巷、七十二个绵绵巷，一百三十六条街衢，形成纵横贯通、交通四达、商肆比邻、楼阁林立、锦绣繁华的景象。和阳、永泰、清远、武定四大街连着太平街、李怀角、鼓楼东街、鼓楼西街、帅府街、院巷、仁和美街、大墙后街八大巷，八大巷又连着七十二条街巷，保存了魏都平城的里坊格局。明清以来大同街巷名称源远流长，内涵丰富，文脉贯通。保存、承载了许多文化信息、历史内涵、历史沿革、历史事件、历史故事、历史传说。载人、载物、载事，是那样的生动鲜活、那样的耐人寻味。明清大同街巷名以寺庙命名的最多，显示了大同佛教文化厚重、五教俱兴的特点。

1. 以寺庙命名的街巷

三官庙街、宏济寺街、火神庙街、朝阳寺街、上寺巷、下寺坡、娘娘庙街、庙巷、财神庙街、正殿街、北寺街、南寺街、九仙庙街、龙王庙街、武庙街、塔寺街、观音街、清泉寺街、大庙角、帝君庙街、马王庙街、鲁班庙街、七佛寺街、三官庙街、土地祠街、兴教寺街、后庙巷、风神庙巷、城隍庙街、一万贯庙巷、佛殿庙街、李王庙街、皇城街、县隍庙街、太宁观街、礼拜寺街、云路街、青龙阁、赐福庵阁、县楼南北街、朱衣阁、文昌阁、南庙洼等。这些街巷展现了儒释道文化、伊斯兰文化、基督文化、民俗文化、市井文化，在这里碰撞、融合，显示了包容、开放、创新、奉献的大同精神。

2. 以楼阁命名的街巷

太平街、鼓楼东街、鼓楼西街、县楼南街、县楼北街、钟楼街、青龙阁街、朱衣阁等。

3. 以衙署命名的街巷

府尹道、司令部街、帅府街、都司街、诸将衙门口、户部角、乱衙门、更道街、西箭道、东营盘、西营盘、头道营坊、二道营坊、三道营坊、二府巷、三王府、马营街、新营前街、新营后街、皇城街、后宰门、东华门、正殿街、复兴营盘、大有仓、仓巷、南仓街、十府街、正府巷、广府角、安东营、校场街等。

4. 以角命名的街巷

且方位对称，多以姓氏或市场开头。钱道角、唐市角、马市角、段市角、柴市角、缸角、小角、邱家角、姚家角、李怀角、户部角、后帏角、广府角、大庙角等。

5. 以物命名的街巷

有的是以市场、手工作坊命名的街巷名。如草帽巷、油坊巷、钱局巷、广盛巷、油店巷、稻米店、南北糀籽巷、赵大豆巷、铜铮子巷、豆芽菜巷、东羊市巷、西羊市巷、大井巷、西箭道、后场面、石头巷、稻米店、东菜园、西菜园、东柴市角、西柴市角、鹌鹑巷、东大场面、九楼巷、棋盘街、缸角、马市角等。

6. 因人命名的街巷

大皮巷、小皮巷、苏家大门、崔家巷、回春巷、曹家巷、田家巷、昝家巷、马家巷、欢乐街、西史宅、东史宅、罗家巷、赵大豆巷、温家巷、胡家巷、杨家巷、蔡名誉巷、唐市角、姚家角等。

大同有些乡土气特浓、颇具特色的地名。如昝家圐圙、赵大豆圐圙、胡家圪坨、张家圪坨、施家圪洞、土加泊洞、油沙泊洞等。这里的泊洞、屹洞，都是清“戊子之变”后大同屠城，五将衙门被焚烧后，掘地成泊洞故名。这是对清军最野蛮屠城的罪证和控诉。

大同地名中的数字地名。诸如一万贯、二府巷、三元宫、四眼井、五（武）庙街、六福巷、七佛寺、八乌图、九仙庙、十府街，构成十全十美。

大同许多街巷名，都涵盖着生动的传说故事。如李怀角，是因怀念云中节度使李国昌父子而命名。鹌鹑巷是李国昌父子斗鹌鹑的地方。翠花宫是代王朱桂姬崔翠花所居地。欢乐街乃大同恶霸剥皮王龙与众妾行乐之处，原称花磊街，后改此名。仁和美街，此街古老，唐代称仁和坊。取《论语·里仁》章，“从里，仁之美”，故名。十府街：代王朱桂子孙封王后，即另建王府。在东北隅先后建有10座府邸，故名。东史宅：唐晋王李克用部将史敬思，在晋王与胡人作战兵败后，史负伤救晋王，即传说中的“史敬思拖肠救主”，后晋王赐宅，遂称此名。白泊洼，即“百碑洼”，是北魏时郊天碑所在地。太武帝拓跋焘南征北战统一北方后，为了歌功颂德，他令老臣崔浩撰写北魏历史《国书》，通今博古的崔浩“综理史务，务存实录，述成此书”，凡30卷。《国书》写成后，用工300万个，将《国书》和崔浩所注《五经》全文镌刻成碑，于平城西郊外，郊天坛东三里，方百三十步（216.67米），即占地46945.9平方米的通衢大道旁，建起庞大的《郊天碑》碑林，“欲以彰浩直笔之迹”。据专家统计，根据用工之巨、占地之大，此碑林最少也有数百通碑，耸立于平城西郊。莽莽碑林，浩浩碑海，容历史、文化、文字、书法、镌刻艺术为一体，文史共存，儒道齐全，宏富绚丽，博大精深，是何等的壮观。《国书》是写拓跋部从漠北兴起的实录，触怒了鲜卑人的民族自尊心，认为“播扬国恶”，拓跋焘在盛怒之下处死崔浩及其全家同族亲友128人，碑林也被全部平毁。“白泊洼”，正是“郊天碑”遗址。诚如《中国碑文化》一书称，“不然今天大同将有一批碑林存在，成为中国历史名城的一大奇观。它将给旅游者带来欢快和自豪，给史学家留下研究北魏历史的珍贵实物”。幸好有此地名留给我们。

新中国成立后，在明、清、民国地名的基础上，大同城内共有262条街巷，在保留原有历史街巷名称的同时，一是对一些粗俗不雅的街巷予以更名。如“裤档巷”改为仁义巷；“猪圈巷”改为通顺巷；“赵大豆圐圙”改为赵大豆巷；“昝家圐圙”改为昝家巷；“胡家圪坨”改为胡家巷；“土家泊洞”新中国成立后填平盖房故消失。二是将一地多名、巷中之巷，予以合并。如皇城街，东有聚宝巷，西有聚财巷，均并入皇城街。东华门、西华门本是一条街，合并为东华门。五福巷、如意巷均并入广府角。乱衙门街并入小皮巷。土地祠并入户部角。乌眼井巷并入后场面。豆芽菜巷并入大西街。板门底并入师校街。铜铮子巷并入院巷。三是因建设等原因消失的街巷。如西瓮城街、西瓮门北街因建展览馆消失；张进士巷因建篷布厂消失；笔管巷（二府巷内）因建房消失。废地名达72条。直到20世纪末，仍保留古街名156条，占原有街名总数的60%。

在“文化大革命”运动中，大同所有街名、地名、商店名，几乎在一夜之间全部更名为“红卫”“捍卫”“向阳”一类名称。连城东的东坟村都改为“东风村”，而西坟村却没有动。

改革开放以来，拨乱反正，正本清源，地名又恢复原名，大同市成立了地名委员会办公室，成为人民政府地名管理的权力机构，使地名逐步向法制化、科学化、规范化发展。但由于城市建设和经济发展的速度加快，大大小小的居民小区如雨后春笋般不断涌现，许多道路拓展延伸，加之20世纪80~90年代所谓“旧城改造”，一拆一大片，古老的街巷、卷棚灰瓦顶的四合院，被一幢幢钢筋水泥“火柴盒”式的楼房所代替，多少有丰富内涵的街巷已是名实俱亡。1998年8月，市人大常委会倾听专家学者建议，作出《关于保护大同古城的决议》，并于20世纪末，经省人大常委会批准，制定颁布了全国第一部有关古城保护的地方法规《大同市古城保护管理条例》。才使这种破坏性建设之风有所遏制。

2008年以来，按照国家公布的《历史文化名城保护条例》，对3.28平方公里的古城实行全面保护，按照“一轴双城，分开发展；古今兼顾，新旧两利；传承文脉，创造特色；不求最大，但求最佳”的名城复兴宗旨。短短4年多的复兴发展中，古城展示出历史的风采；新区创造出当代的辉煌，以其魅力无限的“大同模式”吸引着世人的眼球。随着历史文化名城的全面保护和修复，为了延续文脉，对一些街名进行命名和更名是时代的需要。2009年历时一年的城区主干道命名、更名工作在广大市民的关心和积极参与下，经专家学者的反复论证，终于出台了《大同市区部分地名命名、更名方案》。此次更名、命名共28项，涉及50条路街。其中：恢复历史地名5条，占10%；合并后仍用原名5条，占10%；更名15条，占30%；新命名25条，占50%。此次命名、更名，遵照国家规定：“照顾习俗，尊重历史，体现规划，方便管理，含义建康，好找好记。”东西为街、南北为路的原则，延续大同辉煌的历史。恢复四大街名：和阳、永泰、清远、武定。多好的街名，正是千百年来人们追求的和谐、和睦、祥和、安定、世界大同的人生理念。将新建南、北路合并为魏都大道。将迎宾东、西路和宾西街合并更名迎宾街。将雁同东、西路合并定名平城街。将新开南、北路，合并更名为云中路。将御河南、北路及延伸段合并为御河西路。将黄花街、站东大街合并更名北苑路。将同左路更名云冈路。将御东区从御河东岸依次新建南北走向的6条主干道，分别以御河东路、永和路、文兴路、永安路、太和路、文瀛路命名。将御河西路支一、支二、支三路和龙园西路分别命名为长青街、云林街、柳泉街、兴和路。这些命名和更名，雄浑大气，古朴凝重，是古城发展的轨迹，是大同历史的再现。

地名作为一种历史文化遗存，本身既承载了许多文化信息，更是一种值得珍视的无形文化遗产。一个城市的地名水平高低，从一定程度上反映着城市的文化程度、文化底蕴和文化水准。地名被列入民族文化遗产保护行列，成为非物质文化遗产的重要组成部分。

附1：2007年编制大同市街巷区片标准地名录

1. 城区

西街街道办事处辖区

大西街（与南街办共管）、师校街、司令部街、师府街、大十字街、大十字南街、大十字北街、炸弹营、大井街、西箭道、西坡西街、后场面街、朝阳寺前街、朝阳寺后街、户部角、头道营坊、二道营坊、三道营坊、西坡南街、马营街、宏济寺街、新营前街、新营后街、施家圪洞、西菜园街、东菜园街、兰池街、仁义街、小皮巷、大皮巷、二府巷、石头巷、西门大巷、稻米店、帅府小区、宁馨小区、育才园、凤凰嘉园

北街街道办事处辖区

御河北路、滨河路、东关顺城北路、大北街（与西街办共管）、东华门街、皇城街、后宰门街、仁和美街、正殿街、大有仓街、九仙庙街、佛殿庙街、城隍庙前街、城隍庙后街、太平街、塔寺街、观音街、鼗门北街、武庙街、东柴市角、西柴市角、北柴市角、西十府街、东十府街、南十府街、北十府街、更道街、清泉寺街、安东营街、万寿街（与东街办共管）、东关北园前街、东关北园后街、仓巷、神曲巷、焦家巷、皇城头道巷、皇城二道巷、窨子巷、钱局巷、回春巷、草帽巷、广盛店巷、大有仓东巷、东油坊巷、后庙巷、回回巷、鹌鹑巷、田家巷、夏家巷、东大场面、昝家巷、四眼井巷、马家巷、雁同东路头条、雁同东路二条、雁同东路三条、御河北路头条、御河北路二条、御河北路三条、雁北行署大院、清泉苑、御东里、龙府小区、东信园小区

南街街道办事处辖区

大南街（与东街办共管）、南寺街、鼓楼西街、欢乐街、万字街、县角西街、太宁观街、太宁观南街、东马市角、西马市角、北马市角、南马市角、教场街、贵儿寺街、赐福庵街、唐市角、圆通寺街、青龙阁前街、青龙阁后街、一间房、财神庙街、棋盘街、南仓街、西史宅、一万贯庙街、华严寺街（原下寺坡街）、段市街、复兴街、九楼巷、楼房巷、牛角巷、八乌图井、院巷、院巷头条、院巷二条、北巷、东小巷、北小巷、上寺南巷、胡家巷、蔡名誉、复兴营盘、海会殿、福兴园、福华园、金华苑

东街街道办事处辖区

御河南路、东关顺城南路、大东街（与北街办共管）、鼓楼东街、县楼北街、县楼南街、县隍庙街、狮子街、马五庙街、缸角、府学门街、云路街、大庙角、都市街、后帏角、东关南园前街、李怀角、帝君庙街、广府角、朱衣阁、柴家园、李王庙街、东史宅、雁塔前街、雁塔后街、石人街、南石人街、仓门街、东关永福街、东羊市巷、蔡家巷、东门大巷、正府巷、稍竹巷、金箔仓、鼗门南东巷、翠花宫、通顺巷、东油店巷、西油店巷、南油店巷、七佛寺巷、云路井巷、三元宫

北关街道办事处辖区

雁同东路（与北街办共管）、雁同西路（与西街办共管）、西马路、东马路、大马路、北环路（与新华街办事处共管）、站前街、黄花街、北关大街、受贤街、通运街、安益前街、安益后街、站东太平街、操场城街、操场城东街、操场城西街、白泊洼东街、白泊洼西街、三角街、水磨街、玄冬门东街、玄冬门西街、站东大街、北官房、南官房、新建材里、旧建材里、卫星里、东风里大楼、电校、水磨里、铁牛里、华祥里、益贤园、安益园、建馨园、福薇小区、雁兴园、东风园、怡和园、益康园、舒心园、御馨园、雁翔园、庆鑫园、嘉鑫花园、美好家园、寇城园、北辰花园、玲珑苑、景悦园、云龙苑、平城源小区、绿洲、御祥园、复地紫城

南关街道办事处辖区

工农路（与向阳里街办处共管）、迎宾东路、迎宾西路、平康路、金盾路、御河南路、南关东街、南关西街、南关南街、南关北街、小南门东街、小南门西街、南关下关、瓦窑村街、友谊南街、友谊北街、红旗北街、小东门街、福康街、小西门南街、兴国寺街、新胜东街、民航街、小西门北街、南关西后街、南关顺城街、府南街、柳泉街、新胜西街、南关东后场、南关西后场、南关东井巷、南关西井巷、新旺里、南新华里、新建里、平康里、福康里、南福康里、南新胜里、向阳里、长征里、永泰门外、工农里、西南昌里、东南昌里、红旗里、柳航里、金世纪小区、永昌小区、福安里、永丰里（内有海星小区）、贵龙小区、永兴里、迎宾园、怡景苑、云波里、化纺里、柳港里、柳阳里、云乐里、安康园、晨光花园、南府花巷、御河人家、佳小区、龙康园、轩和家园、巴黎华庭、云中苑、锦旭花园

新建北路街道办事处辖区

新建西路（与新建南路街办共管）、新建北路（与北关街办处共管）、新开北路、宋庄北路、宋庄南路、花园里北街、花园里前街、花园里后街、苹果园、互助里头条、互助里二条、互助里三条、团结里、东花园里、西花园里、新风里、迎春里、北迎春里、新民里、龙港苑、齿欣花园、福园、新乐园、卫星里、紫星丽园

新建南路街道办事处辖区

新建南路（与南街、南关、振华南街办事处共管）、新开西一路、新开南路（与向阳里、振华南街办事处共管）、迎泽街、迎泽北街、迎泽南街、振兴街、康乐街、医卫街、一新街（与南关办事处共管）、幸福里头条、幸福里二条、康乐里

东巷、康乐里西巷、新建巷、周家店东巷、周家店西巷、周家店北巷、新庆巷、建设里、迎泽里、文化里、健康里、幸福里、文明里、和平里、富强里、新开里、同馨小区、南迎泽里、兴达里、云松园、北馨花园、绿园小区、南迎春里、宾西园、新胜苑、天鑫园

振华南街街道办事处

西环路、新开西一路、新开西二路、新开西三路、新开西四路、富民路、安宁路、永康路、庆新街、宾西街、同泉里后街、同泉里前街、育才南街、育才北街、振华南街、振华北街、丰华园、光华园、兴同里、吉安里、梅园、云霞园、丰庆园、明珠花园、永宁里、凤凰花园、怡佳苑、馨和园、永安里、新世纪南苑、新世纪花园、云泉里、西泉里、绿园小区2号院、韶山里、南迎春里、宾西苑、华盛苑、东方罗马城、兴周里

新华街街道办事处辖区

拥军北路、拥军西路、拥军东路、拥军南路、北环路、军民路、白马城路、俱乐部东街、俱乐部西街、局西街、新华北街、新华南街、局东街、新华后街、局前街、东风后街、东风西街、天桥街、西站街、东风北街、站北街、北关跃进街、岳秀园、华安里、鑫苑小区、东西大院、桥西新区、卧虎湾、锦绣花园、新华街

向阳里街道办事处辖区

南环路、青年路、向阳西街（与南关街办处共管）、向阳东街（与南关街办处共管）、开源街、光华街、裕华街、福寓苑、工农里、永昌佳园、柳航新村、云沁园、交通苑、德盛嘉园

大庆路街道办事处辖区

大庆东路、大庆西路、庆周路、新建街、庆南街、同兴街、文化街、前进街、剧场街、企业街、庆升街、庆运街、庆新街、庆平巷、庆祥里、北馨西园、庆吉里、技校平房、北馨南园、西苑小区、都市望角

西花园街道办事处辖区

大庆西路、河西路、水塔路、医院路、河东路、联谊街、河东路一条、河东路二条、河西路一条、河西路二条、河西路三条、河东路三条、北区、路东区、林场、西北区、路西区、电石厂大院、机床厂大院、东华机械厂大院、七〇研究所大院、桃园小区、槐园小区、柳园小区、杨园小区

老平旺街道办事处辖区

电厂北街、电厂东街、电厂西街、校前东街、校前西街、老排房街、糖厂东街、糖厂西街、同糖街、电厂南街、电厂中街、红专学院、老平旺居民区、平旺站家属区、肉联加工厂家属院、王家园居民区、矿药厂家属院、拖披居民区、王家园砖厂家属院、矿山机械厂家属院、树脂厂家属院、大同师范家属院、大同电力技工学校家属院、铁合金厂家属院、南同糖里、北同糖里

2. 矿区

新平旺街道办事处辖区

安全路、安新路、纬一路、纬二路、纬三路、纬四路、纬五路、纬六路、纬七路、吉兴路、新建路、幸福路、平旺红旗街、和平街一路、和平街二路、和平街三路、和平街四路、和平街五路、和平街六路、和平街七路、和平街八路、和平街九路、和平街十路、和平街十一路、和平街十二路、向阳楼、和平街、救护街、荣幸街

民胜街道办事处辖区

民胜街、民利街、校南街、七峰山街、民峰里

煤峪口街道办事处辖区

建新街、建泉街、堡里街、堡前街、堡西街、堡南街、光辉街、光明街、建利东街、建利西街、建胜街、煤建街、红光街、红光北街、聪明街、堡南排房、堡城河、桥河窑

新泉路街道办事处辖区

新泉南一路、新泉南二路、新泉南三路、新泉北一路、新泉北二路、新泉北三路、新泉路、道东南街、安全街、道东头条、道东二条、泉新路、泉峪路、五一路、新锋路、口泉大东街、东中街、西中街、口泉大西街、山坡街、堡后街、堡子街、道东街、道西街、河湾街、泉新街、新东街、泉华街、泉武街、泉民街、花园街、花园洼街、交通街、泉丰街、工农街、上南山街、中南山街、下南山街、老爷庙巷、辰楼底巷、草市巷、雀儿沟巷、泉胜市场巷、兴源店巷、河盖湾巷、二道河巷、打更巷、二成店巷、三成店巷、寺儿沟巷、义迈巷、柳树巷、帐铺巷、染房巷、大巷、二西店巷、民新巷、民胜巷、民益巷、民利巷、深巷、瓦房巷、新生巷、沙锅窑、广场东街、广场西街、回去村街、二道沟街、三道沟街、大东店、河南工人村、南下坡、西上坡、河南店、校东街东区、白家湾、风胜沟

永定庄街道办事处辖区

岩新东街、岩新西街、岩岭西沟街、岩岭东沟街、西店街、永后街、永前街、东坡街、大南湾、小南湾、紫金沟、狼儿沟、庙沟、北台山、后沟、黄崖底、瓦渣沟、九宿舍、土塘里

同家梁街道办事处辖区

道北街、同园街、后沟街、菜园街、后街、前街、同中街、建北街、红旗街、通兴街、同家梁街、道南街、静乐街、安全街、桥头里、二龙洼

大斗沟街道办事处辖区

店上街、店新街、韩新街、新四栋、店南里

白洞街道办事处辖区

西村街、东风街、黄家会、大复兴山、小复兴山、建设街、大通顺街、桥外街、桥西街、桥东街、清河街、老矿街、新南沟

四老沟街道办事处辖区

建西街、建东街、河北街、向阳街、新荣街、幸福街、新乐街、跃进街、晾马台街、辛门店

雁崖街道办事处辖区

雁东街、雁西街、雁南街、长胜里

马口街道办事处辖区

上盘街、下盘街、麻皮泊街、东坡、西坡、青羊湾街、中兴街、永乐街、北山、青风楼、西排房、模范院、杏儿沟、红旗沟、大东沟、小井沟、窑沟、寺沟、庙坡

晋华宫街道办事处辖区

工人村、东山大楼、晋西街、晋南里、西华里、光明里、文华里、公园里、晋华里、东沙嘴、新东里、东华里、马武里

青磁窑街道办事处辖区

青磁窑村、平台里、西沙沟里、东沙沟里、平后里

平泉路街道办事处辖区

平泉路、泉辉街、荣华街、新回里、盛秀苑、新区里、荣秀苑、景秀苑、新河里、北秀苑、南秀苑、建安里、平安里

新胜街街道办事处辖区

育新路、平易路、林荫路、育园路、新胜街、校北街、勘探街、新平旺文化街、迎新街、安居街、府兴里、华杰里、祥和里、技校院、煤校南院

忻州窑街道办事处辖区

北山路、厂内路、南山街、前永平街、后永平街、明星街、永胜街、永红街、兴安街、忻州窑村、云冈路东、云冈路西、忻平街、忻和里、忻光里、忻康里

姜家湾街道办事处辖区

新开路、南山路、四化路、新大街、同云里

马脊梁街道办事处辖区

顺利路、快乐路、腾飞路、金马街、南梁、北梁、工农村、骏马里、飞马里

王村街道办事处辖区

小楼街、东山头街、西山头街、黑流水街、乔村湾

杏儿沟街道办事处辖区

杏花里、杏南里、杏北里、林涧里

燕子山街道办事处辖区

矿东街、矿西街、校西街、燕新里、燕华里、燕云里、燕南里、燕北里、燕河里、燕峰里、燕站里、燕东里

四台沟街道办事处辖区

台华路、台盛路、台安路、台全路、台东路、台环北路、台中街、四台大街、台兴街、台校街、台北里

3. 经济技术开发区辖区

石富路、海晏路、河清路、正大路、咸通路、朝阳路、太和路、天渊路、春晖路、环区东路、环区西路、敬德街、思贤街、道坛街、景文街、繁茂街、建昌街、钟灵街、万象街、湖滨大街、金龙大街、攀庄小区、蔚洲疃小区、湖滨小区、宁翔小区、众鑫小区

4. 南郊区

高山镇村委会辖区

怀德路、府兴街、靖宇街、堡东街

平旺乡平旺村委会辖区

乡中路、幸福东街、幸福西街、幸福南街、幸福北街、长畛街、大洼前巷、大洼后巷、北场面巷、沙沟巷、沙沟巷、敬老巷、堡里巷、大南园巷、兴旺巷、黑土坡、尚平里

水泊寺乡水泊寺村委会辖区

御福路、福利街、河东里、长城东街、长城西街、长城南街、府前街、育人街、健康巷、文化巷、新通巷、兴贸巷、和平巷、新胜巷

5. 大同县

西坪东街办事处辖区

北环路（与西街办共管）、东环路、安全路、安平路、益民路、益民南路、北街（与西街办共管）、南通街（与西街办共管）、东街、文昌东街、永业东街、南通东街、文化巷、振兴巷、和平里、安全里、文昌里、吉祥里

西坪镇西街办事处辖区

西街、文昌西街、永业西街、南通西街、利民巷、工农巷、光明巷、坪邑巷、保华里、光明里、向阳里、新华北里、新华南里、安乐里、康复里、安定里、文化里、建设北里、团结里、幸

福里、建设南里、永胜里、太平里、东风里、振兴里、新中北里、新中南里、常春里

6. 左云县

云兴镇村委会辖区

东环路、西环路、南环路、北环路、云川路、登高路、文昌路、云水路、云兴东大街、云兴西大街、云兴北大街、商业街、北门街、太平街、鼓楼街、南门街、南关街、东街、西街、府街、范街、北庙街、朱市街、洞儿街、新建街、西北角街、永旺街、兴隆街、文体巷、云林巷、武家园巷、陈家河巷、云升巷、水口巷、火神庙巷、食品巷、官井巷、梯子巷、府后街巷、朱家巷、奎章巷、榆树巷、土八巷、钱家巷、廖家巷、南巷、北巷、双庙巷、小南巷、北庙街头道巷、北庙街二道巷、北庙街三道巷、北庙街四道巷、灵神巷、杜家巷、葛家坡巷、火巷、东巷、西巷、云东南一巷、云东南二巷、云东南三巷、云东南四巷、云东南五巷、云东南六巷、云东北一巷、云东北二巷、云东北三巷、云东北四巷、云东北五巷、云东北六巷、云东北七巷、云东北八巷、煤都小区、国土小区、佳园小区、电力小区、师府小区、兴隆小区、欣荣小区、乾圣小区、范家寺小区、龙鑫华都小区

7. 天镇县

玉泉镇玉泉村委会辖区

镇远路、公园路、青年路、康乐路、玉泉北路、玉泉南路、迎恩路、新华路、北大街、东大街、西大街、武宁街、南大街、学府街、府东街、幸福里、团结里、朝阳里、东风里、平安里、和平里、前进里、南园里、新华里、迎宾里、光明里、花园里、向阳里、新明里、西园里

8. 阳高县

龙泉镇辖区

新建西路、新建东路、新华一路、新华南街、新华北街、新华西街、金光街、学府街、大北街、大东街、大南街、大西街、辕门西街、辕门街、西关街、玄楼街、小东街、前北街、龙王庙街、文昌街、桥儿南、桥儿北、南衙门、周家巷、张家巷、榆树巷、仰头巷、眼光庙巷、元通巷、闫家巷、西方巷、西庙巷、西寺后巷、小姚家巷、头道巷、田家巷、寺巷、石佛巷、三道巷、刘千户巷、将军巷、估依巷、二道巷、敞巷、北巷

9. 灵丘县

武灵镇辖区

新建路、青年路、南环路、北环路、新华街、振华街、古城街、西关街、东关街、育英街

10. 浑源县

永安镇辖区

柳河路、翠屏路、和顺路、恒山路、天峰路、步云路、长青路、朝阳路、跃进路、新建路、萌华路、迎宾大街、永安大街、北岳大街、兴源街、恒荫街、益民街、余井街、羊集街、当巷街、木市街、一面街、北顺后巷、钟楼北巷、大寺庙西街、二神庙后巷、石桥北巷、鼓楼北巷、后仓巷、庆永兴巷、牌楼巷、大石头巷、桑园巷、东坛巷、吉利巷、喜庆巷、柳西巷、星火巷、爱民巷、兴华巷、跃进巷、乐意巷、迎新巷、当巷西巷、黄家巷、照壁巷、源泉巷、宝源巷、南野地巷、纸厂巷、永光巷、石牌楼巷、钟楼南巷、政府南巷、小南角巷、石桥南巷、鼓楼南巷、南营巷、兴隆巷、苗圃巷、大寺庙东巷、恒麓社区、永兴社区、翠屏社区、栗园社区、永安社区、春晖社区

11. 广灵县

壶泉镇辖区

延陵路、商业路、精华路、工字路、壶泉北路、壶泉南路、东环路、千福路、圣泉路、新源北路、新源南路、新建西街、新建东街、府东街、府西街、振兴街、平舒街

附2：1993～2006年更名和消失的地名

更名地名：打墙后街、大十字东街、大十字西街均已消失，统称大十字街；上寺北巷已消失，入大西街；东关下关已消失，入万寿街；建设路更名南关路；红旗南街更名金盾路；福安里小区更名为福安里；周家店东巷更名为庆新街；小南街、南门街已消失，入大南街。

因拆迁改建消失地名：西大场面、油沙泊洞、猫儿园、鲁班庙巷、北门井巷、崔家巷、西油坊巷、姚家角南街、邱家角南街、曹家巷、上寺东巷、北新胜里、东大院、西大院、温家巷、新华里、安康里、解放里、同兴里、开明里、段市角、有雅巷、有余巷、宝丰巷、南籽巷、广安巷、如意巷、中立生巷、北立生巷、杨家巷、南立生巷、复兴巷、交通巷、中宽前街、罗家巷、中宽后街、东风里、新兴里、基建里、赵大豆巷、局前西沟、局内、局西楼、跃进街楼、小桥街、东营盘、吉祥

巷、红卫里、友谊里、娘娘庙前街、娘娘庙后街、姚家角北街、南大院、新华西路、新华西路工程楼、二七宿舍、局东大楼、局东新楼、卧虎湾楼、卧虎湾排房、山西化工厂家属宿舍、新华东街、新华西街、中区、北门外、南区、楼区、西排房、雁北燃料公司家属院、同德里、南平里、南康里。

附3：地名图书编纂

1980年，大同市按照山西省人民政府指示，开展了地名普查工作，随之办理了地名命名、更名、编辑出版了大同市城、矿区、新平旺、口泉地区标准地名图和《大同市行政区划沿革资料汇集》，编写了《大同市地名志》。

2004年10月编辑出版了《大同市行政区划图》。

2007年12月编辑出版《大同市街巷区片标准地名录》。

2010年8月编辑出版《大同市市区标准地名图》。

附4：大同老街巷

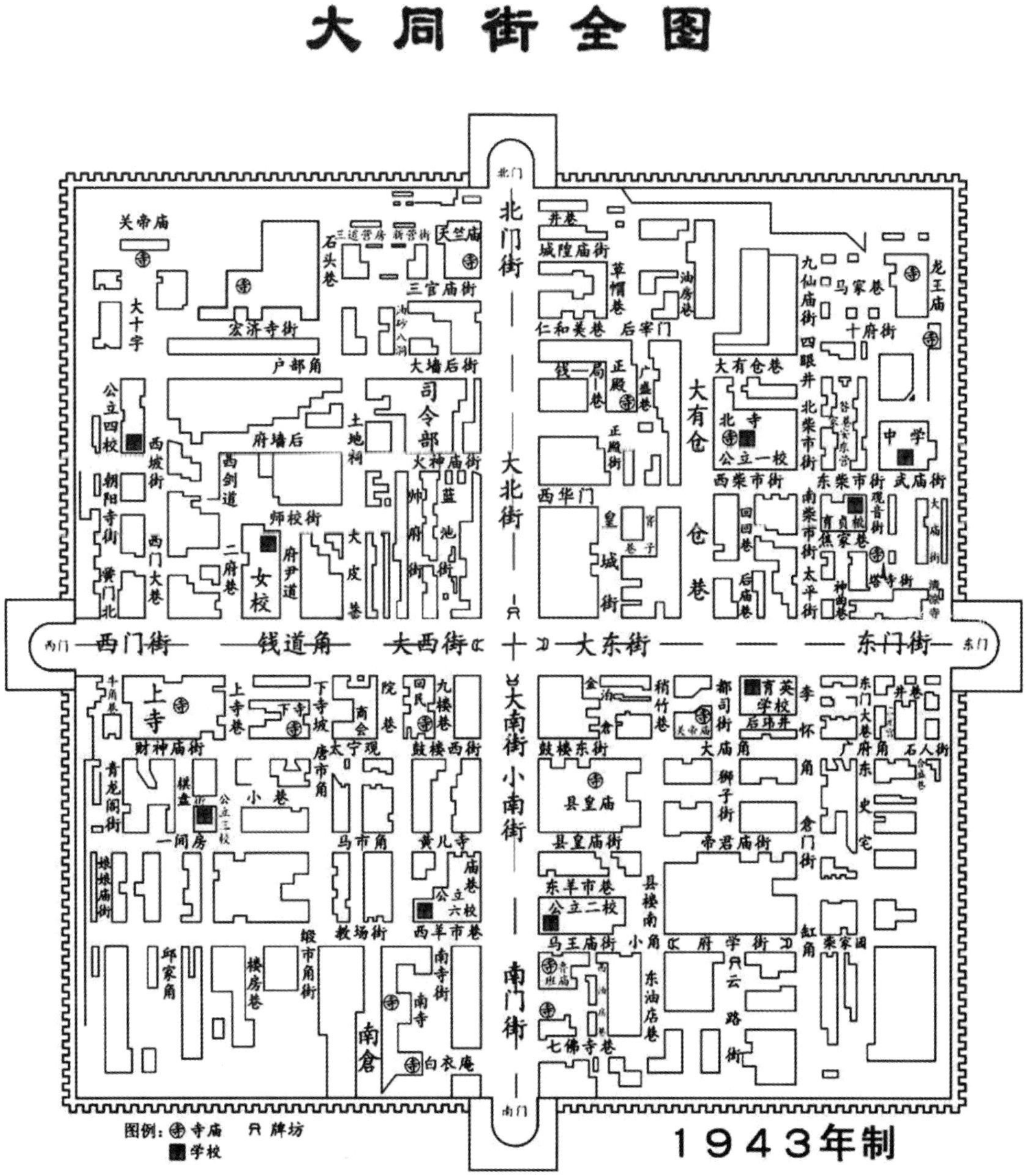

民国21年（1932年），大同第一次给街道挂牌时城市街巷的布局

古城大同与我国北方各大古城的街巷布局基本相同，都是保存了唐、宋时期“里坊式”的城市布局，街道总平面都按棋盘式格局，这种格局沿革到明代已成定型。自从洪武五年，徐达“增筑”大同城后，以四牌楼为中心，东称和阳街，西称清远街，南称永泰街，北称武定街，于是这四条大街将大同城分为四隅，然后又有“三经三纬”的纵横街道将四隅分成若干街坊，街坊中又各以街道分成若干小街道，初步形成了“四大街，八小巷，七十二个绵绵巷”。从城内街巷布局来看，西北隅和东北隅为官府衙署区，西南隅为寺庙区，东南隅为文化区。清朝顺治八年，“大同还治”以后，仍然沿用明朝城坊建置。后来，经过历史沧桑变迁，街道增添很多，何止是72个街巷？如今，经过初步调查，四个街道办事处总共辖有208个街巷。

大同街道如此之多，若论当初如何命名，追根溯源，可以分为十大类型：

一、皇家封藩禁地。明朝洪武二十九年，将辽代西京国子监改建代王府，崇祯末年毁于兵火。今官邸虽无，但建筑遗迹尚可辨认。东街九龙壁原为代王府端礼门前之照壁，北街办事处的皇城街、皇城头道巷、皇城二道巷、正殿街、后宰门、宰门后街、宰门东南巷、宰门西南巷和东华门一带就是当年代王府之范围；三王府巷、正府巷、广府角、东十府巷、西十府巷、南十府巷、北十府巷是代王朱桂另建的豪华府第，专供招待全国各地皇族王兄游访聚首；翠花宫为代王朱桂宠姬崔翠花之宫室，后帏角为崔翠花之姐崔翠屏居住之地，因翠花常来此处，故称后帏角。稍竹巷为代王府之后花园，园内竹林梢头高出墙头，后来建街，故名。

二、官府署衙驻地。明朝洪武九年建置府署和县署，永乐七年建置总镇署，洪武二十九年改云中驿为府学，又建黉门馆，专为延纳四方贤俊和游学之士。遂后又分别建置粮储户部署、各大粮仓、都司衙门、同知衙门、驻军营坊和操练教场等，于是产生总镇署衙、帅府衙、司令部衙(1913年晋北镇守使张汉杰驻总镇署，司令部设于此处，故名)、都司衙、府尹道（因民国初年府署改为山西省第三师范学校，故改名师校街）、户部角、二府巷、县角西街、府学门、黉门南东巷、黉门南西巷、仓巷、仓门街、大有仓东巷、南仓、头道营坊、二道营坊、三道营坊、教场街等。清朝中期，开始训练新军，为区别于旧“绿营兵”，又建置新营前街、新营后街。民国初期，为了储存枪炮弹药，又建炸弹营。

三、寺庙古迹所在地。明清时期，大同城内寺庙古迹建筑甚多，随之所在街道以此命名。如：下寺坡、上寺东巷、上寺南巷、上寺北巷、南寺街、三元宫、太宁观南街、太宁观街、圆通寺街、财神庙街、赐福庵街、娘娘庙前街、娘娘庙后街、朝阳寺前街、朝阳寺后街、城隍庙前街、城隍庙后街、大庙角、帝君庙街、李王庙街、马王庙街、海会殿、七佛寺街、九仙庙街、观音街、宏济寺街、县隍庙街、武庙街、佛殿庙街、后庙街、鲁班庙街、一万贯庙街、清泉寺街、雁塔前街、雁塔后街、塔寺街、鼓楼东街、鼓楼西街、县楼南街、县楼北街、青龙阁前街、青龙阁后街、朱衣阁、云路街、太平街（明朝建太平楼）、九楼巷、楼房巷等。

四、集市贸易所在地。因为附近有羊市、马市、柴市、绸缎市等集市贸易场所，故而街道以此命名。如：东羊市巷、西羊市巷、东马市角、西马市角、南马市角、北马市角、东柴市角、西柴市角、南柴市角、北柴市角、段市角、广盛店、稻米店等。

五、手工作坊所在地。因为附近有酒坊、油坊、磨坊、皮坊、编织坊、小吃作坊，故而街道也随之以此命名。如：缸角、东油坊巷、西油坊巷、东油店巷、西油店巷、南油店巷、北油店巷、南米籽巷、北米籽巷、大皮巷、小皮巷、草帽巷、赵大豆巷等。

六、名门大户所在地。名门大户为了炫赫家族富豪，有权有势，竞相起房盖屋大兴土木，因而街道也依此命名。如：柴家园、蔡家巷、蔡名誉巷、崔家巷、罗家巷、杨家巷、曹家巷、温家巷、焦家巷、昝家巷、胡家巷、田家巷、苏家大门、邱家角东街、邱家角西街、邱家角南街、邱家角北街、姚家角东街、姚家角西街、姚家角南街、姚家角北街、李怀角等。

七、以民间传说和历史事件命名街道。明朝洪武六年，大将徐达正在督工修筑大同城，突遭元军进犯。徐达将储备的石条、石块运至城内西北角，构筑工事以备巷战，后来军民奋力击退敌军。为庆祝作战大捷，便将此处称为石头巷；后唐晋王李克用与北方胡人作战兵败，部将史敬思为救李克用身负重伤，不顾肠肚露出体外，仍忍痛救主脱险。事后，李克用感激不尽，赐史敬思住宅两座，后来此处形成东史宅、西史宅两个街巷；清朝顺治五年，大同总兵姜（王襄）举起反清旗帜，摄政王多尔衮率兵征剿，姜（王襄）在大同城墙西北角之乾楼设中军帐，在附近十字大街处集合军队，布置“十字阵”奋力抗清，为了纪念这一事件，遂将此处命名为大十字街，后来又分为大十字东街、大十字西街、大十字南街、大十字北街；清朝顺治五年，英王阿济格率清军攻入大同城后，把明朝的游击衙门彻底捣毁，挖地一丈，直到看见油沙为止。从此，雨季积为水坑，旱季则见油沙泊洞，此处便称为油沙泊洞；清朝顺治五年，清王朝派英王阿济格率兵，摄政王多尔衮督战，围攻大同城九个多月，因城内粮尽，大同总兵姜（王襄）被叛将杨震威杀死，开城投降。清军入城后，英王阿济格恼羞成怒，愤然下令屠城，又将姜（王襄）住宅府第深挖一丈，灌入臭水，企图使其遗臭万年。过往行人望见汪洋水坑无不感叹。公元1913年，晋北镇守使张汉杰将此处改建成花园，广种芝兰花草，后来逐渐建成街道，起名兰池街；清朝末年，绿营兵精简人员，部分驻军营房拍卖，有位施姓财主购买一处宅院。后来因官库被盗，施财主株连问罪，为把地寻赃，遂将此处挖成深坑形成臭水圪洞，该街道遂起名为施家圪洞；明朝正德年间，大同富豪王龙拥有娇妻美妾多人，民间称为十二锦屏。王府日日欢宴，夜夜笙歌，十二锦屏个个浓妆艳抹，排列楼上，以示荣华富贵。乡间誉为花磊街，后来改称为欢乐街。

八、以街道形状命名。清朝初年，财神庙以南，邱家角以北之地为菜园，地形整齐，犹如棋盘一般，后来建成街道，起名棋盘街；明朝初期，二府巷至西门大巷一带街道形状如同裤裆，遂起名裤裆巷。后来，清朝乾隆年间张进士居住巷内，嫌街道名称不雅，平日张进士崇尚仁义道德，遂改名为仁义巷；清朝初年，圆通寺街至财神庙街一带街道形状如同牛角，遂起名为牛角巷；明朝初期，北马市角至欢乐街一带地区，街道形状如同城内四合院里民宅暖炕墙围花边的万字腿一般，故而起名万字街。

九、以水井建置命名。明朝初期，大同城建成之后，军民等衣食住行都离不开水井，城内著名水井甚多，因而街道也随之命名。北柴市角北端至九仙庙街一带地区有一水井，井内有四个水眼，水量很大，水味甜润，附近居民多来此井汲水，取名四眼井，后来街道也以此命名；清朝康熙三年，在圆通寺西侧凿井一眼，满语译音为八乌图井，以后居民住宅增多，形成街道，以此得名；武庙街东侧有一水井，水眼流水旺盛，犹如涌泉一般，而且清澈味甜，起名清泉井。当地居民为了感激井内金龙，特地建造一座寺庙，名曰清泉寺，后来居民住宅增多，形成街道，便以清泉寺命名。此外还有北门井巷、云路井巷、大井巷，恕不一一赘述。

十、以饲养动物命名。明清之际，官宦之家纨绔子弟饱食终日游手好闲，在太平街至回回巷一带大量饲养鹌鹑，开设斗鹌鹑赌场，后来此处居民住宅形成街道，便以鹌鹑巷命名；在安东营至北柴市角一带原为一片空地，昝姓财主购买后，四面筑起围墙，饲养牛、羊家畜，故而名曰昝家圐圙（音窟略）。后来，昝家转做别业，此处又改称为昝家巷；清朝快马班在县隍庙街至东羊市巷一带空地筑墙养猪，此地称为猪圈巷。民国八年，大同知县冯延铸嫌巷名不雅观，取万事通顺之意，改名为通顺巷。

第十二章 民政人物

一、人物简介

张俊兰，男，汉族，1912年11月出生，河北阜平人，1938年10月入党，1937年10月参加革命工作，高小学历。1937年10月至1949年9月先后在河北阜平、雁北专署、阳高县从事革命工作，1949年10月至1952年8月雁北专署民政科科长、人事科副科长；1952年9月至1953年3月雁北专署秘书主任；1953年6月至1954年12月雁北供销联社副主任；1955年1~4月雁北地委组织部长；1955年5月至1967年3月雁北检察分院检察长；1972年7~10月雁北小峪煤矿整党组组长；1972年11月至1973年8月大同市保卫部副部长；1973年9月至1981年3月大同市中级人民法院党组书记、院长；1981年4月至1982年12月大同市政协副主席。

聂富成，男，汉族，1914年8月出生，山西朔县人，1941年1月入党，1937年10参加革命工作，高小学历。1937年10月至1965年在部队工作；1965~1972年9月雁北专署财政局局长；1972年9月至1980年3月雁北地区民政局局长。

马林杨，男，汉族，1919年3月出生，山西灵丘人，1942年8月入党，1939年3月参加革命工作，初中学历。1939年3月至1947年3月先后在雁北办事处、华北大学、灵丘县、地委党校、丰镇二区、阳高县学习和工作，1947年3月至1949年1月阳高三区委员会书记；1949年1月至1952年2月阳高县人民政府副县长；1952年2~9月雁北专署救灾办公室副主任；1952年9月至1953年6月雁北专署训练班主任；1953年6月至1954年6月雁北专署民政科科长。

朱佩，男，汉族，1925年10月出生，2009年7月去世，山西平鲁人，1946年8月入党，1945年8月参加工作，初中学历。1956年至1959年进藏干部，1962年至1976年西藏曲松县委书记，1976年至1980年雁北行署乡镇局副局长，1980年7月至1983年9月雁北行署民政局局长。

宋珍，男，汉族，1931年3月出生，山西繁峙人，1949年3月入党，1951年3月参加工作，高小学历。1951年3月至1958年12月先后在浑源县委组织部，雁北地委机要科、秘书科，左云县委办，雁北地委宣传部任干事；1958年12月至1961年8月大同电台通讯组任组长；1961年8月至1967年4月雁北地委组织部干部科干事、副科长；1967年4月至1970年2月雁北革委会党群学习班学员；1970年2月至1978年5月雁北地委政工办公室、干部办公室、组织部办公室先后任副主任、主任；1978年5月至1981年4月朔县县委副书记；1981年4月至1983年9月雁北行署人事局局长；1983年9月至1991年3月雁北行署民政局局长。

陈寿昌，男，汉族，1932年10月出生，2003年去世。山西大同县人，1950年5月入党，1953年7月参加工作，中师学历。1953年7月至1955年7月大同师范学校团委书记；1955年7月至1957年7月大同一中党支部书记；1957年7月至1959年7月大同一中团委书记；1959年7月至1964年7月大同一中党总支副书记；1966年7月至1971年7月大同市委文教部办公室主任；1971年7月至1978年7月大同三中党总支书记兼校长；1978年9月至1985年4月大同市教育局党委书记；1985年4月至1992年2月大同市民政局党委书记、局长。任职期间，大胆启用各种人才，大力改革用人制度，大上快上民政事业，市民政局固定资产由200多万元发展到1700多万元，增加了7倍；福利企业由6家发展到72家，增加了11倍；就业的残疾人由60多名发展到2000多名，增加了32倍；年产值由47万元增加到4400多万元，增加了93倍；年利润由过去的0元增加到400多万元；创造出全省一流的民政工作业绩。1992年9月22日，山西省民政工作改革大同现场会召开，省民政厅作出《关于学习和推广大同市民政工作改革经验，加快全省民政工作改革步伐的决定》。同年12月29日，山西省民政厅授予在民政工作中作出突出贡献的陈寿昌“优秀民政局长”称号，并号召全省各级民政干部、民政系统广大职工，特别是各级领导干部向陈寿昌学习。1994年5月被民政部、人事部授予“全国民政工作先进工作者”荣誉称号。

项如丰，男，汉族，1933年4月出生，2000年去世，山西省朔州市人，1950年8月入党，1949年3月参加革命工作，1950年入伍，高小文化程度，1983年11月离休，1987年1月到大同市军队离退休干部休养所休息，离休不离党，退职不褪色，配合所领导做好军休人员思想政治工作，身体力行，言传身教，堪称军休干部的楷模。1989年12月25日被民政部、总政治部授予“全国先进军队离退休干部”称号。2000年4月因病去世。

马占藻，男，汉族1935年10月出生，山西阳高人，1954年4月入党，1952年3月参加工作，高中学历。1952年3月至1954年4月阳高县农业科科员；1954年5月至1956年9月阳高县人事科科员；1956年10月至1967年3月大同市人事局科员、副科长；1967年4月至1971年8月大同市干部学校插队；1971年9月至1975年6月大同市委组织部干事、副主任；1975年7月至1984年3月大同市人事局副局长；1984年4～12月大同市民政局局长；1985年1月至1993年7月大同市劳动局局长；1993年8月至1995年10月大同市劳动局党委副书记、副局长。

邓忠，男，汉族，1942年1月出生，山西天镇人，1962年2月入党，1965年7月参加工作，中专学历。1965年7月至1966年6月雁北专署人事局干事，1966年6月至1970年4月雁北地委组织部干事，1970年4月至1972年4月雁北地区退伍军人安置办公室干事（期间借调地委组织部工作），1972年4月至1976年10月雁北地区民政局干事，1976年10月至1991年3月雁北行署民政局副局长，1991年3月至1993年7月雁北行署民政局局长，1993年7月至1996年7月，大同市民政局党委副书记、副局长，1996年7月至2000年6月大同市技术质量监督局局长。

王华子，男，汉族，1943年7月出生，河北满城人。1961年11月入党，1960年8月参加工作，初中学历。1960年8月至1978年10月在部队服役；1978年10月至2001年12月大同市民政局干部、主任（兼任市军队离退休干部休养所党总支书记、所长）、副局长。在建立市军队离退休干部休养所机构和接收安置工作中，不畏困难，艰苦创业，圆满完成任务。1989年12月被民政部安置局、中国人民解放军总政治部老干部局评为“全国军队离退休干部管理工作先进工作者”。

欧学联，女，汉族，1943年11月6日出生，江苏宿迁人，1975年3月入党，同煤集团永定庄矿矿工家属。她爱兵如子，无私奉献，积极参加拥军优属活动，深入军营为子弟兵做好事办实事，被誉为“兵妈妈”。1992年12月29日，在太原召开的山西省双拥模范命名大会上，省委、省政府、省军区命名欧学联为“拥军优属模范”。

范培生，男，汉族，1945年5月出生，山西岚县人，1972年1月入党，1968年7月参加工作，山西师范学院中文系毕业，大学学历。1968年12月至1969年12月河北省石家庄4587部队农场干部；1970年1月至1973年5月原平县官地公社干部；1973年6月至1975年8月忻县团地委干部；1975年9月至1984年1月中共大同市委组织部干部、科长；1985年8月至1991年12月大同市纪检委副书记；1992年1月至2001年10月大同市民政局副局长、局长。任职期间，深化改革、大胆创新、总体规划、分步实施，先后对直属14个单位2处社区服务中心和60余所县区敬老院进行新建和改扩建，全市民政基础设施面貌一新，实力增强，功能齐全，管理服务水平明显提升。2002年3月被民政部、人事部授予“全国民政系统先进工作者”荣誉称号。

解福林，男，汉族，1950年2月出生，河北安国人，1970年4月入党，1969年2月参加工作，大专学历。1969年2月至1986年4月部队服役；1986年4月至1990年4月大同市新荣区人武部科长、副部长；1990年4月至2010年3月大同市军队离退休干部休养所所长。在任大同市军队离退休干部休养所所长期间，全心全意服务军休干部，认真落实军休干部“两个待遇”，努力丰富休干物质文化生活，创建全国先进军休所。1998年4月在山西省“五一”表彰大会上被省社会主义劳动竞赛委员会授予“山西省劳动模范”荣誉称号。

高祯，男，汉族，1951年9月出生，山西大同县人，1986年3月入党，1970年1月参加工作，高中学历。1970年1月至1983年12月大同市平板玻璃厂工人、车间主任、副厂长；1983年12月至1985年9月大同市政协办公厅干事；1985年9月至1992年3月大同市科技情报所所长；1992年3月至1996年12月大同市民政局武装部部长；1996年12月至2012年6月大同市军用饮食供应站站长、支部书记。在军供站任职期间大力加强职工队伍建设，加快基础设施建设，努力建成全国一流军供站，圆满完成军供接待任务。1999年4月在山西省“五一”表彰大会上被省社会主义劳动竞赛委员会授予“山西省五一劳动奖章”。

杨清明，男，汉族，1952年8月出生，山西繁峙人，1977年8月入党，1968年1月参加工作，大学本科学历。1968年1月至1972年12月在繁峙县大营镇杨庄村插队；1972年12月至1974年9月雁北红旗牧场；1974年9月至1977年9月山西农业大学学生；1977年9月至1982年7月雁北红旗牧场组织部干事；1982年7月至1984年1月雁北红旗牧场团委书记；1984年1月至1985年5月雁北红旗牧场党委委员、纪委书记；1985年5月至1990年5月灵丘县委常委、纪委书记；1990年5月至1991年6月灵丘县委副书记；1991年6月至1997年1月灵丘县委副书记、政法委书记；1997年1月至2003年6月大同市南郊区委副书记；2003年6月至2009年1月大同市民政局党组书记、局长。

郝玉斌，男，汉族，1954年8月出生，山西山阴人，1985年2月入党，1976年8月参加工作，大学本科学历。1976年8月至1982年9月 大同市新荣区教育局学校教师；1982年9月至1986年4月大同市新荣区教育局科员；1986年4月至2014年8月大同市民政局科员、副主任、主任、科长。工作踏实，任劳任怨，拥军优属，经常深入灾区，指导抗灾救灾，在双拥、救灾战线上均作出突出贡献。1992年12月被山西省人民政府、省军区授予“拥军优属模范”荣誉称号。2003年9月山西省委、省人民政府批准，荣立“抗击非典工作二等功”。

赵喜云，女，汉族，1954年8月出生，山西原平人，1990年6月入党，1973年12月参加工作，初中学历。1973年12月至1976年3月马军营乡东河村插队；1976年3月至1986年1月南郊区农机厂工人；1986年1月至2004年9月大同市殡仪馆会计、副主任、馆长、党支部书记。在殡仪馆工作期间，大力推进殡葬改革，服务质量显著提高，配套设施与时俱进，火化率逐年上升，实现了社会效益和经济效益的双增长。1999年4月在山西省“五一”表彰大会上被省社会主义劳动竞赛委员会授予“山西省劳动模范”荣誉称号。

秦福花，女，汉族，1954年11月出生，山西阳高人，1983年11月入党，1974年10月参加工作，党校专科学历。1974年10月至1978年10月城区东街卫生院工作；1978年10月至1980年10月城区南关卫生院大夫；1980年10月至1990年12月市光荣院大夫、副院长；1990年12月至1991年4月市社会福利院副院长；1991年4月至2014年12月市光荣院院长。30多年来，秦福花爱老敬老，无私奉献，吃苦耐劳，身残志坚。1993年被省民政厅授予模范光荣院院长，1994年被市委授予优秀共产党员，1997年被省社会主义劳动竞赛委员会记三等功，1998年被市政府授予大同市特等劳模，1999年被省总工会授予“五一”劳动奖章，2002年获省民政厅“青年文明号先进工作者”称号，2004年获全国孝亲敬老明星奖，2005年获大同市特等劳模称号，2007年被山西省民政厅授予全省民政宣传先进个人，2009年获大同市特等劳模称号，2011年获大同市十大优秀女性、获山西省双拥模范先进个人，2012年获大同市十大杰出女性、获“全省民政系统劳动模范”荣誉称号。

白玉，男，汉族，1955年10月出生，山西左云人，1980年7月入党，1975年12月参加工作，大学本科学历。1975年12月至1980年9月左云县农业局工作；1980年9月至1983年3月省农业区划委员会遥感研究室（借调）工作；1983年3～12月雁北地委党校中青年干部培训班学员；1983年12月至1984年10月左云县农业局副局长；1984年10月至1986年5月雁北地委组织部组织科干事；1986年5月至1990年3月雁北地委组织部组织科副科长；1990年3月至1993年7月雁北地委组织部组织科科长、干部科科长；1993年7月至1997年1月大同市委组织部干部一科科长；1997年1月至2001年10月大同市南郊区委常委、组织部长；2001年10月至2002年8月大同市委组织部副部长；2002年8月至2003年11

月大同市委组织部副部长、正处级组织员（其间在浙江温州市瓯海区任区长助理）；2003 年 11 月至 2004 年 9 月大同市委组织部副部长（正处）；2004 年 9 月至 2009 年 1 月大同市委组织部常务副部长；2009 年 1 月至今大同市民政局党组书记、局长。

姬彪，男，汉族，1956 年 3 月出生，山西大同人，1986 年 1 月入党，1975 年 9 月参加工作，大学专科学历。1975 年 9 月至 1978 年 9 月大同市城区化工机械厂工人；1978 年 9 月至 1981 年 8 月山西师范学院大同师专班学生；1981 年 9 月至 1984 年 7 月大同市第十三中学教师；1984 年 7 月至 1985 年 12 月大同市民政局社会科科员；1985 年 12 月至 1988 年 7 月大同市宏光五金副厂长兼福利公司副经理；1988 年 7 月至 1994 年 3 月大同市社会精神病院党支部书记兼副院长；1994 年 3 月至 2000 年 1 月大同市民政局安置农场（现革命烈士陵园）场长；2000 年 1 月至今大同市盲人按摩理疗综合门诊部党支部书记、主任。1990 年参加第四次全国人口普查工作，成绩显著，被国务院第四次全国人口普查领导小组表彰为“国家级先进个人”，大同市劳动竞赛委员会记一等功。1995 年以来无偿献血 14000 余毫升，2005 年 6 月获山西省红十字会、省卫生厅表彰“山西省无偿献血奉献铜奖”。

丁雅雯，女，汉族，1959 年 2 月出生，河北南宫人，1980 年 9 月参加工作，中专学历。1980 年 9 月至 2003 年 6 月大同市煤炭职工医院医生；2003 年 6 月至 2014 年 8 月大同市社会福利院医生、儿童部主任、副院长。努力做好儿童康复及特殊教育工作，研究实践规范化、专业化管理取得明显成绩。2010 年，被山西省委、省政府授予“山西省劳动模范”称号；2011 年，被全国总工会授予“全国五一巾帼标兵”称号。

李树才，男，汉族，1962 年 9 月出生，山西应县人，1982 年 8 月入党，1979 年 11 月参加工作，函授专科学历。1979 年 11 月至 1984 年 1 月部队服役；1984 年 1 月至 1987 年 3 月应县镇子梁乡党委办公室；1987 年 3 月至 1993 年 8 月雁北行署民政局科员；1993 年 8 月至 2001 年 1 月大同市民政局科员；2001 年 1 月至今大同市救灾捐赠社会事务管理中心（原大同市救灾捐赠仓储中心）副主任、党支部书记。在“大同 - 阳高地震”抗灾救灾工作中成绩突出，1991 年 12 月被民政部表彰为“全国民政系统抗震救灾模范”。

李根田，男，汉族，1962 年 9 月出生，山西平陆县人，1984 年 12 月入党，1983 年 8 月参加工作。大学本科学历。1983 年 8 月至 1987 年任大同市新荣区得胜堡公社干事、政府办公室科员；1987 ~ 1991 年任大同市新荣区委政研室副主任；1991 ~ 1992 年任大同市新荣区委办公室副主任兼政研室主任；1992 ~ 1993 年任大同市新荣区委办公室主任；1993 ~ 1997 年任大同市新荣区政府副区长；1997 ~ 1999 年任大同市委组织部副部长；1999 ~ 2001 年 12 月任大同市委组织部副部长、正处级组织员；2001 年 12 月至 2003 年 6 月任大同市民政局党组书记、局长；2003 年 6 月任大同市城区区委副书记、区长；2006 年任浑源县委书记；2012 年 12 月任朔州市委常委、秘书长。

靳保利，男，汉族，1964 年 1 月出生，河北涞源人，1991 年 1 月入党，1981 年 9 月参加工作，中央党校本科学历。1981 年 9 月至 1985 年 4 月大同市城区十六校教师；1985 年 4 月至 1992 年 5 月大同市民政局优抚科科员；1992 年 5 月至今大同市社会福利院（大同市家庭寄养管理中心）副院长、院长（主任）。重视基础设施建设，强化内部管理，提升服务水平，扩大对外交流，率先推行孤儿寄养转型发展，由原来的农村家庭寄养向城市化转变，开创城市家庭寄宿养育模式，丰富中国“乳娘文化”的内涵，“大同育孤模式”被民政部在全国福利院推广。2006 年被人事部、民政部授予“全国民政系统先进工作者”荣誉称号；2008 年 2 月，山西省社会主义劳动竞赛委员会记二等功；2009 年，被中国收养中心评为“全国优秀儿童福利院院长”；2012 年，当选山西省第十二届人民代表大会代表。

康建东，男，汉族，1966 年 2 月出生，山西山阴人，1993 年 11 月入党，1987 年 7 月参加工作，大学本科学历。1987 年 7 月至 1989 年 4 月大同市广播电视大学教师；1989 年 4 月至 1996 年 8 月大同市民政局科员；1996 年 8 月至 1998 年 1 月大同市勘界领导组办公室副主任；1998 年 1 月至 2000 年 1 月大同市社会精神病院副院长；2000 年 1 月至 2002 年 2 月大同市盲人按摩理疗综合门诊部主任；2002 年 2 月至今大同市城乡居民最低生活保障和管理中心主任。以强烈的事业心和责任感，努力构建覆盖大同城乡的社会救助体系，逐步健全低保管理制度，保障城乡困难群众基本生活，使大同市的社会救助工作走在全省前列，2005 年 4 月 26 日所在单位获共青团中央授予“全国青年文明号”称号。他本人2006年6月被山西省人民政府授予“全省城乡社会救助体系建设工作先进个人”。

马建军，男，汉族，1968年8月出生，山西大同人，1987年9月入党，1985年10月参加工作，中央党校本科学历。1985年10月至1989年3月武警大同支队服役；1989年6月至1998年2月大同市民政局科员；1998年2月至2001年12月大同市社会福利院副院长；2001年12月至2012年7月大同市殡葬管理所所长兼支部书记；2003年11月至今大同市革命烈士陵园主任；2004年9月至今大同市殡仪馆馆长。积极进取，锐意改革，为推动全市殡葬管理规范化、实施市革命烈士纪念塔和殡仪馆迁建作出突出贡献。2010年11月被民政部表彰为“全国殡葬工作先进个人”。2012年3月被人力资源和社会保障部、民政部授予“全国民政系统先进工作者”荣誉称号。

余志甫，男，汉族，1970年6月出生，河南社旗人，1990年7月入党，1987年11月参加工作，军队函授本科学历。1987年11月至2004年11月部队服役；2004年11月起历任大同市民政局科员、副主任、科长、主任。工作勤勤恳恳，兢兢业业，锐意进取，圆满完成各项任务，起到了军队转业干部的模范带头作用。2009年3月被山西省人民政府军队转业干部安置小组授予“全省模范军队转业干部”荣誉称号。

二、获省部级以上表彰先进集体和个人名录

先进集体名录

年度	名称
1987	1月市光荣院被省政府、省军区表彰为“为军人安心服役办好事活动先进单位”
	7月市民政局被省委、省政府授予“实行岗位责任制成绩卓著”单位
	9月市民政局安置办公室荣获省委、省政府授予“满腔热忱服务好、排忧解难办实事”锦旗一面
	11月市军供站被省政府、省军区表彰为“为军人安心服役办好事活动先进单位”
	市军供站被民政部、总后勤部授予“全国军供站正规化建设先进集体”，荣获金杯奖
1988	1月市民政局、灵丘县民政局被民政部授予“全国民政系统先进集体”
1989	12月市军队离退休干部休养所被民政部、总政治部表彰为“全国先进军队离退休干部休养所”
1990	9月市军队离退休干部休养所被省委、省政府表彰为“1990年度为离退休干部服务先进单位”
	6月市民政局被民政部表彰为“全国民政信访工作先进集体”
1992	1月大同市被省委、省政府授予“全省双拥模范城”称号
	1月大同市被民政部、总政治部授予“全国双拥模范城”称号
	12月29日在太原召开的全省双拥模范命名大会上，省委、省政府、省军区命名南郊区为“双拥模范县（区）”
1993	市军队离退休干部休养所被省委、省政府第二次授予“先进单位”称号；省委、省政府、省军区授予“双拥先进单位”称号；省政府授予“山西省为老干部服务先进集体”
1994	1月新荣区被省委、省政府、省军区命名为“爱国拥军模范区”，灵丘县被命名为“双拥模范县”
	5月16日灵丘县落水河乡被民政部授予民政工作“全优乡镇”称号
	7月大同市再次被民政部、总政治部授予“全国双拥模范城”称号
1995	市军队离退休干部休养所被省委、省政府第三次授予先进单位称号；民政部、解放军总政治部授予先进单位称号；省委、省政府、省军区第二次授予双拥先进单位称号
1997	1月市军队离退休干部休养所被民政部、总政治部表彰为全国先进干休所
1997	大同市在全国双拥模范城（县）命名大会上，第三次被命名为全国“双拥模范城”
2000	1月全国双拥模范城（县）命名大会在京举行，大同市第四次荣获全国双拥模范城荣誉称号
2004	1月全国双拥模范城（县）命名大会在京举行，大同市第五次荣获全国双拥模范城荣誉称号
2005	4月市城乡居民最低生活保障管理中心被共青团中央授予“全国青年文明号”称号
2007	市民政局被民政部表彰为“明天计划”先进单位
	市民政局被国家减灾委、民政部表彰为救灾宣传先进单位
2008	1月大同市第六次被命名表彰为全国“双拥模范城”

续表

年度	名称
2009	7月22日市民政局被省委、省政府表彰授予“山西省援川抗震救灾先进集体”的荣誉称号
	9月大同市军队离退休干部第二休养所被民政部、总政治部表彰为全国军休工作先进单位
	10月城区被民政部命名为全国和谐社区建设示范城区
2012	2月大同市第七次被命名为“全国双拥模范城”称号
2013	城区向阳里街道被命名为全国和谐社区建设示范单位

先进个人名录

年度	名称
1989	市军队离退休干部休养所离休干部项如丰被民政部、总政治部表彰为“全国先进军队离退休干部”
1990	市民政局姬彪被国务院第四次全国人口普查领导小组表彰为“国家级先进个人”
1991	12月原雁北民政局李树才同志被民政部表彰为“全国民政系统抗震救灾模范”
1992	12月市民政局原科长郝玉斌被省政府、省军区授予“拥军优属模范”
1992	12月29日矿区居民欧学联被省委、省政府、省军区表彰为“拥军优属模范”
1993	市民政局原科长马志良被省委、省政府表彰为老干部先进工作者
1993	1993年市民政局离休干部刘瑾被省委、省政府表彰为“老干部先进个人”
1993	3月南郊区城关乡新胜村党支部书记刘全祥被民政部、总政治部授予“全国军地两用人才先进个人”荣誉称号
1994	5月市民政局原局长陈寿昌被民政部、人事部授予“全国民政系统先进工作者”

续表

年度	名称
1997	4月市光荣院原院长秦福花被山西省劳动竞赛委员会记三等功
1998	4月市军队离退休干部休养所原所长解福林被山西省劳动竞赛委员会授予“山西省劳动模范”
1999	1月市民政局原科长王建新被民政部表彰为“全国民政系统抗洪救灾先进个人”
1999	4月市殡仪馆原馆长赵喜云被山西省劳动竞赛委员会授予“山西省劳动模范”
1999	4月市军用饮食供应站原站长高祯被山西省劳动竞赛委员会授予“山西省五一劳动奖章”
2000	4月市光荣院原院长秦福花被山西省劳动竞赛委员会授予“山西省五一劳动奖章”
2002	3月市民政局原局长范培生被民政部、人事部授予“全国民政系统先进工作者”
2003	9月市民政局原科长郝玉斌经省委、省政府批准荣立“抗击非典工作二等功”
2006	市社会福利院院长靳保利被民政部、人事部授予“全国民政系统先进工作者”
2006	6月市城乡居民最低生活保障管理中心主任康建东被省政府表彰为“全省城乡社会救助体系建设工作先进个人”
2008	2月市社会福利院院长靳保利被山西省劳动竞赛委员会记二等功
2010	4月市社会福利院原副院长丁雅雯被省委、省政府授予“山西省劳动模范”称号
2010	11月市殡仪馆馆长马建军被民政部表彰为“全国殡葬工作先进个人”
2011	市社会福利院原副院长丁雅雯被全国总工会授予“全国五一巾帼标兵”称号
2012	3月市殡仪馆馆长马建军被民政部、人力资源和社会保障部授予“全国民政系统先进工作者”

大同市民政大事记（1949～2013）

第一部　（1949～1992）

1949 年

1. 5 月 1 日，大同和平解放，人民解放军进入四关、四门及围城工事。国民党大同守军总指挥于镇河遵奉解放军大同前指命令，率部开赴城外指定地点接受改编。

2. 5 月 2 日，解放军以四路纵队，从北门进入市内，各界群众手持彩旗，高呼口号，各商店自行恢复营业，欢迎解放军入城。警备部队及大同市委、大同市人民政府、大同市军管会的全体干部参加入城式，于当日 12 时进入城内开始办公。大同市军管会发表《告全市人民书》。大同市军事管制委员会、中共大同市委、大同市人民政府正式宣告成立，隶属察哈尔省直辖。市下辖五个区，即一、二、三、四、五区。

3. 5 月 18 日，大同市人民政府颁发布告，宣布一、二、三、四区成立街政权。区、街政权都称之为人民政府。

4. 7 月 1 日，市政府设社会局，负责民政工作。田苏就任市社会局局长，1951 年 11 月离职。

5. 大同市委、市人民政府于 9 月 23 日、30 日和 10 月 3 日相继发出通知，在全市范围内开展一次声势浩大的劳军运动。这次劳军运动收到慰问品 10 多种，人民币 1505543 元。

6. 11 月 28 日，成立大同市戒烟所，接收烟民入所戒烟。

7. 12 月，大同市一、二、三、四区人民政府改称区公所。各街人民政府撤销，成立公安派出所，由公安局领导。派出所内设民政干事，由区公所领导，各村政府改为村公所。

8. 12 月，市、区共 3 次对生活困难的军属给予米面、衣服等实物补助，并组织 79 个军属生产自救组，中秋节对驻军进行慰问。

1950 年

9. 2 月 11 日，全市成立 5 个戒烟所，已登记制毒者 44 人，贩毒者 757 人，吸毒者 2350 人，入院戒毒者 609 人。

10. 3 月 8 日，原城内 4 个区改为 3 个区，原二、四区合并为二区，原三区和原四区南关合并为三区，新设四区下管 14 村，新设口泉矿区下管 1 镇 10 村，同时成立口泉矿区办事处。

11. 3 月 23 日，市人民政府社会局改为民政局。

12. 5 月 1 日，中央人民政府颁布《中华人民共和国婚姻法》，全市掀起学习、宣传、贯彻、执行婚姻法高潮。

13. 5 月 21 日，召开大同市救灾委员会扩大组织会议，推选李铁生为救灾委员会主任委员，郝绳祖、兰效汤、郭岐山为副主任委员，委员共 15 人。

14. 6 月 28 日，口泉、鸦儿崖等 7 村，遭受 70 年来罕见的水灾和雹灾，防洪堤坝被冲毁，铁路公路被冲断，受灾269户，死亡2人，受灾面积1168亩，货物等损失折款120万元。市民政局积极组织救灾。

15. 8月16日，原四区和10个农村合并成立口泉矿区。

16. 9月18日，大同市委发出关于开展节约救灾运动的指示，要求普遍开展每日节约一两米运动。全市各单位对办公费开支普遍作一次检查，研究节约的办法和认真保护国家财产、有效制止破坏和损失的措施。公营企业还在职工中开展提倡利用旧物、爱惜公物、反对铺张浪费的活动。除学习科学管理方法外，还开展节约材料、提高工作效率的运动。

17. 9月，大同市在解放后迅速取缔妓院、烟馆之后，大同市委制定《大同市禁烟毒暂行办法（草案）》，并就禁绝聚众赌博、教育改造妓女等问题多次发出指示，继续在全市范围内开展打击卖淫嫖娼、贩毒、吸毒、聚众赌博等各种丑恶现象的斗争。经过两三年的努力，这些在旧社会屡禁不绝的顽症基本禁绝。

18. 9月，大同市委拥护和支持中共中央作出的抗美援朝保家卫国的战略决策，领导全市人民掀起轰轰烈烈的抗美援朝运动，建立起包括各人民团体和各界爱国人士参加的抗美援朝委员会，有计划地开展各项抗美援朝活动。是年11月至1951年底，大同市的抗美援朝运动大体经历了四个阶段：第一阶段是自1950年11月~1951年1月。以思想教育为主开展对美帝国三视（仇视、鄙视、蔑视）运动，逐渐肃清某些人的“恐美、亲美、崇美”思想。第二阶段是自3~5月。进一步巩固和提高群众觉悟，开展反对英帝单独对日讲和，反对美帝重新武装日本等的游行大示威，并开展了五大国缔结和平公约的签名运动。第三阶段是自5~9月。普遍推广订立爱国公约和号召增产捐献为抗美援朝的实际行动的活动。第四阶段是自9~12月，响应毛泽东主席的“增加生产，厉行节约以支持中国人民志愿军”的口号，开展第四季度增产节约运动。民政局积极组织拥军优属活动。

19. 10月，大同市禁烟禁毒委员会成立，10月15日公开焚毁毒品195.5公斤。

20. 10月，完成为江苏、安徽、河南、河北等省及察南察北受灾群众募集寒衣任务。

21. 11月，市民政局增设干部科，1952年4月划归市人民政府人事科。

22. 12月，市政府发放救济粮，组织与扶持贫苦市民从事生产。

1951年

23. 4月17日，口泉矿区办事处改建为口泉矿区人民政府。

24. 4月30日，公开焚毁毒品112.77公斤。

25. 4月，发放救济玉米22.5万公斤。

26. 6月12日，全市开始残废、优待证件的换发工作。

27. 7月5日，召开全市志愿军功臣家属庆功大会。

28. 7月31日，在北门外广场举行革命烈士纪念塔落成典礼。

29. 7月，市政府组成8个工作组，对全市优抚工作进行全面检查。

30. 8月1日，市政府与驻军举行“八一”建军节纪念会及军民联欢晚会，各区、街村组成慰问组，对烈军属、革命残疾军人逐户慰问。

31. 9月14日，大同县官窑、老窑沟、双井沟、马林涧、石岩庄、一家沟、小站、盘道8村划归口泉矿区。一、二、三区原辖区16个街调整为12个街。

32. 10月10日，成立市民政局军属工厂，厂址帝君庙街4号，石玲任厂长。

33. 王维任市民政局局长，1952年4月2日调离。

34. 11月，市民政局发给贫苦市民寒衣、毯子、救济小米、高粱等救济粮物。

35. 12月25日，召开大同市第一次烈军属劳模大会，并选举出省劳模4人。

36. 本年，农村普遍建立帮助烈军属的代耕组织。

1952年

37. 2月，察哈尔省政府先后两次拨救济粮35万公斤，市政府拨救济款3.7亿元（旧币）。

38. 4月2日，兰效汤（民主人士）任市民政局局长，1955年8月离职。

39. 5月，察哈尔省政府拨给救济玉米5万公斤。

40. 6月4日，公开焚毁毒品211.05公斤。

41. 6月16日，大同县六区及四区所管40个村划归大同市。原市一、二、三区调整为一、二两区，新划归的云冈等地区，划为三区。原各区公所改名为区人民政府。

42. 6月20日，大同市委制订并发出关于开展肃毒运动工作计划。早在5月下旬，大同市即已建立肃毒委员会。其时初步统计：全市制毒、贩毒、运毒者546名；另有线索267件，计279人。其中机关内部干部及一般工作人员中制毒、贩毒、运毒者110名，占总数的1/5。肃毒运动工作分三步进行：（1）组织发动；（2）全面展开：运动中共捕两批犯罪分子，第一批19名，第二批67名；（3）审讯处理。

43. 8月1日，大同市所辖各村公所改称为村人民政府。

44. 10月15日，大同县六区原划归左云的蔡家窑等7个村划归大同市三区管辖。

45. 11月20日，察哈尔省人民政府发布关于中央人民政府决定撤销察哈尔省建制，将现属察哈尔省原为山西管辖之大同市及其他县规划山西省属的布告。大同市复划归山西省。

46. 11月25日，一、二区所辖大北街等12个街，改建为居民委员会，原各街所属闾取消。

47. 12月8日，市民政局与市妇联联合训练街、镇、村的民政、妇女干部354人，作为贯彻婚姻法的骨干。

48. 12月27日，根据中央人民政府内务部关于石家庄烈士陵园即将竣工，拟于1952年12月底以前将华北局各地埋葬的部队团以上干部灵柩统一移葬在该园内，以便统一安葬的指示，大同市和雁北专区将前埋葬于雁北等地部队团以上干部灵柩运来大同。30日上午9时，大同市与雁北专区在人民广场召开追悼大会。

49. 12月，成立大同市军队转业建设委员会。

1953年

50. 1月16日，成立大同市贯彻婚姻法委员会。

51. 1月，市人民政府建设局农林科划归市民政局，1954年4月划出，成立市人民政府农林局。

52. 1月，口泉镇建立4个居民委员会。

53. 3月23日，山西省民政厅拨给救济事业费1亿元（旧币）重点解决春荒。

54. 3月，抗美援朝运动日趋深入，1952年以来，全市积极要求赴朝参战青年2560余人，要求赴朝参加防护卫生工作人员237人，自愿为志愿军伤员输血的300人，捐献15339万元（旧币），人民群众自动为军属耕田种地，担水送粮，春节国庆节开展拥军优属活动，捐款7897万元（旧币），420名烈属及回乡转业军人安置了工作，741名烈军属子女受到公费待遇，给烈军属、回乡军人拨发补助粮419000斤，补助款23500万元（旧币）。

55. 5月12日，大同县一区、四区、七区共36村划归大同市。其中32村归新建五区（后改为四区），余归一区。5月，大同市开展划乡工作，至8月结束。

56. 6月16日，下午2时50分至3时12分，城南、城东遭暴风雨、冰雹袭击，受灾面积达26千余公顷。8月24日，淫雨3天，城关、口泉镇等塌房13463间，28552人受灾，市政府拨款赈灾。市政府发出关于立即处理水灾善后与加强防止雨涝成灾的指示。

57. 9月18日，山西省委向大同市委，雁北地委发出关于认真做好迎接中国人民志愿军归国部队的准备工作的指示。20日，山西省委向大同市委、雁北地委转发了华北局关于成立欢迎志愿军胜利归国部队招待委员会的指示，并要求由大同市委、雁北地委共同组织一个欢迎志愿军胜利归国招待委员会（朱卫华任主任，张晓东任副主任），驻军各县亦应组织同样的招待委员会。21日，华北归国部队招待委员会致山西省政府并省军区电：六十五军驻大同的一个师预计于25日后可到达，该师所需之供应物资原确定由你省负责，但据了解该专区尚未筹措，兹将所需数目电告，请急速布置筹措。22日，山西省委向大同市委、雁北地委转发华北局关于《急速布置筹措回国部队之物资供应》的指示，要求立即根据所列各项进行具体准备工作。如当地不能解决需由省帮助解决者，可将各项具体数目电告，以便由省府、军区办理。大同市遵照华北局、山西省委的指示，在欢迎志愿军归国中，做了大量的准备工作，完成任务。

58. 10月2日，市政府拨给各区棉花、棉衣、皮大衣等救济衣物，27日又拨给各区一次性冬季救济款22900万元（旧币）。

59. 11月6日，口泉镇公所撤销，成立镇人民政府，原设4个居民委员会，改设为3个街公所。

1954年

60. 1月，市民政局增设地政科。

61. 2月24日，一、二区合并为市区，4月14日改称城区。

62. 3月，市民政局进行西门街社会救济工作整顿试点，3月22日，市政府通报试点经验。

63. 3月，市人民政府公产管理处划归市民政局，与局地政科合并，改称大同市房地产管理处，1956年2月3日直属市人委。

64. 3月，全市各机关、团体、企业、厂矿等单位响应市政府节约一两米号召，为支援灾区人民捐献救灾款共计4306万元（旧币）。

65. 3月，建田村人民公墓，占地14公顷，内分军干、市民、回民、宗教、无主5个区。

66. 3月，市政府在春耕播种期间发放春耕救济款。

67. 6月1日，三、四区合并，改称郊区。原属城区之古店、陈家庄两乡和矿区十里店、马军营两乡均划归郊区。

68. 7月，全市3个区的14个乡、街遭受水涝灾害，淹死7人。

69. 10月9日，山西省人民政府拨给优抚款，解决贫苦烈属买肥料、牲畜等生产资料问题。

70. 11月25日，召开大同市烈军属、荣复军人及拥军优属模范大会，评选出省模范7人。

1955年

71. 3月，市民政局接收供养的军队干部3人。

72. 4月，大同市人民政府民政局改称大同市民政局。

73. 6月，大同市委和市人民委员会作出具体部署，对全市烈军属和贫苦群众的生产生活情况进行一次全面的调查和登记。在此基础上，按照大同市委的要求，市各级人民委员会及时采取救济措施，帮助烈军属和困难户解决生产和生活上存在的困难。

74. 6月，口泉矿区改名为口泉区。

75. 7月7日，按照大同市委的指示和要求，市人民委员会及时作出关于处理外省地流入大同市农民问题的四条规定：(1) 必须向逃来之农民进行动员说服宣传教育工作，坚决动员他们返回原籍。(2) 要设法了解逃来人员的政治情况，对潜伏在逃来农民中间的反革命分子、地主、富农及其他破坏分子，有现行破坏者，应通过公安部门予以处理或逮捕。(3) 对雁北逃来的人员，应与雁北专署主动联系，由雁北负责安置和收养。(4) 对逃往外地者，必须弄清情况，动员回来在当地加以解决。按照上述规定，市各有关单位和部门及时处理了大批农民流入大同市的问题。

76. 7月29日，凡已改为薪金制待遇的现役军官及军队职工家属，从1955年5月30日起，一律取消其代耕及实物补助、子女入学补助等物质优待。

77. 8月3日，常嗣明（民主人士）任市民政局局长，1967年1月29日离职。

78. 8月19日，结婚登记工作由区逐步交街、乡办理，1956年扩乡后离婚登记亦逐步下放街、乡，至1960年全部下放。

79. 9月，城区、口泉区建立13个街道办事处，新设居民委员会99个，原城区12个街居民委员会和口泉镇及其所辖3个街撤销。

80. 11月23日，召开大同市复员建设军人代表大会，出席代表128人。

81. 12月，大仁县所属古城、马家小村、水泊寺、西谷庄4个乡和北部的3个村、南部的4个村，以及西南接近市矿区之鹅毛口、西万庄等4个乡和左云县所属之马脊梁、常流水山区一带的村庄划归大同市，共计55个村、30195人。

1956年

82. 1月，大同市军属工厂改名为大同市烈军属工厂。

83. 2月26日，成立大同市贯彻婚姻法办公室，拟订进一步宣传贯彻婚姻法工作计划。

84. 3月29日，大同市人民委员会公布代耕改为优待劳动日、优抚补助与公益金结合使用试行办法。

85. 4月1日，接收雁北李家湾劳改农场，改造为大同市游民改造农场。5月26日，市民政局制订对游民改造的初步方案。11月1日胡志亮任场长。

86. 4月，大同市原26个乡和大仁、左云两县划入的10个乡和14个自然村，扩为20个乡，其中5个乡系集镇乡。大仁县8个乡44个自然村、左云县的2个乡17个自然村划归大同市。

87. 6月4日，郊区云冈、北辛窑、马军营、水泊寺4乡部分村庄及城区北关一带受冰雹袭击。

88. 6月8日，省民政厅和劳动局联合通知，失业工人救济工作归民政部门，交接工作6月底完成。

89. 6月13日，全市开展复员军人安置工作大检查。

90. 6月，在口泉建立大同市烈军属工厂口泉分厂。

91. 6月，东关、平旺等15乡街先后发生虫灾。

92. 6月，市民政局增设生产科，管理社会福利生产有关工作，1960年11月撤销。

93. 8月5日，大同市烈军属荣复军人代表何富等13人出席山西省烈军属荣复军人社会主义建设积极分子大会。

94. 10月，召开复员军人安置工作会议。

95. 12月，全市各乡、街建立优抚小组252个。

96. 本年，农村开展五保工作。

97. 本年，对牺牲已久尚未进行抚恤的革命军人、革命工作人员及抗美援朝战争中失踪的革命军人进行追恤。

1957年

98. 2月1日，大同市生产教养院改名大同市教养院，6月1日复名大同市生产教养院。

99. 2月12日，召开贯彻婚姻法座谈会，祁乐天副市长主持。26日召开第二次座谈会，研究市、区、乡贯彻婚姻法办公室工作任务及制度等。

100. 2月19日，建甘河人民公墓。

101. 5月17日，市婚姻办公室邀集有关单位召开晚婚座谈会。

102. 5月，对1956年遭受病虫雹等灾害群众的生产、生活进行检查，并发给灾民口粮救济款、饲料补助款、种子款。

103. 7月18日，成立大同市临时收容所。

104. 8月，将舒宏等14位烈士遗骨移葬田村公墓军干区。1960年8月，大同市委统战部部长王民选为舒宏烈士撰写墓志铭，立碑墓前。

105. 本年，开展募集寒衣活动，支援全省23个市、县受灾地区。

1958年

106. 3月14日，原李家湾游民改造农场，改为劳动教养农场，移交市公安局。3月28日，成立劳动教养管理科，由市民政、公安局联合承办有关劳动教养工作。

107. 5月，组织各区乡街民政干部对婚姻法实施情况进行全面调查。

108. 6月25日，大同市由省辖改归雁北专署领导。9月，改属晋北专署领导。1961年7月，复归雁北专署领导。

109. 7月20日，由省、专、市、军分区、市兵役局组成29人检查组，对复转军人有关案件，进行重点检查，由孟启明市长负责。

110. 8月27日，云冈村一带突降暴雨，历时1小时15分，2人被淹死。

111. 11月15日，雁北军分区、市人事监察局、民政局联合通知，根据国务院规定，自1959年1月起，废止军队干部供养待遇，按退休标准执行。

112. 11月21日，召开全市烈军属、荣复军人、转业军人社会主义建设积极分子暨社会福利事业先进单位代表大会。

113. 11月22日，原大仁县建制撤销，40个乡、1个镇、423个自然村并入大同市。

114. 11月，实行人民公社化，各乡和部分街道办事处共建立24个人民公社、44个管理区、540个生产队。

115. 11月，市人民委员会民族宗教事务科，归属市民政局。

1959年

116. 3月5日，中国人民解放军装甲学院举行隆重的建院典礼。许光达大将首先代表国防部彭德怀部长宣布成立装甲兵学院、任命学院领导及授予军旗的命令。第一副院长张文舟少将致辞。

117. 3月25日，市口泉烈军属工厂下放口泉区民政科，改名为大同市口泉区烈军属工厂。4月11日，衬纸鞋底工厂和缝洗衣社下放城区民政科。

118. 4月27日，大同市委决定，成立压缩城市人口领导小组，市委书记处书记张肇瑞任组长。全市压缩城市人口工作正式开始。截至5月2日统计，全市已压缩回农村劳动力14933名，其中工业压缩8102名，社会压缩6831名。6月20日，大同市委、市人委制订出《大同市一九五九年第一次压缩职工人数方案》：决定全市第一次压缩14552人，除已压缩外，截至6月底需再压缩11103人。压缩对象主要是各企业私拉乱拉的农民和1959年1月经劳动部门统一登记的外流人员以及从农村新拉用的临时合同工和合同徒工。

119. 5月18日，军属武香芝、复员军人何富出席全国烈军属和残废复员退伍转业军人社会主义建设积极分子大会。

120. 5月，全市人民公社进行调整，由原

24个调整为36个。

121. 6月5~9日，新荣、云冈、马军营等12个公社遭洪水及冰雹灾。7月24日，口泉、鸦儿崖公社和郊区新荣、古店等公社山洪暴发，淹死4人，树木、水库、桥梁、地堺、地坝、护林渠等被冲毁。7月30日，下午四老沟公社管内遭大雨、冰雹袭击，土窑倒塌，压死3人、伤1人，洪水冲走5人。市委、市人委发出《关于迅速动员起来，采取积极措施，战胜灾害，争取丰收的紧急通知》。要求各区委、公社党委加强领导，采取措施调动一切可以调动的劳力、畜力进行改种和补种工作，为战胜灾害、争取丰收而努力。

122. 7月16日，大同市委、市人民委员会根据大同市近日气温高、湿度大、虫害大量发生，危害农作物生长的严重情况，发出《关于彻底扑灭虫害的紧急指示》。要求各区委、公社党委立即行动起来，投入扑灭虫害的战斗。接着，全市各机关团体、学校、厂矿等组成一支万余人的扑虫害队伍，到发生虫害的公社帮助扑灭虫害。

123. 9月1日，大同市生产教养院改名为大同市社会福利院，1965年改名大同老残教养院，1980年7月1日复名大同市社会福利院。

124. 9月11日，左云县史家沟等5村划归大同市鸦儿崖公社。

125. 9月27日，召开大同市第一届盲、聋哑人代表会，出席代表55人。会议决定成立大同市盲、聋哑人协会，常嗣明任协会主席。

126. 9月，原城区、郊区、口泉区3个区划为城区、郊区、口泉区、怀仁区、云冈区5个区。

127. 11月6日，接收市公安局东茶坊庙精神病人收容所，在原址成立大同市精神病疗养院，白治世任院长。

1960年

128. 3月12日，全国著名烈军属荣复军人、英雄模范董全忠（董存瑞父）、方和明（红军老团长）、宋学义（狼牙山五壮士之一）和李秉璧（红色土专家）4人来同报告访问。

129. 3月22日，大同市郊区建制撤销，分别成立怀仁、云冈、古城区，同时调整区界。

130. 3月25日，大同市委决定成立“城市人民公社领导小组”，孟启明任组长，4月3日，大同市委向各区委、厂矿党委、街道总支下发了《关于城市人民公社组织机构的草案》：（1）以大同矿务局为主成立大同市矿区人民公社，下设14个分社；（2）城区成立大同市城区人民公社，下设8个分社；（3）怀仁区成立怀仁人民公社和怀仁镇人民公社；（4）以晋北小峪矿务局为主和新家园公社成立厂矿公社，仍称新家园公社；（5）以古店钢厂为主和古店公社成立厂矿公社，仍称古店公社；（6）以晋华宫矿为主和二工程处、云冈公社成立厂矿公社，仍称云冈公社；成立矿人民公社管理委员会；城区成立人民公社后，原口泉区委改为矿区公社党委，口泉区人委改为矿区人民公社管理委员会；城区成立人民公社后，原区委会改为公社党委。区人委会也改为公社管理委员会，一套机构挂两个牌子；怀仁区、古城区、云冈区机构名称不变。按照草案的规定，口泉人民公社、城区人民公社等公社及所属分社于本月相继成立。各公社分别举行了庆祝成立大会。全市36个人民公社划分为24个人民公社。城区、口泉区两个人民公社又析分为23个分社。

131. 4月27日，云冈区建制撤销，原所属4个公社分别划归古城、口泉区。

132. 4月31日至5月8日，晋北各县100多位老红军，应晋北地委、晋北专署和晋北军区的邀请，到达大同市参观、座谈、访问，向毛泽东写致敬信，向晋北地区伤残、复退、转业军人提出《倡议书》。

133. 4月，遭几十年未有的大旱灾，面广而持久，全市受灾面积117533.3公顷，成灾101800公顷，因灾外流7000余人。6月2日，古城区3个公社的13个管理区在连续干旱8个月后，又遭风灾。7月2日，口泉区大青窑发生水灾，灾情严重，损失较大，7人死亡。7月5日，怀仁5个公社29个管理区遭雹、洪灾，冲毁水库2座，口泉河上游暴发山洪、冲走挖金湾煤矿煤炭1000余吨。

134. 6月27日，大同市烈属养老院建成，开始接收烈属入院。地址：北十府街2号，李淑仁任副院长。

135. 9月18日，晋东南慰问团一行25人，慰问晋北地区及大同市灾区人民。慰问团带来慰问信4027件和部分生活资料，从19日下午开始，慰问团深入大同市城、郊部分公社进行访问，于22日离同去晋北各县慰问。10月7日，太原市委、太原市人民委员会组织的太原市慰问团，代表太原市人民对大同市灾区人民进行慰问。慰问团对大同市进行为期一周的慰问之后，于10月13日离同返并。

136. 10月28日至11月6日，全市发动募集寒衣，105个单位捐助衣物和现金。

137. 11月10日，成立“大同市生产救灾委员会”，主任杜钰，副主任李海波、段涌涛。

138. 12月，压缩城市人口回农村生产的工作开始进行。全市共摸出应该压缩回农村生产的干部、职工家属和社会自由流动人口6061户19047人，其中劳动力6250人。截至1961年2月底统计，全市已压缩回农村2063户6777人，其中劳动力2895人。

139. 12月，中央、省、专先后拨给大同市救灾款25.5万元。市政府筹拨救灾款47.5万元。市委、市人委领导3次深入灾区指导救灾工作。

1961年

140. 5月23日，晋北专署拨给大同市医药救济款8万元，解决贫苦人民就医问题。

141. 9月8日，晋北专区划分为雁北、忻县两个地区，大同市复归省直接领导。

142. 10月27日，接收城区公安分局移交的南关收容所，与市民政局临时收容所合并，于1962年1月成立大同市收容遣送站，负责人王宽（1963年3月正式任命为站长）。

143. 10月，对抗美援朝战争中志愿军失踪人员家属发给一次性抚恤金。

144. 本年，全市农村虫、雹、洪、风等灾害严重，全市41个公（分）社590个生产大队受灾，两年连续遭灾，灾民生活困难。

1962年

145. 3月，城、矿区将离婚登记工作改由区办理。

146. 5月19日，对失踪已久的革命军人，进行追认烈士、发放抚恤金工作。

147. 5月10日，大同市委精简领导小组制订出《关于一九六二年精减职工压缩城镇人口的工作方案》。方案确定，大同市“一九六二年精减国家职工二万四千一百七十一名，减少吃商品粮人口五万三千九百七十六名，减少城镇人口五万零六百二十五名”。10～12日，大同市委精简领导小组召开全市精简工作会议，副市长白效玉作关于1962年精减国家职工和减少城镇人口工作的方案报告，市委组织部部长郝瑞秀作《一九六二年处理编余干部工作的方案报告》。为了促进精简工作，把1958年以后来自农村的新职工顶替回农村和安置一批多余的1957年底以前参加工作的老职工或原来就生长在城市的职工，中共大同市委精简委员会于1962年6月9～10日召开由50多个单位的领导和人事劳组干部参加的平衡调剂工作会议，进一步明确职工平衡调剂的原则、方法、手续、工资金福利、口粮标准以及其他有关方面的问题。并调整职工952人。11月19日，中共大同市委组织部作出关于抓紧结束处理编余干部的报告。报告指出，1962年全市精减编余干部共6308名，已精减6078名，还有230名要进行处理。

148. 8月，古城区周士庄、巨乐、倍加造、党留庄、麻峪口5个公社17个生产队遭受暴雨和雹灾。以李海波副市长为首的市、区、公社领导干部及时深入灾区视察慰问受灾群众。

149. 8月20日，中共大同市委就大同市遭受严重秋旱向山西省委呈送报告，报告说：1962年的情况是春旱加秋旱，1～5月仅降雨28.8毫米，比1961年同期减少59.7毫米，比大旱的1960年同期还减39.7毫米，全市149万亩秋粮作物普遍干旱严重，减产已成定局。

大同市委、市人民委员会采取各项措施，抗灾救灾。市人民委员会发出《关于机关工作人员生产自给一部分粮食的紧急通知》，要求市级各机关自给粮食半个月，区级一个月，公社两个月。今年秋后，粮食部门即按上述粮食自给标准，从各单位的粮食供应量中扣除。

此前，市人民委员会于7月5日发布布告，对如何保持市场物价稳定、畅通城乡物资交流、保障合法贸易、取缔投机犯法活动等作出具体规定。

150. 9月14日，市人民委员会发出《关于恢复市镇人食定量标准的通知》，规定本市市镇人食定量标准分别类型压缩1～2.5斤，根据山西省人民委员会的指示精神，从10月起一律恢复到1962年6月底以前各类人员的原定量。

151. 9月21日，市委、市政府对全市各区1962～1963年度的油料包购任务进行调整，由全市包购100万斤调整为54万斤。

152. 11月15日，市人民委员会发出《关于做好今冬明春救灾和社会救济工作的通知》，指出：大同市今年的农业生产，遭受了严重的自然灾害，收入比1961年减少1/3，为了做好今冬明春救灾和社会救济工作，决定把省人委下拨的和市现存的445000元救灾款以及26000尺棉布一并下拨，争取在12月上旬发放到户，并要求在今冬明春开展生产自救，节约度荒运动。

153. 12月18日，市人民委员会就大同市的受灾情况和抗灾救灾工作向省人民委员会呈送报告。报告中说：大同市农村今年遭受以旱灾为主的自然灾害，遭受各种灾害的耕地面积156万余亩，占全市播种面积的13.5%，粮食实产12000万斤，比1959年的19000万斤减产37%，比1961年的15400万斤减产29.6%，比大旱的1960年13500万斤减产11%。1962年农村经济总收入为2800万元，比前3年平均总收入3866万元减少28%，但是在减产、减收的同时，参加分配的人数却由1961年的322000人增加到346000人，每人平均的口粮和收入锐减，平均每人收入不足10元至40元以下的大队有91267人、需救济款1486876元，平均每人每天口粮不到5两和7两以下的有104418人，每人每天按8两安排，到1963年9月底缺粮食2924000斤。为战胜严重的自然灾害，市委、市人委正采取各种措施，组织全市党员、干部、群众开展生产自救，节约度荒运动。

154. 同日，市人民委员会发出《关于一九六二年农业税减免和入库结算工作的紧急通知》，指出：1962年大同市灾情比较严重而普遍，做好灾款减免，有很大意义。文件除指出受灾在二成以上应依照减免办法核算外，还规定：受灾严重，连续两年受灾减产均在三成五以上，可以依率计征税额的10%～15%范围内给予照顾。1962年麦灾减产在二成以上，实行减免后，仍有困难，每人平均收入在30元以下20元以上的可依率计征税额的10%以内给予照顾；如果社员每人平均收入在20元以下的，可在依率计征税额的15%范围内，给予照顾；麦灾不足二成，但确实收入减少，并符合第二项所规定的收入水平者，可在依率计征税额的4%范围内给予照顾。

155. 12月23日，市人民委员会发出《关于照顾灾区人民生产渡荒减免工商税收问题的通知》，灾区以公社的基本核算单位为计算单位，夏收或秋收平均减产在四成以上的，即可减免工商税。

156. 12月27日，市人民委员会制订出《关于今冬明春农业生产工作的安排草案》，根据大同地区遭受严重自然灾害的落实情况，对今冬明春的农业生产作了必要的调整和切实的安排。各级组织发动生产自救运动，全市3万余人、1000余辆马车投入生产，对无力克服困难的贫困户发放自然灾害、疾病医疗救济费。

157. 12月，进行第二次换发抚恤证件，结合换证，调整残废等级。

1963年

158. 1月，召开全市城市社会救济工作会议并制订了城市救济工作方案。

159. 3月16日，市人民委员会发出《关于我市城镇划分范围的通知》，规定：（1）凡下列地区均为城镇：市区的城区的大北街、帅府街、永泰街、解放街、新建路、南关、北关7个公安派出所的全部管辖区，市区的口泉区的口泉镇、煤峪口、永定庄、刁窝嘴、四老沟（包括白洞）、忻州窑、云冈、平旺（即西花园）、大青窑9个公安派出所的全部管辖区，以及峰子涧村、鸦儿崖村和马口窑煤矿，近郊区的马军营公社全部，远郊的怀仁和怀仁镇、吴家窑2个公社派出所的全部管辖区。（2）除上述以外的地区，均视为乡村。

160. 3月27日，山西省人民委员会批复同意，大同市在不增加编制名额的原则下，将口泉、古城、怀仁3个市辖区原有的34个人民公社调整为44个人民公社。

161. 5月14日，大同市委召开各区区长和区委农工部长会议，对大同市春荒情况和群众生活安排情况进行检查，提出今后意见。嗣于5月20日，大同市委向省委呈送灾情报告，请求省委予以支援，增拨部分粮食协助解决大同市短缺80万斤粮食的问题。7月18日，大同市委、市人民委员会向山西省委呈报《关于当前我市旱和抗旱措施的报告》，要求全市人民发扬艰苦奋斗的精神，更加广泛地动员起来，生产自救，战胜旱灾。

162. 7月24日，怀仁区61个生产大队，古城5个公社发生了黄鼠灾害；怀仁区金沙滩公社和古城区巨乐公社发生蝗灾。

163. 9月5日，大同市委、市人民委员会发出《关于秋季农业生产工作安排意见》，要求：（1）做好准备搞好秋收，达到几成年景几成收；（2）既要抓好秋收，又要抓好明年生产的准备；（3）大力开展副业生产，巩固集体经济，增加社员收入；（4）全党动手，加强领导，全力搞好秋季生产工作。9月20日，大同市委、市人民委员会发出《关于迅速开展群众性的生产自救运动的指示》，指出：1963年全市农业生产又遭受以干旱为主的各种自然灾害。各级党组织要广泛地动员、组织群众，迅速开展群众性的生产自救运动。

并对如何采取措施，开展生产自救，胜利地度过灾荒作出具体指示。

164. 9月13日，鹅毛口、怀仁、何家堡、海北头，亲和、河头等6个公社67个生产大队遭受雹灾。死3人，伤287人。

165. 9月19日，停止执行用社会救济款救济机关职工生活困难的规定。

166. 10月23日，市委组织部、市武装部、民政局、人事局、劳动局联合召开复员退伍军人安置和管理教育会议。

167. 10月23日，市人民委员会在向省人民委员会的报告中说：今春以来，大同市农业生产遭受到各种自然灾害，致使农作物减产十分严重，除普遍受旱灾外，其他如虫害、黄鼠为害，也相当厉害，特别是在9月中旬新粮即将登场期间，怀仁、古城、口泉共69个生产队又遭受风雹突然袭击。全市统计，夏收作物在215670亩播种面积中有193595亩遭受旱灾，减收粮食580余万斤，秋收作物有160万亩受灾，其中减产50%以上的占60余万亩，总计减产粮食达3060万斤。目前，已对全市秋季农业生产和群众生活作了安排，决心以大寨精神，生产自救，战胜灾害。本年，对灾区下拨救灾款、棉布、棉花，人民银行发放口粮无息贷款，使2900户缺粮问题得到解决。

168. 11月8日，市人民委员会发出《关于分配一九六三年农业税减免指标的通知》：1963年农业税灾欠减免和连续2年以上受灾的困难照顾在内，分配给城区、口泉、怀仁、古城四个区的减免指标共计500万斤（小米）。

169. 11月4日至12月19日，在大同市委和大同市人民委员会的领导下，全市开展支援河北省灾区募捐工作。据统计，全市共有330个单位献交51705元2角5分。其他物资计有：粮食20314斤、粮票82011斤；单、夹、皮棉被褥、毯子10件；各种鞋袜5066双，各种帽子2527顶；以及布票、棉布、棉花等。

170. 本年，市盲聋哑人协会对全市盲聋哑人进行全面登记，同时取缔盲人中的封建迷信活动，对其生活困难者予以补助。

1964年

171. 2月，全市各级党组织积极响应党中央发出的“全国都要学习解放军”的伟大号召，在全市范围内迅速掀起大学解放军的热潮。3月4日，大同市委从基层抽调一批具有初中以上文化程度、身体健康、年龄较轻，相当于部队团、营、连、排级的基层党委、总支、支部书记70余人到解放军某部进行为期3个月的学习。3月27日组织30余人到驻同某部参观和学习。

172. 4月25日，成立大同市儿童教养院，地址在水泊寺公社泗家庄大队管内，收容顽劣儿童。

173. 7月，市民政局在口泉建立盲聋哑人挂面加工厂（后移交南郊区）。

174. 7月，49个公（分）社316个生产大队先后遭受严重的黏虫灾害达30天之久。8月又有15个公社63个大队的作物，受黏虫害。

175. 同月29日，城区、古城、怀仁、口泉区20个公社77个生产大队遭受冰雹袭击。至8月中旬，全市又连遭8次雹灾。

176. 8月，全市播种6670公顷春小麦普遍发生黄锈病。

177. 11月30日，经山西省人民委员会批准，市人民委员会发出通知：“恢复大同、怀仁两个县。大同县以大同的古城区行政区域为大同县的行政区域。县治设在大同市，大同县由大同市领导。怀仁县，以大同市怀仁区行政区域为怀仁县的行政区域。县治设在怀仁镇，怀仁县由大同市领导。”

178. 本年，给受灾社员拨发救灾救济款445365元，银行发放无息口粮贷款100223元，发放救灾棉布23142米，棉花3621公斤，免收布证绒衣6000个。

1965年

179. 4月，大同市精神病疗养院更名为大同市精神病人管理院。

180. 4月28日，大同市辖大同、怀仁两县划归雁北专署，大同县所属的水泊寺、小南头公社、倍加造公社的肖家寨大队和古店公社的古店等10个大队划归大同市，暂由城区人委领导。

181. 本年，全市人民战胜百年罕见的自然灾害，从1964年11月到1965年9月，降雨172.9毫米，比大旱的1960年同期少6.4毫米，6月以后降雹4次，8月下旬气温之高多年少有，9月3次大风，最大风力达到8级。9月2日，市委、市人委召开抗旱救灾和生产自救工作会议，号召全市农村广大社员抗旱保秋，减少灾害损失，组织500多人奔赴全市180个生产队抗旱救灾，年底下拨救灾款53000元，救济布38000尺，救济絮棉

5000斤，口粮贷款40000元，绒衣100打。在全市人民努力下，粮食产量达到7成，蔬菜产量达到9成。

1966年

182. 1月，成立大同市殡葬服务处，处长王宏。

183. 2月9日，大同市儿童教养院由水泊寺泗家庄大队迁市内与老残教养院合并，一套机构两块牌子，由老残教养院统一领导。

184. 2月20日，市委、市人委召开“积雪保墒、蓄雪抗旱”紧急电话会议，会后，全市出动20余万人，在3～4天，把亿万担雪送到市郊区和附近的生产队。

185. 5月28日，大同市建立郊区建制，以口泉、城区所辖农业区域为郊区的行政区域，共辖15个人民公社，122251人。

186. 6月10日，口泉地区暴雨，毁房18间、死2人。

187. 8月30日，古店公社骤降大雨，山洪暴发，白天马城军民大渠决口15处，101公顷农田受灾。

188. 8月，大同市火葬场建成，开始火化，殡葬服务处长王宏兼火葬场场长，田村、甘河两公墓停止办理土葬。

189. 9月21日，山西省人民委员会批复：大同矿务局永定庄煤矿工人，模范共产党员、五好工人、五好民兵苗功，于1962年6月26日在坑下塌顶的危险时刻，为抢救两名阶级兄弟，奋不顾身，光荣牺牲，足资楷模，追认为革命烈士。

1967年

190. 1月7日，大同市郊区曹家窑村因地下煤矿采空区塌落，造成村中房裂墙倾危险，经大同市革委会和有关单位调查，决定迁村。1968年5月新村建成，村民迁入新居。

191. 4月，大同市民政局改称大同市革命委员会民政办公室，原局所有科室撤销，工作统一由办公室办理。

192. 8月1日，大同市与雁北地区隆重纪念“八一”建军节40周年，组团慰问驻军。各公社、厂矿企业同时开展多种形式的纪念活动。

193. 本年，城、矿将结婚登记收回由区办理。

1968年

194. 2月24日，李海波任大同市革命委员会民政办公室主任，1969年1月1日继任民政革命领导小组组长，1970年2月16日调离。

195. 7月24日，由驻军挑选309名1968年退伍的战士充实公、检、法部门。

196. 9月20日，大同煤矿八连老工人魏六子和4662部队战士蔡成平在顶板塌落时为保护在场工人和战士，光荣牺牲。后追认魏六子革命烈士，蔡成平追记一等功，追认为中共党员。

197. 11月4日，大同市民政所属收容遣送站移交市公安局管辖。

1969年

198. 1月1日，大同市革命委员会民政办公室改名为大同市革命委员会民政革命领导小组。

199. 4月，精神病人管理院于后场面建成新院，由茶坊庙迁回。

200. 12月23日，大同市革命委员会民政革命领导小组，改名为大同市革命委员会办事组民政办公室。

201. 本年冬，在市内建立大同市盲聋哑人挂面厂，1975年7月11日经市委经济领导组批准转产，更名为大同市宏光五金厂，1985年末归民政福利公司。

1970年

202. 2月16日，闫景云任大同市革命委员会办事组民政办公室主任，1971年9月29日调离。

203. 4月17日，大同市划归雁北地区领导。

204. 7月11日，大同地区突降暴雨，12日午夜2时许，北郊山洪暴发，直泻新华街一带。洪水平均深70厘米，个别低洼处达2米左右，受灾街道8条，受灾居民469户，1336人，受洪水侵蚀房屋665间，当即倒塌119间，危房164间。雁同地区党政军领导机关和驻军1660部队官兵与当地群众一起抗洪救灾，使受灾群众安全脱险。同时，西韩岭公社全家湾大队遭受洪水灾害，淹没13公顷秋粮作物。

205. 9月14日，大同市建立矿区，系政企合一体制，由大同矿务局领导。

206. 10月16日，大同市建立南郊区、北郊区和口泉镇，同时撤销口泉区、郊区。

207. 同日，大同县的得胜堡、拒墙堡、新荣、镇虏堡、西村、上深涧人民公社划归大同市。

1971 年

208. 9 月 27 日，左云县属破鲁、东胜庄、郭家窑人民公社划归大同市。

209. 同月，市革命委员会办事组统战办公室划归市民政办公室，未另建机构，其工作由民政办公室统一办理。

210. 10 月 25 日，大同市北郊区改名为新荣区。

211. 同月，殡葬服务处撤销。

212. 同年冬，大同县属镇川堡、花园屯人民公社划归大同市新荣区。

1972 年

213. 3 月 9 日，大同市复归山西省直辖。

214. 同日，大同市新荣区改为新荣县，划归雁北地区，原该区古店公社划归大同市。4 月 5 日，省撤销将新荣区改为新荣县、划归雁北地区的决定。新荣区仍为区的建制归大同市。原新荣区的古店公社划归大同市南郊区。

215. 春夏之交，再遭仅次于 1960 年的大旱灾，持续达 3 月有余。5 月 14 日又遭受冻灾，幼苗冻死，将省拨的救灾、救济款全数下拨各区。6 月 25 日，7 月 18 日、20 日，9 月 13 日全市 4 次降雹，11 个公社 74 个生产大队受灾。8 月，大同地区旱灾严重。地下水位普遍下降 3～4 米，土井或中层水井，已无水，农作物受到严重威胁。

216. 5 月 10 日，大同市革命委员会办事组民政办公室撤销，成立大同市革命委员会民政局，设行政办公室，优抚、社会、民族宗教事务科。付万林任局长，1978 年 1 月 4 日离任。

217. 6 月，市民政局对已期满的各种抚恤证件进行换证工作。

218. 7 月，大同市收容遣送站解除公安军管，复市民政局领导。

1973 年

219. 5 月，市革命委员会民政局承办的统战工作移交市革命委员会。6 月 19 日，征用土地工作，由市革命委员会城建局移交民政局管理，1975 年又移交城建局。

1974 年

220. 年初，大同市精神病人管理院试验开展工疗五金产品生产的工娱疗法，建立工疗厂。

221. 7 月 14～31 日镇川等 5 个公社 52 个生产队，先后遭受暴雨、冰雹袭击，山洪暴发，冲毁部分桥梁水利设施等。死亡 6 人。

222. 8 月 8 日，峰子涧公社马脊梁大队地下着火，经省市革命委员会决定迁村南山梁上，市革命委员会拨救济款 8 万元。9 月 26 日，云冈公社校尉屯大队因地下采空房严重裂缝，决定迁村至武周山上。1975 年 2 月 26 日，市革命委员会民政局派出工作组，深入峰子涧公社马脊梁大队办理迁村事宜，至 11 月完成。1975 年 10 月 15 日，中共大同市委副秘书长曲正存主持校尉屯新村移交典礼。

223. 10 月，市革命委员会召开全市烈军属荣复军人暨优抚先进代表会议。

1975 年

224. 5 月 2 日，对全市老红军进行登记。

225. 5 月 22 日晚，全市普遍降雪厚 9 厘米，引起严重霜冻，23 日夜连续霜冻，气温下降到 -2℃，地温为 -5℃，大部分出土农作物、蔬菜，受冻成灾。新荣区组织机关干部赴大队帮助抗灾抢种，干部群众主动拿出被褥覆盖禾苗，各行各业千方百计支援抗灾。

226. 8 月 20 日，大同市革命委员会民政局增设政工办公室。10 月 12 日，市革命委员会民政局民族宗教事务科改属中共大同市委统战部。

1976 年

227. 3 月 5 日，大同市委决定成立接收安置复退军人领导组，组长傅忠。

228. 6 月 28 日至 9 月 27 日先后降雹 9 次，全市 13828 公顷土地受灾。

229. 7 月 18 日，成立殡葬改革领导组，傅忠任组长。

230. 7 月 28 日，河北省唐山、丰南一带发生强烈地震后，大同市各级卫生部门按照大同市委的指示，连夜抽出 34 名医务人员，组成第一批抗震救灾医疗队，火速奔赴灾区现场，积极投入抢救治疗战斗。同时，第二批抗震救灾的医务人员，亦于 8 月初做好充分准备，待命出发。8 月 15 日，大同市委召开县团级单位党委书记会议，要求广大党员和干部群众认真学习唐山灾区人民山崩地裂志不移，英勇抗震的革命精神，搞好防震抗震工作，以实际行动支援灾区。9 月 10 日，赴唐山、丰南地区抗震救灾的医疗队员完成任务后返同。

1977 年

231. 2月24日，对享受40%救济的退职职工开始进行审查并换发新证。

232. 5月12日晚，全市降雪10厘米，霜冻严重；13日夜，气温骤降至-2℃。

233. 同月，大同市革命委员会民政局改名为大同市民政局。

234. 7月12日，为庆祝建军50周年和粉碎“四人帮”后的首次建军节，成立雁同党政军庆祝“八一”建军节筹备领导组，孙忠庆、马春芳任组长。

1978 年

235. 1月21日，金若任大同市民政局局长，1982年12月30日离休。

236. 10月7日，召开全市民政会议，金若局长传达贯彻全国第七次民政会议精神。

237. 11月22日，原属雁北地区马口矿领导的马口街道办事处改属大同市矿区。

238. 本年，南郊、新荣区先后遭受旱、风、雹、涝、虫、冻等自然灾害。冲毁房屋、耕地，死5人。省市拨救灾、救济款物，对灾区进行救济。

1979 年

239. 月23日，召开大同市生产救灾工作会议，会期3天，着重研究大同市生产救灾措施。

240. 3月，召开烈军属、荣复转退军人暨优抚工作先进单位代表会。

241. 3月，新荣区新荣、郭家窑公社有关领导，慰问对越自卫还击战中立功英雄、烈士家属并赠匾。

242. 4月29日至7月20日，市民政局对城市社会福利和城市救济工作进行全面调查登记。成立大同市生产救灾办公室，市革委会副主任王居仁任主任，办公室设民政局。

243. 5月10日，大同市精神病人管理院改名为大同市荣复军人疗养院。

244. 7月20日，对越自卫还击作战英雄模范报告团一行12人到达大同市。英模报告团在雁同期间，共作9场报告，约30万人收听。

245. 7月24日，恢复大同市盲人聋哑人协会，金若任主席。“文化大革命”期间，协会工作停顿。

246. 7月，对全市优抚对象进行普查，并对被“四人帮”迫害的优抚对象平反。

247. 8月18日，新荣区破鲁堡、西村公社9个生产大队和南郊马军营、平旺、西韩岭公社23个生产大队遭雹灾。9月7日，南郊区马军营、平旺、西韩岭3个公社6个生产队，再遭冰雹侵袭，菜田被毁严重。

248. 9月17日，大同市委统战部所管民族宗教事务工作移交市民政局办理。

249. 10月17日，根据山西省革命委员会113号文件精神和划定革命老根据地的标准，大同市新荣区镇川公社的圪坨、马河、水沟畔、青花、姜庄、侯家堡、常胜庄、道士窑、尚龙门9个大队，东胜庄公社的二十五、砖楼沟、四道沟3个大队，郭家窑公社的拒门大队和花园屯公社的红墙、薪沟窑、马庄、谢士庄、于政府、张指挥营6个大队划为抗日根据地。花园屯公社应划定的大队、已超过公社大队的半数，该公社可算作革命老根据地公社。

250. 本年，全市婚姻登记工作又全部下放各乡、镇、街道办事处。

1980 年

251. 1月1日，经大同市委批准原盲聋哑学校按摩诊疗所由市民政局接收，改称大同市盲人按摩诊疗所。1985年更名为大同市盲人按摩理疗综合门诊部。

252. 1月19日，大同市委、市革命委员会和雁北地委、公署与雁同驻军联合召开拥军优属、拥政爱民万人大会。大会在雁北、大同的七个礼堂同时举行，主会场设在大同市工人俱乐部。会上，宣读了雁北地区行政公署、大同市革命委员会和中国人民解放军驻雁同地区陆海空三军的《拥军优属拥政爱民公约》。会后不久，山西省、雁北地区和大同市组成6个慰问团，张建民副省长任总团长，分赴雁同各地慰问驻军。山西省京剧团、大同市晋剧团、大同市文工团、雁北北路梆子剧团、雁北晋剧团分别随团慰问演出。

253. 2月23日，原由大同矿务局领导的矿区革命委员会改由大同市革命委员会领导；原由大同矿务局各矿领导的街道办事处，改由矿区革委会领导。

254. 5月16日凌晨，气温突降到-3~5℃，新荣区油料谷子、南郊区平川菜地、全市果园大都受冻。6月26日，中午1时15分，新荣区花园屯公社马庄等6个生产大队受严重雹灾。7月5日中午，新荣区西村公社白山大队遭雹灾袭击。7月19日破鲁堡、上深涧公社14个生产大队受雹灾。8月3日东胜庄公社张立窑、座堡窑生产大队遭受雹灾。

255. 10月16日，成立大同市地名普查领导组，分管领导为市委委员刘建堂，组长张瑄。领导组下设地名普查办公室，办公室设市民政局。10月20日，在南郊区举办农村地名普查培训班。市委委员刘建唐出席开学典礼。培训结束后，南郊、新荣区先后开展地名普查，1981年6月基本结束。1981年5月5日，城区举办历时3天的城市地名普查培训，6月开展全区地名普查工作。1981年5月17日，成立大同市地名办公室。1981年7月21日，矿区举办城市地名普查培训，并开展地名普查试点工作。1982年3月，矿区全面开展地名普查。

256. 12月，市民政局所管民族宗教事务工作移交市委统战部。

257. 本年，大同市烈属养老院改名大同市光荣院。

258. 本年，新荣区确定在镇川公社道士窑大队进行扶贫试点，直至1983年。

1981年

259. 2月，市民政局组织两个工作组偕同区、社干部深入新荣区灾区，了解道士窑、尚龙门等32个生产大队受灾情况。

260. 5月13日，为军队退休干部在向阳里建房2280平方米，投资32.6万元。

261. 5月29日，成立大同市军队退休干部和退伍军人安置办公室，地址设市民政局。

262. 5月和11月先后两次召开生产救灾会议，市民政局领导15次深入灾区调查研究。

263. 7月，换发革命残废人员抚恤证。

264. 8月13日，11时，内蒙古丰镇、兴和一带地震，波及大同市，烈度为5度左右。

265. 9月30日，《大同市烈士英名录》报山西省人民政府，并于10月出版。

266. 10月8日，南郊区下窝寨公社首办市第一座农村敬老院。

267. 11月，军队离退休干部管理工作由优抚科移交安置办公室主管。

268. 本年，全市15个公社遭受严重旱灾，部分社队遭受风雹、水、虫灾害。

1982年

269. 1月10日，大同市组成访贫问寒慰问团，由市委副书记王中亮、常委刘建唐等率领，分赴新荣、户部、西村公社及南郊区古店公社登门慰问困难户、五保户和优抚对象，并发救济物、款。

270. 4月，宏光五金厂厂址交大同市挂面厂，计委投资58万元，在周家店北重建宏光五金厂厂址，1983年10月，迁入新址。年底筹建绘图用品分厂。

271. 6月12~15日，新荣、南郊8个公社遭受4次严重雹袭历时15~26分钟，雹粒大至2~3厘米，低洼处积雹3~6厘米。直径40~50厘米的大树连根掘起。

272. 8月10日，大同市收容遣送站（先进集体）及市民政局所属其他事业单位先进个人尚勤、辛亮荣、王连盛、周祥怀，王富，出席山西省政法战线先进集体和个人代表会议。

273. 11月1日，市民政局在南郊区召开敬老院工作会议。

1983年

274. 1月3日，李世源副市长主持召开军队退休干部座谈会。春节前夕，市委副书记王中亮等深入军队退休干部家中慰问。

275. 1月10~13日，市组织访贫问寒团，由市委副书记王中亮，常委刘建唐率领，携带款物深入新荣区、南郊区对1481户困难户、五保户和优抚对象逐户登门访问。

276. 2月10日，大同市、雁北地区联合召开纪念延安“双拥运动”40周年大会。

277. 3月21日，中国盲聋哑人协会林太秘书长来同进行视察。

278. 同月，对优抚对象的优待工分改为优待金。

279. 4月，换（补）发《革命烈士证明书》。

280. 5月17日，大同市军用饮食供应站，军队退休干部退伍安置办公室归市民政局领导。

281. 7月15日，大同市地名办公室先后编绘出版《大同市城区标准地名图》《大同市新平旺、口泉地区标准地名图》《大同市矿区标准地名图》全市发行。

282. 8月29日，召开大同市民政工作会议，市民政局马庭英副局长传达贯彻第八次全国民政会议和第十五次全省民政工作会议精神。

283. 9月5日，白洞矿发生局部陷落地震，受灾面积25万平方米，震区商店、银行、机关、学校遭到严重破坏，400多户民房无法居住。

284. 11月8日，召开大同市“双优”先进单位和先进个人代表大会，李世源副市长致开幕词，会议表彰先进、贯彻落实全国第八次、全省第十五次民政会议精神，并选出省“双优”代表。

285. 本年，风、旱和虫灾较为严重，受灾19667公顷，成灾13667公顷。

1984年

286. 3月29日，市政府发出《关于公布矿区、南郊区、新荣区地名命名、更名的通知》，公布了命名、更名的街道、社队、街巷、区片名称。

287. 4月1日，对城市社救对象定期定量救济标准和社会福利院、精神病院、收容遣送站的伙食等标准均调整提高。同日，对烈士一次抚恤金均按国家提高的新标准发给。

288. 同月27日，城镇退伍军人安置工作，下放各区民政局具体承办。

289. 同月，地名办公室编辑出版《大同市行政区划沿革资料汇集（1949—1983）》。

290. 5月，从本月起，农村人民公社实行政社分开，建立人民政府。

291. 5月31日，马占藻任大同市民政局局长，1985年2月6日调离。

292. 7月，大同市民政局增设民政科。

293. 同月26日，8级以上大风横扫南郊区部分乡镇，形成风灾。

294. 同月27日，8月20日、22日、24日，新荣区8个乡（镇）62村，4次受雹灾。8月22日降雹时间长，持续15~20分钟。

295. 8月20日，成立大同市盲聋哑青年残疾人协会，王玉龙市长当选为名誉主席，马占藻当选为主席。

296. 同月21日，成立大同市地名委员会，主任委员李世源。市地名办公室属委员会领导。

297. 10月，成立大同市扶贫领导组，副市长刘文君任组长，办公室设民政局，市民政局副局长李忠贵兼办公室主任。

298. 11月15日，市政府决定给大同市部分盲人发放免费乘车证和红白安全杖。

299. 同月，对原接收军队退休干部改为离休后，将于殿仁等10人移交市老干部局管理。

300. 12月，大同市区、乡、村共办起敬老院12所，收养145名孤寡老人入院。

301. 本年，大同市退伍军人和军队离退休干部安置领导组，更名为大同市退伍军人和军队离退休干部安置领导小组，李世源任组长，办公室设市民政局。

302. 本年，对义务兵家居农村的家属采取按服役年限分别优待办法。

303. 本年，大同市政府批转民政局关于“加强殡葬管理工作报告”的通知，对殡葬改革作了具体规定。

1985年

304. 1月9日，省召开民政事业单位先进集体、先进个人代表会。市民政局所属事业单位先进工作者辛亮荣、武鲜花、王富出席，被命名为全省民政事业单位模范工作者，受到表彰。

305. 同月，烈士家属、因公牺牲军人家属、病故军人家属的定期补助改为定期抚恤金，自本年1月起实行。

306. 2月28日，成立大同市残疾人福利基金会与盲聋哑人青年残疾人协会，为一套机构两个牌子。

307. 3月28日，陈寿昌任市民政局局长，1992年1月离任。

308. 4~5月，市民政局分期举办婚姻登记人员培训班，全市民政助理员60余人参加。

309. 5月13日，市民政局局长陈寿昌等带队，由南郊、新荣区民政局干部参加，对全市15个敬老院和8个村分散供养的五保户工作，进行交叉检查。同时评出口泉乡敬老院、新荣区户部乡敬老院为省先进集体，新荣区户部乡敬老院院长刘艾为先进个人。

310. 6月15日，撤销大同市军队退休干部退伍军人安置办公室，成立大同市军队离退休干部办公室和退伍军人安置办公室。

311. 6月，成立市殡葬管理所，与火葬场一套机构两个牌子。火葬场实行承包管理。

312. 7月2日、19日，8月1日，全市连续3次遭受罕见的暴雨、冰雹的袭击。房屋倒塌，伤5人、死6人。市政府拨款，为受灾倒塌房屋最集中的南关街改建民房。7月19日，冰雹袭击大同市城乡大部分地区。冰雹粒平均直径达到2~4厘米，最大的达4.7厘米，平均重量为7克。这场猝不及防的雹、雨，前后持续11个小时，总降水量为70毫米，使市城郊（主要是城区、南郊区）菜田、粮田大面积受灾，房屋、水利设施等损失严重。仅市南郊区受灾面积就达115429亩，其中菜田34269亩，粮食作物66182亩，经济作物14987亩。倒塌房屋13间，裂缝212间；损坏井1眼，发电站1座；冲毁堤坝、渠道830米；城关乡水暖器材厂、马军营乡木器加工厂等被淹。全区受灾户19549户，受灾人口73948人。灾情发生后，省、市、区机关干部，组成抗灾救灾工作队，连夜深入灾区，带领群众进行抗灾救灾工作。31日，山西省委副书记王建功一行6人，实地了解马军营乡的灾情及抗灾救灾情况。日本国大牟田市黑穰一市长、熊本县荒尾市长鸿江勇先生，分别于8月3日、15日打电报给王玉龙市长，对大同市灾区表示慰问。灾区人民以“不等、不靠、不要”的精神，奋力抗灾，取得“四不减”的成绩，即工农业总产值、总收入、人均纯收入、财政收入均比1984年有较大幅度的增长。

313. 7月29日，成立大同市军队离退休干部休养所，地址向阳西街。

314. 8月6日，成立大同市社会福利事业公司。

315. 9月4日，撤销大同市地名委员会，其工作归市民政局。

316. 9月，全省“双扶”工作表彰会上，新荣区被评为扶贫先进单位，新荣区拒墙堡乡被命名为扶贫模范单位，市南郊区黑流水村武兴及米庄村陈孝被评为“双扶”工作先进个人。

317. 10月26日，在大同机车工厂召开“大同市社会福利生产机车厂现场会”。董瑞山副市长作了重要讲话。

318. 10月，全市地名普查四项成果（图、文、表、卡）报送省地名委员会办公室。

319. 11月，《大同市地名志》编写正式开始，全志45万字，为大同市有史以来第一部地名专著。

320. 11月，火葬场在全省交叉检查中，受到表扬，年终被评为局先进单位。

1986年

321. 1月17日，市委、市政府召开大同市军民共建大西街动员大会。会议提出今明两年要使30%的单位达到优质服务规范化、标准化，把大西街建成高标准的文明街。

322. 1月28日，市委、市政府领导郭巨民、刘文君带领农工部、民政局、农牧局、粮食局等单位的负责人到新荣区破鲁乡慰问灾民。29日，市政府决定拨款2万元，救济全市1054户五保户、贫困户及敬老院孤寡老人。

323. 2月5日，市总工会、团市委根据市委指示，在市工人俱乐部举行慰问“两山（青山、者阴山）”前线大同籍家属代表座谈会，市委、市人大、市政府、市政协领导出席会议。

324. 3月24日，大同市委召开全市下乡干部欢送大会，机关干部下乡的重点是南郊区和新荣区和新荣区的贫困、落后乡。主要任务争取一年内使贫困乡村的温饱有余。会后，市级机关107名干部奔赴农村，进驻各扶贫点。与此同时，市南郊区、新荣区均抽调大批机关干部，进驻各村帮助农民脱贫致富。

大同市抽调干部组成扶贫工作队下乡，是大同市委根据中共中央、国务院《关于一九八六年农村工作的部署》和山西省委《通告》的精神作出的决定。决定规定从1986年起，每年抽调机关干部下乡帮助农民脱贫致富，今后若干年，每年一次，一年一轮换。全市扶持的41个村庄，1986年脱贫的有545户，脱贫率达92.4%。全市人均纯收入300元以下的贫困村共有25个，已有20个脱贫。

325. 4月14日，市盲聋哑青年残疾人协会、残疾人福利基金会年会举行。

326. 4月28日，进行“两山”前线军人家庭情况调查，对23户“两山”前线军人家属住房困难问题提请军属所在单位负责解决。

327. 4月30日，成立大同市民政和社会保障研究会，制定章程，副市长刘文君任名誉会长，市民政局局长陈寿昌任理事长。

328. 5月27～31日，中国残疾人福利基金会理事长邓朴方视察大同市残疾人福利事业，先后听取市长王玉龙关于大同市全面情况的汇报和副市长刘文君、民政局局长、市残疾人协会主席陈寿昌关于大同市发展残疾人福利事业、兴办福利生产、安置残疾人就业以及“三会”工作情况的汇报，视察了大同机车厂、市聋哑学校、市盲聋哑协会、市残疾人福利基金会、市盲人按摩门诊部、大同矿务局四老沟矿以及矿区橡胶厂、电器修配厂、印刷厂等残疾人福利企业。在大同市县团以上干部会议上作重要讲话。

329. 6月25～26日，中国残疾人福利基金会副理事长兼秘书长王鲁光一行13人根据邓朴方指示来大同视察调研。参观考察城区东街标牌厂、群利五金厂、市社会福利院、市盲人按摩门诊部，召开残疾人康复工作座谈会。

330. 8月20日，制订《军人家庭服务中心实施方案》，成立大同市军人家庭服务指导委员会，副市长刘文君任主任，军分区政委李保云、市民政局局长陈寿昌、市总工会主席武汉玺、市妇联主任米玉莲任副主任。

331. 8月26日，经市委批准，成立大同市残疾人福利事业协调组，负责统一研究部署全市的残疾人工作，并协调各部门、各单位共同抓好残疾人安置、康复、教育、文娱、体育等工作。全市各部门、各单位积极兴办社会福利事业，到1986年底，全市城镇中的社会福利工厂由1984年的6个发展到40个，拥有固定资产386万元，流动资金245万元，完成产值370万元，实现利润32万元。安置城镇残疾人1750人，农村残疾人732人，分别占城市和农村应安置就业残疾人总数的99%和60%。

332. 9月25日，召开全市婚姻登记工作表彰会。10月13日，制定《婚姻档案管理制度》。

333. 10月28~31日，在北京召开的全国残疾人工作交流会上，市长王玉龙代表市委、市政府、市残疾人组织，在会上作了《以劳动就业为突破口，积极发展残疾人福利事业》的发言。会议还播放了《关怀中的奉献——大同市残疾人生活剪影》专题录像。

334. 11月17~22日，举办全市民政助理员培训班，各区53名民政助理员参加培训。

335. 11月29日，市地名办编辑出版《大同市地名志》，收集各类地名1988条。

336. 12月6日，市老龄问题委员会成立并召开第一次会议。会议传达全国、全省老龄工作会议精神，研究部署了全市老龄工作的任务。

1987年

337. 1月，市光荣院被省政府、省军区评为"为军人安心服役办好事活动先进单位"，市军供站被省政府、省军区评为"为军人安心服役办好事活动先进集体"。

338. 2月16日，市委副书记董福山、副市长刘文君率市委、市政府慰问团慰问49户"两山"前线的战士家属、375户烈属、389户残疾军人和282个特困户。

339. 4月，成立大同市残疾人康复协会，副市长刘文君、王志芳任名誉理事长。

340. 6月15~17日，全省残疾人工作大同现场经验交流会召开，副省长郭裕怀在讲话中充分肯定大同市残疾人事业发展的8条经验，并总结出5条大同经验给予的启示。

341. 6月，在新荣区郭家窑乡召开全市农村社会福利生产现场会，交流总结在农村开展社会福利生产、安置残疾人就业脱贫致富的经验。

342. 6月，在南郊区鸦儿崖乡和矿区挖金湾街道召开"为军人安心服役办好事活动"现场会，推广层层建立拥军优属服务网络的经验。

343. 6月，召开全市殡葬改革表彰会议，表彰先进集体15个，先进个人30名。

344. 7月，市民政局被省委、省政府授予"实行岗位责任制成绩显著"单位。

345. 9月15日，下发《大同市民政局关于实行目标管理考核办法的通知》。

346. 9月15日，全市创建文明单位军民共建活动经验交流会在大同齿轮厂召开。之后，创建文明单位的活动更广泛深入地开展起来。1987年，大同市文明单位已发展到475个，其中市级文明单位有193个、军民共建点已有267个，其中100多个共建点进入文明单位行列。

347. 9月，市安置办获省委、省政府"满腔热忱服务好、排忧解难办实事"锦旗。

348. 10月31日，中共大同市委、市人民政府举行集会，庆祝山西省第一个"敬老日"。近千名市直各单位离、退休老干部，老工人，军队干休所老军人。城关乡60岁以上的部分农民欢聚一堂，共庆自己的节日。

349. 12月，市残疾人协会、市残疾人福利基金会被民政部评为"全国残疾人建家作友工作先进单位"。

350. 12月11日，召开全市为军人安心服役办好事活动经验交流暨表彰大会，表彰模范单位20个，先进集体46个，先进个人34名。

1988年

351. 1月12日，在北京召开的表彰全国民政系统先进集体和模范个人新闻发布会上，大同市民政局被民政部授予"全国民政系统先进集体"称号，被省民政厅评为"模范单位"。

352. 5月，全省殡葬改革承包经营会议在大同召开，省民政厅通报推广大同市"充分发挥三位一体一条龙”，深化殡葬改革的做法及市殡仪馆、殡葬管理所加强殡葬管理承包经营的经验。

353. 5月，成立大同市残疾人联合会筹备组，负责筹备成立大同市残疾人联合会。

354. 7月8日，《中国社会报》刊登长篇报道《斗胆陈寿昌》，介绍大同市民政局局长陈寿昌带领全局干部大胆改革发展社会福利事业的事迹。

355. 7月，全省军队离退休干部服务管理工作经验交流会在大同市召开。

356. 8月，起草《大同市地名标志管理办法》，报请市政府审批。

357. 10月，大同铁路分局、大同二电厂、市邮电局、山西柴油机厂技校出席山西省（警）民共建共育现场经验交流会并受到表彰。

358. 11月，大同市荣获省民政厅、文化厅、残联筹备组颁发的“1988年度残疾人文艺调演成绩突出”奖状。

359. 12月，市民政局基政科被省民政厅评为上报“全国先进婚姻登记管理机关”。

1989年

360. 2月，创办《大同民政信息》，当年印发30期，到2013年25年共印发1124期。

361. 3月16日，大同市残疾人联合会第一次代表大会召开，参会代表116名，选举产生领导机构，刘文君任主席团主席，徐本智、陈寿昌、王运新、常嗣新、申志远、王俊琴、鲁孝芝任副主席，常嗣新任理事长。残疾人联合会成立后在民政部门指导下独立开展工作。

362. 4月，制定《大同市社会福利企业暂行管理办法》。

363. 4月，民政部副部长范宝俊视察大同民政工作，参观了大同二电厂、市干休所、光荣院、精神病院。

364. 4月，市殡仪馆、殡葬管理所被省民政厅评为“1988年度全省殡葬事业先进单位”。

365. 5月1日上午，市委、市政府在永泰公园为大同市革命烈士纪念塔迁建举行落成剪彩仪式。大同市革命烈士纪念塔建于1951年，原坐落在大同铁一中校园内，因原址地势狭小，不便凭吊，市委、市政府遂决定将其按原样迁至永泰公园，经50余天的紧张施工，于“五一”前竣工。迁建后的纪念塔仍为14米高，用砂岩砌成，占地面积80平方米。

366. 5月16日，在南郊区云冈镇召开全市贯彻村委会组织法试点经验交流会，南郊区云冈镇刘官庄村和新荣区东胜庄乡杨家村介绍贯彻村委会组织法的试点经验。

367. 5月23日，召开大同市第十六次民政工作会议，局长陈寿昌作题为《在改革中前进在拼搏中发展，充分发挥民政部门的社会稳定作用，为兴国富民做出贡献》的报告。

368. 7月，市政府在大同二电厂召开授旗大会，授予该厂“拥军优属模范工厂”。

369. 8月24日，在城区北关街召开全市社区服务现场经验交流会，介绍城区北关街、新华街的经验，推动社区服务工作在城矿两区全面推开。

370. 9月5～9日，全国部分省、自治区、直辖市军队离退休干部休养所建设研讨会在大同市召开。

371. 10月18日22时57分，在大同县西册田与阳高县友宰乡之间（北纬39°57′，东经113°43′）发生5.7级地震，19日1时1分发生6.1级地震。大同市距离震中最近处40公里，最远处70公里。全市普遍震感强烈，器物倾倒，玻璃窗响动，听到地声。个别地段的部分建筑物有损坏现象，主要是墙体出现裂缝和裂纹，有的建筑物出现框架扭曲变形。据计，全市有11个单位造成损失，合计楼房300栋、平房3685间，总建筑面积37.6万平方米，直接经济损失5912.7万元。在灾情发生的当夜，市长王辉、副市长王振宇立即组织有关部门投入抗震救灾工作，并深入街巷，做安慰群众、稳定人心工作。同时，抓紧组织专家进行震情分析和震前预测，及时向全市人民通报震情。10月23日，大同市委召开常委会议，专题研究全市的抗震防灾工作。会后，全市各单位、各部门投入防震抗震工作，尤其加强地震科普知识的宣传。地震发生后，大同市的党政领导还深入雁北灾区进行慰问，并筹集大批物资运往灾区，帮助灾区人民抗震救灾。驻同部队出动了1000余名官兵奔赴雁北灾区参加救灾工作。

372. 11月，市民政局获得省民政厅“全省村民委员会调查报告优秀奖”。

373. 12月20日，市军休所被民政部、总政治部评为“全国先进军队离退休干部休养所”，军休干部项如丰被评为“全国先进军队离退休干部”，市军队离退休干部安置办公室主任王华子被评为“全国军队离退休干部管理先进工作者”。

374. 12月，市民政局被省档案局评为“省级先进单位”，并颁发“机关档案管理达标证”。

1990 年

375. 2 月，市民政局被省民政厅、省募委会评为“1988 年度销售福利奖券先进单位”。

376. 5 月 16 日，全省军用饮食供应站建设座谈会在大同市召开。

377. 5 月，市军休所被省民政厅、省军区政治部评为“1989 年文明单位”。9 月，被省委、省政府评为“1990 年度为离退休干部服务先进单位”。

378. 8 月 15 日，山西省著名作家西戎、胡正、王东满等 10 位老中青作家采访团，历时 10 天深入大同市民政系统采访和体验生活。

379. 9 月，市民政局获得省民政厅“普及敬老院成绩显著”锦旗。

380. 10 月 15 日，全省城市地名补查大同试点会议召开，会议介绍大同市开展地名补查和资料更新工作的实施方案。

381. 11 月 30 日，全市村级组织建设工作座谈会召开。

382. 12 月，市安置办被省安置领导组评为“退伍安置工作先进单位”。

1991 年

383. 1 月 22 日，召开全市基层政权建设暨“两委”建设表彰会，表彰 13 个先进乡镇政府和街道办事处、89 个先进村（居）委会，13 名先进乡镇长和街道办主任、89 名先进村（居）委主任。

384. 2 月，市民政局被省民政厅、省募委评为“1990 年度销售福利奖券先进单位”。

385. 3 月，市民政局被省公安厅、省经委、省保险公司评为“1990 年度安全达标单位”。

386. 4 月，市民政局被省民政厅评为“信息工作先进单位”和“全省福利生产先进单位”。

387. 5 月 24 日，召开大同市双拥工作领导组会议，讨论通过《大同市创建双拥模范城活动实施方案》。

388. 5 月 31 日，隆重召开大同市创建双拥模范城誓师大会。

389. 6 月，山西、辽宁、山东、河南、河北、黑龙江北方 6 省基层政权建设联席会议在大同市召开，民政部基层建设司司长李学举出席会议，大同市民政局介绍基层政权建设工作经验，与会代表深入城区新华街六居委、八居委和南郊区城关新华村参观指导。

390. 6 月，市民政局被民政部评为“全国民政信访工作先进集体”，被省民政厅评为“全省民政信访工作先进集体”。

391. 7 月，全市各种农作物长势喜人，一派丰收景象。但 7 月下旬以后，出现近百年来罕见的持续 40 多天的高温干热，局部地区还遭受雹灾和洪灾，使全市 25 个乡（镇）、337 个自然村的 70.43 万亩农作物遭灾，受灾面积达 90% 以上。粮食、油料分别比 1990 年减产 26.08% 和 10.76%。

392. 10 月，市民政局被省民政厅评为“殡葬管理工作先进集体”。

393. 12 月 12 日，召开全市农村五保工作经验交流会，表彰新荣区政府、南郊区民政局等 11 个先进集体，25 名先进个人。

394. 12 月 12 日，在太原召开的全省双拥模范城、县（区）命名表彰大会上，大同市被命名为“双拥模范城”。

1992 年

395. 1 月 4 日，民政部、总政治部授予大同市“全国双拥模范城”称号。

396. 1 月，范培生任市民政局局长，2001 年 10 月离任。

397. 3 月，市民政局被省公安厅、省经委、省保险公司评为“治安安全单位”。

398. 5 月 16 日，召开继续发展社会福利生产工作暨表彰会，表彰 28 个先进集体和 30 个先进个人。

399. 6 月，市政府颁发《大同市社区服务五年发展规划》（1992—1996），这是全省第一个以政府名义出台的社区服务发展规划。

400. 6 月，市民政局被省绿化委员会评为“全省绿化先进单位”。

401. 6 月 6 ~ 7 日，民政部副部长陈虹考察大同市民政工作，参观市盲人按摩门诊部、殡仪馆、军休所，认为大同市民政改革起步早、措施得力、效果显著，创造和总结出一些成功经验，对山西乃至全国的民政改革都具有一定的指导意义。

402. 7 月 23 日，大同市双拥模范城军民心连心演讲代表队在河北省保定市举办的古城杯全国双拥模范城军民心连心演讲赛上荣获团体第三名。

403. 7 月 25 ~ 27 日，在红旗广场举办福利彩票大奖销售，首创日销 200 万元全国新纪录。

404.　7月30～31日，民政部部长崔乃夫莅临大同检查指导工作。了解1985年以来大同市民政工作深化改革的情况，参加雁同地区庆祝“八一”建军节65周年军政座谈会，实地考察市军休所和军供站。

405.　9月22～24日，全省民政工作改革大同现场会召开。会议传达民政部《关于加快民政工作改革开放步伐的意见》和省民政厅《关于学习和推广大同市民政工作改革经验，加快全省民政工作改革步伐的决定》，听取大同市民政局及所属企事业单位的改革经验介绍，讨论研究了全省民政工作深化改革的问题。

406.　12月29日，在太原召开的全省双拥模范命名大会上，省委、省政府、省军区命名南郊区为“双拥模范县（区）”，矿区居民欧学联为“拥军优属模范”。

407.　12月29日，省民政厅作出决定，授予在民政工作中作出突出贡献的大同市民政局局长陈寿昌“优秀民政局长”称号，并号召全省各级民政干部、民政系统广大职工，特别是各级领导干部向陈寿昌学习。

第二部（1993～2013）

1993年

1月

408.　7日，市长程步云，市委常委、政法委书记刘政宪，副市长韩文带队分两组对南郊、新荣两区部分五保户、特困户和优抚对象走访慰问。

409.　8日，市领导程步云、王志芳、王护国、昝培国、刘政宪等分别前往51361、39100、52875、51366、38503部队、解放军第322医院、大同军分区、雁北军分区、武警大同支队慰问。

3月

410.　2日，南郊区城关乡新胜村党支部书记刘全祥被民政部和解放军总政治部授予“全国军地两用人才先进个人”荣誉称号。

411.　6日，市民政系统广大妇女在军队离退休干部休养所举办迎“三八”趣味运动会。

412.　20日，市九届人大十二次会议任命范培生为市民政局局长，原局长陈寿昌退休。

4月

413.　6日，市委常委、常务副市长管少凡深入市民政局现场办公，解决实际问题。并就今后的民政工作提出5点要求：一是推进基层民主政治建设；二是搞好双拥共建活动；三是改革救灾救济工作；四是大力发展民政三产；五是抓好农村社会养老保险。

414.　17日，召开全市民政工作会议。市委常委、常务副市长管少凡到会并讲话。会议传达全省地市民政局长会议精神，总结1992年的工作，部署1993年的任务。

415.　4月以来，阳高县连续遭受旱、洪、雹三大自然灾害。一是旱灾。在4～8月的作物生长期，境内降雨41次，比1992年同期少20次；降雨量167.9毫米，比1992年同期的394.7毫米减少57.5%；大于5毫米的降雨只有10次，比上年同期少17次；有效降雨64.9毫米，比1992年同期的240.3毫米少73%。旱灾面积42万亩，其中枯死面积3.9万亩。因干旱，有47个村的水井、泉水枯竭，受旱1.88万人，大牲畜0.39万头。

5月

416.　28日，市建筑仪器厂为社会福利院孤残儿童捐款3000元，用于改善孤残儿的生活条件。

417.　30日，市军队离退休干部休养所将80册文化、科学等图书赠予城区四十一校。

6月

418.　12～13日，民政部副部长阎明复考察市军供站、市社会福利院、市军队离退休干部休养所、市民政福利公司、城区福利标牌厂、南郊区活性炭厂、军供大厦建设工地等。13日，民政部副部长阎明复在视察市福利院时将台湾佛光寺佛教协会慈惠法师捐助的1000美元交给市社会福利院领导。

7月

419.　2日，部分农村遭受暴雨和冰雹袭击，农田受损严重。

420.　3日，市政府召开防汛救灾汇报会。市长程步云指出，各单位要查补漏洞，拿出防汛办法，确保人民安全和居民正常生活，绝不允许有任何差错发生。

421.　8日，省委副书记梁国英，省委常委、组织部长郑社奎，副省长刘泽民等到遭受大雨冰雹袭击，损失严重的南郊区马军营乡、城关乡和小南头乡的一些村庄查看灾情，慰问群众。

422. 10日，雁北地区与大同市合并动员大会在大同市体育馆举行，省委书记王茂林、省长胡富国、省委书记梁国英等领导以及雁北、大同、朔州3个地市副处级以上领导干部，雁北、大同军分区副团级以上干部共4000余人参加大会。省委书记王茂林主持大会。副省长刘泽民宣读了国务院《关于山西省撤销雁北地区调整大同市朔州市行政区划的批复》和省委、省政府《关于雁北地区与大同市合并，实行市领导县体制的实施方案》。根据国务院的批复和省委、省政府的《实施方案》，雁北地区与大同市合并。大同市、朔州市调整行政区划：左云、大同县、阳高、天镇、浑源、广灵、灵丘7县划归大同市管辖；怀仁、右玉、应县3个县划归朔州市管辖。

423. 19日，地市合并后，市委、市政府重新确定市民政局的领导班子。范培生任党委书记、局长，邓忠任党委副书记、副局长，韩尚林任党委副书记，马芳山、陈高文、王运新、张嘉明、刘翠娥、高友异、王华子、李有全任副局长，王强任纪检书记。新的局领导班子由12人组成。原地、市民政局的27个科室合并为21个科室，局机关23名正科级干部全部安排为正职。

424. 26日，市领导王振宇、王护国、李雅吟、昝培国、李拴纣、赵仁家、董瑞山、韩文、姚春富、刘三才、贺锐、付杰让、仝在甲、安秉文等分3路，前往驻同部队和大同军分区、省武警直属四支队、武警大同支队、解放军第322医院、市公安消防支队、预备役师亲切慰问子弟兵。

425. 30日，举行庆“八一”军政座谈联欢会。市委书记纪友伟、市长程步云等出席。

8月

426. 20日，从今天开始，北京军区某部演习拉练途经新荣区、大同县、城区、南郊区、浑源县、灵丘县、广灵县、天镇县等，市及有关县（区）成立保障作战演习领导组，设立道路保障队23个，供水站54个，医疗站11个，制作了彩门21个，锣鼓文艺队29个，赠送部队战士手绢10811块，西瓜4000余斤，毛巾4270余条。部队官兵所到之处，群众夹道欢迎、张贴标语、出动巡警护交通、清除路障，彩旗飘飘，锣鼓喧天，再现老区人民欢迎子弟兵的情景。

427. 27日，市民政局召开县级离退休干部座谈会，原地、市民政局离退休老局长及市民政局党委成员出席会议。听取老干部们对地、市合并后民政工作发展的意见。

428. 8月30日0时38分起，大同县西册田乡一带连续发生一系列有感地震，截至9月8日8时，计发生地震210次。这次地震是该区在1989年6.1级地震和1991年5.8级地震后的又一次余震起伏活动，序列特征为主震余震性。地震的微观震中与宏观震中大体一致，位于大同县西册田乡寺湾村一带，震源深度为13公里左右，极震区宏观裂度为4度。4度区总体呈北东方向，长为17公里，宽为10.8公里，面积约135平方公里，北以桑干河为界，南至尹庄一带，西至黎峪，东至友宰。30日下午，在大同县召开有乡镇书记、乡长参加的紧急会议，布置防震工作，提出7条应急措施。省地震局一行5人赶赴大同。31日国家地震局3位专家也进入地震现场。由国家地震局、省地震局的专家和大同市地震局、大同中心地震台的地震工作者共同组成了地震现场领导组。县、乡两级迅速进入应急状态。地震现场井然有序，社会稳定，生产生活照常进行。

10月

429. 9日，市社会福利院在市二医院康复科为15名残疾儿童施行唇腭裂修补术。

430. 14日，市殡仪馆投资13.5万元，完成火化间两台老式火化炉的改造。

431. 15~16日，大同市县（区）民政局局长会议召开，听取各县（区）民政局局长的汇报，对近期工作作了安排。

432. 21日，市委常委、常务副市长李拴纣深入市民政局所属的军供站、军供大厦、光荣院、干休所等单位现场办公，解决实际问题。

433. 26日，市民政局为大同希望学校捐赠价值3万余元的教学用具。

434. 28日，由市地名委员会办公室编绘的《大同市行政区划图》正式出版发行。

11月

435. 3日，大同希望学校录取18名市社会福利院孤残儿童入学，并安排5名待业孤儿就业。

436. 16日，市委、市政府联合发文，鉴于雁同地市合并后人员变动，对大同市双拥工作领导组组长、副组长及成员进行调整。组长：市委书记纪友伟；副组长：市委常委、常务副书记刘增宝，市委常委、大同军分区政委李雅吟，市委常委、常务副市长李拴纣，大同军分区司令员赵友顺，驻同51361部队政委苏云，驻同39100部队政委胡传党。成员由各县（区）、市直有关单位主要负责人组成。

437. 29日，市军供大厦通明商城开业，商城总营业面积为5700平方米，共设1050个摊位。

12月

438. 22日，市民政局在市军队离退休干部休养所举办纪念毛泽东100周年诞辰书法展。共展出局机关及灵丘县等35名民政工作者的66幅作品。

439. 30日，市委、市政府举行“一九九四年元旦春节军政座谈联欢晚会”，共叙军民鱼水情深。

440. 本年开始，局办公室按年编印《大同市民政局大事记》。

1994年

1月

441. 16日，山西省委、省政府、山西省军区在太原召开“山西省双拥模范县（区）命名大会”，大同市新荣区被命名为“爱国拥军模范区”，灵丘县被命名为“双拥模范县”。全市已有南郊区、新荣区、阳高县、大同县、灵丘县为省级双拥模范县（区）。

442. 19～20日，市五套班子领导冒着严寒赶赴部分县区慰问。程步云市长慰问了新荣区部分乡镇的特困户、重灾户、军烈属和敬老院老人。

2月

443. 17～21日，市民政局和市募委会组织销售社会福利有奖募捐200万元。

3月

444. 8日，市审计局机关30多名职工到市光荣院开展雷锋办好事活动。这一活动他们已坚持了7年。

445. 15日，大同市县（区）民政局局长会议召开，布置全面建立和实施农村社会养老保险制度工作。

446. 28日，市民政局成立农村社会养老保险办公室。

4月

447. 1日，大同市委、市人民政府作出《关于进一步加强双拥模范城建设的决定》。决定共分6项内容：一是进一步加强对双拥工作的领导；二是进一步广泛、深入地开展全民国防教育；三是进一步推进双拥工作社会化、经常化、制度化；四是进一步开展军民共建活动，促进经济发展和部队建设；五是进一步认真贯彻落实党和国家有关国防建设和加强军政军民团结的政策、法律和规定；六是进一步加强军政军民团结，真正做到“同呼吸、共命运、心连心”。决定还明确规定了有关军粮供应，随军家属就业、住房，随军子女入学、入托，军人游览文物古迹、公共景点等拥军措施。

448. 同日，3辆满载募捐物品的长厢大卡车驶进灵丘县委、县政府大院。大同矿务局、大同第二制药厂、大同水泥厂与灵丘县政府举行募捐衣物交接仪式，这是半个月来，该县人民收到的第7批衣物。

449. 6日，市委、市政府召开农村小康建设工作会议，农村社会养老保险工作被纳入全市达小康规定。

450. 10日，在全局范围内为边远山区贫困户捐赠衣服644件。

451. 11日，市民政局举办社会福利有奖募捐宣传座谈会，大同市报社、电视台、电台、新闻中心等10余家新闻单位的记者出席。

452. 22日，投资11.5万元的市殡仪馆火化车间改造装修工程竣工，面貌焕然一新，改善了工人的劳动环境和条件。

453. 23～25日，举办了预备党员、入党积极分子培训班，培训预备党员8名、入党积极分子23名。

454. 26日，大同市与39100部队共同兴建的“大同民航机场”正式通航。在通航前的准备工作中，39100部队为机场的筹建做了大量工作，办理新建机场的各种手续，提供候机房、办公场所和水电供应，提供气象、雷达、加油、领航、保障和跑道等。

455. 29日，大同市召开双拥工作动员大会。会上宣读市委、市政府《关于进一步加强双拥模范城建设的决定》。

5月

456. 6日，在山西省第三届军队离退休干部“绵山杯”门球邀请赛上，由市军队离退休干部组成的大同军休所门球一队、门球二队分别取得第二名和第三名的成绩。

457. 7日，以省委副秘书长、省“双拥”办主任田中仁为组长，省军区政治部副主任、省“双拥”办副主任谢彬为副组长的省“双拥”工作检查组一行 6 人，在大同宾馆听取市“双拥”领导组关于全市双拥工作情况的汇报。

458. 10 日，大同市光荣院改造工程正式开工。

459. 11 日，驻同 51361 部队作出了《关于加强拥政爱民工作的决定》。共有 5 项内容：（1）认真搞好教育，端正官兵对人民群众的根本态度；（2）积极支援和参加地方经济建设，努力为人民群众办实事，决定要以单位和个人捐款的方式为驻地贫困地区兴办几所“希望学校”，解决失学儿童的就学问题，同时要有计划地派出医疗队，深入贫困地区为农民巡诊；（3）加强基层群众工作，不断提高军民共建活动的水平；（4）着眼全党全国工作大局，积极预防和妥善处理军民纠纷；（5）把拥政爱民工作作为部队建设的一件大事，切实加强领导。

460. 12 日，城区五套班子领导来到区培智学校和区福利标牌厂，慰问残疾儿童和残疾职工。该区共创办 17 个残疾人福利企业，97% 以上有工作能力的残疾人都得到了安置。

461. 13 日，市民政局与城区民政局举行 1994 年火化尸体责任书签字仪式，同时，城区与各街道办事处也签订了责任书。

462. 15 日，市委书记纪友伟、副市长付杰让在市社会福利院与院民和孤儿欢聚一堂，共庆第四个全国助残日。

463. 同日，市委常委、秘书长昝培国，副市长付杰让与市民政局、市残联、团市委、市妇联等部门的负责人分赴矿区、南郊区、市三医院白内障康复中心等单位，看望和慰问部分残疾人家庭和福利企业。

464. 16 日，在全国第十次民政会议上，原市民政局局长陈寿昌同志被授予“全国民政系统先进工作者”称号，灵丘县落水河乡被授予民政工作“全优乡镇”称号。

465. 17 日，市民政局在浑源县召开全市有奖募捐工作现场会，总结大同市大奖组销售福利彩票的经验：一是领导重视，措施得力，促进了有奖募捐工作跳跃式发展；二是积极推广大奖组销售方法，扭转了销售不畅的局面；三是狠抓有奖募捐的宣传工作，促进了发行销售工作的顺利开展。会上还就今后的工作进行了安排，提出了要进一步提高认识、抓住机遇、巩固城市、开拓农村市场，在全市各县区推广大奖组销售方法，全年销售总量力争突破千万元大关。

6 月

466. 1 日，市军供大厦餐饮部分开业剪彩。

467. 22 日，《大同市农村社会养老保险（1994—2000 年）发展规划》正式出台。9 个农业县（区）从 1993 年到 2000 年将分 3 批先后建立农村养老保险制度。

7 月

468. 29 日，大同市再次被民政部、总政治部授予“全国双拥模范城”称号。

469. 同日，大同市党政军以及各界人士和驻同部队指战员在军供大厦座谈联欢，共同欢庆“八一”建军节的到来。

8 月

470. 2～4 日，在全国交通沿线军交运输正规化建设工作会议上，市军供站被民政部、解放军总后勤部授予“全国正规化建设军用饮食供应站先进单位”称号。

471. 8 日，大同市党、政、军领导以及各县（区）、市直各委、局、办，各企事业单位，驻同部队团以上单位的主要负责人，共计 350 人，在雁北宾馆召开大同市第二次荣获“全国双拥模范城”庆祝大会。

472. 19 日，驻同 51361 部队捐资 50 万元，为阳高、天镇、广灵、灵丘 4 个贫困县兴建 4 所“八一”希望小学（每县 10 万元），帮助部分失学儿童重返校园，同时为营房小学捐资 10 万元改善办学条件。

473. 28 日，程步云市长和各位副市长将 1993 年工作目标责任制兑现奖金 12500 元全部捐赠给市社会福利院。

9 月

474. 10 日上午，驻同 51361 部队将 9000 余件衣被分别送往大同县、阳高县、天镇县、广灵县、灵丘县。

475. 15 日，积极响应市委、市政府的号召，市民政局系统 352 人共为灾区人民捐赠衣服 4455 件。

10 月

476. 1 日，《大同市民政志》经过两年多的辛勤编辑，已正式印发。本书系统记述大同市民政局发展历史，特别是新中国成立后民政工作成绩。

477. 15 日，殡仪馆投资 43 万元硬化祭奠区地面2200平方米；新建685平方米的骨灰寄存室，可存放5000个骨灰盒，缓解全市骨灰盒存放紧张的矛盾。

478. 17日，辽宁省大连市捐赠的160吨428885件衣被用火车直接运往阳高、天镇、灵丘等灾区。

479. 18~27日，以程步云市长为团长、市民政局局长范培生为副团长的大同市人民政府代表团，对日本大牟田市进行友好访问。

480. 25日，历时3年的全市地名补查结束，地名补查和资料更新4项成果同时报国家和省地名委员会并通过验收。省民政厅对此给予通报表扬，并授予地名补查一等奖称号。

481. 27日，大同市第十届人大常委会第八次会议通过《大同市殡葬管理办法》。该办法经山西省第八届人大常委会第十二次会议于1994年11月26日批准，由大同市人大常委会在1994年12月20日正式公布实施。

11月

482. 26日，在制定《大同市殡葬管理办法》时，市政府规定全市的火化区在城、矿两区的基础上，扩大到南郊区城关乡和马军营乡的周家店、宋庄两个村。

12月

483. 6日，为了感谢大连人民对大同市灾区群众的关怀，市政府组成以副市长付杰让为团长，市政府副秘书长张喜奎、市民政局局长范培生为副团长的大同市政府赴大连感谢回访团，对大连市进行回访。

484. 28日，市光荣院新建工程一期工程竣工剪彩，为了适应社会主义市场经济的新形势，这次新建创办大同市光荣院老年生活服务处，新建的老人公寓楼面积1400平方米，可容床位100张。

485. 29日，大同市第十七次民政会议召开，范培生作《加快民政工作的改革步伐，保障人民群众的基本生活权益，为兴同富民贡献力量》的工作报告，市政府表彰了35个全市民政工作先进单位和35名模范工作者。

486. 30日，举行1995年元旦、春节期间军政座谈联欢会，市委书记纪友伟、市长程步云出席座谈联欢会。

1995年

1月

487. 1日，大同市首家自愿者戒毒中心正式开诊接待患者，该中心设立在市社会精神病院。为了帮助患者排毒解毒，医务人员利用现有条件，发挥自身优势，抽调业务骨干，组成精干戒毒队伍，派专人到外地学习，采用药物和心理治疗相结合的方法，培养其自治能力、克服人格缺陷，降低复发率。该中心开诊40多天，共收住患者36名，已有32名出院，戒毒有效率达95%以上。

488. 20日，省委副书记梁国英、省人大常委会副主任王民等一行数人在市领导纪友伟、董瑞山、贺锐、仝在甲陪同下赶赴阳高县慰问特困户、五保户、复员军人、民办教员，并深入该县部分企业检查、指导工作。

2月

489. 10日，市民政局、市募委会仅用3天半时间在红旗广场售完400万元社会福利奖券。16日，中募委发行部发来贺电祝贺。

490. 11日，大同市委、大同市人民政府、大同军分区联合作出在全市广泛开展向拥军模范欧学联学习的决定。

491. 15日，从今天开始市殡葬管理所出动宣传车11次，深入城、矿两区进行殡葬管理办法宣传活动。

3月

492. 1日，市体校和市一中共百余名师生组成自愿服务队，分批到市军队离退休干部休养所开展为离退休干部“送温暖、献爱心”活动。

493. 2日，从今天开始，开展“向福利院孤儿募捐衣服”活动，全市民政局系统379人共捐衣被833件，书包26个，墨水300瓶，玩具19件，小人书、连环画434本，练习本96本，人民币117元。

494. 9日，召开整顿门牌工作试点会。会议决定将用3年左右的时间，在全市开展整顿门牌和更新门牌工作，逐步提高城市管理水平。

495. 11日，召开社会福利有奖募捐工作宣传座谈会，向全社会进一步宣传大同市开展社会福利有奖募捐活动的目的、意义，增强了有奖募捐工作的透明度。

496. 18日，市殡仪馆投资42万元新建面积为685平方米的两层综合楼。该建筑7月竣工后改善了馆内职工的工作、休息、娱乐环境。

497. 24日，中募委华北、东北片负责人石永建，省募委办公室主任白春明深入大同市检查指导有奖募捐工作。

498. 30日，市殡葬管理所在东关查获7家制售封建迷信丧葬用品的窝点，没收了1000多元的迷信丧葬用品，净化了丧葬用品市场。

4月

499. 9~14日，中国社科院单乃光教授受中华慈善总会崔乃夫会长的委托，到大同县“乳娘村”进行孤儿康复手术的调查。

500. 15日，市光荣院特聘双拥模范欧学联为市光荣院名誉院长。

5月

501. 8日，市民政局和城区民政局及各街道民政助理员、司法助理员、计生员共30余人在红旗广场开展宣传《中华人民共和国婚姻法》和《婚姻登记管理条例》的活动，发放宣传材料2000余份。

502. 15日，市政府召开农村社会保障工作会议。昝培国副市长代表市政府与各县（区）负责人签订1995年农村社会保障和城市社区服务重点工作目标责任书。会议的主要议题是：传达贯彻全省建立农村社会保障制度阳泉现场会精神，总结安排部署大同市农村社会养老保险工作。

503. 21日，是第五个“全国助残日”。市委、市政府组织慰问矿区、新荣区、大同县特困残疾人家庭。

6月

504. 5日，阳高县下深井乡遭受洪水、冰雹袭击，损失严重。15~16时约40分钟内，降雨40毫米，并伴有冰雹。冰雹最大粒径4厘米。与此同时，洪水冲毁水塘两座，冲断路坝3处，冲走、淹死羊536只，倒塌房屋5间。7个村、3000人受灾，2330亩农田受损，直接经济损失65万元。

505. 13日，由驻同51361部队捐资兴建的阳高县王官屯镇重兴镇村“八一”希望小学校落成。该学校1994年4月破土动工，工程总投资20万元，建筑面积513平方米，有教室24间，可容纳900多名学生就读。

506. 15~22日，中华慈善总会项目主管刘红卫来同落实唇腭裂手术的准备工作。7月28日，市社会福利院有53名孤儿陆续住进大同市二医院开始接受该项手术康复治疗。

507. 30日，以民政部办公厅主任杨建昌率领的农村社会保障考察组一行3人，在省民政厅杨文宪副厅长的陪同下，对左云县的农村社会保障工作进行专题考察。

7月

508. 1日，市军队离退休干部休养所住房制度改革，提租方案正式开始运转。

509. 4日，驻同部队51361、39100部队派出4000多名官兵和76台大型机械，对市区主要泄洪河道——御河进行清淤，经过3天半的艰苦奋战，共清除河道淤泥垃圾10余万立方米，保证了市区泄洪畅通无阻和人民生命财产的安全。

510. 13日，市社会精神病院正式挂牌，成为首批“大同市社会保险定点医院”。

511. 17~18日，天镇县各乡、村持续降雨110~130毫米。据有关部门查灾核灾结果，全县共倒塌房屋4864间，涉及1048户4482人；造成危房16483间，涉及5183户20742人。有1036户3768人无家可归。并压死、冲走羊996只，死亡大牲畜146头，猪97头；冲毁耕地3.48万亩，冲毁水利设施124公里，直接经济损失987万元，连同作物损失5170万元。

512. 18日，举办民政系统青年妇女干部培训班，市委常委、组织部长孙辅智参加首讲式。30名青年妇女干部参加培训，培训期7天。

513. 21日，市委副书记刘政宪，市委常委、常务副市长昝培国，市人大常委会副主任梁佩以及市民政局局长范培生，市防汛办负责人到天镇、阳高查看灾情，研究救灾工作。

514. 28日下午，大同市在雁北宾馆隆重举行“双拥”工作表彰大会。会议命名7个双拥模范县（区），25个双拥模范单位，16个双拥先进集体，114名双拥先进工作者。

515. 29日，副省长杜五安到天镇查看灾情，慰问受灾群众。

516. 30日，大同市“八一”建军节军政座谈联欢会举行。

8月

517. 1日，中华慈善总会秘书长李廷琛，专程看望市社会福利院接受总会资助进行唇腭裂手术治疗的53名孤残儿童。离同返京时，从市福利院带走2名生理畸形儿童赴北京协和医院进行手术治疗。

518. 1～2日，阳高县阴雨不断。这次降雨不仅量大，而且时间集中，全县20个乡镇290个村不同程度地受灾，全县有100970亩粮田被洪水冲毁，预估减产粮食1480.2万公斤；倒塌房屋4142间，造成危房7414间，倒塌畜圈1474间，冲毁防渗渠2100米、堤坝4140米、水库7座、人畜吃水工程6处，被洪水冲走并淹死猪20头、羊920只，有780间日光温室倒塌。

519. 8月4日，全市退伍军人安置工作会议召开。是年，大同市共接收退伍军人3302名，其中城镇退伍军人和转业志愿兵2864人。

520. 4日，市民政局党委召开纪念中国人民抗日战争和世界反法西斯战争胜利50周年大会，局机关全体干部、直属单位负责人，优秀团员、入党积极分子120余人参加会议。会上邀请大同军分区政治部主任王振凯，抗日英雄纪稽海、刘贵信作报告。

521. 27日，民政部部长多吉才让视察大同民政工作。28日多吉才让视察光荣院、军供站、军供大厦、干休所等单位。

522. 29日，省民政厅厅长孙有福到天镇县受灾村庄视察，提出抗灾指导意见。并到市二医院看望正在做康复手术的福利院孤儿。

9月

523. 1日，市募委会和市民政局首次召开1995年奖品供货招标会，对国庆期间开展百万元大奖组福利彩票销售的奖品实行公开招标。

524. 9日，全市连续10天普降大雨，加之11日大部分县（区）50%以上农作物遭受霜冻，粮食减产和塌房造成的直接经济损失在15亿元以上。

525. 11日，中华慈善总会在大同军分区召开助孤大同现场会。青海、甘肃及山西省其他10个地市民政部门的负责人参加会议，推广大同市为孤残儿童做唇腭裂康复手术的成功经验。

526. 3～14日，市长杜玉林率市农委、计委、民政局等有关部门负责人深入天镇、阳高两县视察灾情，了解两县工业运行情况。

527. 14日，山西省委、省政府、省军区在太原召开"双拥"先进集体、先进个人表彰大会。大同市20个先进集体和个人受到表彰。大同市在红旗酒家二部设立分会场。

528. 19日，针对1995年大同市先后遇到罕见的春季干旱、夏季冰雹、秋季雨涝大风和霜冻，致使农村遭到了巨大的自然灾害，共计损失14.3亿元，市委在雁北宾馆多功能会议厅召开常委扩大会议，部署抗灾自救工作。灾情发生后，市委、市政府及时作出《关于动员全市人民奋力抗灾救灾的决定》，并迅速从市财政拨出400万元救灾专款发放到灾区，协调265万元贴息贷款用于灾区建房急用。昝培国宣读《大同市抗灾救灾实施方案》；51361部队、大同煤炭运销公司、市煤管局、大同铁路分局、南郊区等单位，以及云冈实业总公司总经理刘建日当场捐款共计305万元。与此同时，省、市两级还筹措下拨救灾款4856万元，其中市级766万元，下拨救灾粮1480万斤，加上乡村互济，解决救灾粮达0.51亿公斤；同时还将入冬前全市24.1万无家可归的灾民进行妥善安置。会上，市委组织部、宣传部、市直机关工委、总工会、妇联、团市委、大同矿务局、大同铁路分局、大同机车厂、山西省化工厂、市煤管局、南郊区、城区、矿区等单位分别作了表态发言，并当场捐款。

529. 21日，全市抗灾救灾工作汇报会议召开。大同二电厂、39100部队、桂园大酒家经理许桂花等当场为灾区人民捐款共计70.04万元，及其他救灾物。

530. 22日，市委常委再次召开扩大会议，进一步研究部署全市抗灾救灾工作。讨论通过市委、市政府《关于动员全市人民奋力抗灾救灾的决定》。

531. 28日，在雁北宾馆多功能厅召开全市抗灾工作汇报会。会议发出号召，要求积极开展再发动、再动员活动，争夺抗灾新胜利。

532. 26日，中国乳娘代表、大同县倍家造镇解庄村的郭如梅，光荣出席中央电视台举办的"洒向人间都是爱文艺晚会"，会后副部长阎明复接见了郭如梅。

533. 28日，山西省婚姻管理"双先"表彰会召开，阳高、矿区、新荣民政局等6个单位获"婚姻管理先进集体"；郝来寿等9人获"婚姻管理先进个人"。

534. 29日，省委常委、常务副省长刘泽民，率领省民政厅、省计委、省财政厅、省粮食厅的负责人，深入阳高县下深井乡查看灾情，慰问灾民。

10月

535. 1日，民政部救灾司司长姜力冒雨到阳高灾区了解灾情，慰问灾民。

536. 2日，国庆期间红旗广场600万元福利彩票销售结束后，省民政厅、省募委向市委、市政府发来贺电，对大同市日销330万元再创全省纪录表示祝贺。

537. 2日，市长杜玉林、常务副市长昝培国、副市长付杰让赶赴新荣区破鲁乡，进村入户了解灾情，商讨救灾办法，慰问灾民。

538. 12日，在省委赴大同市灾区慰问团与部分县级以上领导干部见面会上，省委书记胡富国、省委副书记梁国英和市委书记纪友伟发表讲话。胡富国在阳高县下深井慰问灾民时嘱托“大家要团结一心，发奋图强，共同把我们山西的经济建设搞好，把大同的事情办好，战胜困难，重建家园”。

539. 13日，上午8时许，驻同51361部队的20辆车满载着10万公斤面粉驶出市区，分赴新荣、大同、天镇、阳高、浑源、广灵6个受灾较重的县区，向灾区人民献上子弟兵的一腔深情。

540. 14日，山西省人民广播电台、山西省民政厅联合推出的长达3小时的“心系灾区——温暖大行动”广播特别节目，牵动了众多人的心，广大干部、群众纷纷赶赴各地接待点捐款、捐物，向灾区人民献爱心。市委书记纪友伟，市委常委、副市长贺锐，驻同51361部队副政委苏云等赴报道现场，分别通过热线直播，向全省人民介绍大同市当前抗灾救灾的有关情况。

541. 16日，省长孙文盛，省委常委、省纪委书记冯芝茂及省农工委、计委、教委、农业厅、民政厅、财政厅等有关部门负责人，在雁北宾馆二楼多功能会议室听取大同市和朔州市抗灾救灾情况汇报。17日，省长孙文盛，省委常委、省纪委书记冯芝茂深入天镇县慰问受灾群众，指导抗灾救灾工作。

542. 17日，市民政局职工为6个受灾农业县捐款捐物，全局519人共捐款11136元，捐衣473件。

543. 25日，由驻同51361部队捐资兴建的灵丘县城关镇道坡村“八一”希望小学落成剪彩。学校占地923平方米，教学房屋面积400余平方米，可容纳300余名学生就读。

11月

544. 5日，山西省军区广大官兵为大同市灾区捐款18万元，捐赠衣被4000件。武警山西总队政治部副主任陈继唐捐款15万元。

545. 8日，雁北宾馆会议厅里掌声阵阵，由市委举办的全市抗灾先进事迹报告会在此举行。5个先进集体和4位模范个人中的9位演讲员为到会者作了生动感人的演讲。

546. 10日，以晋城市副市长白晚才为团长，晋城矿务局工会主席王生秀为副团长的慰问团专程抵同，向大同市灾区捐赠40万元的款物。

547. 14日，由驻同51361部队所属官兵捐资兴建的广灵县作疃乡南庄“八一”希望小学落成剪彩。该校于1994年9月正式开工，总投资32万元。学校建筑面积869.8平方米，占地近9亩，设10个教学班，可容纳300余名学生就读。

548. 15日，市政府颁布《关于建立和完善农村社会保障制度的实施意见》，9个农业县（区）相继出台农村社会保障制度和办法。

549. 19日，全市有两个基层组织建设的单位和个人受到民政部的表彰，他们分别是：城区南关街道办事处获“全国明星街道办事处”称号、南郊区王家园村获“全国模范村民委员会”称号、灵丘县城关镇灵源村村委会主任李天家获“全国优秀村委会主任”称号、城区新华街街道办事处第六居委会主任王喜菇获“全国优秀居委会主任”称号。这是近年来大同市民政在基层组织建设工作中荣获的最高殊荣。

550. 26日，全省抗灾救灾模范事迹报告会在大同召开。报告团是在省委宣传部机关党委书记康俊发的带领下在太原、晋中等5地市报告完后到达大同市的。应县臧寨新堡村党支部书记李永才在会上分别讲述各自带领群众奋起抗灾救灾、重建家园的生动事迹，介绍基层党组织在抗灾中发挥核心、堡垒作用的典型经验。

12月

551. 1日，市中兴商场向灾区捐献30万元过冬物资。

552. 同日，由民政部农救司救灾处处长荣振江和社会福利司社区服务处处长南光明带队的民政部工作组，深入大同市调查灾情，慰问灾民。

553. 6日，上海南市区区委、区政府捐资30万元，上海市电力燃料公司捐资10万元，上海燃料公司捐资5万元，派人专程来大同慰问。

554. 18～21日，省民政厅厅长孙有福等一行4人，在大同检查民政重点工作目标完成情况，并深入大同县、左云县部分乡村的特困户、贫困户、灾民和优抚对象家中慰问。

555. 29日，1996年元旦军政座谈联欢会在市军供大厦举行。

556. 年内，全国有中央、山东、山西、黄河电视台，人民、工人、光明、中国信息、法制、健康等报社，中国妇女、啄木鸟杂志社及市内报社、电视台等17家新闻单位的记者对大同市的乳娘及福利院的工作进行了连续报道。该项宣传工作始于1993年，已持续3年之久。

1996年

1月

557. 8日，全市抗灾救灾工作暨表彰大会召开。大会主要任务是：传达贯彻全省抗灾救灾会议精神，安排部署大同市下一步抗灾救灾工作。市委副书记孙辅智宣读市委、市政府《关于表彰奖励1995年抗灾救灾先进集体、模范个人的决定》，并为先进集体和模范个人颁奖。

558. 12~13日，市五大班子领导冒严寒分5路深入11个县（区），对部分乡村、街道的重灾户、特困户、残疾人等进行慰问，将11万元慰问款物送到他们手中。

559. 16~18日，省委书记胡富国率领省委、省政府慰问团深入大同市、浑源、阳高等灾区进行慰问。慰问团于16日下午抵同，17~18日两天，深入浑源县吴城村、阳高县下深井乡下佃村两个重灾村，走家串户，访贫问苦，了解情况。

2月

560. 5日，市领导赵仁家、董瑞山、刘政宪、王化文、姚春富等分两组深入交通和二轻系统特困职工家庭慰问。

561. 13~14日，山西省委副书记、省长孙文盛，省委常委、省军区司令员董云海率领省赴同慰问团，慰问了大同市困难企业特困职工和驻同部队。在同期间，孙文盛、董云海一行还深入大同矿务局和大同铁路分局，看望了矿工、铁路职工及其家属。

562. 19日，省委书记胡富国带着省五大班子领导的亲切关怀和全省人民的深情厚谊，来到重灾区天镇县贾家屯村，与灾区一起过年。胡书记深入家庭院落，在灾民的土炕上与乡亲们促膝相坐，包饺子、拉家常、嘘寒问暖，其公仆心切切，爱民意浓浓。农历大年初一，胡书记又见到了孤儿宋杰、孙春晖，看到他俩健康成长，高兴得热泪盈眶。

563. 26日（正月初八），红旗广场单点3天半时间销售1000万元福利彩票，创全省最大奖组，单点日销售量由200万元提高到490万元。

3月

564. 21日，市民政局机关和13个基层单位的全体职工向光荣院捐款16505元。

565. 22日，市人大常委会对民政局局长范培生进行述职评议，经评议，范培生被评为优秀局长。

4月

566. 9日，全市民政工作会议召开。范培生局长作《尽心竭力再创伟业为全面完成民政工作目标而奋斗》的报告。会后市政府与各县（区）签订1996年的目标工作责任书。

567. 15日，大同市销毁了1吨多重的封建迷信丧葬用品。19日，市政府发布在全市范围内禁止销售封建迷信丧葬用品的通知。

5月

568. 11日，市民政局党办举办了预备党员、入党积极分子培训班，参加培训的有局属各支部书记、预备党员和入党积极分子共47人。

569. 15日，矿区福利彩票大奖组一次销售500万元，创全市县（区）最大奖组。

570. 18日，市殡仪馆馆长赵喜云赴东南亚的新加坡、马来西亚、泰国以及中国香港考察殡葬事业。

571. 25日，城区八校把市光荣院定点为该校的德育教育基地，并举行挂匾仪式，聘请光荣老人为校外辅导员。

6月

572. 1日，《中国社会报》发专版，介绍大同民政工作。

573. 1日，市军供福利大厦全面竣工。总建筑面积为17667平方米，设施包括餐馆、住宿、商贸三大部分。工程总投资2300余万元。该工程于1992年9月破土动工，历时3年9个月。

574. 6日，全省抗灾救灾重建家园工作会议在阳高县召开，推广大同市重建家园的经验。

575. 14日，大同市心理咨询与治疗中心在市社会精神病院正式挂牌接诊。

576. 21日，市政府下发任免通知：任命张嘉明、刘翠娥为市民政局调研员（正县级），免去张嘉明、刘翠娥的市民政局副局长职务。

577. 28日，市民政局组织30多名青年党员和入党积极分子到灵丘县进行革命传统教育。

578. 同日，市政府常务会议决定，对市社会福利院进行改建，政府投资200万元，民政局自筹300万元。

579. 30日，市民政局系统职工开展为灾民捐衣被、献爱心活动。共捐衣服396件，鞋5双。

7月

580. 5日至6日，省人大常务会副主任梁国英深入天镇、阳高两县，了解工农业生产，特别是1995年受灾后重建家园的情况，看望部分受灾群众。

581. 12日，日本大牟田市捐赠209.4万日元赈灾专款，经市外事办和民政局协商，将此款分别转赠受灾较重的天镇县15.2万日元（折合人民币2万元）、灵丘县100万日元（折合人民币13.17万元）、广灵县94.2万日元（折合人民币12.4万元）。

582. 18日，恒泰陵园开业揭幕仪式在田村恒泰陵园举行。该陵园占地34亩，投资100余万元，由市民政局和大同市诗词协会联办。

583. 22日，市政府成立勘界工作领导组，组长昝培国，办公室设在市民政局，主任为副局长王华子。勘界办负责全市勘界工作的领导与协调。9月12日召开首届全市勘界工作会议。10月21日~11月6日，晋、蒙勘界办在左云、阳高召开协商会，完成晋蒙东段242公里的边界勘定工作。12月完成阳高、天镇68.7公里的边界勘定任务。同期又制订了大同朔州联合勘界实施方案。

584. 23日，下午2时40分左右，狂风暴雨突然袭来，其中夹杂着大量的冰雹，在短短的40分钟时间里，南郊区马军营乡的周家店、新添堡、西水磨等8个村的农作物遭受到不同程度的损坏。粮、菜遭受面积达6475亩，经济损失达1000万元。这是该乡近几年遭受的罕见的一场暴风雨，时间虽短，但风大雨急，冰雹密集。

585. 28日，“八一”前夕，军干休养所隆重庆祝建所10周年，为军队休干办10件实事，如以特优价为军休干部们专门安装48部住宅电话。

586. 30日，投资250万元的大同光荣院改建工程竣工。该项工程于1995年破土动工，历时一年。新落成的光荣院建筑面积为2100平方米，床位容量100张。配套设施有锅炉房、多功能活动室、浴室、餐厅、洗衣房、健身房、诊疗所等。大同军分区和煤气公司当场分别向光荣院捐款8090元和1万元。

587. 市光荣院改革封闭办院旧规，确立开放办院方针，新建老年公寓收养自费入院老人11名。院内的诊疗所、浴室已向社会开放。院内实行“三化”管理目标责任制，即管理规范化、服务宾馆化和护理医院化。

8月

588. 1日，市政府〔1996〕66号文件发布《大同市人民政府关于实行城镇户口义务兵家属优待金统筹管理办法》。

589. 8日，市政府出台《大同市拥军优属暂行规定》，全市有184个乡、镇、街道制定优抚规定。

590. 14日，大同市1996年底退伍军人安置工作会议在市政府后楼会议室召开。会议传达贯彻省政府有关通知精神，安排部署退伍军人安置任务。

591. 12~21日，高友异副局长作为中募委的特邀代表，代表大同市第四次出席在武夷山召开的全国福利彩票发行研讨会并发言。前三次出席全国同类会议的时间和地点是：1993年在新疆召开的全国有奖募捐理论研讨会，1994年7月在湖南张家界召开的研讨会和1996年6月在北京召开的全国福利彩票工作经验交流会。

9月

592. 5日，《山西民政》编发大同专号，专门介绍大同民政工作。

593. 9~12日，省“双拥”工作检查组莅同检查工作。深入大同县、阳高县、“八一”希望小学、市粮食销售公司、邮电局、三医院、驻同51364部队、51361部队、39100部队进行了实地检查。检查组认为，大同市的“双拥”工作有力度，有创新，“双拥”基础扎实，“双拥”水平有了进一步提高。

594. 15日，经省民政厅批准，市民政局正式接管南郊区上皇庄陵园。

10月

595. 1日，庆国庆暨长征胜利60周年座谈会在大同市举行。老红军、老干部、老党员代表杜钰、曲正存、刘明学、王庆玉、任晋玺、郑浩、冯培正、李森林、何运循、关毅10人发言。

596. 20日，在阳高县王官屯镇邢家堡村，由大同铁路分局房建段劳动服务公司副经理马步桥、大同铁路分局机务段职工许生义和大同火车站职工白根林3位个人捐款15万元，阳高县民政局资助10万元办起一所敬老院，该敬老院占地5亩，当年供养五保户10人。

597. 29日，市民政局邀请市人大常委会主任董瑞山、副主任姜锡铭、李忍、刘采京、梁佩视察工作，先后视察了社会精神病院、社会福利院、光荣院、恒泰陵园、干休所、军供大厦等。

11月

598. 10日，全国著名书画家刘九洲先生在大同举行义卖活动，将14.5万元书画款捐赠给大同市社会福利事业。市政府决定将此款用于灵丘县敬老院建设。

599. 29日，大同市安置领导组、大同军分区联合下发退伍安置工作新规定，防止安置工作中的不正之风，维护征兵和安置工作的正常秩序。

600. 30日，遣送站880平方米的三层办公楼落成。该项目于当年8月20日开工，投资35万元，其中职工集资5万元。

12月

601. 1日，以市社会福利院乳娘抚育残疾孤儿为素材拍摄的电影《孤儿泪》开机，主要景点在市社会福利院和部分“乳娘村”。该片在全国公映后引起轰动，并获1996年中宣部“五个一”工程奖。

602. 9日，在全省双拥模范城（县）命名大会上，大同市及大同市的南郊区、阳高县、灵丘县、大同县被命名为双拥模范城（县），新荣区被命名为爱国拥军模范区。

603. 18日，市地名学研究会成立，杜玉林市长为名誉会长，昝培国副市长为名誉副会长。

1997年

1月

604. 1日，市民政局获山西省募委会1996年度福利彩票销售总量奖第二名、获山西省民政厅1996年度福利彩票人均销量奖第二名。

605. 16日，大同市在全国双拥模范城（县）命名大会上，第三次被命名为全国“双拥模范城”，实现了三连冠。

606. 16日，市五大班子领导分5个团分别走访慰问了阳高、天镇、广灵、灵丘、浑源五个县部分乡、镇、村的重灾户、贫困户、优抚对象，并将现金11万元、面粉8万斤、白糖470斤、奶粉300袋及春联、年画等慰问品送到他们手中。

607. 22日，为了确保“两停一亏”企业困难职工及离退休人员春节期间的生活问题，杜玉林市长专门召集劳动、民政、工会、财贸、计委、老干局等部门和单位的负责人在市政府三层会议室召开会议，督促、部署困难企业职工春节期间的“解困”工作。

608. 27日，春节临近，市领导纪友伟、安大钧、赵仁家、孙辅智、董瑞山、刘政宪、康明训、贺锐、王化文、弓济世、姜锡铭、高葆珍、王存德、母俊梅、梁佩、靳僖、解廷香、李昭敏、范德信、赵一明、李子英以及市委宣传部部长邹玉义等前往光荣院，驻同51361部队、52875部队、51363部队、51362部队、39100部队、39614部队、解放军第322医院、市消防支队、大同武警支队、省属武警四支队、市交警支队驻地慰问。

609. 30日，驻同51361部队部队长王良均少将、政委孙少将以及政治部副主任陆兴昌大校专程前往雁北宾馆，向市委、市政府表示慰问。

2月

610. 14~16日，市民政局和市募委会在红旗广场3天销售福利彩票1000万元，日销记录达到562万元。

611. 27日，在全省地（市）民政局局长会议上，介绍大同市红旗广场15次大奖销售成功的基本做法。大同市民政局被省民政厅评为1996年度全省民政工作先进单位，获得1996年度优待金社会统筹二等奖。

3月

612. 12日，全省地（市）双拥办主任会议在大同市云冈宾馆举行。省“双拥”领导组副组长、省“双拥”办主任田中仁，省军区政治部主任李德运，省“双拥”办副主任、省民政厅副厅长王铁选及太原、阳泉、长治等地市的“双拥”办主任、军分区的有关负责同志参加了会议。会议期间与会代表参观了大同市粮油储运公司、驻同51361部队等“双拥”共建先进单位，参观了市双拥办公室，观看了全市双拥工作录像和图片展。

613. 14日，市政协主席刘政宪、副主席赵一明率政协视察组来局视察，先后视察了干休所、恒泰陵园、市光荣院、市军供站、军供大厦等。

614. 20日，香港“关怀行动”组在西安康复医院开展肢残矫正康复手术，在中华慈善总会的帮助下，市福利院有20名残疾孤儿受益，得到不同程度的康复治疗。

615. 25日，全市民政工作会议在市光荣院召开。范培生局长作了《加快民政工作改革发展步伐，为全市二次创业作出新贡献》的报告。会上，市政府命名灵丘县民政局、南郊区民政局、矿区民政局为全市民政工作模范单位，命名左云县民政局为基层组织建设先进单位，大同县民政局为敬老院建设先进单位，新荣区民政局为社会福利有奖募捐工作先进单位，城区民政局为发展福利生产先进单位，广灵县民政局为优抚安置先进单位，浑源县民政局为社团管理工作先进单位、阳高、天镇县民政局为抗灾救灾重建家园先进单位。命名大同市光荣院、军干休养所、殡仪馆、军供福利大厦、阳高县光荣院、左云县秦家山敬老院为民政系统文明示范单位，命名欧学联为拥军优属标兵。

4 月

616. 20 日，计划投资 600 余万元的市社会福利院新建工程正式开工。

5 月

617. 6 日，省民政厅在大同市举办全省军队离退休干部党委、管委负责人培训班。参加培训班的有全省各地（市）军干所（站）长、管委会主任，总支部书记，各地（市）安办主任、省安办主任和市民政局的领导出席了开学典礼。培训班上交流了老干部服务管理的工作经验。

618. 17 日，是第七个全国助残日，由市委、市政府、市人大、市政协、市残联等部门联合组成的慰问团到市社会福利院对残疾院民和工作人员进行慰问。

619. 17～18 日，在红旗广场举行了为期两天的全国第七个助残日活动。1997 年全国助残日活动主题是："助残与自强"。市二医院、三医院、五医院、六医院抽调医务骨干在广场为残疾人义务诊治，市残联组织部分残疾人为市民开展了修车、修家电、修鞋等便民服务活动。

620. 25 日，永和大酒店在大同县周士庄镇散岔村举行捐赠仪式，捐赠 22.5 万元，其中 16.5 万元捐给市社会福利院，用于孤残儿童的康复医疗手术；另外 6 万元捐给了市光荣院，用于孤老优抚对象的生活补贴。

6 月

621. 4 日，全国民政系统纪检、监察调查研究西片座谈会在市军供福利大厦举行。参加会议的有民政部监察局局长张保泽、山西省民政厅厅长毕怀恕、纪检组长阎安虹，还有来自四川、新疆、重庆、湖北、陕西、河南、宁夏等省、自治区、直辖市民政厅（局）的纪检组长、监察室主任共 20 余人参加会议。

622. 6 日，省民政厅厅长毕怀恕深入市军供站、市军队离退休干部休养所、恒泰陵园、军供大厦、福利院、光荣院等单位考察工作。

623. 10 日，在全市民政系统普遍推行公开办事制度，首批公开办事制度的内容有 13 项，涉及各个业务科室和基层各服务性单位，并实行工作人员挂牌服务。

624. 11 日，市民政局党委举办预备党员和入党积极分子培训班，参加培训的有局属各支部书记和预备党员入党积极分子共 43 人。

625. 12 日，大同、朔州、忻州三市（地）及所辖的浑源、应县、繁峙三县勘界工作领导小组负责人会集浑源县，就三市（地）边界线交会点召开了协商会议，签订了三市（地）、三县边界线交会点协议书，标志着大同朔州边界线勘定工作全面展开。到年底，共完成了市辖县（区）5 个三县（区）边界线交会点的勘定任务，7 条县（区）边界线 296.7 公里的勘定任务和晋蒙线涉及大同市左云、新荣、阳高、天镇 4 县（区）16 个边界界桩的制作、埋设任务。

626. 17 日，召开全市清理整顿社会团体工作会议。70 多家社团及行业主管部门的负责人参加会议。会议布置清理整顿社团的工作，传达中办发、国办发"关于清理整顿社团的要求"。

627. 18 日，市双拥领导组颁发《大同市双拥模范县（区）、单位命名管理办法》，并付诸实施。

7 月

628. 6 月以来，大同市相继发生历史罕见的虫灾和旱灾，全市 530 万亩农田全部受灾，近 100 万亩农田基本绝收。6 月 25 日，大同市一面向省政府呈送《关于大同市土蝗严重发生的紧急报告》，一面向各县区发出"紧急动员，开展扑灭蝗害"的传真文件。6 月 27 日，市政府专门成立灭蝗指挥部，并下发《大同市扑灭土蝗实施方案》，提出 6 项具体要求和操作要点。6 月 30 日，市委、市政府在天镇召开全市灭蝗紧急现场会。拨出 150 万元专款用于灭蝗，各涉农部门从药品、机械、技术等方面予以全力支持。阳高县乡村和农户投入灭蝗资金已达 190 多万元。全市每天投入专项灭蝗的劳力达 5 万多人。

629. 9 日下午，省长孙文盛带领省政府办公厅、省财政厅、省农牧厅的负责人，下农村、走地头、进田间，深入了解蝗情，现场指挥灭蝗工作，当场拍板解决灭蝗是急需解决的具体问题。7月12日，全省飞机防治土蝗动员会议在大同市召开。省飞机治蝗指挥部副总指挥、朔州市副市长卫占成宣读了飞机治蝗实施方案。截至7月20日，飞机治蝗面积达到20万亩，有效率均达到85%以上。

630. 7月以来，大同市持续高温，水分蒸发量大，再加上7月上半月平均降雨量仅为24.1毫米，比1996年同期减少52%。因此，截至7月18日，全市农作物受旱面积264万亩，占总耕地面积的50.3%；全市有5.95万人和1.58万头大牲畜因干旱发生饮水困难。面对旱情，各县区启动机井3694眼、小高灌站37处、自灌站8处、小水工程57处、机电灌站11处，使用流动机灌691台。全市抗旱投入的资金已达142万元，出动人力11.64万人次，动用拉水车辆2760辆，各类水利设施4500余处，共完成夏浇面积32万亩。

据统计，受虫、旱自然灾害的严重影响，粮食总产量仅为525828吨，比1996年减少34.28%，单产每亩135公斤，比1996年减少66公斤。

631. 28日，市领导纪友伟、杜玉林、安大钧、孙辅智、董瑞山、康明训、昝培国、王化文、弓济世、郭玉才、邹玉义、王存德、母俊梅、梁佩、刘采京、姚春富、解廷香、李乐贤、李昭敏、范德信、赵一明等分两组，先后赴驻同39100部队、51367部队、52875部队、51362部队、51363部队、51366部队、大同军分区、大同武警支队、省武警直属四支队、大同预备役师、市公安消防支队、解放军第322医院以及38503部队、39614部队慰问子弟兵。

632. 28日，市委、市政府、大同军分区在雁北影剧院召开“双拥模范县（区）单位命名暨表彰大会”。会议命名城区、矿区、南郊区、阳高县、大同县、灵丘县、天镇县为市级双拥模范县，新荣区、广灵县为爱国拥军模范县区，会议表彰双拥模范单位19个，双拥先进集体60个，双拥先进个人98名。

8月

633. 8日，永和大酒店为社会福利院落捐助的15万元“敬老助残基金”正式启动，利用该基金市三医院成功地为社会福利院一名生理异常和两名心脏病患儿做了康复手术，计划在今后5年内每年利用该基金开展一次康复手术。

634. 26日，市委常委、常务副市长贺锐来市民政局检查指导工作，并深入市供站视察。

635. 28日，经市政府批准，城区新增设的振华南街街道办事处正式挂牌办公。该办事处从新建南路办事处分出，辖区为新开南路以西、宾西街以北的区域。

636. 30日，局系统职工开展捐资助教和为困难职工捐款活动。全系统有374人共捐款56951元，其中42600元用于资助教育事业，14351元送市工会解困办。

637. 30日，在门牌检查整顿工作中，全市共安装各类门牌2517块，南郊区率先完成国道两侧设标任务。

9月

638. 8日，市民政局组织召开全市抗旱救灾动员大会，市委副书记、常务副市长孙辅智作了抗旱救灾动员报告，市委书记纪友伟作了重要讲话，就全市抗旱救灾工作作了安排。并决定市、县两级抽调大批机关干部、组成抗灾救灾工作队，深入灾区，宣传发协群众，落实各项救灾措施。

639. 31日重新修订后的《大同市殡葬管理办法》经省第八届人民代表大会常务委员会第三十次会议通过，正式批准颁布实施。

11月

640. 13日，经市政府和省民政厅批准，成立大同市军队离休退休干部第二休养所，准备接收安置因裁军而移交地方的第四、第五批军休干部。

641. 5日，市政府召集有关部门负责人在军供站会议室召开建立城市居民最低生活保障制度座谈会。25日，经市政府批准，《大同市城市居民最低生活保障制度暂行办法》及实施细则出台，标志着大同市建立城市居民最低生活保障制度工作全面推开。

642. 20日，在全市开展捐赠活动。10月以来，市委、市政府两办行文下发《关于动员市直机关企事业单位、驻同部队开展经常性捐助活动支援灾区和贫困地区的安排意见》，这次活动共接收捐款2万多元、衣被54万多件。

643. 29日，总后勤部军交部领导到市军供站视察，对军供站多年来的工作给予较高评价。

12月

644. 10日，市社会福利院举行新址落成庆典仪式。市社会福利院新址位于御河大桥东头，占地面积23.25亩，院内建有办公医疗楼，老年公寓、孤儿宿舍楼等，总建筑面积为5940平方米，可容350张床位，工程总投资约700余万元。

645. 18日，市民政局第五次党代会在军供站召开，选举产生新一届党委委员和纪委委员。

第五届党委委员：范培生、韩尚林、陈高文、王运新、高友异、王华子、李有全、王强、张团。纪委委员王强、郝来寿、左润娥、王一武、王建新。

经第一次党委会议选举并呈报市委批准：范培生任书记，韩尚林任副书记；王强任纪委书记，郝来寿任纪委副书记。

646. 30日，在市军供站二楼会议室，召开全市军政军民座谈会。市五大班子领导及驻军首长出席座谈会。

1998年

1月

647. 1日，大同市城市居民最低生活保障制度全面实施，最低生活保障线定为120元/月，首批家庭人均收入低于保障线的贫困户597户、1167人享受到保障。

648. 5~7日，全省地（市）民政局局长会议暨事业单位管理大同现场会在市军供站召开。会上大同市民政局被评为1997年度全省民政工作模范单位。范培生局长在会上介绍了大同市社会福利事业单位的管理经验。

649. 1月10日，河北省张北－尚义发生6.2级地震，受此次地震影响，天镇县倒塌房屋3919间，其中住房3568间，造成危房4848间，1月26日，为天镇运送救灾粮60吨，其中白面30吨、玉米30吨。

650. 23日（农历正月初八），市民政局、市募委会举办1000万元福利彩票销售活动，本次活动设奖方式新颖，吸引了众多彩民，共用3天时间，创单点日销售量530万元的好成绩。此次募捐所筹资金将用于市盲人按摩门诊部的改造工程。

2月

651. 10日，大同市勘界工作领导小组，在市光荣院召开全市第三次勘界工作会议，市勘界工作领导小组成员及各县（区）勘界领导小组负责人、勘界办负责人参加了会议。会议布置了今后的工作任务。

652. 27日，全市民政工作会议在市军供站召开。范培生局长作《贯彻落实十五大精神夺取民政工作改革与发展的新胜利》的报告，会议总结1997年的工作，安排部署1998年的任务。贺锐副市长代表市政府与各县（区）签订1998年民政重点工作目标责任书。

市政府通报表彰1997年度民政工作先进单位。

3月

653. 1日，全市通报表彰27所市级文明敬老院。阳高县：城关镇敬老院，王官屯镇邢家堡村敬老院；天镇县：天镇县敬老院；广灵县：城关镇敬老院，梁庄乡敬老院，加斗乡敬老院；灵丘县：城关镇敬老院；浑源县：下韩乡花町村敬老院；大同县：许堡乡敬老院，杜庄乡敬老院，西坪镇敬老院，西册田乡敬老院，中高庄乡敬老院，麻峪口乡南栋村敬老院，倍家皂镇敬老院；左云县：马道头乡敬老院，店湾镇秦家山村敬老院；新荣区：新荣镇敬老院，花园屯乡敬老院，堡子湾乡敬老院，拒墙堡乡敬老院，镇川堡乡敬老院，上深涧乡敬老院，西村乡敬老院，郭家窑乡敬老院；南郊区：口泉乡敬老院，古店镇敬老院。新建五所窗口式敬老院。灵丘县：唐之洼乡敬老院；广灵县：蕉山乡敬老院；阳高县：大白登镇敬老院；南郊区：北村乡敬老院；大同县：吉家庄乡敬老院。

654. 3日，市民政局工会和妇委会为纪念“三八”妇女节，同时丰富广大职工的文化生活，在全局系统举办卡拉OK歌咏比赛。

655. 10日4时30分，大同县党留庄－马连庄一带发生3.8级地震。由于震中区震感强烈，不少人听到地声，多数人感到上下颤动。此次地震没有造成破坏。

656. 15日，市民政局党委在市纪委第九次全委会上被市委、市政府评为1997年度反腐败工作先进集体。

657. 16日，大同市精神文明建设指导委员会发文，通报表彰全市“公仆杯”竞赛活动优胜单位。市民政局获得“公仆杯”优胜单位称号。

658. 17日，市民政系统召开1997年度总结表彰大会。会上表彰5个先进单位，1个基础设施建设先进单位，8个先进科室，43名先进工作者，44名劳动模范，13个计生先进单位，13名计生先进工作者，10名巾帼建设先进个人，11个“十星级”文明家庭。会后局机关与各直属单位签订了年度工作目标责任书。

4 月

659. 20～23 日，大同市、忻州地区联合勘定大同忻州线勘界工作协商会议在大同市军供站召开。根据双方制订联合勘界实施方案的原则，就双方共有界线进行协商，在取得共识的基础上，草签了长约 83 公里的界线。余 2 公里的界线待双方认定后，再行勘定。

660. 24 日，大同市召开 1997 年度劳动模范表彰大会，市民政局被市委、市政府授予“模范单位”称号，市殡仪馆、市军供站被评为“文明单位”，市军供站站长高祯被评为市劳动模范。

661. 26 日，市社会福利院乳娘、大同县解庄村村民任桂香获中宣部等单位组织评选的“中国保护未成年人杰出优秀公民”。

662. 28 日，在“山西省劳动模范大会”上，市军队离队退休干部休养所所长解福林受到省委、省政府的表彰，荣获“山西省劳动模范”称号。

5 月

663. 15 日，市募委会在全国第八个“助残日”来临之际，在福利院举行捐赠仪式，向残疾人比较集中的单位捐款 8 万元。

664. 27 日，山西省妇女儿童工作委员会召开表彰大会，表彰在儿童培养、教育工作方面作出贡献的单位和个人。市社会福利院副院长兼儿童部主任张秀花被评为山西省优秀儿童工作者。

665. 5～7 月，全局系统深入开展以学习邓小平理论，反官僚、反腐败为内容的“一学两反”活动。

6 月

666. 22～25 日，市民政局党委举办预备党员、入党积极分子培训班，参加本次培训的有局机关和各基层单位的预备党员、入党积极分子共 42 人。

7 月

667. 13 日，大同市勘界工作领导小组，在大同市光荣院召开全市勘界工作表彰会。市勘界工作领导小组副组长、市民政局局长范培生，宣读《大同市人民政府关于表彰勘界工作先进集体和先进个人的决定》，表彰先进集体 9 个，先进个人 17 名。

668. 29 日，全市民政信访、信息工作会召开，会议传达省、市信访信息工作会议精神，部署今后的信访信息工作。

669. 30 日，市政府召开会议，公布推行公开办事制度评议结果，市民政局在行风评议中名列第三。从 3 月开始，市纠风办对全市 15 个单位在《大同日报》进行民意测验。

670. 30 日，大同市庆祝“八一”建军节军政座谈联欢会在市军供站二楼会议室召开，市委书记纪友伟、市长靳善忠出席了座谈会。

8 月

671. 6 日，全省军供工作会议在市军供站召开。会议表彰一批军供工作先进单位和模范个人。市军供站被评为全省军供工作改革开放模范单位，市军供站站长高祯被评为全省军供工作改革开放模范个人。

672. 12 日，大同市召开为南方灾区救灾捐赠紧急动员会议，成立大同市救灾捐赠领导组，办公室设在市民政局救灾救济科，当天接收捐款 180 万元。

673. 13 日，市纪委召开会议，为市民政局纪委颁发“全市行政监察法知识竞赛优胜单位”荣誉证书。

674. 19 日，山西省人民政府通报表彰全省退役士兵安置工作先进单位，大同市安置办等 10 家单位受表彰：

先进乡：灵丘县落水河乡人民政府
新荣区户部乡人民政府
南郊区城关乡人民政府

先进安办：大同市安办　矿区安办

先进用人单位：大同市矿务局
云岗化工集团公司
大同市煤气化部公司
大同市建设委员会
大同机车厂

675. 23～28 日，市民政局纪检书记王强随民政部社会福利代表团赴香港参加“国际康复总会第十一届亚太区会议暨亚太区残疾人士十年推广大会”。考察了解国际社会残疾人康复现状及今后的发展趋势。

676. 30 日，在抗洪救灾捐赠活动中，市民政局 503 名干部职工共为灾区捐款 24332 元。军队离休退休干部第二休养所的离休干部齐廷植个人一次捐款 300 元。

677. 8 月至 1999 年 5 月 16 日，全市冬无雪、春无雨，270 天没有一次有效降水，致使土地严重失墒。特别是 7 月 10 日至 8 月 17 日，未下一场透雨，干热风不断，持续高温 38 天，最高气温达40℃以上，比历年同期高4～6℃，土壤干土层厚度达30厘米以上。全市地下水位平均下降3～5米，境内8条河流断流，5座大中型水库蓄水量锐减，59座小型水库干涸，935眼机水井发生吊泵现象。

全市530万亩耕地全部受旱，严重受旱面积达363万亩，其中绝收面积达300万亩，其受灾程度百年不遇，可以与清光绪十八年的“赤地千里”相比。全市有重灾乡镇170个、重灾村1666个，分别为全市乡、村总数的78%和73%。全市因灾造成粮食减产近5.5亿公斤，比正常年景减产7成多。其中浑源、阳高、灵丘、左云4个县减产7成以上，天镇县减产8成多，新荣区减产9成多。全市农村经济直接损失达15亿元，农民年人均纯收入比1998年减少760元。全市计划实现的11个乡、100个村共3万人的脱贫设想不能实现，同时有20个乡镇、200个村、10万人因此次旱灾而返贫。其中天镇县100个村、7万多人回到贫困状态。全市32万户116万多农民缺口粮1.65亿公斤。

9月

678. 7日，《大同日报》《大同晚报》，电视一台和电视二台等新闻媒体对社会上流传的所谓南方遭受洪涝灾害的地区有大批孤儿流入大同市的谣言紧急辟谣。

679. 9～10日，省“双拥”工作检查组莅同检查指导工作。检查组对大同市“双拥”工作成绩给予高度评价，指出：大同市“双拥”工作与本省其他城市相比更有气魄，更有力度。与过去相比，既有提高，又有发展。具体表现在四个方面：一是党政领导重视，“双拥”气氛浓厚；二是“双拥”工作质量明显提高；三是“双拥”工作纳入了法制轨道；四是“双拥”工作更加注重实效。

680. 12～19日，山西、河北联合勘界工作领导小组办公室负责人，分别在晋冀线相邻县所在地举行边界协商会议。双方就相邻的边界线进行会谈协商，一段一段核实，反复协商，最终达成9个协议和纪要，472公里长的界线终于划定。

681. 29日，根据市委、市政府统一部署，市民政系统进行为期一个月机关作风整顿。

682. 从7日开始到30日，市民政局机关党委对机关工作人员进行一次系统的民政法律法规、业务知识培训，每周利用一天时间，由各科室有丰富业务工作经验的人负责本科业务课的主讲。

10月

683. 3日，市民政局和市募委会在红旗广场第18次发售大奖组福利彩票，本次共发售496万元，所筹资金140万元全部用于民政基础设施建设的缺口补助。

684. 10日，在全国民政宣传工作会议上，市民政局、南郊区民政局、天镇县民政局被评为1998年度宣传发行工作先进集体；韩尚林、程廷龙、宿权、张亮被评为宣传发行工作先进个人。

685. 20日，大同市勘界办人员组织县勘界办人员在10条县级界线上埋设永久性界桩29个。

11月

686. 6日，召开全市民政宣传工作会议，会议表彰了2个宣传工作红旗县（区），9个宣传工作先进县（区），29名宣传工作先进个人。

687. 9日，建立城乡居民最低生活保障制度现场会在左云县马道头乡召开。会议介绍了马道头乡的成功经验，参加会议的有9个农业县（区）的分管县（区）长、民政局长进行实地参观学习。1998年，大同市把左云县马道头乡列为建立农村最低生活保障制度试点之后，该乡在全市率先建立并实施农村最低生活保障制度。全乡82户188名贫困对象享受到最低生活保障。

688. 20日，由中国农业大学博士后联谊会与天镇县民政局共同投资建立的现代化饲料企业——天博农牧有限公司正式投产。

689. 22日，市勘界办完成市内5条县界的勘定工作，总长度约274公里。

12月

690. 4日，在全市纪念党的十一届三中全会20周年理论研讨会上，市民政局党委书记、局长范培生撰写的《抓住瓶颈，加快民政工作改革步伐》一文获党委中心组优秀论文奖。

691. 7日，民政部《中国民政》杂志社张锐处长到市民政局考察建立《中国民政》大同通联站的有关事宜。

692. 8日、9日、10日、12日、15日、17日，《中国社会报》连续6期以大篇幅推出5年来大同民政基础设施建设的典型经验报道——《大同神话》，前三期为加编者按评论员文章的大同民政自身建设的连续报道，作者为社会报社编委、作家、高级记者时永福，全文共2万余字。第四期是反映近年来大同民政基础设施建设得到根本改善的军供福利大厦、福利院、军供站、殡仪馆、恒泰陵园、光荣院、军干所7个单位一组彩版。后两期是民政部、省政府、省民政厅、市政府领导和来自全国10个省、市民政部门对“大同经验”的反响。

693. 10日上午，市政协副主席杨春龙、秘书长高凤鸣、副秘书长部孝带领部分市政协委员一行15人视察社会精神卫生事业工作，听取对部分政协委员提案的答复，参观社会精神病院。

694. 6日，经过市档案局的检查验收，局档案管理工作达到省二级标准，同时达省二级标准的还有新荣、城区两区。

695. 28日，市委、市政府、市纪委召开会议，为市民政局颁发“创建‘四廉洁’活动先进集体”锦旗。

696. 30日，全市军政座谈联欢会在市军供站二楼召开，市五大班子领导及驻军首长130余人出席了座谈会。

697. 长江、松花江、嫩江流域连续发生特大洪灾以后，8月23日，大同市召开支援灾区紧急动员大会。会上，市领导带头捐款。当天收到社会各界捐款180万元。12月4日，市政府召开会议，部署全市赈灾福利彩票发行工作，预计明年4月1日前将筹集资金462万元，届时全部上缴国家，用于赈灾。据市救灾捐赠办公室统计，在市委、市政府的统一领导组织下，截至年底，全市各界共向灾区捐款捐物折合人民币1092万元。

1999年

1月

698. 6日，民政部召开全国民政厅局长电视会议，局救灾科长王建新获得“全国民政系统抗洪救灾先进个人”称号。

699. 18日，大同、忻州勘界领导组在忻州市召开协商会，对遗留2公里未定界线达成共识，一举贯通全线。大同—忻州勘界工作进入测绘埋桩阶段。

700. 21日，市政协主席刘政宪率领部分政协委员视察市干休所、福利院、光荣院、军供站。

701. 23日，全省地市民政局局长会议在太原召开，大同市民政局被评为1998年度民政工作模范单位。

2月

702. 2日，市领导纪友伟、靳善忠、赵仁家、孙辅智、昝培国、安大钧、刘政宪、康明训、弓济世、苑吉、张富文、李忍、刘采京、靳偦、孙录、张林、张富堂、王玉田、马福山、刘乐贤、于秀兰、于学敏等分组慰问驻同部队、武警、消防官兵和军队离退休干部。

703. 8日，市领导纪友伟、靳善忠、赵仁家、孙辅智、昝培国等带着党和政府的关怀及全市280万人民的深情厚谊，分5路深入11个县区和市社会福利院走访慰问。

704. 23日，市民政局、市募委会开始在红旗广场举行赈灾福利彩票大奖组销售，第一天销售彩票突破600万元，创下日销量历史最高纪录。本次销售历时4天，共销彩票1000万元，所筹资金全部上缴国家，捐赠灾区。

3月

705. 8日，市政府通报表彰全市民政工作先进单位，命名市社会精神病院、市社会福利院、灵丘县光荣院、阳高县城关镇敬老院4个单位为民政系统文明示范单位；命名城区民政局、南郊区民政局、大同县民政局、左云县民政局为1998年度民政工作模范单位；命名矿区民政局、新荣区民政局、阳高县民政局、天镇县民政局、浑源县民政局、灵丘县民政局、广灵县民政局为1998年民政工作先进单位。

706. 16日，省教委在市光荣院举行挂牌仪式，确定市光荣院为省级“德育基地”。

707. 16日，全省春荒工作北片座谈会在市军供站召开。会议传达全国春荒工作会议精神，了解城乡居民最低生活保障工作进展情况。

708. 17日，为贯彻市委确定市民政局为“三讲”教育试点单位的指示，局党委召开有局机关全体工作人员和基层单位负责人参加的“三讲”教育动员大会。对全局“三讲”教育活动进行安排。

709. 21日，全市民政工作会议在市军供站召开，范培生局长在会上作题为《狠抓管理夯实基础把民政改革与发展全面推向二十一世纪》的报告。会议总结1998年全市民政工作成绩，表彰民政系统文明示范单位、民政工作模范先进单位，市政府与各县（区）签订1999年民政重点工作目标责任书。

710. 25日，市人大常委会组织人大代表姜锡铭、张富堂、高勤明等到市民政局视察村民委员会组织法实施情况，听取关于大同市行政区划调整意见。

711.　截至3月底，完成赈灾福利彩票1050万元的销售任务，所筹资金315万元全部上缴省募委、中募委，支援灾区人民重建家园。

4月

712.　2日，省民政厅在大同市召开殡葬改革、婚姻管理北片座谈会，会议主要讨论公路两侧清坟和查处违法婚姻问题。

713.　12日，市民政局机关刘向明的书法作品被编入《世界美术书法家作品大画册》，传略被编入《世界美术书法家大典》。

714.　18日，市民政局范培生局长随山西省民政社会保障考察团赴德国考察社会养老事业。

715.　20日，市军队离休退休干部第二休养所综合服务楼破土动工。计划投资240万元，建筑面积2800平方米。

716.　25日，大同市1998年度劳模大会召开，市民政局被市委、市政府授予“模范单位”，市社会精神病院、市社会福利院被评为“市级文明单位”，市光荣院院长秦福花被授予特等劳模。

717.　28日，市军供站站长高祯荣获山西省“五一”劳动奖章。

718.　28日，市委、市政府下发通知：耿敏任市民政局党委委员、副局长。

719.　28日全省勘界工作表彰会在临汾召开。灵丘县勘界办获先进单位称号，康建东、王爱国评为先进个人。

5月

720.　12日，全市农村村务公开工作会议在电力宾馆召开。全市2275个行政村，有2263个村实行村务公开制度。会上宣布大同市农村省级村务公开示范单位名单，南郊区、大同县、广灵县有关负责人在会上作典型发言。

721.　14日，在第九个全国助残日来临之际，市民政局和募委会举行捐赠仪式，为民政福利公司、市社会福利院、市社会精神病院、盲人按摩门诊部、市光荣院、市收容遣送站、军干所、居民学雷锋联谊组8个社会福利单位捐款30多万元。

6月

722.　15～20日，市民政局党委对局系统的入党积极分子、预备党员、支部书记共计51人进行党的知识集中培训。

723.　24日，全市民政法制建设暨村委会建设工作会议在市社会福利院召开。安排部署村委会换届选举工作。基政科靳国泰科长就新颁布的《中华人民共和国村委会组织法》进行辅导。

7月

724.　1日，大同县委、县政府的部分党员干部到散岔村和解庄村慰问市社会福利院寄养在那里的200名孤儿，发放3000元慰问金和2000袋奶粉及部分学习用品。

725.　4～21日，市社会福利院副院长张秀花赴香港大学参加为期半个月的“老人院舍管理专业”培训，取得香港大学“老人院舍管理专业”结业证书。

726.　16日，全省福利事业单位等级评比暨福利生产工作会议在市社会福利院召开。会议通报全省福利企业的生产情况，对大同市社会福利院评定“省一级福利院”进行检查验收。

727.　22日，市人大执法检查组到市民政局检查执法责任制的落实情况，对市民政局推行执法责任制的做法给予肯定。

728.　26日，全市双拥工作会议召开，会议确立以搞好“双三好”为主要内容开展双拥工作的近期工作方案。

729.　29日，《中国社会报》通报表彰1998年度民政宣传工作，市民政局被评为先进集体，范培生、程廷龙、宿权被评为先进个人。

730.　30日，市委、市政府在军供站召开“八一”军政联欢座谈会。

731.　31日，4月开工的市光荣院扩建工程正式竣工，投资47万元，新增面积485平方米，增加床位30张。

8月

732.　4日，全市安置工作会议在市军供站召开。全市共接收退伍兵3657名，其中城镇退伍兵和农村退伍志愿兵共3144名，会议要求9月底以前按规定基本安置完毕。

733.　8日，省民政厅副厅长郭小平深入浑源、广灵、灵丘了解灾情。

734.　10日，市民政局制定《关于贯彻落实〈关于实行党风廉政建设责任制的规定〉的实施办法》。实行“一把手负总责、党政领导齐抓共管、‘一岗双责’的责任制”，并配套制定责任追究制。

735.　29日，5月开工的市殡仪馆南门及围墙改造工程正式竣工，工程总投资70万元，建造仿古门楼一座，新建围墙300米。

736. 30日，大同市城区民政局获“全国民政信访工作先进集体”称号。

737. 31日，市社会福利院举行建院50周年座谈会。同日，省民政厅在市社会福利院举行“山西省一级福利院”挂匾仪式。

9月

738. 1日，大同市救灾物资仓储中心正式奠基。计划投资600万元，建筑面积9024平方米。

739. 3～4日，民政部救灾司司长李本公深入天镇、阳高、大同、浑源4个受灾严重县实地查看灾情。

740. 4日，市领导靳善忠、赵仁家、孙录、于秀兰深入阳高、天镇、浑源3县查看灾情，指导抗灾救灾。

741. 6日，日本友人尾岛高次郎等4人向市光荣院捐款13万日元。

742. 8日，市民政局在市社会福利院举办全市民政系统行政复议法培训班。参加培训的有各县（区）民政局局长、办公室主任、市殡管所所长、遣送站站长。

743. 8日，全市1999年民政宣传工作会议召开，表彰3个民政宣传模范单位，8个先进单位，30名先进个人。

744. 9～10日，国务院副总理温家宝在省委书记田成平、副省长范堆相，市领导纪友伟、靳善忠等陪同下，深入浑源、阳高、天镇县的农村考察灾情。

745. 12日，通过调查核实，本年全市遭受严重旱灾。从1998年入秋到1999年夏季，全市仅降3次有效雨，累计降水量平均为70毫米，是历年平均降水量的1/5。全市530万亩农作物全部受灾，其中成灾面积520万亩、占总播种面积的78%，预计全市粮食总产1.32亿斤，比1998年6.6亿斤减产80%，人均占有粮食83斤。全市农业人口普遍受灾，其中成灾人口142万，占农业人口90%；重灾人口126万，占成灾人口的88%；绝收人口113万，占重灾人口的90%。全市农业经济损失总值达14.8亿元。

746. 14～17日，国家级和省级双拥模范城（县）检查组莅同检查双拥工作，检查组由省双拥领导组副组长、省双拥办主任田中仁带队，在大同军分区政委寇卫国和副政委王振凯的陪同下先后到新荣区、少年预备役军校、驻同52875部队等军民共建单位进行检查。

747. 14日，香港“健康快车”满载600万香港同胞的厚谊抵同。“健康快车”先后在内地7个省10个地区，为4228例贫困白内障患者施行复明手术。大同是第十一站。从9月14日至11月22日免费为大同市919例白内障患者进行复明手术，成功率99%以上。

748. 20日，左云县民政局获“全省民政信访工作先进集体”称号。周立斌、程廷龙、合玉霞获“全省民政信访工作先进个人”称号。

749. 23日，开展“爱心献功臣”活动，共筹集资金和药品价值3800多元，组织“爱心献功臣医疗服务队”先后到7个县光荣院，为64位革命老人送医送药献爱心。

750. 25日，4月开工兴建的市社会精神病院门诊楼正式竣工。工程总投资150万元，建筑面积800平方米。

10月

751. 8日，《中国民政》杂志社表彰宣传发行工作先进集体和先进个人。大同通联站，天镇、阳高、浑源民政局被评为先进集体，韩尚林、程廷龙、宿权、张亮、张汉义、刘耀章、王爱国、韩斌、董步云、吴尚书被评为先进个人。

752. 10日，市文化局、银华金店联合举办向大同灾区人民献爱心大型赈灾义演活动，银华金店当场捐赠1万元及价值5000元的毛衣150件，弘雅饭店、昆仑饭店捐款6000元。当天结束时，主办单位共收到捐款5万多元。

753. 10日，为“世界精神卫生日”。市社会精神病院在红旗广场开展“世界精神卫生日”宣传义诊活动。56名医务人员共发放宣传资料2000余份，为1500多人进行义诊和咨询服务。

754. 11日，由省地震局副局长杨广才等带队的省防震减灾执法检查组到大同市检查。

755. 22日上午，全市救灾募捐动员大会召开。会议明确这次募捐活动从10月中旬开始，到11月下旬结束。要求各有关单位认真做好捐赠物资的接收与分发工作。

756. 22日下午，全市双拥模范县（区）单位命名表彰大会召开。市委副书记、常务副市长、市双拥领导组组长贺锐宣读《中共大同市委、大同市人民政府、大同分军区关于命名表彰双拥模范县区单位双拥先进集体先进工作者的决定》。命名城区、矿区、南郊区、灵丘县、阳高县、大同县为“双拥模范县（区）”，新荣区、广灵县为“爱国双拥军模范县（区）”。授予市军队退伍军人安置办公室等10个单位为“拥军模范单位”。

授予市光荣院、市民政局优抚科等10个单位为“爱心献功臣模范单位”。授予解放军第322医院等10个单位为“拥政爱民模范单位”。授予高祯等10人为“拥军模范个人”。授予孟玉兰等10人为“爱心献功臣模范个人”。授予杜德学等10人为“拥政爱民模范个人”。授予市军供站等40个单位为“双拥工作先进集体”。市民政局李亮、李润兰、杨万祥、胡怀银、李和、合玉霞、陈钦业、姚存芳等被评为“双拥先进工作者”。

11月

757. 1日，大同县西册田乡堡村发生里氏5.6级地震，大同、阳高、天镇、广灵、浑源5个县的23个乡镇135个村受灾，其中重灾乡9个。灾区倒塌房屋15300间，造成重危房24300间，一般危房30097间。受灾涉及38522户、98945人，其中重灾户9650户、43000多人无家可归。遭受破坏的水利设施7处，10人受伤，没有人畜死亡。造成直接经济损失36713万元。

758. 2日，市领导纪友伟、靳善忠、赵仁家、张富文、解廷香、马福山等带领市农委、民政局等有关单位负责人深入阳高、大同县地震灾区，查看灾情，慰问受灾群众。

759. 3日，市抗震救灾领导组召开首次会议。具体安排救灾工作，市民政、地震部门组成灾情核查组，核查重灾区、重灾户、无家可归的人数。

760. 3日，省委、省政府派出由省政府副秘书长王可福，省地震局局长吴伯荣，省民政厅副厅长郭小平等组成的慰问组赴大同－阳高地震灾区，查看灾情，慰问灾民。

761. 3日，市人大领导安大均、王兴祥、孙录等赴大－阳地震灾区，查看灾情，慰问灾民。

762. 4日，副省长范堆相带着省委、省政府的重托，与省建委、省财政厅、省地震局等有关领导到大－阳地震灾区查看灾情，慰问灾民。

763. 4日，市委领导孙辅智、康明训、郭玉才等赴大－阳地震灾区查看灾情，慰问受灾群众。

764. 4日，一支满载大同矿务局职工家属深情厚谊的车队，在党委副书记王廷世、工会主席晋珊元的带领下开抵大同、阳高两县灾区。地震发生后，矿务局党委召开紧急动员会，号召全局上下积极救助灾区，火速抽调80多辆汽车，把400多吨煤、30立方米木材、36吨水泥连夜装车运到大同县西册田和阳高县友宰两个乡镇的7个村。

765. 4日，在社会福利院召开各县（区）分管基层政权工作的副县（区）长、民政局局长参加的第五届村民委员会换届选举工作汇报会。

766. 5日，民政部、总后勤部对15年来在正规化建设中作出突出成绩的包括大同军供站在内的全国65个军供站进行通报表彰。

767. 6日，民政部支援地震灾区的1500顶棉帐篷和300顶单帐篷抵同，并分发到部分重灾区。

768. 8日，市委、市政府召开会议，决定从市直机关抽调30名县级后备干部，深入大同、阳高两县30个重灾村指导帮扶救灾工作。

769. 8～10日，由民政部办公厅副主任（正厅级）时正新带队的民政部赴山西省综合调研组在大同市进行为期3天的调研工作，参观军供站等5个基层单位。

770. 10日，从10月下旬开始20天，局机关和所属15个单位492人为灾区捐款25480元、衣物715件。

771. 10日，省“三讲”教育巡视组在指导工作期间，关注抗震救灾工作，全组5名成员为灾区捐款700元。

772. 武虎敬老院是由院长武虎个人出资兴办的一所高标准窗口件省级文明敬老院。11月1日发生地震后，武虎筹集一批救灾物品，有大米2500公斤、玉米面2500公斤、干粉丝120公斤，于11月10日送到大同灾区。

773. 12日，省人大常委会组织由29名九届全国人大代表组成的视察组，以梁国英、李立功、赵晓颖为召集人，视察大同震区的册田水库、大同县西册田乡堡村、阳高县西团堡村，慰问受灾群众。

774. 14日，中国救灾协会为帮助灾民安全越冬，捐赠毛毯6000条，价值36万元。

775. 18日，大同市市内最后一条县级界线南郊——左云线经过双方共同努力，历经2年达成贯通协议。

776. 22日，省“三讲”教育巡视组组长孟立正，市委书记纪友伟，市委常委、市委秘书长张富文前往大同、阳高两县地震灾区，视察安排灾民越冬住房、口粮及学生复课情况。他们先后来到阳高县友宰镇西团堡村、后贵仁村和大同县西册田乡堡村、西册田村，挨家挨户查看房屋，看望受灾群众，详细询问灾民安置情况，鼓励灾民坚定信心，克服困难，积极开展生产自救。

777. 24～25 日，以国家计委农村经济发展司扶贫处处长李希荣为组长的国家赴山西省大同市、忻州地区旱灾情况调查组一行 5 人，对大同市农业遭受特大旱灾和抗震救灾工作进行考察。调查组听取市领导关于灾情的汇报，到阳高县灾区进行实地查看。

12 月

778. 1～2 日，省委副书记郑社奎先后到旱灾和震灾比较严重的大同、阳高、天镇 3 县乡村和册田水库考察工作，了解灾情，慰问灾民。

779. 11 日，省委、省政府、省军区在省城湖滨会堂举行全省双拥模范城（县）命名大会，大同市、大同县、南郊区、灵丘县被命名为“双拥模范城（县）”，新荣区被命名为“爱国拥军模范县（区）”。城区、左云、灵丘县民政局被评为全省“爱心献功臣”活动先进集体，浑源县民政局的吕中芳被评为全省“爱心献功臣”活动先进个人。

780. 12 日，省委副书记、代省长刘振华深入大同县、阳高县地震灾区了解灾情，慰问受灾群众。

781. 17 日，为迎接澳门回归，市局举行庆祝宣传活动，陈设《迎接澳门回归》图片展览，组织《祖国的澳门》知识竞赛，张贴标语，悬挂彩旗。

782. 22 日，市民政局和大同军分区政治部联合下发《关于元旦、春节期间开展拥军优属、拥政爱民的活动通知》。

783. 28 日，策划编印《跨世纪的大同民政》彩色画册出版。全书收集了一百多幅反映大同民政风貌的彩色图片，内容包括《亲切关怀》《大同神话》《双拥景线》《为了基本生活权益》《民主的召唤》《倡文明新风》《唤起爱心千百万》《孺子牛风采》《共铸辉煌》九个部分。

784. 30 日，2000 年元旦军政座谈会在市军供站召开。

2000 年

1 月

785. 12 日，全国双拥模范城（县）命名大会在京举行。全国双拥工作领导小组以民政部、总政治部名义作出关于命名 295 个市（区）县为全国双拥模范城（县）的决定。大同市第四次荣获全国双拥模范城荣誉称号。

786. 17 日，山西省民政厅下发通知：大同市殡仪馆通过省民政厅组织的检查验收，被认定为国家三级殡仪馆。

787. 17 日，大同市机构编制委员会批复，同意成立大同市救灾捐赠仓储中心。

788. 18 日，大同、忻州勘界领导组在忻州市召开协商会，对遗留 2 公里未定界达成共识，贯通全线。大同－忻州勘界工作进入测绘埋桩阶段。

789. 19 日，经省政府批准，浑源县将城关镇周边 8 个村划归城关镇管辖，为浑源撤县设市奠定基础。这 8 个村是：张庄乡的张庄、顾册、东辛庄、丰台铺，下韩乡的土桥铺、神溪，蔡村镇的海村，东坊城的唐家庄，调整后的城关镇管辖 18 个村，9 个居委会。辖区面积 58.35 平方公里，管辖人口达 8.26 万。

790. 21 日，市政协主席刘政宪等领导率领部分政协委员和新闻单位的记者视察干休所、福利院、光荣院、军供站，对市民政局两年来的工作给予肯定。

2 月

791. 12～15 日，市民政局、市募委会在红旗广场举行千万福利彩票大奖组销售活动，参加这次销售的人员有 686 人，是历年来销售奖券规模最大的一次。12 日当天销售彩票 660 万元，创日销量历史最高纪录。本次活动共销彩票 900 万元，达到预期目的。

792. 24 日，市人大常委会原副主任力大才和市人大内务司法委主任唐应钦以及部分市人大代表共 16 人到市民政局视察工作。

793. 29 日，在全省民政工作会议上，大同市民政局被评为 1999 年度“先进单位”。

794. 29 日，在全省“世纪之交话民政”大型征文活动中，大同市民政局获组织奖。范培生、宿权、张亮（天镇）及市社会福利院的论文获“优秀论文奖”。

3 月

795. 7 日，市民政局召开机关全体工作人员和基层单位负责人参加的“三讲”教育转段动员大会。

796. 15 日，市委、市政府通报表彰 1999 年度抗灾救灾、机关定点扶贫先进集体和模范个人，市民政局、市民政局救灾救济科、大同县、阳高县、天镇县、浑源县、广灵县民政局被评为抗灾救灾先进集体，李有全、王建新、宋锦林、张建亮、李树才、张炜、郝来寿、秦有德、张亮、郑永强、王晓庆、薛彪被评为抗灾救灾模范个人。市民政局被评为定点扶贫先进集体，韩尚林被评为定点扶贫模范工作队员。

797. 17 日，全市民政工作会议在市军供站举行。市民政局局长范培生作工作报告，认真回顾去年民政工作基本情况，总结经验失误，对新一年民政工作发展提出具体奋斗目标：整体上水平，单项创一流，弱项求突破，管理上等级。

798. 22 日，省政府召开大同地震重灾区重建家园工作新闻发布会，省政府决定筹集资金1900 万元，帮助地震灾区群众重建家园，以确保灾区群众入冬前住新房和加固房屋。资金来源一是省扶贫局按照省政府关于贫困地区移民搬迁政策，从扶贫款中安排 700 万元，用于大同、阳高两县震区 5000 多户贫困群众的搬迁及房屋重建；二是省民政部门在安排 1999 年民政部下拨救灾款 600 万元的基础上，再安排 600 万元。

799. 24 日，市民政局在军供站召开机关和基层副科以上干部参加的“三讲”教育民主测评暨转段动员大会。

800. 27 ~ 29 日，全省民间组织管理工作会议在市军供站召开，参加这次会议的有省民政厅副厅长赵生平、社团和民办非企业单位管理处处长赵深嘉以及各地市民政局分管局长和社团科科长共 23 人。

4 月

801. 10 日，日本驻华使馆向大同地震灾区援建希望小学项目签字仪式在云冈宾馆举行。团市委书记祁学峰、日本驻华使馆二秘高井嘉亲代表中日双方在援建项目书上签字。日本驻华使馆向地震重灾区大同县许堡乡肖家窑头村、阳高县友宰镇西团堡村援助 400 万日元，用于建设两所希望小学。

802. 11 日，在全省社会事务工作会上，大同城区民政局被评为全省婚姻登记管理模范单位，广灵县民政局、灵丘县民政局、矿区姜家湾街道办事处、阳高县城关镇、南郊区马军营乡被评为全省婚姻登记管理先进单位。

803. 24 日，市委、市政府授予大同市民政局、大同市光荣院为市级文明单位，大同市有奖募捐发行站为“模范集体”，授予市社会精神病院院长沈维英为“大同市劳动模范”。

804. 26 日，全省“五一”表彰大会召开，市光荣院院长秦福花获“山西省五一劳动奖章”。

805. 26 日，地震灾区重建家园动员大会在地震中心大同县堡村召开。会议宣布，震区重建家园工程即日启动，10 月重建工程完工。届时，881 户灾民乔迁新居，417 户灾民住进具有抗裂度为 7 度地震性能的新房，1738 户灾区群众每户将拥有 1 间抗震永久性住房。

5 月

806. 1 日，民政部优抚司司长杨国英检查大同优抚工作。

807. 14 日，省民政厅赵涂杰到大同市检查气功类组织“中华养生智能功”情况。

808. 15 日，根据市民政局党委的统一安排对全局系统的入党积极分子、预备党员、党风监督员、支部书记进行培训。

809. 18 日，市民政局和市募捐委员会在社会福利院举行第十次“全国助残日”捐赠仪式。社会福利院收到捐赠款 13.4 万元，全部用于收养人员的生活条件改善、医疗康复、教育等。

810. 30 日，在全省“区划地名工作暨国道设标工作总结表彰会”上，大同市被评为“国道设标工作模范单位”。

811. 30 日，全市优抚工作会议在市光荣院召开。会议听取各县（区）“爱心献功臣”活动情况汇报，学习省民政厅、卫生厅、财政厅晋民优字《关于做好重点优抚对象医疗保障工作的通知》，进一步规范城镇户口义务兵家属优待工作。

6 月

812. 1 日，市民政局被市委、市政府命名为“1999 年度市级文明单位”和“文明机关”。

813. 1 日，市民政局系统 120 余人参加市武警支队战士徐建港、董志宏勇救 5 名落水儿童事迹报告会。

814. 3 日，中纪委委员、民政部纪检组原组长李惠仁等到大同市民政局调研行风建设情况。

815. 12 日，对市民政局系统的行政执法人员进行法律培训。

816. 19 日，大同市社会福利院收养的弃婴党澳华在省民政厅社会事务处办理完成收养登记后，正式被美国夫妇 David Geick 和 Karen Geick 收养，这是大同市社会福利院孤儿首次被外国家庭收养，也是山西省第一位涉外收养的孤儿。

817. 27 日，召开纪念“七一”表彰大会，通报表彰市军用饮食供应站、市光荣院、市民政福利公司、市社会福利院4个先进基层党组织和李富等24名优秀党员。

7月

818. 6日，为正确掌握运用新出台的民政法律、法规，组织市民政局机关干部、职工民政法律、法规考试。

819. 6日，大同市民政局、大同军分区政治部发出《关于在八一期间开展拥军优属拥政爱民活动的通知》。

820. 20日，朔州市民政局党组成员、各县区民政局局长和各科负责人一行28人，参观学习大同市民政基础设施建设和民政经济发展情况。

821. 20日，召开城镇退伍军人安置工作会议。省政府下达大同市退伍军人安置计划2965名，其中国省属驻同企业单位1716名、事业单位4人，市属企业1245名。

822. 20日，全市加强农村基层民主法制建设座谈会在市军供站举行，市人大常委会主任安大钧、副市长马福山、市民政局局长范培生出席会议。

823. 23日，刘振华省长在市委书记靳善忠、市长孙辅智的陪同下看望103岁的老红军郑富贵老人。

824. 28日，举行市恒泰陵园永安骨灰堂举行落成典礼。

825. 31日，2000年“八一”军政座谈联欢会在市军供站举行。

8月

826. 2日，市军供站站长高祯被山西省总工会授予“优秀工会积极分子”称号。

827. 5日，在成都召开的全国民政宣传工作会议上，大同通联站被《中国民政》评为2000年度先进集体。

828. 8日，省勘界工作领导小组根据晋勘发〔2000〕4号文件精神，对大同、朔州线南郊怀仁段双方有争议的9公里边界线进行裁定。至此，大同、朔州线全长274.5公里的边界线全线贯通。

829. 11日，市民政局被市防震减灾领导组评为1999年防震减灾先进集体。

830. 15日，市民政局局长范培生、副书记韩尚林、党办主任宿权被《中国社会报》评为2000年度宣传发行工作先进个人。

9月

831. 4日，全市城市居民最低生活保障调查摸底动员大会在市政府后楼会议厅举行。

832. 11日，市人大常委会召开动员会，安排部署开展居民委员会组织法检查有关事宜。

833. 19日，市领导赵仁家、张富文、王兴祥等同军分区、市民政局、南郊区负责人和上万群众热情欢迎拉练途经部队，赠送慰问品，军、地互赠锦旗。

10月

834. 4日，民政部社会福利和社会事务司司长窦玉沛、中国收养中心主任郭思锦，深入市社会福利院、光荣院、二干所、军供站和恒泰陵园5个单位，视察民政基层设施建设和民政工作。

835. 10日，以省人大常委会副主任曹馨仪为组长，省人大内务司委副主任委员夏珍、省民政厅副厅长郭小平为副组长的省人大检查组莅同，对大同市贯彻落实《中华人民共和国村民委员会组织法》和《山西省实施〈中华人民共和国村民委员会组织法〉办法》情况进行检查。

836. 13日，浑源县光荣院举行改建工程竣工剪彩仪式。

837. 19日，省民政厅纪检组对全省民政系统行风情况进行交叉检查，对大同市民政局行风情况评价为“领导重视、措施得力、成绩明显、社会公认、群众满意”。

838. 24日下午，大同市纪念中国人民志愿军抗美援朝出国作战50周年座谈会在雁北宾馆举行。22位曾经赴朝作战的老同志应邀到会，与市党政军领导共同回顾抗美援朝战争的伟大胜利。

11月

839. 24日，市社会福利院被省总工会授予“全省职工职业道德建设‘十佳单位’称号”，省劳动竞赛委员会为市社会福利院记一等功。

840. 26日，在全国第五个“扶贫济困送温暖”捐赠活动中，市民政局系统干部职工共捐赠衣物689件，现金122元。

841. 30日，“大－阳”地震灾区重建家园工作圆满完成，881户震区灾民喜迁新居。

12月

842. 6日，撤并乡镇工作会议在雁北宾馆会议室召开。会议贯彻落实全省撤并乡镇工作会议精神，解决乡镇规模小、机构设置不合理问题。

843. 18日，全省政务公开行风评议暨表彰大会在太原召开。会议对全省交通、质量技术监督、民政、电信部门和行业行风建设24个先进单位进行表彰，大同市民政局获第二名。

844.　25日，大同市劳动竞赛委员会、大同市总工会，在市社会福利院召开市社会福利院荣获“全省职工职业道德十佳单位”暨荣记一等功颁奖大会。

845.　28日，在军供站举行2001年元旦军政座谈会。

2001年

1月

846.　1日，按照上级安排，开始对重点优抚安置对象和优抚安置事业单位进行普查。

847.　8日，省政协副主席靳承序率领省总工会、省民政厅有关人员，代表省委、省政府走访慰问阳高县张官屯乡新团堡村村民、部分困难企业和特困户。

848.　12日，市领导分4路深入各县（区）走访慰问特困户、五保户和复员军人。

849.　20日，在军供站召开大同市撤并乡镇第二次工作会议，全市乡镇由154个撤并为99个，减少了55个，减少36.3%。

2月

850.　13日，市委常委、副书记王春元到市民政局调研。

851.　14日，市人大代表张录、郝建峰到市民政局就行政执法中的行政许可、行政收费、行政罚款情况进行专题调研。

852.　28日，市民政局在全省市地民政局局长会议上，被评为2000年度民政工作模范单位。

3月

853.　16日，在市军供站召开全市民政工作会议。市民政局局长范培生回顾总结2000年工作，部署2001年工作。

854.　16日，市劳动竞赛委员会授予市福利院党文政大同市职业道德“十佳”标兵称号，并荣记个人一等功。

855.　22日，召开市民政局系统年度工作总结表彰大会。表彰2000年度市民政福利公司等11个先进单位科室、刘继莲等8名优秀公务员、白启生等58名劳动模范、高祯等27名先进工作者。

856.　26日，以市政府副秘书长徐木森为组长的安徽省马鞍山市政府考察组一行4人，到大同市考察福利彩票组织发行以及民政经济发展、民政经济与民政工作互动作用情况。

4月

857.　1日，北京市红十字会传统医学院交流中心副主任李德强、北京市石景山区红十字会绍家坡、康复医院护工李亚楠和宋庆龄基金会理事台湾喜舍基金执行主任委员邵秀花一行三人对福利院进行考察。

858.　20日，由宋庆龄基金会、宋庆龄基金喜舍基金管委会、北京市红十字会传统医学交流中心等单位组成的医疗队一行20人，由北京市红十字传统医学交流中心院院长万苏建带队，对市社会福利院在院人员和在奶妈家寄养的孤残儿进行义诊。

859.　26日，在雁北宾馆，靳善忠、孙辅智、张富文、马福山等领导听取市行政区划部分调整的初步方案。30日，在市委常委会议室，市委书记靳善忠，市长孙辅智，各常委、人大常委会主任安大钧，政协主席刘政宪等领导听取市民政局汇报对太原市辖区调整的考察以及民政厅、民政部领导对大同市市辖区调整的指示和大同市调整行政区划的指导思想、原则、思路，议定对部分市辖区进行调整，要求民政部门尽快拿出方案。

5月

860.　16日，在市社会福利院举行第十一次助残日捐赠仪式。市民政局、市募捐委员会捐赠84万元，社会各界捐赠15500元。

861.　16日，市委书记靳善忠深入浑源县慰问特困残疾人和全国自强模范李坚强，并参加助残日宣传活动。

862.　18日，市民政局工会被市总工会评为2000年度工会财务竞赛特等奖。

863.　30日，市盲人按摩门诊部举行新址开业典礼。

6月

864.　3日，山东省莱阳市民政局姜云友局长带领考察组一行12人，到大同市考察学习老年公寓建设管理，参观市社会福利院、光荣院。

865.　3日，内蒙古自治区民政局、深圳市民政局考察组到大同市考察民政基础设施建设和民政经济发展情况。

866.　6日，省民政厅副厅长田义才、人教处处长梁志青、办公室副主任牛旭斌到市民政局检查验收全国、全省民政工作先进县（区）。6日下午，检查城区民政局档案室、婚庆服务中心、站东街新区居委会、新华街第31居委会，区长邵奎汇报工作。7日上午，检查组一行到市救灾救济物资仓储中心考察，随后到矿区，矿区常务副区长汇报全区民政工作，区委书记李世杰陪同到矿区两个街道办事处、一个社区居民委员会实地检查。

867. 20日，省民政厅在忻州市举办民办非企业单位工作培训班，大同市民政部门共12人参加培训。

868. 26日，市民政局系统举行庆祝中国共产党建党80周年大会，参会600余人。会议表彰市军队离退休干部休养所、市军队离退休干部第二休养所、市社会福利院、市荣院、市社会精神病院先进党组织和郝卫平等27名优秀党员。以“红旗颂”为主题进行歌颂党、歌颂祖国演唱会。

869. 27日，全市重点优抚安置对象及优抚安置事业单位的普查工作全面结束。

7月

870. 5日，市委副书记王春元，市委常委、宣传部长邹玉义，市民政局副局长陈高文，深入城区、矿区部分居民小区检查社区建设工作。

871. 10日，全市民间组织管理工作会议在军供站会议室召开。会议宣读市委办公厅、市政府办公厅转发市民政局《关于开展民办非企业单位复查登记工作的意见》的通知，宣布大同市民间组织管理工作领导组成员名单，马福山担任领导组组长。

872. 12日，浑源县殡仪馆改建工程全面竣工并投入正常使用。

873. 7月18日，融加工、仓储救灾物资为一体的大同市救灾捐赠仓储中心建成使用。该中心隶属市民政局，占地面积6600平方米，高25.5米，其中专用库房27间、加工车间12间，全部投入使用后可提高大同市自然灾害紧急救助能力，对邻近省市救灾协调工作也将发挥作用。

874. 25日，市民政局、大同军分区政治部联合发出通知，要求各县（区）、各部门在“八一”节期间深入扎实地开展拥军优属活动，巩固双拥工作的丰硕成果，发展军政军民同呼吸、共命运、心连心的大好局面。

875. 30日，市党政领导与驻同部队首长在市军供站欢聚一堂，庆祝中国人民解放军建军74周年，共叙军地双方日益加深的友好情谊。

8月

876. 2日，宋庆龄基金会向市福利院孤残儿童捐赠图书1000册、电脑2台、服装30包、复印机一台、食品50包、教育资金8.5万元。

877. 2日，省建设厅、省民政厅、省残疾人联合会联合检查组莅同，检查无障碍设施建设和管理情况。

878. 7日，全市抗灾救灾生产自救工作会在浑源县召开。由于遭受严重旱灾，全市粮食减产已成大局，而高温干旱也造成多种虫害发生，全市虫害发生总面积达264.8万亩，涉及9个农业县区的80多个乡镇。

879. 8日，大同市参加“全国双拥模范城成就展”。

9月

880. 27日，召开2000年冬季退伍军人安置工作会议，省下达大同市安置计划2635名。

881. 28日，召开抗灾救灾动员会，争取农民减产不减收。

10月

882. 17日，大同市第十一届人民代表大会常务委员会第二十四次会议通过，李根田任大同市民政局局长。

883. 17日，民政部与联合国儿童基金会合作项目（2001—2005年）在北京举行启动仪式，大同市社会福利院作为本次项目合作执行单位出席会议，并参加有关培训。

884. 18日，市委组织部副部长管荣科受市委委托，到市民政局宣布李根田担任大同市民政局党组书记、局长职务。同时宣布免去范培生党委书记、局长职务，免去韩尚林党委委员、党委副书记职务，免去高友异、王华子党委委员、副局长职务。

885. 18～20日，国务院副总理温家宝在山西省委书记田成平、省长刘振华等的陪同下，到旱灾较严重的左云县农村检查救灾工作，了解农业生产和农民的生活情况。在大同市召开部分受灾地区农村工作座谈会，对农业生产和群众生活作出部署，并就农村工作贯彻党的六中全会精神发表意见。温家宝强调，改进农村干部作风，要围绕实现农村工作的中心任务和解决农村的突出问题来进行，一要实事求是，二要调查研究，三要体察民情，四要艰苦奋斗。灾区各级政府和国务院有关部门，要重点做好以下工作：一是确保灾区群众的口粮供应，二是尽快把农业税灾款减免政策落实到户，三是组织群众开展生产自救，四是加大救灾投入力度。

11 月

886. 8～11 日，根据省委、省政府主要领导意见，由省委政研室、省民政厅、人事厅组成联合调研组，对大同市撤并乡镇工作进行调研。

887. 13 日，全市“扶贫济困送温暖”捐助月暨经常性社会捐助工作会议，在雁北宾馆二楼多功能会议厅召开。

888. 13 日，召开全市救灾款物发放工作会议，市局纪检组组长王强宣读市审计局对 1999 年、2000 年度救灾款落实情况的审计报告。

889. 20～21 日，全省军队离退休干部思想政治工作座谈会在大同市军供站会议室召开。省民政厅厅长毕怀恕、副厅长王铁选到会讲话。市委副书记郭玉才出席会议。

12 月

890. 18 日，市人大常委会主任安大钧一行 5 人，来市民政局检查调研行政执法情况。

891. 19 日，市民政局召开机构改革大会，副局长李有全宣布机构改革方案，副局长耿敏宣布正科级任职决定，张亮任局办公室主任、宿权任民间组织科科长、史天有任优抚科科长、高山任安置科科长、郝玉斌任救灾救济科科长、靳国泰任基层政权和区划地名科科长、邢明怀任社会福利和社会事务科科长、王一武任人事教育科科长、陈钦业任监察室主任、刘翰平任机关党委办公室主任。

892. 21 日，市委组织部副部长孙波受市委委托，到市民政局宣布靳文军担任大同市民政局党组成员、纪检组长，王强任大同市民政局副局长，免去王强纪检委书记职务。

893. 25 日，市政府发出通知认真做好元旦、春节期间走访慰问工作。

894. 27 日，召开 2002 年元旦军政座谈联欢会。

895. 2001 年，大同市遭受历史上罕见的特大旱灾，损失惨重。面对严重旱灾，大同市委、市政府采取有效措施，带领全市广大农村干部群众奋力抗灾自救，千方百计增加农民收入。全市向外地输出劳动力 7.5 万人；围绕节水增效，狠抓农建，完成各类工程 4000 多处，恢复改善水浇地 8 万亩，改造中低产田 15 万亩，新增水浇地 2 万亩，发展节水农业面积 10 万亩，为夺 2002 年农业丰收奠定了基础。

据统计，2001 年全市粮食总产量 2.55 亿斤，比 2000 年减产 81.2%，因灾造成经济损失 11.5 亿元，农民人均纯收入 1066 元，比 2000 年减少 405 元，减幅达 27.2%。面对严重灾情，市委、市政府多次召开抗旱减灾动员大会，抽调农口部门干部组成工作队，分赴各农业县区指导抗灾救灾工作，并拿出 70 万元用于抗灾救灾。各农业县区抓住雨后有利墒情，积极进行抢墒播种，加强农作物田间管理，搞好病虫害防治工作，努力把损失降到最低限度。

2002 年

1 月

896. 6 日，在市社会福利院召开全市低保和救灾粮发放工作会议。

897. 8 日，市民政局局长李根田在全市加快机构改革工作会议上作“典型发言”，介绍机构改革先进经验。

898. 14 日，市人大常委会主任安大钧、副主任王兴祥等一行 18 位人大常委会领导到市民政局视察指导工作。

899. 17～18 日，民政部副部长李宝库在民政部救灾救济司副司长邹铭、省民政厅副厅长郭小平陪同下，就低保、救灾、优抚等工作及“星光计划”实施情况进行考察，并慰问部分“低保”户、优抚户和受灾户。

900. 18 日，副省长薛军位同慰问困难企业特困职工。

901. 19～23 日，以民政部党组成员、民间组织管理局局长李本公为组长的国家调研组一行 6 人深入浑源、阳高两县，就农村工作进行调研。

2 月

902. 5 日，市编委会议研究同意成立大同市城市居民最低生活保障管理所，单位性质为全额预算事业单位，正科级建制，编制 8 名，隶属市民政局。

903. 7 日，发出《关于进一步安排好困难群众生产和生活的紧急通知》。

904. 19～22 日，市民政局、市募委会在火车站广场共销售即开型福利彩票 700 万元。

3 月

905. 11 日，召开全市民政工作会议，市民政局李根田局长代表局党组作题为《以民为本，求真务实，努力开创大同民政事业新局面》的工作报告。

906. 11日，市政协主要领导到市民政局视察指导工作，听取李根田局长就2001年民政重点工作及2002年民政工作思路的汇报。

907. 20日，市民政局领导带领相关科室的科长，分为6个调研组，深入11个县区进行调研。

908. 26日，召开全市“低保”督查工作动员会，会议传达中央及省委、省政府领导的讲话和批示精神，部署下一阶段的具体工作。

4月

909. 8日，召开中共大同市民政局机关委员会第一次代表大会。

910. 9日，召开全市2002年“集中性社会捐助月”活动协调会。

911. 11日，召开全市双拥工作领导组会议。

912. 15日，市精神文明建设办公室检查验收局机关及军供站、福利院创建文明单位情况。

913. 29日，市民政局机关工作人员、入党积极分子及下属单位先进工作者40余人，赴广灵、灵丘进行革命传统教育并访贫问寒。

5月

914. 9日，召开全市优抚工作会议，布置迎接优抚工作专项执法监察。

915. 13日，省民政厅副厅长王铁选、优抚处处长王虎威一行莅同检查2001年度优抚工作。

916. 17日，举行2002年“助残日”捐赠活动。活动主题是：关注基层残疾人，保障残疾人基本生活。市募委向12家福利企事业单位捐款86万元。

917. 22日，《中国社会报》《山西民政》驻大同记者通联站成立，并举行挂牌仪式。

918. 30日，省社区建设示范单位考核验收组莅同，对大同市申报全国、全省首批社区示范单位考核验收。

919. 31日，全市争创全国双拥模范城“五连冠”动员大会在雁北宾馆召开。市委常委、宣传部长邹玉义宣读市委、市政府、大同军分区《关于进一步加强双拥工作争创全国双拥模范城“五连冠”实施意见》。

6月

920. 2日，由市政府主办、市民政局牵头、市低保管理中心和城区民政局承办的低保宣传活动在红旗广场举行。

921. 6月，大同市出台《关于进一步规范城市居民最低生活保障制度的意见》，对城市居民“低保”的申领对象、申领时限、家庭收入的计算及其相关事宜作出详细规定。

7月

922. 1日，隆重召开“七一”表彰大会暨文艺会演，表彰4个先进基层组织、4名优秀党务工作者和24名优秀党员。

923. 2日，副市长马福山深入遭受洪雹灾害较重的广灵、大同等县查看灾情。

924. 8日，市民政局召开机关全体工作人员及局属各单位党政一把手会议，传达学习第11次全国民政工作会议精神。

925. 16日，市民政局召开低保工作专项会议。局长李根田就如何搞好城市居民最低生活保障工作讲话。

926. 30日，大同市2002年庆“八一”军政座谈会在雁北宾馆举行。

8月

927. 12日，发出《关于在全市建立农村基本救助对象档案的通知》，要求各级民政部门成立登记工作领导组，建立监督检查工作机制，重点保证基本救助对象的生产和生活。

928. 15日，市政府发出《关于在市、县、乡三级设立救灾款专户的通知》，实行专款专拨、专线运行、专户储存、专账管理。

929. 27日，宋庆龄基金会、喜舍基金管委会、台湾富邦慈善基金会在市社会福利院举办“2002年孤残儿童康复讨论会”。

9月

930. 16日，市民政局召开机关干部和直属单位领导参加的专题会议，李根田局长传达全省十八次民政会议精神，并结合民政工作实际，提出贯彻会议的初步意见，明确当前应从“五讲”高度抓好工作。

931. 24日，市民政局召开全市第三次低保工作会议，局纪检组长靳文军指出低保工作存在的问题，安排下一步低保工作。

10月

932. 9日，市民政局召开全市民政暨老龄工作会议。

933. 18日，市民政局召开安全保卫会议。

934. 22日，市民政局召开全市第二批“星光计划”工作会议，副局长耿敏传达全省第二批“星光计划”工作会议精神，安排部署第二批

"星光计划"工程项目。

935. 23 日，市民政局召开"扶贫济困送温暖"捐助月工作会议。

936. 27 日，市民政局在红旗广场举行"扶贫济困送温暖"宣传日活动，营造社会关心困难群体的社会氛围。

11 月

937. 8 日，以省军区政治部副主任、省双拥办副主任王润生为团长的省双拥工作检查团对大同市双拥工作进行检查验收。检查团实地检查市双拥办和阳高、灵丘等县。

12 月

938. 9 日，召开全市退伍军人安置工作会议。大同军分区政治部主任高山传达省政府《关于做好 2001 年冬季退役士兵安置工作的通知》。市民政局局长李根田传达市政府《关于 2002 年城镇退伍义务兵和转士官安置工作的实施意见》。

939. 9 日，全市农村基本救助对象建档工作会在新荣区召开。新荣区民政局王新民局长介绍基本救助对象建档工作经验。

940. 12 日，市民政局召开党建工作流动现场会。市直机关工委负责人带领市党务工作者约 200 余人，参观市民政局党建工作成果。市民政局党组成员、纪检组长靳文军介绍党组织的基本情况和党建工作的总体思路及工作目标。

941. 30 日，举行全市元旦军政座谈会。

2003 年

1 月

942. 13~14 日，国务院副总理吴邦国深入大同煤矿集团公司、山西柴油机厂等企业，慰问看望困难职工群众，了解一线工人生产生活情况。吴邦国副总理一行先后慰问了煤峪口矿综采二队队长程剑新、老劳模李满仓、困难户曹金花等，在马脊梁矿调度室与地下 200 米生产工作面上的综采一队队长、十六大代表梁宏伟通了电话。

943. 13 日，陪同国务院副总理吴邦国来大同市指导工作的民政部副部长李学举听取低保工作的情况汇报。

944. 14 日，市四套班子领导组成 5 个慰问团，深入 11 个县区走访慰问，市民政局领导随同慰问。

945. 16 日，李根田局长带领民政局慰问团，到灵丘县扶贫点进行慰问。

2 月

946. 8~11 日，大同市民政局、大同市募委会举办即开型社会福利彩票销售活动，马福山副市长到彩票发行现场检查指导，此次销售福利彩票 570 万元。

3 月

947. 5 日，市老工办、市委老干部局联袂拉开"学雷锋、献爱心"主题活动序幕。这次活动主旨是"学习雷锋精神，争做雷锋好人"。

948. 7 日，市民政局邀请市科协主席贺向云作全面建设小康社会专题讲座，局机关全体人员及各直属单位负责人参加学习。

949. 18 日，市民政局发出《关于对农村特困家庭开展摸底排查的通知》，主要内容是摸底排查特困家庭户数、人数、致贫类别、人均月补差、农村低保标准，以及建立农村特困家庭备案制度。

950. 20 日，市政协副主席刘汉进带领调研组到市民政局，就农村城镇建设、农村贫困群众生活和城市最低生活保障 3 个课题调研。

951. 25 日，召开全市民政局局长会议。李根田局长代表市民政局党组作 2002 年民政工作总结，安排部署 2003 年工作任务，会议传达贯彻全省民政工作会议精神，对 2002 年度全市民政工作先进单位和先进工作者进行表彰。

952. 28 日，大同市被省委、省政府、省军区命名为省级双拥模范城，南郊区、新荣区、大同县、灵丘县、广灵县被命名为省级双拥模范县（区）。

953. 31 日，靳文军纪检组长代表市民政局机关党委在市直机关党建工作会议上作"围绕中心，狠抓落实，以'三个代表'促进全局党建工作不断发展"的典型发言，介绍市民政局党建工作的主要做法。

954. 31 日，省民政厅厅长郭有勤莅临大同，先后视察市民政局机关及二干所、荣军医院、民政福利公司、仓储中心、低保管理中心、一干所、军供站、光荣院、福利院等单位。

4 月

955. 1 日，全省优抚工作会议在大同市召开，传达贯彻全省民政局长会议有关优抚工作的精神，回顾总结 2000 年至 2002 年的工作，安排部署 2003 年的工作任务。

956. 9 日，市人大行政执法检查组到市民政局检查推行执法责任制的执行情况。

957. 14日，省民政厅副厅长赵生平到市民政局督查第二批“星光计划”项目，实地考察3个已建成投入运营和4个正在施工的设施项目。耿敏副局长对第二批“星光计划”总体情况和存在问题作汇报。

958. 21日，召开专题会议，传达贯彻全市防治“非典”紧急会议精神，部署防治“非典”工作，成立“非典”防治领导组，采取一系列防治措施。

959. 21日，靳文军组长代表市民政局在市直纪检监察座谈会上作题为“大力加强行政效能监察，促进民政事业健康发展”的典型发言。

960. 22日，市政府发出《关于建立优抚对象抚恤补助标准自然增长机制的通知》。

961. 23日，市“非典”防控工作领导组办公室、市民政局、市工十字会联合发出倡议，号召全市积极参与开展“防治非典、奉献爱心”捐赠活动，局系统共捐款13145元。

962. 25日，市民政局召开进一步加强“非典”防治工作的紧急会议，李根田局长主持会议，研究制定《进一步加强非典防治工作的几项具体措施》。

5月

963. 13日，市民政局召开机关科室与直属单位负责人会议，李根田局长传达温家宝总理在山西考察时的重要讲话，及省委田成平书记和市委来玉龙书记的讲话精神，并对“非典”防治工作进行了再动员再部署。

964. 13日，市民政局发出《关于组织督查社区居委会、村委会开展防治非典工作的通知》。

965. 15日，副局长王强代表市民政局向市“非典”治疗定点医院第四人民医院，捐赠价值11.5万元的一辆救护车和3.5万元现金。

966. 28日，市民政局把省民政厅增拨大同市防治“非典”捐款16万元分配到11个县区。

6月

967. 23日，市委组织部副部长白玉宣读市委关于调整市民政局主要领导职务的决定：杨清明任市民政局党组书记，提名局长人选；李根田调任城区党委副书记，拟任区长；李有全任市双拥办主任（正处级）。

968. 25日，市民政局召开全市第三批“星光计划”建设项目暨有奖募捐工作会议。耿敏副局长就上报第三批“星光计划”建设项目申报重点、具体要求、上报时间作安排部署，市有奖募捐发行站站长任林传达全省有奖募捐会议精神。

969. 30日，市民政局召开庆“七一”表彰大会，表彰先进基层党组织、优秀党务工作者和优秀党员，举行新党员入党宣誓仪式。

7月

970. 16日，召开各县区民政局局长和救灾工作人员参加的专题汇报和业务培训会议。市民政局党组书记杨清明、副局长陈高文与会，听取各县区民政局局长关于救灾救济、农村特困人口救助、救灾应急预案编制等项工作汇报，安排部署下半年工作。

971. 21日，市民政局召开全市低保交叉检查动员大会。

972. 23日，市民政局党组书记杨清明在城区北街街道办事处听取城区民政局关于城区低保工作的汇报，深入低保户家中了解情况。

973. 25日，大同县、阳高县、新荣区的17个乡镇244个村，遭受严重冰雹和洪水袭击。市民政局党组书记杨清明当晚赴大同县聚乐乡视察灾情。

974. 26日，举行“八一”军政座谈会。

975. 31日，市民政局党组书记杨清明深入新荣区受灾严重的新荣镇、郭家窑乡等处视察灾情。

8月

976. 8日，市长郭良孝、副市长马福山到市民政局视察工作。

977. 8日，市低保对象就诊定点医院揭牌仪式在市第二人民医院举行。

978. 11日，全省民政宣传工作会议在大同市云冈宾馆举行，全省各市县区200名代表参会。会议总结全省民政宣传工作经验，部署2004年宣传工作任务，表彰奖励2003年度民政宣传工作模范单位和模范个人。

979. 20日，召开全省救助管理工作电视电话会议，大同市财政、公安、卫生、编办、建委、铁路主要负责人参会。

980. 20日，市政协副主席徐世立，市政协党委、法制委主任安建新到市民政局调研，听取市民政局纪检组长靳文军低保工作开展情况汇报。

981. 26日，全省农村特困户救助工作座谈会在新荣区召开。全省各市地民政局分管救灾救济的副局长和救灾救济科科长参会。大同市新荣区、晋城、运城、神池县等7个市、县（区）作典型发言。

982. 27日，大同市第十二届人民代表大会常务委员会第一次会议任命杨清明为大同市民政局局长。

9月

983. 10日，市民政局召开“三项治理”和行风评议工作动员大会，传达市“三项治理”和行风评议工作动员大会精神，副局长王强宣读《大同市民政局开展树立行业新风优化发展环境行风评议工作的实施方案》，李有全副局长宣读《关于成立大同市民政局“三项治理”工作领导组的通知》。

984. 12日，以解放军总政治部群工局局长、全国双拥办常务副主任常生荣为团长的全国双拥工作检查团对大同市双拥工作进行为期3天的检查。

985. 12日，市人大常委韩佃杰等人在市民政局座谈调研，局长杨清明汇报城镇退伍军人安置、低保对象生活和贫困人员就业安置情况。

986. 25日，市民政局召开“三项治理”工作再动员大会。

987. 25日，市委书记来玉龙视察社会福利院，看望孤残儿童。

988. 26日，在市委、市政府召开的纪念《国家公务员暂行条例》颁布10周年暨优秀公务员、优秀公务员集体表彰大会上，市局救灾救济科科长郝玉斌被表彰为市级优秀公务员，并代表全市公务员在大会上作表态发言。

989. 28日，市民政局举办全市民政服务联络员培训班。

10月

990. 9日，《大同市弃婴弃儿权益保障办法》在市政府第四次常务会议审议通过，于11月1日正式施行。

991. 15日，市民政局杨清明局长深入大同县聚乐乡聚乐村，检查受灾群众的过冬生活安排情况。

992. 18日，全省民政事业单位工作暨先进集体、先进个人表彰会在市军供站会议室举行，省民政厅厅长郭有勤作5年来全省民政事业单位建设的工作报告。大同市有12家单位被表彰为先进集体，14人被表彰为先进个人，市社会福利院和市军供站作典型发言，与会代表参观市民政局5个直属单位。

11月

993. 13日，召开全市低保工作会议，市低保中心主任康建东传达低保工作会议精神。

994. 24日，市民政局召开“扶贫济困送温暖”集中募捐动员大会。

12月

995. 12日，市政府召开全市社区建设工作会议，市民政局局长杨清明传达全省社区建设工作会议精神。

996. 30日，召开全市退伍军人安置工作会议，市民政局局长杨清明宣读市政府《关于批转市劳动保障局、市发展计划委员会、市民政局〈关于二〇〇三年城镇退伍军人和转业士官安置工作的实施意见〉的通知》。

997. 30日，召开新年军政座谈会。

2004年

1月

998. 5日，市四套班子领导分6组赴11个县区看望城市低保户和农村贫困家庭。

999. 6日，市四套班子领导分6组慰问驻同中国人民解放军、中国人民武装警察和公安消防、警卫等部队。

1000. 8日，全国拥军优属、拥政爱民工作会议在北京召开。市委副书记、市长郭良孝出席会议，大同市第五次被命名为“全国双拥模范城”。

1001. 9日，市民政局局长杨清明率领慰问团赴灵丘县下北泉村慰问。

1002. 12日，大同市委召开党政联席会议，市双拥办负责人宣读关于贯彻落实全国双拥工作会议精神的意见。

1003. 29日，举办2004年即开型社会福利彩票大奖组销售活动，销售彩票738万元。

2月

1004. 18日，全市民政工作会议召开。总结2003年民政工作，安排部署2004年工作任务，会议表彰2003年度全市民政工作先进单位和先进工作者。

1005. 18日，召开大同市民间组织联合会成立大会。会议表决通过《大同市民间组织联合会章程》和第一届理事、常务理事名单，第一届理事会会长、副会长、秘书长、副秘书长名单。杨清明当选会长，王强当选常务副会长，宿权当选秘书长，会议表彰奖励14家民间组织和14名先进个人。

1006. 20日，副市长解廷香视察市社会福利院。

1007. 28日，全市民间组织工作会议召开，为改变大同市农村专业经济协会发展滞后的现状，对各县区分管领导进行以会代训，传达部、省文件精神，介绍浙江等地的经验，并在《大同晚报》上进行两次专题报道，要求每个农业县区年内发展3~5家农村专业经济协会，同时提出在准入条件上放宽、登记程序上减免、服务态度上主动三项措施。

3月

1008. 11日，市人大常委会主任安大钧到市民政局进行关注特困群体的调研活动，听取局长杨清明就城市低保工作和农村特困户救助情况的汇报，视察市社会福利院。

1009. 15日，召开全市民政系统行风评议、党建工作、纪检监察目标责任制大会。

1010. 19日，召开全市低保工作总结表彰会，宣读市政府《关于对大同市民政局等38个低保工作先进单位和郭培新等44名低保工作先进个人进行表彰的决定》。

1011. 19日，召开全市老龄工作会议，市民政局副局长、市老龄办主任王萍作关于2003年全市老龄工作情况回顾总结和2004年全市老龄工作任务安排部署的工作报告，市老龄办副主任史天有宣读市政府表彰决定。

1012. 3月29日，由于沙尘暴，大同县许堡乡东水地村发生火灾，造成57户农户受灾，直接经济损失45万元。火灾发生后，县、乡、村迅速组织力量，及时控制了火灾。

1013. 31日，市政协主席孙辅智，市政协常务副主席、市委统战部部长陈金宝到市民政局调研，深入市低保管理中心和市军队离退休干部休养所了解情况。

4月

1014. 1日，山西省第十届人民代表大会常务委员会第十次会议审议大同市第十二届人民代表大会常务委员会第三次会议通过的《大同市村务公开条例》，并予以批准。该条例从2004年7月1日起施行。

1015. 5日，市民政局局长杨清明深入市荣复军人医院，看望朔州市复退军人医院移交该院治疗、康复的28名大同籍荣复军人精神病患者。

1016. 10日，在西门外广场举行大同市城市居民最低生活保障宣传日和便民服务宣传活动，发放宣传资料和行风评议调查问卷。

1017. 24日，市民政局局长杨清明参加市广播电台“行风热线”栏目，局机关6名业务科长和市低保管理中心主任参与问题解答。杨清明局长共接听16个热线电话，当场给予答复。

1018. 26日，召开拥军优属拥政爱民工作会议。市委常委、市委秘书长、市双拥工作领导组副组长柴树彬宣读民政部、总政治部授予全国“双拥模范城”和爱国拥军模范个人的决定和中共大同市委、大同市人民政府、大同军分区授予市级双拥模范县（区）、双拥模范（先进）单位及个人的决定。市委常委、大同军分区司令员、市双拥工作领导组副组长张文堂宣读《关于进一步加强双拥工作的意见》。

5月

1019. 11日，共青团省委青工部部长张瑞芳，省民政厅党组成员、纪检组长王卫东为大同市低保管理中心荣获省级“青年文明号”揭牌，市民政局纪检组长靳文军主持仪式。

1020. 14日，举办行政许可法宣传活动，发放宣传资料，现场解答群众咨询。

1021. 18日，市民政局局长杨清明深入安置农场检查指导工作。

1022. 26日，市民政局对9个农业县区民政局主要负责人和救灾管理工作人员进行新的《自然灾害情况统计制度》培训。

6月

1023. 1日，市委副书记马福山、市人大常委会副主任马维平、市政府副市长解廷香、市政协副主席于学敏、市关工委常务副主任王中一，以及市纪委、市总工会、市妇联、市民政局、市教育局负责人到市社会福利院慰问孤残儿童。

1024. 4日，市新闻出版局、新华书店、清欣书店向市社会福利院捐赠图书8646册。

1025. 8日，市政府副市长郝月生专程到市低保管理中心、市社会福利院视察工作。

1026. 25日，民政部社会福利和社会事务司副司长张世峰，视察市社会福利院和市救助管理站。

1027. 28日，召开纪念“七一”表彰大会，4个先进基层党组织、4名优秀党务工作者和24

名优秀党员受到表彰，13 名新党员入党宣誓。

7 月

1028. 1 日起，对全市 2601 名革命残疾军人、伤残人民警察、伤残机关工作人员、伤残民兵民工残疾档案进行认真审核，换证工作全面展开。

1029. 9 日，召开实施《大同市救灾应急预案》工作会议，市民政局局长杨清明宣读《大同市救灾应急预案》。

1030. 13 日，召开安置农场现场观摩会，马建军汇报安置农场改革管理经验。

1031. 7 月 23 日，阳高县鳌石乡鳌石村遭受山洪袭击，全村 293 户 832 人全部受灾，因洪水倒塌住房 315 间，涉及 120 户 331 人；造成危房 493 间，涉及 173 户 499 人；倒塌小房和畜圈 581 间，涉及 290 户；全村有 275 户 795 人无家可归，人畜无水可吃。洪水还造成 1 人死亡，300 头（只）畜禽伤亡；冲毁粮田 1560 亩，其中绝收 1000 亩，粮食损失 600 多吨；冲走、埋压粮食 145 吨、家电 716 台（件）、衣被 12000 件；冲毁机电井 2 眼、人畜饮水工程 1 处、渠道 1500 米，经济损失达 1000 多万元。灾情发生后，县、乡两级政府紧急调动灾民急需的日用品，发放到灾民手中；市民政局为受灾群众送去 30 顶帐篷和 300 套被褥；省国土资源厅主动为灾区拨款 50 万元，帮助灾民重建家园。11 月 1 日，鳌石村举行重建家园竣工典礼仪式。共建成民房 472 间，涉及 254 户，基础设施全部配套，完成新村“三通一平”工程，总投资 513 万元。

1032. 24 日，宋庆龄基金会组织的台湾优化（中国）有限公司董事长及部分员工，向市社会福利院捐赠 6750 元和衣物、食品、学习用具。

1033. 29 日，召开 2004 年“八一”招待会，市四套班子领导、驻同部队和武警部队首长参加。

8 月

1034. 2 日和 3 日，阳高县、天镇县、大同县、左云县遭受罕见的龙卷风和冰雹袭击，有 16 个乡镇 242 个村 42810 人受灾。

1035. 3 日，省民政厅副厅长赵生平对“明天计划”前期准备工作检查指导，对“明天计划”实施定点医院市二医院进行考察。

1036. 27 日，市政府第 15 次常务会议审议通过《关于对城乡特困家庭实施救助工作的方案（试行）》，标志着城乡社会救助体系全面建立。

1037. 31 日到 9 月 4 日，由省第二人民医院 22 名医生组成的医疗组赴同，在矿区、城区为 500 余名原 8023 部队退役军人进行体检。

9 月

1038. 1 日，市救助管理站成立流浪儿童学校。

1039. 2 日，由市卫生局、市民政局、市二医院、市红十字会联合举办大型义诊活动。

1040. 9 日，由省委副秘书长、省双拥领导组副组长、省双拥办主任马景龙，省军区政治部副主任、省双拥办副主任张瑞祥，省双拥办联络处处长路颖等组成的双拥检查组莅同，检查大同市双拥工作。

1041. 10 日，举办首届“放歌民政”演讲比赛。

1042. 12 日，市民政局党组书记、局长杨清明带领局党组成员和 6 位业务科长参加市行评办和电视台举办的“行风对话录”节目，进行现场观摩学习。局长杨清明应主持人邀请，对这期节目作了点评。

1043. 13 日，市民政局举办党风廉政建设专题讲座，局党组书记、局长杨清明主讲。

10 月

1044. 11 日，在市军供站举行全国军供工作正规化建设先进单位授匾仪式，省民政厅安置处正处级调研员李斌宣读民政部、总后勤部《关于表彰军供工作正规化建设先进单位的通报》，省民政厅郭小平副厅长代表民政部、总后勤部向大同军供站授匾，市民政局杨清明局长主持仪式并讲话。

1045. 18 日，福利彩票 3D 游戏营销工作在全市铺开。

1046. 20 日，市民政局召开全市城乡特困救助工作会议，对下一步城乡社会救助工作进行安排部署，对“扶贫济困送温暖”活动作安排。

1047. 29 日，全市“扶贫济困送温暖”捐助宣传活动在市文化艺术中心门前举行。

11 月

1048. 3 日，市民政局召开全市民政宣传暨理论研讨会，会议表彰 10 个民政宣传工作先进单位和 53 名民政宣传工作先进个人。民政宣传工作先进单位和先进个人代表发言，3 位理论研讨会获奖论文作者交流发言。

1049. 6 ~ 7 日，以民政部办公厅李进国副主任为组长的民政部“全国困难群众生活安排情况督查组”莅临大同检查工作。督查组实地考察新荣区、矿区城市低保和农村救助工作以及阳高县鳌石村重建家园情况。

1050. 9日，“明天计划”康复工程启动仪式在市第二人民医院举行。

1051. 10日，召开“扶贫济困送温暖”捐赠工作表彰暨动员大会。

1052. 12日，全市学习贯彻新《军人抚恤优待条例》工作会议召开，会议要求进一步规范接收转业、退伍“残疾军人”的审核、备案、登记程序。

1053. 25日，全省军供工作正规化建设现场座谈会在大同市召开。

12月

1054. 3日，市民政局领导杨清明、李有全、靳文军以及市社会福利院领导靳保利、冯宁到市二医院，代表全体手术患儿和他们的寄养家庭以及民政局全体干部职工，对参加“明天计划”工程的全体医护人员进行慰问。

1055. 4日，省民政厅在祁县召开的全省发展农村专业经济现场会暨民间组织表彰会上，大同市民政局、左云县民政局、南郊区民政局被评为全省民间组织管理先进单位，大同市新火职业技能培训学校等16家民间组织被评为全省先进民间组织。

1056. 10日，在全国先进民间组织表彰大会上，大同市新火职业技能培训学校获全国先进民间组织殊荣。

1057. 12月26日，省委书记田成平深入大同市困难企业和部分困难群众家中进行慰问。田成平一行先后到优抚对象翟常谦、特困户刘爱生、低保户付东生、省劳模郭玉兰家中及口泉乡敬老院、市轴承厂进行慰问。

1058. 30日，全市2005年元旦军政座谈联欢会召开，市四套班子领导以及驻同团级以上部队首长100余人出席座谈联欢会。

2005年

1月

1059. 6日，市民政局机关举行为印度洋地震、海啸灾区现场捐款仪式。当日，局机关捐款1290元，全局系统在此次活动中共捐款16630.8元。

1060. 11日，市四套班子领导分6组奔赴11个县区，看望孤寡老人，走访城市低保户和农村贫困家庭。

1061. 12日，市四套班子领导分4个团走访慰问驻同部队。

1062. 13日，全市退伍军人安置会议在市军供站召开。会议要求全市各级各部门要齐抓共管，形成合力，力争在6月底前完成退伍军人安置任务。

1063. 13日，全市城乡社会救助工作会议在市军供站召开。

2月

1064. 3日，市民政局保持共产党员先进性教育活动动员大会召开。

1065. 5日，市民政局保持共产党员先进性教育与特困群众“结对子”帮扶活动正式启动，局党组成员分7组走访慰问20户特困残疾职工和特困低保对象，送去慰问金和慰问品。

1066. 25日，在市十二届人大常委会第十四次会议上，市政府城乡特困家庭实施救助工作情况的报告受到与会代表的一致好评，以高票通过满意度表决。

3月

1067. 7日，全市民政工作会议召开。局长杨清明代表市民政局作2004年民政工作总结，安排2005年工作任务，会议对2004年度全市民政工作先进单位和先进个人进行了表彰。

1068. 14日，市民政局召开党建、纪检监察、行风评议工作和保持共产党员先进性警示教育大会。向行风评议工作中涌现出的新荣区民政局等5个民政系统行风建设先进集体、大同市社会福利院等6个基层窗口单位行风建设先进集体及先进工作者颁发奖状。

1069. 14日，团省委“青年文明号”考核组对市低保管理中心“青年文明号”创建活动情况进行考核。

1070. 15日，省民政厅优抚处王虎威处长到市革命烈士陵园视察指导工作，查看陵园改造扩建系统工程。

1071. 21日，民政部副部长贾治邦、救灾救济司副司长邹铭一行在副省长宋北杉，省民政厅党组书记、厅长郭有勤，党组副书记、正厅级巡视员田义才等的陪同下深入大同市，对农村春夏荒灾民生活安排情况进行检查调研，并走访慰问城乡困难群众、孤寡老人和儿童。

1072.　24 日，全省民间组织管理工作会议在市军供站召开。

1073.　25 日，在市军供站召开社团秘书长培训工作会议，全市 100 余家社团负责人参加会议。

4 月

1074.　22 日，在市民政局三楼会议室召开行业社团秘书长座谈工作会议，全市近 20 家行业社会团体负责人参加。

1075.　23 日，由市政府主办，市民政局、城区政府承办，市低保管理中心和城区低保管理所具体筹办的“第三届城市居民最低生活保障宣传日”大型宣传活动在市红旗广场举行。

5 月

1076.　8 日，市民政局杨清明局长参加市广播电台的“行风热线”栏目。局基政地名科、安置科、民间组织管理科、优待抚恤科、救灾救济科、社会福利和社会事务科的 6 名科长及市低保管理中心主任参加。

1077.　10～13 日，市民政局老干支部组织离退休干部一行 33 人，前往平型关、西柏坡、白洋淀等革命圣地参观学习。

1078.　16 日，村务公开和民主管理工作现场促进会在云冈宾馆召开。

1079.　17～18 日，省第二人民医院派出一行 7 人组成体检医疗队抵同，对原 8023 部队部分退役军人进行复检。

1080.　18 日，大同市地震灾害紧急救援队成立暨演练大会在市中小学生社会实践教育基地举行。市民政局组织地震灾害灾民安置救援队参加会议并进行 3 个科目演练。

1081.　22 日，市民政局召开由局党组成员、各科科长以及低保中心、救助站、殡管所等单位的负责人参加的局党组扩大会议，讨论制定《大同市民政局政风行风公开承诺》。

1082.　24 日，大同市救灾救济、基政地名暨广灵县灾民救助工作现场会在广灵县召开。

6 月

1083.　6 日，首家“中福在线即开型彩票”销售厅开业庆典仪式举行。

1084.　17 日，召开全市民政信息宣传工作促进会议。

1085.　21 日，由市民政局党组书记、局长杨清明带队，局党组成员、局机关 12 名科长、直属单位的行政主要领导和局行评办的工作人员一起参加由大同市行评办和大同电视台联合举办的《特别关注——政风行风对话录》节目。局长杨清明、副局长王强、纪检组长靳文军在节目中与观众进行面对面交流，现场解答群众提问。

7 月

1086.　5 日，市双拥工作领导组在大同军分区四楼会议室召开工作会议。

1087.　6 月 27 日到 7 月 6 日，市民政局为全市各县区 134 名孤残儿童和贫困家庭残疾儿童体检，初步确定具有手术适应证可进行手术矫治的残疾儿童 81 名。已有 11 名残疾孤儿住院接受手术治疗，其余 70 名残疾儿童陆续入院进行矫治。

1088.　5～6 日，省民政厅何耀光副厅长一行 3 人来大同市调研社会福利与基层政权工作。

1089.　19 日，大同市老龄办、珍奥集团大同办事处联合举办的敬老爱老助老“孝心进社区工程”启动仪式在宏安国际酒店举行。

1090.　20 日，市委副书记、市长郭良孝深入市民政系统，就城乡社会救助体系建设、城市社区建设等重点工作进行调研。郭良孝市长一行先后深入市社会福利院、市低保管理中心、市救助管理站调研。

1091.　25 日，由省司法厅、省国土资源厅和省档案局等部门组成的村务公开督查组一行 4 人莅临大同市督查调研，在云冈国际酒店二楼会议室听取相关情况汇报。

1092.　28 日下午，在山西省军区绿园生态美食城召开“八一”建军节招待会。

8 月

1093.　3 日，市民政局党组书记、局长杨清明到市民政福利公司调研，走访慰问残疾职工。

1094.　19 日至 20 日，受党中央、国务院委托，民政部副部长罗平飞一行在省长助理刘俊谦，省民政厅厅长郭有勤、副厅长郭小平等的陪同下，深入灵丘革命老区，与当年参加过抗日战争的老战士座谈，参观灵丘县革命烈士陵园，走访慰问部分抗日老战士，并参观平型关战役遗址纪念馆。

1095.　25 日，市民政局局长杨清明和局纪检组长靳文军、行评办的工作人员走访 3 户低保家庭，为他们解决实际困难，并实地检查市道路交通安全协会对《特别关注》对话节目中群众提出意见的整改情况。大同电视台《特别关注》栏目记者对此进行跟踪采访。

9 月

1096.　1 日，全市第二届社区居民委员会换届选举工作全面展开。此次换届工作为期3个月，主要以城、矿两区为主。

1097. 2日，大同市纪念中国人民抗日战争胜利60周年座谈会在大同宾馆召开。从年初开始，大同市根据中央和省委的安排部署，组织开展山西省“百万青少年革命老区行”红色旅游启动仪式、“民族魂”——大同市纪念抗战胜利60周年歌曲演唱会、大同市老干部纪念抗战胜利60周年书画展等一系列大型纪念活动。

1098. 14日，市民政局召开工会第一届会员代表大会。选举产生本局工会首届委员会委员、首届工会经费审查委员会委员，并选举首届工会主席。

1099. 16日，在中秋佳节来临前夕，市民政局局长杨清明、副局长耿敏看望节日期间住院治疗的11名“明天计划”手术适应证孤儿。

1100. 22日，民政部—联合国儿童基金会2005年合作项目家庭寄养培训班暨全省福利院院长会议在大同市社会福利院召开。会议历时3天，省民政厅社会福利和社会事务处处长张金平、市民政局局长杨清明、副局长耿敏及全省14所福利院的院长、工作人员和部分寄养家长参加。

1101. 22日，全省农村医疗救助调研工作座谈会分南北两个分会场，分别在大同市和长治市召开。省民政厅低保处副处长陈接运主持在浑源县召开的座谈会。

10月

1102. 11日，市人大常委会副主任周升一行8人检查社区建设工作。

1103. 12日，省慈善总会副会长兼秘书长杨润旺一行4人莅同指导工作，对申请拟设立大同市二医院为“微笑列车”定点医院进行考察。

1104. 14日，市人大常委会秘书长冯境城、副秘书长冯翰一行5人莅民政局，检查指导民政部门贯彻落实《大同市政务信息公开条例》情况。

1105. 19日，大同市村级组织换届选举动员大会在南郊区召开，市换届选举领导组全体成员，各县区换届选举领导组组长、民政局局长，各乡镇党委书记160余人参加会议。

1106. 27日，大同市召开创建诚信民间组织动员大会。会议宣读《关于在全市开展争创“诚信民间组织”活动的通知》。市体育总会等10家单位向全市各社会团体发出积极响应开展创建“诚信社会团体”活动的倡议。市新火职业学校等9家单位向全市各民办非企业单位发出完善自律机制，推进诚信服务的倡议。

1107. 28日，中华慈善总会专家组成员徐永忠教授来同对申请市二医院为“微笑列车”定点医院进行实地考察，同意将其设为“微笑列车”定点医院，负责大同市范围及跨省周边地区的贫困唇腭裂患者的矫治。

11月

1108. 8日，以市民政局局长杨清明为组长的市换届选举督查组一行赴新荣区，就该区第七届村民委员会换届选举进展情况进行督查。

1109. 15日，以省人大常委会曹馨仪副主任为组长，省人大内司委刘武德副主任、省民政厅基政处吉立民处长为副组长的省换届选举督查组一行6人莅临大同督查第七届村委会换届选举工作。省督查组先后深入浑源县、广灵县，对两个县的换届选举工作进行实地考察。

1110. 17日，在军供站召开全市“扶贫济困送温暖”集中募捐动员大会。

1111. 18日，在市烈士陵园隆重举行大同市革命烈士纪念塔迁址奠基仪式。

1112. 25日，来自民政系统的15名参赛选手在市民政局机关三楼会议室“放歌民政”，充分展示先进性教育活动成果以及民政系统诚信建设和构建和谐社会中涌现出的先进事迹。

1113. 30日，市救助管理站改建工程竣工典礼在救助站新楼前进行。

12月

1114. 1日，召开村级组织换届选举工作汇报会。

1115. 8日，大同市11名省人大代表检查指导全市城乡社会救助工作。

1116. 19日，举行“扶贫济困送温暖”集体募捐活动。

1117. 21日，在矿区民胜街道办事处举行低保对象特困家庭子女教育救助金发放仪式，现场为195名特困低保对象发放近4万元的教育救助金。

1118. 28日下午，大同市军政座谈会在大同宾馆隆重举行，全市党政军领导欢聚一堂，共庆元旦。

2006年

1月

1119. 3日，刚刚被列为“微笑列车”定点医院的大同市二医院成功为一名唇腭裂女婴实施矫治手术。

1120. 4日，省委副书记、代省长于幼军冒着严寒来到市光荣院，送上省委、省政府对光荣老人的关爱和问候。

1121. 6日，市四套班子领导走访慰问低保户、五保户、特困户和优抚对象。

1122. 9日，市委常委、市委秘书长柴树彬，市人大常委会副主任王建国，副市长解廷香，市政协副主席杨春龙等市四套班子领导慰问市社会福利院。

1123. 12日，在救灾捐赠仓储中心举行“送温暖，献爱心”捐助物资发放仪式，现场向新荣区、阳高县等9个县区发放中央、省直机关捐助的新棉衣2200套、棉被2300件和大同市社会各界捐赠的衣物14万件。中央和省下达的505万元救灾款同时下拨各县区。

2月

1124. 21日，全市民政工作会议在市军供站召开。局长杨清明代表市民政局党组回顾总结全市2005年民政工作，对2006年的工作任务进行安排部署。

1125. 21日，全市退伍军人安置工作会议在市军供站召开。

1126. 22日，市民政局和中国人民银行大同市中心支行联合下发《关于民间组织银行结算账户管理有关问题的通知》，对全市民间组织申请开立注册验资户、变更或撤销基本存款账户等相关问题作出具体规定。

3月

1127. 9日，市政协副主席、民革大同市主委刘美带领民革界别政协委员一行8人，就行政区划调整工作进行调研。

1128. 从3月15日开始，凡是在2005年7月1日前经市、县（区）民政部门核准登记的各类社会团体、民办非企业单位进行年检，截至6月15日结束。

1129. 17日，市政府召开第三十五次常务会议，听取审议并原则通过市民政局《关于全面推进城市社区建设的意见》和《关于社区建设工作中急需解决的经费、公用用房、社区干部生活补贴等问题的报告》《关于建立健全城乡社会救助体系的意见》。

1130. 23日，市民政局在三楼大会议室召开全市民政系统政风行风、纪检监察、党建工作目标责任制大会。

1131. 24日，大同市委召开常委会议，听取市民政局关于对城市社区建设调研的工作汇报，审议并原则通过《关于全面推进城市社区建设的意见》。

1132. 29日，以市人大内司委主任付雁生为组长的市人大调研组一行7人到市民政局，指导全市城乡社会特困救助工作。

1133. 30日，民政部社会福利和社会事务司社会救助管理处张齐安副处长一行3人，到市救助管理站督查指导工作。

1134. 31日，市民政局副局长王强率市安置科和各县区民政局负责人赴临汾、运城两市，学习退役士兵自谋职业工作经验。

4月

1135. 1日，民政部社会福利和社会事务司负责儿童福利工作的张晓峰一行3人到市社会福利院，对家庭寄养和孤残儿童救助工作开展情况进行调研。

1136. 3日，市政府出台《大同市农村居民最低生活保障办法（试行）》，农村最低生活保障制度启动。

1137. 6日，全市农村低保工作现场经验交流暨农村五保供养工作会议在新荣区召开。

1138. 6日，大同市社会福利院散岔儿童活动中心开工仪式在散岔村举行。

1139. 6日，市民政局安置科与7名自愿申请自谋职业的退伍军人签订协议，向他们发放一次性补助金，退伍军人自谋职业工作开始启动。

1140. 8日上午，在红旗广场举行第四个城乡居民最低生活保障宣传日暨大同市民政局政风行风评议宣传活动。

1141. 13日，大同市社会福利协会成立大会暨优秀社会福利企业和优秀社会福利机构表彰大会在市民政局三楼会议室召开。会议表决通过《大同市社会福利协会章程（草案）》和《大同市社会福利协会财务管理办法》。选举产生大同市社会福利协会第一届理事会理事、常务理事，第一届理事会会长、副会长、秘书长，社会福利和社会事务科张翠科长当选为会长，杨清明局长被聘请为名誉会长，耿敏副局长、刘方茂副局长和市社会福利院靳保利院长为荣誉会长。

1142. 20日，全市城市社区建设工作会议在雁北影剧院召开。提出加强全市社区建设的新任务、新要求、新举措。会上，宣读市委、市政府《关于全面推进城市社区建设的意见》《关于命名首批示范社区的决定》。

5 月

1143.　13 日，省民政厅组织的全省军队离退休干部“吕梁杯”门球邀请赛比赛中，市军休一所门球队摘得此次比赛桂冠。

1144.　18 日，儿童权利暨残疾儿童培训班在市社会福利院圆满落下帷幕。此次培训为期两天，由福利院医务科儿童部的工作人员与英国救助儿童会的老师一起对学员们进行培训。

1145.　26 日，民政部救灾救济司救灾专员宋继华率领有关人员对大同市救灾救济工作进行检查并了解前一阶段的旱情。

6 月

1146.　2 日，全市优抚暨民政业务工作会议在大同市军供站召开。表彰奖励全市优抚工作先进单位和个人，安排部署后 7 个月的各项民政业务工作。

1147.　7 日，市人大执法检查组到市民政局检查实施《中华人民共和国预算法》《中华人民共和国预算法实施条例》《山西省预算监督条例》执行情况。

1148.　21 日，省民政厅安置处处长尹也刚和主任崔鸿飞到市军休二所检查指导工作，并就国家民政部新制定的《军队离休退休干部服务管理办法》征求意见。

7 月

1149.　4 日，在全市依法治市暨第五个五年法制宣传教育工作会议上，市民政局被市委依法治市领导组表彰为 2001～2005 年度依法治理先进集体。

1150.　13 日，省民政厅副厅长何子义，优抚处处长王虎威、副处长袁红一行莅临大同市，到大同市革命烈士陵园、大同市光荣院、大同市社会福利院检查指导工作。

1151.　14 日，市荣复军人医院举办建院 50 周年庆典活动。

1152.　14 日，市低保管理中心举行乔迁新址仪式。

1153.　从 7 月开始，市民政局民间组织管理科会同市教育局、市地税局、大同日报社、大同教育电视台等单位，对民办教育机构进行为期 4 周的规范办学检查整治。

1154.　19～24 日，民政部－联合国儿童基金会项目合作（2006～2010 周期）启动会召开，此次会议分两阶段进行。22 日，大同市社会福利院作为本周期反弃婴项目 5 个执行单位之一，成功接待由民政部社会福利和社会事务司社会福利处张晓峰带队的来自天津、黑龙江、四川、湖北的执行单位代表。

1155.　28 日下午，在雁北宾馆召开“八一”招待会，共叙拥军优属、拥政爱民的鱼水深情。

8 月

1156.　2 日，全市地名工作会议在市政府召开。

1157.　6 日，市社会福利院散岔儿童活动中心竣工庆典仪式在大同县周士庄镇散岔村举行。

1158.　10 日，市民政局局长杨清明、大同县委书记刘俊雍一行深入大同县杜庄乡马家会村，实地查看冰雹灾害，详细了解冰雹灾害给村民带来的损失。

1159.　23 日晚，在第七届云冈·恒山旅游节主要活动之一的第四届风味美食节中，“关心孤残儿童爱心捐助义演晚会”在顺城街举行。市民、商户纷纷慷慨解囊，为孤残儿童爱心捐助 6000 多元。

9 月

1160.　13 日，在广灵县召开城乡社会救助业务培训暨交叉检查动员大会。

1161.　21 日，由市建委、市民政局倡导，市建筑业协会与市社会福利院共同组织的“同在一片蓝天下”主题座谈会在市社会福利院召开。会上，18 家单位慷慨解囊，为孤残儿童捐款 81 万元，马来西亚长青集团驻中国大陆总代理拟为孤残儿童捐赠部分医疗器械。

1162.　21 日，市民政局召开建立乡镇发放救灾款（粮）统一账目工作培训会。

10 月

1163.　10 日下午，团省委考核组一行 5 人莅临市低保管理中心，检查“青年文明号”建设工作。

1164.　24～25 日，省双拥模范城（县）检查验收组一行 6 人莅同，对大同市双拥工作进行检查。检查组观看了《大同市双拥工作专题片》，随后深入市双拥办、大同三中、浑源县东圪坨铺希望小学、泰盛药业、同煤集团、南郊区、驻同 66075 部队等处检查，并看望住在永定庄矿的全国拥军模范欧学联和南郊区马军营乡的病退军人、优抚对象武丙福。

1165. 25 日，市人大十二届常委会第二十六次会议专题听取审议城乡社会救助工作开展情况报告。

11 月

1166. 2 日，召开“送温暖、献爱心”社会捐助动员大会。

1167. 2 日下午，全省城镇退役士兵安置工作电视电话会议召开。副市长郝月生，市发改委、人事、民政、劳动和社会保障等相关部门负责人以及驻同国省属企事业单位、市属企业负责人在大同分会场收看收听会议实况。随后召开全市城镇退役士兵安置工作电视电话会议。

1168. 9 日，全市城市社区建设工作现场观摩促进会议在雁北宾馆召开。

1169. 17 日上午，市委机关组织集体捐助活动。市委办公厅、组织部、宣传部、统战部、政法委、政研室、市编办等部门的 200 多名党员干部共捐款 13100 元。

1170. 22～23 日，市政协副主席徐世立带领政协法制委员会常委及委员一行 16 人，视察社区建设工作。

1171. 30 日上午，在局三楼会议室召开民政政风行风评议听证对话会暨机关效能建设座谈会。

1172. 截至 11 月 30 日，市救灾捐赠仓储中心接收到社会捐赠款 96.39 万元、衣物 6.7 万件，创 2001 年设立专门社会捐助机构以来的新高。11 月 30 日，第三批捐赠衣被 1500 件发放到大同县。此前 11 月 20 日和 24 日，1.26 万件捐赠衣被分两批发放到新荣区和阳高县，到春节前其他的捐助款物也将陆续发放到困难群众手中，确保困难群众安全过冬。

12 月

1173. 13 日，大同县人大常委会主任刘政、矿区人大常委会主任王宝林等部分省人大代表及市人大常委会副主任王克勤到市民政局，视察指导城乡社会救助工作。

1174. 19 日，市民政局救灾救济科和救灾捐赠仓储中心负责人来到市三医院，代表市委、市政府对不久前惨遭歹徒毒害的打工少女小霞表示慰问，为她送去 5000 元救助金。

1175. 28 日，省委常委、宣传部长高建民，省总工会副主席王兴旺，省民政厅副厅长何子义，代表省委、省政府慰问新荣区西村乡敬老院和智家堡村两户农村低保对象，送去慰问金和慰问品。

1176. 29 日下午，市党政军领导在雁北宾馆同庆新年佳节，共叙鱼水深情。

2007 年

1 月

1177. 9～10 日，省民政厅副厅长许富昌来大同市督查救灾及城乡低保工作。听取全市低保和救灾工作汇报，并深入市救灾仓储中心、市低保管理中心、广灵县、浑源县实地检查。

1178. 11 日，省民政厅副厅长何耀光、社会福利和社会事务处处长张金平，市政府副秘书长殷智才、市民政局局长杨清明慰问大同市福利院孤残儿童，并走访慰问散岔村的寄养家庭，送去慰问品、慰问金和新春祝福。

1179. 22 日，省委、省政府和省军区在省城太原举行“全省双拥模范城（县、区）命名表彰大会”。大同市第六次被命名表彰为全省双拥模范城。大同市受到命名表彰的还有南郊区、新荣区、灵丘县、大同县、浑源县 5 个“双拥模范县（区）”；市民政局、大同三中、同煤集团等 8 个拥军优属先进单位；驻同 93601 部队、66077 部队等 4 个拥政爱民先进单位；欧学联、马思等 8 名拥军优属先进个人和白君、贺辰光等 4 名拥政爱民先进个人。

1180. 25 日下午，民政部外事司司长康鹏一行 15 人，赴市社会福利院调研，并深入大同县周士庄镇散岔村即“乳娘村”，慰问部分乳娘和孤残儿童，向他们赠送慰问品和慰问金。

1181. 29 日，大同市创建诚信民间组织表彰暨大同市民间组织联合会年会在云冈国际酒店举行，参加会议的有市直有关单位、各县区分管民间组织工作的副局长，市属社会团体和民办非企业单位 200 余人。

1182. 30 日，全市民政工作会议在市军供站召开。会议传达全省第十九次民政工作会议精神，局长杨清明代表局党组回顾“十五”期间民政工作取得的成就，总结全市 2006 年的民政工作，对“十一五”民政工作进行展望，并对 2007 年的工作进行安排部署。

1183. 31 日下午，市民政局局长杨清明，副局长陈高文、王强，局工会主席邢明怀一行 4 人深入福利公司困难职工家中走访慰问。

2月

1184. 3日，召开2006年度福利彩票工作总结表彰大会，对11个优秀投注站进行表彰奖励。

1185. 6日，市四大班子领导分四组深入11个县区，走访慰问农村优抚对象、灾民、特困户和城市低保对象，给他们送去慰问金和慰问品。

1186. 6日，省民政厅副厅长何子义、优抚处副处长郭兰玉一行4人慰问市光荣院的光荣老人。

1187. 8日，市四套班子领导分4组走访慰问驻同部队、武警官兵。

1188. 8日，副市长郝月生率有关人员，开展对百岁老人和高龄特困老人挨门逐户的走访慰问活动。

1189. 9日，市民政局机关举办第二届迎新春职工文体比赛。比赛有象棋、跳棋、军棋、扑克、乒乓球、书法6个项目，为每个项目的前三名颁发奖品。

1190. 12日，由市妇联组织的“恒爱行动”献爱心捐赠活动在市社会福利院举行。市委常委、副市长李世杰，市妇联主席张秀峰等参加捐赠活动，并走访慰问“乳娘村”的孩子们，将来自全市爱心妈妈们编织的毛衣送到每个孩子手中。

1191. 14日，市民政局局长杨清明、副局长王强，带领市军供站有关人员，前往驻同大秦铁路军代处进行春节慰问。

1192. 17日，市民政局局长杨清明到市光荣院，与老人们共度除夕，喜迎新春。

3月

1193. “三八”妇女节前夕，市双拥办联合市妇联、解放军第322医院，共同开展“呵护女性、关注健康、共创和谐双拥”大型公益活动，向部分市直机关发放5000余张医疗援助卡。

1194. 9日，市民政局召开会议，安排部署民政宣传和理论研讨工作。

1195. 21日，市人大常委会主任安大钧、副主任周升及部分人大代表到市民政局，就慈善事业发展情况进行专题调研。

1196. 23日，市民政局在三楼大会议室召开2007年党建、纪检监察暨政风行风评议工作会议。

4月

1197. 10日上午，大同市党政军领导到云冈峪植树现场，参加全民义务植树活动。

1198. 11日，为期半个月的关爱心血管病患者义诊活动落下帷幕。市慈善总会筹备组和市民政局、西安高新医院在开展“心新工程”的基础上，再次组织西安高新医院专家成立医疗队，从3月27日起，陆续深入11个县区，为贫困家庭心脏病患者免费义诊。同时，对已接受手术治疗的患者免费复查。1556人次接受免费检查，最后确诊可接受手术治疗的患者306人。

1199. 24～25日，宋庆龄基金会“富邦发展迟缓儿童疗育基金”项目研讨会在市福利院举行。此次研讨会旨在探讨关于发展迟缓儿童疗育模式，福利院作为该项目的4个实施单位之一承办研讨会。

1200. 25日，共青团山西省委、省民政厅在大同市殡仪馆举行省级“青年文明号”授牌仪式。

5月

1201. 11日下午，民政部常务副部长李立国莅同调研低保工作。李立国一行深入市低保管理中心，听取低保工作汇报，并对医疗救助、教育救助工作给予肯定。

1202. 16日，民政部，总政治部、总参谋部组成联合调研组，到大同市调研部队伤病残人员移交安置工作。

6月

1203. 6日，大同市慈善总会筹备动员大会在雁北宾馆召开。

1204. 12日，市盲人按摩门诊部组织全体盲人医师在市体育广场开展按摩理疗咨询义诊活动。共发放有关宣传资料2600余份，接待患者咨询200余人次，120余名病人接受免费义诊按摩。

1205. 19日下午，市委书记郭良孝一行深入矿区青磁窑爱心救助超市进行专题调研。

7月

1206. 1日，由中国老促会、大同市老促会、灵丘县老促会、山西老区医学联合会组成的第18批医疗队赴灵丘县义诊，到县光荣院、武灵镇敬老院重点诊治。

1207. 14日，由北京市石景山区卫生局及其所属的北京市石景山区红十字绍家坡康复医院、北京市风湿病医院、妇幼保健医院、五里坨医院的专家共80人组成的医疗团赴中国乳娘村——散岔村开展纪念党的生日活动，走访乳娘村寄养家庭，并为乳娘村村民开展义诊活动。

1208. 26日上午，市革命烈士陵园落成典礼举行。2005年1月，市政府决定设立革命烈士陵园，以原烈士墓地所在地为基址，陆续将从前的各种纪念物迁于此处，重新规划和改造。革命烈士陵园位于南郊区马军营乡田村东，占地面积80亩。园内安葬抗日战争、解放战争及新中国成立后牺牲的革命烈士296名。

1209.　27日下午，大同市2007年“八一”军政座谈会在雁北宾馆三楼世纪厅举行。

8月

1210.　1日开始，大同市开展“关爱功臣”活动，宣传人民军队光辉历程和伟大成就，宣传拥军优属、拥政爱民、军政军民团结的事迹。此项活动到10月底结束。

1211.　7日下午，山西省妇联主席李悦娥赴中国乳娘村——散岔村考察参观。

1212.　13日，由省农业厅副厅长、省村务公开协调领导组成员刘二仁为组长的督查考评组，督查村务公开工作，并对省村务公开和民主管理示范县广灵县的村务公开工作进行考评。

1213.　14日，民政部干部管理学院一行7人组成调研组，莅临指导调研社会救助工作。

1214.　27～29日，省民政厅专项资金检查组对2006年度救灾款管理使用情况进行专项执法监察。检查组抽查了浑源县、广灵县，对两个县救灾款规范化、制度化、程序化管理给予高度评价。

1215.　31日上午，省民政厅副厅长王卫东一行莅临市低保管理中心指导城乡社会救助工作。

9月

1216.　3日下午，市委副书记、纪委书记梁凤书一行7人到市民政局视察指导工作。

1217.　7日上午，民政部督查组在省民政厅低保处李淑芬处长的陪同下莅同，检查落实国务院对困难群众的补助标准和到位时限情况。督查组还深入浑源县入户查阅低保对象的低保金领取存折，并听取当地的工作情况汇报。

1218.　12日，以浑源县人大常委会主任睢润清为组长的省人大代表一行10人到市民政局视察城乡社会救助体系建设工作，并对农村低保家庭情况开展专题调研。

1219.　13日，以何兆炜执行总监为团长的香港东华三院参访团到市社会福利院及中国乳娘村——散岔村参观访问。

1220.　15日，经过摸底、登记、审核、审批等严格程序，市民政局优抚科对无工作和农村的1954年11月1日后入伍的，部分参战、参试退役人员进行普查。全市认定461名退役人员为参战、参试人员，从2007年8月1日起享受每月100元生活补助。

1221.　19～21日，全省自然灾害救助应急工作座谈会在阳高县召开。

10月

1222.　9日，市政府在云冈国际酒店召开会议，部署全市城镇退役士兵安置工作。

1223.　12日，市妇联联合市现代医院来到市光荣院，开展“关爱老人、关注健康”送温暖活动。

1224.　16日，由市政协副主席徐世立带队，市政协部分常委、委员一行12人组成的2007年度民主评议工作组到市民政局，评议调研民政工作。

1225.　25日，省厅组织由省荣军医院30名医护人员组成的医疗体检队，到大同市对原8023部队退役人员进行体检，全市6个县（区）142名原8023部队退役人员参加体检。

11月

1226.　1日开始，市民政局会同市国税、地税，利用1个月时间，对全市46家福利企业进行重新认定，省民政厅为26家符合条件的福利企业发放资格认定书。

1227.　15日，全市社区建设促进暨村务公开工作会在雁北宾馆召开。会议总结近年来社区建设和村务公开工作取得的成绩和经验，并就下一步工作进行安排部署。会议表彰了在社区建设和村务公开工作中涌现出的先进单位和模范个人。参会人员现场观摩城区南关街道兴国寺社区和大庆路街道同兴社区，并观看社区建设专题片《和谐之路》。

1228.　22日下午，召开2007年度全市民政系统政风行风评议听证对话会。

1229.　27日下午，市委书记郭良孝深入民政系统，先后赴市城市居民最低生活保障管理中心、新落成的市社会福利院儿童康复大楼实地调研。

1230.　28日下午，市行评工作考核组对2007年参评的五位“百名关键岗位工作人员”高山、张翠、康建东、宿权、合玉霞进行年终考核。

1231.　29日上午，大同市重点优抚对象定点医院揭牌暨合作协议签字仪式在解放军第322医院举行。

1232.　30日，在大同市第十二届人民代表大会第六次会议上，市民政局党组书记、局长杨清明当选为山西省第十一届人民代表大会代表。

12 月

1233. 10 日，大同市社会福利院儿童康复中心落成剪彩仪式暨大同市社会福利院迁址 10 周年庆祝大会举行。

1234. 12 日下午，第三届放歌民政演讲比赛在市军供站二楼会议室隆重举行。16 个基层单位的 17 名选手参赛。经过比赛，市革命烈士陵园王慧获一等奖，市光荣院贺利芳和局双拥联络科周磊获二等奖，市盲人按摩门诊部滑志勇、军队离退休干部休养所李秀丽、军用饮食供应站吕月兰获三等奖，其余选手获纪念奖。

1235. 14 日上午，召开“送温暖、献爱心”集中捐助动员大会。截至 2006 年底，开展经常性社会捐助活动 11 年，全市累计接收捐款 1768 万元，衣物 230 万件，58 万人次得到救助。其中 188 名白血病、尿毒症、癌症等大病患者获得救助资金 42.7 万元。

1236. 19 日，召开农村低保排查摸底工作会议。

1237. 29 日上午，大同市 2008 年元旦军政座谈会在大同宾馆西会议厅举行。

1238. 31 日上午，市殡仪馆举行骨灰楼落成剪彩仪式。

2008 年

1 月

1239. 3 日，由大同报社、大同人民广播电台、大同电视台联合主办，东信商贸城总冠名的 2007 年大同市“东信杯”十大新闻和十大新闻人物评选结果揭晓，市福利院孤儿研究生郭党叶榜上有名。

1240. 4 日，山西省委副书记、代省长孟学农，副省长靳善忠，省政府秘书长张建民莅临市福利院慰问孤残儿童。

1241. 4 日，全国双拥模范城（县）命名暨双拥模范单位和个人表彰大会在京举行，国务院总理温家宝等出席。在这次大会上，共有 355 个县市被表彰为全国双拥模范城县，山西省有 9 个县市被表彰，大同市第六次被命名为全国“双拥模范城”，副市长郝月生参加会议。

1242. 9 日，市四套班子领导分团深入 11 个县区及市光荣院、市社会福利院，看望孤寡老人，走访农村特困户和优抚、低保对象家庭，送去慰问金和慰问品。

1243. 9 日下午，赴市低保管理中心视察指导城乡社会救助工作。

1244. 10 日，在市工商联的组织下，市华岳集团、市生光供电公司、灵宇文体、山西邦奥集团有限公司、深特集团、大同新建康医院、云中文武学校、天招大药房、天泰房地产开发公司 9 家民营企业及市温州商会捐赠 34296 元现金，价值 64500 元的新棉衣、新棉被及 1200 余件旧衣物。这是“送温暖、献爱心”集中捐助活动开展以来，大同市救灾捐赠仓储中心收到的首批民营企业捐赠。

1245. 11 日上午，大同市慈善总会第一次会员代表大会暨成立大会在大同宾馆西会议厅召开。

1246. 17 日，市救灾捐赠仓储中心将 1.26 万件社会捐赠衣被发放天镇县。这是“送温暖、献爱心”活动开展以来第三批向灾贫地区群众运送御寒衣被，此前，2 万件捐赠衣被已分两批发放到新荣区和大同县困难群众手中。

1247. 21 日上午，市民政局局长杨清明和副局长李有全慰问市光荣院第一任院长、百岁老人李淑仁，送去慰问品和慰问金。

2 月

1248. 1 日，市民政局工会在春节前夕举办局第三届迎新春职工健身文体活动比赛。

1249. 春节前夕，市民政局对 62 户患白血病、尿毒症、癌症等大病特困家庭有针对性发放社会捐赠款 15 万元，给予每户 500 ~ 5000 元不等的救助。

1250. 18 日，市委、市人大、市政府、市政协机关全体人员参加“向南方灾区人民献爱心”捐助仪式。

1251. 22 日，市人大常委会主任安大均，副主任王建国、王玉田、冯及时、王克勤、马维平等领导莅临城区，就社区工作进行调研。

1252. 26 日，市民政局局长杨清明到市光荣院调研。

3 月

1253. 4 日，全市民政工作会议在市军供站召开。会议传达全省民政工作会议精神，杨清明局长代表局党组总结 2007 年民政工作，对 2008 年的工作任务进行安排部署。大会表彰 2007 年度全市民政工作先进单位和先进个人，大同市社会福利院被评为2007年度民政工作标兵单位，市民政局办公室被评为2007年度民政工作绩优科室，城区民政局等14个先进单位和张钧等61名先进工作者受到市政府表彰。

1254. 5日上午，在市民政局三楼大会议室召开2008年度党建、纪检监察、机关效能建设及政风行风评议工作会议。

1255. “三八”妇女节前夕，市双拥办联合市总工会、市妇联、市计生委、大同电视台、大同教育电视台、解放军第322医院共同开展“迎奥运、庆三八、和谐双拥”大型公益活动。这次活动的服务对象是荣获市（县）级以上的女性劳动模范、双拥先进个人、计划生育先进个人、市企事业单位的女职工、重点优抚对象的女性家属、随军家属等社会各界女性。同时，为市民政局系统的350多名女同志体检。

1256. 12～14日，美国培普丹大学团在市社会福利院进行为期3天的参观访问。

1257. 14日，驻同14家团以上部队联合发出倡议，响应市委市政府“保护历史名城，重振大同雄风”的号召，坚决服从古城建设大局，踊跃参加各项义务劳动，广泛开展捐款活动。各部队先后出动兵力3000余人次，清整卫生。在同云路道路拓宽中，66173部队、66075部队、66030部队主动协调配合，置换、参与政府改造军用土地近千亩；在植树造林中，驻同各部队受领绕城高速公路两侧近30公里的植树任务，8000余名部队官兵共挖树坑20余万个，栽植油松、桧柏、国槐等树木20余万株。

1258. 21日，全市社会福利和社会事务工作会议在市民政局三楼会议室召开。会议总结2007年度社会福利和社会事务工作，安排布置2008年工作任务，表彰实施“明天计划”“心新工程”中工作突出的个人、优秀福利机构和社会福利企业。

4月

1259. 4日，在清明节来临之际，大同大学的150多名学生自行组织开展“祭扫烈士陵园、缅怀革命先烈”的主题活动。同学们怀着对烈士的敬仰心情，手持白花，为烈士墓碑敬献花圈、默哀、宣誓、敬礼，清扫烈士墓并为树木浇水。

1260. 16日，大同市民政系统财会人员培训班在市凤凰职业培训学校开班。

5月

1261. 4日，驻京95601部队一行3人在副政委张超中校带领下到大同，对在该部服役的大同城区籍军官咎继博的父母进行家访慰问。

1262. 12日，大同市民政专项资金管理使用情况执法监察工作部署会召开。主要对2007年度救灾款、救灾捐赠物和“蓝天计划”“霞光计划”以及2006～2007年度优抚事业费的管理使用情况进行专项执法监察。

1263. 12日，四川汶川发生大地震。15日上午，市委、市政府召开专题动员大会，号召全市各界立即行动捐款献爱心。截至6月2日，市救灾捐赠接收工作中心共接收捐款3013.98万元，以及价值460万元的急救药品和2463件衣服等救灾物资。截至6月26日，市红十字会累计接收捐款1190万元，接收捐物价值939695元。是日，价值933595元的首批救灾物资运往灾区。截至7月24日，全市共有161029名党员自愿交纳抗震救灾“特殊党费”的比例达到80.5%。由市三医院医护人员组成的市抗震救灾医疗队先后协助山西省医疗总队抢救转送伤员28人次，共出诊8批次，为3000余名灾民进行巡诊，诊治伤员91人次，施行手术4例，营地接诊患者376人次，为执行抗震救灾任务的解放军战士看病167人次，共发放药品价值1万余元，并向灾区捐献27万元的药品和10万元的医疗器械，向山西省安全转运伤员98名。大同市共建设过渡安置房3050套，超任务66套；建设面积57680平方米，超面积1260平方米。市三建公司突击队被全国总工会授予“抗震救灾、重建家园工人先锋号”称号，公司为此荣获山西省五一劳动奖状。7月18日，大同市首批援助的48名四川茂县来同务工人员走上工作岗位。8月11日，大同希望学校迎来灾区的100名学生和5名教师。10月17日，大同市发起“送温暖、献爱心”社会捐款活动后，各级党政机关、社会团体、企事业单位、个体工商户、民营企业等踊跃捐款捐物。截至10月28日，市救灾捐赠仓储中心收到200多家单位捐款219万元、捐物2.2万余件。市民政局系统共为四川灾区捐款268945.1元，捐衣823件，特殊党费93998元。救灾捐赠仓储中心收到捐款后，采购了2万套新棉衣、新棉被，价值210万元，于28日运往四川灾区。这是山西省首批运往灾区的御寒衣被。

1264. 19～20日，由省委政研室刘东光处长、民政厅基政处吉立民处长、省编办正处级调研员郭彩云等组成的“省社区建设调研组”一行5人莅同，就社区建设的财政投入、基础设施建设、队伍建设、领导机制、工作机制和社区建设的目标、主要内容以及标准等方面的情况进行调研。

6 月

1265. 5 日，市民政局组织全市各县（区）48 名退伍残疾军人，在驻同解放军第 322 医院进行提残、换证残疾等级医疗鉴定。

1266. 10～21 日，省民政厅民政专项资金监察组对大同市 2007 年度救灾款物、社会捐助款物、“蓝天计划”“霞光计划”以及 2006～2007 年度优抚事业费等专项资金进行执法监察。监察组采取听取汇报、随机抽查、查看账目、实地走访和入户座谈等方法，抽查浑源县、天镇县和市社会福利院，监察 6 个乡镇 18 个村的救助款物发放情况。

1267. 19 日，由省民政厅何耀光副厅长，基层政权和社区建设处吉立民处长、张丽霞副处长等组成的“省农村社区建设调研组”一行 3 人莅同，就南郊区农村社区建设情况进行调研。

1268. 27 日 15 时 20 分，广灵、灵丘两县遭受严重的洪雹灾害，造成广灵县蕉山等 8 个乡镇 96 个行政村和灵丘县 3 个乡镇 37 个行政村受灾，直接经济损失 6779.2 万元。

7 月

1269. 18 日，大同市军队离退休干部服务管理中心与大同市社区建设管理指导中心举行揭牌仪式。

1270. 30 日下午，在驻同 66075 部队举行 2008 年“八一”军政座谈会。

8 月

1271. 1 日，经市民政局优抚科协调联系，大同县民政局安排，民营企业家韩喜为大同县西坪镇 22 名抗日战争、解放战争时期入伍的在乡老复员军人每人送去衣服一套、现金 500 元，共计捐出 12000 余元。

1272. 7 日，省民政厅救灾救济处武兴民处长一行，在大同县核查干旱受灾情况。

1273. 11～12 日，市人大常委会组织部分人大代表分组深入市民政局、城区、矿区、新荣区、左云县，就贯彻《中华人民共和国村民委员会组织法》和《中华人民共和国城市居民委员会组织法》的情况进行执法检查。

1274. 24 日，市民政局局长杨清明，副局长李有全、王强、刘方茂，市老干局局长孙波、市老龄委领导和光荣院职工、老人们在市光荣院欢聚一堂，共同祝贺李淑仁老院长百岁寿辰。

1275. 26 日下午，灵丘县、广灵县和浑源县突降暴雨并伴有冰雹，雹径 3～4 厘米，历时 20 分钟左右。灵丘县造成直接经济损失 10055.2 万元，其中农业直接经济损失 4020.2 万元；广灵县农业直接经济损失达 1738 万元；浑源县农业直接经济损失 9185 万元。

9 月

1276. 18～20 日，省民政厅纪检组长游炜、监察室主任牛旭斌到大同市调研，听取市民政局党组成员、纪检组长张军关于开展党风廉政建设和政风行风评议工作情况的汇报。游炜组长一行深入市低保管理中心、市光荣院和浑源县实地调研。

1277. 22 日，以运城市民政局副局长宁庚元为组长的全省城乡低保正规化建设交叉检查组一行 8 人，到大同市检查指导城乡低保和农村五保工作。

1278. 27 日，市委、市政府、大同军分区领导专程赶赴石家庄市 66267 部队驻地，代表市委、市政府和全市 310 万人民，感谢 66267 部队及其所属驻同部队对大同建设发展的支持。将 50 台电脑送给部队官兵。

1279. 9 月，市民政局被民政部救灾司和民政部国家减灾中心联合表彰为 2008 年度减灾宣传先进单位。

10 月

1280. 14 日，解放军第 322 医院医疗队深入阳高县，为该县光荣院和龙泉镇 36 名优抚对象进行内科、外科、皮肤科、血压、心电图、超声波等项目的身体检查，并为他们建立健康档案。

1281. 17 日，大同市“送温暖、献爱心”社会捐助活动动员大会在大同宾馆召开。会议动员全市各级各部门和社会各界群众迅速行动，为四川地震受灾群众募集衣被，让灾区同胞安全过冬。

11 月

1282. 4 日起，市双拥联络科深入各军民共建单位（含部队），对近 3 年来军民共建情况进行检查，对各军民共建单位规范登记。重点查看各军民共建单位的组织健全、人员配套、共建规划、共建活动、拥军（政）措施、共建规划、年终总结、活动资料（文字、照片、影像等）等。

1283. 13日，省民政厅副厅长何耀光、社会福利和社会事务处处长张金平到大同市，就养老事业发展进行调研，慰问大同市光荣院，看望光荣老人。

1284. 13日，召开2008年度全市民政系统政风行风评议听证对话会。此次听证对话会共征求意见和建议26条，其中城乡社会救助11条，双拥、优抚、安置方面的8条，福利和社会事务方面7条。机关各科室负责人就提出的问题一一解答。

1285. 14日上午，全市村（居）委换届选举工作会议在大同宾馆召开。

12月

1286. 2日，以省民政厅副厅长何耀光为组长的省督导组，对大同市村级组织换届选举工作进行督导。

1287. 5日，在民政部与中华慈善总会、中国红十字基金会、中国扶贫基金会、比尔和梅琳达·盖茨基金会等国内外多家慈善组织共同举办的中华慈善大会上，大同煤矿集团公司被授予"2008年度中华慈善奖"。

1288. 5日，召开全市村级组织换届选举工作汇报会，听取各县区关于村级组织换届选举进展情况的汇报。

2009年

1月

1289. 6日，市领导慰问市光荣院里的孤老烈属、革命伤残军人和老复员军人，为他们送去慰问金。

1290. 6日，市委副书记、市长耿彦波，市委常委、宣传部长阎文照代表市四套班子领导慰问福利院孤残儿童。

1291. 16日，全市优抚工作会议在阳高县召开。

1292. 16日，市民政局工会在春节前夕举办第四届迎新春职工健身文体活动比赛。

1293. 22日，市民政局召开机关全体和直属单位党政一把手参加的干部大会。市委组织部考核办主任张炜宣读市委、市人大、市政府关于调整市民政局相关领导职务的决定，白玉任市民政局党组书记、局长，郤德民任市民政局党组成员、副局长；免去杨清明市民政局党组书记，不再提名为市民政局局长人选。市委常委、常务副市长李世杰到会讲话。

2月

1294. 12日，全市民政工作会议在市军供站召开。市民政局党组书记、局长白玉回顾总结2008年的民政工作，安排部署2009年的工作任务。会上，市政府表彰了2008年度全市民政工作先进集体和先进个人。

1295. 12日，市政府在市军供站召开会议，部署全市城镇退役士兵安置工作。大会宣读《大同市人民政府批转市劳动和社会保障局、市发展和改革委员会、市民政局〈关于二〇〇八年城镇退伍军人和转业士官安置工作的实施意见〉的通知》。2009年全市共接收城镇退役士兵1726名，力争在6月底前完成安置任务。

1296. 2月，全市村级组织换届选举工作基本结束，全市1959个村级党组织、村委会，201个社区党组织、居委会完成换届选举任务。全市共选出村党组织班子成员6558名、村委会成员7176名。

3月

1297. 5日，市民政局召开深入学习实践科学发展观活动动员大会，对全局系统学习实践活动进行安排部署。

1298. 5日上午，市民政局召开2009年党建、纪检监察、机关效能建设和政风行风评议暨法制工作会议。

1299. 9日，全市福利彩票工作会议在市军供站会议室召开。会议对2008年度福彩工作进行总结，对2009年工作进行部署，对13个优秀投注站进行表彰奖励。

1300. 12日以来，白玉局长带领市民政局有关科室负责人赴大同县、南郊区、新荣区、浑源县、灵丘县、广灵县民政局就落实2009年重点民政工作目标任务进行调研。

1301. 从24日起，对全市4家经营性公墓执行殡葬法律法规有关政策情况、建设和经营情况、财务和业务收支情况、墓穴建设和销售情况进行专项检查。

1302. 24～25日，由省委政研室副主任霍甫安带队的全国和谐社区建设示范单位考核验收评审组一行6人莅同，对大同市申报全国和谐社区建设示范单位进行实地考核。

1303. 26～27日，在云冈国际酒店对社区干部进行集中培训。此次培训活动由省民政厅社区建设处和市社区管理中心联合举办，210名培训对象来自城区各社区。

1304.　30日，全省社会福利和社会事务工作会议在大同市召开。大同市民政局、运城市民政局在会上介绍社会福利和社会事务工作创新思路。大同市城区政府、太原市杏花岭民政局、山西省老年公寓、山阴县老年公寓在会上介绍养老服务经验。大会总结2008年工作，安排2009年的重点工作。下午，参会人员参观大同市城区向阳里社区服务中心、市安康老年公寓、市社会福利院。

4月

1305.　10日，市慈善总会在市军供站二楼会议室召开一届二次理事会议。市慈善总会会长、副会长及理事120余人参加会议。会长张文堂作2008年度工作报告，并对2009年的工作进行安排部署。本次理事会议增选市民政局党组书记、局长白玉为副会长，增选大同县民政局局长赵廷柱、天镇县民政局局长夏胜、灵丘县民政局局长张鹏为理事。

1306.　27日上午，由市团委主办，200名青少年学生来到位于田村的市革命烈士陵园，开展以“继承先烈遗志，建设美好家园”为主题的祭扫烈士陵园活动，并向长眠在陵园内的革命烈士敬献鲜花和花圈。

1307.　30日，全市清理整顿公墓工作会议在市民政局三楼小会议室召开。

5月

1308.　7日上午，市民政局向大同七中发放《中学生防灾减灾教育系列挂图》，全市防灾减灾宣传周活动拉开序幕。经国务院批准，每年5月12日为国家减灾日。根据国家减灾委安排，5月7～13日为防灾减灾宣传活动周。

1309.　11～25日，根据省民政厅《关于开展民政专项资金执法监察的通知》精神，对2008年度优抚安置和2006～2008年城乡低保专项资金管理使用和政策落实情况开展专项执法监察。成立了由市民政局党组成员、纪检组长张军任组长，纪检监察室牵头，优抚、安置、低保中心、财务有关人员参加的民政专项资金检查组。至5月25日，分别对全市11个县（区）进行检查。共检查17个街道（乡、镇），19个居委会（社区、村），入户调查56户。检查组对查出的问题，向有关县（区）民政局主要领导反馈，提出整改意见。

1310.　14日，市慈善总会援建的大同希望学校电化教学室举行落成仪式。

1311.　22日，全市重点优抚对象医疗保障工作会议召开，对下一阶段全市重点优抚对象医疗保障工作进行安排部署。

1312.　26～27日，举办为期2天的乡镇（街道）、村（社区）应急预案建设和灾害灾情信息管理系统培训班。全市12个县（区）灾情信息管理人员和城、矿两区街道、社区民政相关人员共40多人参加培训。

1313.　26日，“春华慈爱行”正式启动。在市慈善总会的倡导下，爱心市民李志玲、北京金色摇篮幼儿园大同分园的80多名小朋友与大同县陈家堡村慈善希望学校的学生们开展手拉手“春华慈爱行”互动活动。

1314.　31日，市委常委、常务副市长李世杰到市光荣院，看望住在这里的孤老烈属、革命伤残军人和老复员军人。

6月

1315.　8～9日，省民政厅许富昌副厅长赴广灵、灵丘县检查受灾情况。

1316.　15～19日，由省民政厅党组成员、驻厅纪检组长游炜为组长，驻厅纪检组副组长、监察室主任牛旭斌、三干所所长畅万祥、优抚处调研员郭兰玉、低保处副处长任本文、驻厅纪检组监察室副主任范乃康、计财处助理调研员黄志钢为组员的民政专项资金检查组，分别对市军休一所、光荣院、城区、广灵县、灵丘县的城乡低保和优抚安置工作进行检查，对市福利院、军供站的政风行风评议工作进行调研。

1317.　18日，以民政部张俊华副巡视员为组长的中央联席会议复员退伍军人问题工作小组来同就有关复员退伍军人政策落实、开展矛盾排查化解工作情况进行调研督导。是日下午，督导组一行赴浑源县实地调研。

7月

1318.　9日上午，市委领导到天镇调研旱情，鼓励干部群众增强抗旱信心，克服困难，渡过难关。

1319.　15日，省民政厅厅长马景龙深入阳高县调查旱情。

1320.　21日上午，“慈爱接送车”捐赠仪式在市盲人按摩门诊部门前举行。

1321.　23日上午，市民政局促“三保”领导组组长、党组书记、局长白玉，率领局“三保”办公室主任、党组成员、副局长王强等深入大同市中晋镁业有限公司，就落实“三保”政策对口帮扶工作进行对接。下午，局领导还深入市民政局重点帮扶左云县经济适用住房建设项目工地，具体了解帮扶项目建设进度、工程质量等方面的进展情况，并与县政府领导和项目建设单位负责人沟通，商议帮扶中需要民政部门帮助牵线搭桥、协调解决的主要问题。

1322. 28 日上午，市四套班子领导分组走访慰问驻同部队和优抚对象。

1323. 30 日下午，大同市 2009 年“八一”军政座谈会在雁北宾馆世纪厅举行，庆祝中国人民解放军建军 82 周年。

8 月

1324. 4 日上午，市民政局第四届放歌民政演讲比赛举行。此次比赛共有 17 名参赛选手参赛。经过角逐，光荣院靳晓丽获一等奖，盲人按摩门诊部党红建、殡仪馆姜亚青获二等奖，盲人按摩门诊部刘培兰、福彩中心尉技文、福利公司曹小静获三等奖，其余选手获得优秀奖。

1325. 19 日，大同市社会救助工作现场促进会在广灵县召开。广灵县、阳高县民政局，城区低保中心负责人介绍做好社会救助工作的经验。与会人员参观广灵县望狐乡敬老院、赵家坪康乐园等 7 个社会救助工作示范点。

1326. 19 日上午，民政部救灾专员李全茂一行 3 人在大同市视察旱灾情况。

1327. 20 日上午，农村低保家庭子女“春霖助学行动”启动，全市 197 名来自农村困难家庭的大学生得到资助。

1328. 21 日，省委、省政府在太原召开表彰全省援川抗震救灾先进集体和先进个人大会。会上，省委、省政府授予大同市民政局“山西省援川抗震救灾先进集体”的荣誉称号。

1329. 28 日上午，市长助理姜克昭、市政府副秘书长孙学斌，大同军分区政委杨广雨，专程赶赴得大高速公路古店服务区，对途经大同市军事演习的山西省军区某部广大官兵进行慰问，送去慰问品。

1330. 28 日上午，召开深入学习实践科学发展观活动总结大会。

9 月

1331. 1 日，大同市社会福利院举行建院 60 周年庆祝活动。来自省内各市的福利院院长，市福利院职工与寄养家长、儿童和受邀嘉宾 500 余人参加。

1332. 2 日，长治市民政局局长吴凌带领局领导班子成员和有关科室负责人一行 15 人到大同市参观访问，交流经验，参观军供站、军休一所、殡仪馆、社会福利院。

1333. 14 日，省委常委、常务副省长申联彬莅临大同市社会福利院视察工作。

1334. 14 日，全国军休工作暨先进军休干部、军休工作先进单位、军休工作先进个人“三先”表彰电视电话会议在北京召开。大同市军队离退休干部第二休养所被表彰为全国军休工作先进单位。

10 月

1335. 27 ~ 29 日，以省综治办副主任李曾贵为组长的省村务公开和民主管理“难点村”治理督查组一行 3 人，就村务公开和民主管理“难点村”治理工作进行督查指导。28 ~ 29 日，督查组一行赴南郊区口泉乡韩家窑村、西韩岭乡魏辛庄村，广灵县南村镇上关林村、壶泉镇涧西村督查指导。

1336. 28 日上午，全市民政系统 2009 年度政风行风评议听证对话会在市民政局三楼会议室召开，共征求意见和建议 35 条，机关各科室和有关单位负责人就大家提出的问题进行解答。

11 月

1337. 3 日上午，市政协组织部分委员深入市低保管理中心就城乡社会救助工作开展情况进行调研。4 日，政协委员深入南郊区调研。

1338. 9 ~ 12 日，全市普降中到大雪，局部地区降暴雪，部分县区蔬菜种植和养殖业遭受严重损失。据统计，截至 12 日，大同县、阳高县、天镇县、南郊区 4 个县区受灾，涉及 1666 户 7349 人。因灾压塌和损坏蔬菜大棚 945 栋，大棚作物受灾面积 1627.5 亩，因灾造成农业经济损失 2014 万元。

1339. 26 日，全省城市社区建设工作培训班在大同市开班。全省 11 个地市民政局分管领导、社区工作人员近 150 人参加培训。27 日，参训人员参观城区南关社区服务中心和向阳里街道社区服务中心。

2010 年

2 月

1340. 1 日，省委常委、宣传部长胡苏平，在省委副秘书长、省信访局局长阎根生、省总工会副主席安娜、省民政厅副厅长何耀光等的陪同下莅同，走访慰问困难群众和困难企业以及大同市社会福利院孤残儿童。

1341. 3日，市四套班子领导分团深入大同军分区、部分驻同部队、大同武警支队、大同消防支队、大同警卫处以及11个县（区）和市光荣院，走访慰问解放军指战员、武警官兵、农村特困户、五保户、优抚及低保对象。

1342. 9日，市委统战部、市工商联、市民政局、市慈善总会4部门的主要领导组成慰问组，深入新荣区各乡镇对老红军、老八路等16名功臣进行走访慰问，送去6700元慰问金。

3月

1343. 3日，召开民政专项资金检查情况通报会。大会宣读《大同市人民政府关于表彰2009年度民政工作先进集体和先进个人的通报》，印发《大同市民政局2010年工作计划》和《民政工作要点》。

1344. 3~4日，省民政厅厅长周明定一行到大同市调研指导工作，召开民政工作座谈会，先后赴阳高县和市光荣院、福利院视察指导。

1345. 12日上午，大同市社区建设促进会第一次会员代表大会暨成立大会在市社区建设管理指导中心召开。审议通过大同市社区建设促进会章程，选举产生第一届市社区建设促进会机构组成人员。市民政局党组书记、局长白玉当选为社区建设促进会会长。

1346. 23~25日，由省民政厅党组成员、副厅长何子义带队，省民政厅优抚处处长王虎威为组长的民政专项资金检查组一行6人，对2007~2009年的民政专项资金管理使用情况进行检查。

1347. 26日上午，全市福利彩票工作会议在市军供站会议室召开。会议对2009年度福利彩票工作进行总结，对2010年福彩工作进行部署，并对阳高县、浑源县民政局及22个优秀投注站进行表彰奖励。省福彩中心、市民政局、市财政局相关领导及彩票从业人员与会。

1348. 28日上午，省民政厅副厅长许富昌在天镇县副县长靳文军和民政局局长夏胜的陪同下，深入天镇县新平村灾民家中看望，共商战胜灾害良策。

1349. 30日，市民政局专门召开会议，就清明节期间祭扫服务接待和安全保障工作进行安排部署。会上，社会福利和社会事务科科长张翠传达省民政厅《关于做好清明节有关工作的通知》，各公墓就做好消防安全、交通疏导、人员疏散、治安维护、监测预警、应急处置等工作进行专题汇报。刘方茂副局长结合全市公墓管理情况，就贯彻落实全国清明节工作视频会议和省民政厅文件精神提出6项措施，白玉局长提出具体要求。

4月

1350. 6~13日，市民政局优抚科工作人员陪同省荣军假肢中心医疗小分队，分赴各县区为新中国成立前入伍的在乡残疾军人配发康复辅助器械。为11个县（区）90名残疾军人配发助听器，15名残疾军人配备假肢，并为长期依靠假肢生活并需要更换假肢的残疾军人进行登记。

1351. 22日，市光荣院御东分院开工奠基仪式举行。

1352. 22日上午，市民政局系统开展向青海省玉树地震灾区捐款活动。一个小时里，全局系统干部职工共捐款57710元。

1353. 23日上午，市委、市人大、市政府、市政协分别在市委机关大楼、市人大政协机关大楼、市政府机关大楼前举行捐款活动，以实际行动支援灾区。

1354. 29日，召开民政系统党建、纪检监察、机关效能建设、政风行风评议和法制工作会议。市民政局与局属各单位主要领导和机关各科室负责人签订《党建工作目标责任书》和《党风廉政建设目标责任书》。

5月

1355. 4日下午18时30分至23时30分，天镇县11个乡镇从北到南普降雷阵雨、冰雹，每乡降雨时间在10~30分钟，降雨量在23~28毫米。全县造成损失达100多万元。5月6日，市民政局救灾救济科一行深入逯家湾、新平堡镇进行灾情核实。

1356. 20日，市民政局优抚科组织全市各县区43名退伍残疾军人，在驻同解放军第322医院进行提残、换证残疾医学鉴定。

1357. 31日以后，市民政局白玉局长、王强副局长带领市低保中心负责人，先后赴9个农业县（区）对农村敬老院建设情况进行调研。

6月

1358. 21日，市社区建设领导小组召开社区公用用房协调会。

1359. 22~30日，市民政局分别在天镇、左云、浑源县分片举办3期汛前应急管理培训班。

1360. 25~26日，全省民政系统行风建设示范单位创建现场观摩会在市社会福利院召开。太原、运城、临汾、阳泉、晋城、晋中、长治7个市民政系统相关负责人参加行风建设示范单位创建现场观摩会。与会人员先后深入市军供站、阳高县新和敬老院、市社会福利院进行实地观摩，并就如何进一步加强民政系统政风行风建设、开展行风建设示范单位创建活动交流座谈。

7月

1361. 10日，阳高、天镇两县遭受洪、雹袭击，12个乡镇177个行政村受灾严重，农作物成灾面积18.9万亩，绝收面积9.92万亩。涉及受灾人口14.86万，农业直接损失1.5亿元。省民政厅接到灾情快报后，7月14日，随即派救灾处处长武兴民带队的省指导组深入阳高、天镇查灾核灾。

1362. 市社会福利院与美国半边天基金会达成合作意向，就“婴幼儿抚育”“小姐妹学前教育”和“青少年服务”3个项目展开合作，合作期为5年。培训学员是面向社会公开招聘的9名工作人员，培训结束后，合作项目将正式运行。美国半边天基金会成为市社会福利院与国内外慈善机构开展项目合作的第16个伙伴。

1363. 19日上午，大同市民政局暨市属社会组织深入开展创先争优活动和推进学习型党组织建设动员大会召开。会议传达中央、省委、市委开展创先争优活动和建设学习型党组织会议精神，全面安排部署基层党组织和市属社会组织党组织深入开展创先争优活动和推进学习型党组织建设。

8月

1364. 3日，全市农村敬老院建设现场促进会在阳高县召开。会议主要任务是总结农村五保供养工作，交流敬老院建设的经验，研究解决当前存在的问题，推动此项工作进一步健康发展。阳高县、南郊区民政局，灵丘县白崖台乡、南郊区口泉乡敬老院4个单位作典型发言。会上，市政府还为全市10所示范敬老院挂牌授匾。参会人员实地参观阳高县5个已建成及在建的敬老院并观看阳高县敬老院建设录像片。

1365. 11日，全市双拥工作领导组（扩大）会议召开，会议动员社会各界进一步加强双拥工作，为夺取全国双拥模范城“七连冠”做好充分准备。

1366. 11日下午，以省民政厅党组书记、厅长周明定为团长的省委、省政府慰问团一行4人对93601部队进行慰问并赠送慰问金10万元。

1367. 25日上午，大同市举行农村低保家庭子女“春霖助学行动”救助金发放仪式，297名贫困大学生现场领到助学金。

1368. 25日，在全市人事人才暨事业单位岗位设置管理工作推进会上，王强副局长代表市民政局作题为《典型示范 循序渐进 积极推进事业单位岗位设置工作》的典型发言，介绍开展事业单位岗位设置工作的成功经验。全市事业单位岗位设置工作开展以来，局领导高度重视，周密部署，措施得力，全局上下齐心协力，在全市率先完成了所属事业单位的主体岗位、结构比例、等级职数的报批工作。

1369. 26日，市民政局机关全体党员赴右玉县实地学习“执政为民、尊重科学、艰苦奋斗、百折不挠”的“右玉精神”，深入开展创先争优活动，进一步加强学习型党组织建设。

1370. 27日，市社会福利院为考取西北政法大学硕士研究生的吉小明举行欢送会。吉小明以优异成绩被西北政法大学研究生学院录取，攻读法学理论专业，成为继郭党叶后福利院培养出的又一名研究生。

9月

1371. 11日，省民政厅纪检组长游炜到军休一所检查政风行风评议工作。

1372. 25日至10月13日，根据市农村党风廉政建设领导组《关于对2009年以来农村民政专项资金和农村水利资金管理使用及工程实施情况进行专项检查的通知》，市民政局对9个农业县（区）的农村低保资金、救灾资金、优抚资金和大病医疗救助资金进行全面检查。

10月

1373. 22日上午，召开2010年度全市民政系统政风行风评议听证对话会。市人大内司委主任李志刚、市政协社会法制委副主任李超，民政局党组成员，各县（区）民政局纪检组长和部分乡镇民政助理员，局直属单位主要领导、局机关科室负责人80余人参加。所提意见建议主要集中在城乡社会救助工作和加大基层民政工作支持力度等方面。机关各科室和有关单位负责人就大家提出的问题进行解答。

11月

1374. 2日，省、市、县三级慈善总会在天镇县三中举办“慈爱阳光班”成立仪式，杨润旺、张廷翰、张文堂等参加。这次“慈爱阳光班”共有50名品学兼优的学生，每生每学年资助2000元，一扶3年。“慈爱阳光班”是山西省慈善总会于2008年创办的，全省已发展成立8个班，天镇县是大同市的第一个班。

1375. 4~5日，由民政部社会福利和慈善事业促进司、国际合作司、德国技术合作公司共同主办的中德慈善立法研讨会在大同召开。50多名中外专家围绕慈善立法思路、慈善组织、慈善财产、慈善捐赠、慈善志愿服务等专题展开讨论，建言献策。

1376. 4日，省民政厅厅长周明定赴市光荣院御东分院、大同县社会福利中心项目建设现场检查指导工作。

1377. 5日，民政部社会福利和慈善事业促进司副司长徐建中前往市社会福利院，观摩全国首家完成的“蓝天计划”项目——大同市社会福利院儿童康复中心，参观有关设施的运行。

1378. 截至17日，全市190多个投注站和13个“开乐彩”销售站以及诸多“刮刮乐”即开票销售网点，累计销售各类彩票100001622.57元，其中占主导地位的电脑彩票销量首次突破8000万元，达到81290036元，占总销量的81.3%。“刮刮乐”网点即开票、中福在线、“开乐彩”分别销售9905000元、3969649.57元、4836937元，完成年度发行基本目标任务8840万元的113.12%，完成奋斗目标任务9900万元的101.01%，较2009年同期增长24.57%，筹集公益金934万元。

1379. 29日，以全国政协常委、人口资源环境委员会副主任、总参谋部原副总参谋长张黎上将，全国政协人口资源环境委员会委员、全国妇联执委肖燕军，全国老龄办副主任阎青春带队的《中国老龄事业发展“十一五”规划》联合检查评估组莅同，就贯彻落实《中国老龄事业发展“十一五”规划》、推动老龄事业发展情况检查评估。检查评估组检查贯彻落实《中国老龄事业发展“十一五”规划》所做的主要工作、实施“十一五”规划存在的问题及编制“十二五”规划的建议，给予充分肯定，并提出意见建议。

12月

1380. 13日，由省军区政治部副主任张瑞祥带队的省双拥模范城（县）考核验收组莅同。是日下午，考核验收组一行在云冈建国宾馆听取大同市双拥模范城创建工作汇报。

2011年

1月

1381. 26日，市委领导来到武警大同警卫处、驻同93601部队以及城区、矿区，走访慰问解放军指战员、武警官兵、困难群众和优抚对象。

2月

1382. 17日，省妇联主席李悦娥到市社会福利院，为孤残儿童送上节日祝福，同孩子们共度元宵佳节。

1383. 24~25日，全省民政事业统计年报汇总会在市雁北宾馆召开。会议对2010年度全省民政事业财务、统计和基建年报进行汇总，同时安排布置文化产业定期报表工作。

1384. 2月，大同市土壤墒情不足，影响春播，据统计，全市缺墒耕地384.3万亩，占种植面积的79.4%；因干旱造成4.25万人、1.28万头大牲畜吃水困难；全市大中型水库蓄水2614万立方米，比近年同期蓄水量减少3565万立方米。全市下乡干部投入抗旱。全市投入抗旱人数1.68万人，开动机电井747眼，启动大中型机电灌站39处，出动机动车165辆，解决人畜吃水困难，完成浇地35.89万亩。

3月

1385. 1日，2011年全市县（区）社区建设工作座谈会召开。

1386. 8日，市政协社会法制委员会组织部分市政协委员就民政工作进行调研，重点视察城市低保工作，并实地考察敬老院和老年公寓。

1387. 16日，全市福利彩票工作会议在市军供站会议室召开。省福彩中心、市民政局、市财政局、市联通公司有关领导及全市200多个投注站业主参加会议。

1388. 25日，召开全市民政局局长会议，传达贯彻全省民政工作座谈会、全省民政工作会议、全省民政系统党风廉政建设会议和全省福彩工作会议精神，总结2010年工作，安排2011年任务。大同县民政局等13个2010年度民政工作先进单位、矿区民政局等7个2010年度民政单项工作先进单位和孙洁等71名2010年度民政系统先进工作者受到市政府表彰。会议代为颁发全国、全省民政系统行风建设示范单位奖牌，印发《中纪委六次全会、全省党风廉政建设干部大会和省纪委六次全会精神传达提纲》《全市党风廉政建设干部大会、市纪委十三届六次全会第一次大会和全省民政系统党风廉政建设工作会精神传达提纲》和《2011年民政工作要点》。白玉局长要求重点做好7个方面的民政工作，并提出“抓规范、抓落实、抓创新、抓细节、抓监管、抓廉政”6项措施。

4月

1389. 1日，市委常委、常务副市长李世杰深入市家怡敬老院调研。

1390. 7日，在阳光海悦酒店会议室召开全市老龄工作会议暨老龄人才资源开发协会年会《奉献集·大同卷》首发式。各县（区）老龄办主任、市直有关单位老龄工作负责人、各大型国省属企业老龄办主任及受表彰的老龄工作先进集体、先进个人代表，各县（区）老龄人才资源协会会长及接受赠书《奉献集·大同卷》的单位和个人代表80余人参加会议。

1391. 8日，怀仁县各级领导来同，就社区发展问题与市民政局、城区相关领导座谈。考察团一行赴市山橡、惠民里、向阳里3个社区服务中心进行参观。

1392. 18日，由市老科协和市老龄办共同举办的大同市农业科技培训暨“银龄行动”动员大会在阳高县召开。全市各县区老科协会长、老龄办主任及在服务“三农”一线工作的老科技工作者90余人参加会议。

1393. 20日，市民政局组织各县（区）44名退伍残疾军人，在解放军第322医院进行提残、换证残疾医学鉴定。

5月

1394. 6日，市民政局局长白玉、副局长刘方茂一行，赴天镇县大风重灾区三十里铺村查看灾情。4月16日晚至17日和4月29日晚11时至4月30日下午，天镇全县持续遭受6~8级大风袭击，生产生活造成重大损失，新建牛棚、蔬菜大棚、温室大棚损失更为严重。两次大风袭击，给玉泉、南河堡、三十里铺、谷前堡等乡镇蔬菜大棚造成损失达210万元。

1395. 6日，市民政局组织召开全市烈士纪念设施普查保护培训会议，市优抚科对烈士纪念设施录入系统进行讲解，并对有关问题现场答疑。

1396. 10日，由市社区建设领导组办公室主办的以“服务社区、无怨无悔”为主题的全市社区干部演讲比赛在军供站二楼会议室举行。

1397. 10日下午，省民政厅何耀光副厅长、社区建设处张丽霞处长一行深入城区山橡社区、惠民里社区、南关社区服务中心调研指导。

1398. 25日，在全省双拥模范城（县、区）命名暨双拥模范单位和个人表彰大会上，大同市连续7次荣获省双拥模范城称号，南郊区、灵丘县、新荣区、浑源县、大同县获全省双拥模范城和县、区称号，市民政局、大同三中、山西柴油机工业有限责任公司、云冈石窟文物研究院、市军供站、恒山风景名胜区管理委员会、市公交公司、中国网络联合通信有限公司大同市分公司获爱国拥军模范单位称号。欧学联、郑加兰、马思、张焯、李月花、马巍然、张润成、秦福花获爱国拥军模范个人称号。驻同66173部队步兵四营炮兵连“谢臣连”、驻同93601部队司令部航空管制科、驻同66075部队56分队、驻同322医院获拥政爱民模范单位，齐国栋、吴少强、王彦、李振和获拥政爱民模范个人称号。

1399. 26日，北京石景山区残疾人联合会理事长崔宁，副理事长齐志强、贾书敏及北京红十字会传统医学交流中心万苏建教授一行25人，在建党90周年到来之际，前往市社会福利院开展党建学习活动。

6月

1400. 6月，市民政局联合市监察局、纠风办，对全市低保政策执行情况进行督查调研，采取“一看家底，二问收入，三查就业情况，四核水电气暖开支，五了解隐性收入”的方法，共取消因收入超过低保标准、人户分离、提供虚假证明的保障对象4914户8691人，有效解决执行政策讲变通、发放资金讲人情、资金监管不到位的问题。

1401. 6月，完成2011年度77名士官的报到按收及档案审核工作，拟制士官的落户文件。大同市被省民政厅表彰为“2010年度退役士兵安置工作先进单位”。

1402. 27日上午，为庆祝建党90周年，进一步推进创先争优活动的开展，建设学习型机关，在市社会福利院召开纪念建党90周年表彰会暨红歌演唱会。市民政局党组对局系统5个先进基层党组织，5个共产党员先锋岗，8名优秀党务工作者和32名优秀党员进行表彰。14支红歌演唱队伍，450余名民政干部职工依次登台唱红歌。市殡仪馆、殡葬管理所、革命烈士陵园参赛队获一等奖，市福利院、市军队离退休干部服务管理中心获二等奖，市光荣院、市军队离退休干部第二休养所、市城市居民最低生活保障管理中心获三等奖。

7月

1403. 1日，召开全市社会事务工作会议。市殡仪馆、殡管所负责人，各经营性公墓负责人参加会议。会议要求继续贯彻落实国家八部委文件，做好公墓管理年检工作，严格报批墓穴建设计划，做好公墓搬迁准备。

1404. 6日以来，市民政局党组书记、局长白玉，局党组成员、副局长王强带领机关有关科室和市低保中心负责人对落实2010年全省10件实事、新改扩建10所农村敬老院情况进行检查。重点查看新改扩建农村敬老院的设施完善和五保对象入住。阳高县敬老院工程质量高、人员入住快、服务设施全、管理方法活。广灵县积极整合现有资源，新增康乐园（村五保供养点）3个，既收住五保老人，又为村中无房的特困群众提供临时性住所，创新了农村社会救助模式。全市农村敬老院达到110所，拥有床位4383张。22459户22862名五保供养对象有3361户3367人集中供养，集中供养率达到了14.7%。

1405. 8日，市民政局召开全市社会福利工作座谈会，会上宣读《大同市民政局关于命名养老服务示范单位的通知》，并为养老服务示范单位颁发牌匾。

1406. 12～24日，天镇、阳高、广灵、灵丘等县发生洪涝灾害，10万多人受灾，受灾面积50多万亩，直接经济损失5000多万元。

1407. 20日，省民政厅在大同市召开全省城市社区建设工作推进会。会议采取经验交流、实地参观、业务培训等方式，总结推广大同、太原等地的经验和做法，大同市、太原市、长治市城区、太原市杏花岭区、阳泉市城区、晋中市榆次区的代表在会上作交流发言。

1408. 21日，美国半边天基金会到市社会福利院就双方合作的“婴幼儿抚育”项目、“小姐妹学前教育”项目和“青少年”项目进行巡查、交流，并就双方未来向深层次、宽领域合作与发展进行座谈。

1409. 21日，市民政系统《自然灾害救助条例》培训班在阳高举办，来自全市9个农业县区的民政局分管副局长和乡镇民政助理员共70余人参加培训。

1410. 22日，日本驻华大使丹羽宇一郎一行访问市社会福利院，并参观位于散岔村由日本大使馆与市社会福利院共建的儿童活动中心，日方向福利院的孩子们赠送“天象仪”，院方向丹羽大使回赠写有“爱心永驻”字样的锦旗。

1411. 25日下午，召开“八一”军政座谈会，纪念中国人民解放军建军84周年。

1412. 25～27日，省荣军医院组成26人的体检组赴大同市各县区对原8023部队参试人员进行评残体检，依托矿区新胜街道社区卫生服务站为213名参试人员体检。

1413. 7月，市社会福利院党支部分别被山西省委和大同市委授予“先进基层党组织”和“十佳红旗党组织”荣誉称号。

1414. 7月，办理城镇退役士兵自谋职业6名，发放补贴23.8236万元。

8月

1415. 12日，省民政厅双拥联络处路颖处长代表省委、省政府赴驻同93601部队走访慰问，听取93601部队近期开展拥政爱民工作和对省市双拥工作的意见建议，并送去慰问金10万元。

1416. 15～19日，省民政厅副厅长何子义、优抚处处长李德孝一行7人到大同市就散葬烈士纪念设施及散葬烈士墓保护工作进行检查调研。调研组先后赴广灵县、灵丘县、浑源县、南郊区实地查看。广灵县民政局散葬烈士墓保护工作受到省厅肯定和高度评价，南郊区西韩岭乡散葬烈士墓急需修复保护。

1417. 19日，加拿大“微笑中国”医疗专家到市福利院为孤残儿童义诊，6名唇腭裂手术患儿于21日前往长治接受手术治疗。

1418. 29日上午，全市农村低保家庭子女“春霖助学行动”助学金发放仪式在雁北宾馆举行，281名农村贫困大学生每人领到2000元助学金。“春霖助学行动”自2009年开展以来，累计发放助学金289.2万元，资助765名农村贫困学子顺利进入大学校门。

1419. 8月，市民政局党组书记、局长白玉参加大同市第十四次党代会，并被选举为出席省党代会会议代表。

1420. 8月，市民政局党组研究决定，推荐上报市光荣院、大同市荣复军人医院、大同市救助管理站等12家单位为全省民政系统行风建设示范单位。

1421. 8月，全市12个县区从8月1日起全部实现全省婚姻登记联网。

1422. 8月，根据界线联检工作要求，完成晋、冀线灵丘－涞源段的界线联检和县级界线南郊区－大同县段的联检工作。

9 月

1423. 2 日，全市民政系统廉政风险防控制度建设及规范化管理工作现场会在灵丘县召开。

1424. 6 日，市殡仪馆举行迁建工程奠基仪式。新建项目位于南郊区西韩岭乡南湾村西侧，占地 158 亩，总投资 8894 万元。由上海同济大学研究设计院设计，山西第五建筑公司承建，大同市品鑫监理公司监理。整个项目分为办公区、服务区、陵园三大区域，各种功能更加完善，年底前完成主体工程。

1425. 15 日，省民政厅副厅长何子义一行 4 人赴大同市检查为城乡困难群众和优抚对象发放临时价格补贴工作。

1426. 16 日上午，市委常委、市纪检委书记卫洪平到市民政局视察指导工作。市民政局党组书记、局长白玉就全市民政工作及党风廉政建设情况作了汇报。

1427. 9 月，市福利院接收社会弃婴 8 名，2 名孤残儿童被国外家庭收养，25 名预涉外送养儿童回复收养组织，8 名儿童在市二医院接受“明天计划”唇裂康复手术。中央电视台《一线》栏目采访报道。

1428. 截至 9 月底，全市共销售福利彩票 11413 万元。

10 月

1429. 10～21 日，全省民政系统开展社会救助工作、农村敬老院建设和救灾资金使用管理情况交叉大检查，太原市民政局对大同市检查。

1430. 12 日，市社区建设管理指导中心在阳高县召开全市社区干部培训会。与会人员参观阳高县社区建设示范点——龙泉镇兴华街社区，各县区交流社区建设经验。

1431. 22 日，市福利院在被誉为“中国乳娘村”的散岔村举行寄养家庭首批住房改建工程竣工庆典。该项目占地面积 1400 平方米，建筑面积 662 平方米，为 6 户民居。投资总额 130.77 万元，德国利保益有限公司投资 15 万美元，市福利院筹措 34.2 万元。

1432. 25 日，市人大召开十三届人大常委会第二十九次会议，听取审议大同市社会救助体系建设工作情况报告。市民政局局长白玉代表市政府作专题汇报。

1433. 10 月，市民政局会同市发改委向省民政厅上报 2012 年度 14 个社会养老服务体系建设项目建议方案。

1434. 10 月，根据省民政厅《关于给部分农村籍退役士兵发放老年生活补助的通知》精神，开展对部分农村籍退役士兵发放老年生活补助摸底登记工作。经审核，全市 11 个县（区）共有 60 周岁以上农村籍退役士兵 3110 名。

11 月

1435. 1 日，市民政局机关从市内后场面街乙 15 号迁至永宁街 75 号，办公条件明显改善。

1436. 14 日，召开村委会换届选举工作培训会，省民政厅基层政权建设处张丽霞处长讲解新修订的《中华人民共和国村民委员会组织法》《山西省村民委员会选举办法》，各县（区）民政局分管副局长、换届选举工作骨干及各乡（镇）换届选举工作负责人 221 人参加培训。截至 25 日，所有县（区）及乡（镇）成立换届选举工作领导组，出台工作方案，召开换届选举工作动员部署会，培训乡（镇）、村换届选举工作骨干 6200 人，应换届的 1962 个村委会全部完成审计工作，推选村选举委员会工作完成。

1437. 17 日，大同市第九届村级组织换届选举工作动员大会在雁北宾馆召开。按照省委关于村级组织换届选举有关精神和要求，大同市从 2011 年 11 月到 2012 年 1 月开展村级组织换届选举工作。此次动员大会主要对村级换届选举工作进行具体部署，同时下发《关于认真做好全市村级组织换届选举工作的实施意见》。

1438. 25 日上午，全市第四届社区组织换届选举工作培训会在大同宾馆召开，各县（区）民政局分管局长、社区管理中心主任、乡镇（街道）相关负责人参加会议，应换届的 295 个城市社区推选工作完成。

1439. 25 日，在大同宾馆召开全市“送温暖、献爱心”社会捐助动员大会。

1440. 25 日，召开由各县区民政局局长、分管救灾工作的副局长和部分灾害信息员 40 余人参加的座谈会，听取各县区贯彻《自然灾害救助条例》《自然灾害救助应急预案》和救灾资金配套情况的汇报。

1441. 25 日上午，召开 2011 年度全市民政系统政风行风评议听证对话会暨为民服务创先争优和“六五”普法宣传教育动员大会。对话会上，共征求意见和建议 26 条，机关各科室和有关单位负责人进行解答。

1442. 11 月，完成由中国宋庆龄基金会与解放军总医院共同发起的“母婴平安——天使救助行动”项目的通知、统计、上报工作，全市符合救助的儿童 28 名，主要救助因脑瘫引起的四肢性疾病。

12 月

1443. 1 日，大同市加强和创新社会管理工作推进会在雁北宾馆召开。全省社会管理创新试点县区——城区区委领导介绍加强和创新社会管理工作开展情况。灵丘县、市公安局、市政管委会负责人作表态发言。

1444. 1～4 日，配合市工商局、公安局执法人员对全市传销窝点和传销人员开展集中打击专项行动。解救各类传销参与人员 906 人，分布全国 25 个省、自治区、直辖市，出资 25170 元购买火车票，分别护送至北京和内蒙古方向，使其安全返家。

1445. 13～14 日，市福利院承办中国宋庆龄基金会“富邦发展迟缓儿童疗育基金”2008～2012 年度项目总结会，中国宋庆龄基金会党组书记、常务副主席常荣军及中国宋庆龄基金会理事、富邦文教基金会顾问邵秀华（台湾）参加会议。会议总结与回顾项目合作 4 年以来的情况。

1446. 18 日至 19 日，省民政厅纪检组长游炜对大同市申报的第二批全省民政系统行风建设示范单位进行检查验收，对市军队离退休干部服务管理中心、市革命烈士陵园、市光荣院、市救助管理站、新荣区民政局婚姻登记处实地查看，听取各单位行风建设的情况汇报。

1447. 20 日至 2012 年 2 月 10 日，制订全市民政系统“三问两送”活动方案，组织全市民政干部进村入户开展“问情于民、问需于民、问计于民、送温暖、送服务、献爱心、惠民生”走访慰问活动。

1448. 12 月，全市第九届村委会和第四届社区换届选举全面展开，1964 个应换届村和 281 个应换届社区成立选委会，1193842 名农村居民、140750 名社区居民进行选民登记，截至 12 月底，1828 个应换届村和 244 个社区完成换届选举工作。

1449. 12 月，向省政府上报大同市火化区范围。

1450. 12 月，上报大同市 2012 年民政系统公共服务设施建设项目 11 项。其中养老服务类 4 项（天镇县新平敬老院、广灵县作疃乡敬老院、阳高县大泉山敬老院、新荣区破鲁乡中心敬老院）；社区服务类 4 项（左云县云兴镇社区服务设施建设项目、阳高县光荣街和振华街社区服务设施建设项目、城区西花园街道社区服务设施建设项目、矿区新胜街道社区服务设施建设项目）；儿童福利类 2 项（阳高县儿童福利院、大同县社会福利中心儿童部）；殡葬服务类 1 项（大同市殡仪馆新建项目）。

1451. 12 月，“送温暖、献爱心”社会捐助活动全面展开，全市各机关、社会团体、企事业单位踊跃捐款 97 万元。市民政局系统捐款 23240 元。

2012 年

1 月

1452. 5 日，市民政局党组书记、局长白玉带领机关有关科室负责人赴灵丘县定点扶贫的红石塄乡上沿河村和白崖台敬老院走访慰问。6 日，白玉局长一行实地观摩检查浑源县永安镇敬老院。

1453. 17 日上午，市委、市人大、市政协到大同市社会福利院亲切慰问孤残儿童和孤寡老人，向大家致以节日的问候和新春的祝福，并送上 2 万元慰问金。市民政局副局长王强陪同。

1454. 17 日，市长耿彦波，市委常委、统战部部长姚生平，市人大常委会副主任董斌，市政协副主席程廷龙一行到市光荣院，慰问孤老烈属、革命伤残军人和老复员军人。

2 月

1455. 27 日上午，全国双拥模范城（县）命名暨双拥模范单位和个人表彰大会在北京人民大会堂召开，大同市第七次被命名为“全国双拥模范城”称号。市委常委、常务副市长、市双拥领导组副组长李世杰参加会议。

3 月

1456. 7 日，全市民政工作暨党风廉政建设和保持党的纯洁性学习教育活动动员会在市民政局大会议室召开。

1457. 15 日，市民政局、综合治理委员会、教育局、公安局、财政局、人事局、劳动和社会保障局、市政管理委员会、卫生局 9 部门联合制订出台《开展“接送流浪孩子回家”专项行动》的实施方案。

4 月

1458. 8 日上午，新建大同市殡仪馆举行封顶仪式。

1459. 25日，大同市民政局组织各县（区）43名退伍残疾军人，在驻同解放军第322医院进行提残、换证残疾医学鉴定。

1460. 4月，在全省创建“敬老文明号”表彰大会上，大同市光荣院被省老龄委授予省级“敬老文明号”荣誉称号。

5月

1461. 16日上午，召开全市创建标准化婚姻登记机关暨婚姻登记员培训动员会议。会议宣读《民政部关于启用婚姻登记工作标识的通知》，进行婚姻登记培训及培训考试。

1462. 28日，根据《大同市自然灾害救助应急预案》和省、市两级对汛期救灾工作的要求，市民政局制定出台2012年汛期自然灾害救助应急预案。

1463. 29日下午，《中华人民共和国政区大典·山西省卷》大同部分编纂工作会议召开，对编纂工作进行部署。

1464. 5月，市委常委、纪委书记卫洪平深入矿区低保大厅、中国银行矿区新区支行、矿区平泉街办事处就城镇低保审批和资金发放情况进行调研。

6月

1465. 1日，市委常委、宣传部长马斌，市民政局局长白玉、副局长王强等一行8人在灵丘县有关领导陪同下，到市民政局扶贫点——灵丘县石家田乡上北罗村现场办公，与乡、村干部共商脱贫致富大计。

1466. 从1日至9月15日，全市各级民政部门建立24小时汛期值班制度，市、县民政部门都要执行24小时零报告制度。在发生较大或重大自然灾害后，灾害发生地县级民政部门要在第一时间了解掌握灾情，并在2小时内向市民政局报告，必要时可直接向省民政厅或民政部报告灾情。市民政局接到灾害信息后2小时内编发《灾情快报》，及时上报市委、市政府和省民政厅，以及向市救灾相关单位通报灾情。每日9时前，由灾区民政部门向市民政局报一次灾情动态，直到灾情稳定。在灾情发生24小时内，市局将组织救灾工作组及时赶赴灾区，慰问灾民，核查灾情，指导灾区开展救灾工作；在48小时内调拨落实有关救灾物资，制订市级救灾应急资金补助方案，并商市财政局，按照拨款程序及时下拨。

1467. 12日，市民政局在市公务员培训中心进行全市基层自然灾害灾情管理系统培训。

1468. 12日上午，在市民政局二楼会议室召开全市退役士兵职业教育和技能培训会议。

1469. 15日，《中国社会报·山西民生》刊登《为民解难大联动》寄自山西大同市的报告，介绍大同市民政局在新形势下建立“政府主导，民政牵头，部门协作，社会参与”的长效工作机制，保持民政事业健康稳步发展的成绩和做法。8月，《当代中国》全文刊载，并发山西省民政厅周明定厅长专访，对“大同经验”给予高度评价。之后，《中国社会报·山西民生》发表了省内外民政部门领导、专家学者的评价文章。

1470. 15日下午，全市社区实施网格化管理动员大会在城区政府会议室召开。

1471. 6月，市政府决定成立大同市流浪乞讨人员救助管理工作领导组。

7月

1472. 10日下午，市委领导就深化行政审批制度改革，深入市民政局机关调研。

1473. 23日，市民政局涉及的退役士兵安置、复员干部安置、移交政府接收的军队离退休干部（含退休士官）安置、农村五保供养、冬令春荒灾民生活救助、发放各类重点优抚对象抚恤金和定期定量生活补助、残疾军人抚恤关系转移工作审核审批8项民生服务项目优化完毕，与市行政审批制度改革工作领导组办公室和市政务公开领导组办公室进行对接。

1474. 27日，《中华人民共和国政区大典·山西省卷》大同部分编纂培训会在市天贵国际酒店召开，市编委会联络员，各县区民政局、乡镇、街道工作人员，共计180余人参加。

1475. 30日下午，全市“八一”军政座谈会在雁北宾馆世纪厅召开。

1476. 7月，经过连续20多天的努力，市光荣院顺利搬迁到御东新院。

1477. 7月，为进一步贯彻市政府《关于进一步规范最低生活五查五看保障制度的意见》和卫洪平书记关于城乡低保审批程序需要进一步优化的指示。市民政局党组先后多次召开讨论会研究和论证，制定出台一系列相关制度。

8月

1478. 7日，市民政局涉及的32项其他类服务事项全部优化完毕，通过服务事项流程优化，即办件达27项，其中，3项由原来的承诺件优化为即办件；4 项服务事项优化达到 1/2 以上，对《救灾捐赠款物分配调拨备案》服务事项进行了削减。

1479. 14 日，省民政厅纪检组长游炜、政策法规处处长琚李梅等一行 3 人，赴大同市就民政法制建设情况调研。

1480. 21～22 日，由省民政厅双拥联络处负责人带队的慰问团代表省委、省政府慰问驻同 93601 部队、66075 部队、66077 部队、66173 部队，与官兵座谈，送去慰问信，赠送 10 万元慰问金。

1481. 24 日，全市第四次农村低保家庭子女“春霖助学行动”助学金现场发放仪式在雁北宾馆举行，来自 9 个县区低保家庭的 269 名农村贫困大学生，每人领到 2000 元助学金。自 2009 年以来，“春霖助学行动”共救助农村贫困大学生 1050 名，累计发放助学金 337 万元。

1482. 8 月，市民政局组织对广灵－浑源、大同－阳高、左云－新荣三条县级界线联合检查。界线全长 123.965 公里，涉及 6 个县区、14 个乡镇。

9 月

1483. 5 日，省民政厅副厅长何耀光一行莅同调研社区建设工作，走访水泉湾・龙园社区和柳港园社区。

1484. 10 日，市政府召开“2011 年冬季入伍的义务兵优待金统筹发放工作协调会”，9 月 11 日出台《大同市义务兵优待金发放工作实施细则》。

1485. 10～11 日，由市民政局纪检组长陈友带队，市社区建设管理指导中心组织城、矿两区组织部、民政、街道和社区部分工作人员 70 余人赴太原、长治观摩学习社区网格化建设工作，参观太原市杏花岭区涧河街道锦绣苑社区、庙前街办事处南海街二社区、长治城区网格化社会管理服务信息平台，进行交流探讨。

10 月

1486. 1 日，根据省民政厅、省财政厅《关于调整部分优抚对象等人员抚恤和生活补助标准的通知》，自 2012 年 10 月 1 日起调整部分重点优抚对象等人员抚恤和生活补助标准。这是继 2012 年提高标准之后的再次调整，全市 6600 余名重点优抚对象将受益。此次提标主要是提高残疾军人（含伤残人民警察、伤残国家机关工作人员、伤残民兵民工）的残疾抚恤金、三属（烈属、因公牺牲军人遗属、病故军人遗属）的定期抚恤金、在乡退伍红军老战士（含红军失散人员）的生活补助标准。全市另有 3500 余名 60 岁以上农村籍退伍老兵和 454 名 60 岁以上农村籍烈士子女也将由民政部门发放相应的生活补贴。

1487. 10 日，市委常委、纪委书记卫洪平一行 9 人到市民政局，就贯彻落实最低生活保障制度、进一步推进低保审批流程优化工作调研深入市城乡居民最低生活保障管理中心，详细了解低保工作运行情况。

1488. 22 日，市人大常委会副主任董斌一行到市民政局，对社会救助、社会福利、优抚安置等工作进行调研，深入惠民新区对社区居委会开展低保工作情况进行实地考察。

1489. 23 日，市委常委、常务副市长、市老龄委主任李世杰，市老龄办史天有副主任，区委副书记、区长薛明耀及副区长吴芳芳等一行走访慰问城区百岁老人及特困老人，送去慰问金和米、面、油等慰问品。重阳节期间，市老龄办代表市委、市政府分赴天镇、阳高、左云、灵丘等县区慰问百岁老人和高龄特困老人。

1490. 根据大同市人民政府、大同军分区《关于义务兵优待金发放工作实施方案》，2012 年全市共统筹义务兵优待金 40356475 元。

11 月

1491. 21 日，省民政厅区划地名处郭建林副处长一行 2 人，对灵丘县开展平安边界示范县创建活动情况进行检查验收。

1492. 27 日上午，由大同市老龄委组织，市直及部分县区共 13 家单位的离退办主任参加的养老工作研讨会，在大同市老人公寓召开。研讨会分析老年人养老情况，倡导积极养老观念，转变陈旧养老形式，提高老年人生活质量。

1493. 29～30 日，全市社区网格化管理和信息化建设培训工作会在灵丘县召开。

1494. 11 月，全市规范行政处罚自由裁量权行使工作开展以来，市殡葬管理所对违反殡葬法规涉及的 18 项带有自由裁量权的行为、种类、幅度制定细化处罚标准，按照违法行为及其造成的后果将行政违法行为划分为从轻处罚、一般性处罚和从严处罚 3 个阶次，有效遏制执法人员有法不依、执法不严、滥用职权、滥施处罚等现象。

1495. 11 月，大同市救助管理站按照 5 部委文件精神，对寒冬期间的救助管理工作作了具体部署安排。每周不定期派出救助车和工作人员，以车站、市内繁华地区、地下通道、桥梁涵洞等生活无着人员集中活动和露宿区域为重点，加大巡查和救助力度，特别是加强夜间巡视救助。

12月

1496. 4日，市民政局参与全市法律集中宣传活动，组织市低保中心、殡管所等相关单位工作人员，结合民政工作实际，对社会救助、社会事务等方面的民政法规知识进行宣传，发放各类宣传资料500余份，接受156名群众关于城乡低保、殡葬等方面问题的咨询，并现场解答。

1497. 4日上午，市政协组织部分常委、委员深入市城乡最低生活保障中心就城乡保障体系全覆盖情况进行视察调研。

1498. 14日，全市“送温暖·献爱心”社会捐助活动动员大会在雁北宾馆召开。

2013年

1月

1499. 12~13日，省民政厅副厅长许富昌、社会事务处处长张继敏、法规处主任科员商李彪一行3人，到市福利院福兴寄宿家庭和福利院儿童中心检查指导工作。

1500. 15~19日，为贯彻省民政厅《关于在全省民政系统开展安全大排查的通知》精神，市民政局白玉局长赴各县区检查指导工作。重点查看各县区敬老院、救助管理站、光荣院、儿童福利中心、民办老年公寓建设及投入使用情况，听取各县区民政局负责人关于城乡低保资金发放、重点优抚对象和老党员生活补贴、零星烈士墓迁移、流浪乞讨人员救助、孤儿大排查、冬令款发放等情况汇报。在部分县区白玉局长与县（区）委、政府领导就社会福利中心建设、敬老院法人登记、民政专项资金配套等问题进行沟通协调。

1501. 22日，市民政局局长白玉、副局长王强带领有关负责人，赴定点扶贫村联系点——灵丘县石家田乡上北罗村，了解脱贫致富项目进展情况，开展扶贫助困送温暖活动。

1502. 28日上午，市民政局2012年度目标责任考核大会在局机关会议室召开。局党组成员、县区民政局局长、机关各科室负责人、基层单位党政主要负责人和全市民政系统两代表一委员，共计50余人参会。市委考核组李义明、孙为军等9位领导到会指导。会上，白玉局长代表市民政局领导班子就2012年度民政工作任务指标完成情况、领导班子建设情况和落实党风廉政建设情况述职。市委考核组通过听取述职、民主测评、个别谈话、查阅资料、实地检查，充分肯定民政工作成绩。

1503. 28日，市民政局召开全市民政工作部署会，局党组成员、各县区民政局局长、机关各科室及局属各单位党政负责人参加会议。局党组书记、局长白玉就2013年的工作和重点任务进行安排部署。2013年的工作思路是：转变作风、稳中求进、扎实干事、改善民生。认真履行6项职能，提高6个水平。即，认真履行保障困难群众基本生活的职能，进一步提高城乡社会救助水平；认真履行救灾减灾综合协调工作职能，进一步提高救灾应急水平；认真履行服务军队和国防建设职能，进一步提升优抚安置和双拥工作水平；认真履行加强基层政权和社区建设的职能，进一步提升基层群众自治组织自治水平；认真履行维护特殊群体权益的职能，进一步提升社会福利服务水平；认真履行社会行政事务管理职能，进一步提升公共服务水平。树立好“三个形象”：一是加强理论学习，树立勤奋好学的良好形象；二是转变工作作风，树立群众满意的良好形象；三是严格资金监管，树立廉洁自律的良好形象。

1504. 30日，市民政局民间组织管理科与市委纪检办联合召开专题部署会，要求全市民间组织落实中央政治局“八项规定”，提出“厉行勤俭节约，反对铺张浪费”的倡议。

1505. 1月，《中国社会报》总编周蔚华来同采访调研，在市社会福利院了解儿童抚育工作，实地考察儿童康复中心、寄宿家庭和孤残儿童的康复训练情况，还参观市光荣院御东分院。市委常委、副市长操学诚，市长助理姜克昭，市民政局局长白玉、副局长王强陪同。

1506. 1月，市民政局聘请专家、学者对《中华人民共和国政区大典·山西省卷》大同部分中的各县区、乡镇（街道）内容进行评审。市编委会办公室聘请老专家姚斌、学者王林等对11个县区分卷逐一评审，对人名、地名、数据反复核查，确保准确无误。

2月

1507. 5日上午，市政协主席马福山，市委常委、政法委书记卫国，市人大常委会副主任邵奎，市政协副主席郭俊岗代表四套班子领导，到福利院慰问孤残儿童和老人，并送上2万元慰问金，参观福利院的生活服务设施，对福利院的工作予以肯定。

1508. 9日上午，李俊明代市长到市光荣院看望慰问优抚老人，送上2万元慰问金，副市长操学诚、人大常委会副主任刘美、民政局局长白玉等陪同。

1509. 17日，市民政局党组书记、局长白玉主持召开会议，传达贯彻全市党风廉政建设干部大会暨市纪委十四届三次全会、全市领导干部廉政警示教育大会和市政府常务会议等一系列会议精神，同时对近期全市民政工作进行安排部署。局党组成员、机关科室负责人和直属单位党政正职参加会议。

1510. 2月，根据民政部、财政部《关于发放艾滋病病毒感染儿童基本生活费的通知》精神，从2012年1月起为携带艾滋病病毒及患有艾滋病的儿童发放基本生活费，申报登记工作于3月20日结束。

3月

1511. 5日上午，市委常委、常务副市长李世杰深入市光荣院、市低保中心调研，了解光荣院新院运行情况并询问二期工程准备工作，在两个单位现场办公，了解存在的困难和问题，现场研究制定解决措施。市民政局局长白玉陪同。

1512. 18日，市社区建设管理指导中心对南郊区190个村级组织书记、村主任200余人就农村社区全覆盖工作集中培训。

1513. 19日，根据民政部、财政部办公厅《关于申报2012年零散烈士纪念设施抢救保护项目的通知》和省民政厅有关要求，市民政局组织南郊区、大同县民政局相关人员，到广灵县玉福山烈士陵园和浑源县烈士陵园实地观摩学习。

1514. 20日，为进一步落实市政府《关于优化审批流程进一步规范最低生活保障制度的意见》和市纪委卫洪平书记提出的加强对城乡低保工作常态化监督的要求，市民政局决定对2013年全市城乡低保对象审批情况进行检查。采取查看档案与入户核查相结合的办法，及时发现和纠正城乡低保审核、审批过程中存在的问题。

1515. 25日上午，全市2013年度福彩工作会议召开。省福彩中心白文斌副主任、市民政局白玉局长以及市财政局算外管理闫绪文局长出席会议，全市240多个投注站负责人参加会议。会议由分管局长王强主持。市福彩中心主任任林作工作报告，对上一年的工作进行总结，对下一年的工作进行部署安排。省福彩发行中心副主任白文斌讲话，对大同的福彩发行工作给予肯定。市财政局预算外管理局闫绪文局长讲话。市民政局白玉局长提出3点意见：一是强化目标管理，促进福彩销售；二是加大宣传力度，扩大福利彩票的品牌效应；三是不断加强站点建设，为彩民营造舒适的购彩环境。会议还表彰了12个先进集体和23个先进投注站。

1516. 3月，市民政局召开会议，传达市委、市政府等一系列会议精神，要求全市各级民政干部一定要保持高度的政治敏锐性，讲政治、讲党性、讲大局、讲原则、守纪律，安安心心、本本分分做好本职工作。

1517. 3月，大同市人民政府办公厅“关于免除城乡困难群众基本殡葬服务费的通知”下发以来，市殡仪馆紧急召开会议，切实加强组织领导，制定具体实施办法，按照公开、公正的原则，严格审核免费对象和票据，防止出现假报、多报现象，确保免除城乡困难群众基本殡葬服务费用顺利进行。

1518. 3月，2013年民政部优抚信息数据库全面升级，市县两级民政部门重新整理优抚对象档案，加班加点，在规定时间内圆满完成录入工作。系统录入新增666人（包括有三属17人、带病回乡退伍军人163人、参战涉核人员19人、60岁农村籍退伍军人384人、60岁以上烈士子女83人）；减员158人（其中包括伤残军人10人，老复员军人144人，60岁农村籍退伍军人4人）。全市11230名享受各类抚恤待遇的优抚对象，全部录入信息数据库。

4月

1519. 17日，为确保零散烈士纪念设施建设管理保护工作顺利实施，市民政局局长白玉、副局长郜德民一行到大同县督促检查零散烈士墓集中迁移保护工作落实情况。副县长刘义深及民政局负责人陪同检查。大同县共有零散烈士墓155处，其中有名烈士墓23处，无名烈士墓132处。白玉局长一行实地查看零散烈士墓迁移墓地，要求按照省厅规定做好软硬件基础设施，确保集中迁移安葬工作9月底前完成。

1520. 24日，省委组织部、省委政法委、省民政厅、省财政厅联合调研组一行4人莅临大同市城区、矿区督导社区工作。市委组织部副部长王建儒、市民政局副局长郜德民、市社区建设管理指导中心魏东以及城、矿两区相关负责人陪同调研。调研组要求各部门把社区工作做细做实，将下拨资金用到实处，完善服务平台建设，创新管理服务模式，提升社区建设水平。

1521. 24日，根据国务院《军人抚恤优待条例》和《山西省军人抚恤优待实施办法》中有关评残、提残优抚业务工作程序的具体要求，市民政局组织全市各县（区）40名退伍残疾军人，在驻同解放军第322医院进行提残、换证残疾医学鉴定。

1522. 25日，为规范全市城乡低保工作，推进救助对象家庭经济状况核对机制的落实，大同市政府组织召开协调会，召集民政、财政、劳动和社会保障、房产、银行等11家单位，对下一步开展居民经济状况核对工作进行安排部署。大同市委常委、常务副市长李世杰主持，大同市民政局副局长王强宣读居民家庭经济状况核对领导组成员名单及各成员单位的职责，市民政局局长白玉就当前社会救助工作发展情况、开展居民家庭经济状况核对工作的意义讲话。李世杰副市长提出4点要求：一是各成员单位站在讲政治的高度重视核对工作；二是讲求工作效率，在2个工作日内完成申请对象信息的比对，上报市低保管理中心；三是要全力配合民政部门，在网络端口提供等方面无偿提供技术支持；四是抓好工作落实，立足职能，各负其责，及时提供保障对象的相关信息，使核对工作有序开展。

5月

1523. 8日，由民政部副部长窦玉沛带队的调研督查组一行莅同，就社会救助政策落实、推进民政政策创制等进行调研督查。窦玉沛一行先后深入市社会福利院、市低保管理中心、市光荣院实地调研。

1524. 9日，省民政厅厅长薛维栋莅临大同市城区柳港园社区调研。薛维栋厅长参观便民服务大厅、阅览室、党建活动室、老年大学、廉政教育室、居民活动室和社区网格化管理平台。

1525. 9日，省民政厅党组书记、厅长薛维栋深入阳高县新和堡村，看望民政厅驻村扶贫工作队员，了解群众生产生活情况，与县、镇、村共商扶贫增收事宜。省民政厅党组成员、省老龄办专职副主任、省委第25批驻阳高县下乡工作队大队长王进龙，省民政厅副巡视员、办公室主任陈满屯一同参加调研。市民政局局长白玉及阳高县主要领导陪同调研。薛维栋厅长详细了解新和堡移民新村的情况，走访慰问部分困难户、老党员和因病致贫的家庭。要求省扶贫队和县、乡、村各级，广开思路，拓宽致富门路，实实在在地为村民办实事、办好事，办一件成一件，不走形式、不走过场。薛维栋厅长还先后到阳高县新和敬老院和县中心敬老院、光荣院、儿童福利院，看望慰问五保老人、老荣军、孤儿。

1526. 18日，海军北海舰队某军港，舷号为580的一艘最新一代导弹护卫舰以“大同”命名，大同舰入列命名授旗仪式在这里举行。

6月

1527. 8日上午，全市依法查处非法彩票销售协调会召开。当天下午，市民政部门进行周密部署，会同公安、工商、财政等部门，抽调精干力量，兵分3路深入有关县区，取缔隐蔽非法彩票销售窝点6个，查扣非法销售设备6台。

1528. 13日，省民政厅优抚处李德孝处长、张补文副处长莅同督导检查零散烈士纪念设施抢救保护工作，要求在年底前保证完成零散烈士墓迁建保护工程90%，完成零散烈士纪念设施保护工作的80%；确保资金到位、确保工程质量、确保工程进度、确保工程廉洁。

1529. 19日，阳泉市民政局副局长文武全带领该局有关科室及阳泉市社会福利院工作人员一行13人到市社会福利院参观交流。

1530. 21日上午，全市军休政策自查自纠工作会在市民政局二楼会议室召开。

1531. 28日至7月2日、7月7～11日期间，全市发生两次连续强降雨过程，天镇县受灾严重，群众居住的土坯房（含窑洞）倒塌803间，涉及309户733人，严重损坏4500间。需转移安置1834户4740人。省民政厅紧急调运300顶帐篷，市民政局安排15万元救灾资金，解决临时安置人员的生活问题。

7月

1532. 7月15日下午，市委常委、常务副市长李世杰，深入天镇县赵家沟乡实地查看受灾情况，指导救灾工作。先后来到窑沟村、柳子堡村等地现场查看灾情。

1533. 11～12日，社会事务司副司长李波等一行3人来同调研共产党员带头参与殡葬改革情况。调研期间，实地走访大同市殡仪馆，召开民政系统座谈会和社区、村委党员及群众座谈会，了解共产党员带头参与殡葬改革的经验做法，听取党员、群众对参与殡葬改革的意见和建议。

1534.　21～22日，省荣军医院体检组一行28人来同为245名原8023部队及其他国家认定范围内参加核试验军队退役人员进行集中巡检。体检地点设在矿区和新平旺社区卫生服务中心医院。

1535.　25日上午，市党政军领导来到驻同66077部队，参加“八一”军事日活动，并召开军政座谈会，体验军营生活，共叙鱼水深情。活动中，市领导慰问部队官兵，参观部队建军历史展览馆和部队营房，听取有关情况介绍，观摩官兵装备操作演示，感受部队武器装备发展变化，了解部队现代化建设和官兵们的生活、训练情况，并来到部队靶场，进行实弹射击体验。随后，参加活动的市党政军领导又在部队文化活动中心召开军政座谈会。

1536.　30日上午，市民政局召开局党组（扩大）会议，传达全省领导干部大会精神和市政府常务会议精神。

1537.　7月，市民政局聘请50名同志为全市民政系统政风行风监督员。

8月

1538.　2日上午，大同市农村老年日间照料中心推进会在阳高召开，会议确定到年底，全市9个农业县区，保证建成41所农村老年人日间照料中心。阳高县民政局参观学习运城经验，在全市第一家先行先试，开展农村老年人日间照料中心项目，让农村老年人有日间娱乐活动的休闲场所，有老年灶、休息室、活动室、图书阅览室和书法绘画室或文艺活动室等。

1539.　23日，大同市第五次农村低保家庭子女“春霖助学行动”助学金现场发放仪式在雁北宾馆举行，来自9个县区低保家庭的282名农村贫困大学生，每人领到2000元助学金。已经开展5年的“春霖助学行动”，共筹集资金964万元，累计发放资助金538.2万元，资助农村低保家庭子女1337名。

1540.　8月，入汛以来的强降雨天气导致部分县区出现房屋倒塌等灾情，群众财产遭受损失。为帮助受灾群众摆脱困境，7月22日全市开展救灾社会捐助活动以来，各级党政机关、社会团体、中央和省驻同单位、解放军和武警部队、企事业单位、个体工商户、社会各界群众积极奉献爱心，共募集捐款254.47万元。

1541.　8月，市民政局制定统一的养老机构入住合同书。合同共12章，对老人的生活照料、伙食、医疗，以及老人、监护人的权利和责任作出明确规定。养老机构与老人和监护人签订三方协议，为三方提供合理的维权依据。

9月

1542.　2日，大同市“平安边界”创建活动现场会在灵丘县举行。参会人员参观灵丘县民政局“平安边界”创建活动相关档案资料、仪器配备等，进行了交流探讨。

1543.　9月，根据大同市人民政府、大同军分区《关于义务兵优待金发放工作实施方案》，2013年全市统筹义务兵优待金48142224元（2011年全市冬季入伍义务兵优待金26475406元，2012年全市冬季入伍义务兵优待金23000673元）。各县区全部划拨到位，正在审核义务兵通知书、身份证和家属户口等证件，委托银行制卡发放。

10月

1544.　14日上午，市民政局组织市社区管理指导中心、市社会福利院、市光荣院相关人员及城区、矿区民政局分管志愿服务工作的干部和城、矿两区各街道办事处相关人员30余人参加全国“菜单式”志愿服务暨志愿服务记录制度试点经验交流视频会议。2013年，大同市城区被民政部确定为全国志愿服务记录制度试点区。为了更好地贯彻省民政厅《山西省志愿服务记录试点工作实施方案》，市民政局作了周密部署，明确了试点工作目标任务、主要内容、实施步骤和具体要求，志愿服务记录试点录入工作有序开展。

1545.　16日，省妇联关爱孤残儿童捐赠仪式在市福利院阳光厅举行，省妇联主席王维卿代表省妇联为孤残儿童捐赠10万元爱心款，参观了福利院“三无”对象生活区、家庭寄养办公室、儿童康复中心等。

1546.　22日，市民政局白玉局长、王强副局长，带领机关相关科室负责人，深入灵丘县、广灵县、浑源县开展专项执法监察。检查2011年和2012年度孤儿保障、优抚政策落实，零散烈士墓及纪念设施抢救保护进展及资金管理使用，流浪乞讨人员救助补助资金使用管理情况，并调研农村老年人日间照料中心建设情况。

1547.　10月，根据《山西省民政厅关于开展专项执法监察和行风示范单位、星级光荣院评选验收的通知》精神，市民政局召开会议部署，制订评选验收工作方案，成立由局党组成员带队，相关科室人员参加的5个执法监察组，于10月19～23日，利用一周时间，对照相关政策、制度和具体规定，通过听取汇报、现场查看、审核财务报表及相关凭证等方式，对所辖11个县（区）2012年以来的孤儿保障、优抚和流浪乞讨人员救助政策落实情况进行专项执法监察。针对发现的问题，认真梳理、分析问题原因，从体制机制、管理措施、操作流程等方面提出监察意见和建议，督促相关县（区）制定切实有效的整改措施。

1548. 10月，市民政系统在职党员339人全部到社区报到。根据市委组织部统一安排，9月4日，市民政局成立领导组，机关党委办公室具体负责党员报到工作。9月9日，召开专题会议，对在职党员到社区报到动员部署。9月27日开始由局机关党委统一开具介绍信到社区报到，《在职党员到社区报到情况统计表》记录存档。

11月

1549. 6日上午，全市民政系统民主评议政风行风听证对话会在市民政局二楼会议室召开。听取和答复各县（区）行风监督员对民政工作提出的意见和建议。各县（区）行风监督员代表以维护民生、落实民权、促进民利为出发点，共提出意见建议35条，市民政局机关有关科室和直属单位领导现场解答。

1550. 11日，民政部社会救助司副巡视员周萍带队的国务院督查组莅同，检查最低生活保障政策落实情况。督查组一行6人于12日上午到13日下午分别赴市财政局，市低保中心，城区财政局、低保中心、部分街道办事处和天镇县财政局、低保中心、部分乡镇检查。

1551. 19~20日，全省农村社区建设培训推进会在大同召开，推进会分为观摩学习、交流培训、专家辅导3个阶段，来自晋中、长治、大同的民政干部、乡村干部共152人参会。19日上午，参会人员赴南郊区五爱社区、东肖河社区、杨家窑社区观摩学习。20日上午，参会人员观看全省农村社区全覆盖示范单位视频资料片，并聘请山西大学教授廉如鉴作《城乡一体化视角下的农村社区建设》专题辅导。

1552. 11月，市民政局组织编纂新中国成立以来《大同市民政志》。1987~1994年，组织编纂第一部《大同市民政志》，记录清末至1985年的大同民政历史，志余部分延续到1992年，保存了珍贵的民政部门历史资料。2013年10月24日，省民政厅通知报送民政机构沿革等历史资料，根据通知精神，结合缺少全面系统的民政史志的实际情况，为全面记录民政事业的发展历史，总结民政工作的成绩经验，局领导决定编纂《大同民政志（1949—2013）》，成立编纂委员会，设立办公室，制定实施意见，明确编纂的指导思想和实事求是、详今略古的原则，在第一部《大同市民政志》的基础上，记述新中国成立以来大同民政工作的发展历史，以期达到“存史、资治、教育”的目的。

12月

1553. 4日上午，市民政局组织局机关、市低保中心、殡管所等相关单位工作人员，在大同公园东门广场参加大同市“2013年‘12·4’全国法制宣传日法律宣传、咨询活动”。宣传社会救助、社会事务等方面的民政法规政策，发放各类宣传资料600余份，现场解答168名群众关于城乡低保、殡葬管理等方面问题的咨询。

1554. 4~6日，由中国宋庆龄基金会、中国儿童福利和收养中心主办，大同市民政局、大同市社会福利院承办的“富邦发展迟缓儿童疗育基金”2013年度项目总结会在市福利院举行。中国宋庆龄基金会理事邵秀华、陈韬，公益合作处处长王刚玉，中国儿童福利和收养中心儿童抚育部主任冀刚，北京师范大学特殊教育研究所教授肖非，北京、上海、天津、杭州、武汉、深圳、哈尔滨、大同等14个市的福利院长、特教老师，市民政局局长白玉、副局长王强共52人参加会议。

1555. 9日，市福彩中心完成销售总额200046069.59万元，其中募集社会公益金6373万元，市级公益金1848万元。

1556. 10日，省和谐社区示范单位验收组莅临大同，验收申报全国、创建全省和谐社区示范单位的区、街道、社区。申报单位是：城区、城区北街、向阳里街道、新华街卧虎湾社区、振华南街惠民里社区、向阳里柳港园社区、东街水泉湾龙园社区、矿区清泉街福禧里社区。

雁北地区民政大事记（1949.5～1993.7）

1949 年

1. 5 月，雁北地区城乡全部解放。9 月 9 日，东、西雁北两大根据地合并，划归察哈尔省管辖，全区辖 12 个县：阳高、大同、浑源、广灵、灵丘、应县、怀仁、山阴、朔县、平鲁、右玉、左云。

2. 10 月，设立察哈尔省雁北行政督查专员公署民政科，负责人事、民政、劳动工作。张俊兰任科长，1951 年 11 月离任。

1950 年

3. 2 月 2 日，雁北地委发出通知，对 3000 名（约 800 户）移民进行安排。决定移往大同 300 户、应县 200 户、怀仁 200 户、山阴 50 户、朔县 50 户。3 月 30 日至 4 月 21 日，京、津两市向察哈尔省移民。雁北共安置移民 490 户，计 2019 人。移民分别被安置在大同、怀仁、朔县、应县、山阴 5 县，分给每人 6 亩土地。

4. 7 月 5 日，阳高县重兴镇武委会主任尹进、王官屯农民李发富，在捕捉匪特中英勇牺牲。29 日，阳高县政府在重兴镇召开万人大会，追悼死难烈士，枪决凶犯。8 月 6 日，察哈尔省政府通报表扬，追认尹进、李发富为烈士，家属给予烈属待遇。对剿匪有功的阎家坊、王官屯、重兴镇各奖锦旗一面，对剿匪有功的区干部康斌、兰为英、张科各记功一次。同日《察哈尔日报》发表社论，号召人们向尹进同志学习。7 月 30 日省委通报表彰，号召全省人民向他们学习。

5. 7 月，雁北地委编纂《新婚姻法宣传手册》，全区各城镇、乡村掀起宣传第一部《中华人民共和国婚姻法》的热潮。

1951 年

6. 1 月 11 日至 2 月 10 日，全区定为“优军月”。各县、区、村广泛开展拥军优属活动，普遍举行军民座谈会、烈军属座谈会，进行抗美援朝宣传。总结上年代耕工作，评议今年代耕对象，并发动军属给丈夫、儿子写信，鼓励他们打击敌人。春节前发动群众给烈军属赠送礼品，给立过功的军属挂光荣匾。

7. 4 月，全区春旱严重。地区组织工作组，前往灾区检查。各县组织干部下乡，解决灾民生产、生活困难问题。7 月，久旱不雨，虫灾、雹灾相继发生。9 月 7～13 日，全区发生严重霜冻，受灾面积 519 万多亩，占全区播种面积的 50% 以上。10 月 13 日，地区成立生产救灾委员会，组织生产自救，各县开展生产救灾运动。全区有 2500 多名干部下乡，帮助农民发展生产，战胜灾荒，至 10 月 30 日，大同、阳高、左云、怀仁、山阴等县已有 3800 多名灾民到大同煤矿、门头沟煤矿、官厅水库劳动。应县山区组织灾民刨黄芪 40 多万斤；广灵农民收割麻黄 13 万斤。各级国有贸易机构为生产救灾服务，全区 59 个银行营业所和 3 个金融小组，发放水利贷款和副业贷款。

8. 8 月 18～31 日，国务院七办副主任李登瀛带领中央北方老根据地访问团晋察冀分团到山阴、平鲁、朔县、右玉、左云、灵丘等县老根据地访问。访问团在农村召集群众大会，传达中央人民政府和毛主席对老根据地人民的关怀，把毛主席题词、纪念章和慰问信送给烈军属、功臣、模范及老区人民。

9. 9 月，人事、劳动分设机构，民政科改为民政局，主管民政工作。张俊兰任局长。

10. 11月16日，团省委书记林中及雁北专署副专员张鹏举带领中央察绥内蒙古慰问团察哈尔省分团到右玉、平鲁、朔县灾区进行慰问。省政府拨给雁北玉米100万斤，“以工代赈”，发动群众大搞农田基本建设，调动了农民群众生产救灾的积极性。

11. 11月，王缮任民政局局长，1952年11月离任。

1952年

12. 4月2日，志愿军归国代表团和朝鲜人民访华代表团代表原怀静、姜仲求（朝鲜代表团成员）、孙给唐、解秀梅（女）4人，分成两组到左云、右玉、平鲁、朔县、山阴、广灵、浑源、应县作报告，激发了大家的爱国热情及对美帝国主义的愤恨。

13. 6月10日，专区成立肃毒委员会，主任王任山，副主任刘模、辛文华。全区部署肃毒工作，从6月底到8月10日前，为肃毒工作第一阶段，主要任务是改造烟民。从8月11日到9月20日，为肃毒工作第二阶段，重点任务是打击毒品犯，抓获毒犯931人，全区基本上消灭了贩毒、吸毒现象。

14. 6月11日，雁北抗美援朝分会开会讨论，响应总会捐献飞机大炮的号召，决定全专区捐献飞机二架（“雁北号”飞机小分队）。全区群众积极捐款，地区机关干部、职工立即行动，专区农场41名职工捐款162万元（旧币），地委党校捐款775万元（旧币），地委宣传部捐款746万元（旧币）。各地农民提出精耕细作多打粮，用实际行动支援抗美援朝。

15. 7月6~7日，全区11个县遭受严重雹灾、洪灾，受灾面积123万多亩，死9人，伤26人，人畜财产受到严重损失。专区生产救灾防旱委员会发出紧急通知，要求各县紧急行动，生产自救，战胜灾害。

16. 11月15日，中央人民政府委员会第19次会议通过《关于调整省、区建制的决议》。决议决定：撤销察哈尔省建制，现属察哈尔省原为山西旧辖之朔县、平鲁、左云、右玉、怀仁、山阴、应县、大同、浑源、灵丘、广灵、阳高、天镇13个县及大同市划归山西省。

1953年

17. 1月22日，地区成立“贯彻婚姻法委员会”，专员王任山兼任主任。3月，定为宣传贯彻婚姻法运动月，组织1.9万多人宣传，印发7万多份宣传品，使全区105万人受到教育。通过婚姻法宣传，破除封建买卖婚姻和包办婚姻，全区出现自由恋爱、自由结婚的新风尚。

18. 1月，马林杨任民政局局长，1953年8月离任。

19. 3月，雁北专署民政局改称民政科。马林杨任科长。

20. 5月，全区旱象普遍严重，部分小麦因旱致死，造成春荒。加上执行农村政策中的冒进偏差尚未彻底纠正，群众情绪波动。有少数坏人乘机造谣惑众，各种迷信活动屡有发生，阻碍春耕播种。地委、专区抽调干部深入各县，组织力量抗旱播种，利用一切水源扩大水浇地。在灾情严重的地方，各级政府发动群众生产自救、互助互借，将救济粮及时发放到各村、户，保证灾民“种上地、吃上饭”。各县还进行纠正互助合作化运动中的盲目冒进的偏差和破除迷信、揭穿谣言、镇压反革命分子的破坏活动，安定人心，激发农民克服困难的勇气。

21. 6月，全区普遍发生严重的虫灾，其种类有蚜蚄虫、霉虫、结心虫等11种，尤以蚜蚄虫危害最大。仅浑源、怀仁、应县即有124个村的庄稼被咬成灾。浑源、应县有2万余亩禾苗被咬坏30%~60%。钻心虫危害也很严重，仅浑源两个区23个村遭害的山药就有8800余亩。入夏以来各县连遭雹涝灾害，灾情严重。7月9日，地委要求各县把捕虫、抢种当作紧急的突击任务来完成，其他工作暂时停止。全区抽调县、区干部深入灾区、灾户，发动、组织群众战胜灾害。

22. 8月，翁士璧任民政科科长，1955年5月离任。

1954年

23. 2月25日至3月3日，全国人民慰问解放军代表团6团第6分团雁北小组及蒲剧团，到雁同地区慰问。召开慰问大会1次，报告会2次，慰问演出9场，举行较大规模集体联欢3次。访问了当地功臣家属、模范、烈军属7户，为当地回乡的革命残疾军人、转业军人作了专题报告。

24. 7月6日，根据中央和省委的决定，大同县、怀仁县撤销，两县合并为大仁县，县址设在怀仁镇。同时撤销全区13个县的67个农村区的建制，县直接领导乡的工作。

1955 年

25. 6 月，杨培茂任民政科科长，1967 年 3 月离任。

26. 7 月 7 日，雁北地委作出《关于我专流入内蒙古地区的农民如何安置的几点意见》，对 1954 年冬天到 1955 年 5 月外流的 5 万多农民如何安置作出指示。1954 年雁北专区普遍遭受冰、雹、水涝灾害，受灾土地面积 499 万亩，占全区总耕地面积的 41.5%。专、县党政领导对灾情严重性认识不足，重灾区没有组织力量开展生产自救工作，不少灾民生产和生活受到影响，个别地区在统购工作中违反政策，在发展农业生产合作社和发放救灾款中发生偏差，造成思想混乱，农民外流增加。外流的 5 万多农民占全专农民总数的 3.7%，其中全家外出的有 3135 户，10844 人。雁北地委发出紧急通知，要求进一步采取措施劝止农民外流，并对已流入内蒙古的人员作出安置。

1956 年

27. 6 月 18 日下午，天镇县城关镇及鲍家屯、三里屯、唐八里、胡坨店等 7 个村，遭受严重的冰雹和洪水袭击，造成重大灾害。当晚，天镇县委召开紧急会议，县委负责人带领 16 名干部深入灾区慰问。19 日，地委、专署负责人携带救济款前往灾区慰问救济。

1957 年

28. 8 月 18 日上午，雁北地委召开地委扩大会议，研究全区旱情和开展抗旱斗争的措施。晚上，召开电话会议，地委书记康伯成部署抗旱工作。全区从 6 月 26 日后一直未下雨，受灾面积 57%。地委领导带领地区干部分赴各县指导抗旱斗争，未召开党代会的县一律推迟召开，全力投入抗旱斗争。

29. 10 月 12 ~ 27 日，河北省慰问团到雁北区慰问受灾人民。

30. 9 月，雁北妇联、团委、法院联合召开婚姻法座谈会，就全区一年来贯彻执行婚姻法的情况和存在的问题进行研究讨论。座谈会在肯定近年来宣传贯彻婚姻法取得成绩的同时，也指出存在的问题：买卖婚姻、草率结婚、轻易离婚、非法同居、虐待子女、遗弃父母等社会不良风气。

1958 年

31. 6 月，雁北专署民政科改称民政局。杨培茂任局长。

32. 7 月 1 日，根据省人民委员会通知，将省辖大同市委托雁北专署领导。

1959 年

33. 1 月 23 日，经国务院批准，正式撤销忻县、雁北专员公署，合并为晋北专员公署。设立晋北专署民政局，杨培茂任局长。两个专区合并的同时，雁北原有 12 个县并为 6 县：山阴、阳高、朔县、灵丘、浑源、左云。7 月，广灵、应县恢复建制。1961 年 4 月，右玉县恢复建制，5 月，平鲁、天镇也恢复建制。

1960 年

34. 1960 年，全国大面积发生干旱，再加上“大跃进”错误造成的损失，发生全国性的灾荒。晋北区的灾荒更为严重。党和国家拨给晋北区救灾款 350 万元；全区的干部、工人、战士、学生、市民、社员，为重灾区人民募捐物资。据 15 个县、市的不完全统计，截至 11 月 15 日，募捐寒衣、鞋袜等各种物品 35412 件，现款 69706 元。灾区人民开展“生产自救、节约度荒”的群众运动，各地结合三秋工作，展开大采集、大加工、大储蓄。据 11 月 12 日的统计：全区已有 50 万人投入这一运动，采集各种野菜 7500 万公斤，野生油料、药材、工业原料等 1450 余万公斤。

1961 年

35. 9 月 1 日，根据山西省委通知，撤销晋北地委、晋北专署，恢复雁北地委、雁北专署。全区管辖 11 个县：浑源、灵丘、广灵、阳高、天镇、山阴、应县、朔县、平鲁、左云、右玉。恢复雁北专署民政局。杨培茂任局长。

36. 11 月 22 日，省人民委员会发出通知，大同市改为省直辖市。

1962 年

37. 5 月，全区战胜风寒抢墒播种。春播以来，全区屡遭风灾、冻灾。全区遭受风冻灾害面积达 50 万多亩，两种受害达 300 多万亩。左云、右玉、平鲁到 5 月上旬，连续出现 -5 ~ -7℃ 的低温天气，进入 5 月，干旱严重。为战胜灾害，地委与专署抽调 60 多名干部，由地委领导带领，分赴各县检查帮助，开展抗灾防灾保苗斗争。

38. 6 月，全区 11 个县有 196 个公社，1114

个生产大队，连续19次遭受雹灾、洪灾，受灾面积32.9万亩，死亡14人，死亡牲畜38头，损失财产50万元左右。接着全区出现“卡脖子”旱，从7月21日至8月中旬，没下一场雨，受旱的作物666万亩。雁北地委干部立即深入生产队帮助抗旱。8月10日，地委和专署又联合发出抗旱紧急通知。8月17日，地委召开会议，专门研究抗旱保秋问题。接着，地委组织10个工作组，由地委书记、专员等率领，奔赴各县，具体指导抗旱救灾工作。

1963年

39. 8月2日，地委召开电话会议，号召全区人民开展抗旱斗争。全区去冬无雪，今春无雨，底墒不足。夏季旱情严重，受灾面积413万亩，部分地区人畜吃水困难。会议要求各地大抓水利设施，抓紧农作物的后期田间管理，抓好秋草及饲草的贮青，开展各种副业生产。

1964年

40. 11月2日，根据山西省政府决定，全区设朔县、浑源、天镇、左云、阳高、应县、怀仁6个城关镇及小峪矿区镇。

41. 11月9日，经国务院批准，撤销大同市古城区，恢复大同县、怀仁县建制，归大同市领导。

1965年

42. 5月21日，经山西省人民委员会研究并报国务院批准，将大同县、怀仁县重新划归雁北领导。1965年6月17日，雁北地委、大同市委举行交接会议，将大同县、怀仁县正式移交雁北，大同县所属小南头、水泊寺、古店3个公社移交大同市。

43. 8月15日，根据省委电话会议精神，各县抓紧抗旱救灾。全区组织60万人，分为两支队伍进行抗旱：35万人浇水、浅锄、拔草；25万人打草保畜，发展副业生产，进行采集和基本建设。地委抽调100多名干部组成抗旱救灾工作组，由地委常委带领，分别前往山阴、平鲁、右玉、应县、朔县、左云、阳高、浑源8个县抗旱救灾。

1966～1969年

44. 1966年5月，“文化大革命”开始，1967年3月，撤销民政局，民政工作由雁北地区革命委员会办公室负责。在政权机构非正常情况下，救灾救济、优待抚恤等民政工作正常进行。

1970年

45. 4月17日，山西省革命委员会通知：经中共中央、国务院批准，将大同市划归雁北地区革命委员会领导。领导关系调整后，大同市的财政、商业和物资分配供应关系仍按原规定不变。

1971年

46. 5月22日，雁北地区革命委员会召开抗旱保苗电话会议。入春以来，全区未下过一场透雨，旱象日益严重，各主要河道的水量比1970年同期显著减少，不少水库的蓄水量不到1970年同期的一半，土壤含水率已不能适应农作物生长需要。电话会议要求，各行各业要大力支援抗旱队伍，深入社、队帮助检修排、灌机械，交通、商业、银行、粮食、科技、文教、卫生各部门都要把支援抗旱作为自己的光荣任务，主动地完成各项农业任务；各级领导务必集中人力、物力，全力以赴地搞好抗旱工作。

1972年

47. 3月9日，山西省委决定将大同市仍划归山西省直接领导。

48. 7月5日晚，地委召开电话会议，号召全区各级党组织、革委会和广大干部群众，紧急行动起来，掀起抗旱斗争新高潮。入春以来，全区大部分地方没下过一场透雨，气温偏高，河道断流，旱象严重。据气象资料统计，1～7月，全区平均降雨量仅有110毫米，降雨量比新中国成立以来最干旱的1965年减少23%。

49. 9月，恢复设立雁北地区革命委员会民政局。聂富成任局长，1980年7月离任。

1973年

50. 7月，雁北地委、地革委、雁北军分区派出抗旱工作队，分赴全区11个县抗旱。工作队由地直机关的负责人和工作人员以及军分区指战员组成，计240人。

1974年

51. 雁北全区雨量较少，特别是入伏以来，气温升高，风沙较大，遇到“卡脖子”旱。雁北地委、地革委、军分区派出抗旱工作队，发动群众，大挖水利潜力，抓好以抗旱为中心田间管理工作，坚决做好抗旱保丰收工作。

1975 年

52. 7月27日，雁北地委召开紧急电话会议。会议指出：全区1975年出现严重旱情，春旱连着夏旱，夏旱接着伏旱，旱情达10个月之久，属历史上少见。地委决定在近10天之内，全区学校停课、机关停止办公，部分工厂暂时停工，把人力、电力、机力、畜力集中投入抗旱斗争。地直机关抽调620余名干部，奔赴抗旱第一线。28日晚至29日，全区普降喜雨。

53. 7月28日，全区出现人工降雨的有利天气。山西民航二总队伊尔14飞机654机组全体同志，在2700部队指战员配合下，从晚上11时到第二天上午11时，先后起落4次，完成全区人工降雨任务，使干旱已久的雁北大地普降喜雨。

54. 11月8日，根据国务院〔1975〕175号文件通知，将大同县的镇川堡、花园屯和左云的破鲁、郭家窑、东胜庄5个公社划归大同市管辖。

1976 年

55. 4月6日，右玉发生6.3级地震。这次地震震中在内蒙古和林，距右玉杀虎口30余里。地震时全区均有震感，右玉破坏较大，500余间民房毁坏，没有发生人员死亡现象。平鲁一些村庄也遭震害。其后中央及省、地派慰问团到右玉，并拨款进行救灾，帮助人民修缮住房，使震区人民生活、生产很快恢复正常。

1977 年

56. 12月31日晚，雁北地区、大同市和雁同驻军举行军民联欢晚会。联欢晚会在6个会场同时举行，主会场设在大同市革委会礼堂。晚会上雁北地委副书记、雁北地区革委会主任薛风霄主持。大同市委副书记、大同市革委会主任和愚和雁北军分区司令员赵德荣分别在会上讲话。雁北地区文工团、大同市晋剧团、大同市文工团话剧队分别演出了文艺节目。

1978 年

57. 5月1日，根据4月25日国务院紧急电话会议精神，雁北地委向全区各县委发出抗旱保春播、抗旱保全苗的紧急电话通知；并提出5点意见。

58. 5月，雁北地区革命委员会民政局改名为雁北地区行政公署民政局。聂富成任局长。

59. 6月，全区旱灾严重，受旱面积580万亩，占全区总耕地面积的60%；其中受灾严重的达300多万亩。此外，风害、虫害也相当严重，全区各种病虫害发生面积547万亩。7月8日，地委发出《关于全力以赴抗旱救灾夺丰收的紧急通知》，号召全区人民积极投入抗旱斗争中。

1979 年

60. 7月21~23日，中越边境自卫还击作战英模报告团在大同、雁北共作9场报告，约30万军民听了英雄们的事迹介绍。23日下午，英模们又同雁同工农兵、劳动模范、战斗英雄进行座谈。报告团一行12人。

1980 年

61. 1月19日上午，雁同地区和雁同地区驻军联合召开拥军优属、拥政爱民万人大会；大会在7个礼堂同时举行，主会场设在大同市工人俱乐部。驻雁同部队首长和雁同地区党政负责人出席大会。会上宣读雁北地区行政公署、大同市革委会和解放军驻雁同陆海空三军制定的《拥军优属拥政爱民公约》。

62. 6月以来，全区各种病虫害相继发生。13个县病虫害发生面积已达400多万亩，特别是暴发性的草地螟已在全区普遍发生。6月14日晚，雁北行署召开紧急电话会议，提出4条具体抗灾要求。

7月以来，出现了严重的伏旱，不少小泉水干涸，大河和水库的水量也急剧减少，阳高县的37个水库有11个已经干枯。到7月底，全区受旱面积已达500万亩，严重的有210万亩。

63. 7月，朱佩任民政局局长，1983年8月离任。

1981 年

64. 从1980年10月到1981年3月的170多天，降水仅21毫米，再加上气温偏高，风大沙多，多数土地含水量仅有5%，全区土壤失墒面积达500多万亩，春旱严重程度是新中国成立以来罕见的。地委强调，在有水利条件的地方，要千方百计扩大春浇保播面积；无水利条件地方，要采取耕作保墒、保播，突击顶凌耙地等措施。各行各业要全力以赴，支持抗旱春播。

65. 11月，省人民政府授予同盗窃犯英勇搏斗不幸牺牲的傅玉革命烈士的光荣称号，并载入烈士英名录中。山西省公安厅批准为傅玉追记一等功，并发给奖金200元。傅玉同志是广灵县焦山公社洗马庄大队治保委员，1980年10月16日凌晨，傅玉在护秋巡逻中，发现盗窃杀人犯王永良（后伏法）偷黍子，责其将黍子交回大队进行处理。王犯怀恨在心，将傅推到7米深的沟底下，然后将傅拖到河中溺死。广灵县委和政府发出通知，号召全县人民学习傅玉为保护集体财产、保卫“四化”建设英勇斗争的精神。焦山公社在马庄大队召开授奖大会。

1982年

66. 6月21日，国务院总理赵紫阳一行13人视察雁同地区，在赴平朔煤矿及平鲁县视察途中访问山阴县北周庄2户农民。

67. 11月，武警部队雁北支队成立，部队成员由雁北军分区独立营、地区公安处民警科及各县武装中队三部分组成。

1983年

68. 9月7日，雁北首次农村和城镇地名普查工作经过地名工作者3年多的努力工作，全部结束。这次普查从1980年7月开始，对各类地名的名称来历、更替，含义以及地理位置进行详细的调查和考证；并查阅大量的县、州、市志和历史资料，整理成文字材料、地名成果表、地名卡片和标准地名图。同时对113个大队和11个公社进行更名和命名，使全区所有地名达到国务院的标准化要求。并经整理后编印《雁北地区地名录》。

69. 9月，宋珍任民政局局长，1991年3月离休。

1984年

70. 5月14~16日，雁北地区扶贫工作会议在大同召开。地委委员、地委政法委员会书记郭运为大会作了题为《认真落实党的富民政策，积极开展扶贫工作，为帮助农民共同致富，实现农业第二个翻番而奋斗》的报告，行署副专员安秉文作总结发言。出席大会的有来自地、县、社三级代表共180余人。省民政厅厅长臧新出席会议并讲话。

雁北地区从1980年开展扶贫工作以来，全区23万多贫困户摆脱了贫困，其中有3万多户已发展成为专业户、重点户。会议期间，有12个扶贫先进集体、个人和脱贫致富的代表介绍经验。大会闭幕式上，地委、行署对在扶贫工作中作出显著成绩的怀仁县、浑源县授予锦旗，给13个扶贫先进集体和7名扶贫模范及2名脱贫致富代表颁发奖状。

1985年

71. 4月26日，山西省在平鲁县举行纪念抗日民族女英雄李林烈士牺牲45周年大会。参加会议的有平鲁县机关干部及各界人士代表共1500余人。全国侨联、全国妇联、上海市、福建省及山西省委、雁北地委派代表参加。山西省委副书记王建功、全国侨联主任张国基及李林烈士的战友屈健等在会上发言。纪念会后，省委副书记王建功与雁北地委副书记赵生荣为烈士塑像揭幕。省委宣传部部长张玉田主持召开纪念李林烈士的新闻发布会。为纪念李林烈士，地委决定将井坪中学命名为李林中学，组织编写李林烈士回忆录，尽快拍摄反映李林烈士的电视剧《烽火侨女》。

72. 5月30日，雁北地区五保工作山阴县现场经验交流会召开，地委副书记张正书作《落实五保政策，搞好社会保障，在两个文明建设中开创五保工作新局面》的报告，各县15名代表发言交流经验，参观了山阴县后所乡、玉井镇和北周庄村两个专业户办的敬老院，表彰全区15个五保工作先进集体和31名先进个人。当时，全区有五保户6995户8099人，建有敬老院57所，入院老人509人。会议要求，到年底人均收入500元以上的乡镇建立敬老院，全区敬老院发展到150所。

73. 8月15日上午，地委举行纪念抗日战争胜利40周年报告会。地委书记白兴华主持大会，地委副书记赵生荣代表地委讲话。抗战时期在雁北战斗过的老干部刘苏、任达之作了专题报告，地直机关1600余名干部听了报告。晚上，地区文工团演出文艺节目。同时，各县举行报告会和各种纪念活动。地区还举行抗战胜利图片展览。

74. 11月17日晚9点，解放军英模汇报团一分团由太原抵大同，18日上午，英模汇报团分组举行3场报告（大同2场，雁北1场）。雁北地直机关干部及军分区指战员1200余人听了报告，地委副书记张正书主持会议。作报告的英模有刘健（朱勇烈士的代表）、刘贤军、覃显凡。19日下午，朱永泉、龙作念（介绍盛其顺的事迹）、钱富生3位英模给雁北1200多名大中专院校及各县代表作了感人的事迹报告。晚上，举行宴会和联欢会。20 日，英模离开大同前往张家口。

75. 1985 年雁北地区遭受严重的旱、洪、雹等自然灾害，受灾面积 630 多万亩，占播种面积的 69%，粮食总产比 1984 年减产 4.5 亿斤，减少 19%。全区 13 个县，除灵丘、广灵、天镇比上年增产外，其余 10 个县均减产。右玉、平鲁、左云减产五成以上。因洪雹死亡 8 人，死亡大牲畜 68 头、羊 964 只，冲毁房屋 415 间，还冲毁部分土地、公路及水利设施。

1986 年

76. 4 月以后，全区雨量很少，干旱日趋严重。4 月降雨量最高的浑源、灵丘县，只有 13 毫米，最少的阳高、山阴、平鲁 3 县，仅 1 毫米。大风日数多，4 月至 5 月 20 日的 50 天时间里，7 级以上的大风日数高达 14 天。进入 5 月以后，几乎天天刮风，土壤含水量低。全区 13 个县的 232 个乡（镇）中有 202 个乡（镇）受灾。受灾面积 500 万亩，占总耕地面积的 53%。受灾严重的达 297 万亩。全区有 42 个村庄人畜吃水困难。6 月 26 日，全区普降喜雨，旱象解除。

77. 8 月 5 日晚，雁北地委、行署召开电话会议，号召广大干部、群众，以及各行各业立即行动起来，投入抗旱保秋、抗灾自救斗争，把灾害造成的损失减少到最低限度。这次旱灾范围之大，持续时间之长，旱情程度之严重是罕见的。阎赞尧代表地委、行署，就抗旱保秋、抗灾自救工作提出 6 点意见。

78. 8 月 15 日，大同县委和大同县人民政府在大同县党留庄村，举行仓夷烈士纪念碑落成揭幕仪式。

1987 年

79. 5 月 19 日，雁北地区残疾人福利基金会成立。会上宣读了以《伸出您友爱之手，扶助残疾人事业》为题的雁北地区残疾人福利基金会致全区各界的公开信。名誉理事长、行署专员阎赞尧，地委书记李振华在会上先后讲话。

1988 年

80. 7 月 27 日，阳高县民政局局长鲁世沛被民政部、总政治部授予“拥军优属先进个人”。

81. 10 月 19 日重阳节上午，地委、行署、区直机关 600 多名离退休老同志及各单位负责人欢聚一堂，在雁北礼堂庆祝第一个老年节。会上，行署副专员管少藩代表地委、行署向全区 23 万老年人表示真挚的问候和节日的祝贺。

1989 年

82. 1 月 1 日，经国务院、山西省政府批准：雁北地区所辖朔县、山阴、平鲁 3 个县从雁北划出，成立朔州市。规格为地级市。雁北地委副书记、行署专员阎赞尧调任朔州市。至此，雁北地区管辖左云、右玉、大同、天镇、阳高、浑源、应县、怀仁、广灵、灵丘 10 个县。

83. 4 月 19 日，行署专员王善在召开的电话会议上，要求全区各县抗旱保春播、抗旱保全苗、抗旱保丰收。从 1988 年 9 月 1 日至 1989 年 4 月中旬，全区降水量为 39 ~ 87 毫米，比历年同期平均值少 14% ~ 60%。截至 4 月下旬统计，全区土地受旱面积已达 398 万亩。旱情仍在继续发展。王善专员要求把抗旱工作当作农村工作中压倒一切的首要任务来抓。

雁北军分区赵副司令员在会上向全区民兵发出号召，要求他们在抗旱斗争中发挥突击队作用。

84. 8 月 3 日，“穆岳烈士纪念碑”揭碑仪式在浑源县烈士陵园举行。雁北地委、行署领导以及穆岳烈士的战友、亲属和浑源县党政部门的领导 500 余人参加仪式。地委书记徐生岚、天津市人大常委会原副主任李中垣、穆岳烈士的女儿穆玉芬、浑源县委书记何令祚在仪式上讲话。浑源县委、县政府决定将县实验小学命名为“穆岳小学”。

85. 10 月 18 日晚 10 时 57 分，雁北地区大同县、阳高县、浑源县、广灵县结合部发生 5.7 级地震，到 19 日晨 8 时，又发生 5 级以上地震 6 次，其中 6.1 级 1 次。此次地震给雁北地区部分乡村带来严重危害。阳高县 5 个乡、大同县 3 个乡、浑源县 2 个乡、广灵县 2 个乡灾情严重。全区死亡 15 人伤 28 人，倒塌房屋 6000 余间。灾区大部分房屋裂缝，几万灾民露宿街头。册田水库出现 3 处裂缝，1 处混凝土水闸被震毁。

86. 地震发生后，地委、行署马上成立防震抗震指挥部，采取 5 项紧急措施。一是向各县发出做好防震、抗震工作的紧急通知。要求各县对水库、仓库、电站、油库、监狱、保密部门等要害单位做好保卫工作。二是领导亲临前线组织指挥抗震。三是各部门紧急行动，已准备和提供了灾区所需的柴油、汽油、麻袋、苇席、钢材、木材、食品等。技术人员和突击人员已开到册田水库，抢修大坝。四是组织两个慰问团，由专员王善带领，于19日晨开赴阳高、大同两县。五是组织300名公安干警和300名基干民兵，担负起治安保卫和紧急抢险任务。

87. 10月19日上午10时，地委、行署召开紧急电话会议，安排部署防震抗震救灾工作。

88. 10月19日晨，在行署专员、防震抗震指挥部总指挥王善的带领下，地委、行署慰问团一行30余人赶赴大同、阳高县重灾区，慰问受灾群众。分别为重灾区阳高、大同县调拨资金10万元，石油10吨，还给难民送去食品。

89. 10月19～20日，51361部队的千余名官兵陆续到达地震灾区，投入抗震救灾工作中。19日晚，部队还为村民们演出文艺节目。

90. 10月21日，国务院向大同县、阳高县政府发来慰问电，表达对灾区人民生命安全和财产受到损失极为关怀，向遭受灾害的人民群众致以亲切的慰问，向战斗在抗震救灾第一线的广大干部、群众、医护人员和解放军、武警部队指战员表示衷心的感谢和慰问。

91. 10月24～25日，国务院赴山西地震灾区慰问团一行10人，在团长民政部副部长连尹的率领下，于10月24～25日深入地震灾区阳高、大同、浑源、广灵4县的几个重灾村，向灾区人民转达国务院和李鹏总理的问候与关怀。

92. 10月26日晚，抗震救灾指挥部召开新闻发布会，向与会人员介绍这次地震灾情。

93. 10月18日晚至19日凌晨，在大同县和阳高县之间发生的地震是山西省近174年来最大的一次。地震给雁北地区的大同、阳高、浑源、广灵4县造成巨大损失。据统计，4个县的重灾乡镇有20个，重灾村69个（房屋倒塌率在50%以上），死亡20人，其中地震造成的直接死亡17人，死于其他意外事故者3人。重伤74人，死亡大小牲畜2593匹（头）。由于44086间房屋的倒塌和58720间房屋变成危房，全区共有21300户83101人无家可归。地震造成直接经济损失19983万元。

94. 10月29日晚8点，天津市民政局副局长王戌寅受天津市委、市政府的委托，率领慰问团带着天津市800万人民对雁北地区人民的深情厚谊，由65辆拉运救灾物资组成的车队到达雁北。天津市政府有关部门专门成立支援灾区办公室，几天时间就筹集钢材130吨，木材240立方米，棉大衣2318件，棉鞋1994双，成人绒裤6360件，小孩绒裤3000件，油毡3636卷。救灾物资中有一部分是天津市聋哑学校的学生捐助的，他们还给灾区人民带来慰问信，表达残疾人对灾区人民的一片深情。

95. 11月24～27日，省委书记李立功在雁北地委书记徐生岚、行署专员王善的陪同下视察雁北地震灾区。在4天时间里，李立功顶风冒雪深入大同、阳高、浑源、广灵和灵丘县，走访农村、工厂、学校和医院、听取县乡领导的汇报，查看灾民的过冬暖棚，看望部分五保户、军烈属和地震中受伤人员，视察农田水利基本建设工地。

96. 12月1～2日，地委、行署召开由各局、委、办主要负责人和4个受灾县县长、乡（镇）书记、乡（镇）长参加的抗震救灾工作会议。安排部署下一阶段的抗震救灾工作。地委、行署、雁北军分区负责人徐生岚、王善、齐平、赵有顺参加会议并讲话。行署专员王善对下一步抗震救灾工作进行安排：一是迅速采取得力措施，保证人畜安全过冬。二是坚持自力更生、艰苦奋斗的方针，充分发动群众，积极开展生产自救。三是及早动手，为1990年重建家园做好准备工作。

1990年

97. 1月8～13日，地委、行署、军分区主要领导徐生岚、王善、刘增宝、李雅呤、齐平、安秉文等带领地直机关有关部门的干部，分4路深入全区7个县16个重灾乡镇，走访看望重灾户、特困户和老干部、老党员、军烈属，把党的温暖送到千家万户。4天时间，共走访上千人，发放救济款20000元，白糖1500多公斤，奶粉3000多袋。15～17日，省委副书记王茂林，省委常委、秘书长张长珍及省民政厅、农牧厅的领导由徐生岚、王善、齐平等人陪同，深入灾区，慰问灾区广大干部群众。

98. 1月20日，中共中央总书记江泽民在省委书记李立功，副书记王茂林，地委领导徐生岚、王善等的陪同下，到大同县堡村看望灾民，向灾区群众慰问并拜了早年。江总书记对抗震救灾工作取得的成绩给予肯定；并高度评价堡村的党支部书记刘继明，赞扬他和这个村的党支部用实际行动为党争光。

99. 2月14日，地委、行署在雁北影剧院隆重召开抗震表彰大会。会议由行署专员王善主持，地委书记徐生岚作报告，山西省地震局副局长杨广才应邀在会上讲话。会上，巩才、马录等6人受到晋升副县级待遇奖励；40人受到向上浮动一级工资（一年）的奖励；12人被评为模范党支部书记；100人受到记功奖励；99人被评为优秀党员；558名先进个人、40个先进党支部、村委会和260个先进集体受到表彰。地委、行署领导为300个先进集体，815名先进个人颁发奖状和证书。19日，地委发出关于在全区开展向刘继明学习的决定。

100. 2月22日，国务院副总理田纪云，在省长王森浩、副省长郭裕怀陪同下，到雁北区视察工作。其间，田纪云听取省、地、县领导对全区盐碱地综合治理和抗震救灾的情况汇报。同日，田纪云冒着风雪到大同县地震重灾区堡村进行慰问，他勉励堡村人民“要发扬艰苦奋斗的精神，自力更生、排除万难、重建家园。”田纪云还写了“人民万岁”4个字赠予村党支部。随后田纪云还到大同县九梁洼林场和倍家造镇蔚州疃村实地查看农、林、水综合治理的情况。田纪云说：“雁北盐碱地的开发潜力很大，做法很好。”

101. 3月17～21日，省委副书记卢功勋在地委领导徐生岚、王善陪同下，到大同县堡村视察，看望受灾群众。卢功勋还视察左云、右玉两县的机关、厂矿、学校和农田基本建设。

102. 7月20日，地委组织地、县机关干部分批轮流到地震灾区参加重建家园的劳动，时间共7天。地委、行署领导分别率领秘书处、人大联络组、地纪委、组织部、宣传部、统战部、教育局、计生委等单位的干部到地震灾区参加劳动。大同、阳高、浑源、广灵4县五套班子领导和机关干部也在灾区参加了劳动。

103. 10月18日，地委、行署举行大同县堡村抗震纪念碑落成仪式，地委、行署和人大联络组的领导以及雁北军分区、驻雁同部队首长、省地震局等500余人出席。

1991年

104. 3月26日凌晨2时2分43秒，大同－阳高震区再次发生5.8级中强余震。受灾面积波及大同、阳高、浑源、广灵、天镇5县，50个乡镇、470个村受灾，58324户人家的房屋遭到破坏，倒塌房屋146475间，部分新房出现裂缝，直接经济损失9962万元。地震发生后，地委、行署立即组织抗震救灾。国家和省地震局派员赶赴灾区，监视灾情。下午，地委、行署召开电话会议，部署抗震救灾和春耕生产工作。省委书记王茂林3次询问灾情，向灾区发来慰问电。省委、省政府派出由省政府副秘书长王敬为团长的慰问团到灾区慰问。地直机关干部、职工1800多人分赴灾区。军分区领导带头组织广大民兵帮助开展抗震救灾、春耕生产。广大干部、群众以及外省外地和驻军官兵向灾区捐款捐物。灾区人民情绪稳定，在抗震救灾的同时，春耕生产正常进行。

105. 3月，邓忠任民政局局长，1993年7月改任。

106. 4月3日，地委、行署召开县委书记、县长会议，贯彻落实省委书记王茂林对雁北抗震救灾的指示精神，要求党员干部到第一线和灾区广大群众一道克服困难，恢复生产。

107. 4月6日，大同市副市长刘文君带领大同抗震救灾慰问团到大同县灾区慰问，并支援灾区人民价值达15万多元的救灾物资。

108. 4月6日至9日，山西省委书记王茂林、省军区政委曹丁由杨大椿、王善陪同到大同、阳高、浑源、广灵4县地震灾区慰问考察。

109. 4月15～16日，山西省委副书记、省长王森浩在杨大椿、王善、陆晨日等陪同下到大同、阳高地震灾区慰问干部群众；并到左云县参加植树劳动。

110. 5月31日，地委、行署召开抗震救灾重建表彰会。杨大椿主持大会，王福水作报告，肯定全区抗震救灾重建家园工作取得的成绩。到1990年底，灾区80个项目村规划的20962间新建民房已有16750间竣工，有2924间已完成主体工程。规划的18107间维修民房已基本完成，17670户无家可归户均拥有永久性住房2间，绝大部分迁入新居。会议表彰奖励79个先进集体和186名先进个人，其中为张谦等5人晋升一级工资，13名优秀村干部各奖500元，为47人记功。大会向支援雁北抗震救灾的兄弟单位赠送锦旗。

111. 7月14日，山西省委常委、副省长郭裕怀由刘增宝、贺锐和大同市副市长刘文君陪同视察大同－阳高地震灾区、册田水库和大同市引水工程加压站，并听取地、市领导的汇报。

112. 7月18日，地委、行署召开地直机关党员干部大会，号召全体共产党员、干部、职工，响应中央、国务院关于动员全国人民支援南方洪水灾区的通知精神，组织自愿捐款。要求广大干部职工坚守岗位，勤奋工作，努力生产，厉行节约，以实际行动支援灾区。地委、行署领导带头捐款。另外，为了支援安徽、江苏等遭受特大洪灾的地区，雁北地区成立救灾捐赠办公室，负责接受全区支援灾区捐款。

113. 7月，民政部在左云县召开全国县级农村社会保障体系暨社会养老保险研讨会。会议肯定左云县的经验，认为“左云模式”为探索建立具有中国特色的农村社会保障制度开辟了一条新路。

114. 11月19～27日，省双拥工作领导组组织的“双拥模范县”检查验收小组由省军区政治部副主任、省双拥工作领导组办公室副主任谢彬带队，检查验收雁北区怀仁、阳高两县的双拥工作。检查验收组经过实地考核认为，怀仁、阳高两县双拥活动基础好，起点高，形式多样，国防教育覆盖面大，组织健全，制度落实，达到省创建“双拥模范县”的标准。12月22日，在省委、省政府、省军区召开的双拥模范城（县区）和爱国拥军模范县（区）命名大会上，怀仁、阳高两县均被命名为省级“双拥模范县”称号。

115. 12月12日，在太原召开的全省双拥模范城、县（区）命名表彰大会上，阳高县被命名为“双拥模范县”。

116. 12月，在北京召开的全国民政系统抗震救灾先进集体和先进个人表彰大会上，雁北地区民政局荣获全国民政系统抗震救灾先进集体，雁北地区民政局社会科干事李树才、阳高县民政局局长鲁世沛、浑源县民政局副局长白有士荣获全国民政系统抗震救灾模范个人。

1992年

117. 3月3日，地委、行署召开地、县、乡（镇）三级电话会议，号召全区各级党委、政府立即行动起来，打好抗旱保春播、抗旱夺全苗的春耕生产第一仗，为实现1992年农业的新突破奠定基础。会议由行署专员王福水主持，副专员贺说作动员报告。地委书记杨大椿出席会议。

1993年

118. 7月10日，雁北地区与大同市合并动员大会在大同市体育馆隆重举行，省委书记王茂林、省长胡富国、省委副书记梁国英等领导以及雁北、大同、朔州3个地市副处级以上领导干部，雁北、大同军分区副团级以上干部共4000余人参加大会。省委书记王茂林主持大会。

副省长刘泽民宣读国务院《关于山西省撤销雁北地区调整大同市朔州市行政区划的批复》和省委、省政府《关于雁北地区与大同市合并，实行市领导县体制的实施方案》。根据国务院的批复和省委、省政府的实施方案，雁北地区与大同市合并。大同市、朔州市调整行政区划：左云、大同县、阳高、天镇、浑源、广灵、灵丘7县划归大同市管辖；怀仁、右玉、应县3县划归朔州市管辖。

119. 7月，雁北地区和大同市合并，地、市民政局随之合并。雁北地区民政局编制28人，设置秘书、优抚、社会、基政、民政科，退伍军人安置、地名办公室7个科室。直属2个事业单位，即雁北地区社会福利院、雁北地区复退军人精神病医院，两院驻怀仁县，移交朔州市民政局。

附录1：民政法规

一、地方法规

1.《大同市殡葬管理办法》

大同市人民代表大会常务委员会公告

大同市第十届人民代表大会常务委员会第三十一次会议通过的《关于修改〈大同市殡葬管理办法〉的决定》，已经山西省第八届人民代表大会常务委员会第三十次会议批准，现予以公布，自公布之日起施行。

1997年10月31日

第一条 为了推行殡葬改革，加强殡葬管理，促进社会主义物质文明和精神文明的建设，根据国务院《殡葬管理条例》结合我市实际，制定本办法。

第二条 市民政部门是全市殡葬管理的主管部门。市殡葬管理机构，根据市民政部门授权，负责本市殡葬管理的具体工作。各县（区）民政部门负责本行政区域内的殡葬管理工作。公安、工商、环境保护、卫生、土地、规划、物价、民族宗教、城市管理等部门，根据各自的职责配合殡葬管理部门做好全市殡葬管理工作。乡（镇）人民政府、街道办事处，居（村）民委员会，应当协助殡葬管理机构，做好本区域内的殡葬管理工作。

第三条 殡葬管理工作要坚持积极地、有步骤地实行火葬，改革土葬，节约殡葬用地，革除丧葬陋俗的原则。提倡文明节俭办丧事，反对大操大办，严禁借办丧事搞封建迷信活动。

第四条 各级人民政府、街道办事处、居（村）民委员会、机关、团体、企业事业单位，应当在居（村）民、职工、学生中广泛开展殡葬改革的宣传教育。对违反本办法规定的人员和行为，公民有向殡葬管理部门检举揭发的权利，任何单位和个人不得阻止或打击报复。殡葬管理部门应当支持和鼓励检举揭发违反本办法规定的人员和行为，并应给予适当奖励。

第五条 实行火葬和允许土葬的地区，依照国务院《殡葬管理条例》的规定划定。在实行火葬的区域内，殡葬设施的新建和改造应纳入同级人民政府的城乡建设规划和基本建设计划。在允许土葬的地区，应积极推进公墓建设，把公墓建设纳入同级人民政府的建设规划。

第六条 在实行火葬和区域内，因患传染病死亡或因非正常死亡的，应在3日和7日内火葬。因患甲类传染病死亡的，应在24小时内火葬。按照本条第一、二款规定应实行火葬的死亡人员，任何单位和个人不得为土葬或骨灰装棺埋葬提供棺木、车辆、墓地及其他任何帮助。国家规定允许实行土葬的少数民族居（村）民死亡后，应在规定地点埋葬，对自愿火葬的，他人不得干涉。

第七条 在实行火葬的区域内，卫生行政管理部门和医疗卫生机构，应加强对死亡人员的管理，如实填写《死亡医学证明书》，禁止尸体外运土葬。尸体运出医院时应持市殡葬管理机构统一印制的《运尸火化通知书》。

第八条 在实行火葬的区域内，可由殡葬事业单位建立经营性公墓，用于埋葬本区域内居（村）民的骨灰。建立经营性公墓由建设单位向县级以上民政部门申请，报请同级人民政府审查同意后，按有关规定办理批准手续。在城市规划区域内的，须征得规划行政管理部门同意。未经批准，不得建立经营性公墓。在允许土葬的区域内，应建立公益性公墓。公益性公墓由村民委员会提出申请，报县（区）民政部门批准，由土地行政管理部门依法办理土地占用手续。公益性公墓不得开展经营性业务。禁止在公墓内建立家族、宗族墓地和搞封建迷信活动。禁止公墓以外建坟修墓立碑。

第九条 禁止在下列地区建造坟墓：

（一）耕地、林地；

（二）城市公园、风景名胜区和文物保护区；

（三）水库及河流堤坝附近和水源保护区；

（四）铁路、公路主干线两侧500米以内。前款规定区域内现有的坟墓，除受国家保护的具有历史、艺术、科学价值的墓地予以保留外，应当限期迁移或者深埋，不留坟头。

第十条 生产销售丧葬用品的单位和个人，须经市殡葬管理部门审核批准，发给《山西省生产销售丧葬用品许可证》后，方可向工商行政管理部门申领营业执照。任何单位和个人都不得制作销售封建迷信丧葬用品。在实行火葬的区域内，禁止生产经营棺木。

第十一条 禁止在实行火葬的区域内搭灵棚、摆棺木、发丧送葬沿路抛撒纸钱及其他杂物。

第十二条 在实行火葬的区域内死亡人员的继承人领取丧葬费、保险金等费用时，须持有殡仪馆出具的《火化证》。无证领取的，发放单位不得付给。

第十三条 殡葬管理机构和服务单位应加强管理，完善服务项目，提高服务质量。殡葬管理和服务人员应严格执法秉公办事，严禁刁难死者家属，收受财物，敲诈勒索。

第十四条 违反本办法，有下列行为之一的，由民政部门提出警告，责令限期改正。拒不改正的可以强制执行，并处以1000元以下罚款：

（一）对应实施火葬的死亡人员实施土葬的；

（二）在实行火葬的区域内无《运尸火化通知书》将尸体运出医院的；

（三）在实行火葬的区域内的医疗机构不如实填写《死亡医学证明书》的；

（四）在实行火葬的区域内为土葬和骨灰装棺埋葬提供棺木、车辆、墓地及其他帮助的；

（五）无《火化证》发给丧葬费、保险金的；

（六）因患传染病死亡或非正常死亡已经有关部门做出结论，未在规定时间内火葬的；

（七）在实行火葬的区域内搭灵棚、摆棺木、焚烧封建迷信用品，发丧送葬沿路抛撒纸钱及其他杂物的；

（八）办丧事请神汉、巫婆、阴阳先生搞封建迷信活动的；

（九）少数民族居（村）民死亡后，不在规定地点埋葬的；

（十）在公墓以外和禁止建造坟墓地区修建坟墓设立墓碑的。

第十五条 违反本办法，有下列行为之一的，由民政部门会同有关部门，责令限期改正，没收违法所得，吊销《山西省生产销售丧葬用品许可证》，并处违法所得的1倍以上3倍以下罚款；对拒绝提供或不如实提供违法所得的，处以1000元以上，5000元以下罚款：

（一）在实行火葬的区域内生产经营棺木的；

（二）未领取《山西省生产销售丧葬用品许可证》生产销售丧葬用品的；

（二）制作、销售封建迷信丧葬用品的；

（四）未经批准建立经营性公墓的；

（五）利用公益性公墓开展经营性业务的。

第十六条 违反本办法，属于违反工商行政、物价、城市规划，土地、卫生等管理方面的法律、法规和规章的，由有关主管部门依法处理。

第十七条 对拒绝、阻碍殡葬管理人员依法执行职务的，由公安机关依照《中华人民共和国治安管理处罚条例》第十九条规定处罚。使用暴力威胁方法情节严重，构成犯罪的，依法追究刑事责任。

第十八条 殡葬管理工作人员玩忽职守、徇私舞弊、索贿受贿的；殡葬服务人员不按规定履行服务职责，谋取私利，索要收受财物的，由其主管机关责令退赔，给予批评或行政处分；情节严重构成犯罪的，由司法机关依法追究刑事责任。

第十九条 被处罚人不服处罚决定的，可在接到处罚决定书之日起15日内向作出处罚决定的上一级行政机关申请复议，复议机关应在收到复议决定不服的，可以在接到复议决定书之日起15日内向人民法院起诉；被处罚人也可在接收处罚决定书3个月内直接向人民法院起诉，又不履行处罚决定的，作出处罚决定的机关可以申请人民法院强制执行。

第二十条 在本办法实施中的具体问题由市民政部门负责解释。

第二十一条 本办法自公布之日起施行。

2.《大同市村务公开条例》

（2003年12月25日大同市第十二届人民代表大会常务委员会第三次会议通过，2004年4月1日山西省第十届人民代表大会常务委员会第十次会议批准）

第一条 为推进农村民主政治建设，保证和促进村民充分行使民主决策、民主管理和民主监督的权利，根据《中华人民共和国村民委员会组织法》及其他法律、法规的规定，结合本市实际，制定本条例。

第二条 本市行政区域内的村民委员会，应当实行村务公开。

第三条 本条例所称村务公开，是指村民委员会依照规定的程序、时间和形式，向村民如实公布村务活动中事关村民根本利益、村民普遍关心的财务和政务事项。

第四条 村务公开应当坚持为民主决策、民主管理和民主监督服务的原则，坚持真实、规范、及时的原则。

第五条 本条例由市、县（区）人民政府负责组织实施。农业、民政、监察、国土资源、计划生育等部门按照各自的职责范围，做好本行政区域内村务公开的指导、服务和监督工作。乡（镇）人民政府负责指导、服务、协调和监督本乡（镇）村民委员会的村务公开工作。

第六条 村民委员会主任是实施村务公开的主要责任人。县（区）人民政府应当把村务公开工作纳入乡（镇）干部目标管理，作为年度考核的重要内容。

第七条 下列村务事项至少一年公布一次：

（一）村年度财务收支、收益分配的计划和完成情况以及审计结果；

（二）农田、水利等基础设施建设方案及其实施情况；

（三）村集体经济组织的经营计划和收入完成情况；

（四）新农村建设规划方案及其实施情况；

（五）村办学校、村建道路等公益事业的筹资方案和使用情况；

（六）农民承担的税负收缴情况；

（七）农村土地承包和土地流转情况；

（八）宅基地的使用方案和审批、收费情况；

（九）当年人口出生名单，申请生育二孩人员的名单和条件，社会抚养费征收情况，奖励和优待政策的落实情况。

第八条 下列村务事项至少每半年公布一次：

（一）村集体统一经营项目的收入和支出情况；

（二）一事一议筹资筹劳及其使用情况；

（三）村民委员会成员和其他村务人员的工资、奖金以及误工补贴的发放标准和支出情况；

（四）上级拨入的各类项目建设款、财政转移支付的使用情况；

（五）村公益福利和社会保险事业的支出情况。

第九条 下列村务事项至少每季度公布一次：

（一）村集体经济项目的发包、出租、转让方案和承租、转让费的收取情况；

（二）村固定资产购进和维修计划和落实情况；

（三）村集体现金、银行存款、固定资产等财产，银行贷款、应收应付、单位往来等债权债务情况；

（四）村务办公经费的开支；

（五）水电等村集体统一服务项目的收费标准和收缴情况；

（六）五保户供养标准和供养费发放情况。

第十条 下列村务事项应当及时公布：

（一）国家和各级政府征用土地的方案，征地各种补偿费收入和发放、使用情况；

（二）救灾救助款物、扶贫款物、社会捐赠款物的数额及其发放情况；

（三）村集体资产的购置、拍卖、承包、租赁、评估及其审计结果；

（四）村集体兴办项目的立项决策、方案论证、建设周期、投资数额、资本筹措、投资回报期、预测效益；

（五）村民委员会主任、村集体经济组织法人代表离任审计情况；

（六）涉及村民利益、村民普遍关心的，或者村民代表点题要求公开的其他事项。

第十一条 村务公开涉及决定重大事项的，应当在决策前向村民公开；工作周期较长的事项，应当分阶段向村民公开办理结果，接受村民的事中监督。

第十二条 村民委员会应当通过召集村民会议，或者村民代表会议、村办媒体等形式，公布村务。

村民委员会应当在方便村民观看的地方设立固定的村务公开栏，经常性地公开村务。

第十三条 村民对已经公开的内容提出质疑的，有权要求村民委员会给予说明。村民委员会应当在十日内给予答复或者说明。公布的内容确有错误的，应当及时采取措施改正，接受村民监督。

村民代表点题要求公开的村务活动中的有关事项，村民委员会应当在二日内予以答复。

第十四条 村务公开的内容应当通过村民委员会会议、村民代表议事会议和民主理财小组进行审议，审议通过后予以公开。

第十五条 村务公开中形成的各种资料应当建立档案，妥善保管，接受查询。

第十六条 在村务公开中，应当建立村民代表议事制度和民主理财制度，作为民主监督的主要方式。

村民代表议事会议对村务进行评议、提出建议，对执行结果可以进行再议。民主理财小组有权代表村民对村财务收支情况进行审查，提出建议和意见。

第十七条 在村务公开中，可以设立村务公开监督小组，对村务公开进行监督。

村务公开监督小组，由三至九人组成，通过村民会议或者村民代表会议推选产生，审查村务公开各项内容的真实性，征求和反映村民对村务公开的意见、建议，并对村务公开中存在的问题，督促村民委员会及时作出答复或者进行整改。

第十八条 村民对村民委员会成员违反本条例的行为不予改正的，有权向乡（镇）人民政府反映。乡（镇）人民政府应当自接到村民反映问题之日起十五日内负责调查处理。

村民对乡（镇）人民政府在规定的时间内就其反映的问题未作处理，或者对村民委员会的改正结果不满意的，可以向市、县（区）人民政府反映；市、县（区）人民政府应当责成乡（镇）人民政府限期办理，必要时可以直接组织调查处理。

第十九条 市、县（区）、乡（镇）人民政府及其有关行政部门对村民委员会不依照本条例的规定实行村务公开或者公布的事项不真实、不全面的，应当给予通报批评并责令其限期改正；对于弄虚作假、打击报复举报人、控告人的，依法给予处理。

对违反本条例的规定，严重弄虚作假、拒不改正的村民委员会成员，村民有权依法罢免。

第二十条 市、县（区）、乡（镇）人民政府及其有关行政部门的工作人员在指导、服务和监督本条例工作中弄虚作假、玩忽职守、滥用职权的，视情节轻重，由本级人民政府或者有关行政部门给予批评教育或者行政处分。

第二十一条 本条例具体应用中的问题，由市人民政府负责解释。

第二十二条 本条例从 2004 年 7 月 1 日起施行。

《大同市村民讨论决定重大事项条例》

第一条 为了推进农村民主政治建设，保障村民依法行使重大事项决定权，根据《中华人民共和国村民委员会组织法》及其他法律、法规的规定，结合本市实际，制定本条例。

第二条 村民讨论决定的重大事项，应当符合法律、法规和国家的政策，不得损害国家利益和侵犯村民人身权利、民主权利和合法财产权利。

第三条 村民讨论决定重大事项的组织形式是村民会议。

人数较多或者居住分散的村，可以推选产生村民代表组成村民代表会议，讨论决定村民会议依法授权的事项。

第四条 村民会议讨论决定的重大事项有：

（一）制定、修改本村的精神文明建设方案、《村民自治章程》和《村规民约》；

（二）本村的经济发展计划、产业结构调整和促进农民增收的方案及其主要措施；

（三）土地承包经营、转让、租赁和宅基地的使用方案及土地被征收或者征用所得补偿的使用分配方案；

（四）村集体经济所得收益的使用；

（五）学校、村建道路等事项的“一事一议”筹资筹劳方案；

（六）计划生育和社会治安综合治理的方案；

（七）集体资产的管理、处置和债权、债务的清理；

（八）农田、水利等基础设施建设和生态环境保护方案；

（九）村集体经济项目的立项、承包方案及村公益事业建设承包方案；

（十）享受误工补贴的人数及补贴标准；

（十一）救灾、救济、扶贫和救助款物的发放方案；

（十二）村民会议认为应当由村民会议讨论决定的涉及村民利益的其他事项。

第五条 村民委员会或者十分之一以上的村民提议召开村民会议或者村民代表会议。村民会议每年至少召开1次，村民代表会议每6个月至少召开1次。村民会议或者村民代表会议由村民委员会召集和主持。

第六条 村民会议或者村民代表会议的议题，由村民委员会、十分之一以上的村民联名或者五分之一以上的村民代表联名提出。村民联名或者村民代表联名提出的议题，由村民委员会受理，并确定召开会议时间。

第七条 召开村民代表会议，村民委员会应当在会议3日前将议题通知村民代表，广泛征求村民意见。

第八条 村民或者村民代表在村民会议或者村民代表会议上可以根据议题发表自己的意见，并且对各项议题进行表决。

第九条 村民会议应当有本村18周岁以上村民的过半数参加，或者本村三分之二以上的户代表参加。所作决定应当经到会人员的过半数通过。

第十条 村民代表会议应当有三分之二以上的村民代表参加，所作决定应当经全体代表过半数通过。

第十一条 村民委员会应当认真落实村民会议或者村民代表会议作出的决定、决议，并将落实情况报告下次村民会议。

第十二条 村民会议或者村民代表会议依法形成的决定、决议不得随意更改，因情况发生变化确需更改的，应当通过村民会议或者村民代表会议讨论决定。

第十三条 村民会议有权撤销、变更村民委员会或者村民代表会议作出的不适当的决定、决议。

第十四条 村民会议或者村民代表会议讨论决定的事项，应当记录并且存档备查。

第十五条 违反本条例规定有下列行为之一的，村民有权提出询问，村民委员会应当给予答复。并可以向人民政府或者有关部门反映，有关部门应当负责调查核实，责令纠正，并依法追究相关人员的责任：

（一）应当经村民会议或者村民代表会议讨论决定的重大事项，未经村民会议或者村民代表会议讨论而作出决定的；

（二）提交村民会议或者村民代表会议讨论决定的重大事项，有虚假情况的；

（三）无正当理由不执行村民会议或者村民代表会议决定的。

第十六条 本条例自2005年10月1日起施行。

二、政府规章

1.《大同市地名管理办法》

大同市人民政府令第十六号

《大同市地名管理办法》已经市政府常务会议一九九四年十二月九日通过，现予发布施行。

市长 杜玉林

一九九四年十二月九日

第一条 为加强全市地名的统一管理，逐步推行地名标准化和规范化，根据国务院《地名管理条例》，结合我市的实际情况，制定本办法。

第二条 本办法所称地名包括：

（一）市、县（区）、乡（镇）行政区划名称，街道办事处、村民委员会、居民委员会名称；

（二）自然村、城镇路、街、巷、居民区片及门（楼）牌等名称；

（三）山、峰、梁、沟、河、峪口等自然地理实体名称；

（四）各专业部门使用的具有地名功能的台、站、厂（场）等重要的企事业单位，桥梁、水库、灌渠、关隘等人工建筑物及名胜古迹、古遗址、纪念地名称。

第三条 市、县（区）民政部门，为同级人民政府管理地名工作的行政主管部门，地名委员会办公室负责本地区地名管理的具体工作。其主要职责：

（一）贯彻执行国家、省、市有关地名工作的方针、政策和法规。承办同级人民政府和上级业务主管部门交办的地名工作任务；

（二）市地名办公室负责指导各县（区）地名办公室的工作。各县（区）地名办公室负责本辖区内的地名管理；

（三）负责承办辖区内地名的命名、更名；

（四）推行地名标准化、规范化，并监督管理本辖区内标准地名的使用情况；

（五）负责地名标志（含门牌）的设置、管理检查和维护；

（六）收集、调整、保管和更新地名资料，管理地名档案，开展地名咨询，提供地名信息服务；

（七）编辑出版地名图、书，负责审核、纠正本辖区内有关部门公开出版的地图、报刊以及商标、广告、牌匾和其他出版物中使用不标准、不规范的地名；

（八）负责组建地名学会，开展地名学理论研究工作。

第四条 地名的命名、更名，应从我市地名的历史和现状出发，保持其相对稳定。地名的命名和更名，应按本办法的规定原则和审批权限报批，未经批准，任何单位和个人，不得随意命名、更名。

第五条 为了加强对全市地名的统一管理，做好地名命名工作，必须遵循下列原则：

（一）地名的命名，应有利于社会主义现代化建设和精神文明建设，有利于维护国家尊严和民族团结，并尊重当地群众的意愿；

（二）地名命名要简明确切，名称来历含义健康，反映我市历史、地理、经济、文化特征，体现规划，好找易记；

（三）涉及地名命名、更名的新建、扩建、改建工程，建设单位事先向当地地名办公室办理地名命名、更名申报、审批手续后，城建部门方可发给施工许可证；

（四）市辖各区之间各类地名均不得重名；在各县境内，各类地名在本县范围内亦不得重名。地名命名时，应避免使用同音或近音字；

（五）县（区）、乡（镇）、街道办事处、村委会名称，要与驻地名称相一致；企、事业单位名称和专业部门使用的具有地名功能的台、站、厂（场）等名称，亦应与驻地名称相统一；

（六）城镇街道新命名时，南北走向的干道称“路”；东西走向的干道称“街”；非干道的称“巷”；块状的居民住宅区称“里”。命名时，避免使用序数、新村、新街等名称。

第六条 地名更名应遵循下列规定：

（一）凡有损国家尊严、妨碍民族团结、带有侮辱劳动人民和庸俗性质的，违背党和国家方针、政策的地名，必须更改；

（二）一地多名、一名多写的，应确定一个地名作为标准名称；

（三）凡不符合国务院《地名管理条例》第五条和本办法第五条第（四）、（五）、（六）项规定的地名，在征得有关方面或当地群众的同意后，应予以更名；

（四）不明显属于更名范围的、可改可不改的地名，可不更名。

第七条 地名命名、更名的审批权限和程序：

（一）行政区划名称的命名、更名，按照国务院《关于行政区划管理的规定》权限办理；

（二）乡（镇）的命名、更名，由县（区）地名办公室拟定方案，县（区）人民政府加注意见，报市地名办公室审查，报经市人民政府同意后，报省人民政府审批；

（三）街道办事处、村民委员会的命名、更名，由县（区）地名办公室提出方案，县（区）人民政府加注意见，报市地名办公室审核后，报市人民政府审批；

（四）城镇居民委员会的命名、更名，由街道办事处或乡（镇）人民政府提出方案，经县（区）地名办公室审核后，报县（区）人民政府审批，并报市地名办公室备案；

（五）城镇、街道、居民区片的命名、更名，在市区范围内，由区地名办公室会同街道办事处提出方案，区政府加注意见，城市主干道路由城建部门提出方案，经市地名办公室审核后，报市人民政府审批；在各县境内，由县地名办公室会同乡（镇）人民政府提出方案，报县人民政府审批，并报市地名办公室备案；

（六）省内跨市、县的自然地理实体的命名、更名，由市地名办公室会同有关地（市）、县人民政府协商一致，报省人民政府审批；跨县（区）的，由市地名办公室会同有关县（区）地名办公室提出方案，经县（区）人民政府协商一致后，报市人民政府审批；

（七）自然村的命名、更名，在各区范围内，由乡（镇）人民政府提出方案，区地名办公室审核，区人民政府加注意见，并报市地名办公室踏勘后，报市人民政府审批；在各县内，由乡（镇）人民政府提出方案，县地名办公室审核后，报县（区）人民政府审批，并报市地名办公室备案；

（八）市、县（区）各专业部门，企事业单位，具有地名功能的台、站、厂（场）人工建筑物，名胜古迹和游览地的命名、更名，由主管部门提出方案，报当地地名办公室审核同意后，按隶属关系报上级业务主管部门审批，并抄送当地地名办公室和市地名办公室备案；

（九）凡需命名、更名的各类地名，均应报送方子报告和填写《地名命名、更名申报表》，并附平面示意图。

第八条 凡经市、县（区）地名办公室规范化处理并经市、县人民政府批准的地名均为标准地名。市、县地名办公室应及时汇总公布。

第九条 凡主干道路拓宽、旧城改造的工程项目，涉及原街道变化的，施工单位在施工前，须向市、县（区）地名办公室申报，以便掌握地名变化情况。

第十条 在城镇路、街、巷、区片交通要道、名声游览地、纪念地、农村和重要自然地理实体等必要的地方，设置地名标志。

第十一条 城市地名的设计和制作，统一由市地名办公室负责，各专业部门的地名标志由各主管部门设计制作。任何单位和个人不得擅自设置和更换。

第十二条 农村地名标志（含县城），可按照市地名办公室的统一要求，由各县（区）负责制作。

第十三条 地名标志的安装和维护，分别由下列单位负责：

（一）市区内各主干道路的地名标志，由市城建局负责；

（二）市区内非主干街道、居民区片的地名标志，由各街道办事处负责；

（三）县（区）（不含城、矿区）人民政府所在地的地名标志，由县（区）负责；乡（镇）人民政府驻地及自然村的地名标志，由各乡（镇）负责；

（四）公路沿线市、县（区）交接处的公路交通要道、交叉路口及主要桥梁的标志，由各级交通部门负责；

（五）公共汽车站（点）的地名标志，由各级人汽公司负责；

（六）纪念地、名胜古迹、人工建筑、游览地、自然保护区和其他必须设置地名标志的地方及各专业部门使用的台、站、厂（场）等地名标志，分别由各专业部门负责。

第十四条 新命名、更名后的地名，应及时设置或更换地名标志。

第十五条 地名标志的制作、安装、维护及更新费用，分别由下列单位负责：市区非主干街道、居民区片的标志费用，由市各地名办编制预算，市财政解决；市区主干大街标志的费用，由城乡建设局解决；乡（镇）、村和各专业部门的地名标志费用，分别由乡（镇）和主管单位自行解决。

第十六条 凡因拆迁、改建、扩建而需移动地名标志的，施工单位及其主管部门应事先与市、县（区）地名办公室取得联系，并负责保管地名标志，竣工后应按照指定位置重新安装。如因擅自移动、损坏或丢失地名标志的，施工单位及主管部门应负责补偿。

第十七条 爱护地名标志，任何单位或个人不准在地名标志上涂写、乱画、张贴告示、广告或拴绳挂物，不准随意移动或挪作他用。

第十八条 门（楼）牌管理工作，由各级地名办公室负责。

凡新建开发区和居民住宅，在办理征用土地的同时，须在当地地名办公室办理门牌编号、登记和制作等手续；

凡拆迁、改建和扩建的工程，涉及门（楼）牌变动的，产权单位和个人须事先到所在地地名办公室办理门牌编号、登记和制作等手续，并报市地名办公室备案；门（楼）牌制作及设置费用，由产权单位和个人解决。

第十九条 地名汉字的书写，均应规范化。禁止使用自造字、生僻字、已简化的繁体字和已淘汰的异体字以及字音易混淆的字。

第二十条 市、县（区）地名办公室要建立地名档案室，按照《全国地名档案管理暂行办法》和国家档案局的有关规定，搞好地名档案的收集、管理、更新和利用。

第二十一条 凡在新闻报道、印刷出版、公安户籍、邮电通讯、交通运输、城建规划、民政管理、地图标会、牌匾刻字、商标广告等方面涉及使用地名的，均以市、县人民政府批准的标准地名为准。各级地名办公室要经常进行地名监理。

第二十二条 市、区各专业部门出版的地图、邮电号簿等，凡涉及使用地名者，须经市地名办公室审查后，方可出版发行。

第二十三条 未办理门牌编号、登记和制作等手续的，公安、邮电、工商行政管理、新闻出版、房管、城建规划等部门一律不予办理落户、迁户、发布广告、领取营业执照、房本及施工许可证件等手续。

第二十四条 对违反本办法下列行为之一者，

视其情节，由地名管理部门予以批评教育、责令补偿，造成损坏或严重违章的，处以1000元以下的罚款：

未经批准、擅自移动地名标志的；

有第十七条行为之一的；

违反第十九条、二十一条、二十二条规定的。

第二十五条 本办法由市民政行政主管部门负责解释。

第二十六条 本办法自发布之日起施行。市政府一九八九年十一月二十五日发布的《大同市地名管理办法》同时废止。

2.《大同市弃婴弃儿权益保障办法》

大同市人民政府令第45号

《大同市弃婴弃儿权益保障办法》已经2003年10月9日市人民政府第4次常务会议审议通过，现予公布，自2003年11月1日起施行。

市长 郭良孝

第一章 总 则

第一条 为了保障弃婴弃儿的合法权益，促进社会福利事业的发展，根据国家有关法律法规，结合本市实际，制定本办法。

第二条 本市行政区域内社会福利机构收养的弃婴、弃儿、孤儿的管理工作，适用本办法。

第三条 市人民政府民政部门负责本市行政区域内弃婴弃儿的管理工作。各县（区）民政部门负责本辖区内弃婴弃儿的管理工作。财政、公安、卫生、教育、劳动和社会保障等有关部门应根据各自职责，切实做好弃婴弃儿的生活、医疗、康复、教育、就业等合法权益的保障工作。市社会福利机构负责城区范围内弃婴弃儿的服务保障工作。

第四条 各级人民政府应当保障弃婴弃儿管理工作必需的经费和相应的编制。

第五条 弃婴弃儿权益保障工作实行社会福利社会化，提倡社会各界对弃婴弃儿给予关爱和资助。

第二章 接 收

第六条 民政部门或社会福利机构承担弃婴弃儿的接收工作。对遗弃在民政部门、社会福利机构门口的婴儿经确认后予以拾捡；对遗弃在其他地点的婴儿，公安部门接到报案后应及时侦查或调查，并提供相应的材料后移送社会福利机构。其他单位和个人不得移送弃婴弃儿。

第七条 公安部门在接到弃婴弃儿报案后，应积极组织力量侦破，查找其生父母。确系查找不到生父母的可确定为弃婴弃儿，移送社会福利机构抚养。

公安部门移送弃婴弃儿，应出示有效证件，并提供立案侦查报告。立案侦查报告的内容应当包括拾捡人、被拾捡人基本情况、拾捡时间、地点、侦查经过、结果。

公安部门未提供立案侦查报告的，民政部门或社会福利机构有权拒绝接收。

第八条 对暂时无法确认为弃婴弃儿的，公安部门应持相关证明材料，委托社会福利机构进行代养。在代养期内，公安部门应积极进行侦查。超过60日仍未查找到其生父母的，社会福利机构可视为弃婴弃儿，并办理接收手续。

在侦破期间代养弃婴弃儿的费用由财政部门予以保障。

第九条 公安部门负责弃婴弃儿的户籍管理工作。

第三章 养 育

第十条 经接收的弃婴弃儿，其法定监护人为当地人民政府民政部门或民政部门委托的社会福利机构。

第十一条 社会福利机构负责弃婴弃儿的养育工作。

社会福利机构必须不断完善内部管理，提高服务水平，确保弃婴弃儿幸福、健康地成长。

第十二条 社会福利机构抚养弃婴弃儿的生活费应列入当地财政预算，其标准应不低于当地居民平均生活水平，并随国民经济的发展相应地提高。

第十三条 社会福利机构根据当地实际情况，可采取机构抚养、家庭寄养、社会助养等多种形式抚养弃婴弃儿。

第十四条 积极推行家庭寄养的弃婴弃儿养育方式，创造有利于弃婴弃儿成长的环境。

第十五条 社会福利机构与寄养家庭应在自愿的基础上，签订书面寄养协议，保障寄养儿童的合法权益。

寄养家庭应当符合下列条件：

（一）具有本市户口；

（二）家庭常住人口身体健康，无精神病、传染病等病史；

（三）家庭和睦，邻里团结；

（四）家庭成员未受过刑事处罚；

（五）有相对稳定的经济收入；

（六）有固定的住房。

第十六条 社会福利机构应切实履行管理、服务、监督的职责，设置专职机构和人员，做好寄养家庭的选择、寄养过程的监控、寄养后的评估工作。寄养儿童的生活费应按时发放。

对抚养弃婴弃儿做出突出贡献的寄养家庭可予以表彰奖励。

第十七条 寄养家庭应协助社会福利机构，做好寄养儿童的教育、医疗等各项工作。寄养家庭作为弃婴弃儿的委托抚养人，负责保障弃婴弃儿的人身安全，并承担相应的法律责任。不得虐待儿童。

第四章 收 养

第十八条 弃婴弃儿和孤儿的收养工作应当遵守《中华人民共和国收养法》的有关规定。

第十九条 鼓励和提倡国内外家庭收养社会福利机构抚养的弃婴弃儿和孤儿。

第二十条 社会福利机构作为弃婴弃儿和孤儿的送养人，应当本着“一切为了孩子”的原则，选择合适的收养家庭。

第五章 救 治

第二十一条 弃婴弃儿享有医疗康复的权利，社会各方应积极对其进行救治。

第二十二条 各级人民政府应将孤残儿童的医疗、预防、保健、康复等卫生需要，纳入本行政区域卫生事业发展规划，积极支持社区卫生服务机构开展孤残儿童医疗、预防、保健、康复、健康教育等工作，鼓励并扶持社会力量举办以孤残儿童为服务对象的非营利性医疗机构。

第二十三条 卫生部门应有组织、有计划地为社会福利机构抚养的孤残儿童安排康复手术，并在住院费、治疗费、手术费上予以减免；社会福利机构应积极配合，做好康复保障工作。

第二十四条 各级人民政府应有计划地为社会福利机构配备医疗器材，民政、卫生部门应当共同做好医护人员必要的专业技术培训工作，切实提高其医疗水平。

第六章 教 育

第二十五条 切实保障社会福利机构抚养的儿童受教育的权利。

第二十六条 社会福利机构抚养或家庭寄养的儿童，不受户口限制，教育部门应就近安排入学，学校不得以任何理由拒收。对就读于小学、初中的孤儿，免收杂费、书本费、借读费；对被高中（职业高中）、技校、中专、高等学校录取的孤儿，免收学费、住宿费。

第二十七条 教育部门应有计划地安排社会福利机构抚养的孤残儿童就读职业高中或技校，并给予优先照顾。

第七章 就 业

第二十八条 社会福利机构抚养的孤残青年享有劳动的权利。孤残青年应当自食其力，减轻国家负担。

第二十九条 妥善安置孤残青年就业是全社会的共同责任。各级人民政府应当通过多种就业渠道，按一定比例安排社会福利机构抚养的孤残青年就业，并为其选择适当的工种和岗位。

第三十条 计划、人事部门对社会福利机构抚养的大中专毕业生，应当优先招聘录用。

劳动和社会保障部门对社会福利机构抚养的孤残青年，应当免费给予上岗前的培训，优先推荐就业。

第八章 法律责任

第三十一条 遗弃婴儿的家庭，由公安部门按照有关规定处以罚款；构成犯罪的，依法追究刑事责任。

第三十二条 对于侵犯弃婴弃儿合法权益的社会福利机构及其工作人员，由主管部门给予行政处分；构成犯罪的，依法追究刑事责任。

第三十三条 对于侵犯弃婴弃儿的人身权利和其他合法权利的单位和个人，构成犯罪的，依法追究刑事责任。

第九章 附 则

第三十四条 本办法具体应用中的问题，由市人民政府负责解释。

第三十五条 本办法自2003年11月1日起施行。

三、规范性文件

◈ 城乡救助

1. 大同市政府《大同市农村居民最低生活保障办法（试行）》

第一章　总　则

第一条　为了保障我市农村低收入群众的基本生活权益，维护社会稳定，促进农村经济和社会发展，结合我市实际，特制定本办法。

第二条　农村居民最低生活保障制度，是指对持有我市农业户口的家庭年人均收入低于最低生活保障标准的贫困对象实行差额补助的制度。

第三条　农村最低生活保障制度坚持公开、公正、真实的原则；坚持国家保障与社会帮扶相结合、鼓励劳动自救的原则；坚持全员覆盖、动态管理、适时调整、稳步推进的原则。

第二章　保障范围及保障对象

第四条　凡持有本市农业户口，且共同生活的家庭成员年人均收入低于当地农村低保标准的农村困难居民，均可申请享受我市农村低保待遇。

第五条　共同生活的家庭成员是指具有法定的赡养和扶（抚）养关系、共同生活一年以上，将和户主长期共同生活的成员。具体有：夫妻；父母与未成年或丧失劳动能力的子女（包括养子女、继子女、非婚生子女）；祖父母、外祖父母与父母双亡的未成年孙子女、外孙子女；子女与无生活来源的父母、继父母；孙子女、外孙子女与子女双亡的祖父母、外祖父母；兄、姐与父母双亡或父母无力抚养的未成年的弟、妹；其他经市低保管理机构认定长期共同生活的成员。

第六条　夫妻一方持有本市农业户口，其配偶及子女为外市农业户口，在现居住地一年以上的农村困难居民，可申请享受当地农村低保待遇；在农村定居的农业户口与非农业户口组成的家庭，按规定计算家庭收入后，可分别申请享受农村低保、城市低保待遇。

第七条　具有下列情况的家庭和人员，原则上不能享受农村低保待遇：

1. 虽然家庭年人均收入低于当地农村低保标准，但家中有一定的款物积蓄，能够自行维持基本生活的。

2. 有正常劳动能力，在法定劳动年龄内（男18周岁至60周岁；女18周岁至55周岁），无正当理由不参加劳动而造成生活困难的。

3. 3年内自建房或高标准装修现有住房的；家中购买高档生活必需品的；家中有机动车辆的；家庭成员持有手机的；有高值收藏或投资有价证券行为的；有高于当地农村低保月平均标准的馈赠、礼金支出的；安排子女择校就读、因私出国留学或子女在义务教育期间入私立学校就读的。

4. 有赌博、吸毒、嫖娼行为而造成家庭生活困难且尚未改正的；违法结婚、违法收养的；经常出入餐饮、娱乐场所消费的。

5. 户口在本市、人在外市居住人户分离半年以上的。

第八条　下列人员应当按照当地农村居民最低生活保障标准全额享受：

1. 无生活来源、无劳动能力又无法定赡养义务人、扶养或者抚养义务人，以及虽有法定赡养义务人、扶养或者抚养义务人但无赡养、扶养或者抚养能力，男年满60周岁、女年满55周岁的孤老和18周岁以下的孤儿；

2. 丧失劳动能力的一、二级残疾人员；

3. 为保护国家、集体利益因公负伤致残丧失劳动能力的人员。

第九条　下列人员差额享受当地农村居民最低生活保障标准：

1. 非农户和农户的混合家庭，在计算其家庭收入时，要核算其非农户人口收入，差额部分按农业人口的人数给予补助。

2. 已享受低保家庭中，持一、二级残疾证且丧失劳动能力的残疾人，按保障标准全额享受保障金外，其余家庭成员根据规定计算其平均收入后，按差额给予补助。

3. 其他低保对象按照其家庭年人均收入低于当地最低生活保障标准的部分予以差额补助。

第三章　保障标准

第十条　农村居民最低生活保障标准。按照维持当地农村居民基本生活所必需的衣、食、住等费用，并适当考虑水电、燃煤（柴）以及未成年人义务教育费用由各县（区）政府自行确定，报市城乡社会救助体系建设领导组备案。今后，各县（区）可根据当地经济发展水平和物价指数变动情况适时调整。

第四章　保障对象家庭收入的计算

第十一条　农村居民家庭收入，应根据共同生活的家庭成员通过农副业生产及其他合法劳动经营，全年所获得的纯收入总和，计算年人均收入。

第十二条　保障对象下列收入计入年收入：

1. 共同生活的家庭成员的各种劳动收入（包括种植业收入、养殖业收入、劳务业收入、加工业收入等）；

2. 按照国家有关法律规定，所接受的赡养费、抚养费、扶养费继承或赠与所得财产；

3. 出租房屋、机械设备等收取的租金，储蓄存款、有价证券及利息、知识产权收益；

4. 其他一切合法收入；

5. 有劳动能力的成年人其年收入至少按所在乡（镇）人均纯收入计算；

6. 根据国家有关规定享受的奖励、荣誉津贴，优抚对象、见义勇为等人员的抚恤补助、优待金以及临时性社会救助金等不计入家庭收入。

第五章　申请、审批和公示程序

第十三条　申请享受农村居民最低生活保障待遇，由申请人向户籍所在地的村委会提出书面申请，并出具有关收入证明材料。

第十四条　村委会召开村民代表会议进行评议，核实申请人家庭收入，初步拟定低保对象，并将评议结果纳入村务公开内容，予以张榜公示，无异议后，填写《农村居民最低生活保障申请表》，报乡（镇）人民政府。

第十五条　乡（镇）人民政府进行逐户调查审核后，将审核结果列入乡（镇）务公开栏，张榜公示后，上报县级农村低保管理机构审批。

第十六条　县级低保管理机构原则上要组织进行10%以上的抽查，逐户审批，并将审批结果在乡（镇）政务公开栏、村务公开栏张榜公示，确无异议的，确定为农村低保对象，上报市级低保管理机构备案，由市级低保管理机构统一按户核发《农村居民最低生活保障金领取证》，并确定保障时限。

第六章　保障对象的义务

第十七条　农村居民在申请农村居民最低生活保障金时，必须填写《农村居民最低生活保障保证书》，并按《保证书》中承诺的条款履行义务、承担责任。

第十八条　农村居民最低生活保障对象有义务接受村、乡、县、市等各级农村低保管理机构的调查。

第十九条　凡有劳动能力的保障对象每年必须参加以乡镇和村委会组织的社会公益劳动及生产自救活动。年龄在18—40岁的保障对象，原则上每月不少于60小时；年龄在40—55岁的保障对象，原则上每月不少于30小时。无正当理由拒绝参加社会公益劳动或劳动时间未达到规定的农村低保对象，一律取消其享受低保金的资格。

第七章　保障资金的发放

第二十条　农村居民最低生活保障资金由各县（区）指定国有商业银行实行社会化发放。

第二十一条　农村最低生活保障对象，可凭《农村居民最低生活保障金领取证》在有效时限内从低保代发银行领取农村最低生活保障金和享受优惠政策。

第二十二条　农村最低生活保障金由县级农村低保管理机构按照审批的低保人数和补助标准，按季编制花名册和用款计划，送财政部门审核后，由财政部门将低保金拨入定点银行实行社会化发放。

第八章　保障对象备案、复核制度

第二十三条　县（区）农村低保管理机构在收到申请人提出申请之日起30个工作日内予以审批完毕，并在《农村居民最低生活保障申请表》中详细注明保障金额、保障人数、保障时间，县（区）农村低保管理机构对已审批的保障对象，按户填写《农村居民最低生活保障对象审批备案表》一式三份，一份留档；一份下发乡镇；一份上报市级低保管理机构备案。对不符合保障条件的申请人，要在十五日内以书面形式通知本人，并说明理由。

第二十四条　各县（区）农村低保管理机构要根据《农村居民最低生活保障金领取证》规定的保障时限，按照动态管理的原则，对农村居民最低生活保障对象中的农村五保户、家庭中主要成员因大病重残基本丧失劳动能力的低保对象以及家庭中主要成员男方60岁以上、女方55岁以上，生活存在特殊困难，短期脱贫无望的低保对象，一年复核一次；对其他低保对象，半年复核一次。

第二十五条 保障对象保障期满前半个月内，户主应主动向户口所在地村委会提出低保复核书面申请。如保障对象保障期满后未提出复核申请的，按自动放弃保障资格处理。

第二十六条 村委会、乡镇接到低保对象复核申请，在调查审核后，填写《农村居民最低生活保障对象复核表》（一式三份）并加注意见，报县（区）农村低保管理机构审批。县（区）农村低保管理机构按照审批程序对家庭人口、家庭收入有变化的保障对象办理提高、降低或者终止农村低保待遇的变更手续，并将复核结果报市级低保管理机构备案，重新发放《农村居民最低生活保障金领取证》。

第九章 保障资金的筹集和管理

第二十七条 农村居民最低生活保障资金由省、市、县（区）财政按4∶4∶2分级负担。县（区）农村低保管理机构每年年底前，在核定农村居民最低生活保障对象所需资金的基础上，提出下一年度用款计划，报上级农村低保管理机构，并经同级财政部门审核后列入财政预算，确保农村居民最低生活保障资金足额支付到位。同时，加强对保障资金的管理和监督，严禁挪用、挤占，保证合理、有效使用。

第二十八条 农村居民最低生活保障资金要纳入低保专项资金支出科目，专账管理，专款专用，市级低保管理机构和财政部门要加大监督管理力度，确保农村居民最低生活保障经费的落实。

第二十九条 各县（区）要广泛动员社会力量和民间组织为农村居民最低生活保障工作提供捐赠、资助，逐步建立多元化投入机制，增强保障实力。有条件的县（区）、乡（镇）可通过各种帮扶措施，增加对农村居民最低生活保障对象的补贴。

第十章 法律责任

第三十条 从事农村居民最低生活保障管理审批工作的人员，有下列行为之一的，给予批评教育或行政处分；构成犯罪的，依法追究刑事责任：

1. 对符合享受农村居民最低生活保障待遇条件的家庭，拒不签署同意享受农村居民最低生活保障待遇意见的；或者对不符合享受农村居民最低生活保障待遇的家庭，故意签署同意享受农村居民最低生活保障待遇意见的。

2. 玩忽职守、徇私舞弊，或者贪污、挪用、扣压、拖欠农村居民最低生活保障款物的。

第三十一条 享受农村居民最低生活保障待遇的农村居民有下列行为之一的，由县民政局给予批评教育或警告，追回其冒领的农村居民最低生活保障款物：

1. 采取虚报、隐瞒、伪造等手段，骗取享受农村居民最低生活保障待遇的；

2. 享受农村居民最低生活保障待遇期间家庭收入情况好转，不按规定告知管理审批机关，继续享受农村居民最低生活保障待遇的。

第三十二条 农村居民对低保管理机构做出的不批准享受农村居民最低生活保障待遇或减发、停发农村居民最低生活款物的决定或者给予的行政处罚不服的，可以依法申请行政复议，对复议决定仍不服的，可以依法提起行政诉讼；也可以直接提起行政诉讼。

第三十三条 享受农村居民最低生活保障待遇的农村居民，采取虚报、隐瞒、伪造等非法手段，骗取最低生活保障待遇的，视情节轻重，予以处罚。

第十一章 配套措施和优惠政策

第三十四条 各级人民政府及有关部门，应当结合实际制定具体措施，对农村居民最低生活保障家庭成员，在医疗服务、子女就学、法律援助等方面制定优惠政策或减免措施。

第三十五条 各县（区）、乡（镇）政府和村委会要采取必要的措施，对有劳动能力的农村居民最低生活保障对象给予劳动生产扶持，教育、鼓励和支持其自食其力，通过生产劳动脱贫致富，逐步改善生活状况。要充分发扬扶贫济困、团结互助的传统美德，倡导邻里互助、社会帮扶，大力开展扶贫济困送温暖等活动，提高困难群众的生活保障水平。对五保户、孤老、重残人等生活特殊困难人员，乡（镇）政府和村委会应明确帮扶对象，实行包户服务。

第十二章 附 则

第三十六条 本办法由大同市民政局负责解释。

第三十七条 本办法自发布之日起实施。

2006年4月3日

2. 大同市政府办公厅《大同市城市居民最低生活保障规范化建设的实施意见》

为进一步规范城市低保工作，提高工作质量和服务水平，全面做好“保发展、保民生、保稳定”工作，打造“阳光低保、诚信低保”，按照民政部《全国基层低保规范化建设暂行评估标准》及省民政厅《山西省开展基层低保规范化建设实施方案》有关要求，特制定本意见：

一、最低生活保障对象界定

（一）凡持有我市非农业户口的常住城镇居民，且长期共同生活的家庭成员，月人均收入低于户籍所在地最低生活保障标准的，均有权利申请享受最低生活保障待遇。家庭成员是指具有法定赡养、扶养、抚养关系且共同生活的所有人员，包括户籍迁出的在校就读学生。家庭收入是指共同生活的家庭成员获得的全部货币收入和实物收入，包括法定赡养、扶养、抚养人应当给付的赡养、扶养、抚养费。

（二）有下列情况之一的，不得享受城市低保待遇：

1. 实际生活、支出水平明显高于当地最低生活保障标准的家庭。

（1）雇佣他人从事各种经营性活动的家庭；

（2）拥有非维持家庭基本生活需要的汽车、钢琴、空调等高档耐用消费品；一年内家中购买单件价值超过最低生活保障标准15倍以上（含15倍）非生活必需品的家庭；

（3）无特殊情况，申请前2年之内或享受最低生活保障待遇期间购买商品房的家庭；以商品房价格购买超过经济适用房标准面积的家庭；申请前2年之内或享受最低生活保障待遇期间高标准装修房屋的家庭；有多处住房且出租的家庭；

（4）自费安排子女择校就读、出国留学的家庭；

（5）隐性收入无法核定，虽人均收入低于当地低保标准，但实际生活水平明显高于当地低保标准，经街道评议委员会表决不应纳入的；

（6）跨行政区域落户不满3年的（政策性规定的除外）。

2. 拒绝配合社区居民委员会和低保管理机关进行调查、核查，致使无法核实收入的家庭。

3. 故意隐瞒家庭真实收入（包括隐性收入）及家庭人口变动情况，提供虚假申请材料及证明的家庭。

4. 在就业年龄段内有劳动能力但尚未就业的人员，无正当理由拒绝就业的。

5. 在就业年龄段内有劳动能力但尚未就业的人员，享受最低生活保障待遇期间，一个月内无正当理由2次以上拒绝参加社区公益性劳动的。

6. 通过离婚、赠与、转让等形式放弃自己应得财产或份额，或放弃法定应得赡养费、扶养费、抚养费和其他合法收入的家庭及个人。

7. 故意采取其他规避法律、法规的行为造成无经济来源、生活困难的人员。

8. 参与赌博、卖淫、嫖娼、吸毒等违法活动，经教育不思悔改的人员。

9. 各类服刑、劳动教养期内人员（经有关部门批准的社会矫正人员除外）。

10. 外地来本市就读的在校学生。

11. 无正当理由，在申请享受最低生活保障待遇之前，已在本市以外地区居住半年以上的居民。

12. 违反收养法领养子女或违反计划生育法超生的。

13. 其他按照规定不能享受最低生活保障待遇的情形。

二、保障对象家庭收入核实与计算

（一）共同生活的家庭成员是指具有法定的赡养、抚养（或扶养）关系的人员。具体包括：夫妻；父母与未成年的子女、养子女、继子女、非婚生子女；祖父母、外祖父母与父母双亡的孙子女、外孙子女；子女与无生活来源的父母、继父母；孙子女、外孙子女与子女亡故的祖父母、外祖父母；兄、姐与父母双亡或父母无力抚养的未成年的弟、姐；父母与丧失劳动能力或虽未完全丧失劳动能力但收入不足以维持生活的子女，仍然在校读书且无独立生活能力和条件的子女。

（二）家庭收入是指共同生活的家庭成员全部货币收入和实物收入的总和。家庭人均收入是按照申请人前6个月家庭总收入的月平均额除以共同生活的家庭成员人数计算。包括：

1. 工资、薪金、奖金、津贴、补贴；

2. 一次性安置费、经济补偿金或生活补助费；

3. 离退休养老金、基本生活费、失业保险金、职工遗属生活补助费；

4. 存款及利息、有价证券及红利、保险给付金收入；

5. 特许权使用收入、租赁收入、接受馈赠和继承收入；

6. 赡养费、抚养费、扶养费；

7. 出租房屋或变卖家庭财产获得的收入；

8. 兼职和自谋职业以及各种劳务收入；

9. 农转非家庭，在原籍仍有承包土地，其生活发生困难时按农村救助制度予以救助；原承包土地被国家征用或归还集体的，持乡、村两级以上政府证明，按城市居民受理入保申请，但其获得的征地费计入家庭收入；

10. 实物收入则按物价部门核定或评估的物品价格折款计入家庭收入；

11. 应当计入家庭收入的其他收入。

（三）不计入家庭收入的项目包括：

1. 给国家、社会和人民做出特殊贡献，政府给予特殊享受的补贴收入，省级以上劳动模范退休后享受的荣誉津贴；

2. 政府及政府有关部门、企事业单位对工作、学习成绩优秀者、见义勇为等先进分子给予的奖金；

3. 人身伤害赔偿中生活费以外的部分；

4. 因病、因灾、因就学困难等原因由政府和社会给予的救助款物；

5. 丧葬费、一次性抚恤金、因工（公）负伤人员的工伤费、护理费、一次性伤残补助金、残疾辅助器具费；

6. 独生子女保健费、独生子女专项奖金；

7. 在职职工按规定由所在单位代缴的住房公积金及各项社会保险统筹费；

8. 优抚对象的优待抚恤金、补助金、护理费、保健金等，义务兵的津贴和退伍费；

9. 由国家集中供养的城市各类社会福利机构中民政对象的护理费、补助金；

10. 其他经政府认定不计入家庭收入的项目。

三、申请审批工作程序

社区居委会受管理审批机关的委托，负责申请对象家庭收入的核实，街道办事处负责审核，县（区）低保管理部门负责保障对象资格的认定和审批。

（一）审批工作须按照居民申请、社区居委会调查、街道办事处（乡镇）审核、县（区）低保管理机构批准的步骤实施。审批工作自申请人提出申请之日起30个工作日内办结审批手续。

（二）居民申请享受最低生活保障待遇，应由户主向户籍所在地街道办事处（乡镇）或受委托的社区居委会提出申请。人户分离的家庭，可在户籍所在地提出申请，但须翔实提供临时居住地址及联系方式，并由户籍所在地和居住地街道办事处（乡镇）共同加注意见。

申请最低生活保障需提供以下相关材料：

1. 书面申请报告。根据家庭实际状况，如实反映要求政府救济的理由、家庭人口及翔实的收入来源、生活困难原因；

2. 家庭户口簿和所有成员身份证（或复印件）；

3. 家庭所有成员从业单位和各种收入证明；

4. 在法定劳动年龄段内有劳动能力的家庭成员，须提供所在街道办事处（乡镇）劳动保障所核发的就（失）业登记证、培训和推荐就业情况等记录材料；

5. 残疾对象等级证书等相关证明；

6. 其他需要涉及的相关证明材料。

（三）申请人在提交申请书并提供所需证明材料后，由街道办事处或乡镇组织两名以上的低保工作人员入户调查，入户调查实行“谁入户、谁审核、谁签字、谁负责”的首问责任制；入户调查结果要由入户调查人和被调查的户主双方签字确认，并经街道（乡镇）低保评议小组评议，不符合条件的，要告知本人；符合条件的填写《城市居民最低生活保障金审批表》，由社区居委会签署意见并将审批表和相关证明材料一并报送街道办事处或乡镇人民政府；街道办事处或乡镇人民政府负责对社区居委会报送的审批表和相关证明材料全部进行复查，并进行张榜公示，公示时间为七个工作日，公示无异议的，经街道（乡镇）主管领导签署意见并加盖公章后由街道办事处或乡镇人民政府将审批表、相关材料报送县区低保管理部门审批。

（四）县区低保管理部门负责对上报的审批表和相关材料进行审批。符合条件的，通知街道办事处或乡镇人民政府，进行张榜公示，公示时间为七个工作日，公示无异议的予以批准，并发给《城市居民最低生活保障金领取证》和低保金社会化发放储蓄存折，申请人从被批准之日的次月起享受低保待遇。对公示有异议的，经调查核实不符合低保条件的，予以取消，以书面形式通知申请人，并说明理由。

（五）建立公示制度。在街道办事处或乡（镇）人民政府设置公示栏。公示的内容包括：户主姓名、家庭人口、保障人口、家庭住址、人均收入、补助金额、享受时间、就业状况、公示起止时间和举报监督电话；各县（区）要建立公示档案和照片台账，由街道办事处保存。

（六）对审查认定的保障对象，县区低保管理部门在审批结束后15个工作日内将新纳入的保障对象家庭状况、保障人数、保障标准以报表形式上报市低保管理中心备案，市低保管理中心按照审批户数的10%组织抽查，作为考核县（区）低保工作的主要依据。

四、保障对象的管理

（一）建立低保对象分类管理及主动申报复核制度（城区、矿区除外），保障对象应当于保障期满20日内提出续保申请，申报家庭情况，未按时参加复核申请的取消其低保待遇。

1. 重点保障对象即城市“三无”人员（A类）为全额享受城市低保待遇的人员，此类人员每年进行一次审核，由本人或其监护人、委托代理人每年提出一次续保申请。

2. 特殊保障对象（B类）包括：①持有《中华人民共和国残疾人证》残疾等级为三、四级的轻残人员；②患大病且常年卧床不起，住院费、医药费开支巨大的家庭或成员；③单亲家庭尚未就业或无稳定收入的；④因子女就学造成家庭生活困难的；⑤年老体弱、丧失劳动能力且赡养人没有赡养能力、60岁以上的老年人；⑥其他原因造成家庭生活困难的。此类人员收入偏低且相对稳定，困难程度较大，近期内难以改变贫困状况。对此类人员每年进行一次审核，由本人或其监护人、委托代理人每年提出一次续保申请。

3. 基本保障对象（C类）包括：年龄在18—60周岁，身体健康，虽有劳动能力，但因工作不稳定或暂时未就业，收入不固定的人员，对此类人员每半年进行一次审核，由本人每半年向街道办事处提出续保申请。

（二）保障对象的复核工作由各县（区）低保管理机构按照《大同市城市居民最低生活保障办法》组织实施，各街道、乡镇不得擅自组织辖区内低保对象的年度复核。

（三）街道办事处成立由分管领导、民政助理、申请人所在社区居委会主任组成的低保工作评审领导小组，对低保工作初审、审核中疑难的须进行研究评定，并定期对特殊保障对象、基本保障对象家庭进行调查，掌握其家庭人口、家庭收入等变化情况。对认定过程中存在争议的申请对象，由市低保管理中心在入户调查后进行认定，对确需救助的，填写《大同市城市低保对象督办卡》（一式三联），责成县（区）、街道（乡镇）办理。

（四）建立低保对象义务劳动制度。凡有劳动能力的低保对象必须参加街道（乡镇）和社区居委会组织的社会公益劳动及生产自救活动。年龄在18—40岁的，原则上每月不少于60小时；年龄在40—55岁的，原则上每月不少于30小时。对无正当理由两次或两次以上拒不参加社会公益劳动的低保对象，停止其享受低保资格。

（五）对有劳动能力的低保对象进行再就业登记，对两次或两次以上拒不接受就业介绍的低保对象，停止其享受低保资格。

五、职责分工

（一）市级低保管理部门职责：

1. 负责起草城市低保工作地方性法规、政策，建立健全各项低保规章制度，制定工作计划并组织实施。

2. 编制城市低保年度资金需求计划，提出城市低保资金的分配方案，与财政部门共同做好资金使用的监管。

3. 及时督查、指导，解决工作中出现的新情况和新问题。

4. 负责组织基层低保工作人员低保政策法规、专业知识培训。

5. 受理有关城市低保的咨询、投诉。

6. 协调相关部门，制定与城市低保有关的优惠政策，并督促落实。

7. 负责做好低保对象信息档案备份存储工作，按时做好城市低保数据统计、数据分析和汇总上报工作。

（二）县（区）低保管理部门职责：

1. 结合本地实际，负责组织实施本辖区城市低保工作。

2. 编制城市低保资金需求计划。

3. 审批本辖区内城市低保对象待遇，核发城市低保金领取证。

4. 指导、督查街道（乡镇）和社区城市低保工作。

5. 受理有关城市低保的咨询与投诉。

6. 负责城市低保数据的统计汇总和档案管理。

7. 负责街道（乡镇）、社区工作人员业务培训。

（三）街道办事处（乡镇）职责：

1. 审核社区上报的新增、调整和停发的调查报表及相关材料。对疑问户调查取证，走访复查审核上报。

2. 负责城市低保对象家庭收入的定期核查工作。

3. 负责低保政策法规的宣传咨询、来信来访和举报查实等项事务，妥善处理各种矛盾。

4. 受管理审批机关委托，代发城市低保金领取证。

5. 积极指导社区的低保工作，协助社区做好低保对象的劳动再就业和教育疏导工作。

6. 做好低保对象档案资料收集管理工作，做到一户一档。按时完成各项统计上报工作。

（四）社区居委会职责：

1. 认真执行低保政策，负责受理本社区居民低保申请并登记，按时做好调查上报工作。

2. 对申请低保家庭经济情况、实际生活水平、身体状况进行调查核实，指导初审符合条件人员填写《城市居民最低生活保障申请审批表》，签署意见后，将相关材料上报街道（乡镇）。

3. 召开社区低保民主评议小组会议，形成调查评定意见。

4. 认真做好政策法规宣传咨询、来信来访、举报查实工作，协调处理相关矛盾。

5. 组织本社区法定劳动年龄段有劳动能力但尚未就业的保障对象，从事社区公益性劳动。

6. 协助低保对象积极就业，鼓励其劳动自救。

7. 加强对低保家庭的管理，定期走访低保家庭，协助解决低保家庭的实际困难。

六、档案管理

县级低保管理部门和街道办事处、乡镇人民政府、社区居委会要建立相应的档案管理、统计台账和统计报表制度，分级对低保工作资料进行归类、建档，对低保对象实行一户一档、分类管理，由各街道办事处或乡（镇）人民政府以社区居委会为单位，实行微机与档案管理同步实施。具体要求为：重点保障对象（A类）人员档案盒（袋）为绿色（或贴有绿色标识）；特殊保障对象（B类）人员档案盒（袋）为黄色（或贴有黄色标识）；基本保障对象（C类）人员档案盒（袋）为红色（或贴有红色标识）。上述三类人员档案由各街道办事处或乡（镇）人民政府装订成册入档，实行专人管理、专人负责。

县（区）低保管理机构对已审批确定的低保对象进行造册登记，上报市低保管理中心备案，并统一编制低保对象登记证号。

七、本意见由大同市民政局负责解释。

八、本意见自发布之日起实行。

二〇〇九年七月二十一日

3. 大同市政府办公厅《大同市农村居民最低生活保障家庭子女“春霖助学行动”实施办法》

第一章　总　则

第一条　为缓解农村低保家庭子女就学困难，建立健全城乡社会救助体系，根据市人大十二届二次会议做出的《关于对城乡特困家庭实施救助的决定》和大同市人民政府《关于建立健全城乡社会救助体系的意见》（同政发〔2006〕39号）的有关要求，结合我市实际，按照国家资助与社会帮扶相结合，资助水平与经济发展水平、财政支付能力相适应的原则，实施以扶贫帮困、爱心助学为主题的“春霖助学行动”。为将这项工作做细、做好，形成长效机制，特制定本办法。

第二章　资助范围

第二条　农村低保家庭子女“春霖助学行动”资助对象必须同时具备以下条件：

1. 正在享受大同市农村低保待遇的农村家庭；

2. 2009年及以后考取大学一本、二本的国家统招生（军校除外）。

第三章　资助标准

第三条　农村低保家庭子女“春霖助学行动”资助标准为每人每年2000元，资助期为大学本科学业完成。

第四章　申请和审批程序

第四条　农村低保家庭新考取大学的子女，接通知书后，由学生或父母（监护人）到户籍所在地乡（镇）低保管理机构领取《大同市农村低保家庭子女“春霖助学行动”申请表》，如实填写，并提供以下证明：

1. 个人教育资助书面申请；

2. 录取通知书（验原件留复印件）；

3.《农村低保领取证》（验原件留复印件）；

4. 家庭户主及学生户口、身份证（验原件留复印件）；

5. 其他相关证明。

第五条　以前考取的按原标准原渠道资助。

第六条　乡（镇）低保管理机构在收到农村低保家庭子女教育救助申请和相关证明后，进行调查核实，一周内完成对申请对象的认定、公示工作，无异议后，在《大同市农村低保“春霖助学行动”申请表》上加注意见，附相关证明材料，上报县（区）低保管理机构。

第七条 县（区）低保管理机构收到申请材料后，对申请人基本情况进行复查，如录取通知书未标明系大学一本、二本统招生的，应通过报纸公布的录取名单或高考查分等方式予以落实。并于每年的8月15日前报市低保管理机构。

第八条 市低保管理机构收到县（区）上报材料后，进行审查、审批，对符合条件的，按学年发放教育资助金；对不符合条件的，退回申请材料，并说明理由。

第九条 2009年以后漏报的农村低保学生和新增的农村低保家庭，可在下一年度申请大同市农村低保家庭子女“春霖助学行动”资助，以前的资助金不补。

第五章 资金管理

第十条 资金来源：

1. 市级财政预算资金100万元；
2. 上级民政部门专项补助资金；
3. 慈善总会募捐资金50万元；
4. 本级福利彩票公益金；
5. 红十字协会募捐资金50万元；
6. 社会募捐资金；
7. 单位及个人赞助资金。

第十一条 资金管理与使用：

1. 农村低保家庭子女教育资助资金存入市低保管理中心账户，设立“春霖助学行动”专项科目和账簿，除助学资金以外的任何资金往来不得使用该科目。

2. 农村低保家庭子女教育资助的各项专项资金，每年8月1日前全部划入市低保管理中心“春霖助学”专项科目，社会募捐的助学资金及赞助金应全部及时存入该科目。

3. “春霖助学行动”资金，专项用于资助农村低保家庭中考取大学一本、二本子女完成大学学业，专项管理，专款专用，不得挤占挪用，不得提取管理费或列支其他任何费用，自觉接受审计、监察部门和群众监督。对弄虚作假、虚报冒领的行为要严肃查处，追回冒领资金，追究相关人员的责任。

4. “春霖助学行动”资金的发放时间为：每年暑假开学前，大学本科学业完成后资助结束。

5. “春霖助学行动”资金发放明细表必须由经办人、“春霖助学行动”负责人签字后方可发放，发放时必须由受助人签字。

6. 财会人员对每年“春霖助学行动”资金发放明细表要编制记账凭证，单独列入“春霖助学行动”资金科目下账。

7. 从2009年起享受“春霖助学行动”的学生名单及就读院校都要在各县区乡（镇）政务公示栏公布，以确保此项工作的透明度。

第六章 附 则

第十二条 本办法自“春霖助学行动”开始之日起执行。

二〇〇九年七月二十一日

4. 大同市政府办公厅《大同市临时救助办法（试行）》

第一章 总 则

第一条 为妥善解决城乡贫困居民的突发性、临时性生活困难，推进社会救助体系建设，根据民政部《关于进一步建立健全临时救助制度的通知》（民发〔2007〕92号）精神，结合我市实际，制定本办法。

第二条 临时救助主要是指对在日常生活中由于各种特殊原因造成基本生活出现暂时困难的家庭，给予非定期、非定量临时生活救助的制度。

第三条 大同市民政局是全市临时救助工作的行政主管部门。市级低保管理机构、县（区）民政部门负责本区域内临时救助工作的审批、管理工作。各乡镇人民政府、街道办事处负责本辖区内临时救助工作的受理、审核等管理服务工作。社区、村委会受乡镇（街道办事处）委托可承担入户调查、评议、公示等日常服务工作。

第四条 临时救助工作应坚持以下基本原则：

（一）分级负责与属地管理相结合的原则；

（二）以“救急救难”为主的原则；

（三）及时、适量、公开、公平、公正的原则；

（四）政府救助、社会互助、鼓励劳动自救的原则；

（五）与其他各项社会救助制度相衔接的原则。

第二章 救助对象、范围、方式和标准

第五条 临时救助对象指持有本市常住户口，

因临时性、突发性等各种原因造成基本生活出现暂时困难的家庭，主要包括以下对象：

（一）在最低生活保障和其他专项社会救助制度覆盖范围之外，由于特殊原因造成基本生活出现暂时困难的低收入家庭，重点是人均收入低于当地最低生活保障标准150%的低保边缘家庭；

（二）虽已纳入最低生活保障和其他专项社会救助制度覆盖范围，但由于特殊原因导致基本生活暂时出现较大困难的家庭；

（三）当地政府认定的其他特殊困难人员。

第六条 临时救助范围主要针对以下几种情况进行重点救助：

（一）因患危重疾病，造成生活暂时出现较大困难，经其他各种救助帮困措施后，需个人负担的医疗费数额超过5万元且直接导致家庭基本生活难以维持的；

（二）因自然灾害或遇到突发性、不可抗拒性等意外事件，在扣除各种赔偿、保险、救助等资金后，个人负担仍然较重，导致家庭基本生活难以维持的；

（三）因子女教育费用负担过重，经各种教育救助后，个人负担仍然较重，造成家庭生活困难的（不含自费、择校生）；

（四）其他特殊原因造成家庭生活特别困难的。

第七条 下列情况不属于临时救助范围：

（一）具有本地户籍而长期不在本地居住、生活的；

（二）属于人为事故，已得到责任人足额赔偿或保险机构赔偿的；

（三）因打架斗殴、赌博、吸毒等违法犯罪行为造成贫困的；

（四）拒绝管理机关调查、隐瞒或不提供家庭真实收入、出具虚假证明的；

（五）由水灾、旱灾、风灾、雹灾等自然灾害，以及较大范围环境污染、破坏性灾害和其他不可抗拒因素造成，且属于国家专项救助范围基本生活困难的。

第八条 临时救助的方式。临时救助应按照分类施救的原则，根据救助对象困难的不同类型和程度，一事一议，量入为出，合理确定救助时限和救助标准，并随着社会经济的发展逐步提高。采取现金、实物及提供服务相结合的方式救助，一般以现金救助为主。

第九条 临时救助标准以解决临时性家庭基本生活困难为底线，视困难家庭的具体情况，一般可给予最高限额5000元以下的一次性救助。具体救助情况如下：

（一）因患危重疾病，造成生活暂时出现较大困难，经其他各种救助帮困措施后，需个人负担的医疗费数额超过5万元且直接导致家庭基本生活难以维持的，可给予不超过3000元的一次性救助；

（二）因自然灾害或遇到突发性、不可抗拒性等意外事件，在扣除各种赔偿、保险、救助等资金后，个人负担仍然较重，导致家庭基本生活难以维持的，可给予不超过3000元的一次性救助；

（三）因子女教育费用负担过重，经各种教育救助后，个人负担仍然较重，造成家庭生活困难的（不含自费、择校生），可给予不超过2000元的一次性救助；

（四）其他特殊原因造成家庭生活特别困难的，经认定后，可给予不超过5000元的一次性救助；

（五）其他特殊原因造成家庭生活一般困难的，经认定后，可分级给予救助，原则上应为当地低保月人均补差金额乘以家庭人口乘以需救助时段（月）之积，一年内不得超过6个月。

第十条 符合条件的困难家庭一年内因同一事由只能申请一次临时救助。一户困难家庭每年申请临时救助最多不超过两次。

第三章 申请及审批程序

第十一条 按照属地管理原则，符合条件的城乡困难居民应以家庭为单位，由户主向户籍所在地乡镇人民政府、街道办事处提出书面申请，填写《大同市临时救助申请审批表》，并提供以下相关证明材料：

（一）户口簿、身份证、低保证、五保证、伤残证及优待抚恤证；

（二）医疗卫生机构出具的伤情诊断书、必要的病历材料和治疗费收据；

（三）公安部门提供的突发事件现场勘查资料、事故责任证明及财产损失、人身伤害等证明；

（四）乡镇民政部门提供的灾害损失证明；

（五）残联部门提供的残疾等级证明；

（六）民政部门认为需要提供的其他相关证明材料。

第十二条 乡镇人民政府、街道办事处自接到临时救助申请后，应在10日内做好入户调查、资格审核、评议、公示和填报相关申请审批表格等工作，公示时间不少于5个工作日，对符合救助条件的家庭由主管领导签署意见后上报县级民政部门。

第十三条 市级低保管理机构、县级民政部门对符合临时救助条件的家庭，应当在5个工作日内办结审批手续；对不符合条件的家庭，应当在10个工作日内书面通知申请人，并说明理由。

第十四条 对经批准享受临时救助待遇的家庭，市级低保管理机构、县级民政部门要建立临时救助档案并在5个工作日内将临时救助金发放到户。居、村委会应当将救助对象名单和救助标准进行公示。

第十五条 对长期无法维持基本生活的特殊困难家庭，可以简化程序，特事特办，必要时由临时救助审批机构直接受理。

第四章 资金筹集和管理

第十六条 临时救助资金主要通过以下方式筹集：

（一）市级财政每年从本级预算的城乡低保资金中列支400万元，其中城市低保资金中列支200万元，农村低保资金中列支200万元；

（二）县（区）级财政每年从本级预算的城乡低保资金中列支30%；

（三）慈善机构以及其他社会组织和个人募集的捐助资金。

第十七条 设立临时救助资金财政专户，专项管理，专款专用。年度结余资金结转下年使用，不得用于平衡预算或挪作他用。

第十八条 监察、财政、审计部门负责监督、审计临时救助资金的管理、使用和发放。

第十九条 民政部门要定期向社会公布临时救助资金的使用情况，接受社会监督。

第五章 监督管理

第二十条 救助对象不如实提供家庭收入状况，采取虚报、隐瞒等手段骗取享受临时救助待遇的，一经查实，即终止救助，乡镇人民政府或街道办事处负责追回冒领临时救助款物，一年内取消再次申请临时救助资格。

第二十一条 从事临时救助管理和审批的工作人员要依法办事，接受社会监督，对因失职或徇私舞弊、滥用职权违规办理临时救助的经办机构和人员，应追究相关机构和人员的责任；情节严重构成犯罪的责任人，依法追究相应法律责任。

第六章 附 则

第二十二条 本办法由大同市民政局负责解释。

第二十三条 本办法自发布之日起执行。

2010年10月27日

5. 大同市政府办公厅《大同市城市低收入家庭资格认定试行办法》

第一章 总 则

第一条 为规范廉租住房、经济适用住房保障以及其他社会救助工作中的城市低收入家庭收入核定行为，做好我市城市低收入家庭资格认定工作，根据《国务院关于解决城市低收入家庭住房困难的若干意见》（国发〔2007〕24号）、民政部《城市低收入家庭认定办法》（民发〔2008〕156号）的有关规定，结合我市实际，特制定本办法。

第二章 低收入家庭认定标准

第二条 凡持有我市三年以上常住户口的城市居民家庭其共同生活的家庭成员月人均收入低于市政府公布的城市低收入家庭标准且家庭人均住房建筑面积少于15平方米的将被认定为城市低收入家庭。

第三条 城市低收入家庭以户为单位认定，采用家庭收入除以家庭成员数的方法确定。

第四条 有下列情形之一者，不能认定为低收入家庭：

（一）有劳动能力而不按要求进行求职登记，或虽进行了登记，但无正当理由在半年内两次不接受就业服务机构介绍就业的，或家庭成员有出国经商、打工的；

（二）拥有机动车（残疾人专用车除外）的；

（三）三年内购买或使用空调、钢琴等高档电器和非生活必需品的；

（四）非拆迁原因购买商品房、自建住房人均超过15平方米的；

（五）饲养高级观赏性宠物，或经常出入于高档餐饮娱乐场所消费的；

（六）安排子女出国留学或选择高收费私立学校就读的；

（七）故意放弃法定赡养、抚（扶）养费和

转移个人资产的；

（八）经民政部门认定的其他不符合低收入家庭条件的。

第三章　家庭成员和家庭收入的核定

第五条　根据《中华人民共和国婚姻法》有关规定，家庭成员是指具有法定的赡养和抚（扶）养关系、长期共同生活的成员。具体包括：夫妻；父母与未成年的子女、养子女、继子女、非婚生子女；祖父母、外祖父母与父母双亡的未成年孙子女、外孙子女；孙子女、外孙子女与子女双亡的祖父母、外祖父母；兄、姐与父母双亡或父母无力抚养的未成年的弟、妹；其他经民政部门依法认定的长期共同生活的成员。

第六条　家庭成员月人均收入是指申请人共同生活的家庭成员，在提出申请当月前连续6个月内所拥有的全部可支配收入。

第七条　家庭收入认定范围主要包括：

（一）工薪收入。主要包括工资（按国家统计局规定的工资总额范围确定）以及兼职、兼业收入和从事各种技艺、各项劳动服务所得的报酬。

（二）经营净收入。指个体、私营业主等在工商登记机关依法登记取得营业执照、合法经营取得的收入扣除从事生产和非生产经营费用支出、缴纳税款等，可直接用于生产性、非生产性建设投资、生活消费和积蓄的收入。

（三）其他收入

1. 财产性收入

主要包括：

①投资收入。包括银行存款利息收入、有价证券股息红利收入、保险受益和其他投资受益。

②出租房屋等资产收入。将家庭拥有的产权房屋、车辆、土地等资产出租产生的收入。

③知识产权收入。自己创作、发明或者参与创作、发明、并归个人所有的著作权、专利权、专有技术等带来的收入，专利人将专利权让给他人或许可他人在一定的时间和范围内使用其专利所得的个人收入和非专利技术所有者将非专利技术有偿地提供、转让他人所取得的个人收入。

④除上述之外的财产产生的收入。

2. 转移性收入。主要包括离退休金、失业保险金、遗属补助费、赔偿收入、因劳动合同终止（包括解除）所获得的经济补偿金（生活补助费、一次性安置费）、赡养费、抚（扶）养费、提取住房公积金、接受馈赠收入、继承收入以及经认定应计入收入的其他收入。

3. 出售财物收入。主要包括出售住房收入、因建设征地农转非等原因领取一次性经济补偿金和安置补助费、拆迁安置房屋货币补偿收入和出售其他物品收入。

4. 借贷收入。主要包括提取储蓄存款、收回借出款、收回储蓄性保险本金、兑售有价证券、收回投资本金、其他借贷收入等。

5. 经认定应计入家庭收入的其他收入。

第八条　以下项目不计入家庭收入：

1. 优抚对象按规定享受的抚恤金、补助金、护理费、保健金、义务兵的退伍费；

2. 政府颁发的对特别贡献人员的奖励金和荣誉津贴等；

3. 因工（公）负伤人员的护理费，因工（公）牺牲人员及其家属享受的一次性抚恤金、丧葬费；

4. 按规定由在职人员单位代缴的住房公积金和各项社会保险统筹费；

5. 政府和社会给予贫困在校生的救助金、生活补贴和在校学生获得的奖学金、助学贷款等；

6. 人身伤害赔偿中除生活费以外的部分；

7. 政府和社会发给的临时性生活救助金；

8. 国家、省规定的其他不计入家庭收入的收入。

第九条　对工薪收入的调查评估按照以下规定执行：

对在职职工收入的核定，由职工所在单位劳资部门出具职工收入情况证明，单位主要领导签字，并经单位盖章认定。对连续6个月以上未领到或未足额领到工资的在职职工，按实际收入计算家庭收入。

对兼职性收入等其他劳动收入，由个人诚信申报。其中，属于从事经营活动的，由市场管理部门出具从事经营活动人员收入情况证明，证明其收入情况；市场部门不能证明其收入的，由个人诚信申报，社区居委会、街道办事处根据所从事的社会劳动情况评估确定。

第十条　对经营净收入，由个体经营、私营企业者诚信申报，由社区居委会、街道办事处通过各相关职能部门调查评估确定。

第十一条　对财产性收入的调查评估按照以下规定执行：

（一）利息收入、股息红利收入、保险受益和其他投资受益，由申请人家庭成员诚信申报，社区居委会、街道办事处调查评估确定；

（二）知识产权收入、出租房屋等资产的收入，按照租赁等合同核定收入，合同价款明显低于市场价格的，由社区居委会、街道办事处评估确定。

第十二条 对转移性收入的调查评估按照以下规定执行：

（一）离退休金。凭本人离退休金领取存折予以认定。

（二）失业人员失业保险金。凭本人《失业证》予以认定。

（三）遗属补助费。凭单位开具的遗属补助费证明等予以认定。

（四）赔偿收入。凭人民法院调解书、判决书等证明文件予以认定。

（五）经济补偿金（安置费）。凭用人单位解除（终止）劳动合同证明文件以及发放证明资料等予以认定。

（六）赡养费和扶（抚）养费。按照有关协议、裁决或判决的数额计算。没有协议、裁决或判决的，赡养费按照被赡养人子女家庭月人均收入减去城市低保标准后的50%，再除以被赡养人数计算。扶（抚）养费按照给付方收入的25%计算，有多个被扶（抚）养人的，最高不超过给付方收入的50%。法定赡养、扶（抚）养义务人属低保对象的，不计算其应付赡养、扶（抚）养费。未经法律程序解除双方关系的家庭成员，其相互之间的赡养和扶养或者抚养关系、应尽义务等，按有关法律、法规的规定执行。原系我市非农业户口，现在外地就读的大中专学生视为家庭抚养人口。

（七）提取住房公积金。凭公积金查询存折予以认定。

（八）接受馈赠收入。由被调查人诚信申报，社区居委会、街道办事处进行评估认定。

（九）继承收入。继承房产不列入收入，除此外的其他继承收入由申请人诚信申报，社区居委会、街道办事处评估确定。

第十三条 一个家庭占多项出售财产收入项目的，应合并计算；其支出项目不能重复扣减，并由申请家庭进行支出举证，不能举证的视同没有支出；其收入剩余部分应进行分摊。

第十四条 对借贷收入，由申请人家庭成员诚信申报，社区居委会、街道办事处调查评估确定。

第十五条 家庭成员拥有的资产，包括实物资产和货币资产，由申请人家庭成员诚信申报，社区居委会、街道办事处调查评估确定。

第四章 低收入家庭的申报和认定程序

第十六条 申报认定程序：

（一）由户主本人提出书面申请，报实际居住地的社区居委会申请，未设立社区居委会的地方，可直接向街道办事处申请。申请时应提供如下材料：书面申请报告、每个家庭成员的户口及身份类证件原件与复印件、收入类证明、婚姻状况类证明、家庭成员关系类属性材料证明以及需要提供的其他材料。

（二）社区居委会受街道办事处委托，对每个申请人的家庭收入和实际生活状况进行调查核实并张榜公示，接受群众监督，公示时间不少于5日。无异议的，填写《大同市城市低收入家庭认定申请审批表》，连同其他证明材料一并报街道办事处审核。

（三）街道办事处对社区居委会上报的证明材料应认真审核，并将申请名单再次张榜公示，公示时间不少于5日。公示后群众无异议的，由街道办事处在《大同市城市低收入家庭认定申请审批表》上出具意见。群众有异议的，须及时通知申请人本人。

（四）各县区民政部门对经街道办事处上报的低收入家庭认定申请进行审批。

第十七条 街道办事处和社区居委会成立低收入家庭调查评估小组，负责对申请家庭进行调查核实，对低收入家庭进行评估认定，调查群众反映的问题。调查评估小组由5—7人组成。

第十八条 申请家庭的所有成员应主动配合民政、街道、社区居委会等部门的调查，主动到所在单位及相关部门申请出具相关证明材料，及时送交社区居委会、街道办事处，经办工作人员应逐项核对，根据需要留存复印件或原件。

第十九条 对不按规定出具收入情况证明或者在出具证明时弄虚作假的单位及负责人，由有关部门给予批评教育，依法进行处罚。对申请家庭不按规定提供诚信申报或提供的诚信申报不真实，以及提供其他虚假证明材料的，一经发现，不予认定或取消其低收入家庭相关待遇。

第五章 动态管理

第二十条 城市低收入家庭收入状况发生变

化时，街道办事处要及时进行相应登记，年度末上报各县区民政部门审核。

第二十一条 对低收入家庭每年审核一次，连续二次无审核记录的作自动放弃城市低收入家庭待遇处理。

第六章 监督机制

第二十二条 纪检、监察部门应加强对低收入家庭认定工作的跟踪与监督，确保低收入家庭的认定过程公平、公正、有序。

第二十三条 街道办事处、社区居委会应设立公开举报箱，公布举报电话，接受群众监督。凡举报查实不属于低收入家庭的，一律予以取消低收入家庭相关待遇。

第七章 附 则

第二十四条 本办法由大同市民政局负责解释。

第二十五条 本办法自公布之日起执行。

2011 年 6 月 26 日

6. 大同市政府办公厅《大同市城乡社会救助工作监督管理办法》

为进一步强化城乡社会救助工作监督管理，提高社会救助规范化、制度化管理水平，实现社会救助工作有法可依、有法必依、执法必严、违法必究，根据国务院《城市居民最低生活保障条例》《山西省城市居民最低生活保障实施办法》《大同市城市居民最低生活保障办法》《大同市农村居民最低生活保障办法》等有关规定，并结合我市工作实际，制定本办法。

第一条 本办法适用于社会救助申请、审核、审批及行使社会救助管理职权的组织、机构、工作人员、社会救助工作服务对象。

第二条 社会救助监督管理工作坚持公开、公平、公正的原则，建立健全投诉举报制度、查处通报制度、责任追究制度，广泛接受群众和社会监督。

第三条 社会救助监管工作实行县级以上人民政府负责，民政部门主管，县（区）、乡镇（街道办事处）分级管理体制，明确责任，依法履行工作职责。

（一）市级民政部门职责：

1. 负责起草、解释社会救助工作地方性政策、法规，建立健全各项规章制度，制定社会救助工作计划并组织实施。

2. 编制社会救助年度资金用款计划，提出社会救助专项资金分配方案，会同财政、审计部门共同做好资金使用的监督管理，保证资金安全稳定运行。

3. 对群众反映且入户调查后符合救助条件但未纳入救助范围的对象，督促各县（区）具体落实并办理；对群众反映、举报不符合救助条件但已享受救助的对象取消救助资格并予以处罚。

4. 组织县（区）开展社会救助对象定期复核工作。

5. 对县（区）社会救助工作进行监督、检查、指导。

6. 组织开展对工作人员的社会救助法律、法规、政策培训。

7. 受理违反社会救助相关政策的举报、投诉；参与相关案件的调查和移送；对救助对象申请进行裁定。

（二）县区民政部门职责：

1. 负责本辖区社会救助工作的监督和管理。按照规定的程序对乡镇（街道办事处）上报的社会救助申请材料进行复审、调查及审批，对复审不符合救助条件的，书面通知申请人所在乡镇（街道办事处）。

2. 负责编制本辖区社会救助资金用款计划，确保低保金及时足额发放。

3. 推进政务公开，对社会救助申请人、上访人、举报人承担首问告知责任，实行备案登记制度，并在规定时限内将办理情况回复当事人。

4. 以入户调查、明察暗访等方式不定期对社会救助对象的家庭收入情况进行抽查，每年抽查户数不低于本辖区低保总户数的5%。新增加的低保家庭入户调查率必须达到100%。

5. 建立健全各类社会救助对象档案资料，加强社会救助信息数据库建设，及时准确上报各种表册和相关数据资料，实现社会救助信息化管理。

6. 定期对基层社会救助工作人员进行业务培训，提高其政策水平和业务能力。

（三）乡镇（街道办事处）职责：

1. 负责本辖区社会救助工作的管理和审核，指导、监督村委会（社区）开展社会救助工作。

2. 对申请城乡低保、医疗救助、廉租住房的救助对象，实行首问告知、备案登记制度。对符合申请条件的救助对象，当日登记受理，并在7个工作日内办结相关审核手续；对不符合申请条件的，说明理由并书面通知当事人。按照动态管理要求，配合县区民政部门对辖区内救助对象进行复核、复查，当救助对象家庭人口和收入情况发生变化时，及时将动态变化情况报县（区）民政部门。

3. 受县（区）民政部门委托，负责组织社会救助对象有关证、卡及救助金的发放，做好登记备案工作。对因换证、不符合救助条件或死亡等原因取消低保待遇的，负责收缴、核销保障证、卡，严把低保对象清退关，实现应退尽退。

4. 配合上级业务主管部门开展社会救助工作复核、复查、检查。

（四）村委会（社区）职责：

1. 受乡镇（街道办事处）委托，承担本辖区社会救助工作的日常管理服务。配合上级部门完成对申请人家庭收入和实际生活状况的调查核实。

2. 积极宣传社会救助法规、政策，组织救助对象参加社会公益劳动。

3. 配合上级业务主管部门对保障对象开展入户调查、定期复核工作。

（五）财政部门职责：

1. 会同民政部门做好社会救助专项资金的预（决）算，确保社会救助资金及时足额到位。

2. 根据社会救助工作需要安排工作经费，并列入当年财政预算。

3. 会同民政、审计部门做好社会救助资金的监督管理工作。

（六）受托银行业金融机构职责：

1. 受县（区）民政部门委托，做好社会救助资金的社会化发放工作。

2. 救助资金拨入代发金融机构 10 个工作日内，必须划转到救助对象个人账户。

（七）其他部门职责：

公安交警、城建客运、工商税务登记、房产管理、劳动保障、能源销售等相关部门和行业，应配合民政部门提供申请救助低保对象的相关信息和数据，便于对低保对象做进一步甄别，确保低保制度公开、公平、公正，实现应保尽保。

第四条 工作程序：

城乡社会救助按照个人申请、乡镇（街道办事处）入户调查审核、县级民政部门复查审批的程序办理。

（一）个人申请。申请社会救助按属地管理的原则，以家庭为单位，由户主本人向居住地所属的乡镇（街道办事处）提出书面申请，并根据家庭成员不同情况，相应如实提供以下材料：

1. 书面申请报告。根据家庭实际状况，如实反映要求政府救助的理由、家庭人口及翔实的收入来源、生活困难原因；

2. 家庭户口簿和所有成员身份证复印件；

3. 家庭所有成员从业单位和各种收入证明；

4. 在法定劳动年龄段内有劳动能力的家庭成员，须提供所在乡镇（街道办事处）劳动保障所核发的就（失）业登记证、培训和推荐就业情况等记录材料；

5. 残疾对象等级证书等相关证明；

6. 其他需要涉及的相关证明材料；

7. 符合就业条件而未就业人员，需首先到有关部门进行求职登记，并提供有关部门出具的求职登记证明，否则不予受理。

（二）乡镇（街道办事处）调查审核。申请人在提交申请书并提供齐备的所需证明材料后，由乡镇（街道办事处）组织村委会（社区）工作人员入户调查审核，不符合救助条件的，要告知本人。符合救助条件的进行公示，公示 7 日无异议后，由乡镇（街道办事处）主管领导签署意见，加盖公章后将申请材料上报县（区）民政部门审批。

（三）县（区）民政部门审批。县（区）民政部门对上报的材料进行审核，并进行入户调查。对符合救助条件的家庭，进行第二次公示，公示 7 日无异议后，按家庭收入情况批准享受救助金。

（四）建立统一规范的公示制度。公示内容要统一，包括：户主姓名、家庭人口、保障人口、家庭住址、家庭收入、补助金额、享受时间、就业状况、公示起止时间和举报监督电话等，公示时间不少于 7 天；公示点要固定，要求在每个乡镇（街道办事处）设立公示栏，公示栏的面积、式样由市级民政部门统一规定，每季度公示内容用 8K 及以上规格的纸张打印张贴于公示栏下，公示后由公示负责人签写公示结果，并拍照留存备查。

第五条 社会救助对象的社会责任：

（一）积极接受、配合各级低保管理机构的调查，主动提供真实、准确的家庭信息，并对家庭成员就业及收入情况做出诚信书面承诺，如人户分离应主动向村委会（社区）说明情况，并进行相关登记或办理低保迁移手续，1 个月未登记的，暂停最低生活保障待遇；3 个月未登记的，取消最低生活保障待遇。如确有特殊困难的，可根据实际再办理相关审批手续。

（二）在享受最低生活保障待遇期间，有劳动能力和劳动条件并在就业年龄段内的，应参加由乡镇（街道办事处）、村委会（社区）组织的公益性劳动，对无故不参加劳动的将视情节降低保障标准直至取消保障资格。

第六条 从事社会救助相关工作的人员有下列行为之一的，依据有关规定给予相应的党纪政纪处分，并追究相关负责人的责任，情节严重的移交司法机关处理。

（一）群众观念不强、责任意识淡薄，接待群众来访以及申请人态度蛮横，造成恶劣影响的；

（二）不按规定条件和程序办理审核、审批手续，公示、核实、评议不到位，多次出现“人情保”“关系保”，影响社会和谐稳定，群众反响强烈的；

（三）对符合救助条件的家庭拒不受理，对不符合救助条件的家庭批准其享受救助资格，经查证属实的；

（四）以他人名义骗取救助金，擅自据为己有的；

（五）对救助对象恶意敲诈勒索、吃拿卡要，故意设置障碍向救助申请人索要财物的；

（六）其他违反社会救助法律、法规的行为。

第七条 对不履行社会救助对象责任，不配合各级低保管理机关调查，采取虚报、隐瞒家庭收入、伪造证明材料等不正当手段骗取救助金的人员，适用以下责任追究方式：

（一）批评教育。

（二）警告。

（三）暂缓或取消最低生活保障。

（四）追回其违反规定领取的救助金。

（五）处冒领救助金1倍以上3倍以下的罚款。

（六）情节严重构成犯罪的，移交司法机关处理。

根据过错行为程度和社会影响，追究方式可以单独或合并使用。

第八条 依照本办法和有关法规对有关责任人进行处理，由纪检监察部门或者主管部门按照管理权限和规定程序办理。

第九条 本办法由市民政局负责解释。

第十条 本办法自发布之日起执行。

2011年6月26日

7. 大同市人民政府办公厅《关于优化审批流程进一步规范最低生活保障制度的意见》

为进一步优化发展环境，简化工作程序，提高行政效能，规范城乡居民最低生活保障制度，根据《城市居民最低生活保障条例》（国务院令第271号）、《国务院关于在全国建立农村最低生活保障制度的通知》（国发〔2007〕19号）和《山西省城市居民最低生活保障实施办法》（山西省人民政府令第174号）的有关规定，结合我市实际，提出如下意见。

一、最低生活保障对象

持有我市户籍的城乡居民，凡共同生活的家庭成员人均收入低于当地城乡居民最低生活保障标准的，均有从当地人民政府获得基本生活物质帮助的权利。

二、最低生活保障申办程序

最低生活保障申请和办理程序：个人申请、乡镇（街道办事处）入户调查审核、县（区）低保管理部门审核批准。从村委会（社区居委会）受理申请之日起到审批办结，在25个工作日内完成。

（一）个人申请。城乡居民申请享受最低生活保障应当由户主向户籍所在地乡（镇）、街道办事处或受委托的村委会（社区居委会）提出书面申请，填写《城乡居民最低生活保障申请表》，并提供如下书面材料：

1. 个人书面申请材料，如实反映家庭人口及翔实的收入状况、生活困难的原因；

2. 家庭成员的户口簿及居民身份证复印件；

3. 家庭成员从业状况和各种收入证明；

4. 在法定劳动年龄段内有劳动能力的家庭成员，须提供下岗证、就（失）业登记证复印件；

5. 有残疾的需提供残疾证复印件；

6. 其他相关证明材料。

人户分离的家庭，可在户籍所在地提出申请，但须提供临时居住地住址及联系方式，并由户籍所在地和居住地乡（镇）或街道办事处加注意见予以确认。

（二）村委会（社区居委会）初审。乡（镇）、街道办事处委托村委会（社区居委会）在2个工作日内完成对申请人的入户调查和审核上报工作。入户调查实行“谁入户、谁负责、谁签字”的责任制度。对初审调查符合保障条件的，由村委会（社区居委会）并村务监督委员会签注意见后上报乡（镇）或街道办事处。不符合条件的，由村委会（社区居委会）书面通知申请人，并说明理由。

（三）乡（镇）、街道办事处复核。乡（镇）或街道办事处在4个工作日内完成对申请人的调查和复核，并按照上级规定张榜公示7天，农村须在村务公开栏进行公示。公示无异议的由乡（镇）、街道办事处主管领导签注意见，上报县（区）低保管理部门审批。不符合条件的，由乡（镇）、街道办事处书面通知村委会（社区居委会），并说明理由。

（四）县（区）低保管理部门审批。县（区）低保管理部门在3个工作日内完成对上报材料的复核和审批工作，并通知乡（镇）、街道办事处进行第二次公示。公示7天无异议的，从批准的下月起享受最低生活保障。同时，县（区）低保管理部门将审批的保障对象身份信息、保障金额送交委托发放的银行办理银行保障卡。对公示有异议，且经调查核实不符合保障条件的，由县（区）低保管理部门书面通知乡（镇）、街道办事处，并说明理由。

（五）委托银行办理保障卡。低保金代理发放银行根据县（区）低保管理部门报送的保障对象名单及个人信息，在2个工作日内完成低保对象身份联网核查、预约领卡、批量开客户号、批量开卡等工作，并将保障卡交付县（区）低保管理部门进行核对登记。县（区）低保管理部门在4个工作日内完成对保障卡的校对、审核、登记和发放工作。

（六）市低保管理部门备案。县（区）低保管理部门在审批办结后15个工作日内，将审批确定的保障对象基本情况上报市低保管理部门备案。市低保管理部门按照审批户数的10%组织抽查复核。

三、最低生活保障的公开与公示

在乡（镇）、街道办事处和村委会统一设置公开公示栏，公开最低生活保障政策、保障标准、申请条件、申办程序及市、县（区）两级低保管理部门的监督举报电话。公示复审上报和审批的结果，每次时间不得少于7天。内容包括：户主姓名、家庭成员、家庭住址、家庭收入、保障人员、补助金额、享受时间、公示期限等，公示情况要拍照留存。

农村最低生活保障对象必须在申请和入户调查的基础上，召开由村民代表、党员代表、村务监督委员会成员和驻村干部参加的评议会，评议结果要在村务公开栏公示并拍照留存。评议要建立专门的评议记录，由村务监督委员会负责人签字确认。

上报的审批材料必须包括：1. 参加评议的评议小组成员分别签字确认的评议结果书面材料；2. 公示经办人和村务监督委员会负责人分别签字确认的公示结果拍照资料。

最低生活保障工作要纳入行政权力公开透明运行系统。城乡居民最低生活保障对象名单要在乡（镇）、农村阳光农廉网和低保管理部门网站（页）上予以公示。

四、最低生活保障的复核

（一）县（区）低保管理部门通过入户调查、群众评议、拍摄照片、信息比对等方式，每半年对辖区内最低生活保障对象进行一次全面复核。市低保管理部门每年进行一次重点抽查，抽查比率不低于保障对象总数的5%。

（二）在复核和抽查中如发现有下列情形之一的，予以取消或降低保障标准：

1. 不能主动参加定期复核的；

2. 家庭成员自然减少的；

3. 异地交叉重复享受低保的；

4. 户口转出本辖区的；

5. 达到退休年龄且领取退休金的；

6. 家庭成员中有在行政、事业单位及国企工作且收入超过我市最低生活保障标准的；

7. 家庭成员就业情况发生变化，家庭收入超过当地最低生活保障标准的；

8. 在就业年龄段内有劳动能力但尚未就业的人员，无正当理由拒绝就业，或无正当理由二次以上拒绝参加村委会（社区居委会）公益性劳动的；

9. 隐瞒家庭收入、不提供有效证件、提供虚假证明材料、拒绝或不配合低保管理部门及村委会（社区居委会）调查核实，不按规定如实申报家庭收入变化等行为之一的；

10. 享受最低生活保障期间购买商品房或高标准装修房屋的；

11. 对举报或质疑不能作出合理解释的；

12. 其他不符合最低生活保障条件的。

五、最低生活保障申请和审批的条件限制

（一）有下列情形之一的，不得申请城市低保：

1. 农转非迁入不满三年的；

2. 家庭中虽无从业人员，但生活来源有其他渠道，隐性收入难以查证，且日常实际生活水平明显高于当地最低生活保障标准的（如：拥有汽车、钢琴、空调等高档消费品，子女在义务教育阶段择校就读或子女出国留学的）；

3. 无特殊情况，提出低保申请前二年之内购买商品房或高标准装修房屋的家庭，以商品房价格购买超过经济适用房标准面积的家庭，有多处住房并出租的家庭；

4. 雇佣他人从事各种经营性活动的家庭；

5. 拒绝各级低保管理部门进行调查、核查，或故意隐瞒家庭收入及家庭人口状况，提供虚假申请材料及证明的家庭；

6. 通过离婚、赠与、转让等形式放弃自己应得财产或份额，或放弃法定应得赡养费、扶养费、抚养费和其他合法收入的家庭及个人；

7. 各类服刑、劳动教养期内人员（经有关部门批准的社会矫正人员除外）；

8. 无正当理由，不在本辖区内居住的；

9. 其他按照规定不能享受最低生活保障的情形。

（二）有下列情形之一的，不得申请农村低保：

1. 现有能够满足生活条件居住房但又新建住房的，在城镇购买商品房（不含因灾重建、国家基础设施建设拆迁房屋）或高标准装修现有住房的；

2. 申请对象家庭月水电燃料费、通信费明显高于当地非贫困户的；

3. 家庭拥有机动车辆（残疾人代步车、农用手扶车、农用三轮车除外）、工程机械及拥有大型农机具（赠与除外）的；

4. 家庭成员中有在行政、事业单位及国企工作且收入超过我市最低生活保障标准的；

5. 子女在义务教育阶段择校就读或子女出国留学的；

6. 有正常劳动能力，年龄在60岁以下的人员；

7. 长期雇用他人从事生产经营活动的；

8. 半年以上不在本村居住，外出务工、经商、办企业的；

9. 其他按照规定不能享受最低生活保障的情形。

（三）特殊对象的申请和审批：

凡国家党政机关科（乡）级以上干部、事业单位和国企负责人、享受国家工资的农村“两委”干部的家庭成员（包括父母、岳父母），原则上不得享受最低生活保障。如家庭收入低于我市最低生活保障标准，需要申请办理最低生活保障的，上划一级，由市低保管理部门审批。

六、职责与分工

（一）市级低保管理部门主要职责：

1. 对县（区）最低生活保障工作进行监督、检查、指导。

2. 受理有关最低生活保障的咨询、举报、投诉；对群众反映且入户调查后符合保障条件但未纳入保障范围的对象，督促县（区）具体落实并办理；对群众反映、举报不符合保障条件的对象取消保障资格并予以处理。

3. 经政府授权和批准办理特别审批事项。

（二）县（区）低保管理部门主要职责：

1. 负责本辖区最低生活保障对象的审查、认定和审批工作，核发最低生活保障证及保障卡；指导和监督乡（镇）、街道办事处及村委会（社区居委会）按政策和规定程序开展工作。

2. 定期对最低生活保障对象家庭成员和收入状况进行复核。对不符合最低生活保障条件的予以清理清退，并及时核销清退保障对象和因死亡、迁出保障对象的保障证、保障卡。

3. 每半年将本县（区）城乡低保对象上传到阳光农廉网或低保管理网站（页）进行公示。

（三）乡（镇）、街道办事处主要职责：

1. 受理本辖区居民最低生活保障申请，并在规定时间内办结调查、审核手续，及时上报主管部门审批。

2. 按照动态管理要求，配合上级低保管理部门开展最低生活保障对象定期复查、复核及专项检查。

3. 指导和监督村委会（社区居委会）按政策要求和规定程序做好申请对象的审核、公示、上报工作，落实最低生活保障救助到位。

（四）村委会（社区居委会）主要职责：

1. 受乡镇（街道办事处）委托，在规定时间内完成低保申请对象家庭收入和生活状况的调查核实，并及时上报上级管理部门。

2. 配合上级主管部门开展对保障对象的入户调查、定期复核等工作。

3. 组织召开民主评议会并形成评定意见。

4. 每年年初对上年度的低保对象进行一次公布。

（五）国有代理发放银行的主要职责：

1. 受县（区）低保管理部门委托，在规定时间内办结最低生活保障金银行领取卡，优化网络系统程序，提升服务质量。

2. 做好最低生活保障资金的社会化发放工作，及时将保障金划转到保障对象个人账户，实现社会效益和经济效益的有效衔接。

3. 加强与县（区）低保管理机构的协调配合，确保保障资金安全、稳定运行。

（六）其他相关部门职责：

公安、城建客运、工商税务登记、房产管理、劳动保障、财政等相关部门和行业，要积极配合低保管理部门做好低保对象相关信息、数据的采集和比对工作，确保最低生活保障制度公开、公平、公正。

（七）最低生活保障对象的义务：

1. 积极接受、配合各级低保管理机构的调查，主动提供真实、准确的家庭信息，并对家庭成员就业及收入情况做出诚信承诺。

2. 在就业年龄内有劳动能力但尚未就业，应接受乡（镇）、街道办事处的就业指导和就业安排，积极参加村委会（社区居委会）组织的公益性服务劳动。

七、责任追究与处罚

（一）从事最低生活保障管理工作的人员有下列行为之一的，给予批评教育，情节严重的依法给予行政处分；构成犯罪的，依法追究刑事责任。

1. 对符合最低生活保障条件的家庭拒不受理，对不符合最低生活保障条件的家庭批准其享受最低生活保障的；

2. 群众观念淡薄，责任意识不强，对来访申请对象及群众不按规定实行一次性告知，或对职责范围内的事项推诿扯皮、敷衍塞责、态度蛮横，以各种理由拖延刁难，造成恶劣影响的；

3. 不按规定时限和程序办理审核、审批手续，公示、核实、评议不到位，多次出现“人情保”“关系保”的；

4. 通过非法手段骗取、贪污、挤占、挪用保障金的；

5. 其他违反最低生活保障政策法规的行为。

（二）保障对象有下列行为之一的，由县级人民政府民政部门给予批评教育，并追回其冒领金额；情节严重的，处以冒领金额 1 倍以上 3 倍以下的罚款。

1. 虚报、隐瞒实情、伪造证明材料的；

2. 家庭收入发生变化，高于当地最低生活保障标准，不按规定告知管理审批机关，继续领取最低生活保障金的。

八、本意见由大同市民政局负责解释。

九、本意见自发布之日起实行。

二〇一二年六月二十一日

8. 大同市民政局《大同市城乡医疗救助“一站式”即时结算实施方案（试行）》

为进一步完善我市城乡医疗救助制度，提升医疗救助服务水平，提高医疗救助时效，根据民政部等四部门出台的《关于进一步完善城乡医疗救助制度的意见》（民发〔2009〕81 号）精神，结合我市实际，特制定本方案。

一、目标任务和基本原则

（一）目标任务：建立管理规范、救助及时、方便快捷的“一站式”城乡医疗救助即时结算服务体系，实现不同医疗保障制度之间人员信息、就医信息和医疗费用信息的共享。对符合低保对象医疗救助条件的救助对象，通过其所住低保定点医院专门医疗救助窗口，在出院结算时，按规定直接给予救助。

（二）“一站式”即时结算服务应遵循下列原则：

1. 简化程序，便民利民；

2. 先保险，后救助，与城镇职工基本医疗保险、城镇居民基本医疗保险、新型农村合作医疗和其他医疗保险制度相衔接；

3. 属地管理，分级负担；

4. 民政主导，部门配合；

5. 量力而行，循序渐进。

二、救助对象

实施医疗救助“一站式”即时结算的对象包括：全市城乡低保对象、农村五保供养对象、不享受公费医疗待遇的重点优抚对象。

三、救助形式

城乡低保对象、农村五保供养对象和不享受公费医疗待遇的重点优抚对象因病住院治疗，经城镇职工基本医疗保险、城镇居民基本医疗保险、新型农村合作医疗报销以及优抚对象医疗补助后，对个人实际承担的医疗费用实行按比例救助，标准由各县区民政部门结合实际确定，年救助金额按照各县区确定的封顶线执行。

四、救助程序

（一）机构选择：救助对象应在当地定点救助医疗机构住院，并到当地城镇居民医疗保险或新型农村合作医疗保险机构登记备案。

（二）申请救助：救助对象凭定点医院开具的

住院通知书、身份证、城市（农村）最低生活保障证、农村五保供养证的原件和复印件，在三个工作日内到户籍所在地低保管理部门办理审批手续，并交由定点救治医疗机构作为费用结算凭据。

（三）费用结算：住院费用由定点医疗机构在出院时即时结算，患者只需支付自付部分费用。“一站式”即时结算服务救助资金由定点医疗机构先行垫付，在每季度最后一个月的月底，定点医疗机构对本季度发生的医疗救助资金审核确认后，将救助资金结算报表和救助对象身份证、城市（农村）居民最低生活保障证、农村五保供养证复印件，以及住院收费专用票据、医疗保险费用结算单、城乡困难居民医疗救助结算单等相关材料，按照属地管理、分级负责的原则，分别报救助对象所属市或县（区）民政部门核查审批。

民政部门对定点医院报送的材料进行复核，审查无误后，从医疗救助基金专户中及时把本季度的救助金划拨到定点医疗机构。对定点医疗机构违规垫付的补偿资金，低保管理机构有权拒付。

（四）救助标准：救助对象享受“一站式”即时结算服务，每人每年累计救助金额不得超过市、县（区）规定的限额资金救助最高标准。

（五）对因条件限制，无法实行“一站式”即时结算服务的困难居民，仍按有关文件规定的救助程序实施救助。

五、组织实施

城乡医疗救助“一站式”服务工作在各县区人民政府的领导下统一组织实施，各县区低保管理部门负责日常管理工作，各有关职能部门各司其职、各负其责，共同做好此项工作。

（一）民政部门要加强城乡医疗救助制度和城镇居民基本医疗保险、新型农村合作医疗制度的政策衔接，做好城乡医疗救助对象的资格审核，按时与定点医疗机构进行结算。

（二）财政部门负责医疗救助资金的监督管理，根据民政低保管理部门审核确定的医疗救助资金用款计划及时拨付医疗救助资金。

（三）卫生部门要加强对定点医疗机构的监管，规范定点医疗机构的医疗服务行为和基本药物目录、诊疗目录范围的使用，同时做好相关费用的减免、基本医疗报销、医疗救助、自付费用的计算等工作。

（四）定点医疗机构要建立“一站式”即时结算服务平台，设立医疗救助专门窗口，设置标识牌，配备专门工作人员和相关设备；负责“一站式”即时结算服务工作，对出院的救助对象实行即时救助服务；在每季度最后一个月的月底，审核、上报本季度医疗救助资金结算报表和相关材料。对因审核把关不严造成的不符合规定的资金支出，由定点医疗机构承担。

（五）人力资源和社会保障部门负责做好城镇职工医疗保险、城镇居民基本医疗保险与医疗救助制度的衔接工作。

（六）监察、审计等部门负责做好城乡医疗救助实施情况及资金运行使用情况的监督、审计工作。

六、责任处罚

（一）各有关部门、单位和个人要按要求如实提供所需证明材料，配合定点医疗机构做好医疗救助“一站式”即时结算工作。

（二）各有关部门要严格执行医疗救助政策，对违反规定、玩忽职守、徇私舞弊等影响医疗救助工作正常进行的单位和个人，由所在单位或主管部门给予批评教育或行政处分，构成犯罪的，依法追究其法律责任。

（三）审核审批部门要做好享受医疗救助待遇人员的资格审核确认工作，对虚报或开具虚假证明骗取医疗救助金的，除追回冒领的医疗救助金外，构成犯罪的，还要依法追究其法律责任。

2012 年 9 月 3 日

社会捐赠

大同市民政局《大同市社会捐赠管理使用办法》

为了规范社会捐赠活动，加强社会捐赠的管理和使用，保障捐赠人和受赠人的合法权益，保证捐赠款的正常合理使用，根据《中华人民共和国公益事业捐赠法》和民政部《救灾捐赠管理暂行办法》特制定本办法。

一、社会捐赠款的集中形式

1. 政府组织开展集中募捐；

2. 社会捐助接收工作中心、站、点等机构开展经常性社会捐赠接收；

3. 全市各大商场、宾馆、车站等人口密集地设置的经常性社会捐助募捐箱进行日常接收；

4. 定向捐赠。

二、社会捐赠款接收和管理

1. 社会捐助接收机构在接收社会捐赠款时，必须当场登记并向捐赠者（或募捐箱设置单位）

开具全省统一的公益事业接收捐赠收据。

2. 社会捐助接收工作机构所接收的社会捐赠款必须全部及时上缴市财政社会捐赠专户。

3. 市社会捐助接收工作中心负责募捐箱的开封。收缴时，接收中心和募捐箱设置单位须派2人以上工作人员进行交接。

4. 定向捐赠人或单位必须填写《捐助意向表》，并经民政主管部门批准同意后，方可办理。

三、社会捐赠款使用范围

1. 解决特困群众无力克服的衣、食、住、医等生活困难；

2. 紧急抢救、转移和安置灾民；

3. 捐赠人指定的其他用途；

4. 直接用于救灾方面的必要开支。

四、发放程序

1. 救助对象先向户口所在的县区政府及其民政部门提出救助申请，县区政府及其民政部门在无力解决的情况下，向市民政局救灾救济科提出书面申请，并提供有效的证件及复印件，大病救助的对象还需提供县级以上医疗单位出具的诊断和医疗费用证明。

2. 填写《社会捐赠款救助审批表》，由救助对象所在的村（居委会）、乡镇（街道）及县区民政部门加注意见并加盖公章。

3. 救灾救济科核实后提出意见，报分管领导审核后，由局长审批。

4. 市救灾捐赠仓储中心按照局长审批数额及时发放。

5. 个人一次救助款最高限额一般为3000元，特殊情况专题另议。

五、定期公布制度

民政主管部门定期通过新闻媒体向社会公布社会捐赠款的接收和使用情况，以便群众监督。

二〇〇五年八月十七日

◈ 社区建设

1. 大同市人民政府《关于解决社区公用用房的补充意见》

为了更好地实施大同“三名一强”战略，促进社区建设全面发展，发挥社区在构建社会主义和谐社会中的基础性作用，根据国家十部委、省、市政府关于做好社区工作的相关文件精神，现就解决在社区公用用房问题提出如下补充意见：

一、新建小区社区公用用房的解决办法

凡在我市从事开发、建设住宅小区的建设单位，要严格按照城市总体规划的要求，依法履行义务，为社区无偿提供公用用房，标准按每百户20平方米、超过500户按每百户10平方米计算。住宅开发项目占地范围内按规定不需要提供社区公用用房的，建设单位在项目施工前，必须按照比例计算社区公用用房面积，以该项目建筑成本价2500—3000元/平方米折算为货币，如数缴纳到市建设行政主管部门。

（一）民政部门要及时掌握全市社区公用用房使用情况，重点做好社区公用用房的审定、验收和接收工作，按照总体规划，如期将社区用房交付相关社区使用，并加强全市社区用房的统一监督和管理。

（二）规划部门要按照标准，在住宅开发修建性详细规划审定阶段，明确社区公用用房的位置和规模，并将审定结果抄报民政部门。

（三）建设行政主管部门要根据工作职能，在市民政部门已接收社区公用用房后，建设单位方可办理建设工程竣工备案手续，否则，不予办理。

（四）房管部门要按照产权明晰的要求，重点负责房屋权属管理工作，经确认市民政部门已接收社区公用用房并办理房屋产权登记后，方可为建设单位办理其他手续，否则，不予办理。

（五）财政部门要按照“收支两条线”的要求，重点对建设单位缴纳的社区公用用房资金设立专户管理，根据市民政部门提出的使用计划统筹用于全市社区建设，并对资金使用情况跟踪监督管理。

（六）建设单位要承担社会责任，在规划部门编制项目规划审定阶段后，必须及时到市民政部门办理小区命名手续和审定是否需要建设社区公用用房；建设工程竣工时，申请市民政部门对社区公用用房进行验收并接收。

二、已建成居民小区社区公用用房的解决办法

按照我市社区公用用房面积不低于100平方米的标准，结合建成居民小区的实际情况，采取以下两种方法解决社区公用用房。

（一）按照《大同市人民政府关于解决社区公用用房的意见》（同政发〔2006〕58号）文件，房管部门责成物业管理公司从自己使用和出租的房屋中，无偿为社区提供公用用房。

（二）规划、房管部门拆除小区违章、临时建筑，市民政部门利用闲置空地，在符合规划要求的前提下，会同县（区）政府和街道办事处共同解决社区公用用房。望各部门要协同配合，不得相互推诿，共同解决好社区公用用房建设问题。因工作疏漏造成社区公用用房没有落实的相关部门要承担相应的行政责任。

本意见从公布之日起施行。

2. 大同市民政局《大同市社区惠民项目实施细则（试行）》

根据市委、市政府《关于进一步加强和改进城市社区居民委员会建设工作的实施意见》（同发〔2013〕14号）和《大同市社区办公和活动经费使用管理办法》，为确保社区惠民项目资金发挥最大效益和解决社区居民群众最关心、最直接、最现实的各类民生问题，特制定本细则。

一、项目确立原则

1. 普惠优先原则。社区惠民项目以重民生、解民忧，满足社区居民群众共同需要为目的，优先实施普惠型项目，不得用于非民生类项目。

2. 因地制宜原则。社区惠民项目要从社区居民的实际需要出发，注重实效，切合实际。

3. 尊重民意原则。社区惠民项目要充分尊重民意，取得多数居民认同方可实施。

4. 委托承办原则。社区惠民项目由社区居民委员会承办或委托社区社会组织、公益性商业机构负责实施。

二、项目立项程序

1. 党组织提议。社区党组织通过调查摸底、征求意见等形式，了解居民需求，集体研究提出项目初步意见和方案。

2. “两委”商议。社区召开“两委”会议，就社区党组织提出的初步意见进行商议，形成商议意见。

3. 党员大会审议。社区“两委”会商议意见提交党员大会讨论，审议事项须经到会党员半数以上同意后，方可提交社区居民代表会议进行表决，党员大会的召开要严格按照有关规定执行。

4. 居民代表会议决议。召开社区居民代表会议讨论表决，讨论事项经到会居民代表半数以上同意方可决议通过，居民代表参加会议人数必须符合法律规定。

5. 决议和结果公开。社区居民代表会议决议通过的事项，要在社区活动场所和公示栏进行公告，公告时间原则上不少于7天。决议事项在社区党组织领导下，由社区居民委员会组织实施，实施过程和结果及时向全体居民公布。

6. 项目审核。社区惠民项目通过乡镇（街道）、县（区）社区主管部门审核后，报市社区建设管理指导中心备案。

三、项目实施与监督管理

1. 加强运行管理。社区按照审核后的项目实施方案拟定具体详细的项目工作进度表，并建立工作台账。

2. 加大宣传力度。社区要及时公布项目进度、资金使用等情况，提高居民对项目实施的知晓度、认可度和参与度。

3. 做好项目验收。社区对项目进行自查，形成自评报告，并组织居民评议项目，向乡镇（街道）提出验收申请，市、县（区）社区主管部门、街道办事处组织人员进行验收。

4. 建立项目档案。社区要收集资料（包括居民代表会议记录、社区党组织会议记录、项目审核表、公示照片等）建立档案，存档备查。

5. 实行专款专用，严禁在项目资金中列支社区办公经费、接待费等与项目无关的费用；严禁使用项目资金偿还借（贷）款；严禁平调、挤占、挪用项目资金。对项目资金使用管理过程中发现的问题，要分清责任、严肃处理。对截留、挤占或挪用项目资金，擅自变更项目计划和项目资金预算、改变项目内容的，要追究当事人和有关领导的责任；情节严重的，要追究其法律责任。

6. 加强监督检查。社区建立居务监督委员会或其他形式的居务监督机构，负责监督社区惠民项目资金的使用情况，其成员由居民代表会议在居民中推选产生。市民政、财政部门组织专人对资金使用情况进行年度审计和跟踪检查监督。

2013年12月16日

社会福利

1. 大同市民政局《关于社会福利机构审批管理工作的实施意见》

为进一步贯彻落实民政部《社会福利机构管理暂行办法》（民政部令第19号，以下称《暂行办法》）和《山西省民办福利事业单位审批管理办法（试行）》（〔1998〕晋民福函88号，以下称《管理办法》），切实做好全市社会福利机构的审批管理工作，现提出如下实施意见：

一、设置主体

社会福利机构是指为老年人、残疾人、孤儿和弃婴提供养护、康复、托管等服务的机构。全市社会福利机构设置主体包括：各级政府和政府有关部门；境内依法成立的组织或具有完全民事行为能力的个人；境外组织或者个人与本市组织或团体合资、合作的。

社会组织和个人兴办以孤儿、弃婴为服务对象的社会福利机构，必须与当地县级以上人民政府民政部门共同举办。

二、受理机关

申办社会福利机构，按照属地管理的原则分级向民政部门提出申请。成立全市性的社会福利机构由市民政局受理、审批；成立县（区）以下地方性的社会福利机构，由所在地县（区）民政部门受理，审核签署意见后报市民政局审批，并上报省民政厅备案。

香港、澳门、台湾地区的组织和个人，华侨以及国外的申办人采取合资、合作的形式举办社会福利机构，向省民政厅提出筹办申请。

三、筹办

社会福利机构的设置要以当地社会福利机构设置规划为依据，整个社会福利事业的发展规模、档次、水平要与当地经济和社会发展水平及社会福利服务需求相适应。各级民政部门对各类社会福利机构要统筹安排、合理布局、统一管理，避免重复建设。

申请筹办社会福利机构，须提交以下材料：

（一）申办人的合法身份证明。申办人为公民个人的，提供个人居民身份证及复印件；申办人为法人或社会组织的，提供法人有效的营业执照或事业单位法人编码、社会团体的法人登记证、其他社会组织的合法身份证明及复印件、法人单位的法定代表人或者社会组织负责人的居民身份证及复印件；申办人为合资、合作的香港、澳门、台湾地区及境外的，提供申办人的护照及复印件。

委托办理的，除提交以上材料外，受委托人须提交授权委托书，受委托人须提交身份证及复印件。

（二）筹办申请书。内容包括：大同市社会福利机构筹办申请表、大同市社会福利机构法定代表人登记表，申请报告等。

（三）可行性研究报告。内容包括：申办因由、投资方式、机构性质、机构规模、服务对象、服务方式、设置地址。新建或扩建的还要提交与受理机关同级有关部门的立项报告、规划建设总体设计方案。

（四）拟办社会福利机构资金来源的证明文件。除注册资金 5 万元外，平均每张床位的流动资金不低于当地人均最低生活标准。具体材料包括：投资人是法人的，须提供注册地开户银行出具的资信证明；投资人是个人的，须提供银行出具的存款或其他资信证明；以固定资产投入的，须提供国有资产评估部门或会计事务所出具的资产评估报告。

（五）拟办社会福利机构固定场所的证明文件，具体材料包括：自有房产须提交房产证及复印件；租赁房产须提交房产租赁合同及复印件，房产所有者的房产证及复印件；新建机构须提交土地管理机构出具的土地使用权证明及复印件或与土地使用权人签订的土地租赁协议及复印件。

（六）外资批准文件。企事业单位、社会团体或其他组织与香港、澳门、台湾地区及境外的以合资、合法形式申请筹办社会福利机构的，应当提交双方签署并经公证部门公证的协议或合同书，以及与受理机关同级外经贸管理部门的有关批准文件。

受理的民政部门应在受理之日起 5 个工作日内，对所报材料进行审核并签署意见上报审批部门；审批部门应在收到申办社会福利机构材料之日起 10 个工作日内，根据当地社会福利机构设置规划和社会福利机构设置的基本标准进行审查，作出同意筹办或者不予同意筹办的决定。同意的，发给大同市社会福利机构筹办批准书；不同意的，以书面形式告知申请人。

根据社会福利机构规模大小，筹办批准书的有效期分为 1 年和 2 年。社会福利机构在筹办批准书规定的有效期限内未筹建完工的，应当按照设置审批程序重新办理审批手续。

四、发证

申请领取《社会福利机构设置批准证书》，正式开业的，应向审批机关提交下列材料：

（一）申请《社会福利机构设置批准证书》的书面报告。

（二）民政部门发给的社会福利机构筹办批准书。

（三）大同市社会福利机构执业申请表。

（四）服务场所的所有权证明或租用合同书。

（五）建设、消防、卫生防疫等有关部门的验收报告或者审查意见书。

（六）验资证明及资产评估报告。

（七）机构平面图和入住人员住房平面图。

（八）机构章程和管理制度草案。管理制度要适应市场经济的要求，符合国家和省、市制定的行业性管理服务标准。

（九）工作人员名单和健康证明。医生和护士应持有卫生院校颁发的毕业证或卫生行政部门颁发的资格证；护理人员原则上应持有经相关部门培训后颁发的上岗证。

社会福利机构的场所和服务设施应当符合《老年人建筑设计规范》和《方便残疾人使用的城市道路和建筑设计规范》标准，符合消防、卫生防疫、环境保护的要求。

受理的民政部门应在受理之日起15个工作日内，对所报材料进行审核并签署意见，根据社会福利机构设置的基本要求进行实地验收，符合执业条件的，出具具备执业条件资格验收报告，上报审批部门；不符合执业条件的，将审查结果以书面形式通知申办人，申请人应当在规定的期限内达到执业条件，并重新提出执业申请。审批部门应在收到材料之日起10个工作日内，办理颁发《社会福利机构设置批准证书》手续；办理期限以收齐材料之日起计算。

社会福利机构设置批准证书的有效期为3年。

申请人领取《社会福利机构设置批准证书》后，应当在30日内到所在地民政部门办理民办非企业法人登记手续。

对社会福利机构实行优惠扶持政策。申请人可持《社会福利机构设置批准证书》，到当地政府有关部门办理《大同市人民政府办公厅转发市民政局等16个部门关于加快实现我市社会福利社会化实施意见的通知》规定所享有的优惠政策手续。

五、冠名

国家和集体举办的，由两部分组成，应冠以所在地市、县（区）、乡（镇）行政区划名称，标明收养对象的特征或机构的业务性质，但不再另起字号。由社会组织和个人兴办的应执行《民办非企业单位名称暂行规定》，由三部分组成，应冠以所在地市、县（区）、乡（镇）行政区划名称，机构的字号，标明收养对象的特征或机构的业务性质。

老年福利机构的名称标明养老院、老年公寓、护老院、护养院、敬老院、托老所或老年服务中心等。残疾人福利机构的名称标明肢残人、智残人、聋哑人、精神病人、社会福利机构或综合性社会福利机构等。儿童福利机构的名称标明儿童福利院、SOS儿童村、孤儿学校、残疾儿童康复中心、社区特教班等。

六、管理与服务

县级以上地方人民政府民政部门是社会福利机构的主管部门，负责对本行政区域内的社会福利机构进行指导、管理、监督和检查。

社会福利机构要严格按照民政部发布的《社会福利机构基本规范》进行管理与服务，切实保障入住人员的合法权益。拥有收养儿童功能的社会福利机构，在收养孤儿或弃婴时，应当经民政部门审核批准，并签订代养协议。

社会福利机构应当与被服务对象或其代理人签订服务合同。合同内容包括：合同双方的姓名（名称）、地址和服务内容、服务方式、收费标准及费用支付方式、服务期限、合同变更、解除与终止的条件、违约责任、双方约定的其他事项。

社会福利机构应设医务室，配备常用药品、抢救器械等基本医疗设备；不设医务室的，应与专业医院签订医疗服务合同。

社会福利机构应当按照有关规定建立健全财务会计制度、护理制度、卫生制度、生活制度和服务守则等，并接受相关部门的检查监督。

七、变更、注销

社会福利机构变更章程、名称、服务项目、住所、法定代表人时，应当按照审批程序办理审批手续。更换主要负责人，应当报当地民政部门备案。

社会福利机构注销，应当提前三个月向民政部门提出申请，报送有关部门确认的清算报告及相关材料，处置完后方可办理有关手续。

八、年度审验

各级民政部门应当定期对受理的社会福利机构进行年度验查。社会福利机构在每年的3月31日前向审批机关申请《社会福利机构设置批准证书》年度审验，并提交下列材料：

（一）《社会福利机构设置批准证书》附本；

（二）年度审验报告表；

（三）年度审验自查小结；

（四）年度财务收支报表；

（五）其他规定的材料。

审验机关对符合年度审验条件的社会福利机构，准予继续执业；对不符合年度审验条件的社会福利机构，责令限期整改；在规定期限内未达到整改要求的，注销执业资格，收回《社会福利机构设置批准证书》。

年度审验结束后，由审验机关报上级民政部门。

九、检查监督

对违反《暂行办法》和《管理办法》规定的社会福利机构，责令限期改正，逾期不改的，收回《社会福利机构设置批准证书》。其中，对改变福利机构性质和服务内容的，视情节追缴其作为福利机构所享受的减免费用，并依据有关规定处以罚款。

本《实施意见》下发前执业的社会福利机构，应当按照《实施意见》规定，在2009年6月30日前，到所在地县（区）民政部门补办执业申请手续，领取《社会福利机构设置批准证书》。已经领取《社会福利机构设置批准证书》的机构，应当到所在地县（区）民政部门进行登记。

二〇〇九年五月十二日

2. 大同市人民政府办公厅关于印发《大同市关于加强孤儿保障工作的实施细则》的通知

经市政府同意，现将《大同市关于加强孤儿保障工作的实施细则》印发给你们，请认真遵照执行。

二〇一二年二月九日

第一章　总　则

第一条　为建立与我市经济社会发展水平相适应的孤儿保障制度，促进孤儿身心健康成长，使孤儿生活得更加幸福、更有尊严，根据《国务院办公厅关于加强孤儿保障工作意见》（国办发〔2010〕54号）、《山西省人民政府办公厅关于加强孤儿保障工作的实施意见》（晋政办发〔2011〕66号）等文件精神，制定本实施细则。

第二章　保障对象

第二条　孤儿保障的对象是指失去父母、查找不到生父母的未满18周岁的未成年人（以下统称孤儿），包括以下人员：

（一）福利机构集中养育的孤儿或弃婴弃儿；

（二）社会散居孤儿。

第三章　最低养育标准

第三条　孤儿最低养育标准：机构供养孤儿最低养育标准为每人每月1000元，社会散居孤儿最低养育标准为每人每月600元，其中，中央配套每人每月不低于270元，省级财政配套每人每月不低于130元，其余的经费由市县两级财政配套。

第四条　福利机构供养孤儿的基本生活费，当地政府配套资金每人每月不低于600元；社会散居孤儿的基本生活费，市级配套资金每人每月不低于60元，县级配套资金每人每月不低于140元。

第五条　孤儿基本生活费最低标准按照当地经济社会发展水平和上年度城镇居民人均可支配收入、农民人均纯收入增长幅度，建立增长机制。

第四章　保障待遇的审核审批

第六条　社会福利机构抚养的孤儿，统一由福利机构填写《山西省社会福利机构儿童基本情况登记表》（填写一式两份），经所在地的市、县（区）民政部门审核批准后，发给《山西省儿童福利证》。

第七条　社会散居孤儿，可由监护人向孤儿户籍所在地乡镇人民政府（街道办事处）提出书面申请，提交孤儿本人近期1寸免冠照片4张，并出具以下材料原件和复印件（一式三份）：

（一）孤儿身份证或户口本，监护人身份证和户口本。

（二）按孤儿致孤原因，提供下列相应的材料：

1. 孤儿父母死亡证明：

（1）孤儿父母在家去世的，由村委会（居委会）出具死亡证明，并加盖乡（镇）人民政府（街道办事处）公章；

（2）孤儿父母在医院去世的，由医院出具死亡证明；

（3）孤儿父母在交通事故中当场死亡的，由事故发生地交警部门委托法医中心出具死亡证明；

（4）孤儿父母被执行死刑的，出具法院判决书；

（5）孤儿父母其他原因死亡的相关证明。

2. 公安机关出具的注销户口证明。

3. 人民法院宣告孤儿父母死亡或失踪的证明。

4. 公安机关出具的弃婴捡拾证明和依法公告查找父母的证明。

（三）年满18周岁后仍在硕士研究生及硕士以下阶段全日制学校学习的（军校等国家提供全额补助的院校除外），年龄放宽至该阶段学习毕业为止，但需就读学校出具在读证明。

第八条　申请人提供的申请材料齐全、符合法定形式的，乡镇人民政府（街道办事处）应受理申请人提出的申请；

申请人提供的申请材料不齐全或者不符合法定形式的，应当场或者在五个工作日内一次告知申请人需要补齐的全部内容，逾期不告知的，自收到申请材料之日起即为受理。

第九条 乡镇人民政府（街道办事处）对申请人和孤儿情况进行核实，符合条件的，填写《山西省社会散居孤儿申请登记表》（填写一式三份），并提出初步意见，报县（区）民政部门审批。

第十条 县（区）民政部门要认真审核申请材料，提出核定、审批意见，并注意保护孤儿的隐私。凡符合条件的，发放《山西省儿童福利证》，按照档案管理规定建立孤儿档案。将每名孤儿的登记表报市民政局一份。

第五章 资金发放与管理

第十一条 机构养育的孤儿，由财政部门根据同级民政部门提出的支付申请，将款项直接拨付到福利机构集体账户；社会散居孤儿，由县（区）民政部门统一为孤儿或其监护人办理银行卡，并及时足额将孤儿基本生活费划拨到孤儿或其监护人账户。

第十二条 孤儿基本生活费要纳入财政预算，实行专项管理，专账核算、专款专用，严禁挤占挪用。

第十三条 孤儿基本生活费的拨付、发放，应手续完备、账册齐全，接受财政、审计和上级主管部门的检查、审计以及社会监督。

第十四条 市、县民政局定期对孤儿基本生活费的管理、使用及孤儿生活状况进行监督评估，确保孤儿基本生活费用于孤儿的衣、食、住、医、学。

第六章 孤儿安置渠道

第十五条 对于社会散居孤儿，强化亲属监护。依照法律规定确定孤儿监护人，监护人不履行监护职责或者侵害孤儿合法权益的，应承担相应的法律责任，县（区）民政部门有权收回监护权，重新确定监护人。

第十六条 社会福利机构严格孤儿接收程序。弃婴弃儿（孤儿）的接收要按照山西省民政厅《关于进一步做好儿童福利机构相关工作的通知》（晋民函〔2011〕24号）的文件精神执行。

第十七条 对于机构养育孤儿，创新养育模式。在开展好家庭寄养模式的基础上，有条件的儿童福利机构可以通过租赁房屋或在机构内部建造单元式居所，为孤儿提供家庭式养育，让孤儿更好地融入社会。

第十八条 依法开展孤儿收养工作。依照《中华人民共和国收养法》开展孤儿的国内收养，稳妥开展涉外收养，尽量使孤儿回归家庭。

第七章 孤儿教育保障

第十九条 对本市的盲、聋哑、智残孤儿实行免收教育费用政策，为其提供特殊教育相关学校的资金补助由各级财政部门负担。

具备条件的，在普通学校随班就读；不适合在普通学校就读的，安排到特殊教育学校就读；对于不能到特殊教育学校就读的残疾孤儿，鼓励和扶持儿童福利机构为他们设立特殊教育班或特殊教育学校。

第二十条 将儿童福利机构中设立的特教班或特殊教育学校教师的专业技术职称评定工作纳入教育系统职称评聘体系，在结构比例、评价方面给予适当照顾。

第二十一条 在学前教育机构接受教育的学龄前孤儿，相关费用由所在教育机构予以减免；对在义务教育阶段学习的孤儿，应由监护人提出申请、民政部门或福利机构出具证明，可就近优先安排入学；对于入读寄宿制学校的孤儿，应全部纳入生活补助范围，不受学区限制；对在普通高中、中等职业学校、高等学校就读的孤儿，应纳入国家资助政策体系优先给予资助。

第二十二条 孤儿成年后仍在校就读的，继续享有相应政策，学校为其优先提供勤工俭学机会。对考入普通高校的孤儿，优先办理生源地信用助学贷款和高校助学贷款。

第八章 孤儿医疗康复保障

第二十三条 持有盖本市钢印《山西省儿童福利证》的孤儿，参加城镇居民医疗保险或新型农村合作医疗所需个人承担的费用，由城乡医疗救助制度解决。

第二十四条 承担城镇居民医疗保险或新型农村合作医疗的各类医疗机构，对持有盖本市钢印《山西省儿童福利证》的患者，给予享受惠民医疗的优惠政策，减免挂号费、诊查费、建立健康档案费、疾病健康教育或咨询费、儿童龋齿预防保健费、心理健康指导的费用。

第二十五条 各级政府应将孤儿纳入大同市城乡困难居民医疗救助范围，医疗救助标准视同低保对象。

第二十六条 推进孤儿手术康复工作，实施好“残疾孤儿手术康复明天计划”和“重生行动”。

第二十七条 落实孤儿重大疾病救助制度，对于符合大同市孤儿重大疾病救助规定范围的，个人自付部分在医保范围内的资金由各级财政和慈善部门全部承担。

第二十八条 鼓励社会慈善组织为孤儿投保意外伤害保险和重大疾病保险等商业健康保险或补充保险。

第二十九条 卫生部门要对儿童福利机构设置的医院、门诊部、诊所、卫生所（室）给予支持和业务指导，会同有关部门共同做好儿童福利机构中医护人员的职称评审工作；疾病预防控制机构负责加强对儿童福利机构防疫工作的指导和监督，及时处置所发生的传染病疫情，指导本行政区预防接种单位给适龄孤儿有计划地进行预防接种。

第九章 孤儿就业扶持

第三十条 做好就业困难认定。孤儿达到劳动就业年龄后，有劳动能力和要求且进行失业登记的，可向人社部门申请就业困难人员认定。各级人社部门和公共就业服务机构应将其纳入就业援助范围，帮助他们实现就业；不具备劳动能力、不能自食其力的，可按“三无”和五保对象供养政策规定予以妥善安置。

第三十一条 加强职业技能培训。加强孤儿成年后职业技能培训，将孤儿成年后就业困难的纳入实施政府购买培训对象范围，紧贴劳动力市场的用工需求和孤儿自身特点，提高就业困难孤儿的就业技能；落实职业培训补贴和职业技能鉴定补贴政策。

第三十二条 拓宽就业渠道，做好就业援助工作。鼓励达到劳动年龄内的有就业能力和要求的孤儿自谋职业、自主创业。有关部门要为孤儿自主创业创造条件，积极为其提供创业培训、政策咨询、开业指导、税费减免、小额担保贷款、社会保险补贴等创业扶持政策，帮助他们自主创业。鼓励各类企业吸纳孤儿，各有关部门对企业吸纳孤儿就业的要帮助落实税费减免、小额担保贷款、社保保险补贴等各项扶持政策。各级公共就业服务机构要为孤儿免费提供劳动保障政策咨询、职业指导、职业介绍等公共就业服务，要开发和掌握一批适合孤儿就业的岗位，通过集中招聘、个别介绍、送岗位到家等多种形式，为孤儿提供合适的就业岗位。对就业困难的孤儿，优先安排到政府开发的公益性岗位就业。

第十章 住房保障和服务

第三十三条 对居住在城市的孤儿成年后，符合住房保障条件的，当地政府要优先安排，应保尽保。孤儿可根据自身的实际情况，分别申请廉租住房、经济适用住房、公共租赁房、发放租赁补贴等住房保障。

第三十四条 生活在福利机构中的孤儿，在享受住房保障的同时，应搬离机构。

第三十五条 居住在农村的无住房孤儿成年后，符合农村危房改造政策的，要优先将其列为农村危房改造计划予以补助，并在补助标准、建设标准、施工组织、质量安全监管、技术服务等方面给予倾斜，确保住房安全。其余农村无住房孤儿，各县住房城乡建设部门，积极协调民政、财政等部门，整合相关项目和资金，通过政府补贴、社会捐助等措施，落实建房补助资金，乡（镇）政府、村民委员会组织动员社会力量和当地村民帮助其建房。

第十一章 法律救助

第三十六条 人民法院应当依法对有需要的孤儿提供司法救助，司法行政部门要积极引导法律服务机构为孤儿提供法律帮助，法律援助机构应当对符合条件的孤儿优先提供法律援助。对因父母失踪或不明死因所产生的孤儿，宣告其父母失踪或死亡的费用给予减免。

第三十七条 公安部门应依据有关规定及时为弃婴出具捡拾人捡拾报案证明，积极查找弃婴和儿童的生父母或其他监护人；依据有关法律法规及县级以上民政部门的孤儿认定，及时做好户口登记；依法严厉打击拐卖孤儿、遗弃婴儿等违法犯罪行为。

第十二章 动态管理

第三十八条 根据孤儿个人和生活状况等变动情况，实行动态管理，按照程序及时办理审批、增发、停发最低养育金等手续。

第三十九条 有下列情形之一的，停止孤儿供养福利待遇，收回或注销《儿童福利证》：

（一）凡依法被收养的自收养之日起停止孤儿供养福利；

（二）找到父母或父母重新履行抚养义务时起停止孤儿供养福利；

（三）孤儿成年后具有劳动能力和完全民事行为能力的，如在读全日制学校的孤儿，按照孤儿基本生活费养育标准发放至毕业，毕业后，一次性发放不低于6个月的基本生活费，非在校学生则一次性发放给不低于6个月的孤儿基本生活费，不再属于政府孤儿供养福利保障范围；

（四）孤儿成年后，不具备劳动能力或限制民事行为能力的，城市按“三无”对象、农村按五保对象供养政策规定妥善安置。

第十三章 孤儿专业保障

第四十条 加强儿童福利机构建设。各级政府要加大资金投入，继续实施儿童福利机构建设“蓝天计划”，人口或孤儿较多的县（区）要独立设置儿童福利机构，其他县（区）要依托民政部门设立的社会福利机构建设相对独立的儿童福利服务指导中心，为其配备抚育、康复、特殊教育必需的设备器材，负责孤儿养育状况的监督评估，对监护人进行指导和培训，代理儿童权益的相关事务，为孤儿成长提供服务和支持。

第四十一条 各级财政部门要积极支持本级儿童福利院和儿童福利服务指导中心的建设，设施配套、维修改造及有关设备购置，所需经费由财政预算、福利彩票公益金、社会捐助等渠道解决；对管理孤儿的主管部门要安排必要的工作经费。

第四十二条 各级编制部门要为新建儿童福利院和儿童福利指导中心适当增加人员编制。其他各部门也应支持儿童福利事业。

第十四章 附 则

第四十三条 本实施细则自发布之日起执行。

3. 大同市民政局《大同市养老机构安全管理意见》

第一条 为切实加强养老机构安全管理，确保养老机构安全有序运营，维护和保障入住老年人的合法权益，特制定本意见。

第二条 本意见所指的养老机构系指大同市行政区域内为老年人提供住养、生活护理等综合性服务的机构。

第三条 养老机构的设立，必须符合民政、卫生部门及消防机构规定的基本条件，严格执行安全管理的法律法规及政策规章。

第四条 养老机构是本单位及入住老年人安全管理的责任主体，具体承担防火、防盗、防食物中毒、防暴力伤害等安全工作的法律责任。养老机构法定代表人是本单位安全管理第一责任人，对本单位的安全管理负主要责任。

第五条 养老机构应按照相关部门和机构的规定要求，配置消防、卫生设施，并确保有效使用。确定专职或兼职保安人员。要在公共活动场所人员流动频繁的地方，以及易发生事故的区域设立安全警示标识。

第六条 养老机构要依据安全管理相关法规，结合自身实际，具体制定切实可行的防火、防盗、防伤害及食品卫生等各方面管理制度，落实责任措施，并经常开展安全检查，及时发现问题，认真排除。

第七条 养老机构应加强安全宣传教育，增强员工及入住老人的安全防范意识，接受消防安全知识培训，开展演练，提高防救能力。餐饮服务人员必须学习和掌握相关食品卫生知识，参加相应培训。

第八条 养老机构应成立以法定代表人为主要责任人的安全工作领导组织，明确并具体落实安全责任制度，宣传安全知识，制定切实可行的防范预案。

第九条 养老机构要设立消防及食品安全监督员和保安员，具体落实管理责任。

消防安全监督员责任是：学习和宣传相关法律法规，掌握防火、灭火知识，熟练使用灭火器械，及时发现隐患，提出和落实整改意见，指导和督促相关人员落实防范措施。

食品安全监督员职责是：依据相关规定和食品卫生知识，指导和监督炊事人员落实相关要求，具体做好防蝇、防中毒、防投毒工作。

保安员职责是：做好防人身伤害、防盗、防破坏、防事故工作。严格控制未经许可的人员、物品、车辆进出责任区。发生突发事件，应采取果断措施，保护现场并及时报警。

第十条 养老机构日常安全管理工作要做到：

（一）养老机构住宿场所内严禁使用明火、电炉等电热器具，划定专门的吸烟区域或房间，公共场所和宿舍内禁止吸烟；禁止存放易燃易爆化学危险物品；严禁在卧室内烧香、焚纸。

（二）加强日常电路、电器的安全检查，不得私自乱接乱拉电线，确需使用时，应由专业人员装设，人员离开时应断开电源，防止触电、漏电引发事故。

（三）加强对煤气设施和平房地炉的安全检查，严防泄漏及一氧化碳中毒事故的发生。

（四）加强食品卫生管理，把好食品安全关，防止发生食物中毒事件。

（五）加强防暴力伤害、防盗、防破坏等工作。遇有突发事件，采取果断措施，保护现场并及时报警。

第十一条 要实行值班和重大事项报告制度。养老机构必须实行24小时值班制度，明确值班人员和值班责任，做好值班记录。如发生事故，要迅速上报相关部门，并在第一时间采取切实有效的处置措施。

第十二条 对违反安全管理规定的养老机构，由相关部门责令限期整改，并予以警告，逾期不改的处以罚款；情节严重的责令停业；对因管理不力造成收养对象人身伤亡等重大事故的相关责任人，要实行严肃的责任追究，构成犯罪的依法追究刑事责任。

第十三条 本意见由市民政局负责解释。

第十四条 本意见自下发之日起执行。

2012年11月13日

4. 大同市民政局、财政局《关于做好民办养老服务机构开办补助和运营补贴工作的通知》

根据《山西省民政厅、山西省财政厅关于做好民办养老服务机构开办补助和运营补贴工作的通知》（晋民发〔2012〕98号）和《大同市人民政府办公厅关于加快推进全市社会养老服务体系建设的实施意见》（同政办发〔2013〕71号）有关精神，鼓励和扶持民间资本兴办养老服务机构，推进养老机构建设，发展老年福利事业，现就做好民办养老服务机构开办补助和运营补贴工作通知如下：

一、补助对象

凡在本市行政区域内，经县级以上民政部门按规定程序审批，取得《社会福利机构设置批准证书》和《民办非企业单位法人登记证书》的由非政府机构的法人、自然人或社会组织举办的专门从事老年人养护、托管、康复服务的民办非营利养老服务机构。

二、补助标准

（一）开办补助：经大同市民政局批准新设立的非营利性民办养老服务机构经验收合格后由市财政给予每张床位1000元的一次性床位建设补助；经县（区）民政局批准新建的民办养老服务机构由所在地区财政给予每张床位1000元的一次性床位建设补助。

（二）运营补贴：对已经经主管部门审批的养老服务机构，根据实际入住人数（按入住满一个月）按每人每月给予100元的运营补贴，按照审批权限由同级财政部门予以补贴。根据当地经济发展条件和物价增长幅度，适度提高补助标准，实行长效增长机制。

（三）符合补助条件的民办养老机构收住经当地民政部门认定的城镇“三无”老人，农村五保老人，其生活、医疗费用按照审批权限由同级财政部门予以补助。

三、申请条件

（一）设施建设、服务内容和人员配置等符合民政部《社会福利机构管理暂行办法》及《老年人社会福利机构基本规范》相关要求。

（二）床位设置在50张以上（含50张）。

（三）开立专门的机构银行账户，并有有资质的财务人员（专职、兼职、财务代理均可），完善的财务管理制度。

（四）与入住老人按规定签订《大同市养老机构入住合同书》。

（五）连续经营满6个月。

（六）无重大责任事故及服务纠纷，无投诉或经查投诉事项机构无过错。

（七）满足无障碍设施建设的基本要求。

（八）通过民政部门的年度检查。

（九）申请运营补贴的民办养老服务机构除符合申请开办补助条件外，还须提供年检合格复印件和具有本市户籍的老人身份证明。

四、资金审批

（一）申请开办补助的民办养老机构须据实填写《民办养老机构建设补助审批表》，同时提供《社会福利机构设置批准证书》《民办非企业单位法人登记证书》《社会福利机构年检报告书》和《工程竣工验收报告书》或五年以上《房屋租赁合同》复印件。

（二）申请运营补贴的民办养老服务机构须据

实填写《民办养老机构运营补贴审批表》，同时提供《社会福利机构设置批准证书》《民办非企业单位法人登记证书》《社会福利机构年检报告书》复印件和入住老人名册，身份证复印件及半年和年财务决算报表。

（三）申请省级财政一次性床位建设补助的民办养老服务机构，须向市民政部门提出申请，由市民政部门审核后报省民政厅。申请市、县财政一次性床位建设补助的民办养老机构，一经批准设立，即可按照审批权限申请同级财政部门资助，经民政、财政部门实地考察审核批准后，由财政部门拨付资金；申请运营补贴的民办养老服务机构于9月底前将所需材料上报审批机构民政部门，经民政、财政部门实地考察审核批准后，按照审批权限由同级财政部门拨付资金。

五、资金的使用和管理

（一）补助金须用于完善受助养老机构的基础设施和设备条件，改善管理和服务，不得挪作他用。

（二）市、区、（县）财政局、民政局对补助金的使用进行监督管理。

（三）受助养老机构违反资金使用规定的，由市、区（县）民政局督促限期整改；情节严重的，予以全部追缴，并取消下一年度资助申报资格。

（四）民办养老服务机构应积极主动配合财政、民政部门检查，并自觉接受审计部门、监察部门和社会的监督。

（五）民办养老服务机构应向审批机构民政部门报送财务决算报表。

本通知自2014年1月1日起执行。

2013年6月21日

优抚安置

1. 大同市人民政府《大同市军人抚恤优待实施意见》

《大同市军人抚恤优待实施意见》已经市政府二〇〇九年九月十五日第十二次常务会议讨论通过，现印发给你们，请认真贯彻落实。

二〇〇年九月二十一日

第一章　总　则

第一条　为保障国家对军人的抚恤优待，维护抚恤优待对象的合法权益，激励军人保卫祖国、建设祖国的献身精神，根据国务院《军人抚恤优待条例》和《山西省军人抚恤优待实施办法》，结合本市实际，制定本实施意见。

第二条　中国人民解放军现役军人（以下简称现役军人）在本市行政区域内，按照本实施意见的规定享受优待。

户籍在本市行政区域内的退出现役的残疾军人、复员军人、退伍军人和烈士遗属、因公牺牲军人遗属、病故军人遗属、现役军人家属，按照本实施意见的规定享受抚恤优待。

第三条　县级以上人民政府应当重视和加强军人抚恤优待工作，保障抚恤优待对象的生活不低于当地的平均生活水平。

鼓励社会组织和个人关怀、尊重、帮助、捐助抚恤优待对象。

第四条　军人抚恤优待所需经费除中央和省财政负担的以外，由市、县（区）人民政府列入本级财政预算分级负担。

军人抚恤优待经费应当专款专用，并接受财政、审计部门的监督。

第五条　县级以上人民政府民政部门主管本行政区域内的军人抚恤优待工作。

县级以上人民政府财政、劳动和社会保障、卫生、教育、人事、建设、交通、旅游、文物等行政部门应当按照各自职责，做好军人抚恤优待工作。

本市行政区域内的社会团体、企事业单位应当按照国家和省、市的规定，履行各自的军人抚恤优待责任和义务。

第六条　县级以上人民政府对军人抚恤优待做出显著成绩的单位和个人，给予表彰和奖励。

第二章　死亡抚恤

第七条　现役军人死亡，根据死亡性质（烈士、因公牺牲或病故），由其遗属户籍所在地的县级人民政府民政部门发给相应的《证明书》和一次性抚恤金。

第八条　一次性抚恤金由《证明书》持有人户籍所在地的县级人民政府民政部门按照下列方式发放：

（一）有父母或者抚养人、配偶、子女且对分配数额协商一致的，按照协商确定的数额发放；协商不成的，按照人数等额发放。

（二）无父母或者抚养人、配偶、子女的，发给由该军人生前供养、未满18周岁和已满18周岁但无生活来源的兄弟姐妹。兄弟姐妹为两人以上且对分配数额协商一致的，按照协商确定的数额发放；协商不成的，按照人数等额发放。

无前款规定遗属的，不发给一次性抚恤金。

一次性抚恤金标准及计发办法依照《军人抚恤优待条例》第十二条和中国人民解放军总后勤部、民政部有关政策规定执行。

第九条 烈士遗属、因公牺牲军人遗属、病故军人遗属，有符合下列条件之一的发给定期抚恤金：

（一）父母或抚养人、配偶无劳动能力、无生活费来源，或者收入水平低于当地居民平均生活水平的。

（二）子女未满18周岁或已满18周岁，但因上学或者残疾无生活费来源的。

（三）兄弟姐妹未满18周岁或者已满18周岁，但因上学（指经国家统一招生考试入学的正式学生；不包括自学、函授，并接受其后续教育的）无生活费来源且由该军人生前供养的。

定期抚恤金的发放，自死亡军人被批准为烈士、确认为因公牺牲和病故军人的当月起计算。

第十条 符合定期抚恤条件的遗属，由其户籍所在地的县级人民政府民政部门发给《定期抚恤金领取证》，并依此在户籍所在县（区）领取定期抚恤金。

经国家统一招生考试进入全日制中等、高等学校就读的死亡军人子女及其兄弟姐妹，由其入学前户籍所在地的县级人民政府民政部门按照规定条件予以抚恤。

第十一条 领取定期抚恤金的对象户口迁移时，迁出地的县级人民政府民政部门，应当根据本人申请和公安机关出具的户口迁移证明，为其办理定期抚恤金转移手续，并负责发放当年的定期抚恤金；迁入地的县级人民政府民政部门，应当根据落户证明、抚恤关系转移证明和抚恤档案等材料，从次年1月起发放定期抚恤金。

第十二条 享受定期抚恤的遗属死亡后，按照原享受标准一次性增发6个月的定期抚恤金，作为丧葬补助费，《定期抚恤金领取证》由县级人民政府民政部门予以注销，原享受的定期抚恤金自其死亡次月起停发。

第三章 残疾抚恤

第十三条 现役军人在服役期间因战、因公、因病致残的，应当在退出现役的当年，持部队发给的《中华人民共和国残疾军人证》和评残档案，到户籍所在地的县级人民政府民政部门办理残疾抚恤关系迁入手续。

退出现役的残疾军人户籍迁移时，应当及时向迁出、迁入地的县级人民政府民政部门申请办理残疾抚恤关系转移手续。

第十四条 现役军人在服役期间因战、因公致残，部队未及时认定残疾性质和评定残疾等级，在退出现役后，有下列情形之一的，可以向户籍所在地的县级人民政府民政部门申请认定残疾性质和补办评定残疾等级。

（一）个人正式档案中有其所在部队做出的法定有效的涉及本人负伤原始情况、治疗情况及善后处理情况的记载；

（二）原所在部队军以上单位指定的军队医院出具有能够说明其致残原因的《病情诊断书》、《出院小结》或者正式病历、病情检查实验分析记录。

第十五条 退出现役的残疾军人，残疾情况发生严重恶化，原定残疾等级与残疾情况明显不符的，本人（本人无行为能力时由其利害关系人）向残疾军人户籍所在地的县级人民政府民政部门提出调整残疾等级的申请，可以重新评定残疾等级。

第十六条 残疾抚恤金由残疾军人户籍所在地的县级人民政府民政部门按照下列规定发放：

（一）残疾军人退出现役的，自办结残疾抚恤关系迁入手续的次年1月起发放。

（二）残疾军人户口迁移的，迁出地的县级人民政府民政部门负责发放当年的残疾抚恤金；迁入地的县级人民政府民政部门在迁移手续办结后，从次年1月起发给残疾抚恤金。

（三）申请补办评定和调整残疾等级的，自省级人民政府民政部门批准次月起发放。

第十七条 退出现役的一级至四级残疾军人，由国家供养终身；其中对需要长年医疗或者独身一人不便分散安置的，按照《山西省军人抚恤优待实施办法》第十八条的规定可以集中供养。

第十八条 分散安置的一级至四级残疾军人，由其户籍所在地的县级人民政府民政部门发给护理费，所需经费由同级财政负担。护理费的标准按国家和省的有关规定执行。

集中供养的一级至四级残疾军人，不发给个人护理费。

第十九条 退出现役的因战、因公致残的残疾军人因旧伤复发死亡的，由发给其残疾抚恤金的县级人民政府民政部门按照因公牺牲军人的标准发给其遗属一次性抚恤金，其遗属自军人死亡次月起按照规定条件享受因公牺牲军人遗属抚恤待遇。

退出现役的因战、因公、因病致残的残疾军人因病死亡的，由发给其残疾抚恤金的县级人民政府民政部门对其遗属一次性增发12个月的残疾抚恤金，作为丧葬补助费；因战、因公致残的一级到四级残疾军人因病死亡的，其遗属自军人死亡次月起，按照规定条件享受病故军人遗属抚恤待遇。

残疾军人死亡后，自次月起停止其原享受的残疾抚恤待遇，其持有的《中华人民共和国残疾军人证》由县级人民政府民政部门予以注销。

第二十条 残疾军人丢失《中华人民共和国残疾军人证》的，应当及时向户籍所在地的县级人民政府民政部门书面报告，并在县级以上主要报刊上声明作废，自声明作废之日起三个月后，由县级人民政府民政部门办理补发手续。

第二十一条 退出现役的残疾军人需要配置假肢、代步三轮车、拐杖、病理鞋等辅助器械的，应当按照省人民政府民政部门的有关规定办理。

第四章 优 待

第二十二条 义务兵服现役期间，其入伍前户籍所在地的县级人民政府，每年应当统一按照不低于当地农村住户年人均纯收入（城区、矿区参照全市农村住户年人均纯收入）的标准，发给其家庭优待金或给予其他优待，所需经费由县级财政负责筹集。

义务兵家庭优待金按照法定服役期限发给；提前退役的，按照其实际服役年限发给。

在校大学生服义务兵役期间，由其入学前户籍所在地的县级人民政府按照当地义务兵家庭优待的规定给予优待。

第二十三条 获得荣誉称号或者立功的义务兵，其家庭当年的优待金在应当享受的标准基础上，由县级人民政府按照下列比例增发：

（一）获得中央军事委员会授予荣誉称号的，增发50%；

（二）获得军队军区级单位授予荣誉称号的，增发40%；

（三）立一等功的，增发30%；

（四）立二等功的，增发20%；

（五）立三等功的，增发10%。

第二十四条 县级以上人民政府应当从资金、技术、信息等方面扶持抚恤优待对象发展生产，提高生活水平。

抚恤优待对象从事生产经营的，工商、税务等部门应当优先办理有关手续。根据相关税收政策规定，还可以享受以下优惠：残疾军人个人提供的加工、修理修配劳务免征营业税。残疾军人个人为社会提供的劳务免征营业税。残疾军人和烈属取得下列个人所得项目，经批准可以减征个人所得税。具体个人所得项目为：工资薪金所得、个体工商户的生产和经营所得、对企事业单位的承包和承租经营所得、劳务报酬所得、稿酬所得、特许权使用费所得。农村烈士家属、残疾军人在规定用地标准以内新住宅缴纳耕地占用税确有困难的，经所在地乡镇人民政府审核，报经县级人民政府批准后，可以免征或者减征耕地占用税。

第二十五条 退役士兵、残疾军人、烈士子女、因公牺牲军人子女、病故军人子女、一至四级残疾军人子女、现役军人子女，依照国家和省、市的有关规定享受教育优待。

公办中小学、幼儿园、托儿所在同等条件下，优先接收前款规定抚恤优待对象。公办学校对在校学习的烈士子女免收学费、杂费，对其中寄宿学生酌情给予生活补助。

现役军人因工作调动，子女需要转学的，教育部门应当给予办理，并且不得收取国家规定以外的费用。

第二十六条 残疾军人、复员军人、带病回乡退伍军人、烈士遗属、因公牺牲军人遗属承租、购买经济适用住房按照有关规定享受优先待遇。凡符合大同市廉租住房申请条件的残疾军人、军烈属等重点优抚对象，可以申请廉租住房实物配组或租赁住房补贴。所在地住房保障部门应当优先予以保障。

第二十七条 享受定期抚恤补助的残疾军人、烈士遗属、因公牺牲军人遗属、病故军人遗属、复员军人、带病回乡退伍军人，按照属地原则相应参加城镇职工基本医疗保险、城镇居民基本医疗保险和新型农村合作医疗，依照国家和省、市的有关规定享受医疗保障。

一级至六级残疾军人在参加城镇职工基本医疗保险的基础上享受医疗补助，其医疗费用由所在医疗保险统筹地区社会保险经办机构单独列账管理。

七级至十级残疾军人旧伤复发的医疗费用，

已经参加工伤保险的，由工伤保险基金支付；未参加工伤保险的，有工作单位的由工作单位解决，所在单位无力支付和没有工作单位的，由其户籍所在地的县级人民政府民政部门从抚恤优待对象医疗补助资金中解决。旧伤复发以外的医疗费用，未参加医疗保险且本人支付有困难的，由其户籍所在地的县级人民政府部门给予适当补助。

享受定期抚恤补助的残疾军人、烈士遗属、因公牺牲军人遗属、病故军人遗属、复员军人、带病回乡退伍军人，未参加城镇职工基本医疗保险、城镇居民基本医疗保险和新型农村合作医疗的，以及参加上述基本医疗保险但个人医疗费用负担较重的，由其户籍所在地的县级人民政府给予城乡医疗救助。

第二十八条 现役军人、残疾军人在本市境内乘坐火车、长途汽车以及民航班机。凭本人有效证件优先购票，残疾军人凭本人《中华人民共和国残疾军人证》减收正常票价的50%。

现役军人凭本人有效证件、残疾军人凭本人《中华人民共和国残疾军人证》参观浏览本市境内的公园、博物馆、科技馆、名胜古迹时，免收门票。

第二十九条 烈士、因公牺牲军人、病故军人的子女、兄弟姐妹，符合当年征兵条件且本人自愿应征的，由其户籍所在地的县级人民政府征兵办公室优先批准入伍。

第三十条 从未参加工作，且符合下列条件的退伍军人，经市人民政府民政部门批准，由其户籍所在地的县级人民政府民政部门给予带病回乡退伍军人定期定量补助：

（一）在服役期间患病、尚未达到评定残疾等级条件的；

（二）退伍档案中有部队军以上单位指定医院做出的相关医疗结论或原始病历的。

第三十一条 从未参加工作，且符合下列条件的复员军人，经市人民政府民政部门批准，由其户籍所在地的县级人民政府民政部门给予在乡退伍红军老战士定期生活补助：

（一）1937年7月6日前入伍，参加中国工农红军（包括抗日联军和中国共产党领导的脱产游击队）的；

（二）有退伍手续或者确切证明的。

符合前款第（一）项但不符合第（二）项规定的人员，经市人民政府民政部门批准，由其户籍所在地的县级人民政府民政部门给予红军失散人员定期生活补助。

在乡退伍红军老战士病故后，其配偶生活困难的，由其配偶户籍所在地的县级人民政府民政部门，按照抗日战争时期入伍的在乡复员军人定期定量补助标准给予补助。

第三十二条 对依靠定期抚恤金生活仍有困难的烈士遗属、因公牺牲军人遗属、病故军人遗属，对依靠残疾抚恤金生活仍有困难的残疾军人和生活困难的在乡复员军人、带病回乡退伍军人，其户籍所在地的县级人民政府应当优先将其纳入城乡社会救助制度保障范围，给予适当救助。

抚恤补助对象在申领城乡最低生活保障金时，其享受的优待抚恤补助，不计入家庭收入。

第三十三条 享受定期定量补助的在乡退伍红军老战士、红军失散人员、在乡复员军人、带病回乡退伍军人死亡后，由发给其定期定量补助的县级人民政府民政部门按照原标准对其遗属一次性增发12个月的定期定量补助，作为丧葬补助费。

第三十四条 县级以上人民政府根据当地的经济发展状况兴办优抚医院、光荣院，治疗或者集中供养孤老和生活不能自理的抚恤优待对象。

各级人民政府对接收抚恤优待对象的社会力量兴办福利机构，应当给予鼓励和支持。

第五章 奖励与处罚

第三十五条 县级以上人民政府民政部门对有以下情形之一的单位和个人予以表彰奖励：

（一）国家机关、社会团体、企事业单位履行军人抚恤优待职责和义务成绩显著的；

（二）社会各界帮助、捐助抚恤优待对象事迹突出的；

（三）社会各界开展各种拥军优属活动事迹突出的。

第三十六条 县级以上人民政府民政部门对不履行军人抚恤优待义务，有下列情形之一的单位和个人，责令其限期履行义务；逾期仍未履行的，处以2000元以上1万元以下罚款，对直接责任人给予行政处分、纪律处分：

（一）国家机关、社会团体、企事业单位不履行军人抚恤优待职责和义务的；

（二）抚恤优待对象的医疗、住房困难长期得不到应有解决的；

（三）挪用、截留、私分军人抚恤优待经费的；

（四）不按规定时间、标准、数额、对象发放抚恤补助优待金的。

第六章　附　则

第三十七条　本实施意见适用于中国人民武装警察部队。

军队离休、退休干部的抚恤优待，按照本实施意见有关现役军人抚恤优待的规定执行。

第三十八条　因参战伤亡的民兵、民工的抚恤，因参加县级以上人民武装部门或预备役部队组织的军事演习、军事训练和执行军事勤务伤亡的预备役人员、民兵、民工以及其他人员的抚恤，按照以下规定办理：

（一）属于国家机关、民主党派和人民团体的，按照国家机关工作人员伤亡抚恤政策办理。

（二）属于企业，参加工伤保险的，根据《工伤保险条例》第十四条第七款和第十五条第二款的规定，按照企业职工办理；没有参加工伤保险的，按照劳保伤亡政策办理。

（三）属于事业单位的，根据事业单位工作人员伤亡抚恤政策办理。

（四）农民、无工作单位城市居民、学校学生等，由民政部门参照本实施意见及民兵民工伤亡抚恤政策办理。

第三十九条　本实施意见涉及的"一次性抚恤金""丧葬补助费"的发放，按照第九条的规定办理。

第四十条　本实施意见所称"抚养人"，是指军人因丧失父母或者父母无抚养能力，其他亲属自愿或受托连续抚养军人逾7年以上，经乡（镇）人民政府、街道办事处证明或法律公证，由县级人民政府批准者。其他亲属以外的人员符合以上规定条件的，也按抚养人对待。

第四十一条　具有多重抚恤优待身份的抚恤优待对象，就高享受其中一种身份的抚恤优待。

第四十二条　本实施意见自2009年10月1日起施行。1991年11月19日颁布的《大同市军人抚恤优待实施意见》同时废止。

2. 大同市政府办公厅《义务兵优待金发放工作实施细则》

根据国务院《军人抚恤优待条例》，省政府、省军区《关于新形势下征兵工作的意见》（晋政发〔2011〕28号），大同市人民政府、大同军分区《关于义务兵优待金发放工作实施方案》（同政发〔2012〕121号）文件有关规定，现制定大同市义务兵优待发放实施细则：

一、义务兵优待金筹集发放程序

1. 优待金筹集计划：市征兵办于每年6月30日前将测算分配各县（区）的义务兵优待金筹集计划，提供给市县两级财政、民政部门，同时向市民政局提供上年度冬季入伍新兵名单。

2. 资金筹集：市财政局督促指导各县（区）财政，根据市征兵办测算下达的优待金筹集数额，于每年的7月30日前，将资金通过县（区）民政局集中到市民政局指定账户内。

3. 资金测算：市民政局按照市统计局提供的各县（区）上年度城镇在岗职工年平均工资、农民人均纯收入及各县（区）义务兵人数，进行测算。提出义务兵优待金分配意见，经局党组会议审定后，报分管市长审批。及时将资金划拨到各县（区）民政局。

4. 资金发放：各县（区）民政局根据县武装部提供的义务兵花名，再次核实发放对象，于每年8月30日前把优待金发放到义务兵家属手中。

二、享受义务兵优待金的标准和条件

1. 优待金标准：城镇义务兵优待金不低于本县（区）上年度城镇单位在岗职工平均工资；农村户籍义务兵优待金不低于本县（区）上年度农民人均纯收入的2.5倍，入伍到西藏服役的义务兵优待金不低于当地城镇义务兵优待金的1.5倍。

2. 优待条件：优待金由义务兵入伍前户籍所在地人民政府民政部门负责发放。非户口所在地入伍的义务兵，不享受优待金；从地方直接招收的军队院校学员及军队文体类专业人员的家庭，不享受优待金；在校大学生服义务兵期间，由其入学前户籍所在地的县级人民政府按照当地义务兵家庭优待的规定给予优待；义务兵家庭优待金按照法定服役期限发给，"义务兵服现役的期限为二年"；提前退役的，按照其实际服役年限发给。

三、优待金的管理与监督

各相关单位要充分认识义务兵优待金发放工作的极端重要性，牢固树立大局意识、责任意识、安全意识，切实加强组织领导，明确分工，严密组织，确保资金安全运行。

市财政局、市民政局要对各县（区）优待金的筹集发放情况进行督导检查，确保按时、足额落实到位。审计部门要对优待金管理使用情况进行监督，坚决防止挤占挪用。

大同市人民政府办公厅

2012年9月11日

3. 大同市民政局《关于做好自主就业退役士兵一次性经济补助发放工作的通知》

按照《中华人民共和国兵役法》和《退役士兵安置条例》规定，2011年11月1日以后退役的自主就业退役士兵由地方政府给予经济补助。根据《山西省人民政府办公厅关于对自主就业退役士兵发放一次性经济补助的通知》（晋政办发〔2012〕62号）和《山西省民政厅关于做好自主就业退役士兵一次性经济补助发放工作的通知》（晋民发〔2012〕87号）及《山西省民政厅关于自主就业退役士兵身份认定的通知》（晋民发〔2012〕100号）要求，现就做好我市自主就业退役士兵一次性经济补助发放工作的有关事项通知如下：

一、发放对象及身份认定

2011年11月1日以后退出现役，不符合政府安排工作条件的义务兵（包括因国家建设或军队需要、个人健康状况、家庭发生变故的原因提前退役的自主就业士兵）和服现役不满12年的士官；符合政府安排工作条件，但本人自愿选择自主就业的退役士兵。

身份认定要严格按照《山西省民政厅关于自主就业退役士兵身份认定的通知》（晋民发〔2012〕100号）文件执行，认真甄别，确保不错发一人。

二、发放标准

全省实行城乡统一的自主就业经济补助标准。对自主就业的退役士兵，根据其服役年限按照每服役1年4500元的标准发给一次性经济补助；服役年限不满6个月的按照6个月计算，超过6个月不满1年的按照1年计算；服役期满后滞留部队的，滞留期间不计发。对于符合安排工作条件，本人自愿选择的自主就业的士兵，在领取退役金和自主就业一次性经济补助金两者之和未达到当地办理自谋职业一次性经济补助金标准的，民政部门要补足差额部分。

三、发放方式

自主就业退役士兵一次性经济补助由管理其档案的县（区）民政部门负责发放。退役士兵到县（区）民政部门报到时填写《山西省自主就业退役士兵一次性经济补助金发放审批表》，县（区）级民政部门根据退役士兵行政介绍信、退伍证、个人档案材料等有关凭据审定，经公开公示后给予发放。发放工作应于每年第一季度完成（2012年的经济补助发放工作应于2013年1月底前完成），并将发放情况逐级上报市民政局和市财政局。

四、经费来源

自主就业退役士兵一次性经济补助所需经费，由省、市和县（区）三级财政共同负担，所需一次性经济补助除省级财政负担外，市级财政负担省补助后剩余部分的30%，县（区）财政负担70%。各级财政要将自主就业退役士兵一次性经济补助金列入年度经费预算，每年及时足额兑现到自主就业退役士兵手中。

五、工作要求

做好自主就业退役士兵一次性经济补助发放工作，事关国防和军队建设，事关经济发展与社会和谐稳定，对于安置工作改革顺利实施意义重大。各级民政部门要增强大局意识、责任意识，协调配合有关部门认真抓好工作落实；要加强法规政策宣传教育等思想政治工作，帮助自主就业退役士兵增强就业创业的观念信心；要严格按政策、按标准、按程序做好各项具体工作，确保准确无误、优质高效，保障自主就业退役士兵合法权益。

2013年1月23日

殡葬管理

1. 大同市人民政府《关于进一步加强殡葬改革工作的决定》

为了适应国务院办公厅批准的《大同市城市总体规划（2006—2020年）》，服务发展文化旅游大产业的新跨越，加快建设宜居、利居、乐居的文明城市，切实提升现代文明城市的管理水平，全面推进殡葬事业的健康发展，根据国务院《殡葬管理条例》《山西省殡葬管理办法》和《大同市殡葬管理办法》，特作如下决定。

一、切实加强对殡葬改革工作的领导

殡葬改革是移风易俗的新社会改革，关系到土地资源和生态环境的保护、现代文明城市的创建、文化旅游事业的发展。各级各部门要以对党、对人民、对子孙后代高度负责的态度，切实增强殡葬改革工作的责任感、使命感和紧迫感，把殡葬改革工作真正纳入议事日程，强化“政府主导，民政协调，部门配合，社会参与，属地管理，分级负责”的殡葬改革和管理工作机制，建立健全领导机构，明确事权和责任。各县（区）要成立由政府主要领导负总责，民政、发改、公安、监察、财政、国土、环保、规划、建设、交通、卫生、工商、林业、旅游、民族宗教、新闻单位等有关部门主要负责人为成员的殡葬改革领导小组；各乡镇（街道）也要成立相应的殡葬改革领导小组；村（居）委作为基层一线，必须配备专职或兼职殡葬管理员，建立起县（区）、乡镇（街道）、村（居）委三级殡葬改革工作网络和管理体系。要把落实殡葬改革责任作为各级领导班子和干部政绩考核的重要内容，列为评选先进单位和文明单位的重要条件。实行目标责任制，强化责任追究制度，逐步建立任务明确、职责明晰、赏罚分明的殡葬管理监督体系，切实推动殡葬改革工作的落实。

二、广泛深入地开展殡葬改革宣传教育

各级宣传、民政部门要进一步加大殡葬改革宣传教育力度，不断创新宣传方式，丰富宣传内容，拓宽宣传渠道，强化宣传声势，为推进殡葬改革工作营造良好的社会氛围。将每年的3月份确定为殡葬改革集中宣传月，并结合清明、农历七月十五和十月一等民间传统祭祀活动，充分利用广播、电视、报刊、通告、标语、宣传栏、宣传车等多种媒介和形式，大力宣传殡葬改革的重大意义，宣传殡葬管理的政策法规，宣传殡葬改革工作中的正面典型，披露违反殡葬管理规定、执意实行土葬以及丧事大操大办、搞封建迷信活动等违法违规行为，做到家喻户晓，自觉规范，令行禁止。要把乡镇（街道）、村（居）委作为宣传的重点，通过宣传教育，切实使干部、群众增强法制观念，强化现代文明意识，树立推行火葬、文明节俭办丧事的新风尚。

三、实行殡葬改革工作联合执法综合治理

各级有关部门要密切配合，依据相关法律、法规和政策规定，抓好殡葬事务的管理、执法、监督和检查，实行综合治理，确保殡葬改革工作全面推进。

民政部门要积极当好党委、政府的参谋助手，切实履行好殡葬改革管理牵头抓总的职责，认真制订殡葬改革实施方案，抓好殡葬管理工作的督促、检查和指导工作，负责殡葬改革政策的宣传解释工作。

财政部门要将殡葬改革工作经费列入财政预算，保证工作正常开展。

公安部门要对利用丧事大搞封建迷信活动扰乱社会秩序、危害公共利益、损害他人身心健康、骗取财物的违法违规行为依法查处；并及时依法处理干扰、破坏殡葬改革、恶意阻挠殡葬管理人员执行公务的事件；扣留非法运尸车，并对车主进行处罚。规划部门要加强公益性公墓的规划、经营性公墓规划的审查和对乡镇公益性公墓规划的指导与审查。

国土资源、林业和城乡建设等部门要严肃查处占用耕地乱建坟墓、毁林造墓的违法违规行为，指导和督促有关拆迁坟墓的还林绿化、平坟还耕工作，并配合规划部门共同做好公墓规划的审核。

工商行政部门要配合民政部门整顿丧葬用品市场，坚决取缔无照生产、销售丧葬用品的单位和个人的经营活动，收缴、销毁纸扎祭祀品、纸钱及冥币等封建迷信丧葬用品，没收其非法所得；情节严重的，依据国家有关法律、法规予以查处。

城管部门要配合殡葬行政执法人员对城镇临街搭建灵棚、占道路祭、游丧扰民和抛撒、焚烧纸钱的违法违规行为依法进行查处。

纪检监察部门对殡葬改革中国家机关、企事业单位等公职人员的违纪违规行为进行及时处理，按规定给予相关责任人党纪政纪处分。

四、依法取缔利用医院告别厅非法进行殡仪活动

（一）按照山西省人民政府办公厅会议纪要（〔2007〕20次）《关于依法取缔利用医院告别厅非法进行殡仪活动协调会会议纪要》的有关要求，市民政局、卫生局要采取果断措施，迅速制订工作方案，明确相关单位的责任，提出具体要求，尽快组织实施。

（二）设有告别厅、太平间的医院采取先停后关的方式，年内必须关闭、取缔所有医院告别厅和太平间。殡葬管理机构会同各医院制定关于取缔利用医院告别厅非法进行殡仪活动后有关殡葬活动衔接方案、服务工作制度和流程图，明确各自的职责。

（三）加强火葬区医院的管理，死者亲属强运尸体，院方应予以制止并及时报告殡葬管理机构和公安机关，由殡葬管理机构会同公安机关强制火化；医院擅自将死者遗体交由非殡仪专用车拉运的，由县级以上民政部门会同卫生行政、公安部门对医疗单位、车属单位、直接责任人和司机依法予以处罚，并追究医院负责人和直接责任人的责任。

（四）加强对具有传染性疾病遗体的监控，对患有甲类急性传染病、炭疽病死者的遗体以及高度腐败的遗体，须经治疗病人的医疗单位或卫生检疫机构进行消毒和严密包扎，及时通知殡仪馆接收遗体并立即火化。

五、依法规范殡葬行为

（一）城区、矿区、南郊区、开发区、新荣区新荣镇、新荣区花园屯乡、新荣区上深涧乡、浑源县永安镇、大同县西坪镇，以及正在建设中的御东新区和恒山风景名胜区为火葬划定区域。火葬区内的丧事活动限定在殡仪馆进行，遗体火化后全部进入公墓安葬或寄存于骨灰堂。坚决禁止偷埋乱葬行为，火葬区内死亡者遗体不火化的，由民政部门责令改正，拒不改正的，由县级以上民政、公安部门组织人员强行火化，已土葬的强制起尸火化，费用由死者家属承担。强行火化后，原属国家机关、企事业单位公职人员的，其家属不享受丧葬费、抚恤费、遗属生活补助费和困难补助费；原属其他居民的，其家属不得享受有关社会福利待遇。所在单位一年内不得评为文明单位和先进单位。

国家允许实行土葬的少数民族居民死亡后，应在规定地点埋葬，对自愿火葬的，他人不得干涉。

（二）禁止在耕地、林地、城市公园、风景名胜区、文物保护区、水库及河流堤坝附近和水源保护区，距铁路和公路主干线两侧各500米以内建造坟墓。从决定之日起，各县区按管辖区域对以上范围内现有的坟墓进行清理登记造册，禁止再建造新的坟墓，对新建坟墓发现一起依法处理一起。从2010年开始，民政部门会同公安、国土、林业、环保、旅游、民族宗教、新闻等单位，两年内对以上范围内现有的坟墓进行专项治理，除受国家保护的革命烈士墓、知名人士墓，及其他具有历史、艺术、科学价值的古墓和依法批准已建成的公墓以外，都要限期迁移或者深埋不留坟头，切实达到拆坟还林、平坟还耕、净化环境的目的。

（三）加强殡葬用品市场的管理，禁止任何单位和个人制造封建迷信丧葬用品；禁止在火葬区内生产经营棺木；依法经营的丧葬用品必须标明价格。民政部门会同工商行政管理部门对无证制造销售使用丧葬用品的，要坚决予以取缔和销毁，并依据有关法规予以查处；对未经民政部门批准擅自兴建经营的骨灰堂、吊唁厅、殡仪服务站等殡葬服务设施的，要坚决依法取缔。

（四）禁止在城市街道、广场、社区等公共场所停放遗体，搭设灵堂，摆放迷信殡葬用品，举行发丧送葬活动；禁止在城市道路、公园、田头等场所祭祀时焚烧纸钱和冥币；禁止占道路祭、游丧扰民和抛撒纸钱等影响交通、污染环境、影响市容市貌的违法违规行为；殡葬管理部门会同城管部门要加强日常巡查、集中整治、联合执法，违反上述规定的依法查处，造成损失的依法承担民事赔偿责任。

（五）殡仪馆承办遗体运送、冷藏和火化业务，其他任何单位和个人未经批准不得承办。在医院病故的，亲属或医院要在12小时内通知殡仪馆拉运、暂存遗体；在家中病故的，家属要及时通知殡仪馆拉运遗体。民政部门会同公安、卫生、交通部门对辖区内的殡仪车辆进行清理整顿，规范殡仪专用车辆的管理，设置专门的标志，坚决取缔非法运尸车辆。

（六）实行土葬改革的地区，要采取多渠道筹资的办法，加快公益性墓地建设步伐，如一时建墓地有困难的，应划定具体的荒山荒坡为丧葬坟场，并告示居民，只能在公益性墓地或指定的区域葬坟。凡擅自乱埋乱葬者，责令其限期改正并依法予以处罚。

六、建立殡葬改革管理责任追究制度

凡在火葬区发生土葬，要追究死者相关单位领导责任，在年终考核、晋升中实行一票否决。要制定具体措施，落实属地管理责任，要责成乡镇政府把行政管辖责任落实到位，对村组、村民私自出卖墓地行为要严格监管，发现一例、查处一例，确保村组和村民私下出售墓地现象不再发生。对因工作不到位、监管责任不落实，致使私下买卖墓地现象继续发生的，按照国家和省市有关规定予以严肃处理。

各级各部门工作人员要规范管理，文明执法，秉公办事，严格执行殡葬管理法律法规，强化殡葬政策法规的严肃性。对于不认真履行职责、失职、渎职、监管缺失、玩忽职守等影响殡葬改革工作的人员依法追究责任。

七、加强对殡葬工作队伍的管理

各级民政部门要加强对殡葬管理机构和殡仪服务单位工作的领导和监督。殡葬管理机构要强化法规意识，严格执行殡葬政策法规，切实加强殡葬改革工作的管理，积极研究探讨殡葬改革管理中出现的新情况、新问题，及时提出加快殡葬改革管理的措施。殡葬服务单位要加强对殡仪职工的职业道德教育，强化服务意识，改善服务态度，提高服务质量。切实改进内部管理，健全规范化服务流程，公开收费项目及标准，简化办事程序，为群众提供方便、优质、周到的服务，推动殡葬改革工作的顺利进行。

2. 大同市人民政府办公厅《关于免除城乡困难群众基本殡葬服务费的通知》

为贯彻落实《山西省人民政府办公厅关于免除城乡困难群众基本殡葬服务费的通知》（晋政办发〔2013〕1号），切实保障困难群众基本殡葬需求，提升殡葬公共服务均等化水平，进一步深化殡葬改革和促进殡葬事业科学发展，经市人民政府同意，从2013年1月1日起，免除全市城乡困难群众的基本殡葬服务费用。现将有关事项通知如下：

一、免费对象

具有我市户籍，身故后依据殡葬法规政策火葬的城乡低保对象、城镇“三无”对象、农村五保供养对象、重点优抚对象以及县以上公安机关开具允许火化证明的无名尸体。

二、免费项目

（一）普通殡葬专用车遗体接运费；（二）3天内普通冷藏（冻）柜遗体存放费；（三）遗体消毒；（四）普通火化设备遗体火化费；（五）价值200元以内的骨灰盒。火化无名尸体产生的各项殡葬费用全部免费。

三、办理程序

（一）符合上述条件的，经办人持以下材料到户籍所在地殡仪馆申请办理有关事项：

1. 经办人的居民身份证原件及复印件；

2. 免费对象的户口簿和身份证原件及复印件；

3. 免费对象的城乡低保证，或五保供养证，或优待抚恤证原件及复印件，或县级民政部门出具的城镇“三无”人员证明材料；

4. 医疗机构，或公安机关，或社区（村委）出具的死亡证明原件。

（二）户籍在城区、矿区、南郊区、新荣区的，以及开发区、正在建设中的御东新区范围内的免费对象死亡后，指定在市殡仪馆火化并办理，经市殡仪馆审查确认后，在结算费用时直接免除相关费用。市殡仪馆按月将免费对象的类别、数量和费用汇总后报市民政局审核，市民政局每月一次核准后，由市财政局核定拨付。

（三）按照属地管理的原则，其他7个县由县级殡仪馆办理。县级没有殡仪馆的在市殡仪馆办理火化，经办人先付费，后凭有效票据和相关材料到免费对象户籍所在地县民政局办理报销事宜。

（四）殡仪馆凭公安机关出具的证明，对无名尸体火化产生的免除殡葬费用据实申报，经同级民政部门审核后，由同级财政部门核定拨付。

（五）在外地就医或意外死亡的原则上应就地、就近火化，经办人先付费，后凭有效票据和相关材料到免费对象户籍所在地指定殡仪馆或县民政局办理报销事宜。实际费用低于户籍所在地免除标准的据实领取，高于户籍所在地免除标准的按户籍所在地物价部门确定的收费标准执行。

凡违反殡葬法规政策，未在指定地点殡仪馆火化的均不享受上述费用的免除。

四、资金保障

（一）资金筹措：市、县民政部门根据当年惠民殡葬免费资金开支情况，向同级财政部门提出下一年度的资金需求计划，列入财政预算。

（二）资金管理：惠民殡葬免费补助资金实行专项管理、专款专用。市殡仪馆将免除困难群众数量和费用报市民政局，由市民政局核定免除数额，报市财政局审定后，由市财政局将资金拨付给市殡仪馆。

县殡仪馆办理火化的，资金管理参照市的做法。县级没有殡仪馆的，资金管理由县级民政部门、财政部门根据实际工作需要另行规定。

五、工作要求

（一）高度重视。加强惠民殡葬工作是全面贯彻落实科学发展观，坚持以人为本、保障民生的重要举措。各级政府和有关部门要高度重视，切实加强组织领导，充分认识惠民殡葬工作的重要性，在深入调研、论证的基础上，科学合理地制定具体实施办法，建立良好的工作制度和运行机制，确保免除城乡困难群众基本殡葬服务费用工作的顺利进行。

（二）规范管理。各级政府和有关部门要科学合理确定减免对象，按照公开、公正、公平的原则，建立健全城乡困难群众基本殡葬服务费免费的申请、审核、审批等减免流程，确保惠民殡葬工作规范有序、准确高效。

（三）密切配合。各级民政部门和财政部门要各负其责，加强管理惠民殡葬免费补助资金，保证经费足额、及时划拨到位，并加强资金使用的监督。民政部门负责做好惠民殡葬工作的组织和实施，加强惠民殡葬免费资金的使用管理，确保经费专款专用，防止挪用、侵占和截留。严格审核免费对象和票据，防止出现假报、多报现象。对违反有关规定办丧事的，尤其对乱埋乱葬的，不予免费。各级民政部门要认真做好政策宣传工作和服务工作，确保惠民殡葬政策真正落到实处。

3. 大同市人民政府办公厅《大同市丧葬费、一次性抚恤金和遗属生活困难补助资金申领办法（试行）》

经市政府同意，现将《大同市丧葬费、一次性抚恤金和遗属生活困难补助资金申领办法（试行）》印发你们，请遵照执行。

2012 年 12 月 26 日

第一条 为加强殡葬制度改革，大力推行火葬，有效改革土葬，切实保护生活环境，服务生态文明建设，全面贯彻落实山西省民政厅、山西省人力资源和社会保障厅、山西省财政厅《关于转发民政部、人力资源和社会保障部、财政部〈关于国家机关工作人员及离退休人员死亡一次性抚恤金发放有关问题的通知〉的通知》（晋民发〔2011〕93 号），山西省劳动保障厅、山西省财政厅《关于调整企业职工因病或非因工死亡待遇标准的通知》（晋劳社厅发〔2006〕301 号），根据《山西省殡葬管理办法》（山西省人民政府第 145 号令）、《大同市人民政府关于进一步加强殡葬改革工作的决定》（同政发〔2009〕205 号），就进一步规范和完善丧葬费、一次性抚恤金和遗属生活困难补助资金的申领和发放，制定本办法。

第二条 凡大同市行政区域内国家机关、企事业单位（包括中央、省驻同单位）工作人员及离退休人员死亡后实行火化没有进行二次装棺土葬的申请丧葬费、一次性抚恤金和遗属生活困难补助资金（以下简称“三项费用”）均执行本办法。

国家、省、市政策规定允许土葬的不适用本办法。

第三条 户籍和居住都在土葬改革区，但在火葬区死亡的人员火化后其亲属方可申领三项费用；户籍在土葬改革区但居住在火葬区和户籍在火葬区但居住在土葬改革区死亡的人员火化后其亲属方可申领三项费用。

第四条 在外地就医或意外死亡的，其遗体原则上应就地、就近火化。

第五条 符合以上条件者，申领三项费用应当提供以下材料：

（一）向殡仪馆提供医疗机构，或公安机关，或社区（村委）出具的死亡证明原件。

（二）殡仪馆出具的《火化证》及火化有关票据（行政事业性收费票据）原件及复印件。

（三）公安机关出具的《户口注销证明》原件及复印件。

（四）殡仪馆、公墓出具的骨灰寄存证明材料。

本地火化的还要提供殡葬管理机构出具的《丧葬抚恤费证明》。

外地火化的及时与户籍所在地殡葬管理机构联系，殡葬管理机构应在 10 个工作日内完成核查工作。外地就医的还需提供就诊医疗机构出具的原始病历复印件并加盖公章。

第六条 领取亲属的户口簿、身份证原件和复印件；委托的还需出具亲属签字的委托书及受委托人身份证原件和复印件。

第七条 国家机关工作人员及离退休人员死亡后领取的一次性抚恤金，由原单位向同级民政部门提供相关材料，经审核同意后送交同级财政部门统一复核并按规定拨付。领取的丧葬费，由原单位向同级财政部门提供相关材料，经同级财政部门批准后按规定拨付。

第八条 财政拨款事业单位工作人员及离退休人员死亡后领取的丧葬费和一次性抚恤金，由原单位向同级财政部门提供相关材料，经同级财政部门批准后按规定拨付。

第九条 国家机关、事业单位的工作人员及离退休人员死亡后领取的遗属生活困难补助，由原单位向同级人力资源和社会保障部门（人事部门）提供相关材料，经审核同意后，分别由同级财政部门或养老保险经办机构按规定拨付。

第十条 凡参加养老保险统筹的企事业单位工作人员及离退休人员死亡后领取的三项费用，报主管部门加注意见，经同级人力资源和社会保障部门（劳动社会保障部门）批准后，由养老保险经办机构从统筹基金中直接支取。

第十一条 各级民政部门、财政部门、人事部门和劳动社会保障部门对收到的申领材料应当受理并负责鉴别真伪；鉴别有困难的，可以提请出具材料的机关或机构协助鉴别。

第十二条 各级纪检监察审计机关要加强对申领三项费用情况的监督检查，对发现有冒领、提供虚假证明材料骗取相关待遇的，要责令其退还冒领或骗取的资金。

对工作人员玩忽职守、滥用职权违规审批发放，构成犯罪的依法追究法律责任。

第十三条 本办法自 2013 年 1 月 1 日起试行。

附录2：2007～2013年大同市民政事业统计表

2007年大同市民政事业统计表

指标名称	单位	数量
一、社会救济		
（一）城市		
城市居民最低生活保障人数	人	175369
其中：在职人员	人	12231
下岗人员	人	43046
退休人员	人	4604
失业人员	人	13909
“三无”人员	人	2486
其他人员	人	99093
城市居民最低生活保障家庭数	户	72614
城市最低生活保障末月计划支出	万元	1774.8
（二）农村		
1. 农村最低生活保障		
（1）农村最低生活保障人数	人	67816
其中：女性	人	22532
老年人	人	36942
未成年人	人	8074
残疾人	人	17932
（2）农村最低生活保障家庭数	户	43218
（3）农村低保末月计划支出	万元	384.7
2. 农村特困户救济		
（1）农村特困户救济人数	人	0
其中：女性	人	0
老年人	人	0
未成年人	人	0
残疾人	人	0
（2）农村特困户救济户数	户	0

续表

指标名称	单位	数量
（3）农村特困户定期救济末月计划支出	万元	0.0
3. 农村五保供养		
（1）农村五保供养人数	人	18343
其中：女性	人	2053
老年人	人	12401
未成年人	人	964
残疾人	人	5422
集中供养五保对象	人	997
农村五保供养户数	户	17853
农村五保供养末月计划支出	万元	144.7
其中：集中供养的五保对象末月计划支出	万元	9.0
（2）应保未保农村五保供养人数	人	550
其中：女性	人	0
老年人	人	0
未成年人	人	0
残疾人	人	0
应保未保农村五保供养户数	户	0
4. 农村传统救济人数	人	67
5. 农村临时救济人次数	人次	950
（三）医疗救助		
1. 城市		
城市医疗救助人次数	人次	2070
2. 农村		
农村民政部门医疗救助人次数	人次	3163
民政部门资助参加合作医疗人次数	人次	27807
二、社会捐赠		
1. 直接接收捐赠		
社会捐赠款数	万元	66.1
捐赠衣被总数	万件	14.4
其中：棉衣被	万件	0.4
其他捐赠物资价值	万元	0.0
2. 间接接收捐赠		
其他部门转入的社会捐赠款数	万元	0.0
其他部门转入的捐赠衣被总数	万件	0.0
其中：棉衣被	万件	0.0
其他部门转入的其他捐赠物资价值	万元	0.0
3. 受益人次数	人次	170
4. 社会捐赠接收站、点和慈善超市数	个	106
三、民间组织		

续表

指标名称	单位	数量
1. 社会团体	个	437
2. 民办非企业单位	个	322
3. 基金会	个	0
四、优抚安置		
1. 国家抚恤、补助各类优抚对象人数	人	6679
2. 本年安置义务兵、士官总人数	人	1708
其中：城镇义务兵、士官人数	人	1567
3. 本年接收军队离退休人员人数	人	14
五、基层政权和社区建设		
1. 村委会	个	1948
2. 居委会（社区居委会）	处	305
3. 期末城镇社区服务设施数	个	157
4. 社区服务中心	个	5
六、行政区划		
1. 镇	个	33
2. 乡	个	66
其中：民族乡	个	0
3. 街道办事处	个	40
4. 区公所	个	0
七、社会福利单位		
1. 收养性单位	个	127
其中：农村五保供养服务机构	个	97
2. 床位数	张	4001
其中：农村五保供养服务机构	张	2046
3. 收养人数	人	2503
其中：农村五保供养服务机构	人	1157
4. 福利企业	个	30
5. 福利企业中残疾人数	人	534
八、婚姻、收养与殡葬		
1. 结婚登记	对	23012
其中：涉外及港澳台	对	1
2. 离婚登记	对	2154
3. 收养登记	件	21
其中：涉外收养	件	0
4. 火化遗体	具	2076
5. 救助人次数	人次	2233
九、信访		
上访人次数	人次	623
其中：复员退伍军人上访次数	人次	174

续表

指标名称	单位	数量
十、主要民政资金		
民政事业费实际支出	万元	38452.2
其中：救灾支出	万元	2664.0
城镇最低生活保障支出	万元	19655.6
城市医疗救助支出	万元	189.2
农村最低生活保障支出	万元	2405.1
农村特困救济支出	万元	3.0
农村五保供养支出	万元	1941.8
农村传统救济支出	万元	8.5
农村医疗救助支出	万元	712.5
抚恤事业费支出	万元	5063.3
社会福利费	万元	2185.0

2008 年大同市民政事业统计表

指标名称	单位	数量
一、城乡经常性社会救助		
（一）城市		
城市居民最低生活保障人数	人	175369
按人员性质分类		
1. 女性	人	71355
2. 残疾人	人	18603
3. “三无”人员	人	32885
按人员年龄分类		
1. 老年人	人	9629
2. 成年人		
（1）在职人员	人	10028
（2）灵活就业	人	32905
（3）登记失业	人	43520
（4）未登记失业	人	16574
3. 未成年人		
（1）在校生	人	48068
（2）其他	人	14645
城市居民最低生活保障家庭数	户	72614
城市低保资金末月计划支出	万元	1372.4
（二）农村		
1. 农村最低生活保障		
（1）农村最低生活保障人数	人	95022
其中：女性	人	24308
老年人	人	49833

续表

指标名称	单位	数量
未成年人	人	7147
残疾人	人	16349
（2）农村最低生活保障家庭数	户	59991
（3）农村低保末月计划支出	万元	562.2
2. 农村集中五保供养		
（1）农村集中供养五保户救济人数	人	1158
其中：女性	人	117
老年人	人	796
未成年人	人	4
残疾人	人	178
（2）农村集中供养五保户救济户数	户	1153
（3）农村集中供养五保户救济末月计划支出	万元	44.3
3. 农村分散五保供养		
（1）农村分散五保供养人数	人	17185
其中：女性	人	2611
老年人	人	10291
未成年人	人	744
残疾人	人	5031
（2）农村分散五保供养户数	户	16680
（3）农村分散五保供养末月计划支出	万元	286.5
4. 农村传统救济人数	人	65
5. 农村临时救济人次数	人次	300
（三）医疗救助		
1. 城市		
城市医疗救助人次数	人次	2148
2. 农村		
农村民政部门医疗救助人次数	人次	6564
民政部门资助参加合作医疗人数	人	55422
二、社会捐赠		
1. 直接接收捐赠		
社会捐赠款数	万元	4354.5
捐赠衣被总数	万件	7.2
其中：棉衣被	万件	2.8
其他捐赠物资价值	万元	660.0
2. 间接接收捐赠		
其他部门转入的社会捐赠款数	万元	0.0
其他部门转入的捐赠衣被总数	万件	0.0
其中：棉衣被	万件	0.0
其他部门转入的其他捐赠物资价值	万元	0.0

续表

指标名称	单位	数量
3. 受益人次数	人次	0
4. 社会捐赠接收站、点和慈善超市数	个	94
三、民间组织		
1. 社会团体	个	475
2. 民办非企业单位	个	341
3. 基金会	个	0
四、优抚安置		
1. 国家抚恤、补助各类优抚对象人数	人	6831
2. 本年安置义务兵、士官总人数	人	1915
其中：城镇义务兵、士官人数	人	1915
3. 本年接收军队离退休人员人数	人	9
五、基层政权和社区建设		
1. 村委会	个	1963
2. 居委会（社区居委会）	处	294
3. 期末城镇社区服务设施数	个	170
4. 社区服务中心	个	9
六、行政区划		
1. 镇	个	33
2. 乡	个	66
其中：民族乡	个	0
3. 街道办事处	个	40
4. 区公所	个	0
七、社会福利单位		
1. 收养性单位	个	123
其中：农村五保供养服务机构	个	93
2. 床位数	张	4569
其中：农村五保供养服务机构	张	2576
3. 收养人数	人	2640
其中：农村五保供养服务机构	人	1110
4. 福利企业	个	33
5. 福利企业中残疾人数	人	602
八、婚姻、收养与殡葬		
1. 结婚登记	对	28985
其中：涉外及港澳台	对	5
2. 离婚登记	对	2283
3. 收养登记	件	13
其中：涉外收养	件	0
4. 火化遗体	具	2305
5. 救助人次数	人次	2394

续表

指标名称	单位	数量
九、信访		
上访人次数	人次	175
其中：复员退伍军人上访次数	人次	60
十、主要民政资金		
民政事业费实际支出	万元	54727.1
其中：救灾支出	万元	2014.1
城镇最低生活保障支出	万元	30777.9
城市医疗救助支出	万元	647.1
农村最低生活保障支出	万元	4738.9
农村分散五保供养支出	万元	2149.4
农村集中五保供养支出	万元	314.0
农村传统救济支出	万元	15.1
农村医疗救助支出	万元	1014.3
其中：资助参加合作医疗	万元	39.9
大病医疗救助	万元	391.9
抚恤事业费支出	万元	5983.0
社会福利费	万元	2486.6

2009年大同市民政事业统计表

指标名称	单位	数量
一、民间组织		
1. 社会团体	个	471
2. 民办非企业单位	个	336
3. 基金会	个	0
二、优抚安置		
1. 国家抚恤、补助各类优抚对象人数	人	6461
2. 本年安置义务兵、士官总人数	人	1552
其中：城镇义务兵、士官人数	人	1550
3. 本年接收军队离退休人员人数	人	26
三、社会救助		
（一）城乡最低生活保障		
1. 城市居民最低生活保障		
城市居民最低生活保障人数	人	196382
按人员性质分类		
（1）女性	人	90480
（2）残疾人	人	8757
（3）“三无”人员	人	1764
按人员年龄分类		
（1）老年人	人	11522

续表

指标名称	单位	数量
（2）成年人		
在职人员	人	6867
灵活就业	人	63704
登记失业	人	18039
未登记失业	人	22558
（3）未成年人		
在校生	人	40735
其他	人	32957
城市居民最低生活保障家庭数	户	80758
城市低保资金末月计划支出	万元	1412. 6
2. 农村居民最低生活保障		
（1）农村最低生活保障人数	人	128056
其中：女性	人	41679
老年人	人	84379
未成年人	人	6758
残疾人	人	13942
（2）农村最低生活保障家庭数	户	91463
（3）农村低保末月计划支出	万元	690. 2
（二）农村五保供养		
1. 农村集中五保供养		
（1）农村集中供养五保户救济人数	人	1605
其中：女性	人	122
老年人	人	1477
未成年人	人	16
残疾人	人	291
（2）农村集体供养五保户救济户数	户	1448
（3）农村集体供养五保户救济末月计划支出	万元	32. 9
2. 农村分散五保供养		
（1）农村分散供养五保救济人数	人	16949
其中：女性	人	2491
老年人	人	12917
未成年人	人	1043
残疾人	人	6068
（2）农村分散供养五保救济户数	户	16258
（3）农村分散供养五保救济末月计划支出	万元	260. 6
（三）医疗救助		
1. 城市		
城市大病救助人次数	人次	6276
民政部门资助参加医疗保险人数	人	14141

续表

指标名称	单位	数量
2. 农村		
农村大病救助人次数	人次	8768
民政部门资助参加合作医疗人数	人	40959
（四）传统救济人数	人	153
（五）临时救济人次数	人次	14
四、基层政权和社区建设		
1. 村委会	个	1963
2. 居委会（社区居委会）	个	294
3. 城镇各类服务设施	个	172
其中：区县级社区服务中心	个	5
乡镇、街道级社区服务中心	个	5
其中：街道社区服务中心	个	4
居委会社区服务站	个	94
其他社区服务设施	个	68
五、行政区划		
1. 镇	个	33
2. 乡	个	66
其中：民族乡	个	0
3. 街道办事处	个	40
六、社会福利单位		
1. 收养性单位	个	127
其中：农村五保供养服务机构	个	100
2. 床位数	张	4991
其中：农村五保供养服务机构床位数	张	2720
3. 收养人数	人	2625
其中：农村五保供养服务机构收养人数	人	1248
4. 福利企业	个	32
5. 福利企业中残疾人数	人	592
七、社会捐赠		
（一）直接接收捐赠		
社会捐赠款数	万元	293.4
捐赠衣被总数	万件	0.0
其中：棉衣被	万件	0.0
其他捐赠物资价值	万元	0.0
（二）间接接收捐赠		
其他部门转入的社会捐赠款数	万元	0.0
其他部门转入的捐赠衣被总数	万件	0.0
其中：棉衣被	万件	0.0
其他部门转入的其他捐赠物资价值	万元	0.0

续表

指标名称	单位	数量
（三）受益人次数	人次	814
（四）社会捐赠接收站、点和慈善超市数	个	94
八、社会事务		
1. 结婚登记	对	35513
其中：涉外及港澳台	对	7
2. 离婚登记	对	2549
3. 收养登记	件	32
其中：涉外收养	件	0
4. 火化遗体	具	2169
5. 救助人次数	人次	2596
九、信访		
上访人次数	人次	143
其中：复员退伍军人上访次数	人次	56
十、主要民政资金		
民政事业费实际支出	万元	69658.9
其中：救灾支出	万元	3036.8
城镇最低生活保障支出	万元	28932.6
城市医疗救助支出	万元	1538.7
农村最低生活保障支出	万元	8500.7
农村五保集中供养支出	万元	333.8
农村五保分散供养支出	万元	2065.0
农村传统救济支出	万元	23.3
农村医疗救助支出	万元	1483.3
其中：资助参加合作医疗	万元	118.3
大病医疗救助	万元	1346.3
抚恤事业费支出	万元	6004.6
社会福利费	万元	2697.6

2010 年大同市民政事业统计表

指标名称	单位	数量
一、民间组织		
1. 社会团体	个	483
2. 民办非企业单位	个	376
3. 基金会	个	0
二、优抚安置		
1. 国家抚恤、补助各类优抚对象人数	人	6073
2. 本年安置义务兵、士官总人数	人	1765
其中：城镇义务兵、士官人数	人	1617
3. 本年接收军队离退休人员人数	人	23

续表

指标名称	单位	数量
三、社会救助		
（一）城乡最低生活保障		
1. 城市居民最低生活保障		
（1）城市居民最低生活保障人数	人	198851
按人员性质分类		
女性	人	90729
残疾人	人	9873
“三无”人员	人	1963
按人员年龄分类		
a 老年人	人	12870
b 成年人		
在职人员	人	5763
灵活就业	人	70436
登记失业	人	18971
未登记失业	人	13953
c 未成年人		
在校生	人	53269
其他	人	23589
（2）城市居民最低生活保障家庭数	户	82150
（3）城市低保资金末月计划支出	万元	1463. 8
2. 农村居民最低生活保障		
（1）农村最低生活保障人数	人	140499
其中：女性	人	48775
老年人	人	98199
未成年人	人	7372
残疾人	人	16167
（2）农村最低生活保障家庭数	户	102136
（3）农村低保末月计划支出	万元	2027. 7
（二）农村五保供养		
1. 农村集中五保供养		
（1）农村集中供养五保户救济人数	人	3452
其中：女性	人	209
老年人	人	3297
未成年人	人	32
残疾人	人	482
（2）农村集体供养五保户救济户数	户	3446
（3）农村集体供养五保户救济末月计划支出	万元	31. 8
2. 农村分散五保供养		
（1）农村分散供养五保救济人数	人	19410

续表

指标名称	单位	数量
其中：女性	人	2694
老年人	人	14837
未成年人	人	1449
残疾人	人	7313
（2）农村分散供养五保救济户数	户	18811
（3）农村分散供养五保救济末月计划支出	万元	170.2
（三）医疗救助		
1. 城市		
城市大病救助人次数	人次	20457
民政部门资助参加医疗保险人数	人	173106
2. 农村		
农村大病救助人次数	人次	22482
民政部门资助参加合作医疗人数	人	58446
（四）其他农村社会救济人数	人	263
（五）临时救济人次数	人次	255
四、基层政权和社区建设		
（一）村委会	个	1963
（二）社区居委会	个	294
（三）社区服务设施合计	个	171
其中：1. 区县级社区服务中心	个	6
2. 乡镇、街道级社区服务中心	个	5
其中：街道社区服务中心	个	4
3. 社区养老服务站	个	92
4. 其他社区服务设施	个	68
（四）社区日间照料床位数	张	200
五、行政区划		
1. 镇	个	33
2. 乡	个	66
其中：民族乡	个	0
3. 街道办事处	个	40
六、社会福利单位		
1. 收养性单位	个	144
其中：农村五保供养服务机构	个	109
2. 床位数	张	8574
其中：农村五保供养服务机构床位数	张	4497
3. 收养人数	人	6133
其中：农村五保供养服务机构收养人数	人	3452
4. 福利企业	个	29
5. 福利企业中残疾人数	人	579

续表

指标名称	单位	数量
七、社会捐赠		
（一）直接接收捐赠		
社会捐赠款数	万元	629.1
捐赠衣被总数	万件	0.0
其中：棉衣被	万件	0.0
其他捐赠物资价值	万元	0.0
（二）间接接收捐赠		
其他部门转入的社会捐赠款数	万元	0.0
其他部门转入的捐赠衣被总数	万件	0.0
其中：棉衣被	万件	0.0
其他部门转入的其他捐赠物资价值	万元	0.0
（三）受益人次数	人次	366
（四）社会捐赠接收站、点和慈善超市数	个	98
八、社会事务		
1. 结婚登记	对	36882
其中：涉外及港澳台	对	3
2. 离婚登记	对	3147
3. 收养登记	件	8
其中：涉外收养及港澳台收养	件	0
4. 火化遗体	具	2466
5. 救助人次数	人次	1996
九、信访		
上访人次数	人次	44
其中：复员退伍军人上访次数	人次	10
十、主要民政资金		
民政事业费实际支出	万元	85827.2
其中：救灾支出	万元	2674.2
城镇最低生活保障支出	万元	33929.2
城市医疗救助支出	万元	2913.7
农村最低生活保障支出	万元	12286.5
农村五保集中供养支出	万元	362.7
农村五保分散供养支出	万元	2064.0
其他农村社会救济支出	万元	189.4
农村医疗救助支出	万元	2142.0
其中：资助参加合作医疗	万元	208.4
大病医疗救助	万元	1883.9
抚恤事业费支出	万元	8619.8
社会福利费	万元	3748.9
基本建设支出	万元	1410.0

续表

指标名称	单位	数量
其中：预算内投资	万元	130.0
福彩公益金支出	万元	1055.0
公益金支出	万元	681.7
捐赠资金支出	万元	609.8
十一、人口数	万人	312.5

2011年大同市民政事业统计表

指标名称	单位	数量
一、综合		
（一）行政区划		
1. 镇	个	33
2. 乡	个	66
其中：民族乡	个	0
3. 街道	个	40
（二）人口		
人口数	万人	312.6
（三）主要民政资金		
民政事业费实际支出	万元	101738.2
其中：救灾支出	万元	2646.0
城镇最低生活保障支出	万元	51263.4
城市医疗救助支出	万元	1556.8
资助参加医疗保险	万元	456.3
农村最低生活保障支出	万元	20842.4
农村五保供养合计	万元	3429.8
农村五保集中供养支出	万元	820.1
农村五保分散供养支出	万元	2609.7
其他农村社会救济支出	万元	71.2
农村医疗救助支出	万元	2199.4
资助参加医疗合作	万元	196.9
抚恤事业费支出	万元	7899.0
社会福利费	万元	4823.9
其中：基本建设支出	万元	700.0
其中：预算内投资	万元	0.0
福彩公益金投资	万元	700.0
其中：福彩公益金支出	万元	1446.5
其中：捐赠资金支出	万元	340.8
二、社会工作		
（一）收养机构		
1. 收养性单位	个	148

续表

指标名称	单位	数量
其中：农村养老服务机构	个	109
2. 床位数	张	9376
其中：农村养老服务机构床位数	张	4581
3. 收养人数	人	7351
其中：农村养老服务机构收养人数	人	3440
（二）社区服务		
1. 社区服务设施总数	个	165
其中：（1）社区服务中心	个	11
（2）社区服务站	个	93
（3）其他社区服务设施	个	61
2. 社区日间照料床位数	张	201
3. 社区留宿照料床位数	张	0
（三）儿童收养		
收养登记	件	9
其中：涉外收养	件	0
（四）社会捐赠		
1. 直接接收捐赠		
社会捐赠款数	万元	312.9
捐赠衣被总数	万件	0.0
其中：棉衣被	万件	0.0
其他捐赠物资价值	万元	0.0
2. 间接接收捐赠		
其他部门转入的社会捐赠款数	万元	0.0
其他部门转入的捐赠衣被总数	万件	0.0
其中：棉衣被	万件	0.0
其他部门转入的其他捐赠物资价值	万元	0.0
3. 受益人次数	人次	266
4. 社会捐赠接收站、点和慈善超市数	个	141
（五）福利企业	个	27
福利企业中残疾职工	人	533
（六）优抚安置		
1. 国家抚恤、补助各类优抚对象人数	人	6316
2. 本年累计安置义务兵、士官总人数	人	801
其中：城镇义务兵、士官人数	人	801
3. 本年累计接收军队离退休人员人数	人	11
4. 军休所户数	户	272
5. 军供站床位数	张	100
（七）社会救助		
1. 城乡社会救助		

续表

指标名称	单位	数量
（1）城市居民最低生活保障人数	人	203796
按人员性质分类		
女性	人	95655
残疾人	人	10666
“三无”人员	人	1723
按人员年龄分类		
a 老年人	人	17684
b 成年人		
在职人员	人	6657
灵活就业	人	73860
登记失业	人	24623
未登记失业	人	15320
c 未成年人		
在校生	人	45050
其他	人	20602
城市居民最低生活保障家庭数	户	84885
城市低保资金末月计划支出	万元	2683. 1
（2）城市临时救助人次数	人次	21
2. 农村社会救助		
（1）农村居民最低生活保障人数	人	160312
其中：女性	人	54820
老年人	人	111996
未成年人	人	8087
残疾人	人	23763
农村最低生活保障家庭数	户	119623
农村低保末月计划支出	万元	2792. 0
（2）农村五保供养人数	人	22862
a 农村集中供养五保户救济人数	人	3452
其中：女性	人	255
老年人	人	3194
未成年人	人	34
残疾人	人	631
农村集中供养五保户救济户数	户	3452
农村集中供养五保户救济末月计划支出	万元	96. 5
b 农村分散供养五保救济人数	人	19410
其中：女性	人	2662
老年人	人	14565
未成年人	人	1520
残疾人	人	8022

续表

指标名称	单位	数量
农村分散供养五保救济户数	户	18909
农村分散供养五保救济末月计划支出	万元	459.1
（3）农村临时救济人次数	人次	0
3. 医疗救助		
（1）城市		
城市医疗救助人次数	人次	10274
民政部门资助参加医疗保险人数	人	149288
（2）农村		
农村医疗救助人次数	人次	13222
民政部门资助参加合作医疗人数	人	53710
4. 生活无着人员救助		
（1）救助床位数	张	0
其中：儿童救助床位数	张	0
（2）救助人次数	人次	3090
其中：儿童救助人次数	人次	60
三、成员组织		
（一）民间组织		
1. 社会团体	个	521
2. 民办非企业单位	个	388
3. 基金会	个	0
（二）自治组织		
1. 村委会	个	1962
2. 社区居委会	个	295
四、其他社会服务		
（一）婚姻		
1. 结婚登记	对	24178
其中：涉外及港澳台	对	1
2. 离婚登记	对	2743
（二）殡葬		

2012年大同市民政事业统计表

指标名称	单位	数量
一、综合		
（一）行政区划		
1. 镇	个	33
2. 乡	个	66
其中：民族乡	个	0
3. 街道	个	40
（二）人口		

续表

指标名称	单位	数量
人口数	万人	312.9
（三）主要民政资金		
1. 民政事业费实际支出	万元	116216.6
其中：救灾支出	万元	3521.9
城市最低生活保障支出	万元	51689.0
城市医疗救助支出	万元	2459.1
资助参加医疗保险	万元	636.2
农村最低生活保障支出	万元	22158.5
农村五保供养支出	万元	3460.3
农村五保集中供养支出	万元	761.8
农村五保分散供养支出	万元	2698.5
其他农村社会救济支出	万元	8.8
农村医疗救助支出	万元	2331.8
资助参加医疗合作	万元	360.4
抚恤事业费支出	万元	9909.7
社会福利费	万元	6961.2
其中：福彩公益金支出	万元	161.0
其中：捐赠资金支出	万元	12.1
2. 基本建设支出	万元	19.4
其中：预算内投资	万元	0.0
福彩公益金支出	万元	0.0
二、社会工作		
（一）收养机构		
1. 收养性单位	个	145
为老年人与残疾人提供收养服务的机构	个	142
为智障与精神病人提供收养服务的机构	个	1
为儿童提供收养服务的机构	个	2
其他收养服务机构	个	0
2. 床位数	张	9431
为老年人与残疾人提供收养服务床位数	张	8117
为智障与精神病人提供收养服务床位数	张	150
为儿童提供收养服务的床位数	张	1164
其他收养服务床位数	张	0
3. 收养人数	人	6778
老年人与残疾人收养人数	人	5576
智障与精神病人收养人数	人	141
儿童收养人数	人	1061
其他收养人数	人	0
（二）儿童收养		

续表

指标名称	单位	数量
1. 孤儿数	人	2570
集中供养孤儿	人	1076
社会散居孤儿	人	1494
2. 收养登记	件	6
其中：涉外收养	件	0
（三）福利企业	个	24
福利企业中残疾职工	人	493
（四）社会救助		
1. 城乡最低生活保障		
（1）城市居民最低生活保障人数	人	201870
按人员性质分类		
女性	人	93880
残疾人	人	11056
“三无”人员	人	1821
按人员年龄分类		
a 老年人	人	16742
b 成年人		
在职人员	人	5169
灵活就业	人	72884
登记失业	人	22490
未登记失业	人	18776
c 未成年人		
在校生	人	45421
其他	人	20388
城市居民最低生活保障家庭数	户	87136
城市低保资金末月计划支出	万元	2026. 4
（2）农村居民最低生活保障人数	人	161280
其中：女性	人	52814
老年人	人	118878
未成年人	人	6715
残疾人	人	23547
农村最低生活保障家庭数	户	122972
农村低保末月计划支出	万元	977. 3
2. 城市“三无”救济人数	人	0
3. 农村传统救济人数	人	161
4. 农村五保供养	人	22864
（1）农村集中供养五保人数	人	3368
其中：女性	人	264
老年人	人	3116

续表

指标名称	单位	数量
未成年人	人	35
残疾人	人	699
农村集中供养五保户数	户	3366
农村集中供养五保末月计划支出	万元	42.0
（2）农村分散供养五保人数	人	19496
其中：女性	人	2314
老年人	人	14511
未成年人	人	1310
残疾人	人	8485
农村分散供养五保户数	户	19242
农村分散供养五保末月计划支出	万元	144.6
5. 医疗救助		
（1）城市		
城市医疗救助人次数	人次	37643
民政部门资助参加医疗保险人数	人	125364
（2）农村		
农村医疗救助人次数	人次	12917
民政部门资助参加合作医疗人数	人	71838
6. 生活无着人员救助		
（1）救助床位数	张	98
其中：儿童救助床位数	张	22
（2）救助人次数	人次	8125
其中：儿童救助人次数	人次	21
7. 临时救济		
（1）城市临时救济	人次	673
（2）农村临时救济	人次	824
（五）社会捐赠		
1. 直接接收捐赠		
社会捐赠款数	万元	135.09
捐赠衣被总数	万件	0.00
其中：棉衣被	万件	0.00
其他捐赠物资价值	万元	0.00
2. 间接接收捐赠		
其他部门转入的社会捐赠款数	万元	0.00
其他部门转入的捐赠衣被总数	万件	0.00
其中：棉衣被	万件	0.00
其他部门转入的其他捐赠物资价值	万元	0.00
3. 受益人次数	人次	1490
4. 社会捐赠接收站、点和慈善超市数	个	141

续表

指标名称	单位	数量
（六）优抚安置		
1. 国家抚恤、补助各类优抚对象人数	人	7737
2. 本年累计安置义务兵、士官总人数	人	2325
其中：城市义务兵、士官人数	人	2286
3. 本年累计接收军队离退休人员人数	人	2
4. 军休所户数	户	273
5. 军供站床位数	张	100
（七）社区服务		
1. 社区服务机构总数	个	155
其中：（1）社区服务中心	个	10
其中：农村	个	0
（2）社区服务站	个	106
其中：农村	个	2
（3）其他社区服务机构	个	39
2. 社区日间照料床位数	张	1
3. 社区留宿照料床位数	张	0
三、成员组织		
（一）民间组织		
1. 社会团体	个	521
2. 民办非企业	个	399
3. 基金会	个	0
（二）自治组织		
1. 村委会	个	1962
2. 社区居委会	个	280
四、其他社会服务		
（一）婚姻		
1. 结婚登记	对	30084
其中：涉外及港澳台	对	0
2. 离婚登记	对	3353
（二）殡葬		
火化遗体数	具	1379

2013 年大同市民政事业统计表

指标名称	单位	数量
一、综合		
（一）行政区划		
1. 镇	个	33
2. 乡	个	66
其中：民族乡	个	0

续表

指标名称	单位	数量
3. 街道	个	40
（二）人口		
人口数	万人	313.6
（三）主要民政资金		
1. 民政事业费实际支出	万元	131808.4
其中：救灾支出	万元	3368.9
城市最低生活保障	万元	57540.9
（1）城市最低生活保障金	万元	53369.4
（2）城市最低生活保障对象临时补助	万元	4171.5
城市直接医疗救助支出	万元	1891.0
资助参加医疗保险	万元	688.5
农村最低生活保障	万元	27553.1
（1）农村最低生活保障金	万元	24131.5
（2）农村最低生活保障对象临时补助	万元	3421.6
农村五保供养支出	万元	3739.2
农村五保集中供养支出	万元	783.4
（1）农村五保集中供养生活保障金	万元	730.1
（2）农村五保集中供养生活保障对象临时补助	万元	53.3
农村五保分散供养支出	万元	2955.8
（1）农村五保分散供养生活保障金	万元	2587.3
（2）农村五保分散供养生活保障对象临时补助	万元	368.5
其他农村社会救济支出	万元	80.4
农村直接医疗救助支出	万元	2516.7
资助参加医疗合作	万元	376.9
抚恤事业费支出	万元	13807.7
社会福利费	万元	7798.4
其中：福彩公益金支出	万元	1946.6
其中：捐赠资金支出	万元	90.4
2. 基本建设支出	万元	0.0
其中：预算内投资	万元	0.0
福彩公益金支出	万元	0.0
二、社会工作		
（一）收养机构		
1. 收养性单位	个	99
为老年人与残疾人提供收养服务的机构	个	97
为智障与精神病人提供收养服务的机构	个	1
为儿童提供收养服务的机构	个	1
其他收养服务机构	个	0
2. 床位数	张	9912

续表

指标名称	单位	数量
为老年人与残疾人提供收养服务床位数	张	9682
为智障与精神病人提供收养服务床位数	张	150
为儿童提供收养服务的床位数	张	80
其他收养服务床位数	张	0
3. 收养人数	人	6793
老年人与残疾人收养人数	人	6616
智障与精神病人收养人数	人	141
儿童收养人数	人	36
其他收养人数	人	0
（二）儿童收养		
1. 孤儿数	人	2548
其中：集中供养孤儿	人	915
社会散居孤儿	人	1633
其中：中央财政补助孤儿	人	2548
地方财政补助孤儿	人	0
2. 收养登记	件	11
其中：涉外及港澳台收养	件	0
（三）福利企业	个	19
福利企业中残疾职工	人	353
（四）社会救助		
1. 城乡最低生活保障		
（1）城市居民最低生活保障人数	人	191029
按人员性质分类		
女性	人	88290
残疾人	人	11053
“三无”人员	人	1754
按人员年龄分类		
a 老年人	人	15402
b 成年人		
在职人员	人	5191
灵活就业	人	71022
登记失业	人	21310
未登记失业	人	15906
c 未成年人		
在校生	人	41753
其他	人	20445
城市居民最低生活保障家庭数	户	83783
城市低保资金末月计划支出	万元	2199.0
（2）农村居民最低生活保障人数	人	160813

续表

指标名称	单位	数量
其中：女性	人	55774
老年人	人	121377
未成年人	人	5821
残疾人	人	22801
农村最低生活保障家庭数	户	131688
农村低保末月计划支出	万元	1248.7
2. 城市“三无”救助	人	0
3. 农村五保供养	人	22349
（1）农村集中供养五保供养人数	人	3340
其中：女性	人	203
老年人	人	2966
未成年人	人	31
残疾人	人	739
农村集中供养五保户数	户	3340
农村集中供养五保末月计划支出	万元	51.3
（2）农村分散供养五保人数	人	19009
其中：女性	人	2278
老年人	人	14291
未成年人	人	1293
残疾人	人	8319
农村分散供养五保户数	户	18782
农村分散供养五保末月计划支出	万元	190.8
4. 医疗救助		
（1）城市		
民政部门城市医疗救助人次数	人次	19850
住院救助人次数	人次	4278
门诊救助人次数	人次	15572
民政部门资助参加医疗保险人数	人	84583
（2）农村		
民政部门农村医疗救助人次数	人次	20558
住院救助人次数	人次	16340
门诊救助人次数	人次	4218
民政部门资助参加合作医疗人数	人	66402
5. 生活无着人员救助		
（1）救助床位数	张	143
其中：儿童救助床位数	张	51
（2）救助人次数	人次	10417
其中：儿童救助人次数	人次	482
6. 传统救济	人	161

续表

指标名称	单位	数量
7. 临时救助	户次	2162
（1）临时救助按户籍性质分类		
城市家庭	户次	914
农村家庭	户次	1248
（2）临时救助按属地分类		
当地常住户口	户次	1950
非当地常住户口	户次	212
（3）临时救助按救助类型分类		
支出型临时救助	户次	2023
应急型临时救助	户次	139
（五）社会捐赠		
1. 直接接收捐赠		
社会捐赠款数	万元	263. 16
捐赠衣被总数	万件	0. 00
其中：棉衣被	万件	0. 00
其他捐赠物资价值	万元	0. 00
2. 间接接收捐赠		
其他部门转入的社会捐赠款数	万元	0. 00
其他部门转入的捐赠衣被总数	万件	0. 00
其中：棉衣被	万件	0. 00
其他部门转入的其他捐赠物资价值	万元	0. 00
3. 受益人次数	人次	845
4. 社会捐赠接收站、点和慈善超市数	个	127
（六）优抚安置		
1. 国家抚恤、补助各类优抚对象人数	人	10251
2. 本年累计安置义务兵、士官总人数	人	1153
其中：城市义务兵、士官人数	人	1006
3. 本年累计接收军队离退休人员人数	人	16
4. 军休所户数	户	343
5. 军供站床位数	张	200
（七）社区服务		
1. 社区服务机构总数	个	1143
其中：（1）社区服务指导中心	个	1
其中：农村	个	0
（2）社区服务中心	个	174
其中：农村	个	162
（3）社区服务站	个	927
其中：农村	个	834
（4）其他社区服务机构	个	41

续表

指标名称	单位	数量
2. 社区日间照料床位数	张	541
3. 社区留宿照料床位数	张	20
三、成员组织		
（一）民间组织		
1. 社会团体	个	565
2. 民办非企业	个	469
3. 基金会	个	0
（二）自治组织		
1. 村委会	个	1966
2. 居委会	个	285
四、其他社会服务		
（一）婚姻		
1. 结婚登记	对	30637
其中：涉外及港澳台	对	6
2. 离婚登记	对	4017
（二）殡葬		
火化遗体数	具	2459

附录3：《大同民政志》参阅资料选编

一、历次全国民政会议回眸

第一次全国民政会议

1950年7月15日至8月5日，第一次全国民政会议在北京召开。中央人民政府副主席朱德、政务院副总理董必武、中央人民政府秘书长林伯渠、中国人民解放军代参谋长聂荣臻等到会并讲话。

会议的中心议题是民主建政问题。会议期间，内务部部长谢觉哉作了《关于人民民主建政工作报告》。报告对一年多来全国各地的建政工作作了简要总结，并对怎样开好地方各级人民代表会议并及时地代行人民代表大会职权选举各级人民政府，搞好城市、农村建政工作提出了意见。

会议确定了政权建设、优抚、救灾是民政工作的重点，并且强调了民政部门的重要性。董必武副总理在讲话中指出：我们应懂得建政工作乃是民政工作的中心环节，只要把建政工作做好了，其他工作也就容易推动。朱德副主席在讲话中强调：民政部门是政府在组织人民群众工作上的助手。在民政部门工作的同志，应把组织群众作为自己的重大任务、还要做好救灾和救济失业工人的工作。

会议拟定了《革命烈士家属、革命军人家属优抚暂行条例》《革命残废军人优待抚恤暂行条例》《革命军人牺牲病故褒恤暂行条例》《革命工作人员伤亡褒恤暂行条例》和《民兵民工伤亡暂行条例》5个优抚条例。

1950年9月12日，《人民日报》第1版撰文《目前人民政权建设的主要任务》，文章指出：各级民政部门在目前有三项主要工作，这就是：民主建政、救济工作（包括救灾、优抚和城市社会救济等）和复员工作。所有这三项工作，都是积极性和长期性的工作。其中民主建政工作尤为重要。三者不可偏废和对立，应该通过民主建政去进行，不能因为忙于民主建政而将其他两件主要工作搁置不管。为此，中央内务部以人民民主建政为主要议题，召开了会议，这是非常适时和必要的。

第二次全国民政会议

1953年10月21日至11月13日，第二次全国民政会议在北京召开。内务部部长谢觉哉作了《民政工作四年来的总结和今后任务的报告》。内务部副部长王子宜同志作了《基层选举工作和人口调查工作的报告》、武新宇副部长作了《关于优抚工作的报告》、王一夫副部长作了《关于救灾工作的报告》。

中央领导同志朱德、董必武、彭真出席会议并讲话。朱德同志在讲话中指出：民政部门的首要工作，是要加强政权建设，特别是基层政权的建设。其次是要做好对烈属、军属、革命残废军人、复员转业军人的抚恤和安置工作。

会议还邀请苏联专家阿·鲁涅夫报告了关于苏联地方苏维埃的任务、组织机构和工作方法，介绍了苏联地方苏维埃政权建设工作的经验。

会议通过了《第二次全国民政会议决议》，决议指出，民政部门的工作必须进一步地为贯彻国家在过渡时期的总路线服务，为发展生产和社会主义改造服务。民政部门的主管业务是：政权建设、优抚、救济、地政、户政、国籍、行政区划、民工动员、婚姻登记、社会团体登记等，并对各项民政工作的方针政策都作了一系列重要规定。

1953年12月24日，《人民日报》第1版撰文《民政工作应积极为国家总路线服务》，文章指出：民政工作是和广大人民的生活密切联系的，只有加强工人阶级的思想领导，肃清资产阶级思想的影响，反对主观主义、官僚主义，树立深入实际、调查研究、走群众路线的作风，才能发挥人民的力量和智慧，才能取得成绩并获得人民的拥护。经验证明，只要把群众发动起来，任何艰巨的任务都能够胜利完成。各级民政工作部门还必须经常向党政领导机关请示报告，反对分散主义。只有这样，才能保证在执行政策中少出偏差，而且便于发动有关部门和下级政府的力量；必须善于主动地联系各有关部门，运用工作委员会的形式在党政统一领导下将各有关部门组织起来，分工负责，通力合作。当然，民政部门必须首先自己努力，不怕承担责任，才能争取各方面的协助。各级党委和人民政府，应经常关心民政工作，定期加以讨论。经常检查和督促民政部门，帮助他们提高工作效率，改进工作方法。

第三次全国民政会议

1954年11月22日至1955年1月3日，第三次全国民政会议在北京召开。会议主要讨论内务部部长谢觉哉关于《全国民政工作1954年的总结和1955年的任务》的报告。报告要求把实施地方各级人民代表大会和地方各级人民委员会组织法作为1955年的基本任务，并且做好其他各项民政工作。

中央领导同志朱德、邓子恢到会并讲话。国务院副总理陈毅到会作了报告，报告指出今后民政部门应以优抚、复员、救灾和社会救济等项工作为主要业务，至于政权建设工作，民政部门只能够在党委和政府部门的领导之下承担一部分具体的组织工作和技术工作。会后，根据陈毅副总理的报告精神，内务部重新制订了1955年民政工作计划。

1955年4月30日，《人民日报》第1版撰文《民政部门要抓紧主要业务》，文章指出：第三次全国民政会议的精神，以优抚、复员、救灾、社会救济为主要业务，努力整顿和加强这些工作。这是完全适合实际情况和人民群众对于民政部门的要求的。湖北、云南、甘肃、新疆、陕西、吉林、黑龙江、青海、河北、广西、贵州等省，内蒙古自治区和天津市都召开了民政会议，对过去的工作进行了检查，对1955年的工作作了具体的部署。通过对过去工作的检查，暴露了优抚、复员、救灾和社会救济工作中存在的许多问题，暴露了在这些工作上不了解下情，存在着严重的官僚主义；同时也用具体事实教育了民政干部，使他们认识到这些工作的重要性，应该努力做好。

第四次全国民政会议

1958年5月26日~6月18日，第四次全国民政会议在北京召开。会议着重讨论了各项民政工作如何贯彻社会主义建设总路线，推动民政工作全面“大跃进”的问题。内务部王子宜副部长作了题为《贯彻党的社会主义建设总路线推动民政工作全面大跃进》的总结报告，主要有五个方面：第一，通过优抚、复员和战勤工作，对鼓舞士气，巩固国防起了重大作用；第二，通过优抚和救济福利工作，对鼓舞广大人民的政治积极性和生产积极性起了很大的作用；第三，生产救灾、移民垦荒和组织社会福利生产起了直接促进生产发展的作用；第四，通过在政权组织建设方面所做的许多具体工作，对建立和健全人民民主专政制度，保证社会主义革命和社会主义建设的胜利进行也起了一定的作用；第五，通过改造游民、烟民、妓女等项工作，化消极因素为积极因素，对安定社会秩序起了很大作用。

陈其瑗副部长作了《在党的总路线照耀下，依靠群众，多快好省地开展社会福利事业》的讲话；郭炳坤副部长作了《对复员安置工作的基本认识和对今后复员军人政治思想教育工作的意见》的讲话。

1958年6月30日，《人民日报》第1版撰文《民政工作也要以生产为中心》，文章指出：多快好省地发展生产是党的社会主义建设总路线的核心，也是各级党委经常的中心任务。民政部门必须围绕这一中心任务去安排自己的各项工作，使各项民政工作都能很好地为党的中心任务服务。

第五次全国民政会议

1959年7月1日至11日，第五次全国民政会议在北京召开。内务部部长钱瑛主持会议并作了总结报告。会议总结了1958年各项民政工作中取得的重大成绩和丰富的经验。主要表现在：一是党的社会主义建设总路线调动了烈军属、荣复军人、社会残老人员和城乡贫民的积极性，使他们在各自岗位上参加各项社会主义建设。二是发展了社会福利生产，举办了社会福利事业，使优抚救济工作增加了新内容，并使烈军属荣复军人和城乡贫民、肢体残缺者的生活福利有所提高。三是在农村积极开展群众生产生活的安排以及救灾工作。

会议对1959年下半年的民政工作作了具体安排，着重抓7项工作：一是切实做好救灾工作；二是进一步做好优抚和复员安置工作；三是发展社会福利生产，办好社会福利事业；四是做好政府机关人事工作，要充分体现党的干部政策；五是做好行政区划工作和基层选举工作；六是编制好1960年事业费预算，认真掌握使用；七是健全民政机构，培训民政干部。

会议还对《关于改进革命残废军人评残和抚恤的方案》《国务院关于现役军人牺牲病故抚恤的几项暂行规定》《国务院关于国家机关工作人员牺牲病故抚恤的几项暂行规定》等（草稿）进行了讨论修改。

第六次全国民政会议

1960年3月7～19日，第六次全国民政会议在北京召开。内务部部长钱瑛在会上作了《坚决贯彻执行中央制定的民政工作方针、任务和政策，为实现1960年民政工作的连续跃进而斗争》的报告。报告对1960年的民政工作提出了要求。

会议期间，陈毅副总理在会议上就国际形势和民政部门工作任务作了讲话，陈毅副总理指出：要进一步加强优待抚恤和复员安置工作；切实做好救灾和社会救济工作；积极研究和参加城市街道组织居民生产和集体福利事业的工作；承办政府机关人事工作；办好选举工作。

农业部部长廖鲁言、外交部副部长罗贵波就农业问题和国际形势分别作了报告。内务部副部长章夷白就人事工作作了讲话。

第七次全国民政会议

1978年9月16～27日，第七次全国民政工作会议在北京召开。民政部部长程子华作了题为《以揭批“四人帮”为纲，努力做好民政工作，为实现新时期的总任务而奋斗》的报告。报告指出：这次全国民政工作会议是在第五届全国人民代表大会第一次会议决定成立民政部之后，召开的第一次会议。13年没有开过这样的会了。这次会议是党中央确定了党在新时期的总路线和总任务、各条战线取得显著成效的大好形势下召开的，具有特别重要的意义。程子华指出：新中国成立28年来，民政工作已走上了正确轨道，对于我国的革命和建设，都发挥了重要作用。程子华部长在报告中提出了民政工作的任务、方针和政策；民政部门的主要业务仍然是优抚安置、救灾救济和社会福利以及党和政府交办的其他事项。

会议形成了第七次全国民政会议纪要。纪要指出：民政工作历来是党的一项重要工作。做好民政工作对于促进安定团结，调动一切积极因素，加速实现社会主义四个现代化，关系很大。中央要求各级党委切实加强对民政工作的领导，要求把民政工作列入党委议事日程。要尽快地恢复和健全各地方民政部门的组织机构（特别是基层组织机构），充实和加强干部力量，为实现新时期的总任务作出重大贡献。

第八次全国民政会议

1983年4月9～19日，第八次全国民政会议在北京召开。民政部部长崔乃夫在会上作了《在党的十二大精神指引下，为开创民政工作新局面而奋斗》的报告。报告指出，民政部门在新的历史时期的任务是负责基层政权建设、优抚安置、救灾救济、社会福利、行政区划、殡葬改革、婚姻登记等工作。这些工作，有的属于政权建设的一部分，有的属于社会保障的一部分，有的属于行政管理的一部分。民政部门要通过做好主管的工作，发展社会主义民主，维护社会主义法治、改善优抚、救济对象的生活，促进社会福利事业的发展；加强军政军民团结，建设新型的人与人之间的关系，调动一切积极因素，为实现党和国家在新时期的总任务服务。

会议形成了第八次全国民政会议纪要，中央书记处、国务院认为第八次全国民政会议是开得好的，解决了民政工作中一些带根本性的问题。

1983年4月21日，《人民日报》第1版撰文《进一步做好民政工作》，文章指出：各级党委和政府要加强领导，把民政工作列入党政的重要议事日程，定期地听取民政部门的工作汇报，对重大问题要认真研究并作出决定。民政工作政策性强，涉及面广。对重要的民政工作任务，各级政府要组织有关部门进行协作，务求落实。要有计划、有步骤地解决民政干部的调配和充实问题。

第九次全国民政会议

1988年12月17～21日，第九次全国民政会议在北京召开。民政部部长崔乃夫作了《认清形势，深化改革，发挥稳定机制作用，为社会主义现代化建设贡献力量》的报告。会议认为，五年来，各级民政部门在基层政权建设、农村救灾救济、社会福利、优抚安置、社会事务的管理等方面都取得了可喜的成绩，同时在建立农村基层社会保障制度，开展城市社区服务和社会福利有奖募捐活动等方面都进行了积极的探索，取得了初步成效。在民政理论研究、民政教育、民政法制建设和开展国际交流与合作方面也取得了重要进展。5 年来民政工作的主要经验是：自觉服从、服务于党的总任务，以改革总揽全局，充分动员和依靠社会力量，调动一切可以调动的积极性，走国家、集体、个人相结合的道路，发展社会福利事业和各种社会保障事业。会议确定今后 5 年的工作方针：（1）以改革总揽全局，解放思想，转变观念，深化改革，努力适应商品经济发展的形势；（2）坚持两条腿走路，一是靠国家和各级政府的支持，二是发动社会力量扩大基层社会保障；（3）艰苦奋斗，勤俭办一切事业，努力发展为特定对象谋福利的民政经济；（4）加强调查研究，分类指导，巩固成果，稳步前进。

1988 年 12 月 18 日，《人民日报》第 1 版发表社论《发挥民政部门稳定机制作用》，社论指出：民政部门是各级政府管理社会行政事务工作的职能部门，其任务主要包括 3 个方面，即政权建设的一部分、社会保障的一部分和行政管理的一部分。各级党委和政府要加强领导，把民政工作列入议事日程，有关部门要充分支持民政部门的工作。要动员社会各方面的力量来共同做好民政工作。与此同时，民政部门要充分发挥自己的主观能动性，搞好自身建设，继续发扬民政干部职工的“孺子牛”奉献精神，为社会主义两个文明作出新贡献，使民政工作在改革中开拓前进。

第十次全国民政会议

1994 年 5 月 12 ~ 16 日，第十次全国民政会议在北京召开。党和国家领导人江泽民、李鹏、朱镕基、胡锦涛等同志会见与会代表。这次会议保障人民群众的基本权益作为民政工作的出发点，要通过各种渠道，切实为群众排忧解难，维护社会秩序，促进两个文明建设的健康发展。

民政部部长多吉才让受国务院委托，作了《加快民政工作改革发展，保障人民群众的基本生活权益，维护社会稳定，为实现我国第二步战略目标贡献力量》的工作报告。报告体现了改革开放和实事求是精神，总结了 5 年来民政工作的主要成绩和基本经验，提出了今后一个时期乃至本世纪末民政工作改革与发展的指导思想是：以邓小平同志建设有中国特色的社会主义理论和党的基本路线为指导，抓住机遇，深化改革，扩大开放，全面推进各项民政事业的发展，依法维护和保障人民群众基本生活权益，促进社会稳定，为实现国民经济和社会发展第二步战略目标贡献力量。

会议确定了今后一个时期民政工作改革与发展的基本思路是以维护和保障人民群众基本生活权益为基本任务，以社会保障为重点，面向农村，面向基层，大力推进民政事业社会化，加强法制建设和自身建设，积极发展民政经济，建立与社会主义市场经济体制相适应的民政工作管理体制和运行机制，全面推进各项民政事业的改革与发展。

会议明确了民政工作今后 5 年乃至 20 世纪末的发展目标是在农村初步建立起与经济发展水平相适应的层次不同、标准有别的社会保障制度；在 20 世纪末使民政救济对象的生活随着当地群众生活水平的提高跟上奔小康的步伐；在城市要建立起立足民政、面向社会的以社区服务为重点的社会福利服务体系，对城市社会救济对象逐步实行按当地的最低生活保障线标准进行救济；建立和完善国家、社会、群众相结合的优抚安置管理体制和服务体系，优抚对象的生活略高于当地一般群众生活水平，依法保障对城市退伍义务兵、志愿兵和军队离退休干部的安置；基层政权的职能普遍得到加强，逐步建立较为完善的村（居）民委员会民主自治制度；建立起运转协调、高效灵活、管理和服务有机结合的民政社会行政管理体制，健全法制，依法行政，依法管理。

为此，5 年内民政工作主要应做好 5 项工作：（1）深化救灾体制改革，逐步推进农村社会养老保险。（2）大力发展社区服务业，建立和发展城市社会福利服务体系。（3）改革完善优抚安置制度，落实优抚安置政策，建立优抚安置管理服务体系。（4）加强基层政权和群众自治组织建设，推进基层民主。（5）强化社会行政管理，发展社会公益事业，建立、完善管理与服务相结合的管理体制。

1994 年 5 月 17 日，《人民日报》第 1 版撰文《做好民政工作 促进社会稳定和发展》，文章指出：民政工作涉及千家万户，同人民群众的生活有着密切的关系，与我国社会主义现代化建设各项事业的发展息息相关，具有很强的社会性和群众性。民政工作部门要注意了解研究社会主义市场经济体制下面临的新情况，总结新经验，解决新问题。各级党委和政府要加强领导，把这项工作列入重要议事日程，各有关部门要关心、支持民政工作，要动员社会各方面的力量来共同做好民政工作。民政工作任务艰巨，责任重大，我们相信，在邓小平同志建设有中国特色社会主义理论和党的十四大精神的指引下，在党中央、国务院的领导下，民政工作将会取得更大成绩，为维护社会稳定、促进社会主义物质文明和精神文明建设作出新贡献。

第十一次全国民政会议

2002年5月25～28日，第十一次全国民政会议在北京召开。中共中央总书记、国家主席、中央军委主席江泽民，中共中央政治局常委、国务院总理朱镕基等中央领导同志会见与会代表并讲话。

江泽民在讲话中肯定了8年来民政工作取得的显著成就，代表党中央、国务院向全国从事民政工作的同志们致以诚挚的慰问和衷心的感谢，向受到表彰的全国民政工作先进单位和先进个人表示热烈的祝贺。他强调，民政工作要更好地为人民服务，为最需要帮助的困难群众服务，为改革发展稳定的大局服务。

国务院总理朱镕基在与第十一次全国民政会议代表座谈时强调，加强和做好新形势下的民政工作，是维护改革、发展和稳定大局的迫切要求，是实践“三个代表”要求、落实我党全心全意为人民服务根本宗旨的具体体现，是发挥社会主义制度优越性的重要方面。他要求各级政府和各有关部门一定要站在全局的和讲政治的高度，统一思想，提高认识，增强做好新形势下民政工作的自觉性，把民政工作提高到一个新水平。

国务委员司马义·艾买提作了《认真实践“三个代表”重要思想，努力开创民政工作新局面》的工作报告。报告第一部分从4个方面概括了8年来以江泽民同志为核心的党的第三代领导集体关于民政理论的论述，从9个方面全面总结了8年来民政工作所取得的显著成就；报告第二部分从3个方面分析了新时期民政工作面临的形势，从4个方面论述了新时期民政工作的地位和作用；报告第三部分提出了新时期民政工作的总体任务，从4个方面阐述了新时期民政工作的总体思路，并且提出了4项主要任务；报告第四部分从3个方面提出了做好新时期民政工作的政策措施。

民政部部长多吉才让就8年来民政工作的主要情况和今后一个时期应着重加大力度的工作作了汇报。汇报总结了8年以来民政工作的主要成绩和基本经验，研究和分析了民政工作面临的新形势、新情况和新问题，明确了今后一个时期民政工作的基本任务、总体思路和主要措施。

会议以邓小平理论和江泽民同志“三个代表”的重要思想为指导，全面总结了1994年第十次全国民政会议以来的民政工作。认真研究和探索新形势下民政工作的指导思想、基本思路、目标任务和主要措施，动员各地区、各部门和社会力量共同做好民政工作，更好地为改革、发展和稳定的大局服务。会议提出，新时期民政工作要想为中心服好务，为大局服好务，就要以邓小平理论和江泽民总书记“三个代表”重要思想为指导，依法管理社会行政事务，保障人民群众基本生活权益和民主政治权利，维护社会稳定、促进社会公平、推动社会进步。会议确定了新形势下民政工作的发展目标和总体思路，发展目标是要努力实现有效的社会救助、广泛的基层民主、优质的福利服务、牢固的军民团结、规范的社会管理。总体思路是推进民政工作法制化、民政事业社会化、服务组织网络化、工作手段信息化。为确保新时期民政工作奋斗目标的圆满实现，多吉才让部长要求在4个方面加大工作力度：要进一步加大解放思想、更新观念、转变职能、提高素质的力度；进一步加大依法行政、规范管理的力度；进一步加大民政事业的投入力度；进一步加大基层基础工作的力度。2002年5月29日，《人民日报》发表社论《谱写民政事业新篇章》，社论指出：跨入21世纪，民政工作的内容越来越丰富，任务越来越繁重，作用越来越重要。必须坚持以邓小平理论和“三个代表”重要思想为指导，解放思想，开拓创新，大力推进民政工作法制化、规范化、信息化，努力实现有效的社会救助、广泛的基层民主、优质的福利服务、牢固的军民团结和规范的社会事务管理。当前，要切实加强城市居民最低生活保障，这是民政工作一项突出重要的任务。各级党委和政府要把民政工作放在更加重要的位置，进一步加强领导，将民政事业纳入国民经济和社会发展总体规划，摆上重要议事日程。要完善政府主导、部门协作、社会参与的工作机制，共同推进民政事业发展。各级民政部门和民政系统的干部职工要进一步发扬我们党的优良传统，发扬“俯首甘为孺子牛”的精神，深怀爱民之心，恪守为民之责，善谋富民之策，多办利民之事，更好地为广大人民群众服务，为最需要帮助的困难群众服务，为改革、发展、稳定的大局服务。

第十二次全国民政会议

2006年11月23～24日，第十二次全国民政会议在北京举行。中共中央政治局常委、国务院总理温家宝在会前会见与会代表并讲话。

温家宝在讲话中首先代表党中央、国务院，向在全国民政会议上受到表彰的先进单位和先进个人表示热烈的祝贺，向在民政岗位上长期工作、默默奉献的全体民政干部表示亲切的慰问和诚挚的敬意。

温家宝强调，民政工作关乎千家万户，关乎亿万群众。各级民政干部都要做一个有心的人用心了解社情民意；做一个心重的人，把群众的事情看得比泰山还重；做一个心诚的人，诚心诚意帮助群众解决困难，为群众服务。

温家宝指出，民政工作直接为人民群众服务、为人民群众排忧解难，是党和国家一项非常重要的工作，是政府履行公共服务和社会管理职能的重要方面，在构建社会主义和谐社会中发挥着十分重要的作用。从一定意义上来说，总理就是最大的民政部长，就是一个最直接的民政工作者。

中共中央政治局委员、国务院副总理回良玉出席会议并讲话。

回良玉指出，民政在构建社会主义和谐社会进程中具有不可替代的重要基础作用，党和政府的爱民之情、亲民之意、为民之举，很大程度上是通过民政工作来体现的。民政工作必须始终突出为民解困的主题，广泛动员社会力量参与，坚持改革方向和制度创新，高度重视干部作风和能力建设，不断适应经济社会发展需要。

回良玉要求，要紧紧围绕民政工作的总体目标，着力做好8项重点工作。一是完善城乡社会救助体系，切实保障困难群众基本生活，进一步构建最低生活保障、五保供养、特困救助、临时救济、医疗救助等制度。二是健全灾害应急救援体系，不断提高灾害救助水平。三是发展社会福利事业，进一步形成以居家为基础、社区为依托、机构为补充的社会福利事业发展格局。四是支持慈善事业发展，逐步健全社会扶助体系。五是加强社区建设，夯实和谐社会建设基础。六是引导民间组织健康有序发展，增强服务社会的功能。七是提高优抚安置保障水平，增进军政军民团结。八是加强区划地名管理等工作，提高专项社会事务管理水平。

第十二次全国民政会议的主要任务是，认真贯彻落实党的十六届六中全会精神，回顾总结“十五”工作，规划部署“十一五”工作，充分发挥民政工作在构建社会主义和谐社会中的重要基础作用。中央各有关部门，各省、自治区、直辖市和计划单列市人民政府及新疆生产建设兵团有关负责人，全国民政工作先进县（市、区、旗）、民政系统先进工作者、劳动模范和“孺子牛奖”获得者代表等出席了会议。

2006年11月25日，《人民日报》发表社论《固本强基构建和谐》，社论指出：新时期的民政工作，要以邓小平理论和“三个代表”重要思想为指导，以科学发展观为统领，以构建社会主义和谐社会为主题，牢固树立民政为民的核心理念，着眼于加强社会建设和管理体制创新，着眼于促进社会公平、社会稳定和社会进步，着眼于维护和发展人民群众的基本生活权益和民主政治权利，认真贯彻落实党的十六届六中全会精神和国家“十一五”规划纲要，加强制度建设、健全投入机制、完善服务设施，推进民政事业全面协调可持续发展。要基本建立覆盖城乡的社会救助和灾害应急救助体系，初步形成社会福利事业多元化发展新格局，做到城乡社区建设深入推进，民间组织发展规范有序，优抚安置保障扎实有力，社会事务管理和公共服务能力显著增强，民政事业发展水平不断适应社会主义和谐社会建设需要、适应经济社会发展需要。

各级党委和政府要从落实科学发展观和构建社会主义和谐社会的高度，充分认识民政工作的重要作用，通盘规划、周密部署，着力研究解决制约民政事业发展的瓶颈问题，为民政事业的发展创造有利的条件。有关部门要认真履行职责，通力协作，共同开创促进民政事业发展的新局面。社会各界要继续关心民政、参与民政，形成全社会支持民政事业发展的良好氛围。广大民政干部职工要继续大力弘扬“孺子牛”精神，牢固树立为民宗旨、增强为民责任、躬行为民实践，为构建社会主义和谐社会、实现全面建设小康社会目标作出新的更大的贡献。

第十三次全国民政会议

第十三次全国民政会议于2012年3月19～20日在北京隆重举行。会前，中共中央总书记、国家主席、中央军委主席胡锦涛亲切会见全体与会代表，向勤奋工作在民政事业第一线的全国民政干部职工致以诚挚的问候，向受到表彰的先进单位和个人表示热烈的祝贺。

中共中央政治局常委、国务院总理温家宝参加会见并在座谈会上发表重要讲话。中共中央政治局常委、国家副主席、中央军委副主席习近平，中共中央政治局常委、国务院副总理李克强参加会见。

3月19日上午9时30分，当胡锦涛等中央领导同志走进人民大会堂西大厅来到出席会议的代表中间时，全场响起热烈的掌声。胡锦涛等高兴地同代表们亲切握手，并合影留念。

中共中央政治局委员、国务院副总理回良玉参加会见并主持座谈会。

北京市、湖南省、安徽省、河北省、陕西省、广东省等单位有关负责同志在座谈会上发言。

3月19日下午，回良玉副总理在第十三次全国民政会议上作了工作报告。

3月20日上午，民政部部长李立国受国务院委托作了会议总结。

第十三次全国民政会议的主要任务是，总结近年来民政事业改革发展情况，研究部署今后一个时期的民政工作。"充分发挥民政在社会建设中的骨干作用"是第十三次全国民政会议的主题。

会上，人力资源和社会保障部部长尹蔚民宣读了关于表彰全国民政系统先进集体、先进工作者和劳动模范的决定。李立国部长宣读了民政部关于授予32名同志"孺子牛奖"的决定。

中央各有关部门，各省（区、市）、计划单列市人民政府和新疆生产建设兵团有关负责人出席会议。

（中国民政杂志2012年第3期）

二、六十年民政事业发展

民政工作是一项古老而常新的社会管理和公共服务工作。中华人民共和国的成立，揭开了民政事业发展的新篇章。60年来，特别是改革开放30多年来，随着社会主义祖国的日益强盛，民政事业不断发展壮大，现代民政管理和服务的新格局初步形成，民政工作在保障人民群众基本生活权益和基层民主政治权利中作出了特殊贡献，在社会主义革命、建设和改革的各个不同历史时期都发挥了重要作用。在庆祝新中国60华诞之际，回顾民政事业的发展历程，总结民政工作的宝贵经验，对于不断深化对民政工作的规律性认识、继续开创民政事业发展的新局面，具有十分重要的意义。

（一）60年民政工作的重大成就

60年来，党的三代中央领导集体和以胡锦涛同志为总书记的党中央高度重视、热情关怀民政工作，国务院先后召开了12次全国民政会议，对民政事业发展作出重大决策部署；地方各级党委、政府切实加强对民政工作的领导，着力为民政工作创造有利的环境和条件，及时研究解决制约民政事业发展的困难和问题；各有关部门、社会各界和人民群众以多种形式支持和参与民政工作；一代又一代民政人团结拼搏、无私奉献，求真务实、开拓进取，为民政事业发展作出了不可磨灭的历史贡献。民政管理和服务的整体水平不断提升，初步实现了从传统民政向现代民政的历史性转变。

1. 与社会主义市场经济相适应的民政管理体制、业务体系和基本制度初步建立

新中国成立伊始，人民政府迅速建立了完整的民政工作机构。1949年11月7日内务部正式成立，地方各级人民政府随即设立了相应的民政工作机构，乡镇设立了民政助理员。"文化大革命"期间，内务部于1969年1月被撤销，广大基层民政干部仍然坚守民政工作岗位，尽心尽力为民政对象排忧解难。1978年3月，五届全国人大一次会议决定恢复设立民政部，30多年来，民政工作机构不断健全，"分级实施、各负其责，上下配合、相互协调"和"政府主导、部门协作、社会参与"的民政工作体制机制不断完善。

60年来，民政的业务范围经历了多次调整，核心业务基本稳定，职能有增有减，总体增加、不断强化。目前，民政的职能有20多个大项，大致可以归结为4个方面：一是保障民生方面，主要是减灾救灾、社会救助、社会福利、促进慈善事业发展等工作；二是发展民主方面，主要是指导城乡基层自治组织建设、促进城乡基层民主政治发展和推进城乡社区建设等工作；三是服务国

防方面，主要是军人优待、抚恤、安置，烈士褒扬，革命烈士纪念设施管理和拥军等工作；四是专项社会事务行政管理方面，主要是社会组织注册登记和监督管理，行政区划和地名管理，行政区域界线管理，婚姻、殡葬、儿童收养等工作。总的看来，与经济社会发展要求相适应、与人民群众服务需求相呼应的现代民政业务体系基本形成。

60年来，现代民政的基本制度逐步建立、不断完善。新中国头30年，人民政府继承和发展了革命战争年代苏区、边区和解放区的民政制度，对旧中国的民政制度进行了根本性变革，逐步建立了与社会主义计划经济相适应的灾荒救济、临时救济、五保供养、城市福利、优抚安置、社团管理、区划地名、婚姻殡葬等民政政策法规和工作规程。改革开放30年来，民政制度不断改革创新，实现了一系列重大变革：城乡社会救济从以非定期、非定量的临时救济为主发展到以制度性的最低生活保障为基础；农村五保供养从农民集体内部的互助共济转向以国家财政供养为主；生活无着流浪乞讨人员救助实现了从强制性收容遣送向自愿受助、无偿救助的关爱性救助变革；抗灾救灾实现了从受灾群众生活救济向灾前预警、灾中应急响应、灾后恢复重建全过程救助覆盖；社会福利服务开始从主要面向特定困难人群的“补缺”型向逐步面向社会公众的“适度普惠”型发展；优待抚恤安置制度逐步与市场经济接轨；专项社会事务管理在不断规范的基础上开始由管制型向服务型转变。总之，民政部门的思想观念不断更新，民政工作的体制机制不断创新，与社会主义市场经济相适应的民政基本制度初步建立，为进一步形成现代民政管理和服务的制度体系奠定了坚实基础。

2. 覆盖城乡的新型社会救助体系基本成型

计划经济时期，主要依靠集体互助并辅之以必要的政府救济来帮助群众渡过难关，困难群众的生活比旧社会有了根本性的改善。改革开放以来，社会救济制度不断改革创新，以最低生活保障制度为基础、专项救助制度相配套、临时救助为补充、覆盖城乡全体居民的新型社会救助体系的基本框架初步建成，摸索出了一条既符合中国国情又与国际先进经验接轨的社会救助新路子。一是最低生活保障制度覆盖了城乡全体居民。城市低保制度在普遍施行的基础上，实现了动态管理下的“应保尽保”和“分类施保”；农村低保制度已在全国普遍建立，正逐步走向规范；社会保障体系的最后一道安全网编织成型，困难群众温饱问题基本解决。目前，全国城市低保的平均标准为211元/人·月，平均补助标准为161元/人·月；农村低保平均标准为1019元/人·年，平均补助标准为58元/人·月。二是自然灾害应急救援体系日趋完善。1950年2月，政务院成立了中央救灾委员会，中央统一决策、部门分工实施的救灾体制逐步确立，民政部门承担了受灾群众救济的主要责任。近30年来，救灾管理体制在改革中不断完善，成立了国家减灾委，赋予了民政部门减灾救灾综合协调职能，逐步建立了各级灾害救助应急预案，实施了自然灾害四级应急响应制度，大幅提高了救灾标准，严格规范了救灾工作程序，救灾工作分级负责、救灾经费分级负担、政府主导和社会参与相结合、减灾备灾和应急响应相配套、受灾群众救助和恢复重建相衔接的自然灾害救援体系基本建立，应对重大自然灾害的速度、能力和效率明显提升，成功应对了成千上万次各类自然灾害的侵袭，有效保障了受灾群众的基本生活，切实维护了灾区的社会稳定。三是农村五保供养纳入了财政保障范围。以保吃、保穿、保住、保医、保葬（保教）为基本内容的农村五保供养制度，是新中国第一项农村社会保障制度，始于20世纪五六十年代农业合作化时期，当时主要由于农村集体经济负担，国家给予必要的补助。

实行农村家庭联产承包责任制后，国务院于1994年颁布了《农村五保供养工作条例》，将农村五保供养所需经费纳入了村提留、乡统筹。适应农村税费改革的新形势，修订后的《农村五保供养工作条例》于2006年颁布实施，农村五保供养经费纳入了财政预算，五保供养服务机构建设纳入了当地经济社会发展规划，供养资金有了稳定、可靠的来源，农村五保供养事业实现了从农村集体福利向现代社会保障的转型，“应保尽保”“按标施保”基本实现，供养标准基本上达到当地村民平均生活水平，自然增长机制逐步建立，农村五保供养工作走上长效发展的轨道。截至2008年底，全国共有农村敬老院30368个，收养五保对象160多万人，集中供养的平均标准为2313元/人·年，分散供养标准为1700元/人·年，北京等地区的供养标准超过了1万元/人·年，北京市海淀区和朝阳区的供养标准分别达到11400元/人·年和11260元/人·年。此外，城乡医疗救助制度普遍建立，成为医疗保障体系的重要组成部分；旨在帮助人民群众特别是低保边缘群体解决突发性、临时性、特殊性生活困难的临时救助制度逐步建立。目前，全国社会救助年均超过2.2亿多人（次），其中，城市低保对象2330多万人，农村低保对象4500多万人，农村五保供养对象550多万人，年均救助城市生活无着的流浪乞讨人员130多万人次，每年救助受灾群众约8000万人次，城乡每年约5800万人次得到医疗救助，农村有830多万人次得到临时救济。

3. 多元参与的社会福利服务新格局加快建立

新中国成立后，人民政府迅速兴办了主要面向孤寡老人、孤残儿童和残疾人等特殊困难群体的救济福利事业；随着综合国力和国家财力的不断增强，社会福利事业的资金渠道不断拓宽、服务领域不断拓展、服务质量不断提升、受惠人群不断增多。以居家为基础、社区为依托、机构为补充、养老服务为重点，多元化投资、多层次发展、专业化服务、适度普惠的新型社会福利服务新格局正在加快构建。一是面向特殊群体的救济型福利服务不断完善。孤儿养育水平全面提升，民政部等十五部委联合出台了《关于加强孤儿救助工作的意见》，民政部、国家发展改革委联合编制了《“十一五”流浪未成年人救助保护体系建设规划》，孤儿最低养育标准颁布实施，孤儿救助保护工作从单纯的生活保障向教育、康复、医疗和就业等方面延伸，特殊儿童福利服务实现了从封闭型向开放型、从救济型向福利型、单纯养育型向养育、康复和教育型转变。“残疾孤儿手术康复明天计划”从2004年5月启动，实施4年并建立了长效机制，民政部共下拨部本级福利彩票公益金4.5亿元，使4.1万名残疾孤儿得到了手术矫治和康复。农村五保供养服务模式不断创新，“五保村”“五保之家”“包户扶养”等新的供养模式逐步推行。福利服务设施的规模和容量大大扩展，布局和功能不断优化，“社区老年福利服务星光计划”从2001年起实施3年，共投入134.86亿元，支持建成了3.2万个“星光老年之家”，受益老年人超过3000万人。“农村五保供养服务设施建设霞光计划”于2006年底启动，计划在5年内投入50亿元资助农村五保供养服务设施建设。“儿童福利机构设施建设蓝天计划”从2006年开始实施，计划用5年时间投入60亿元，在全国大中城市建设和完善集养护、救治、教育、康复、特教于一体的儿童福利机构。“县区社会福利中心建设计划”启动实施。截至2008年底，全国各类收养性社会福利单位发展到4万个、拥有床位近279.4万张。福利企业在集中安置残疾人就业方面发挥了主要作用。孤老、孤残、孤儿这些社会上最困难的群体得到越来越多的社会关爱。二是面向社会公众的适度普惠型福利服务逐步拓展。居家养老服务补贴、高龄老人津贴不断推广，广大老年人享受到越来越多的社会优待。社区服务设施和服务网络日益完善，社区居民享受到越来越多优质、便捷的福利服务。一些地区还实行了丧葬费补助、遗体火化免费等惠民政策。截至2008年底，全国已建成城镇社区服务设施15.2万处、社区服务中心2万多个，城市便民利民服务网点近75万个。三是慈善事业蓬勃发展。新中国成立初期，人民政府全面接收和改造了旧社会的慈善机构。改革开放以来，慈善事业呈现出蓬勃发展的态势，制定了我国第一部慈善事业发展指导纲要（2006—2010年），制定和完善了慈善捐赠税收优惠政策，召开了两次中华慈善大会，表彰了大批慈善先进典型，加强了对社会募捐的引导和规范。截至2008年底，全国已建立经常性捐助工作站（点）和慈善超市3.8万个，基本形成了覆盖全国城市的社会捐助网络。仅2008年当年，慈善捐款捐物超过1000亿元，志愿者以数千万计，从中受益的困难群众达5200多万人（次）。四是福利彩票事业快速、健康发展。福利彩票白手起家，始终坚持“扶老、助残、救孤、济困、赈灾”的发行宗旨，从1987年开始发行以来，市场不断开拓，方式不断丰富，技术不断创新，管理不断规范，在安全运行的基础上发行规模持续增长，22年的销售总额达到3300多亿元，筹集公益金1100多亿元，有力地支持了社会福利事业和社会公益事业的发展。

4. 拥军优抚安置工作不断创新发展

优抚安置制度伴随着人民军队的发展壮大而不断完善。新中国成立后，继承了革命战争年代的优抚传统，建立了全国统一的优抚安置政策。改革开放以来，适应发展社会主义市场经济的要求，拥军优抚安置工作不断创新，建立了一套比较规范的优抚安置政策制度和较为完善的工作体系，以政策法规为依据、深化改革为动力、双拥共建为引领、财政保障为主体、社会优待为补充的拥军优抚安置工作格局初步建成。一是拥军优抚安置政策不断调整完善。双拥模范城（县）创建活动深入开展，双拥共建模式不断创新。优抚安置政策逐步完善，国家涉及拥军优抚安置的法律法规已有8部、配套政策及政策性文件达3000多个，地方性有关政策5000多个；军队离退休干部安置工作在开创中起步、在改革中发展，军休服务社会化的改革积极推进，确保了全军近20万名离退休干部顺利移交地方安置及其各项待遇的落实。城镇退役士兵安置改革在探索中深化，实现了由政府指令性安排工作向安排工作与自谋职业相结合的重要转变，中央财政列支了自谋职业补助费，货币化安置加快推进。二是优抚安置保障水平大幅提升。国家财政不断增加对优抚安置的投入，优抚对象抚恤补助标准自然增长机制逐步建立，优抚对象的抚恤补助标准持续、大幅提高。中央财政优抚安置事业费投入从1978年的20多万元，增加到2008年的329亿元。1978年以来，国家先后15次提高残疾军人残疾抚恤金标准、18次提高“三属”“三红”定期抚恤金标准和生活补助标准，6次提高在乡复员军人的定期定量补助标准，多的增加了50多倍，少的也增加了20多倍。其中，在乡红军老战士、因战特等伤残军人的生活补助标准分别从1978年的360元/年、520元/年，提高到2008年的15720元/年、22680元/年。优抚保障的范围不断扩大，带病回乡退伍军人列入了定期生活补助范围，部分参战退役人员和参加核试验退役人员列入了国家补助范围，截至2008年底，全国各类优抚安置对象达4000多万人，其中享受抚恤补助的重点优抚对象633.2万人。为照顾孤老优抚对象，国家兴办了1444所光荣院，集中供养优抚对象4万多人。三是优抚对象在住房、医疗等方面的实际困难逐步缓解。1998年以来在全国范围内先后开展了“爱心献功臣”行动、“关爱功臣”活动，动员社会力量关心、爱护和帮助优抚对象，城乡基层群众性拥军优属活动广泛开展，帮助军属及其他优抚对象解决了住房、就业、入学等大量实际困难。2008年，民政部会同有关部门出台了《优抚对象医疗保障办法》，各地积极出台配套政策，筹措配套资金，新型优抚医疗保障制度基本建立，优抚对象医疗难问题得到根本缓解。全国还兴建了各类烈士建筑设施14588处，每年接待瞻仰群众上亿人次。褒扬了革命先烈的丰功伟绩，落实了优抚安置对象的合法权益，促进了国防和军队现代化建设。

5. 城乡基层群众自治制度日臻完善、社区建设蓬勃开展

实行城乡基层群众自治，是社会主义民主的直接体现，是人民当家做主最有效、最广泛的实现途径。建立和完善城乡基层群众自治制度是发展社会主义民主政治的基础性工程，是健全基层社会管理体制的重要方面。经过长期的实践探索，基层群众自治的制度体系基本确立、组织载体日益健全、自治内容不断丰富、自治形式更加多样，基层党组织领导的充满活力的基层群众自治机制日臻完善，基层群众自治制度提升为我国社会主义民主政治建设的4项基本制度之一，人民群众直接参与基层公共事务和公益事业管理的民主权利切实得到保障，基层自治组织协调利益、化解矛盾、排忧解难的能力不断增强，以基层自治组织为依托、基层民主为核心、社区建设为平台，政府行政管理与基层群众自治有效衔接和良性互动的基层社会管理格局逐步形成。一是城市社区居委会建设不断健全。我国基层群众自治组织发源于城市，是取代旧社会城市基层社会管理体制的必然产物。新中国第一个城市居民委员会——杭州上羊市街居委会于1949年10月23日由居民经过民主选举产生，随后，北京、天津、武汉等城市也出现了类似的基层自治性组织。1954年全国人大常委会通过了《城市居民委员会组织条例》，明确了居委会的组织性质、工作内容、组成原则和自治方向。1989年全国人大常委会又通过了《中华人民共和国城市居民委员会组织法》，进一步规范了社区居民自治制度。近30年来，城市经济体制改革、行政管理体制改革以及社会就业和生活方式变革深入发展，对完善城市基层社会管理提出了许多新要求，城市基层群众自治的任务愈趋繁重，社区居民委员会进一步健全、自治能力不断提升。二是农村村民自治深入推进。发展农村基层民主，实行村民自治，是党领导亿万农民建设中国特色社会主义民主政治的伟大创造，是家庭联产承包责任制之后的又一重大制度变革，是人民公社体制解体后的必然选择。1980年2月，全国第一个由村民选举产生的村民委员会在广西诞生。1982年，宪法确定了村民委员会作为群众性自治组织的法律地位。1987年，全国人大常委会通过了《中华人民共和国村民委员会组织法（试行）》；1998年，这部法律经过修订正式颁布实施。近些年来，村民自治不断深化，民主选举、民主决策、民主管理、民主监督愈趋规范，村民

委员会选举工作不断加强和改进，村务公开和民主管理“难点村”治理工作扎实开展，村民自治的水平普遍提高。三是城乡社区建设蓬勃发展。城市社区建设在全面推进的基础上不断向纵深发展，2000年中共中央办公厅、国务院办公厅批转下发了《民政部关于在全国推进城市社区建设的意见》，2006年国务院下发了《关于加强和改进社区服务的意见》，2007年民政部、国家发展改革委联合出台了“十一五”社区服务体系发展规划。社区志愿服务蓬勃发展，“建设和谐社区示范单位”创建活动在全国广泛开展；党的十六届六中全会明确提出了农村社区建设的任务和要求，民政部出台了推进全国农村社区建设实验的实施方案，农村社区建设实验已在全国铺开；越来越多的城乡社区正在建设成为管理有序、服务完善、文明祥和的社会生活共同体。截至2008年底，全国共有村委会60.4万个、社区居委会8.3万多个，绝大多数村（居）委会举行了7次以上换届选举。目前，85%的村建立了村民会议或村民代表大会制度，92%的村建立了村民理财小组、村务公开监督小组等组织，村务公开、民主评议等活动普遍开展；城市社区普遍建立了居民代表大会和协商议事委员会，有些社区还建立了居民评议会、社区听证会等制度。

6. 民政服务社会、服务公众的能力不断增强

60年来，民政领域专项社会事务行政管理工作的法制化、规范化、标准化、精细化水平不断提高，在服务社会、服务公众中发挥着越来越重要的作用。在社会组织管理方面，1950年9月，政务院制定了《社会团体登记暂行办法》，内务部和地方各级民政部门承担了社团登记管理职责，迅速清除了旧社会遗留的反动团体，对符合社会需要的各类团体进行了依法登记，明确了其法律地位，保护了其合法权益。1988年，国务院赋予民政部门对社团进行归口登记管理的职责，民间组织“双重管理”体制逐步确立和完善，社会团体、基金会、民办非企业单位的登记管理步入了依法规范的轨道，各类社会组织呈现出快速、健康发展的态势，布局合理、结构优化、门类齐全、覆盖广泛、层次有别、发展有序、服务到位的社会组织体系正在形成，法律赋予人民群众的结社权利切实得到了保障，社会组织提供服务、反映诉求、规范行为的作用不断得到发挥。截至2008年底，全国已登记的社会组织共有41.4万个，其中，社会团体23万个、民办非企业单位18.2万个、基金会1597个。在区划地名管理方面，适时完成了行政区划调整的审核报批工作，促进了生产力的合理布局和城镇化发展；完成了大量地名命名、更名工作，推进了地名标准化，开展了“地名公共服务工程”建设，方便了群众生产生活；全面勘定了省、县两级行政区域界线，结束了我国无法定行政区域界线的历史；加强了对行政区域界线的依法管理和“平安边界”建设，促进了边界地区和谐稳定。在婚姻殡葬管理方面，新中国成立后，对旧社会的婚姻制度进行了根本性变革。1950年4月13日颁布了新中国第一部婚姻法，彻底废除了包办强迫、男尊女卑、漠视子女利益的封建主义婚姻家庭制度，建立了保障婚姻自由、一夫一妻、男女平等的新婚姻制度。婚姻登记工作以方便群众为原则不断改进，2003年修订的《婚姻登记条例》，取消了强制性婚检，改革了婚姻状况出证制度，婚姻登记由审批改为服务，更加彰显了“以人为本”精神。殡葬改革稳步推进，遗体火化率逐步提高，促进了习俗改良、土地节约和环境保护。在儿童收养方面，国内儿童收养和儿童涉外收养有序发展，使大量孤残儿童回归了家庭，促进了被收养儿童健康成长，有效维护了其合法权益。此外，民政部门在推进社会工作人才队伍建设中发挥了关键作用，为完善社会管理、改进公共服务提供了重要的人才支持。

（二）60年民政工作的基本经验

经过60年的不懈探索和奋斗，我们已经走出了一条适合中国国情、具有中国特色、符合人类文明进步潮流的民政事业发展路子，积累了许多宝贵经验，必须以之作为做好新形势下民政工作的重要原则长期坚持，并在实践中不断丰富发展。

1. 必须把“为民”作为民政工作的根本追求

民政乃为民之政，民政之要在于为民。“以民为本、为民解困、为民服务”是民政工作的永恒主题，是民政部门的核心理念。培育“为民”的职业情感和职业道德是做好民政工作的基本前提。必须始终坚持“以民为本”，视人民的利益高于一切，把“为民解困”作为民政工作的第一要事，把“群众满意”作为检验民政工作的主要标准，时刻把人民群众的安危冷暖放在心上，真正成为困难群众感情上的贴心人、呼声上的代言人、权益上的保护人，切实做到权为民所用、情为民所

系、利为民所谋；坚持深入基层、深入群众，体察民情、体验民生、体会民意，问政于民、问需于民、问计于民，诚心诚意帮助群众解决困难，尽心竭力为群众服务，努力使人民群众特别是困难群众得到更多的实惠。

2. 必须把围绕中心、服务大局作为民政工作的总体要求

围绕中心、服务大局，是民政部门的光荣传统，也是做好民政工作的关键所在。民政部门只有紧紧围绕党和国家不同时期的中心任务履行职责，始终紧密结合党和国家各个阶段的重大发展战略推进工作，始终坚持在全局中谋划，在大局下行动，才能找准方位、赢得地位、发挥作用。新时期的民政工作必须紧紧围绕全面建设小康社会和加快推进社会主义现代化的宏伟目标，紧密结合构建社会主义和谐社会的战略任务，主动融入改革发展稳定的大局，找准切入点、结合点、着力点，切实抓好中央高度重视、社会普遍关注、群众热切期盼的工作。

3. 必须把立足实际、与时俱进作为民政工作的首要前提

在推动民政事业发展的过程中，只有把握规律，才能事半功倍；只有尊重实际，才能少走弯路；只有扎实工作，才能取得实效；只有与时俱进，才能不断发展。必须坚持从社会主义初级阶段的基本国情出发，把解放思想与实事求是有机结合起来，深入研究人类社会发展的规律、我国社会建设和管理的规律以及民政事业发展的规律，深刻把握民政工作的时代特征和发展趋势，以与时俱进的精神科学谋划、积极推进工作，使民政工作始终体现时代性、把握规律性、富于创造性。把握好实际需要和现实条件的结合点，分清轻重缓急，从当前办得到的事情做起，既量力而行又尽力而为，使民政工作与经济社会的发展要求和人民群众的服务需求相适应。坚持出实招、鼓实劲、求实效，不尚空谈、不慕虚名、不图形式，抓实、抓细、抓好民政工作的每一个方面、每一个步骤、每一个环节，努力把各项民政工作任务落到实处。

4. 必须把改革开放、开拓创新作为民政事业发展的不竭动力

改革创新是民政工作的灵魂和生命，是民政事业兴旺发达的必由之路。必须主动适应不断发展变化的新形势、新情况，坚持用改革的办法、创新的思维解决民政事业发展中的困难和问题。加强改革攻坚，着力推进民政理论创新、政策创新、制度创新和工作创新，加快建立健全与社会主义市场经济相适应的民政工作体制机制，不断焕发民政事业的生机和活力，实现民政事业可持续发展。尊重基层的首创精神，鼓励和引导有条件的地区先行先试、大胆探索，用实验取得经验，用典型带动全局。坚持以开放促改革，积极建设双边、多边国际合作平台，不断拓展和深化国际交流与合作，认真借鉴国外和海外的有益经验，推动民政管理和服务向国际先进水平迈进。

5. 必须把加强制度建设、推进依法行政作为民政工作的重要基点

加强制度建设，是实现民政工作科学化、规范化、法制化、标准化的必然要求，是形成民政工作长效机制的基本保障，是提高民政工作质量和水平的必要依托，因而，也是推动民政事业发展的重要着力点。必须把按制度办事与突破制度性障碍有机结合起来，加快建立健全各项民政业务的管理规范和工作规程，完善民政标准体系。着力健全民政法律法规，深入推进依法行政，不断提高民政工作法制化水平。加强制度的配套衔接，增强制度的系统性，发挥制度的综合效益和整体效能。

6. 必须把政府主导和社会参与相结合作为民政工作的长效机制

推动民政事业发展，需要各种资源的大聚合、多方力量的大联动，尤其要实现政府主导和社会参与的有机结合。必须正确认识和履行市场经济条件下的政府职能，加快推进民政领域政府职能转变，全面落实政府在民政工作的建章立制、规划协调、财政投入、政策引导、行政监管等方面的主体责任。同时，必须正确引导、多方发动社会组织和社会公众以各种形式参与到民政事业发展中来，壮大民政的社会资源。

7. 必须把重点突破、统筹协调、整体推进作为民政工作的基本方法

民政工作业务多元，层次多级，单位众多，涉及面广，面临区域、城乡发展不平衡的实情，必须坚持重点突破、领域先行，带动民政工作整体推进、全面发展。加强对城乡、区域民政事业发展的统筹协调，推动民政资源配置向农村、基层和欠发达地区倾斜，促进民政公共服务均等化。加强和改进分类指导，以区域先行带动全国民政

事业发展。加强与相关部门的协调配合，形成推动民政事业发展的强大合力。

8. 必须把固本强基、提升能力作为民政工作的必要保证

建设一支品德高尚、素质优良、业务精通的民政干部职工队伍，是做好民政工作的根本保证；加强基层基础、改善装备条件，是做好民政工作的必要前提。加强民政部门自身建设，需要坚持“硬件”和“软件”两手抓，两手都不放松。必须大力倡导和完善民政行业的“孺子牛”精神，树立优良的行业作风，塑造良好的行业形象。加强职业能力建设，全面提升民政队伍的综合素质。大力发展民政科技，完善民政服务设施，改进民政工作的装备条件和手段，着力强化基层、夯实基础，不断提高民政事业发展的支撑能力。

（三）60年民政工作的重要启示

新中国民政工作，既继承了以往历朝历代民政工作的合理成分，也有更多与时俱进的内容、与历史上的民政工作有着本质的不同；既广泛吸收了世界各国的文明成果，也充分显示了鲜明的中国特色；既包含着民政工作的普遍属性，也体现了崭新的时代特征。回顾新中国民政事业发展历程，使我们对民政工作的本质有了更全面、更深刻的认识，从而进一步增强了继续推进民政事业改革发展的责任感和紧迫感。

1. 民政工作是保障人的基本生存权和发展权的永久性工作

民政所做的是人的工作，涉及人的衣食住行、生老病死，根本目的是要保障人的生存权、促进人的全面发展。社会发展无止境，为民解困、为民服务无尽头。新中国成立初期，民政工作的主要任务是推动民主建政、医治战争创伤、组织抗灾救灾、开展失业和贫困救济。随着现代化建设的深入推进，人的精神生活需求越来越高，提高精神享受、化解心理障碍的任务逐渐摆上日程，应对自然灾害、化解社会矛盾、促进社会和谐的任务也愈趋繁重。社会越发展，在发展社会民主、社会组织、社会福利、社会慈善等方面的要求就越高，民政工作的责任也就越大。可以说，民政工作与人类社会共始终。

2. 民政工作是政府职能体系中最原始、最基本的行政性工作

民政乃国政，连着国计、系着民生，是政府社会管理和公共服务的重要基础。恩格斯曾指出，政治统治到处都是以执行某种社会职能为基础的，而且，政治统治只有在它执行了它的社会职能时才能持续下去。英国哲学家洛克也曾指出：“政治权力只是为了公共福利而存在和行使的。权力主体不能满足公民对公共福利的要求，就要丧失权力。”在社会主义市场经济条件下，政府职能的重心不断向社会管理和公共服务移动，民政工作在政府工作中的分量也必然会越来越重。

3. 民政工作是巩固党的执政基础和扩大党的群众基础的支撑性工作

我国封建时代的开明帝王一般都标榜“亲民”“爱民”，重视救灾、济贫工作，提倡发展社会福利事业，将其作为安抚民心、维护政权的重要统治手段。西方的政党在竞选中也往往以社会福利政策主张作为争取选票、谋取政权的筹码。一般来说，剥削阶级的统治者都难以真正做到“以民为本”，他们主要还是把民政工作作为消除社会抵抗、维护统治地位的御民之术。新中国的民政工作承载着党的全心全意为人民服务宗旨，传递着党和政府的爱民之情、亲民之意、为民之举，真正成为密切党同人民群众血肉联系的重要桥梁和纽带，在巩固党的执政基础、扩大党的群众基础上发挥着重要的支撑作用。

4. 民政工作是体现社会主义制度优越性的标志性工作

民政工作与民生、民主、民权直接相连，与社会制度的价值取向直接相关，不同社会制度下的民政工作既有一些普适性价值，也有一些原则性分野。新中国的民政工作直接面对广大群众尤其是困难群体、特殊群体、优抚群体，是体现社会主义制度优越性的重要方面，是促进共同富裕、推动社会文明进步的重要力量。只有民政工作做好了，困难群众的生活得到了保障和改善，整个社会的生活状况才能得到全面改善，社会主义制度的优越性才能充分体现出来。

5. 民政工作是促进公平、维护稳定、增进和谐的基础性工作

民政工作的根本职责在于保障民生、发展民主、服务社会，履行好这些职责是铸造社会利益平衡机制、促进社会和谐稳定的重要基础。发展社会救助、社会福利和优抚事业，是保障人民群众特别是困难群体、特殊群体和优抚群体基本生活和合法权益的基本途径，对于维护社会公平正

义具有重要意义。完善基层群众自治制度，加强城乡社区建设，培育发展社会组织，是健全基层社会管理体制和增强社会自治功能的重要内容，有利于发挥基层自治组织、各类社会组织和专业社会工作者在协调利益关系、化解社会矛盾、增进人际和谐中的特殊优势，促进社会和谐发展。开展拥军优抚安置工作、发展老龄事业和慈善事业、做好民政领域专项社会事务行政管理工作，是巩固和发展军政军民团结、增进代际和谐、促进社会融合的重要途径，对于形成团结互助、平等友爱、和睦融洽的人际关系至关重要。

6. 民政工作是需要与社会生产力发展水平相适应的配套性工作

民政工作主要属于上层建筑，建立在一定的经济基础之上，必须与社会生产力发展状况和经济社会发展要求相适应，并为经济发展、社会进步创造有利的环境和条件。一般而言，随着生产力水平的提高，人民群众对民政领域的服务需求必然会增长，民政工作的财力支撑和条件保障也会更好，民政事业就会加快发展，其对经济社会的积极作用也就越明显；反之，如果民政事业超前或滞后于经济社会发展，民政事业就难以顺利发展，甚至会引发社会问题。在“大跃进”时期，受极左思潮的影响，民政部门曾提出过“消灭贫困户”“取消社会救济”等脱离实际的激进目标，结果不仅使民政事业受到严重挫折，也给民政对象的生活带来了不利影响。新时期的民政工作有力促进了社会主义市场经济的发展，但是，民政工作的某些方面还滞后于经济社会发展的要求，迫切需要继续加快改革创新步伐。

7. 民政工作是需要社会广泛参与的社会性工作

政府是民政事业发展的主导力量，人民群众是民政工作的力量源泉。新中国民政工作的根本特征就在于：真心为了人民、真正依靠人民，正如董必武同志所说，新中国的救济福利事业，是在人民政府领导之下、以人民自救自助为基础而进行的人民大众的事业，是政府和人民同心协力战胜各种困难和风险、进行和平建设一系列工作中的一个重要组成部分，而不再是统治阶级欺骗与麻痹人民的装饰品，也不再是少数热心人士的孤军苦斗。不断加大社会开放度、增强社会透明度、扩大社会参与度，是加快推进民政工作改革发展的有效措施。目前，民政工作的社会参与还不够充分，在一定程度上制约了民政事业的发展，必须进一步完善鼓励全社会参与民政事业的政策措施，大力拓宽社会参与渠道、丰富社会参与形式。

回首过去，令人自豪；展望未来，催人奋进。经过60年的团结奋斗和不懈探索，民政事业实现了一系列重大的历史性跨越。继续全面建设小康社会、加快推进社会主义现代化，对民政工作提出了新的任务和更高要求；在新的历史起点上继续推进民政事业的改革发展，民政部门责任重大、使命光荣。让我们更加紧密地团结在以胡锦涛同志为总书记的党中央周围，抓住机遇、把握规律，团结奋斗、开拓创新，努力创造民政事业的新辉煌，加快建设现代民政的新格局，为继续全面建设小康社会、加快构建社会主义和谐社会，为实现中华民族的伟大复兴作出新的更大贡献！

（民政部党组）（中国社会报2009.9）

三、民政三十年——开拓的足迹

民政工作的历史源远流长。因为在中国几千年的历史沿革中，民政的基本职能及其主体业务一直延续至今，这就是我们所说的传统民政工作。然而，由于不同历史时期政治经济社会背景的差异，传统民政工作也在继承的基础上有所创新和发展。尤其在30年改革开放伟大进程中，我们顺应深化改革新形势、新要求，在实践中继承，在继承中探索，在探索中开拓，不断争创传统工作新优势，使传统的民政工作焕发出新的生机活力，形成了富于时代气息的工作新格局，实现了职能的新拓展和作用新发挥。这30年的发展历程，是民政工作把握规律性、体现时代性、富于开拓性的光辉历程。30年的实践证明：民政工作的许多传统业务，仍有生命力和发展空间，只能做好、做强；民政工作的传统作风和方法，仍有时代品质和价值意义，只能发扬、发展。

本期刊发民政30年系列专稿之三：开拓的足迹。文章展示了传统民政工作顺应形势变化赋予的新内涵，各项民政工作不断适应时代发展取得的新变化，民政部门在改革开放中勇于开拓进取的新作为，民政工作核心职能在服务大局中的新拓展和新加强。

——编者

民政三十年：开拓的足迹

今天的中国民政，向人们展示的是这样一幅欣欣向荣的画卷：党政领导越来越重视，相关部门越来越支持，社会各界越来越关注，民政工作在经济社会协调发展中的作用越来越突出！

今天的中国民政，向社会展现的是这样一个贴近民生的形象：以民为本，为民解困，为民服务。解决民生，落实民权，维护民利。

今天的中国民政，向党和人民交出的是这样一份锐意开拓的答卷：铸造社会平衡稳定机制，在维护稳定、促进和谐中发挥基础性作用。

这是新的历史起点上的中国民政：传统工作赋予了新的内涵，传统业务增添了新的活力，新的工作领域不断拓展，民政工作职能日益丰富和强化。

开拓：打造科学决策新机制

在今天的中国民众中，恐怕已经没有谁对民政感到陌生，但对“民政”一词的渊源却不一定了解。

在今天的社会生活中，也许没有哪项政府工作能像民政工作这样亲近每个社会成员，但对民政工作的历史却未必知晓。

在今天的政府部门中，如果说没有哪个部门的工作像民政工作这样繁杂多元的话，那么，民政工作业务的历史继承性却截然不同。

据考证，有关民政事例的记载，始于西周，而“民政”概念在典籍中的出现，却是在北宋。《宋史》中有“军曰兵，州曰民政焉”。意思是当时地方文武分权，军即军事用兵打仗；州即民政，总揽地方政府全部事务。

作为一个词组，“民政”始于《两汉会要》。书中编目首次列有“民政”一词。其项下所列风俗、民伍（社会基层组织）、荒政、抚恤鳏寡孤独、流民等内容30余个庶民事务。

而民政作为一个职能机构的出现，却是在晚清时期。康有为在“戊戌变法”中提出“各省设民政局举行地方自治”。这是我国历史上第一次出现以“民政”命名的政府机构。虽然变法失败，但民政机构并没有因此而被扼杀。

1906年9月20日，清政府改革官制，在设立的11个部中，民政部被列为外交部之后。民国政府时期，改为内政部。

然而，民政工作被社会所熟知，还是新中国成立之后。新中国成立后，民政工作经历了创建、破坏和改革三个阶段，形成了初具专业化、规范化的工作体系，尽管其理论体系尚处在创建和完善之中。

纵观民政工作的发展历史，我们可以得出这样的启示：民政工作随着国家政权的产生而产生，随着社会文明的发展而发展。在历史的发展进程中，尽管在不同的历史阶段民政及其工作的含义不尽相同，但民政工作内容仍然具有历史的继承性。比如赈灾救济、恤孤安老、社会事务管理等等。

以史为鉴，可明事理。对我国“民政”和“民政工作”的本质属性、功能作用、发展脉络的梳理，是民政部门在改革开放中迈出的开拓性一步。

这一步，从研究民政工作政策理论起步，增进了人们对民政工作发展历史的了解和发展规律的把握，开启了对传统业务推陈出新的理性认知。

1979年，五届全国人大二次会议将审议修改《中华人民共和国选举法》。在征求修改意见时，民政部作出一个重要决定：邀请中央组织部、国家民委、公安部、法学研究所、政法学院、北京大学、人民大学等单位的13位专家、学者组成修改选举法办公室，负责选举法的修改工作。

这是民政部第一次邀请专家学者参与立法论证。这一举措收到的成效，使民政人深切地认识到：理论可以帮助我们解放思想、更新观念、提升境界；可以指导我们科学分析并正确认识形势、把握事物发展规律。而这都是确定任务、制定政策、做好工作的前提和基础。

民政工作的发展需要理论指导。受借助社会智力为决策提供理论支持的启发，民政部决定：成立决策咨询委员会。借助专家学者智慧促进民政理论建设，为民政工作的改革发展出谋划策，为民政工作的开拓进取献计建言。

当对理论的认识被提到指导工作的高度时，民政人越发感到，没有认识的深度就没有工作的高度！只知其然不知其所以然，工作就难免盲目性和被动性。于是，人们从探究“民政”和“民政工作”的发展、从理论上回答“什么是民政”开始，确立了民政理论研究的地位。

起始于“什么是民政”的理论思考，吸引了更多的专家学者和实际工作者的加入，提高了民政理论研究聚智借力的起点。

第七次全国民政会议之后，面对从思想路线上完成了拨乱反正、全面恢复民政工作的艰巨任务，面对改革开放的新形势、新任务，以及经济社会发展的新情况、新矛盾，为了适应外部环境和内部发展的新要求、新课题，民政部明确要求：部里的同志，每年都要有1/4的时间深入基层调查研究，把深入实际调查研究作为民政部作风建设的重要组成部分，持之以恒常抓不懈，形成良好的风气。

与此同时，时任部长崔乃夫同志还提议在部机关建立研究报告会制度，让任何有了研究成果的同志上台作报告。

从上到下广泛深入的调查研究之举，集聚了民政人研究解决新问题的智慧，推进了各地对民政工作的理性思考，促进了民政人思维方式的新转变——借助专家学者的智慧，借助各个学科的研究经验，从理论认识的层面来破解实践工作的难题。

1983年1月，民政部在北京召开了首次民政工作理论讨论会。15个省、市民政厅（局）的同志出席，著名社会学家雷洁琼作了题为《社会学与民政工作》的专题报告。

这是一次民政工作理论研究成果的交流会，也是进一步开展民政工作理论研究的动员会。会上，民政部作出决定：今后将每年举行一次全国性的民政工作讨论会，形成年会制度；出版不定期的理论刊物，作为交流民政工作理论研究成果的一个阵地。

会后，民政部发出《关于开展民政工作理论研究的通知》。要求各地民政部门充分认识理论研究的重要性和迫切性，坚持理论联系实际，切实加强领导，有计划、有步骤地积极开展民政理论研究，并逐步建立一支专业和兼职相结合的研究队伍。

这是全国民政理论研究工作迈出的开拓性一步！民政理论建设从此提上日程，摆上位置。各地民政系统相继成立了政策研究机构，并有专人负责这项工作；适时召开理论联络员会议，开展理论研究的计划；落实论文选题，民政理论研究风气初步形成。

1985年5月，第一次全国民政理论研讨会在北京召开。29个省、自治区、直辖市和7个计划单列市的民政厅局主管领导和负责人、论文作者，中国社会科学院、北京大学、南开大学、复旦大学、中山大学、山东、内蒙古社会科学院、河北省财经学院等专家学者150多人出席会议。

会议确立了开展理论研究工作的目标任务：一是坚持理论联系实际的原则，有的放矢，实事求是；二是制订好理论研究规划，选好专题，联合攻关；三是认真进行调查研究，加强情报资料的收集传递工作；四是加强理论队伍建设，培养造就一批又红又专的理论研究人才；五是加强对理论工作的领导，把民政理论研究工作进一步引向深入。这次会议诞生了第一个全国性民政理论研究学术团体——民政理论和社会福利研究会。

民政理论研究从自发自觉走向引导发展。一系列民政理论研究的新观念、新见解、新论点，开启了人们认识民政工作发展规律的新路径。

从理论上对于民政概念的解说，拓展到依据不同学科的概念含义来解释民政。或从工作的内容和性质，或从管理的内容和手段，或从管理机关的职能和任务，或从社会事务的需要和分类。

——民政部门是以解决多方面矛盾为对象的政府部门。有些工作彼此间缺少联系，如婚姻登记和殡葬改革，安置和救灾，行政区划和社会福利，等等。但是，缺少联系并不等于就没有必然性，也不等于没有规律可循。

——民政工作不是孤立的部门活动，而是政府工作的一个组成部分。无论哪一项民政业务要想获得预期的进展，都必须得到政府其他部门和社会各界的配合和支持。

——民政部门必须牢固树立全局观念，从党和政府的整体工作布局和大局利益出发，研究和确定民政工作的发展战略。任何一项新任务和新政策的出台，都应当考虑到上下左右的理解度和承受度。

——民政工作的时代特征说明了民政工作是历史的产物，它与人类社会发展的进程是一致的。随着社会化程度越高，分工必然越细。政府部门的职责范围也必然有所调整。而民政的存在却反映出客观必然性和历史必然性。

——民政部门在改革开放的大环境中，必须自觉地不断适应外部环境和自身发展的迫切要求，在相对确定的核心业务工作基础上，需要不断调整自己的结构和功能，并随时根据实践的发展变化来修正原有的理论和政策。

——民政工作由封闭型向开放型转变和深化改革的变革要求，为拓展民政工作领域提供了必然条件，为拓宽民政工作空间创造了发展机遇，为传统民政工作推陈出新增添了新的动力和活力。

民政理论研究的阶段性重要成果，是将在国家制度安排下的民政工作各大项、几十个小项的业务，从性质上进行分类与归纳，提出了“三个一部分”（即社会保障一部分、行政管理一部分、政权建设一部分）的概括。

这一概括成为1983年4月召开的第八次全国民政会议的理论思想。

这一思想把民政从工作体系上升到理论体系，对于帮助人们提升对民政工作地位和功能的认识，更好地把握民政工作发展规律，提高宏观思考和决策水平，具有重要意义。

同时，深化民政理论研究既引导和推动了各项民政工作的改革与发展，又促进和加速了研究的广度与深度，激发了勇于探索的热情，深化了实践创造的认识。其标志是吸收借鉴相关学科的理论成就和实践经验进行民政理论探索，开拓了民政理论研究的新境界。民政理论建设进入空前活跃的发展阶段。

针对实践难题的理论研究不断取得突破。人们从民政工作“多元性”与“三个一部分”的矛盾困惑中解脱出来，从理论上寻求到能够涵盖全部民政工作的“社会工作”概念。把民政工作纳入社会工作的认识范畴，是民政理论研究的重大突破。它使人们增强了在经济社会发展的大背景下研究民政工作发展规律的自觉性。从而清醒地意识到：在改革开放推进经济社会发展与进步的新形势下，国家的社会政策将日臻完善，帮助个人适应社会、防范社会问题的发生，增进社会福利、发展社会服务、促进个人与家庭幸福等事业，将引起国家和社会的更大重视。

在社会主义初级阶段，刚刚恢复成立的民政部门及其工作，在国家政治生活和社会生活中必然会处于上升阶段，改革开放的大环境是它生长发展的有利条件。民政工作在实现不断完善自身发展的必然要求时，社会变革为它开拓新领域提供了广阔空间。

为了适应发展的需要，社会工作中的社会个案工作、社会团体工作、社区组织与社区发展等科学方法，以及社会工作建设、社会工作督导、社会工作服务、社会工作事务等，都必将不断健全和强化。在对民政工作的性质、功能认识上，也从因为工作内容庞杂和多元化难以形成统一概念的迷惘中，越来越明确民政工作内在的有机联系，逐步形成“从不同方面发挥稳定机制作用”的理论思维。

理论的开拓为改革实践提供了良好的舆论导向，丰富和激发了民政决策的想象力。第八次全国民政会议后，民政开始了改变过去部门包办的封闭格局，打破了独家包揽的被动局面，进入了动员和依靠社会多方力量，多渠道、多层次、多形式地发展民政事业的新阶段。

这是一个变革的阶段。民政部门自身的观念体系在改革开放的冲击中，衍生出新的价值选择和认同观念，许多过去没有被认识和运用的新方法、新手段，成为推进民政事业发展的新事物、新景观：包括运用社会资金，开发社会资源，动员社会力量，拓展事业功能，重建稳定机制，等等。

以民政经费来源为例——转变等靠要的观点，开辟多渠道筹集民政事业资金的新途径。除体现政府责任的财政拨款主渠道外，开辟了社会筹资、海外捐赠、有奖募捐、事业单位生产经营等多种筹资渠道。

以扶贫扶优工作为例——转变单纯救济的观点，用各种形式扶持救济和优抚对象发展生产，增加造血功能。运用有偿资金把处于贫困线的有一定劳动能力的人组合成发展商品经济的生产力，把解决劳动者的贫困与开发贫困者的潜能结合起来，把原来单个扶贫救济的职能目标分解到区域人均总产值的发展目标中去，实现职能型转变。

以社会福利事业为例——转变国家包办福利的观点，调动社会各方面的积极性，多渠道发展社会福利事业。社会福利事业从政府包办过渡到“两条腿走路”的方针，形成官办与民办相结合的新格局；福利事业单位由封闭型转向社会开放型，开始走上由单纯供养型向供养康复型转变的新路子。

以思路开拓为例——转变因循守旧的观念，勇于探索新的工作方法，推进传统工作业务的新发展。新中国成立以来在民政业务中始终没有变动过的优抚工作，改革了国家抚恤制度，实行了定期定量补助，落实了群众优待，初步形成了国家、社会、群众相结合的优待抚恤制度。

在民政基础设施建设上，由国家包办为主，转变为小型、分散、以社会办为主；在工作运行上，积极培育发展社会工作组织，探索建立民政工作运行的新机制；在社会化服务中，发展社区服务，有效地动员群众自己解决自己的问题。

对探索新事物的强烈渴求，贯穿在民政工作深化改革的全过程。我们通过思维方式和价值观念的转变，将民政工作推向了一个新的历程。民政工作的内容、路径不断拓宽和更新，自身地位和作用不断提高和增强。改革的触角悄然延伸到民政部门的体制和功能。

确立民政工作职能转换这一根本性改革导向的转折期，是第九次全国民政会议。1989 年 12 月 17 日召开的这次会议，从分析民政工作将遇到的社会问题入手，提出各级民政部门要从本职出发，积极参与对社会环境的治理，充分发挥稳定机制作用，并指出这“是时代赋予民政部门的任务”。

语言是随着客观事物的发展，以及人们对于它们的认识不断深化而日益发展的。科学上的变革，往往首先表现为术语的革新；社会的进步，往往表现在词语上的创新。“机制”一词，被马克思主义经典作家引进社会科学领域，不断跨越历史鸿沟，跳出狭隘圈子，赋予了鲜明的时代特征。

在深化改革的攻坚时期，“稳定机制”被引入民政领域，是民政理论认识上的重大突破。“发挥社会稳定机制作用”理念的树立，使民政部门突破了单纯业务观点的界限，提高了站在党和国家工作全局去观察和处理问题的自觉性，使民政工作能够始终自觉定位在紧紧围绕为经济建设中心服务上，着力于创造有利于生产力发展的社会安定环境。

党的十六大以后，我国进入全面建设小康社会的新阶段。在贯彻落实科学发展观、建设社会主义和谐社会的新起点上，民政部新一届领导高度重视新形势下民政政策理论研究的先导作用、基础作用、战略作用，在李学举部长的提议下，成立了民政部政策理论研究工作协调小组，统筹和指导全国民政政策理论研究工作。建立了民政论坛，搭建起学习交流平台。一年一度的“民政论坛”，至今已举办 5 届，广大民政工作者和社会各界的专家学者坚持以理论研究服务决策为宗旨，紧紧围绕党和国家的大政方针和民政工作的中心任务，认真总结民政工作实践经验，探索民政工作运行规律，破解民政工作发展难题，涌现出了一大批理论上有深度、实践上有指导意义的科研成果。在 2007 年第五届民政论坛上，李学举部长称“民政论坛已经成为研究民生的特色品牌”。

民政政策理论研究工作的开拓，形成了科学决策和工作指导的新局面。每年一度的民政论坛，不仅是对民政政策理论研究工作的检验、成果的展示、思想的交流，而且成为民政工作决策的一个重要程序。正如李学举部长所说：民政论坛在民政工作的科学决策、民主决策中发挥了积极的重要作用。

开拓：争创传统工作新优势

30 年的改革开放，民政工作经历了从计划经济向市场经济的转变。在这一根本性转变中，随着经济体制和发展模式的转变，必然导致社会的行为规范、道德观念、价值取向、生活方式等发生相应的变化。旧体制下长期形成的政府职能、决策观念、工作模式、评价尺度也必然将随着新体制的成长而转变。

人们不会忘记，30 年来我国已经先后经历了 6 次较大的行政管理体制改革。尽管每次改革的背景不同，任务不同，境遇不同，但历次改革的目的却是一致的：为了适应生产力发展的阶段性需要。

回顾民政工作发展和历次国务院机构改革，国务院对民政部门的职能定位一直没有发生质的变化。

民政部门的职能定位，是国家对民政部门政府职能的法定性界定。这一界定决定了民政工作的基本职责，决定了民政工作业务内容和重点。

在 1988 年和 1993 年的两次机构改革中，国务院对民政部的职能确定为：“是国务院主管社会行政事务的职能部门。”

在 1998 年的机构改革中，国务院作出这样的表述：“民政部是主管有关社会行政事务的国务院组成部门。”这一表述，在政府部门序列上将民政部列入“国家政务部门”，表明了民政工作的社会行政管理职能进一步强化。

在今年全国人大会上通过的国务院行政管理体制改革方案，是落实党的十七大报告首次提出的建设服务型政府的具体行动。而这次行政管理体制改革，不同于以往的是着眼于科学发展、改善民生的一次改革。

包括以民生为主题的这次改革在内，在深化改革和事业发展中，尽管民政部门的职能任务有增有减，民政工作的内涵和外延也相继发生着重大变化，但民政工作内容纷繁复杂的特征没有改变，具有悠久历史的传统工作职能没有削弱。

这无异于向人们宣布：虽然民政部门的职能任务和工作重点，会随着国家政治、经济、文化和社会生活的变化而发生变化，但业务范围是在长期工作实践中形成的，积累了丰富的经验，创造了独有的传统优势；许多传统业务仍然具有较强的生命力和发展空间，只能做好，不能削弱；民政部门长期形成的优良作风和行之有效的工作方法，只能继承和发扬，不能否定和抛弃。

实践是检验真理的唯一标准。当我们把优良传统视为一种优势，那么，在改革发展中继承什么，怎样开拓，关键就在我们是不是真正尊重群众的首创精神，能不能善于发现、总结群众的发明创造。

城乡最低生活保障制度建设，就是对基层改革传统社会救济工作创新成果的总结推广。社会救济是民政部门“与生俱来”的传统业务。在计划经济体制下，主要是对无劳动能力、无生活来源、无法定赡养人和抚养人的城镇孤老、社会困难户等国家规定的一些特殊救济对象的定期定量救济和临时救济。随着国家的政治、经济、文化和社会生活发生新变化和各项改革的深入发展，传统社会救济工作随之发生新变化、出现新问题。迫切需要从那些不合时宜的观念、做法和体制中解放出来，以适应形势发展和事业进步的新要求。

从救济工作的“发发钱、拜拜年”，到扶贫扶优的“输血”“造血”；从保障对象上“谁家的孩子谁抱走”，到最低生活保障覆盖面的“应保尽保”；从保障经费低水平到财政列入预算支出；从“三条保障线”并轨到“最后一道生活保障线”，在这些曾经抑或至今熟悉的词语中，我们都能体会到传统社会救济工作在改革中所经历过的艰辛探索和开拓。

最低生活保障制度是从建立“保障线”的探索开始的。党的十一届三中全会以后的10年，社会保障体制改革成为全面改革深化中的一项重要配套环节。为确保困难群体在深化改革中的基本利益，民政战线从事理论研究的同志在总结民政救助工作实践中，提出了“社会福利保障线”的论题。他们认为：社会福利保障线，一般控制在基准贫困线与社会（平均）生活水平线之间。

虽然那时的“保障线”还在讨论贫富差距与社会福利的语境中。但这一论题开拓了划分社会救助对象生活状况的新方法，为甄别各类社会成员的不同生活标准提供了新思路。很快，由“社会福利保障线”衍生出多条保障线。包括城市居民最低生活保障线，以及其后来的下岗职工基本生活保障线、失业保险保障线等。这些“保障线”，一度成为国家社会保障内容的有机组成部分，隶属于国务院不同职能部门的业务范围。

最低生活保障线的发源地在上海市。1993年6月，上海市民政局首先提出建立城市居民最低生活保障线制度的方案，并报请市政府同意，与劳动、财政、人事、保险、工会等部门联合发文，在全国率先开展这项工作，并由此拉开了传统城市社会救济制度改革的序幕。

1994年，第十次全国民政会议总结并肯定了上海的经验，提出“对城市社会救济对象逐步实行按当地最低生活保障线标准进行救济”的改革方向。

1995年，这项改革被民政部列为重点推进工作之一。部办公厅、救灾救济司等组织开展了大规模专题调研，并邀请中央政策研究室、国务院发展中心、经贸、体改、计划、人事、劳动、统计、工会和社科院、北大、人大等单位的负责同志和专家学者，进行专题座谈研讨，提供决策参考。

1996年，全国101个城市宣布建立城市居民最低生活保障线制度。

1997年8月，国务院召开第164次常务会议，专题研究并决定在全国建立城市居民最低生活保障制度。

是年9月2日，国务院下发《关于在全国建立城市居民最低生活保障制度的通知》，明确了保障范围、标准、资金等重要政策问题，对工作进度提出了具体要求。

紧接着，国务院又召开全国电视电话会议，进行全面部署。建立城市居民最低生活保障制度工作进入全面推进和发展阶段。

1997年底，民政部在广东召开会议，了解工作进展情况，交流工作经验，部署推进工作。在年底的全国民政厅局长会上，把建立城市居民最低生活保障制度列为1998年的重点工作。要求在全国所有地级以上城市、2/3的县级城市和1/3的县政府所在镇建立这项制度。

1998年初，国务院办公厅提议民政部设立“最低生活保障办公室”，专门负责这一工作。这一年，国务院总理朱镕基专门听取民政部关于低保工作汇报，在有关材料上多次对低保工作作出批示。

这年底，全国建立城市居民最低生活保障制度的城市覆盖率达到87%。81%的县级市建立这一制度，67%的县人民政府所在镇建立起这一制度。

1999年初，民政部下发《关于进一步加快建立与完善城市居民最低生活保障制度的通知》，3月，又下发《关于各地建立城市居民最低生活保障制度工作进展情况的通报》，并在媒体公开通报各地进展情况。

是年9月底，全国所有城市和县人民政府所在镇都建立了城市居民最低生活保障制度。

与此同时，国务院颁布《城市居民最低生活保障条例》，于10月1日起实施，标志着我国城市居民最低生活保障制度建设进入法制化管理轨道。

当最低生活保障成为一项民政业务的重要名词时，不仅写进了国务院总理在全国人大会上作的《政府工作报告》中，还成为中央红头文件的主题词。

在中央财政预算格局中，没有哪项民政经费像低保资金的增长速度那么快，增长幅度那么大。到2007年底，各级财政共支出城市最低生活保障资金277亿元，保障了2272多万人的基本生活。

在城市居民最低生活保障制度不断健全完善中，社会救济制度改革的触角延伸到农村。1992年，山西省在左云县率先开展建立农村最低生活保障制度的试点获得成功。随即在阳泉市的3个县（区）扩大试点。

1994年，上海市政府办公厅转发市农委、财政局、民政局《关于做好本市农村工作的意见》，确定在3个区开展农村最低生活保障制度建设的试点。

这些试点受到民政部的密切关注。在认真总结各地试点工作经验的基础上，1994年召开的第十次全国民政会议，确定了“在农村初步建立起与经济水平相适应的层次不同、标准有别的社会保障制度”的发展目标。

与此同时，民政部对农村最低生活保障制度建设加强了指导力度。1996年，印发了《关于加快农村社会保障体系建设的意见》，把建立农村最低生活保障制度作为农村社会保障体系建设的重点来抓。

到2001年底，全国就有16个省、自治区、直辖市全部建立农村最低生活保障制度。除重庆以外的30个省份中，73%的县市区全部建制。

2006年11月，国务院第十二次全国民政会议将建立农村最低生活保障制度作为一项任务提出并部署。

2007年，国务院下发《关于在全国建立农村最低生活保障制度的通知》。是年底，李学举部长在全国民政工作会上指出：2007年，随着农村最低生活保障制度的出台，实现了居民最低生活保障制度均等化，城乡居民基本生活最后一道保障网编织成型。全国农村已有1608.5户3566.3万人纳入了最低生活保障，全年低保资金实际累计支出109.1亿元。

以往只面向城市、以城市为重点的社会救济业务，而今覆盖到全国农村。尽管工作职能没有改变，但工作范围却不断得到拓展，传统工作焕发出新优势。社会救济工作的开拓路径也同时告诉我们，民政工作传统的优势是多方面的。有些是潜在的，有些则是可以转化的。它不只寓于物质之中，也寓于认识之中。知识、经验、信息都可以成为优势。关键在于人们去发现它、去利用它。

总结推广基层创新经验，是争创传统工作新优势的经验之谈。农村五保工作是民政部门的传统业务之一。在农村经济体制改革中，五保供养遇到前所未有的挑战。在强劲的改革浪潮下，不少地方被“传统工作还有没有生命力？传统业务还有没有发展空间”的思维所困扰。

就在这时，河南省沈丘县创造出多种措施保障农村五保老人生活的经验。1982年10月18日，胡耀邦同志在新华社的一份内参上作出批示，肯定了沈丘的经验。

沈丘县有农业人口87万，五保户4468人。农村实行承包责任制后，沈丘县针对五保户的不同情况，采取不同的赡养办法，创造了4种供养形式：一是集体统一供给，分散赡养。二是大队兴办敬老院，集中赡养。三是承包土地，由亲属代耕代养。四是对长期卧病或残疾的五保老人，以每月20～30元的工资，雇请专人照料。

沈丘县还把供养五保户所需的费用订入承包合同，统一提留，按期供给；五保老人都发有粮本和存折，随用随取。油、柴、棉由生产队收齐交五保户。做到了包干扶贫到户，队队户户有人管，形成一套行之有效的督促落实制度。保证了五保老人的生活略高于群众一般生活水平。

这些开创性举措，使沈丘县的农村五保供养工作，在多种形式的生产责任制中不但没有削弱，而且得到加强。

1982年11月15日，民政部发出《关于印发“谁见过这样的五保户”的通知》。要求各地民政部门要把关心五保老人，落实供给政策，作为社会主义精神文明建设的内容之一，深入地进行宣传教育，树立人人尊老爱幼的社会主义新风尚。12月9日，作出对农村五保户进行普查的决定，并发文对农村五保户普查工作进行部署。

农村五保户普查摸清了五保对象的人数、供养形式和供给办法，以及五保工作中存在的问题，为后来做好五保工作提供了可靠依据。

1983年11月，民政部在河南省沈丘县召开了19省、自治区、直辖市的农村社会救济工作座谈会，交流五保和扶贫工作的经验，参观考察了沈丘县的敬老院和各种形式赡养的五保户，重点研究了进一步做好农村五保户工作的办法，并修改了《农村五保供养工作暂行规定（草案）》。

此后，农村五保工作在开拓探索中，不断摸索出好做法，创造出新经验。农村敬老院建设拓展了五保工作发展的空间，供养工作改革为传统工作业务注入生机活力，制度法规建设创造了新的发展优势。

吉林省九台县龙家堡乡创造的“统筹分管”经验，普遍提高了供养标准，确保了五保政策的全面落实，使传统工作业务焕发出了新的生机，受到民政部的高度重视。

“统筹分管”，就是由乡统一筹集、管理、使用五保户的经费和敬老院的办院经费，而五保户的生活安排则由乡、村和合作社三级分工管理，各负其责，互相配合，保证落实。统筹：即统一供养标准，统一筹建供养标准，统一分配和使用供养经费。分级管理：即乡负责审批五保对象核实五保人数；规定供养标准，统筹发放供养经费；审查和报销住院费、丧葬费、建房费；督促检查村、社按分管任务安排好五保户生活。村负责制订五保户建房方案，经费预算，经乡批准后组织建房；组织党、团员和干部包户照顾五保户；妥善处理五保户的后事和遗产；督促检查合作社完成分管任务。合作社负责口粮、烧柴等实物的兑现；维修房屋；担水、打扫和拆洗被褥等日常生活照料。

1985年1月12日，民政部发出《转发〈关于龙家堡五保工作实行“统筹分管”办法的调查报告〉的通知》，要求各地民政部门要借鉴他们的做法，进一步做好五保工作。

农村经济社会的飞速发展，也促进了五保供养不断由低层次向高层次演化，供养水平逐步提高。1994年1月，国务院公布施行的《农村五保供养工作条例》规定：五保供养是农村的集体福利事业，五保供养的主要内容是“保吃、保穿、保住、保医、保葬（孤儿保教）”，供养标准为当地村民一般生活水平，所需经费和实物从村提留或者乡统筹费中列支。

1997年3月，民政部颁布《农村敬老院管理暂行办法》，规范了农村敬老院的建设、管理和供养服务。这两项法规规章的出台，标志着我国农村五保供养工作开始走上规范化、法制化的管理轨道。

随着我国农村税费改革试点工作的推进，农村五保供养资金渠道随之调整。在税费改革初期，原从“村提留或乡统筹”列支的五保供养经费改为从农业税附加中支出；深化税费改革，取消农业税及附加后，供养经费又调整为主要从上级财政转移支付和地方各级财政预算中安排，农村五保供养资金基本得到保障。

2001年，广西在救助受灾五保户重建家园的过程中，总结了一些地方集中修建五保户住房的做法。如桂平市改造、利用被闲置的旧村委会办公用房集中安置五保户；钦州市在村中调出一块土地，集中建房，统一安置五保老人，由此诞生了“五保第一村”——钦南区黄屋屯镇五保村。这种做法由于成本低、见效快，特别便于经济欠发达地区普及、推广，各地纷纷效仿，得到迅速推广，不断壮大和完善。此后，在广西壮族自治区政府的大力扶持和民政部门的指导下，五保村建设由原来自发的组织，转变为全自治区有组织、有领导的开拓性创举。

民政部称广西五保村建设“是五保供养管理模式的重大突破和创新，是全国民政工作的一面旗帜”。这一模式的特点是：“国家扶持，政府指导，村委负责，就村而建，一户一家，自我管理，自我服务。”既兼顾了过去分散供养和敬老院集中供养的优点，又克服了过去分散供养的不足和敬老院集中供养的弊病，为解决新中国成立50多年来我国致力解决而尚未有效解决的五保户供养问题提供了崭新的思路。

近两年，温家宝总理在《政府工作报告》中反复强调：要切实做好农村五保户的保障工作；回良玉副总理多次作出重要批示，要求加紧研究建立解决五保户等特殊困难群体“天天困难”的长效机制。

按照中央要求，民政部会同有关部门加紧完善五保供养政策，于2004年下发了《民政部、财政部、国家发改委关于进一步做好农村五保供养工作的通知》，就解决五保供养工作中一些迫切问题作出了规定，提出了要求。同时，积极配合国务院法制办开展《农村五保供养工作条例》的修订工作。

2006年3月1日，新修订的《农村五保供养工作条例》正式出台施行。新条例重点修改了有关农村五保供养资金渠道的规定，明确今后五保供养资金在地方政府预算中安排，中央财政对财政困难地区的农村五保供养给予补助。这一规定将农村最困难的群众纳入了公共财政的保障范围，实现了五保供养从农民集体内部的互助共济体制，向国家财政供养为主的现代社会保障体制的历史性转变。

这一转变，标志着民政部门的又一项传统工作已经转化为发展的新优势。

开拓：构筑全面进步新格局

许多民政工作业务，都是伴随着共和国的成长，在实践中探索，在探索中开拓，在开拓中发展的。婚姻管理就是涉及每个家庭、每个社会成员的一项民政工作传统业务。

从1950年建立婚姻登记制度，办理婚姻登记的工作一直由乡镇人民政府和街道办事处承担。由于婚姻登记工作管理责任与登记权力的分离，婚姻登记长期处于“无专门机构、无专职人员、无专设场地”和“登记时间难保证、登记质量难提高、违法登记难处理、搭车收费难解决”的“三无”“四难”状况。这与改革开放新形势下国家加强社会事务管理的要求极不协调。

1991年9月，民政部选择了河北省柏乡县、永年县，山西省永济县，重庆市璧山县进行婚姻登记由民政部门直接办理的改革试点。随后，各省市有选择的开展了改革探索，积极推广取得的成功经验：婚姻登记工作集中由县市区民政部门负责，婚姻登记员由县市区民政部门选定，其人事管理权在民政；婚姻登记机关的设置，根据县市区的实际情况，多种形式并存。

在1994年颁布的《婚姻登记管理条例》中，把改革成果和经验用法规的形式给予固定，明确了“国务院民政部门主管全国的婚姻登记管理工作”。“县级以上地方各级人民政府的民政部门主管本行政区域内的婚姻登记管理工作”，从而结束了长期以来婚姻登记工作管理责任与登记权力分离的状态。

推陈出新是事物发展的客观规律。任何组织、任何事业，只有不断地吐故纳新，才能生生不息，保持旺盛的活力。婚姻管理工作当然如此。

实现婚姻登记集中管理，从根本上改变了婚姻登记机关建设过去存在的“三无”“四难”状况，建立起一支专业化的婚姻登记队伍。区县民政部门的婚姻登记机关基本实现了婚姻管理专人专职，各级婚姻登记队伍的培训实现了知识化、年轻化。

民政部门并没有因此止步不前。随着经济快速发展和生活水平持续提高，人民群众在婚事上的物质需求和精神需求也日益增长，迫切希望政府和社会提供文明健康的全方位、多层次的婚事服务。顺应和满足群众的新需求，民政部门发挥婚姻登记的阵地优势，开始了发展婚姻服务业的新探索。

这一开拓性举措，从1992年到1995年的短短几年间，在沈阳等地取得突破性进展，建立了独具特色和规模的婚姻服务体系，形成了以婚姻管理带动服务、以婚姻服务促进婚姻管理的良性发展态势。

为使民政婚姻服务业在探索中不断发展，在发展中不断规范，1996年，民政部印发《关于加快发展婚姻服务业的意见》，加大推进力度和规范民政婚姻服务业的发展。

在婚姻管理工作领域不断扩展中，2001年4月，第九届全国人大常委会通过《关于修改〈中华人民共和国婚姻法〉的决定》。新婚姻法坚持了新中国成立时确立的婚姻登记制度，增加了补办结婚登记以及无效婚姻和可撤销婚姻的规定，完备了我国婚姻家庭法律制度，为民政部门加强婚姻管理提供了强有力的法律支持。

为贯彻新婚姻法，民政部门积极制定颁布了《婚姻登记管理条例》《中国与比邻国边民婚姻登记管理试行办法》《出国人员婚姻登记管理办法》《关于处理重婚罪的意见》等相关法规和形成上百个规范性文件。建立了以《中华人民共和国婚姻法》为基本，《婚姻登记管理条例》和涉外、涉港澳台等单项办法为程序法，以专项的规范性文件为补充的婚姻登记管理法律体系。

传统民政工作在开拓中焕发出新优势，为民政工作新布局注入新活力。双拥工作是在中国革命和建设中创立发展起来的一项带有全局性的社会政治工作。既是民政工作中具有历史继承性的传统工作，又是传统业务中具有鲜明时代特征的开拓性工作。

自党的十一届三中全会拉开改革开放的序幕，新形势下的新发展，使双拥工作的老传统产生了新动力，老业务焕发了新生机，老工作建立起新机制。突出表现在以双拥工作为抓手，推进各项优抚安置工作改革发展的实践探索中。

1982 年，广东省恩平县把扶持退伍军人勤劳致富作为双拥工作的重要内容，大胆对农村优待抚恤、退伍安置工作进行改革，取得成效。恩平的做法为双拥工作赋予了新内涵。

1983 年，国务院退伍军人和军队干部安置领导小组办公室发出《关于认真学习恩平县经验积极开展扶持农村退伍军人劳动致富的通知》，向全国推广学习恩平采取多种措施、积极开展扶持农村退伍军人劳动致富的经验。

1984 年 5 月 4 日，国务院退伍军人和军队干部安置领导小组办公室，再次发文，要求各地进一步做好扶持退伍军人勤劳致富工作。把扶持退伍军人勤劳致富工作当作双拥工作的一件大事，作为农村退伍安置工作的中心环节，抓紧抓好抓出成效。是年 8 月，召开了全国首次双拥先进代表大会。

1985 年 7 月，中共中央、国务院发出《关于尊重爱护军队，积极支持军队改革和建设的通知》。在全国性的拥军优属热潮中，民政部门对拥军优属、优待抚恤工作进行了一系列的改革。包括为适应农村实行家庭联产承包责任制以后出现的新情况，解决征兵难，各地相继作出了对农村义务兵家属普遍优待的规定，以后又规定了对立功受奖的义务兵家属实行奖励优待和以乡（镇）统筹、平衡负担优待金的办法，改变了以往单纯以困难程度作为确定优待标准唯一尺度的做法。通过扶优措施，改变了过去单纯优抚安置的做法。

同时也对抚恤制度进行改革。1985 年 1 月，根据宪法和兵役法的规定，民政部、财政部决定对烈属和牺牲、病故军人家属实行定期抚恤的制度。这是优抚工作上的一项重大改革，标志着我国完成定期定量补助这一过渡形式，抚恤制度进一步健全完善。

1979 ~ 1987 年，民政部对烈士和牺牲、病故军人一次性的抚恤标准作了 4 次大的调整和提高，革命残废人员抚恤标准和在乡退伍红军老战士、老复员军人的定期定量补助标准提高了两次；革命烈士家属、因公牺牲军人家属、病故军人家属由低标准的定期定量补助改为标准较高的定期抚恤。同时，随着物价的调整，相应给孤老病残优抚对象增加了生活补贴，对特、一等残废军人还加发了护理费。逐步把 90% 的抚恤事业费以固定的形式落实到人头上，使孤老病残优抚对象真正得到了实惠。

双拥工作在推进优抚安置工作改革的进程中，也促进了自身的发展。1990 年，国务院、中央军委针对改革开放新形势下军政军民关系出现的新情况、新问题，发出《关于加强军民团结正确处理军民关系问题的通知》。同时，党中央、国务院、中央常委批准成立了全国双拥工作领导小组，负责指导和协调全国的双拥工作。

以全国双拥工作领导小组成立为标志，双拥工作在改革开放中跃上一个新起点，跨入开拓创新的新时期。

随即，全国 30 多个省市自治区相继成立由党政军主要领导参加的双拥工作领导小组，各市、地、县（区）普遍建立了双拥工作组织机构，形成了以宣传部门牵头的国防教育体系，以文明办牵头的“军民共建、共管、共育”体系，以驻军和武警部队牵头的“拥政爱民”工作体系，以组织、人事、民政部门牵头的优抚安置工作体系，以工、青、妇等群团组织牵头的基层活动体系，以公安部门牵头的军警民联防体系。

1992 年 4 月，中共中央再次发文，提出进一步加强军政军民团结的意见。要求各级党委、政府领导和全国军民进一步提高做好双拥工作、加强军政军民团结的自觉性。

1993 年 1 月，中央在延安召开纪念双拥运动 50 周年大会，总结半个多世纪以来的双拥工作经验，部署新时期双拥工作任务。

这一年，双拥工作内容和形式上的又一个创新举措产生：创建双拥模范城活动。全国双拥工作领导小组制定并颁发了《双拥模范城（县）命名管理办法》。

1994 年 5 月，第十次全国民政会议提出了广泛开展双拥活动，把双拥热潮引向基层，不断创新双拥工作的要求。

深入持久地开展“拥政爱民、拥军优属”工作，进一步巩固军政军民团结，先后写进了党的十四大、十五大政治报告。

全国城乡基层群众性拥军优属服务活动形成了服务网络化、系列化、工作制度化。智力拥军，智力优属，军民共建，军地共育和育才、荐才、用才一体化，建立军地家三方共教和战士家乡指导员制度，兴办军人家庭服务中心和优抚对象活动室，等等。在城镇，把日常性的双拥活动同社区服务、志愿者服务相结合，同实施最低生活保障相结合；在农村，把保障优抚对象的生活纳入农村社会保障体系。

双拥工作从把组织机构建设作为推进工作深入发展的重要保证，到利用双拥争创活动推进优抚安置政策的完善落实；从加强军政军民团结、密切军地关系，到以爱国主义为核心的全民国防教育；从军地间相互支持，到群众性双拥共建，在继承中不断创造出新形式，在探索中不断总结出新经验。

双拥工作的深入发展和双拥活动的蓬勃开展，为优抚安置工作的发展增添了活力，促进了各项优抚安置政策的全面落实。

1994～2002年，国家每年投入大量资金，不断调整提高优抚对象的抚恤补助标准。先后7次提高在乡伤残人员的伤残保健金标准；7次提高烈属、牺牲病故军人家属的定期抚恤金标准；7次提高在乡退伍红军老战士、在乡西路军红军老战士和红军失散的生活补助标准。

2004年，国务院修订出台了新的《军人抚恤优待条例》。为维护伤残人员的合法权益，规范相对人和民政部门行政行为，根据新修订出台的《军人抚恤优待条例》，民政部修订出台了《伤残抚恤管理办法》。从2004年10月1日起，提高部分优抚对象的抚恤补助标准。

2005年，中央政府又对部分优抚对象抚恤补助标准进行再次调整。提高残疾军人的残疾抚恤金、烈属的定期抚恤金、在乡退伍红军老战士的生活补助标准。发文要求各地参照当地职工平均工资、城乡居民家庭人均收入水平，制定当地具体抚恤标准，保障优抚对象的生活不低于当地的平均生活水平。

各地还建立了优抚对象抚恤补助标准与当地人民群众生活水平同步提高的自然增长机制，解决优抚对象补助标准偏低的问题。依靠这种机制，把优抚对象的抚恤补助标准与当地人均生活水平挂起钩来，将保障重点优抚对象的责任固定下来，建立一种动态联系和同步机制，有效地提高保障水平。

优抚工作也被正式列入国家根本大法和党和国家的纲领性文献。《中华人民共和国宪法》中规定“国家和社会保障残废军人生活，抚恤烈士家属，优待军人家属”。《中华人民共和国兵役法》中规定了“现役军人的优待和退出现役的安置”。《中华人民共和国国民经济和社会发展第七个五年计划》，将优抚工作列入社会保障事业，并按照经济发展情况，适当提高优抚标准。这些规定体现了优抚工作和优抚对象在国家和社会的地位。

优抚工作在继承和发扬拥军优属优良传统的基础上又开拓了许多新领域、新内容，开辟了依靠社会力量发展优抚事业的新途径。1998年，全国双拥工作领导小组和民政部发起开展“爱心献功臣行动”活动，全国有1953个县（市、区），为150万重点优抚对象解决了生活、住房、医疗难问题。

与其他传统业务相比，双拥工作的自身特征决定了它的政治意义。对象的广泛性，决定了它的各项工作需要广大军民共同参与，各项活动必须符合广大军民的意愿。活动的社会性，决定了它的内容具有的广泛影响，因此，必须符合军队和地方各个领域、各条战线、各个阶层、各种团体的根本利益。作用的多样性，决定了它在对国家改革发展稳定和军队建设发挥服务保证作用的效应是长远的。效益的综合性，决定了它在政治、经济、社会、军事等方面的重要地位与作用。

今天的双拥工作，无时不在发挥推进优抚安置政策落实的动力作用。

无论是在计划经济体制还是在市场经济体制下，民政工作在政府部门中突出的特征是历史的继承性，突出的表现是基层性、基础性。

在管理国家事务中，民政属于基层事务，为广大人民提供的是基本生存条件、基本社会福利、基本人道服务。

在政府工作中，民政居于基础位置，履行基础职责，发挥基础作用。正如温家宝总理在第十二次全国民政会议上指出的：“政府的公共服务和社会管理职能在很多方面是要通过民政工作来体现的。”

在公共服务体系中，民政所提供的是最基本的公共服务。比如在社会保障体系中，社会救助所满足的是贫困人口的基本生活需求，所维护的是社会公平的底线，所把守的是社会稳定的最后一道防线。

因此，只有激发传统业务的活力，才能促进民政工作的全面进步；只有拓宽基础工作的领域，才能提升事业发展的层次。民政人从人民群众最关心、最直接、最现实的利益问题入手，从改革开放和社会主义现代化建设大局贴得最紧的工作抓起，从事关党和政府总体工作布局的关键环节切入，从最容易办到、最能见到成效的地方突破，一句话，就是选择事关全局的重要领域或关键环节，集中攻关，开拓前进，形成民政事业科学发展的新局面。

——工作范围不断拓宽。以民间组织管理为例，以往民政只管社团，逐步拓宽到民办非企业和基金会，发展到社会组织以及境外非政府组织在华机构。社会救济以往只面向城市，以城市为重点，而今覆盖到农村。社会救助在发挥“兜底”保障的同时，逐步向提升社会公共福利水平、满足多层次需求延伸。对救助对象不再只是面对单一的物质需求，还要面对政治、精神、心理、文化等多方面、多层次的需求。

——工作机制不断发展。着力推进综合协调机制建设的新格局，建立科学发展、和谐发展的民政。在上下配合上，实现全国联动与因地制宜相互促进；在城乡统筹上，建立城市与农村的协调发展机制；在横向协调上，强化政府主导和社会参与的密切配合。在民政系统内，建立并完善“分级实施，各负其责，上下配合，相互协调”的工作机制。在民政系统外，健全并完善“政府主导、部门协作、社会参与”的工作机制。

——功能领域不断拓展。党和国家更加重视社会建设和管理，政府职能日益向社会管理和公共服务方向转变，公共财政的投入逐步向民生领域倾斜，地方各级党委、政府及社会关注民生、关注困难群体、重视民政的力度加大，民政日益被推向社会发展进步舞台的最前沿。

——作用发挥不断提升。民政已不再只是民政人的事业。在决策思路上，从习惯于部门工作的局部思考转变到全局意识，从注重策划具体活动转变到依靠各有关单位的力量和作用。把民政部门的民生举措提升为党委、政府的工作部署，融入当地经济社会发展的总体布局，列为当地为民服务的实事。

——工作方式不断优化。由临时性、分散性、救急性逐步向制度安排、规范管理的目标提升。加大传统工作的制度建设，是提高工作质量和效益、提升工作效率和水平的必由之路。传统工作的开拓成果，通过建制立章来加以规范，实现开拓性工作的程序化、标准化、信息化。在履行职能上，强化政府主导、社会参与机制；在促进发展上，着力健全政策引导和典型激励机制；在扩大社会参与上，建立完善社会动员机制。

——开拓思路不断优化。立足社会主义初级阶段基本国情和阶段性特征，加强战略思维，力求开拓思路更加系统、更加有效、更加符合发展规律，紧紧把握党和国家关于民政工作的新要求，精心谋划新的历史起点上调整民政工作布局和发展目标，确立和遵循“领域突破，区域先行”的原则，提升传统工作的境界，完善民政工作新布局。

30 年开拓，赋予了民政新内涵；开拓 30 年，创造了传统民政发展新优势。今天，当我们站在历史的新起点，回望30 年开拓进取的足迹，展现在我们面前的是民政人代代相传勇攀高峰的光辉历程，我们为自己有幸成为这支队伍中的一员而自豪！我们为在这条光辉历程上留下自己攀登的足迹而骄傲！

（民政部政策理论研究室 2008. 7）

四、蓬勃发展的大同民政事业（范培生）

新中国成立以来，大同市民政工作在市委、市政府的正确领导下，充分发挥部门职能作用，取得了显著成就，为大同市社会和经济的发展作出了重要贡献。尤其是党的十一届三中全会以来，民政工作随着经济体制改革的不断深入，得到了长足的发展。

（一）十五年大同市民政工作概述

新中国成立之后，1950 年 7 月召开了第一次全国民政会议，会议指出民政部门的管理内容以地方政权建设、优抚、救灾为重点，承担着复员安置、地政、户政、国籍、行政区划、边界纠纷、社团登记、民工动员、移民安置、游民改造、老区建设、宗教事务以及侨务等众多行政管理任务。40 多年来，这些行政管理内容时增时减，不断变化：如禁烟禁毒、改造娼妓、资遣战俘和散兵游勇以及安置遣送因战乱而流落城市的灾民、难民等已完成了它的历史使命而不复存在；如地政管理、户籍、国籍、宗教事务、侨务、老区建设等任务都从民政部门划分出去；如复员安置由原来只安置复员退伍军人扩展到接收安置管理军队离退休干部，生产救灾由原来的单纯生活救济扩展到扶持生产自救，婚姻登记由原来只管结婚、复婚、离婚登记扩展到包括违法婚姻查处以及保护妇女儿童合法权益在内的全面婚姻管理。另外适应经济和社会发展需要增加了社会福利生产、社会福利事业、社区服务、农村基层社会保障、殡葬改革、地名管理等内容。

1988 年，第九次全国民政会议提出了发挥社会稳定机制作用是时代赋予民政部门的任务，并确定了21项民政部门的主要职责。

1994年，第十次全国民政会议提出了民政部门的主要任务是维护人民群众的基本生活权益。具体到大同市民政部门承担的工作主要有19项，它们是：城乡基层政权建设；村民委员会建设；优待抚恤和烈士褒扬；退伍军人和军队离退休干部接收安置；农村救灾；社会救济；社会福利生产；社会福利事业；社区服务；农村基层社会保障，行政区划，边界争议调处；社团登记管理；婚姻登记管理；殡葬改革管理；地名管理；流浪乞讨人员收容遣送；领导社会福利有奖募捐委员会；负责指导残疾人联合会和老龄问题委员会工作。

其具体内容是：

1. 城乡基层政权建设——指城乡基层政权（在城市是市辖区和不设区的市人民代表大会和人民政府；在农村是乡、民族乡、镇的人民代表大会和人民政府）的自身建设和在本区域内与政权建设相关的各个方面的建设。民政部门在各级党委、政府指导下，承担（1）调查了解基层政权的现状和存在的问题，提出改进和加强的意见；（2）总结交流基层政权建设的经验；（3）组织先进乡镇的评比、表彰活动；（4）培训乡镇干部；（5）制定和修改有关基层政权建设的条例和规章制度。

2. 村（居）民委员会建设主要包括：（1）依据《中华人民共和国村民委员会组织法》《中华人民共和国城市居民委员会组织法》指导村（居）民委员会的组织建设和制度建设；（2）培训村（居）委干部；（3）组织先进村（居）委员会的评比、表彰；（4）总结和交流村（居）民委员会工作经验。

3. 优待抚恤和烈士褒扬主要包括：（1）制定优抚政策、法规；（2）组织开展拥军优属和褒扬革命烈士的活动；（3）审批认定烈士和评定因战因公伤残等级；（4）制定伤亡抚恤和优待补助标准；（5）管理抚恤、补助和优待金的发放事宜；（6）宣传发动人民群众建立社会性拥军优属、优待抚恤组织，完善优抚服务体系；（7）开展国防教育和革命传统教育；（8）扶持优抚对象发展生产，解决生活困难；（9）革命烈士纪念建筑的兴建和管理等。

4. 退伍军人和军队离退休干部接收安置的具体职责是：（1）义务兵、志愿兵退出现役的接收安置；（2）军队离退休干部以及在军事系统工作而无军籍的退职、退休职工的接收安置；（3）军队离退休干部住房建设；（4）军队离退休干部服务管理以及休养所的管理；（5）军用饮食供应站的管理。

5. 农村救灾主要是：（1）掌握灾情；（2）发放救灾款物；（3）检查救灾工作方针政策的贯彻落实情况；（4）总结交流救灾工作经验；（5）救灾扶贫周转金的使用管理；（6）救灾保险的试点探索等。

6. 社会救济主要包括：（1）农村五保户供养；（2）灾民贫困户的生活救济和生产扶持；（3）城市无依、无靠、无生活来源的孤老、孤儿、残疾人和无固定生活收入、生活困难的居民的救济；（4）20世纪60年代精减退职老职工的救济；（5）对原国民党投诚起义人员等20多种人的政策性救济。

7. 社会福利生产。（1）根据有关法律法规制定社会福利生产的规章制度，对社会福利生产进行行政管理；（2）动员社会力量（包括各级民政部门自身），兴办社会福利生产；（3）监督、检查有关社会福利生产的方针、政策的执行情况；（4）制定各种措施办法扶持社会福利生产的发展；（5）保护残疾人在社会福利生产中的合法权益；（6）总结交流经验。

8. 社会福利事业。国家为妥善解决孤、老、伤残优抚对象和社会上无依、无靠、无生活来源的孤、老、残、幼以及精神病患者的供养、医疗、康复问题，兴办荣军医院、荣复军人疗养院、复退军人精神病院、孤老优抚对象光荣院等优抚事业单位和社会福利院、社会精神病院、安置农场，以及动员社会力量举办城乡敬老院等社会福利事业单位。民政部门是主管部门，负有统一规划、宣传动员、组织指导、经费供应及全面管理之责。

9. 社区服务。指在政府的倡导下，依靠基层政权和群众自治组织，发动社区成员开展互助性社会服务，解决本地区社会成员，特别是民政对象日常生活困难所形成的社会问题。

10. 农村基层社会保障。国家和社会依法对社会成员的基本生活予以保障的社会安全制度。包括社会保险、社会救济、社会福利和优待抚恤。

11. 行政区划。（1）贯彻执行有关行政区划管理的法律、法规；（2）对行政区划的设立、变更进行调查研究并提出建议；（3）承办行政区域单位设立、撤销、更名、行政界线变更、隶属关系变更，人民政府驻地迁移等行政区划管理的具体事务。

12. 边界争议调处。指国内相邻行政区域之间就分界线划分而发生的争议。各级民政部门要受各级政府委托，承担对争议的调处事务，并向政府提出仲裁建议；与此相连的行政区域边界的勘定也是民政部门管理职责。

13. 社团登记管理。(1) 依法对社会团体进行审查、登记、发证，确定其合法地位；(2) 对社团组建的指导；(3) 对社团行为及其活动进行监督检查；(4) 对违反《社团登记管理条例》的社团，根据情节轻重分别予以警告、停止活动、撤销登记、依法取缔的处分。

14. 婚姻登记管理。(1) 研究制定婚姻政策法规，切实保障婚姻法的贯彻执行；(2) 负责婚姻登记，以确定或解除男女双方的夫妻关系；(3) 指导教育广大公民遵守婚姻法，治理违法婚姻，调解婚姻家庭关系；(4) 指导和推动婚俗改革，移风易俗，树立文明节俭办婚事的社会主义新风尚；(5) 研究制定保护妇女儿童合法权益的政策法规，开展保护妇女儿童合法权益的宣传工作，并查处侵害妇女儿童合法权益事件。

15. 殡葬改革管理。(1) 制定贯彻有关殡葬的政策法规；(2) 改革旧的殡葬制度，推行火葬，破除封建迷信旧俗，提倡文明节俭办丧事；(3) 设置和管理殡仪馆、火葬场、公墓、殡葬服务站等，为群众服务；(4) 查处违反殡葬法规的事件。

16. 地名管理。对地名管理实体进行管理，主要包括：(1) 制定地名标准化、规范化原则和地名译写规则；(2) 办理地名的命名、更名的审批工作；(3) 对现有地名进行普查、审核和标准化处理，确定标准化名称；(4) 监督和推广标准化地名的使用；(5) 设置地名标志；(6) 对违反国家有关地名管理规定的行为进行检查处理。

17. 流浪乞讨人员收容遣送。城市民政部门设置收容遣送站，对家居农村流入城市乞讨的、城市居民中流浪街头的以及其他露宿街头、生活无着的公民，进行收容、教育、遣送原籍或送到安置农场，通过劳动和教育，使他们成为自食其力的新人。

18. 领导社会福利有奖募捐委员会。

19. 负责指导残疾人联合会和老龄问题委员会工作。

（二）十五年来民政工作主要成就

1978 年以来，大同市民政工作在改革开放的大潮中，深化改革，勇于探索，各项民政事业取得了丰硕成果，成为大同民政史上发展最好的时期之一。据不完全统计，仅从 1986～1993 年 8 年间，受市级以上表彰达 127 项，其中省级以上就有 8 项之多，市民政局集体受表彰的情况是：

1987 年 7 月，被省委、省政府授予“实行岗位责任制成绩显著先进单位”；同年 12 月，被民政部授予“全国民政系统先进集体”称号。

1988 年 1 月，大同市民政局被省民政厅评为模范单位。

1989 年 12 月，大同市民政局被省档案局评为省级先进单位。

1990 年 2 月，大同市民政局被省民政厅、省社会福利有奖募捐委员会评为有奖募捐工作先进单位；9 月，获省民政厅普及敬老院成绩显著锦旗，12 月，被民政部评为抗灾救灾先进集体。

1991 年 4 月，大同市民政局被省民政厅评为发展福利生产先进单位；6 月，被民政部评为全国民政信访先进集体；12 月，被省公安厅、省经委、省保险公司授予安全达标单位。

1992 年 6 月，大同市民政局被省绿化委授予先进单位；10 月获全省民政事业费汇总优质快报第一名；11 月荣获全省民政工作改革的排头兵荣誉称号。

1. 基层政权建设在改革中得到加强，基层民主政治健康发展

1984 年 5 月，大同市开展了政社分开建乡工作，至 11 月底全部结束，共建乡、镇 154 个（其中镇 33 个），乡、镇人民政府设乡（镇）长、副乡（镇）长、秘书、统计、公安、民政、司法、文教卫生等助理员。原来的生产大队改建为村民委员会，共有 2294 个，设居委会 633 个，这些基层群众自治组织，主要办理本村的公共事务，协助乡人民政府搞好本村的行政工作和生产建设工作。乡镇人民政府建立后，农村基层政权进一步得到了加强，改变了过去政社不分的弊端，农村物质文明和精神文明建设成效显著。1987 年，大同市委组织部、农工部、民政局等单位对全市 600 多名乡镇领导进行了培训，有力地促进了农村改革。1988 年，《中华人民共和国村民委员会组织法》《中华人民共和国城市居民委员会组织法》实施以来，全市认真贯彻“两法”，1990 年，主要对组织瘫痪、半瘫痪的村委会进行调查研究，向市委提出了治理方案。1991 年，大同市基层政权建设重点是开展村民自治示范活动，推进基层民主政治健康发展，在全市农村开展民主选举、

民主决策、民主管理和民主监督，完成了村（居）委会的换届选举，大大加强了广大农民自我教育、自我管理、自我服务的能力，为稳定社会、稳定农村的大好形势、促进经济建设的进一步发展，起到了积极的作用。在1991年全省村民自治示范活动检查中，灵丘县王成庄乡、南郊区城关乡、云冈镇被省政府命名为“村民自治示范达标乡镇”。

1994年上半年，大同市依照年轻化、知识化的原则，按照省民政厅的统一部署，在全市9个农业县区、154个乡镇的2286个村开展民主选举。已换届的村委会有2229个，占总数的97.5%，共选出村委会干部10236名，其中主任2229名，副主任1608名，委员6399名，并颁发了村委会干部证书。全市村委会普遍建立了各项制度，制定了村规民约，从而保障了农民安居乐业，邻里和睦局面的巩固，改变了部分村委会班子涣散、软弱无力的状况，为农村经济发展提供了良好的社会环境。

2. 改革了农村救灾体制，深化了救灾工作

大同市是一个自然灾害多发地区，水灾、旱灾、雹灾等多种灾害交替出现，给救灾工作带来严重困难。

1978年以来大同市根据第七次和第八次全国民政会议精神，制订了“依靠群众，依靠集体，生产自救，互助互济，辅之以国家必要的救济和扶持”的救灾方针，它既适应农村经济实行责任制联产承包的情况，又适应改革的需要与国家政治、经济发展的条件，增加了扶持的内容，提出了国家、集体、个人、社会各种力量搞救灾的积极救灾方针。

15年来，每逢灾情发生，救灾工作始终遵循以下原则：一是各级民政部门紧急出动，及时了解、核实、掌握、上报灾情，做到有灾必报，及时、准确地给党政领导和各有关部门提供情况，作为安排灾民生产、生活及开展生产自救的依据。二是按照专款专用、重点使用的原则，做好救灾款物的发放工作，通过民主评议，大队（村委会）审核，公社（乡、镇）批准、张榜公布将救灾款物发放到灾民手中，从1979~1983年共下拨农村自然灾害救济费1584.3万元。从1986~1992年下拨2304.4万元。三是探索开展救灾与扶贫、保险相结合，积极开展生产自救，变输血为造血，提高广大群众的防灾抗灾能力。1980年，大同市自然灾害主要是干旱、病、虫、风雹和霜冻。遭灾后，各级政府组织人力，调配必要的物资财力，积极进行抗灾斗争，全市参加生产自救的达70.8万人，占农业人口的46%，出动汽车661部、拖拉机1968台、大车13340辆、小平车17666辆，通过厂队挂钩、富帮穷、先进带落后等形式，开拓煤炭、炼焦和农机修造等19个项目，计2817处（家）。从1989~1993年，民政部门共扶持贫困户、灾民和优抚对象37200户，脱贫27530户次，已达到富裕水平的8171户，实现了无逃荒、无外出讨吃要饭、无饿死人的“三无”目标，保证了灾区的稳定。四是积极兴办双扶经济实体，截至目前，救灾扶贫经济实体从无到有，现已发展到25家，安排灾民、贫困户、残疾人982人，年创产值达100余万元。

尤其是1989年大－阳地震，大同市民政部门在抗灾史上写下了光辉的一页。1989年10月18日、1991年3月26日，大同、阳高、浑源、广灵4县交界地区分别发生了6.1级和5.8级两次中强地震，全市5县72个乡镇、848个自然村、69354户252625人受灾。其中有21个乡镇的184个自然村为重灾村，死亡18人，受伤825人，倒塌房屋33766间，严重危房108991间，直接经济损失4.8亿元，造成46034户166303人无家可归。面对如此巨大的灾情，大同市民政部门主要做了4方面的工作。

一是震情就是命令，紧急出动。地震一发生，市、县、乡民政部门的同志连夜冒着余震的危险，奔赴灾区，查看灾情，组织抢险，疏散群众，发放救灾物品。由于抗震救灾工作出动迅速，人、财、物及时到位，确保了吃、穿、住、医，灾区没有出现一起因地震引起的次生灾害，虽然经受了两次中强地震的袭击，死亡人数仅18人，民政对象无一死亡。

二是从严从快做好查灾、核灾、计灾工作。在抢险、安置工作初步结束后，以市民政局和地震局为主，组织了市直机关近80名同志分赴灾区进行了为期一个月的以户核灾，以户计灾工作，建立了灾情档案、自救能力档案、救灾款物发放专账，摸清了灾情底数，统一了灾情标准，为救灾工作奠定了基础。

三是圆满完成了国内外对地震灾区捐助接收工作。接收援助工作较为复杂，从生活的吃、穿、住、医、烧到生产资料、文化用品，大到汽车、小到橡皮、火柴，有40余种之多。在民政部门的牵头带领下，接收发放工作没有一丝一毫的差错，

而且保证援助款物及时接收，妥善保管，调运到县，较好地完成了任务。据统计，两次地震接收国内外捐助人民币791.5万元，美元500万元，粮票17.34万斤，衣物19.13万件，煤10869吨，木材1760立方，粮食76.67万斤，钢材240吨，药材517箱等，物资折款766.17万元。

四是保质保量完成了重建家园的任务。为了帮助地震灾区重建家园，大同市争取世界银行贷款3615万元，发动群众自筹资金16056.9万元（包括向世行贷款），国家下拨2437.9万元，新建民房30737间，公房2739间，维修民房261171间，公房2460间，由于民政部门切实抓好了材料供应、工程质量、工程进度，在1991年10月重建家园工程检查中，受到了世界银行检查团的高度赞扬，受灾县有26000户灾民喜迁新居。

3. 社会福利事业发展迅速

1958年，灵丘县城关镇开始兴建大同市第一所敬老院。1981年，大同市开始大规模兴建敬老院，对五保户逐步实行集中供养。1984年，全市共办起敬老院42所，供养五保户469人。到1994年，全市敬老院已发展到165所，供养院民1077人，占五保户总数的24%，其中大同、浑源、阳高、左云、南郊、新荣6个县区实现了乡乡普及敬老院的目标。从1991年起，全市开展了文明敬老院评比活动，各敬老院在院容院貌、经营创收、服务管理上下功夫，服务质量都有不同程度的提高，年产值650万元，创收可达60余万元，先后有18所敬老院被评为省级文明敬老院。

大同市光荣院建设由1978年的1所发展到现在的8所。大同市军供站、军队离退休干部休养所、社会精神病院、社会福利院、殡仪馆、盲人按摩门诊部、安置农场等福利事业单位突破了单纯封闭式管理格局，向社会开放，采取以实业补事业的办法，大力发展院办经济，从1989年到1993年，5年共创收600余万元，大大增强了服务保障实力。

1987年1月，大同市光荣院被省政府、省军区评为"为军人安心服役办好事活动"先进单位；9月，军供站在全国正规化建设验收中，被民政部、总后勤部授予正规化建设先进单位。

1989年12月，大同市干休所被民政部、总政治部评为全国先进军队离退休干部休养所。

1993年，阳高县光荣院被民政部命名为模范光荣院。全市14所敬老院被评为省级文明敬老院。

1994年，大同市军供站在全国军交正规化建设10周年活动中被民政部、总后勤部评为先进集体。

4. 优抚工作促进了双拥模范城建设

大同市是革命老区，优抚对象比较多，1978年以来，优抚工作的主要职责是：在春节、元旦、"八一"建军节三大节日组织慰问，开展拥军优属和优抚工作思想教育，褒扬革命烈士，落实国家抚恤和群众优待政策。组织扶持优抚对象发展生产，勤劳致富。1983年，随着农村联产承包责任制的建立，优待形式由原来的优待劳动日改为现金和实物。优待标准不低于当地劳均收入的1/3，相当于人均收入水平。在具体实施过程中，各地又有所不同。1985年，优待金最高的每户达2985元，最低的100元，其中烈属最高为5000元，最低的108元；残废军人最高有4500元，最低100元；复员军人最高4312元，最低100元；带病回乡退伍军人最高3710元，最低100元。1990年，定期抚恤，人月均46.5元，定期定量补助人年均326元，义务兵家属优待达到580元以上。1994年，全市享受优待的共有11107户，21620人，其中革命烈士家属685户1038人，户均优待361.5元；因公牺牲军人家属86户187人，户均204.4元；病故军人家属186户334人，户均282.9元；农村义务兵家属3814户13725人，户均524元，在乡伤残军人1323人，人均2172元；在乡复员军人4665人，人均163.1元；带病回乡退伍军人343人，人均181.2元。优待面达到了60%以上。

1985年，大同市开展了扶持优抚对象发展生产、勤劳致富的工作，扶持的主要形式是通过城乡结亲办经济实体在资金、信息、物资上扶持，农村开展养殖、种植、加工、修理、采矿等形式，当年扶持优抚对象45375户，其中有37340户摆脱了贫困，人均收入达到了150元以上。有3930户成为专业户，12户人均收入上万元，25户人均收入5000元。阳高县扶优工作与发展乡镇企业相结合，1985年发展乡镇企业105个，吸收贫困户、优抚对象1400多人，灵丘、广灵实行扶贫、扶优与救灾相结合，发展经济实体，初步呈现灾年无灾象，减产不减收的好势头。大同市双拥工作历史悠久，成绩显著。据统计，到1994年，全市共召开各种形式的座谈会和联欢会450余次，参加人数达97000余人次，新建国防教育馆47个，开展活动3100余次，办墙报、板报5600多期（块），书写标语48500多条，全市有3542个单位与当地驻军结成了共建对子，军民共建工程47项，建立拥军服务组织6593个，参加服务人员17261人，服务对象53594人，地方对驻军各种补贴32万元，为驻地部队办实事14800件（次），为现役军人解决住房困难2311户，解决子女入学入托13407人，安排随军家属2413人。1991年大同市被民政部、总政治部命名为双拥模范城，1994年评比工作实行“动态管理”，由于工作扎实，成绩突出，再次被评为国家级双拥模范城。

5. 社会保障工作初步打开了局面

大同市的社会保障工作始于1988年，在全国起步较早。同年，左云县开展了包括救灾救济、优抚安置、社会福利、农村社区服务等“一揽子”县级农村社会保障试点，在全国为首家，并取得了宝贵经验。1991年7月，民政部在左云县召开了全国农村社会保障暨养老保险研讨会，对左云经验作了如下概括：从保障对象来看，以优抚、五保、救济等民政工作对象为重点，逐步扩大到农村干部、老党员、幼儿、学生、民办教师、老年人，乃至全体农民；从保障项目上看，以民政保障项目为主，逐步扩展到幼儿教育、助学、医疗、意外灾害、养老保险、文化生活等诸方面的保障；从经费构成来看，由单一的民政事业费拨款，发展成为财政拨款、乡村企业提成、个人交纳、社会捐赠等多渠道的资金来源；从保障标准来看，以保障农民的基本生活为主，按照各乡村富、中、贫不同情况，允许保险型、福利型、救助型三者并存，从管理体制来看，以村为基本实施单位，乡镇统筹，县级调控，既有分级负责，又有统一管理，既有行政性，又有社会性和群众性，从而保证了社会保障管理机构正常运转，发挥作用。

农村社会养老保险工作是农村基层社会保障工作的核心。1991年10月，民政部在左云县开展农村社会养老保险试点。此项工作在全国仍属领先地位，1992年全市已在农村全面开展养老保险工作。12月，灵丘县在全省农村社会养老保险百日达标活动中，收取保金82万元，夺得了全省百日达标竞赛第二名。到1993年底全市9个农业县区，110个乡镇，1090个村普遍开展，分别占全市乡镇总数71%和村总数47%，投保总数达7347人，收取保金579.77万元，占全省上解保金的13%。

6. 社会福利企业在改革中不断发展壮大

1978年以前，大同市民政福利企业只有一个宏光五金厂，共有职工49人，其中残疾人26人，年盈利仅有2万余元。属于手工业生产，简单、粗糙，主要生产工矿配件、零星机械加工，长期无定型产品，规模小、技术装备差、生产项目少。15年来，大同市民政局紧紧抓住改革这一契机，勇于开拓创新，大力发展福利生产。1986年初，大同市民政局提出了以发展福利生产、安置残疾人就业为突破口的指导方针，动员全社会力量，采取多渠道、多层次、多形式大力兴办社会福利企业。到1993年，全市福利企业已发展到118家，类型多样，产品种类繁多，年创产值在596万元，实现利税1036万元，分别比1988年的56家福利企业的产值和利润增长130%和350%。1992年，大同市民政局自筹资金兴建军供大厦，成为大同市民政经济向市场经济过渡的龙头企业。在现有的福利企业中，全市有10多种产品成为定型产品，并获得国家、部、省、市优质产品称号，其中南郊区新华福利活性炭厂生产的煤质颗粒活性炭获国家专利和全国星火计划实用产品奖，远销美国、日本、德国、东南亚等地，成为出口创汇的拳头产品。

7. 婚姻管理依法走上正轨

1980年9月10日，全国人大五届三次会议通过对1950年公布的第一个《中华人民共和国婚姻法》、1955年由内务部公布的《婚姻登记办法》进行修改，颁布了新的婚姻法和《婚姻登记办法》，进一步完善了我国的婚姻登记制度。从1980年起大同市在执行新的婚姻法和《婚姻登记办法》的基础上，每年都要进行声势较大的宣传教育活动。印发资料，下发基层张贴。各乡镇、街道办事处、村居民委员会，采取片会、院会和墙报、板报等形式宣传，使干部、群众树立了社会主义新婚姻观，提高了法制观和遵法守法的自觉性，有力地推动了全市婚姻登记工作的顺利进行。一些不到年龄结婚的青年，主动撤回申请，推迟婚期。对杜绝早婚控制人口增长，起到了一定作用，1985年4~5月，大同市民政局分期举办了婚姻登记工作短期培训班，对全市各街道办事处、乡镇民政助理员全部进行了培训。同年5月，组织各县、区、乡镇、街道民政干部对婚姻法实施情况全面进行调查，发现1982年以来，矿区挖金湾街道办事处严重违反婚姻法规定婚龄，先后为66对不够婚龄的青年进行结婚登记，为此，对之进行了严肃处理并通报全市，据此，再次大张旗鼓宣传婚姻法，加强法制观念，严禁早婚，要求干部知法、懂法、守法。1988年12月，大同市民政局基政科被省民政厅评为全省婚姻登记管理先进机关。1993年，大同市民政局结合治理“三乱”（乱收费、乱摊派、乱罚款）对全市婚姻登记中个别县区存在的乱收费进行清理整顿，并把每年5月定为婚姻法宣传月。1994年4月下旬，阳高县对全县不领证就以夫妻关系同居的违法婚姻进行了认真的清理和查处。共查处了564对，取得了阶段性的成果，为全市整顿违法婚姻打开了局面。1993年，全市全年登记结婚的共17000余对，离婚350余对。

8. 社会福利有奖募捐工作取得了可喜的成绩

大同市社会福利有奖募捐工作是从1987年开始的，7年来，大同市有奖募捐不断探索奖券市场，走出一条大奖组、高奖额、低奖群的销售之路。中募委负责人称大同市是全国大奖组销售福利奖券的发祥地。1992年8月15日，大同市民政局首创并保持了单点日销奖券200万元的全国纪录。1994年6月17日，左云县5天单点售券100万元，人均购券达10元，创造了全省最高纪录。到1993年，全市共发行社会福利奖券2505万元，筹建社会福利资金近400万元，其中用于兴办资助社会福利事业项目23个，资助残疾人福利企业项日34个，兴建社区服务项目9个，兴办资助扶贫企业、乡镇福利企业项目23个，以及其他社会救济、助残、扶贫、帮孤等，累计投入使用资金达300多万元。

9. 殡葬礼俗改革促进了精神文明建设

大同市殡仪馆建于1966年6月，殡葬改革同时起步。据统计1977年全市火化尸体770具，火化率为21.6%。1984年，大同市民政局向市政府报送了《关于加强殡葬改革的报告》并开展了声势浩大的宣传活动。大张旗鼓宣传殡葬改革的政策、法令、规定，印发宣传资料近万份，文件汇编500册，使广大群众明白殡葬改革的意义，提高了火葬的自觉性，初步形成了群众拥护殡葬改革的良好风气。1985年，大同殡仪馆加大了改革力度，主要表现在：（1）火化率上升；（2）实行经济承包；（3）彻底治理脏乱差，改变场容场貌。同年6月，大同市殡葬管理所成立，其主要任务是：宣传检查殡葬改革政策及贯彻执行情况；统一管理全市殡葬改革事项，查处违反殡葬管理规定的人和事；协助有关单位处理有关丧葬纠纷；改革土葬，推行火葬等。使大同市殡葬管理依法走上正轨，推动了火化率的逐年上升。1993年的工作重点是清理整顿全市丧葬用品市场，对60多家经营封建迷信用品的店铺进行了处罚，共没收、销毁纸人纸马等封建迷信用品价值2000多元，全市全年火化尸体1700多具，火化区火化率达89%以上。1989年4月，大同市殡仪馆被省民政厅评为全省殡葬事业先进单位。1991年10月，大同市民政局被省民政厅评为殡葬管理工作先进单位。

10. 收容遣送管理得到了加强

大同市收容遣送站的前身是大同市临时收容所，成立于1957年7月18日。1961年10月27日，大同市委决定将南关收容所与民政局临时收容所合并，由民政局接管并建立新的机构。1962年1月，经市委批准成立大同市收容遣送站。

党的十一届三中全会以来，由于改革开放政策的实行，广大城乡人民收入显著增加，生活水平明显提高，收容遣送工作的特点发生了质的变化，收容遣送对象不再是因灾或因生活困难乞讨的这类需要社会救济的对象。大部分是务工不着、无证经营、逃避计划生育、流浪成性、以乞讨为生财之道的人，被家庭遗弃或虐待的精神病人和智障人士等。几年来，大同市对农村流入城市的人口实行“及时收容、加强教育，适时遣送，安置落家”的办法，对流浪乞讨人员实行“收容、救济、教育改造和遣送安置相结合”；对长期流浪乞讨人员采取分散安置与集中安置结合、多渠道、多形式的安置办法。据统计，从1978年至1985年，大同市收容遣送站共遣返原籍的1415人；送大同市社会福利院的8人；由单位、家长领回的1205人；交公安部门的有277人。1993年，全市共收容782人，遣送574人。

11. 社会团体管理登记逐步走向规范化

1987年，国务院重新明确规定由民政部负责社会团体登记管理工作。1989年12月25日，国务院发布了《社会团体登记管理条例》。1991年上半年，大同市民政局成立社团登记管理科。1991年8~9月，大同市民政局先后深入大同市科协、文联、宗教处等几个部门进行了调查摸底，经过调查发现，全市性社会团体有120家，其中科技类78个、文学艺术类11个、体育13个，其他18个，基本上做到了情况清、底子明，为开展社团的清理整顿提供了基础。9月以后，大同市民政局以《社会团体登记管理条例》为依据，对申请复查登记的社团进行审批注册，依照有符合我国宪法和法律规定，反映其成员共同目标和要求的章程；有得到多数发起者拥护的负责人和一定数量的成员；有办事机构和固定的办事地点；有合法的经费来源；有有关业务主管部门审查的文件5条标准进行注册登记。当年为14个社团办理了登记注册手续。1992年，大同市民政局对全市原有的120个社会团体进行了清理整顿，给符合《社团登记管理条例》的100多个社会团体换发了登记书，其中法人社团58个，非法人社团48个，新批准成立8个，经协商合并6个，撤销2个。1993年，大同市、雁北地区合并以来，大同市社团登记工作一方面是清理整顿地市社团合并，一方面对各类社团实行科学的分类管理，至此，大同市社团工作向建立档案、提供服务、保护各社团合法权益方向发展。

12. *城市社区服务初步形成网络*

1986年，民政部在总结以往各地开展基层社会福利工作经验的基础上提出了社区服务。1987年上半年，大同市民政局配合大同市城区政府在城区北关街和新华街开展社区服务试点，成立了专门机构，制订了以街道为主体、以居委会为依托的发展规划，当年兴办便民服务网点20个。1987年末，大同市政府又专门召开了常务会，召集各有关部门共同协商，制定并下发了《关于加强居民委员会建设的几点意见》和《关于扶持居民委员会兴办企业的暂行规定》，在政策上给予优惠，税收尽力减免，贷款上帮助贴息，在领取营业执照、批供粮油等方面给予照顾。其后又根据各街道的具体情况，分3万元、1.5万元、5000元、2000元4个档次，共下拨专款16.2万元，扶持各街道新办起不同类型的便民服务设施和网点29个。从此，城区、矿区社区服务如雨后春笋般地发展起来，到1990年，全市初步形成了以街道和居委会为依托，以小型多样的服务设施为主要形式，以孤、老、残、幼和烈军属为主要服务对象的社区服务十大系列：

一是老年人服务系列。建立活动室（站）42个，老年婚姻介绍所6个，法律咨询站42个，五保服务组107个。

二是残疾人服务系列。有福利工厂13个，解决残疾人就业216人，残疾人活动室16个，婚姻介绍所5个，精神病人看护组9个。

三是拥军优属服务系列。组建军人家庭服务站11个。

四是婚丧服务系列。成立红白理事会220个，婚前教育学校5个。

五是幼少儿服务系列。各街道、居委会办起幼儿园、托儿所43个，学前班58个，儿童食堂20个。

六是计划生育服务网络。组建计划生育领导组220个，咨询组45个，服务组157个。

七是医疗保健服务系列。建起医疗所（站）16个，楼院医疗点81个，妇幼保健咨询站13个。

八是治安防范系列。成立治保组巡逻队266个，调解委员会221个，帮教小组16个。

九是卫生绿化服务系列。成立清洁队263个，绿化组80个，宣传组221个。

十是便民服务系列。兴办各类生活服务点37个，家庭劳动服务点66个，存车棚42个。

十大服务系列有效地保障了居民从生、老、病、死到衣食住行的全程服务，极大地方便了居民的生活。

1993年，全市共兴建社区服务网点580个，年创收达158万元，在全省处于领先地位。

13. *地名管理逐步向标准化方向发展*

1980年10月16日，大同市地名普查领导组成立，下设办公室。1981年7月17日，经大同市人民政府批准，更名为大同市地名办公室。

1984年8月21日，大同市人民政府常务会议决定，成立大同市地名委员会。

1985年9月4日，大同市地名委员会撤销，其办公室归大同市民政局。

大同市地名普查工作是从1989年10月开始的，全市先后举办了4期地名普查业务干部培训班，参加培训的有县、区、街道办事处、居委会、乡镇、村和有关单位抽调的人员927人。之后，普查工作在全市全面铺开。各县区深入实地，采用走访、座谈、查资料、勘察等方法进行调查。对调查资料反复核对、分析、考证，填写图、文、表、卡4项成果。1985年8月，全市地名普查4项成果经验收合格，报送省地名办公室，11月在全市地名普查的基础上，开始编写《大同市地名志》。至1985年，全市共命名、更名各类地名266条，其中命名的路、街97条，区片26条，公路6条，桥梁2条，更名的乡镇3个，自然村30个，街巷33条，区片19条，桥梁1条。合并、延伸的街、巷、公路19条，对原街、巷进行规范化处理的30条。经过努力工作，大同市以往地名状况混乱现象，基本上得到了纠正，符合了国务院的规定，为大同市地名管理工作奠定了基础。

1984 年 4 月，大同市地名办公室编辑出版了《大同市行政区划沿革资料汇集》。该书编撰了 1949 年 5 月大同解放后至 1983 年底大同市历次行政区划变更情况，采用图、文、表三对照的形式，共编写概况 25 份、市图 22 幅、表 22 份，成为全省最早编辑出版此类书籍的单位。

1992 年，大同市地名办公室在做好日常地名档案管理的基础上，着手编辑《大同市民政志》。

（三）存在的问题和对策

15 年来，大同市民政事业在改革的大潮中得到了长足的发展，各项工作呈现出良好的发展态势，尤其是 1993 年 7 月雁北地区、大同市合并实施市管县的新体制后，优势互补，民政工作得到了相应的充实和加强，但也存在着一些问题，主要表现为如下几个方面。

一是民政经费的紧张制约了各项民政事业的发展。几年来，随着经济体制改革的不断深入，人民生活水平不断提高，民政对象的生活水平相对偏低，贫富悬殊差距拉大。由于物价上涨等因素，一方面民政行政经费缺口较大，对民政基础设施投资太少，直接影响着民政事业的发展；另一方面，一些县的专项资金不能及时到位，这些都直接关系着民政对象生活，关系到社会的稳定。

二是退伍军人安置面临困难。由于退伍军人安置与用人单位用工制度和企业搞活用工制度改革政策不配套，安置工作较为困难，虽然民政部门在接收过程中做了大量的思想政治工作，积极联系争取，但有的单位接收工作存在实际困难，有的单位存在本位主义，不愿接收。

三是民政福利生产步履维艰。民政福利企业本来基础差、底子薄、资金不足，1993 年实施新税制以来，减免税额退还企业不能按时兑现，严重影响了福利企业的发展。

四是基层干部待遇低，影响着基层群众自治组织建设。部分县区，尤其是贫困地区，村委干部工作任务大、难度大，但每年补贴不过百元左右，多年由于集体经济薄弱无法兑现，因此，很多干部不想干。城镇居委干部每月生活补贴偏低，少则二三十元，多则四五十元，严重地影响了工作积极性，居委会干部面临着后继无人的严重局面。

五是农村社会养老保险没有引起足够的重视。部分县区没有把农村养老保险列入党委、政府的重要议事日程，没有把这项工作放在共产党人对农民高度负责上来看待，影响着这项工作的开展。

六是社区服务关系没有理顺。由于政策上不配套，一些优惠政策不落实，部分社区服务网点萎缩。由于资金缺乏，许多社区服务项目无法开办。

针对上述问题，今后，大同市民政局要以第十次全国民政会议精神为指针，围绕稳定大局服务，为发展大同经济服务，充分发挥民政部门稳定机制作用，使全市民政事业有一个突破性的进展。以大力发展民政经济为主攻方向；以扶贫、扶优、助残、托孤、帮老为主要内容；多层次、多形式、多渠道发展福利生产、改善服务设施、提高服务质量为主要任务，立足自我，面向社会，深化改革，扩大开放，同时抓好以下 5 个转变。

一是思想观念的转变。破除只讲社会效益、不讲经济效益的观念，树立两个效益并举，以经济效益促社会效益的观念；破除计划经济条件下形成的“等、靠、要”的观念，树立自我创造、自我发展的观念；破除因循守旧、自我封闭的观念，树立发展开放的观念；破除“小进即满”的观念，树立超常规加速发展的观念。

二是运行机制的转变。首先是福利企业经营机制的转变，要下决心做好“三项制度”改革，使福利企业真正成为自主经营、自负盈亏、自我发展、自我约束的主体。其次是事业单位运行机制的转变，要扩大开放走产业化道路，逐步建立以有偿服务为主、有偿服务与无偿服务相结合的社会福利机制。最后是资金筹集机制的转变，要由过去的国家财政供给为主，转变为财政供给、向社会筹集、民政企事业单位创收的多方位结合型。

三是职能配置重心的转变。要适应建立社会主义市场经济体制的要求，把那些能交给社会和群众办的事情，让社会、群众去办，从而把民政部门职能配置的重点移到加强社会行政工作的宏观管理上来。

四是管理方式的转变。要从单纯地运用行政手段为主转变为综合运用行政、法律、经济、服务等多种手段，建立和完善民政事业的社会化服务体系，大力推进民政工作社会化，在政府职能转变过程中，一方面要强化民政部门，另一方面要依靠各有关部门齐抓共管，发挥整体效益。

五是干部职工队伍和素质的转变。要根据社会主义市场经济条件下民政事业发展的需求，努力提高民政队伍的自身素质，采取多种形式培养和引进经济管理、社会管理和法制管理人才，改善民政队伍结构，以适应市场经济的需求。

（作者系大同市民政局原局长）

五、《雁北 42 年（1949—1990）》为国家分忧为群众解愁（邓忠）

新中国成立以来，雁北地区民政工作在党和政府的领导下，围绕各个时期的中心任务开展工作，广大民政工作者勤勤恳恳、兢兢业业，发扬孺子牛精神，各项工作取得巨大成就，充分发挥了民政部门的社会稳定机制作用。尤其是党的十一届三中全会以来，雁北民政工作有了很大的发展和提高，对于保障人民生活、振兴雁北经济、密切军政军民关系、巩固和发展安定团结的政治局面，都发挥了重要作用。回顾 40 年来走过的历程，主要有以下几个方面。

（一）基层政权建设得到了加强

雁北全区解放是 1949 年 4 月。在此之前，边区的基层政权建设是开展民主选举，民主建政。解放后基层政权建设主要包括两项：一是协助党委、政府开展人民代表大会制度；二是撤销县辖区公所，调整乡政府，巩固加强乡（镇）基层政权。

雁北地区的人民代表大会制度从 1948 年就已经开始，在中国共产党的领导下，通过民主选举，使人民当家做主。新中国成立后一直到 1958 年人民公社化以前，各县的基层选举步骤是：首先进行选民登记，然后进行发动，通过民主协商、酝酿，提出代表候选人，召开选民大会，选举产生乡人民委员会。

1958 年人民公社化后到“文化大革命”前，全区选举步骤为：宣传发动，选民登记和审查，酝酿提名候选人，召开选民大会，选出公社代表，召开公社人民委员会，选举公社管理委员会。由县人民代表，选举产生县人民委员会。

1958 年 9 月，全区撤销乡建制，成立人民公社，自然村成立的农业生产合作社改为生产大队。

1983 年，雁北地委、行署为了认真贯彻实施中发〔1983〕35 号文件，按照中共中央、国务院的决定，基层政权建设实行政社分开，建立乡（镇）政府和村民委员会。先在怀仁县金沙滩和新家园两个乡进行建乡试点，之后在全区展开。

1984 年 10 月，雁北地区取消了人民公社建制，基层政权设置在县城是街道办事处，在农村是乡镇村。县辖乡镇、乡镇辖行政村。到 1984 年底，全区共建立乡（镇）人民政府 175 个，村民委员会2756 个。其中建制镇由 1972 年的 5 个发展到 1984 年的 40 个（不含朔州），1985 年 1 月在建乡的基础上着重抓了各级政府的工作条例和岗位责任制，组织农民发展生产和发挥基层政权、基层自治组织的职能作用。

（二）拥军优属、优待抚恤取得明显成效

雁北是个革命老区，有着拥军优属的光荣传统。早在抗日战争、解放战争时期，优抚工作的主要任务是支前、优待、抚恤、拥军优属等，为确保抗日战争、解放战争的胜利，打败美帝国主义，推翻蒋家王朝的反动统治发挥了重要作用。

新中国成立之初，全区各级民政部门坚持“组织生产，建立家务，发动群众代耕帮助，辅以政府实物补助”的优抚工作方针，积极开展各项优抚工作。优待工作：从 1982 年到 1988 年。全区共优待 125175 户，优待金 19709007 元。定期抚恤：1990 年，全区享受定期抚恤的革命烈士家属、病故军人家属、因公牺牲军人家属共 713 户 786 人，全年定期抚恤金 318749 元，人月均 33.79 元。定期补助：1990 年，全区有 5271 名复员军人享受了定期补助，定期补款 1621149 元，人月均 25.6 元。拥军优属是我区的光荣传统，无论是革命战争时期还是和平建设时期，都为密切军政军民关系、巩固国防作出了巨大的贡献。尤其是党的十一届三中全会后，得到了进一步深化。从 1984 年开始，全区广泛开展“为军人安心服役办好事”活动。地、县、乡、村 4 级建立“为军人安心服役办好事”领导机构，地县两级成立领导组，乡镇成立了服务中心，村设立服务站。并开展多种形式、多种内容的拥军优属活动。截至 1988 年底，全区共为现役军人家属和优抚对象新建和维修房屋 2817 间，解决工作问题 325 人次，照顾迁转户口 230 户，照顾子女入学 3810 人，照顾家属就业 1451 人，帮助处理家庭纠纷 1436 次，包户服务 7561 户、赠送慰问品 114299 件，为军属优先分配住房 634 间。另外，军地两用人才介绍所的建立使广大退伍战士各尽其才。全区从 1984 年建立军地两用人才介绍所以来，现已发展到 174 个。到 1988 年，共接收两用人才 10034 人，其中开发使用了 7023 人，占两用人才总数的 70%，有效地为有技术专长的农村退伍军人解决了就业问题。

（三）救灾救济卓有成效

雁北历史上就是个多灾贫困地区，十年九旱，每年都有部分地区不同程度地遭受旱、风、雹、冻、虫、洪等自然灾害。有的年份各种灾害交替

发生。党的十一届三中全会后，生产救灾工作贯彻“依靠群众，依靠集体，生产自救，互助互济，辅之以国家必要的救济和扶持”新的救灾方针。全区救灾工作主要抓了以下几点：一是加强各级党委和政府的领导，层层建立健全救灾机构，发挥各有关部门的作用；二是及早动手，大抓生产自救活动；三是开展互助互济活动；四是及时合理地发放救灾款，妥善安排灾民生活；五是检查纠正查处各地发放救灾款物中存在的违法乱纪问题。通过以上工作，使雁北地区救灾工作逐步实现了4个转移：由过去的以队记灾变为以户记灾；把单纯依靠国家救济变为集体、个人共同负担；把生活救济同扶持灾民发展生产相结合。1983～1988年，地区共下拨各县救灾款1608.8万元，救济扶持灾民80万人次，安排救灾粮3332.7万斤，帮助灾民修建房屋7587间，发放救灾衣被（含募捐）171983件。

1989年10月，大同、阳高县发生6.1级地震，共波及我区大同、阳高、浑源、广灵4个县的69个乡镇808个村。其中受灾严重的有20个乡镇79个村，死亡17人，受伤145人，倒塌房屋31348间，严重危房94548间，直接经济损失3.8亿元，使34875户127425人无家可归。地震发生后，地县两级民政部门的同志全力以赴，积极投入抢险救灾工作中，出现了许多可歌可泣的动人事迹。之后又承担了查灾、核灾、记灾、接待慰问团体和接收、发放救灾款物的繁重任务。对4个受灾县按统一标准以户记灾，以户核实，建立“灾情档”“自救能力档”“救灾款物专账”两档一账，共接待本省、兄弟省市等慰问团87个800余人，接收慰问信4000份，慰问电42份，还接收法国、捷克斯洛伐克和联邦德国、世界银行考察团等个人及国内人民、解放军、国家机关、外省、自治区、直辖市，本省省直机关、兄弟地市、本地区的870个单位捐助人民币790万元，美元500万元，捐助的物资折款763.3万元。接收捐助物资主要有衣物18.6万件，煤10869吨，木材1745立方米，粮食746700斤，钢材240吨，药品517箱，还接收捐助粮票17.24万斤。之后又转入抗震救灾重建家园工作。向广大灾民大力宣传自力更生、艰苦奋斗、发展生产、重建家园的思想。到1990年8月中旬，全区重建家园工程实际支出达8300多万元，其余4700万元全部来自于基层乡镇和群众自筹，保证了重建家园工作的顺利进行。

（四）“双扶”工作取得了显著的成绩

雁北的扶贫、扶优工作是对救济和优抚工作的深化，大致经历起步—高涨—重点扶持3个阶段。1984年以前，仅有地区民政局在浑源西河口、灵丘三楼、平鲁只泥泉3个乡搞“双扶”工作，这个阶段为“双扶”工作的起步阶段。1984年省民政厅在怀仁县召开全省扶贫会议到1986年，为雁北“双扶”工作的高涨阶段，“双扶”工作由民政牵头，动员全社会的力量齐抓共管，形成了全社会关心支持“双扶”的大好形势。当时，从地县到乡村，层层建立了“双扶”领导机构，各级党政部门的主要领导出任“双扶”领导组组长，而且工作有组织、有计划，年终有总结。实行了地委、行署主要领导和有关部门包县、县委和政府主要领导包乡、乡党委和政府包村、村干部和党员及“两委”包户的4级包扶组织网络。“双扶”的形式大致分零星分散扶持和集中连片扶持两类，扶持的内容也从传统的一种二养三加工发展到采矿、运输、建材等十几个门类，“双扶”资金来源也由民政一家发展到社会各阶层、各部门集资扶持。当时民政工作的社会效益和经济效益，以及在社会上的影响，可以说是历史上最好的时期之一。从1986年至今“双扶”工作进入重点扶持阶段。这个阶段的“双扶”工作，由民政部门牵头抓变成党委部门和农工部来抓，这时，民政部门在“双扶”工作中只重点扶广灵的斗泉乡和右玉的杀虎口乡。

通过“双扶”工作，促进了农村的产业结构调整，也加速了商品生产的发展。全区377个贫困村，有39个发展成为养殖专业村，22个成为林业专业村，大大提高了社会经济两个效益，加快了农村脱贫致富的过程，全区80%的贫困村已解决了温饱问题，有200多个村摆脱了贫困线，人均年收入达到200元以上。

（五）社会福利发展迅速

1. 福利事业

新中国成立以来，雁北地区对无依无靠的老弱孤寡残疾户根据《高级农业合作社示范章程》和《全国农业发展纲要（修正草案）》等规定实行五保。由于雁北地区贫穷落后，一些五保户温饱问题得不到解决，实际上只是供给一项口粮，穿衣、花钱主要靠国家救济。1958年，雁北办起了一批敬老院。但因当时思想和物质条件都不成熟，除个别外，大部分没有巩固下来。“文化大革命”时期，救济工作说成是“资产阶级慈善事业”“小恩小惠”，因此五保工作受到影响。雁北地区从1958年建起浑源县第一所供养孤老复退军人的光荣院，党的十一届三中全会后到1990年底统计：全区敬老院发展到186所，供养院民1332人；光荣院发展到9所，供养院民144人。现正向强化服务、科学管理方向发展。此外，全区还拥有大型烈士纪念建筑8处，局直精神病医院1所，床位130张，收养院民66人；社会福利院1所，床位150张，收养院民28人。

2. 福利企业

雁北的社会福利生产从新中国成立到党的十一届三中全会前，历经了几起几落的过程。1984年10月，地区民政局在怀仁县兴建了一家社会福利煤粉厂，填补了雁北地区社会福利生产的空白。到1989年底，全区共有福利企业32个，职工总数654人，安置残疾人281人，这一年福利企业年总产值500万元，实现利润70万元。

（六）农村基层社会保障取得了成功的试点经验

从1988年10月以来，地区民政局利用两年时间，在左云县开展了县级范围内农村基层社会保障试点工作：分别在富、中、贫3个乡镇、3个层次的10个村进行试点探索。1989年6月，社会保障工作在全县铺开，1990年4月，产生了全县保障方案和制度。

左云县社会保障的特点是县、乡、村3级分层次负责，村实行自我保障，乡实行部分统筹，县实行全面调节。保障对象和内容以优扶、五保、救济等民政保障对象为重点，面向全体村民的养老、疾病、助学和意外灾害，保障水平以保障农民的基本生活需要为目标的救助性保障，各乡村之间在项目、标准上存在差异。资金来源，实行集体投入和个人交纳为主，国家资助为辅；银行现收现付、略有结余，实行逐步积累方式。

1989年底，左云县用于农村基层社会保障的资金是254.46万元，使全县5000多名民政对象和社会应保人员得到了保障。1990年6月，民政部范宝俊副部长在省民政厅孙厅长的陪同下到左云县，听取了社会保障试点工作的进展和做法后给予了充分的肯定。1991年3月，王森浩省长在左云视察时，对社会保障工作给予了高度的评价。

（七）婚姻登记不断加强

实行婚姻登记，是区别我国新旧婚姻制度的主要标志。新中国成立后，中国共产党彻底废除几千年来蛮横、落后、愚昧的封建婚姻制度，使广大劳动人民尤其是广大妇女从旧的、残酷的封建桎梏下解放出来。1950年4月13日，中央人民政府委员会第七次会议通过了《中华人民共和国婚姻法》。规定结婚年龄男20岁，女18岁。雁北地区按婚姻法的有关条款进行婚姻登记。1950～1953年，全区各县婚姻登记机关是区政府。1953年，各县的划区建制撤销后，各县设立婚姻登记站，进行婚姻登记工作。同年，雁北地区为全面贯彻落实婚姻法掀起了声势浩大的婚姻运动月活动，各县成立专门委员会，搞宣传、处理婚姻问题。1958年人民公社化后，民政局委托公社人民政府办理婚姻登记手续，县城仍由民政局办理。“文化大革命”期间，婚姻登记制度同样受到了冲击，雁北地区旧的婚姻习俗和社会上的不正之风同流合污渗透到婚姻登记领域，封建包办、买卖婚姻时有发生，早婚、未婚先孕、不领结婚证而同居（人称小结婚）等现象有所增加，婚姻登记工作受到了干扰。1980年10月雁北地区按省民政厅《关于认真宣传贯彻新婚姻法的通知》精神，建立了不定期的结婚登记制度，1980年11月民政部颁发《婚姻登记办法》以来，雁北地区办理结婚登记在县城是街道办事处，在农村是公社（镇）人民政府。1981年，在全区范围内贯彻执行新婚姻法的同时，广泛宣传“晚婚、晚育、优生、少生”政策，提倡“一对夫妇只生一个孩子”，要求广大青年在法定“男22周岁，女20周岁”的基础上，更晚一点结婚。行署民政局要求婚姻登记员要严格执行婚姻法有关规定，对于非法同居、重婚者要严肃处理，要敢于堵后门。同时对于非法办理婚姻登记手续的给予了严重处分和罚款。1984年，随着政社分开，农村婚姻登记权由公社会计秘书管理收回到乡民政助理员手中，并在结婚离婚证上一律用上各政府的印章，全区的结婚证书也统一了式样。1985年，雁北地区按照《婚姻登记办法》对全区民政助理员进行了培训，并经考试颁发了《婚姻登记员证书》。1983～1988年，全区登记结婚人数为969422对，登记离婚的1879对。

（八）复退军人安置迈出新步伐

新中国成立初，民政部门配合兵役局，对本区历年的退伍红军老战士、残疾军人、复员军人、转业军人、退伍军人进行了热情接待、妥善安置，使他们的生活得到了可靠保障。1950年，为适应新中国成立后大规模的复员工作，雁北成立了复员委员会，各县也建立了相应的组织，按照“回一批安置一批，回一人安置一人，妥善安置，各得其所”的原则进行安置。1950年到1954年义务兵役制前，全区共接收复员、转业军人10317人。1954年11月以后到1957年，按照兵役法，安置对象主要是复员军人。1958年后主要接收安置退伍义务兵，贯彻“从哪里来，回哪里去”的原则。“文化大革命”结束，安置工作逐步走上正轨，对城镇退伍军人执行国务院规定的：“按系统分配任务，包干安置”，立功受奖区别对待，优先安置的办法；对农村退伍兵继续贯彻“从哪里来，回哪里去”的办法，大力开发使用军地两用人才。1983年到1988年，全区共接收退伍军人13792名，安置城镇退伍军人3216名。

新中国成立初，雁北地区民政部门还承担资遣安置了大量战争俘虏和国民党散兵游勇，改造所有旧的慈善社团，实行禁绝烟毒，封闭妓院，收容改造妓女、乞丐和游民，解决了一系列旧中国遗留下来的社会问题。在抗美援朝期间还承担了艰巨的支前任务。

另外，在地名管理上，1979年开始地名普查试点，1979年全部结束，共普查地名36265条，更改不合理地名124条，删去200多条无人居住地名，并将图文表卡4项成果上交中央地名委员会和省地名委员会，把各县地名成果汇编成地名录，为社会提供了准确资料。在行政区划上，完成了行政区划沿革的任务。

40年来，特别是党的十一届三中全会以来，雁北民政工作有了很大的进步，取得了可喜的成绩，也积累了宝贵的经验：以改革总揽全局，围绕党的中心任务开展各项工作，争取各级领导重视和社会各界的支持是搞好民政工作的保证；为政清廉，全心全意为民政对象服务，团结一致，科学求实，艰苦奋斗是关键。

在总结过去工作的时候，我们也应当看清工作中的不足：人、财、物等民政自身建设跟不上工作发展需要；福利生产论证不足，福利企业效益低；各项工作发展不平衡；民政理论研究及宣传工作薄弱。

总之，今后一个时期内，雁北地区民政工作总的指导思想是以党的基本路线为指针，继承和发扬过去的优良传统和作风，深化改革，开拓进取，充分发挥雁北民政工作的优势，狠抓薄弱环节，逐步推进基层民主政治建设，积极发展社会保障事业，努力改进社会行政事务管理工作，进一步发挥民政部门的社会稳定机制作用，为兴雁富民作出新贡献。

（作者系原雁北地区民政局局长）

六、雁北民政（1949～1993）

（一）机构

明以前，社会救济事项由知府、衙署管理。清康熙二十八年（1689）曾建养济院，乾隆二十一年（1756）曾建留养局。民国时期，国民政府内设民政科，下设救济院。

1938年1月，抗日战争时期，晋察冀边区雁北专署成立民政科，负责支前、优待、抚恤、拥军优属等工作。此后各县抗日民主政府即设民政科，各区设民政助理员。1968年雁北地区革命委员会把民政局改称民政事务组。1972年撤销民政事务组，成立民政局。至1993年7月雁同合并。局设政工、行政、双退、地名办公室、民政、优抚、社会救济等科，下辖扶贫服务中心、烈士陵园等。

局办公室负责行政事务、文书档案、信息反馈、信访接待、财务、统计等。优抚科负责拥军优属、烈士抚恤、残废抚恤、退伍军人安置、烈军属优抚优待、定量补助等。社会救济科负责五保、敬老、殡葬改革、婚姻登记、外流人员收遣、孤寡残幼定期救济、社会救济等。地名办公室负责行政区划、政权建设等。扶贫服务中心负责优抚，从物质上、技术上扶持贫困户。烈士陵园负责革命烈士褒扬、整理烈士档案、编写烈士传、美化环境、接待瞻仰等。各县、乡、镇负责该县、乡、镇的民政工作。1983年以后又增设民政福利企业公司。其任务是从资金、信息、技术等方面扶持贫困地区发展商品生产，指导民政福利企业健康发展。1986年，又增民政建设科，负责基层政权建设、纠正错划阶级成分、解决边界纠纷、婚姻登记、殡葬改革等项工作。并成立了行署残疾人联合会，对全区各县残疾人摸底调查、建档，给全区广大的残疾人办理了残废证。之后全区各乡镇婚姻登记所撤销，成立县婚姻登记处，由县集中统一管理结婚登记。1985～1993年，行署民政局为双文明单位。

（二）优抚

国家规定，享受优抚对象是：革命烈士家属，因公牺牲、病故、失踪军人家属，现役军人家属，革命残疾军人，复员军人，退伍军人等。

雁北是革命老区，有着拥军优属的光荣传统。抗日战争、解放战争时期，优抚工作的主要任务是支前、优待、抚恤、拥军优属，保证烈士家属、革命军人和残废军人家属的生活。群众组成帮工队、代耕组，帮助他们挑水、扫院、磨面、打柴、请医买药，还有社会救济等。新中国成立初，全雁北区各级民政部门坚持“组织生产，建立家务，发动群众代耕帮助，辅以行署实物补助”的优抚工作方针，积极开展各项优抚工作。1955 年前，优抚工作形式主要是代耕，优抚对象是烈、军、工属及一、二、三等荣誉军人。1950 年，全区有烈属 4228 户，享受代耕的 842 户；军属 23962 户，享受代耕的 5715 户；工属 5018 户，享受代耕的 984 户。1955 年全区享受代耕的烈、军属和二等以上的荣誉军属共 10855 户，占其总户数的 48.7%，代耕土地 119602 亩，占总土地面积的 21%。

1956 年农业合作化后，优抚形式由代耕改为优抚劳动日，以大队为计算单位，按劳力比例负担，参加生产队的粮、棉、油、柴、菜等实物分配和现金分配，军官家属优抚按虚工分，按虚工分分给实物，再按国家统购价格向生产队交款。

1981 年雁北全区共优抚户数 16935 户，优抚劳动日 2834168 个，折合现金 1153087 元。

1982 年由优待劳动日转化为优抚现金。这一年，全区享受优抚的有 19501 户，占农村全部优抚对象 32774 户的 59.5%，户均 118.95 元；全区有农村义务兵战士家属 73875 户，全部享受优抚，优抚款 1175883 元。1984 年以后，各县逐步实行按战士服役年限优待的办法；即对服役 1 年的优待 1 个劳力收入的 1/3，2 年的 2/3，3 年的 3/3，4 年以上者给予一个劳力的全部收入，如果在部队立功受奖则升一格，家庭特殊困难的升一格。以后随着经济的发展，优待标准也逐年提高。1987 年行署民政局在左云县搞了春评变冬评、定兵定优待的试点，取得了成功的经验，这一经验在全区进一步推广。

（三）烈士褒扬

经上级批准，雁北地委、雁北专署于 1949 年 3 月决定在晋北地区抗日战争的前哨——朔县修建塞北烈士纪念祠。于 1951 年 5 月 4 日纪念祠竣工。雁北地委及朔县、山阴、怀仁、左云、右玉、平鲁县委在朔县隆重召开了塞北烈士纪念祠竣工庆祝大会。

此纪念祠位于朔县县城西北角云路巷，旧址为原朔州文庙。

祠院呈长方形，南北长 100 米，东西宽 45 米，占地面积为 4500 平方米。纪念祠主要由正厅和纪念塔组成。

共有 5000 多位烈士的英名环墙排列，其中有爱国女华侨抗战英雄李林烈士的生平简介和在百团大战中在朔县牺牲的 76 位烈士生平及牺牲简历。

纪念塔面宽 1.5 米，塔高 15 米。纪念塔正面是由山西省委书记处原书记郑林题词，朔县书法家刘汉儒书写“塞北人民纪念塔”7 个红色大字，塔背镌刻着郑林题词“在人民解放战争和人民革命中牺牲的人民英雄永垂不朽”的碑文，白底红字，光彩夺目。

“浩气贯洪涛，英雄功绩著塞外。碧血染桑干，烈士英名垂千秋。”

1988 年 2 月左云县革命烈士陵园建成，陵园坐落在原楞严寺旧址，总占地面积 7000 平方米。陵园整体分两部分，前面为烈士陵园，后面为公墓，烈士纪念碑巍然屹立。碑正面镌刻着原绥蒙区党委书记高克林题写的“革命英烈永垂不朽”8 个鎏金大字，背面镌刻有原八路军一二〇师六支队支队长刘华香题词：“继续发扬革命先烈艰苦创业精神，为建设社会主义强国，实现共产主义而努力奋斗。”纪念碑雄伟、壮观，碑东为吊唁大厅。

1989 年 8 月 3 日，浑源县烈士陵园穆岳烈士纪念碑建成。在揭碑仪式上，还宣布将本县实验小学命名为穆岳小学，县委书记何令祚、县长张富文为穆岳小学授匾。穆岳小学少先队员在揭碑仪式上献了词。

广灵县玉福山烈士陵园位于广灵县城南玉福山顶，始建于 1948 年，1967～2000 年又进行了扩建。陵园占地面积 61366 平方米，建筑面积 13316 平方米，安葬 440 余位烈士，并立了纪念碑，形成碑林。主要建筑有王震、杨成武等将军塑像，纪念塔、纪念厅、纪念碑、纪念广场，纪念碑刻有“继承先烈凌云志，誓将革命进行到底”碑文，整个陵园十分肃穆壮观。1983 年县政府决定陵园为爱国主义教育基地，文物保护单位。

南房烈士墓，位于宜兴乡南房村西，为解放

本县而献身的革命烈士葬于此。

应县革命烈士纪念塔坐落在本县正北城墙原真武庙遗址上。1948 年 10 月 15 日，华北野战军第一纵队和应县县委、县政府及机关团体共同建立。烈士纪念塔东西两侧分镌烈士名录，计有 539 位。其中有 1948 年解放应县时一纵队牺牲英烈 469 位，抗日、解放战争时期牺牲的应县地方干部 53 位，原雁北支队干部 15 位，早期革命英烈 1 位，其他 1 位。碑的背面镌烈士纪念碑记，碑文为曾任应县县长钟琪所撰。

灵丘烈士陵园，1962 年 7 月兴建，1965 年 9 月 25 日立碑竣工。陵园东北宽 143.4 米，南北长 181.2 米，总面积 25984 平方米（38.8 亩），主园面积 13575 平方米（20.35 亩）。

陵园“烈士纪念碑”的灵牌，两边列放着 12 块红底金字革命烈士牌，列有 989 位烈士的英名。其中抗战时期烈士英名 520 位，解放战争烈士英名 386 位，抗美援朝时期烈士英名 70 位，新中国成立后烈士英名 13 位。

陵园有 24 个墓穴内存放着 556 具烈士的遗骨。陵园纪念塔于 1983 年 10 月落成，台基高 2 米，面积 800 平方米，革命烈士纪念亭内有 110 位党政军老干部、老英雄的骨灰盒。灵丘烈士陵园为山西省革命烈士纪念建筑物重点保护单位。灵丘县还有平型关遗址纪念馆、白求恩特种外科医院遗址纪念馆、白草湾烈士纪念亭、刘庄“三·一”惨案纪念亭等革命文物。

（四）复员军人安置

抗日战争结束后，大批战士复员退伍，复员安置工作列入民政部门的重要议事日程。

1946 年 4 月灵丘县成立复员委员会，区村建立复员小组。到年底共安置荣退军人 225 名，给部分因伤致残的外省籍老红军和本县籍荣军、部分退伍军人安排了住房，分配了土地，帮助他们建立家庭。1948 年全县共安置荣军 208 名，退伍军人 519 名。1949 年接收退伍、复员、转业军人 739 名，安置转业、复员军人 200 名。从 1945 ~ 1949 年给荣退军人安排房屋 401 间，土地 1802 亩。从 1950 年 8 月至 1955 年全县共接收退伍、复员转业军人 1626 名，共安置 886 名。抗战结束后回乡军人 660 名，全部得到妥善安置。

新中国成立初，民政部门配合兵役局对雁北全区历年的退伍红军老战士、残废军人、复员军人、转业军人、退伍军人进行了妥善安置。1950 ~ 1954 年义务兵役制前，全区共接收复员、转业军人 10317 人。1954 年 11 月到 1957 年，按照兵役法，安置对象主要是复员军人。1958 年后主要接收安置退伍义务兵，贯彻“从哪里来，回哪里去”的原则。“文化大革命”结束后，安置工作逐步走上正轨，对城镇退伍军人执行国务院规定的“按系统分配任务，包干安置”，立功受奖区别对待，优先安置的办法；对农村退伍兵继续贯彻“从哪里来，回哪里去”的办法，大力开发使用军地两用人才。1983 ~ 1988 年，全区接收退伍军人 13792 名，安置城镇退伍军人 3216 人。

全区积极扶持复员退伍军人勤劳致富。到 1983 年，全区退伍军人人均收入达到了 300 元以上，比 1978 年六七十元增长了 3 倍多。

（五）赈灾救济

雁北历史上就是个多灾贫困地区，十年九旱，另外每年都有部分地区遭受风雹、冻、虫、洪等自然灾害。

1939 年 7 月 2 日至 8 月 29 日，雁北地区连续降雨，造成大水灾。7 月 15 日，浑源县城周围村庄大部分被洪水淹没。这次水灾共淹死 4500 多人，群众生命财产受到重大损失。根据地王庄堡镇被淹，伤亡 500 多人。当天晚上，浑源县委书记穆岳召开紧急会议，组织干部战士救灾。7 月底，地区水灾慰问团第一组由叶正宣带队到雁北各县慰问。

1940 年春季，由于 1937 年 7 月遭受水灾及秋冬敌人扫荡抢掠，全区严重缺粮，群众吃树皮、糠、草根、野菜等，再加上伤寒病的传染流行，根据地饿死、病死多人。3 月 1 日，察南雁北办事处和各群众团体发起“节省一粒米运动”，从 3 月 1 日至 7 月 1 日，在每人规定的粮食内节省一粒米，用来支援灾区人民。地委领导各县开展春节生产自救，以度荒年。灵丘县开办合作社，浑源县搞灾业联盟，度荒救灾。5 月以后，浑源等县也办起合作社。

1949 年 2 月 8 日，由于春旱、夏涝、虫害、雹打等灾害严重，地、县、村多级建立了救灾委员会，开展救灾、节约、募捐等工作。

新中国成立后，经过兴修水利、植树造林、防治病虫害、开展天气预报等，增强了防御自然灾害能力。

1950 年，雹灾、水灾、涝灾、虫灾、冻灾、霜灾接连发生。尤以雹灾害为最重，总计全区受灾达1229个村，受灾耕地1288957亩，受灾最重的县有大同、左云、灵丘、怀仁、山阴、浑源等。

1951年，全区主要是旱灾、虫灾，各县主要虫害是谷子钻心虫、脑蛆、班毛，个别村发生蝗虫、钻心虫，其中较严重的是钻心虫和脑蛆。

1954年主要是涝灾，洪涝遍及12个县的大部分村庄。据12个县统计，重灾村达219个、35149户、120281人，轻灾村1333个，受灾耕地达3671166亩，因灾死21人，家畜死1226头，倒塌房屋10500余间。

1963年，全区主要受旱灾，春播前大旱8个月，入伏后又遭“卡脖子”旱，旱期长，旱情重，旱面广。全区受灾面积达522.5万亩，占播种面积的61.3%，其中旱灾面积448万亩，占受灾面积总数的85.8%。全区受灾人口307855人，粮食减产33228.9吨，死亡12人，死大牲畜88头。

1973年，全区13个县164个公社，1267个生产队遭受程度不同的洪雹灾害，共有1079000亩农作物减产三成以上，114000多亩农作物减产六成以上，46000亩无收成，被洪水冲毁的较大水利工程有350多处，倒塌房屋2500间，29人死亡，死大牲畜38头。

1976年4月6日零点53分，右玉、平鲁北部发生了6.3级地震，此震波及左云、朔县、偏关、神池及内蒙古等地。主震后的余震多达5148次，其中4级以上3次，3~4级35次。倒塌和严重裂缝的房窑335308间（孔），一般裂缝的房窑44656间（孔），死亡12人，重伤25人，大牲畜死亡518头，猪羊死亡12569头（只）；塌毁水库1座，裂缝3座，毁坏渠道10公里，桥涵4处；造成3700户，14100人失去住房，17100人引起疾病，56个大队的11435人、1266头大牲畜严重缺水。

1984年，全区主要遭受旱灾。春旱接夏旱，旱象一直持续发展，立秋已过，还未下过雨，全区有广灵、灵丘、浑源、山阴、应县、大同、阳高、天镇、朔县、怀仁等县，120多个乡，2000多个村庄的农作物严重受旱。受旱面积达348万亩，占全区耕地面积1/3还多。

1985年，全区继严重的春旱之后，于5~6月又遭受洪雹灾的袭击。有阳高、天镇、广灵、灵丘、浑源、朔县、大同等县的62个乡镇，444个村庄遭受雹洪灾害，受灾面积达630多万亩，占播种面积的69%，粮食总产比1984年减产4.5亿斤，减少19%。全区13个县，除灵丘、广灵、天镇比上年增产外，其余10个县都减了产。右玉、平鲁、左云减产5成以上。因洪雹灾死亡8人，死亡大牲畜68头，羊964只，冲毁房屋415间，还冲毁部分土地、公路及水利设施。

1986年4月以来，全区雨量少，干旱严重。大风日数多，7级以上的大风日数高达14天。进入5月以来，几乎天天刮风，土壤含水量低。全区13个县的232个乡（镇）受灾，受灾面积达500万亩，占总耕地面积的53%。受灾严重的达297万亩。全区有42个村庄人畜吃水困难。

1989年4月全区发生严重干旱，土地受旱面积达398万亩。全区降水量为39~87毫米，比历年同期平均值少14%~60%。

1992年3月全区人民抗旱保春播，为实现1992年全年农业的新突破奠定了基础。

生产救济

全区生产救济工作贯彻“依靠群众，依靠集体、生产自救、互助互济，辅之国家必要的救济和扶持”的救灾方针，全区救灾、救济工作主要抓了以下几点：一是加强各级党委和政府的领导，层层建立健全救济机构，发挥各有关部门的作用；二是及早动手，大抓生产自救活动；三是开展互助互济活动；四是及时合理地发放救灾款，妥善安排灾民生活；五是检查、纠正、查处各地发放救灾款物中存在的违法乱纪问题。1983~1988年，地区共下拨各县救灾款1608.8万元；救济扶持灾民80万人次，安排救灾粮3332.7万斤，帮助灾民修建房屋7587间，发放救济衣被（包括募捐）171983件。

1989年10月18日晚10时57分，大-阳发生5.7级地震。至19日晨8时，又发生5级以上地震6次，其中6.1级1次。共波及阳高、大同、浑源、广灵4个县的69个乡（镇）808个村。其中受灾较重的有20个乡镇79个村，死亡17人，受伤145人，倒塌房屋1348间，严重危房94548间，直接经济损失3.8亿元，使34875户127425人无家可归。地震发生后，地县两级民政部门全力以赴，积极投入抢险救灾工作中。之后，承担了查灾、核灾、计灾、接待慰问团体和接收、发放救灾款物的繁重任务，对4个受灾县按统一标准以户计灾，以户核实。建立“灾情档”“自救能力档”“救灾款物专账”两档一账，共接待本省、兄弟省市等慰问团87个800余人，接收慰问信4000份，慰问电42份。还接收法国、捷克斯洛伐克和联邦德国、世界银行考察团及国内人民、解放军、国家机关、外省市（自治区），本省省直机关、兄弟地市、本地区的870个单位捐助人民币790万元、美元500万元，捐助的物资折款763.3万元。接收援助物资主要有衣物18.6万件，煤10869吨，木材1745立方米，粮食746700斤，钢材240吨，药品517箱，还接收捐助粮票17.24万斤。之后又转入抗震救灾重建家园工作。至1990年8月中旬，全区重建家园工程实际支出达8300多万元，世界银行贷款及国内配套款已到位3600万元，其余4700万元全部来自于所属乡镇和群众自筹，保证了重建家园工作的顺利进行。

1991年3月26日凌晨2时2分43秒，大-阳再次发生5.8级中强余震。波及大同、阳高、浑源、广灵、天镇5县，50个乡镇、470个村、58324户人家的房屋遭到破坏，倒塌房屋146475间，部分新房出现裂缝，直接经济损失9962万元。地震发生后，地委、行署立即组织抗震救灾。国家和省地震局派员赶赴灾区，监视灾情。省委、省政府派出由省政府副秘书长王敬为团长的慰问团到灾区慰问。地直机关干部、职工1800多人分赴灾区。军分区领导带头组织广大官兵帮助开展抗震救灾、春耕生产。

抗震救灾结束后，灾区80个项目村规划的20962间新建民房有10750间圆满竣工，有2924间完成主体工程。规划的18107间维修民房完成，有17670无家可归者迁入新居，每户拥有永久性住房2间。

社会救济

社会救济在城镇主要是临时救济和定期定量救济及精减退职老弱病残职工救济。在农村除临时救济外主要是扶贫扶优。

城镇救济

新中国成立后，党和政府十分关心贫民疾苦，每年都要拨出一批救济粮、救济款对城镇盲、聋、哑、残人员，孤寡者，劳力少、人口多的特困户进行临时和定期定量救济。其中对病老残废、妇幼等困难户的救济高于一般困难户；对长期患病和临时遭灾的困难户，根据情况适当加以照顾；对有劳动能力能参加劳动生产的困难户，尽量组织他们参加各种可能的生产劳动。

1950年，省下拨雁北全区救济粮27万斤，棉衣26700套。1951年全区为困难户购买冬衣费1.39亿元（旧币），救济粮24万斤，救济款7.755亿元（旧币）。1952年，下发全区救济衣73500套，救济粮29万斤，救济款6亿元（旧币）。1961年为解决贫苦群众医疗困难，两次下发全区医疗救济款1.33万元，救济红枣18万斤。

20世纪60年代，因国民经济困难及经济调整，大批老弱职工被精减退职。从1961年开始，对他们的生活困难问题，有的给予原工资30%的救济，有的给予临时救济。1965年又把救济标准提高到本人原标准工资的40%。据1981年统计，雁北全区共有退职职工11547名，其中在1961年至1965年6月9日期间退职的有7800名。历年享受40%救济人数、款数：1965年1245人，1970年127人，1975年1236人，款数276716元，医疗费22377.77元。至1981年每年享受40%救济的有1047名，款数26万多元，1983年全区又补办了659名精减退职老职工的救济。全区还对不符合享受40%救济条件，而生活确实困难的退职老职工540人给予临时救济。

农村救济

长期以来，对农村贫困地区，政府采取发放临时救济款的办法，给部分特殊困难户以帮助。

1984年以前，仅有地区民政局在浑源县西河口、灵丘县三楼、平鲁县只泥泉3个乡搞“双扶”（扶持优抚户和贫困户）工作。1984年省民政厅在怀仁县召开全省扶贫会议，从地县到乡村，层层建立了“双扶”领导机构。各级党政部门的主要领导出任“双扶”领导组组长，而且工作有组织、有计划，年终有总结。实行了地委、行署主要领导和有关部门包县，县委和政府主要领导包乡，乡党委和乡政府包村，村干部和党员及“两委”包户的4级包扶组织网络。扶持的内容也从传统的一种、二养、三加工发展到采矿、运输、建材等十几个门类，“双扶”资金来源也由民政部门一家发展到社会各阶层、各部门集资扶持。1986～1992年“双扶”工作进入重点扶持阶段，民政部门在“双扶”工作中只重点扶两个乡（广灵的斗泉和右玉的杀虎口两乡）。

通过“双扶”工作，全区377个贫困村，有39个村发展成为养殖专业村，22个村成为林业专业村。全区80%的贫困村已解决了温饱问题，有200多个村摆脱了贫困，人均纯收入达到200元以上。

从1983年起地区民政局先后扶持26万多户贫困户，至1983年底已脱贫23万多户。全区优抚对象的年人均收入达到351元，比全区人均收入高36元；优抚对象年人均占有粮食达到979斤，比全区年人均占有粮食多160斤。

1984年，全区共扶持37505户优抚对象发展生产、勤劳致富，占优抚对象总户数的67%，他们中组成经济联合实体465个。已发展成重点户、专业户的有16202户，占优抚总户数的28.8%。1985年全区13个县、233个乡（镇）、441个村先后建立起765个“双扶”经济实体，共安置“双扶”对象16741人，占全区“双扶”对象总劳力的26%。其中民政部门直接参与组织扶持经济实体175个，安置“双扶”5600人，分别占“双扶”经济实体总数和安置“双扶”总人数的26%和24.3%。经过扶持，全区有39个村成为养殖专业村，22个村成为林业专业村，7个村成为加工专业村，16个村成为矿藏开采村。“双扶”经济实体扶持的“双扶”人数有98%的脱贫致富，年人均收入达到150元以上，其中4户年人均收入达千元。

1986～1987年，地委、行署每年抽调大约有1200多名机关干部到基层帮助扶贫。两年来，科技系统共选派2500余名技术人员直接参加扶贫服务，技术服务项目达160个。农行系统累计发放528039元贷款，资助贫困地区发展商品生产。教育系统对全区335个贫困村年人均收入在180元以下的贫困户子女全部免收学杂费，总金额达16.5万元。至1987年底，全区年人均收入在150元以下的乡镇由1986年的91个，下降为62个；年人均收入在150元以下的村庄由1986年的1618个减少到1161个。

（六）社会福利

福利事业

新中国成立以后，雁北地区对无依无靠的老弱孤残疾户规定实行五保，五保指保吃、保穿、保烧、保衣、保葬（儿童保教）。1958年，雁北办起了一批敬老院，大部分没有巩固下来。“文化大革命”时期，五保工作受到影响。1979年以后，五保户的生活普遍有所改善。1983年统计，全区共有五保户5766户、6515人，共办敬老院6所，住院老人87名。1983年全区对五保户进行了普查，普查结果：全区五保户共6368户、7688人。全区五保对象中，1982～1987年入敬老院的增到118名，包户小组照料的130人，派人照料的1457人，亲属照料的672人，自己生活的5175人，亲属代耕土地包养的1106人。

普查后，全区五保户7913人，比普查前的7580人增加333人。普查后的人数中，老的有7566人，残的有261人，孤的有86人。

普查结束后，给全区五保户颁发了《五保证》。1985年全区新建敬老院64所，总数达111所。入院五保户生活水平超过当地群众的生活水平。

1985年全区大多数乡、村为五保户检查了身体，并建立医疗、健康档案，先后为3143名五保老人医治疾病24000次。1986年底全区办敬老院155所，有1197名五保老人实行了集中供养。

至1990年底统计，全区敬老院发展到186所，供养五保户数为1332人；光荣院发展到9所，供养院民144人。

企业福利

雁北的社会企业从新中国成立到党的十三届三中全会前，历经了几起几落。自1984年10月，地区民政局在怀仁县兴建了一家社会福利煤粉厂，填补了本区社会福利生产的空白。1985年起，朔县、阳高、怀仁、右玉、浑源5县也先后办起了20家福利工厂，安置残疾人170人。

至1989年底统计，全区共有福利企业32家，职工总数654人，安置残疾人281人。是年福利企业总产值500万元，实现利润70万元。1990年全区城镇中有劳动能力的残疾人基本上全部就业，农村中的残疾人基本脱贫。

社会保障

1988年10月以后，地区民政局利用两年时间，在左云县开展了县级范围内农村基层社会保障试点工作。分别在富、中、贫3个乡镇3个层次的10个村进行试点探索。1989年6月，社会保障工作在全县铺开。1990年4月产生了全县保障方案和制度。左云县社会保障的特点是县、乡、村3级分层次负责，村实行自我保障，乡实行部分统筹，县实行全面调节。保障对象和内容以优扶、五保、救济等民政保障对象为重点，面向全体村民的养老、疾病、助学和意外灾害，保障水平以保障农民的基本生活需要为目标的救助性保障，实行集体投入和个人交纳为主，国家资助为辅，银行现收现付，略有结余，实行逐步积累方式。

1989年底，左云县用于农村基层社会保障的资金是254.46万元，使全县5000多名民政对象和社会应保人员得以保障。1990年6月民政部副部长范宝俊在省民政厅厅长的陪同下到左云县，听取了社会保障试点工作的进展和做法后给予了充分的肯定。1991年3月，省长王森浩在左云视察时，对社会保障工作给予高度的评价。

（七）婚姻登记

清朝至民国年间，官宦人家男婚女嫁，绝大多数听凭父母之命、媒妁之言。所换之帖（单）是男女结婚的唯一凭证。1941 年 7 月 7 日，晋察冀边区行政委员会公布了《晋察冀边区婚姻条例》，并令各级政府遵照执行。

新中国成立后，1950 年颁布了《中华人民共和国婚姻法》，民政部门按照婚姻法的有关条款进行婚姻登记，登记后发给结婚证书。1950～1953 年，全区各县婚姻登记机关是区（后改为乡、镇）政府。1953 年，各县设立婚姻登记站，进行婚姻登记工作。1958 年人民公社化，民政局委托公社人民政府办理婚姻登记手续，县城仍由民政局办理。“文化大革命”期间，婚姻登记制度同样受到了冲击。1980 年 10 月雁北区民政部门按省厅《关于认真宣传贯彻新婚姻法的通知》精神，建立了不定期的结婚登记制度。1980 年 11 月民政部颁布《婚姻登记办法》以后，雁北区办理结婚登记在县城是街道办事处，在农村是公社（镇）人民政府。1981 年，在全区范围内贯彻执行新婚姻法的同时，广泛宣传“晚婚、晚育、优生、少生”政策，提倡“一对夫妇只生一个孩子”。要求广大青年在法定“男婚 22 周岁，女婚 20 周岁”的基础上，更晚一点结婚，对于非法同居、重婚者要严肃处理，同时对于非法办理婚姻登记手续的给予了严重处分和罚款。1984 年，随着政社分开，农村婚姻登记权由公社会计秘书管理收回到乡民政助理员手中，并在结婚、离婚证上一律用上一级政府的印章，全雁北区的结婚证书也统一了式样。1985 年，雁北行署民政局按照《婚姻登记办理办法》，对全区民政助理员进行了培训，并经考试颁发了《婚姻登记员证书》。1983～1988 年全雁北区登记结婚人数为 969422 对，登记离婚的 1879 对。

七、斗胆陈寿昌

古城初夏，柳暗花明。

在大同市残疾人基金会门口，我见到一位没有双腿的中年人。他坐在电瓶车上谈笑风生。他是寒香商店经理，名叫申治远。这位“无腿企业家”，靠着双手“走”了半个中国，采购和推销了一大批商品，仅去年，他们的小店就盈利五万元。

听说我要采访他，他摇摇头：“写我，没多大意思，你应该写写我们的‘局座’。如果全国能有几百几千个这样的民政局局长，民政地位就高多了，残疾人的作为就大多了。”

“穷民政”要变“富民政”

“局座”陈寿昌，55 岁年纪，身体较胖，戴一副眼镜。他的办公室是个套间，沙发、茶几、写字台俱全。在我所见到的地市一级民政局局长办公室，这里算是“超一流”的。

“我有糖尿病，由此引起白内障，成了半个瞎子。”陈寿昌说话很快、很直、很风趣，“我大半辈子干教育，当过教师、班主任、教育局副局长和党委书记，51 岁才转移阵地，只有 4 年‘民政工龄’。上任前，市里的头儿找我谈话，他说：‘民政局局长不难当，花好钱儿就行了。’我一来，才知道‘上当’了——民政上的事情太多、太杂，太让人操心。至于钱，不是救灾款，就是‘人头费’，挪用一分也犯罪。这就像那镜中的花，咱只能看，不能‘拿’呀！”

大同市民政局原先挤在一个旧院子里办公，如今则搬进崭新的楼房，独门独户。甭说“局座”，就连有的科长也能占个“单间”，真可谓“鸟枪换炮”。

“我上任后的头一件事：‘视察’下属企业单位。第一站走福利五金厂。那时，大同市民政局就这么个小厂，8 台老掉了牙的机器趴下了 7 台。我走进破旧厂房，只见到 1 台机器在转，1 个工人在干。这个厂，国家补贴了 63 万，累计亏损 20 多万。职工按规定长了工资，也只能是‘空调’。有甚法子，百家姓开头少了第二个字——没钱！我走的第二站是精神病院。那里，旧屋子、破被子、烂褥子……我又去了火化场，住场的职工连个枕头都没有，枕着个砖头睡觉。这几个单位的头头儿在我面前一个劲诉苦：咱们的对象是困难户，咱们自己是‘特困户’，‘大要饭的’管着一群‘小要饭的’。我听了心里真不是滋味。”

陈寿昌有点激动，从沙发上站了起来：“我当时受了很大刺激，干哪一行的都有个自尊心，失去自尊心，感情就麻木了，就不可能有多大作为了。我既然已经来到民政局，就不能当个无能的局长。穷则思变。这句话至今不过时。我们民政部门如果光当‘伸手派’，上头给几个花几个，那能办成几件事？再过几十年还是个穷。卖掉孩子买蒸笼——不蒸馍馍要蒸（争）口气！手头没钱，说话不硬。咱得搞一点民政经济，让‘穷民政’变成‘富民政’。”

"地位"是靠自己"争"来的

在我接触的民政局局长中，不少人都这样抱怨："咱们民政没地位，上头不重视。社会不了解，想办点事情真够难的。"大同市民政局则不然，在市里很"响"很"硬"。让我们听听这位"局座"的自白："地位不是死的，是活的，是靠我们自己'争'来的。尤其是当局长的，不为个人争个高低，也要为你的手下争个长短，为你的服务对象争点利益。要不下面跟着你辛辛苦苦干几年，一点实惠也得不到，一点希望也看不见，岂不冷了众人的心?！社会上对民政不了解，我们花点'血本'宣传嘛！报纸、电台、文学刊物，都可以'利用'。我们拿出九千块钱，《云冈》杂志出了一期'民政专号'，效果挺好。我们把杂志送给市里的领导，他们看了很高兴。九千块钱花得值得！有许多事光靠民政部门是办不成的，非请出市长、书记不行。这几年，我们和领导之间，做到了'有会必请，有请必到，到会必讲，讲了就印，印了就发'。以此而推动各项工作，当然，咱也得为领导'长脸'。你干得越好，他越重视你。"

大同市民政局的确为市委、市政府长了脸。4年中，全市兴办起56个福利企业，使城市有劳动能力的残疾人几乎全部就业。它们的产品有的纳入"星火"计划，有的填补了大同市的空白。

"不瞒你说，我个人有'优势'，年轻时当过几年教师，现在大同市一些部门的头儿，都是我的学生。我过去在教育界很少求他们，也用不着求他们。干了民政就不能清高了，该跑就得跑，该求就得求。就说我们公司办煤矿吧，民政一分钱也没有，怎么个'白手起家'一借、二赊、三要。我的这点老面子，学生们还是会给的。建成个煤矿，少说也得耗资百万，我们只花40万元，就出煤了，不靠点关系能成？走，咱俩到矿上看看去。"

大念"松箍咒"

我们坐上民政局的"伏尔加"，驶向城西南的矿区。车上，陈寿昌继续自白："民政企业要生存发展，只有改革一条路。我个人理解，搞活经济的核心是一个'包'字。我们的直属企业，3年来迈了三大步：前年搞'目标承包'，去年搞'招标承包'，今年搞'全员抵押承包'，'铁饭碗'敲掉了，上上下下的利益捆在一起，共同承担风险，职工的劲头就足了。这样干不能说没有阻力，人们头脑里的'紧箍咒'太多了，民政部门尤其如此，这也不行，那也不行，自己把自己箍得死死的。我就在党组会上、局务会上、职工大会上大念'松箍咒'……"

陈寿昌的"松箍咒"还没来得及重复，汽车到"站"了。小煤矿刚刚建成，办公区只有一排简陋的平房。"'牛奶'会有的，'面包'会有的，食堂澡堂都会有的，一两年内兑现。""局座"坐在小木凳上，笑着对我说，"关键是要出煤挣票子。"

煤矿党支部书记兼副矿长刘庭汉，58岁年纪，是从供销部门调来的。他介绍说，这个矿出煤数月，已经还清40万元老账；增添重头设备欠的100万元新债，下半年全部还完，明年就能"大把地挣票子了"。陈寿昌风趣地插话："你这个'老奸商'真精明。"

老刘苦笑着摇摇头："真有人骂我是'奸商'哩，说我们的这一套不符合雷锋精神。"陈寿昌又激动了，站起来说："当着党报记者的面，陈某斗胆说几句话。雷锋精神不能丢，但也不能死板地引进经济领域，要看用在甚地方。战士上前线，不能用金钱铺路；有人掉到河里，不能说不给钱就不下去救人。可咱是开矿赚钱，经济效益要放在首位。人家千方百计跟咱竞争，咱再呆头呆脑地当'雷锋'，不让人挤垮才有鬼呢！"老刘说，不怕机器不转，就怕煤矿停电，停电一天，损失万元。买一台发电机，要花15万。"局座"立即表态："买，花20万也要买。"老刘又说，原先招聘的一个副矿长，夜里打麻将，白天睡大觉，很不正经。矿上"先斩后奏"，把他辞了，"刀子"是不是太快了？"局座"的回答很干脆："'斩'得好，不用'奏'。自主权给了你们，混饭吃的一个不要，捣蛋的统统'撵走'！"

谁有将才谁领兵

说话间，矿长孟义走出掌子面。他30多岁年纪，原先是农村的运输专业户，两年中赚钱8万元，卖掉汽车开办小煤窑。无奈政策有变，不允许私人办矿，正赶上民政福利公司公开招聘矿长，他毅然"揭榜"。"陈局长敢用人，让我这个农民当了矿长。说句实在话，过去挣下的8万元钱，够我花几年了，不想奔什么'百万富翁'只想干点事业。我这人讲点'义气'，谁信得过我，我为谁拼命。"孟义话音刚落，"局座"接了腔："别人也承包过这个矿，没干成，用了孟义，干得挺好。可别小看农民！8亿农民中人才很多。谁有将才谁领兵，用人不能带任何框框。明天咱们到几个福利厂走走，有几位厂长更能说明问题。”次日，陈寿昌陪我来到大同市民政福利公司。这个公司管辖5个小厂，有做灯具的，有做墨汁的，有做化工助剂的，还有修理汽车的，统统挤在一个院子里，机声人声连成一片。这个公司的五金厂一度亏本，办不下去了。公司招标数月，无一人敢于“毛遂自荐”。陈寿昌敢于大胆用人，把一名已经停薪留职的工人请回来当了厂长。“我这是‘二进宫’了，名声不好。”新厂长李铁庆也只有30多岁，他说：“凭自己的一点‘杂耍’，在外边每月也能挣个丁把块，可我还是留恋自己的工厂呵，当时是因为人际关系赌气走的。等我回来时，五金厂负债7000元，连工资都发不出去了。我咬咬牙，借债给工人发了当月工资，又把出走的伙计们招了回来，从上到下层层承包，很快打了个翻身仗，两年中盈利23万。按合同规定，我个人应该分成1万多元……”陈寿昌打断了他的话：“你拿没有？放开胆子拿！”李铁庆一笑：“我倒有这个胆子，不过厂里更需要钱，我先把它作为周转金了。”喇叭声起，一辆“上海”驶进厂区。我问：“你们的修理厂能修小卧车?”“局座”的回答很幽默：“你看，它不是自己找上门来了吗?!”

我又走进院内的墨汁厂，采访了3个承包人。他们都是20多岁的小伙子，一个拄双杖，一个拄单拐，另一个挺不直腰。这个厂的产品一度质量下降，中断了销路，眼看着就要关门。公司招标时，这3位残疾人联合起来，与前任厂长几度“较量”，终于包下这个12人的小厂（其中有10名残疾人）。时间不长，断了线的货主纷纷来函订货，墨汁厂起死回生。当地报纸发了一篇报道：《三个残疾人“击败”了健全人》。

钝刀子割肉照样疼

陈寿昌真够大胆，不仅在直属企业单位全面推行“全员抵押承包”，就连下属的事业单位也用不同形式“包”了！

在大同市社会精神病院，我们与院长张璧旺长谈了两个多小时。他也是在招标答辩中“击败对手”上台的。他说：“改革后，局里只给我们‘人头费’，其他费用统统砍了。全年的收入定为10万元。”陈寿昌插话：“这可不是‘高指标’。我让你跳一跳，摸得着。”张院长说：“我个人为此抵押了6000元，副院长4000元，科室领导1000元到2000元不等。完不成10万元的指标，我们的‘押金’全部‘充公’。这么一逼，倒把我们逼出来了。过去住院人数只有50多名，现在增加到80多名，头3个月就超收6000元。”陈寿昌笑了：“逼一逼好哇，逼出个生财之道。”张院长转喜为忧：“我倒不愁那10万元的指标，使把劲可以达到。我愁的是院里的几十号人，人们对这承包法有个承受能力，问医务人员还好办，他们靠技术吃饭，行政人员就难办多了。这么个小单位，光是财会人员就4个，其他‘闲人’也是有的。精减吧，减到谁头上谁不痛快，各种怨气都冲着我来了。”陈寿昌插话：“改革这条路非走不可。我的看法是，晚走不如早走，慢走不如快走。钝刀子割肉照样疼，倒不如把‘刀子’磨得快一些，‘手术’动得麻利一些，疼过一阵就好了。”

张院长叹了一口气：“咱过去是个医生，没当过领导，不会处理人际关系。有些复杂关系，剪不断，理还乱，越想越头疼，愁得我一宿睡不着觉。唉：早知今日，何必当初。我有时候这样想，还不如让局里撤了我的职呢！”他说着，泪都流出来了。“局座”指了指他：“看你，知识分子的‘软弱性’表现出来了。人生下来就会有死，怕死就不要活着。撤职？便宜了你！”

离开精神病院，陈寿昌给我透了底：“张璧旺的前任中有个副院长，断断续续住了两年医院，招标时来了‘精神’，也是竞选者之一。通过答辩，没能‘执政’，便在下面搞点小动作。前不久，上级一位领导来院里调查，我们正汇报工作，那个落选者闯进门来，冲着领导说：‘别听他们的，他们那一套都是假的。’我们对这个人进行了批评教育，尽量做到‘仁至义尽’，他再不改，就要采取断然措施。对这样的人，你们报纸敢不敢批评?”

“一龙治水”

采访转移到大同市按摩综合门诊部。行政主任李正立说：“我们与精神病院情况不同，15名职工中有8名是残疾人，实行的是没有抵押的承包。不过，我本人担一些风险，完不成收入指标，扣发一个月工资和全年奖金。”陈寿昌补充说，“这种‘风险’行政一把手担，党支部书记没有份儿。不管是哪个企业单位，我就找一个人说话。

我们搞‘一龙治水’，不搞‘二龙戏珠’，也就是说，从体制上防止相互扯皮、相互拆台的现象发生。许多单位的实践证明，两个强人在一起很难合作得好，必须明确谁说了算。‘龙多不下雨’的情况够多的了，‘二龙相争’的教训够深的了！我给各个单位的头头儿都打了招呼：局领导够忙的了，没工夫当你们的‘和事佬’，你们要是在下面打内战，统统撤职！”门诊部党支部书记陈家英接过话茬：“我虽然不是行政领导，但赞成陈局长的意见。‘一龙治水’并不是说不要民主，而是强调主承包人的责任，避免‘内耗’。就拿我们单位来说，明确李主任当家，遇事他好拍板，用不着瞻前顾后，过多地考虑人际关系。过去我们单位只搞按摩门诊，收入有限，李主任提出搞综合门诊，大胆拍板，引进一名退伍的部队卫生员——他7岁学医，有一手家传的针灸绝技。光他一个人，每天就接待患者五六十人。今年头5个月，我们的收入明显增加，是去年同期的23倍。”陈寿昌又一次补充：“这位退伍军人叫于凤泉，家在内蒙古通辽市，我们在大同给他介绍了个媳妇，把他拴住了。人家退伍时很吃香，几个大医院争着要，让我们用行政手段‘卡’住了。咱们民政上人才奇缺，不能不争，更不能让现有人才轻易地‘流’走。”

乌纱帽轻　残疾人重

大同市民政事业单位的改革并非一帆风顺，陈寿昌本人也担着一定风险。据我了解，有数份控告他的匿名信就在市委书记那里“压着”。若不是他在大同市的“特殊地位”，也许会与新绛县民政局局长周河星有同样遭遇。但是，告他的人“忽略”了这样的数字：4年前，大同市全市福利生产的年产值只有19万元，近3年来总产值猛增到1200万元，按年平均400万元计算，等于过去的20多倍。至于利润，过去是零，如今是250万元！我对这位“局座”说：“想不到你这个年龄，思想还这么‘开放’，胆子还这么大。”老陈抚了抚头上的华发，说：“是呵，按我这个年龄，按我这个身体，‘守摊子’不算过分。可是，咱这里原来就没有多少‘摊子’，守什么呢？老伴儿劝过我：‘再干几年就退下来了，何必自己跟自己过不去。’朋友也劝过我：‘宁统十里远，不迈 步险，闹不好会让人轰下台的。’他们说的不是没有道理，稳稳当当办点事，平平安安过日子，的确不错。可是，我们的福利企业‘平安’吗？我能‘稳坐钓鱼台’吗？别看大同市的50多个福利企业目前还没有一家亏本的，形势逼人哪，各行各业都在竞争，这种竞争会愈演愈烈。咱们民政企业大都资金不足、设备破旧、技术落后、人才短缺，只剩下一点‘免税’的优势，是在峡谷中求生存呢，稍不留意，就会让人家挤垮，再不改一改、争一争、拼一拼，迟早会元气大伤的。”

陈寿昌说着动了感情：“1985年除夕夜，我与全市残疾人代表在一起联欢。他们拉着我的手，流着泪，说着话。一夜连双岁，我们从晚8点一直谈到凌晨2点。残疾人寄予我多大的希望呵！从那时起，我就下了决心，不能辜负他们。大同市数千名残疾的兄弟姐妹，要有个出头之日呵！我的乌纱帽能有多重，丢了毫不可惜。可是，万一我们的福利企业一个个倒闭了，众多的残疾工人怎么办？如果出现那种局面，我无颜见江东父老，良心一辈子会受到谴责。”掂一掂陈寿昌的这段话吧，民政系统的每一位“局座”！

（1988年7月《中国社会报》刊登）

八、大同神话

上篇：儒帅借南风

1992年春天，邓小平同志视察了上海、武汉、深圳等地，这位世纪老人的南方谈话，像一股强劲的风，吹遍大江南北、长城内外，神州大地再次涌动改革大潮，古城大同掀起一片基建热浪，夯歌四起……

斗转星移，6年过去了，大同市在“基建热”中奠基的八大商城，由于多种原因，一个个变成海市蜃楼，唯独民政局兴建的军供福利大厦拔地而起，成为煤都的一道亮丽的风景线。望着这个现代化的庞大建筑群，人们自然会想到一个民政人的名字——范培生。

选中发展的突破口

就在1992年1月，大同市纪检委副书记范培生，转换阵地，担任了大同市民政局副局长、党委副书记。市委领导明确告诉他，老局长陈寿昌年近花甲，即将退休，过渡一年，由他执掌民政“帅印”。

“副帅”要接一个什么样的“班”呢？

陈寿昌是一个风云人物，曾任大同一中的教师、大同三中的校长，大同市教育局的党委书记，门生数百，弟子上千，不少人在市府和局委办担任要职，老校长一呼百应，众星捧月。陈寿昌担任民政局局长以来，8 年“抗战”，苦心经营，狠抓机构改革，大抓民政经济，仅他决策开办的一个煤矿，就为民政部门赢来上百万元的效益。20 世纪 80 年代中后期，大同市民政事业风风火火，成为三晋之冠，跃入全国民政系统先进行列，《中国社会报》曾以《斗胆陈寿昌》为题，大篇幅报道了大同民政人的先进事迹，在山西乃至全国产生“轰动效应”。老局长在任期间，机关干部基本解决了住房，职工收入颇丰，民政对象尤其是残疾人的生活得到了极大改善。安居乐业，人心所向，老局长受到煤城所有民政人的爱戴与尊敬。

下一步，要看“新帅”范培生了！

范培生心里明白，假若自己接的是个穷单位、烂摊子，反倒没有太大的压力，只要使一使劲，烧几把火，干出一点政绩，便可让人看得见摸得着，显示出自身的价值。然而，他接过的是山西省民政系统的一面红旗，老局长已经出尽风头，自己即使费九牛二虎之力也很难锦上添花。中国人最爱怀旧，老局长卸任之后，上上下下都会拿现在与过去相比，假若自己政绩平平，就会变成无能之辈，辜负市委、市政府的厚望，无颜见云城父老！

初登民政之门，便有缠心之事，范培生朝思暮想，寝食难安。

他在纪检委工作期间，很少涉足民政领地，如今到民政局的下属单位转了转，看了看，心中又多了几分惆怅。光荣院、福利院、军供站、盲人按摩所……一色儿的旧院子、老房子，破破烂烂，不堪入目。有人说：“这已经比过去强多了，老局长刚上任时，殡仪馆的职工连个枕头都没有，每天晚上枕着砖头睡觉。”还有人讲：“陈局长之前，老老局长的日子更惨，局里没有一辆小车，有一次遇到急事，老老局长调火化场的拉尸车坐了坐，被人当作不正之风，在报纸上曝了光。”由于历史和经济原因，陈寿昌没来得及对下属单位全面改善，老局长未竟的事业要由后人干，范培生呀范培生，你担得起如此大任吗？正当范培生蹉跎之时，市委传达了中共中央印发的邓小平同志的南方谈话，东风吹来满眼春，他的心胸豁然开朗：发展是硬道理，小平同志讲得多好啊！如果我们国家的经济搞不上去，人民的生活得不到大的改善，与周边国家相比，就没有多少说服力。联系民政部门的实际，如果自身没有实力，一穷二白，职工和服务对象的生活得不到大的改善，与别的部门和单位相比，同样没有多少说服力，更不会有凝聚力。看来，老局长大抓民政经济没有错，只是抓得不够大，还没有完全打了翻身仗，前扑后继——前有斗胆陈寿昌，后有海胆范培生！发展是硬道理，范培生就认这个理。发展，离不开经济实力，要抓钱，大把地抓钱。钱从哪里抓？范培生想过兴办福利企业，实际情况是，许多地市的福利企业并不景气，技术落后，设备老化，机构臃肿，越是民政直属的“亲生子”，越是运转不灵，不少企业成了民政部门的大包袱，背不动，又甩不掉，投进去多少钱，恰似石沉大海。大同市民政局的几个直属福利企业虽说光景好一点，但也是惨淡经营，勉强能给职工发出工资。看来，这条路子在大同很难行得通。必须广开思路，另辟蹊径。突破口在哪里？范培生反复考察，认真思忖，选中了军供站这块宝地。军供站院子好大，地处大同火车站斜对面，南临广场，东临大街，是绝好的“黄金地段”，如果把军供站东南角的一大片平房拆除，盖起一幢五层大楼，办商场、办餐厅、办旅店，将会变成民政部门一个大的聚宝盆，四季兴隆，财源不断。于是，一个大胆的构想在他的脑海里形成了：建一所具有福利和商业双重功能的大厦，使其成为“龙头”，带动一大片，搞活大同市所有的民政单位，来一个大建设、大发展、大变化。

宁迈一步险　不绕十里远

兴建军供福利大厦，需投资 500 万元，这对于中西部地区的一个市民政局来说，可不是个小数目，风险太大，成功系数太小，弄不好可能砸了锅。当范培生将方案提交给民政局党委会时，开始并不被班子的多数人接受，甚至不被人理解。

投资500万元，范培生好大的胆！当年，老局长陈寿昌办煤矿，手头并没有几个子儿，凭老校长的面子，东赊一点，西借一点，鼓捣成个样子，也不过花了几十万元。而这次的投资，超过上次的十几倍，钱从哪里来，搞不成怎么办？有一点大家可以理解，范培生毕业于山西师范学院，先后在团委、组织部门和纪检委工作，没有当过政府职能部门的第一把手，新官上任，想干一点大的，想干一点洋的，想出一点政绩，愿望是好的，精神可嘉。但是，他毕竟是个“三门干部”，是个未经沙场的儒帅，初出茅庐，便想号令三军，攻城拔寨，无异于纸上谈兵，胜率有多少，没有底数。有人甚至提醒陈寿昌：“老局长啊，诸葛一生唯谨慎，可惜走出一步漏招，错用马谡失了街亭。历史的经验值得注意，这个关你可要把住啊！”

其实，陈寿昌心里最有数：这几年大同市福利企业虽说红火，但经济效益并不十分乐观，直属企业没有一个盈利大户；社会办的福利企业产值虽高，民政局收取管理费很难，能用来自身发展的钱少得可怜；福利公司办的煤矿，“火”了头两年，效益开始滑坡，他审时度势将煤矿卖了，所得的200多万元钱，买了几辆小车，购置了30多套职工宿舍，花得所剩无几。可以这样说，他没给范培生留下一文钱，要办500万元的大事，等于在做无米之炊。然而，范培生是自己的接班人，第二把手想办一件大事，热情那么高，自己不能不支持啊！再说，他在大同一中当教师时，小范是一中的学生，当教师的不能不给学生一点面子。还有一点，陈老夫子深知他这个门生的秉性，柔中有刚，办事历来谨慎，从不涉险，既然这次提出大胆的设想，总是经过深思熟虑的，有备而来，不能迎头泼上一盆冷水，而应该全力支持。老局长思虑再三，在党委会上拍板了。儒帅借南风，天时帮了范培生的忙。1992年夏天，北京、太原的诸多要员先后来到大同，考察了军供站的“黄金地段”，对他兴建大厦的计划十分赞赏。一再鼓励：“盖五层楼太可惜了，要高一点大一点，上规模，上档次，创一流。”各级要员还给范培生吃了颗定心丸：“资金不成问题。”在这样的形势下，军供福利大厦的兴建计划作了重大修改，高度由5层变为14层，面积由6000平方米改为1.6万平方米，投资金额由500万元增加到一千五六百万元，可谓坐上了“直升机”。

一千五六百万元，这对当时的大同市民政局来说，简直是个天文数字。有人说：“范培生头太热了，心太大了，十有八九搞不成。”就连斗胆的陈寿昌，也为这个工程捏一把汗，他对范培生说：“上头答应给咱多少钱，还只是在嘴上挂着，并没有拨到咱的账上。要我说咱能弄来多少钱，就办多大的事，至少等资金1/3到位，再破土动工不迟。”

好心人劝告范培生：“你要花上千万，了不得啦，万一闹不成，或者闹成了不赚钱，那就不得了啦，你可就下不了台啦！古人说：宁绕十里远，不迈一步险。老范，你都奔50的人了，何必走这一步险棋?!”范培生回答：“今人不认古人理，我的想法是，宁迈一步险，不绕十里远。风险和机遇成正比，风险与成功成正比，只要敢干肯干会干，风险越大，成果越大。不然，四平八稳地当官，慢悠悠地做事，民政单位的面貌怎么大变，民政人啥时能熬到头啊？”初出茅庐经验不足，加之头脑真的有点热，范培生在没有争得“外援”的情况下，便一声令下，推倒军供站的大片平房，挖了一个好深好大的坑。在当时的形势下，他冒着极大的风险，内外集资，年利率高达15%，民政局集了106万元，大同糖厂集了100万元，等到当年冬天上冻之前，钢筋已经冒出地面，往土坑里扔了206万元（等到5年后还本时，仅“利息”就高达166万元）。而各级要员答应支持的经费呢，尽管老局长亲自出马，拉下老脸来，陪着他跑了一趟又一趟，拨到账面上的仍然是个零！

出师不利　舆论哗然

“这一下子，新局长有好戏看了，看他的大厦怎么盖，看他连本带利怎么还?”“范培生呀，成也军供大厦，败也军供大厦。成了，那座楼便是他的丰碑；败了，这个坑便是他政治生涯的坟墓！”老局长陈寿昌出面说话了：“你们瞎嚷嚷什么！现在不是拆台的时候，而是补台的时候。我陈寿昌斗胆办了个矿，矿不景气了，转手一卖，不是赚了上百万吗？军供大厦只要盖得成，即便负债累累，大不了也是个卖，连本带利还完，少说也赚个上千万！”老局长话虽这么说，心里也没有多大的底，他私下对一位朋友说：“没料到摊子铺得这么大，我这个学生已经被逼上梁山，楼是得盖下去，不过，将来也许只有卖楼这一条路了。”

卖不卖楼，那是后话，眼前的工地还只是个地基，14层大厦依然是个神话。古人云：成者王侯败者寇。大同民政系统的儒帅，会惨烈地倒下变成一个失败者吗？历史的回答只有一个字：不！

中篇：背水一战

1993年3月，老局长陈寿昌封金挂印，范培生独挑大梁，担任了大同市民政局局长、党委书记。那么，正在筹建的福利大厦，是福，是祸，要由他一人承受了！在没有一分钱的情况下要办上千万元钱的大事，大同市民政局一班人的认识并不完全一致，但是，他们深刻领会邓小平同志南方谈话的精神，放手干，不争论，党委定了的事，不拆台，不观望，同心协力地干。结果，越干分歧越小，越干信心越足，越干希望越大。假如一班人对此争论不休，错过机会，黄瓜菜早凉了！

没有一文钱 逼不倒英雄汉

初掌帅印，摆在范培生和党委一班人面前的形势是严峻的，地基已经开挖，集资的206万元统统扔到地皮下，而上头答应的款项无一到位。欲进不能，欲退不成，范培生处于两难的境地。这盘棋一开局就不平稳，刚走几步，他便成了个过河卒，只能前进，没有退路。

当务之急是资金。开始范培生尚无专车，他从军休所借来一辆半旧的伏尔加小卧车，和大厦筹建组组长高祯一道，跑太原、跑北京，见"庙"就烧香，见"佛"就叩头。白色的伏尔加呀，就像一匹白龙马，载着这位"少帅"满天飞，几年中，往返于省城、京城58次之多！范培生是三晋西北山区磨炼过的人，吃得下苦，经得起难，到了大都市，住的是地下室，每天10元钱；吃的是小摊儿，每餐5元钱。在大同市民政局，流传着一个真实的故事：范培生、高祯、小车司机和一胖子副局长，四人同行上北京，有一次吃早点，范培生和高祯每人吃了个油饼一碗馄饨，司机吃了一个油饼五碗馄饨，胖子副局长吃了三个饼一碗馄饨。这个近似笑话的故事，成了大同民政人艰苦创业的一段佳话。

钱是个硬东西，上头有上头的难处，各人有各人的苦衷。范培生等人腿跑得多，钱来得少，巧妇难做无米之炊。何况在当时，全国兴起一股"基建热"，建筑材料飞涨，短短几个月，钢材从每吨2200元涨到4200元，水泥从每吨200元涨到360元，木材从每立方米800元涨到1400元，几乎翻了一番。军供福利大厦的投资随之上升，突破2000万元大关！漫长的日日夜夜，范培生的日子好难过，好难熬！每天清早起床他愁的第一件事就是钱，工地上等米下锅，他得寻思，今天该到哪里抓钱。而停工一天，损失的是几万十几万元啊！

俗话说：没有一文钱，逼倒英雄汉。范培生没有退半步，他采取的办法是：集一点儿，借一点儿，贷一点儿，赊一点儿，欠一点儿。有人讲："这'五个点儿'好是好，就怕你老范将来还不了，成了杨白劳。"范培生回答："那你就不懂经营之道了。没本事的人把钱存在银行，吃一点蝇头小利；有本事的人从银行贷款，挣得是大钱。我的观点是，先找债主，后当财主。"

范培生之所以能实施他的"五个点儿工程"，得益于他在组织部门工作多年，上上下下人熟；还得益于他人缘好，方方面面对他信得过。中募委借给他们50万元，省民政厅有关单位借给他们200万元，建设银行城区支行、铁道支行一共贷款400万元，红旗水泥厂等生产单位赊给他们大批建筑材料，拿范培生自己的话来讲，这就叫作"人格效应"。有时"人格效应"也会失灵。1994年到1995年，是兴建大厦最困难的一年，楼层上升，债台高筑，民政局还不了施工队，施工队还不了建材厂，一时形成了"三角债"。债主不比慈善家，某个企业施出绝招，雇用一批"拼命三郎"，找上门来逼债，负责施工的高祯首当其冲。讨债人亮出一把匕首，扎在桌子上，威胁说："你家里的地址我们知道，你孩子的学校我们也知道，拿不来钱等着瞧！"高祯的妻子哭着对丈夫说："不干了，我们别干了，省得让我们娘儿几个跟着你担惊受怕。"五尺男儿动了情："我也想过打退堂鼓，可是那样做了，对不起范局长，丢下个半截子工程，让他怎收场啊！"欠账的日子不好过，出门比人低半头。范培生和高祯这对大同市民政局闯天下的将帅，整整5年忍气吞声熬过来了，连滚带爬走过来了，好在工地热火朝天，好在大厦层层崛起，好在两条汉子没有倒下。艰难上升的军供大厦，是他们和所有大同民政人的憧憬，是千百个民政对象的希望。

乌纱帽轻 民政事业重

创业难，难于上青天。大同市军供福利大厦在兴建过程中遇到的难题不只是资金严重短缺，更有各种各样的矛盾，从它动工之日起，便举步维艰，险象环生，决策者稍有不慎，就会前功尽弃，不可收拾。是过五关斩六将，还是败走麦城，对于范培生和民政局的一班人来说，是一个严峻的考验。

数年中，工程经历了五大风波——

一曰"拆房危机"。由于历史原因，军供站东南部墙根下搭起两排违章建筑，皆为小商小贩所为，多达数十个摊点，要建大厦必须将其统统拆除。而这些摊主怎肯白白放弃这"黄金地段"，对于城建部门的公告，他们置之不理，雇来数十个"滚刀肉"，横躺竖卧，阻挠拆房。万般无奈，执法部门出动12辆警车、两部铲车、30多名法警和公安人员，强行拆除。法大如天，“滚刀肉”一见政府动了真格的，一个个抱头鼠窜，不到半天时间，两排违章建筑被夷为平地。

二曰“争地危机”。军供站地处火车站西北方向，被铁路单位包围，多年来相安无事，此次要盖大厦，危及铁路第三产业的切身利益，卖煤的怎能容得下卖炭的，互不相让，风云骤起。铁路分局状告民政部门，言称军供站这块地方是“文化大革命”期间铁路“割让”的，强烈要求“恢复失地”。对方寸土必争，“官司”打到市府，时间长达一年之久，中国有句古话：口说无凭立字为证。市府查阅了原始资料，民政一方“胜诉”，“领地”之争方告结束。

三曰“告状危机”。不知何年何月何人发明了匿名信，满天飞，到处告。有枣没有枣打三竿，告不倒你也恶心你。大同市民政局便深受其害，有人接二连三匿名告状，言称军供站不务正业，要“钱”不要“兵”，一竿子捅到中央军委。总后勤部、北京军区后勤部和民政部组成联合调查组，来大同实地考察。事实情况是，在兴建福利大厦的同时，军供站的客房、餐厅和办公室全面改造，焕然一新，增加了空调、卡拉 OK 等现代设施，过往新兵老兵的伙食由四菜一汤增加到六菜一汤，军供任务年年圆满完成。这一来，军方放心了，“告状风波”才得以平息。

四曰“商城危机”，军供福利大厦的第一期工程为药材商场，1993 年底建成开业。当时，市政府考虑到药材市场过于分散，不便管理，便将多数销售点集中到这里。一时间，华北、西北 7 省区的 20 个制药厂在此设点，铺面多达 4 家，1994 年营业额多达 3 亿元，民政局收取房租上百万元。天有不测风云，商城冲击了医药公司的利益，有关方面请来电视台，将商城作为“反面典型”曝了光。喧闹的商场，顷刻间人去楼空，范培生受到致命一击。幸亏他和同事们来了个急转弯，及时将药材商场改建为同和饭店，这才转危为安。

五曰“承包危机”。军供福利大厦的第二期工程为餐厅，1994 年初夏建成开业。范培生虽说办事谨慎，但也有几分书生气，轻易相信人，加之经验不足，将偌大的餐厅承包给一个吃过“皇粮”的人士。谁知其人是真正的马谡，言过其实，不可大用，开业只有数月，赔了血本。三十六计走为上策，此人卷走全部家当，逃之夭夭。跑了和尚跑不了庙，承包人拖欠的数十万元贷款，银行要求民政局偿还，范培生被传唤到经济法庭。几经周折，承包人就范，并因触犯法律而受到制裁，范培生又一次涉险过关。

5 年创业，一路风雨，大的风波有 5 次，小的麻烦不计其数，民政局先后 20 次接到有关部门的《停工通知书》。范培生呀，没有一天不操心，没有一天不焦心，没有一天不揪心。该当硬汉，他当了；该当软汉，他也当了，一切为了大厦的崛起，一切为了事业的发展。令人惊奇的是，遭到如此多的波折，工地上夯歌不断，大厦没有停工一天。

成也军供大厦，败也军供大厦。有人说，范培生把自己的政治赌注全部押在这里了。范培生本人说，他把身家性命全部押在这里了。因为他深深懂得，2000 万元的“天文数字”意味着什么，假如大厦夭折，或者建成后毫无经济价值，那将给自己带来“灭顶之灾”，将给民政局带来几代人还不清的重债，将使大同市的民政事业受到难以估量的损失，如果是那样，他将变成老幼指责的历史罪人！乌纱帽轻，民政事业重。在那段时间，大厦就是他的生命，就是他的一切。

一着妙棋全盘活

两手空空盖高楼，肩负重债写春秋，一夜白了壮年头！大同市民政局“五个一点儿”工程对军供福利大厦建设起到了至关重要作用，而大厦自身的发展和经营，是它立于不败之地的主要因素。范培生和他的一班人采取了“分阶段建设，边施工边经营，滚动发展”的策略，先盖起商城，所得的经济效益投入餐厅的建造；餐厅开张了，再将二者的盈利投入宾馆建设。就在建设期间，民政局还清了内外集资的 356 万元本利，还清了许多单位的债务。截至今年上半年，盖大厦用去的 2300 多万元大部还清，只剩下 600 万元的外债。

1995 年 5 月 1 日，大同市军供福利大厦全部竣工。尽管由于资金不足，范培生未能圆了他的“14 层高楼梦”，大厦盖到 10 层便封了顶，然而这个雄伟而华美的建筑群，不亚于大都会的高级餐馆和星级宾馆，它屹立于大同站广场的繁华之地，为这个古城平添一景。大厦落成，经营成了突出的问题。范培生对此思虑已久：民政人自己经营，不成。一是机制问题，这个官员要介绍一个人，那个关系单位想安插一个人，接受不是，不接受也不是；二是人才问题，民政人长年任劳任怨地为群众服务，精神可贵，但多数人的观念难以适应激烈的竞争，很难在商战中杀出一条“血路”，弄得不好，大厦会变成民政局背不动丢不掉的一个大包袱。承包给局外人经营，也不成，这些人如果盈了利，你好我好大家好；如果赔了本，卷起铺盖一走了之，烂摊子还得自己收拾，现实生活中，往往是赔空了公司，鼓足了承包人的腰包，这样的教训太多了！这也不成，那也不成，什么能行？范培生和他的一班人经过多方考察、深思熟虑，使出一个绝招：出租大厦。他们选中了大同市的两位能量极大、财力最大、信誉很高的民营企业家，将大厦“一分为二”全部出租。这两个能人果然不凡，一个在此办起“红旗大酒店”，一个在此办起“同和大饭店”，光是两个饭店的餐饮部，每天的营业额就达到10多万元。时任大同市军供站站长的高祯得意地说：“两大饭店，每年向民政局交纳250万元的租金。不仅如此，他们在饭店开业之前，自己投资1700多万元将大厦改建和装修，即使租期到了，这栋大楼他们也搬不走。”

大厦兴起，美梦成真，大同市民政局拥有了价值4000万元的不动资产。一着妙棋全盘活，楚河汉界任驰骋，范培生心中有了一幅更加壮美的宏图，他要和同志们一起续写神话。

下篇：世纪凯旋门

大厦兴，百事通，价值4000万元的不动资产，给大同民政人增了光彩，添了自信，儒帅范培生说话腰杆都硬了：“现在咱身上还背着几百万元的外债，不要紧，不愁还，银行也不再催，情愿让咱继续贷着。为什么？民政局已经有了实力，有了信誉，银行不怕咱还不起。这个势头发展下去，一两年内便可以还清外债。如今，大同市民政局有了两大聚宝盆，军供福利大厦每年创收二三百万，福利有奖募捐每年提留二三百万，咱手头每年有了这四五百万，什么事情都能办得成，办得好。”

范培生想办哪些大事呢？

不把一个破旧单位带入21世纪

天降大任于斯人，范培生转战民政领地不长时间，便厘清思路，有了一个明确的奋斗目标：用5年左右的时间，彻底改变民政部门的落后面貌，绝不把一个破破烂烂的单位带到21世纪。

这位儒帅有个观点：民政工作千头万绪，大的业务有20多项，小的业务扳着手指头才能说清，项项都重要，哪项都得认真抓，丢了哪一头，民政局局长都无法交账，甚至是不称职。但是，一个人在民政局“掌印”的时间一般不会很长，多数局长只能干一两届，时间不等人，年龄不饶人，假若眉毛胡子一把抓，什么也管不了，什么也管不好。作为班长，要学会弹钢琴，在一段时间里上演一两台重头戏。他认为，民政局太穷了，下属单位太苦了，必须在增强自身实力的基础上，下决心抓一抓自身建设，尤其是硬件建设。鸟儿都有个巢，兔子都有个窝，民政职工和服务对象更应该有个像样的工作环境和栖身之地。基础设施建设，下大力气搞起来了，看得见，摸得着，搬不动，背不走，是民政人的牢固阵地，是民政部门的百年基业。有一位下属劝他们的儒帅：“范局长呀，你的想法好是好，就怕咱的力量达不到。如今大厦正在建，外债上千万，正是火烧眉毛的时候，哪能顾及那么多的直属单位。毛主席他老人家讲过：‘别着急，慢慢来。’依我看，等把大厦盖成了，外债还完了，咱再‘全面开花’也不为迟。”

范培生一本正经地说：“你忘了，毛主席还说过另一句话：‘一万年太久，只争朝夕。’我范培生能等，那些住着破房子烂屋子的孤儿孤老不能等啊，咱民政职工中的无房困难户不能等啊！宁肯我多背几年外债，多作几分难，也要让下属单位早一天改变面貌。”儒帅怎能不着急啊！忘不了那个大雪天，他顶着寒风走进光荣院。哦，那些为革命扛过枪负过伤的光荣者，住的是什么样的院呀——两排危房几盘炕，一个茅厕不向阳，院子成了溜冰场，风雪阵阵摇门窗。范培生亲眼看见，一个驼背老人拄着拐杖踩着冰碴上厕所，一步一滑，一步三晃，险些摔倒。服务员来搀，老人摇摇头；院长来扶，老人摆摆手。老兵有老兵的自尊心，上厕所不愿让别人帮忙。短短的几十米风雪路，老人一步一挪，艰难地走了10多分钟，像在进行一次“小长征”。民政局局长的一颗心，随着他摇，随着他颤，改变不了这里的一切，自己日后怎么进光荣院，如何面对一个个老兵？

儒帅怎能不着急啊！忘不了那个风雨天，他披着雨衣走进福利院。那院子多破旧，积了一洼子雨水，如湖似海，孤老们住的是“小台湾”，孤儿们住的是“海南岛”。那房子老掉了牙，山墙裂缝，屋顶开洞，天上的雨水大下，屋里漏水小下，屋外雨停了，屋内的水珠还在滴答。可怜的孤儿们，东边漏雨时挪到西边，西边漏雨时挪到东边，挪来挪去无处躲了，土炕变成了沼泽地。他清晰地记得，当他抱起一个残疾小女孩时，那孩子亲昵地依在他怀里，晃动小手，冲着他笑。他能对孩子说些什么呢？改变不了眼前的一切，他配当伯伯吗？他配当局长吗？他能安稳睡一宿觉吗？

天地转，光阴迫，不能让可怜可爱的孤儿们抱着破碎的梦进入21世纪了，有些残年孤老甚至活不到那个时候了！要尽快让他们有个新的窝，有个温馨的家，享受一点“现代化”，这是民政工作者神圣的历史使命。不把一个破旧单位带入21世纪！班长的这一决心，得到了一班人的认同；班子的决策，得到了上上下下的赞同；于是，在军供福利大厦尚在兴建、负债累累、民政局“财政”十分吃紧的情况下，大同市的民政基础建设全面铺开，各单位大兴土木，夯歌四起……

好一片崭新的民政天地

山西人有个特点，平时过日子，可谓斤斤计较，一分钱要掰成两半花，除了从身上割肉，就数割钱心疼。然而，一提起置地盖房买家什，勒紧腰带也要干，割下肉来也舍得，吃苦受累更不在话下。资金从哪里来？民政局拨一点儿，市财政给一点儿，往省里部里要一点儿，民政局和各单位创一点儿，自己动手省一点儿——又一项“五个一点儿工程”！其中，福利彩票大发行，在大同市所有福利事业单位发展中起到了举足轻重的作用。

早在1992年5～6月，范培生等人几上省城、京城“求援”，两手空空，无功而返。山西省募委办主任对他们说：“你们到处烧香，不一定能要来多少钱，不如放手搞福利彩票销售，先卖300万元试试看。依我看，只要这一步走得好，不愁办不成几件大事。”

当时，福利有奖募捐起步不久，大同市还只是小打小闹，这里摆个摊儿，那里设个点儿，售券人像个挑担儿的货郎，吆喝一天卖不了多少彩票。无奈，民政局将彩票分摊给各个街道，由居委会干部挨门逐户一张一张销售，就那也没有多大起色，一年中顶多售出几十万元，一下子要卖300万，范培生和同事们的信心不足。不过，各个工地等钱急用，硬着头皮也得上。他们先往省募委要来100万元的彩票，卖一次试试看。

七月，塞外古城的红旗大广场，奖台高筑，彩旗飞扬，喇叭声声，人山人海。范培生他们没有料到，前来购券的人如此踊跃，售券人手忙脚乱喊破了嗓子，一天忙得顾不上吃一顿饭。天公不作美，一阵风，一阵雨；售票人好艰辛，一身水，一身泥。雨来兴更浓，云散人不散，短短两天，百万元的福利彩票一售而空。第一炮打响，大同民政人信心倍增，紧接着，他们又打响了第二战役，一天中售券200万元，创了“全国纪录”。两个战役打下来，大同市民政局净得60多万元的福利事业发展资金，范培生和同事们笑了。事情是逼出来，更是干出来的。五六年中，大同市民政局先后在红旗广场售券17次，最少的一次售券100万元，最多的一次售券1000万元，这给大同市民政局注入了强大的经济活力，范培生的腰杆硬了，他对各单位头头儿说：“要盖就往大里盖、好里盖，至少20年不落后。开始小打小闹，看起来省钱，没过几年就落后了，修修补补，拆了重盖，其实是最大的浪费。”

光荣院是“动手”最早的单位，投资250万元，建筑面积为3000多平方米，分阶段施工，耗费了3年时间。院长秦福花和党支部书记张友谊长年“泡”在工地，单位是家，家成了旅店，由于操劳过度双双累成了病号儿。大干带来了大变化——小洋楼、小餐厅、娱乐室、健身房、小澡堂、理发屋、诊疗所，应有尽有一色儿新。老人们住的房里带有卫生间，雨雪天再不用“小长征”了。光荣者一个个美滋滋：“住着小宾馆，睡着席梦思，看着大彩电，如今我们活在了天上！”

建设速度最快、变化最大的单位当数福利院，他们舍弃城内的大杂院，选中城东的开阔地，来了一次改天换地的大基建。为了跑资金，院长靳宝利冒着大雪进省城，当晚又转车上北京，买了“站票”的他在过道里站了大半宿，实在熬不住了，横躺在地板上打响呼噜。为了争速度，院里招来6个施工队，同时开工。青年职工孙立新是个“监工”，有一次攀登脚手架，一根长钉从他的脚面扎入，穿出脚背，鲜血如注，被人抬了下来。第二天清早，小孙一瘸一拐又来到工地。众志成城，从奠基到剪彩仅用了半年时间，一个投资800万元、占地28亩、有6个建筑群、建筑面积近8000平方米的“孤儿乐园”和“老人福地”全部建成，从头到脚高标准，从里到外高档次，堪称三晋第一流。

殡仪馆在扩建改造过程中遇到的不只是资金问题，还有世俗偏见问题。更新火化炉时，老炉子需拆除，施工队怕晦气，没有哪一家愿意承包。

“我们也有两只手，别人不干自己干！”女馆长赵喜云冒着三伏酷热，钻进焦人的火炉里大干了3天。赵馆长和职工们苦斗5年，增建办公楼800平方米，硬化场地4700平方米。可以这样讲，大同市民政单位的每一个新院、每栋新楼，都是民政人废寝忘食干出来的，是他们舍家撇小拼出来的。

紧锣密鼓演大剧，好戏连台场场红。收容遣送站的环院小楼，精神病院的崭新病房，火葬场的“百花公园”，军休所的“灯光长廊”，军供站内部的全新设施，星罗棋布，“争芳斗妍”，大同市所有的民政事业单位全部改变了面貌。与此同时，民政局投资500万元，在风光宜人的桑干河畔新建了一座恒泰陵园，能安置1.1万个墓穴，一年多时间，已售出700个穴位，回收300万元资金。民政局还投资500多万元，兴建了30余所县区“窗口”敬老院。有趣的是，在6年之前，楼新院美的军休所在大同市民政单位中独此一家，属于“第一世界”，现在与兄弟单位相比，变成了“第三世界”。

“只要你干得好，就会过得好。”这是范培生对职工们说过的一句话。军供福利大厦和各单位基础设施的兴建，促进了第三产业的发展，为更多人提供了就业机会。近两年来，周围不少单位的职工在下岗，这里的家属和子女在上岗，一批长大的孤儿，没出“民政圈子”便找到工作，有了稳定的收入。大同市民政局是改革的“老字号”，早在老局长陈寿昌“执政”期间，职工住房和福利就搞上去了，敢与一些热门单位比试比试。芝麻开花节节高，如今大同民政人的收入与福利让周边人眼馋，甚至眼红，民政局成了“热门单位”。

山西有句名言：“先治坡，后治窝。”在改善职工工作条件和服务对象生活条件的基础上，大同市民政局采用“自购公助”的办法，买了90多套宿舍，为机关每个职工和直属单位领导进一步改善了住房，科级干部每套住房的建筑面积为110多平方米，一般职工每套住房的面积为80多平方米。加上各单位自建自购的宿舍，下属单位职工的住房问题基本解决。可以讲，大同市的民政职工没有失业之忧、无房之苦、无医之患。外地的一位同行参观了大同民政人的宿舍，流连忘返，触景生情：“呀，你们真有福气，咱民政人都能像你们一样，该有多好！”

有人说，范培生不只是个儒帅，还是一个福将，办事有如神助，干一件成一件。范培生说：“我们是借‘南风’搞起来的，假若早一年或者晚一年，我都不会作出那样的决策。机遇，来之不易，稍纵即逝。抓就抓住了，抓不住就从指缝里溜走了。”他还说：“好就好在我们有个团结的班子，各负其责。尽心尽力，抓福利彩票发行的副局长立了大功，其他副手抓的各项工作都上去了，使我能集中精力抓自身建设。不然，我老范浑身都是铁，也打不了几颗钉。”

群楼落成日，不忘拍板人。每个星期，范培生都要派人派车把老局长陈寿昌接到光荣院，让这位已双目失明的老人痛痛快快地理个发、洗个澡。前不久，学生专门邀请教师到同和大饭店坐了坐，让他感受一下“现代化”。陈老夫子看不见，只能用耳朵听，听完了，双手颤动着摸一摸墙壁，抚一抚沙发，连着说了几声：“干对了！干成了！干好了！”

江山辈有人才出。斗胆陈寿昌，吹响了民政系统改革的前奏曲，干成了风风火火的大事业；海胆范培生，奏响了大同市民政事业发展的进行曲，创下了一片实实在在的大基业。无疑，军供福利大厦及众多的民政建筑群是大同民政人学习和实践邓小平理论的结晶，是他们值得骄傲的世纪凯旋门。

我向创造神话的大同民政人致敬！

（1998年12月《中国社会报》刊登）

九、为民解难大联动

——寄自山西大同市的报告

古都大同，中外驰名，连接晋冀蒙三地，串通关内口外，大秦铁路从这里起步，京包、同蒲线此处交会。就在这座塞外名城，大同市民政人聚八方之力，创联动机制，在为民解难的广阔天地，上演了一出有内有外、有静有动、有声有色、有情有景的现代大剧。

组织部长的“民政效应”

大同市是能源老工业基地，历史欠账多，失业职工多，失地农民多，流动人口多，所辖11个县区中有6个是国家集中连片扶贫重点县，民政人肩上的担子很重。3年前，大同市委组织部常务副部长白玉转换阵地，掌管了“民政帅印”。白玉有个观点：不谋求做多大的官，有个施展才智的平台就行；不希冀有多重的权，能为群众做点实事就好。而民政工作恰好给他提供了这样一个平台。新官上任，压力陡增，因为前几任局长无一人是平庸之辈。早在20世纪80年代，反映大同民政人率先改革的新闻报道《斗胆陈寿昌》一炮打响，反响强烈；21世纪初，记录大同市民政局自身发展的通讯《大同神话》梅开二度，享誉全国；近10年来，大同市的民政工作扎实推进，亮点诸多，在全省乃至民政部屡获殊荣。接管这样的单位，压力之大可想而知，新任局长该有何为？

天降大任于斯人，白玉局长下基层、入社区、走矿山、进乡村，深入了解民政工作遇到的新问题，寻求解决问题的新方法。不容忽视的是，随着经济快速发展，一些突出的社会问题不断出现，而贫富差距明显拉大，是各级政府官员揪心的最大焦点，也是民政人必须面对的最大难点。白玉局长心急如焚，寝食难安。他清醒地认识到，形势喜人，形势逼人，必须有“输不起”的危机感、“坐不稳”的紧迫感、“无退路”的责任感、“创一流”的使命感。慢走一步会差之千里，耽误一时会落后数年。能快不快就是耽误，当干不干就是失误。只有在“创新”二字上大做文章，不断进取，才能向党和人民交出一份满意的答卷。

民政业务有20多个大项，千头万绪，创新该从哪里入手？白玉局长经过深入调查和认真思考，掌握了问题的症结：民政部门所服务的面太宽、人太多、事太杂、量太大，而本身的人力财力有限，单兵作战，孤掌难鸣，必须把政府主导、部门协作、社会参与作为民政工作的长效机制，有效整合社会各界的人力、物力、财力和智力资源，形成推动民政事业发展的强大合力，才能做大做强，让广大群众尤其是困难群体得到更多的实惠。多方联动，无疑是为民解难的一大抓手。白玉局长找准这个抓手，采取了几项举措：一是争得市委、市政府的大力支持，“亮出尚方宝剑，调动各路诸侯”。二是靠他20多年组织工作的人脉，“引来八方泉水，润我民政良田”。三是阳光操作，透明办事，将为民举措一一落实，赢得上下左右的信赖。四是以点带面，全线铺开，逐步推进，形成联动的长效机制。

好一个“联动”，民政发动，各方行动，雁门关外热潮涌动……

“阳光救助”惠泽百姓

城乡低保直面困难群体，发放的是生存保障金，俗称“救命钱”。我国实行的是应保尽保，不漏掉一户一人。此项业务，无疑是民政工作的重头戏，容不得一丝懈怠，不能有半点漏洞。现实情况是，由于城乡人口流动频繁，社区居民不断动迁，人户分离现象比较普遍，这就给准确掌控低保对象带来了更大的难度。把关不严，优亲厚友的现象时有发生。而一些心存贪念的人机关算尽，将手伸向这救命钱袋，能捞一把就算一把。于是，有的地方出现了奇闻怪事：做生意的老板心安理得吃低保，收房租的东家厚着脸皮吃低保，更有甚者，开着宝马车去领低保金，而一些真正需要救助的特困户却成了“被遗忘的对象”，只能怨天尤人，望“保”兴叹。

“阳光救助”——公开、公平、公正，是低保工作的生命线。为此，大同市民政局从低保对象认定、操作流程到监督管理出台了一整套方案。常言道“事在人为”，再好的法规要由人来执行，而此项业务点多面广，情况复杂，操作起来确有难处。有些社区和乡村干部碍于邻里乡亲的情面，不愿意得罪人，很难“割袍断义”，尤其是对那些不该低保而已经低保的人，“请神容易送神难”，这成了低保工作人员和基层干部的一件最头疼的事。白玉局长和有关人员正是抓住了这个大难点，启动了联动机制，低保中心与财政、工商、税务、交警、房管等单位“纵横结盟”，与街道、社区、乡镇、村组“上下贯通”，从楼组长、村民小组长的“人脑联网”到各个单位的电脑联网，加之新闻媒体的公示，谁贫谁富一目了然，最大限度实现了低保认定的准确性和操作的规范性，有效解决了“执行政策讲变通，发放资金讲人情”等诸多问题，城乡居民拍手称快。

“阳光救助”——该出去的出去，该进来的进来。大同市城乡数以十万计的特困家庭领到了生存保障金，真正实现了“应保尽保”。城区北关居民贾转春，年过古稀，大病缠身，3个子女都已成家，均患重疾，由于历史原因，两代人的户口落在了一处，而按照有关规定，每个家庭每年领取的大病医疗救助资金不能超过5000元，很难解他们的燃眉之急。低保中心与派出所联动，很快将他们的户口分离，按4个家庭计算，救助金可领到2万元。古稀老人喜出望外，百感交集：“这钱，救了我们祖孙三代的命了！”

“阳光救助”在拓宽，联动机制在延伸。近3年来，大同市民政局在全力救助城市特困学子的基础上，携手慈善总会、红十字会和众多企业，在全市农村广泛开展“春霖助学”行动，数以千计的城乡特困学子顺利走进了“象牙塔”。广灵县一中学生杨春娇，家有七口人，爷爷奶奶年迈，父母多病，就靠几亩薄地为生。去年，她和妹妹分别考上了青岛大学和中南大学。接到通知书，全家人哭了，无钱难圆大学梦啊！就在这节骨眼上，民政人送来了助学金，每人每学年资助2000元，4年下来共计16000元，姐妹俩乐得直蹦高，爷爷奶奶张开没牙的嘴巴笑了。

“中国乳娘”感动城乡

世上什么最揪心？婴儿的啼声。20世纪50年代，大同市社会福利院开辟了一条农村家庭寄养孤儿的道路，先后有30多个村庄的无数家庭加入育孤行列，形成了一个庞大的乳娘群。其中，大同县散岔村尤为突出，婆媳交班当乳娘，母女接替收弃婴，半个多世纪以来抚养了1400多名孤残儿童。报告文学《中国乳娘》真实记录了这段感天动地的历史，“乳娘村”成了大同市享誉中外的一张名片。

斗转星移，随着经济社会的发展，农村寄养模式遇到了新的挑战：由于我国实行计划生育等多种原因，现在的弃婴绝大多数为残障儿童，而周边农村尚未脱贫，条件有限，这就给孤残儿童的医疗、康复、上学和日后就业带来一系列难以解决的问题。大同县萝卜庄有个乳娘叫靳仙茹，抚养着3个孤儿，为了让孩子们看病和上学方便，她和丈夫双双进城打工，举家搬迁，租房栖身，一切为了孤儿的成长，这件事，不仅使周边群众深受感动，更使民政人的心灵受到震撼。白玉局长对福利院一班人说：“一对打工夫妻能做到的，我们职能部门为什么做不到？家庭寄养也要创新，要从农村逐渐向城市拓展，为孤残儿童创造更好的生存发展条件。”

从“窑洞乳娘”到“楼房乳娘”，寄养制度发生了质的变化。民政局福利科、社会福利院与城市社区联动，挑选出一批家庭经济条件较好、文化素质较高、具有博大爱心的寄养家长，加之政府财政提高补助标准，这就使散居孤儿的生活上了一个档次。从幼儿园到学校，从公园到娱乐城，孤儿们完全融入了现代化都市圈。城市的乳娘异口同声：“孩子进了我家的门，就是我家的人。我们要倾全家之力，供孩子上最好的幼儿园、最棒的学校，让他们也能成为‘白骨精’（即白领、骨干、精英）。”

从“家庭寄养”到“家庭寄宿”，大同市社会福利院不断求新求变。他们与联合国儿童基金会、宋庆龄基金会、中华慈善总会、中国收养中心等海内外多个组织联手，在风景如画的御河东岸兴建起一个具有国际水平的“孤残儿童寄宿中心”，就近为孤儿及其养父母提供了高标准的宿舍楼。每天上午和下午，孩子们在如梦如幻的“多官感综合训练室”学习和康复，其他时间则在家里享受天伦之乐。每日早中晚，是家长接送孩子的时段，也是天地间最温馨的时刻，无论是艳阳下，还是阴雨天，一把把雨伞撑起大爱，一辆辆童车拉动亲情，一张张笑脸挂满期待，一声又一声“爸爸”“妈妈”，醉了千岁古城。

建设“乳娘城”，不忘“乳娘村”，城乡联动，孤残儿童如入仙境。大同市社会福利院与多家海外企事业单位联手，在周边村庄建起一个个寄养管理服务站，盖起一批批高档次的寄养宿舍，每座新院造价20多万元，许多孤儿与他们的养父母从破旧的土窑洞搬进了农村小别墅。在散岔村，50多岁的乳娘曾存花先后抚育过10多个孤儿，如今身边还养着3个。乔迁新居时，她喜极而泣：“我当奶妈30多年了，千辛万苦换来了一个字：值！”

“夕阳工程”纵横交错

说完孤儿，再讲孤老，五保供养是民政工作的又一出重头戏。近3年来，大同市多方联动，加大投入，整合利用社会资源，改扩、新建敬老院30多所，增加床位1300多张，使全市农村敬老院达到110多所，床位总数上升到4300多张，它成了孤寡老人的“福地”“宝地”。

日照外长城，阳高县位于晋蒙交界处。就在这个国家重点扶贫县，民政局充分发挥联动机制的作用，集资上千万元，大中小型并举，集体个人兴办，初步形成“以县办敬老院为主、乡办敬老院为辅、民办敬老院为补充”的集中供养模式，为600多名五保老人提供了舒适的栖息场所。在此基础上，民政部门与县、市两级编办和财政沟通，批准6个县办中心敬老院为副科级建制单位，每个敬老院核定事业编制3名，其中副科级院长1名，所需经费纳入财政预算。此举一出，彻底打消了敬老院工作人员的临时观念，使他们干得更加安心、宽心、尽心，住院老人一百个放心。

霞染太行山，广灵县位于晋冀交会点，也是个国家重点扶贫县。这里的民政人迎难而上，争得多方面支持，整合现有资源，充分利用闲置房屋，通过改建扩建，形成了县、乡、村3级网络式的五保集中供养模式。值得一提的是，许多农村孤老穷家难舍，故土难离，很不情愿到乡镇或县城养老，而农村的一个个五保供养点，正好成了他们亲切而又熟悉的“康乐园”。这些村办五保供养点不仅收养孤寡老人，而且为村中无房的特困户提供临时住所，创新了农村社会救助模式。

大同市五保工作还有一个亮点：提升老人们的“幸福指数”。经测算，当地维持一个孤老基本生活每年约需7000多元，而集中供养的资金仅有2000元。如此大的缺口怎样弥补，锦囊妙计还是“联动”。其一，与慈善机构联手，动员社会捐助，名曰“八方进宝”。其二，征得村委会支持，将老人原有的责任田转包他人，适当收取租金，名曰“坐地分红”。其三，拓宽民政救助渠道，适时适当向孤老倾斜，名曰“雪中送炭”。其四，有劳动能力的院民养殖种植，自食其力，名曰“锦上添花”。通过各种渠道，基本筹足供养资金，保证了住院老人“吃、住、用、医”需求。花开百朵，单表一枝：阳高县新和中心敬老院的院民们活得舒心，活得潇洒，组成了“夕阳红文工团”。每当风和日丽之时，院门大开，鼓乐齐鸣，院民与村民欢聚一堂。80多岁的老哥哥，60多岁的小妹妹，含情脉脉地唱了一出《走西口》，掌声笑声连成一片。

乡村夕阳普天照，都市晚霞遍地红。经过多方协同作战，大同市城区和矿区的养老机构增加到25家，其中只有两家姓“公”，绝大多数为民办，床位达到了3000多张。除了集中供养，大同市以社区为依托，广泛推行居家养老，为无数空巢老人带来欢声笑容。山橡社区更有创意，携手知名企业，促使大同市与大连市两市联动，组织老人们“异地疗养”。晋北的老人团远赴辽南，沙滩上卧一卧，海船上坐一坐，心旷神怡；大连的老人团来到大同市云冈石窟里转一转，悬空寺上看一看，美不胜收。

“联动机制”四通八达

白玉局长有个观点：“干事业不能零打碎敲，要有整体规划；更不能虎头蛇尾，要持之以恒。”由大同市民政局牵头、多方参与的“为民解难大联动”机制，就像一座宏伟坚实的立交桥，纵横交错，四通八达。社区办公设施，是社区建设的一大瓶颈。过去，大同市不少社区的办公用房面积窄小、设施简陋，而街道办事处囊中羞涩，只能修修补补，凑合使用。近几年来，随着城市改建、棚户区搬迁和沉陷区治理，部分社区的公用设施一并拆除，使得居委会用房更加窘迫。大同市“联动机制”的运转，使这一窘境大有好转。规划、建委、房管和民政地名办公室一起发力，促使开发商加大投入，已经有10多个建设单位为社区无偿提供用房1000多平方米，20多个建设单位承诺小区建成时无偿提供社区用房5000平方米。居委会主任们高兴地说：“鸟枪换炮，我们终于熬出头了。”

在乡老复员军人等重点优抚对象看病难，困扰了民政人多少年。即便农村医保出了“大头”，许多老兵也拿不起“小头”，有了病只能忍着挺着，望院却步。大同市“联动机制”的运转，使这一困境大为改观。民政、财政、卫生等部门与军队联手，确定驻军322医院为优抚对象定点医院，在乡复员军人、伤残军人和烈属看病时，既享受医保，又得到各种优惠，个人仅支付医药费的5%。这一举措实施近两年来，已经有上百名优抚对象得到实惠。大同县永胜村七级伤残军人张福，今年春天患大病住院半个多月，费用1.3万元，个人仅支付600余元。老兵出院时春风满面，连着说了几个“好”字。

生老病死，自然规律。很长一段时间，由于利益驱动，大同市区许多医院将太平间承包给个人，病人去世后，亲属在医院设灵堂大操大办，哭喊声撕心裂肺，鞭炮声惊天动地，住院病人苦不堪言，周围居民怨声载道。民政、卫生、公安、城管等部门联手整治这一乱象，取缔了各个医院的太平间，病人去世后，很快由灵车运至郊外的殡仪馆，葬礼一律在那里举行。如此一来，医院静，街巷宁，人心安，广大居民无不称道。

在大同市所辖的四区七县，“联动”无处不在，“为民”硕果累累。荣军医院与财政、卫生等部门联手，免费收治社会上无依无靠无经济来源的精神病人，安了一方百姓；社会救助站与公安、教育等部门联手，开展“保护儿童、告别流浪”的专项行动，基本实现了城市街面无流浪未成年人的目标；地方各单位与驻军联手，全面推进双拥工作，夺得全国双拥模范城“七连冠”。财政、国土、城建、规划等部门全力支持民政硬件建设，总投资上亿元的光荣院和殡仪馆新址高楼崛起，大院落成，民政人和服务对象“换了新天”。古都大同的“为民解难大联动”，无疑是一棵常青树，枝繁叶茂，长盛不衰。

（2012年6月15日《中国社会报·山西民生》，2012年8月《当代中国》刊登）

“联动”是一棵常青树

《中国社会报》评论员　薛宝林

为民解难大联动，大同市的这一举措，扎实有效，成果丰硕。读罢这篇报道，既令人振奋，又让人感叹，谈一谈联动之联想。

“联动”是一个完美创意，它来自大同市民政人的忧患意识、创新精神和果敢决断。面对庞大的困难群体，面临不断变幻的形势，大同市民政局一班人有着“输不起”的危机感、“坐不稳”的紧迫感，因此求新求变，找准“联动”这一抓手，统领各项业务工作。正是他们有了“无退路”的责任感、“创一流”的使命感，才使“联动”由创意变成实实在在的行动，取得了立竿见影的效果。

“联动”是一种团队精神，而团队并不局限于民政队伍。众所周知，民政工作点多面广，业务庞杂，牵涉到亿万群众的切身利益，仅凭民政部门一家“跳光杆儿舞”，很难把事业做大做强。大同市民政人正是抓住这一症结，上下沟通，左右联手，形成了更加强大的团队，才使这台“为民大戏”闪亮登场，连续上演，深入人心，大得民心。

“联动”是一棵常青树。大同市的这一举措并不是临时起意，仓促上阵，一阵风刮完了事。它好就好在深思熟虑，适时启动，点面结合，全线推进，上下左右形成一种机制，形成一种习惯，形成一种风气，自然而长久地良性运转。可见，最大的创新是机制创新，最好的联动是持久行动。而这一点，正是大同市惠民工程的成功之处，值得各地借鉴。

集联动之力　创民政新业

本报《为民解难大联动》一文引起社会强烈反响，省、市、县民政领导与专家学者共商同评“联动”创举。

编者按：民政工作是和谐社会建设与管理的重要的民心工作，民政乃国政，重心在基层。山西省大同市民政局把繁杂的民政业务用一条红线紧紧穿在一起，所创造的“联动”经验，既集聚多方智慧，化“独角舞”为“大合唱”，又因地制宜，抓住了龙头，把为民的思路真正落到了实处，开创了本地民政事业发展的新篇章。

大同经验告诉我们：任何地方的民政工作要想做好，民政人必须善动脑筋，敢于创新；必须群策群力，形成机制，只有这样，才能把民政事业推向可持续发展的新阶段。

我们期待有更多像大同市民政局“联动”式的经验涌现出来，共同托起山西民政事业发展的新天地。

民政工作的一大抓手

——访山西省民政厅党组书记、厅长周明定

《当代中国》特约记者　时永福

《中国社会报》记者　张建勋

早别云中郡，午到并州城。采访大同市“为民解难大联动”余音未了，一桩桩真实而感人的事例历历在目。此时，我们又跨越漪汾大桥，步入山西省民政厅的大门……

记者：大同市“为民解难大联动”的事迹非常生动，让人思绪万千。我们想请周厅长从全省民政工作的高度与广度谈一谈“大同经验”，它好在哪里，成功的秘诀在何处？

周明定：为民解难是一篇大文章，也是民政工作的主旋律。民政业务十分庞杂，有 20 多个大项，每项业务都与老百姓息息相关。要做好这篇大文章，单靠民政部门“单打独斗”显然力不从心，必须与有关方面通力合作，也就是你们在报道中概括的“联动”二字。当然“联动”并非大同市一家独有，不少地市及县区也这样做了，在某项业务或某个阶段不乏“联动”之举，各自取得了一定效果。大同市的“联动”好就好在上下沟通，左右联手，纵横交错，从社会救助到社会福利，从社会事务管理到社区建设，从优抚安置到整个“双拥”工作，从政府各部门联手到社会参与，形成了为民解难的全方位联动机制，让更广的群众得到了更多的实惠。而这一点，正是大同市“联动”的最大亮点。

谈到“大同经验”，你们在报道中已经总结出了 12 个字：“党政主导，部门协作，社会参与。”我再加上 4 个字：“民政牵头”。说实在话，政府各部门及社会各单位都有自身的杂事难事，咱不主动协调，很难“等”来更多的援手。你们报道中的两句话很形象，“引来八方清泉，润我民政良田”。这个“引”字就是民政牵头。要发挥咱民政人的主观能动性，主动向党政领导请缨，主动与有关部门协调，主动与社会有关方面联系，让人家更多地了解民政、理解民政、支持民政，只有这样，“八方清泉”才会源源不断。不过，打铁先要自身硬，我们要实行政务公开，阳光操作，打造好自身形象，让人家看到咱们是真心为群众办事的，不是为自己谋利的，这样，民政部门才有感召力，牵头时方能有力有效，真正“联”得起来、“动”得起来。这一点，大同市民政局已经做到了。“党政主导，民政牵头，部门协作，社会参与”，这16个字，正是他们“大联动”的成功之处。

记者：大同市的“联动”的确力度很大，效果很好，切中社会上的许多焦点、难点，解决了民生的不少难题。我们在采访中深切感受到，“联动”是民政工作的一个很好的抓手，抓实了，抓好了，一通百通，一顺百顺。

周明定：民政工作千头万绪，核心的两个字就是“为民”，具体的措施就是“解难”。在现实生活中，“雪中送炭”的意义远大于“锦上添花”。大同市的“联动”正是找准了为民解难的抓手，一抓到底，解决了民生中的很多难题。其中，城区的“联动”促使大企业尽心尽力，为一大批社区居委会无偿提供了办公用房，改善了最基层干部的工作条件；阳高县的“联动”加大了财力人力，盖起了6所县办中心敬老院，并为一批服务人员解决了行政编制，解除了他们的后顾之忧；大同市低保管理中心与多个单位联手，有效解决了低保对象的认定难题。所有这些，说明大同市的“联动”不是挂在嘴上、落在纸上、挂在墙上。而是真正落在实处，让老百姓看得见、摸得着，因此取得了良好的社会效果。

“大同经验”还有两个特点：其一，为民解难的联动机制不断向纵深发展，部门联动，社会联动，城乡联动，军地联动，异地联动，海内外联动，逐步形成了较为完整的体系。你们在报道中提及的“乳娘新村”和“乳娘新城”，就是成功的一例。近几年来，大同市的孤儿寄养模式已经由乡村向都市发展，在海内外有关机构的大力支持下，数以千计的孤残儿童过上了现代化生活，乳娘群的生活也明显改善。其二，大同市的“联动”不是一时性起，只做个样子、要个面子，时断时续，忽冷忽热，而是常抓不懈，不断进取，形成了可行的长效机制。

记者：我们曾采访报道山西省曲沃县里村乡民政助理员刘太生，他是全国最早获得“孺子牛”奖的民政人之一。此次采访大同市民政局的白玉局长，我们对孺子牛精神有了深层次的理解，不仅要埋头拉车，还要抬头看路，干出一番事业，创出一片天地。我们想就这一观点与周厅长探讨。

周明定：孺子牛精神是咱民政人的魂，这个魂永远丢不得。当然，孺子牛精神不能局限于勤勤恳恳，任劳任怨，还包括智慧、理念、胆略，尤其是创新和拼搏。客观地讲，民政助理员及其他基层干部与民政局的掌门人有所不同，前者因为岗位所需、条件有限，很难“开创天地”，更多的要侧重于尽心尽责，默默奉献，从一点一滴做起。后者的情况就不一样了，千斤重担集一身，许多大事要你定夺，未知的新路要你开拓，光有苦干实干精神是远远不够的，一定要有超前意识和创新精神，更要勇于开拓和敢于担当。大同市民政局的白玉同志就是这样做的，作为一局之长，他始终有一种“坐不稳”的危机感、“输不起”的责任感，这才与他的一班人求新求变，不断开拓，创出了为民解难的联动机制。“大同经验”实实在在，值得各地借鉴。

我还要强调一点，各地的情况不同，条件各异，既要引进“他山之石”，更要开掘“本地之玉”。希望各地民政部门因地制宜，找准自己的工作抓手，探索和开拓新的路子，总结出各自的独特经验。这一个个亮点凝聚在一起，就是社会最鲜亮的光彩，民政工作者大有可为，民政事业大有希望。

为民联动是政府部门的基本功

大同市委常委、常务副市长　李世杰

《中国社会报》报道的《为民解难大联动》如实反映了我市近年来民政事业发展的成绩和做法。民政部门业务多，任务重，确实需要协调相关部门，建立“政府主导，部门协作，社会参与”的长效机制，有效整合社会各界的人力、物力、财力和智力资源，形成强大合力，在做大做强民政事业的同时让广大群众得到实惠。政府好比一架机器，各部门就是零件，具有各自的功能，各个零件协调运转，机器才能产生功效。

以教育救助为例，一些贫困家庭的孩子，十年寒窗，高榜得中，喜庆之余，烦恼也重，有的只能望校兴叹。解决这一难题需要大笔资金，光靠教育部门和财政能力难以奏效。我在矿区、市总工会以及市政府任职中，这方面的感受比较深切。因此我在我的职责范围内协调有关部门，发动社会各界人士筹建助学基金，在全市倡导开展了“春雨”“春霖”助学行动，为数以千计的困难职工、低保家庭子女圆了大学梦。民政和工会在这方面做了大量工作。这些活动是百姓的福祉、社会的福音、政府的责任，各部门应凝心聚力去完成。

这几年我市民政部门围绕市委、市政府“转型发展、绿色崛起”的总体战略，在解决一些重大的民生问题上，主动联动，良性互动，积极发动，共同行动，在工作创新、机制创建方面取得了明显成绩，带了好头。我们将认真总结推广这方面的经验，研究完善政府部门协调联动的长效机制，更好地发挥政府的职能作用，开创我市科学发展的新局面。

创新民政为民的新举措

山西省社科院党建政法研究所所长　郅润明

读了《中国社会报》6月15日刊登的《为民解难大联动》，深受启发和感动，大同市的经验和做法很值得推广和学习。大同市的经验和做法，一是体现了他们以人为本、服务为先的先进思想理念。思想理念是指导人们行为的准则，有什么样的思想理念，就会有什么样的行为，大同市民政局一班人正是有这样的先进思想理念，才能够把人民群众的困难和疾苦放在心上，才会有“输不起”的危机感，“坐不稳”的紧迫感，“无退路”的责任感，敢于“创一流”的使命感，才能够做到情为民所系，利为民所谋，事为民所急。二是创新了民政为民解难的新思路、新方法和新举措。当前，我国正面临着社会的转型时期，各种社会矛盾复杂交织，民政工作也面临着许多体制内的问题和困难，同时又面临着许多新情况、新问题、新困难。如何迎难而上创新发展思路，走出一条适应新形势下做好民政工作发展的新路子，大同市的经验和做法已经先行先试，收到了良好的效果。他们创造的党政主导、民政牵头、部门协作、社会参与的为民解难大联动的“大民政格局”，为我们在新时期进一步开创民政工作的新局面起到了带头示范作用。三是从协作体制和工作机制上形成了一种不搞花架子真抓实干为民服务，团结协作开拓进取的团队精神，形成了一种持之以恒为民解困的工作机制，使民政工作在服务群众为民解难中越来越发挥了巨大的作用，真正成为和谐社会建设的安全阀和稳定器。

我们相信，在大同市委市政府的正确领导和大力支持下，大同市的民政工作在为民解难中将会取得更大的成绩，各项工作将会开创一个新的局面。

民政战线的一面旗帜

中国晚报协会学术委员、高级编辑　李甲成

我是一名老新闻工作者，几十年来一直关注着民生的变化。前不久，从《中国社会报》上看到《为民解难大联动》这篇新闻报道时，眼前一亮，心中感慨：我为大同市民政人聚八方之力，创联动机制，为民解难，惠泽百姓的创新和创业精神所感动；为大同市民政人充分发挥民政在社会建设中骨干作用的新提升和新方向而欣慰！

众所周知，民政工作是面向基层、服务最困难群众的工作。点多面广，千头万绪，纵横交错，困难重重。而大同市民政人却能够纵览全局，找准“抓手”，利用“联动”机制，争得市委、市政府大力支持，“亮出上方宝剑，调动各路诸侯”；“引来八方泉水，润我民政良田”；工作上“借船出海”，“借梯上楼”，以点带面，全面铺开，步步推进，大见成效。成为山西省乃至全国民政战线一面猎猎飘扬的旗帜。

俗话说得好：“火车跑得快，全凭车头带。”大同市民政工作之所以能够取得如此骄人的成绩，鄙人认为，最重要的原因就在于有连续几任好带头人。尤其是现任局长白玉上任3年来，时刻都背负着“输不起”的危机感，“坐不稳”的紧迫感，“无退路”的责任感和“创一流”的使命感。他说：“民政工作慢走一步会差之千里，耽误一时会落后数年，能快不快就是耽误，当干不干就是失误。只有在‘创新’二字上大做文章，不断进取，才能向党和人民交出一份满意的答卷。”正是这可贵的“四感”精神，才是推动他们亲民爱民，执政为民，搞好民政各项工作的强大动力。

“阳光救助”大得人心

河北省邢台市民政局局长　卢建华

细读《为民解难大联动》，很受启发，尤其是“阳光救助惠泽百姓”一章，邢台的做法与大同相似，我想就此谈一点体会。

低保工作关系到困难群体的切身利益。从低保对象认定、操作流程到监督管理，难度的确很大；大同遇到的问题，在邢台同样存在。“阳光操作”，说起来容易做起来难。大同市民政局发挥“联动机制”的作用，与社区、村组、财政、房管等方面一起发力，增加透明度，杜绝“优亲厚友”等不良现象。此项工作，邢台与大同异曲同工。我们先在临西县一个村庄试点，推行“阳光低保工程”，认定低保对象不仅要几上几下，摸清底细，张榜公布，而且要在村民代表大会上表决通过，然后再上报有关部门。去年，此项工程已在临西全县农村启动，下一步，我们准备在邢台所辖 19 个县市区推广。

“春霖行动”，是大同“阳光救助”的另一个亮点。我国早已实行九年义务教育制度，无论家庭贫富，孩子们上小学和初中不再是难事。上大学就不同了，几年下来花费不是个小数目，确有不少特困家庭的学子为此犯难，有的甚至弃学打工。大同市民政局与教育机构、慈善总会、红十字会以及企业联动，先后资助数以千计的贫困学子走进了“象牙塔”，此举大得人心。这方面，邢台在省、市两级福彩中心的支持下，与市、县教育部门联手，连续多年开展“春蕾助学”行动，已使数千名特困家庭子女圆了大学梦。我曾目睹学子接到入学通知书时的场面，他们的家长接过资助金后热泪盈眶，连声感谢政府。此情此景，让人动容，更让咱民政人感到肩上的担子无比沉重。

“阳光操作”也好，“联动机制”也好，核心的两个字是“为民”。我愿与大同的白玉局长共勉，挑起党组织赋予的重担，广开路子，多付心血，把“为民解难”这篇文章做好，让广大群众满意。

大联动助力大发展

山西省右玉县民政局局长　郝旭日

为民解难大联动，这是大同市民政局聚八方之力，解百姓之难的大创举，是大同民政人用智慧和汗水浇灌出的一棵常青树，是大同民政以自我为主角与社会各界共同上演的一出精彩纷呈的大合唱。这无疑是大同民政在新时期打出的一张叫得响的民政品牌，必将推动民政事业实现大发展、大跨越。

大联动的核心是联，关键在动。“引来八方泉，润我民政田。”大同民政在实践中建立以政府主导、部门协作、社会参与的为民解难长效机制，从实际出发将人力、财力、物力、智力资源，最大限度地聚合起来，让分散的、零碎的资源产生“核聚变反应”，实现资源利用最大化，在社会上不断产生冲击波，形成推动民政事业发展的强大合力。民政发动，各方行动，多方联动，把方方面面的积极性调动起来，发挥联动优势，贴民心，解民忧，帮民困，向社会传递出一种独特的民政价值观。

大联动结硕果，最终让群众得到大实惠，这是其精髓所在。众人拾柴火焰高。联动出凝聚力，联动出战斗力，联动出公信力。大联动实现了“三变”：横向联动变“独角戏”为“大合唱”，纵向联动变“单打独斗”为“多方协作”，纵横联动，变“单兵突进”为“立体作战”。正因如此，亲情联动，才有了驰名中外、感动城乡的中国乳娘村，城乡联动，才有了孤残儿童和城市孩子们一样的高档次的安乐窝，慈善福彩联动，才有了解决养老、救孤、助学、助残等经费的多种渠道，大联动已经形成了为民解难的“大气场”，是被实践证明了的一条有效途径。

改革创新是民政事业发展的不竭动力。联动出新意，联动出精品。大联动使民政踏上为民解难的希望之路，开辟了民政综改的新征程。其势已成，其时已至。只要坚定不移走下去，强势民政一定会焕发出更加绚烂的光彩。

民政呼唤大联动

山西省忻州市民政局基政科长　周贵珠

民政高奏联动曲，合纵连横成大势。时永福、徐皓蓬、张亮三文友合写的长篇通讯《为民解难大联动》，以简洁明快的语言、恢宏磅礴的气势，将大同民政人巧手谱就的为民解难交响曲，生动地呈现在读者面前，读来酣畅淋漓，不忍释卷。

千难万难，民政救难。难就难在民政部门所服务的面太宽、人太多；难就难在民政业务所涵盖的事太杂、量太大。可以说，离开各级党委、政府的大力支持，离开各有关部门的全力助推，离开社会各界的倾力参与，民政工作很难有所作为。以白玉为首的大同民政人打破“自我封闭，独步天下”的思维定式，整合四方资源，汇聚八方之力，成功地开辟出一条民政工作社会化之路，合纵连横，纵横捭阖，形成了无处不在、熠熠生辉的为民解难联动机制，其触角延伸到城乡低保、孤儿养育、五保供养、社区建设、救助管理、优抚安置、双拥共建等各方各面，为民政对象的心里注入了丝丝甜韵，也为民政工作增添了勃勃生机。

古都大同，一方圣土。自20世纪90年代以来，大同民政工作屡创佳绩，屡获殊荣，山西出名，全国知名。大同民政人在壮大民政实力、促进民政事业单位发展方面创造的诸多经验，曾引发全省民政工作改革大讨论，并在全国一炮走红。20多年来，从陈寿昌到白玉，大同民政人一茬接着一茬，高举改革大旗，薪火相传，接力前行，不断延续着民政的辉煌。而今他们融入时代改革创新大潮，在保障民生、为民解困的征途中，创造了鲜活的大联动经验，再次领跑改革，为我们作出了榜样。

为民解困，任重道远。让我们借鉴大同经验，“引来八方泉水，润我民政良田”，合力联奏为民解困最强音，用真爱与激情点燃千家灶火，升腾万缕炊烟。

十、中国乳娘

世上谁最亲？

——妈妈。

君不闻古来一首诗：“慈母手中线，游子身上衣，临行密密缝，意恐迟迟归。”

君不闻当今一支歌：“世上只有妈妈好，有妈的孩子是个宝，投入妈妈的怀抱，幸福享不了。”

而我，每每忆起一件往事……

15年前的一个春日，三晋大地柳暗花明，列车驶出钢城太原，奔向煤都大同。那是我军旅生涯的最后一年，作为即将转业的一个老兵，我从北京回晋中探家之后，绕道雁北，想去那里再看一眼熟悉的连队。

车过宁武关，忽听旅客一声惊呼：“天哪，有个男人把孩子扔在这里，他自己跳车了！”

我和列车员循声前往。硬座席上，放着一个捆扎好的蓝花小被，被子的一角，伸出一只白嫩的小手儿，轻轻摇晃着。列车员打开一看，是个未出满月的女婴，红红的毛脸蛋，鼓鼻子鼓脸蛋，长长的睫毛，着实让人喜爱。仔细看时，才发现这个被遗弃的孩儿，只能睁开一只眼睛。

顿时，车厢里炸开了锅：“当爹妈的真够狠心的，缺了八辈子的德了，把自己亲生的骨肉活活地扔了，造孽哩！”“看这娃娃多可怜，刚生下来就成了个孤儿，谁来养呢？”女车长走了过来，从列车员手中接过女婴，仔细看了看，轻轻叹了一口气，说：“我跑这趟车不到两年，这已经是拣到的第19个了！”说完，小心翼翼地抱着孩儿，向列车前方走去。“哇”的一声，婴儿哭了。那声音，像一支悲怆的唢呐曲调，震颤了整个车厢，撕裂人们的肺腑。车厢里静极了，没有人说一句话，甚至没有人咳嗽一声。感情的天空，蒙上了一层厚厚的烟云。而我，作为一名作家、诗人和记者，心哑了，真不知该唱一支什么样的歌！那婴儿红红的毛脸蛋，那婴儿尖尖的啼哭声，那婴儿漫漫的人生路，十年八载揪我的心，千里万里牵我的魂，常使我从梦中戛然惊醒，茫然地面壁而坐。

世上就数妈妈亲吗？15年后的一个夏日，雁门关外鸟语花香，小车驶出古城大同，来到一个小小的村庄。柴门开了，一个紫红色脸膛的壮年汉子，热情地迎了出来：“呀，阎院长，你们来了，快进屋吧。”陪同我采访的大同市社会福利院院长阎秀清，连忙给我介绍：“这就是孤儿的奶爹侯进国。呶——那是孩子的奶妈杨金莲。”手指处，一个年近半百的农家妇女，利索地打开房门，把我们让进屋，用袖子掸了掸土炕：“快到炕上坐。”“侯大哥，这是北京来的作家，给你写传来了。”阎院长笑着说。

“那好，那好。”侯进国嘿嘿笑着，“我那奶疙蛋串门去了，我这就去喊她回来。”说完，风风火火地走出屋子。阎院长告诉我，侯家奶养的孤儿名叫党莉青，是个女孩子，一只眼睛是残的，动过手术，安上了假眼球，不仔细看不出来。这孩子未出满月就被父母扔了，已经在奶妈家生活了15个春秋。我听了心里一怔：那趟列车，那床小被，那个被丢在车上的女婴……过了不长时间，侯进国领着他的奶疙蛋回来了。这是一个腼腆的少女，长得十分秀气，穿一身漂亮的城市时装。她进得屋来，冲着阎院长笑了笑，亲昵地喊了一声“姨”，而后，依在奶妈的身上，睁着一双惊奇的眼睛，疑惑地望着我，像在打量一个天外来客。

我没有想到，性格开朗的奶妈杨金莲，跟她的养女，跟我，开了一个天大的玩笑：“青儿，这就是你的亲爸，专门从北京赶来接你，你亲妈在家里等着你呢。”“哇”的一声，少女哭了。紧接着，她发疯似的冲出屋去，大喊大叫：“我没有什么爸，更没有什么妈，他们早死了！你们不要我了，我也不活了，投井去！”

玩笑的确开大了。杨金莲的脸色顿时吓白，站在地上动弹不得。侯进国骂了妻子一句，急急地冲出屋去，拉住了莉青："青儿，你妈逗你哩，别当真。那人不是你的爸，是个写书的文化人，他不会接你走。"莉青还是一个劲哭："我不去北京，我不离开这里，你们就是我的亲爹亲妈。"

整整一个上午，莉青像躲瘟神似的躲着我，尽管奶爹奶妈和阎院长费了很多口舌，还是没有消除她心上的疑虑。端茶时，她向我投以一瞥，啊，那分明是两道仇恨的目光！

一句玩笑话，竟使我代人受过，成了她生身父母的一只替罪羊。世上就数妈妈亲吗？啊，在这片热土上，有一条千百名孤儿的生存带，有一个庞大的乳娘群。它使我血热，它使我心颤，它使我的一支笔不住地流泪。30年来，这一带的农家先后奶养了3000多个孤儿，供他们读书，养他们成人，送他们走上工作岗位……

三十年甜乳拌苦泪

早些年，大同的古城墙下，常常会看到一个农家女，坐在地上呼天抢地，放声痛哭。她叫郭日莲，解庄村人，从25岁起，开始奶养福利院的孤儿，奶胖一个，被领养孩子的人抱走一个。每抱走一个，她便到土城墙下哭一次，最多时一年来这里哭了6次，最长时在这里哭了整整一天，哭得死去活来，哭得天旋地转，真有点"孟姜女哭倒长城"的气势。

她自己生过9个孩子，落下了2男2女，5个男孩子刚落地便送了人。为啥送人？家里太穷，养不活。那年月，每个工只有几角钱、几分钱，每人每年只能领到200斤带壳的粗粮，队里分的山药蛋，也按口粮折算，4斤顶1斤。为了保几个大的，只好舍了小的。孩子送了人，奶头憋得慌，心里空荡荡的，正好福利院送来孤儿，每月还有12元奶子钱，她便高高兴兴地接了。一个农家妇女，没有那么高的思想境界，当初奶养孩子是因为穷，想用人奶换几个钱。那时，8分钱打1斤醋，全家能有半个月的调料；4角钱买1斤煤油，泥屋里能点一个月的油灯。12元，在人们的眼里的确不是个小数目。可是，孩儿往怀里一抱，小嘴儿叼着她的奶子，小手儿抓着她的辫子，不出3天便亲了，跟自己生的没区别了，再想抱走，剜她肉哩，掏她的心哩！

尽管她一百个舍不得，3个月之后，领养孩子的人还是来了——河北沧州的一对中年夫妇，拎着一包点心，带着奶瓶子、奶粉，笑眯眯地叩开她的家门。她愣了，她急了，死死抱住孩子，又哭又闹，一口气说了十几个"不给"。那对夫妇来了软的，"扑通"一声双双跪地，不住哀求："大妹子，你就行行好吧，我都40出头了，没儿没女，老了依靠谁呢？"男的在泣。"好心的妹子，你就可怜可怜我吧。我是个没用的女人，成亲20年了，没生养，在家里直不起腰，在街上抬不起头，当女人的难做人啊！"女的在哭。她的心软了：自己有儿有女啊，将心比心，能不替人家想想吗?！她，使劲儿咬咬嘴唇，将孩儿从奶头上扯了下来，一声凄厉的唢呐吹响了，那孩儿就像懂了事似的，小手儿紧紧抓住她的辫子，死不松手。她，只当100天奶妈的她，对这个不懂事的婴儿，讲了几句大孩子才能听懂的话："亲亲，去吧，奶妈家穷，你在咱家过不上好日子，成不了大气候。来接你的爹爹，在工厂上班儿，吃的是公家的饭。等你长大了，兴许能当个工作员哩。"

沧州来的女人，丢下点心，抱起孩子。那孩儿声声啼哭，在她怀里死命挣扎。当奶妈的心里，像扎了根针，趴在炕头哭成个泪人。沧州来的男人：狠了狠心，对他的女人挥挥手："磨蹭什么，赶快走吧！""别走！"郭日莲疾呼一声，从炕上挣了下来，追了上去。领孩子的夫妇吃了一惊，双双转过身来："你……""我没有别的意思，"她的话语带着颤音，"三个多月了，孩子一直吃我的奶，你们这一去，坐汽车坐火车，路上得一两天，我怕孩子喝不惯奶粉，喝了会吐……你们等一等，我给孩子带一壶奶。"说完，她从箱子上取过一个小壶，背转身去，扯开了衣襟。她的奶头挤疼了，乳汁，一滴、一滴……她的眼睛模糊了，泪珠，一滴、一滴……她的嘴唇咬破了，鲜血，一滴、一滴……这就是乳娘，廉价的乳娘！

沧州来的夫妇接过奶壶，又一次跪了下来，给她叩了个头，抱着孩子走了。她，浑身麻木，两眼发直，呆呆地站在门口，变成了一根木头。

蓦地，她尖叫一声，扯乱头发，撕破衣衫，疯子般的冲出院子，颠簸了20多里土路，来到大同的古城墙下。她要哭号，她要发作，她要来一次"歇斯底里"，她是女人啊，她是乳娘啊，她是母亲啊，心中的苦水倒不出来，她真的会变成一个疯子。

"大嫂，你别过分伤心。我给你又抱来一个。"耳畔，一个熟悉的声音。

她抬起泪眼，只见福利院的一位女职工，陪着她抽泣，怀里抱着一个婴儿。那孩儿见到她，像见到亲娘似的，依在她的怀里，叼住她的奶头，抓住她的辫子。

泣声止了，眼泪收了，她轻轻地叹了一口气，抱着她的第二个亲亲，一跌一拐地回家了。

仿佛她是个天生的奶妈，一对奶头耷拉下来，像两个沉甸甸的布袋子。她的奶水特别好，喂一个，胖一个，一个个喂成了“洋娃娃”。这是人世间最廉价的乳汁啊，这是黄土地上一茬又一茬的苦苦菜酿成的乳汁啊，这是农家妇女心甘情愿地付出的乳汁啊，它酸，它苦，它甜，它香，它是孤儿生命的源泉！

一个又一个的亲亲呀，还不懂事的宝宝呀，只顾在她怀里甜甜地吸奶，怎知她的腹中转着饥肠；只顾在她腋下香香地入睡，怎知她的脊背半宿冰凉。她呀，只要怀里抱着亲亲，米缸是空的，心里感到充实；泥屋是冷的，心里感到温暖。

一个又一个的亲亲呀，一天天懂事的宝宝呀，每从怀里领走一个，她的感情便受一次打击。日子一长，她的泪水哭干了，眼窝不好了，做衣裳时纫不上针；她的手臂发硬了，指头不灵了，纳鞋底时扯不动麻绳。她，没说什么，没想许多，只要福利院送来孤儿，她都奶，她都亲。在她的眼里，再没有比失去母爱的孩儿更可怜的了，再没有比自己奶过的孩儿更亲的了。

这就是乳娘，廉价的乳娘！

在她当奶妈的第15个年头，福利院又送来一个女婴。那孩儿脸色发黄，像是有病，左手上只有两个指头，一条腿还是弯的。呀，是个残儿。

这一回，奶爹曹德全有点不乐意了，脑袋摇成了货郎鼓：“这孩子怕是成不了人，我看给人家送回去吧。”

她一听来了气：“送给谁？送给生她的妈，还是扔她的爹？送回福利院，再换一个奶妈，咱心里过得去吗？要我说，这孩儿身上有点缺陷反倒好，不会有人领养了，不会从我的奶头上夺走了。”

孩儿好像听懂了大人的话，紧紧依偎在奶妈的怀里，叼住她的奶子，抓住她的辫子……

残儿还是个病秧儿，整宿咳嗽，每咳一声，震得奶妈心痛。邻家婶子说，孩儿患的是百日咳。赤脚医生说，孩子患的是肺病。中药西药抓了不少，就是没有管大用。一天，街上来了个走江湖的老郎中，曹德全像请神仙似的，把郎中请进家，给人家吃了一顿香喷喷的黄米糕，送给他半袋子山药蛋，讨来一个偏方：取来鸡胆和猪胆，将胆汁儿挤在酒盅里，放在笼屉上蒸，蒸热了，每晚睡觉前服一次，百日之后，不好也见轻。

取鸡胆？家里只养着两只老母鸡，还要用鸡蛋换火柴、换针线、换油盐，换自家孩儿的学杂费！山西的庄户人是最节俭的，酒盅盅量米，碎布片缝衣，除了从身上剜肉，就数花钱心疼；山西的庄户人又是最慷慨的，为了朋友，为了亲人，砸锅卖铁心甘情愿。奶爹为了治好孩子的病，连着杀了两只下蛋鸡。他还拉下老脸来，四乡八村转，打听到谁家杀猪，急急地奔了去，说好话，哭鼻子，简直像个可怜的老叫花子！

酸酸的泪珠，一滴、一滴……

苦苦的胆汁，一滴、一滴……

浓浓的心血，一滴、一滴……

一个月之后，孩子的咳嗽见轻了；三月之后，孩子的肺病全好了。究竟是郎中的偏方真有效果，还是常来常往的赤脚医生起了作用，两口子至今也说不清。

花谢花开，孩子颠儿颠儿能走了；斗转星移，孩子长成个少女了。奶爹老了，额上刻进去深深的皱纹；奶妈老了，头上早生出根根白发。就在两口子年过半百之际，福利院给他们送来了又一个亲亲——残疾女婴党成五。

奶妈郭日莲，早已过了生育年龄，乳汁枯竭了！

养不养呢？奶爹说话了：“养吧。人奶没有了，买牛奶。公家给的钱不够，咱贴。”

郭日莲，这个“哭倒古城墙”的农家女，从25岁到55岁，三十年甜乳伴苦泪，一万个晨昏暖童心，先后奶养了25个孤儿，健康的23个被人领走，自己留下了两个残儿。

这就是乳娘，廉价的乳娘，金子银子雇不来的乳娘！

三代乳娘一脉情

一家三代人，代代当乳娘，辈辈育孤星，堪称天下凡中奇，凡中更有情。

第一代乳娘名叫刘桂兰，解庄村人，生有四儿两女，那年闹春荒，家里揭不开锅，为了让刚出生的死小子逃一条活路，狠狠心送了人。丈夫吉恒跟她商议：“福利院给孤儿寻奶妈呢，每月12元。你要是乐意，我去抱一个。”刘桂兰动了心，奶养了新生儿党鸿雁。别小瞧12元的“人奶钱”，用它量儿升高价粮，再搞一点“瓜菜带”，全家六口人能活命。那时，雁北一带的庄户人，就这么穷，就这么苦。农村的女人“命强”，吃草根也生奶水；穷人家的孩儿“命硬”，喝苦水也长个儿。3 个月翻身 6 个月坐，10 个月扶着奶妈行，小鸿雁一晃长成个大孩子，背起书包高高兴兴地上了学。这一天，小鸿雁从学校哭回来了。“亲疙蛋，谁打你了，谁骂你了，快给妈说，妈给你做主。”奶妈一个劲追问。

“他们说我是……说我是个二尾子，又娶媳妇儿又嫁男人…”小鸿雁呜咽起来。刘桂兰心里明白，鸿雁得的是生理畸形病，乍一看是个欢蹦乱跳的男孩子，可惜在鸡儿和蛋儿之间生了个小洞，小便从那里排泄，男孩儿如同女孩儿一样，得蹲着撒尿。孩子哭个不停，奶妈哭个不停。奶爹高高地举走拳头，重重在砸在自己的大腿上，吼道：“号什么？哭有什么用！咱卖了口粮挑房顶，也要给孩儿治好病。”

福利院按规定只能支付医疗费和住院费，陪床费和盘缠没着落，奶妈奶姐姐，拣了一秋天山药蛋，卖了一口猪，调换了几个钱；奶爹奶哥哥，领着鸿雁四处求医，折腾了几个过儿，动了 4 次手术。最后一次，医生确诊：“党鸿雁只是身体畸形，并非阴阳人，是个男性。”结果，下身的小洞一缝合，一切恢复正常。

刘桂兰喜得直拍大腿：“谢天谢地，我孩儿果真是个小后生，长大了不愁娶媳妇，生孩子。”小鸿雁动完第四次手术，在大同福利院调养了半年多。三个奶哥和两个奶姐，争着去护理，刘桂兰不放心：“亲疙蛋是我奶大的，他的秉性、脾气我最清楚，这孩儿难端弄哩，还是我去好。”

她在福利院当了 100 天“特护”。院里的伙食标准不高，小鸿雁嘴馋，当奶妈的心疼，隔三岔五到街上转转，买三个梨儿，买两把枣儿，多少给孩儿加上点营养。罐头点心什么的，她不敢想，身上没带几个子儿。转眼到了腊月天，她寻思：该回一趟家了，把家里的那只羊杀了，带几斤羊肉来，好给孩儿补补身体。雁北的隆冬，满天飞雪，遍地结冰，她走到城外截汽车，不小心摔了一跤，左腿骨折了，成了个“重彩号”。

乡亲们把她抬回村里。躺在土炕上，她心里直起急，一个劲吆喝：“大小，你还愣着干什么，杀羊去！”“二女，打点打点，给你的小弟送羊肉去。妈是动不了啦，照顾咱雁儿，全凭你了。”

阳春三月，原野上的枯草已经返青，河谷里还残留着点点积雪。小鸿雁康复了，牵着二姐的手儿，蹦蹦跳跳地走在回家的路上。村口，苦苦等候他的奶妈，腋下夹着一双拐杖。

啊，残疾儿康复了，而他的乳娘，从此成了个半拉残废。

时光如梭，一晃 23 年。泥屋里，土炕上，白发苍苍的吉恒老汉，无力地躺着，艰难地喘息，像一盏熬残青油的灯。儿媳喂他饭，他不吃；女儿喂他水，他不喝。他的两眼直勾勾地盯着窗户，嘴唇微微颤动着，想说什么。刘桂兰心里最清楚，丈夫在想小儿子呢，在盼他们的奶疙蛋呢！党鸿雁是个争气的孩子，学习很用功，考上了省立太谷交通学校。孩子一去两三年，奶妈扳着指头数日子，盼假期；奶爹一天往村口跑几趟，盼邮差。鸿雁寄回来的信，老人让子女念了一遍又一遍，念一遍流一次泪。这孩子，从小没离开过家，让奶妈惯坏了，让奶爹宠坏了，一走 800 里，一去 900 天，让人梦里也牵挂。“他爹，电报昨天就发出去了，咱的奶疙蛋就快到家了，你可要挺住啊，说啥也要见上雁儿一面。”刘桂兰嘴里安慰丈夫，心里却忐忑不安。像是有天神相助似的，吉恒老汉与死神搏斗了两个昼夜，终于盼回来了鸿雁。奶疙蛋喂他水，他喝了，眼角流出了两行泪。奶疙蛋攥着他的手，从黄昏守候到四更天。

“雁儿，你爹怕是……”刘桂兰望了一眼垂危的丈夫，哽咽着说，“他跟我交代过，寿衣让你穿呀，趁你爹身子还热着，你就尽了孝吧。”

党鸿雁一边哭，一边给奶爹穿衣裳、系扣子、换鞋袜。当晚，奶爹躺在奶疙蛋的怀里，安详地闭上了眼睛……

第二代乳娘名叫郭如梅，是刘桂兰的儿媳妇，生有一男三女，儿子患有小儿麻痹症，小女儿落地就没成，奶养了孤女党凤兰。那时，秋凉了，家里没烧的。塞北的冬天出奇冷呀，3 个月的“人奶钱”，正好换一车煤，全家人暖暖和和好过冬。解庄的奶妈们，都是缺吃少穿的穷人家，当初都是为了那“12 元”。她们说：“有钱人谁肯当奶妈子，那是找罪受哩，伤人的心哩！”

党凤兰是个残儿，左手只有拇指、小指，右手只有拇指、食指，左脚是个“秃爪爪”，右脚上只有两个脚趾，浑身上下一共 6 个指（趾）头。郭如梅对丈夫说：“旁人嫌弃，咱不嫌弃，咱小子就是个残残，奶养凤兰，我最合适，知道该怎样疼她。”

三更入睡四更醒，湿了被褥惊了梦，汗津津的日历 6000 张，残疾的孤女长成人。党凤兰和她的奶叔叔党鸿雁一样，也是个争气的孩子，在“窑洞小学”发奋读书，以优异的成绩考入太原城建学校。

接到录取通知书，全家人欢喜得像过大年，郭如梅的脸上好光彩，迈动一双大脚板，满街走，挨门串，见了人就张扬："我家的奶疙蛋中皇榜了！中专和大学，就差指甲盖儿这么一点点。如来佛保佑，咱19年的辛苦没白下，孩子总算出脱成个女进士了。"

奶妈在街上做了大半天"广告"，兴冲冲地转回家来，抬眼一看，怔住了：院子里，绳儿上，悬挂着一长串五颜六色的"万国旗"。进屋瞅时，昔日发暗的旧被褥今天有了亮儿，整整齐齐地叠放在炕上。全家人的衣服和被褥，凤兰全部拆洗过了。这是女儿用她那残缺的手指，一点一点地搓的啊，一针一线地缝的啊，奶妈的心里酸了。

"妈，女儿一去两三年，不能帮你做活计了，心里愧得慌。妈呀，你吃了这么多年的苦，见老了，今后，重活儿别干了。等我毕业后挣了钱，养活你。"

多懂事的亲亲呀！郭如梅搂住女儿，泣不成声。

几天以后，奶姐吉桂英陪着小妹来到省城，美滋滋跨进中等学府。

在学校办公室，当党凤兰办理入校手续、填写一份表格时，校方这才发现，超出录取线36分的这个高才生，原来是个残者！

"我们学校只收健康的学生。表格甭填了，回去吧。"一个冷冰冰的声音。凤兰犹如当头挨了一棒，几乎晕倒。奶姐急了："退不得，我妹妹是公家的孩子。"公家的孩子？在场的人都愣了。

"是的，她是福利院收养的孤儿，是我妈奶大的，千真万确。我妈是个农村妇女，大字不识一个，都没有嫌弃残疾儿童，你们是国家干部、高级文化人，为什么嫌弃残疾学生？学校的通知书一发，乡里县上传开了，全村嚷遍了，你们把我小妹退回去，让她在村里咋见人？咋活人？"

农家女发出了一串连珠炮，将在场的"文化人"全部打哑巴了！沉默、沉默，办公室里的空气仿佛凝固了，人们的心头铅一般沉。

吉桂英的眼里噙着泪花："收下她吧！我代表我爹我妈，代表我们全村的受苦人，代表成千成万个残疾孤儿，求你们了！"

残疾的孤儿最要强。党凤兰的脸儿涨得通红，一把拉住奶姐的手："姐，不求他们，咱们走！""慢着！"一位戴眼镜的"文化人"扬起手臂，在半空中画了个圈儿，"我做主，这个例破了。党凤兰同学，跟我来吧。"

当奶妈的见老了，身子骨也被拖垮了，为了奶养"公家的孩子"，郭如梅落下了一身病。白天忙忙碌碌倒也不觉得什么，晚上躺在炕上，翻来覆去睡不着觉，每一个关节都在痛。死爬活挣这么多年，亲生的女儿成人了，奶养的孩子也长大了，自己是该喘口气了。可是，没等她喘口气儿，大女儿吉桂英从福利院又给她抱来一个小不点儿——不满一周的男婴。那孩儿伸出残缺的手，抓呀抓呀，仿佛想抓住失去的母爱。

郭如梅抱过孩子看了看，长叹一声："唉！又是个残残。妈老了，受不动了。""妈，我还年轻，能帮你。"吉桂英笑着说，"该给我的这个小弟起个名了。""你哥叫吉明春，他就叫吉晓明好了。"

大女儿吉桂英，是他们吉家的第三代乳娘，奶养着两个唇裂的孤儿……

这就是乳娘，廉价的乳娘，黄土地上不断奶的乳娘！

绵绵的雨　柔柔的风

57岁的纪二女，是散岔村的第一个奶妈，她奶养的孤儿陈玲玲，已经出脱成个水灵灵的大姑娘。

这里，离城远，离天近，黄风四季刮，旱魔年年来，每亩地只打百十来斤粮。山里人比川里人更苦，特别是在20世纪六七十年代，干好了一个工8分钱，干不好一个工"倒贴"2角钱，没有哪家不欠队里的债，队里欠着公社的债。莜面、玉米、山药蛋，隔几天才能尝一顿；苦菜、榆钱、酸杏儿，吃得人脸色发了绿。我的天，一年又一年，真不知山里人是怎么熬过来的。

缺吃少穿，并不耽误生孩子，往往是地方越苦，家里越穷，生孩子越多；而生孩子越多，地方就越苦，家里就越穷。纪二女37岁那年，已经生了第七胎。呀，老小九张嘴，吃啥呢？喝啥呢？领养一个福利院的孤儿，奶子钱便成了救命钱，12张"大团结"，在山村就算"高工资"了，够让街坊邻居眼馋的了。于是，她的丈夫陈巨美，空着肚子走进大同城，空着肚子抱回来个党玲玲。

党玲玲是个残疾女婴，一只眼睛有少许视力，另一只眼睛完全失明。残的也好，别人的也好，只要往奶头上一叼，便成了自己的孩子。有时，坐在炕上丢个盹儿，蒙蒙胧胧，分不清怀里的两个孩儿，哪个是自家的七女，哪个是抱来的玲玲，反正都是她的亲亲。这，几乎是天下所有奶妈的天性。

绿色的菜汤，很难都变成白色的乳汁，纪二女心有余而奶不足，怀里，七女在这边嗷嗷叫，玲玲在那边哇哇哭，两个婴儿饿成了一对瘦猴，疼得奶妈在炕上捶胸口，急得奶爹在地上转圈儿。买袋乳粉吧，家里没有一个子儿；另找一个奶妈吧，本村邻村跑了一遭，没有个现成的主儿；熬点米粥菜汤喂吧，吸惯了奶水的两个孩子，没有哪个肯喝。天哪，一对苦命的小生灵，双双陷入绝境。

纪二女六神无主，只有哭泣。陈巨美脸色铁青，牙缝里挤出一句话："总不能眼瞧着两个孩子都饿死，舍一个吧。"舍一个？舍哪个？这是剜母亲的肉哩！这是摘乳娘的心哩！"天地良心，舍了咱家的吧。"陈巨美说完，蹲在地上，双手抱住了脑袋。"偏心"的乳娘啊，"狠心"的母亲啊，死命咬住嘴唇，从左边的奶头下，扯下了她的七女。她，嘴唇发紫，两眼发直，人变成一根木头，心变成一块石头！女儿们围着妈妈哭，抱着七妹哭。陈巨美冲到院子里，趴在柴火堆上，大声呼号："苍天啊，我是个罪人!"

这是父亲的过吗？这是母亲的错吗？

人问苍天天不语，人问大地地无声……

从这天起，玲玲改姓了陈，成了陈家的七女。她是妈妈腮上的一颗泪珠，她是爹爹心上的一颗珍珠，她是爹妈的唯一寄托，她是陈家的全部希望。

玲玲长到 7 岁，奶妈用碎布缝了一个书包，出嫁的大姐买来石板、石笔、本本，爹爹牵着她的手，喜滋滋地走向学堂。

"玲儿，咱家穷，能识几个字儿不容易。你爹，你妈，你姐，都吃了没文化的亏。你可要好好学哩，长大了当个文化人，乡长县长都不敢小看。"爹爹一路叮嘱。"念书，那要花好多好多钱呀!""没事，钱是人挣的，只要你争气，中学大学爹都供你。"

当女儿的人要强，学习很用功，无奈眼睛有残，费了很大的劲儿，就是跟不上趟儿，视力一天天下降了。老师来到陈家，对她的爹妈说："没有哪个老师不希望自己的学生成才，可是，不能再让玲玲念书，保住她的眼睛比啥都要紧。万一……"陈巨美听了，半晌不语，末了，重重地叹了一口气："唉！不怨大人，不怨孩子，都怪老天爷不公平啊!"

就为女儿退学，当爹的有生以来第一次沾了酒，喝得酩酊大醉，站在院子里一个劲骂天。就为女儿退学，当妈的得了个失眠症、头疼病，整宿整宿睡不着觉，有时还面壁而坐，自己跟自己说话。

越是不识字的农民，越是对文化看得贵重，越是希望自己家里出一个高才生、大学生。更何况，在爹妈的眼里，七姊妹当中就数玲玲的分量最重了，就数七女最亲了，这么聪明的孩子失去上学的机会，全家人的希望破灭了，当爹妈的能不伤心吗?!

雁去雁来十九春，玲玲长大了。

她到医院做了一次手术，安了假眼球，配了一副茶色镜，眼部的缺陷不明显了。这时，姐姐们都已经出嫁，这个买一件时兴衣裳，那个买一条流行裙子，将她们的七妹打扮成了"七仙女"。玲玲从街上走过，婆婆老汉们赞不绝口，后生们更愿意多看她几眼。

………

她奶养的不只是个残儿，还是个瘫儿。

她叫张美莲，西骆驼坊村人，今年 41 岁；丈夫名叫马杰，今年 53 岁。他们有一儿一女，领养的奶疙蛋叫党娟娟。

娟娟刚抱来时，只有一砖大，养了三四个月，才发现她是个软软，小腿儿小手儿不会动，脑袋总是耷拉着，不住地流口水，时不时还犯抽风病。发作时，翻白眼，吐白沫，那样子真有点吓人！

即便是瘫儿，他们也养了，当时不图别的，就图养瘫儿比养别的残儿多几块钱。没有钱，神仙也没法过日子，何况这个上养老下养小、穷得叮当响的六口之家。生产队发的那点秋粮，吃不到正月十五缸就空了。至于钱，年底别说分红，会计的算盘珠一扒拉，倒欠队里的大几百、大几千。夫妻俩辛苦一点，家里每月添个二三十元钱，两位老人碗里的米汤稠一点了，两个孩子身上的补丁少一点了。不为这个，傻子也不会养别人的瘫子！

瘫儿可不是那么好端弄的，张美莲要比别的奶妈多付出几倍、十几倍的辛苦。党娟娟软得像根面条儿，抱她很费劲，放在炕上又哭不停，难抱也得经常抱，还得抱着在地上转圈儿，屋子里才能安静点。瘫儿不住地流口水，胸前湿乎乎的，衣服每天得换几遍，洗了晒，晒了洗，冬天还得在炉子上烤。特别是那个羊角风，真让人头疼，一旦发作，当奶妈的急得六神无主，掐人中，不管用，又不知该给她吃什么药，只得等她抽够了，恢复常态，全家人才算松了口气。

娟娟长到一两岁，奶爹奶妈这才发现，他们奶养的不只是个瘫瘫，还是一个憨憨。

“呀，娟娟不会说话，是个哑巴!”

“说什么话哩，都不会认人。”

这对他们来说，是在吞一个难以下咽的苦果。别人家奶养的孩儿，身体再残，脑子没有毛病，说话伶牙俐齿的，喊一声爹，叫一声妈，对大人也是宽慰，也有一种寄托。他们呢，付出千辛万苦，面对的却是一个瘫子、傻子，认不出爹，认不出妈，甚至没有一丝常人的笑，奶爹奶妈多伤感呀!

傻子有傻子的特点，吃了睡，睡了吃，饭量大得惊人，儿时每天吸四五瓶羊奶，长大点了每顿吃三四个窝头，一个人顶得上奶妈家的两个子女。想给她“节制”一点，她在炕上嗷嗷叫，急了就犯抽风病。没法子，只得满足她的肚皮。这憨儿，吃的多，拉的也多，屎混一身，尿流一炕，当奶妈的活遭罪。那床被褥，每月得拆洗两次，每年得更换一床，而添置一套被褥，少说也得花百八十元钱。福利院给的那点生活费，还不够憨人儿“塞牙缝”。原指望挣点钱补贴家里，家里反倒补贴了憨儿，马家干了一桩“赔本儿的生意”。张美莲对别的奶妈说：“我这个人，生来就是穷命、苦命、受罪的命。”

穷人过惯了穷日子，吞糠咽菜也要活，既然接收了公家的孩子，倒贴多少也认了。苦就苦了张美莲，又要伺候两个老的，又要拉扯两个小的，还得喂养一个傻的，忙得她白天没有喘气的工夫，晚上睡不了个囫囵觉。人是肉长的，不是铁打的，即便是机器人，干活儿也有个限度，张美莲实在挺不住了，病倒在炕上，里里外外一大摊事，全部压在马杰身上。一个粗手大脚的汉子，刨地担粪扛麻袋，眉头都不会皱一下，可是，让他围着锅台转，伺候这老的小的残的病的，简直是赶着鸭子上鸡架，没干两天就烦了，心里敲起了退堂鼓。

“美莲，跟你商议件事。”马杰捶着腰，走近炕头，轻声说：“咱拉扯娟娟好几年，也算对得住人了。依我看……”

“什么?”张美莲听了心里一惊，吃力地从炕上挣了起来，她猜出丈夫要说什么。

“你听我说么，娟娟若是咱们生的，扔不掉，推不脱，养她一辈子天经地义。可是，这孩子是福利院雇咱养的，他亲爹亲妈都不管，咱犯得着受这份罪吗，熬到哪天是个头呢? 依我看，这份奶子钱咱不挣了。”

“不能! 那样做对不住……”张美莲一急，咳嗽起来。

“你听我说吗，”马杰的眼圈红了，话里带着颤音，“并不是我狠心，想把孩子推给公家，实在是出于无奈。咱上有老的，下有小的，日子过得实实儿惨。你是咱家的台柱子，里里外外全靠你支撑哩，你再垮了，就算挑了咱家的马蜂窝了，老的怎么办呢，小的怎么活呢?”

张美莲不吭声了。丈夫说的话占几分理儿，穷家大家苦日子，她难，他也难啊!

窗外，起风了，轻轻摇着窗户。

这一宿，女人在被窝里偷偷哭泣。瘫也罢，憨也罢，奶养了几年，孩儿不会认妈，她却跟孩儿亲了!

这一宿，丈夫在炕上辗转难眠。瘫也罢，憨也罢，抱回来的孩子再送走，脸上没光彩，心里愧得慌。

天刚蒙蒙亮，马杰便起床了，给娟娟打了一锅碎面糊糊，喂她吃了个饱，双手微微抖着，伸向孩儿……

“我不! 我不! 就不!”张美莲突然变了卦，紧抱着娟娟不撒手。

男人的心毕竟是硬的。马杰咬了咬牙，从妻子怀里抱过孩子，夺门而去。

耳畔，追来美莲的哭骂声：“挨刀子的，没人性的，娟娟的爹妈把她扔了，你也要把她扔了，老天爷有眼，会遭报应的!”

马杰止步了，钢牙咬在舌尖上，鲜血从嘴角流出来了。他，该怎么办呢?

奶妈的泪，带声落……

奶爹的血，无声流……

天下雨了，雨绵绵，风柔柔。

“爹!”“爹!”娟娟的奶哥奶姐，光着脚追了出来，双双跪在院心，声声哀求：“别把娟娟抱走。我不上学了，我给娟娟喂饭，给妈熬药，给一家人做饭。”女儿的颤音。“留下娟娟吧，爹! 你和妈老了，我养活娟娟，养活你们。”儿子的颤音。

男人的心又是软的。马杰抱着娟娟，脚像生了根儿，一步也挪不动了。面对两个懂事的孩子，他反倒成了一个傻子!

“浑小子，你过来!”老父亲拄着手杖，颤巍巍地站在门口：

“你这是送孩子吗？你这是打我们两个老的耳光哩！丢了孩子，玉皇大帝会派天兵来拿你，阎王爷会差二鬼来勾你。缺德的事儿饿死也做不得，全家老小每人少吃几口，就有她的了。”

娟娟就这样留下来了。

草药偏方郎中的针，火罐药锅乳娘的心，经过几年精心护理，农家又一次出现了奇迹：娟娟的瘫病大有好转，身子骨一天天硬了，能在炕上爬了，能在地上走了，能在院里跑了，能到街上串了。这孩儿疯疯傻傻的，见道儿就行，见门儿就进，汽车呀，黄狗呀，她从来不知道个“躲”字。奶爹奶妈怎能放心得下，不是自己跟出去“保驾”，就是让儿子和女儿“护航”，娟娟啥时候平平安安回来了，全家人才能吃顿歇心饭。

或许因为得到太多的乳爱，或许受到“外部世界”感染，憨女开始有了一点灵气。她会认自家的门了，自个儿跑出去，自个儿能回来；她会认自家的人了，见了亲人们一个劲地笑，嘴里还发出“哦呀”的声音。奶妈说：“我那小女心里明白着哩，想跟家里人说话哩，就是吐不出来。”奶爹对憨女更是疼爱，过完年节，好东西总是留给娟娟吃；十冬腊月，热炕头总是让给娟娟睡。

那日，马杰割了一天庄稼，浑身累瘫了，回得家来，胡乱扒拉了几口饭，衣裳也懒得脱，爬到炕上倒头便睡。憨女坐在他的身边，不住地扯他的衣衫，嘴里“哇呀哇呀”不停地喊，直到奶妈叫醒奶爹，让他脱了衣服躺下，憨女这才安静下来。

“你看咱娟娟，心窍开了，会疼人了，疼你这个爹哩。”张美莲笑着说。

“是哩。旁人看她是个累赘，咱们看她是个宝贝。”马杰说着，心里蛮得意。

“我看，娟娟这辈子算是跟定咱了，就让她随了我的姓吧。”

“那自然好，只要人家福利院答应。”

憨女跟西骆驼坊的许多孤儿一样，更换了姓氏，户口本上改成了马娟娟。

这就是乳爱，无价的乳爱，它是天地间最伟大的人爱！

坟头不散乳娘魂

悲风遍地起，又是一个清明节。

曹德祥老汉手拿纸钱，领着他的儿女们，默默地走向荒郊。老人的步子很慢很慢，心里像灌了铅，沉沉的，压得他浑身酸麻。年过花甲的他，早衰得像个 90 老叟，仿佛连走路的力气也没有了。

坟茔，一步步近了，老汉的心儿碎了。3 年过去了，面对泉下的老伴，他该说什么呢，他能说什么呢，他给她带来的又是一个失望。

纸钱点燃了，烟灰旋转着，转着生者的哀痛，转着死者的悬念……

曹老汉是解庄村人，他的女人名叫段德花，奶养过福利院的一个孤儿。这孩子鸡儿蛋儿齐全，活生生的一个男婴，取名叫党建义，刚抱来时，还不到 4 斤重。牛奶、糖水、代乳粉，米汤、窝头、搅面团，把个瘦弱的孩子喂胖了，虎头虎脑的，谁见了谁爱。党建义长到四五岁，性格开始变了，皮球扔了，抓起毽子，裤子丢了，要穿裙子，整天跟女孩子一起玩耍，说话的声音又细又尖，真让当奶妈的担心。

“不会是个二尾子吧！”段德花悄声问男人。

“说不准，”老汉磕了磕旱烟袋，“从头到脚看不出别的毛病，好好儿的孩子谁舍得扔哩！”

“是男是女，咱照样疼呗。”

“那是。不过，咱得送他到医院看看，能治尽量治，不能把孩子耽误了。”

奶妈带着奶疙蛋，走大同，跑省城，这个医院出来那个医院进，最后，党建义动了一次手术，恢复了本性，变成一个活泼可爱的小女孩。奶爹奶妈好高兴哟，卖鸡蛋，卖山药，换来几个钱，买红的，买绿的，可劲儿打扮他们的小天鹅。这孩子穿红戴绿还觉得不过瘾，拿过奶姐的化妆品，一个劲往脸上抹，抹成个“猴儿脸”“熊猫相”，逗得奶爹奶妈捧着肚子笑。

就在一家人亲亲热热、高高兴兴的时候，福利院的职工带来一对夫妇，男的 40 多岁，在大同的矿上挖煤；女人 30 多岁，是个家庭妇女，他们办齐了领养手续，前来领人。

“我不给，就不给。”奶妈抱着孩子哭。

“我不去！我不去！”孩子抱着奶妈哭。

“你们看，他娘儿俩掰都掰不开，”曹老汉说，“这样吧，那几十块奶子钱我们不要了，已经要了的一文不少退还给福利院，孩子留下，我们养了。这样行不？”

福利院的职工照章行事，左右为难。

矿工夫妇缠住老汉，死说活说……

当奶爹的重重地叹了口气，说：“下煤窑的男人一辈子不容易，不生养的女人活个人更难。再说，孩子是公家的，迟早是要走的。孩子他妈，咱就吞下这丸苦药，成全了人家吧。”

孩子就这样被领走了！

从此，段德花的眼神痴呆了，手脚麻木了，针线活儿丢了，饭也懒得做了，一天到晚嘴巴不停，左一句亲亲，右一句亲亲。她走到哪里，说到哪里，大街上围了一群人。

“你们说，我把亲亲从这点点大抱来，”她把两手比画出约莫半尺长，“养到这么大，”她的手势一变，横的变成竖的，“能舍得让她走吗？8年了，就是一块石头也在怀里抱热了，就是猫儿狗儿也在怀里抱亲了。我真想亲亲，真的想啊，都怪我那没情义的男人……”

村里人听了，女人掉泪，男人叹息。

不知是哪位高人给她出了个点子，段德花步行20多里，来到了福利院，打听孩子的地址。这样的事，没有哪家养父母乐意，院里只得向她“保密”。她不依不饶，软磨硬泡，坐在院子里哭天。哭完了，有气无力地站起来，失望地走了。

她没有回家，她来到闹市街头，向过往的行人讲起她的亲亲，声泪俱下，吸引来一大片人。

“你们说，我把亲亲从这点点大抱来，”还是那个横的手势，“养到这么大，”还是那个竖的手势，“能舍得让她走吗？8年了，就是一块石头也在怀抱热了，就是猫儿狗儿也在怀里抱亲了。我真想亲亲，真的想啊，都怪我那没情义的男人……”

城里人听了，女人掉泪，男人叹息。

啊，这个想孩子想得发了疯的乳娘，竟成了20世纪80年代的祥林嫂！

孩子的地址，还是让段德花打听到了。那天，她拎着半篮子鸡蛋，走上矿区的山坡，叩开了一间平房。

“你来干啥？”孩子的养母见到她，心里咯噔一下，就像卖煤的见了卖炭的，对她冷冰冰的。

“老嫂子，你来了，快坐。”孩子的养父毕竟是个男人，比较开明，给她倒了一杯水，扭头对女人说：“人家拉扯过咱的孩子，也算是咱家的上门亲戚，慢待不得。”

“我没有别的意思，只是想来看看孩子，等孩子放学回来，看一眼就走。你们说，我把她从这点点大抱来……”她又在重复那段老话，不管人家爱听不爱听，只是删去了“亲亲”二字，以免人家多心。

中午，看过孩子，讲了几句知冷知热的话，饭都没吃上一口，她便心满意足地走了。

乡下人过于实在，孩子的养父随便说了一句话，她却拿着棒槌当成针——认认真真地走开了亲戚。为了讨得人家的欢心，来时总不能空着手，莜面、黄米、山药蛋，凡是家里有的，一趟又一趟送，差不多每月来一次。事不过三，她来的多了，人家烦了，孩子的养父不软不硬送来几句话：“老嫂子，你亲孩子，我们更亲。你这么老来，孩子跟我们隔心哩。你身边有儿有女，比我们强多了，安下心来过自己的日子吧。”

人家下了逐客令，家里是不能再去了。段德花不死心，隔三岔五还要来，来了，做贼似的绕道走。躲在山坡的拐弯处，顶着风，冒着雪，苦苦地等，等孩儿放学从这里经过，她从青石后边探出半个脑袋，招招手儿：“亲亲，快过来，妈给你带来一点好吃的。”

世上没有不透风的墙，这事儿很快让孩子的养父知道了，很生气，可又拿着她没办法，只好仿效古人，来了个“孟母三迁”。谁知，搬了3次，她跟了3次，影子似的缠着孩子。最后，那位矿工发了发狠心，来了个工作调动，举家搬迁，远走高飞。

段德花仍不死心，矿上询问，家属区打探，人们的回答不一，有人说调到黑龙江，有人说调到海南岛，还有人说出国当了劳工。这一次，当奶妈的彻底失望了，一口气窝在肚里，回家便倒在炕上，一病不起。“孩他妈，是我对不住你，要恨，你就恨我吧！”曹老汉心里难过极了，抽泣着说，“可是，孩子已经是人家的人了，你总得往宽里想啊！”这位想孩子想得“走火入魔”的农家妇女，始终没有想开，医生又治不了她的心病，在炕上躺了没多久，滴水不进了。“他爹，到我跟前来，我有话交代。”曹老汉应了一声，泪如泉涌。“我就要走了，别的指望没了，就指望你有一天能找到亲亲，带她到坟上来，给我烧一张纸，让我再见她一面，看她一眼。见不到亲亲，阎王逼我，二鬼牵我，我也不过那奈何桥，10年20年都会在坟头等着。”

段德花说完，大睁着眼睛去了，年仅58岁。解庄的奶妈们都说，她是想孩子想病的，她是想孩子想死的。

………

坟前的纸钱，轻轻旋转；坟头的茅草，瑟瑟抖动。曹老汉木然地站在风中，悔恨、愧疚、痛苦、忧伤，一瞬间苍老了许多。恍惚中，他好像听到老伴的声音："他爹，你把亲亲领来了吗？"

乳娘之死，震动了大同福利院，从那时起，院里作出一条规定：凡是奶妈家不同意，不给任何人办理领养孤儿的手续。

这就是乳娘，廉价的乳娘，生生死死不断恩的乳娘！

解庄、散岔、西骆驼坊、王庄、上榆涧、唐家堡……在这片古老的土地上，乳香飘了数十年，乳爱传了好几代，充满柔情的故事，像一片淡淡飘香的苦菜花，像一条闪闪发光的珍珠河。

此情此景，让人动情，让人感叹，更让人深思。那些无情的父母，假若留存一丝人性、半点良知，假若看到这样的场面，面对有情有爱的乳娘，面对可亲可爱的孩子，该想些什么，能说些什么？人世间，无论是谁，只要你抛弃了亲生骨肉，灵魂便永世得不到安宁。天真活泼的孩儿，会像影子似的日日夜夜追着你，年年岁岁缠着你，在你心的窗口啼哭，在你梦的深处微笑，在用颤抖的童音责问："爸呀，妈呀，你们为什么丢弃我？"人世间，再没有比遗弃自己的儿女更愚昧的了，再没有比践踏自己的骨肉更残忍的了！人性在哪里？天理在哪里？

这里有一条千百名孤儿的生存带，这里有一个庞大的乳娘群，这里能写一部乳娘史诗，这里能谱一曲乳爱长歌。我敢说，这样的乳娘，这样的乳爱，是黄土地上独有的，是中国独有的，它是一个民族最骄傲的一个亮点，它与无数个亮点凝聚成一颗爱的太阳。如果我们抛弃了这颗太阳，即使怀抱金山银山，感情的天空也会是一片黑暗。

世上谁最亲？

——乳娘！中国的乳娘！

《孤儿泪》

◇ 作者简介

张平，男，汉族，1953年11月出生，山西新绛县人，1986年7月加入民盟，1971年10月参加工作，山西师范大学中文系汉语言文学专业毕业，大学学历，文学学士，文学创作一级。曾任山西省人民政府副省长，山西省作家协会主席、一级作家，全国政协常委，山西省人大代表，民盟中央副主席、民盟山西省委主委，中国作家协会副主席，中国电影家协会理事、山西省电影家协会主席等。

（一）小说《孤儿泪》

◇ 内容梗概

山西省大同市福利院每天清晨都会在门口拾到来历不明的各种弃婴，围绕着每一个弃婴都有一个催人泪下的感人故事。这本书为您叙述了几十年弃婴的悲惨遭遇以及他们在善良的养父母手中享受的幸福。

◇ 作品目录

1. 积雪中的小纸箱
2. 小纸箱里的悲剧
3. 我要给江总书记写信
4. 这里的孩子都姓党
5. 一条逼出来的路
6. 我的孩子要是没命了，我就让自个的孩子死在自个怀里
7. 九个孩子的母亲27个孩子的奶娘
8. 80的爹，70的娘
9. 恍如梦境
10. "有孩子就不怕说老！""甭叫奶奶就叫妈！"
11. 西骆驼坊
12. "我不姓党，我姓靳！"民政部江司长说："这是孩子的意愿，应该尊重孩子！"
13. "妈这辈子对不住你呀，孩子！""妈，儿欠你的三辈子五辈子也还不清！"
14. 访谈录
15. 关注将来，更关注现在

◇ 成就与影响

这是一部还没有全部写完就已经被发表连载，还没有全部发表就被多家报刊转载，还没有转载完就被数十家影视公司争购改编权的作品。《孤儿泪》是著名作家张平的长篇纪实文学。它以真实的笔法记录了一群被抛弃的孤儿在福利院成长的生活。人生的真谛，世间的温暖，情意的呼唤，荣获第五届中宣部精神文明建设"五个一工程"入选作品奖。丑陋和罪恶掩盖不了广袤的真情，金钱和利益抹杀不了无私的慈爱。

（二）电影《孤儿泪》

原　　著：张　平　　导　　演：周　力

出品公司：北京电影制片厂，峨眉电影制片厂

◇ 电影剧情

1975年春节对于煤矿工人任建国来说是个难过的年，妻子丢给他4个幼小的孩子去世了。面

对家徒四壁，他不得已把患有先天性足内翻的小四抛弃在大同福利院门口。福利院收留了这个男婴，取名党生53。任建国割舍不下小儿子，又跑回福利院。想确切知道儿子的下落。正赶上保育员大花要带党生53到乡下去，他一直跟到骆驼坊村，亲眼看见儿子到了村妇耿二女手里。耿二女家境贫穷。丈夫赵老实患有严重的哮喘病，他们已有了一个儿子，可善良的耿二女还是收养了党生53。日子一天天过去了，小党生53六岁了，长得活泼可爱，可看到他那残疾的脚，二女就心疼。一家人省吃俭用决心为党生53治病。耿二女带着党生53来到大同，医院的大夫说大同医疗条件较差，应尽早到北京去做手术。可这要花好几千元，哪有这么多钱啊！这愁坏了耿二女一家。他们回到村里，村里来了个云游的老道士。老道士告诉他们一个秘方：妈妈每天晚上用温水给孩子揉脚，直到天亮孩子的脚发红发胀发麻为止。要坚持下去。耿二女每天让亲生儿子挑水、烧水，自己给党生53揉脚。几个月下来，她病倒了。福利院长大花知道了，深受感动。她组织了社会募捐，把募捐的钱交给二女，让她带孩子去北京治病。在大同，耿二女将党生53一人暂放在一家饭店门口，去追一个丢钱的女孩，回来后看到饭店的老板的儿子和伙计欺负党生53，又心疼又气愤。找老板讲理，却认出老板就是发了财的任建国。任建国也认出了受欺凌的正是自己几年前抛弃的儿子。忙拿些食物追出去，可耿二女已带党生53上车走了。北京医院的医生说即使做了手术也难免是瘸子。耿二女绝望了，带着孩子又回到村里。她继续用老道士的方法给孩子揉脚。任建国自从见了孩子，就到福利院恳切要求领回自己的儿子，福利院长同意了。在外卖粮食的耿二女听说了，急忙赶来截住任建国的车，党生53与她抱头痛哭，难舍难分的样子使任建国黯然离去。12年的光阴过去了，又是一个大年夜，任建国给赵老实他们一家送来的礼物是党生53的领养证，他说："孩子是你们的了。"耿二女听了失声痛哭，悬了十几年的心终于放下了。

志余

一、大同市民政局2014年工作总结

2014年以来，大同市各级民政部门全面贯彻落实党的十八大和十八届三中、四中全会精神，紧紧围绕市委、市政府“一三四十”总体部署，不断强化“以民为本，为民解困，为民服务”的工作理念，遵循“围绕大局、稳中求进、创新发展、保障民生”的工作思路，以深入开展党的群众路线教育实践活动为契机，实现了重点工作有创新、难点工作有突破、整体工作上台阶的目标。

（一）2014年工作完成情况

1. 城乡社会救助体系更加完善，困难群众的基本生活得到保障

城乡低保。认真贯彻落实《国务院关于进一步加强和改进最低生活保障工作的意见》和《社会救助暂行办法》，社会救助制度不断规范。深入推进市政府收入倍增工程，按照城市低保提标幅度不低于9%，农村低保幅度不低于16%的目标，3次提高低保标准，城市低保标准最高达到422元/月，农村低保标准为2394元/年。深入开展贯彻落实市政府办公厅〔2012〕101号文件“回头看”活动，加大检查监督力度，强化社会救助网络信息管理平台信息比对功能，加强动态管理，城市低保对象比去年减少12800户33986人，农村低保对象增加1440人。截至目前，全市城市低保对象70983户157043人，累计发放低保金47465.3万元，人均月补助242元；农村低保对象133354户162253人，累计发放低保金22572万元，人均月补助155元。

五保供养。今年大同市农村五保供养标准提高10%，集中供养标准达到2200元/年，分散供养标准达到1430元/年。各县区采取实物补贴、发展庭院经济等方法，较好地弥补了敬老院资金缺口。全市农村敬老院现有58个，五保供养对象22323户22354人，其中，分散供养18844户18875人，集中供养3479户3479人，集中供养率为15.56%。

城乡医疗救助。出台了《关于进一步完善医疗救助制度的实施意见》（同政办发〔2014〕63号），新增7项优惠减免服务内容。加大重特大疾病救助力度，救助比例由50%提高到60%，年最高救助标准由1.5万元提高到2万元。积极推行“一站式”即时结算服务，将市二医院、六医院确定为“一站式”即时结算医疗服务试点，实现了与城镇居民医疗保险制度的有效衔接，使低保患者不出医院就可报销结算。全年共发放医疗救助金3554万元，救助114189人次。

教育救助。对城市低保特困家庭子女在高中阶段每年救助1600元，考入大学的救助2000元，发放城市特困家庭子女教育救助金83.04万元，救助477人次。大力实施“春霖助学行动”，对考入大学的农村低保家庭子女每年救助2000元，发放“春霖助学”资金184.4万元，救助922人。

临时救助。出台了《贯彻落实〈社会救助暂行办法〉的实施意见》（同政办发〔2014〕62号）。深入开展“救急难”试点工作，积极探索“一门受理、协同办理”的工作机制，对“因灾、因病、因急”造成生活出现突然变故的低收入家庭、低保边缘家庭和低保家庭给予临时救助，年最高救助5000元。截至9月，共救助困难家庭3235户次，发放临时救助金401万元。

救灾救济。出台了《大同市自然灾害救助资金管理办法》，确保救灾资金发放及时规范。下拨

春荒款785万元，生活补助资金200万元。结合“5·12”防灾减灾日，发放各类科普图书630套3400册。组织全市121名灾害信息员、报灾员进行为期两天的业务培训。修订完善了《自然灾害应急预案》，健全县区、乡镇、村三级救援队伍，加强应急演练。组织了全市防震救灾应急演练桌面推演。推荐13个社区参加“全国综合减灾示范社区”评比，37个社区参加“全省综合减灾示范社区”评比。加强救灾物资储备体系建设，投资3100万元的市救灾物资储备库于9月1日正式开工。

2. 双拥优抚安置政策全面落实，军民融合式发展扎实推进

双拥工作。扎实抓好各项拥军优属、拥政爱民政策的落实，深入开展国防教育和军民共建活动，积极争创“全国双拥模范城”。元旦、春节期间，市四套班子领导走访慰问部队18家，优抚事业单位5家，发放慰问金30万元。配合市公交公司年检军人乘车卡2584张，减免费用30余万元。市政府投资5063万元为66173部队修建防洪渠，投资20万元整修双拥领导组办公室。协同市计生委为驻同部队100余名军嫂进行生殖健康检查，发放早教资料300余份。发放现役军人未就业家属生活补贴34万元。解放军第322医院在“三八”妇女节期间开展了大型免费体检、义诊和咨询活动。预备役高炮团为灵丘县东河南镇北张村小学捐赠助学款2万余元及价值4000元的学习用具。驻同66173部队向新荣区郭家窑乡杨家场村捐赠2.6万元的扶贫物资。

优待抚恤。全面落实各项优抚政策，不断提高优抚对象的保障水平。按时足额发放优抚事业费5407万元，老党员生活补助204万元，医疗费404万元。完成了优抚对象数据库更新、升级，10713名各类优抚对象进行了二代身份证扫描。办理一次性抚恤76人，为400余名原8023参试退役人员统一体检，符合评残条件35人，提残、换证48人，新评、补评5人。为2045名义务兵发放优待金4946.47万元。换发《烈士证明书》314份，2400余名伤残军人换发了《残疾军人证》。认真做好零散烈士纪念设施抢救保护工作，下拨资金1035万元，全市1804座散葬烈士墓、46处零散纪念设施得到及时抢救维修保护。光荣院御东新院二期工程基本竣工，投入使用后增加床位400张。

退伍安置。接收退役军人1543人，其中138人符合安置工作条件，1405人自主就业。目前已安置退役军人1375人，办理自谋职业85人，发放一次性自谋职业补助金507.4万元，收缴自谋职业有偿转移金120万元。为安置在困难企业的下岗志愿兵555人发放生活困难补助16.65万元。自主就业退役士兵教育培训报名794人，结业207人，拨付培训经费66.1万元。接收军休干部（含士官）5人、第六批无军籍退休退职职工2人。

3. 社会福利和慈善事业加速发展，服务特殊群体的普惠型格局初步形成

社会福利工作。全面落实社会养老优惠政策，扶持兴办民办养老机构，在水、电、气、热等方面均按民用价格给予优惠，落实民办养老机构开办补助和运营补贴293.8万元。经过认真调研和征求意见，市政府出台了《关于加快发展养老服务业的实施意见》。全市现有养老机构31家，床位4418张，收养老人2466人，入住率55.8%，城乡老年床位拥有率20.07‰。2013年建成的63家农村老年人日间照料中心已正常运营，2014年申报新建农村老年人日间照料中心80个。扎实做好孤儿养育工作并积极研究适度普惠型儿童福利，全市现有孤儿2312名，机构养育725名，社会散居1587名，下拨孤儿养育资金1386.78万元。

市社会福利院不断改善孤残儿童康复设施，创新家庭寄养模式，古城社区逐步成为继散岔村之后新的家庭寄养基地，目前共有寄宿家庭15户，寄宿儿童80名。孤残儿童城市寄养率达到48%。

慈善救助工作。围绕助学、助医、济困、安老，开展“慈善情暖万家”项目，慰问困难家庭655户，发放慰问款（物）197871元。继续在天镇县三中开办“衣恋慈善阳光班”，选择50名品学兼优的家庭困难学生，每人每年资助2000元，资助期3年。联合山西东方物华公司定向出资100万元，开展“东方亮点亮希望”助学工程。认真统计贫困家庭心脏病患儿情况，扎实做好中国移动“爱心行动”工作准备。继续开展“天籁列车”项目，对无力购买昂贵助听器的听障者免费资助助听器。大力宣传并深入开展“明天计划”“心新工程”“微笑列车”等助医项目。8月，大同市被评为第三届“中国城市公益慈善指数”五星级城市。

福利彩票销售工作。贯彻“安全运行、健康发展”的工作方针，弘扬“公益、慈善、健康、快乐、创新”的福彩文化理念，加强宣传奖励，

严格站点管理，提高竞争能力，彩票发行实现了平稳增长的良好势头，全年发行总量达到3.45亿元，比去年同期增加了1.35亿元，增幅64.3%，为国家筹集公益金10213万元。

4. 基层自治和社会组织建设正规有序，维护社会稳定的作用明显增强

基层政权。深入开展农村（社区）“领头雁”培训工作，共培训“两委”班子成员、农村致富能手和外出务工经商能手15659人。完成了1966个建制村的离任审计。大力开展村务公开和民主管理示范单位的创建活动。认真开展了为期10天的“两委”换届前期调研。市委制定下发《关于认真做好第十届村民委员会换届选举工作的实施意见》（同发〔2014〕23号），成立了村“两委”换届选举工作领导小组，严格按照上级要求，认真做好“两委”换届相关工作。

社会组织管理。落实4类社会组织直接登记制度，解决了社会组织“登记难”的问题。按照职能、机构、人员、经费与党政机关四分离的要求，深入开展了社会团体清理规范工作，撤销社团14家，注销社团39家，对26名厅级干部、56名处级干部在社会团体中担任法人的问题进行了清理规范，40家社会团体变更了法人。成立了市涉煤社会团体清理规范领导小组，对全市448家社会团体进行清理检查和规范。年检社会团体224家、民办非企业单位264个，分别占社会团体和民办非企业总数的85%和94%。成立了社会组织党工委，加强对社会组织党建工作的指导力度，组建社会组织党组织195个。

社区管理。新增社区18个，其中广灵县2个、阳高县5个、矿区10个、灵丘县1个，全市社区达到332个。12个建设单位无偿提供社区公用用房2315平方米。为加强社区经费监管的力度，与市财政局联合制定下发了《关于进一步规范社区办公和活动经费的通知》，对挤占挪用社区办公经费现象进行跟踪督查并责令限期整改。确定11个城市社区、3个农村社区为“三社联动”试点单位，组织60余名相关工作人员赴杭州社区培训基地学习观摩。扎实做好城市社区“两委”换届选举工作，印发《做好全市社区党组织、社区居民委员会换届选举工作的实施意见》。

5. 专项社会事务管理科学规范，公共服务水平逐步提升

殡葬管理工作。深入推动殡葬改革，印发了《关于充分发挥党员干部带头作用大力推进殡葬改革的意见》，继续开展“绿色殡葬”工程。推行免除城乡困难群众基本殡葬服务费的惠民政策，减免费用183.8万元。圆满完成清明节期间群众祭祀活动安全保障工作，4家陵园共接待祭祀群众4369人，车辆764辆。投入3万多元，在清明、七月十五等传统祭祀时节，免费提供专车、鲜花等物品。加大殡葬执法力度，共出动执法人员1385人次，执法车201车次，查处违殡事件151起。

区划地名工作。认真修改市辖区行政区划调整方案，以市政府同政发〔2014〕24号、25号文件再次上报省政府。完成大同朔州线275.4公里界线联检工作，加固维修界桩20颗。制定出台《大同市第二次全国地名普查实施方案》（同政办发〔2014〕66号），认真组织开展全国第二次地名普查工作。全面完成《中华人民共和国政区大典·山西省卷》大同部分编纂工作并上报省民政厅。收到地名命名申请23个，经审核已命名20个。

婚姻登记工作。根据《大同市民政局关于进一步做好创建标准化婚姻登记机关工作的安排意见》，加强婚姻登记机构规范化、标准化建设。召开全市婚姻登记管理工作会议，进一步提高婚姻登记员的服务水平和服务质量，全市13个婚姻登记处都开通了网上预约服务。全市共完成结婚登记25676对，离婚登记3977对，补领结婚证7421本、离婚证206本，补录婚姻历史档案186089条，出具（无）婚姻登记记录15000余份。

流浪乞讨人员救助管理。市救助站深入落实救助政策，不断创新救助方法，加大街面巡回救助力度，协同公安、城管、卫生等部门开展经常性的救助保护服务，积极开展“寒冬送温暖”活动。依托市区警银亭设置救助引导标志77个，在城区范围30个大型社区内设置了流浪乞讨人员救助工作点。救助人员伙食标准从5元提高到8元。全市共救助流浪乞讨人员10977人（其中市救助管理站救助7162人）。

6. 自身建设更加严格务实，工作作风和机关效能进一步增强

深入开展党的群众路线教育实践活动。按照中央和省、市委统一部署，全局系统39个党组织，466名党员参加了第二批党的群众路线教育实践活动。局党组先后进行专题调研4次，召开座谈会35次，谈心谈话244人。局机关集中组织理

论学习32次。认真召开了专题民主生活会和组织生活会，民主评议中全体党员均达到了好的等次。制订了班子“两方案一计划”和个人整改措施、整改清单。查摆出的“四风”问题全部得到了有效整改，党员干部的工作作风得到了明显改进。教育实践活动总结时，群众评议满意率达到100%。

严格落实中央八项规定。从建立健全组织机构、严格目标责任入手，严控“三公”经费，厉行勤俭节约，反对铺张浪费。召开的会议与去年同期基本持平；发文数量比去年同期减少28个，缩减比例为19.5%；各类领导小组和议事协调机构数量比去年同期减少2个，缩减比例为9.5%。“三公”经费支出比去年同期减少8.4万元，缩减比例为23%。

加强廉政建设，规范权力运行。认真开展党风廉政建设教育，严格落实“一岗双责制”“目标责任制”和“分级负责制”，确保党风廉政建设责任制落到实处。局党组书记与科室负责人和基层单位主要领导签订了《党风廉政建设目标责任书》，与各县区民政局局长签订了《民政专项资金管理使用责任书》，形成了层层抓落实的责任体系和齐抓共管的工作格局。深入开展民政系统“严管”行动，加强民政专项资金和政策落实情况的监管力度，科级以上干部均建立了廉政档案，民政工作者的“底线”意识进一步增强。聘请46名服务对象为大同市民政局政风行风评议监督员。全局系统有3个单位被民政部评为“行风建设示范单位”，10个单位被省民政厅评为“行风建设示范单位”。

（二）存在问题

1. 法律法规宣传力度有待加强

随着新时期民政工作职能的拓展，由于在宣传政策方面主动性不够，运用民政法律法规推动工作开展的手段、措施不多，造成社会和群众对民政工作的认知不全面。

2. 部分资金保障困难，配套不足

由于地方财力有限，上级明确要求配套的资金因财政困难，有时很难落实到位，存在地方配套不足、社会投入过少、工作经费紧缺的问题。

3. 工作人员不足，工作效率难以保障

根据省编办《关于加强基层低保等民政机构编制的意见》文件精神，大同市民政局应配备450名民政助理员，虽然市编办已发文，我局多次督促，但目前在编人员达不到文件要求的一半，而且多数年龄偏大，不熟悉电脑操作，对社会保障工作信息化建设影响较大。

二、大同市民政局关于表彰2014年度先进单位的决定

2014年，大同市各级民政部门全面贯彻落实党的十八大和十八届三中、四中全会精神，紧紧围绕市委、市政府“一三四十”总体部署，不断强化“以民为本，为民解困，为民服务”的工作理念，遵循“围绕大局、稳中求进、创新发展、保障民生”的工作思路，扎实开展党的群众路线教育实践活动，持续改进工作作风，认真落实民政各项政策，积极推进业务创新，年度目标责任考核指标圆满完成。

城乡社会救助体系更加完善，认真贯彻落实《社会救助暂行办法》，深入开展“救急难”试点工作，积极探索“一门受理、协同办理”的工作机制，加大重特大疾病救助力度，3次提高低保标准。防灾减灾救灾能力全面增强。全面落实双拥优抚安置政策，军民融合式发展扎实推进。社会福利和慈善事业加速发展，民办养老机构开办补助和运营补贴落实到位，市政府出台《关于加快发展养老服务业的实施意见》，农村老年日间照料中心运行正常，福利彩票销售实现历史性突破。基层自治不断加强，村（社区）“两委”换届顺利进行。社会组织建设正规有序，社会组织党建工作逐步开展。专项社会事务管理科学规范，流浪乞讨人员救助方法不断创新，殡葬服务、婚姻登记服务水平逐步提升。党风廉政建设、法治建设、政务信息和宣传、信访、政策理论研究、信息化建设、民政统计工作均取得新的进步。

经认真检查考核和综合评定，各县（区）民政局和市民政局直属单位均较好地完成了年度目标任务。其中：广灵县民政局、灵丘县民政局、阳高县民政局、浑源县民政局、左云县民政局被评定为完成年度重点民政工作目标任务优秀等次；市殡仪馆、市第六人民医院（市荣复军人医院）、市军队离退休干部第三休养所、市军队离退休干部第二休养所、市军用饮食供应站、市社会福利院、市福利彩票发行中心、市救助管理站被评为民政工作先进单位。经研究决定，对评定为优秀等次的5个县（区）民政局和8个年度民政工作先进单位予以通报表彰。

希望受到表彰的单位珍惜荣誉，再接再厉，不断进取，为大同市民政事业发展再创佳绩。全市民政系统要以受到表彰的先进单位为榜样，团结奋进，开拓创新，以更加饱满的热情和进取的精神，不断推进大同市民政事业再上新台阶，为促进大同市经济社会发展，全面建成小康社会作出新的更大贡献。

2014 年市民政局获奖名录

大同市被评定为中国城市公益慈善指数五星级城市

市民政局被省依法治省领导组表彰为“全省依法治理示范单位”

市民政局被省精神文明办表彰为“全省精神文明先进单位”

市民政局被省民政厅表彰为“全省重点工作目标责任考核优秀单位”

三、2014 年大同市民政大事记

1 月

1. 11 日，市长李俊明、大同军分区司令员孙利仁、市政府秘书长段建华一行，在市民政局局长白玉、副局长王强陪同下，到市福利院慰问孤残儿童和孤寡老人，并送上 2 万元慰问金。

2. 14 日，市委书记丰立祥，市委常委、市委秘书长郜向华，副市长靳瑞林在市民政局白玉局长的陪同下到市光荣院慰问伤残军人、烈属和老复员军人。

3. 16 日，市民政局召开 2013 年度目标责任考核大会。市委组织部部务委员薛利云出席会议，市民政局党组书记、局长白玉主持会议并作班子述职报告和个人述职述廉报告。市民政局班子成员和其他处级干部、机关科室负责人、直属单位主要负责人、民政系统“两代表一委员”和各县区民政局局长共计 50 余人参加会议。

4. 22 日，全市民政工作会议在网通六楼视频会议室召开。市民政局党组成员，各县区民政局局长，局直属单位党政主官，机关各科室负责人参加会议。会议由局党组成员、副局长王强主持。与会人员首先收看全省民政工作视频会议，厅长薛维栋总结讲评 2013 年度的工作，并就 2014 年全省民政工作进行安排部署。大同市连续 5 年被省民政厅评定为全省完成年度重点民政目标任务优秀等次。视频会议后，随即召开全市民政工作会议，局党组成员、副局长刘方茂通报 2013 年度重点民政工作完成情况，城区民政局、灵丘县民政局、浑源县民政局、阳高县民政局、广灵县民政局、天镇县民政局被评定为优秀等次；市低保中心、市社会福利院、市福利彩票发行中心、市殡仪馆、市光荣院、市军队离退休干部第三休养所、市六医院（荣复军人医院）被评为 2013 年度民政工作先进单位。局党组书记、局长白玉作工作报告，回顾 2013 年度完成工作情况，部署 2014 年度民政工作。

5. 27 日，省委副书记、省人大常委会副主任金道铭，副省长郭迎光到大同市光荣院慰问优抚老人，并送上慰问金。市委书记丰立祥、市长李俊明、市民政局局长白玉等陪同。

6. 28 日下午，市民政局召开专题会议，学习传达全市党风廉政建设干部大会暨市纪委十四届四次全会精神，局党组书记、局长白玉主持会议，局党组成员，机关各科室、各直属单位负责人参加会议。白玉局长要求全体民政干部要认真学习、深刻领会、坚决贯彻、全面落实会议精神。一是认清形势。把思想和行动统一到会议精神上来。二是端正姿势。以勤俭务实的作风做好今年工作。三是保持态势。切实把各项民政款物在节前及时足额发放到民政对象手中。领导干部更要以身作则，切实履行“一岗双责”，管好人，带好队伍，从源头上确保民政干部为民务实清廉，牢固树立民政干部“以民为本，为民服务，为民解困”的良好形象。

7. 1 月，民政部办公厅公布“2013 年全国民政行业首批领军人才遴选结果”，市福利院院长靳保利被评选为“2013 年全国民政行业首批领军人才”。此次全国民政行业首批领军人才评选分为 3 类，分别为企事业单位经营管理类、专业技术类和高技能类，全国民政行业共 30 人入选。靳保利院长属“企事业单位经营管理类”。

2 月

8. 10 日，市民政局召开会议，白玉局长传达全省综改攻坚创新驱动项目推进大会、市政府第三十次常务会议精神及省厅关于安全管理和安全保障、消防安全知识培训有关文件要求，就落实大同市国家资源型经济转型综合配套改革试验 2014 年行动计划作安排部署，对近期工作提出要求。

9. 11 日下午，市委常委、组织部长赵向东一行就开展党的群众路线教育实践活动到市民政局进行专题调研。调研组听取局党组书记、局长白玉关于“五个厘清”的调研汇报，收集梳理 20 名座谈人员的意见建议。赵向东部长要求：党员干部一定要从反对“四风”入手，改进作风建设，从作风入手，加强党和人民群众的血肉联系，按照“三个回归”“三个融入”“三个严格”的要求正党风、严党纪、得民心。

10. 17～18 日由省文明办、省直工委、省教育厅、省国资委主办，省志工委承办，联合组建山西省学雷锋道德模范志愿服务先进事迹巡讲团，分别在大同市城区、矿区举办学雷锋道德模范志愿服务先进事迹专场报告会。市社区建设管理指导中心魏东主任、城矿两区相关负责人和 300 多名社区工作者、志愿者出席报告会。

11. 18 日上午，全市城乡社会救助工作会议召开。市民政局党组书记、局长白玉，市民政局党组成员、低保中心主任康建东，各县（区）民政局局长、纪检书记、低保中心主任参会。

12. 2 月，按照市纪委《大同市党员领导干部廉政档案管理暂行办法》的通知要求，市民政局在完成 21 名处级党员领导干部的基础上，对局系统实职科级领导干部建立廉政档案，真实记录全局副科级以上党员领导干部廉政情况。

3 月

13. 14 日，市社区建设管理指导中心组织召开全市社区工作会议，市民政局党组成员、新社会组织党工委专职副书记宿权出席会议，各县（区）民政局分管社区负责人参加会议。宿权副书记对社区工作提出 4 点建议：一是各县（区）尽快成立社区建设管理服务中心，配齐人员，从长远考虑，必须要有组织机构作保证。二是摸清各社区底数，做好最基本的工作，才能为社区居民服务好。三是各县（区）要结合实际打造精品社区，创新发展模式。四是探索社区有偿服务，形成社区建设凝聚力。

14. 17 日，市民政局按照省民政厅《关于在全省民政系统开展“严管”行动的实施方案》的通知精神，开展“严管”行动安排部署。通过抓班子带队伍，增强底线意识、守法意识，确保干部不出事；严管专项资金，推行阳光运作，加强执法监察和审计监督，确保资金安全使用。主要内容：一是开展学习教育工作，提高干部队伍素质；二是开展彩票公益金、社会救助资金、优抚安置资金、救灾款物等专项资金管理使用的监督检查；三是严肃查办违纪违法案件；四是开展制度梳理，健全完善制度体系。

15. 19 日上午，市委常委、常务副市长李世杰就民政部门进行党的群众路线教育实践活动专题调研，了解城乡社会救助、社区建设和优抚工作等方面的情况，针对当前农村五保供养标准低于农村低保标准的问题，表示将在市政府常务会上汇报。就市仓储中心救灾物资储备库建设存在的困难现场办公，给予答复。调研组深入开源街街道、柳港园老年人日间照料中心、市光荣院二期工程工地实地查看，在市低保中心召开座谈会，对相关人员进行专题党课辅导。

16. 21 日，中共大同市社会组织工作委员会正式挂牌，这是山西省首家地市级社会组织工委，为市委派出机关，在市委组织部指导下开展工作，与市民政局合署办公，工委书记由市民政局局长兼任，设专职副书记 1 名，下设办事机构——党建办公室，负责全市社会组织党的建设工作。

大同市市县两级登记的社会组织共有 775 个，涉及教育、劳动、科技、民政、文化、卫生、工商、农业、体育等经济社会生活的各个领域，其中市直社会团体、民办非企业单位共 468 个，县区社会团体、民办非企业单位共 307 个，从业人员 10633 人，其中党员 3052 人，专职人员中的党员 452 人，2014 年有社会组织党组织 46 个。

17. 3 月，按照市委、市政府建设十大工程要求，在全市倡导和推广健康节俭、文明低碳、生态环保的祭扫方式；弘扬清明节传递亲情、传承文化的丰富内涵；推行移风易俗、树立现代祭扫的新型风尚。市民政局向全体市民发出清明节文明低碳祭扫倡议书。

4 月

18. 15 日下午，全国第二次地名普查暨加强和改善地名管理视频会议召开。市委常委、常务副市长李世杰，民政局局长白玉，发改委、经信委、公安、财政等单位分管领导 23 人在大同分会场参加会议。从 2014 年 7 月至 2018 年 6 月，在全国范围内以县为单位开展第二次地名普查。民政系统作为牵头单位。

19. 18 日市民政局组织各县（区）39 名退伍残疾军人，在驻同解放军第 322 医院进行提残、换证残疾医学鉴定。

20. 22～24 日，省民政厅规划财务处副处长沈红边一行 3 人赴大同市对 2011～2013 年中央预算内投资补助项目进展情况监督检查。市民政局党组成员、低保中心主任康建东及相关科室负责人陪同检查。检查组听取 2011～2013 年中央预算内投资补助项目进展情况汇报，实地查看天镇县下泉镇幸福里社区服务站、新平堡镇敬老院、阳高县龙泉镇光荣街社区服务站、浑源县蔡村镇中心敬老院、城区向阳里街道老年人日间照料中心、城区向阳里街道柳港园社区服务站6个中央预算内投资项目。听取灵丘县儿童福利中心项目建设前期准备情况汇报，查看浑源县社会福利中心项目建设情况。

21. 到25日，大同市福彩销量达到1.015亿元，其中电脑票8954万元，占总销量的88%；即开票1202万元、占总销量的12%。与2013年同期相比，增长3604万元，增幅达55%，筹集社会公益金874万元。

5月

22. 21日，市民政局局长白玉和副局长王强，深入市殡仪馆调研指导工作，实地观看殡仪馆绿化情况。

23. 29~30日，市民政局在市公务员培训中心组织灾害信息员业务技能培训，来自全市99个乡镇和12个县（区）民政局（社会处）的121名乡镇灾害信息员、报灾员参加为期两天的培训。

24. 30日上午，省厅优抚处副处长张补文检查督导零散烈士墓和零散烈士纪念设施抢救保护工作，市民政局党组成员、老工办主任郜德民及相关工作人员陪同，检查南郊区、浑源县、灵丘县、大同县、阳高县、天镇县零散烈士墓和零散烈士纪念设施抢救保护工作情况。听取县（区）民政局局长汇报，查阅资料，到墓区实地查看。

6月

25. 11日，全国民政领军人才队伍建设工作会议在京召开，市社会福利院靳保利院长作为"2013年全国民政行业首批领军人才"应邀出席会议并交流发言。

26. 17日上午，市委组织部、市民政局、市社会组织党工委召开全市社会组织党组织集中组建工作动员会，贯彻落实市委"基层组织提升年"活动。各县（区）组织部分管组织工作的副部长、社会组织党工委、民政局分管副局长、市直有关业务主管单位50人参加会议。会议提出到年底前全市社会组织要做到应建尽建，确保党的组织和党的工作"全覆盖"；30人以上的社会组织要有党员；已组建的党组织要达到"五好"，即党组织班子好、党员队伍好、发挥作用好、社会形象好、群众反映好；新组建的党组织要达到"六有"，即有党组织标识、有组织机构、有活动场所、有规章制度、有学习资料、有活动载体。

27. 18日下午，省政府法制办副巡视员傅平、省民政厅副厅长何子义一行5人，就准备修订颁布的《山西省军人抚恤优待实施办法（征求意见稿）》进行实地调研。6月19日上午，调研座谈会在市光荣院四楼会议室召开。市政府法制办、《政府法制》驻大同站长、大同县、阳高县、浑源县、南郊区、矿区、新荣区等县（区）民政局分管优抚副局长和优抚干事参加座谈会。

28. 27日上午，市民政局召开四风"问题"测评会暨党的群众路线教育实践活动推进会，局党组书记、局长白玉主持会议并讲话，市委党的群众路线教育实践活动第七督导组成员出席会议，组长庞有力代表督导组讲话。局党组成员、局机关全体党员、局属单位党政主要负责人共计70多人参加会议。会前，局机关全体党员、局属单位党政主要负责人分成8个小组，对局党组班子"四风"问题清单和局长白玉"四风"问题清单进行讨论，发表看法。会上采取无记名方式测评，满意率达到100%。

29. 30日，大同市第一批大龄孤儿廉租房租赁合同签约在市社会福利院举行，福利院17名大龄孤儿同市廉租办签订租赁合同，成为该院首批廉租房租赁受益者。

7月

30. 23日，市委常委、常务副市长李世杰率相关部门负责人深入市光荣院、城区低保中心、南关街道调研指导工作，市民政局党组书记、局长白玉陪同。

31. 截至24日，全市福利彩票销量达到2.01亿元，完成全年计划销售任务（2.58亿元）的77.5%，与2013年同期相比增长72.07%，筹集福利彩票公益金国家级5904万元、市级1712万元。大同市中双色球一等奖一注、奖金757万元，二等奖12注、合计奖金228.7821万元，中福在线一等奖4注、合计奖金87.0277万元。

32. 28日16时，市抗震救灾群众生活保障与涉外、涉台组抗震救灾演练正式开始。演练模拟大同市境内发生5.6级地震，市抗震救灾群众生活保障与涉外、涉台组接到指挥部命令，按照各自职责展开应急救援工作。本次演练由市民政局牵头，以《大同市自然灾害救助应急预案》《大同市地震应急预案》为依据，目的是建立健全应对突发性自然灾害应急体系和运行机制，明确成员单位职责，规范紧急救助行动，提高紧急救援能力，保证在地震灾害发生时能够迅速、有序、高效地实施紧急救助。市财政局、市教育局、市商务局、市粮食局、市监察局、市审计局、市红十字会和市级财保、人保等16个成员单位参加演练。

8月

33. 5日，由中国宋庆龄基金会、中国儿童福利和收养中心、富邦文教基金会举办的“富邦发展迟缓儿童疗育基金”特殊教育教材师资培训班在市社会福利院开班。来自山西、山东、河北、黑龙江、吉林、辽宁、河南、内蒙古8个省（区）的40余家福利院的61名学员将参加为期一周的特教培训。项目于2012年6月启动，全国14家项目合作福利机构就教材进行广泛试用，该教材填补国内0~6岁发展迟缓儿童特殊教育空白。

34. 市委常委、常务副市长李世杰参加低保政策宣传日活动。活动从12~15日，在迎宾广场举办，为期4天。市民政、低保系统工作人员共40余人参加。

35. 13~14日，白玉局长带领办公室、基政科、社会事务科、市低保管理中心相关人员，深入灵丘、广灵两县，就第十届村“两委”换届选举前期准备、村务公开、地名普查、婚姻登记管理、农村老年人日间照料中心建设、低保核查及敬老院建设等工作开展调研。先后深入灵丘县东河南镇敬老院、颐乐养老院、夕阳红老年公寓、落水河乡北水芦村、灵丘县社会服务管理指导中心、武灵镇黑龙河村老年日间照料中心、王家庄村老年日间照料中心、南蕉山村老年日间照料中心、作疃乡敬老院建设工地实地调研。

36. 25日上午，市领导李世杰、邵奎、马维平出席全市农村低保家庭子女“春霖助学行动”助学金发放仪式，并为受资助学生代表发放助学金。“春霖助学行动”自2009年开展以来，共筹集助学金1184万元，累计发放690.2万元，资助农村低保家庭子女1337名，已有494名大学生走出校园，步入社会。2014年又资助198名困难家庭学生入学深造。

9月

37. 截至14日，市军供站累计接待大同市入伍新兵1652人，完成新兵运输任务。新兵运输安全保卫工作由市军分区、市特警支队和军供站部分人员共同承担，开水全天供应，饭菜随需随做，无任何安全隐患发生，受到军代处和接待部队首长高度赞扬。

38. 19~23日，市社区建设管理指导中心在杭州中国社区建设培训基地举办“三社联动”培训班。市民政局党组成员、新社会组织党工委专职副书记宿权出席开班仪式，全市“三社联动”14个试点社区共计54人参加此次培训。

39. 24~25日，由民政部社会福利和慈善事业促进司副司长王素英带队的全国人大重点建议办理调研组，在大同市调研养老服务业发展情况。市委常委、常务副市长李世杰，市人大常委会副主任张翠萍，市民政局党组书记、局长白玉陪同调研。调研组实地考察部分养老机构和农村老年日间照料中心，了解养老机构的运营状况、入住老人的生活起居以及农村老年日间照料中心的服务和管理情况。25日下午与相关部门及养老机构代表座谈。希望大同市继续重视养老服务事业发展，制定发展路线图、时间表，明确发展目标；健全协调和保障机制，形成多部门协同配合、各方面共同参与的工作格局；重视养老服务机构建设，完善发展规划和扶持政策；探索和创新多元化服务模式，在积极推进居家养老服务的同时，加强社区养老基础设施建设，鼓励和引导社会力量兴办养老服务机构，推进全市养老服务业健康发展。

40. 30日，市委、市政府在大同市革命烈士陵园举行烈士公祭仪式，向烈士纪念碑敬献花篮。参加仪式的有市委、市政府、市人大、市政协和大同军分区的领导，部分参战老战士、革命烈士家属、双拥模范、驻同部队和社会各界代表、市民政局机关党员干部共400多人参加活动。市委常委、常务副市长李世杰主持会议，市委常委、市委副书记刘国庆宣读祭文。市领导与社会各界人士一同瞻仰革命烈士纪念塔和烈士墓碑。

41. 9月，第一批在城区范围内30个大型社区设置流浪乞讨人员救助工作点，制定社区救助点工作职责和服务流程，加强社区救助管理工作，保障流浪乞讨人员基本生活权益，利用调动社区资源，宣传救助管理政策，发动社区群众主动关心和参与流浪乞讨人员的劝导和救助工作，以减少城区流浪乞讨人员数量，完善社区功能，强化社会管理。今后将继续在社区内设置救助点，力争覆盖市城区、御东新区、开发区以及周边范围。在市公安局支持下，经过筹备，依托警亭设置77个救助引导标志，覆盖市城区范围，30日正式启用，每年救助近7000名困难者。

10 月

42. 22 日，市民政局召开党的群众路线教育实践活动总结大会。市民政局党组书记、局长白玉代表局党组作总结报告，市委第七督导组组长庞有力讲话。市委第七督导组全体成员、局党组成员、近 5 年来退出工作岗位的老领导、全局系统“两代表一委员”、基层单位党政负责人、局机关全体党员和部分社会群众共 87 人参加会议。

43. 24 日上午，全市村（社区）“两委”换届工作电视电话动员会在市网通六楼召开。会议安排部署全市村（社区）“两委”换届选举工作。市村（社区）“两委”换届选举工作领导小组成员、市村（社区）“两委”换届选举工作督导组组长、副组长、联络员，市委组织部、市民政局相关科室负责人共计 70 多人在主会场参会。各县（区）委书记、县（区）村（社区）“两委”换届选举工作领导小组成员，乡镇（街道）党（工）委书记，县（区）委组织部、民政局相关科室负责人在分会场参会。会议由市委副书记刘国庆主持，市委常委、组织部长、市村（社区）“两委”换届选举工作领导小组组长赵向东动员讲话，市委副书记刘国庆总结讲话，市纪委、市信访局、市委政法委、市民政局、市农委主要负责人针对各部门职责进行工作安排，提出具体要求。

44. 28 日下午，落实 1993 ~ 1999 年接收的 50 名军队复员干部纳入城镇职工基本医疗保险，享受城镇职工基本医疗待遇协调会在城区民政局召开。市民政局、财政局，城区民政局、财政局相关人员参加会议。市民政局副局长高山传达市民政局、财政局对 1993 ~ 1999 年接收的 50 名军队复员干部纳入城镇职工基本医疗保险，享受城镇职工基本医疗待遇的请示报告及市领导批示。市财政局副局长郭福月对经费的来源作具体说明，明确对 15 名已退休人员及以后新增人员，实行财政“退一补一”办法。一次性补缴医疗保险脱钩费用后，享受大同市城镇职工医疗保险退休人员医保待遇。对 35 名未达退休年龄人员，从 2014 年 8 月起参加职工医疗保险，按照上年度社会平均工资最低缴费基数，经人社医保部门测算，公补部分及脱钩费用纳入县级财政预算。

45. 30 日上午，副市长李世杰一行在市民政局白玉局长、刘方茂副局长的陪同下，视察市救助管理站新址维修改造工程进展及安全生产情况。

11 月

46. 4 日下午，省民政厅副厅长许富昌、社会事务处处长张继敏一行在市民政局副局长刘方茂的陪同下，到市救助管理站视察工作。

47. 市民政局、市荣军医院于 4 ~ 6 日对浑源、广灵、灵丘 3 个县的优抚对象进行巡诊服务活动。准备了常用药品近 40 种，价值 1 万余元，赠送方便适用拔火罐器，体检用的抽血试管、血压计，印发心理健康宣传、新型农村合作医疗宣传、各类常见病的防治科普知识传单。医疗专业人员从抽血操作到抽血标本的保存都做到精心细致确保无差错，进行心电、B 超、X 光检查，组织有序，共为 3 个县（区）207 名优抚对象做健康检查，并建立健康档案。

48. 截至 9 日，全市福利彩票累计发行销售 3.01 亿元，比 2013 年同期增长 1.2 亿元，增幅达 68 %，创大同福彩发行史上的最高纪录。其中电脑票销售 2.66 亿元，即开票销售 3448 万元。2014 年以来，在空白区域增设 37 个销售网点；为 55 个投注站进行规范化建设，免费安装门头、号码分布图、销售台、桌椅板凳等硬件设施，提升投注站的品牌形象；对销售人员进行培训，有效提高了全市福彩的营销投注水平；采取奖励措施，对投注站进行奖励；补充空缺，增设“中福在线”销售大厅，市区、矿区新增设的 3 个销售大厅于 9 日正式开业销售。

49. 寒冬将至，市救助管理站向广大市民发出倡议书，一起投入“寒冬送温暖”救助献爱心活动，防止露宿街头的流浪乞讨人员被冻死或饿死的事件发生，确保这部分人员能得到及时救助保护。

12 月

50. 历经两个月时间的准备，大同市救助管理站于 1 日开通爱心救助网，网址为 www.sxdtsms.com。网站开设政策法规、关注民生、工作动态、公益寻亲、部门协作、个人求助、爱心光荣榜等多个板块，链接全国救助管理信息系统。今后，市民在街头发现流浪乞讨人员，有多种渠道求助，可以拨打报警电话 110 或救助热线 0352 - 2832283，还可以登录此网站代流浪者把求助信息发布到网上。

51. 为防止露宿街头的流浪乞讨人员发生冻死或饿死的事件，贯彻落实李克强总理“要编实、筑牢社会保障底线，不能让任何人无家可归”的讲话精神，1 日晚 8 ~ 12 时开展大型冬季联动救助行动。这次联动救助行动由市救助管理站统一协调，参与单位有市综警支队、城区环卫处、城区古城管理处、大同博恩义工、大同大爱志愿联盟、大同阳光智博科技有限公司、市二医院、市六医院共八家，爱心人士共110人，市救助管理站30名员工全体出动，共分8个组，20多部车，拉网式排查城乡结合部，对废弃拆迁房屋、废弃施工工地、工棚、桥梁、涵洞进行重点检查，做到横向到边，纵向到底，不留死角，搜救救助人员9人（6男3女）。

52. 12日上午，市民政局召开学习讨论落实活动动员大会，市委第七督导组、局机关全体党员、局属基层单位党政负责人70多人参加会议。市民政局党组书记、局长白玉动员，市委第七督导组余向东副组长提出5点要求：一要牢牢把握教育活动主题思想；二要牢牢把握教育活动正确方向；三要牢牢把握教育活动目标任务；四要牢牢把握教育活动基本要求；五要牢牢把握教育活动科学方法。

53. 17日，由省双拥工作领导组副组长、省民政厅厅长薛维栋带队的省双拥工作考核组莅同，对大同市2012年以来双拥模范城（县）创建工作进行全面考核验收。是日上午，省考核组听取市相关情况汇报。市委副书记、市长李俊明主持汇报会，市委副书记刘国庆汇报创建双拥模范城（县）工作，市委常委、常务副市长李世杰，大同军分区政委张弛等参加会议。大同市是全省驻军人数最多的城市，2012年连续第七次获得全国双拥模范城称号。

54. 17～18日，以省村（社区）“两委”换届选举工作领导小组副组长、省民政厅厅长薛维栋为组长的省村（社区）“两委”换届选举工作督导组到大同市督导调研。大同市村（社区）“两委”换届选举工作启动以来，市委、市政府认真贯彻落实中央、省委有关要求，把该项工作作为当前的中心工作和政治任务来抓，加强组织领导，精心制订方案，严格履行程序，认真组织实施，全市村（社区）“两委”换届选举工作健康有序、进展顺利。全市村党组织已完成换届1960个，占99.7%；130个重点难点村已完成党组织换届127个，占97.7%；329个社区党组织换届全部结束。督导组先后深入南郊区、浑源县，就换届选举工作主要做法经验，遇到的困难和问题及下一步计划进行详细了解。

55. 28日上午，市民政局在机关二楼小会议室召开会议，通报城区、矿区在低保办理过程中违规违纪问题，安排部署城乡低保全面复核工作。市民政局党组成员，各县区民政局局长、纪检组长，低保管理中心主任参加会议。2014年1月24日、8月25日，市纪委分别对27名县区低保工作责任人进行处理。12月25日，市纪委通报城矿两区48名干部因底数不清、底线不守、落实不力、拖着不办、为官不廉、为官不为、办事不公，在低保监管、审批、复核中不负责、不到位、不检点，被市纪委分别给予党纪政纪处分。

56. 12月，市委、市政府决定拨出专项经费，为驻同部队随军未就业家属发放生活补助。按照分级负担的要求，市财政拨出34.56万元专项经费、各县区财政拨出22.92万元专项经费为驻同部队479名干部随军未就业家属发放生活补助。从2014年1月开始，驻同部队随军未就业家属每人每月发放100元的基本生活补助。

2014年大同市民政事业统计表

指标名称	单位	数量
一、综合		
（一）行政区划		
1. 镇	个	33
2. 乡	个	66
其中：民族乡	个	0
3. 街道	个	40
（二）人口		
人口数	万人	313.6
（三）主要民政资金		
社会服务经费实际支出	万元	133366.4
其中1：救灾支出	万元	2519.4

续表

指标名称	单位	数量
社会救助支出	万元	96350.4
城市最低生活保障支出	万元	56636.5
（1）城市最低生活保障金	万元	56467.8
（2）城市最低生活保障对象临时补助	万元	168.7
农村最低生活保障支出	万元	29194.6
（1）农村最低生活保障金	万元	28857.8
（2）农村最低生活保障对象临时补助	万元	336.8
农村五保供养支出	万元	3685.0
农村五保集中供养支出	万元	794.2
（1）农村五保集中供养生活保障金	万元	790.9
（2）农村五保集中供养生活保障对象临时补助	万元	3.3
农村五保分散供养支出	万元	2890.8
（1）农村五保分散供养生活保障金	万元	2855.2
（2）农村五保分散供养生活保障对象临时补助	万元	35.6
医疗救助直接支出	万元	4815.6
资助参加医疗保险	万元	795.8
资助参加合作医疗	万元	210.6
抚恤事业费支出	万元	15774.6
社会福利费	万元	7281.3
其中2：福彩公益金支出	万元	1899.2
其中3：捐赠资金支出	万元	33.2
其中4：基本建设支出	万元	800.0
其中：预算内投资	万元	0.0
福彩公益金支出	万元	0.0
二、社会工作		
（一）提供住宿的社会服务		
1. 机构数	个	114
为老年人与残疾人提供服务的机构	个	107
为智障与精神病人提供服务的机构	个	1
为儿童提供收养救助服务的机构	个	1
其他提供住宿的社会服务机构	个	5
2. 床位数	张	11603
为老年人与残疾人提供服务的床位数	张	10715
为智障与精神病人提供服务的床位数	张	500
为儿童提供收养救助服务的床位数	张	80
其他提供住宿的社会服务床位数	张	308
3. 收养救助人数	人	7364
为老年人与残疾人提供服务的人数	人	6808
为智障与精神病人提供服务的人数	人	459

续表

指标名称	单位	数量
为儿童提供收养救助服务的人数	人	45
其他提供住宿的社会服务人数	人	52
（二）不提供住宿的社会服务		
不提供住宿的社会服务机构总数	个	1172
1. 为残疾人提供服务的机构	个	17
其中：残疾职工	人	292
2. 儿童福利		
（1）孤儿数	人	2126
其中：集中供养孤儿	人	673
社会散居孤儿	人	1453
（2）收养登记	件	0
其中：涉外及港澳台收养	件	0
3. 社会救助		
（1）城市居民最低生活保障人数	人	156778
其中：按人员性质分类		
女性	人	72331
残疾人	人	8437
“三无”人员	人	1168
其中：按人员年龄分类		
a 成年人	人	
老年人	人	12259
在职人员	人	3596
灵活就业	人	58165
登记失业	人	18259
未登记失业	人	15196
b 未成年人		
在校生	人	33714
其他未成年人	人	15589
其中：当月新增城市居民最低生活保障人数	人	1496
当月退出城市居民最低生活保障人数	人	1761
城市居民最低生活保障户数	户	70991
其中：当月新增城市居民最低生活保障户数	户	734
当月退出城市居民最低生活保障户数	户	726
城市低保资金末月计划支出	万元	2288.8
（2）农村最低生活保障人数	人	162569
其中：女性	人	62023
老年人	人	122854
未成年人	人	5743
残疾人	人	16390

续表

指标名称	单位	数量
其中：当月新增农村最低生活保障人数	人	1061
当月退出农村最低生活保障人数	人	1312
农村最低生活保障户数	户	133989
其中：当月新增农村最低生活保障户数	户	488
当月退出农村最低生活保障户数	户	581
农村低保末月计划支出	万元	1044.8
（3）城市“三无”救济	人	0
（4）农村五保供养	人	22037
①集中供养人数	人	3158
其中：女性	人	222
老年人	人	2681
未成年人	人	36
残疾人	人	768
集中供养资金末月计划支出	万元	38.7
②分散供养人数	人	18879
其中：女性	人	1971
老年人	人	13075
未成年人	人	1212
残疾人	人	8594
分散供养资金末月计划支出	万元	143.7
（5）医疗救助		
a 民政部门资助参保人数	人	94306
b 民政部门资助参合人数	人	35285
c 民政部门直接救助人次数	人次	32089
其中：住院救助人次数	人次	20284
门诊救助人次数	人次	11805
（6）生活无着人员救助		
救助人次数	人次	10977
其中：儿童救助人次数	人次	1986
（7）传统救济	人	143
（8）临时救助	户次	4303
1）按户籍性质分类		
城市家庭	户次	986
农村家庭	户次	3317
2）按属地分类		
当地常住户口	户次	4294
非当地常住户口	户次	9
3）按救助类型分类		
支出型	户次	3552

续表

指标名称	单位	数量
应急型	户次	751
4. 社会捐赠		
（1）直接接收捐赠		
社会捐赠款数	万元	38.42
捐赠衣被总数	万件	0.00
其他捐赠物资价值	万元	0.00
（2）间接接收捐赠		
其他部门转入的社会捐赠款数	万元	0.00
其他部门转入的捐赠衣被总数	万件	0.00
其他部门转入的其他捐赠物资价值	万元	0.00
（3）受益人次数	人次	423
（4）社会捐赠接收站、点和慈善超市数	个	126
5. 优抚安置		
（1）国家抚恤、补助各类优抚对象人数	人	9748
（2）本年安置退役士兵、复员干部总人数	人	319
（3）本年累计接收军队（含地方）离退休人员人数	人	12
6. 社区服务		
（1）社区服务机构总数	个	569
其中：社区服务指导中心	个	2
其中：农村	个	0
社区服务中心	个	175
其中：农村	个	164
社区服务站	个	345
其中：农村	个	242
其他社区养老等服务机构	个	47
其中：农村	个	6
（2）社区日间照料床位数	张	933
（3）社区留宿照料床位数	张	55
（4）留宿照料人数	人	0
三、成员组织		
（一）社会组织		
1. 社会团体	个	545
2. 民办非企业	个	505
3. 基金会	个	0
（二）自治组织		
1. 村委会	个	1968
2. 居委会	个	301
四、其他社会服务		
（一）其他社会服务机构	个	4

续表

指标名称	单位	数量
（二）其他社会服务事务		
1. 婚姻		
（1）结婚登记	对	30112
其中：涉外及港澳台	对	2
（2）离婚登记	对	4749
2. 殡葬		
火化遗体数	具	3031

后　　记

2015年9月，《大同民政志（1949—2013）》定稿，这是大同市民政局审时度势、主动担当、在新的历史时期完成的一项较为宏大的系统工程。

2013年10月24日，省民政厅通知报送民政机构沿革等历史资料。根据通知精神，结合大同市缺少全面系统的民政史志的实际情况，为全面记录全市民政事业的发展历程，总结民政工作的成绩经验，局党组决定编纂《大同民政志（1949—2013）》，并成立了编纂委员会，设立了办公室，制定了实施意见。2013年12月，市委、市政府召开会议安排部署第二轮修志工作，要求上报1986～2013年部门史志材料。2014年1月，编委办明确分工，编写提纲和大事记，培训编辑人员，对编纂工作作了进一步的安排部署。2014年2～8月，各县区民政局，局机关各科室、各直属单位根据编写提纲，确定专人负责，收集资料，编纂起草分篇稿。各章综合撰稿人如下：综述，局办公室张利新；第一章，人事科李重阳；第二章，救灾救济科田振耘；第三章，市低保管理中心孙亚格；第四章，基政地名科刘大军、市社区建设管理指导中心史德元；第五章，民间组织管理科苏静慧、社会组织党办范俊；第六章，优抚科吉庆刚；第七章，安置科段永庆；第八章，双拥联络科郭怀忠；第九章，社会福利科张建亮、陈超，市慈善总会杨少华，市老工办杜启富；第十章，社会事务科赵水云、张文瑛；第十一章，基政地名科刘大军；第十二章，人事科李重阳。各县区和其他基层单位撰稿人不一一赘述。全篇统筹刘翰平、余志甫、张亮、赵登远、张利新。2014年9～12月，编委办汇总修改各分篇材料，编印讨论稿送各科室、各单位负责人审阅，汇总修改意见形成初稿。2015年1月上报市地方志办公室审核。4月，按照审读意见，各科室作进一步修改。6月送市地方志办公室二审，9月再次送市地方志办公室三审后总纂定稿付印。一年零九个月的编纂历程凝聚了全体编审人员的倾情付出和辛勤汗水。市地方志办公室主任李勇给予很大支持，并亲赴民政局指导修志工作，市志科的王林、张艳、冯雨等专家具体审稿，提出许多建设性的意见，在此表示衷心感谢。

大同市民政局历来高度重视工作资料保存和民政宣传工作。1987～1994年，时任领导组织编纂了第一部《大同市民政志》，记录了清末至1985年的大同民政历史，志余部分延续到1992年。市局办公室从1989年开始编印《大同民政信息》，至2013年已连续印发1124期。从1993年开始编印《大同市民政大事记》，每年1册，20余年从未间断。上级民政部门，市党史、地方志等机构历年出版的各类史志中也包含了许多相关内容。《中国社会报》从20世纪80年代开始，多次头版头条长篇纪实报道大同民政工作，《斗胆陈寿昌》《大同神话》《为民解难大联动》《中国乳娘》等如实记录了大同民政各个时期的工作经验和先进人物，不仅在全省、全国引起较大反响，而且留下了丰富的历史资料。在此，我们向精心保存民政史料的人士深表谢意。

此次修志以内部工作人员为主，缺乏专业的修志知识和水平，在志书体例、表述等方面难免有所欠缺，且志书涉及时间跨度较长、内容较多，史料有所散失，疏漏之处在所难免，敬请读者批评指正。

大同民政志编委办
2015年9月30日

七律二首·《大同民政志》付梓题跋

王　强

（一）

从来笔底蕴深情，
鞭指汗牛风雨行。
黄土白丁堪入传，
蓝天紫塞共垂名。
千秋史载朝堂事，
一卷文陈乡野声。
道是民生连国运，
同人肺腑记真诚。

（二）

云烟过眼逐年轮，
为政当知天地人。
两载霜风凝笔墨，
三生赤胆恤孤贫。
言辞无饰何须赘，
枝叶关情总是真。
看似寻常千百页，
成如容易却艰辛。

作者系大同市民政局党组成员、副局长

本志主要参阅资料

《大同市民政志》（清末～1985）
《大同民政信息》（1989～2013）
《大同市民政大事记》（1993～2013）
《雁北民政》（1949～1993）
《蓬勃发展的大同民政事业》（范培生）
《为国家分忧为群众解愁》（邓忠）
《大同市志》（1949～1985）
《大同市党史大事记》（1949～2000）
《雁北地区党史大事记》（1949.5～1993.7）
《雁北地区组织史》（1949～）
《山西省志·民政志》（1949～1985）
《山西民政五十年》（1949～1999）
《中国民政·历次全国民政会议回眸》（1950～2012）
《中国社会报·六十年民政事业发展》（1949～2008）
《中国民政·民政三十年——开拓的足迹》（1979～2008）
《中国社会报·斗胆陈寿昌》（1988.7）
《中国社会报·大同神话》（1998.12）
《中国社会报·山西民生》
《当代中国·为民解难大联动》（2012.6、2012.8）
《中国民政·中国乳娘》